中国社会科学院老年学者文库

中国社会科学院**老年学者文库**

百年中国法律史学论文著作目录

（上册）

赵九燕　杨一凡/编

社会科学文献出版社

SOCIAL SCIENCES ACADEMIC PRESS（CHINA）

凡　例

一、本书以"辑存中国法律史学论文著作目录，服务学界、方便读者"为编写宗旨，收入19世纪末至2010年100余年，在各种中文报刊、论文集发表的法史论文索引21000余条，公开出版的法史图书索引3100余条，二者共计24100余条。其中除少数为香港、台湾和外国学者的作品外，均为中国大陆学者的成果。

二、本书所收中国法律史学成果目录，按"论文目录""图书目录"分别编写。根据百年来已发表的中国法律史学成果的内容和数量，"论文目录"分为"通论""中国古代法制史""中国近现代法制史""中国古代法律思想史""中国近现代法律思想史""中国少数民族法律史""博士和硕士论文""法律文献、著述评介"八部分编辑；"图书目录"按"著作译著""教材""法律文献及整理成果""工具书、案例选编"四部分编辑。每一部分又按照成果的内容、类型和便于读者查阅的原则分类编写。

三、本书中"中国古代法制史""中国近现代法制史""中国古代法律思想史""中国近现代法律思想史"四个部分的目录，均以朝代为序编排。凡论述两个或几个朝代法史的论文，编入后面一个朝代，如论述明清法史的成果编入清代。对于论述法律通史或涉及多个朝代法史的论文，编入"法制通史"或"法律思想通史"。我国古代社会向近代的转型始于清末，有关论述晚清法史的成果编入近代。

四、本书各部分中的目录，以论文发表时间、刊物期次及图书出版时间的先后为序编排。

五、本书中每条目包含的信息分别为：1. 报刊和论文集发表的论文：论文名称、作者、报刊名称、期次和出版时间（如为论文集，则标明出版社及出版时间）；2. 博士和硕士论文：论文名称、作者、导师、专业、学校、毕业时间。博士后出站报告编入"博士论文"类，并标明成果形成时间；3. 法史图书：书名、作者（编者、整理者）、出版社及出版时间。

六、因篇幅所限，本书未收录有关论述中国政治、经济、军事、文化等制度史方面的成果。在少数民族法制史研究成果方面，主要辑录了探讨民族法的起源、法律制度、法律文化方面有创见的作品。关于法史图书索引，本书只限于收入专门性的法史成果，对于其中虽含有法史专章或相关内容的非法史类著作，以及以影印形式出版的各类古籍丛刊中的法律文献，均未收入。

七、凡论文标题有明显错字者，收入本书时予以改正。若同一作者论文的署名，在不同刊物发表或转载时姓名音同字不同，收入本书时照录不改。

目　录
CONTENTS

·上册·

论文目录

·下册·

图书目录

论文目录

一

通　论

（一）　法律史学的研究对象、范围和方法

试论《中国国家与法的历史》的对象/张晋藩//教学与研究. -1958，5

试论中国国家与法的历史的对象和范围问题/蒲坚//新建设. -1958，7；又载
　　《百年回眸：法律史研究在中国》第2卷，中国人民大学出版社. -2009

关于法制史研究对象和方法的讨论发言摘要/肖永清等//法学研究. -1979，5

关于法制史的研究对象和方法问题/韩延龙、刘海年//《法律史论丛》第1辑，
　　中国社会科学出版社. -1981；又载《百年回眸：法律史研究在中国》第
　　2卷，中国人民大学出版社. -2009

《中国法律思想史》研究对象商榷/饶鑫贤//《法律史论丛》第1辑，中国社会
　　科学出版社. -1981；又载《百年回眸：法律史研究在中国》第2卷，中
　　国人民大学出版社. -2009

近五十年来台湾对中国法制史的研究——兼论法制史学的性质及其研究取向/
　　黄源盛//"第一届海峡两岸法学"学术研讨会，东吴大学法学院. -1992

中国法制史研究对象新论/钱大群//法律科学. -1993，4

关于法类型划分问题的思考/由嵘//中外法学. -1994，5；又载《百年回眸：
　　法律史研究在中国》第2卷，中国人民大学出版社. -2009

法律史研究需要方法论的变革/何勤华//政治与法律. -1995，5

论我国不同历史时期的法概念及本质特征/吴春雷//甘肃政法学院学报.
　　-1996，1

法律史学研究方法问题商榷/苏亦工//北方工业大学学报. -1997，4

要重视地方法制史的研究/王立民//政治与法律. -1998，4

描述性的法史学与解释性的法史学——我国法史研究新格局评析/胡旭晟//法

律科学. −1998，6；又载《百年回眸：法律史研究在中国》第 2 卷，中国人民大学出版社. −2009

略论本世纪上半叶中国法制史研究的方法/王志强//《二十世纪的中国法学》（李贵连编），北京大学出版社. −1998

两个转变，三个课题——关于中国法史研究的几点想法/武树臣//《法律史论丛》第 4 辑，江西高校出版社. −1998；又载《武树臣法学文集》，光明日报出版社. −1998

中国法律思想史分期问题商兑/饶鑫贤//法学研究. −1999，3

二十世纪的中国法律思想史学——以研究对象和方法为线索/王志强//中外法学. −1999，5

中国古代法律制度研究范式之转变/徐忠明//《北大法律评论》第 4 卷第 1 辑，法律出版社. −2000

经世致用乃法史学之生命所在——兼论法史学研究的新思路和新方法/萧伯符//《中国传统法律文化与现代法治》（《法律史论丛》第 7 辑），重庆出版社. −2000

中国传统法律思想的研究范式——以先秦儒家的礼法思想为例/任强//现代法学. −2001，1；又载《继承与创新——中国法律史学的世纪回顾与展望》（《法律史论丛》第 8 辑），法律出版社. −2001；《中国法史学精萃》2001—2003 年卷，高等教育出版社. −2004

应加强中国少数民族法制史的研究/徐晓光//贵州民族与宗教. −2001，4

制作中国法制史：正史、档案与文存——关于历史哲学与方法的思考/徐忠明//学术研究. −2001，6

法律史研究中的方法论问题/萧光辉//《继承与创新——中国法律史学的世纪回顾与展望》（《法律史论丛》第 8 辑），法律出版社. −2001

阶级论对中国法律史学的影响——一种法律史学研究方法的检讨/高积顺、张东华//《继承与创新——中国法律史学的世纪回顾与展望》（《法律史论丛》第 8 辑），法律出版社. −2001

对中国古代法制研究中几个思维定式的反思——兼论战国前法制研究的方法/徐祥民//中国社会科学. −2002，1；又载《中国法史学精萃》2001—2003 年卷，高等教育出版社. −2004

法、礼、刑的属性：对中国"法律"史研究方法论的一个反思（上、下）/陈剩勇//浙江社会科学. −2002，5、6

中国法律思想史学科的设置和发展/马小红//《法律史论集》第 4 卷，法律出

版社. -2002

有关法制史教学与研究的一点想像与思考/陈惠馨//《月旦法学杂志》第88
期,(台湾)月旦出版公司. -2002

中国法律史学的研究范式能如此"重建"吗?——评倪正茂先生《中国古代
法律功能的再审思》/杨阳//政法论坛. -2003,1

对一例学术史个案的考察——兼谈《中国法律与中国社会》的范式突破及启
示/常安//法治论丛(上海政法学院学报). -2003,2

从类型角度谈中国法律史的叙述模式/徐忠明//法商研究. -2003,3

法的本质与法的进步:兼与倪正茂先生就法史研究方法与结论商榷/王圣诵、
夏兰云//东方论坛. -2003,3

法律史的视界:方法、旨趣与范式/梁治平//中国文化. -2003,19/20

法史学的研究方法——从戴炎辉先生的相关研究谈起/陈惠馨//《法制史研究》
第4期,(台湾)中国法制史学会、"中央研究院"历史语言研究
所. -2003

固有法与继受法——戴炎辉法律史研究的社会学考察/林端//《法制史研究》
第4期,(台湾)中国法制史学会、"中央研究院"历史语言研究
所. -2003

法律史研究视野中的习惯法问题/萧光辉//《中西法律传统》第3卷,中国政
法大学出版社. -2003

关于中国法律史研究规范问题的思考/戴建国//《中西法律传统》第3卷,中
国政法大学出版社. -2003;又载《法史思辨:2002年中国法史年会论
文集》,法律出版社. -2004

中国法史研究要注意五个相结合/武树臣//《武树臣法学文集》,中国政法大学
出版社. -2003

法律社会学:历史与范式的建构/陆益龙//江海学刊. -2004,1

"法制史"、"法律发达史"、"法律史"——一个历史维度的观察/徐彪//湖北
警官学院学报. -2004,2;又载《法史思辨:2002年中国法史年会论文
集》,法律出版社. -2004

论中国经济法学史分期标准和界点/王伦刚//成都理工大学学报(社科版).
-2004,3

关于法制史研究对象的再思考/占茂华//法治论丛(上海政法学院学报).
-2004,3

略论法学研究范式的历史类型/冯玉军//甘肃政法学院学报. -2004,5

反思法律史研究中的"类型学"方法——中国法律史研究的另一种思路/陈景良//法商研究．-2004，5

瞿同祖先生谈治学之道/王健//《法制史研究》第6期，（台湾）中国法制史学会、"中央研究院"历史语言研究所．-2004

法史学评论的范式问题——徐忠明《思考与批评》读后//《法律史研究》第1辑，中国法制出版社．-2004

法律史、法律文化、法制文明——张晋藩教授对中国法律史研究范式的探索/汪庆红、尚春霞//《法律史研究》第1辑，中国法制出版社．-2004

中国法制史的学科视野与研究方法/阎晓君//《法史思辨：2002年中国法史年会论文集》，法律出版社．-2004

中国法制史研究方法之探讨/柳正权//《法史思辨：2002年中国法史年会论文集》，法律出版社．-2004

中国法律思想史学科的对象与体系/刘新、杨晓青//《法史思辨：2002年中国法史年会论文集》，法律出版社．-2004

反思法律史研究中的类型学方法——中国法律史研究的另一种思路/陈景良//《法史思辨：2002年中国法史年会论文集》，法律出版社．-2004

研究范式的转换与中国法律史学科的性质和体系/夏锦文//《法史思辨：2002年中国法史年会论文集》，法律出版社．-2004

中国古典法律解释的方法智慧——关注解释的合法性/谢晖//政法论坛．-2005，4

论"中国报刊法制发展史"的研究内容、历史阶段及体系结构/倪延年//湖南大众传媒职业技术学院学报．-2005，4

从研究方法的视角读《中国古代司法制度史》/方艳//株洲工业学院学报．-2006，3

关于古代中国法律史研究的方法与材料问题/崔永东//（美国）中国律师和法学家．-2006，3

浅论中国法制史的综合研究方法/屈永华//《法律史学科发展国际学术研讨会文集》，中国政法大学出版社．-2006

法史研究的学术功能/卜安淳//《法律史学科发展国际学术研讨会文集》，中国政法大学出版社．-2006

想象中国的方法：法史研究的意义/张薇薇//《法律史学科发展国际学术研讨会文集》，中国政法大学出版社．-2006

学科体系、研究方法与文献利用——中国法律史研究突破路径之浅见/林乾//

《法律史学科发展国际学术研讨会文集》，中国政法大学出版社．-2006

中国古代法律史研究方法问题刍议/崔永东//《原法》第 1 辑，中国检察出版
　　社．-2006

立体化的法律史/王捷//华东政法学院学报．-2007，1

论"新法史"之"旧"/李卫东//新疆财经学院学报．-2007，1

反思与转向：《英国庄园生活》对中国法律史学研究方法的启示/曾代伟//现
　　代法学．-2007，5

关于传统法研究的几点思考/高鸿钧//法学家．-2007，5

重情、事理、用法与和谐社会秩序：一个法律史分析的视角/樊丽明、祖伟//
　　辽宁大学学报（哲社科版）．-2007，6

我国法律文化研究的方法/蒋玮//河南公安高等专科学校学报．-2007，6

法律传统的研究方法及其当下的任务/汪公文//《中华法系国际学术研讨会文
　　集》，中国政法大学出版社．-2007

中国法律史研究思路新探/邓建鹏//法商研究．-2008，1

中国法律的实践历史研究/黄宗智//开放时代．-2008，4

戴炎辉教授法制史研究对法学界的意义——再谈法制史研究方法//陈惠馨//
　　《法制史研究》第 14 期，（台湾）中国法制史学会、"中央研究院"历史
　　语言研究所．-2008

当代中国法律方法论研究发展及现状：一个简要述评/赵玉增//法律方法．
　　-2009，2

用现实的眼光洞察法史，于法史研究中体悟现实/陈景良//法学研究．
　　-2009，2

中国法律史学研究的范式转换与思路创新/夏锦文//法学研究．-2009，2

走人类学的路，开创法史学新天地/陈金全//法学研究．-2009，2

应当重视古代地方法制与民间法律秩序的研究/刘笃才//法学研究．-2009，2

应当更加关注法学史研究/何勤华//法学研究．-2009，2

中国法治进程中的法律史学（1978 — 2008）/张中秋//河南省政法管理干部
　　学院学报．-2009，2

中国法律史研究中的方法、材料和细节：以清代州县审断问题研究为例/里赞
　　//法学．-2009，3

面向现代的法律史学/邓建鹏//中国社会科学院院报．-2009，3．26

"中国法的历史"还是"西方法在中国的历史"——中国法律史研究的再思
　　考/刘昕杰//社会科学研究．-2009，4

法史学研究方法及其在部门法中的运用/马小红//山东警察学院学报.
　-2009，4

为何研究法史学/马小红//中国社会科学院院报.-2009，4.7

中国法律文化研究范式之审视/柳正权//法学评论.-2009，5

论法律史研究方法的路径选择/李祎恒、金俭//学海.-2009，5

台湾的中国法制史研究/黄源盛、李媛媛//《法律文化研究》第5辑，中国人
　民大学出版社.-2009

中国古代法制研究中的几个思维定式及其消极影响——兼论战国前法制研究
　的方法/徐祥民//《百年回眸：法律史研究在中国》第2卷，中国人民大
　学出版社.-2009

论法发生学方法在中国法制史研究中的运用/任海涛//学术探索.-2010，1

论法人类学方法在中国法制史研究中的运用/任海涛//内蒙古社会科学（汉文
　版）.-2010，2

传统悠悠入梦来：中国法制史的价值、现代意义与研究方法——记我的导师
　张晋藩先生/陈景良//江苏警官学院学报.-2010，3；又载《思学集——
　张晋藩先生执教六十周年暨八十华诞纪念文集》，中国政法大学出版
　社.-2010

浅析中国法制史研究中的史料问题/马泓波//西北大学高等教育研究.
　-2010，4

以实事求是态度重新认识中国古代法制/倪正茂//中国社会科学报.
　-2010，4.20

文明转型模式的历史考察：感悟法治的方法/桑保军//甘肃政法学院学报.
　-2010，5

发生学方法与中国法制史的研究/王海军//中南大学学报（社科版）.
　-2010，6

（二）　法律史学科及法史教材编写探讨

儒家法学与中国固有法系之关系/陈顾远//中华法学杂志新编.-1936，（第1
　卷）3

关于研究中国法制史的几个问题/戴克光//人民日报.-1956，12.30

中国法制史问题座谈会发言摘要/李祖荫等//政法研究.-1957，1

法学界座谈关于中国法制史的几个问题/王昭仪//人民日报.-1957，2.4

学习中国法制史初探/肖永清//政法研究. -1963，3

关于法制史研究的几个问题/张友渔/法学研究. -1981，5

编写《中国法制史》（多卷本）的初步设想/张晋藩//《法律史论丛》第 1 辑，
　　中国社会科学出版社. -1981

研究、编写《中国法律思想史》（多卷本）规划初拟/李光灿//《法律史论丛》
　　第 1 辑，中国社会科学出版社. -1981

关于法律史研究的几点看法/李光灿//法学. -1982，4

研究中国法制史的几个问题/杨廷福//学术月刊. -1983，1

编写中国法制史教材的指导思想/张晋藩//电大法学. -1983，2

中国古代法制史的几个问题（连载）/王召棠、陈鹏生、蔡瑞毓、钱元凯//法
　　学. -1983，3、4、5

谈谈学习中国法制史的几个问题/张晋藩//电大法律专业教学参考资料.
　　-1983，4

中国法律史学界一次重要学术讨论会/正平//法学动态. -1983，22

从《秦简》看法制史研究中的几个问题/孔庆明//《法律史论丛》第 3 辑，法
　　律出版社. -1983

深入研究中国法制史的几点意见/张晋藩//政法丛刊. -1984，1

中国法制史发展概论/张晋藩//中国法学. -1984，2

关于法律史研究的几点看法/李光灿//法学. -1984，4

中国法制史简谈/张晋藩//政法丛刊. -1986，1

中国法制史学科的历史与展望/曾宪义//法律学习与研究. -1986，1

中国法制史的回顾/张希坡//法律学习与研究. -1986，3

法律史学的光辉前景/张晋藩//法学内参. -1986，4

中国革命法制史的若干基本问题/韩延龙//法学研究. -1986，5；又载《法苑
　　撷英》上卷，中国社会科学出版社. -2008

中国法制史简述/张晋藩//光明日报. -1986，12. 10

应当大力开展法学史研究/林夏//法学季刊. -1987，1；又载《百年回眸：法
　　律史研究在中国》第 2 卷，中国人民大学出版社. -2009

值得研究的中国行政法史/张晋藩//光明日报. -1987，1. 21

如何学好中国法制史/张晋藩//学习与辅导. -1987，2

中国法制史研究中的几个问题/张晋藩//学习与辅导. -1987，2

中国法制史研究中的几个问题/马新福//吉林大学社会科学学报. -1987，2

关于法制史教材中一些史料史实问题的商榷（上、下）/王侃//政法丛刊.

–1987，4、5

关于中国行政法史研究的几个问题/霍存福//吉林大学社会科学学报.
　　–1988，4

中国法制史研究中的几点认识/张晋藩//《中华法史丛谈》，中国政法大学出版
　　社. –1988

史学危机中的中国法律思想史学科建设管见/俞荣根//法论（西南政法学院研
　　究生学报）. –1989，1

中国法律史讨论课探微/孙小迎//广西大学学报（哲社科版）. –1990，6

中国法制史学的回顾与前瞻/曾宪义//法律学习与研究. –1990，6

关于法史学观念更新的思考/陈盛清//《外国法制史论文集》，中山大学.
　　–1990；又载《安徽大学知名法学教授论文选》，安徽大学出版
　　社. –1999

法律史教学之我见/胡阳晟//法律学习与研究. –1992，2

《马克思主义法律思想史》教学之我见/吕世伦//法学家. –1992，5

论中国古代法学与名学的关系/高恒//中国法学. –1993，1；又载《中国法史
　　学精萃》2002 年卷，机械工业出版社. –2002；《百年回眸：法律史研究
　　在中国》第 2 卷，中国人民大学出版社. –2009

台湾的中国法制史教育及其问题点——中国法制史课程结构的回顾及现状/黄
　　源盛//《中国法制史课程教学》研讨会，政治大学法律系、中国法制史学
　　会. –1993

中国法律思想史课程设置的意义与地位/马小红//政法高等教育. –1994，
　　3、4

二十世纪中国法律史学论纲/刘广安//中外法学. –1997，3

从注意政治的高度加强法律史的教学研究工作/张希坡//《法律史论丛》第 4
　　辑，江西高校出版社. –1998

中国法律制度的经济史、社会史、文化史研究/黄宗智//中国经济史研究.
　　–1999，2；又载《北大法律评论》第 2 卷第 1 辑，法律出版社. –1999；
　　比较法研究. –2000，1

重建，还是创建？——中国近、现代法理学史之学科建设定位/谢晖//法商研
　　究. –1999，6

《中国法制史》应试谈要/王瑞起//河北自学考试. –1999，7

消防法制史漫谈/李传卫//山东消防. –1999，11

法律史是人类解放自身的历史/倪正茂//《法律史论丛》第 6 辑，山东大学出

版社. -1999

略论世纪之交的法律史学/何勤华//法学论坛. -2000, 1

中国法律史研究创新刍议/倪正茂//上海社会科学学术季刊. -2000, 1

二十一世纪的法律史学/李丽娟、孙淑兰//黑龙江省政法管理干部学院学报.
　　-2000, 2

法学与法学史/何勤华//南京大学法律评论. -2000, 秋季号

案例法的历史及其对教学案例开发的启示/王少非//教育发展研究.
　　-2000, 10

《中国法制史新编·导论》（节选）/高积顺、张东华//《中国传统法律文化与
　　现代法治》（《法律史论丛》第 7 辑），重庆出版社. -2000

思想与制度之间——大陆法史学研究之展望/俞江//《法制史研究》创刊号，
　　（台湾）中国法制史学会、"中央研究院" 历史语言研究所. -2000

学习法史三十年/张伟仁//《法制史研究》创刊号，（台湾）中国法制史学会、
　　"中央研究院" 历史语言研究所. -2000; 又载清华法学. -2004, 1

21 世纪中国法律史学研究的基本思路/夏锦文//学习与探索. -2001, 1; 又
　　载《继承与创新——中国法律史学的世纪回顾与展望》（《法律史论丛》
　　第 8 辑），法律出版社. -2001;《百年回眸：法律史研究在中国》第 2
　　卷，中国人民大学出版社. -2009

关于中国法律史研究的几点省思/徐忠明//现代法学. -2001, 1; 又载《继承
　　与创新——中国法律史学的世纪回顾与展望》（《法律史论丛》第 8 辑），
　　法律出版社. -2001;《中国法史学精萃》2001—2003 年卷，高等教育出
　　版社. -2004

新世纪中国法律史研究的几点思考/艾永明、方潇//中国法学. -2001, 2

新中国法制史：21 世纪一个亟待开拓的中国法史研究领域/陈鹏生、王立//民
　　法学. -2001, 2; 又载《继承与创新——中国法律史学的世纪回顾与展
　　望》（《法律史论丛》第 8 辑），法律出版社. -2001

论法史学的功能/强昌文//法制与社会发展. -2001, 2; 又载《继承与创
　　新——中国法律史学的世纪回顾与展望》（《法律史论丛》第 8 辑），法
　　律出版社. -2001

新世纪对中国法律史研究的期盼/倪正茂//上海市政法管理干部学院学报.
　　-2001, 2

中国军事法制史的基本规律和特征/余子明//西安政治学院学报. -2001, 3

中国法制史教学探析/周子良//山西大学学报（哲社科版）. -2001, 3

在民间法与国家法之外——黄宗智"第三领域"概念辨析/侯龙龙//中外法学. -2001, 3

中国法律社会史的理论视野/张仁善//南京大学法律评论. -2001，春季号；又载《继承与创新——中国法律史学的世纪回顾与展望》（《法律史论丛》第8辑），法律出版社. -2001

图书馆法简史要略/梁平//河南图书馆学刊. -2001，6

《中国法制史》复习指要/哈萨//内蒙古电大学刊. -2001，6

我对法制史及实证法之探索——索谈我一个甲子的台湾缘/黄静嘉//《法制史研究》第2期，（台湾）中国法制史学会、"中央研究院"历史语言研究所. -2001

中国法律史学会2000年学术年会开幕词（代前言）/汪汉卿//《继承与创新——中国法律史学的世纪回顾与展望》（《法律史论丛》第8辑），法律出版社. -2001

关于21世纪中国法律史研究的几点思考/艾永明、方潇//《继承与创新——中国法律史学的世纪回顾与展望》（《法律史论丛》第8辑），法律出版社. -2001

关于中国法制史研究的几个问题/刘笃才//《继承与创新——中国法律史学的世纪回顾与展望》（《法律史论丛》第8辑），法律出版社. -2001

中国法律史学与科学精神/陶广峰//《继承与创新——中国法律史学的世纪回顾与展望》（《法律史论丛》第8辑），法律出版社. -2001

关于编写《中国少数民族法制文明通史》的设想与落实/张晋藩//《继承与创新——中国法律史学的世纪回顾与展望》（《法律史论丛》第8辑），法律出版社. -2001

法律史学教学若干问题探讨/丁艳雅//《继承与创新——中国法律史学的世纪回顾与展望》（《法律史论丛》第8辑），法律出版社. -2001；又载《走向二十一世纪的中国法文化》（《法律史论丛》第9辑），上海社会科学院出版社. -2002

重写中国法制史/倪正茂//政治与法律. -2002，1

中国古代法律思想史研究策略初探/黄正雨、黎桦、汪再祥//法学评论. -2002，2

中国法制史课教学心得/刘晋叶//山西财经大学学报. -2002，2

中国法律思想史课程教学模式改革点滴谈/贺润坤//陕西广播电视大学学报. -2002，2

关于中国法律史学与科学精神的思考/陶广峰//南京大学法律评论. -2002，
　　春季号

论重视新中国法制史教学/王立民//上海交通大学学报（哲社科版）.
　　-2002，4

浅谈课程一体化在中国法制史教学中的运用/胡忠仁//安徽广播电视大学学
　　报. -2002，4

法史学科体系探讨之我见——兼谈与此相关的几个理论问题/杨一凡//法治论
　　丛（上海政法学院学报）. -2002，5

试论立法史的演进之路/徐爽//西南政法大学学报. -2002，5

近十年来台湾法史学教育的实证分析（1993—2002）/黄源盛、张永铉//《法
　　制史研究》第3期，（台湾）中国法制史学会、"中央研究院"历史语言
　　研究所. -2002

大陆法律史教学与研究的昨天、今天与明天/王健//《法制史研究》第3期，
　　（台湾）中国法制史学会、"中央研究院"历史语言研究所. -2002

法史学教学方法论座谈会纪实/张世菁、庄以馨//《法制史研究》第3期，（台
　　湾）中国法制史学会、"中央研究院"历史语言研究所. -2002

古为今用，洋为中用，推动法律史学科的发展——中国法律史学会编辑部召
　　开《论集》作者座谈会纪要/肖太福、张立娜//《法律史论集》第4卷，
　　法律出版社. -2002

中国法律史学研究取向的回顾与前瞻/王志强//《中西法律传统》第2卷，中
　　国政法大学出版社. -2002

开创法律史研究与时俱进的新纪元/陈鹏生//《走向二十一世纪的中国法文化》
　　（《法律史论丛》第9辑），上海社会科学院出版社. -2002

二十一世纪中国法律思想史研究的走向/杨鹤皋//《走向二十一世纪的中国法
　　文化》（《法律史论丛》第9辑），上海社会科学院出版社. -2002

试论中国古代史学与法学同源/王宏治//政法论坛. -2003，2；又载《中国法
　　律文化论集》，中国政法大学出版社. -2007

中国法律史学科体系结构的几个问题/祖伟//辽宁大学学报（哲社科版）.
　　-2003，2；又载《法史思辨：2002年中国法史年会论文集》，法律出版
　　社. -2004

中国传统法行为的特征、心理机制和价值取向/石文龙//上海师范大学学报
　　（哲社科版）. -2003，3

中国"封建"法制史研究论纲/范忠信//中国法学. -2003，6；又载《中国

法史学精萃》2001—2003 年卷，高等教育出版社．-2004

中国法律史学史——一个学科史问题的透视/韩秀桃//法制与社会发展．
　　-2003，6；又载《法史思辨：2002 年中国法史年会论文集》，法律出版
　　社．-2004

"中国法律史"教学的几点体会/周东平//厦门大学学报．-2003，增刊

中国式集权与限权研究——兼论中国法制史亟待研究的一个领域/付春杨//
　　《安徽大学法律评论》第 3 卷第 1 期，安徽大学出版社．-2003

从黄昏到黎明——台湾法律系学生对法史学教育的观感评析/黄源盛//《法制
　　史研究》第 4 期，（台湾）中国法制史学会、"中央研究院"历史语言研
　　究所．-2003

中国传统法的"一统性"与"多层次"之分析：兼论中国传统法研究中应慎
　　重使用"民间法"一词/曾宪义、马小红//法学家．-2004，1

关于监狱史研究的若干问题/万安中//政法论坛．-2004，2

司法权研究的历史与现状分析/吴春雷//云南师范大学学报（哲社科版）．
　　-2004，3

中国法制史教学与大学生民族精神培养/栾爽//教育与职业．-2004，27

法典与法律之间——近代法学给中国法律史带来的影响/陶安//《法制史研究》
　　第 5 期，（台湾）中国法制史学会、"中央研究院"历史语言研究
　　所．-2004

台湾法制史乎？中国法制史乎？/韩毓杰//《法制史研究》第 6 期，（台湾）中
　　国法制史学会、"中央研究院"历史语言研究所．-2004

关于近代法律史研究的几个问题/武乾//《法史思辨：2002 年中国法史年会论
　　文集》，法律出版社．-2004

中国法律史学的学科结构与学科制度/黄震//《法史思辨：2002 年中国法史年
　　会论文集》，法律出版社．-2004

"两张皮"、危机与历史转折——关于中国法律史学科体系的一点思考/王强//
　　《法史思辨：2002 年中国法史年会论文集》，法律出版社．-2004

研究中国法律史的几点断想/周子良//《法史思辨：2002 年中国法史年会论文
　　集》，法律出版社．-2004

法制史：法律治理国家的历史/占茂华//《法史思辨：2002 年中国法史年会论
　　文集》，法律出版社．-2004

中国法律史的体系建构/韩慧//《法史思辨：2002 年中国法史年会论文集》，
　　法律出版社．-2004

关于中国法律史学科体系、结构与特征的几点看法/金敏//《法史思辨：2002年中国法史年会论文集》，法律出版社. -2004

从类型角度谈中国法律史叙述：一个导论/徐忠明//《法史思辨：2002年中国法史年会论文集》，法律出版社. -2004

重视新中国法制史教学论纲/王立民//《法史思辨：2002年中国法史年会论文集》，法律出版社. -2004

《新编中国法制史》刍议/柏桦、侯欣一//《法史思辨：2002年中国法史年会论文集》，法律出版社. -2004

本科法学教学中法律史教学改革若干问题思考/汪世荣//《法史思辨：2002年中国法史年会论文集》，法律出版社. -2004

中国封建社会的断代和中国法制史的教学与科研/董长春//《法史思辨：2002年中国法史年会论文集》，法律出版社. -2004

《中国法制史》指瑕/李俊芝//现代远距离教育. -2005，1

法学本科中国法制史体例及完善设想/杨宜默//韶关学院学报. -2005，1

时代呼唤新编《中国法制史》/廖宗麟//湛江海洋大学学报. -2005，2

关于《中国法制史》教学的几个问题/田东奎//榆林学院学报. -2005，2；又载西部论坛. -2005，4

历史与社会交错中当代法学学术史/贺卫方//云梦学刊. -2005，4

再论法史学的功能：从法学教育改革谈起/强昌文//中国社会科学院研究生院学报. -2005，5

中国法制史教学方法探析/李守良//南方论刊. -2005，6

中国法制史课程教学体系改革的理论思考/戴开柱//湖南社会科学. -2005，6

"中国法制史"多媒体教学体会点滴/苗鸣宇//北京教育（高教版）. -2005，9

《中国法律思想史》学习指南/哈萨//内蒙古电大学刊. -2005，11

中国法制史教学模式的困境与对策/孙光妍//黑龙江高教研究. -2005，12

中国法律史教学之思考/李启成//厦门大学学报. -2005，增刊

危机、挑战、出路："边缘化"困境下的中国法制史学——以中国大陆地区为主要对象/李力//《法制史研究》第8期，（台湾）中国法制史学会、"中央研究院"历史语言研究所. -2005

中国法律史研究的可能前景：超越西方，回归本土？/徐忠明//政法论坛-2006，1；又载《法律史学科发展国际学术研讨会文集》，中国政法大学出版社. -2006

中国法史学基础问题反思/刘广安//政法论坛．-2006，1；又载《法律史学科发展国际学术研讨会文集》，中国政法大学出版社．-2006

论法律史研究中的法理意义/王申//华东政法学院学报．-2006，1；又载《法律史学科发展国际学术研讨会文集》，中国政法大学出版社．-2006

浅析我国近代法律教育的课程设置/王彬//教育史研究．-2006，2

和谐社会与传统法律文化教育——兼及中国法制史教学之思考/王雅梅//太原师范学院学报（社科版）．-2006，3

法学本科阶段《中国法制史》教学体例与内容的思考/胡谦//长沙大学学报．-2006，6

借题发挥：中国法制史向何处去？/李力//政法论坛．-2006，6

中国法律思想史研究视阈走向开放/吴猛强//社会科学报．-2006，8.17

法学史研究：以一项部门学史研究为例——关于"中国监狱学史"研究的若干历史理论问题/郭明//《法律史学科发展国际学术研讨会文集》，中国政法大学出版社．-2006

中国法制史学发展历程的反思和期望/张晋藩//《法律史学科发展国际学术研讨会文集》，中国政法大学出版社．-2006

中国法律史的学科史反思/黄震//《法律史学科发展国际学术研讨会文集》，中国政法大学出版社．-2006

论作为法律科学的中国法律史/陈煜//《法律史学科发展国际学术研讨会文集》，中国政法大学出版社．-2006

探索原创，深入民间，开展法史学新天地/陈金全、胡仁智//《法律史学科发展国际学术研讨会文集》，中国政法大学出版社．-2006

关于法律史学科发展的一点想法/马小红//《法律史学科发展国际学术研讨会文集》，中国政法大学出版社．-2006

探索中华法制文明的珍贵遗产——编写《中国少数民族法制通史》的几点设想/张晋藩//《中国文化与法治》，社会科学文献出版社．-2006

有关中国法制史本科教学的几点体会/侯欣一//《法律史论集》第6卷，法律出版社．-2006

珍惜中国传统法——中国法律史教学和研究的反思/马小红//北方法学．-2007，1

中国法制史课程"721"教学改革方案探索/孙光妍//黑龙江教育．-2007，1

论"新法制史"之"旧"/李卫东//新疆财经学院学报．-2007，1

试论中国法制史德育功能的开发/陈健英//河北广播电视大学学报．-2007，5

中国法制史课程"3＋2"人才培养模式探索/孙光妍//黑龙江高教研究.
　　-2007，10

试论中国古代经学与法学的关系/王宏治//《中国法律文化论集》，中国政法大
　　学出版社.-2007

论行政法史的学科定位/关保英//法制与社会发展.-2008，1

法律史教学的迫切反思/李凤鸣//社科纵横.-2008，1

知识转型背景下的中国法律史——从中国法学院的立场出发/尤陈俊//云南大
　　学学报（法学版）.-2008，1

中国经济法学说史分期研究/陈雄根//广西师范大学学报（哲社科版）.
　　-2008，1

2007年法律史学科新进展/张中秋、陈煜//华东政法大学学报.-2008，3

学术史的内在理路：以中国法律史为例/徐忠明//云梦学刊.-2008，4

历史深处看法人类学：以法人类学与法史学之联系为视角/粟丹//海南大学学
　　报（人文社科版）.-2008，6

中国法制史教法新探/冯建辉//教育与职业.-2008，7B

动态创新拓展——中国法制史课程"721教学改革方案"的探索/孙光妍//黑
　　龙江史志.-2008，22

中国法律史研究在台湾：一个学术史的述评/尤陈俊//《中西法律传统》第6
　　卷（台湾学者的中国法律史研究专号），北京大学出版社.-2008

中国法治进程中的法律史学（1978—2008）/张中秋//河南省政法管理干部学
　　院学报.-2009，2

定位与创新：中国法制史教学改革刍议/徐祖澜//江苏警官学院学报.
　　-2009，2

继承优良传统，促进法律史学的深入发展/张晋藩、刘海年、侯欣一等//法学
　　研究.-2009，2

中国法制史浅谈/李琦、璐帆//今日民族.-2009，5

中国近代法律史学产生的社会背景析论/张雷//河南社会科学.-2009，5

中国法律史教材的体例、内容及其重构/刘国强//南阳师范学院学报.
　　-2009，8

中国法学三十年：学科断代史的定量研究/凌斌//开放时代.-2009，8

论法律与人文精神的历史脉动/刘树桥//学术界.-2009，8

历史视野下的新中国法律史学/侯欣一//中国社会科学报.-2009，9.22

中国法制史研究中的"史实"与"史识"/王申//南京大学法律评论.

-2009，秋季号

法学专业学生"读书工程"实施方案探讨——以《中国法制史》课程为例/
郭海霞//黑龙江史志. -2009，21

中国法制史立体教学模式探析/刘军平//《高等教育研究》第2辑，湘潭大学
出版社. -2009

一个学科的成长——法史学科与南开/侯欣一//《中国法学教育研究》，中国政
法大学出版社. -2009

史料与创新——法制史研究中的问题与主义之争/高仰光、崔相伟、陈豪、张
倩、冯晶//《法律文化研究》第5辑，中国人民大学出版社. -2009

发现中国"混合法"：一个中国法学概念的学术史考察/黄震//河北法学.
-2010，2

文学作品、司法文书与法史学研究：以审理"妄冒为婚"案为中心的研究/
李启成//政法论坛. -2010，2

守千古之常，发一时之新——记人大法律史学科六十年/叶秋华、赵晓耕//法
学家. -2010，4

试论法律史研究的人类学进路/郭亮、陈金全//学术交流. -2010，12

中国法制史课程教学改革的若干思考/李永军//《中国法律传统与法律精
神——中国法律史学会成立30周年纪念大会暨2009年会论文集》，山东
人民出版社. -2010

注重法律形式研究，全面揭示古代法律体系和法制的面貌/杨一凡//《中国法
律传统与法律精神——中国法律史学会成立30周年纪念大会暨2009年
会论文集》，山东人民出版社. -2010

关于法律史的三个观点/俞荣根//《中国法律传统与法律精神——中国法律史学
会成立30周年纪念大会暨2009年会论文集》，山东人民出版社. -2010

（三） 法的起源

法律之渊源/傅文楷//法学季刊. -1926，（第1卷）3

中国法源论/章寿昌//法学季刊. -1927，（第1卷）3

政法科学工作者应否研究中国国家起源的问题/吴恩裕//政法研究. -1957，4

军法起源与兵刑合——中国法制史上一个观察/陈顾远//《陈顾远法律论文
集》，（台湾）陈顾远文集出版委员会. -1982

试论中国法的起源及其特点/张耕//中国政法大学学报. -1983，4

《尚书·尧典》法律思想辨析——试论中国法律的起源/薛其晖//学术月刊.
　　-1984，8

从习俗到法的历史过渡/张定龙//百科知识. -1984，10

试论"刑始于兵"/李衡梅//辽宁师范大学学报（社科版）. -1985，1

古代行政法的产生、发展及特点/李铁//政法论坛. -1985，1

我国古代赎刑渊源初探/李衡梅//松辽学刊. -1985，4

关于中国岁刑的起源——兼谈秦刑徒的刑和隶臣妾的身份/刘海年//法学研
　　究. -1985，5、6

略论我国法的起源/游绍尹//中南政法学院学报. -1986，2

先秦诸子论国家的起源/翟廷、王晋//华东政法学院学报. -1987，1

试论中国法的产生规律——兼论中国古代法律文化的若干特点/游绍尹//中南
　　政法学院学报. -1987，1；又载《百年回眸：法律史研究在中国》第2
　　卷，中国人民大学出版社. -2009

法律先于阶级和国家产生——就法的起源问题与郭宇昭、韩育玮二同志商榷/
　　赵延光//贵州文史丛刊. -1989，1、2

刑的起源新解/陶广峰//兰州大学学报（社科版）. -1989，2

神判说考辨/张民生//江海学刊. -1989，2

中国成文法探源/武树臣、马小红//政法论丛. -1990，4

中国成文法的起源/武树臣、马小红//学习与探索. -1990，6

传说时代的社会状况与法的起源/武树臣、马小红//《中国法律史国际学术讨
　　论会论文集》，陕西人民出版社. -1990

论中国法律起源的途径及其特点/乔伟//山东大学学报（哲社科版）.
　　-1991，3

名辩思潮与成文法的诞生/武树臣//中国法学. -1991，4

氏族（部族）·宗族（家族）·国家（社会）：传统中国集团本位法的形成
　　与发展/张中秋//上海社会科学院学术季刊. -1991，4

中国古代成文法公布考论/徐忠明//《法学文集》（3），中山大学学报丛
　　书. -1991

中国法的起源及其特点/武树臣//中外法学. -1992，6；又载《中外法律史新
　　探》，陕西人民出版社. -1994

中国法律起源的新探索/李明德//法学研究. -1993，5

论中国行会习惯法的产生、发展及特点/高其才//法律科学. -1993，6

祀与戎：中国古代法律的源头/马小红//文史知识. -1993，6

"法"字新考/武树臣//中外法学. -1994，1

神话思维与中国古代法律起源若干问题释证/徐忠明//比较法研究. -1994，2

皋陶与法论考/徐忠明//政法学刊. -1995，1

民族禁忌与中国早期法律/田有成//中外法学. -1995，3

酋邦战争与中国早期国家法律的起源/田有成//广东民族学院学报. -1996，1

寻找最初的法——对古"法"字形成过程的法文化考察/武树臣//学习与探索. -1997，1；又载《百年回眸：法律史研究在中国》第 2 卷，中国人民大学出版社. -2009

论中国刑法起源之特征/夏新华//怀化师专学报. -1998，1

中国法的渊源/〔英〕帕瑞·凯勒著，桂万先译//南京大学法律评论. -1998，秋季号

中国法律起源模式探索/李明德//《法律史论集》第 1 卷，法律出版社. -1998

从原始禁忌看法的起源/周鹏飞//研究生法学. -1999，1

逮捕制度的产生与发展/孙谦//中国刑事法杂志. -1999，2

中西方法律起源与发展之比较研究/都玉霞、赵延波//政法论丛. -1999，4

人类关于法的本质的认识进程探析/黄丽红//江汉石油学院学报（社科版）. -1999，4

华夏诸族与中国早期刑罚的雏形/徐晓光//贵州民族学院学报（哲社科版）特刊·民族法学评论. -2000，1

论法起源的论证基础/刘平//中国社会科学院研究生院学报. -2000，4

禁忌与图腾向习惯法的转变过程/冯引如//现代法学. -2000，6

神判考/徐晓光//四川大学法学评论. -2000，秋季版

家族主义法渊源略论/丁凌华//《继承与创新——中国法律史学的世纪回顾与展望》（《法律史论丛》第 8 辑），法律出版社. -2001

法的生成的几个问题/严存生//华东政法学院学报. -2002，1

"法的起源"不等于"法意识的起源"——兼论关于"法的起源"争论的误区/郑德新//安徽教育学院学报. -2002，1

论中国大陆刑法的渊源/吴加亮//山西高等学校社会科学学报. -2002，1

试析法的产生过程/丁华//渝西学院学报. -2002，1

中国公证的起源/詹爱萍//中国公证. -2002，1

原始社会与法律行为/宋炳庸//当代法学. -2002，4

神判起源考略/杜文忠//思想战线. -2002，6

原始文化与人类的法治精神/陈金全//现代法学. -2002，6

汉语"法学"一词的起源及其流变/何勤华//《中国法史学精萃》2002 年卷,
　　机械工业出版社. –2002

"法"辨/梁治平//《中国法史学精萃》2002 年卷,机械工业出版社. –2002

判例法:中国法制之源/徐永康、王铁雄//《华东政法学院学术文集
　　(2001)》,浙江人民出版社. –2002

中国监狱起源问题之比较研究/殷导忠//中国监狱学刊. –2003,1

中国死刑起源探究/胡健//政法论丛. –2003,2

论法律公示的起源和意义/贺友龄//中国人民公安大学学报. –2003,3

习惯之成为法律渊源探析/林锦平//福建省政法管理干部学院学报. –2003,4

原始社会与法律行为/宋炳庸//当代法学. –2003,4

论法的生成/葛洪义//法律科学. –2003,5

"灋"意考辨:兼论"判决"是法的一种起源形式/胡大展//比较法研究.
　　–2003,6

初民的审判——神判/张冠梓//东南文化. –2003,9

中国监狱的起源求证/高文//犯罪与改造研究. –2003,11

刑讯的产生、原因及其禁绝/武树臣//《武树臣法学文集》,中国政法大学出版
　　社. –2003

中国古代礼与法关系之演进/马建兴//《安徽大学法律评论》第 3 卷第 2 期,
　　安徽大学出版社. –2003

法律变革的起源——以中国史为中心的考察/张艳//中州大学学报. –2004,1

浅议道德乃法律的出发点和源头/程敏//皖西学院学报. –2004,1

中国国家与法律起源新论/张继//潍坊学院学报. –2004,1

誓与法/杜文忠//现代法学. –2004,1

论司法的原初与衍生功能/蒋红珍、李学尧//法学论坛. –2004,2

论中华法律文明的族体多元性——以法的历史起源为视角/李占荣//甘肃政法
　　学院学报. –2004,2

习惯、礼与中国法的起源/田东奎//宝鸡文理学院学报(社科版). –2004,2

神判与早期法的历史演进/杜文忠//民族研究. –2004,3

论判例法在我国古代法律渊源中的地位/沈国锋//《判例制度研究》,人民法院
　　出版社. –2004

从家族制度到家族本位法——伦理法制形成探源/林明//《民间法》第 3 卷,
　　山东人民出版社. –2004

法治是如何形成的——神学与法律关系新探/陈洪涛//社会科学家. –2005,1

习惯法与法治的制度起源/唐士其//国际政治研究. -2005，1

中国古代法的法源传统及其近代转型/易有禄、杨德敏//社科纵横. -2005，2

"灋"义探源/张永和//法学研究. -2005，3

法律起源对中国古代刑法的影响/张胜英//商丘师范学院学报. -2005，3

法治文明的历史溯源/王志韬//甘肃政法成人教育学院学报. -2006，2

论法的起源/马静//科学学与科学技术管理. -2007，S1

从法的本质浅谈法的起源/符传伟//新西部（下半月）. -2007，4

浅论法的起源/孙西河//广东技术师范学院学报. -2007，4

析古代祭祀活动与中国法的起源/马念珍//贵州社会科学. -2007，9

古法（灋）考释/卜安淳//《中华法系国际学术研讨会文集》，中国政法大学
　　出版社. -2007

先秦法家：法治的中国渊源/孙春增//法学论坛. -2008，2

对中国成文法起源问题的思考/王谋寅//安徽大学学报（哲社科版）.
　　-2008，2

斗而后决：关于法治起源的经济学分析/孙伊然//上海交通大学学报（哲社科
　　版）. -2008，2

肉刑的起源及其特点/孙海霞//中州学刊. -2008，2

"法"义追寻/朱红林//法制与社会发展. -2008，3

论古代中国罪刑法定的萌芽/乔利民//华南理工大学学报（社科版）.
　　-2008，4

家族法规的生成、形态及其地位/万娟娟//湘潭师范学院学报（社科版）.
　　-2008，5

论习惯法的诞生/喻中//政法论丛. -2008，5

中国法律生于礼/敬庵、代小丽//《法律文化研究》第4辑，中国人民大学出
　　版社. -2008

依法治国与以德治国相结合的法治思想渊源探析/唐华清//南宁师范高等专科
　　学校学报. -2009，2

"先王世界"崇拜与中国古代法起源的特征/顾俊杰//同济大学学报（社科
　　版）. -2009，2

从瑶族石碑律看法律的起源/莫金山、陈建强//广西民族研究. -2009，2

道德：法律的起源与归宿/米晓波//社科纵横（新理论版）. -2009，3

试论"囚徒困境"与法的起源/王耀海、聂佳龙//理论界. -2009，4

从少数民族的创世神话中解析法律起源于战争/张华//消费导刊. -2009，11

专职法司的起源与中国司法传统的特征/范忠信//《中国传统司法与司法传统》，陕西师范大学出版社. -2009

论"刑始于兵而终于礼"：兼论中国军事法的起源/朱晓红//西安政治学院学报. -2010，2

中国法文化的起源、发展和特点（上）/张伟仁//中外法学. -2010，6

法律起源的经济后果（上、下）/Porta，R. L. 等著，刘佳译//管理世界. -2010，7、8

法的起源：国家性、伦理性、公共性及其他/梁兴国//政治与法律. -2010，8

大禹治水与中国传统行政法起源之探究/柳正权//《中国法律传统与法律精神——中国法律史学会成立 30 周年纪念大会暨 2009 年会论文集》，山东人民出版社. -2010

（四） 中华法系研究

建设一个中国法系/高维廉//法学季刊. -1924—1926，（第 2 卷）8

中国法系的特征及其将来/薛祀光//社会科学论丛. -1929，（第 1 卷）4

建树新中华法系/马存坤//法律评论. -1929，（第 7 卷）39

中华法系建立之经过及其将来/丁元普//现代法学. -1931，（第 1 卷）1

论中国法系/程树德//法律评论. -1934，（第 11 卷）19

试论我国法系之梗概/何兴翔//民钟季刊. -1935，（第 1 卷）49

中国法系之权利思想与现代/陈鹏//法律评论. -1936，（第 13 卷）40

中华法系与民族复兴/丁元普//中华法学杂志. -1937，（第 1 卷）7

家族制度与中国固有法系之关系/陈顾远//中华法学杂志. -1937，（第 1 卷）7

中国法系之重新建立/居正//中华法学杂志. -1944，（第 3 卷）1

论中华法系/张天权//中华法学杂志. -1945，（第 3 卷）8

新中国法系的重建与三民主义/尚爱荷//中华法学杂志. -1948，（第 7 卷）6

中华法系特点初探/陈朝壁//法学研究. -1980，1

中华法系特点探源/张晋藩//法学研究. -1980，4

浅谈中华法系的重刑轻民特点/赵长生//法学季刊. -1982，1

中华法系的形成及其特点/刘海年//人民司法. -1983，1

略论中华法系的特点及其形成和消亡的途径/韩玉林、赵国斌//吉林大学社会科学学报. -1983，4

论中华法系的基本特点——礼法结合问题/乔伟//《法史研究文集（上）》，
　　西北政法学院. -1983

中华法系的继承性问题/徐永康//浙江法学. -1984，创刊号

再论中华法系的若干问题/张晋藩//政法论坛. -1984，2

论违礼是唐律的刑事责任依据——兼论中华法系的特点/王占通//社会科学战
　　线. -1987，4

《唐律疏议》：中华法系的典型之一/阎青义//古籍整理研究学刊. -1988，1

论"中华法系"的特点/范明牟//法律学习与研究. -1988，1

论中华法系的解体/徐永康//《华东政法学院法学硕士论文集》，上海社会科学
　　院出版社. -1988

中国法系的特征及其价值/武树臣//人民日报. -1990，1. 15

中华法系封闭性释证/张中秋、金眉/南京大学学报（哲学人文社科版）.
　　-1991，3

中国的混合法——兼及中国法系在世界的地位/武树臣//政治与法律.
　　-1993，2

儒家"中道"与中华法系的特点和价值/俞荣根//天府新论. -1993，6

中华法系特征的再探讨/马小红//中外法学. -1994，2

从中华法系的罚赎到藏区法制的赔命价的历史发展轨迹/陈光国、徐晓光//青
　　海社会科学辑刊. -1994，4

中华法系的封闭性及其成因/李昕/法律科学. -1994，6

先秦思想文化与中华法系之源流/南玉泉//政法论坛. -1996，3

简论中华法系的特色与价值/侯文富、张立波、贾国发//东北师大学报.
　　-1997，3

论中华法系的形成和发展条件/杨振洪//法学研究. -1997，4；又载《中国法
　　史学精萃》2002 年卷，机械工业出版社. -2002

法典的法家化/郝铁川//《中华法系研究》，复旦大学出版社. -1997；又载
　　《百年回眸：法律史研究在中国》第 2 卷，中国人民大学出版社. -2009

中华法系法家化驳议——《中华法系研究》之商榷/范忠信//比较法研究.
　　-1998，3

论中华法系"重礼轻法"特征的形成/彭凤莲//安徽师范大学学报（人文社科
　　版）. -1999，2

法系、中国法系再议论/王绍棠//南京大学法律评论. -1999，春季号

回顾与思考：中华法系研究散论/张中秋//南京大学法律评论. -1999，春

季号

中华法系的亲伦精神——以西方法系的市民精神为参照系来认识/范忠信//南京大学法律评论. -1999，春季号

重塑中华法系的几点思考：三论中华法系/张晋藩//南京大学法律评论. -1999，春季号

中华法系研究的再思/徐忠明//南京大学法律评论. -1999，春季号

中华法系的解体与中国现代法律制度的初步形成/李罡//北京行政学院学报. -1999，4

中华法系形成的地域特征/马小红//管子学刊. -1999，增刊

中华法制文明的世界地位与近代化的几个问题/张晋藩//《在中南海和大会堂讲法制》，商务印书馆. -1999

中华法系的一大特点——罪刑既是法定的又是非法定的/俞荣根//浙江大学法学论集. -2000，创刊号

历史境遇与法系构建：中国的回应/郭成伟、马志刚//政法论坛. -2000，5

小农经济与中华法系传统的特征/范忠信//河南省政法管理干部学院学报. -2000，6

重塑中华法系与中华民族的伟大复兴——代序/张晋藩//《中国传统法律文化与现代法治》（《法律史论丛》第7辑），重庆出版社. -2000；又载《政法评论》2001年卷，中国政法大学出版社. -2001

中华法系与大陆法系比较研究/杨峥嵘//当代法学. -2001，1

中国共产党开创了社会主义中华法系的新纪元/张希坡//法学家. -2001，4

也论中华法系/王立民//华东政法学院学报. -2001，5

中华法系要览及其发展趋势/任延平//重庆三峡学院学报. -2001，增刊

中华法系土地用益制度的演进/王旭伟//沈阳师范学院学报. -2002，5

中华法系研究中的一个重大误区——"诸法合体、民刑不分"说质疑/杨一凡//中国社会科学. -2002，6；又载《中国法史学精萃》2001—2003年卷，高等教育出版社. -2004

家与群：张力下的法律体系——法史学名著读书札记/袁开宇//《清华法治论衡》第3辑，清华大学出版社. -2002

传统——法系融合之基础/高旭晨//《中国法律近代化论集》，中国政法大学出版社. -2002

中华法律历史的演进/张晋藩//《世纪大讲坛》第3辑，辽宁人民出版社. -2002

罪刑法定与非法定的和合——中华法系的一个特点/俞荣根//《批判与重建——中国法律史研究反拨》，法律出版社．-2002；又载《中西法律传统》第 3 卷，中国政法大学出版社．-2003

天人合一境界中的中华法系之美/吕世伦、邓少岭//现代法学．-2003，3；又载《中国法史学精萃》2001—2003 年卷，高等教育出版社．-2004

由五大法系的命运看世界文明的进程/陈颖//贵州社会科学．-2003，6

中华法系与 21 世纪法治/马小红//《中华文化与 21 世纪》，中国言实出版社．-2003

中华法系并非"以刑为主"/艾永明//中国法学．-2004，1

《尚书》：为中华法系提供原型构架/陈鸿彝//江苏警官学院学报．-2004，2

中华法系"以刑为主"特点质疑/艾永明//《法史思辨：2002 年中国法史年会论文集》，法律出版社．-2004

陈顾远中华法系研究初探/史广全//天津市政法管理干部学院学报．-2005，1；又载学术探索．-2005，2

新中华法系的诞生——从三大法系到东亚共同体法/何勤华//法学论坛．-2005，4

中华法系学述论/俞荣根、龙大轩//法治论丛（上海政法学院学报）．-2005，4

大陆法系与中华法系的相近性/徐祥民、刘远征、张红杰、陈晨//中国海洋大学学报．-2005，5；又载《中国文化与法治》，社会科学文献出版社．-2007

中国古代监察法的历史价值——中华法系的一个视角/张晋藩//政法论坛．-2005，6

中华法系特点再议/张晋藩//江西社会科学．-2005，8；又载《百年回眸：法律史研究在中国》第 2 卷，中国人民大学出版社．-2009

人本主义——中华法系特点之一/张晋藩//河北法学．-2005，9

和合：中华法系的总体特征/龙大轩//《法律文化研究》第 1 辑，中国人民大学出版社．-2005

现代法学诠释中的"中华法系"——以产权与合约为中心/苏基朗//法学．-2006，12；又载《中华法系国际学术研讨会文集》，中国政法大学出版社．-2007

中华法系学述论/俞荣根、龙大轩//《中西法律传统》第 5 卷，中国政法大学出版社．-2006

从《唐律疏议》的局限性看中华法系发展的特点/廖宗麟、汪树民//河池学院学报（哲社科版）. -2007，1

中华法系研究新论/张晋藩//南京大学学报（哲学人文社科版）. -2007，1

从中华法系到东亚法——东亚的法律传统与变革及其走向/张中秋//南京大学学报（哲学人文社科版）. -2007，1；又载《中华法系国际学术研讨会文集》，中国政法大学出版社. -2007；《中国法律文化论集》，中国政法大学出版社. -2007

中华法系思想内涵与基本特点再探/韩秀桃、徐伟勇//华东政法学院学报. -2007，2

儒家中道及其对中华法系的影响/邵方//上海财经大学学报. -2007，3

古代中国的朝贡制度和古罗马的海外行省制度——中华法系和罗马法系形成的制度基础/朱景文//法学杂志. -2007，3

《万国公法》的译入对中华法系的影响：补充抑或是瓦解？/余甬帆//宿州教育学院学报. -2007，5

对中华法系中关于私权保护的几点猜想/王芳//和田师范专科学校学报. -2007，5

中华法系伦理法特质衍生的社会基础/周子良、王华//山西大学学报（哲社科版）. -2007，5

中华法系解体下的日本因素/李米佳、陈红//法制与社会. -2007，10

中华法系法律儒家化的法理分析/陈新宇、许亚敏//科教文汇（上旬刊）. -2007，12

简论中华法系/钱颖//法制与社会. -2007，12

唐律——古代"中华法系"的代表作/张宝山、马国淘//中国人大. -2007，21；又载吉林人大工作. -2008，3

法系比较与中华发展法系/倪正茂//《中国文化与法治》，社会科学文献出版社. -2007

从法文化视角看中华法系的形成与影响/孙璎珞//《山东大学法律评论》第4辑，山东大学出版社. -2007

大陆法系与中华法系的相近性/徐祥民、刘远征、张红杰、陈晨//《中国文化与法治》，社会科学文献出版社. -2007

中华法系研究的回顾与前瞻/张晋藩//《中华法系国际学术研讨会文集》，中国政法大学出版社. -2007

也谈中华法系的特质/高明士//《中华法系国际学术研讨会文集》，中国政法大

学出版社. -2007

中华法系特点的发展/刘广安//《中华法系国际学术研讨会文集》，中国政法大学出版社. -2007

中华法系为何成为东亚各国的母法/李青//《中华法系国际学术研讨会文集》，中国政法大学出版社. -2007

经学：中华法系的理论基础——试论《唐律疏议》与经学的关系/王宏治//《中华法系国际学术研讨会文集》，中国政法大学出版社. -2007

论宋代法律在中华法系中的地位/屈超立//《中华法系国际学术研讨会文集》，中国政法大学出版社. -2007

为什么要建中国法系/居正著，郭嘉整理//《法律文化研究》第3辑，中国人民大学出版社. -2007

简论中华法系的价值：以中日法文化交流为取向/李青//安徽师范大学学报（人文社科版）. -2008，1

中华法系伦理量刑制度的立法表现/冯曙霞//社科纵横（新理论版）. -2008，2

中华法系价值论综述/马腾//中山大学研究生学刊（社科版）. -2008，4

中华法系伦理量刑的核心意蕴——"孝道"规范的历史沿革/冯曙霞//郑州大学学报（哲社科版）. -2008，5

中国传统国格之正义立国及中华法系之正义法系初探/李世福//太原师范学院学报（社科版）. -2008，6

中华法系伦理量刑理论的历史演进/冯曙霞//湖湘论坛. -2008，6

"中华法系"话语在近代中国的建构/郭世佑、李在全//江苏社会科学. -2008，6

中华法系的文化支撑浅论/司贻文//金卡工程（经济与法）. -2008，12

中华法系研究/彭威炜//学习月刊. -2008，20

建构中华法系——学说、民族主义与话语实践（1900—1949）/赖骏楠//《北大法律评论》第9卷第2辑，北京大学出版社. -2008

中华法系罪刑相适应原则探源——试论西周中刑原则/冯红//河北大学学报（哲社科版）. -2009，2

中华法系量刑标准分类问题初步探讨/冯曙霞//福建论坛（社科教育版）. -2009，4

中华法制文明的几个问题/张晋藩//中国法学. -2009，5

走向新中华法系的道路/陈耿、傅达林、刘婷婷//经济参考报. -2009，9. 22

中华法系的特点及成因探析/王薇//学习月刊. -2009，22

论中华法系之复兴/葛之蕤//法制与社会. -2009，23

中华法系的立法思想/孟爽//法制与社会. -2009，28

浅论中华法系的主要特征/彭敏、张希君//科技信息. -2009，33

中华法系立法之演进/蒋澧泉、张婧//《法律文化研究》第5辑，中国人民大学出版社. -2009

正本清源，折中融西——重建新的中华法系/俞荣根//政法论坛. -2010，2

解读中华法系的本土性/张晋藩//政法论坛. -2010，5

中华法系伦理量刑制度形成探析/冯曙霞//中州学刊. -2010，5

中华法系"刑法"主体形成原因辨析/杨师群//探索与争鸣. -2010，6

论中国法的精神特质/杜文忠、吴杰//《中国法律传统与法律精神——中国法律史学会成立30周年纪念大会暨2009年会论文集》，山东人民出版社. -2010

试论藏族传统法律文化在中华法系中的价值与地位/南杰·隆英强//《中国法律传统与法律精神——中国法律史学会成立30周年纪念大会暨2009年会论文集》，山东人民出版社. -2010

张晋藩先生论中华法系/张中秋//《思学集——张晋藩先生执教六十周年暨八十华诞纪念文集》，中国政法大学出版社. -2010

（五） 各类法律文化研究

我国法律教育之历史谭/董康//东吴法学杂志. -1934，（第7卷）3、4、5、6

略谈法律的继续性/林榕年//法学研究. -1979，1

从"清官"说到法治/大泓、风麟//解放日报. -1980，1.16

古人根据心理特征办案数例/陶积根//福建司法. -1983，6

秦汉的律令学——兼论曹魏律博士的出现/邢义田//台湾"中央研究院"历史语言研究所集刊第54本4分册. -1983

中国古代法律教育初探/沈天水//法学. -1984，2

彭家屏"文字狱"/杨如松//中州今古. -1984，3

古代法律教育杂谈/武树臣//自修大学（政法）. -1984，6、8、12

炉礼士杀人案说明了什么？/小丁//自修大学（政法）. -1985，9

中国法律文化传统对社会主义法制建设的观念阻力/艾永明//法学与实践. -1986，1

中国固有法文化及其今天的位置/俞荣根//西南师范大学学报（人文社科版）.
　　-1986，3

比较法律文化的名与实/梁治平//法律学习与研究．-1986，8

律学博士创置年代考/罗新本//法学季刊．-1987，2

中国法律文化传统对社会主义法制建设的观念阻力/艾永明//法学与实践．
　　-1987，2

中国法律文化的起源（连载）/武树臣//自修大学（政法）．-1987，2、3、
　　4、5、6、7、8、9、10、11、12

中国传统法律意识探索/武树臣//自修大学（政法）．-1987，5

应当重视法律文化的研究/武树臣//法学．-1987，6

传统法文化与法制建设/乔伟//政法论坛．-1987，6

古代的法律学校/夏家峻//中国法制报．-1987，6．8

一个萌芽中的法学分支——"法律文化学"/武树臣//自修大学（政法）．
　　-1987，8

中国法律文化探索/武树臣//《北大法学论文集》，北京大学出版社．-1987

建设社会主义法制要重视对中国古代封建法律文化的批判继承/李交发//湘潭
　　大学学报（哲社科版）．-1988，1

中国传统法律意识批判/武树臣//烟台大学学报（哲社科版）．-1988，2

唐代佛道二教对传统法文化的影响/俞荣根//云南法学．-1988，2

宋代的诉讼之学/郭东旭//河北学刊．-1988，2

礼治·判例法时代的法律文化（《中国传统法律文化讲座》第四题）/武树
　　臣//自修大学（政法）．-1988，2、3

诚信原则与中华伦理背景/苏亦工//法律科学．-1988，3

社会主义初级阶段的法律文化特征/林扬//中国文化报．-1988，3．16

中国传统法律文化总评判/武树臣//学习与探索．-1988，4

中国传统法律文化与当今法制建设/武树臣//政法丛刊．-1988，4

法原：中国法观念的萌动、萎缩与觉醒/武树臣//比较法研究．-1988，4

中国传统法律文化的反思/陈汉生、杨伟方//文汇报．-1988，4．1

法治·成文法时代的法律文化（《中国传统法律文化讲座》第五题）/武树
　　臣//自修大学（政法）．-1988，4、5

一个引人入胜的法学新领域——法文化学/俞荣根//（西南政法学院）函授通
　　讯．-1988，5

评中国古代法律文化研究中的两种偏倚之说/张民生//江海学刊．-1988，6

古代法律学校简论/夏家骏//社会科学辑刊. -1988，6

礼法合治·混合法时代的法律文化（《中国传统法律文化讲座》第六题）/武
　　树臣//自修大学（政法）. -1988，6、7

中国传统法律文化的终结与新生（《中国传统法律文化讲座》第七题）/武树
　　臣//自修大学（政法）. -1988，8

中国传统法律文化的发展线索（《中国传统法律文化讲座》第八题）/武树
　　臣//自修大学（政法）. -1988，9

中国传统法律文化的发展规律（《中国传统法律文化讲座》第九题）/武树
　　臣//自修大学（政法）. -1988，10

中国传统法律文化总评判（《中国传统法律文化讲座》第十题）/武树臣//自
　　修大学（政法）. -1988，11

中国法律文化的现状与未来（《中国传统法律文化讲座》第十一题）/武树
　　臣//自修大学（政法）. -1988，12

中国法律文化总体精神的变革——从单位本位到双向本位/武树臣//社会科
　　学. -1988，12

法律文化研究的现状与趋向/武树臣//法律学习与研究. -1989，1

关于"法律文化"研究的几个问题/赵震江、武树臣//中外法学. -1989，1

简论中国古代的法律教育/夏家峻//政法高等教育. -1989，1

法制建设不可或缺的软件——法文化/俞荣根//政法学习. -1989，1

中国民族的传统法文化心理及其更新/俞荣根//云南法学. -1989，2

法律文化述要/武树臣//政法丛刊. -1989，2

历史没有捷径——论中国传统法观念的总体落伍与局部早熟/武树臣//青年学
　　者. -1989，2

移植与枯萎——个人本位法观念在中国的命运/武树臣//学习与探索.
　　-1989，2

对中国古代法文化研究的反思/俞荣根//社会学研究. -1989，2

中国法律文化中的特殊现象——"引经决狱"/刘嘉旭//学术交流. -1989，2

中国近代以来法律文化发展考察/潘大松//社会学研究. -1989，2

生命固应重，人格犹宜尊——近代法观念的一大变革/武树臣//人民日报（海
　　外版）. -1989，2. 2

让历史预言未来——论中国法律文化的总体精神与宏观样式/武树臣//法学研
　　究. -1989，2；又载《中国法史学精萃》2002 年卷，机械工业出版
　　社. -2002

五四运动与中国法律文化/乔丛启、杨一凡//法学研究. -1989，3

传统文化与"非讼"意识/马作武//法学评论. -1989，6

中国法律文化的总体风貌/武树臣//《北大法学论文集》，光明日报出版
　　社. -1989

简议法律文化/段秋关//政治与法律. -1990，1

中国传统法律文化评估/张国华//中外法学. -1990，1；又载《中国法律史国
　　际学术讨论会论文集》，陕西人民出版社. -1990

古代的法律学校/甘绩华、夏家峻//北京社会科学. -1990，2

律学衰因及其传统评价/师棠//法学. -1990，5

古代案狱故事中的审判心理/何连起//法制心理研究. -1990，5/6

中国传统法律文化的继承与改造/范忠信//（台湾）孔孟月刊. -1990，（第
　　29卷）8

中国传统法律文化的几重透视/张文彪//岭南学刊. -1991，1

法律文化片论/刘进田//法律科学. -1991，1

中西方法律思想家法律价值观的比较思考——兼议东西方法律文化的差异/史
　　彤彪//比较法研究. -1991，1；又载《百年回眸：法律史研究在中国》
　　第2卷，中国人民大学出版社. -2009

中国传统法律文化的构成及其对实践的影响/武树臣//法学研究. -1991，2

传统文化是否限制了罚金刑——与石英同志商榷/崔春华//辽宁大学学报（哲
　　社科版）. -1991，3

关于法律文化问题的研究综述/解建立//社会科学述评. -1991，3

简谈中国法律文化/张晋藩//人民日报（海外版）. -1991，3. 19

中国法律文化史及其分支学科建设的建议/范忠信//（台湾）中国文化.
　　-1991，4

中国传统法律文化的形成与演变/段秋关//法律科学. -1991，4

传统法律文化的形成、演变与更新/段秋关//法律科学. -1991，4；又载《百
　　年回眸：法律史研究在中国》第2卷，中国人民大学出版社. -2009

中国古代法律文化论纲/张晋藩//政法论坛. -1991，5；又载《中国法律文化
　　论集》，中国政法大学出版社. -2007

中国传统法律文化与义务本位/公丕祥//学习与探索. -1991，6

中国封建社会法文化论析：从"王子犯法与庶民同罪"说起/马小红、蒋小
　　莹//天津社会科学. -1992，1

继承和发扬中华优秀传统法律文化/张晋藩//中国法学. -1992，1

比较法律文化研究的对象和方法/武树臣//中外法学. -1992，1

历史法哲学——法的智慧之学/俞荣根//中外法学. -1992，1

中国传统法律文化的社会成因/武树臣//学习与探索. -1992，2

试论儒家法文化的现代命运/俞荣根//云南法学. -1992，2

儒家与当代西方宪政文化/郝铁川//比较法研究. -1992，2/3

儒家"中道"的法文化观照/俞荣根//中南政法学院学报. -1992，3

中国文化与文化中国/俞荣根//法论（西南政法学院研究生学报）. -1992，3

试论中西传统法律文化的内在差异及其历史借鉴/陈景良//法学评论.
　　-1992，4

试论中国传统法文化在现代法制中的意义/陈景良、张中秋//江苏社会科学.
　　-1992，4

中西传统法律文化中权利观比较探微/胡学相//广东社会科学. -1992，6

中国传统法文化的特征/何勤华//《儒学与法律文化》，复旦大学出版
　　社. -1992

法律文化与中国传统法律文化论纲/武树臣//《儒学与法律文化》，复旦大学出
　　版社. -1992

从神判法到人判法的转型看中国法律文化的早期特点/李交发//《儒学与法律
　　文化》，复旦大学出版社. -1992

宗法制度与传统法律文化/陶毅、张铭新//《儒学与法律文化》，复旦大学出版
　　社. -1992；又载法学评论. -1993，1

法学盛衰说/梁治平//比较法研究. -1993，1

儒家之"道"的法文化检讨/俞荣根//西南师范大学学报（人文社科版）.
　　-1993，1

现代化进程中的法律文化变迁——一个比较的观点/张中秋//南京社会科学.
　　-1993，1

中国传统法文化的结构——功能特性/王卫国//比较法研究. -1993，2

诚信：一个历久常新的民法原则——《论语》与我国民法文化刍议/俞荣根//
　　现代法学. -1993，2

道家与中国传统法律文化/钱鸿猷//法律科学. -1993，2

泛讼与厌讼的历史考察/何勤华//法律科学. -1993，3

法学教育：法律文化的投入和积淀/王立中//河北煤炭建筑工程学院学报.
　　-1993，3

直文化与隐文化——中国传统法律文化的两大基因/武树臣//学习与探索.

–1993，4

论中国传统法文化与中国法制现代化/贺晓荣、郝春莉//中国人民大学学报.
　　–1993，5

循吏、酷吏与汉代法律文化/武树臣//中外法学. –1993，5

二十年的评说："阶级本位·政策法"时代的法律文化/武树臣//法律科学.
　　–1993，5

中国传统法律文化思辨/钱大群、夏锦文//传统文化与现代化. –1993，6

专制主义和中国传统法律文化/钱鸿猷//当代法学. –1994，1

中国传统法律文化和现代法制建设/汪汉卿//法学评论. –1994，1；又载《汪
　　汉卿法学文选》，安徽人民出版社. –2004

中国传统法律文化的价值基础/武树臣//法律科学. –1994，2

《史记·循吏传》随想/徐忠明//中外法学. –1994，2

清官、法律、社会治理/马小红//长安. –1994，2

云南民族法律文化学术研究的回顾与展望/张锡盛//思想战线. –1994，4

古代东西方法律文化比较研究/汤唯//新疆大学学报（哲学人文社科版）.
　　–1994，4

中国传统文化与著作权制度论略/吴汉东、王毅//法学研究. –1994，4

文化传统与中国立法特色的形成/郝铁川//中国法学. –1994，5

法律与文化的冲突与整合/俞荣根//现代法学. –1994，5

从中西法律文化的冲突与交融看澳门法律制度的未来/米健//法学家. –1994，
　　5；又载《百年回眸：法律史研究在中国》第2卷，中国人民大学出版
　　社. –2009

法·权·情——中西传统法律文化比较研究之一/龙大轩//宁夏社会科学.
　　–1994，5

论儒家思想对我国古代法律文化的影响/王立民//（台湾）孔孟月刊.
　　–1994，8

从《乔太守乱点鸳鸯谱》看中国古代司法文化的特点/徐忠明//历史大观园.
　　–1994，9

传统注释律学发展成因探析/何敏//比较法研究. –1994，12

论第三次法律文化转型/李交发//湘潭大学学报. –1994，法学专刊

清代中期法律文化中的政治和超自然现象/〔美〕卫国安著，张少瑜译//《美
　　国学者论中国法律传统》，中国政法大学出版社. –1994

朱熹的司法原则与中国传统文化的联系/尤韶华//《中华文化研究》，厦门大学

出版社. -1994

从法继受观点论中国法文化的传统与转折/黄源盛//第三届海峡两岸法学学术研讨会论文集，东吴大学法学院. -1994；又载《法理学论丛——纪念杨日然教授》，（台湾）月旦出版公司. -1997

论传统法律文化与社会主义法制建设/周挺//福州党校学报. -1995，1

论中国法律文化的第一次飞跃/李交发//求索. -1995，1

儒家义利观与中国民法文化/俞荣根//中华文化论坛. -1995，3

传统法律文化对当今法制建设影响析/田洪生//河北大学学报（哲社科版）. -1995，3

中国传统法律文化的历史遗产/武树臣//中央政法管理干部学院学报. -1995，3

近代中西法律文化冲突概观/陶广峰//法学. -1995，3

论礼：中国法文化的核心/张晋藩//政法论坛. -1995，3；又载《中国法律文化论集》，中国政法大学出版社. -2007

从"重义轻利"到"义利合一"——传统法律文化中的义利观及其更新/黄晓明//研究生法学. -1995，4

世纪之交的中国法律文化建设/武树臣//学习与探索. -1995，5

试论先秦时期法律文化形态及其演变/李虹//北华大学学报（社科版）. -1995，7

论第二次法律文化转型/李交发//湘潭大学学报. -1995，法学专刊

《论语》思想与中国法律文化/李交发//《〈论语〉的现代法文化价值》，上海交通大学出版社. -1995

礼法、刑法二元体制与《论语》新诠/范忠信//《〈论语〉的现代法文化价值》，上海交通大学出版社. -1995

《论语》与中国亲子法文化/何勤华//《〈论语〉的现代法文化价值》，上海交通大学出版社. -1995

从廉政建设管窥中国传统法律文化的现代羁绊/费春//徐州师范学院学报（哲社科版）. -1996，1

丝路古道上的法律文化资料简介/齐陈骏//敦煌学辑刊. -1996，2

中国传统法律文化中的妇女法/田小梅//中华女子学院学报. -1996，3

中华法律文化与西方法律文化传统比较研究/汤唯、于飞//新疆大学学报（哲学人文社科版）. -1996，3

民本与民主——儒家法文化的困境与回应/俞荣根//南京大学法律评论.

-1996，春季号

浅谈中国传统法律文化与当前法制建设的关系/何宝玉//甘肃理论学刊.
　　-1996，4

法律文化的民族性与现代性的比较考察/吕艳利//研究生法学. -1996，4

先秦时期法律文化形态初探/李虹//当代法学. -1996，4

中国古代的法学、律学、吏学和谳学/武树臣//中央政法管理干部学院学报
　　（社科版）. -1996，5

传统法律文化：中国走向法治社会的主要障碍/张爱华//甘肃理论学刊.
　　-1996，6

儒家法思想与中国传统法律文化/何勤华//南京大学法律评论. -1996，秋
　　季号

横的法与纵的法——先秦法律文化的冲突与终结/武树臣//南京大学法律评
　　论. -1996，秋季号

包公杂剧与元代法律文化的初步研究/徐忠明//南京大学法律评论. -1996，
　　秋季号；1997，春季号

法律文化史论/何勤华//法学. -1996，10

二千年来之法，荀法也——荀子与中国封建法律文化/武树臣//《儒家义利观
　　与市场经济》，上海社会科学院出版社. -1996

依法治国要吸收传统法文化中的精华/张晋藩//人大工作通讯. -1997，1

中西法律文化传统比较与宪政发展大趋势/倪正茂//学术季刊. -1997，1

儒家法律文化与中日法制现代化/夏锦文、唐宏强//法律科学. -1997，1

《唐律疏议》与中国古代法文化/高绍先//现代法学. -1997，2

"乌鸦告状"纯属子虚乌有/张希坡//法学杂志. -1997，2

略论中国传统法律的儒家化/马作武//中山大学学报（哲社科版）. -1997，2

族规与近代中国农村生活方式考/邓河//学术论丛. -1997，3

中西法律传统中的"亲亲相为隐"/范忠信//中国社会科学. -1997，3；又载
　　《百年回眸：法律史研究在中国》第2卷，中国人民大学出版社. -2009

"狱"的法文化考察/高积顺//法律科学. -1997，3；又载《东吴法学文粹》，
　　法律出版社. -2003；《百年回眸：法律史研究在中国》第2卷，中国人
　　民大学出版社. -2009

宪政之累：近代中国宪政文化的深思/王人博//现代法学. -1997，4

宪政文化的人类性与民族性——《近代中国与宪政文化》之序/俞荣根//现代
　　法学. -1997，4

传统法律文化中的礼与法/马作武//现代法学. -1997，4

试论宋代士大夫司法活动中的人文主义批判之精神：中国传统法律文化研究
　　之一/陈景良//法商研究. -1997，5

试论宋代士大夫司法活动中的德性原则与审判艺术：中国传统法律文化研究
　　之二/陈景良//法学. -1997，6

中国法律文化的传统及其转型/夏锦文//南京社会科学. -1997，9

中国法律史上的民间法：兼论中国古代法律的多元格局/梁治平//中国文化.
　　-1997，15/16

礼与法的归宿/马小红//《法制现代化研究》第 3 卷，南京师范大学出版
　　社. -1997

公法文化：中国传统法律文化的重要特征/夏锦文//《法制现代化研究》第 3
　　卷，南京师范大学出版社. -1997

宗法继承对孔氏家族爵位继承的影响/袁兆春//济南大学学报（社科版）.
　　-1998，1

中国传统法的精神及其现代意义/贾应生//人大研究. -1998，1

传统文化的反思与中国民法的法典化/曹诗权、陈小君、高飞、王天海//现代
　　法学. -1998，1

"礼"与"法"之源——试析古代法律文化"义、仁"观及其整合/陈鲁宁//
　　现代法学. -1998，2

秦汉生态法律文化初探/陈业新//华中师范大学学报（哲社科版）. -1998，2

"以礼入法"法律文化微探/陈洁//福建学刊. -1998，2；又载东南学术.
　　-1998，2

评"横的法"：对商周法律文化的思考——与武树臣先生商榷/杨师群//南京
　　大学法律评论. -1998，春季号

再论"横的法"：对先秦法律文化的再探索——对杨师群先生的答复/武树
　　臣//南京大学法律评论. -1998，春季号

礼治、法治与人治/白奚//哲学动态. -1998，4

中国古代办案常用心理对策初探/栗克元//史学月刊. -1998，5

辨异与解释：中国传统法律文化的类型研究及其局限/徐忠明//南京大学法律
　　评论. -1998，秋季号

德威之辩：传统诉讼法律文化理论概观之一/李交发//《湘江法律评论》第 2
　　卷，湖南人民出版社. -1998

儒学、传统文化和现代法治/徐永康//《儒家思想与现代道德和法治》，吉林人

民出版社. –1998

中国传统法律文化视野中的清官司法/徐忠明//《法律史论丛》第4辑，江西高校出版社. –1998

中国传统法律文化与法律文化的现代化/陶广峰//《法律史论丛》第4辑，江西高校出版社. –1998

试论南方山地民族传统法律文化的重构问题/张冠梓//《法律史论丛》第4辑，江西高校出版社. –1998

从《大清新刑律》看中西法律文化的冲突与融合/周少元//《法律史论丛》第4辑，江西高校出版社. –1998

理解中国传统法文化的几个向度/田成有//政治与法律. –1999，1

略论中国古代家族文化的特质/刘柱彬//法学评论. –1999，1

从"礼教风俗"到"本土资源"/尹伊君//比较法研究. –1999，1

论西部法律文化与区域法制创建/王肃元、冯玉军//甘肃政法学院学报. –1999，1

"民告官"制度推行难的法律文化原因分析——纪念《行政诉讼法》颁布十周年/杨海坤//南京化工大学学报（哲社科版）. –1999，1

西部法律文化的概念界定和研究方法/冯玉军、赵小宁//天水师范学院学报. –1999，1

乡土社会法律意识的审视与重新定位/马雁//云南大学学报（法学版）. –1999，1

中国特色法律文化及其构建/李光禄//山东科技大学学报（社科版）. –1999，1

论传统调解制度及其创造性转化——一种法文化分析/刘敏//社会科学研究. –1999，1

民权：从民本到民主的接转——兼论儒家法文化的现代化/俞荣根//学习与探索. –1999，1

对中国传统法律文化的几点反思/孙光妍//学习与探索. –1999，1；又载《走向二十一世纪的中国法文化》（《法律史论丛》第9辑），上海社会科学院出版社. –2002

中国人的关系意识与中国社会的法化/李金泽//法制与社会发展. –1999，2

中国传统法律文化的哲学基础/范忠信//现代法学. –1999，2

传统儒法的社会价值与封建皇族的政策取向/文实//求索. –1999，2

中国古代法律与文学发展关系初探/林国清//福建论坛（文史哲版）.

－1999，2

从法律文化背景看我国民事诉讼模式的选择/赵钢、刘学在//武汉大学学报
　　（哲社科版）．－1999，2

"礼"与"法"之源——试析古代法律文化"义、仁"观及其整合/程宗璋//
　　青岛海洋大学学报（社科版）．－1999，2

论文化传统与法治道路/杨玉豪//桂林师范高等专科学校学报．－1999，2

私法文化与依法治国/余永祥//绍兴文理学院学报．－1999，2

依法治国与中国宪政文化/黄仕军//山东科技大学学报（社科版）．－1999，2

从我国法治现状看法律文化的变革/张宇润//华东政法学院学报．－1999，2

传统法文化与法治文明建设/谢邦宇//福建省政法管理干部学院学报．
　　－1999，2

法的多元层次：理念法、制定法、习惯法/田成有//云南大学学报（法学版）．
　　－1999，3

法律的信仰与信仰的法律：宗教文化与法律文化发展的新视角/刘小兵、金右
　　军//深圳大学学报（人文社科版）．－1999，3

香港适用中国传统法律与习惯的个案研究/苏亦工//中国社会科学．－1999，3

法律西方化与本土化的理性思考——也论中国法律文化现代化/汤唯//烟台大
　　学学报（哲社科版）．－1999，4

民间法的传统精神及其双重性格/汪公文//甘肃政法学院学报．－1999，4

我国行政诉讼制度步履维艰的原因探析——从剖析传统法律文化的消极影响
　　入手/杨海坤、朱中一//行政法学研究．－1999，4

佛教与中国传统法律文化/何柏生//法商研究．－1999，4

对古代鬼神信仰的一种法文化观察——与郝铁川先生交流/陈林林//法律科
　　学．－1999，5

试论中国传统法律的多元主义/蒋序刚//法学杂志．－1999，5

中国传统法律文化总体精神评析/眭鸿明//法制与社会发展．－1999，5

问答式律注考析/张伯元//法制与社会发展．－1999，5

中国法律文化研究/郭成伟//政法论坛．－1999，5；又载《中国法律文化论
　　集》，中国政法大学出版社．－2007

古代中国民法不发达的文化原因初探/王志武//贵州社会科学．－1999，5

君权监督与和平转移：中国传统法学的盲点/范忠信//河北法学．－1999，6

中日法文化交流的历史回眸/李青//政法论坛．－1999，6

礼法文化对法律运作的影响及其对策/刘培昌//北京第二外国语学院学报．

-1999，6

西方人对中国法律传统的文化观念/李力//学术研究．-1999，9

论报应之刑/王俊峰//南京社会科学．-1999，11

为中外法律文化交流筑桥的人/彭锦华//法律与生活．-1999，11

律学传统的继承与创新/何勤华//法制日报．-1999，11．7

法律考古学初议/李雪梅//《法律史论集》第2卷，法律出版社．-1999

中国古代民事法律文化基本特征概述/郭建//《法律史论集》第2卷，法律出版社．-1999

民权：从民本到民主的接转——儒家法文化的被现代化之一例/俞荣根//船山学刊．-2000，1

礼法相融——中国传统法律文化的基本精神/王慧、杨力//行政与法制．-2000，1

论中西古代法文化的根本差异/邓子美//无锡轻工大学学报．-2000，1

论法治社会与中国法文化传统/韩雪风//国家行政学院学报．-2000，1

重刑轻民辨析/朱俊洪//贵阳师专学报（社科版）．-2000，2

人文精神与中国传统法律的历史借鉴/陈景良//河南省政法管理干部学院学报．-2000，2

试析中国近现代刑事法律文化的发展/崔素琴//河北青年管理干部学院学报．-2000，2

儒家思想影响下的中国封建社会法文化特点之探讨/马念珍//贵州省政法管理干部学院学报．-2000，2；又载贵州警官职业学院学报．-2000，2

论“道”的自然法意义及其对中国传统法律文化的影响/谈江萍//江西社会科学．-2000，2

论中国传统法律文化的公法性/夏锦文//法学家．-2000，2

论法治社会与法文化传统/韩雪风//唯实．-2000，2

将少数民族法文化研究与民族法制研究结合起来/周星//贵州民族学院学报（哲社科版）．-2000，S2

马克思东方社会法律文化思想的演变/夏民、甘德怀//淮阴师范学院学报．-2000，3

依法治国与传统法文化的几点思考/李鸣//中央政法管理干部学院学报．-2000，3

中国当代法律中的习惯/苏力//中国社会科学．-2000，3

中国传统诉讼文化宽严之辨/李交发//法商研究．-2000，3

我国法治实现的传统法文化阻力/李小明//现代法学．－2000，3；又载中国监
　　狱学刊．－2001，1

巫术对中国传统法律文化的影响/何瑛//法律科学．－2000，4

试论中国律学传统/胡旭晟、罗昶//浙江社会科学．－2000，4

水与中国法律文明/赵合俊//文史杂志．－2000，4

从中国法律文化的演变刍议当代中国人的法律观/吴海伦//辽宁公安司法管理
　　干部学院学报．－2000，4

中国调解传统研究——一种文化的透视/胡旭晟、夏新华//河南省政法管理干
　　部学院学报．－2000，4

现代中国视野下传统法律文化的评析/莫小宇、罗尔男//中共四川省委党校学
　　报．－2000，4

"法先王"与法律传统/吴秋红//黄冈师范学院学报．－2000，4；又载求索．
　　－2000，5

儒家人性论与中国传统法律文化的发展/王娆//甘肃政法成人教育学院学报．
　　－2000，4；又载《继承与创新——中国法律史学的世纪回顾与展望》
　　（《法律史论丛》第8辑），法律出版社．－2001

《史记》中的历史评价与道德评价的二元对立——以法家人物传记为例/刘国
　　民//湖北大学学报（哲社科版）．－2000，5

人治社会与违法复仇的文化根源——中国古代复仇文学主题片论/王立//大连
　　大学学报．－2000，5

功能与变迁：法律在传统乡土农村的地位——历史视角下的分析/田成有//天
　　津社会科学．－2000，6

中国传统法律文化的几点启示/崔永东//法制日报．－2000，8．27

中国司法传统的再解释/贺卫方//南京大学法律评论．－2000，秋季号

古代法律的礼治精神及其实践/章毅//读书．－2000，10

中国传统法律文化精义探微/张智灵、吴良根//江西社会科学．－2000，增刊

中国传统法律文化的几点启示/崔永东//《清华法治论衡》第1辑，清华大学
　　出版社．－2000

西周春秋周秦礼制文化比较简论/王晖//《秦俑秦文化研究》，陕西人民出版
　　社．－2000

中国古代道德教化之法制惯例及其借鉴意义/范忠信//《中国传统法律文化与
　　现代法治》（《法律史论丛》第7辑），重庆出版社．－2000

从礼法合治中寻找中国古代的"法治"精神/夏扬//《中国传统法律文化与现

代法治》（《法律史论丛》第 7 辑），重庆出版社．-2000

"争"的古今之辨与法律文化/张德强//《中国传统法律文化与现代法治》
（《法律史论丛》第 7 辑），重庆出版社．-2000

依法治国与传统法律文化/张洪林、曾友祥//《中国传统法律文化与现代法治》
（《法律史论丛》第 7 辑），重庆出版社．-2000

错斩崔宁：一个法律社会学之解释/徐忠明//《中国传统法律文化与现代法治》
（《法律史论丛》第 7 辑），重庆出版社．-2000

宗祧继承论/丁凌华//《中国传统法律文化与现代法治》（《法律史论丛》第 7
辑），重庆出版社．-2000；又载《百年回眸：法律史研究在中国》第 2
卷，中国人民大学出版社．-2009

中国传统法律文化与现代法制的联系/张中秋//《浙江大学法律评论》2000 年
号，浙江大学出版社．-2000；又载《21 世纪的亚洲与法律发展》，南京
师范大学出版社．-2002

无讼：中国传统法律文化的价值取向/任志安//政治与法律．-2001，1

传统律学研究的回眸与探析/周少元//现代法学．-2001，1

简论中国传统法律文化/蔡玉霞//政法论丛．-2001，1

"天人合一"思想与中国传统法律文化/肖守库//张家口师专学报．-2001，1

中国古代法律传统中"无讼"根源之探讨/莫良元//河北建筑科技学院学报
（社科版）．-2001，1

论中国传统刑法文化的基本特征/季金华、王鹏珲//河海大学学报（哲社科
版）．-2001，1

神判与法律器物文化/徐晓光、吴大华//贵州民族学院学报（哲社科版）．
-2001，1

我国法律文化传统观念对当代依法行政的负面影响/史光灿//上海市政法管理
干部学院学报．-2001，1

中国古代的民间信仰与法律的态度/吕艳利//河南省政法管理干部学院学报．
-2001，1

中国传统法文化及其对现代法治的影响/张俊霞//河南省政法管理干部学院学
报．-2001，2

程序正义与中国：从传统的视角观察/罗洪洋//贵州省政法管理干部学院学
报．-2001，2

中国传统法律文化释义及其与西方的比较/于语和、施晓薇//山西大学师范学
院学报．-2001，2

寻找最初的德——对先秦德观念形成过程的法文化考察/武树臣//法学研究.
　　-2001，2

解读中国传统法律文化的研究范式——《思考与批评——解读中国法律文化》
　　一书读后/任强//法商研究. -2001，2

中国传统法文化的文化性状与文化追寻——情理法的发生、发展及其命运/霍
　　存福//法制与社会发展. -2001，3

论君臣关系的纳谏行为：中国古代法律文化初探/黄谷秀//船山学刊.
　　-2001，3

以德治国的法律文化索源及对现代法治国家建设的影响/鄂文东//武警学院学
　　报. -2001，3

论中国传统法律文化与现代法治建设/林蔚文//福建省政法管理干部学院学
　　报. -2001，3

论中国的法律文化传统与当代中国的法治道路/蒋传光、张建设//安徽大学学
　　报（哲社科版）. -2001，3

论中国法律文化传统中的国家主义/吕世伦、张小平//金陵法律评论. -2001，
　　春季卷

中国传统法律文化对商法发展的影响/梁利//南宁师范高等专科学校学报.
　　-2001，4

"天"与宗法道德的关系——从法文化的视角/王存河//甘肃政法成人教育学
　　院学报. -2001，4

儒家文化与法的人文关怀：试以无罪推定为例/张文喜//台州师专学报.
　　-2001，4

关于"礼"的法理学思考/姚俊廷//晋中师范高等专科学校学报. -2001，4

中国传统法律文化性质辨——兼论西方法治理念对中国法治进程的启迪/张德
　　钧//兰州学刊. -2001，4

从肉刑刑名用字看古代刑法文化/胡继明//汉字文化. -2001，4

我国法制演进过程中的文化关照/杨丽娅//齐鲁艺苑. -2001，4

中国传统法律文化与法律现代化/徐忠明//湘江法苑. -2001，4；又载《中山
　　大学法律评论》2001 年第 1 卷，法律出版社. -2002

法与道德模式关系的历史反思/严存生//法律科学. -2001，5

简析传统法文化与现代法治的冲突/程静芬//江淮法治. -2001，5

中国传统诉讼文化轻重之辨/李交发//求索. -2001，5

"伦理法"的是与非/任喜荣//吉林大学社会科学学报. -2001，6

刑讯逼供犯罪的法文化考察/卜安淳//山东公安专科学校学报. -2001，6

儒家义利观的法文化的解读/郑琼现//湖南师范大学社会科学学报. -2001，6

明清时期中西法律文化交流初探/王健//华东政法学院学报. -2001，6

古代中国司法官的处事风格与角色意识/李交发//湘潭大学社会科学学报.
    -2001，6

中国的传统诉讼原则/夏新华//现代法学. -2001，6

德主刑辅传统的历史事迹反观/陆建猷、汤文华//人文杂志. -2001，6

中国传统法律的人情观——兼论法的亲和力/高秦伟//湖南社会科学.
    -2001，6

古代中国法律文化的特点和当代立法思路/王勇//理论前沿. -2001，6

再论"厌讼"心理的根基/张媛//当代法学. -2001，10

简论中国古代法制文化的民主性因素/张晋藩//《岳麓法学评论》第 1 卷，湖
    南大学出版社. -2001

《左传》与古代法律文化/武树臣//《法律史论集》第 3 卷，法律出版
    社. -2001

发掘本土的法律观：古文字资料中"礼"及"刑"、"法"、"律"的法文化考
    察/李力//《法律史论集》第 3 卷，法律出版社. -2001

包拯的法律精神与清官文化/周少元//《包拯研究与传统文化》，安徽人民出版
    社. -2001

宗法社会组织与中华法律传统的特征/范忠信//《中西法律传统》第 1 卷，中
    国政法大学出版社. -2001

另一种视角——近代以来英美对中国传统法律文化的研究/苏亦工//《继承与
    创新——中国法律史学的世纪回顾与展望》（《法律史论丛》第 8 辑），
    法律出版社. -2001

试论中国传统社会之伦理的法律化/夏清瑕//《继承与创新——中国法律史学
    的世纪回顾与展望》（《法律史论丛》第 8 辑），法律出版社. -2001

儒学的意识形态化及其对中国传统法律文化的影响/董长春//《继承与创
    新——中国法律史学的世纪回顾与展望》（《法律史论丛》第 8 辑），法
    律出版社. -2001

论中国的法律文化传统与当代中国的法治道路/蒋传光//《继承与创新——中
    国法律史学的世纪回顾与展望》（《法律史论丛》第 8 辑），法律出版
    社. -2001

利益冲突与礼的整合/夏扬//《继承与创新——中国法律史学的世纪回顾与展

望》（《法律史论丛》第 8 辑），法律出版社．-2001

中国传统法律文化与法制现代化/张艳玲、徐新颖//徐州师范大学学报（哲社科版）．-2002，1

法律与传统礼制下的权利实现机制/薛小都//中共四川省委省级机关党校学报．-2002，1

论晋商法律文化的特点/何建华//北京市政法管理干部学院学报．-2002，1

中国多元法文化的历史与现实/徐晓光//贵州民族学院学报（哲社科版）．-2002，1

规则的冷漠：法律里的悲剧：从《巴黎圣母院》和《窦娥冤》谈起/李家军//北京大学研究生学志．-2002，1

知识产权还是控制：对中国古代法的文化透视/安守廉著，梁治平译//中国知识产权评论．-2002，1

情·礼·法：礼治秩序/陈亚平//读书．-2002，1

中国传统法文化的形成及近代转型/李强//长江论坛．-2002，1

民族法律文化散论/徐晓光等//民族学通讯．-2002，1

我国法治难行的传统法理念根源/唐俭、仲崇玉//东方论坛．-2002，1

试论中国传统法律文化的理性观基础/曹也汝//东南学术．-2002，1

中国法治建设的法文化障碍/陈剩勇//浙江学刊．-2002，1

"大志"与"王法"辨/苏亦工//人文杂志．-2002，1；又载《百年回眸：法律史研究在中国》第 2 卷，中国人民大学出版社．-2009

传统东方法律文化的价值取向——马克思的理论分析/公丕祥//法律科学．-2002，1；又载《中国法史学精萃》2001—2003 年卷，高等教育出版社．-2004

伦理观念的嬗变对现代法律及其实践的影响——以从人类中心到生态中心的环境法律观为中心/汪劲//现代法学．-2002，2

论宗族制度与中国传统法律文化/郑定、马建兴//法学家．-2002，2

中国传统法文化与"以德治国"/刘新//法学家．-2002，2；又载《走向二十一世纪的中国法文化》（《法律史论丛》第 9 辑），上海社会科学院出版社．-2002

儒家文化影响下的家族法/沈小明//中山大学研究生学刊．-2002，2

"王子犯法与庶民同罪"的法文化探析/陆敏菊//苏州铁道师范学院学报（社科版）．-2002，2

中国人"厌讼"心理的历史分析/冯霞//中南民族大学学报（人文社科版）．

-2002，2

传统法律文化与山西票号的兴衰/王继军、赵晓耕、刘涛//山西大学学报（哲社科版）．-2002，3

从古代君臣关系看中国法律文化的特点/文琦//广西政法管理干部学院学报．-2002，3

中国传统法律文化特征初探/栗克元//河南省政法管理干部学院学报．-2002，3

反思死刑的根据：从报应到政治/傅义//杭州商学院学报．-2002，3

从人生智慧的角度重新认识中国法文化的价值/陈景良//江海学刊．-2002，3

鸦片战争前中国法文化对外国的影响/何勤华//江海学刊．-2002，3

传统文化与民主法治关系论的历史考察/屈永华//法商研究．-2002，3

酷吏、清官与法制/马小红//学习时报．-2002，3.25

欧洲思想家对中国法律文化的认识/史彤彪//中国人民大学学报．-2002，4

从中国传统法律文化看权力道德的法律化/柴荣//内蒙古大学学报（哲社科版）．-2002，4

中国传统法律文化的精华/张瑞//西安政治学院学报．-2002，4

从传统文化对人的道德解释中进一步看法权文化的本质/郭吉军//甘肃教育学院学报．-2002，4

试论汉字中蕴含的古代刑法文化/艾冰、白振有//陕西广播电视大学学报．-2002，4

孟德斯鸠对中国法律文化的认识/史彤彪//北京行政学院学报．-2002，4

批判现实与理想探索的完美结合——古代冤狱题材的法制文学浅论/韩春萌、吴龙//安徽教育学院学报．-2002，4

传承与超越：全球化背景下中国传统法律文化的走向/高立忠//学习与探索．-2002，4

晋商诚实信用法律文化特点研究/王继军、何建华//理论探索．-2002，4

中国法律习惯在香港长期存在的历史考察/陈同//史林．-2002，4

中国传统社会礼与法的借鉴/马小红//人民法院报．-2002，4.22；又载学习时报．-2002，4.22

改革开放以来法律文化变迁述评/金亮贤//政治与法律．-2002，5

试论无讼传统法律文化根源影响及其启示/熊淑媛//西南民族学院学报（哲社科版）．-2002，5

关于中国法律文化传统及其发展的思考/李欣//西南民族学院学报（哲社科

版）．－2002，6

法官的文化注释——中西诉讼法文化比较研究之一/郭志祥//河南大学学报
（社科版）．－2002，6

行政法律文化在中国的传承与发展/焦利//国家行政学院学报．－2002，6

中国古代法学考试制度初探/郑显文//西南师范大学学报（人文社科版）．
－2002，6

中国传统政法文化的现代解读/崔永东//中国人民大学学报．－2002，6；又载
《中国法律文化论集》，中国政法大学出版社．－2007

德治与法治正当性分析——兼及中国与东南亚法文化传统之检省/孙莉//中国
社会科学．－2002，6

自然缠绵的姻缘：神观念、礼文化和法文化——从中国原始社会及奴隶社会
的视角考察/方潇//政法论坛．－2002，6；又载《走向二十一世纪的中国
法文化》（《法律史论丛》第9辑），上海社会科学院出版社．－2002

试论我国传统民族法文化的道德取向/唐世中//西南民族学院学报（哲社科
版）．－2002，7

二十世纪初叶中国法律文化思潮评析/张涵//理论学习．－2002，9

传统法律文化对依法治国的制约及调整/李丽峰//辽宁经济．－2002，10

中国民众的传统法制心理分析/童列春//理论月刊．－2002，12

法律的历史叙事与文学叙事——阅读中国古代法律的视野开拓（上）/徐忠
明//《中西法律传统》第2卷，中国政法大学出版社．－2002

中国传统诉讼文化的价值取向/胡旭晟//《中西法律传统》第2卷，中国政法
大学出版社．－2002

中国传统法律文化与法律现代化/徐忠明//《中山大学法律评论》2001第1
卷，法律出版社．－2002

《尚书》与古代法律文化/武树臣//《法律史论集》第4卷，法律出版
社．－2002

鸦片战争与近代中西法律文化冲突之由来/苏亦工//《中国法律近代化论集》，
中国政法大学出版社，2002

关于"以德治国"的思考/肖传林//《走向二十一世纪的中国法文化》（《法律
史论丛》第9辑），上海社会科学院出版社．－2002

维系与羁绊——"德"在中国传统法文化与社会中的作用/高珣//《走向二十
一世纪的中国法文化》（《法律史论丛》第9辑），上海社会科学院出版
社．－2002

中西法律文化比较论纲/张中秋//《走向二十一世纪的中国法文化》（《法律史论丛》第9辑），上海社会科学院出版社. -2002

法律移植与中国近代传统法律文化的变迁——兼论礼法之争/萧光辉//《走向二十一世纪的中国法文化》（《法律史论丛》第9辑），上海社会科学院出版社. -2002

原创文化与21世纪中国法文化/陈金全//《走向二十一世纪的中国法文化》（《法律史论丛》第9辑），上海社会科学院出版社. -2002

中国传统礼法文化的基础/董长春//《走向二十一世纪的中国法文化》（《法律史论丛》第9辑），上海社会科学院出版社. -2002

中国传统法律文化及其评价/孔玲//《走向二十一世纪的中国法文化》（《法律史论丛》第9辑），上海社会科学院出版社. -2002

传统法律文化的民族性因素问题/明欣、陶毅//《走向二十一世纪的中国法文化》（《法律史论丛》第9辑），上海社会科学院出版社. -2002

法律史研究的文化解释使命/范忠信//《批判与重建：中国法律史研究反拨》，法律出版社. -2002

中国传统法律文化与儒家观念之误解/苏亦工//（韩国）《法学论丛》第19辑，（汉城）汉阳大学校法学研究所. -2002

中国传统法律文化与现代法制的联系：一个基本认识和立场/张中秋//《清华法治论衡》第3辑，清华大学出版社. -2002；又载《中国法律文化论集》，中国政法大学出版社. -2007

儒家的法哲学/俞荣根//清华法学. -2002年卷

试论民族法律文化/土尔逊·沙吾尔//西北民族研究. -2003，1

民权词义考论/王人博//比较法研究. -2003，1

中国传统"公之于法"特质研究/郭成伟、方潇//中国法学. -2003，1

中国传统司法文化的价值取向/夏锦文//学习与探索. -2003，1

判官神化与义理决狱的伦理精神/夏启发//江汉论坛. -2003，1

也谈"厌讼"法律传统产生的本质根源/连朝毅//经济与社会发展. -2003，1

从汉宋立法思想看儒家法律文化/霍廷菊//江西社会科学. -2003，1

农耕文明的变迁与中国法治之路/王海涛、崔荣军//山东农业大学学报（社科版）. -2003，1

论宪政文化在中国的变迁及影响/李海涛//南京政治学院学报. -2003，1

在制度文明的框架内整合礼法/陈鸿彝//江苏警官学院学报. -2003，1

论中国传统文化中"道德法律化"和"法律道德化"/段洪波、崔华前//合

肥工业大学学报（社科版）．-2003，1

解读律学　弘扬传统法的精华/马小红//中国社会科学院院报．-2003，1.28

文化的民间传承机制与传统诉讼理念的形成：中国传统诉讼理念形成机制的
　　一种解释/温珍奎//上饶师范学院学报．-2003，2

历代刑法志与中国传统法律文化/何勤华//河南省政法管理干部学院学报．
　　-2003，2

宪政文化在近代中国的发展及其启示/张捷、张书铭//国家检察官学院学报．
　　-2003，2

略论中国传统军事法文化的伦理化/程宗璋//青海民族学院学报．-2003，2

刑讯逼供犯罪的法文化考察/卜安淳//公安学刊．-2003，2

继受与变通：中日法律文化交流考察/张中秋//法制与社会发展．-2003，2

从"十恶"看中国传统法文化的特点/孙国平//研究生法学．-2003，2

河北士族礼法传统与北学渊源/王华山//文史哲．-2003，2

中国的传统文化与人权理念/沙奇光//国际政治研究．-2003，3

"别籍异财"之禁的文化解读/李小标//政法论丛．-2003，3

自然人文地理与中华法律传统之特征/吕世伦、邓少岭//现代法学．-2003，3

论传统法律文化对近代中国宪政建设的抵抗/张友连、李林太//湖北民族学院
　　学报（哲社科版）．-2003，3

中国传统文化心理对法治的影响/蒋建军、蔡雅娟//绍兴文理学院学报．
　　-2003，3

另一重视角：近代以来英美对中国法律文化传统的研究/苏亦工//环球法律评
　　论．-2003，春季号

中国法律演进的历史时空环境/蒋立山//法制与社会发展．-2003，4

历史视野和文化语境下的刑事诉讼模式/谢佑平//复旦学报（社科版）．
　　-2003，4

马克思东方社会理论与中国法律文化/李丽辉//云南警官学院学报．-2003，4

中国法制现代化过程中东西法律文化的冲突与融合/张玉光//青海师范大学学
　　报．-2003，5

对中国古代法制文明与政治文明的反思/焦利//国家行政学院学报．-2003，5

论中国传统法律的民主精神/魏秀玲//当代法学．-2003，5

"诚信"——中国传统公法文化中的观念/董长春//学习与探索．-2003，5

申冤与报仇——中国传统法文化中的"公"、"义"与"正义"/张守东//法
　　哲学与法社会学论丛．-2003，5

民族法文化与中华法系/曾代伟//现代法学. -2003，5

中国传统法的结构与基本概念辨正：兼论古代礼与法的关系/曾宪义、马小
红//中国社会科学. -2003，5；又载《中国法史学精萃》2001—2003 年
卷，高等教育出版社. -2004；《百年回眸：法律史研究在中国》第 2 卷，
中国人民大学出版社. -2009

传统法律文化中的清官司法（上、下）/徐忠明//法制日报. -2003，
5.22、5.29

法与人：中西法文化人格差异的解读/陈景良//河南省政法管理干部学院学
报. -2003，6

浅析中国传统法律文化对当今法制建设的阻碍作用/高军//云南行政学院学
报. -2003，6

纠葛：讼师与中国古代法律文化/方立新、许翰信//浙江大学学报（人文社科
版）. -2003，6

略论易象与中国法文化/陈晓枫//法学评论. -2003，6

中国传统法律文化的历史逻辑起点：西周法制/董长春//广西社会科学.
-2003，9

法律思想与法律文化：关于中国传统法律文化研究的省思/徐忠明//学术研
究. -2003，12

重拾一种被放逐的知识传统——刑法视域中"习惯法"的初步考察/杜宇//刑
事法评论. -2003，12

传统法律文化的价值评价/马作武//学术研究. -2003，12

略谈中华法律工具性传统/姜帅、钟英敏//广西政法管理干部学院学报.
-2003，增刊

"厌讼"的文化分析/李川//《民间法》第 2 卷，山东人民出版社. -2003

从乡民社会到市民社会——当代中国民间法变迁的社会基础/王茂庆//《民间
法》第 2 卷，山东人民出版社. -2003

法律的历史叙事与文学叙事（下）/徐忠明//《中西法律传统》第 3 卷，中国
政法大学出版社. -2003

中国传统文化中的天法关系/陈会林//《中西法律传统》第 3 卷，中国政法大
学出版社. -2003

私人财产之抑制与中国传统法文化/邓建鹏//《中西法律传统》第 3 卷，中国
政法大学出版社. -2003

法律文化视野下的教化——大小传统之间的沟通桥梁/汪雄涛//《中西法律传

统》第 3 卷，中国政法大学出版社. -2003

中国政治文化法律文化纵横/武树臣//《武树臣法学文集》，中国政法大学出版
　　社. -2003

古往今来说"无讼"/武树臣//《武树臣法学文集》，中国政法大学出版
　　社. -2003

儒家法文化与法制现代化/徐永康//《2003 法学新问题研究》，上海社会科学
　　院出版社. -2003

健讼与息讼——中国传统诉讼文化的矛盾解析/邓建鹏//清华法学. -2004，1

人文主义与中国传统法律文化/李文祥//江汉论坛. -2004，1

女性与中国传统法律文化——以汉律为视角/叶晓川//中华女子学院学报.
　　-2004，1

试论中国古代民法存在的社会基础/郑丽//焦作工学院学报（社科版）.
　　-2004，1

中国传统法律文化的现代转型/胡利明//西南交通大学学报（社科版）.
　　-2004，1

法文化"二元冲突"的传统法文化因素/李升涛、李霞//中共济南市委党校学
　　报. -2004，2

习惯法产生的时代及其特点的历史考察与分析——兼论我国学术界在这两大
　　问题上主导观点的误区/于和利//山东大学学报（哲社科版）. -2004，2

刑事诉讼文化的变迁/杨晓峰//吉林公安高等专科学校学报. -2004，2

重新认识中华法资源的价值——从胡适的"老英雄悲剧"谈起/柏桦//北京行
　　政学院学报. -2004，2

社会变迁与中国法律文化变迁/张策华//江苏大学学报（社科版）. -2004，2

浅谈中国法律文化传统对人权保障的负面影响/原新利//兰州学刊. -2004，2

道与中国法律传统/龙大轩//现代法学. -2004，2

法律文化与政治文明和社会发展/张中秋//法学. -2004，3

"观念权利"在古代中国的缺失——从文化根源的比较视角论私权的产生基
　　础/彭诚信//环球法律评论. -2004，3

符号、解释学与中国古典法律解释/谢晖//法制与社会发展. -2004，3

历史语境下的法治要求与法学理论发展——以中国古代及近代为背景/方潇//
　　江苏社会科学. -2004，3

法律西化背景下对儒学的双重苛求——关于《孟子》中舜的两个案例能否称
　　为腐败的再思考/杨泽波//河北学刊. -2004，3

我国法律文化的历史变迁与特点/钟宜//中州学刊．-2004，3

无讼与中国法律文化/郑玉敏//东北师大学报（哲社科版）．-2004，3

论中国传统法律文化的改造之路/郭榛树//中共天津市委党校学报．-2004，3

当代中国法律文化的三次飞跃/张策华//扬州大学学报（人文社科版）．
　　-2004，3

略论中国古代社会的"礼治"秩序：一个法社会学的视角/蒋传光//西南师范
　　大学学报（人文社科版）．-2004，3

近代中国宪政建设制约因素的法律文化分析/宋四辈//郑州大学学报（哲社科
　　版）．-2004，3；又载《百年回眸：法律史研究在中国》第2卷，中国
　　人民大学出版社．-2009

19世纪之前的中外法律交往/公丕祥//金陵法律评论．-2004，春季卷

重构中国传统法文化——对中国传统法文化的再思考/王广波//甘肃政法成人
　　教育学院学报．-2004，4

贫困与超越——对传统民法文化的反思/范方红//黔南民族师范学院学报．
　　-2004，4

传统法文化观念与现代法治理念的"二元冲突"/李霞//理论学刊．-2004，4

法律文化层次论——兼论中国近代法律文化演进的若干特质/王申//学习与探
　　索．-2004，5

庙堂的丝竹——中国传统法律文化概览/龚培//兰州学刊．-2004，5

本位观及其对法律文化的影响/柳捷//社会科学辑刊．-2004，5

法律道德化与道德法律化：论中国传统法律文化发展的两个主要阶段及其现
　　代化/史广全//求索．-2004，5

天人之间：鬼神观与法文化——以传统为视角/叶晓川//甘肃政法学院学报．
　　-2004，5

法律信仰问题专题研究/何勤华//河南省政法管理干部学院学报．-2004，5

酷刑族诛与扩大化复仇的伦理逻辑——复仇主题中伦理之于复仇对等性和法
　　律的僭越/王立//大连大学学报．-2004，5

乡约的诸属性及其文化原理认识/张中秋//南京大学学报（哲学人文社科版）．
　　-2004，5；又载《中国法律文化论集》，中国政法大学出版社．-2007

充实与超越：关于中国传统法律文化的思考/姜素红//中南林学院学报．
　　-2004，6

权利与伸冤：传统中国诉讼意识的解释/徐忠明//中山大学学报（哲社科版）．
　　-2004，6

中国传统法律文化视野中的女性/叶晓川//中华女子学院学报. -2004，6

中国传统法文化品质说/陈尚坤//上海公安高等专科学校学报. -2004，6

略论中国传统法律文化的现代转换/李桂红//天中学刊. -2004，6

我国古代法律文化的"现代"观点/莫守忠//求索. -2004，6

死刑存废之法律文化透视/李交发//法学评论. -2004，6

古典中国法律解释的哲学智慧/谢晖//法律科学. -2004，6

现代视野中的中国传统法律文化/曾小华//浙江社会科学. -2004，6

训诂中的法文化反映/左林霞//湖北社会科学. -2004，8

我国道德化法律文化源流初探/李裔玲//乐山师范学院学报. -2004，8

中国古代立法文化论纲/史广全//学术交流. -2004，8

中国古代律学教育探析/魏淑君//理论学刊. -2004，11

传统中国民众的伸冤意识：人物与途径/徐忠明//学术研究. -2004，12

礼的法学属性及其解析/李晓明//法学杂志. -2004，增刊

中国法律文化探索/武树臣//《判例制度研究》，人民法院出版社. -2004

讼师的眼睛/徐忠明//《清华法治论衡》第 4 辑，清华大学出版社. -2004

故纸中的法律与社会/梁治平//《北大法律评论》第 5 卷第 2 辑，法律出版
　　社. -2004

行刑社会化与中国传统法律文化的价值取向/韩秀桃//《安徽大学法律评论》
　　第 4 卷第 2 期，安徽大学出版社. -2004

三晋法律文化论纲/周子良、史永丽//《三晋法学》第 2 辑，中国法制出版
　　社. -2004

中国传统契约法文化的形成、特色及反思/吴晓梅//《法律史研究》第 1 辑，
　　中国方正出版社. -2004

中西政法文化的几点比较/崔永东//《法律史学研究》第 1 辑，中国法制出版
　　社. -2004；又载《比较法律文化论集》，中国政法大学出版社. -2007

礼的法文化学发微/李晓明//《法律史论集》第 5 卷，法律出版社. -2004

《周礼》与古代法律文化/武树臣//《法律史论集》第 5 卷，法律出版
　　社. -2004

中国百年法制现代化之旅反思——代前言/林明、马建红//《中国历史上的法
　　律制度变迁与社会进步》(《法律史论丛》第 10 辑)，山东大学出版
　　社. -2004

也论 20 世纪初中国法学的转型/王立民//《中国历史上的法律制度变迁与社会
　　进步》(《法律史论丛》第 10 辑)，山东大学出版社. -2004

略论中国古代的社会控制模式——一个法社会学的研究/蒋传光//《中国历史上的法律制度变迁与社会进步》（《法律史论丛》第 10 辑），山东大学出版社．－2004

儒家伦理秩序与传统法律的伦理性——一种法社会学的思考/马建兴//《中国历史上的法律制度变迁与社会进步》（《法律史论丛》第 10 辑），山东大学出版社．－2004

略论儒家人权理念及其对现代人权思想的深刻影响/谷春德//《中国历史上的法律制度变迁与社会进步》（《法律史论丛》第 10 辑），山东大学出版社．－2004

法律传统论纲/徐彪、费菲//《中国历史上的法律制度变迁与社会进步》（《法律史论丛》第 10 辑），山东大学出版社．－2004

中国古代法律思想的变化与法律制度的变革/崔永东//《中国历史上的法律制度变迁与社会进步》（《法律史论丛》第 10 辑），山东大学出版社．－2004

曲阜孔府档案中的传统法律文化（论纲）/袁兆春//《中国历史上的法律制度变迁与社会进步》（《法律史论丛》第 10 辑），山东大学出版社．－2004

儒家思想与中国古代录囚制度——从录囚的角度看中国传统法律文化与社会的进步/柴荣//《中国历史上的法律制度变迁与社会进步》（《法律史论丛》第 10 辑），山东大学出版社．－2004

姓氏文化与古代法律/阎晓君//《中国历史上的法律制度变迁与社会进步》（《法律史论丛》第 10 辑），山东大学出版社．－2004

亲属·服制·法律/马建红//《中国历史上的法律制度变迁与社会进步》（《法律史论丛》第 10 辑），山东大学出版社．－2004；又载法学论坛．－2005，4

自然人文地理与中华法律传统之特征/范忠信//《中国法史学精萃》2001—2003 年卷，高等教育出版社．－2004

人与文化和法——从人的文化原理看中西法律文化交流的可行与难题及其克服/张中秋//《美中法律评论》总第 1 卷第 1 期（中文版）．－2004；又载中国法学．－2005，4；《比较法律文化论集》，中国政法大学出版社．－2007；《百年回眸：法律史研究在中国》第 2 卷，中国人民大学出版社．－2009

中国传统社会诉讼意识成因解读/尤陈俊//《中西法律传统》第 4 卷，中国政法大学出版社．－2004

苏三起解·提审：传统法观念/翟文喆//《中西法律传统》第 4 卷，中国政法
　　大学. -2004

在历史丛林里穿行的中国法理学/舒国滢//政法论坛. -2005，1

综论独树一帜的中华法文化/张晋藩//法商研究. -2005，1；又载《中国法律
　　文化论集》，中国政法大学出版社. -2007

法的世界化与本土化之争及其超越/张洪峰//福建法学. -2005，1

得形忘意：从唐律情结到民法典情结/苏亦工//中国社会科学. -2005，1

论中国法制现代化进程中的传统法律文化/林体//兰州学刊. -2005，1

略论中国古代礼、法与法治传统——一个法社会学视角/高佩佩//台声（新视
　　角）. -2005，1

法律全球化与中国传统法律文化的价值定位/秦强//中国矿业大学学报（社科
　　版）. -2005，1

古代教化与民众乡村法律生活/王玉亮//廊坊师范学院学报. -2005，1

国家法与民间法互动之反思/于语和//山东大学学报（哲社科版）. -2005，1

论第二次中外法律文化融合/祁若冰//安阳师范学院学报. -2005，1

论中国传统法律文化中的现代法治资源/王谋寅//宿州教育学院学报.
　　-2005，1

传统法律文化与依法行政/唐斌//四川行政学院学报. -2005，1

儒家恕道与中国古代法律文化/陈丹//温州大学学报. -2005，1

中国传统法律文化的亲属伦理取向/金艳//黄冈师范学院学报. -2005，1

中国传统法律文化之现代化回应/周月娥//东华大学学报（社科版）.
　　-2005，1

中国传统法律文化对法制现代化的启迪/阮超群//牡丹江大学学报. -2005，1

中国传统法文化中正义观念的从属性及原因/周文华//四川理工学院学报（社
　　科版）. -2005，1

中国传统无效婚姻立法文化初探/叶晓川//江苏警官学院学报. -2005，1

中国血缘法：人伦逻辑与价值取向——中国传统法律文化原理的另一种阐释/
　　许斌龙//玉溪师范学院学报. -2005，1

唤起法律文化历史的记忆——从法律文化角度解读《唐律疏议》/王国骞、林
　　进文//保定师范专科学校学报. -2005，1

伦理笼罩下的法秩序——中国封建法律文化的伦理主义特征/张艳//滨州学院
　　学报. -2005，2

论丧服制度对中国礼法文化的影响/杭宁//青海大学学报（社科版）.

－2005，2

儒家的和谐观与中国传统调解制度/连宏//长春理工大学学报（社科版）．
　　－2005，2

儒家伦理法的内在精神及其重构/栾爽//河海大学学报（哲社科版）．
　　－2005，2

我国传统法文化与现代法治的整合/王文东//南京医科大学学报（社科版）．
　　－2005，2

现代法治进程中的中国传统法律文化/田伟//河北公安警察职业学院学报．
　　－2005，2

中国古代著作权法律文化之源/王兰萍//华东政法学院学报．－2005，2

中国传统法律文化的现代价值/莫敏//广西政法管理干部学院学报．－2005，2

中国传统法律文化与现代西方法律发展趋势若干契合现象之探讨/高军//山东
　　科技大学学报（社科版）．－2005，2

试论唐代的律学世家/李守良//茂名学院学报．－2005，2

"法典"意象变迁考——以中国语境为核心/方潇//比较法研究．－2005，2

中国传统人权观念再探——一个比较法文化的视角/李道刚//法制与社会发
　　展．－2005，2

中国传统社会民法缺失的法律文化分析/李少伟//宁夏社会科学．－2005，2

中国传统儒家法律文化与人权思想/朱文雁//东岳论丛．－2005，2

乡村纠纷中国家法与民间法的互动——法律史和法律人类学相关研究评述/张
　　佩国//开放时代．－2005，2

从近代日本法律移植看我国法律文化发展/郭素青//日本问题研究．－2005，2

法的合法性视野中的中国传统法文化/潘丽萍//东南学术．－2005，2

中国法律文化的传统与现代化构建——法律文化及中西方法律文化比较研究
　　（上、下）/韩冰//前沿．－2005，2、3

社会文化与理性选择——对传统调解制度的法社会学与法经济学分析/徐金
　　锋//学术论坛．－2005，3

中国法治社会构建的根基——从法律文化现代化视野解读/杨丽娟//社会科学
　　家．－2005，3

论中国法律文化的现代化/赵丽敏//许昌学院学报．－2005，3

中国古代家规中的诚信思想/傅礼白//山东大学学报（哲社科版）．－2005，3

古代法制文学五大故事类型论/韩春萌//南昌教育学院学报．－2005，3

西法东渐侵染中国近代法文化/望田//中国社会科学报．－2005，3．16

从"法"看中国司法的兴起及理念/徐忠明//中山大学学报（哲社科版）.
　　-2005，4

"法"：一个字的文化解读/黄震//湖南大学学报（社科版）. -2005，4

反观传统：儒家法文化之新观照/陈燕锋、陈冠华//北京理工大学学报（社科
　　版）. -2005，4

无讼的"理由"——来自传统社会官员对诉讼成本的社会考量/王忠春//山东
　　科技大学学报（社科版）. -2005，4

中国传统法官的实质性思维/孙笑侠//浙江大学学报（人文社科版）.
　　-2005，4

"重权轻法"的历史传统及其劣性影响分析/汪俊英//中共郑州市委党校学报.
　　-2005，4

试析中国古代道德法律文化之利弊/马珺//河南社会科学. -2005，4

晚明的公案小说创作——小说观念的变迁与叙事模式的曲折演进/邓百意//明
　　清小说研究. -2005，4

神秘数字的法文化蕴含/何柏生//政法论坛. -2005，4；又载《法律史学科发
　　展国际学术研讨会文集》，中国政法大学出版社. -2006

中国古典法律解释中的目的智慧——追求法律的实用性/谢晖//法学论坛.
　　-2005，4

中国古典法律解释的形上智慧——说明立法的合法性/谢晖//法制与社会发
　　展. -2005，4

论传统刑法文化对刑事司法所带来的负面影响及其改进/汪明亮//河北法学.
　　-2005，4

中国传统法律文化的缺陷与现代法治理念的建构/李培志//河北法学.
　　-2005，5

家礼与国法的关系、原理、意义/张中秋//法学. -2005，5

对我国传统诉讼文化的解读/朱良好//内蒙古社会科学（汉文版）. -2005，5

传统文化与中国的法治路径/王建芹//理论与改革. -2005，5

法律传统与中国经济法之争/张旻昊//学习与探索. -2005，5

中国传统法律文化与现代法制的联系/张中秋//（韩国）《中国法研究》.
　　-2005，5

中国传统法律文化与当代法制建设/蔡虹//泰州职业技术学院学报. -2005，5

传统文化对法治的桎梏和滋养/桑东辉//黑龙江省政法管理干部学院学报.
　　-2005，5

从法社会学角度看继受过程中的中国法治/陈伯礼//重庆大学学报（社科版）．
　　-2005，5

从权利角度分析中国人诉讼观念的变化/沈萍//江苏警官学院学报．-2005，5

中国传统法律文化与我国政府诚信之建构/樊丽、焦建宇//中共山西省委党校
　　学报．-2005，5

专制主义与中国传统法律文化/叶晓川、宋艳辉、叶乐峰//石家庄经济学院学
　　报．-2005，5

从《大清民律草案》"亲属""继承"两编的界定看我国法律文化的近代转
　　型/陈宁英//中南民族大学学报（人文社科版）．-2005，6

试论我国宪政文化的缺失及其构建/刘雪屏//北京人民警察学院学报．
　　-2005，6

中国传统法律的公法文化属性/张中秋//华东政法学院学报．-2005，6

乡土社会是"礼治社会"吗？/董建辉、徐雅芬//甘肃政法学院学报．
　　-2005，6

中国法文化四阶段分析/桑保军//甘肃政法学院学报．-2005，6

"亲亲相隐"原则及其活化：以刑事法为视角/莫洪宪、胡隽//华中科技大学
　　学报．-2005，6

关于中国传统法治本土资源现代价值的若干思考/裘斌、林小燕//云南行政学
　　院学报．-2005，6

论传统法律文化中的理性因素/张先昌、吴礼宁//首都师范大学学报（社科
　　版）．-2005，6

中日法律文化交流的动因比较分析/张中秋//南京大学学报（哲学人文社科
　　版）．-2005，6

中国传统法文化研究的优势与限度/祖伟//辽宁大学学报（哲社科版）．
　　-2005，6

《尔雅》法律使用域词语的训释理据与上古法文化/赵家栋//湘潭师范学院学
　　报（社科版）．-2005，6

封建伦理法律化与法律伦理化及其借鉴意义/林端青//佛山科学技术学院学
　　报．-2005，6

法制探索与明清长篇小说的主题表现/韩春萌//广东教育学院学报．-2005，6

古代中国"天学"视野下的天命与法律价值革命/方潇//法制与社会发展．
　　-2005，6

和谐思想与中国传统法律的价值选择/龙大轩//现代法学．-2005，6

中国古典法律解释的知识智慧：法律解释的知识形态/谢晖//法律科学.
　　-2005，6

论礼的起源及其转型——一种法文化学的视角/孙祥生//社会科学辑刊.
　　-2005，6

中国传统法制中的人文主义精神/尚春霞//新东方. -2005，7

论我国传统文化对国民确立法律意识的负面影响/周家洪//湖北社会科学.
　　-2005，7

论公法及公法文化的历史演变——兼论中国传统法律文化属性/罗利丹//甘肃
　　农业. -2005，9

浅析西方法律移植的不适症——中国法律文化的重新解读/骆正言//甘肃农
　　业. -2005，9

探析中国法律文化的内核——法统/宇凤利//甘肃农业. -2005，9

中国传统法律文化中的人权意识与现代人权的发展/蒋薇//理论界. -2005，9

法律文化与中国法律文化现代化论略/陶广峰//市场周刊（研究版）.
　　-2005，10

论中国古代法律教育的特征/吴秋红//理论学刊. -2005，10

传统中国法文化及本体论证明/傅鹤鸣//求索. -2005，11

清代判词语言的法文化视角/刘愫贞//学术交流. -2005，11

从古籍记载谈中国律师形象塑造的艰难处境/王运红//兰台世界. -2005，12

从规范概念史的角度谈中国法律文化中的"国籍、移民与认同"/陈惠馨//
　　"东亚视域中的国籍、移民与认同"学术研讨会，台湾大学东亚文明研究
　　中心. -2005

包公：清官之象征与法律之神明/徐忠明//《中山大学法律评论》第 5 卷，法
　　律出版社. -2005

论传统法文化中的刑治主义精神/马作武//《中山大学法律评论》第 5 卷，法
　　律出版社. -2005

中国传统法律文化与当代中国法治社会构筑的理念/蒋传光//《民间法》第 4
　　卷，山东人民出版社. -2005

丧服学研究与"准五服治罪"/丁凌华//《法律文献整理与研究》，北京大学
　　出版社. -2005

试论中国古代经学与法学的关系/王宏治//《中国与以色列法律文化国际学术
　　研讨会文集》，法律出版社. -2005；又载《中国法律文化论集》，中国
　　政法大学出版社. -2007

中国司法文化传统的基本品格及其革新/郑旭文//天府新论．-2006，1

对中国古代版权缺失的法文化考察/刘华、陆剑//中国版权．-2006，1

20世纪的《周易》法律文化研究：以中国法学文献为中心的实证考察/黄
　　震//周易研究．-2006，1

中国古典法律解释的三种样式：官方的、民间的和司法的/谢晖//甘肃政法学
　　院学报．-2006，1

"宽严相济"法律文化的思考/程鸿勤//北京政法职业学院学报．-2006，1

论我国传统诉讼文化中的法律职业者/朱良好//海南大学学报（人文社科版）．
　　-2006，1

中国传统法文化正义观的从属性及其成因/张秉福//郧阳师范高等专科学校学
　　报．-2006，1；又载广西右江民族师专学报．-2006，2

中国传统法文化的团体本位意识与国家主义传统、官本位流习/李晓明//法学
　　杂志．-2006，S1

中国传统法律文化与现代法治观念的冲突及协调/帅文铮//甘肃广播电视大学
　　学报．-2006，2

试论中国传统法律思维之现代转型/吴俊明//延安大学学报．-2006，2

"不道"罪的特质：法律文化视角下的解释/梁文生//中山大学研究生学刊．
　　-2006，2

对法不容情的批判性解读——以容隐制度与亲属拒证权为视角/刘昂//北京人
　　民警察学院学报．-2006，2

法律文化视野中的传统调解制度分析/潘学峰//襄樊职业技术学院学报．
　　-2006，2

传统中国"法律人"的角色定位及功能分析/张仁善//华东政法学院学报．
　　-2006，2；又载《法律史学科发展国际学术研讨会文集》，中国政法大学
　　出版社．-2006

中国法制传统的若干特点/徐祥民//中州学刊．-2006，2

比较视野中的法典化与法律文化/达芙妮·巴拉克-艾芮茨著，马剑银译//清
　　华法学．-2006，2

论传统中国的法律教育——以法体系之价值内涵为中心的学习制度/陈惠馨、
　　顾忠华//清华法学．-2006，3

中国古代法律文化的现代借鉴意义/刘再安//法制与社会（理论版）．
　　-2006，3

浅谈传统文化影响下的中国古代法律语言/王灵芝//现代语文（语言研究版）．

–2006, 3

论影响我国法治进程的法律文化根源/吴建军//平顶山学院学报. –2006, 3

中国传统法文化对现代法制的影响及启示/贾国华//西安政治学院学报.
　　–2006, 3

无讼与厌讼之辩/刘康磊//安顺师范高等专科学校学报(综合版). –2006, 3

论中国古代法律教育的影响/吴秋红//高等函授学报. –2006, 3

中国传统法文化和谐理念及价值选择: 对我国当代诉讼制度的反思/潘丽萍//
　　福建师范大学学报(哲社科版). –2006, 4

晋商文化之法价值探微/赵肖筠//山西大学学报(哲社科版). –2006, 4

中国传统法律文化和谐观念的反思/李晓燕//山西大学学报(哲社科版).
　　–2006, 4

传统中国厌讼文化考/周赟//山东大学学报(哲社科版). –2006, 4

法学的中国化与中国传统法律文化/李震//山东社会科学. –2006, 4

法律信仰的路径: 传统中国法的考察与当代中国法治状况的反思/刘高勇//广
　　东法学. –2006, 4

中国法律文化变迁及特点/雷五兰//政法学刊. –2006, 4

传统"无讼"观与移植法律在当代中国的碰撞与融合/李显冬、姜涛//学习与
　　探索. –2006, 4

试论中国"无讼"法律文化的成因及其消极影响/汪俊英//学习与探索.
　　–2006, 4

绍兴师爷与封建法学/董纪林//历史档案. –2006, 4

传教士与上海近代法文化/何勤华//文汇报. –2006, 4. 16

论中华法文化多元一体/廖成忠//广西社会科学. –2006, 5

尚未破解的"礼法之争"难题/张仁善//政法论坛. –2006, 5

论中国传统的法治观与法治体制/刘绪贻//学术界. –2006, 5

儒法合流给科举制度注入的法律精神/陈鹏飞//广西政法管理干部学院学报.
　　–2006, 5

浅议中国传统社会民间法律知识形成路径——从江西地方法律文献来分析/龚
　　汝富//江西财经大学学报. –2006, 5

儒家法文化的现代法治价值/张志富、陈艳//武警学院学报. –2006, 5

和谐社会视野下我国传统法律文化中的"无讼"观/詹筱茹、梁成//哈尔滨市
　　委党校学报. –2006, 5

中国古代监护法文化特质探析/闫虹宇//内蒙古民族大学学报. –2006, 5

中国传统的司法和法学/张伟仁//现代法学．－2006，5；又载《百年回眸：法律史研究在中国》第3卷，中国人民大学出版社．－2009

寻求"中道"：儒家之法的精神及其普世价值/俞荣根//现代法学．－2006，6

经济全球化与中国传统法律文化的继承与创新/萧伯符//湖北警官学院学报．－2006，6

传统诉讼法律文化对我国刑事诉讼法再修改的启示/刘少军//池州师专学报．－2006，6

明德慎罚与刑罚尚中：政治法律和谐的文化源头解读/桑东辉//平原大学学报．－2006，6

我国近代法文化的转型及其价值理念变迁/潘丽萍//佳木斯大学社会科学学报．－2006，6

对中国传统法律文化现代化的若干思考/孙新//安徽科技学院学报．－2006，6

传统法律文化影响下的中国人权意识/祁建平//黑龙江社会科学．－2006，6

传统中国乡民的法律意识与诉讼心态——以谚语为范围的文化史考察/范忠明//中国法学．－2006，6；又载《中华法系国际学术研讨会文集》，中国政法大学出版社．－2007

从"刑"字的演变看古代刑法文化/温慧辉//汉字文化．－2006，6

透析"无讼、息讼"传统折射在乡村中的普遍法律心理/兰冲//当代经理人（中旬刊）．－2006，9

论中国传统法律文化与法制现代化/荆晓梅//边疆经济与文化．－2006，9

人文主义与中国古代刑制/张焕琴//河北法学．－2006，9

中国经济法律传统及其与社会盛衰之关联/张中秋//法学．－2006，10

中国古代行刑的文化基础/张茂泉、韩秀桃//犯罪与改造研究．－2006，12

礼·秩序·和谐——礼的法文化思考/徐燕斌//兰州学刊．－2006，12

司法图腾与法律意识的继受——在正义女神与包青天相遇之后/江玉林//《法制史研究》第9期，（台湾）中国法制史学会、"中央研究院"历史语言研究所．－2006

儒家法文化——传承与趋势/俞荣根//《法理学讲演录》第1卷，法律出版社．－2006

人本主义与中国传统文化/叶晓川、叶乐锋//《东吴法学》2005年秋季卷，法律出版社．－2006

经典：文本及其解读——关于学读法学经典的五重进境/许章润//《法律文化研究》第1辑，中国人民大学出版社．－2006

从兵家法思想及其研究方法谈治学/张少瑜//《法律文化研究》第 1 辑，中国
　　人民大学出版社．-2006

辨异—求同—会通——我的中西法律文化比较的经历和体会/张中秋//《法律
　　文化研究》第 2 辑，中国人民大学出版社．-2006

国学在法学中的作用——"刑"、"法"、"律"的另类视角/田涛//《法律文化
　　研究》第 2 辑，中国人民大学出版社．-2006

中国传统法律文化与恢复性司法理念的内在关系/姜晓敏、何剑//《法律文化
　　研究》第 2 辑，中国人民大学出版社．-2006

中华法文化苑中的奇葩——律学/张晋藩//《中德法学学术论文集》第 2 辑，
　　中国政法大学出版社．-2006

现代中国法律信仰缺失的传统根源/陈会林//《中西法律传统》第 5 卷，中国
　　政法大学出版社．-2006

"常识"与传统中国州县司法——从一个疑难案件（新会田坦案）展开的思
　　考/李启成//政法论坛．-2007，1；又载《中国历史上的法律与社会发
　　展》，吉林人民出版社．-2007

腐败何以不为"罪"：对中国传统社会官员贪贿横行的法文化解释/罗洪洋//
　　法制与社会发展．-2007，1

雅俗之间：清代竹枝词的法律文化解读/徐忠明//法律科学．-2007，1

论传统中国儒家意识形态与法律的协调与冲突/赵波//兰州学刊．-2007，1

中西方传统法文化中的"法治"及其逆向/梁聪//广东社会科学．-2007，1

传统法律文化心理剖析/刘振//社科纵横（新理论版）．-2007，1；又载社会
　　心理科学．-2007，Z2

论中国法律传统的价值导向——以儒家的"重义轻利"观念为视角/徐祖澜//
　　江苏科技大学学报（社科版）．-2007，1

中西法律文化中法律与道德的关系/李寿荣//襄樊职业技术学院学报．
　　-2007，1

中国传统法律文化转型及现代法治构建/杨峥//巢湖学院学报．-2007，1

我国传统法律文化对建设社会主义和谐社会的影响/唐斌//广东工业大学学报
　　（社科版）．-2007，1

浅析中西方法律文化对构建和谐社会的启示/马小娟//菏泽学院学报．
　　-2007，1

解读古代行政法之争：历史与本土法律文化视角/徐岚、王梅雾//湖南行政学
　　院学报．-2007，1

论"誓"对中西法律文化传统的影响/汪合生、戴良桥//长沙大学学报．
　　-2007，1

论传统中国的律学：兼论传统中国法学的难生/张中秋//河南省政法管理学院
　　学报．-2007，1

试论中西法律传统的差异性/周华//芜湖职业技术学院学报．-2007，2

和谐社会中的法律文化冲突/郑鹏程//中南民族大学学报（人文社科版）．
　　-2007，2

从中国传统法律文化的转型看当代中国法律文化的构建/郭星//柳州职业技术
　　学院学报．-2007，2

清末中西法律文化的冲突与西方法律思想的引进/易大东//湖南科技大学学报
　　（社科版）．-2007，2

经济视角下传统中国"无讼"现象的分析——另一种法文化的思考/程鸿勤//
　　北京政法职业学院学报．-2007，2

浅论中国民法文化的传统虚位与现代定位/冉旻、何芃//涪陵师范学院学报．
　　-2007，2

法律文化中的和谐精神与和谐社会建设/董爱玲//甘肃省经济管理干部学院学
　　报．-2007，2

传统"义务本位"观的法律文化解析//程延军、杜海英//内蒙古民族大学学
　　报．-2007，2

民本主义与传统司法论略/李俊//中国青年政治学院学报．-2007，2

中国法律传统之当代合法性探索：从法律的文化解释入手/孙谋//理论观察．
　　-2007，2

法律文化的正义价值及其实现/盛美军//求是学刊．-2007，2

和谐：中国传统法律文化的思想基础与价值目标/刘霞//市场周刊（理论研
　　究）．-2007，2

中国古代"息讼"法律文化探析/司郑巍、潘志华//理论学刊．-2007，2

从中西方法律文化看"法律信仰"/刘璐、龚远超//天府新论．-2007，S2

中国传统和谐法律文化的社会及思想基础/周宗良//法制与社会．-2007，3

儒家法律文化与现代刑事法律思想/赵运锋、云剑//理论探索．-2007，3

现代司法理念与我国传统诉讼文化的冲突与调谐/覃佐媛//湖南社会科学．
　　-2007，3

论中国传统法律文化的现代价值/张喻忻、崔兰琴//船山学刊．-2007，3

论儒家文化与法治/贺然//兰州学刊．-2007，3

中国封建社会法律文化传统及其对后世的影响/宋云峰、孔燕//山东社会科
　　学．-2007，3

《论语》中的人文关怀思想与传统法律文化/王雅梅//太原师范学院学报（社
　　科版）．-2007，3

对中日法律文化交流的探索/张中秋//江苏警官学院学报．-2007，3

元杂剧公案戏的法制文化寻绎/张静文//北京政法职业学院学报．-2007，3

论中国传统法律文化与法制现代化的关系/李慧//山西高等学校社会科学学
　　报．-2007，3

中国传统法律之特权保护的政治批评/张维//河南师范大学学报（哲社科版）．
　　-2007，3

输出与输入：对中日法律文化交流的探索/张中秋//江苏警官学院学报．
　　-2007，3；又载《法律思想的律动：当代法学名家讲演录》第2辑，法
　　律出版社．-2010

发掘传统法文化的优秀精神/庞朝骥、高爱国//光明日报．-2007，3．31

法律文化的更新与近代中国传统法律的现代化/管伟//政法论丛．-2007，4

中西法律传统成因之自然地理比较/冯吉、陈建志//法制与社会．-2007，4

"无讼"法律文化与中国公众的法律认同/李春明、张玉梅//法学论坛．
　　-2007，4

从无讼思想到枫桥经验——传统法律文化对构建新和谐社会的启示/谢心心//
　　商情（教育经济研究）．-2007，4

《诗经》法律文化略探/赵科学//华夏文化．-2007，4

谈人性善恶观对中西法律传统的影响/杨莉//巢湖学院学报．-2007，4

试论中国传统法律文化对法治国家建设的影响/宋爱琴//大庆师范学院学报．
　　-2007，4

对古代讼师的法文化考察：以民间法与国家法的两分为视角/吕欣//山东大学
　　学报（哲社科版）．-2007，4

中国传统法律文化中的"礼法结合"/凌蕊苹//山西青年管理干部学院学报．
　　-2007，4

中西方传统法律文化观念的比较/王晓岭//江南社会学院学报．-2007，4

中外法律文化之对比/冯泽云//甘肃政法成人教育学院学报．-2007，5

清政府的西方法文化政策与中国法制近代化/侯强//西华大学学报（哲社科
　　版）．-2007，5

论中国传统法律文化对我国法治建设的影响/王法学//临沂师范学院学报．

－2007，5

论传统法律文化在社会主义法制现代化建设中的作用/李申//中北大学学报社
　　科版．－2007，5

中国传统法律文化中的神秘色彩/郑素一//太平洋学报．－2007，5

论传统法的反思/曾宪义//法学家．－2007，5

如何面对中国传统法律文化遗产/武树臣//法学家．－2007，5

实现中国传统法律文化当代价值的方法论思考/蒋传光//法学家．－2007，5

中国法传统在当代的命运/任强//法学家．－2007，5

中国传统法的人伦精神与和谐社会人本法律观的构建/朱效平//社会科学研
　　究．－2007，5

论中国古代法学发展的特点与影响/李俊//江海学刊．－2007，5

浅谈中国传统法律文化/蔡玉霞//安徽农业大学学报（社科版）．－2007，6

法律文化的传统与现代化概述/朱蕾//湖北经济学院学报（人文社科版）．
　　－2007，6

中国传统法律文化及其创造性转换的思考/刘安华//内蒙古农业大学学报（社
　　科版）．－2007，6

我国传统法律文化与现代西方法律文化之比较/王弦//贵州大学学报（社科
　　版）．－2007，6

和合：传统文化中的国家法与民间法/龙大轩//西南民族大学学报（人文社科
　　版）．－2007，6

理性主义视角下的中西传统法律文化差异/朱海波//比较法研究．－2007，6

中国传统无讼法律文化对构建当代和谐社会的影响/张述周//河南社会科学．
　　－2007，6

传统"法治"文化与当代中国公众的法律认同/李春明//东岳论丛．－2007，6

伦理关系与契约关系　关系社会与市民社会——从人与人的关系解读中西方
　　法律文化传统的差异/周晓辉//法制与社会．－2007，7

中国传统法律文化的和谐观研究/张咸杰//社科纵横．－2007，8

传统法律文化对当前和谐社会建设的启示：以"人本主义法律"为例/向平
　　生、龙庆华、王杰康//理论界．－2007，8

从传统法律文化中吸取廉政建设的有益营养/郭成伟//中国纪检监察报．
　　－2007，8．2

清代科举法律文化的儒家化/叶晓川//科教文汇（上旬刊）．－2007，9

乡土社会中"无讼"法律文化的传统与当前比较/刘行玉//世纪桥．

－2007，10

古代法律文化传统：中国司法行政化现象的成因之一/龚先砦//法制与社会.
　　－2007，10

中印法律文化传统及法律改革比较/王小梅、王建敏//商丘师范学院学报.
　　－2007，10

儒家人本主义法律文化及其现代价值初探/丁建军//荆门职业技术学院学报.
　　－2007，11

中国古代法律文化发展阶段述略/范彩萍//社科纵横.－2007，11

中国传统法律文化的基本特征及其现代性改造/秦强//重庆社会科学.
　　－2007，11

传统法律文化路径下的职务腐败/沈凌//法制与社会.－2007，11

浅析现代刑事程序分流的传统诉讼文化底蕴/郑荣//法制与社会.－2007，11

中国传统法律文化对法制现代化的影响/孙艳玲//法制与社会.－2007，12

和谐视野下法律文化的价值取向——基于法律思想史的角度比较/吴曼曼//法
　　制与社会.－2007，12

中西法律文化比较研究的新视角/李钊//中国社会科学院院报.－2007，
　　12.11

浅析淮河流域传统法律文化中的两大典型学派的法律思想及其现代启示/杨晓
　　秋//新学术.－2007，15

中国传统法律文化探析/李姗姗、苏旭//职业圈.－2007，15

中西方财税法律传统比较及其对商业的影响/张凡、任会来、王江然//商场现
　　代化.－2007，18

中国传统法律文化与现代法治/黄麟茜、林驰//现代商业.－2007，27

论传统法律文化对我国行政法制建设的影响/张文艳//科技信息（科学教研）.
　　－2007，32

不能遗忘的文明——中国文化与法治/夏勇//《中国文化与法治》，社会科学文
　　献出版社.－2007

中国传统法律文化中的和谐精神/周子良、乔守忠//《中国文化与法治》，社会
　　科学文献出版社.－2007

中国传统法文化研究的多维视角/祖伟//《中国文化与法治》，社会科学文献出
　　版社.－2007

中国传统法律思想与现代法治/崔永东//《中国文化与法治》，社会科学文献出
　　版社.－2007

中国司法传统与当代中国司法权力潜规则/范忠信//《中国文化与法治》，社会
　　科学文献出版社．－2007

略论中国传统法律意识中的和谐观/马志冰、王琛//《法律文化研究》第3辑，
　　中国人民大学出版社．－2007

从中国古代的民间结社看民众的法律意识/郑显文//《中华法系国际学术研讨
　　会文集》，中国政法大学出版社．－2007

中国法的思考方式——渐层的法律文化/〔日〕铃木贤著，陈根发译//《中华
　　法系国际学术研讨会文集》，中国政法大学出版社．－2007

法律文化与政治文明和社会发展——概念、经验、原理和意义的探讨/张中
　　秋//《比较法律文化论集》，中国政法大学出版社．－2007

关于法律多元论的反思/张德美//《比较法律文化论集》，中国政法大学出版
　　社．－2007

法谚：法律生活道理与经验的民间形态——汉语谚语的法文化分析/霍存福//
　　《中国历史上的法律与社会发展》，吉林人民出版社．－2007

"法律"形式的泛化和法律权威的弱化——基于我国历史与现实的考察/徐永
　　康//《中国历史上的法律与社会发展》，吉林人民出版社．－2007

"轻刑重民"、"轻刑重礼乐"——中国古代社会的主流特征/张飞舟//《中国
　　历史上的法律与社会发展》，吉林人民出版社．－2007

试论基督教对中国传统法律文化的影响/张志京//《中国历史上的法律与社会
　　发展》，吉林人民出版社．－2007

我国"人治主义"观念及其历史成因/蒋晓伟//《中国历史上的法律与社会发
　　展》，吉林人民出版社．－2007

简论中华传统法文化中的"法治"观念/李青//《中国法律文化论集》，中国
　　政法大学出版社．－2007

试论中国传统监狱文化的形成/马志冰//《中国法律文化论集》，中国政法大学
　　出版社．－2007

中国古代死刑的文化透视/姜晓敏//《中国法律文化论集》，中国政法大学出版
　　社．－2007

简谈中国法律文化/张晋藩//《中国法律文化论集》，中国政法大学出版
　　社．－2007

家礼与国法的关系和原理及其意义——从社会秩序构成的视角解读中国传统
　　法律文化/张中秋//《中国法律文化论集》，中国政法大学出版社．－2007

中国法律文化心理之初探/陈晓枫//《理性与智慧：中国法律传统再探讨国际

研讨会暨中国法律史学会 2007 年学术学会研讨会文集》，中国政法大学出版社．－2007

"天人合一"思想对我国传统法律文化的影响/彭凯、吴蓓蓓//广西社会科学．－2008，1

中国传统法律文化中的宪政资源/王运红//天中学刊．－2008，1

简论社会主义法治理念与传统法律文化的差异与暗合/潘传表//政治与法律．－2008，1

中国传统法律文化中是否存在自然法思想/郭冰九//政法论坛．－2008，1

中国古代自然法精神及其现代意义/吕伟超//法学杂志．－2008，1

功利性特质：传统无讼文化的核心解读/赵海永//前沿．－2008，1

中国传统法律文化中的"人权"因子/柴荣//社会科学研究．－2008，1

"立公去私"与中华古代司法文化/陈小葵//中国市场．－2008，1

功利：第三种视角——评滋贺秀三与黄宗智的"情理–法律"之争/汪雄涛//学术界．－2008，1

晚清中国输入日本法律文化的效果与影响/张中秋//（韩国）《亚洲研究》（法学专刊）．－2008，1

中国法律文化现代化的历史与现状分析/朱蕾//湖北经济学院学报（人文社科版）．－2008，1

中国传统民事法律文化探析/毛永俊//黔西南民族师范高等专科学校学报．－2008，1

略论"德"、"礼"主导下的中国传统法律文化/淦家辉、李雪强//长春市委党校学报．－2008，1

中国传统法律文化的两个向度/周世亮、张志兵//山西高等学校社会科学学报．－2008，1

中国传统法律文化论略/贾嘉//山西煤炭管理干部学院学报．－2008，1

中国法文化的冲突与选择/启祥//西藏大学学报（社科版）．－2008，1

传统中国法的道德原理及其价值/张中秋//南京大学学报（哲学人文社科版）．－2008，1

中华传统行刑文化与行刑制度研究/张万军、赵友新//广西政法管理干部学院学报．－2008，1

论我国传统法律文化中的无讼思想/刘乐舟//时代经贸（中旬刊）．－2008，S1

《中国志》中的中国传统法律文化浅析/马慧玥、李永强//兰州大学学报（社科版）．－2008，2

中国古代民事调解制度的文化解析/潘宇//北华大学学报（社科版）.
　　-2008，2

"人文精神"与中国传统法律文化/张利、徐艳萍//河北大学学报（哲社科
　　版）.-2008，2

古人的法律意识及其文学表现/范正群//学术界.-2008，2

中国传统侦查文化与传统社会/王立民//犯罪研究.-2008，2

法律文化概念的缘起及其法学方法/常安//西部法学评论.-2008，2

中国传统法律文化对建设法治国家的启示/彭蕾//理论界.-2008，2

中西方法律文化价值取向的比较/松晓芳//天府新论.-2008，S2

礼法之争的思考/胡昕蕾//法制与经济（下半月）.-2008，3

日本输入唐代法律文化的效果与影响/张中秋//法学.-2008，3

对中日法律文化交流的透视——以它们成败得失的原因为对象的比较/张中
　　秋//法制与社会发展.-2008，3

探寻中国法律传统语境下"法治"的意义/徐爱国//求是学刊.-2008，3

世界视野中的中华法文化/卓泽渊//学习与探索.-2008，3

论中国传统法律刑名等轻重的反复变调：探寻中华法文化特质/李鼎楚//政治
　　与法律.-2008，3

中西"小传统"法文化之"暗合"：以民间法谚为视角的考察/程汉大、刘吉
　　涛//华东政法学院学报.-2008，3

论晋商经营体制与中国传统法律文化/王成坤//内蒙古农业大学学报（社科
　　版）.-2008，3

我国古代法律文化：主要内容、特点及影响/刘海年//中国社会科学院院报.
　　-2008，3.27

传统中国"无讼"法律传统原因探究——兼从中西法律传统比较角度/李文
　　定//皖西学院学报.-2008，4

"法官后语"：法律文化中的和谐精髓/张建成//许昌学院学报.-2008，4

朱子学与传统法律文化社会化/徐公喜//合肥学院学报（社科版）.-2008，4

论中国传统法律文化现象——无讼/闫宇清//忻州师范学院学报.-2008，4

浅议刑事诉讼管辖权异议制度——以传统法律文化为视角/甘建//湖北成人教
　　育学院学报.-2008，4

中国传统文化中的"法治"主张对传统治国模式的影响/董梅//国际关系学院
　　学报.-2008，4

中国古代酷刑文化解析/曹秀谦//佛山科学技术学院学报（社科版）.

-2008，4

论中国古代司法语体规范化问题——以历代判词为中心/刘愫贞//北京政法职业学院学报．-2008，4

中国传统法律文化：特质、根源与转换路径/王平//科学社会主义．-2008，4

论法律传统的功能/徐彪//法学家．-2008，4

中国传统法文化中的和谐理念/周少元//安徽法学．-2008，4

从传统诉讼法律文化看讼师到律师的嬗变/杨阳//新学术．-2008，4

中国古代讼师文化现象简述/张雅斐//商情（财经研究）．-2008，4

中国传统司法文化视角下之"刑讯"/李露//社科纵横（新理论版）．-2008，4

古代中国矫正教育的理论与实践/张利//犯罪与改造研究．-2008，4

"文化的刑法解释论"之提倡：以"赔命价"习惯法为例/苏永生//法商研究．-2008，5

法律文化与法律移植：中西古今之间/高鸿钧//比较法研究．-2008，5

道与器：关于"律"的文化解说/徐忠明//吉林大学社会科学学报．-2008，5

试论中国传统法律文化与现代法治的冲突/王润秀、李岩//内蒙古财经学院学报（综合版）．-2008，5

法律传统论纲/姚建宗//吉林大学社会科学学报．-2008，5

从中华法律传统中学习什么/陈有西//学习时报．-2008，5．19

刍议中国传统法律文化的特点/魏宁//法制与社会．-2008，6

中国行政法律文化30年演变与发展/李蕊、丛淑萍//法学论坛．-2008，6

宗教与传统中国法律之关系/徐忠明//中国法律．-2008，6

礼与法关系之探讨/朱军//商情（教育经济研究）．-2008，6

东南亚华人自治与中国传统法律文化的域外影响/李永强、马慧玥//暨南学报（哲社科版）．-2008，6

中国传统家文化下的财产继承/焦垣生、张维//西安交通大学学报（社科版）．-2008，6

市民社会理论与中国法律文化的转型/王卫//哈尔滨学院学报．-2008，7

中国法律文化传统特点探微/张建德//湖北广播电视大学学报．-2008，7

无讼法律文化对我国法治发展的当代价值/王倩、于伶//法制与社会．-2008，7

中国传统法律文化对隐私权的影响/周海//社会科学论坛（学术研究卷）．-2008，7B

中国传统法律文化及其转型/赵存祥//发展. -2008，8

中国古代法律文化烙印下的现代检察制度/刘佑生//中国检察官. -2008，8

法意与人情——以中国的法律传统为切入点/侯雷//科教文汇（下旬刊）.
-2008，9

传教士法学翻译的历史文化语境及其变迁/尹延安//理论月刊. -2008，9

论中国古代法律文化中的自然法和国家理由理论二元素/张鹏//湖北经济学院
学报（人文社科版）. -2008，9

论当代中国法律文化传统的重塑/赵占臣//商丘师范学院学报. -2008，10

近代中国（1908—1923）立宪法律文化论纲/吕福权//中国商界（下半月）.
-2008，10

道德的作用——从中国传统法律文化的视角解读/李孟菊//法制与社会.
-2008，10

中国法律传统与西方自然法学浅论/邢坤//金卡工程（经济与法）. -2008，11

宽严相济刑事政策适用的理性思考——以我国法律传统为视角/房清侠//河北
法学. -2008，11

儒家中庸思想与我国传统法文化的和合/汪荣//求索. -2008，11

透过权力的起源看中国法律文化传统/孙群//南方论刊. -2008，12

文化软实力与法律文化/李功国、冯生成//新东方. -2008，12

法律经济学分析中国传统法律文化进路之探寻/刘羽丰、蒋崧韬//知识经济.
-2008，12

中国古代法律文明的演进及启发/马小红//重庆社会科学. -2008，12

浅析新疆多元一体法律文化的形成/易中华//法制与社会. -2008，12

中国古代法律注释与当代法律解释学的差异/曾坚//贵州社会科学.
-2008，12

中国传统法律文化的刑治主义特征/王鲁豫//法制与社会. -2008，16

从清朝上海商人社会看传统法律文化——以会馆为视角/曾光//法制与社会.
-2008，21

《周易·讼卦》法律文化之八大境界/段世雄//法制与社会. -2008，30

礼法掩盖下的情感道义规则/刘琦//法制与社会. -2008，32

试述中国传统法律文化的特点/张彧通//法制与社会. -2008，32

佛教碑文所反映的中国古代法律信息/李雪梅//（韩国）《中国史研究》第57
辑，韩国中国史学会. -2008

中国古代教育碑刻中的法律信息/李雪梅//《理性与智慧：中国法律传统再探

讨》，中国政法大学出版社．－2008

儒家法律文化的现代价值/崔永东//《理性与智慧：中国法律传统再探讨》，中国政法大学出版社．－2008

略论中国少数民族法律文化的价值/陈金全、杨玲//《理性与智慧：中国法律传统再探讨》，中国政法大学出版社．－2008

从传统中寻找力量——《法律文化研究》（年刊）卷首语/曾宪义//《法律文化研究》第4辑，中国人民大学出版社．－2008

中国传统法律文化与现代法治理念/王立//《法律文化研究》第4辑，中国人民大学出版社．－2008

功利、正义与良知——中西传统法律文化的伦理学透视/肖光辉//《法律文化研究》第4辑，中国人民大学出版社．－2008

论汉代法律文化中的和谐观/朱腾//《法律文化研究》第4辑，中国人民大学出版社．－2008

礼治法治之辨/马小红//《依法治国建设社会主义法治国家》，社会科学文献出版社．－2008

传统法律文化在现代法制建设中的命运/沈国明//《依法治国与精神文明建设》，社会科学文献出版社．－2008

法治一元与中国法律传统/张继//管子学刊．－2009，1

"经、权"论与传统法律文化/陈国强//河北法学．－2009，1

浅谈法律文化以及中国传统法律文化特点/戴严、李佳鸿//现代经济信息．－2009，1

从法律文化看晋商的兴起/安晓玲//商业文化（学术版）．－2009，1

历史纠缠——从古代文本透视中国法律文化传统/明辉//学海．－2009，1

"法治一元"视角下的中国法律传统/张继//潍坊学院学报．－2009，1

马克思主义法律观与中国传统法律文化/于语和、陈玉苗//中国浦东干部学院学报．－2009，1

中国传统法律文化中的权利资源/王运红//河南科技大学学报（社科版）．－2009，1

中国传统法律文化与晋商经营理念/梁宝宏、王晓辉//晋中学院学报．－2009，1

论中国法律文化的继承与移植/杨凤明//河北青年管理干部学院学报．－2009，1

中国古代诉讼文化之积淀/何祥国//重庆教育学院学报．－2009，2

从传统法律的中立价值到价值中立的法律传统/汪公文//长沙理工大学学报
（社科版）. -2009, 2

中国法治国法律文化的发展轨迹——以刑法文化的发展为视角/张建成//河南
司法警官职业学院学报. -2009, 2

论中国传统法律文化中的女性特质/孙菲菲//浙江大学学报（人文社科版）.
-2009, 2

法律文化交流的一般原理及其作用——以中日法律文化交流为个案的分析/张
中秋//政法论坛. -2009, 2

中庸观下的传统法律文化特征及当代省思/董爱玲//甘肃社会科学. -2009, 3

《说文解字》"言"部字的中国古代法律文化解读/李清桓//河北法学.
-2009, 3

试论中国传统法律文化的特点/王婧//法制与经济（下旬刊）. -2009, 3

浅谈中国传统法律文化的伦理性特点/范振远//法制与经济（中旬刊）.
-2009, 3

义、利之辩对中国传统法律文化的影响/赵晓耕、何民捷//社会科学辑刊.
-2009, 3

中国传统司法中的清官崇拜批判/赵晓耕、赵启飞//湖湘论坛. -2009, 3

论无讼法律传统产生的历史根源/秦正发、刘永红//长春工程学院学报（社科
版）. -2009, 3

鲁迅批判中国法律文化传统的启示/倪正茂//同济大学学报（社科版）.
-2009, 3

论儒家法律文化对两汉郡县官吏司法活动的影响/胡仁智//湘潭大学学报（哲
社科版）. -2009, 3

我国社会主义法治文化建设对传统法律文化的借鉴/张怀阳//南京审计学院学
报. -2009, 3

略论中国传统法律文化及其对当代法制建设的影响和意义/邱吉顺//职大学
报. -2009, 3

法含义阐变——纪念新中国60周年的法文化思考/程鸿勤//北京政法职业学
院学报. -2009, 3

"亲亲相隐"与中华传统法文化/陈小葵//安阳工学院学报. -2009, 3；又载
新乡学院学报（社科版）. -2009, 3

传统法律文化中的和谐观/高领//人民法院报. -2009, 3. 28

从经济生产方式看中西法律文化差异的形成/陈松//中共贵州省委党校学报.

　　－2009，4

共同体：中国传统法文化的一个重要属性/易江波//湖北警官学院学报.
　　－2009，4

法文化视野中的晚清武穴教案/乔飞//湖北警官学院学报. －2009，4

中国传统法律文化与宪政/郭武轲//河南公安高等专科学校学报. －2009，4

略论传统法律文化在加强法制建设中的作用/田海//西安欧亚学院学报.
　　－2009，4

浅谈中国传统法律文化的特征及影响/王彦人//安阳师范学院学报. －2009，4

清末输入日本法律文化的动因与影响分析/姚琦//天水师范学院学报.
　　－2009，4

浅论中国传统法律文化的现代化改造/郜凌云//萍乡高等专科学校学报.
　　－2009，4

宋明理学对传统法律文化的意义/徐公喜//上饶师范学院学报. －2009，4

论中西方法律文化的相似性——《法律与宗教》与《论语》的比较研究/吴
　　斌//聊城大学学报（社科版）. －2009，4

中国古代刑法文化与现代法治理念的架构/李荣//青海师范大学学报.
　　－2009，4

法律通往自由：中国法律、法学和法律文化的反思与重建——读周永坤教授
　　《论自由的法律》/薛华勇//江苏警官学院学报. －2009，4

儒家义利观与中国传统法律文化/邱曦、胡艳美//法制与社会. －2009，4

关于我国传统法律文化之拙见/赵婉丽//金卡工程（经济与法）. －2009，4

族刑的法文化解释/马作武、马腾//广东社会科学. －2009，5

浅议中国传统法律文化的现代价值/麦杏嫦//政法学刊. －2009，5

法律移植、法律文化与法律发展——澳门法现状的批判/谢耿亮//比较法研
　　究. －2009，5

中国古代礼刑冲突的道德背景分析/吴春雷、于彦辉//理论与现代化.
　　－2009，5

法律文化视野下的獬豸造型/何桂兰、彭华//歌海. －2009，5

中国传统法律文化价值的现代审视/栾爽//孔子研究. －2009，5

法治文明的历史溯源及其当代启示/肖立民//社科纵横. －2009，5

传统孝文化对农村法治建设的影响/易国锋//江汉论坛. －2009，5

法律信仰与中国法律传统的创造性转化——西方自然法思想引发的思考/钱国
　　君、吴燕霞//文化学刊. －2009，5

对法律传统在法律现代化中作用的法理分析/贾志民、李江//河北师范大学学报（哲社科版）. -2009，5

中国法律传统的现代转换及其命运——中国法律现代化的道路/曹全来//吉林公安高等专科学校学报. -2009，5

中日法律文化交流比较研究：以唐与清末中日文化的输出与输入为视点/苏哲//江苏警官学院学报. -2009，5

儒家法律文化的和谐精神/崔永东//江苏警官学院学报. -2009，5

浅析宗教与刑法文化的形成/叶慧娟、徐留成//贵州民族学院学报（哲社科版）. -2009，5

社会主义法治理念对中国传统法律文化的继承与发展/李云峰、贺志明//中南林业科技大学学报（社科版）. -2009，5

中国传统法文化精神论纲/霍存福//吉林公安高等专科学校学报. -2009，5

创制中国自己的法治文化：90年的影响与启示/蒋熙辉//法制日报. -2009，5. 4

汉语歇后语的法律文化概观——以《杂纂七种》为中心的分析/霍存福//法制与社会发展. -2009，6

"汉土疆界碑"铭文解读——以法律文化的视角/曾代伟//现代法学. -2009，6

"家本位"文化与法律实现的关系探讨/洪良友//研究生法学. -2009，6

从"恢复性司法"看中国法文化传统的现代意义/崔永东//北方法学. -2009，6

文化碰撞中的选择：中国传统礼仪法文化在近现代的变革/吕丽//当代法学. -2009，6

论婚礼仪式中的法律文化——从梁桥村"点烟礼"谈起/李振雨、张伟、李振涛//金卡工程（经济与法）. -2009，6

论中国法律文化演进中的继承、移植与创新/费艳颖、郭旭//文化学刊. -2009，6

中国传统法律文化的传承/刘石磊、茹梦飘//商业文化（学术版）. -2009，6

论中国传统法律文化对现代法治建设的影响/张锋会//濮阳职业技术学院学报. -2009，6

论儒家法律文化及其对构建现代和谐司法的影响/王希、梁健、卢艳宁//创新. -2009，6

法律传统与和谐社会的法制建设/杨彦增、粟远荣//重庆科技学院学报（社科

版).－2009，7

和谐的中国法律文化——以法律文化转型为视角/詹焱//长春理工大学学报
　　（高教版).－2009，7

浅谈中国传统法律文化/李仲俊//金卡工程（经济与法).－2009，7

儒家文化在法治建设中的积极作用/苗勇//法制日报.－2009，7.8

论传统法律文化的现代价值/高莉//法制与社会.－2009，8

中国传统法律文化的现代价值分析/刘军舰//法制与社会.－2009，8

浅谈中西法律传统下的程序正义/葛新硕、余应坤//法制与社会.－2009，8

传统文化视野下的中国法治精神/刘丽琴//黑龙江教育学院学报.－2009，8

中国传统法律文化对中国现代法治建设的阻滞/闫玉霞//怀化学院学报.
　　－2009，9

中西法律文化观念的比较研究和总体评价/廖文丽//求索.－2009，9

中国传统法律文化的伦理价值取向及其现代意义/徐慧娟//文史博览（理论).
　　－2009，10

论中国法律传统：过去与未来/丛春梅//法制与经济（中旬刊).－2009，10

中国法律传统与现代法治精神的融合——和谐社会建设的法治路径/刘立明//
　　理论导刊.－2009，11

中国传统和法律文化的初步考察/林建玲//消费导刊.－2009，12

论中国传统法律文化中的人本主义/郭颖、王胜利//牡丹江大学学报.
　　－2009，12

反思传统诉讼文化中的调解/程计山//检察日报.－2009，12.17

两大法系民事法律文化比较/张艳//法制与社会.－2009，13

法治文化大众化制约因素分析——以中国传统法律文化为视角/王晓广//理论
　　前沿.－2009，14

我国传统法律文化在构建和谐法制中的作用及对策论析/刘国强//黑龙江史
　　志.－2009，17

中国传统法律文化及其现代意义评述/戈金梁//知识经济.－2009，17

法律文化视野下中西宪政理念的契合性初探/黄文卿//经营管理者.
　　－2009，17

法律能被信仰的理由——以中西法律文化差异为视角/李俊青//学理论.
　　－2009，21

浅析中国传统之礼与法/石玥//法制与社会.－2009，21

试论我国传统法律文化研究的复位与反思/刘公银、孟祥辉//法制与社会.

　　-2009，23

传统法律文化中的积极因素分析/马军//学理论．-2009，28

解读中国传统法律文化中的无讼思想/于游//《法律文化研究》第 5 辑，中国
　　人民大学出版社．-2009

法律的道德化与道德的法律化——分析法学视角中的"礼"与"法"/任
　　强//《法律文化研究》第 5 辑，中国人民大学出版社．-2009

儒家法文化与中华法系/俞荣根、彭奕菲//《法律文化研究》第 5 辑，中国人
　　民大学出版社．-2009

从"阶级本位·政策法"时代到"国、民本位·混合法"时代——中国法律
　　文化六十年/武树臣//《法律文化研究》第 5 辑，中国人民大学出版
　　社．-2009

户与中国古代民法文化/周子良//《寻求法的传统》，群众出版社．-2009

中国传统法文化中的情理法辨析——以敦煌吐鲁番唐代法制文献为例/王斐
　　弘//《中西法律传统》第 7 卷，中国政法大学出版社．-2009

中国古代非必要诉讼研究——中国古代"厌讼"观反思/宋四辈//《中国传统
　　司法与司法传统》，陕西师范大学出版社．-2009

中国传统司法中情理的概念分析/董长春//《中国传统司法与司法传统》，陕西
　　师范大学出版社．-2009

梦想与现实：无讼对中国司法传统的贡献/李游//《中国传统司法与司法传
　　统》，陕西师范大学出版社．-2009

中西"小传统"诉讼观念之比较——以民间法谚为视角的考察/刘吉涛//《中
　　国传统司法与司法传统》，陕西师范大学出版社．-2009

关于法的继承性问题/曾炳钧//《百年回眸：法律史研究在中国》第 2 卷，中
　　国人民大学出版社．-2009

从中国法制史上看中国文化的四大精神/陈顾远//《百年回眸：法律史研究在
　　中国》第 3 卷，中国人民大学出版社．-2009

游牧部落习俗对正统律典制度之冲击与融合：从古代损害赔偿制度之建构透
　　视中国法律文化传统/明辉//政法论坛．-2010，1

从中西法律文化传统看守法与法治——由苏格拉底之死说起/武艳、倪翔//长
　　安大学学报（社科版）．-2010，1

探析传统文化视野下的法律与宗教/陈胜、李硕//中南民族大学学报（人文社
　　科版）．-2010，1

试述中国传统法律文化产生的基础及所形成的特点/张华、李利//吉林师范大

学学报（人文社科版）. -2010，2

中国传统法文化中的非逻辑特征对我国法制现代化的影响/李云峰、贺志明//
社会科学论坛. -2010，2

论法文化视域下藏族传统法律文化在中国传统法律文化中的价值与地位/南
杰·隆英强//当代法学. -2010，2

中国"混合法"引论/武树臣//河北法学. -2010，2

寻找最初的律——对古律字形成过程的法文化考察/武树臣//法学杂志.
-2010，3

寻找最初的礼——对古礼字形成过程的法文化考察/武树臣//法律科学.
-2010，3

传统法律文化视野下的礼法关系探视/孙喆//广播电视大学学报（哲社科版）.
-2010，3

传统儒学对法治文化构造的价值/李瑜青//华中理工大学学报（社科版）.
-2010，3

"德治"本意之探微：法治语境下的重新考释/郭成龙、蒋旭杲//湘潭大学学
报（哲社科版）. -2010，3

中国传统伦理的法律表达/陈秀萍、郇兴艳//内蒙古大学学报（哲社科版）.
-2010，4

论我国传统文化对现代法制的影响/贵立义//文化学刊. -2010，4

中国传统司法文化中的"仁道"精神/崔永东//审判研究. -2010，4

论中国古代法律教育体制/孟凡港//船山学刊. -2010，4

汉代律章句学探源/张忠炜//史学月刊. -2010，4

试析中国古代狱政文化的基本精神/崔永东//北方法学. -2010，5

明清刑讯的文学想象：一个新文化史的考察/徐忠明、杜金//华南师范大学学
报. -2010，5

传统律学新探/何莉萍//湘潭大学学报（哲社科版）. -2010，5

中国的法律与文学研究述评/徐忠明、温荣//中山大学学报（哲社科版）.
-2010，6

论我国传统法文化在化解社会纠纷中的功能及启示/张锐智//河北法学.
-2010，6

"赔命价"习惯法：从差异到契合：一个文化社会学的考察/苏永生//中国刑
事法杂志. -2010，7

道家文化对罪犯矫正作用相关问题的思考/龙舞淮//犯罪与改造研究.

-2010，7

追求和谐：传统与现代的连接：以传统法律文化为视角/彭凤莲//法学杂志.
　　-2010，8

传统视角下士绅群体的法律人角色与民间自治：以浙江士绅为例/秦文//湖北
　　社会科学.-2010，8

"中国式法治"的传统因素/马小红//法制日报.-2010，8.8

从孝到养：传统法律观念的现代转变/李爱荣//开放时代.-2010，9

寻找最初的刑——对古刑字形成过程的法文化考察/武树臣//法学杂志.
　　-2010，9

寻找最初的独角兽：对"廌"的法文化考察/武树臣//河北法学.-2010，10

从古文字看中国法律文化的思想意向/武建敏//河北法学.-2010，10

中国传统司法文化再评价/崔永东//法治研究.-2010，12

儒家的司法文化/崔永东//人民法院报.-2010，12.30

《错斩崔宁》中的冤案发生学/邓建鹏//（台湾）《法制史研究》第17期，
　　（台湾）中国法制史学会、"中央研究院"历史语言研究所.-2010

情理法与冤案——以公案小说为中心/闫晓君、毛高杰//《中国法律传统与法
　　律精神——中国法律史学会成立30周年纪念大会暨2009年会论文集》，
　　山东人民出版社.-2010

"情理"法及其文化意蕴初探/邓勇//《中国法律传统与法律精神——中国法律
　　史学会成立30周年纪念大会暨2009年会论文集》，山东人民出版
　　社.-2010

文化传统比较与司法传统的形成/倪正茂//《中国法律传统与法律精神——中
　　国法律史学会成立30周年纪念大会暨2009年会论文集》，山东人民出版
　　社.-2010

中国传统法文化精神论纲/霍存福//《中国法律传统与法律精神——中国法律
　　史学会成立30周年纪念大会暨2009年会论文集》，山东人民出版
　　社.-2010

弘扬中国传统法律文化，建设环境友好型社会/肖传林//《中国法律传统与法
　　律精神——中国法律史学会成立30周年纪念大会暨2009年会论文集》，
　　山东人民出版社.-2010

传统法文化中权力控制与法治国家建设/张溪//《中国法律传统与法律精
　　神——中国法律史学会成立30周年纪念大会暨2009年会论文集》，山东
　　人民出版社.-2010

中西文化冲突与传统礼仪法变革/吕丽//《中国法律传统与法律精神——中国法律史学会成立 30 周年纪念大会暨 2009 年会论文集》，山东人民出版社．-2010

山西村治中的中西法律传统/周子良、李芳//《中国法律传统与法律精神——中国法律史学会成立 30 周年纪念大会暨 2009 年会论文集》，山东人民出版社．-2010

在司法档案中发现中国法律传统/胡仁智//《中国法律传统与法律精神——中国法律史学会成立 30 周年纪念大会暨 2009 年会论文集》，山东人民出版社．-2010

我国古代监护制度的法文化特质及当代整合/闫弘宇//《中国法律传统与法律精神——中国法律史学会成立 30 周年纪念大会暨 2009 年会论文集》，山东人民出版社．-2010

古代法文化背景下的讼师现象探析/林明、张雅斐//《中国法律传统与法律精神——中国法律史学会成立 30 周年纪念大会暨 2009 年会论文集》，山东人民出版社．-2010

包公故事——一个考察中国法律文化的视角/徐忠明//《青蓝集续编：张晋藩教授指导的法律史学博士论文粹编》，法律出版社．-2010

德治图景下中国传统司法文化研究/杨帆//《青蓝集续编：张晋藩教授指导的法律史学博士论文粹编》，法律出版社．-2010

王权主义与中国社会——古代公法文化研究/陈小葵//《青蓝集续编：张晋藩教授指导的法律史学博士论文粹编》，法律出版社．-2010

身份与财产——谱系继替下的清代承继法律文化/李小标//《青蓝集续编：张晋藩教授指导的法律史学博士论文粹编》，法律出版社．-2010

清代科举法律文化研究/叶晓川//《青蓝集续编：张晋藩教授指导的法律史学博士论文粹编》，法律出版社．-2010

（六） 法史比较研究

罗马婚姻法与唐明律之比较/章寿昌//法学季刊．-1928，（第 3 卷）7/8

唐明律的比较研究/林咏荣//法学丛刊．-1962，28

商鞅《秦律》与云梦出土《秦律》的区别和联系/高敏//《云梦秦简初探》，河南人民出版社．-1979

中国固有法上之复仇——比较法制史的研究/张瑞南//《中国法制史论文集》，

（台湾）成文出版社. –1981

论法制史的比较研究/陈盛清//《外国法制史汇览》，武汉大学出版社. –1984

荀子与西塞罗法律思想比较研究/段祺华、刘小兵//《华东政法学院研究生论
　　文集》. –1984；又载法学. –1985，3

关于警官起源的比较研究/刘炳愉//中国刑警学院学报. –1985，2

试比较庄子与卢梭的自然法平等观/马作武//中南政法学院学报. –1986，4

东西方法制观念的比较/梁治平//法律学习与研究. –1986，6

柏拉图与孔子政治法律思想比较研究/蒋庆//《孔子法律思想研究》，山东人民
　　出版社. –1986

孔子与亚里士多德法律思想比较研究/杜钢建//《孔子法律思想研究》，山东人
　　民出版社. –1986

中西法律差异的文化根基/范健//江海学刊（经济文化版）. –1987，5

开展比较法制史的研究/张晋藩//光明日报. –1987，10. 27；又载《比较法
　　律文化论集》，中国政法大学出版社. –2007

从"名例律"看唐律与日本养老律的异同/王金林//日本研究论丛. –1988，2

孙中山的五权宪法思想与美国三权分立政制/谢玉华//华中师范大学研究生学
　　报. –1988，2

中外法制历史比较研究刍议（上、下）/张晋藩//政法论坛. –1988，6；
　　1989，1

"自然法"与"法自然"/范忠信//外国法学研究. –1989，1

孔子与柏拉图——中西法文化分野之源/夏勇//比较法研究. –1989，1

《唐律疏议》与《法国民法典》/王立民//世界法学. –1989，1

中国、西欧封建法律制度比较/郝明全//山东法学. –1989，1

孔子、老子法律观相同点比较研究/周新华//齐鲁学刊. –1989，5

比较法在中国：回顾与展望/潘汉典//比较法研究. –1990，2；又载《百年回
　　眸：法律史研究在中国》第 2 卷，中国人民大学出版社. –2009

中西法观念比较（上、中、下）/范忠信//（台湾）中华文化复兴（第 23
　　卷）. –1990，10、11、12

唐代法律与日本法律/〔日〕利光三津夫//《中国法律史国际学术讨论会论文
　　集》，陕西人民出版社. –1990

中西文官制度监督机制之比较/何平立//上海大学学报（社科版）. –1991，4

儒家法文化与西方宪政文化/郝铁川//法学. –1991，10

中西法文化的一个比较："自然法"与"伦理法"/俞荣根//《孔子儒学与当

代社会文集》，山东人民出版社. -1991

墨翟、韩非、边沁的法的功利观比较研究/徐岱//法学. -1992，1

中日法律文化近代化之若干比较/陈鹏生、何勤华//中国法学. -1992，2

中国古代法律对日本法律的影响/耘耕等//比较法研究. -1992，2/3

我国先秦和古代希腊法治观简析/潘佳铭//西南师范大学学报（人文社科版）.
　　-1992，3

中国古代伦理法观念的渊源及其流变——兼与西方宗教伦理法观念的比较/何
　　勤华//法学. -1992，3；又载《比较法在中国》，法律出版社. -2002

从中西法律的冲突看鸦片战争/陶广峰//比较法研究. -1992，6

儒学法文化对日本的影响（译文）/何勤华//《儒学与法律文化》，复旦大学
　　出版社. -1992

泛讼与厌讼的历史考察——关于中西方法律传统的一点思考/何勤华//法律科
　　学. -1993，3

古代东方刑法初探/王立民//法学. -1993，8

唐令与日本令——《唐令拾遗补》编纂集议/〔日〕池田温著，霍存福、丁
　　相顺译//比较法研究. -1994，1

中日古代复仇问题比较/徐晓光//比较法研究. -1994，2

中西行政法观念及制度的比较研究/郝铁川//比较法研究. -1994，2

汉唐明三代行政监察体制比较/李孔林、陈永明//复旦学报（社科版）.
　　-1994，4

中国古代法制中的礼与西方中世纪的基督教会法/罗洪洋//贵州民族学院学报
　　（哲社科版）. -1994，4

不可思议的西方？昂格尔运用与误用中国历史的含义/〔美〕安守廉著，高鸿
　　钧译//《美国学者论中国法律传统》，中国政法大学出版社. -1994

唐式与日本式的比较研究/霍存福//《中外法律史新探》，陕西人民出版
　　社. -1994

论中国古代法和罗马法中的夫权/曾尔恕、张志京//政法论坛. -1995，2；又
　　载《比较法律文化论集》，中国政法大学出版社. -2007

罗马法与中国古代契约法/胡留元、冯卓慧//法律科学. -1995，5

中西近代法律文化中法本位之比较研究/项彬//政法论坛. -1995，6

从法继受观点比较中日两国刑事立法的近代化/黄源盛//（台湾）《政大法学评
　　论》第 54 期. -1995

清末中西公司立法背景的比较研究/许富仁//研究生法学. -1996，2

管仲与梭伦法制观辨异/陈德正、谷玉梅//管子学刊．-1996，3

管仲与梭伦法治观之比较/李怀国、陈德正//求是学刊．-1997，1

中西方商法产生途径之比较/江旭伟、刘栗平//研究生法学．-1997，1

亲亲相为隐：中外法律的共同传统——兼论其根源及其与法治的关系/范忠
　　信//比较法研究．-1997，2

试论中西封建制法的差异/刘艺工、纪振奇//西北第二民族学院学报（哲社科
　　版）．-1997，2

"亲亲尊尊"与亲属相犯：中外刑法的暗合/范忠信//法学研究．-1997，3

中西法律传统中的"亲亲相隐"/范忠信//中国社会科学．-1997，3

我国香港地区的法律渊源与大陆法律渊源之比较/张玉凤//宁夏社会科学．
　　-1997，4

日本与中国西南少数民族神判法述论/李若柏、徐晓光//日本学刊．-1997，6

管仲与梭伦法治观同一论/谷玉梅、李德恩//青岛大学师范学院学报．
　　-1998，1

中日两国民法近代化过程比较研究——背景与准备/郭建//（日本）山梨社会
　　科学研究．-1998，1

道德权利、法律权利、现实权利：列宁与邓小平人权观比较研究/陈波//法学
　　评论．-1998，2

管仲与梭伦法治观同一性简论/陈德正//松辽学刊（社科版）．-1998，2

亲属相隐与中西传统/范忠信//中国社会科学（英文版）．-1998，2

中西刑讯制度废止之比较/傅鸿栋//中央政法管理干部学院学报．-1998，4

近代中西经济法制历史比较中的借鉴/王涛//河北法学．-1998，4

中西封建法制之差异/孙光妍//求是学刊．-1998，5

中西晚期封建国家经济干预法律文化比较/张晋藩等//法学研究．-1999，1

从人的观念看中西政治法律传统的差异/张星久//法商研究．-1999，1

亚里士多德与韩非法律思想之比较/万齐洲//荆州师范学院学报．-1999，1

中、日两国法制近代化比较研究/陈永胜//甘肃政法学院学报．-1999，1

中西方对法制与法治理解的差异/黄正文//广西政法管理干部学院学报．
　　-1999，2

清代民事审判与西欧近代型的法秩序/〔日〕寺田浩明著，潘健译//中外法
　　学．-1999，2

中西伦理合璧与法治模式的中国特色/范忠信//法商研究．-1999，2

中国传统法文化与西方法文化的比较研究/李国锋//河南省政法管理干部学院

学报. -1999,4

中西神判比较研究/杜文忠//贵州师范大学学报(社科版). -1999,4

道家的"法自然"观及其影响——兼与西方自然法思想比较/丁以升//华东政法学院学报. -1999,5

中日财产继承制度比较浅论/李卓//日本学刊. -1999,5

亚里士多德的法治与先秦法家的法治/徐祥民//《法律史论集》第2卷,法律出版社. -1999

罪刑法定与中国古代刑法/徐岱//法制与社会发展. -2000,1

卢梭与黄宗羲法治思想初探:《社会契约论》与《明夷待访录》之比较/龚飙//船山学刊. -2000,1

中国法自然观与西方自然法思想论析/薄振峰//江淮论坛. -2000,1

中日法制近代化比较研究/徐立志//外国法译评. -2000,1

伊斯兰法文化与中国法文化的比较研究/马玉祥//西北民族学院学报(哲社科版). -2000,1

中韩古代家规礼法对女性约束之比较——以明清与古代朝鲜时期为例/臧健//北京大学学报(哲社科版). -2000,3

《萨利克法典》的法文化价值分析——兼与先秦法典比较/杜文忠//贵州师范大学学报. -2000,3

论罗马法"人格"与秦汉律"名籍"问题/杨师群//华东政法学院学报. -2000,4

试论中西古代刑名观之异同:古罗马《十二铜表法》与中国古代《法经》之比较/魏红//贵州大学学报(社科版). -2000,4

中西传统政治文化中法治理念之比较/柏维春、王玉华//长白学刊. -2000,4

《法经》与《十二铜表法》之比较研究/于语和、董跃//南开学报. -2000,4

中西传统法律文化的审视/刘一纯//光明日报. -2000,4. 11

美国、法国和中国宪法监督模式之比较/付子堂//法学. -2000,5

试论中西近代公司法的异同/舜秋//法商研究. -2000,6

中西法制思想比较/邓晓芒//学术月刊. -2000,9

自然法与"法自然"——浅议中西法文化的思维差异/雷勇//《中国传统法律文化与现代法治》(《法律史论丛》第7辑),重庆出版社. -2000

神判论——中西神判比较/杜文忠//《中国传统法律文化与现代法治》(《法律史论丛》第7辑),重庆出版社. -2000

亚里士多德与法家法治思想之比较/陈延庆//郑州工业大学学报. -2001,1

中美著作权法制史的差异及探源/何铁山、苏慧//中南工业大学学报.
　　-2001，1

从中西立法过程比较《唐律》与《民法大全》/王宏治//比较法研究.
　　-2001，1；又载《中国法史学精萃》2001—2003 年卷，高等教育出版
　　社.-2004；《比较法律文化论集》，中国政法大学出版社.-2007

近代中西文化启蒙及法制建设之比较/郭成伟、马志刚//比较法研究.
　　-2001，2

法治与人治的历史比较/周慧姝、王纯会//西南政法大学学报.-2001，2

中外历史上罪刑法定主义思想之比较/祖伟//沈阳师范学院学报.-2001，2

中西封建社会的立法权比较/李靓//中央政法管理干部学院学报.-2001，3

西方自然法学与中国法家思想比较/党永强//探索.-2001，3

"期成宪草"与五五宪草、西方代议制分权政体模式之比较/石毕凡//广东社
　　会科学.-2001，3

战国变法与古希腊罗马社会改革之比较/杨师群//学术月刊.-2001，4

中世纪中西方社会法制状况要点比较/杨师群//华东政法学院学报.-2001，4

香港司法文化的过去、现在与未来：兼与内地司法文化比较/顾敏康、徐永
　　康、林来梵//华东政法学院学报.-2001，6

中日法律的近代转型的比较分析/〔日〕石田琢智//政法论坛.-2001，6

试述父母教育权的内容：从比较教育法制史的视角/尹力//比较教育研究.
　　-2001，11

西法东渐：中西法律概念对应关系早期历史的考察/王健//《清华法治论衡》
　　第 2 辑，清华大学出版社.-2001

舶来与本土的应合：近代中西法律的制度环境之比较/郭成伟、马志刚//《继
　　承与创新——中国法律史学的世纪回顾与展望》（《法律史论丛》第 8
　　辑），法律出版社.-2001

近代法史研究的"林"和"树"——读《新政革命与日本》/赵元信//《继承
　　与创新——中国法律史学的世纪回顾与展望》（《法律史论丛》第 8 辑），
　　法律出版社.-2001

唐律和罗马法中有关婚姻制度比较研究/王扬//《法律史论集》第 3 卷，法律
　　出版社.-2001

从西方民法看中国古代"民法"问题/徐忠明//《法的移植与法的本土化》，
　　法律出版社.-2001

衡平与原情：论中国古代与中世纪英格兰对于法律公正的二次救济/朱勇//

（台湾）《中国法制比较研究论文集》. -2001；又载《比较法律文化论集》，中国政法大学出版社. -2007

从唐律与罗马法的比较看唐代奴婢的身份/李天石//比较法研究. -2002，1

中西传统诉讼文化比较初论/宋英辉、吴卫军//诉讼法学研究. -2002，1

中西宪法起源的比较研究/刘守刚//华东法律评论. -2002，1

礼法结合两种模式的比较分析/关倩//江苏广播电视大学学报. -2002，1

试论管仲与梭伦法治观的差异/陈德正//中央民族大学学报（哲社科版）. -2002，1

西方自然法思想和我国儒家自然法思想之比较/褚素丽//阜阳师范学院学报. -2002，1；又载枣庄师专学报. -2002，4

中西礼、法之间的语境差异/侯纯//燕山大学学报（哲社科版）. -2002，2

中西传统法律价值评价标准的差异及启示/杨超//上海大学学报. -2002，2

古代中国与古代罗马的王权与法律的关系比较/赵明//合肥工业大学学报. -2002，2

中西古代"法治"思想之比较：评析亚里士多德与法家法治理论的异同点/时显群//江西社会科学. -2002，2

血亲受贿和血亲侵害刑罚的古今立法比较/李伟迪//求索. -2002，2

礼治与法治：中西方传统治国模式的差异/庚良辰、于语和、袁柏顺//中国公证. -2002，3

时间与空间：清代中国与西方在税法上的文化选择/张世明//清史研究. -2002，3

"道"与"自然法"：中西古代自然法思想比较研究/尹良海//阜阳师范学院学报（社科版）. -2002，4

中西法律权利文化的差异及其原因/赵蓉、贺然//甘肃社会科学. -2002，4

西方自然法与中国道家"法自然"思想之比较/易顶强//广西社会科学. -2002，4

商代婚姻观念、制度与古代东西方各国婚姻观念、制度异同考析/冯卓慧//法律科学. -2002，4

古代韩中法制交流浅析：以"犯禁八条"为中心/〔韩〕尹在硕//中国文化研究. -2002，4

法律角色的中西比较——兼论中国法制的进路/房文翠//中外法学. -2002，5

中西法律起源的经济分析/马春军//北方经贸. -2002，5

中日两国近代法律改革比较研究/王建平//湖南行政学院学报. -2002，5；又

载湖南社会科学. -2003, 1

20 世纪 80 年代中苏民主法制改革比较/朱少华//河南师范大学学报（哲社科版）. -2002, 6

中西民法精神文化本源刍论/刘云生//现代法学. -2002, 6

中西方思想家立法观念的比较思考/史彤彪//法学家. -2002, 6

中西传统法律文化特征比较：试论中国传统法律的伦理化与西方法律的宗教性/姚艳//西南民族学院学报（哲社科版）. -2002, 7

中西方传统"德法兼治"的主导倾向及其历史根源——中西方传统"法律"、"道德"的历史差异/黄杨//前沿. -2002, 8

对中西法律文化的认识/张中秋//光明日报. -2002, 8. 20

苏、中两国建国初期法制建设比较/苏城乡//山西高等学校社会科学学报. -2002, 9

唐律"民事责任"研究——兼与日耳曼法的比较/姚秀兰//当代法学. -2002, 9

大陆法系对中国法律的影响/范忠信、叶峰//《走向二十一世纪的中国法文化》（《法律史论丛》第 9 辑），上海社会科学院出版社. -2002

"洋为中用"话息讼/金敏//《走向二十一世纪的中国法文化》（《法律史论丛》第 9 辑），上海社会科学院出版社. -2002

论累犯制度的立法变迁——中西方累犯制度演进之比较/苏彩霞//《中南法律评论》第 1 卷创刊号，法律出版社. -2002

近十年中国学术界关于中日法制近代化的比较研究/艾永明//（日本）法与政治. -2002

无讼与正义：中西法律价值之分析/张中秋//《青蓝集：张晋藩先生指导的法学博士论文萃编》，法律出版社. -2002

从中西立法看道德的法律化/崔永东、龙文懋//政法论坛. -2003, 1

中日"家事调停"的比较研究/李青//比较法研究. -2003, 1；又载《比较法律文化论集》，中国政法大学出版社. -2007

权力的起源：一个比较法文化的考察/喻中//现代法学. -2003, 1

中西方法治思想差异性比较/李西杰//领导理论与实践. -2003, 1

中西契约文化的比较观察/〔法〕Stephane Grend 著，魏双译//北大国际法与比较法评论. -2003, 1

中国人的"法治情结"：由罗马法复兴形式引起的思考/沈寨//甘肃行政学院学报. -2003, 1

中西法律思想比较研究/袁泉//黄石教育学院学报. -2003, 1

试论管仲与梭伦法治观的差异/陈德正//中央民族大学学报. -2003, 1

中西法律信仰差异探源/黄仕红、宋小娥//广东行政学院学报. -2003, 2

中国传统契约法与古罗马契约法之比较/张海航//复旦民商法学评论.
　　-2003, 2

浅析中国民事审判制度程序的起源以及中西方法律传统之比较/黄海//陕西检
　　察. -2003, 3

诉讼程序与法律自治：中国古代民事诉讼程序与古罗马民事诉讼程序的比较
　　分析/吴泽勇//中外法学. -2003, 3

中日法制近代化背景之比较/孟祥沛//政治与法律. -2003, 4

中西法律文化的对比：韦伯与滋贺秀三/林端、舒国滢、焦宏昌、胡昌明//研
　　究生法学. -2003, 4

从历史源头看中西法律文化差异产生的原因/李明、徐实//兰州大学学报（社
　　科版）. -2003, 4

中西方宗教对法律影响之异同之探源/陈敏//云南师范大学学报（哲社科版）.
　　-2003, 4

论法理念之中西差异/曾凡跃//南昌大学学报. -2003, 4

论中国儒道法思想与西方自然法特质/白强//重庆大学学报（社科版）.
　　-2003, 5

从社会价值认同的角度比较《独立宣言》与《中华民国临时约法》的历史命
　　运/高天琼//晋阳学刊. -2003, 5

比较法制史：中国法律史学研究的新视角/夏新华//法制与社会发展. -2003,
　　5；又载《中国法史学精萃》2001—2003 年卷，高等教育出版社.
　　-2004；《法史思辨：2002 年中国法史年会论文集》，法律出版社. -2004

东亚近代法制史上的两次大论争：清末"礼法之争"与日本"法典论争"的
　　比较/孟祥沛//比较法研究. -2003, 6；又载《中国法史学精萃》2001—
　　2003 年卷，高等教育出版社. -2004

从逻辑学的视角看中西法律文化的差异/陈锐//现代法学. -2003, 6

毛泽东与列宁刑事法律思想的比较分析/郭晶梅//广西社会科学. -2003, 6

中日传统"家"的形成原理与封建家族法的差异/黄秋生//深圳大学学报.
　　-2003, 6

中西方上古社会财产所有权法制建构的对立/杨师群//华东政法学院学报.
　　-2003, 6

荀子、亚里士多德法律思想之比较/李兴华、尤琳//江西社会科学．-2003，7

中西法律传统中法官个人因素之作用/唐志荣//《中西法律传统》第3卷，中国政法大学出版社．-2003

儒家天道观与德国自然法/李道刚//《中德法学学术论文集》第1辑，中国政法大学出版社．-2003

中国法律传统与欧洲法治精神/武树臣//《武树臣法学文集》，中国政法大学出版社．-2003

由法学史的比较研究看权利问题对史学家的启示/陈颖//史学理论研究．-2004，1

古中国与古罗马契约制度与观念的比较/霍存福//美中法律评论．-2004，（第1卷）1；又载《百年回眸：法律史研究在中国》第2卷，中国人民大学出版社．-2009

道异风同：楚秦法律的社会文化背景——楚秦法律比较研究之一/刘玉堂//长江大学学报（社科版）．-2004，1

荀子和亚里士多德政治思想之比较/罗亮梅//安康师专学报．-2004，1

"道法自然"与"自然法"思想之差异/瞿宗斌//山西省政法管理干部学院学报．-2004，2

从唐律到日本律——关于日本律成立的几个问题/郑显文//比较法研究．-2004，2；又载《比较法律文化论集》，中国政法大学出版社．-2007

论1787年《美国宪法》与1947年《中华民国宪法》之歧异/聂资鲁//河北法学．-2004，3

古代中国和罗马诉讼制度比较与律师制度的产生/陈伟炜//中共四川省委省级机关党校学报．-2004，3

中西法律文化差异探源/陈福胜//黑龙江省政法管理干部学院学报．-2004，3

从"法制"到"法治"——荀子和亚里士多德的法律思想比较/朱旺力//河北科技大学学报（社科版）．-2004，3

历史上中日法律的互动及其后果/黄国政、朱宏才//青海民族学院学报．-2004，3

商鞅与梭伦法制思想之比较/苏振兴//石河子大学学报（哲社科版）．-2004，4

中西传统法律文化形成的自然成因比较/王红梅//盐城工学院学报（社科版）．-2004，4

中国传统衡平司法与英国衡平法之比较——从"同途殊归"到"殊途同

归"/顾元//比较法研究. -2004，4；又载《比较法律文化论集》，中国
政法大学出版社. -2007

古代契约制度与现代合同制度之比较/但小红//政法学刊. -2004，5

为法律赢得神圣：中西法律观念的信仰基础反思/任强//法制与社会发展.
-2004，5

西法背景下中国古典法律解释的意义——文化视角的说明/谢晖//现代法学.
-2004，5

东西方封建专制时期证据取得比较/董晶//理论界. -2004，6

日本立宪思想对中国立宪制的影响/肖传国//中国社会科学院研究生院学报.
-2004，6

关于中西法律观念上几个问题的比较/李泳君、李芬//河北法学. -2004，8

圣经·儒典·民商法基本原则/马作武//学术研究. -2004，8

孙中山、华盛顿宪政实践过程和结果之比较/袁曙宏、董文媛//法学.
-2004，9

域外古代土地产权制度比较研究——从服务于我国集体土地所有与利用制度
变迁之角度/王铁雄//《法律文化史研究》第1卷，商务印书馆. -2004

讼师与律师：中西司法传统的差异及其意义——立足中英两国12—13世纪的
考察/陈景良//《中国法史学精萃》2001—2003年卷，高等教育出版
社. -2004

中国移植苏联民法模式考/李秀清//《中国法史学精萃》2001—2003年卷，高
等教育出版社. -2004

财富观与正义对中西方社会的影响/陈晓枫、付春杨//《法史思辨：2002年中
国法史年会论文集》，法律出版社. -2004

西方两大法系国家和古代中国在判例问题上的比较研究/李凌燕//《判例制度
研究》，人民法院出版社. -2004

神判与早期习惯法——兼及中西法律文化传统比较的一个侧面/杜文忠//《法
律史论集》第5卷，法律出版社. -2004

比较视角看中西法律传统/崔永东//《渠水集》，北京大学出版社. -2004

近代中、德等国法院体制与法官资格、待遇及社会地位之比较/张仁善//《中
德法学论坛》第3辑，南京大学出版社. -2004

敦煌租佃契约与古罗马租契的比较研究/霍存福、武航宇//法学家. -2005，1

中日宪政初始阶段比论/刘笃才//日本研究. -2005，1

权形态与中国皇权社会"蚁民"法权形态的迥异/王毅//开放时代. -2005，1

先秦诸子圣王观探析——兼与柏拉图哲学王思想比较/李英华//中国哲学史.
　　-2005，1

中西历史比较研究是否可行？——由刑罚的宽免说到"专制主义中央集权"
　　的可疑/彭小瑜//史学月刊. -2005，1

中国固有法秩序与西方近代法秩序/〔日〕寺田浩明著，郑芙蓉译//山东大学
　　学报（哲社科版）. -2005，1

韩非与马基雅维里政治思想之比较研究/何晓明//三峡大学学报（人文社科
　　版）. -2005，1

论中西传统法律教育历史命运与地位的差异性及其影响/马渭源//宁波大学学
　　报（教育科学版）. -2005，1

人本主义与人文主义对中西法律传统影响的比较/汪庆红//江苏警官学院学
　　报. -2005，1

为什么宪政对人权和财产权的保障是现代经济制度的基础——兼论罗马法以
　　来公民社会法中日近代法制转型差异及成因初探/朱作鑫//芜湖职业技术
　　学院学报. -2005，1

中西方社会罚金刑起源比较研究/邵维国//大连海事大学学报（社科版）.
　　-2005，1

魏晋南北朝律学与古罗马法学之比较/李俊强//湘潭大学学报（哲社科版）.
　　-2005，S1

论中西传统法律教育的差异性及其影响/马渭源//南京社会科学. -2005，2

鸦片战争时期中西法律观念比较/乔素玲//社会科学辑刊. -2005，2

中西古代政治意识文明论——先秦儒家与古希腊亚里士多德之比较/黄旭东//
　　贵州社会科学. -2005，2

从《论法的精神》看孟德斯鸠对中国法律的认识/洪佳//广西政法管理干部学
　　院学报. -2005，2

《春秋》与《圣经》——中西传统诉讼文化之比较/李琰//武汉科技学院学
　　报. -2005，3

儒家圣人政治与西方契约政治比较/孙小金//深圳大学学报（人文社科版）.
　　-2005，3

古今法治类型比较研究/姜燕、武建敏//铁道警官高等专科学校学报.
　　-2005，3

论中国传统警察的"秩序化"——兼与英国传统警察的比较/孟庆超//政法学
　　刊. -2005，3

清末修刑律与世界相关国家刑事立法的比较/王宏治//南京大学法律评论.
　　-2005，春季号；又载《法律文化研究》第 2 辑，中国人民大学出版
　　社. -2006

德国磨房主人状告皇帝案透析——兼与中国法律史相比较/高积顺//环球法律
　　评论. -2005，4

孔孟差异及其原因浅析/辛田//殷都学刊. -2005，4

中西法律的道德视野——兼论中国法治现代化的理性选择/游小留//经济与社
　　会发展. -2005，4

中西经济法传统文化基础的差异性分析/陈丹//攀登. -2005，4

试论古代法与传统法的关系——兼析中西传统法在近现代演变中的差异/曾宪
　　义、马小红//中国法学. -2005，4

韩非子与西塞罗法治思想比较研究/陈宇//重庆工商大学学报（社科版）.
　　-2005，4

中国儒家与西方近代"自然法"思想之比较/李红梅//西北大学学报（哲社科
　　版）. -2005，5

古代中国父权与古代西方父权的比较/陈志//江苏警官学院学报. -2005，6

教皇革命与"罢黜百家，独尊儒术"的异同——从影响法律传统的角度比较/
　　周恬//肇庆学院学报. -2005，6

中西方传统法律文化的冲突与融合/焦盛洋//贵州工业大学学报（社科版）.
　　-2005，6

中西古代监察制度之比较/王晓天//湘潭大学学报（哲社科版）. -2005，6

中西方关于习惯法含义的基本观点/周相卿//贵州大学学报（社科版）.
　　-2005，6

诸子均分与遗产继承——中西古代家产继承制起源与性质比较/汪兵//天津师
　　范大学学报（社科版）. -2005，6

关于《庄子·天道》中裁判方法与拉伦茨裁判方法本质诸问题——道家裁判
　　技术发微/周兴生//比较法研究. -2005，6

古罗马法和唐律有关诚信规定之比较/姜素红、曾惠燕//时代法学. -2005，6

古代中国与西方"家与国"关系结构的差异及对法律秩序内涵的影响/魏建
　　国//山东社会科学. -2005，7

中西自然法思想的比较/孙利、滕晓飞//辽宁教育行政学院学报. -2005，7

中国与西方法的精神比较/刘光峰//企业家天地（下半月刊·理论版）.
　　-2005，8

中西法治观和法治体制比较及意义/刘绪贻//社会科学论坛．-2005，9

从"法制"到"法治"：试比较荀子和亚里士多德的法律思想/张敏、熊循庆//前沿．-2005，10

秦汉唐德治与法治思想对比研究/曾凡贞//广西社会科学．-2005，11

中外"亲属相隐"制度背后的法律思考/陈晓屏//宜宾学院学报．-2005，11

伦理化与宗教性：中西法律文化的一个比较认识/张中秋//《中国人文社会科学博士硕士文库·法学》（续编），浙江教育出版社．-2005

媒妁和合意——周代与古罗马结婚制度比较的一个视角/崔兰琴//船山学刊．-2006，1

近代法律概念理论的语境分析——以奥斯丁和丘汉平为比较视点/刘星//法制与社会发展．-2006，1

法律权威实现的中西历史考察/韦志明//法学杂志．-2006，增刊

中西方法律传统中对法认识上的几个差异/邢祝国//沧桑．-2006，2

中、法、德等国刑法对日本近代刑法发展的影响/张森、徐辉//日本研究．-2006，2

中国古代慎刑思想研究——兼与20世纪西方慎刑思想比较/冯卓慧//法律科学．-2006，2

中外统计法律的渊源比较/姚锷//中国统计．-2006，3

中外容隐制度的演变及其启示：刑事司法视角的思考/刘宇平//汕头大学学报（人文社科版）．-2006，3

公司立法理念的选择：以中西法律传统比较为视角/薄燕娜//比较法研究．-2006，3

中世纪中英法律文化差距例论/杨师群//南京大学法律评论．-2006，春季号；又载《唐宋法律史论集》，上海辞书出版社．-2007

从对外来法文化的态度看中日法制近代化问题/汪庆红//求索．-2006，4

中国法律传统与西方法律传统的冲突与融合/文琦//广西政法管理干部学院学报．-2006，4

论法家"法治"与现代"法治"的异同/张郘//长春师范学院学报．-2006，4

孔子与柏拉图的法律思想比较/周忠学、周艳云//韶关学院学报．-2006，5

中外图书馆立法的历史考察/李金定//湖南社会科学．-2006，5

中美版权简史暨制度比较研究/张旭光//产业与科技论坛．-2006，8

"仁"与"法"：比较法视角的孔子和亚里士多德/祁建平//哈尔滨学院学报．

-2006，10

中国周代与古罗马结婚制度之比较/崔兰琴//《东吴法学》2005 年秋季卷，法律出版社．-2006

不同历史语境下的法律解释——以古代罗马和古代中国为对象的比较研究/崔琳琳、刘冰雪//《中德法学学术论文集》第 2 辑，中国政法大学出版社．-2006

中国、古希腊、古罗马法律起源特点之比较/庞朝骥//《法律文化研究》第 2 辑，中国人民大学出版社．-2006

管仲与亚里士多德法治思想异同论/曹绪红//管子学刊．-2007，1

近代中日两国法制现代化之比较/姚琦//广西社会科学．-2007，1

日本对唐代服制的继受与变通/金眉//比较法研究．-2007，1；又载《中华法系国际学术研讨会文集》，中国政法大学出版社．-2007；《比较法律文化论集》，中国政法大学出版社．-2007

中西"自然法"辨/王永生//华北电力大学学报．-2007，1

中西方宏观调控法发展历程之比较/陈艳丽//山西煤炭管理干部学院学报．-2007，1

浅析中西方法治思想的差异/庞潇//山西财经大学学报（高等教育版）．-2007，S1

西方自然法学观与中国儒家法律思想之比较/安玉娟、任建华//泰山学院学报．-2007，2

"法律"字词的使用是怎样实践的？——在"康熙世界"与"孟德斯鸠世界"之间/刘星//清华法学．-2007，2

历史比较的某些问题——关于近现代中西法律理论/刘星//法制与社会发展．-2007，3

中西民法精神比较论纲：兼论民法史学方法论构建/刘云生//法律科学．-2007，3

祛魅与赋魅：中西法律观念现代化进程的一种比较/李其瑞//山东警察学院学报．-2007，3

阿奎那与朱熹法律思想之比较研究/李明珠//西北民族大学学报．-2007，4

韩非子和马基雅维里法治思想的异同探析/耿雪萍、李洁//河北青年管理干部学院学报．-2007，4

韩非与亚里士多德法治思想之比较——兼论东西方法治观念产生不同走向的缘由/杨军、赵海涛//牡丹江教育学院学报．-2007，5

人性判断及其法律价值——儒家伦理法与基督教教会法之比较/聂铄//太平洋
　　学报．-2007，5

中西方法治意识生成因素的比较/柯卫//河北法学．-2007，8

从《包公案》和《威尼斯商人》谈中西方法律思想/李晓璞//南方论刊．
　　-2007，8

迂回与直行——试评柏拉图与孔子法律思想的异同/马赟//理论学习．
　　-2007，9

古代中国与古罗马离婚制度的初步比较/崔林林//《中华法系国际学术研讨会
　　文集》，中国政法大学出版社．-2007

中外法制历史比较研究刍议/张晋藩//《比较法律文化论集》，中国政法大学出
　　版社．-2007

从清代注释律学看中西法律文化的差异/何敏//《比较法律文化论集》，中国政
　　法大学出版社．-2007

犹太律法和中国古代法的伦理特点分析/曾尔恕//《比较法律文化论集》，中国
　　政法大学出版社．-2007

西方法律文化的输入及其对中华法系的冲击/李曙光//《比较法律文化论集》，
　　中国政法大学出版社．-2007

中日法文化交流的历史回眸/李青//《比较法律文化论集》，中国政法大学出版
　　社．-2007

秦律与日尔曼法之比较/顾元//《比较法律文化论集》，中国政法大学出版
　　社．-2007

唐与清关于异族通婚的法律比较/金眉//《比较法律文化论集》，中国政法大学
　　出版社．-2007

"貌离而神合"——中国传统礼治与西方近代"法治"在法学价值上的某种契
　　合/王胜国//《中国历史上的法律与社会发展》，吉林人民出版社．-2007

法律仁慈观之中西比较/〔挪威〕白肯//《中国文化与法治》，社会科学文献
　　出版社．-2007

中、西行政法律制度的比较——一个历史文化背景的分析/李栋//《行政法史
　　文集》（一），中国政法大学出版社．-2007

保辜制度与一年零一天规则的比较研究/周东平等//《唐宋法律史论集》，上海
　　辞书出版社．-2007

古今中外酷刑现象的反思/陈弘毅//《法史学刊》第1卷，中国社会科学出版
　　社．-2007；又载《百年回眸：法律史研究在中国》第3卷，中国人民大

学出版社. -2009

中西法律思想影响因素比较研究/田韶华、秦虎、王喜军//铜仁学院学报.
　　-2008，1

孔子与亚里士多德：对中西方法治价值选择的不同影响/张宇//黑龙江教育学
　　院学报. -2008，1

中国古今关于残疾人刑事法律保护问题比较研究/陈东果//商丘师范学院学
　　报. -2008，2

20 世纪初中国民法社会化之中西差异探析/张丽霞//河南师范大学学报（哲
　　社科版）. -2008，2

韩非子与亚里士多德法治思想之比较/郑培国//鲁东大学学报（哲社科版）.
　　-2008，3

中国民法的近代化及其当代课题：以中日两国民法近代化之比较研究为视角/
　　姚辉//甘肃社会科学. -2008，3

中英判例制度的历史比较/王志强//法学研究. -2008，3

论中西司法道德/崔永东//中国刑事法杂志·检察论坛. -2008，4

沟通与融合：中西法律思想之间的精神漫游——评《知识、信仰与超越：儒
　　家礼法思想解读》/刘诚//学术研究. -2008，5

对法和谐的不同解读：老子法自然思想与西方自然法思想的比较/汪琳//江西
　　社会科学. -2008，6

柏拉图与孔子的政治法律思想之比较/石梦希//法制与社会. -2008，7

马基雅维里和韩非子法制思想的异同辨析/王水珍//法制与社会. -2008，8

中外环境法历史发展比较分析/才惠莲//理论月刊. -2008，8

中西传统法律理念的比较/王璇璇//山西高等学校社会科学学报. -2008，11

中西新闻法律文化之比较/朱颖//国际新闻界. -2008，12

先秦与古希腊的人治和法治思想比较/王昆//法制与社会. -2008，18

古代中国和古罗马婚姻制度的比较/董艳//《法律文化研究》第 4 辑，中国人
　　民大学出版社. -2008

中国传统法律文化："卡迪审判"或"第三领域"？——韦伯与黄宗智的比
　　较/林端//《中西法律传统》第 6 卷，北京大学出版社. -2008

中西方传播立法控制模式简析：一个历史文化比较的视角/龙小农//新闻记
　　者. -2009，1

探寻中华行刑文明之路——兼论汉代与古罗马行刑文化的暗合与差异/张万
　　军//黑龙江省政法管理干部学院学报. -2009，1

孟德斯鸠和黄宗羲政治法律思想的比较/李芳//山西煤炭管理干部学院学报.
　　-2009，1

礼治与法治：孔子与亚里士多德治国思想之比较/任晓兰//江苏警官学院学
　　报.-2009，1

罗马法中的亲子关系与古代中国法亲子关系之比较/王爱军//济宁学院学报.
　　-2009，1

中西方传统法律文化之比较/田君、高荣花//中共郑州市委党校学报.
　　-2009，2

论中西法本位思想之异同/谭妍、龙兴盛//湘潭师范学院学报（社科版）.
　　-2009，3

古代中西囚犯感化教育差异初探/张万军、赵友新//犯罪与改造研究.
　　-2009，3

关于比较法律史的几点思考/徐爱国//南京大学法律评论.-2009，春季号

侵权行为纵横谈——中国古代法与罗马法之比较/张文勇//湖州师范学院学
　　报.-2009，4

从法律起源过程中看东方公法文化与西方私法文化的差异/侯立军//法商论
　　丛.-2009，5

道家法律思想与西方个人本位法在人性态度上的比较/张志伟、郝平平//法商
　　论丛.-2009，6

中外近代档案法规比较研究/刘迎红//档案学研究.-2009，6

中国传统人格意识与法治精神的冲突——立足于与西方法治宗教之维的比较/
　　乔飞//《中西法律传统》第7卷，北京大学出版社.-2009

10—13世纪中西民事审判制度比较研究/屈超立//《中国传统司法与司法传
　　统》，陕西师范大学出版社.-2009

中西方古代司法智慧之简要比较/杨师群//《中国传统司法与司法传统》，陕西
　　师范大学出版社.-2009

古中国与古罗马契约制度与观念的比较/霍存福//《百年回眸：法律史研究在
　　中国》第2卷，中国人民大学出版社.-2009

从中西传统法律文化比较看中国法制现代化的前景/曲可伸//《百年回眸：法
　　律史研究在中国》第2卷，中国人民大学出版社.-2009

唐律与现行法关于"紧急避难行为"规定之比较研究/桂齐逊//《百年回眸：
　　法律史研究在中国》第3卷，中国人民大学出版社.-2009

藏族"赔命价"习惯法与日尔曼民族"赎罪金"制度的比较研究/淡乐蓉//

中国藏学. -2010，1

古代中英司法的公开传统之比较/黄晓平//法制与社会发展. -2010，1

昂格尔对中国传统法律的误解/徐爱国//法制日报. -2010，1. 20

中西方法治理念之比较：以自然法思想对法治理念的影响为主要视角/贺艳//
　　人文杂志. -2010，2

中华法系与罗马法的原理及其哲学比较——以《唐律疏议》与《法学阶梯》
　　为对象的探索/张中秋//政法论坛. -2010，3

讼师与律师：基于 12 至 13 世纪的中英两国之间的一种比较/郭义贵//中国法
　　学. -2010，3

中西刑法文化差异性简析：以法律图腾为视角/陈鸿//宁夏大学学报（人文社
　　科版）. -2010，3

中西著作权演进路径比较与省思：以宋代版权分析为中心/魏文超、魏汉涛//
　　河南大学学报（社科版）. -2010，4

恢复性司法：中西古今之间/崔永东、余寅同//北京联合大学学报（人文社科
　　版）. -2010，4

司法传统视野下中国与英国法官之比较：立足中英两国十二至十三世纪的解
　　读/张文勇//社会科学论坛. -2010，5

经济史视野下的商标法：中国与欧洲的对比/邵科//清华法学. -2010，5

楚国与雅典的司法制度比较研究/李义芳//社科纵横. -2010，8

民族性与宗教性："中国法"不同于罗马法之法意/杜文忠//西南民族大学学
　　报（人文社科版）. -2010，11

英租威海卫与德占胶澳土地法律制度之对比/袁兆春、张洁//《中华法系的形
　　与魂》，中国人民公安大学出版社. -2010

中西方陪审制度的比较——理念、精神与法律现代性反思/马存利//《中国法
　　律传统与法律精神——中国法律史学会成立 30 周年纪念大会暨 2009 年
　　会论文集》，山东人民出版社. -2010

衡平司法与中国传统法律秩序——兼与英国衡平法相比较/顾元//《青蓝集续
　　编：张晋藩教授指导的法律史学博士论文粹编》，法律出版社. -2010

监察与制衡——古代中国与中古英国权力控制模式比较研究/汪庆红//《青蓝
　　集续编：张晋藩教授指导的法律史学博士论文粹编》，法律出版
　　社. -2010

开展比较法制史与中国法律近代化研究的论与行/李青//《思学集——张晋藩
　　先生执教六十周年暨八十华诞纪念文集》，中国政法大学出版社. -2010

（七） 法律史学与法制现代化

中国法律变迁史略与新法学观/杨绍萱//新建设. -1950，6

中国古典法学的一些现实意义/孙晓楼//法学. -1957，2

诬告受到惩罚的历史发展和现实意义/张晋藩//光明日报. -1979，11. 25

论法制史的研究与有中国特色的社会主义法学/陈盛清//《法史研究文集》
　　（上），西北政法学院. -1983；又载《安徽大学知名法学教授论文选》，
　　安徽大学出版社. -1999

论法制建设中借鉴历史经验的几个问题/乔伟//山东大学学报（哲社科版）.
　　-1987，2；又载《百年回眸：法律史研究在中国》第 2 卷，中国人民大
　　学出版社. -2009

现代化与中国传统法律观念/肖宏开//中南政法学院学报. -1988，2

中国法律传统与现行法律建设/马小红//晋阳学刊. -1988，5

法治、吏治古今谈/张晋藩//中国教育报. -1991，1. 27

文化比较与法制现代化/李玉生//南京社会科学. -1992，2

孙中山与中国法律近代化/李贵连//中外法学. -1993，2

现代化进程中的宪政问题/张中秋//南京社会科学. -1993，5

试论中国诉讼法制现代化的过程与得失（1840—1949）/夏锦文//南京师大学
　　报（社科版）. -1994，2

中国教育法制思想：从传统向现代化转变/忻建国、忻福良//上海高教研究.
　　-1995，6

儒家义利观与现代法的价值取向/刘作翔//长白论丛. -1996，1

我国古代市场管理法规及对今人的启示/齐桂苓//理论与现代化. -1996，10

儒家思想与当代中国法治/郝铁川//探索与争鸣. -1996，11

中国经济立法传统及其现代意义/张中秋//法学. -1996，11

研究过去，面对现实/张晋藩//《中国法律的传统与现代化：1993 年中国法律
　　史国际研讨会论文集》，中国民主法制出版社. -1996

从中国法律传统看传统与现代化之争/蒋德海//华东师范大学学报（哲社科
　　版）. -1997，6

中国传统法文化对现代法观念的影响/张晓东//思想战线. -1998，1

传统思维方式与中国法制的现代化/焦克源//科学·经济·社会. -1998，1

从中国传统劳役刑看现代行刑制度发展/王利荣//中国监狱学刊. -1998，1

论传统诉讼意识的特征及其对现代中国的影响/李培玉//南京社会科学.
　　-1998，1

《大清新刑律》与中国法制现代化的启动/朱昆//河南大学学报（社科版）.
　　-1998，2

传统中国的"厌讼"现象及其对现代社会的启示/邢晓军//汕头大学学报（人
　　文版）.-1998，2

国家与社会：汉代"独尊儒术"及其对当代法制建设的启示/徐忠明//江苏社
　　会科学.-1998，4

天理、国法、人情的冲突与整合：儒家之法的内在精神及现代法治的传统资
　　源/俞荣根//中华文化论坛.-1998，4；又载《法律史论集》第2卷，法
　　律出版社.-1999

传统与现代之间：中国法治之路的思考/李军//现代法学.-1998，5

论唐代法令对宗教于亲情伦理之限制的现代意义/曾荣汾//（台湾）警学丛
　　刊.-1998，（第28卷）5

历史与现实：中国法制现代化的进程/公丕祥、夏锦文//《法律史论丛》第4
　　辑，江西高校出版社.-1998

传统文化与现代中国经济法制/张勇、张生//《法律史论丛》第4辑，江西高
　　校出版社.-1998

从历史回顾中展望公司法对21世纪中国经济法制的影响/范健//《法律史论
　　丛》第4辑，江西高校出版社.-1998

传统行政法控权理念及其现代意义/沈岿//中外法学.-1999，1

公法传统与建设社会主义法治国家/江旭伟//华北电力大学学报（社科版）.
　　-1999，1

"亲亲相隐"在现代社会的活化：兼论伦理道德是法律的根源与归宿/沙君俊、
　　李鸿//广西政法干部管理学院学报.-1999，1

传统"厌讼主义"对当代行政诉讼的影响/高新华//南京化工大学学报（哲社
　　科版）.-1999，2

中国法制现代化历史道路/刘作翔//西江大学学报.-1999，2

传统"德治"与现代法治/眭鸿明//学术界.-1999，2

关于齐国"法治"的当代思考/范维贞//发展论坛.-1999，2

自由、秩序、道德、法律——关于儒家思想与现代法律的若干思考/郭建华//
　　唐都学刊.-1999，2

国家主义的衰微与中国法制现代化/吕世伦//法律科学.-1999，3

清官精神的儒学渊源与当代价值/徐祥民、马建红//法商研究. -1999，5

法治、吏治：历史与现实/陈汉生//华东政法学院学报. -1999，5；又载《百
　　年回眸：法律史研究在中国》第2卷，中国人民大学出版社. -2009

传统法律文化与中国法制的现代化/夏利民//首都师范大学学报（社科版）.
　　-1999，6

传统法律思想与当代依法治国/何士青//学习论坛. -1999，6

中国传统刑法思想对当代死刑的影响/刘海年//《人权与司法》，中国法制出版
　　社. -1999

成文法的演进与我国的法制建设/沈敏荣//江苏社会科学. -2000，1

中国传统法制思想对现代化法制建设的启迪/沈军、金铮//浙江学刊.
　　-2000，1

从人治到法治：对法制概念和理想的历史考察/罗家云//玉溪师范高等专科学
　　校学报. -2000，1

论现代依法治国与法家治国方略/梁利//南宁师范高等专科学校学报.
　　-2000，1

儒家道德法思想及其现代价值/崔永东//中国人民大学学报. -2000，1

我国传统法律文化中的"厌讼"及其对现代社会的影响/尤广辉//大庆职工大
　　学学报. -2000，1

儒学与21世纪中国法治/徐永康//河南省政法管理干部学院学报. -2000，2

现代人文精神与社会主义法治国家——兼论五四开拓社会主义法治国家的概
　　念/徐瑄、谢龙//北京大学学报（哲社科版）. -2000，2

荀子"隆礼重法"思想对新时期思想政治教育工作的启示/赵爱玲//晋东南师
　　范专科学校学报. -2000，2

中国传统法律文化与当代中国法制建设/朱敏//黔东南民族师范高等专科学校
　　学报. -2000，2

论先秦儒家的礼法思想及其当代文化价值——先秦儒家文化与精神文明建设
　　研究之十/周晓涛//社科纵横. -2000，2

略论孟子民本思想的当代价值/王引淑//政法论坛. -2000，2

礼法之争的现实思考/苏显学//行政与法. -2000，3

我国古代法律惩治贪赃罪对当前反贪污贿赂斗争的启示/赵松//理论与实践.
　　-2000，3

论荀子"隆礼重法"的礼法观及其现实意义/陈延庆//山东科技大学学报.
　　-2000，3

我国的依法治国史鉴/王立民//河南省政法管理干部学院学报. -2000, 3

朱元璋严刑峻法的治国指导思想及对当前反腐败斗争的启示/兰金补//天水行
　　政学院学报. -2000, 3

财产所有权思想的历史变迁与我国土地财产法发展趋势/张军连//中国农业大
　　学学报（社科版）. -2000, 3

我国古代刑法中的犯罪过失概念借鉴意义/魏小兵//广东法学. -2000, 4

我国行政道德法律化的历史经验/童德华//社会科学动态. -2000, 4

清末"礼法之争"对今天法制建设的启示/黄长杰、郑雷//东方论坛.
　　-2000, 4

《论语》中的"制权"思想及对中国现代法治的启示/傅林//天津商学院学
　　报. -2000, 5

中国法理体系的演进及其启示/刘金国、刘双周//政法论坛. -2000, 5

法治建设应借鉴传统法律思想三题/虞文华//理论导报. -2000, 7

从商鞅变法看法制建设的重要性/刘秀珍//山西高等学校社会科学学报.
　　-2000, 9

儒家义利观对法治现代化的价值/陈伟宏、温珍奎//江西社会科学.
　　-2000, 12

法家传统是中国走向法治的障碍：对儒、法思想与法治之间关系的几点分析/
　　徐立志//《中国传统法律文化与现代法治》（《法律史论丛》第7辑），重
　　庆出版社. -2000

法制现代化的法哲学与法社会学解释/徐忠明//《法制现代化研究》第6卷，
　　南京师范大学出版社. -2000

中国法律传统与现代法制文明/郑定//人民论坛. -2001, 1

中国传统法律意识的现代化/王霄燕、肖明//山西大学学报（哲社科版）.
　　-2001, 1

"依法治国"的历史内涵考辨/齐桂苓//天津市政法管理干部学院学报.
　　-2001, 1

试论清末修律与中国法制现代化/黄艳//河南商业高等专科学校学报.
　　-2001, 2

中国传统行政法律文化的两大特征及其现代影响/孙季萍//山东大学学报（哲
　　社科版）. -2001, 3

浅谈"亲亲相隐"规则/丁杰//山东大学学报（哲社科版）. -2001, 3

浅议儒家敬业思想与律师的职业道德/甄文涛//哈尔滨学院学报. -2001, 3

调解、诉讼与公正——对现代自由社会和儒家传统的反思/陈弘毅//现代法学. -2001，3

汲取历史教训，加强法制建设/王运思//发展论坛. -2001，3

中国法治与德治辨析：在传统与现代语境之间/王千华//中共中央党校学报. -2001，4

传承与超越：现代化视野的中国刑法传统考察/赵秉志、田宏杰//政法论坛. -2001，5

中国法治化与市场化的历史关联与现实互动/赵凌云//法商研究. -2001，5

礼治、法治、无为之治的历史作用及现实影响/蒋天径//山东公安专科学校学报. -2001，6

民事判决既判力：由传统到现代的嬗变/王福华//法学论坛. -2001，6

"中西会通"与中国法制现代化中的仿行西法偏好/范忠信//学习与探索. -2001，6

"法"何以辅"德"：中国古代社会治国的启示/李承贵//探索与争鸣. -2001，8

清代监察官员的选任、管理及对现代监察建设的启示/李伟//广州大学学报（社科版）. -2001，10

中国法律近代化的启示：关于中国法制改革与中国法律现代化的思考/宋亚萍//理论导刊. -2001，12

中国古代法律传统的成因及法律现代化/王敏//云南大学学报（法学版）. -2001，增刊

简议文化传统与现代法治/俞荣根//《法制现代化研究》第7卷，南京师范大学出版社. -2001

中国司法传统与今日司法改革/贺卫方、萧瀚//《中西法律传统》第1卷，中国政法大学出版社. -2001

"亲亲相隐"与当代刑法实践/殷东伟//襄樊学院学报. -2002，1

诉讼观念的变迁与当代司法改革/蒋安、李蓉//法学评论. -2002，1

我国传统典权制度的演变及其在未来民商立法中的改造/王明锁//河南省政法管理干部学院学报. -2002，1

儒家法家预防犯罪教育思想及其对现阶段社会犯罪治理的重要意义/李茂阳//陕西省行政学院陕西省经济管理干部学院学报. -2002，2

永佃权的历史考察及其当代价值/周子良//现代法学. -2002，2

法主德辅：历史与现实的理性抉择/顾权//广东法学. -2002，2

《吕刑》与当代治国方略/李振宇//晋阳学刊. -2002，3

百年中国法制与法制现代化/赵宝奇//河北青年管理干部学院学报. -2002，3

"德主刑辅"思想及其对中国现代政治的影响/苑秀丽//山西师大学报（社科版）. -2002，4

论现代法治与中国传统法律文化/程宗璋//甘肃教育学院学报. -2002，4

儒家思想对教育改造的启示意义/王雪峰//中国监狱学刊. -2002，4

中国传统的"慎刑"思想及其现代价值/韩春光//当代法学. -2002，4

中国古代法官责任制度的基本内容与现实借鉴/巩富文//中国法学. -2002，4

中国刑法传统与现代化思考/宋卫琴//社科与经济信息. -2002，5

亲亲相隐及其现代化/江学//法学评论. -2002，5

"引礼入法"的现代启示/杨寄荣//辽宁大学学报（哲社科版）. -2002，5

试论中国古代监察制度与当代检察制度的渊源联系/邵爱红//犯罪研究. -2002，6

"王法""官法"与宪政法理的根本分野：中国传统权力制度的法理学及其逆现代性/王毅、朱文萍//社会科学论坛. -2002，7

传统法律心理对培养现代公民意识的二重性作用/徐长安、宋新夫//社会科学. -2002，8

关于清除中国古代法律制度对现今法律制度消极影响的几点思考/刘本燕//江西社会科学. -2002，10

中国封建监察制度的现代启示/王平一//理论月刊. -2002，11

法家思想传统的现代反思/陈弘毅//《中西法律传统》第2卷，中国政法大学出版社. -2002

中国法制走向现代化的思考/张晋藩//《中国法律近代化论集》，中国政法大学出版社. -2002

宪政化中的儒家传统/王人博//《中国法律近代化论集》，中国政法大学出版社. -2002；又载《清华法治论衡》第3辑，清华大学出版社. -2002

儒家思想与法官职业道德建设/春扬//《走向二十一世纪的中国法文化》（《法律史论丛》第9辑），上海社会科学院出版社. -2002

中国审级制度的历史传统与现代改革/汪世荣//《走向二十一世纪的中国法文化》（《法律史论丛》第9辑），上海社会科学院出版社. -2002

社会变迁与中国司法变革：从传统走向现代/夏锦文//《走向二十一世纪的中国法文化》（《法律史论丛》第9辑），上海社会科学院出版社. -2002；又载法学评论. -2003，1

散论理解儒学与法治融构的角度与前提/邵胤植//苏州大学学报（哲社科版）. -2003，1

农耕文明的变迁与中国法治之路/王海涛、崔荣军//山东农业大学学报（社科版）. -2003，1

论包拯的司法现象：兼谈对当代中国司法道德建设的启示/张友连//合肥教育学院学报. -2003，1

法家的法治学说以及现代借鉴意义/李卓娅//现代法学. -2003，1

中国法律早期现代化的保守性价值评析/王涛//现代法学. -2003，1

容隐制度的现代法律价值分析/傅庆涛//政法论丛. -2003，2

中国行政法律文化的传统及现代价值/焦利//山东社会科学. -2003，2

差异与成因：中国古代"辩护士"、"讼师"与现代职业律师/谢佑平//比较法研究. -2003，2

浅析亲属相容隐思想对现代司法实践的影响/戴隆芸//天津市政法管理干部学院学报. -2003，2

中国近代社会思想发展与法制现代化/李树俊//康定民族师范高等专科学校学报. -2003，2

传统法律与现代法制/姚秀兰//黑龙江省政法管理干部学院学报. -2003，3

解读现代"刑讯逼供"现象的根本原因——从我国古代拷讯制度合法化层面入手/陈兵//山东公安专科学校学报. -2003，4

古代保辜制度与现行刑事法/牛忠志//山东公安专科学校学报. -2003，4

中国刑法现代化百年历程的启示/谭光定//重庆工商大学学报（社科版）. -2003，4

法主德辅：历史与现实的理性抉择/顾权//江西律师. -2003，4

中国法制现代化进程的动力结构与历史分析/王卫军、邹健//当代法学. -2003，4

初探儒家伦理观与中国安乐死立法/高芸//当代法学. -2003，4

"法治"的历史阐释及其对现实的启示/冯玉军//法学家. -2003，4

法律现代化与意识形态化色彩：我国法律变革研究历程中的一个现象分析/陶广峰//中国法学. -2003，4

中国传统民法文化及其现代演进/简海燕//湖湘论坛. -2003，4

中国传统法在法的现代化进程中的几个问题的研究/于敏、马小红//法制与社会发展. -2003，4

中国传统司法责任制度及其现代转型/张丽艳//兰州学刊. -2003，4

儒家思想与青少年犯罪预防/高畅、王雪峰//青少年犯罪问题. -2003，5

孔子的德治思想与中国当代法治/许富仁//行政与法. -2003，5

司法制度改革与中国古典治理传统/贺卫方//湘江法律评论. -2003，5

先秦和秦朝法治的现代省思/高鸿钧//中国法学. -2003，5；又载《中国法史学精萃》2001—2003 年卷，高等教育出版社. -2004；《清华法治论衡》第 7 辑，清华大学出版社. -2006

传统法律文化与现代法治理念的冲突与互动/张晋藩、焦利//新视野. -2003，5

孤独的海瑞与当代内蒙的草地退化——透视中国私人财产权制度的历史性缺失/徐康宁//东南大学学报. -2003，5

墨家的人权思想及其现代价值评析/杨永林//江西师范大学学报（哲社科版）. -2003，5

中国传统文化与民法法典化的关系：兼论民法典的象征意义/陈熊//湖北社会科学. -2003，6

传统"德主刑辅"治国理念及其对现代会计立法的影响/郑小荣、何瑜//事业财会. -2003，6

我国历史上的德法兼治及其现实意义/陈雪云//学习论坛. -2003，6

正视与反思：中国诉讼文化的现代化进路/牛振宇、张晓薇//当代法学. -2003，6

"刑官"初论——当代中国法律人职业化的历史透视（一）/任喜荣//法制与社会发展. -2003，6

交汇与融合：中国法制现代化的主旋律/徐永康//法学. -2003，9

论儒教与现代法治/何礼果、刘新星//经济与社会发展. -2003，9

论传统法律与现代法制/姚秀兰//当代法学. -2003，12

《唐律疏议》与当代中国刑法典惩腐立法之完善/杨永华、叶晓川、池蓓蕾//《比较法在中国》2003 年卷，法律出版社. -2003

世纪沉浮：司法独立的思想与制度变迁——以司法现代化为视角的考察/夏锦文//政法论坛. -2004，1

传统型法制向现代化法制的创造性转换/柯卫//内蒙古社会科学（汉文版）. -2004，1

试论我国公民法律意识的现代化/马建欣//甘肃社会科学. -2004，1

本土资源·法律移植·会通——关于我国法制现代化实现途径的争议与思考/徐凤真//山东教育学院学报. -2004，1

"亲亲相隐"的刑事立法化思考/马洪涛//福建公安高等专科学校学报（社会
　　公共安全研究）. -2004, 1

儒家法律思想与现代法律思想的共鸣/赵运锋//焦作工学院学报（社科版）.
　　-2004, 1

中国古代治国经验及启示/戚怀洋//安徽电子信息职业技术学院学报.
　　-2004, Z1

对传统法院调解制度的现代思考/洪彦//黑龙江省政法管理干部学院学报.
　　-2004, 2

法律现代化：百年未圆之梦/聂鑫//江苏行政学院学报. -2004, 2

亲亲相隐及其在我国现代刑事法律中之活化/王桂芳//南京师大学报（社科
　　版）. -2004, 2

"亲亲相隐"的价值及其在我国刑事法律中的引入/黎亚薇//湖湘论坛.
　　-2004, 2

刑法的时代轨迹及未来趋势/张小虎//社会科学研究. -2004, 2

论孔子"礼治"思想对社会主义法制建设的影响/钟铭佑//重庆社会主义学院
　　学报. -2004, 3

中国古代时效制度的启示——民法典应当是兼容多种法律渊源的开放体系/李
　　显冬//淮北煤炭师范学院学报（哲社科版）. -2004, 3

古今刑罚性别差异及其现代启示/申月霞//山西高等学校社会科学学报.
　　-2004, 4

也论"先秦和秦朝法治的现代省思"——兼与高鸿钧先生商榷/胡启明、田也
　　壮//哈尔滨工业大学学报（社科版）. -2004, 4

论我国家庭财产关系的立法缺陷及其完善——习惯法与现代法的冲突与协调/
　　朱凡//西南民族大学学报（人文社科版）. -2004, 4

中国草原环境法律保护的历史和现状/施文正//广播电视大学学报（哲社科
　　版）. -2004, 4

现代法治与中国传统法律文化/李崇林//新疆社会科学. -2004, 4

"治乱重典论"的历史与现状/欧阳竹筠//江汉论坛. -2004, 4

论我国容隐制度及其现实意义/白玉博//河南公安高等专科学校学报.
　　-2004, 5

中国宪政之路的反思/李青//国家行政学院学报. -2004, 5

儒家思想对现代法治的意义/杨磊//法治论丛（上海政法学院学报）.
　　-2004, 6

试论"亲亲相隐"与我国刑事法改革/朱昌波//北京人民警察学院学报.
  -2004，6

中国古代土地"活卖"关系之考释——兼论《中华人民共和国民法典》对
  "典权"制度的取舍/江海波//武汉理工大学学报（社科版）. -2004，6

容隐制度及其当代意蕴/林雅//当代法学. -2004，6

中国百年法制现代化之旅反思——代前言/马建红//《中国历史上的法律制度
  变迁与社会进步》（《法律史论丛》第 10 辑），山东大学出版社. -2004

如何思考中国传统法制的现代意义/徐忠明//《中西法律传统》第 4 卷，中国
  政法大学出版社. -2004

传统无讼思想的当代价值/吴勇//广西财经学院学报. -2005，1

中国森林立法史与《森林法》之修改/李可//浙江林学院学报. -2005，1

考察中国古代死刑复核制度——审视我国现行的死刑复核制度/胡小敏//研究
  生学刊（社科版）. -2005，1

论儒家法律思想在当代的价值/樊承剑//市场周刊（研究版）. -2005，S1

古代肉刑的废除对当代反酷刑的启示/陆仁茂//文史博览. -2005，Z1

中国传统信任结构及其对现代法治的影响/萧伯符//中国法学. -2005，2

古代儒学与当今法治/王郁//中国海洋大学学报（社科版）. -2005，2

亲属容隐制度之现代建构/林蕾//福建工程学院学报. -2005，2

中国传统法观念与现代法治精神之背离探析/杨艳茹//石家庄经济学院学报.
  -2005，2

传统"忌讼主义"及其对中国当代法制的消极影响/王军//皖西学院学报.
  -2005，3

"礼"与中国传统文化及当代和谐社会建设/丁鼎//烟台师范学院学报（哲社
  科版）. -2005，3

如何思考中国法律传统的现代意义/徐忠明//河南省政法管理干部学院学报.
  -2005，3

中国司法传统与当代司法公正问题/胡旭晟//河南省政法管理干部学院学报.
  -2005，3

论"亲亲相隐"在现代刑事法律中的活化/周静//武汉大学研究生学报.
  -2005，3

传统法律争端解决机制的现实意义/曹伊清//法律适用. -2005，3

从司法证明模式的历史沿革看中国证据制度改革的方向/何家弘//法学家.
  -2005，4

传统刑法与以人为本/高绍先//现代法学. -2005，4

古代盛事与和谐社会之构建：以法律为视角的考察/高学强//保定师范专科学校学报. -2005，4

从中国传统法律文化看现今死刑的保留/潘巍松//江西电力职业技术学院学报. -2005，4

古代禁赌碑刻对我们的启示/郭春梅//中共山西省委党校省直分校学报. -2005，4

略论中国传统无讼法律文化对建设当代和谐社会的启示/高军、龙一平、徐宏伟//湖北民族学院学报（哲社科版）. -2005，4

浅谈中国传统法律文化与依法治国/李红伟//沈阳教育学院学报. -2005，4

"无讼"及其对现代法治建设的影响/陈秀萍//河海大学学报（哲社科版）. -2005，4

殊途同归："无讼"与现代法治精神之间/陈秀萍//甘肃政法学院学报. -2005，5

亲属容隐：比较和启示/张国钧//兰州大学学报（社科版）. -2005，5

传统刑法中"亲亲相隐"原则之嬗变及其对现行刑事法律的若干启示/毛冠楠//新疆社会科学. -2005，5

"性善论"对中国法治的若干消极影响/张萱//兰州学刊. -2005，5

法制现代化进程中的反思——民间法与国家法的作用辨析/王亚明//湖南公安高等专科学校学报. -2005，6；又载湖北民族学院学报（哲社科版）. -2005，6

封建伦理法律化与法律伦理化及其借鉴意义/林瑞青//佛山科学技术学院学报（社科版）. -2005，6

中国古代判例制度的缺失与当代判例制度的确立/吴秋红//湖北行政学院学报. -2005，6

"中国史境"下的宪政道路与政治现代化的特点/郑骊君//淮阴工学院学报. -2005，6

传统工具主义法律观的现代影响及其克服/高军//中共云南省委党校学报. -2005，6

公法文化传统与中国法治建设/张学亮//黑龙江省政法管理干部学院学报. -2005，6

关于中国传统法治本土资源现代价值的若干思考/裘斌//云南行政学院学报. -2005，6

论封建专制文化对我国民主宪政思想的影响/丁建军//学术交流. −2005，6

浅谈中国传统法律文化与社会主义法治/宋淑霞//商业经济. −2005，6

《唐律疏议》之犯罪预防特色与现实借鉴/张利兆//犯罪研究. −2005，6

传统无讼思想对当代中国法治的影响/吴勇//广西社会科学. −2005，6

关于传统法律文化与现代中国法治的思考/张厚勇//江淮法治. −2005，7

我国历代禁赌实践对当前打击赌博活动的启示/张钧//公安研究. −2005，7

亲属相隐制度在我国刑法中的重建/许红缨//江西社会科学. −2005，8

传统伦理与现代法制的冲突和协调/聂火云//求实. −2005，9

法治进程中对我国传统道德的思考/张小丽//前沿. −2005，9

"礼治"实践的法律强制及其现代意义/董长春//金陵法律评论. −2005，秋
    季卷

当代中国与判例法——由古代中国判例法制度引起的思考/袁帅//现代企业教
    育. −2005，10

儒家伦理与现代法律的冲突/李洁珍//哈尔滨学院学报. −2005，10

惩治"腐败期权化"的古与今/赵晓根//检察风云. −2005，15

对中国传统伦理道德和当代中国法制化的几点思考/牟方秀//社会科学论坛
    （学术研究卷）. −2006，1

中国古代版权意识与现代版权制度辨析/杨屹东//图书馆学研究. −2006，1

儒家思想与中国法律现代化/李忠//重庆交通学院学报（社科版）. −2006，1

从法家重刑看现代轻刑化潮流/王吉梅//信阳农业高等专科学校学报.
    −2006，2

和谐社会中容隐制的重构/段灵芝//山西省政法管理干部学院学报. −2006，2

"亲亲相隐"对我国现行刑事立法的启示/陈世伟//云南大学学报. −2006，2

论"亲亲相隐"原则在现代法中的继承和发展：人权与良法的视角/周亮//法
    学杂志. −2006，S2

资源与困境：传统道德法律化的现代视野/王忠春//内蒙古社会科学（汉文
    版）. −2006，3

中国传统伦理与现代法制冲突：从"亲亲互隐"说起/李红霞//武汉大学研究
    生学报. −2006，3

刑讯逼供的历史回顾与现实反思/张文勇//湖北警官学院学报. −2006，4

中国古代的"无讼"理念与现代"和谐"社会/李文玲//甘肃社会科学.
    −2006，5

论"亲亲相隐"制度在中国刑事法律中之重构/钱叶六//法学评论. −2006，5

中国法律现代化刍议/高旭晨//《法律史论集》第 6 卷，法律出版社．-2006

从"亲亲相隐"的合理性看现代中国证人制度的改革/张宏//湖南社会科学．
　　-2007，1

浅析近代中国法制现代化的特征/周学文//河北职业技术学院学报．-2007，1

浅议我国法制现代化进程中传统伦理的影响/何晶//江苏省社会主义学院学
　　报．-2007，2

传教士与晚清法制现代化的启蒙/侯强//重庆教育学院学报．-2007，2

略论中国赠与法律传统及其现代转型/萧伯符、易江波//法商研究．-2007，2

儒家德治理念与当代中国法治的命运/罗本琦、方国根//探索与争鸣．
　　-2007，3

录囚制度的历史嬗变与现代省思/江涛、张先昌//内蒙古社会科学（汉文版）．
　　-2007，4

人道主义思潮与中国法制近代化/侯强//临沂师范学院学报．-2007，4

中国法学教育的历史及其反思/丁凌华//华东政法学院学报．-2007，4

法制现代化与传统法律资源研究/张万洪//武汉大学学报（哲社科版）．
　　-2007，5

传统儒学人文精神主导思想及对法学中国化的价值/李瑜青//山东社会科学．
　　-2007，6

我国法治历史进程的回顾与展望/李步云//法学．-2007，9

中国传统法律中的反贪制度及现实反贪路径初探/黄文忠//社会科学论坛．
　　-2007，12

中国法律传统对回应型法的启示/王益鸿//法学杂志．-2007，S1

中国律师制度现代化途径述论/袁兆春、孔庆余、王伯钊//《中国历史上的法
　　律与社会发展》，吉林人民出版社．-2007

法律移植在中国的神话与现实/张德美//《中国法律文化论集》，中国政法大学
　　出版社．-2007

从中国古代法律看典权制度的生存条件和价值功用——兼论典权制度在中国
　　当今物权立法中之命运/王明锁//《中国文化与法治》，社会科学文献出版
　　社．-2007

法制现代化进程中的儒家法哲学/任强//南京大学学报（哲学人文社科版）．
　　-2008，1

五四前后知识分子转型及其法制现代化思想/侯强//中共天津市委党校学报．
　　-2008，2

传统契约文化中的官民关系与社会主义和谐社会的构建/张姗姗//长白学刊.
　　-2008，2

中国的租界与法制现代化——以上海、天津和汉口的租界为例/王立民//中国
　　法学. -2008，3

封建制罪犯教育儒家化及其现代启示/冯宇平//殷都学刊. -2008，3

"亲亲相隐"与现代容隐制度/周会蕾//郑州航空工业管理学院学报（社科
　　版）. -2008，3

历史的智识：中国百年公司法史的解读与启迪/魏淑君//山东师范大学学报
　　（人文社科版）. -2008，3

中华传统法文化与构建社会主义和谐社会——以内乡县衙为调研对象/陈小
　　葵//河南商业高等专科学校学报. -2008，3

论儒家礼治思想及其对当代法制的影响/王福文//思茅师范高等专科学校学
　　报. -2008，4

中国传统调解制度的现代转型/狄小华//东南大学学报（哲社科版）.
　　-2008，6

从"亲亲相隐"探析我国亲属免证制度的构建/王伟//湖北社会科学.
　　-2008，6

论现代法治进程中的中国传统法律文化/石红星//科学决策. -2008，9

中国法律伦理化传统及其对现代法治建设的影响/宫宏祥、啜瑞志//山西高等
　　学校社会科学学报. -2008，11

中国传统法律文化中的和谐精神及现实意义/王天云//法制与社会.
　　-2008，23

中国法制现代化发生期研究综述/侯强//高校社科动态. -2009，1

传统法律文化与中国现代法治建设/马秀清//学校党建与思想教育.
　　-2009，S1

我国传统法律文化与构建社会主义和谐社会/王鲁豫//法制与社会. -2009，2

浅析中国传统法律文化的基本精神及现代价值/陈露露//湖北大学成人教育学
　　院学报. -2009，2

法治与和谐理念的文化渊源及其前景/苏亦工//华东政法大学学报. -2009，2

从法制史的角度看死刑在我国的存与废/刘开衢//沧桑. -2009，3

先秦儒家法律思想中的"礼治"对当代法治建设的启示/李晓曦//沧桑.
　　-2009，4

义务为本，和谐至上：中国传统思想对当代法的范式价值/那力、陈朝晖//理

论与改革．-2009，4

论中国法律传统的现代价值/崔永东//（美国）中国律师与法学家．-2009，4

儒家法律思想的时代价值/王瑛//太原城市职业技术学院学报．-2009，4

近代中国教会大学法律教育与法制现代化/侯强//青岛科技大学学报（社科版）．-2009，4

论中国传统法律文化现代化路径/崔军勇、朴圣杰//延边党校学报．-2009，4

对法律传统在法律现代化中作用的法理分析/贾志民、李江//河北师范大学学报（哲社科版）．-2009，5

中国传统消极法律文化对当代法治建设的影响/丛淑萍//山东警察学院学报．-2009，5

我国高等教育立法的历史渊源与未来展望/桑爱友//湖北第二师范学院学报．-2009，5

上海租界的现代法制与现代社会/王立民//华东师范大学学报（哲社科版）．-2009，5

儒家法律思想在现代的体现/闫瑞//中外企业家．-2009，6

马克思主义法学中国化与当代中国法制现代化/王敏、宋留清//传承．-2009，8

论法制现代化中的法律文化融合/吴晓勇//中国集体经济．-2009，9

也论亲属容隐的当代意义/陈松//求索．-2009，9

沟通古代律意与现代法意/张中秋//南京大学法律评论．-2009，秋季号

生态法益与我国传统刑法的现代化/黄锡生//河北法学．-2009，11

民间法与我国西部农村地区刑事法制现代化/乔远//法制与社会．-2009，14

浅论中国传统法律文化对法制现代化的积极作用/付晓梅//法制与社会．-2009，20

传统司法之弊与司法改革之困/徐永康//《中国传统司法与司法传统》，陕西师范大学出版社．-2009

中国传统司法文化现代化改革的几点思考/张培田//《中国传统司法与司法传统》，陕西师范大学出版社．-2009

大陆法系与中国传统法的转型/徐爱国//社会科学辑刊．-2010，1

论法治现代化视野下的中国传统法律秩序/金俭、李祎恒//法学论坛．-2010，1

传承、赓续中国优秀法律传统/张生//南京大学法律评论．-2010，春季号

论"亲亲"原则在现代刑法中的引入/王成全//东南学术．-2010，6

（八） 中国法律史研究综述

日本研究云梦秦简情况简介（1977—1980 年）//中国史研究动态. -1983，3

中国对唐代法制史研究的现状/〔日〕冈野诚著，张邻译//中国史研究动态.
　　-1983，11

日本对中国法制史研究的历史和现状/〔日〕滋贺秀三//《法律史论丛》第 3
　　辑，法律出版社. -1983

国外对辽史有关"刑法"的研究/〔英〕赫伯特·弗兰克著，刘坤一译//中
　　国史研究动态. -1984，9

江苏省纪念孙中山诞辰 120 周年学术讨论会综述/黄建荣//江苏社联通讯.
　　-1987，1

中国法制史学/张晋藩//《1987 中国法律年鉴》，法律出版社. -1987

中国法律思想史学/杨曾//《1987 中国法律年鉴》，法律出版社. -1987

唐代法制研究成果综述（上、下）/张捷、张洪池//天津市政法管理干部学院
　　校刊. -1988，1、2

中国法制史学四十年（上、下）/张晋藩//政法论坛. -1989，4、5

近年来王安石变法问题讨论述评/霍春英//中国史研究动态. -1989，6

近年来商鞅变法研究述评/张东刚//中国史研究动态. -1989，11

近年来忽必烈改行汉法研究综述/赵永春//中国史研究动态. -1989，12

中国法制史学/郭成伟//《1988 中国法律年鉴》，法律出版社. -1989

中国法律思想史学/武树臣//《1988 中国法律年鉴》，法律出版社. -1989

四十年来奴隶社会法律制度状况简介/刘斌//文史知识. -1990，1

建国以来中国古代法制史研究述评/张培田、晓川//中国史研究动态. -1990，12

中国法制史学/沈国锋//《1989 中国法律年鉴》，法律出版社. -1990

中国法律思想史学/武树臣//《1989 中国法律年鉴》，法律出版社. -1990

中国法制史学/沈国锋//《1990 中国法律年鉴》，中国法律年鉴出版社. -1990

中国法律思想史学/杨皋//《1990 中国法律年鉴》，中国法律年鉴出版社. -1990

中国法制史学的四十年/张晋藩//《中国法律史国际学术讨论会论文集》，陕西
　　人民出版社. -1990

沈家本法律思想国际学术研讨会综述/李莉//中国法学. -1991，1

沈家本法律思想国际学术研讨会综述/杨建华//浙江学刊. -1991，1

廉政与法制——记中国法律史学会西南分会学术研讨会/俞荣根//现代法学.

－1991，3

中国儒学与法律文化首届学术讨论会综述/徐永康//法律科学. －1991，6

弘扬中华法律文化，增进国际学术交流：中国儒学与法律文化首届学术讨论会综述/何勤华//法学. －1991，9

中国法制史学/沈国锋//《1991 中国法律年鉴》，中国法律年鉴出版社. －1991

中国法律思想史学/刘新//《1991 中国法律年鉴》，中国法律年鉴出版社. －1991

近年来宋代监察制度研究述评/贾玉英//中国史研究动态. －1992，6

中国法制史学/郭成伟//《1992 中国法律年鉴》，中国法律年鉴出版社. －1992

中国法律思想史学/刘新、赵晓耕//《1992 中国法律年鉴》，中国法律年鉴出版社. －1992

《论语》思想的现代法文化价值研讨会综述/郝铁川//中国法学. －1993，2

《论语》·法文化·现代化："《论语》思想的现代法文化价值"学术研讨会综述/徐永康//中南政法学院学报. －1993，2

《论语》思想的现代法文化价值：中国儒学与法律文化第二届学术讨论会综述/咏康//法律科学. －1993，3

日本近十年的中国法史研究概况（1981—1991）/〔日〕高见泽磨等著，李彪译//中外法学. －1993，4、5

历史的透镜，智慧的活水——关于法史学前十年和后十年的思考/俞荣根、王人博//《走向 21 世纪的中国法学》，重庆出版社. －1993

中国法制史研究的过去、现在与未来/张晋藩//（台湾）《中国法制史课程教学研讨会论文集》，（台湾）政治大学法律学系、（台湾）中国法制史学会. －1993

中国法制史学/沈国锋//《1993 中国法律年鉴》，中国法律年鉴出版社. －1993

中国法律思想史学/刘新//《1993 中国法律年鉴》，中国法律年鉴出版社. －1993

法律史学研究的回顾与展望/赵晓耕//法学家. －1994，1

中国法制史学/沈国锋//《1994 中国法律年鉴》，中国法律年鉴出版社. －1994

1994 年中国法律史学研究的回顾与展望/曾宪义、郑定、赵晓耕、胡旭晟//法学家. －1995，1

18 世纪后期中国贪污问题研究/郭成康//清史研究. －1995，1

正视传统，开创未来——美国学者论中国法律传统座谈会纪要/武树臣//法学研究. －1995，3

大陆中国古代法律史研究概述/俞荣根//现代法学. –1995，4

中国法律思想史学/刘新、王振东//《1995 中国法律年鉴》，中国法律年鉴出版社. –1995

中国法制史学/郭成伟//《1995 中国法律年鉴》，中国法律年鉴出版社. –1995

日本有关元代法制史研究概述/刘晓//中国史研究动态. –1996，1

1995 年中国法律史学研究的回顾与展望/曾宪义//法学家. –1996，1

中国法律思想史学/刘新、王振东//《1996 中国法律年鉴》，中国法律年鉴出版社. –1996

中国法制史学/郭成伟//《1996 中国法律年鉴》，中国法律年鉴出版社. –1996

1996 年中国法律史学研究的回顾与展望/曾宪义、丁相顺//法学家. –1997，1

中国法律思想史学/刘新、王振东//《1997 中国法律年鉴》，中国法律年鉴出版社. –1997

中国法制史学/郭成伟//《1997 中国法律年鉴》，中国法律年鉴出版社. –1997

1997 年中国法律史学研究的回顾与展望/曾宪义、郑定、丁相顺//法学家. –1998，1

发源析流，知古鉴今——齐国法治思想学术讨论综述/徐树梓、徐祥民//管子学刊. –1998，3

中国法制史学建设的辉煌 20 年/郭成伟//政法论坛. –1998，5

中国法律史学会 1997 年年会暨学术研讨会综述/侯欣一//法学. –1998，5

中国法律思想史学/刘新、王振东//《1998 中国法律年鉴》，中国法律年鉴出版社. –1998

中国法制史学/郭成伟、孙镇平//《1998 中国法律年鉴》，中国法律年鉴出版社. –1998

20 世纪之中国法律思想史学研究及其发展蠡测/饶希贤//《法律史论集》第 1 卷，法律出版社. –1998

中国法律史学会 1998 学术研讨会综述/马建红、徐祥民//文史哲. –1999，1

1998 年中国法律史学研究的回顾与展望/曾宪义、丁相顺、黄长杰//法学家. –1999，Z1

架起联接过去、现在与未来的桥梁——谈中国法律史学 50 年的经历/徐祥民//山东大学学报（哲社科版）. –1999，3

"张国华先生学术思想暨 21 世纪中国法学展望研讨会"综述/薄勇//中外法学. –1999，4

日本对中国法制史研究的现状与特色/林明//烟台大学学报（哲社科版）.

-1999，4

敦煌法制文书研究综述/马克林//中国史研究动态．-1999，5

1998年简牍整理与研究述评/李凭//中国史研究动态．-1999，10

近年来中国法律史研究概观/高旗//《法律史论集》第2卷，法律出版社．-1999

21世纪中国法律史学展望/陈盛清//《安徽大学知名法学教授论文选》，安徽大学出版社．-1999

中国法律思想史学/马小红//《1999中国法律年鉴》，中国法律年鉴出版社．-1999

中国法制史学/郭成伟、杜学亮//《1999中国法律年鉴》，中国法律年鉴出版社．-1999

1999年中国法律史学研究的回顾与展望/曾宪义、赵晓耕//法学家．-2000，1

敦煌法制文本研究回顾与展望/陈永胜//敦煌研究．-2000，2

略论21世纪的中国法律史研究/倪正茂//东吴法学．-2000，特刊；又载《继承与创新——中国法律史学的世纪回顾与展望》（《法律史论丛》第8辑），法律出版社．-2001

中国法律思想史学/马小红、赵九燕//《2000中国法律年鉴》，中国法律年鉴出版社．-2000

中国法制史学/郭成伟、李春雷、杜学亮//《2000中国法律年鉴》，中国法律年鉴出版社．-2000

五十年来台湾有关唐律研究概况/桂齐逊//《法制史研究》创刊号，（台湾）中国法制史学会、"中央研究院"历史语言研究所．-2000

近四十年来有关"法律继受"研究论著概述/卢静仪//《法制史研究》创刊号，（台湾）中国法制史学会、"中央研究院"历史语言研究所．-2000

日本之中国法制史研究现况/冈野诚//《法制史研究》创刊号，（台湾）中国法制史学会、"中央研究院"历史语言研究所．-2000

世纪之交法律史学研究的五年回顾与展望/霍存福//法制与社会发展．-2001，1

2000年中国法律史学研究的回顾与展望/曾宪义、郑定、马建兴//法学家．-2001，1

二十世纪的中国法律史学研究/韩秀桃//光明日报（理论周刊）．-2001，1．9

总结经验　大胆创新——中国法律史学会2000年学术年会综述/冯向辉//学习与探索．-2001，2

中国法制史研究世纪回眸/陈晓枫、柳正权//法学评论．-2001，2

日本之中国近代法史研究概况/西英昭//《法制史研究》第 2 期，（台湾）中国
　　法制史学会、"中央研究院"历史语言研究所. -2001

中国法律思想史学/马小红、赵九燕//《2001 中国法律年鉴》，中国法律年鉴
　　出版社. -2001

中国法制史学/郭成伟、李春雷、杜学亮//《2001 中国法律年鉴》，中国法律
　　年鉴出版社. -2001

20 世纪上半叶中国法律史学的创建与发展/韩秀桃//《继承与创新——中国法
　　律史学的世纪回顾与展望》（《法律史论丛》第 8 辑），法律出版
　　社. -2001

二十世纪简牍文书法制研究的回顾与展望/曾代伟、郑军//《继承与创新——
　　中国法律史学的世纪回顾与展望》（《法律史论丛》第 8 辑），法律出版
　　社. -2001

五十年来的中国法制史研究/刘海年、马小红//《法律史论集》第 3 卷，法律
　　出版社. -2001

2001 年中国法律史学研究的回顾与展望/曾宪义、赵晓耕//法学家. -2002，1

秦律研究综述/曹旅宁//广东教育学院学报. -2002，1

中国法律史学会暨儒学与法律文化研究会 2001 年学术年会综述/周东平//中
　　国法学. -2002，1

中国法律史学会暨儒学与法律文化研究会 2001 年年会综述/高珣、林华昌、
　　吉霁光、郑取//法学. -2002，1；又载《走向二十一世纪的中国法文化》
　　（《法律史论丛》第 9 辑），上海社会科学院出版社. -2002

中国法学会董必武法学思想研究会 2002 年年会综述/阿计//中国法学. -2002，4

20 世纪宋代法律制度史研究的回顾和反思/戴建国//史学月刊. -2002，8

睡虎地秦律研究综述/曹旅宁//中国史研究动态. -2002，8

二十世纪中国法律史学研究回顾/韩秀桃//人民法院报. -2002，12.16

台湾法律史学界动态（2001—2002）/刘恒妏//《法制史研究》第 3 期，（台
　　湾）中国法制史学会、"中央研究院"历史语言研究所. -2002

二十世纪下半叶宋代法律制度研究的回顾和反思/戴建国//《走向二十一世纪
　　的中国法文化》（《法律史论丛》第 9 辑），上海社会科学院出版
　　社. -2002

二十世纪之唐律令研究回顾/周东平//《中西法律传统》第 2 卷，中国政法大
　　学出版社. -2002

20 世纪甲骨文法律史料的整理及其研究——纪念殷墟甲骨文发现 100 周年/李

力//《法律史论集》第 4 卷，法律出版社．－2002

中国法律思想史学//赵九燕、马小红//《2002 中国法律年鉴》，中国法律年鉴出版社．－2002

中国法制史学/郭成伟、方潇、郭瑞卿//《2002 中国法律年鉴》，中国法律年鉴出版社．－2002

2002 年中国法律史学研究的回顾与展望/郑定、马建兴、杨昂//法学家．－2003，1

50 年来大陆学者关于孙中山民权主义研究述评/张艳//东南学术．－2003，6

社会主义法治思想的宝贵财富：中国法学会董必武法学思想研究会 2003 年年会综述/杜恒、蒋安杰//法制日报．－2003，10．9

2003 年台湾法律史学界回顾/陈韵如//《法制史研究》第 4 期，（台湾）中国法制史学会、"中央研究院"历史语言研究所．－2003

中国法律思想史学/马小红、马韶青//《2003 中国法律年鉴》，中国法律年鉴出版社．－2003

中国法制史学/郭成伟、郭瑞卿//《2003 中国法律年鉴》，中国法律年鉴出版社．－2003

2003 年中国法律史学学术研究回顾/郑定、杨昂//法学家．－2004，1

学术与变革：清末的唐明律研究与评价/赵晓耕//浙江社会科学．－2004，4

"送法进城"：中国法律现代化的价值取向——"2003 年中国民族法文化与现代法治精神研讨会"观点综述/陶钟灵、杜文忠//贵州财经学院学报．－2004，4

全球化背景下的法文化——中国儒学与法律文化研究会 2004 年学术研讨会综述/高珣//华东政法学院学报．－2004，4

孙中山与中国现代化学术研讨会综述/晓叶//湖北大学成人教育学院学报．－2004，6

2002 年、2003 年张家山汉简研究综述/蔡万进、张小锋//中国史研究动态．－2004，10

徽州文书的研究及其展望/中岛乐章著，顾盼等译//《法制史研究》第 6 期，（台湾）中国法制史学会、"中央研究院"历史语言研究所．－2004

法律文化的交流与共同发展——中韩法律文化学术研讨会综述/马韶青、孙琦、才媛//《法律史论集》第 5 卷，法律出版社．－2004

2002 年度中国法律史年会学术讨论综述/才媛//《法律史论集》第 5 卷，法律出版社．－2004

民初（1912—1928）司法现代化变革研究述评/吴永明//《法律史论集》第 5 卷，法律出版社．-2004

中国法律思想史学/马小红//《2004 中国法律年鉴》，中国法律年鉴出版社．-2004

中国法制史学/郭成伟、郭瑞卿//《2004 中国法律年鉴》，中国法律年鉴出版社．-2004

中国法律史学研究状况/苏亦工、才媛//《中国法治发展报告》，社会科学文献出版社．-2004

2004 年中国法律史学学术研究回顾/曾宪义//法学家．-2005，1

缅先贤博才　扬东吴法学——"杨兆龙先生百年诞辰纪念暨学术思想研讨会"综述/庞凌//华东政法学院学报．-2005，1

2004 年法律史学新进展/张中秋//政法论坛．-2005，3

1979 年以来中国近代法律史研究的回顾与思考/谭志云//江海学刊．-2005，4

1993—2003 年沈家本研究综述/马骊//湖州师范学院学报．-2005，4

全国首届民间法、习惯法学术研讨会会议综述/张晓萍//西南民族大学学报（人文社科版）．-2005，10

来自民间永远的呼唤——戴炎辉《鸡肋集》等著作探讨/叶光洲//《法制史研究》第 7 期，（台湾）中国法制史学会、"中央研究院"历史语言研究所．-2005

中国法律思想史学/马小红、肖柳//《2005 中国法律年鉴》，中国法律年鉴出版社．-2005

中国大陆 2004 年法律史学新进展/张中秋、陈煜//《法制史研究》第 7 期，（台湾）中国法制史学会、"中央研究院"历史语言研究所．-2005

台湾近十年来（1995—2004）大学文史研究所对"中国法制史"研究概况/高明士//《法制史研究》第 7 期，（台湾）中国法制史学会、"中央研究院"历史语言研究所．-2005

2005 年中国法律史学学术研究回顾/曾宪义、郑定、马小红//法学家．-2006，1

近二十年对郭嵩焘与国际法问题研究综述/邹芬//船山学刊．-2006，1

民间法与习惯法：原理、规范与方法——全国首届民间法、习惯法学术研讨会综述/张明新//山东大学学报（哲社科版）．-2006，1

法律史学科的宏观进展与微观深化——"法律史学科发展国际学术研讨会"综述/张明新//政法论坛．-2006，1；又载《法律史学科发展国际学术研讨会文集》，中国政法大学出版社．-2006

对新中国成立初期法制建设研究述评/董节英//中共党史研究．-2006，2

2005 年法律史学科新进展/张中秋、陈煜//政法论坛．-2006，2；又载《法律史学科发展国际学术研讨会文集》，中国政法大学出版社．-2006

近代上海：西法东渐、法制转型与社会变迁——"西法东渐与上海近代法文化"学术研讨会综述/张明新//华东政法学院学报．-2006，3

近十年来邓小平人权思想研究综述/崔会敏//中共云南省委党校学报．-2006，3

20 世纪 80 年代以来云南民族法学研究综述/朱艳英//云南大学学报（法学版）．-2006，3

法律文化的国际视野 历史传统的现代思考——中华法系国际学术研讨会综述/张明新//政法论坛．-2006，6；又载《中华法系国际学术研讨会文集》，中国政法大学出版社．-2007

中国法律史学会 2004 年学术年会综述/郑定、吴永明//《法律文化研究》第 1 辑，中国人民大学出版社．-2006

"和谐社会的法律史考察"研究会综述/马慧明//《法律文化研究》第 1 辑，中国人民大学出版社．-2006

中国法史研究在韩国的现状和展望/林炳德、任大熙、金仙憓//《法律史学科发展国际学术研讨会文集》，中国政法大学出版社．-2006

20 世纪秦"隶臣妾"身份问题研究的回顾及其评述/李力//《法律史论集》第 6 卷，法律出版社．-2006

中国法律思想史学/马小红//《2006 中国法律年鉴》，中国法律年鉴出版社．-2006

中国法制史学/郭成伟、郭瑞卿//《2006 中国法律年鉴》，中国法律年鉴出版社．-2006

西北政法学院中法史专业硕士学位论文内容综述（1989—2004）/张兰兰//法律文献信息与研究．-2007，1

中国法律史学术研究成果之分析/曾宪义、马小红//法学家．-2007，1

中国法律史学会 2006 年学术年会综述/王捷、李冬冬//华东政法学院学报．-2007，1

法治、善治理念、法律方法与民间规则——第二届全国民间法·民族习惯法学术研讨会综述/张明新//山东大学学报（哲社科版）．-2007，2

百年来的"春秋决狱"研究评析/朱宏才//攀登．-2007，2

2006 年法律史学科新进展/张中秋、陈煜//政法论坛．-2007，2；又载《中

华法系国际学术研讨会文集》，中国政法大学出版社．－2007

法律思想史：思想家的历史——怀念张国华、饶鑫贤先生/段秋关//西北大学学报（哲社科版）．－2007，6

出土法律文献研究之新动向/王沛//（韩国）《中国史研究》第 51 辑，韩国中国史学会．－2007

近年来《二年律令》与秦汉法律体系研究述评/徐世虹//《中国古代法律文献研究》第 3 辑，中国政法大学出版社．－2007

中国文化与法治的多维审视——"中国文化与法治"2005 年国际学术研讨会学术述评/高汉成//《中国文化与法治》，社会科学文献出版社．－2007

中国法律思想史学/马小红、游传满、李红果//《2007 中国法律年鉴》，中国法律年鉴出版社．－2007

中国法制史学/郭成伟、关志国//《2007 中国法律年鉴》，中国法律年鉴出版社．－2007

中国法律史研究 2007 年热点之分析——以 2007 年发表的论文为中心/马小红//法学家．－2008，1

"第一届法律文化全国博士论坛"（武汉）综述/汪雄涛//云南大学学报（法学版）．－2008，1；又载《中西法律传统》第 7 卷，中国政法大学出版社．－2009

《大清律例》百年研究综述/孙家红//法律文献信息与研究．－2008，2

二十世纪以来近代中国法律教育史研究述评/侯强//高校社科动态．－2008，3

1979—2007 年我国法制史研究综述——以《法学研究》为中心的考察/闫文博//法律文献信息与研究．－2008，3

2007 年法律史学新进展/张中秋//华东政法大学学报．－2008，3

现代化过程中如何看待传统法文化——中国儒学与法律文化研究会 2008 年年会综述/倪铁//华东政法大学学报．－2008，4

中国军事法律思想史研究述论/朱晓红、姬娜//西安政治学院学报．－2008，5

民间法·民族习惯法：学理架构与纠纷解决——第三届全国民间法·民族习惯法研讨会综述/张明新//江苏警官学院学报．－2008，6

20 余年来关于"自然法"的中西方法律思想比较研究综述/田庆锋//广西社会科学．－2008，7

三十年见证法律史研究与"世"俱进/何勤华//法制日报．－2008，12．14

薪传五十年——台湾法学院法史学硕博士论文/黄源盛、黄琴唐、江存孝//《法制史研究》第 14 期，（台湾）中国法制史学会、"中央研究院"历史

语言研究所. −2008

台湾地区的法制史学界之动向（1990—2000年）/〔日〕松田惠美子//《法律文化研究》第4辑，中国人民大学出版社. −2008

秦汉法制史研究综述——以简帛为中心/谢全发//《中外法律文献研究》第2卷，北京大学出版社. −2008

明代律学文献及研究综述/马韶青//《中外法律文献研究》第2卷，北京大学出版社. −2008

大清刑律草案签注研究综述/高汉成//《中外法律文献研究》第2卷，北京大学出版社. −2008

晚清国际法研究综述/张卫明//《中外法律文献研究》第2卷，北京大学出版社. −2008

我国台湾地区法制史研究综述（1949—2004）/余兆飞//《中外法律文献研究》第2卷，北京大学出版社. −2008

批判与反思：百年以来中国有关秋审之研究/孙家红//（韩国）《中国史研究》，韩国中国史学会. −2008

中国法律思想史学/马小红、蒋家棣//《2008中国法律年鉴》，中国法律年鉴出版社. −2008

中国法制史学/郭成伟、崔兰琴//《2008中国法律年鉴》，中国法律年鉴出版社. −2008

乔伟教授以法治吏思想研究述要/马建红//《山东大学法律评论》，山东人民出版社. −2008

乔伟教授与中国法律史学的发展/邱远猷//《法律文化研究》第4辑，中国人民大学出版社. −2008

奋起于荒原　锐意于精进——近30年中法史研究回顾/倪正茂//《中国人文社会科学三十年——回顾与前瞻》，复旦大学出版社. −2008

中国法律思想史研究三十年/黄涛涛//盐城师范学院学报（人文社科版）. −2009，1

中国法律史学发展30年理论创新回顾/吕丽、张珊珊、刘晓林等//法制与社会发展. −2009，1

百年来"春秋决狱"研究的突破性进展/朱宏才//攀登. −2009，2

近三十年中国法律思想史研究评析/黄涛涛//昆明理工大学学报（社科版）. −2009，2

2008年法律史学科新进展/张中秋、陈煜//华东政法大学学报. −2009，2

中国法律思想史研究 30 年/黄涛涛//广东青年干部学院学报. -2009，2

辉煌与隐忧：法律史学六十年评述/林乾//西南大学学报（社科版）. -2009，5

总结过去 开拓未来——中国法制史学六十年/张晋藩//政法论坛. -2009，5

三十年来中国法制现代化研究观点综述/郝东升//中外企业家. -2009，10

回顾过去成就辉煌，展望未来任重道远："人民司法 60 年回顾与前瞻"专题研讨综述/徐光明//人民法院报. -2009，10.1

作为镜鉴的中国法制史/墨斗//检察风云. -2009，13

中国法律思想史学/马小红、彭奕菲、李旭//《2009 中国法律年鉴》，中国法律年鉴出版社. -2009

中国法制史学/郭成伟、王朝辉、孙家红//《2009 中国法律年鉴》，中国法律年鉴出版社. -2009

"第二届法律文化全国博士论坛"（北京）综述/袁辉、冯勇、陈庆花//《中西法律传统》第 7 卷，中国政法大学出版社. -2009

中西法律文化的辛勤耕耘者——访我国法律史学家、华东政法大学教授何勤华//社会科学家. -2010，1

转型期的司法与司法改革：浙江省法理法史研究会德清年会综述/石毕凡、刘辉//浙江社会科学. -2010，1

民国宪政运动研究综述/孟宪科//法律文献信息与研究. -2010，3

新史料、新观点、新视角：天圣令国际学术研讨会综述/牛来颖//中国史研究动态. -2010，4

传统法律文化的反思与传承：中国儒学与法律文化研究会 2010 年年会暨学术研讨会综述/李远明、刘承涛//华东政法大学学报. -2010，4

守千古之常，发一时之新：记人大法律史学科六十年/叶秋华、赵晓耕//法学家. -2010，4

促动与提醒：美国的中国法律史研究/邓建鹏//中国社会科学报. -2010，5.25

台湾近五十年来大学文学院法史学研究趋势——以硕博士论文为分析对象/高明士//《法制史研究》第 17 期，（台湾）中国法制史学会、"中央研究院"历史语言研究所. -2010

回顾与展望——中国法制史研究三十年综述/林明//《中华法系的形与魂》，中国人民公安大学出版社. -2010

中国法律思想史学/马小红、邓陆阳//《2010 中国法律年鉴》，中国法律年鉴

出版社. -2010

中国法制史学/郭成伟、欧阳华//《2010 中国法律年鉴》，中国法律年鉴出版
社. -2010

我国大陆 30 年有关家族法规研究文献综述/袁兆春//《中国法律传统与法律精
神——中国法律史学会成立 30 周年纪念大会暨 2009 年会论文集》，山东
人民出版社. -2010

恢弘意气的 30 年——中国法律史学会成立 30 周年感言/张晋藩//《中国法律
传统与法律精神——中国法律史学会成立 30 周年纪念大会暨 2009 年会
论文集》，山东人民出版社. -2010

从法律史学探究法律的价值——法律史研究 30 年的心得/孔庆明//《中国法律
传统与法律精神——中国法律史学会成立 30 周年纪念大会暨 2009 年会
论文集》，山东人民出版社. -2010

中国法律史学史的里程碑——纪念中国法律史学会成立 30 周年/邱远猷//《中
国法律传统与法律精神——中国法律史学会成立 30 周年纪念大会暨 2009
年会论文集》，山东人民出版社. -2010

张晋藩先生中国政治制度史和行政法史研究述要/顾元//《思学集——张晋藩
先生执教六十周年暨八十华诞纪念文集》，中国政法大学出版社. -2010

张晋藩先生对中国刑法史的研究/屈超立//《思学集——张晋藩先生执教六十
周年暨八十华诞纪念文集》，中国政法大学出版社. -2010

中华法制文明的本土构建与智识传承——评张晋藩先生对中国司法制度史与
诉讼法史研究的学术贡献/明辉//《思学集——张晋藩先生执教六十周年
暨八十华诞纪念文集》，中国政法大学出版社. -2010

张晋藩先生与中国宪政史研究/王人博//《思学集——张晋藩先生执教六十周
年暨八十华诞纪念文集》，中国政法大学出版社. -2010

法律史学国际交流的开拓者——记张晋藩先生的国际学术交流活动/高浣月//
《思学集——张晋藩先生执教六十周年暨八十华诞纪念文集》，中国政法
大学出版社. -2010

中国古代的治世之道与法制实践——张晋藩教授关于中国古代"礼乐刑政、
综合为治"的思想评述/韩秀桃、阮燕//《思学集——张晋藩先生执教六
十周年暨八十华诞纪念文集》，中国政法大学出版社. -2010

中国古代民事法律及其近代转型——张晋藩先生民事法律思想与学术贡献/张
生//《思学集——张晋藩先生执教六十周年暨八十华诞纪念文集》，中国
政法大学出版社. -2010

二

中国古代法制史

（一） 法制通史

中国司法制度改进之沿革/张一鹏、严榕//法学季刊. -1922，（第1卷）1

亲属法上之家制问题/许藻镕//法学季刊. -1923，（第1卷）5

中国旧制下之法制/梅汝璈//武大社会科学季刊. -1923，（第3卷）8；又载
　　《法学文选》，中国政法大学出版社. -2003；《三晋法学》第1辑，中国
　　法制出版社. -2006

自战国至唐宋诸律篇目表//法学季刊. -1927，（第3卷）3

妾在法律上的地位/何襄明//法学季刊. -1927，（第3卷）6

我国刑法沿革论/都乃毅//法学季刊. -1928，（第3卷）7/8

中国法制上之法与令/陈顾远//中华法学杂志. -1932，（第3卷）8

中国上古时代刑罚史/孙傅瑗//学风. -1934，（第4卷）1

中国法律在东南亚诸国之影响/杨鸿烈//新民月刊. -1935，（第1卷）7、8

历代法典之嬗变与刑制之变迁/郭卫//中华法学杂志新编. -1936，（第1
　　卷）1

我国监狱制度起源及变迁/黄亚强//法制月刊. -1941，（第1卷）1、2、5

中华旧律特点之研究/牟绍周//法学丛刊. -1941，（第2卷）5

法治与礼制之史观察/陈顾远//复旦学报（社科版）. -1944，1

条例之得名及其特质考/陈顾远//（台湾）大陆杂志. -1951，（第3卷）8

论中国封建制的形成及其法典化/侯外庐//历史研究. -1956，8

宗法制度与等级制度是不是封建制度的特征？/黄子通//北京大学学报（哲社
　　科版）. -1957，2

谈谈"十五贯"中几个古代审判制度/富庸//政法研究. -1957，4

古代的谢罪仪式/曲守约//（台湾）大陆杂志. -1957，（第 15 卷）8

古代的"刑"与"赎刑"/斯维至//人文杂志. -1958，1

判牍史话/甫翁//光明日报. -1962，3. 20

中国古代国家与法权历史发展中的几个问题/张晋藩//政法研究. -1963，2；
　　又载《百年回眸：法律史研究在中国》第 2 卷，中国人民大学出版
　　社. -2009

我国古代刑事立法简述/陈光中//政法研究. -1963，4

从土地契约形式的演变看我国封建土地所有制//光明日报. -1963，6. 19

论"王法"/白寿彝//历史研究. -1966，1

中国历代刑名考/张金鉴//（台湾）国立政治大学学报. -1968，17

历代刑科制度之演变/张金鉴//（台湾）国立政治大学学报. -1971，23

从古代礼、刑的运用探讨法家的来历/沈刚伯//《中国史学论文选集》，（台
　　湾）幼狮文化事业公司. -1976

略论封建法制/陈光中//法学研究. -1979，1

"株连"小议/隋喜文//人民日报. -1979，1. 26

中国封建社会只有律家律学律治而无法家法学法治说/钱剑夫//学术月刊.
　　-1979，2

刑讯考/栗劲//吉林大学社会科学报. -1979，2；又载《法律史论丛》第 1
　　辑，中国社会科学出版社. -1981

中国历代监察制度的变迁/赵希鼎//历史教学. -1979，4、5

我国古代刑法的演变/陈光中//历史教学. -1979，9

从"象刑"到阶级社会的刑罚/席晋义//中国青年报. -1979，9. 22

思想犯与文字狱/席晋义//中国青年报. -1979，10. 6

谈谈株连/席晋义//中国青年报. -1979，10. 20

封建特权和八议/席晋义//中国青年报. -1979，11. 9

封建婚姻家庭制度剖析/王忠//《吉林大学社会科学论丛·法学》第 1 集，吉
　　林大学出版社. -1979

法制的历史考察/刘富起、明伟//《吉林大学社会科学论丛·法学》第 1 集，
　　吉林大学出版社. -1979

族刑连坐法的初步探讨/乔木青//《吉林大学社会科学论丛·法学》第 1 集.
　　-1979，吉林大学出版社；又载《法律史论丛》第 1 辑，中国社会科学出
　　版社. -1981

避讳、文字狱、株连九族/贾廷芳//兰州学刊. -1980，1

试论我国封建法制的专制主义特征/陈光中、薛梅卿、沈国峰//社会科学战线. -1980, 1

试论"诬告反坐"/林向荣//西南政法学院学报. -1980, 2

法制与特权的历史考察/韩延龙、常兆儒、康英杰//西南政法学院学报. -1980, 2

浅谈我国证据制度的演变/雪竹//青海社会科学. -1980, 3

封建等级制度和法及其影响/栗劲//吉林大学社会科学学报. -1980, 3

历史上定罪和处刑的分工/蔡枢衡//法学研究. -1980, 4

封建官吏考核制度述论/刘笃才、杨一凡//人文杂志. -1980, 4

中国封建法律与专制主义统治/张晋藩、刘海年//北方论丛. -1980, 4

中国刑法史略/元三//思想解放. -1980, 5

监狱小考/元三//思想解放. -1980, 6

中国古代的检验制度/贾静涛//法学研究. -1980, 6

古代刑罚一览/元三//思想解放. -1980, 7

封建社会"刑、法、律"分期说质疑/邹身城//学术月刊. -1980, 8

封建统治阶级内部关系的法律调整/刘瑞复//吉林日报. -1980, 9. 27

古代法制杂谈/林剑鸣//随笔. -1980, 11

历代刑名考/元三//理论与实践. -1980, 11

中国最早的刑法和法典/乐钴//江西日报. -1980, 12. 7

历代官吏考课制度小考/魏承思//江淮论坛. -1981, 1

论封建法律下农民的农奴身份/樊树志//学习与探索. -1981, 1

"以官当刑"杂考/茅彭年//宁夏大学学报(社科版). -1981, 1

中国封建时代的思想犯罪/陈盛清//百科知识. -1981, 1

古案今评三则/邱远猷//西南政法学院学报. -1981, 2

论中国古代法制建设/杨延福//学习与探索. -1981, 2

试论中国封建审判制度的特点/张晋藩//学习与探索. -1981, 3；又载《中国法学文集》第1辑，法律出版社. -1984

略论诬告罪/沈国峰//北京政法学院学报. -1981, 3

刑法名称的由来/蔡枢衡//北京政法学院学报. -1981, 3；又载《中国法学文集》第1集，法律出版社. -1984

古代"劫夺婚"/向黎//文史知识. -1981, 4

中国古代法医学初探/纪清倚//法学研究. -1981, 6

中国古代监察制度浅析/张晋藩//光明日报. -1981, 7. 2

我国历史上的弹劾制考略/贾福海、程杰、魏义//学术月刊. -1981，8

论株连/陈盛清//社联通讯. -1981，12；又载《安徽大学知名法学教授论文
　　选》，安徽大学出版社. -1999

古代官吏奖惩制度杂谈/任岩//人民日报. -1981，12. 4

中国大赦制度/刘令舆//《中国法制史论文集》，（台湾）成文出版社. -1981

封建婚姻家庭制度剖析/王忠//《法律史论丛》第 1 辑，中国社会科学出版
　　社. -1981

试论我国封建法制的礼法融合/张殿吉//河北师院学报. -1982，1

说"凌迟"/阎步克//文史知识. -1982，1

中国封建社会经济立法的初探/端木文//山东大学文科论文集刊. -1982，2

赎刑、官当、五刑//中国法制报. -1982，2. 19

"车裂"考/谭世保//学术论坛. -1982，4

手纹在中国古代诉讼中的应用/赵向欣、张秉伦//法学季刊. -1982，4

我国历史上最早的一条关于行贿、受贿罪的法律/李衡梅//社会科学战线.
　　-1982，4

刺配小考/戴子聪//华东师范大学学报. -1982，5

从我国历史上的三次变法：谈法在改革中的作用/王强华//法学研究.
　　-1982，5

古代宫刑述闻/许仲毅//文史知识. -1982，5

论中国古代贵族和官吏在法律上的特权/钱大群//江海学刊. -1982，6

我国御史制度及其历史作用/桂宇石//武汉大学学报（哲社科版）. -1982，6

"法"字杂考/曹俊//实践. -1982，9

中国古代契约形式的源和流/张传玺//《文史》第 16 辑，中华书局. -1982

中国封建刑法的基本特点/怀效锋//江海学刊. -1983，1

关于"刑"、"法"、"律"/张天录//河北法学. -1983，1

从警堂鼓谈中国古代的直诉制度/张天禄//河北法学. -1983，2

谈我国古代法律中官吏的受贿、贪污、盗窃罪/钱大群//南京大学学报（哲学
　　人文社科版）. -1983，2

谈中国封建社会官吏犯赃/卓帆//江西大学学报. -1983，3

关于中国古代婚姻立法的质疑/陶毅//法学研究. -1983，3

中国古代的法律法规/张晋藩//电大法学. -1983，3

中国古代的上诉、复审和复核制度/陈光中//法学评论. -1983，3、4

古代法律形式的发展变化/钱元凯//法学. -1983，5

我国古代法中的五刑/文一戈//法学. -1983，5

"廷杖"考/陈文秀//晋阳学刊. -1983，5

中国历史上也有过别居制度/史凤仪//法学杂志. -1983，5

我国古人重视以法治林//中国法制报. -1983，5. 20

中国封建法律中的"八议"与"十恶"/刘海年等//人民司法. -1983，6

中国"死缓"制度的形成/钱大群//江海学刊. -1983，6

监狱的由来/叶陵陵//中国法制报. -1983，7. 15

中国封建刑律篇目源流考/怀效锋//社会科学参考. -1983，8

死刑缓刑制度何时开创质疑/张红洲//法学. -1983，9

我国古代赎刑制度述略/陈汉生、胡若虚、江宪//社会科学. -1983，11

中国宰相制度的变迁/蒲坚//《法律史论丛》第3辑，法律出版社. -1983

我国古代赃罪司法原则/程天权//《政治与法律丛刊》第5辑，复旦大学出版
　　社. -1983

古狱制述略/沈国峰//《法史研究文集》（上），西北政法学院. -1983

从武松刺配孟州谈起——谈谈古代的流刑和黥刑/秦生//法律与生活.
　　-1984，1

我国古代狱讼时间受理程序及断狱程限/张天录//河北法学. -1984，1

"仵作"小考/杨奉琨//法学. -1984，1

关于古代刑制的两个问题/吕友仁//河南师大学报（社科版）. -1984，1

"戮尸"刑义索解/于盛庭//徐州师范学院学报. -1984，1

"神判"与"法"字结体之关系论略——"神羊决狱"本事索隐/李瑾//重庆
　　师院学报. -1984，2

"宪"义略考——兼说中国古代无宪政/钱大群//南京大学学报（哲学人文社
　　科版）. -1984，2

中国古代警察职能的萌芽和发展/俞鹿年//国际政治学院学报. -1984，2

从"圜土"到监狱/俞建平//法律与生活. -1984，2

"君子怀刑"及其他/丁一//法学杂志. -1984，2

中国法制史发展概述/张晋藩//中国法学. -1984，2

我国最早的自然环境保护法/李云虹//天津法制报. -1984，2. 25

盗窃罪小考/陆惠芹//河北法学. -1984，3

关于中国古代警察起源的几个问题/任芬//国际政治学院学报. -1984，3

谋遣、教令、教唆、造意/肖常纶、应新龙//法学. -1984，3

浅议中国封建制法律对贪赃罪的惩治/韩玉林、赵国斌//河北学刊. -1984，3

中国监狱小史/陈力//天津法制报. -1984, 3. 5

我国古代的断狱责任制度/李龙//政治与法律. -1984, 3

我国古代森林保护琐见/陈汉生//政治与法律. -1984, 4

古代刑制大赦、曲赦、德音小辨/吕友仁//河南大学学报（社科版）. -1984, 4

论惩治官吏赃罪的实践/程天权//政治与法律. -1984, 4

我国古代法律中的共同犯罪/程维荣//河北法学. -1984, 4

中国监狱史话/俞建平//河南司法. -1984, 4

从古代罪人收奴刑的变迁看"隶臣妾""城旦舂"的身份/徐鸿修//文史哲. -1984, 5

"窥宫者膑"释（《法经》有代表性的条文之一）/传汉//辽宁大学学报（哲社科版）. -1984, 5

律文恒存，格敕损益——五代宋元的立法概况/郑秦//法学杂志. -1984, 5

封建社会若干具体法律问题的争论（上、下）/张国华//自修大学（政法）. -1984, 5、6

中国古代的夷族罪/储建国//天津法制报. -1984, 8.25

中国古代刑法渊源/李衡梅//江汉论坛. -1984, 9

通奸罪的历史考察/张贤钰//法学. -1984, 10

中国古代的司法机关/郑秦//百科知识. -1984, 11

族刑史话/耘耕//法学. -1984, 11

兰芝"魂去尸长留"——封建法律中的"七出"/正之//法律与生活. -1984, 12

我国古代刑事诉讼述略/钱国耀//社会科学参考. -1984, 24

论中国历代官吏考核奖惩制度/陈盛清//《中国法学文集》第1集，法律出版社. -1984

试论我国封建法律中的责任年龄制度及其特点/邓定//《中国政法大学本科生七九级毕业论文选编》. -1984

中国古代税法论略/曹三明//《法学论文集》，北京大学出版社. -1984

我国最早调整商品交易关系的法规/徐晓//经济与法制. -1985, 创刊号

中国古代的医学检验/陈康颐//法医学杂志. -1985, 创刊号

论盗杀/宋锐锋//安徽大学学报（哲社科版）. -1985, 1

释"赃"/程天权//辞书研究. -1985, 1

我国封建社会犯罪预防初探/程维荣//法学研究. -1985, 1

匣床——古代的一种残酷刑具/谭金土//书林. -1985，1

中国古代的行政管理与行政法/张晋藩//中国社会科学. -1985，1

中国古代刖刑初探/麦天骥//法学评论. -1985，1

中国律令法典的形成——其概要及问题/〔日〕堀敏一著，李柏享译//（台湾）大陆杂志. -1985，（第71卷）1

浅议政法志/欧阳发//中国地方志通讯. -1985，2

试论礼与古代民事法律的关系/蒋集耀//西北政法学院学报. -1985，2

试论中国古代警察的萌芽及其发展演变的历史特点/任芬//中国人民警官大学学报. -1985，2

我国封建社会的监察制度/郑广宇//河北法学. -1985，2

我国古代刑律中的自首/肖常纶//河北法学. -1985，2

刖刑名实考/高潮、史幼华//法学季刊. -1985，2

简论民事调解制度的渊源/黎润民//江海学刊. -1985，2

谈谈中国古代的五刑制度/杨新培//政法学习. -1985，3

我国古代的数罪并罚制度/姜伟//政治与法律. -1985，3

我国死刑探源//法学月刊（长沙）. -1985，3

中国封建社会的继承制度/史凤仪//法学研究. -1985，3

中国最早的间谍与特务/齐钧//辽宁公安. -1985，3

"踊贵履贱"非戏言，肉刑残民数千年——我国奴隶社会的五刑/俞荣根//函授通讯（西南政法学院）. -1985，4

论古代经济制度的变革与法/怀效锋//法制建设. -1985，5

论中国古代民法研究中的几个问题/张晋藩//政法论坛. -1985，5

税法史上的一次重大改革/陈鹏生//政治与法律. -1985，5

谈我国古代的夜禁/马维纲//人民公安. -1985，5

徒刑小考/胡雪清//法学杂志. -1985，5

中国历史上对赌博罪的法律规定/殷啸虎//法学与实践. -1985，5

"诛族"与"株连"/邵靖//河北法学. -1985，5

"官当"创制探源/曾代伟//西南政法学院学报. -1985，5；又载史学月刊. -1996，5

古代"赎刑"考略/刘广安//政法论坛. -1985，6

我国古代的法医检验/巨澜、佳玉//政法论坛. -1985，6

"肉刑"史话/靳国廉//辽宁司法. -1985，6

古代法制知识："五服"释/曲一星//自修大学（政）. -1985，7

中国古代早期的徒刑及其管理（上、下）/刘海年//辽宁公安. -1985，7、8

古代法制宣传漫谈/杨育棠//中国法制报. -1985，7. 1

谈谈封建时代的法外用刑/茂之//法律与生活. -1985，9

我国最早的法律、法典和专著/蒋敦雄//法制月刊. -1985，10

中国古代早期现场勘查与法医检验的规定/刘海年//《中国警察制度简论》，群
众出版社. -1985

中国古代早期刑徒及其管理/刘海年//《中国警察制度简论》，群众出版
社. -1985

中国古代监狱及有关制度/刘海年//《中国警察制度简论》，群众出版
社. -1985

中国古代契约发展的四个阶段/张传玺//《秦汉问题研究论文集》，北京大学出
版社. -1985

中国古代契约文程式的完善过程/张传玺//《秦汉问题研究论文集》，北京大学
出版社. -1985

宫刑本名及其别称小考/张艳国//江汉论坛. -1986，1

对墨刑的一点新认识/何家弘//法学杂志. -1986，2

简论我国古代刑法中的"七杀"/陈景良//研究生法学. -1986，2

"完刑"即"髡刑"术/杨广伟//复旦学报（社科版）. -1986，2

古宫刑考——从许仲毅同志《古代宫刑述闻》一文谈起/李安纲//运城师专学
报. -1986，2

我国古代监狱名称考/廖传银//中国人民警官大学学报（社科版）. -1986，2

"弃灰罪"考释/李锡厚//中国人民警官大学学报. -1986，3

中国古代律典中的"更犯"/马志毅//中国人民警官大学学报. -1986，3

黑龙江古代的法律和法制/张泰湘//黑龙江史志. -1986，3

简论我国古代兵刑关系/李雪梅//政法学习. -1986，3

"刑于寡妻"、"考夫人"及其他/俞荣根//人民日报（海外版）. -1986，3. 2

"乱政作刑"考释/刘笃才//辽宁大学学报（哲社科版）. -1986，4

我国奴隶制刑法锋芒是对准奴隶的吗？/廖炳扬//安徽大学学报（哲社科版）.
-1986，4

中国早期封建法律结构及形式辨析/水寿//西北政法学院学报. -1986，4

论原始社会的惩罚制度/李启谦//东岳论丛. -1986，4

漫话古代刑罚/吕伦//历史大观园. -1986，4

中国封建法律儒家化的历史发展过程/钱元凯、程维荣//法学. -1986，4

"法"辨/梁治平//中国社会科学. -1986, 4

论刑讯逼供产生的历史根源/郝宏奎//政法学刊. -1986, 4

中国历代冤狱法律制度/敖完全//湖南法学. -1986, 4

中国奴隶制法的特征浅析/艾畏//法学评论. -1986, 4

"风闻弹劾"考/刘志坚//政治与法律. -1986, 5

略论我国封建社会的法律监督制度/黎建飞//法学与实践. -1986, 5

略论中国古代精神文明建设与法制的关系/张晋藩//政法论坛. -1986, 5

"幽闭"考辨/孔林山//政法论坛. -1986, 6

中国古代消防制度考析/姚荣涛//《复旦法学》第 1 辑, 复旦大学出版
　　社. -1986

中国古代行政管理制度的历史评价与借鉴/张晋藩//《中国社会主义法制建设
　　的理论与实践》, 鹭江出版社. -1986

"耐刑"、"完刑"考辨/张中秋//辽宁大学学报(哲社科版). -1987, 1

中国封建刑法中的犯罪未遂问题初探/赵秉志//中州学刊. -1987, 1

中国古代的服制与刑罚/郑定//法律学习与研究. -1987, 1

中国古代的免死制度/晓河//西北政法学院学报. -1987, 1

中国古代法律的经济犯罪/魏国库//政法学习. -1987, 1

儒家伦理道德对封建司法的影响/杨一凡//学习与探索. -1987, 1

古代的法律考试/夏家骏//中国法制报. -1987, 1. 9

简论中国古代监狱制度/金旭//辽宁广播电视大学学报(社科版). -1987, 2

略谈封建社会的档案立法/胡惠秋//档案. -1987, 2

我国古代的死刑/吴大逵//湖南法学. -1987, 2

中国古代法律史述略/刘必忠//历史教学问题. -1987, 2

中国古代徒刑制度的起源——兼谈徒刑制度发展的两个阶段/李力//北京大学
　　研究生学刊. -1987, 2

试论秦汉至隋法律形式"格"的递变/钱元凯//上海社会科学院学术季刊.
　　-1987, 2

从国渊、王安礼验字破案看古代的投匿名书告人罪、诬告罪、诽谤罪、投书
　　诽谤罪/王应瑄//法学评论. -1987, 3

"格"的演变及其意义/马小红//北京大学学报(哲社科版). -1987, 3; 又
　　载《百年回眸: 法律史研究在中国》第 2 卷, 中国人民大学出版
　　社. -2009

"科"的变迁及其历史作用/张建国//北京大学学报(哲社科版). -1987, 3

中国封建社会奸罪述论/张中秋//南京大学学报（哲学人文社科版）.
　　-1987，3

中国古代经济立法史浅论/陈汉生//上海大学学报（社科版）. -1987，3

略论中国古代法的"罪刑法定原则"/朱伟明//上海大学学报（社科版）.
　　-1987，3

中国古代刑罚初探/顾悦//中州今古. -1987，3

中国古代犯罪对策理论与法律设施/郭成伟//政法丛刊. -1987，3

中国古代荐贤制度及法规浅谈/楚刃//人事. -1987，3

古代的律外之律/夏家骏//中国青年报. -1987，3. 11

我国律师制度的渊源/秋冬//法律与生活. -1987，4

关于刑讯逼供历史沿革之探讨/黎煜昌//史学月刊. -1987，4

我国古代用法律保护文物的史实考述/张培田//四川文物. -1987，4

我国古代的监察制度/樊陆和//人事. -1987，4

中国封建社会法制特色浅析/刘福泉//华东石油学院学报（社科版）.
　　-1987，4

中国古代法律形式初探——学习杂记/徐彪等//中国人民警官大学学报.
　　-1987，4

中国古代刑律中有关官吏赃罪的探究/吕鹤云//华中师范大学学报（哲社科
　　版）. -1987，4

狱讼辨析/李衡梅//人文杂志. -1987，4

中国古代商品经济发展与债的变化/郭成伟//政法论坛. -1987，4

《易经》与我国古代法制（上、下）/武树臣//法学评论. -1987，4、5；又
　　载中国法学. -1987，4、5

略论中国古代的家产继承制度/马新等//人文杂志. -1987，5

略论中国古代治安政策的理论与实践/郭成伟//政法丛刊. -1987，5

我国古代官员监察弹劾制度之演变/张序//政治学研究. -1987，5

中国古代刑事责任年龄制度及其特点/郑定//法律学习与研究. -1987，5

历代法制借鉴议（上、下）/钱大群//江汉学刊（经济社会版）. -1987，
　　5、6

论我国刑法中的"首服"制度/周振想//河北法学. -1987，6

试述中国古代的监察机构/董克昌//北方论丛. -1987，6

海关法起源初探/邹瑞汉//中国法制报. -1987，7. 15

我国古代的司法弹劾制度简述/郭方正//中国法制报. -1987，7. 22

我国封建社会的肉刑存废之争/张望//中国法制报. -1987, 12. 16

我国古代官吏的致仕制度/蒲坚//《法学论文集》, 光明日报出版社. -1987

中国古代监狱管理研究/王利民//吉林大学研究生论文集刊（社科版）. -1987

封建类推制度的沿革及评价/李程//中山大学研究生学刊（社科版）.
　　-1988, 1

论我国封建法律制度的三次重大改革及其历史教训/乔伟//法学研究.
　　-1988, 1

略论古代中国对涉外司法权的认识和运用/吴孟雪//求索. -1988, 1

宋至明清朝监察制度试析/吴卫生//政治学研究资料. -1988, 1

中国古代的法律服务/龙宗智//北京律师. -1988, 1

中国历史上的刑、法、律/梁治平//文史知识. -1988, 1

我国古代的刑罚/王继周//锦州师院学报（社科版）. -1988, 1

我国惩治贪污罪的历史沿革及其特点/阮方民//杭州大学学报（社科版）.
　　-1988, 1

论中国古代刑律对官吏赃罪的惩治/鲁生//内蒙古大学学报（哲社科版）.
　　-1988, 2

中国古代档案法史述论/朱国斌//档案学研究. -1988, 2

家法族规与封建民事法律/刘广安//法律学习与研究. -1988, 2

中国古代官吏的考核与奖惩/袁庭栋//社会科学研究. -1988, 2

浅论中国古代的改制与更法/张晋藩//人民日报（海外版）. -1988, 2. 2

对中国古代法的作用论的一点思考/范忠信//法学研究. -1988, 3

中国古代劳役监与劳役刑探源/赖修桂//法学论丛. -1988, 3

简论中国古代法律制度的基本特征/张天录//河北法学. -1988, 3

论古代中国社会中的贪污/刘泽华、王兰仲//天津社会科学. -1988, 3

五刑溯源/胡旭晟//民族论坛. -1988, 3

中国封建王朝监察制度初探/吴卫生//政治学习研究资料. -1988, 3

论中国封建刑法排除社会危害性行为/王志刚//西北政法学院学报. -1988, 3

中国古代法制史若干问题管窥/韦齐//青海民族学院学报（社科版）.
　　-1988, 3

中国古代赦宥制度的历史考察/吴刚//中南政法学院学报. -1988, 3

对中国古代法的作用论的一点思考/范忠信//法学研究. -1988, 3

"与受同科"考议/郝力挥、刘杰//政法学刊. -1988, 4

中国封建监察制度的演变及其利弊/侯河清//求索. -1988, 4

中国古代监察制度的发展规律及其弊端/吴卫生//政治学研究资料. -1988，4

关于我国古代官吏的致仕制度之研究/蒲坚//政法论坛. -1988，4

从比较法学角度谈中国古代法的特点/徐忠明//中山大学研究生学刊（社科版）. -1988，4

中国历史上的宗族外婚制/陶毅、张铭新//法学评论. -1988，4

五刑沿革考（上、下）/乔伟//山东大学学报（哲社科版）. -1988，4；1989，2

中国古代死刑举例//法制导刊. -1988，5

古代法制改革三题/霍存福//政法丛刊. -1988，5

中国古代经济改革立法的重心与弊端/张晋藩等//政法丛刊. -1988，6

古代"裸刑"浅谈/许旭//法学天地. -1988，6

略论我国古代死刑复核制度/肖胜喜//法学研究. -1988，6

试论我国古代的受所监临罪/王应瑄//法学评论. -1988，6

论中国法制之儒家化/刘恒焕//法学评论. -1988，6

宫刑杂考/陈永生//文史知识. -1988，7

古代死刑种种/洪丕谟//文史知识. -1988，7

中国古代御史监察制度与历史借鉴刍议/于济康//贵州日报. -1988，12. 26

礼刑结合在中国封建法制中的发展/李建渝//《中华法史丛谈》，中国政法大学出版社. -1988

我国古代刑罚的历史沿革/沈国峰//《中华法史丛谈》，中国政法大学出版社. -1988

中国古代法律发展演变的必然性/张晋藩//《中华法史丛谈》，中国政法大学出版社. -1988

我国封建社会犯罪预防的探讨/程维荣//《华东政法学院法学硕士论文集》，上海社会科学院出版社. -1988

古代社会治安管理的综合性/郭成伟//《中国古代行政管理体制研究》，光明日报出版社. -1988

浅谈我国古代的法定年龄/薛政//《贵州省政法管理干部学院首届毕业生论文选》. -1988

中国律师源流考/郑禄//政法论坛. -1989，1

"亲亲相隐"的历史渊源/李哲//河北法学. -1989，1

试论我国古代律的历史发展及其特点/张中秋//史学月刊. -1989，1

五刑与五行：中国刑制的文化内涵/汪进、胡旭晟//比较法研究. -1989，1

我国封建军事刑事审判制度略论/叶峰//军事史林. -1989，1

试论中国古代伦理法/周健//西安政治学院学报. -1989，1

中国封建时代监察制度的基本特点及历史作用/曾小华//中共浙江省委党校学
　　报. -1989，1

中国古代法律之儒家化探源/刘群伟//湘潭大学学报（哲社科版）. -1989，1

我国古代关于市场管理的法律规定/罗鸿瑛//现代法学. -1989，1

行政法渊源探讨/贺善征//现代法学. -1989，2

中国检察制度略考/权中振//南都学坛. -1989，2

论中国古代法制的发展：中国古代的法和国家/〔日〕池田雄一//中国史研
　　究. -1989，2

中国封建军律述论/叶锋//法律学习与研究. -1989，2

我国古代的监察制度与廉政建设/王鸿儒//贵州文史丛刊. -1989，3

中国古代的边境控制法/〔美〕R.R. 爱德华著，李存捧译//外国法学译丛.
　　-1989，3

中国古代军法制度产生初探/李玉福//政法论丛. -1989，3

中国古代狱官制度考核探微/赵卫宽//劳改劳教理论研究. -1989，3

中国古代是“人治”不是“法治”/高光晶//益阳师专学报（社科版）.
　　-1989，3

“间谍”之称考释/学田//中国人民警官大学学报. -1989，3

古代纨绔子弟犯罪问题（续一）/郁桦//青少年犯罪研究. -1989，3/4

论我国封建军律的刑罚特点和原则/叶峰//中南政法学院学报. -1989，4

中国古代的文官制度与立法及其积极意义/梁山中//政治学研究. -1989，5

中国古代法律及法律观略析——兼与梁治平同志商榷/段秋关//中国社会科
　　学. -1989，5

中国古代税法实施考略/陈居奇//税务研究. -1989，5

中国古代法律与法律观略析/段秋关//中国社会科学. -1989，5

试论我国古代之赎刑/郭淑华//政法论坛. -1989，6

“夷三族”探源/陈乃华//山东师大学报（社科版）. -1989，6

中国古代的监察制度/白钢//文史知识. -1989，6

中国古代的离婚制度/翟婉华//兰州学刊. -1989，6

中国古代地方监察制度试析/郭建//华东师范大学学报（社科版）. -1989，6

中国古代监察制度综论/李承//江海学刊. -1989，6

走出民法的中世纪——中国古代民法虚无之原因探究/周潞嘉等//法制日报.

-1989，6. 13

中国历史上的赎刑/李衡梅//文史知识. -1989，8

酷吏群相——"缘饰以儒术"的真相/林聪舜//文史知识. -1989，8

戒严及其法律规定的历史渊源和沿革/左连壁//法制日报. -1989，8. 21

古代惩治贪官污吏浅探/秦文廷等//理论教育. -1989，10

我国古代行政监察的职能制约/余兴安//中国行政管理. -1989，11

中国封建王朝监察制度研究/吴卫生//江汉论坛. -1989，11

中国古代法制/刘海年//《中国文化史概要》，高等教育出版社. -1989

"两造具备"及其他：关于古代法学文献若干注释的源述/王玉莹//古汉语研
　　究. -1990，1

我国封建时代监察监督制度的特点及局限/袁刚、陈哲夫//社会科学家.
　　-1990，1

我国古代行政监察的主要特点/林子英//岭南学刊. -1990，1

中国古代法官出入人罪的责任制度/巩富文//政法论坛. -1990，1

族刑缘坐考/史凤仪//法学研究. -1990，1

中国古代守丧制度考/丁凌华//史林. -1990，1

中国古代刑民诉讼之分别与比较/张民生//江海学刊. -1990，1

我国古代惩治官员赌博法令考述/罗新本//现代法学. -1990，2

中国古代监察制度发展的特点/王晓天//湖南社会科学. -1990，2

论古代判词的历史发展及写作特征/刘高礼//中南政法学院学报. -1990，2

论赎刑/彭宝罗//深圳大学学报（社科版）. -1990，2

试探中国古代处理涉外案件的基本原则/吴文翰、王江川//兰州大学学报（社
　　科版）. -1990，2

论皇帝行使权力的类型与皇权、相权问题（上、中、下）/霍存福//吉林大学
　　社会科学学报. -1990，2、3、4；又载《中国法史学精萃》2002年卷，
　　机械工业出版社. -2002

略述封建法律对官吏犯赃行为的规定/杨善明//政法学习. -1990，3

我国古代边境贸易管理法律制度/雷雨波//福建论坛（社科版）. -1990，3

我国古代监察制度的动力机制分析/聂世军//学习与探索. -1990，3

中国古代科场预防弊端的主要措施/杨和钰、罗鸿瑛//法律学习与研究.
　　-1990，3

黥刑散考/傅冒泽//青海民族学院学报（社科版）. -1990，3

中国古代对官吏贪污的惩治/王培生//西安政治学院学报. -1990，3

中国古代法制特征述评——兼论中西古代社会形态交替方式对法制的影响/张
　　高玉//河北师院学报. -1990，3.

中国古代肃贪机制考/陈建邦//现代领导. -1990，3

古代惩贪述论/魏向阳//益阳师专学报. -1990，4

我国古代监察官员选任琐谈/薛金坤//中国人事管理. -1990，4

我国古代肃贪倡廉机制考/陈建邦//新疆社会科学. -1990，4

中国封建社会民法落后原因探微/杜宝虎//社会科学（甘肃）. -1990，4

中国古代的刑讯逼供/曹非//历史大观园. -1990，4

我国古代的回避制度摭谈/郭方正、张洪池//法学学刊. -1990，4

略论中国古代的监察制度/马南//郑州大学学报（哲社科版）. -1990，5

中国古代惩贪治吏的历史借鉴/张晋藩//政法论坛. -1990，6

简论我国古代的不孝罪/王立民//青少年犯罪问题. -1990，6

论中国古代死刑制度的特点/何柏生//法律科学. -1990，6

中国古代司法判决的风格与精神——以宋代判决为基本依据兼与英国比较/贺
　　卫方//中国社会科学. -1990，6；又载《中国法史学精萃》2002 年卷，
　　机械工业出版社. -2002

国家司法主义是历史的必然——中国“复仇”制度论/钱大群//南京大学学报
　　（哲学人文社科版）. -1991，1

外国人在古代中国的法律地位初探/王江川//成都市委党校学报. -1991，1

文字狱的产生与类别——古代文字狱研究之一/谢苍霖//江西教育学院学报.
　　-1991，1

中国古代死刑研究/王耀虎//山西省政法管理干部学院学报. -1991，1

中国复仇制度论考/钱大群//南京大学学报（哲学人文社科版）. -1991，1

论中国古代的法律与法律观念/段秋关//中国社会科学（英文版）. -1991，1

中国古代德刑轻重之争的真实涵义/范忠信//比较法研究. -1991，1

论中国传统法律的伦理化/张中秋//比较法研究. -1991，1；又载《比较法学
　　文萃》，中国政法大学出版社. -2002

中国律师探源/王申//政治与法律. -1991，1

论中国封建法制的发展规律和特点：兼论中华法系的特点//法治时代.
　　-1991，1

古代引泾灌溉水利法规初探/程茂森//黄河史志资料. -1991，2

试论中国封建社会的法律形式/马小红//中国法学. -1991，2

“五听”：中国古代审讯艺术/殷啸虎//法学. -1991，2

中国古代法官的回避制度/巩富文//政治与法律. -1991，2

中国刑法中罪过形式溯源/孟庆华//山东法学. -1991，2

中国古代职务犯罪立法简评/方仲炳//法治时代. -1991，2

宫刑论二题/艾永明、钱长源//苏州大学学报（社科版）. -1991，2

中国古代赏罚论初探/段奇明、李长河//吉林大学社会科学学报. -1991，2

中国古代监察制度述论/王晓天//湘潭大学学报（哲社科版）. -1991，2

我国古代的"犯赃"与"治赃"/赵炳寿、何道新//四川大学学报（哲社科
　　版）. -1991，3

中国古代的刑讯逼供/张玫//中国刑警学院学报. -1991，3

试论中国古代社会子女的法律地位/黄谷秀//法学学刊. -1991，3

略论中国古代的容隐制度/林明//山东法学. -1991，4

中国封建社会理冤制度述论/艾永明等//法学研究. -1991，4

中国古代关于斩首的奇闻/王永宽//历史大观园. -1991，4

习惯法在中国法律体系中的历史地位/周勇//上海社会科学院学术季刊.
　　-1991，4

古代摧残妇女的两种酷刑：木驴与裸杖/王永宽//历史大观园. -1991，5

我国古代的家法及其作用/王立民//青少年犯罪问题. -1991，6

中国古代军事法溯源/张少瑜//法学研究. -1991，6

中国古代法律涉外原则初探/肖梅花//河南大学学报（社科版）. -1991，8

中国古代的逐级审转复审制度/巩富文//文史知识. -1991，9

千年悠悠话"御史"：谈谈古代监察机构的得失/郭建//党政论坛. -1991，12

中国古代成文法公布考论/徐忠明//《法学文集》第3集，中山大学学报丛
　　书. -1991

中国古代处理涉外法律关系的原则/王江川//《法学文集》第3集，中山大学
　　学报丛书. -1991

中国古代的法治与社会经济发展/刘海年//法学研究. -1992，1

中国古代法官违法受诉的责任制度/巩富文//政治与法律. -1992，1

中国古代刑讯考略/巩富文//人文杂志. -1992，1

论中国历史上的流放/马新//山东社会科学. -1992，1

试论家族法的成因及其历史影响/林明//山东大学学报（哲社科版）.
　　-1992，1

我国历史上的判例/叶英萍//海南大学学报（社科版）. -1992，1

中国古代法官淹禁不决的责任制度/巩富文//西北大学学报（哲社科版）.

　　　　－1992，1

中国古代行政监察及其现代启示/严奉平//沈阳师范学院学报（社科版）.
　　　　－1992，1

关于我国古代的"改法为律"问题/祝总斌//北京大学学报（哲社科版）.
　　　　－1992，2

我国封建社会关于债的法律规定初探/胡泽恩//中南政法学院学报. －1992，2

中国古代盗窃罪研究/钱大群//南京大学学报（哲学人文社科版）. －1992，2；
　　　　又载《中外法律史新探》，陕西人民出版社. －1994

中国古代官吏选任回避制度的产生与发展/卢明明//华东师范大学学报（社科
　　　　版）. －1992，2

论中国古代神判法到人判法的历史嬗变/李交发//求索. －1992，2

中国封建社会投诉制度中的非常程序研究/艾永明//江苏社会科学. －1992，2

中国古代法律对日本法律的影响/俞荣根、吕志兴//比较法研究. －1992，2/3

论中国古代故事制度的不成文法特征和功能/黄敏兰//人文杂志. －1992，3

女性宫刑行刑方法辨正/杨建忠//法学天地. －1992，3

"烹"刑之义及由来辨析：中国古代食人风习考察之一/高启安//甘肃理论学
　　　　刊. －1992，3

中国历史上的流放制度/马新//文史知识. －1992，3

中国传统社会少讼原因初探/金钟、金眉//南京社会科学. －1992，3

盗与贼及盗贼考/甄岳刚//中国人民警官大学学报. －1992，3

论我国古代民族通婚的立法及其法文化的融合/温晓莉//西南民族学院学报
　　　　（哲社科版）. －1992，3

论重刑轻民与宗法制度/童光政//广西师范大学学报（哲社科版）. －1996，3

"击鼓鸣冤"的由来/姜晓萍//法学杂志. －1992，4

论中国古代廷议制度对君权的制约/林乾//社会科学战线. －1992，4

"幽闭"辨析/李万禄//西部学坛（社科版）. －1992，4

我国封建刑律中的诬告反坐原则简述/巩富文//法学学刊. －1992，4

试论中国古代监察制度的继承和发展/郑全忠//辽宁大学学报（哲社科版）.
　　　　－1992，4

论我国古代监察制的兴衰/黄百炼//华中师范大学学报（哲社科版）.
　　　　－1992，5

我国封建社会的理冤制度及其借鉴/姜小川//中外法学. －1992，5

中国封建社会录囚制度初探/张建辉//劳改劳教理论研究. －1992，5

中国古代刑法解释初探/潘勤//法律科学．-1992，6

中国古代法官会审制度/巩富文//史学月刊．-1992，6

中国古代过失犯罪若干问题探讨/胡鹰//武汉大学学报（哲社科版）．
　　-1992，6

也谈传统文化与罚金刑/刘笃才//辽宁大学学报（哲社科版）．-1992，6

中国古代妇女立法的特征/赵元信//法学．-1992，7

论中国古代家族法的执行/费成康//社会科学．-1992，12

中国古代的廷杖/曹国庆//文史知识．-1992，12

中国古代的直诉制度/巩富文//文史知识．-1992，12

天理、国法与人情：中国传统刑法中的孝道/郑定//《情理法与中国人——中
　　国传统法律文化探微》，中国人民大学出版社．-1992；又载《百年回眸：
　　法律史研究在中国》第2卷，中国人民大学出版社．-2009

中国上古刑罚考——以盟誓为线索/〔日〕滋贺秀三//《日本学者研究中国史
　　论著选译》（八），中华书局．-1992；又载《中国法制史考证》甲编第1
　　卷，中国社会科学出版社．-2003

谈谈我国古代刑法中的自首制度/巩富文//法律与社会．-1993，1

试论礼在中国古代法律中的作用及成因/赵俊如、李生龙//现代法学．
　　-1993，1

中国家族制度的特点及与封建法律的关系/林明//山东社会科学．-1993，1

古代的狱具/殷啸虎//文史知识．-1993，2

论中国古代的职官编制法/张晋藩//中国法学．-1993，2

中国古代法官违法刑讯的责任制度/巩富文//江苏社会科学．-1993，2

中国古代监察官吏选拔的标准/陈建邦//江西社会科学．-1993，2

中国古代申诉复审制度述论/巩富文//政法论坛．-1993，2

中国的习惯法初探/高其才//政治与法律．-1993，2

古代监察制度探微/韦曲//汉中师院学报（社科版）．-1993，2

酷吏：法吏的深层发展——对古代官吏群体和执法现象的研究/徐岱//吉林大
　　学社会科学学报．-1993，2

古代监察制度的演化及其对当代监察工作的启示/阮庆强//中国人民大学学
　　报．-1993，3

中国古代法官责任制度的社会成因/巩富文//西北大学学报（哲社科版）．
　　-1993，3

论述我国封建社会经济法制的特点及形成原因/蒋晓伟//政治与法律．

–1993，3

廷议制度赘言/孙家洲//社会科学战线. –1993，3

"刑讯"小考/郑列等//刑侦研究. –1993，3

中国古代的预防犯罪体系/董颖//河北法学. –1993，3

"醢"刑考辨：中国古代食人风习考察之二/高启安//甘肃社会科学. –1993，4

贿赂犯罪考略/余欣喜//政治学习. –1993，4

我国古代官吏知法论/王立民//政治与法律. –1993，4

中国古代公证制度考/王能春//律师世界. –1993，4

中国封建社会法律监督机制形成的特点/从希斌//天津师大学报（社科版）. –1993，4

略论我国古代惩贪法制/万方//河北大学学报（哲社科版）. –1993，4

中国封建社会两类法律形式的消长及影响/马小红//法学研究. –1993，5；又载《中国法史学精萃》2002年卷，机械工业出版社. –2002

论古代特权在刑法中的体现/周丽芝、卢宏业、王茹春//求是学刊. –1993，6

中国古代倡廉惩贪举措述略/李德一//青年工作论坛. –1993，6

中国古代的惩贪倡廉的措施/张诚//领导科学. –1993，10

中国古代编制立法的启示/白钢//光明日报. –1993，10. 25

唐以前封建法律对官吏赃罪的处罚规定及其特点/周东平//厦门大学学报. –1993，法学专刊

评中国历史上几次经济立法活动/钱大群//《东亚法律·经济·文化国际学术讨论会论文集》，中国大百科全书出版社. –1993

我国古代工商法令的基本倾向及其对经济、政治结构的影响/谢天长//浙江省政法管理干部学院学报. –1994，1

试论我国的习惯法/朱愚//齐齐哈尔师范学院学报. –1994，1

法字新考/武树臣//中外法学. –1994，1

阴阳五行说与我国古代法律/王立民//法学评论. –1994，1；又载《百年回眸：法律史研究在中国》第2卷，中国人民大学出版社. –2009

对中国古代变法治吏的思考/孙光妍//法学与实践. –1994，2

佛教与古代法制/殷啸虎//文史知识. –1994，2

"宫刑"小议/蒲坚//法学研究. –1994，2

云南古代司法监察制度述略/木芹//思想战线. –1994，2

中国古代法官责任制度的基本特征/巩富文//学习与探索. –1994，2

中国古代户籍管理制度对商品经济的制约/盛建国//政法论丛. -1994, 2

中国古代刑法中的比附/胡新//法学评论. -1994, 2

"官之失德，宠赂章也"：关于古代法律惩贪倡廉的思考/殷啸虎//法治论丛
　　（上海政法学院学报）. -1994, 2

漫话中国古代的廷杖/孙卫国//中国典籍与文化. -1994, 2

中国妇女在古代婚姻家庭法上之地位/马忆南//中国典籍与文化. -1994, 3

枷的演变/林沄//中国典籍与文化. -1994, 3

略论中国古代司法官吏的职务犯罪/马作武//中央检察官管理学院学报.
　　-1994, 3

中国封建社会女子财产继承权刍议/从希斌//天津教育学院学报（社科版）.
　　-1994, 3

论古代监察制度的廉政功用/龙大轩//西南师范大学学报（人文社科版）.
　　-1994, 3

中国古代的复肉刑之争及其对刑罚制度的影响/李明德//黄淮学刊（社科版）.
　　-1994, 3

中国古代反盗墓法述论/田亮//社会科学. -1994, 3

中国封建社会理冤制度述论/冯昀//社会科学辑刊. -1994, 3

宫刑新考/李安纲//社会科学辑刊. -1994, 4

关于封建狱制完备时期的探析/万安中//劳改劳教理论研究. -1994, 4

浅论中国古代工商法令的基本倾向及其影响/谢天长//法商研究. -1994, 4

中国著作权立法史述论/金眉、张中秋//法学评论. -1994, 4

谈中国古代的依法治吏/王丽娟//辽宁大学学报（哲社科版）. -1994, 4

试论中国秘密社会习惯法的产生、特点及作用/高其才、杨丽华//法商研究.
　　-1994, 5

"以古为镜，可以知兴替"：我国古代监察制度初探/钟顶//高师函授学刊.
　　-1994, 5

中国封建社会的考绩制度及其借鉴/艾永明//江苏社会科学. -1994, 5

我国古代反不公正交易法规初探/肖光辉、余辉//北方论丛. -1994, 6

论中国古代监察制的不独立性/方竞//中国人民大学学报. -1994, 6

中国古代的誓、盟与成文法的关系/刘笃才//辽宁大学学报（哲社科版）.
　　-1994, 6

论"昭穆之常"与宗法庙制的关系/唐友波//历史教学问题. -1994, 6

论家法族规的法律整合作用/刘华//社会科学. -1994, 6

古代的绑票：案与法/范忠信//（台湾）历史．-1994，7

论中国古代法律的传统/张晋藩//南京大学法律评论．-1994，秋季号；又载
　　《中国法律的传统与现代化：1993 年中国法律史国际研讨会论文集》，中
　　国民主法制出版社．-1996

中国古代社会法律史研究/俞荣根//现代法学．-1994，12

中国近世土地所有制研究/〔日〕寺田浩明//《中外法律史新探》，陕西人民
　　出版社．-1994

中国古代通政制度初探/徐立志//《中外法律史新探》，陕西人民出版
　　社．-1994

中国法律之儒家化“三部曲”说/刘恒焕//《中外法律史新探》，陕西人民出
　　版社．-1994

户婚田土案/〔日〕奥村郁三//《中外法律史新探》，陕西人民出版社．-1994

中国古代盗窃罪探索/钱大群//《法律史研究丛刊》第 2 辑，陕西人民出版
　　社．-1994

中国古代丧服服叙制度源流考辨/丁凌华//《法学研究论丛》第 2 辑，（台湾）
　　圣环图书公司．-1994

盗徙封罪侵犯的是土地私有权吗？/张建国//北京大学学报（哲社科版）．
　　-1995，1

中国古代刑法中的不为罪论要/水寿//甘肃政法学院学报．-1995，1

中国古代民法未能法典化的原因/怀效锋//现代法学．-1995，1

中国古代狱制特质探析/王利荣//中国监狱学刊．-1995，1

我国历史上的死刑数目及其限制/马培贵//法林．-1995，1

中国古代的死刑/张应二//内蒙古地方志．-1995，1/2

从《历代刑法志》看刑罚制度的沿革/孙玉荣//研究生法学．-1995，2

我国古代庶生子的继产权/邢铁//文史知识．-1995，2

中国古代法官违法行刑的责任制度/巩富文//政法论坛．-1995，2

中国古代监察制度和当前强化行政监督的构想/董伦德//理论探索．-1995，2

中国古代侵权行为法例论要/陈涛、高在敏//法学研究．-1995，2

我国古代反贪惩贿立法探微/李光涛//人民检察．-1995，2、3

论中国古代国际法之存在/孙玉荣//政法论丛．-1995，3

中国古代版权保护试论/赵奕//图书馆杂志．-1995，3

中国古代判词研究/汪世荣//法律科学．-1995，3

“重刑轻民”的辩证思考/田承春//四川师范大学学报（社科版）．-1995，3

我国古代法律中"赃"罪的规定/陈汉生、梅琳//上海大学学报（社科版）.
　　-1995，3

论中国古代国际法之存在/孙玉荣//法学杂志. -1995，4

中国历代刑事责任年龄考/张保来、崔嵬//天中学刊. -1995，4

"录囚""虑囚"考异/马作武//法学评论. -1995，4

我国监狱及狱制探源/薛梅卿//法学研究. -1995，4

漫谈中国古代法制对死刑的慎重态度/赵恩龄//中央政法管理干部学院学报.
　　-1995，5

惩贪肃贿法制的历史考察/张建国//中外法学. -1995，6

中国封建时期合同制度的特点及其对当代的影响/程宝库、孙秋玉//求是学
　　刊. -1995，6

综论中国古代的盛世与援法而治/张晋藩//北京日报. -1995，7. 26

中国历代教育立法概述/王宏治//教育情报参考. -1995，29、30

中国古代经济法制之研究/刘海年//（日本）《中国史学》第 5 卷法制史专号
　　（佐竹靖彦主编）. -1995

试论中国封建法律的伦理化特征/程俊彪//湖北民族学院学报. -1996，1

中国封建国家对民事法律关系干预的特征/孙季萍//烟台大学学报（哲社科
　　版）. -1996，1

略论中国封建王朝的监察制度/高文浩//贵州文史丛刊. -1996，1

略论我国历史上的资格刑/吴平//法学学刊. -1996，1；又载甘肃政法学院学
　　报. -1996，1

冲突与统一——中国古代社会中的亲情义务与法律义务/朱勇、成亚平//中国
　　社会科学. -1996，1；又载《中国法史学精萃》2002 年卷，机械工业出
　　版社. -2002

中国古代判例法制度/汪世荣//判例与研究. -1996，1；又载《判例制度研
　　究》，人民法院出版社. -2004

"仵作"源流考证/徐忠明//政法学刊. -1996，2

论食盐缉私例律/刘广义//盐业史研究. -1996，2

中国历史上的贿赂罪及其法律与对策/赵康生//中国行政管理. -1996，2

中国历代封建王朝的死刑执行概述/张保来//天中学刊. -1996，2

我国古代法的一个重要特点：兼论部门法法典与诸法合体法典问题/王立民//
　　法学. -1996，2

从《说文》看中国古代的戒具/王平、王青//政法论丛. -1996，2

我国古代的赘婿继产问题/邢铁//民俗研究. -1996，2

我国古代的耻辱刑/吴平//中央政法管理干部学院学报. -1996，2

中国古代监察制度与权力制衡机制/倪立保//新疆大学学报（哲学人文社科版）. -1996，2

论中国古代监察制度的性质/朱莲华、邱永明//上海大学学报（社科版）. -1996，2

中国封建录囚制度述评/陈平//渝州大学学报（哲社科版）. -1996，2

中国古代的监察官/修晓波//中国社会科学院研究生院学报. -1996，3

论中国古代的赦免制度/董念清//兰州大学学报（社科版）. -1996，3

论赎刑制度/童光政、龚维玲//社会科学家. -1996，3

中国古代惩腐治贪的一些经验及借鉴意义/何长顺、李超//政法论坛. -1996，3

试论中国封建王朝的谏诤制度及对君权的制约机制/江兴国//政法论坛. -1996，3；又载《百年回眸：法律史研究在中国》第2卷，中国人民大学出版社. -2009

中国古代民事诉讼制度通论/张晋藩//法制与社会发展. -1996，3

论中国古代的诽谤罪/赵泉//河南法学. -1996，3；又载山东法学. -1998，增刊；《中国传统法律文化与现代法治》（《法律史论丛》第7辑），重庆出版社. -2000

论中国古代惩治官吏腐败的法制建设/沈红霞、苟义伦//南都学坛（社科版）. -1996，4

中国古代惩贪法律的实施及其昭示/薛梅卿//法学家. -1996，4

中国古代近亲嫁娶禁例略论/王歌雅//求是学刊. -1996，4

中国法律的传统/刘广安//研究生法学. -1996，4

略论中国古代国家天平上的道德与法律/李群//研究生法学. -1996，4

论中国封建社会的法律特征/罗洪洋//贵州民族学院学报（哲社科版）. -1996，4

中国封建监察制度得失刍议/韦宝平//南京师大学报（社科版）. -1996，4

论中国古代法中"重农抑商"传统及其成因/范忠信、秦惠民、赵晓耕//中国人民大学学报. -1996，5

古代中国的环境法：从朴素的法理到严格的实践/姜建设//郑州大学学报（哲社科版）. -1996，6

开明的中国古代法律/马小红//文史知识. -1996，6

试论中国古代监察制度发展历史走向和特点/章苏、魏秀娣//历史教学问题.
　　-1996，6

中国古代盗窃罪的产生、成立及处罚/刘桂彬//法学评论. -1996，6

中国古代刑事政策论纲/黄晓明//政法论坛. -1996，6

我国古代的监察机制/董万新//中国行政管理. -1996，8

古代商人的身份与地位略论/郭志祥//南京大学法律评论. -1996，秋季号

中国古代社会的法制与法治/张晋藩//人大工作通讯. -1996，24

传统中国罪刑法定的历史发展/黄源盛//东海法学研究. -1996，11

中国传统法律的启示/马小红//《法制现代化研究》第 2 卷，南京师范大学出
　　版社. -1996

中国古代法治与社会经济发展/刘海年//《法治与社会经济发展国际学术研讨
　　会论文集》，中国人民大学出版社. -1996

耻辱刑及其现代遗迹/范忠信//《湘江法律评论》第 1 卷，湖南人民出版
　　社. -1996

中国古代的惩贪立法及其在实施中的历史经验/张晋藩//《第七届国际反贪大
　　会论文集》，红旗出版社. -1996

中国古代契约法的发展特征/侯淑雯//法学杂志. -1997，1

中国古代宗法制度的形成及其精神实质/刘柱彬//法学评论. -1997，1

中国古代法典概述/齐桂苓//天津政法. -1997，1

"笞刑" 考/张保来//天中学刊. -1997，1

中国古代法典概述/齐桂苓//天津政法. -1997，1

中国法律的传统与转型/张晋藩//研究生法学. -1997，1

商法的历史沿革/蒙振祥//西北大学学报（哲社科版）. -1997，1

试论中国古代的刑讯逼供及其殷鉴/周斌//自贡师专学报. -1997，1

试述中国古代监察制度的历史沿革/田莉姝//贵州师范大学学报（社科版）.
　　-1997，1

中国古代治安体制的孕育/陈鸿彝//江苏公安专科学校学报. -1997，1

中国古代中央审判机关源流考略——初论中国古代诉讼主体机关的嬗变/郑
　　禄//中央政法管理干部学院学报. -1997，1

纵观中国古代的监察制度/曾坚、李雪华//贵州大学学报（社科版）.
　　-1997，1

等级社会与法律/马作武//中山大学学报（哲社科版）. -1997，S1

笞刑论考/黄晓明//安徽大学学报（哲社科版）. -1997，2

科举考试惩戒舞弊的法规措施及其借鉴意义/白应东//汉中师范学院学报（社
　　科版）. -1997，2

略论中国传统法律的儒家化/马作武//中山大学学报（哲社科版）. -1997，2

简论"罪刑系列"立法方法在我国古代刑法中的运用/黄祥青//法学评论.
　　-1997，2

中国古代家法与国法的相关性探析/张佩国、刘立新//山东法学. -1997，2

盗窃罪的立法沿革与比较研究/李克非//政法论坛. -1997，3

宗法等级制度法律批判/贾文祥//社科纵横. -1997，3

略论中国古代的重典治吏/褚宸舸//天津政法. -1997，3

中国古代生命立法述评/倪正茂//法学学刊. -1997，3

浅析封建时代监察官的"风闻弹人"/刘长江//川东学刊（社科版）.
　　-1997，3

中国亲属法的法文化源流和形成特点/曹诗汉//法商研究. -1997，3

为讼师辩护：兼与梁治平先生商榷/马作武//比较法研究. -1997，3

我国古代审讯方法史考/张提生//预审探索. -1997，3

中国封建社会前期监狱制度的演化初探/万安中//广东社会科学. -1997，3

试论中国古代的反贪立法/黄启昌//中州学刊. -1997，3；又载中国史研究.
　　-1999，1

"车裂"试释/任怀国//昌潍师专学报（社科版）. -1997，3

中国古代版权保护论略/柳励和//湘潭大学学报（哲社科版）. -1997，3

中国古代社会保障典制考评/陆士祯、杨小强//中国青年政治学院学报.
　　-1997，3

论中国古代妇女在婚姻家庭中的法律地位/罗洪祥//贵州民族学院学报（哲社
　　科版）. -1997，3

中国传统社会的法律与妇女地位/黄嫣犁//北京大学学报（哲社科版）.
　　-1997，3

试论中国古代律令法及其在世界法制史上的地位/吴怀民//福建师范大学学报
　　（社科版）. -1997，3；又载中国人民大学学报. -1997，4

财产法史考略/吕世论、彭汉英//南京大学法律评论. -1997，春季号

中国古代正当防卫论/彭峰//青年法学. -1997，春季号

中国古代的法制宣传教育述略/凌文珍//嘉应大学学报（社科版）. -1997，4

从婚姻家庭法的规定看我国古代妇女的社会地位/陈宁英//中南民族学院学报
　　（社科版）. -1997，4

中国封建时代的监察网及其内外相维之制/袁刚//法学杂志．-1997，4

论君臣关系在中国封建制法中的表现/黄谷秀//法学学刊．-1997，4

古代中国监狱文明略论/常兆玉//中国监狱学刊．-1997，4

我国古代侨务立法初探/毛起雄//华侨华人历史研究．-1997，4

中国古代的金融犯罪与立法/麦天骥//法学评论．-1997，4

族刑论/马作武//法学评论．-1997，4

中国亲属容隐制度的历程、规律及启示/范忠信//政法论坛．-1997，4

析孔氏家族宗族法对中国封建国家政权的影响/袁兆春//政法论丛．-1997，4

回避制度与古代廉政建设/王少军//党政论坛．-1997，5

论我国古代刑法中的罪过/刘淑莲//中外法学．-1997，5

试论中国古代监察官员的选任制度/关汉华//学术论坛．-1997，5

试论我国古代中央对地方的监察方式/修晓波//社会科学战线．-1997，5

借鉴中国古代监察机制的有益经验/董万新//理论导刊．-1997，6

“王子犯法”与“庶民同罪”辨：兼说“同罪”与“同罚”/孙小迎、李洪
　　欣//现代法学．-1997，6

给家法族规以客观评价/费成康//政治与法律．-1997，6

中国古代治安体制的确立/陈鸿彝//江苏公安专科学校学报．-1997，6

中国古代礼治与法治的冲突与互补/史建群、叶桐//郑州大学学报（哲社科
　　版）．-1997，6

象刑新论/柳正权//法学评论．-1997，9

中国儒家化法官审案的特点与方法/郝铁川//南京大学法律评论．-1997，秋
　　季号

中国古代民法的特点及其鉴别/赵晓耕//《法制现代化研究》第 3 卷，南京师
　　范大学出版社．-1997

浅谈中国古代婚姻制度/陈久蓉//法论．-1998，1

“弃市”刑有关问题的再商榷：答牛继清先生/张建国//甘肃理论学刊．
　　-1998，1

中国古代法律制度特点若干成因质疑/马志冰//比较法研究．-1998，1

中国古代瓯函制度考略/杨一凡、刘笃才//法学研究．-1998，1

中国古代乡里基层组织特征/韩秀桃//法学杂志．-1998，1

古代中国婚姻法发生问题驳议/姜建设//郑州大学学报（哲社科版）．
　　-1998，1

论象刑/王小健//吉林大学社会科学学报．-1998，1

浅论中国宗法制度的存在形态和发展阶段——兼评当前宗法研究中的几种错误观点/钱宗范//玉林师范高等专科学校学报. -1998，1

中国古代卫生法的特征/杨平、路毅//山东医科大学学报（社科版）. -1998，1

古代除贪养廉的实践模式及评说/徐岱//中央检察官管理学院学报. -1998，2

古代息讼之术探讨/马作武//武汉大学学报（哲社科版）. -1998，2

试论中国古代自首制度/赵克军//安徽教育学院学报. -1998，2

中国古代的治贪惩腐略论/刘万云//河南教育学院学报（社科版）. -1998，2

中国传统宗法观念对现代道德与法治的影响/袁兆春//青岛海洋大学学报. -1998，2

中国古代判例法成因及经验教训/崔永华//求是学刊. -1998，2

试析中国古代的赦/沈厚铎//中外法学. -1998，2；又载《百年回眸：法律史研究在中国》第 2 卷，中国人民大学出版社. -2009

中国古代的刑侦手段述论（上、下）/王立民//刑侦研究. -1998，2、3

中国封建社会对外贸易法制初探/侯欣一//法商研究. -1998，3

中国古代著作权考略/曹之//图书与情报. -1998，3

中国最早的杀人案实录/刘信芳//寻根. -1998，3

论家法与族规的分野/费成康//政治与法律. -1998，4

中国古代反腐惩贪法律制度述要/徐晓光、路保均//现代法学. -1998，4

中国法制历程简论：1949 年之前的中国法/张建国//法商研究. -1998，4

中国古代任官制度中的廉政措施/春杨//上海法学研究. -1998，4

略论中国古代的强政治吏/孙光妍//行政法学研究. -1998，4

浅谈我国古代法律惩治官吏腐败的主要内容/王云鹏//法制世界. -1998，4

中国封建权力监督制度论析/程印学、王成志//河南师范大学学报（哲社科版）. -1998，4

中国古代立法中的环境意识浅析/张梓太//南京大学学报（哲学人文社科版）. -1998，4

中国律令法体系概论/张建国//北京大学学报（哲社科版）. -1998，5

浅谈古代刑罚的因时适用原则/孙光妍//中央政法管理干部学院学报. -1998，5

古代官吏滥施刑讯的类型及其所依存的传统社会意识/彭智//中央政法管理干部学院学报. -1998，5

论中国古代的赎刑制度：兼议现代以罚代刑的若干问题/陈嘉俊//江苏公安专

科学校学报. –1998，5

试析中国封建社会的法律形式/罗洪洋//理论与当代. –1998，5

我国封建法律惩治行贿罪的规定及特点/王晓勇//史学月刊. –1998，5

中国古代法制体系开明性的原因探讨/陈晓红//三秦论坛. –1998，5

中国古代司法官责任制度探究/王广彬//政法论坛. –1998，5

我国古代法典编纂的总体特点/丁华东//山西档案. –1998，5

夷三族解析/张建国//法学研究. –1998，6

略论中国古代令的发展及其特点/李玉生//中州学刊. –1998，6

中国历史上法制的地位、特点和启示/张大鸣//昌潍师专学报. –1998，6

中国古代诉讼中的专门管辖制度/郭志媛//中央政法管理干部学院学报.
　　–1998，6

法："治吏"与"治民"/倪正茂//法学. –1998，7

中国古代有没有行政法/李曙光//中国法制报. –1998，7. 15

从《唐律疏议》和《大清律例》看中国古代文秘工作的法制化/何宝梅//秘
　　书. –1998，10

中国古代监察制度的发展与作用/刘惠恕//社会科学. –1998，12

论中国古代人治下的法治/张晋藩//《法律史论丛》第 4 辑，江西高校出版
　　社. –1998

中国封建社会对外贸易法律初探/侯欣一//《法律史论丛》第 4 辑，江西高校
　　出版社. –1998

中国古代土地管理制度的发展与沿革/金俭//《法律史论丛》第 4 辑，江西高
　　校出版社. –1998

中国古代直诉制度述论/李玉生//《法律史论丛》第 4 辑，江西高校出版
　　社. –1998

古代商人身份论略/郭志祥//《法律史论丛》第 4 辑，江西高校出版社. –1998

中国古代经济法制之研究/刘海年//《法律史论丛》第 4 辑，江西高校出版
　　社. –1998

论中国古代经济法制的基本原则/黄晓明//《法律史论丛》第 4 辑，江西高校
　　出版社. –1998

浅谈中国古代职务犯罪立法及其借鉴意义/利子平//《法律史论丛》第 4 辑，
　　江西高校出版社. –1998

中国古代礼法合治思想与基层乡里社会/韩秀桃//《儒家思想与现代道德和法
　　制》，吉林人民出版社. –1998

试论中国古代廉政法制及其成败原因/徐忠明//学术研究. -1999，1

释"九族"/吕绍纲、张羽//东南文化. -1999，1

儒家的伦理法/文正邦、刘建勇//政治与法律. -1999，1

中国古代法官自由裁量制度的发展脉络/侯淑雯//法商研究. -1999，1

中国古代有商法吗——对"重本抑商"的历史思辨/乔新生//中州学刊.
　　-1999，1

中国的家族法/杨永华//儒家与法文化. -1999，1

古代御史监察体系与分权制衡/田兆阳//甘肃行政学院学报. -1999，1

简论中国古代人事管理制度的形成与发展/宋栋//天水师范学院学报.
　　-1999，1

试谈中国古代官吏的考核制度/郭泽保//福建行政学院福建经济管理干部学院
　　学报. -1999，1

我国古代中央对地方的监察与控制/田兆阳//成都行政学院学报. -1999，1

试论中国封建社会的变法与吏治/刘一兵//海南师范学院学报（人文社科版）.
　　-1999，1

浅谈中国古代死刑制度的演变及特点/王耀虎//山西省政法管理干部学院学
　　报. -1999，Z1

浅论中国封建社会的法治和人治/蔡琼//广西师范大学学报（哲社科版）.
　　-1999，2

"妇人无刑"质疑/张全民//吉林大学社会科学学报. -1999，2

论中国古代的契约制度/马珺//河南省政法管理干部学院学报. -1999，2

试述中国古代"五刑"制的发展/房书君//白城师范学院学报. -1999，2

浅谈中国古代的反腐败/刘万云//学习论坛. -1999，2

浅谈中国古代法律的宗教性/李光昱//中外法学. -1999，2

中国古代监察制度浅议/孙光妍//继续教育研究. -1999，2

试论儒家道德与封建司法制度/周海燕//云南大学学报（法学版）. -1999，3

试论中国古代法律样式的演变及其影响/李虹//新疆大学学报（哲学人文社科
　　版）. -1999，3

有关中国古代刑讯制度的几点思考/王立民//华东政法学院学报. -1999，3

中国古代官吏的监察制度/郑明珍//中国行政管理. -1999，3

中国古代官吏监察制度的形成与完善/马珺//天中学刊. -1999，3

中国古代司法腐败的防治机制及其启示/马作武、何邦武//南京大学法律评
　　论. -1999，春季号

也谈敦煌出土契约中的违约责任条款——兼与余欣同志商榷/杨际平//中国社会经济史研究. -1999，4

礼治时代的中国监察制度/常金仓//政治学研究. -1999，4

我国古代中央对地方的监察与控制/田兆阳//中国行政管理. -1999，4

中国古代的司法监督/黄启昌//寻根. -1999，4

中国古代的官吏监督/王增平//东岳论丛. -1999，4

中国古代的廉政建设/王增平//齐鲁学刊. -1999，4；又载山东社会科学. -1999，4

浅谈中国古代的腐败与廉政/徐忠明//法学. -1999，4

留养承祀制度初探/谢全发//重庆教育学院学报. -1999，4

论中国封建监察制度的利弊得失/王晓天//湘潭师范学院学报（社科版）. -1999，4

我国古代文书制度漫议/靳力//山东交通学院学报. -1999，4

试析孝道与中国古代刑法的关系/孙仁丕//郧阳师范高等专科学校学报. -1999，4

中国封建考课制度的历史考察/袁礼华//南昌大学学报（社科版）. -1999，4

中国古代成文法典的编纂及其演变/张家国//高等函授学报（哲社科版）. -1999，4

继承权之古今区别/孙光妍//黑龙江法制报. -1999，4. 13

中国古代金融犯罪考/胡启忠//西南民族学院学报（哲社科版）. -1999，5

论成文法的早期公布/曹智//中央政法管理干部学院学报. -1999，5

论中国古代防治官吏赃罪的对策/梁凤荣//郑州大学学报（哲社科版）. -1999，5

略论我国古代监察制度的运行机制和方式/邱永明、朱莲华//上海大学学报（社科版）. -1999，5

中国封建社会的倡廉治贪及其历史反思/单玉华//史学月刊. -1999，5

历史中的户籍制度/易农//21世纪. -1999，5

中国古代关于见义勇为的法律规定/郑显文//今日信息报. -1999，5. 10

从三峡地区出土的古尸看我国古代的刖刑/傅先荣//湖北三峡学院学报. -1999，6

论我国判例法的创制/张建//华东政法学院学报. -1999，6

漫话历代惩贪律令/陈彦友//党风通讯. -1999，6

中国古代关于见义勇为的立法/郑显文//中外法学. -1999，6

中国古代运用科学常识侦破刑案论/王立民//犯罪研究. -1999，6

中国古代对巫术邪教的法律惩禁/武乾//法学. -1999，9

历史上禁断邪教的言论和法令摭拾/默雷//法音. -1999，9

略论我国古代监察制度/邵建//观察与思考. -1999，9

中国古代监察制度的嬗变及其借鉴意义/王勇//社会科学. -1999，12

关于中国古代赃罪的若干问题——以唐律为中心/周东平//《中国历史上的法制改革与改革家的法律思想》，山东大学出版社. -1999；又载《法律史论丛》第6辑，山东大学出版社. -1999

中国古代司法中的慎刑观及其慎刑机制/林明//《法律史论丛》第6辑，山东大学出版社. -1999

论中国封建社会的榷盐法改革/张洪林、曾友祥//《法律史论丛》第6辑，山东大学出版社. -1999

中国古代复仇问题初探/李声炜//《法律史论丛》第6辑，山东大学出版社. -1999

孔氏家族经济特权——地产考/袁兆春//《法律史论丛》第6辑，山东大学出版社. -1999

中国古代官吏选任制度浅议/孙光妍//《法律史论丛》第6辑，山东大学出版社. -1999

对中国古代复仇案的诸分析/霍存福//《法律史论集》第2卷，法律出版社. -1999

孔氏家族的宗族法与法律特权/袁兆春//《法律史论集》第2卷，法律出版社. -1999

中国传统民事契约研究/李祝环//《法律史论集》第2卷，法律出版社. -1999

中国古代不动产优先购买权制度研究/吕志兴//现代法学. -2000，1

死刑罚的历史演变/唐祥珍//常州技术师范学院学报. -2000，1

论中国封建法制的恤刑原则/吴晓玲//南昌大学学报. -2000，1

中国封建王朝的反贪立法/张国宏//吕梁高等专科学校学报. -2000，1

有关合法性概念及中国古代君权合法性的几点思考/陈刚//哈尔滨工业大学学报. -2000，1

中国古代保护经济可持续发展的法律/车今花//湖南大学学报（社科版）. -2000，2

中国古代统治者遏制腐败的七项措施/任崇岳//郑州大学学报（哲社科版）. -2000，2

论中国古代的礼仪法/吕丽//法制与社会发展. -2000，2

从话本《错斩崔宁》看中国古代司法/徐忠明//法学评论. -2000，2

华夏诸族与中国早期刑罚的雏形/徐晓光//贵州民族学院学报（哲社科版）.
　　-2000，S2

中国早期犯罪侦查制度与理论探寻/王均平//江西公安专科学校学报.
　　-2000，3

中国古代重刑轻民传统及其成因/秦松梅//毕节师范高等专科学校学报.
　　-2000，3

略论我国古代司法鉴定制度/李冰//郑州工业大学学报. -2000，3

中国古代重刑轻民问题简论/范倩//贵州大学学报（社科版）. -2000，3

中国封建官吏选任制度述评/孙光妍、崔富岭//黑龙江省政法管理干部学院学
　　报. -2000，3

我国古代法律控制中的等级差异/虢亚雪//山东行政学院山东省经济管理干部
　　学院学报. -2000，3

古代中国对在华外国人的法律管理/康大寿//信阳师范学院学报. -2000，3

论中国传统伦理法的终结/朱孔武//华中理工大学学报（社科版）. -2000，3

封建皇权和中国古代的监察监督/袁刚//法学杂志. -2000，3

论古代中国特殊的封建经济对民法发展的抑制作用/王志武//贵州法学.
　　-2000，3

中国运用法医学知识侦破刑案史论/王立民//犯罪研究. -2000，3

论中国古代社会重典治吏的法律制度/李冰//天中学刊. -2000，4

我国古代法制宣传教育撷考/白茫茫//云南人大. -2000，4

中国古代监狱管理初探/王利民//人文杂志. -2000，4

古代中国证据制度刍议/王海燕//研究生法学. -2000，4

乡土社会的习俗性裁判/吕艳丽//研究生法学. -2000，4

中国司法鉴定的古代史/沈大路//上海公安高等专科学校学报. -2000，4

中国封建监察制度浅析/管增军//昌潍师专学报. -2000，4

权变与策略：中国古代赦免制度的功能透视/赵克生//阜阳师范学院学报.
　　-2000，4

论中国古代任官制度之得失/春杨//河南省政法管理干部学院学报. -2000，4

中国古代诉讼回避制度/赵永红//中央政法管理干部学院学报. -2000，5

试析中国古代诉讼中的证据制度/马念珍//贵州教育学院学报（社科版）.
　　-2000，5

对我国贿赂犯罪立法的历史考察/张俊霞、付俊华//河南社会科学. -2000, 5

略论中国古代司法公正保障制度/林明//法学论坛. -2000, 5

中国古代职务过失犯罪研究/谢文钧//学术交流. -2005, 5

中国古代军事法的基本特征/杜亮//河北法学. -2000, 5

耻辱刑与刑罚宽和之历史进步作用/李晓明、李可//河北法学. -2000, 6

祖制与律法及其对社会的影响——重农抑商对传统律法的制定和社会的影响/
    赵晓耕//法学家. -2000, 6

论古代监狱女犯优待制度/白焕然//中国监狱学刊. -2000, 6

中国传统诉讼法律文化中的调解制度/夏民、刘同君//学海. -2000, 6

中国版权问题探源/郭孟良//齐鲁学刊. -2000, 6

论中国古代监狱管理制度的沿革及其特征/万安中//广东社会科学. -2000, 6

论中国封建监察制度中的合理性因素/袁礼华//江西社会科学. -2000, 7

中国古代"法治"形式的演进轨迹及特点/明欣//《清华法治论衡》第 1 辑,
    清华大学出版社. -2000

中国古代"刑即法"的基本特征/盛建国//《中国传统法律文化与现代法治》
    (《法律史论丛》第 7 辑), 重庆出版社. -2000

古代中国防治官吏赃罪的举措/梁凤荣//《中国传统法律文化与现代法治》
    (《法律史论丛》第 7 辑), 重庆出版社. -2000

浅析我国古代税收法制的演变和发展/杨建学//《中国传统法律文化与现代法
    治》(《法律史论丛》第 7 辑), 重庆出版社. -2000

唐宋元明清的保密法规制度/吴士海//秘书之友. -2001, 1

我国古代的直诉制度及其对当今社会的影响/李玉化//政治与法律. -2001, 1

中国古代的"儒吏"与司法公正/付春兵//团结. -2001, 1

"二十四史"之《循吏》、《酷吏》列传与中国古代监察官的选任/程遂营//北
    方论丛. -2001, 1

前近代中国的民事法秩序人际信任与经济发展/高寿仙//新视野. -2001, 1

中国古代法律样式的历史考察——与武树臣先生商榷/杨师群//中国社会科
    学. -2001, 1; 又载《中国法史学精萃》2001—2003 年卷, 高等教育出
    版社. -2004

我国古代的反贿立法/陈和平、张宁、齐东//宾州教育学院学报. -2001, 1

我国古代皇帝最高司法权的历史成因/舒红//徐州教育学院学报. -2001, 1

中国古代赦免制度的演变及其影响/赵克生//淮南师范学院学报. -2001, 1

论中国古代的职务经济犯罪及历代对其危害的认识/黄启昌//求索. -2001, 2

中国古代民事诉讼证明标准初探/杜闻//研究生法学. -2001，2

公法天下——中国古代公法渊源管窥/黄锫//研究生法学. -2001，2

试论中国古代的"发罪人为兵"/吴艳红//中外法学. -2001，2

我国古代的错案追究制度/艺苑//档案大观. -2001，2

论影响中国古代法的道德因素/吴春雷、王仑//甘肃政法学院学报. -2001，2

中国历代"肃贪"法律刍议/杨玲//西南政法大学学报. -2001，2

科举制度与监察体制的关系论述/屈超立//中央政法管理干部学院学报.
    -2001，2

中国封建社会的立法权比较/李觐//中央政法管理干部学院学报. -2001，3

谈我国古代监察制度的几点启发/张翠梅//黑龙江省政法管理干部学院学报.
    -2001，3

儒的法律化——冲突与融合/赵晓耕//山西大学学报（哲社科版）. -2001，3

试析中国封建法制的痼疾/田筱丹、梁勇//榆林高等专科学校学报. -2001，3

略谈中国古代监察制度的建立与失败/肖玉明//陕西教育学院学报. -2001，3

论中国封建社会契约制度的发展与完善/马珺//西安联合大学学报. -2001，3

拷讯论略/蒋铁初//广西政法管理干部学院学报. -2001，4

从中外几项法律制度分析我国古代人治社会的形成/殷切望//黑龙江省政法管
    理干部学院学报. -2001，4

试论中国古代监察制度的特点/陈径//河南省政法管理干部学院学报.
    -2001，4

论中国古代刑法中的"相隐"原则/陈云中//江西公安专科学校学报.
    -2001，4

论我国古代传统的司法调解制度/梁凤荣//河南大学学报（社科版）.
    -2001，4

耻辱刑期刑种试析/杨鸿雁//华北电力大学学报（社科版）. -2001，4

我国古代监狱制度述论/周海燕、张晓东//思想战线. -2001，4

"官当"考议/张保来//天中学刊. -2001，4

鼓与中国古代的言事制度/赵映诚//理论月刊. -2001，4

略论中国古代君权与法律及道德的关系/王治华//政法论坛. -2001，5

中国古代用刑的三大策略/王立民//犯罪研究. -2001，5

中国古代权力监督制度评析/孙季萍//政治与法律. -2001，5

中国古代刑讯制度的思想基础/王立民//（台湾）孔孟月刊. -2001，5

浅析中国古代特权法的成因及其影响/邓红蕾//中南民族学院学报（哲社科

版）. -2001, 5

从《水浒传》看古代中国社会的犯罪/卜安淳//山东公安专科学校学报. -2001, 5

中国古代惩贪治吏之法得失刍议/肖守库//张家口师专学报. -2001, 5

髡、耐、完刑关系考辨/张全民//湘潭大学社会科学学报. -2001, 5；又载《继承与创新——中国法律史学的世纪回顾与展望》（《法律史论丛》第8辑），法律出版社. -2001；《百年回眸：法律史研究在中国》第2卷，中国人民大学出版社. -2009

古代职官回避制度/苗鸣宇//人民法院报. -2001, 5. 28

略论中国古代契约的特点/肖传林//湖北大学成人教育学院学报. -2001, 6

中国古代证人制度研究/蒋铁初//河南省政法管理干部学院学报. -2001, 6

论中国古代继承法的特点/吴秋红//高等函授学报. -2001, 6

关于"古代中国有无民法"问题的再思考/俞江//现代法学. -2001, 6

中国古代的十类惩腐律令/杨扬//四川宣传. -2001, 7

论保辜制度——兼评保辜制度因果关系说/钱宁峰//理论月刊. -2001, 7

古代刑罚中的数字/若水//法制与文明. -2001, 8

中国古代监察法浅析/黄晓红//江淮风纪. -2001, 8

中国古代监察制度及其历史借鉴/逯拴生//理论月刊. -2001, 8

中国古代的德治与法治/陈生玺//群言. -2001, 9

论中国古代的刑讯逼供及其殷鉴/周斌、秦雪//求实. -2001, 11

封建法典严惩官吏选任中的渎职行为述论/卓子洪//江西社会科学. -2001, 11

我国古代监察制度简介（上、下）/冯铁金//中国监察. -2001, 17、18

论中国封建法律制度体系构建的核心原则/陈晓枫、柳正权//《继承与创新——中国法律史学的世纪回顾与展望》（《法律史论丛》第8辑），法律出版社. -2001

从历代官箴看中国古代司法/张勇//《继承与创新——中国法律史学的世纪回顾与展望》（《法律史论丛》第8辑），法律出版社. -2001

"干分嫁婆"的历史考察/顾元//《继承与创新——中国法律史学的世纪回顾与展望》（《法律史论丛》第8辑），法律出版社. -2001

中国宗族制度与封建国法/马建兴//《继承与创新——中国法律史学的世纪回顾与展望》（《法律史论丛》第8辑），法律出版社. -2001

论中国古代的调处制度及其影响/梁凤荣//《继承与创新——中国法律史学的

世纪回顾与展望》（《法律史论丛》第8辑），法律出版社．-2001

关于肉刑体系的沿革及废复之争/宇培峰//《法律史论集》第3卷，法律出版社．-2001

中国古代直诉中的自残现象探析/张全民//法学研究．-2002，1；又载《走向二十一世纪的中国法文化》（《法律史论丛》第9辑），上海社会科学院出版社．-2002

中国古代的廉政法制建设/秦文//中山大学研究生学刊．-2002，1

中国古代当铺的质权/叶昌富//河池师专学报．-2002，1

中国古代判词的发展轨迹及其文化蕴含/苗怀明//广州大学学报．-2002，1、2

历代盐法源流考/王铭慎、曹天生//盐业史研究．-2002，1、2

中国古代的直诉制度/王宏宇//人民法院报．-2002，1．27

中国古代法律的道德目标及其实现/方利平//淮北煤师院学报（哲社科版）．-2002，2

论保辜制度/邓剑光、陈真//汕头大学学报（人文社科版）．-2002，2

浅议秘密结社的产生及其性质演变/胡晓辉//铁道警官高等专科学校学报．-2002，2

中国古代录囚制度评析/毛晓燕//河南社会科学．-2002，2

凌迟入律时代考/马泓波//晋阳学刊．-2002，2

中国古代非"户绝"条件下的遗嘱继承制度/姜密//历史研究．-2002，2

我国古代贪污腐败防范机制刍议/罗喜江//社科与经济信息．-2002，3

中国古代永佃制度及其法文化分析/邓勇//长白学刊．-2002，3

中国古代成文法述论/周旺生//立法研究．-2002，3

我国古代行政监察制度的历史嬗变/王宏彬//黑龙江社会科学．-2002，3

封建禁赌法令价值及其效果匮乏之原因/王毓明//法治论丛（上海政法学院学报）．-2002，3

中国古代监察制度特点浅析/黄守华//贵州教育学院学报（社科版）．-2002，3

中国古代优先权论略：概念·源流·种类/刘云生、宋宗宇//重庆大学学报（社科版）．-2002，3

宗法制度的兴亡及其对中国社会的影响/姚伟钧//华中师范大学学报（哲社科版）．-2002，3

中国古代的监察制度/林波//中山大学研究生学刊．-2002，3

中国古代刑事诉讼法的扬弃和借鉴/崔敏//江苏公安专科学校学报．-2002，3

论中国古代县级行政监察制度/赵秀玲//徐州师范大学学报．-2002，3

中国古代刑法与佛道教：以唐宋明清律典为例/王立民//法学研究．-2002，3

中国传统法的地域性论略/王志强//复旦学报（社科版）．-2002，3

中国古代法官责任制度的基本内容与现实借鉴/巩富文//中国法学．-2002，
  4；又载《中国法史学精萃》2001—2003年卷，高等教育出版社．-2004

论古代中国家族司法/李交发//法商研究．-2002，4；又载《百年回眸：法律
  史研究在中国》第2卷，中国人民大学出版社．-2009

对中国古代伦理化法律演进过程的回顾与思考/胡帅//研究生法学．-2002，4

大赦渊源考论/胡晓明//南京社会科学．-2002，4

中国古代有无行政法之我见/艾永明//华东政法学院学报．-2002，4

中国古代立法解释探析/刘军平、李交发//湘潭大学社会科学学报．-2002，4

古之契约与今之合同/徐秋香//芜湖职业技术学院学报．-2002，4

古代保辜制度考析/牛忠志//山东科技大学学报（社科版）．-2002，4

浅议中国古代丧服制度对法律制度的影响/张文举、李军//胜利油田党校学
  报．-2002，4

论中国古代契约的身份特点/肖传林//湖北广播电视大学学报．-2002，4

浅议中国传统伦理法的实施机制与历史命运/王时中、阳永恒//社科与经济信
  息．-2002，5

论中国封建社会徒刑执行的方式与特点/刘燕玲、蒋若薇//中国监狱学刊．
  -2002，5

论中国古代传统社会保障制度的初步形成/王卫平//江海学刊．-2002，5

论古代的亲属容隐制度/胡谦、张文华//广西社会科学．-2002，5

中国传统民事诉讼之考证/曹智//广州大学学报（社科版）．-2002，5

论中国古代报刊法制的发展轨迹及特点/倪延年//南京政治学院学报．
  -2002，5

中国传统离婚政策简析/易松国、陈丽云、林昭寰//深圳大学学报．-2002，6

中国古代监狱发展及其主要特征简论/毛晓燕//商丘师范学院学报．-2002，6

中国古代复仇制度初探/苗鸣宇//中国青年政治学院学报．-2002，6

中国古代的死刑复核制度及其思想基础/王立民//政治与法律．-2002，6

十至十四世纪的中国合伙制/刘秋根//历史研究．-2002，6

中国古代档案立法之特点分析/施懿超//档案与建设．-2002，6

中国古代反腐倡廉研究/周树志//中州学刊．-2002，6

中国古代监察制度的基本特征及其借鉴意义/陈实//理论学刊. -2002，6

"司法"的变迁/滕彪//中外法学. -2002，6

我国古代居间制度及其借鉴/吕志兴//当代法学. -2002，6

论我国典权法律制度之演变/李婉丽//当代法学. -2002，7

从"援法断罪"到"曲法伸情"：中国传统司法的衡平精神/顾元//人民法院
　　报. -2002，7. 1

中国古代健讼之风与息讼机制评析/龚汝富//光明日报. -2002，7. 3

历史上监察制度的得与失/孙光妍//光明日报. -2002，7. 7

对中国封建社会刑罚适用的认识与思考/乔彩萍、任晓旭//山西高等学校社会
　　科学学报. -2002，8

略论我国古代的刑讯制度/徐唐棠//当代法学. -2002，9

略论中国古代狱制的特质/贾克元//史学月刊. -2002，9

中国古代监察制度的演变及借鉴意义/汤建华、宋晓辉//求实. -2002，9

从礼到法：中国古代性别制度的法典化/高世瑜//光明日报. -2002，10. 8

鬼神报应与中国古代司法/顾元//人民法院报. -2002，10. 21

中国古代对监察官的监督与管理/章翊中、熊亚非//江西社会科学.
　　-2002，12

古代中国的宗教与法律——从法律的宗教性角度谈/谷东燕//当代法学.
　　-2002，12

中国古代的反邪教立法/王宏治//《政法评论》2002 年卷，中国政法大学出版
　　社. -2002

官吏渎职罪与中国传统法律"明主治吏不治民"特征的形成/胡世凯//《走向
　　二十一世纪的中国法文化》（《法律史论丛》第 9 辑），上海社会科学院
　　出版社. -2002

试析中国古代社会中的"法官"/马小红//《走向二十一世纪的中国法文化》
　　（《法律史论丛》第 9 辑），上海社会科学院出版社. -2002；又载公法.
　　-2003，3

中国古代法官小考/陈景良//《走向二十一世纪的中国法文化》（《法律史论
　　丛》第 9 辑），上海社会科学院出版社. -2002

试探中国古代直诉中的自残现象/张全民//《走向二十一世纪的中国法文化》
　　（《法律史论丛》第 9 辑），上海社会科学院出版社. -2002

中国古代的法治与社会经济发展/刘海年//《中国法史学精萃》2002 年卷，机
　　械工业出版社. -2002

传统中国法对日本刑事立法最后的影响——以《新律纲领》与《改定律例》
　　为中心/黄源盛//《台大历史学报》第 30 期．–2002

法律的历史叙事与文学叙事（上）——阅读中国古代法律的视野开拓/徐忠
　　明//《中西法律传统》第 2 卷，中国政法大学出版社．–2002

中国古代福利救济制度及其精神/范忠信//《中西法律传统》第 2 卷，中国政
　　法大学出版社．–2002；又载《中国法史学精萃》2001—2003 年卷，高
　　等教育出版社．–2004

中国古代监察制度论析/任怀国//潍坊学院学报．–2003，1

试论中国古代刑法的亲和力/马兰花//昆仑法学论丛．–2003，1

文明与野蛮的较量：中国历代肉刑兴废述论/张震英、石玲//通化师范学院学
　　报．–2003，1

中国古代酒禁论/黄修明//重庆大学学报（社科版）．–2003，1

我国亲属容隐制的历史嬗变/冯雷//湖北行政学院学报．–2003，1

论中国古代"孝治"施政的法律实践及其影响/黄修明//西南民族学院学报
　　（哲社科版）．–2003，1

中国古代游侠现象的法学探微/周丹//湖北社会科学．–2003，2

中国古代关于商品买卖的法律文书研究/郑显文//中国经济史研究．–2003，2

"人命至重"的法度：烧埋银/张群//读书．–2003，2

"赔命价"试析/孔玲//民族法学评论．–2003，2

中国古代公证的民间样式与官方样式/肖文//民间法．–2003，2

中国古代公证/肖文、邹建华、毕宜才//中国公证．–2003，2

对古代自然法的再认识/黄颂//钦州师范高等专科学校学报．–2003，2

论中国古代监审一体制度的演变和特点/方宝璋//山西财经大学学报．
　　–2003，2

中国古代礼法关系的演进/谢作//燕山大学学报（哲社科版）．–2003，2

无罪推定原则的历史考察/尤广辉//山西高等学校社会科学学报．–2003，2

中国古代监察制度及其启示/董君明//甘肃政法成人教育学院学报．–2003，2

论中国古代的考绩制度/王云鹏//河南省政法管理干部学院学报．–2003，2

中国古代习惯法对当代民法法典化的影响/张冰、李明//河南省政法管理干部
　　学院学报．–2003，3

讼师命运与律师制度/周娅//山西省政法管理干部学院学报．–2003，3

中国法律儒家化的发端/李定铁//北京市经济管理干部学院学报．–2003，3

论中国的封建刑法原则儒家化的特点/王虹//牡丹江大学学报．–2003，3

中国妇女再婚制度的历史沿革与法律透视/王磊//哈尔滨学院学报. -2003，3

疑案处理的历史沿革及理论分析/王萍华//湖南公安高等专科学校学报.
　　-2003，3

对中国古代廉政法律制度的历史考察/刘守芬、王洪波、姜涛、陈新旺//北京
　　大学学报（哲社科版）. -2003，3

中国古代优先权论略：序位·要件·效力·限制/刘云生、宋宗宇//重庆大学
　　学报（社科版）. -2003，3

中国历代文物保护制度述略/赵杰//考古与文物. -2003，3

论中国古代盐外卖制度中国家与盐商的法律关系/赵杰//培训与研究.
　　-2003，3

信息、激励与连带责任：对中国古代连坐、保甲制度的法和经济学解释/张维
　　迎、邓峰//中国社会科学. -2003，3

中国古代法律服务初论/马新福、韩立收//法制与社会发展. -2003，3

中国古代法律诠释传统形成的历史语境/杨昂、马作武//法学评论. -2003，
　　3；又载《中国法史学精萃》2001—2003 年卷，高等教育出版社. -2004

我国古代司法官责任制度的历史演变/李晓燕、李麒//理论探索. -2003，3

中国传统法研究中的几个问题/曾宪义、马小红//法学研究. -2003，3；又载
　　《中国法史学精萃》2001—2003 年卷，高等教育出版社. -2004

中国古代经义决狱与司法公正/高其才、罗昶//广东社会科学. -2003，3；又
　　载《法史思辨：2002 年中国法史年会论文集》，法律出版社. -2004

中国历史变法类型及其成败/程念祺//浙江社会科学. -2003，4

中国古代法律制度对现今法律制度的积极影响/刘本燕//江西社会科学.
　　-2003，4

重刑考/高绍先//现代法学. -2003，4

我国古代死罪与死刑问题的若干思考/陈立文//广东法学. -2003，4

我国古代监察制度研究/吴红宇、汪晓谦//贵州文史丛刊. -2003，4

中国古代行政法中的"壳资源"/焦利//行政法学研究. -2003，4

我国古代刑法典探源/王云鹏//中州学刊. -2003，4

中国古代刑讯制度演变规律之研究/赵春燕//中国刑事法杂志. -2003，4

论中国古代王权制衡现象及其特征/彭安玉//湖北行政学院学报. -2003，4

中国古代刑法典的编纂体例和结构特点：兼论中国传统刑法文化的作用和影
　　响/宋四辈//郑州大学学报（哲社科版）. -2003，4

试述古代经济立法中的抑商政策对社会经济的影响/刘伯兰//铁道警官高等专

科学校学报. -2003, 4

论宗法制对中国历史的影响/黄夏玉//广播电视大学学报（哲社科版）.
　　-2003, 4

存留养亲制探源/张纪寒//中南大学学报（社科版）. -2003, 4

也谈中国古代律典的性质和体例：以《唐律疏议》和《大清律例》为中心/
　　高汉成//上海交通大学学报（哲社科版）. -2003, 5

中国古代的人口流动与户籍管理/薛志清//张家口师专学报. -2003, 5

略论中国封建社会商人法律地位/吕铁贞//中国社会科学院研究生院学报.
　　-2003, 5

中国古代保辜制度探析/陶涛//淮北煤炭师范学院学报（哲社科版）.
　　-2003, 5

论中国古代司法官责任制度的特征和思想基础/李晓燕、李麒//山西高等学校
　　社会科学学报. -2003, 5

也论中国古代律典的性质/高汉成//上海交通大学学报（哲社科版）.
　　-2003, 5

中国古代自首制度考：兼论自首制度演变发展的特征及其价值/萧典//武汉文
　　史资料. -2003, 5

中国古代抗疫病的法律措施/王宏治//比较法研究. -2003, 5

中国古代法律制度嬗变及特征刍议/万安中//广东社会科学. -2003, 5

自然天道、片言折狱与中国传统司法的非逻辑主义倾向/顾元//诉讼法学研
　　究. -2003, 5

"片言折狱"与中国古代司法逻辑/顾元//人民法院报. -2003, 5. 26

中国古代司法官责任制度探析/李麒//兰州大学学报（社科版）. -2003, 6

古代中国判例的几个基本问题/蒲娜娜、饶艾//西南交通大学学报（社科版）.
　　-2003, 6

略论中国古代的依法治国/傅治同//邵阳学院学报（社科版）. -2003, 6

浅析中国古代监察制度的发展及其利弊/彭学宝//商丘师范学院学报.
　　-2003, 6

略论从身份到契约的转变：兼论其对中国身份社会的影响/曲秀君、王松涛//
　　枣庄师范专科学校学报. -2003, 6

中国古代有没有行政法/李韬//贵州大学学报（社科版）. -2003, 6

中国古代治贪惩腐的经验及其启示/刘万云//中南民族大学学报（人文社科
　　版）. -2003, 6

我国古代刑法"比附类推"制度的发展与"罪刑法定"原则在我国的最终确立/王浩//国家检察官学院学报．–2003，6

中国古代官吏惩戒制度述论/张明富、张颖超//探索．–2003，6

中国"封建"法制史论纲/范忠信//中国法学．–2003，6

"刑官"初论——当代中国法律人职业化的历史透视（一）/任喜荣//法制与社会发展．–2003，6

试论古代图书的版权保护/孔正毅//出版发行研究．–2003，6

赐死制度考论/许仲毅//学术月刊．–2003，7

中国古代的治贪立法/方宝璋//法治．–2003，7

浅析中国封建社会律师制度实施的障碍/张宇璇//前沿．–2003，9

"良贱之别"与社会演进——略论唐宋明清时期的贱民及其法律地位的演变/郑定、闵冬芳//金陵法律评论．–2003，秋季卷；又载《中国历史上的法律制度变迁与社会进步》（《法律史论丛》第10辑），山东大学出版社．–2004

传统中国社会司法腐败深层次原因之考察/张仁善//法治时代．–2003，秋季号

从古今婚姻法律制度的沿革看我国妇女的社会地位/贡振羽//山西高等学校社会科学学报．–2003，10

中国古代刑事诉讼中国家权力与个人权利的互动/邓陕峡//成都大学学报（社科版）．–2003，增刊

从比较法的角度看我国古代法官责任制度的特点/巩富文//《比较法在中国》，法律出版社．–2003

古代的绑票：案与法/范忠信//《法学家茶座》第2辑，山东人民出版社．–2003

象刑歧义考/尤韶华//《中国法制史考证》甲编第1卷，中国社会科学出版社．–2003

法辨/武树臣//《中国法制史考证》甲编第1卷，中国社会科学出版社．–2003

中国封建社会奸罪述论/张中秋//《中国法制史考证》乙编第1卷，中国社会科学出版社．–2003

中国成文法公布问题考析/祝总斌//《中国法制史考证》乙编第1卷，中国社会科学出版社．–2003

中国律令法体系考/祝总斌//《中国法制史考证》乙编第1卷，中国社会科学出版社．–2003

中国古代判词沿革考/祝总斌//《中国法制史考证》乙编第 2 卷，中国社会科学出版社．-2003

古文字所见狱讼刑名考/南玉泉//《中国法制通史考证》乙编第 2 卷，中国社会科学出版社．-2003

中国古代丧服服叙制度源流考辨/丁凌华//《中国法制史考证》乙编第 3 卷，中国社会科学出版社．-2003

东方刑法的历史/〔日〕滋贺秀三//《中国法制史考证》丙编第 1 卷，中国社会科学出版社．-2003

律令法/〔日〕池田温//《中国法制史考证》丙编第 1 卷，中国社会科学出版社．-2003

围绕族刑的几个问题/〔日〕小仓芳彦//《中国法制史考证》丙编第 1 卷，中国社会科学出版社．-2003

心意的偏重——关于行为的评价/〔日〕日原利国//《中国法制史考证》丙编第 1 卷，中国社会科学出版社．-2003

中国买卖法的沿革/〔日〕仁井田陞//《中国法制史考证》丙编第 1 卷，中国社会科学出版社．-2003

权利的难题——中国传统法律的一个视角分析/邓建鹏//《私法》第 5 卷，北京大学出版社．-2003

关于中国古代“民法”问题：借题发挥/徐忠明//《〈崇德会典〉、〈户部则例〉及其他》，法律出版社．-2003

重新认识中国古代刑讯/吕卫华//《法大评论》第 2 卷，中国政法大学出版社．-2003

中国古代公务回避制度及其主要特征/汤建华//《中西法律传统》第 3 卷，中国政法大学出版社．-2003

碑刻史料中的宗法族规/李雪梅//《中西法律传统》第 3 卷，中国政法大学出版社．-2003

法律的历史叙事与文学叙事（下）/徐忠明//《中西法律传统》第 3 卷，中国政法大学出版社．-2003

说“象刑”/武树臣//《武树臣法学文集》，中国政法大学出版社．-2003

论法律人格内涵的变迁和人格权的发展——从民法中的人出发/马俊驹、刘卉//《中德法学学术论文集》第 1 辑，中国政法大学出版社．-2003

论中国古代刑事审判传统/徐忠明//法制与社会发展．-2004，1

论中国传统财产继承制度的固有矛盾/程维荣//江汉论坛．-2004，1

从"缇萦救父"看中国古代肉刑/王建中//黑龙江教育学院学报．－2004，1

古代文明进程中土地法律渊源初探/王鸿龙//长安大学学报（社科版）．
　　－2004，1

古法对官吏性侵害的防范及其启示/王毓明//法治论丛（上海政法学院学报）．
　　－2004，1

论我国典权制度的历史变迁/张秀芹、陈建伟//苏州市职业大学学报．－2004，
　　1；又载鄂州大学学报．－2004，2

我国古代监察机构之演变及其法治意义/魏建新//广西政法管理干部学院学
　　报．－2004，1

中国传统法中的刑事规则/〔美〕Ren，X．著，毛娓译//江苏警官学院学报．
　　－2004，1

中国古代惩禁毒物犯罪立法/余子明、向英//许昌学院学报．－2004，1

中国古代官吏考核制度的形成和确立/尹君//黔南民族师范学院学报．
　　－2004，1

中国传统司法权的构造/沈国琴//中国社会科学院研究生院学报．－2004，1

中国监狱发源地史考/严新堂、赵景仙、吕淑芳//河南司法警官职业学院学
　　报．－2004，1

中国古代刑法中的罪刑法定/刘华堂//辽东学院学报．－2004，S1

中国古代人身权利保障的新思考——兼论古代无罪推定与罪行法定在现阶段
　　的深化/王海雄//青海师专学报．－2004，S1

保举连坐制度小议/宋玉成//长沙民政职业技术学院学报．－2004，2

从一个判例看中国古代的"不应得为"罪/甘露//北京航空航天大学学报（社
　　科版）．－2004，2

从野蛮走向文明——中国死刑执行方式的历史演变/王仲修//烟台大学学报
　　（哲社科版）．－2004，2

对耻辱刑的理性思考/杨鸿雁//贵州大学学报（社科版）．－2004，2

古代廉政法制建设的教训和警示/刘守芬、王洪波、姜涛等//山东公安专科学
　　校学报．－2004，2

论奴隶制五刑向封建制五刑的过渡/魏燕芳//晋中师范高等专科学校学报．
　　－2004，2

论中国古代法制史的伦理特色/朱作鑫//郑州航空工业管理学院学报（社科
　　版）．－2004，2

引礼入法初探/黄楚芬//重庆电力高等专科学校学报．－2004，2

中国传统犯罪特征研究/潘玉明//郑州轻工业学院学报（社科版）. -2004，2

中国古代保辜制度初探/陈鹏飞//广西政法管理干部学院学报. -2004，2

中国历史上肉刑的存废之争/赵晓耕、史永丽//河南省政法管理干部学院学
　　报. -2004，2；又载法制日报. -2004，2. 12

中国衡平司法传统论纲/顾元//政法论坛. -2004，2

中国古代监狱名称辨析/李宜霞//中国监狱学刊. -2004，2

我国古代司法规避法律的原因及现实思考/莫守忠//湖南社会科学. -2004，2

我国历史上田宅典权制度流变考/付坚强//中国农史. -2004，2

从我国古代赦免制度谈老年人刑事责任/赵静//江苏警官学院学报. -2004，3

浅析制约中国古代民法发展的诸因素/李强//湖北成人教育学院学报.
　　-2004，3

刑法机能的历史考察/逄锦温//福建省政法管理干部学院学报. -2004，3

刑讯逼供的历史流变及其原因/颜小冬//湘潭大学学报（哲社科版）.
　　-2004，3

中国古代刑罚制度的演变及其成因分析/史永丽、易菲//运城学院学报.
　　-2004，3

存留养亲及其价值分析/王小丰//广西政法管理干部学院学报. -2004，3

中国古代缘坐制度考辨/陈玺、姜舟//贵州工业大学学报（社科版）.
　　-2004，3

中国行政法治发展进程的回顾与前瞻/莫于川//河南省政法管理干部学院学
　　报. -2004，3

中国古代判例法研究/陈坚纲//甘肃行政学院学报. -2004，3

灾异境遇：中国古代法律应对机制及其当代意蕴/方潇//政治与法律.
　　-2004，3

中国法典编纂的历史发展与进步/陈涛//法律科学. -2004，3

中国古代法律中的"个人"/张丽清//兰州学刊. -2004，3

中国古代公法的特征及成因透视/王月萍//云梦学刊. -2004，3

"刑官"的知识结构解析——当代中国法律人职业化的历史透视（二）/任喜
　　荣//法制与社会发展. -2004，3

论传统中国的亲情与法律/朱勇//（韩国）《汉城法律评论》. -2004. 3

中国封建监察制度及其得失评析/林雅//法学评论. -2004，4

试析中国封建社会形态中的法律原罪/柳正权//法学评论. -2004，4

中国古代民法典缺失的原因/刘晟廷//理论导刊. -2004，4

中国古代自首制度简论/安斌、韩俊雯//中国人民公安大学学报. -2004，4

封建"官当"制度考议/刘书勤、杨林华//湖南行政学院学报. -2004，4

中国古代承揽契约论略——兼论明清江南棉布字号产业之法律调整/刘云生//
　　重庆大学学报（社科版）. -2004，4

中国古代犯罪主观方面研究/叶苗//甘肃行政学院学报. -2004，4

体制与道德的背反——中国传统司法的背景及困境/顾元//安徽大学学报（哲
　　社科版）. -2004，4

中国罪犯权利的历史嬗变/汪勇//河南司法警官职业学院学报. -2004，4

论化外人相犯/杨勤峰//黑龙江省政法管理干部学院学报. -2004，4

我国古代刑事讯问特点评析/董晶//黑龙江省政法管理干部学院学报.
　　-2004，5

慎刑与严刑：中国传统刑罚的双重性格及其原因/陈松//福建公安高等专科学
　　校学报（社会公共安全研究）. -2004，5

乡规民约存在形态刍论/张明新//南京大学学报（哲学人文社科版）.
　　-2004，5

中国古代存在版权保护吗/王树春//池州师专学报. -2004，5

中国古代民商事法律存在之社会基础初探/曾丽玮//江西教育学院学报.
　　-2004，5

中国水权制度的历史特点及其启示/才惠莲//湖北社会科学. -2004，5

试论中国古代司法文书的发展阶段/陆新淮、郑黎明//中州学刊. -2004，5

论中国宗族社会财产继承制度的内在矛盾/程维荣//政治与法律. -2004，5

论中国古代法律生活中的"情理场"——从《名公书判清明集》出发//法制
　　与社会发展. -2004，5

古代冠服礼仪的法律规制/吕丽//法制与社会发展. -2004，6；又载《百年回
　　眸：法律史研究在中国》第2卷，中国人民大学出版社. -2009

我国古代水权制度变迁分析/宁立波//水利经济. -2004，6

中国古代法律对弱势群体犯罪的优恤制度/杨晓辉、宋乾//中国监狱学刊.
　　-2004，6

录囚制度考论/万安中//学术研究. -2004，6

论中国古代的调处息讼制度/吕丽//现代情报. -2004，6

刑事法治视野中的"亲亲相隐"/郭海霞//浙江万里学院学报. -2004，6

论放逐刑/王平//安徽警官职业学院学报. -2004，6

中国古代共同犯罪的发展历史/马聪//郑州航空工业管理学院学报（社科版）.

－2004，6

中国古代天学视野下的刑罚运行/方潇//河南省政法管理干部学院学报.
　　－2004，6

中国古代有没有自然法/赵峰//江苏警官学院学报. －2004，6

权利与申冤：对传统中国诉讼意识的解释/徐忠明//中山大学学报（哲社科
　　版）. －2004，6；又载《百年回眸：法律史研究在中国》第 2 卷，中国
　　人民大学出版社. －2009

略论刑法功能之演变及启示/张中//前沿. －2004，7

凌迟：中国历史上最严酷的刑罚/萧克芬//中学历史教学参考. －2004，8

中国古代的酷刑及其演变/王仲修//山东社会科学. －2004，9

古代社会财产占有双轨制及其再生/潘云华//金陵法律评论. －2004，秋季卷

中国古代著作权保护及其成因探析/杨利华//金陵法律评论. －2004，秋季卷

中国古代契税制度探析/金亮、杨大春//江西社会科学. －2004，11

我国死刑执行方式演变考/刘冰//河北法学. －2004，12

中国古代监察制度历史研究的几个问题/王晓天//求索. －2004，12

浅议中国古代证据制度/唐丽媛//法学杂志. －2004，增刊

王字释义，王权辨析——中国传统法律的命脉/高积顺//《法史思辨：2002 年
　　中国法史年会论文集》，法律出版社. －2004

不能忽视"封建"法制史/范忠信//《法史思辨：2002 年中国法史年会论文
　　集》，法律出版社. －2004

略论中国古代立法制度的发展/赵昆坡//《江流有声：北京大学法学院百年院
　　庆文存》国际法学卷，法律出版社. －2004；又载《百年回眸：法律史研
　　究在中国》第 2 卷，中国人民大学出版社. －2009

制度变迁中的行动者——从梁祝的悲剧说起/苏力//《中国法史学精萃》
　　2001—2003 年卷，高等教育出版社. －2004

古代判例考略/张伯元//《中国历史上的法律制度变迁与社会进步》（《法律史
　　论丛》第 10 辑），山东大学出版社. －2004；又载《百年回眸：法律史
　　研究在中国》第 2 卷，中国人民大学出版社. －2009

杀人禁律起源考/白广勇//《中国历史上的法律制度变迁与社会进步》（《法律
　　史论丛》第 10 辑），山东大学出版社. －2004

"亲亲相容隐"——法律与人性的冲突与选择/李蕊//《中国历史上的法律制度
　　变迁与社会进步》（《法律史论丛》第 10 辑），山东大学出版社. －2004

姓氏文化与古代法律/阎晓君//《中国历史上的法律制度变迁与社会进步》

（《法律史论丛》第 10 辑），山东大学出版社. -2004；又载宁夏社会科学. -2005，1

中国古代社会宗教与法律关系的初步考察/蒋传光//《中西法律传统》第 4 卷，中国政法大学出版社. -2004

传统中国诉讼意识成因解读/尤陈俊//《中西法律传统》第 4 卷，中国政法大学出版社. -2004

酷刑、酷吏与中国法律传统/闫晓君//《中西法律传统》第 4 卷，中国政法大学出版社. -2004

烧埋银与中国古代生命权侵害赔偿制度/张群//《中西法律传统》第 4 卷，中国政法大学出版社. -2004

氏族社会中的中国传统法律/董长春//《法律史论集》第 5 卷，法律出版社. -2004

论中国古代法律中女性的相对家长权/张志京//《法律史论集》第 5 卷，法律出版社. -2004

中国古代契约中的保人、中人、见人/戴建国//《论史传经》，上海古籍出版社. -2004

从"判例法"时代到"成文法"时代/武树臣//《判例制度研究》，人民法院出版社. -2004

令甲、挈令、科辨义/张积//《中国古代法律文献研究》第 2 辑，中国政法大学出版社. -2004

中国传统司法的性质及其功能/顾元//《法律史研究》第 1 辑，中国法制出版社. -2004

宗法制祭祀的继承和家族的变化/〔韩〕郑肯植//《法律史学研究》第 1 辑，中国法制出版社. -2004

"公羊春秋"学与中国传统法制/高恒//《"经义折狱与传统法律"学术研讨会论文集》，（台湾）"中央研究院"历史语言研究所. -2004；又载《法苑撷英》上卷，中国社会科学出版社. -2008

关于中国传统社会土地权属的再思考——以土地交易过程中的"乡规"、"乡例"为中心/张研//安徽史学. -2005，1

论中国古代的亲属免证制度/刘满园//台声（新视角）. -2005，1

略论中国古代档案法规发展分期/邓君//档案学通讯. -2005，1

我国古代死刑复核制度的特点及其借鉴/周国均、巩富文//中国法学. -2005，1

中国古代耻辱刑考略/杨鸿雁//法学研究. -2005，1

论中国古代守丧制度的法律化/马建兴、郑定//思想战线. -2005，1

论中国古代的司法时令制度/王凯石//云南社会科学. -2005，1

简论古代中国的国际组织法文化/万克夫//青海社会科学. -2005，1

"伦理法" 概念之辨析/潘丽萍//闽江学院学报. -2005，1

中国古代惩治贪赃罪的刑法制度探析/王骏//宁波工程学院学报. -2005，1

中国古代会审制度及其现代思考/敖惠、徐晓光//贵州民族学院学报（哲社科
　　版）. -2005，1

略论中国古代刑事责任年龄制度/姚志伟//南华大学学报（社科版）.
　　-2005，1

中国古代廉政建设的若干经验/褚家永//中国监察. -2005，1、2、3、4、5

中国古代死刑复核程序的四个特点/周国均//检察日报. -2005，1. 14

"十恶" 演变考/曾丽//内江师范学院学报. -2005，S1

浅谈上古三代法制在中国法律发展史上的地位/石歌亮//陕西师范大学继续教
　　育学院学报. -2005，S1

简牍法制史料概说/李均明//中国史研究. -2005，S1

论中国古代贪贿犯罪的原因对策及启示/刘术永//华北水利水电学院学报.
　　-2005，2

论中国古代侦查制度的演变/陆新淮//郑州经济管理干部学院学报. -2005，2

我国古代贪污罪立法的考察及反思/董邦俊、唐子艳、杨剑//湖北警官学院学
　　报. -2005，2

我国古代刑法的溯及力/陶程//西安文理学院学报（社科版）. -2005，2

中国 "伦理法" 成因探析/潘丽萍//福建工程学院学报. -2005，2

中国古代立法演进的多向度考察/史广全//榆林学院学报. -2005，2

中国封建法政体制的形成和演变述论/刘长江//山东师范大学学报（人文社科
　　版）. -2005，2

盛世的法制条件/陈灵海//华东政法学院学报. -2005，2

私有制与所有权？古代中国土地权利状态的法理分析/邓建鹏//中外法学.
　　-2005，2

论中国古代的 "亲亲相隐" 制度/刘宇平//云南社会科学. -2005，2

贱民执法：一项中国封建狱政管理制度的考察/张志京//中国监狱学刊.
　　-2005，2

亲属容隐的合法性和合理性/张国均//伦理学研究. -2005，2

是礼法结合，还是经义与法律的结合/蒋晓伟、郑之于//法律．-2005，2

中国古代精神病人犯罪法探析/蒋铁初//北方论丛．-2005，2

中国古代刑罚命名变态现象之初探/杨阳//修辞学习．-2005，2

中国历代封建王朝都要制定本朝法典原因探析/史广全//学习与探索．
　　-2005，2

中国古代"五听"制度述评/奚玮、吴小军//中国刑事法杂志．-2005，2

是礼法结合，还是经义与法律的结合/蒋晓伟//政治与法律．-2005，2

"执法如山"历史典故琐读/汪少华//人民司法．-2005，2

中国古代信访源流考/刘顶夫//湘潭大学学报（哲社科版）．-2005，S2

中国传统司法的伦理属性及其影响/范忠信//河南省政法管理干部学院学报．
　　-2005，3

中国古代司法的三大传统及其对当代的影响/贺卫方//河南省政法管理干部学
　　院学报．-2005，3

中国古代禁赌启示录/杨嘉音//湖南省社会主义学院学报．-2005，3

中国古代的讼师及其当事人的关系初论/何邦武//西华师范大学学报（哲社科
　　版）．-2005，3

浅议我国古代礼法制度/徐凤侠//荷泽学院学报．-2005，3

管窥我国历史上的反贪立法/张静//文史月刊．-2005，3

论中国古代的孝道与刑法/王琳//当代经理人（下半月）．-2005，3

论存留养亲制度在中国封建社会存在的合理性/刘希烈//当代法学．-2005，3

我国古代封建政权治吏略论/刘冰//河北法学．-2005，3

儒家法律特点的再认识/刘广安//比较法研究．-2005，3

中国古代刑罚中的身份探究/狄世深//贵州文史丛刊．-2005，3

中国古代"农忙止讼"制度形成时间考述/郑显文//法学研究．-2005，3

从"法与天下共"论传统中国法权与君权的关系/林乾//南京大学法律评论．
　　-2005，春季号；又载《中国法律文化论集》，中国政法大学出版
　　社．-2007

传统礼法制度对古代中华民族的精神秩序整合/冯秀军//社会科学论坛．
　　-2005，4

名虽易而实未变——析中国法制史上的刑、法、律/陈晓光//辽宁广播电视大
　　学学报．-2005，4

试论中国古代任官回避制度产生与存在的社会历史条件/隋亮//沧州师范专科
　　学校学报．-2005，4

我国古代未成年人犯罪刑事政策初探/雷海峰//青少年犯罪问题. -2005, 4

中国古代契约的"私的自治"散考/常洁琨//甘肃政法成人教育学院学报.
　　-2005, 4

中国古代刑官的权力解析——法律人职业化的历史透视（三）/任喜荣//法制
　　与社会发展. -2005, 4

中国古代刑事审判被告人诉讼地位析论/马作武//求索. -2005, 4

中国古代之不孝罪浅析/赵玉环//山东省工会管理干部学院学报. -2005, 4

中国古代的乐与法/张飞舟//法律科学. -2005, 4

中国古代少年司法制度/马婷婷//河南公安高等专科学校学报. -2005, 4

中国古代婚姻制度/李国锋//新乡师范高等专科学校学报. -2005, 4

中国古代刑讯制度的特征、成因与禁用/郑世保//郑州轻工业学院学报.
　　-2005, 4

中国古代有无民法的探讨/郑好//中山大学研究生学刊. -2005, 4

中国古典文本中的法律形式/任强//北京大学学报（哲社科版）. -2005, 4

论中国古代买卖契约中担保的形式与特色/梁凤荣//河南大学学报（社科版）.
　　-2005, 4

中国古代刑罚目的考/赵子强//江苏警官学院学报. -2005, 4

刑部渊源考/陈灵海//浙江学刊. -2005, 4

道家判案的逻辑模式及其衡平机制/周兴生//法商研究. -2005, 4

保辜制的制度与思想探析/林明//法制与社会发展. -2005, 5

从房遗爱谋反案看封建法律的工具性/江润南//理论界. -2005, 5

理性的宰制——关于帝制中国版权问题的省思/李雨峰//政法论坛. -2005, 5

我国古代申诉制度之演进及现代影响/胡铭//西南政法大学学报. -2005, 5

中国古代限制结婚的法制略述/闵红//云南财贸学院学报（社科版）.
　　-2005, 5

中国古代法与现代民法债和契约制度的比较研究/李玉生//法学家. -2005, 5

中国封建社会前期监狱制度演化探究/万安中//安徽大学学报（哲社科版）.
　　-2005, 5

中国古代的法治与吏治/田莉姝//贵州社会科学. -2005, 5

我国古代亲属容隐制度的历史发展及其特点/孟维生、邱晨//南华大学学报.
　　-2005, 5

中国古代法官责任制的借鉴意义/曹丽//西华师范大学学报（哲社科版）.
　　-2005, 5

我国古代判例制度及其特征/赵玉环//政法论丛. -2005，5

从立法者管窥古代与近代正义创制的图景分野/林进平//广东行政学院学报.
　　-2005，5

中国古代民事法律调整的独到之处/李显冬//晋阳学刊. -2005，5

中国古代侵占罪立法考究/张旭、张影//现代法学. -2005，5

中国古代职务过失犯罪立法论析/谢文钧//社会科学战线. -2005，5

天人合一、自然和谐与中国传统法律/朱勇//（韩国）中国法研究. -2005，5

中国古代法与现代民法物权制度比较研究——兼及《中华人民共和国物权法
　　（草案）》的相关规定/李玉生//南京师范大学学报（社科版）. -2005，6

古代祭祀礼仪的法律规制与文化内涵/吕丽//法制与社会发展. -2005，6

判例法在传统中国社会的历史变迁/张玉光//社会科学家. -2005，6

亲属特免权和"亲亲相隐"制度的启示/王青//公安学刊. -2005，6

试论中国古代的连坐制度及其影响/方式//市场周刊（管理探索）. -2005，6

天理·国法·人情的贯通与和谐——中国古代刑法发展的根据及其轨迹/吉
　　红//中共郑州市委党校学报. -2005，6

杖刑源流论考/李宜霞//湖南科技大学学报. -2005，6

中国古代法律特权性的形成/王明翠//中山大学学报论丛. -2005，6

中国古代矜老原则与人权保障/陈佑武//人权. -2005，6

中国古代判例制度的缺失与当代判例制度的确立/吴秋红//湖北行政学院学
　　报. -2005，6

中国古代诽谤罪兴废时间考辨/潘良炽//达县师范高等专科学校学报.
　　-2005，6

中国封建地方法政体制探析/刘长江//西华师范大学学报（哲社科版）.
　　-2005，6

亲属容隐制度非出秦律说/宋大琦//内蒙古大学学报（哲社科版）. -2005，6

论行政兼理司法在中国封建社会的存因/林本昌//长春市委党校学报.
　　-2005，6

中国古代宗教与法律关系的初步考察：一个法社会学的视角/蒋传光//法学
　　家. -2005，6

中国古代鞭刑考/张秋华//社会科学战线. -2005，6

古代运河治理对我国流域管理立法的启示/才惠莲//湖北社会科学. -2005，7

中国血缘法逻辑及其普遍意义/许斌龙//西南民族大学学报（人文社科版）.
　　-2005，8

论传统社会户籍身份法律制度/姚秀兰//河北法学. -2005, 8

论我国古代诉讼的基本原则/邓郁庭//甘肃农业. -2005, 9

历史视野中的和谐与法治/何勤华//解放日报. -2005, 9. 26

缓刑起源辨正/左坚卫//金陵法律评论. -2005, 秋季卷

中国古代赎刑与罚金刑之区别/陈谭娟//理论月刊. -2005, 10

中国古代监察制度及其历史借鉴/黄树标、杨建生//前沿. -2005, 10

浅析刑讯逼供产生的根源与对策/红梅//前沿. -2005, 12

中国古代立法解释试诠/刘军平//求索. -2005, 12

中国古代权与法关系的历史省察/林乾//《中国与以色列法律文化国际学术研
　　讨会文集》, 中国政法大学出版社. -2005

家礼与国法的关系与原理及其意义/张中秋//（台湾）《传统东亚的家礼与国
　　法国际研讨会文集》. -2005; 又载《东亚传统家礼、教育与国法（二）:
　　家内秩序与国法》, 台大出版中心. -2006

中国古代关于拾得物之返还的法律规定/郑显文//《中国法学文档》第 3 辑,
　　中国政法大学出版社. -2005

墨刑考/沈天水//《法律文献整理与研究》, 北京大学出版社. -2005

中国古代环境法律史论要/王立//《国际环境法与比较环境法评论》第 2 卷,
　　法律出版社. -2005; 又载《百年回眸: 法律史研究在中国》第 2 卷, 中
　　国人民大学出版社. -2009

比较与借鉴: 我国历代官吏考核制度/岳海鹰//高校社科动态. -2006, 1

对中国古代民事法的再认识/陈志英//河北法学. -2006, 1

试论中国传统立法的模糊性特点/束冬平//法制与社会（理论版）. -2006, 1

中国古代犯罪特征研究/马江领//湖南财经高等专科学校学报. -2006, 1

从典章律令看中国古代收集证据和勘验/汤莉莉//档案与建设. -2006, 1

中国古代契约法律制度初探/程延军、杜海英//内蒙古大学学报（哲社科版）.
　　-2006, 1

中国古代遗失物制度的法律运行与观念流变/吴向红//法学. -2006, 1

中国古代判决书的逻辑问题/胡凌//北京大学研究生学志. -2006, 1

中国古代的判例研究: 一个学术史的考察/汪世荣//中国法学. -2006, 1

论封建立法中的"十恶"/李伟//山西煤炭管理干部学院学报. -2006, 1

论中国古代城市规划建设法/冯尚//广西政法管理干部学院学报. -2006, 1

中国古代民间规约引论/刘笃才//法学研究. -2006, 1

封建制五刑沿革初探/薛青//闽江学院学报. -2006, 1; 又载中州学刊.

–2006，1

中国古代社会宗族审判制度初探/高其才、罗昶//华中师范大学学报（哲社科版）. –2006，1

判例在中国传统法中的功能/汪世荣//法学研究. –2006，1；又载《百年回眸：法律史研究在中国》第2卷，中国人民大学出版社. –2009

中国古代法院沿革/赵晓耕//中国审计报. –2006，1.11

对中国古代治腐反腐的回顾与思考/汪弋//资料通讯. –2006，2

试论神示证据制度/徐凤侠//绥化学院学报. –2006，2

我国古代调解制度解析/刘艳芳//安徽大学学报（哲社科版）. –2006，2

中国古代法研究的西方化与中国化/饶传平//政法论丛. –2006，2

论中国古代的"道德法律化"/刘最跃//湘潭师范学院学报. –2006，2

我国古代森林资源保护立法之考量/赵美珍、邓慧明//汕头大学学报（人文社科版）. –2006，2

中国古代民间法简论/张敏//五邑大学学报. –2006，2

中国古代死刑适用机制初探/胡兴东、刘婷婷//云南大学学报. –2006，2

中国封建法再认识/任强//法学研究. –2006，2

传统中国法律人社会角色及功能定位/张仁善//华东政法学院学报. –2006，2

中国封建社会的结构性特征及法治的缺失/孙光妍、马金芳//哈尔滨工业大学学报. –2006，2

中国传统法律的宗教向度/夏清瑕//江淮论坛. –2006，2

"命夫、命妇不躬坐狱讼"辨析/温慧辉//法学评论. –2006，3

古典中国的死刑：一个思想史与文化史的考察/徐忠明//中外法学. –2006，3

中国古代法的形成及其特性考论——以部族征战与刑的成长为线索/张中秋//清华法学. –2006，3

浅析免与官当/刘涛、赵晓耕//河南省政法管理干部学院学报. –2006，3；又载《法律史论集》第6卷，法律出版社. –2006

中国古代婚姻条件研究/任亚爱//宁夏社会科学. –2006，4

中国封建社会贪贿犯罪的治理及现代启示/蔡东丽//广东工业大学学报. –2006，4

"五刑"语义的历史流变/姜晓敏//修辞学习. –2006，4

论中国古代法律中的矜老恤幼原则/王春林//广西青年干部学院学报. –2006，4

中国古代判词的修辞蕴涵：说服与劝导/赵静//修辞学习. –2006，4

论中国古代法中的例/谢天//甘肃政法成人教育学院学报. -2006，4

论我国古代证人之作证责任/张友好、张春莉//中国刑事法杂志. -2006，4

赘婚的法律沿革/严晶//重庆邮电学院学报（社科版）. -2006，4

中国传统契约文书的概念考察/王旭//法治论丛（上海政法学院学报）.
　　-2006，4

中国古代监察制度的借鉴意义/李红庆//今日中国论坛. -2006，5

中国古代衡平司法技术/张志超//山东警察学院学报. -2006，5

亲亲相隐与中国古代司法制度/康宇//黑龙江省政法管理干部学院学报.
　　-2006，5

古代"盛世"的法制特点与启示/方丰章//科学社会主义. -2006，5

简述中国古代与近代的媒介法制传播/王更喜//湖南大众传媒职业技术学院学
　　报. -2006，5

"诏狱"辨名/张忠炜//史学月刊. -2006，5

制定法在中国古代司法判决中的适用/王志强//法学研究. -2006，5

从伦理规则到生活法则：中国传统法律制度史的另类解读/侯欣一//法律科
　　学. -2006，6

"观念权利"缺乏背景下的"实在权利"：我国古代版权保护的解析与启示/
　　刘华、陆剑//中国版权. -2006，6

封建"官当"制度考议/谢雄伟//求索. -2006，6

神灵信仰、信息甄别与古代清官断案/吴元元//中国社会科学. -2006，6

试析中国古代的特色婚姻制度/刘冰//河北法学. -2006，6

论中国古代水权纠纷的民事审理/田东奎//西北大学学报（哲社科版）.
　　-2006，6

中国古代的证据制度及其特点/沈大明//社会科学. -2006，7

传统中国契约权利形态三论/刘云生//西南民族大学学报（人文社科版）.
　　-2006，7

试析影响中国古代民法生成及发展的文化因素：以中国传统文化为视角/吕
　　虹、王泉//理论导刊. -2006，8

中国古代狱具的沿革与流变/赵友新//中国监狱学刊. -2006，10

血亲复仇与传统的礼法冲突/赵晓耕//法律与生活. -2006，11

中国古代为什么没能产生私法/孙芳//文教资料. -2006，11

论我国古代刑律中的人性化成分/张兆凯//求索. -2006，11

中国传统的司法和法学/张伟仁//《法制史研究》第9期，（台湾）中国法制史

学会、"中央研究院"历史语言研究所. -2006

试探传统中国法之总体像/寺田浩明//《法制史研究》第9期，（台湾）中国法制史学会、"中央研究院"历史语言研究所. -2006

殊死考/〔德〕陶安//《法制史研究》第10期，（台湾）中国法制史学会、"中央研究院"历史语言研究所. -2006；又载《中华法系国际学术研讨会文集》，中国政法大学出版社. -2007

中国古代防范犯罪的一个法定诀窍/王立民//《法学家茶座》第10辑，山东人民出版社. -2006

"经义折狱"与中国传统法的精神/马小红//《中西法律传统》第5卷，中国政法大学出版社. -2006

中国商法史研究路径的反省/孙丽娟//《中西法律传统》第5卷，中国政法大学出版社. -2006

明清小说与"刑始于兵"的记忆/翟文喆//《中西法律传统》第5卷，中国政法大学出版社. -2006

从简牍文书看中国传统财产继承制度/罗鸿瑛、胡仁智//《中西法律传统》第5卷，中国政法大学出版社. -2006

中国历史上的"赔命价"习惯法及其启示/张群//《法律史论集》第6卷，法律出版社. -2006

浅析免与官当/赵晓耕、刘涛//《法律史论集》第6卷，法律出版社. -2006

略论中国历史上的宗教及其与法律的关系——一个法社会学的考察/蒋传光//《法律史论集》第6卷，法律出版社. -2006

科举制与中国古代司法/马建红//《法律文化研究》第1辑，中国人民大学出版社. -2006；又载云南行政学院学报. -2009，5

浅析中国古代立法解释的几个特征/刘军平//《法律文化研究》第1辑，中国人民大学出版社. -2006

中国"亲亲相隐"制度探微/李永强//《法律文化研究》第1辑，中国人民大学出版社. -2006

中国历史上的典权/黄宗智//《清华法律评论》第1卷第1辑，清华大学出版社. -2006

中国传统纠纷调解实现的社会条件和思想基础/春杨//中国法学（英文版）. -2006

循法与悖法的矛盾与妥协：酌于情法之平——中国传统司法审判特质的探析/顾元//《法律史学科发展国际学术研讨会文集》，中国政法大学出版

社. -2006

株连冤案成笑谈/王桂华//学习月刊. -2007, 1

各行其道与并行不悖——"亲属相隐"与"族株连坐"的初步探讨/王营
　　绪//内蒙古农业大学学报（社科版）. -2007, 1

中国古代的习惯法及其当代意义/汤毅平//湖南广播电视大学学报. -2007, 1

古代司法官责任制度对当代的借鉴意义/王欢//法商论丛. -2007, 1

中国传统土地物权制度的解读/王旭伟//辽宁公安司法管理干部学院学报.
　　-2007, 1

绍兴师爷的骈体判词/李乔//文化学刊. -2007, 1

略论中国古代法律的基本性质：兼谈中国古代无民法/蒋冬梅//安徽大学学报
　　（哲社科版）. -2007, 1

论中国古代保障司法公正的措施/杨永林//山东社会科学. -2007, 1

试论"亲亲相隐"与中国古代司法制度/康宇//广西大学学报. -2007, 1

古代复仇对于侵权法功能的启示/王福友//哈尔滨商业大学学报. -2007, 1

礼的合法性价值初探/徐燕斌//华东政法学院学报. -2007, 1

中国古代的住房权问题/张群//南京大学法律评论. -2007, Z1

"亲亲互隐"与代际公正/刘喜珍//北方工业大学学报. -2007, 2

"亲亲相隐"孰之权利/路保钧//贵州民族学院学报（哲社科版）. -2007, 2

中国传统商会纠纷解决机制之功能分析——以调解为视角/王兰//仲裁研究.
　　-2007, 2

浅析中国古代行政监督制度/张尹莉//合肥学院学报（社科版）. -2007, 2

论古代判词的现实价值/陈静//和田师范专科学校学报. -2007, 2

中国古代刑事立法制度刍议/梁雪冰//吉林省教育学院学报. -2007, 2

论中国古代证据制度的基本特点/郑牧民//湖南科技大学学报（社科版）.
　　-2007, 2

从酷吏的角度看中国古代的酷刑/陈敏//安顺学院学报. -2007, 2

残酷的"刺配"/刘晓勇//中国检察官. -2007, 2

谈"刑"说"罚"/钟维克//重庆工商大学学报（社科版）. -2007, 2

中国古代民事证据法的特点考论/蒋铁初//江南大学学报. -2007, 2

论中国古代契约法律制度的基本特征及成因/程延军、杜海英//内蒙古大学学
　　报（哲社科版）. -2007, 2

中国古代法官责任制度理析/张美芳//社科纵横. -2007, 2

中国古代悯囚制度考略/赵友新//中国刑事法杂志. -2007, 2

浅析我国封建法制的儒家化进程/马秀娟//山西高等学校社会科学学报.
　　-2007，2

《历代刑法志》中的法律叙事史/张烁、虞振威//理论月刊. -2007，2

"灋"义研究的中国语境/褚宸舸//河北法学. -2007，2

健全的纠纷解决机制决定和谐社会——传统中国社会治理模式对我们的启示/
　　范忠信//北方法学. -2007，2

中国古代法的"家族本位"与"国家本位"/完颜绍平//现代商贸工业.
　　-2007，3

漫说株连/刘诚龙//同舟共进. -2007，3

"民有私约如律令"考/李显冬//政法论坛. -2007，3

论"亲亲相隐"制度的人权价值/张宏、曾颜璋//南华大学学报（社科版）.
　　-2007，3

中国古代疑罪处理原则之现实反思/李雪涛//法制与社会. -2007，3

浅谈中国古代寡妇的再婚权/林红//兰台世界. -2007，3

论中国古代的宗族刑法/王瑞丽//佛山科学技术学院学报（社科版）.
　　-2007，3

中国古代法秩序的形成、演变及重构/王亚明//四川警官高等专科学校学报.
　　-2007，3

中国古代的法律解释/王红艳//信阳农业高等专科学校学报. -2007，3

解析中国传统法制的现代意义/程娟娟//新学术. -2007，3

中国古代立法解释方法探析/刘军平//郑州大学学报（哲社科版）. -2007，3

《盟吐蕃碑》：中国古代法中的和谐观分析/冯卓慧//法律科学. -2007，3

论中国古代法制建设中的廉政体制/冯建辉//唐山师范学院学报. -2007，4

中国古代民事证据法的特点/蒋铁初//安庆师范学院学报（社科版）.
　　-2007，4

试论中国古代调处制度/丁国峰//安徽农业大学学报（社科版）. -2007，4

关于我国古代、近代版权保护的论述/田丽艳//辽宁教育行政学院学报.
　　-2007，4

"复奏"、"覆奏"考辨/仇加勉//首都师范大学学报（社科版）. -2007，4

中国传统法之和谐价值考察/孙光妍//北方法学. -2007，4

中国古代先问亲邻制度考析/柴荣//法学研究. -2007，4

中国古代判例考论/刘笃才//中国社会科学. -2007，4

保辜制度消亡成因之现代叩问/陈荣飞//江西社会科学. -2007，4

论中国古代诉讼程序的伦理性/李晓琴//理论学刊. -2007，4

古代农业生态环境保护制度对当今的启示/杨永芳//农业现代化研究.
　　-2007，4

从司法过程及目的看中国传统司法/沈国琴//理论探索. -2007，4

论古代中国之厌讼/吴晓霞//文史月刊. -2007，4

亲亲相隐制度的批判与借鉴/余春艳//今日湖北（理论版）. -2007，4

"礼"的演变及其在中国古代法中地位和作用/毛亚楼//中国水运（理论版）.
　　-2007，4

谈谈对中国传统刑事法律的认识/姜晓敏//法学家. -2007，5

拾得遗失物归属原则的中国法制史考察——由"道不拾遗"谈起/马晓莉、赵
　　晓耕//河南省政法管理干部学院学报. -2007，5

封建社会保护农业的法律制度/赵延安//安徽农业科学. -2007，5

论中国古代证人制度及其现代借鉴/李昕//法制与社会. -2007，5

中国古代契约中的中保人制度探析——从大觉寺契约文书说起/高大敏//法制
　　与社会. -2007，5

浅析古代弹劾式诉讼中的控辩关系所体现的控辩平等原则/李璇//消费导刊.
　　-2007，5

浅议我国古代防治司法职务犯罪的措施/尹雪鹏//法制与社会. -2007，5

中国古代对受贿罪的查处惩治/郭建//领导之友. -2007，5

中国古代调处制度的影响/丁国峰//安徽电子信息职业技术学院学报.
　　-2007，5

中国古代死刑复核制度的考察与借鉴/陈高峰//内蒙古农业大学学报（社科
　　版）. -2007，5

中国法制史上的"亲亲相隐"制度及其重构与完善/易锦媛//湖北经济学院学
　　报（人文社科版）. -2007，5

亲亲相隐制度的解读与重构——以和谐社会为背景的思考/肖敏//河南大学学
　　报（社科版）. -2007，5

对一块"禁采矿碑"的法史学追问/李可//时代法学. -2007，5

传统中国普法活动及其研究初探/张中秋//江苏警官学院学报. -2007，5

中国古代严刑峻罚的历史分析与评价/杨兴培//中国刑事法杂志. -2007，5

中国"古代民法"三题/张生//法学家. -2007，5

试析中国古代司法官责任制度/李晓琴//新疆大学学报（哲学人文社科版）.
　　-2007，5

提点刑狱公事与审刑院、御史台推勘官/黄玉环//贵州民族学院学报（哲社科版）. -2005，5

礼、政、刑之鼎分：中国古代法体系结构新论/宋大琦//华东政法学院学报. -2007，5

中国古代刑罚的演变/赵连稳//山东师范大学学报（人文社科版）. -2007，5

嗣子继承权的历史形态/程维荣//晋阳学刊. -2005，5

中国"古代民法"三题/张生//法学家. -2007，5

我国古代判例法的特征及其启示/王贵东//湖北广播电视大学学报. -2007，6

中国古代立法崇古倾向探微/史广全//北方法学. -2007，6

古代息讼漫谈/李文军//寻根. -2007，6

我国古代正当防卫制度分析/李宝忠//法制与社会. -2007，6

中国古代调解与审判关系考/王亚明//江苏警官学院学报. -2007，6

我国古代保辜制度消亡之探因/陈荣飞//理论月刊. -2007，6

我国古代的环保法制及其对当代的启示/王少波//国际商务（对外经济贸易大学学报）. -2007，6

名分之礼与王权的合法性认证/俞荣根、徐燕斌//法学家. -2007，6

我国传统纠纷调解机制的功能及其现代价值/春杨//政法论丛. -2007，6

悯囚制论析/万安中//学术研究. -2007，6

浅谈中国封建法律儒家化的进程/黄汉章//法制与社会. -2007，7

中国古代族刑的嬗变及存在根由分析/胡伟//行政与法. -2007，7

狱吏的恶与贵/张鸣//浙江人大. -2007，7

盐业合伙契约的历史意义和现代价值：兼论新《合伙企业法》的不足与完善/支果//河北法学. -2007，7

中国古代立法解释的客体特征试探/刘军平//河北法学. -2007，7

中国传统诉讼中的"情判"现象及其分析/刘军平//求索. -2007，7

从"狄公案"看我国古代的死刑制度/李晓东//政府法制. -2007，8

试论真假亲亲互隐——亲亲互隐行为的逻辑结构浅析/张晓伟//理论界. -2007，8

儒家思想与法律宽容：以中国古代刑政为视点/童伟华//太平洋学报. -2007，8

凌迟刑源流考/程皓//法制与社会. -2007，8

"亲亲相隐"的再批判/吴波//法制与社会. -2007，9

法本无情亦有情——对"亲属容隐"和"春秋决狱"的思考/李海荣//法制

与社会. -2007，9

中国古代仵作人探究/崔勇、牛素娴//社会科学论坛. -2007，9

中国古代的刑事立法特点/宋四辈//商丘师范学院学报. -2007，10

我国的讼师为何没有转化为现代律师/周瑞芳//中国司法. -2007，10

从《唐律疏议》到《大清律例》看我国古代文书制度的法制化/何宝梅//档
    案与建设. -2007，10

中国古代酷刑初探及反思/赵元梅//科教文汇（上旬刊）. -2007，11

我国古代水法规的起源和发展/李晋山//水利天地. -2007，11

我国古代监察制度的变迁及其现代意义/陈异慧//法制与经济（下半月）.
    -2007，11

窃书不算偷算什么?：论我国古代书籍的版权保护/冯念华//图书情报工作.
    -2007，11

中国古代司法的另一面——读卢建荣《铁面急先锋》/吴丹红//博览群书.
    -2007，12

浅析古代"义绝"制度与家族的关系/蒋蓓妮//法制与社会. -2007，12

古代监狱：恐怖支撑的腐败场/王良元//政府法制. -2007，14

古代的环保法/戴文华//政府法制. -2007，18

看古人如何给性骚扰断案/带刀客//政府法制. -2007，20

古代行刑为什么要午时三刻/向志宏//政府法制. -2007，20

小议中国古代刑罚赎刑/陈怡//科技信息（科学教研）. -2007，20

古代直诉制度对今天审级制度的影响思考/杨迪熙//华商. -2007，22

中国古代严刑峻罚的历史文化思考/张金丽//华商. -2007，22

论中国古代情与法的冲突/朱勇//《中国法律文化论集》，中国政法大学出版
    社. -2007；又载《百年回眸：法律史研究在中国》第2卷，中国人民大
    学出版社. -2009

中国远古时期神、王与法/张德美//《中华法系国际学术研讨会文集》，中国政
    法大学出版社. -2007

中国古代恩赦制度的起源、形成与变化/陈俊强//《中华法系国际学术研讨会
    文集》，中国政法大学出版社. -2007

传统中国法中关于"骂詈"相关法律的变迁/〔韩〕任大熙//《中华法系国际
    学术研讨会文集》，中国政法大学出版社. -2007

论中国古代司法与行政权的分、合嬗变/林乾//《中华法系国际学术研讨会文
    集》，中国政法大学出版社. -2007

论中国古代买卖契约中的担保/梁凤荣//《中国历史上的法律与社会发展》，吉林人民出版社. -2007

论中国早期帝国时代（秦朝—唐朝）官吏渎职罪法律的演变/胡世凯//《南开法律史论集2007》，南开大学出版社. -2007

民间法国家法互动中的古代中国民事法/卜安淳//《中国文化与法治》，社会科学文献出版社. -2007

中国前近代商品市场的法律机制——闽南与松江地区/苏基朗//《中国文化与法治》，社会科学文献出版社. -2007

"亲亲相隐"制度起源浅析/杨辉//《崇法集：华东政法大学优秀硕士学位论文选》，中国检察出版社. -2007

"绝地天通"考论/王平原//《法律文化研究》第3辑，中国人民大学出版社. -2007

中国古代版权保护考/马晓莉//《法律文化研究》第3辑，中国人民大学出版社. -2007

中国御史制度的沿革/高一涵、李红果//《法律文化研究》第3辑，中国人民大学出版社. -2007

官僚政治、泛道德主义与中国传统司法/顾元//《中国法律文化论集》，中国政法大学出版社. -2007

中国古代的家法族规及其社会功能——"民间法"视角下的历史考察/蒋传光//东方法学. -2008，1

论中国古代侦查的发展历史/王慧敏//科技信息（学术研究）. -2008，1

我国古代可供借鉴的法律制度评述/余飞//广东广播电视大学学报. -2008，1

中国古代证据制度研究综述/尤欣欣//法律文献信息与研究. -2008，1

中国古代的"典"、"典当"、"倚当"与"质"/赵晓耕//云南大学学报（社科版）. -2008，1

中国古代刑讯法律规制问题研究/胡兴东//云南大学学报（法学版）. -2008，1

中国古代程序公正缺失的原因/尹辉菊//吉首大学学报（社科版）. -2008，1

中国古代司法回避制度刍议/郑牧民//湖南商学院学报. -2008，1

中国古代法中的禁榷因素——以禁榷对刑事政策的影响为例/黄东海//湖北警官学院学报. -2008，1

中国古代"富民"理想流产的法律原因——以中国古代家族财产共有制为例/蒋先福、柳思//海南大学学报（人文社科版）. -2008，1

中国古代法律传播方式的演变/龙大轩//西部法学评论. -2008，1

"亲亲相隐"的法学意义探微/桑东辉//商丘师范学院学报. -2008，1

权利换和谐：中国传统法律的秩序路径/朱勇//中国法学. -2008，1

中国古代家法族规的社会功能和作用——以民间法为视角/蒋传光//东方法
　　学. -2008，1

中国古代"据供辞定罪"刑事证据首要规则及理据解析/祖伟//法制与社会发
　　展. -2008，1

中国古代法律服务的形态及特点/张志越//中国社会科学院研究生院学报.
　　-2008，1

传统形式司法中的非形式逻辑操作/朱勇//河北大学学报（哲社科版）.
　　-2008，1

中国古代死刑行刑时间制度研究/胡兴东//云南师范大学学报（哲社科版）.
　　-2008，1

国家财政取向下"重农抑商"传统的法制真相/黄东海//法制与社会发展.
　　-2008，1

中国古代危害国家安全罪的法律规制与现代启示/穆伯祥//黑龙江史志.
　　-2008，Z1

论传统语境中的讼师及其与律师的关系/蒋冬梅//河南省政法管理干部学院学
　　报. -2008，2

中国传统纠纷解决机理探讨/王亚明//安徽警官职业学院学报. -2008，2

救灾方式对中国古代司法制度的影响——因灾录囚及其对司法制度的破坏/段
　　伟//安徽大学学报（哲社科版）. -2008，2

中国帝制时代的非法刑讯/杨林芹//新学术. -2008，2

中国传统法的忆与思——评林咏荣《中国法制史》/朱腾//江苏警官学院学
　　报. -2008，2

"刺配"刑罚小考/原立荣//江苏警官学院学报. -2008，2

论我国古代调处制度与和谐社会的构建/郭魏//河北青年管理干部学院学报.
　　-2008，2

析中国古代家族法/王成栋、郭依静//河北青年管理干部学院学报. -2008，2

中国古代侦查方法及对现代侦查的启示——以《折狱龟鉴》为视角/黄道诚//
　　内蒙古社会科学（汉文版）. -2008，2

法律与社会：从中国古代典雇妻女现象说起/许颖//河北大学学报（哲社科
　　版）. -2008，2

中国古代"赦免"含义考察/王娜//法治论丛（上海政法学院学报）.
　　-2008，2

略论中国古代毁坏河防堤坝犯罪/张光辉//华北水利水电学院学报（社科版）.
　　-2008，2

中国古代普通女性财产继承法律地位的变迁与启示/纪剑辉//吉林公安高等专
　　科学校学报. -2008，2

论"义绝"之"义"/任亚爱//新疆社会科学. -2008，2

中国战时抗命罪的历史沿革/李国振//滨州学院学报. -2008，2

论中国古代司法体制的演变/董小红//武汉商业服务学院学报. -2008，2

中国古代民事诉讼依法裁判辨析/王亚明//岭南学刊. -2008，2

中国古代死刑复奏制度的流变及其现代价值/张明敏//中国刑事法杂志.
　　-2008，2

中国古代判例制度的演变与基本特征/杨思斌//法学杂志. -2008，2

古代息讼经验的现代借鉴/叶三方//武汉大学学报（哲社版）. -2008，2

复仇法的遗留与任侠者的产生/孙云、张学玲//重庆科技学院学报（社科版）.
　　-2008，2

中国古代法律的特质与任侠者的产生/孙云、张学玲//太原师范学院学报（社
　　科版）. -2008，3

古代中国判例传统：成因及启示——案例指导制度的另一观察视角/周成泓//
　　黑龙江省政法管理干部学院学报. -2008，3

中国古代官吏赃罪研究的文献计量分析——以1980—2006年大陆学者研究为
　　例/柏桦//北方法学. -2008，3

我国古代少年司法与少年刑事政策初探/赵若辉//广西政法管理干部学院学
　　报. -2008，3

中国古代录囚制度评析/孙英伟//河南省政法管理干部学院学报. -2008，3

论中国古代酷刑的种类/高长富//南方论刊. -2008，3

我国古代办案方法初探/吕向文//湖南公安高等专科学校学报. -2008，3

中国古代贿赂犯罪罪种体系的历史考察/温雅洁//河南司法警官职业学院学
　　报. -2008，3

中国古代惩治会计官吏职务犯罪立法探微/郑谊英//湖南人文科技学院学报.
　　-2008，3

"亲亲相隐"法律化始于《二年律令》/金勇//天中学刊. -2008，3

论传统社会中的"业"及其与"业主"的关系/任志强//甘肃政法学院学报.

-2008，3

我国古代、近代的著作权保护探析/杜希林//图书馆工作与研究．-2008，3

春秋决狱法律内涵的重新审视/梁晓颖、陈艳//贵州文史丛刊．-2008，3

不可回避的存在——解读中国古代社会刑事和解/武小凤//政法论坛．
　　-2008，3

试论中国古代公法产生的背景和特点/姚燕//西藏民族学院学报（哲社科版）．
　　-2008，3

我国古代死刑制度的演变过程及其动因/邢琳//广西社会科学．-2008，3

古代中国的倡廉惩贪及其现代启示/魏茂恒//江苏教育学院学报（社科版）．
　　-2008，3

亲亲相隐制度述评/王剑虹//天府新论．-2008，3

中国传统赎刑及其启示/胡高飞//求索．-2008，3

简论中国古代刑罚/付少军//中国监狱学刊．-2008，3

北京旧刑场怀古/庚莉萍//档案时空．-2008，3

中国古代危害国家安全罪的法律规制与现代启示/穆伯祥//黑龙江史志．
　　-2008，3/4

中国古代法律"重刑轻民"现象之探讨/梁若然//中共宁波市委党校学报．
　　-2008，4

中国古代法中的盗贼犯罪与侠义行为/李放//理论界．-2008，4

论古代恤刑及其现代价值/郑天龙//法制与经济（下半月）．-2008，4

"亲亲得相首匿"法律价值析/李忠良//长沙民政职业技术学院学报．
　　-2008，4

嬗变中的家庭权力及其当代价值：家庭法基础的历史考察/王占明//华东政法
　　学院学报．-2008，4

功能视角下的传统"法"和"司法"观念解析：以祭田案件为例/李启成//
　　政法论坛．-2008，4

古代中国有宪法吗？/王青林//上海师范大学学报（哲社科版）．-2008，4

法律史上人格制度的演化/胡玉鸿//法律科学．-2008，4

帝制中国时代关于命案因果关系立法中的两个问题/〔英〕杰弗里·麦科马克
　　著，孙家红译//清史研究．-2008，4

凌迟刑废除纵论/李宜霞、彭春芳//中国监狱学刊．-2008，4

试论中国传统监狱法律体系的形成与发展/马志冰//中国监狱学刊．-2008，4

从《不用刑审判书》看古代司法中的术审/张翅//安徽师范大学学报（人文社

科版）. -2008，4

前近代华北乡村社会水权的表达与实践：山西"滦池"的历史水权个案研究/
张俊峰//清华大学学报（哲社科版）. -2008，4

家族法规的生成、形态及其地位/万娟娟//湘潭师范学院学报（社科版）.
-2008，5

中国古代诉讼当事人的主体地位与诉权/胡平仁//湘潭大学学报（哲社科版）.
-2008，5

中国古代刑讯逼供刑事政策之历史镜像——从语境论研究进路展开/王立志//
信阳师范学院学报（哲社科版）. -2008，5

中国古代刑法总则成就初论/陈广秀//宁波大学学报（人文科学版）.
-2008，5

中国古代罪刑规范法定化研究/彭凤莲//北京师范大学学报（社科版）.
-2008，5

论暴政工具——中国古代法的诞生/蔡镭//福建广播电视大学学报. -2008，5

刑讯在古代民事案件中的适用——兼与杨一凡、徐立志先生商榷/于晓青//法
学. -2008，5

中国古代死刑中替代刑的运用问题研究/胡兴东//昆明理工大学学报（社科
版）. -2008，5

刑事和解在中国的历史实践与现代制度构建/苏凤格//河南师范大学学报（哲
社科版）. -2008，5

略论中国古代妨害运河漕运的犯罪/张光辉//华北水利水电学院学报（社科
版）. -2008，5

治盗之法尽而盗不止——中国古代"盗"罪之考论/焦冶//苏州大学学报（哲
社科版）. -2008，5

在相似的文字背后——中国传统法律中的"亲属相犯"与当代"家庭暴力"
法律的比较分析/田小梅//中华女子学院学报. -2008，5

中国古代侦查谋略探源/马洪根//中国人民公安大学学报（社科版）.
-2008，5

人本主义与中国古代诉讼制度/王胜国//河北青年管理干部学院学报.
-2008，5

中国古代民事证人制度浅论/周成鸿、曾友祥//求索. -2008，5

古代的剐刑/何远辛//文史博览. -2008，5

在"照顾"的历史表象背后——中国古代法律"照顾"女性的内在原因剖

析/田小梅//妇女研究论丛. -2008，5

"歇家"介入司法领域的原因和方式/胡铁球//社会科学. -2008，5

试析中国封建社会继承制度/徐厚朴、张权//理论观察. -2008，5

略论中国古代司法推理/吴春雷、任树明//中州学刊. -2008，5

中国古代刑罚执行监督制度及其思考/李淑娟//理论导刊. -2008，5

中国古代的义绝制度/崔兰琴//法学研究. -2008，5

古代当官的迷赌局处罚重于普通赌徒/金一戈//政府法制. -2008，5

赦宥在中国古代死刑适用中的作用/胡兴东//现代法学. -2008，5

宽严相济刑事政策的演进/马克昌//法学家. -2008，5

浅析亲亲相隐制度/石景春//知识经济. -2008，6

徽商与法及现代意义/方筠//黄山学院学报. -2008，6

"有令"何以难行？——以我国传统的"公""私"观念为视角/涂龙科//社
　　会观察. -2008，6

中国传统司法制度特质解析/李俊//贵州社会科学. -2008，6

私有财产权保护：中国律例史上的儒家元典精神/曾哲//太平洋学报.
　　-2008，6

对我国古代婚姻家庭制度的浅析与思考/王媛媛//黑河学刊. -2008，6

略论中国古代"男尊女卑"观念的法律表现/尚绪芝//法制与社会. -2008，6

中国古代自首制度的缘起与发展/周世虹//安徽农业大学学报（社科版）.
　　-2008，6

中国古代死刑复核制度的文化解读/张明敏//山东警察学院学报. -2008，6

中国古代判词的伦理化倾向及其可能的效用/蒋先福//时代法学. -2008，6

中国古代赦免制度及其历史沿革/伍操//重庆社会科学. -2008，6

论传统中国的"性情司法"及其实际效应/张仁善//法学家. -2008，6

博弈·平衡·控制：中国传统法和谐价值解读/孙光妍//求是学刊. -2008，6

中国古代限制死刑适用路径初探/张佐良//中国人民公安大学学报（社科版）.
　　-2008，6

中国古代法律监督制度的特点/袁啸//法学杂志. -2008，6

中国古代刑讯制度的历史考察/李露、王瑞平、饶晓敏//理论月刊. -2008，6

论赦宥在中国古代死刑运作的作用/胡兴东//（韩国）亚洲研究. -2008，夏
　　季刊

中国古代"匿名举报"之法律规制/刘佳//法制与社会. 2008，7

中国古代水利法规研究/时德青//水利发展研究. -2008，7

古代讼师生存状况原因考究/张雅斐//中国商界（下半月）．-2008，7

古今惩贪与治盗的宽严比较/高积顺//河北法学．-2008，7

古代亲属容隐制度存在的合理性分析/张健飞//社会科学战线．-2008，7

古代冤假错案追究制度/曹祈东//廉政瞭望．-2008，8

浅论古代中国固有民法/王昆//湖北广播电视大学学报．-2008，8

漫谈古代监狱文明制度/王传敏//犯罪与改造研究．-2008，8

中国古代继承制度及对当今继承立法的启示/肖洪飞//社科纵横．-2008，8

家族司法：古代和谐社会的非正式制度设置/李交发//求索．-2008，8

和谐的中国古代刑法/杨光庆//赤峰学院学报（汉文哲社科版）．-2008，9

史上唯一的"十族"之祸/袁圣韵乐//法制资讯．-2008，9

论中国古代的法律体系与部门法/朱政//社会科学论坛（学术研究卷）．
　　-2008，9

中国古代死刑执行方法小考/于芳//法制与经济（中旬刊）．-2008，9

移植的法律与中国传统冲突之思考/李祯//法制与经济（中旬刊）．-2008，10

从中国古代阴阳五行系统思维看经济案件问题/王鹏、王静宜、金其高//社科
　　纵横．-2008，10

消释悲情："宽严相济"的历史与现实之维/吕伟超//社会科学论坛．
　　-2008，10

对"中国古代有无行政法"问题的再思考/王梅雾//企业家天地（下半月刊·
　　理论版）．-2008，11

浅析中国古代亲属相容隐制度/田媛媛//华商．-2008，11

论中国古代家族法的发展脉络及其重要内容/郑元龙//长春大学学报．
　　-2008，11

古代直诉制度浅议/张颖//法制与社会．-2008，11

"亲亲相隐"制度及其刑事立法化/丁文芳//法制与社会．-2008，11

亲亲相隐制度的借鉴——从人性化看亲亲相隐理性/蔡叶利//消费导刊．
　　-2008，11

论中国历史上的赎刑制度/龙江//山东社会科学．-2008，11

论中国古代家族法的发展脉络及其重要内容/郑元龙//长春大学学报．
　　-2008，11

传统盐业契约价值探析——以近现代四川自贡地区盐业诉讼纠纷为例/支果//
　　西南民族大学学报（人文社科版）．-2008，12

我国古代保辜法律制度研究/苏伟俊//科教文汇（上旬刊）．-2008，12

略论中国古代刑法的从宽量刑情节/胡承武//湖北社会科学. -2008，12

中国古代调解制度探析/徐园//法制与社会. -2008，12

和谐社会视角下的"亲亲相隐"制度分析/胡北//法制与社会. -2008，13

古代也要"回避"/马慧玥//政府法制. -2008，13

从中国封建社会对妇女犯罪的处罚看其社会地位/夏年丰//才智. -2008，14

古代"亲亲相隐"制度之扬弃/胡云鹏//黑龙江史志. -2008，15

略论"亲亲相隐"制度及其当代意义/曹国庆//法制与社会. -2008，16

试论中国古代土地私有权的产生/毕巍明//黑龙江史志. -2008，17

论中国古代社会的道德法律化/高晓阳//消费导刊. -2008，18

中国古代"不用刑审判"初探/李世宇//法制与社会. -2008，18

论我国重新确立"亲亲相隐"制度的现实意义/孟庆湖//法制与社会.
    -2008，19

古代孝亲与司法/侯峰//科技信息（科学教研）. -2008，20

棠下决狱：中国古代司法之韵/明辉//政府法制. -2008，23

简论"刑"与中国上古法律/毕巍明//法制与社会. -2008，26

论我国古代死刑复核制度/刘磊//黑龙江科技信息. -2008，28

古代谥法及对社会的影响/周清明//科技创新导报. -2008，29

浅议以"皇权"为中心的中国古代司法/马培伟//法制与社会. -2008，29

中国古代法制浅议/李大伟//法制与社会. -2008，29

复仇在古代中国/杨竹喧//法制与社会. -2008，30

家族主义法浅析/赵玉环//科技信息. -2008，30

古人的环境保护与立法/朱俊丽//科技信息. -2008，33

我国古代"亲亲相隐"制度之评析/谢娟//法制与社会. -2008，35

中国古代证人制度探析/乔芳芳//法制与社会. -2008，36

前近代中国的死刑论纲/冨谷至著，周东平译//《法制史研究》第 14 期，（台
    湾）中国法制史学会、"中央研究院"历史语言研究所. -2008

中国法律传统的断裂与衔接/苏亦工//《华中法律评论》第 1 辑第 2 卷. -2008

论我国传统纠纷调解机制对构建和谐农村的意义/春杨//《儒家法文化与和谐
    社会》，吉林人民出版社. -2008

中国古代司法官司法责任制述略/林明//《中国法律史学会 2007 年国际学术研
    讨会学术文集》，中国政法大学出版社. -2008

中国古代法典作用的再探讨/刘广安//《中国法律史学会 2007 年国际学术研讨
    会论文集》，中国政法大学出版社. -2008

中国法制史上"存留养亲"规定的变迁及其意义/任大熙//《理性与智慧：中国法律史学会论文集》，中国政法大学出版社. —2008

王子犯法，庶民同罪？/郭建//《中国史新论·法律史分册》，（台湾）联经出版事业公司. —2008

作为立法者的政治儒学/尤陈俊//《法律书评》第 7 辑，北京大学出版社. —2008

中国古代刑事和解探析/葛琳//《刑事司法论坛》第 1 辑，中国人民公安大学出版社. —2008

从司法主体性情取向的养成看中国古代法律预期的不确定性/张仁善//《法律文化研究》第 4 辑，中国人民大学出版社. —2008

浅析中国古代直诉制度/况腊生//《法律文化研究》第 4 辑，中国人民大学出版社. —2008

中国历代法制史（上）/浅井虎夫//《法律文化研究》第 4 辑，中国人民大学出版社. —2008

关于中国上古刑法嬗演史程之管窥/廖志鸣//《法律文化研究》第 4 辑，中国人民大学出版社. —2008

"中国传统社会保障法制模式的选择"论纲——以盛世时期的法制实践为重点/郭成伟、姜晓敏//《法律文化研究》第 4 辑，中国人民大学出版社. —2008

中国古代社会的权利结构分析/董长春//《法律文化研究》第 4 辑，中国人民大学出版社. —2008

一个编辑错误所引起的法制史问题——"复奏"、"覆奏"正误辨/王平原//《法律文化研究》第 4 辑，中国人民大学出版社. —2008

身份性因素在契约中的历史变迁/周悦丽//《法律文化研究》第 4 辑，中国人民大学出版社. —2008

中国古代公文制度中的权力制约机制/冯勇//《法律文化研究》第 4 辑，中国人民大学出版社. —2008

中国"亲亲相隐"制度研究/杨辉//《法律史研究》第 3 辑，中国方正出版社. —2008

论中国古代商事登记法律制度/韦浩//《法律史研究》第 3 辑，中国方正出版社. —2008

中国古代社会礼与法关系的借鉴/马小红//《依法治国与精神文明建设》，社会科学文献出版社. —2008

中国古代死刑分类制度研究——通过法律看中国古代历史/胡兴东//（韩国）
　　《韩国中国史学会第9次国际学术大会论文集》. -2008

中国古代行政法存立考与鉴借/韩璐//中山大学研究生学刊（社科版）.
　　-2009，1

中国古代死刑行刑种类考/胡兴东//云南大学学报（法学版）. -2009，1

中国古代死刑沿革史考/姚英//科技信息. -2009，1

中国古代依法断罪制度源流考/张琼军//黑龙江省政法管理干部学院学报.
　　-2009，1

试论中国古代市场管理立法/张春霞//西部法学评论. -2009，1

试论中国古代社会的证人证言规范/罗昶//昆明理工大学学报（社科版）.
　　-2009，1

论中国古代获取证据的方法/郑牧民//吉首大学学报（社科版）. -2009，1

论古代土地所有权保护制度的特征/顾华详//新疆师范大学学报（哲社科版）.
　　-2009，1

古代直诉制度的意蕴解读/徐升//河南社会科学. -2009，1

古代家族法的历史脉络及其重要特征/纪良才//忻州师范学院学报. -2009，1

中国古代游侠的法律分析/陈茜//法治论丛（上海政法学院学报）. -2009，1

中国古代诉讼中的情证折狱研究/蒋铁初//南京大学法律评论. -2009，1

浅论亲亲相隐制度的借鉴/王娟//法商论丛. -2009，1

踌躇与抉择——浅析"亲亲相隐"制度在中国重构的可能性/朱竞男//科教文
　　汇（中旬刊）. -2009，1

"确定性"与中国古代法/马小红//政法论坛. -2009，1

传统中国解决纠纷机制的特点/王亚明//中共福建省委党校学报. -2009，1

浅析中国古代诈伪罪的产生/杨光庆//江西科技师范学院学报. -2009，1

论古代土地所有权保护制度的特征/顾华洋//新疆师范大学学报（哲社科版）.
　　-2009，1

中国古代法律监督制度与当代检察制度辨析/李勇//法学杂志. -2009，1

传统中国基层民事纠纷解决中的习惯与法律/张镭//学习与探索. -2009，1

科举偏科及其对古代司法影响研究/马建红//西北农林科技大学学报（社科
　　版）. -2009，1

试论传统社会中地方士绅的法律人角色/黄晓平//江汉论坛. -2009，1

中国古代追求"和谐社会"的法律实践/郭成龙//前沿. -2009，1

先秦至五代时期财产继承诉讼制度述略/刘云//漳州师范学院学报（哲社科

版）. -2009, 1

浅议亲亲相隐制度的重新构建/李志涌//沧桑. -2009, 2

中国古代司法官吏责任制度的内容及特征/郝军风//法制与社会. -2009, 2

中国古代民监官之探讨/叶英萍//法学杂志. -2009, 2；又载《中国传统司法
　　与司法传统》，陕西师范大学出版社. -2009

论我国古代土地所有权保护制度的特征/顾华详//重庆邮电大学学报（社科
　　版）. -2009, 2

中国古代著作权法探源/周达峰//商业文化（学术版）. -2009, 2

再论中国古代民间规约——以工商业规约为中心/刘笃才//北方法学.
　　-2009, 2

中国古代法律制度中的内部控制思想考略/郑石桥//法制与经济（下旬刊）.
　　-2009, 2

论中国古代刑法中的罪刑法定思想/陈伟//贵州警官职业学院学报. -2009, 2

古代法官责任制度初探/韩铮//河南公安高等专科学校学报. -2009, 2

"无为而治"与中国古代民间纠纷解决范式/丁德昌//山东科技大学学报（社
　　科版）. -2009, 2

中国古代有无公、私法之分/陈唯//法商论丛. -2009, 2

从古代吏制看幕吏擅权现象/郭敬娜//法商论丛. -2009, 2

中国古代"杂犯死罪"与"真犯死罪"考略/张光辉//商丘师范学院学报.
　　-2009, 2

"天机不可泄漏"：古代中国对天学的官方垄断和法律控制/方潇//甘肃政法学
　　院学报. -2009, 2

亲亲相隐原则的刑事立法化探析/王芳//内蒙古大学学报（哲社科版）.
　　-2009, 2

秩序的人性基础：古代容隐制度的价值分析/齐乐//内蒙古民族大学学报（社
　　科版）. -2009, 2

家族法的产生、地位及变迁/黄晨//云南社会科学. -2009, 2

论中国古代监察制度及其现代借鉴/张国安//法学评论. -2009, 2

古代中国孝—法关系模式及其影响初探/周欣宇//兰州学刊. -2009, 2

反逆罪与中国传统法律的和谐观/徐燕斌//政法论丛. -2009, 2

生态和谐视野中的国家法与民间法——基于古代漓江流域生态保护法律机制
　　的分析/袁翔珠//生态经济（学术版）. -2009, 2

我国古代政治制度的宪法学透视——以钱穆《中国历代政治得失》为范本/管

华//社会科学评论. -2009, 3

中国古代惩治盗墓行为的礼俗传统和法律制度/王子今//重庆师范大学学报
　　（哲社科版）. -2009, 3

中国古代民事诉讼的和谐因素/张可//贵州警官职业学院学报. -2009, 3

无讼现代适用性之探讨/宋帅//法制与经济（下旬刊）. -2009, 3

浅析中国古代"为亲复仇"的法律处置/向广宇//运城学院学报. -2009, 3

亲属权利的法律之痛——兼论"亲亲相隐"的现代转化/俞荣根//现代法学.
　　-2009, 3

传统中国法的创制与运行/马凤春//政法论丛. -2009, 3

论中国判例法的历史传统/程皓//太原师范学院学报（社科版）. -2009, 3

浅析中国传统乡规民约的历史作用和当代价值转换/黄霞//长沙民政职业技术
　　学院学报. -2009, 3

中国古代城市法：一种比较法上的考察/周执前//宁夏社会科学. -2009, 3

论我国古代劳役制度的历史演变/万安中//广东省社会主义学院学报.
　　-2009, 3

中国古代继承制度与代孕立法——从传统到现代的理性思考/蒋云贵//船山学
　　刊. -2009, 3

中国古代的皇权与法律：以隋代前期为例的实证分析/张先昌//法学研究.
　　-2009, 3

暗合与差异——论亲亲相隐与证人作证义务/朱佳//法制与经济（中旬刊）.
　　-2009, 4

浅谈亲亲相隐制度的重构/董明珠//法制与社会. -2009, 4

由我国古代赎刑看"赔钱减刑"制度之合理性/闫晶//法制与社会. -2009, 4

看古代县官如何升堂审案/袁源//政府法制. -2009, 4

中国古代的故杀/闵冬芳//河北法学. -2009, 4

从宗祧制度的废除看法律变迁之诸因素/付春扬//法学评论. -2009, 4

狱吏腐败特征试析/万安中//政法学刊. -2009, 4

从官箴看刑讯/张光辉//铁道警官高等专科学校学报. -2009, 4

"五听"/温慧辉//寻根. -2009, 4

中国古代法"以刑为主"特点原因分析/周丽丽//河南省政法管理干部学院学
　　报. -2009, 4

中国古代侦查历史特点研究/董纯朴//江西公安专科学校学报. -2009, 4

传统中国社会的民间纠纷调解机制/刘露瑶//黑龙江史志. -2009, 4

关于中国传统调解制度的若干问题研究/曾宪义//中国法学．-2009，4

试论中国古代契约中的担保制度/高学强//大连理工大学学报（社科版）．
　-2009，4

中国封建社会亲属相盗立法的伦理分析/鲁昕//齐鲁学刊．-2009，4

从宗祧制度的废除看法律变迁之诸因素/付春扬//法学评论．-2009，4

中国古代获取证据的基本特点及其理据分析/郑牧民//湘潭大学学报（哲社科
　版）．-2009，4

天坛祭天——孕育中国古代特权法的仪式载体/吴婧//湖北经济学院学报（人
　文社科版）．-2009，5

中国古代严惩盗墓行为的司法传统/王子今//中国投资．-2009，5

人本主义与中国古代司法制度初探/王胜国、张焕琴、李颖//吉林师范大学学
　报（人文社科版）．-2009，5；又载河北青年管理干部学院学报．
　-2009，5

浅析中国古代监狱制度的演进/隆奕//沧桑．-2009，5

中国古代刑讯制度及其评析/姜小川//证据科学．-2009，5

中国古代书证的演进及司法实践/郑显文//证据科学．-2009，5

中国古代诬告罪综论/唐景//铜仁学院学报．-2009，5

赦免制度的历史存在及其现实合理性刍议/伍操//重庆师范大学学报（哲社科
　版）．-2009，5

中国历代惩治贪贿法律制度之总结与借鉴/施茜//金卡工程（经济与法）．
　-2009，5

"髡刑"探源：以法人类学为视角/刘洋//北方法学．-2009，5

专职法司的起源与中国司法传统的特征/王娟//河北法学．-2009，5

浅析中国古代审计法律制度/刘家宝//财会研究．-2009，5

中国古代刑罚制度的人性分析/张益刚、邱月玲//齐鲁学刊．-2009，5

专职法司的起源与中国司法传统的特征/范忠信//中国法学．-2009，5

中国古代监狱狱吏责任浅议/陈光明//中国监狱学刊．-2009，5

中国传统诉讼之"情判"试探/刘军平//湘潭大学学报（哲社科版）．
　-2009，5

族刑的法文化诠释/马作武//广东社会科学．-2009，5

讲述中国古代法自己的"故事"——读《图说中国法律史——守望和谐的法
　文明》/袁辉//法制日报．-2009，5．2；又载法制资讯．-2009，6

丧服制度与中国传统刑事法——以亲属相犯为考察中心/高学强//中国刑事法

杂志. -2009，6

古代中国起诉制度及其对当代的启示/张嘉军//法治研究. -2009，6

古代衙门建筑与司法之价值追求——考察中国传统司法的一个特别视角/黄晓
    平//北方法学. -2009，6

论我国古代"亲亲相隐"制度的现代刑事立法价值/董小红//湖南科技大学学
    报（社科版）. -2009，6

中国古代曲法伸情若干问题探讨/罗昶//比较法研究. -2009，6

秩序统一中的惟良折狱/陈晓枫//法学评论. -2009，6

从出土文献看城旦舂刑名的适用范围/薛瑞泽//中原文物. -2009，6；又载
    《百年回眸：法律史研究在中国》第2卷，中国人民大学出版社. -2009

中国古代保辜制度考析/刘晓梅//天津社会科学. -2009，6

得情与调处：古代诉讼的一个误读/汪雄涛//中国社会科学院院报. -2009，
    6.25

中国古代诉讼中的证据制度/王锣锋//消费导刊. -2009，7

古代冠礼仪式的法律思考/李欣//金卡工程（经济与法）. -2009，7

浅谈我国古代国家形成对法律的影响/田震青//金卡工程（经济与法）.
    -2009，7

论中国历史中的刑事和解/苏凤格//公民与法（法学版）. -2009，7

略论中国古代官学法制/徐志刚//商业文化（学术版）. -2009，7

中国古代对死刑执行的司法监察/毛健//企业家天地（下半月刊·理论版）.
    -2009，7

中国古代城市管理法律初探/周执前//河北法学. -2009，7

中国古代实现社会和谐的法律途径：以"戒讼"、"息讼"为主线的探讨/田
    小梅//理论学刊. -2009，7

论中国古代判例法的风格、成因及其现代意义/张本顺//湖北社会科学.
    -2009，7

古代民事执行制度沿革研究/马登科//求索. -2009，7

浅析我国古代的"亲亲相隐"制度/马丽霞//法制与社会. -2009，7

中国古代惩治贪官的法律制度分析/杨晓萍//法制与社会. -2009，8

论"亲亲相隐"制度/刘婷婷//法制与社会. -2009，8

浅议中国古代的保辜制度/李洁//法制与社会. -2009，8

浅论我国古代对疑罪的处理原则/符世峰//法制与社会. -2009，8

中国古代的直诉制度——兼论当代中国信访制度/张琳婧//法制与社会.

-2009，8

浅议中国古代立法中的直觉思维/陈广秀//河北法学．-2009，8

中国传统政治法律模式的几个问题——与易中天先生商榷/艾永明//福建论
坛．-2009，8

探寻古代法律的公正与权威——从张释之判案说起/赵天宝、毋爱斌//社会科
学论坛（学术研究卷）．-2009，8

论中国古代法律对赌博的规制/程皓//行政与法．-2009，9

敦煌法制文献中的情理法辨析/王斐弘//兰州学刊．-2009，9

论我国古代诉讼证据审查判断制度/邓和军//经济与社会发展．-2009，9

中国古代司法官程序法律责任研究/包冰锋//法制与社会．-2009，9

浅谈"亲亲相隐"制度及其重构/霍文娟//法制与社会．-2009，10

浅析古代行政法律关系及其特征/刘芳//法制与社会．-2009，10

浅谈中国亲属容隐制度/汪珊//中外企业家．-2009，10

中国古代国际法存在探析/胥宏祥//改革与开放．-2009，10

"狱市"试释/程念祺//浙江社会科学．-2009，10

论"亲亲相隐"与近亲拒绝作证规则/梁雅微//金卡工程（经济与法）．
-2009，10

"人情"与中国古代司法评议/肖光辉//山东社会科学．-2009，11

中国古代地方官办案的特点/张熙照//社会科学战线．-2009，11

殷丹昭雪沉冤感苍天/庞朝骥//法制资讯．-2009，12

从古代小说中看古代社会司法状况/崔士岚//理论界．-2009，12

我国流放刑的历史沿革及其对海南的影响和启示/蔡薇//社会科学家．
-2009，12

浅谈中国古代廉政法律制度/刘莎莎//法制与社会．-2009，13

品读中国古代法律不禁止妇女再婚的规定/朱阁雯//法制与社会．-2009，14

略论中国古代司法的公正性/张杨磊//法制与社会．-2009，14

从"亲亲相隐"制度看近亲属免证权在我国立法的可行性/夏丽诗//法制与社
会．-2009，14

古人如何打官司/张姗姗//政府法制．-2009，14

论"亲亲相隐"制度在当代法制的重构/徐凤//法制与社会．-2009，15

浅析古代赋税法律制度/邓晓飞//法制与社会．-2009，16

中国古代法律宽容对待婚外性行为/佚名//政府法制．-2009，17

古代是怎么惩治贪官的/吴思//政府法制．-2009，18

古代怎么对付抢劫犯/佚名//政府法制. -2009，19

存留养亲制度对我国刑罚制度建设之借鉴/吴昊//法制与社会. -2009，21

中国古代女子继承制度研究/张周国//黑龙江史志. -2009，22

中国古代婚姻法律制度变迁概论/闫新燕//黑龙江科技信息. -2009，23

传统民间调解的特点与社会基础/刘行玉//经济研究导刊. -2009，24

亲亲相隐制度的批判与借鉴/吴中豪//法制与社会. -2009，24

古时也严惩家庭暴力/佚名//政府法制. -2009，29

中国古代直诉制度概念初探/王茂娟//法制与社会. -2009，31

略论古代合议制度/谢绍静//法制与社会. -2009，33

古代森林保护法制刍议/陈熹//安徽农业科学. -2009，34

城隍与古代司法/吴亦婷//法制与社会. -2009，34

中国古代司法制度的发展和主要经验/孙宏亮//法制与社会. -2009，34

中国历史上的"诱惑侦查"/李煦//政府法制. -2009，36

古代如何处置见死不救/朱丽//政府法制. -2009，36

中国历代法制史（中）/浅井虎夫//《法律文化研究》第 5 辑，中国人民大学
　　出版社. -2009

认识论：中国古代判例法问题的另一视角/胡兴东//《法律文化研究》第 5 辑，
　　中国人民大学出版社. -2009

中国古代考课制度中的权力制约机制/冯勇//《法律文化研究》第 5 辑，中国
　　人民大学出版社. -2009

礼乐政治与中国传统行政的"程序"特征/范忠信//《法律文化研究》第 5 辑，
　　中国人民大学出版社. -2009

儒家与法律/阎琛、张竹菡//《法律文化研究》第 5 辑，中国人民大学出版
　　社. -2009

惩治贪污的法史观/李祖荫、袁辉//《法律文化研究》第 5 辑，中国人民大学
　　出版社. -2009

再议古代法律中的"亲属容隐"规定/张传玺//《法制史研究》第 15 期，（台
　　湾）中国法制史学会、"中央研究院"历史语言研究所. -2009

试论中国古代法律发现的原则和方法/管伟//《法律方法》第 8 卷，山东人民
　　出版社. -2009

义庄条规与传统社会和谐/李交发//《民间法》第 8 卷，山东人民出版
　　社. -2009

作为民间生活常识与伦理规则的中国传统法律——中国乡村社会民众法律知

识形成之考察/龚汝富//《民间法》第 8 卷，山东人民出版社．-2009

"慎刑恤杀"传统与古今死刑复核制度/邱远猷、王茜//《中西法律传统》第 7
卷，北京大学出版社．-2009

中国传统司法的公开模式及其对当代中国的借鉴意义——以宋代以来州县司
法为中心的考察/黄晓平//《中西法律传统》第 7 卷，北京大学出版
社．-2009

传统中国商业法制的一段秘史——制度变迁视角下的牙人牙行制度/黄东海//
《中西法律传统》第 7 卷，北京大学出版社．-2009

情证折狱与古代中国的诉讼理想/蒋铁初//《中西法律传统》第 7 卷，北京大
学出版社．-2009

传统中国法的道德原理及其价值（修改版）/张中秋//《全球化背景下东亚的
法治与和谐》，山东人民出版社．-2009

械斗：水权纠纷解决的另一种选择/田东奎//《中国传统司法与司法传统》，陕
西师范大学出版社．-2009

古代的调解传统及其现代价值/肖传林//《中国传统司法与司法传统》，陕西师
范大学出版社．-2009

民事注重调解　刑事注重复核——中国古代司法制度案例/孔庆明//《中国传
统司法与司法传统》，陕西师范大学出版社．-2009

古代的调解传统及其现代价值/肖传林//《中国传统司法与司法传统》，陕西师
范大学出版社．-2009

抱告制度之渊源辨析/姚志伟//《中国传统司法与司法传统》，陕西师范大学出
版社．-2009；又载河北法学．-2010，1

录囚制度的发展与演变/南玉泉//《中国传统司法与司法传统》，陕西师范大学
出版社．-2009

保辜制度的"刑事和解"功能探析/陈鹏飞//《中国传统司法与司法传统》，
陕西师范大学出版社．-2009

论中国古代宗教与法律的关系/蒋传光//《百年回眸：法律史研究在中国》第
2 卷，中国人民大学出版社．-2009

论中国古代法的双轨式公法体系/张铭新//《百年回眸：法律史研究在中国》
第 2 卷，中国人民大学出版社．-2009

对"春秋决狱"的再认识/闫晶//金卡工程（经济与法）．-2010，1

中国传统社会中"户"的法律意义/周子良//太原理工大学学报（社科版）．
-2010，1

古代中国"铭金纪法"传统初探/李雪梅//天津师范大学学报（社科版）.
　　-2010，1

略论"兼祧"制度/赵晓耕、欧甸丘//湘潭大学学报（哲社科版）.-2010，1

我国主体性法律形式之变迁/谢冬慧//社会科学辑刊.-2010，1

关于"中国古代因何无版权"研究的基点反思/李琛//法学家.-2010，1

中国古代法律运行动力机制研究/张洪涛//甘肃政法学院学报.-2010，1

误解与重读：以传统赎刑为背景研究刑事和解/赵晓耕、江琦//中国监狱学
　　刊.-2010，1

中国古代判例法模式研究：以元清两朝为中心/胡兴东//北方法学.-2010，1

中国古代国情背景下的司法制度（一）/张晋藩//人民法院报.-2010，1.15

中国古代国情背景下的司法制度（二）/张晋藩//人民法院报.-2010，1.22

中国古代国情背景下的司法制度（三）/张晋藩//人民法院报.-2010，1.29

中国古代国情背景下的司法制度（四）/张晋藩//人民法院报.-2010，2.5

中国古代国情背景下的司法制度（五）/张晋藩//人民法院报.-2010，2.12

中国古代国情背景下的司法制度（六）/张晋藩//人民法院报.-2010，2.26

混合法的制度设计："法律"与"法官"的折中/马小红//河北法学.
　　-2010，2

"不道"罪源流考/梁文生//河北法学.-2010，2

典妻与变通的礼法适用/李群//当代法学.-2010，2

中国古代赎刑的制度与文化思考：兼与富谷至先生商榷/明辉//华东政法大学
　　学报.-2010，2

中国古代多元纠纷解决机制及现代价值/马晨光//国家行政学院学报.-2010，2

法制还是人治：中国古代社会律法与权威意志的共生与冲突/王金涛//辽宁师
　　范大学学报（社科版）.-2010，2

凡俗与神圣：解读"明镜高悬"的司法意义/徐忠明//中国法学.-2010，2

中国古代法与罪刑法定原则/熊瑛//青海社会科学.-2010，2

中国古代的罪疑惟轻/蒋铁初//法学研究.-2010，2

"期待之可能性"与我国刑事法的"法治圣贤定位"——从"亲亲相隐"的
　　角度观察/范忠信//广东社会科学.-2010，2

古代的环保法文化及其现代意义/肖传林//湖北大学成人教育学院学报.
　　-2010，2

契约本性与古代中国的契约自由、平等：中国古代契约语言与社会史的考察/
　　霍存福、刘晓林//甘肃社会科学.-2010，2、3

中国古代决策过失责任论析/谢文钧//学术交流．-2010，3

中国古代恤刑略论/陈彦旭//江汉大学学报（社科版）．-2010，3

中国古代法律对朝鲜法律制度的影响/孙蕊//山西经济管理干部学院学报．
　　-2010，3

论佛教礼仪对中国古代法制的影响/周东平//厦门大学学报（哲社科版）．
　　-2010，3

古代中国人民权益损害的国家救济途径及其精神/范忠信//现代法学．
　　-2010，4

古代农业生态法制探微：基于先秦、汉唐的分析/肖爱//农业考古．-2010，4

试述养母身份变迁及其法律地位：基于宋元明清礼、法文献记载的分析/孔潮
　　丽//史林．-2010，4

论中国古代刑法的人性基础/肖洪泳//社会科学．-2010，4

传统与当代之间的伦常条款：以"杀尊亲属罪"为例/黄源盛//华东政法大学
　　学报．-2010，4

中国古代会审制度考析/谢东慧//政法论坛．-2010，4

中国古代监狱角色的透视：以外部功能和内部制度为视角/赵晓耕、陆侃怡//
　　中国监狱学刊．-2010，4

试析我国传统农耕社会中女儿的继承权/肖倩//农业考古．-2010，4

兼顾与衡平：中国古代离婚制度的体系特质/郭成伟、崔兰琴//中国政法大学
　　学报．-2010，4

"断狱平"或"持法平"：中国古代司法的价值标准——"听讼明"、"断狱
　　平"系列研究之一/霍存福//华东政法大学学报．-2010，5

我国历代刑法中的法定拟制综论——兼评我国现行刑法分则界域内的法定拟
　　制/周东平、武胜//当代法学．-2010，5

中国古代国情背景下的司法制度/张晋藩//人民司法．-2010，5

自助换刑罚：古代罪犯的自新之路/宋国华//西北民族大学学报（哲社科版）．
　　-2010，5

贞节牌坊背后的制度信息/喻中//比较法研究．-2010，5

何为中国传统法制中的"例"：评《历代例考》/段秋关//华东政法大学学
　　报．-2010，5

中国法律史叙事中的"判例"/王志强//中国社会科学．-2010，5

论中国古代裁判文书的优良传统及其继承/王长江//河南师范大学学报（哲社
　　科版）．-2010，5

中国古代法上的和离/崔兰琴//法学研究. -2010, 5

中国传统社会：权利来源于国家授予性的成因及影响/魏建国//法律科学. -2010, 6

论儒家"孝治"司法实践中"孝"与"法"的矛盾冲突/黄修明//江西社会科学. -2010, 6

连坐：中国传统社会治理的制度基础——关于连坐与社会治理的思考/窦竹君//河北法学. -2010, 6

中国古代非必要诉讼研究："厌讼"观反思/宋四辈、王锦//湘潭大学学报（哲社科版）. -2010, 6

"以礼入法"看中国古代习惯法的制度命运/张洪涛//法商研究. -2010, 6

论中国古代刑法中的"籍没"刑/万志鹏//求索. -2010, 6

古代中国人民权益救济体制的廉政监督旨趣/范忠信//中外法学. -2010, 6

中国古代司法审判中"刑讯"现象的文化机理探究/尚绪芝、张志伟//历史教学（下半月刊）. -2010, 7

论中国古代亲属法的立法历程与特点/李刚//求索. -2010, 7

我国古代民事被告不出庭考析/刘秀明//广西社会科学. -2010, 8

中国古代司法官考核制度及其当代借鉴/徐和平//学术界. -2010, 9

历代惩贪肃吏规制及历史借鉴/张溪//广西社会科学. -2010, 12；又载前沿. -2010, 24

中国封建社会后期的经义决狱初论/赵进华、牟瑞瑾//兰州学刊. -2010, 12

古代社会的"平等"和"权利"/马小红//法制资讯. -2010, 12

略说中国古代的审判责任制度/崔永东//检察日报. -2010, 12. 9

出家·犯罪·立契——1—6世纪"僧人与法律"问题的初步考察/李力//《法制史研究》第17期,（台湾）中国法制史学会、"中央研究院"历史语言研究所. -2010

中国古代的疑罪处理/蒋铁初//《中国法律传统与法律精神——中国法律史学会成立30周年纪念大会暨2009年会论文集》,山东人民出版社. -2010

论中国古代民事证据适用规则/祖伟//《中国法律传统与法律精神——中国法律史学会成立30周年纪念大会暨2009年会论文集》,山东人民出版社. -2010

从古代律法中"犯奸"看现行刑法的嫖宿幼女罪——一种比较法的视角/王华胜//《中国法律传统与法律精神——中国法律史学会成立30周年纪念大会暨2009年会论文集》,山东人民出版社. -2010

中国古代契约中的"吉祥语"和"加批语"——兼谈古代契约的形式/冯学伟//《中国法律传统与法律精神——中国法律史学会成立 30 周年纪念大会暨 2009 年会论文集》，山东人民出版社．-2010

狱讼程序辨析及告制探源/南玉泉//《中国法律传统与法律精神——中国法律史学会成立 30 周年纪念大会暨 2009 年会论文集》，山东人民出版社．-2010

古代居丧法律沿革及其思考/丁凌华//《中国法律传统与法律精神——中国法律史学会成立 30 周年纪念大会暨 2009 年会论文集》，山东人民出版社．-2010

中国古代民间法浅析/王胜国//《中国法律传统与法律精神——中国法律史学会成立 30 周年纪念大会暨 2009 年会论文集》，山东人民出版社．-2010

中国古代旌表制度初探/史广全、吴艳艳//《中国法律传统与法律精神——中国法律史学会成立 30 周年纪念大会暨 2009 年会论文集》，山东人民出版社．-2010

试论情理在中国古代司法裁判中的地位与功能/管伟//《中国法律传统与法律精神——中国法律史学会成立 30 周年纪念大会暨 2009 年会论文集》，山东人民出版社．-2010

古代中国私人财产权利不发达的制度因素/魏建国//《中国法律传统与法律精神——中国法律史学会成立 30 周年纪念大会暨 2009 年会论文集》，山东人民出版社．-2010

浅析"私契"在官府视野中的不同法律地位/张姗姗//《中国法律传统与法律精神——中国法律史学会成立 30 周年纪念大会暨 2009 年会论文集》，山东人民出版社．-2010

中国古代社会控制模式的历史考察——一个法社会学的研究/蒋传光//《青蓝集续编：张晋藩教授指导的法律史学博士论文粹编》，法律出版社．-2010

中国残疾人保护法律问题史论/相自成//《青蓝集续编：张晋藩教授指导的法律史学博士论文粹编》，法律出版社．-2010

"泉域社会"的纷争与秩序——基于洪洞广胜寺的个案考察/张俊峰//《中国古代法律文献研究》第 4 辑，法律出版社．-2010

中古前期的冥讼——从吐鲁番新出文书谈起/游自勇//《中国古代法律文献研究》第 4 辑，法律出版社．-2010

中国古代居丧法律考/丁凌华//《儒家文化研究》第 3 辑，生活·读书·新知

三联书店. -2010

认识论：中国古代判例法问题的另一视角/胡兴东//《法律文化研究》第 5 辑，中国人民大学出版社. -2010

试论传统中国"性情司法"与民众的法律期待/张仁善//《现代化与中国传统法文化》，吉林人民出版社. -2010

中国古代的土地法令与户的产权/周子良//《三晋法学》第 5 辑，中国法制出版社. -2010

并非总是"十恶"不赦/岳纯之//《法学家茶座》第 32 辑，山东人民出版社. -2010

固有伦常与舶来法律——杀尊亲属罪的历史、观念及其归趋/黄源盛//（台湾）《政大法学评论》第 117 期. -2010

（二） 各代法制史

1. 夏商周

中国周代陪审制度之研究/曹树钧//法律评论. -1927，（第 5 卷）2

周礼司法制度考/魏运五//东北大学周刊. -1927，26、27

周秦以前之法律考略/司徒//民钟集刊. -1936，（第 2 卷）3

周礼所述之司法制度/陈顾远//中华法学杂志新编. -1937（第 1 卷）5、6

《吕刑》研究/邓子俊//中华法学杂志新编. -1938，（第 3 卷）2

《吕刑》考/季年文//新政治. -1940，（第 4 卷）5

略谈卜辞中"武丁诸文之称谓"及"殷代王位继承法"/刘启益//历史研究. -1956，4

试论商代"兄终弟及"的继统法与殷商前期的社会性质/王玉哲//南开大学学报. -1956，6

论殷代亲族制度/李学勤//文史哲. -1957，11

甲骨文中所见的商代五刑/裘锡圭//考古. -1961，2

甲骨文中所见的商代五刑——并释刭、剢二字/赵佩馨//考古. -1961，2

"礼不下庶人，刑不上大夫"论/钟肇鹏//学术月刊. -1963，3

刑狱与易辞/李汉三//（台湾）大陆杂志. -1965，（第 30 卷）12

殷代的刵刑/胡厚宣//考古. -1973，2

一篇重要的法律史文献——读倗匜铭文札记/程武//文物. -1976，5

岐山新出傜匜若干问题探索/盛张//文物. -1976，6

殷代的奴隶监狱和奴隶暴动/齐文心//中国史研究. -1979，1

关于"有亡荒阅"/石声淮//华中师院学报（哲社科版）. -1979，2

"刑不上大夫"解/张友鸾//百科知识. -1979，4

从"象刑"到阶级社会的刑罚/席晋义//中国青年报. -1979，9.22

"刑不上大夫"解/张晋藩//人民日报. -1979，11.6

"刑不上大夫"之"刑"为"肉刑"说补正/李衡梅//河南大学学报（社科
版）. -1980，1

"礼不下庶人，刑不上大夫"吗？（谈先秦史研究中的一个问题）/李启谦//
齐鲁学刊. -1980，2

《吕刑》初探/徐静村//西南政法学院学报. -1980，4

谈"刑不上大夫，礼不下庶人"小议/张晋藩、刘海年//学习与探索.
-1980，5

"礼不下庶人，刑不上大夫"辨/谢维扬//学术月刊. -1980，8

"礼不下庶人，刑不上大夫"辩/陈一石//法学研究. -1981，1

再议"礼不下庶人，刑不上大夫"/李启谦//《中国史论丛》第3辑. -1981

"刑不上大夫"的真谛何在——兼与陈一石同志商榷/李衡梅、吕绍纲//史学
集刊. -1982，1

周代"五刑"探微/景戎华//文史知识. -1982，2

西周"三事"考/钱大群//法学研究. -1982，4

象刑考辨/蒋集耀//法学. -1982，9

西周刑法原则的探讨/肖永清//《法律史论丛》第1辑，中国社会科学出版
社. -1982

说商刑/张恩言//中州今古. -1983，2

周代继承制度质疑/黄灼耀//华南师范大学学报（社科版）. -1983，3

从陕西金文看西周民法规范及民事诉讼制度/胡留元、冯卓慧//考古与文物.
-1983，6

我国最早的一座国家监狱——里/王冬桦//河南司法. -1983，12

傜匜铭文及其所反映的西周刑制/刘海年//法学研究. -1984，1

西周刖刑/胡留元、冯卓慧//西北政法学院学报. -1984，1

"刑不上大夫"考辨/王友才//河北学刊. -1984，1

从《诗经·召南·行露》一诗看周代的诉讼/王元明//法学研究. -1984，3

西周法制与中国古代文明/佘树声//理论研究. -1984，3

陕西法史人物：周公/段秋关//西北政法学院学报. -1984，3

从商周奴隶制法看法的阶级性问题/陈抗生//法学杂志. -1984，4

我国奴隶制时期监狱的起源、形态及监管制度/梁立民、张劲松//河北法学. -1984，5

"入束矢"解/王育成//法学研究. -1984，6

"礼不下庶人，刑不上大夫"原意索解/汤起康//文史知识. -1984，7

殷商宗法制简议/李则鸣//江汉论坛. -1984，11

西周官刑考略/胡银康//《研究生论文集》，华东政法学院. -1984

浅议我国奴隶社会的婚姻家庭制度/叶陵陵//法制园地. -1985，1

"象刑"辩——兼与唐兰、程武同志商榷/李衡梅//社会科学战线. -1985，1

《易经》中记载的周代诉讼/从希斌//天津师大学报. -1985，1

商代法律制度辨析/刘希林、尹天佑//政法学习. -1985，1

西周礼刑释义/刘林希、尹天佑//政法学习. -1985，2

西周农业税法考/马宗申//农业考古. -1985，2

刖刑名实考/高潮、史幼华//法学季刊. -1985，2

从殷墟卜辞中的"示"、"宗"说到商代的宗法制度/杨升南//中国史研究. -1985，3

治国安邦设礼制，贵贱尊卑别璨然——周礼和礼制/俞荣根//函授通讯（西南政法学院）. -1985，3

中国奴隶制法新探/李可夫//政法学习. -1985，3

《尚书·洪范》是中国历史上第一部宪法/李行之//求索. -1985，4

略论奴隶社会的礼与法/栗劲、王占通//中国社会科学. -1985，5

西周没有"世卿世禄"制度吗？——与余天炽同志商榷/楚刃//晋阳学刊. -1985，5

《周易》中记载的周代刑法/从希斌//法学研究. -1985，5；又载《百年回眸：法律史研究在中国》第2卷，中国人民大学出版社. -2009

曶从盨所反映的西周契约关系/冯卓慧//考古与文物. -1985，6

西周宫刑考略论/胡银康//江海学刊（社科版）. -1985，6

"有亡荒阅"新解/史建群//人文杂志. -1985，6

评周厉王革典/李玉洁//河南大学学报（社科版）. -1986，1

西周确立了我国古代的刑事诉讼制度/茅彭年//法学杂志. -1986，1

周代伯仲排行称谓的宗法意义/李曦//陕西师大学报（哲社科版）. -1986，1

论《洪范》的法学意义/张紫葛、高绍先//成都大学学报（社科版）.

－1986，2

我国奴隶制法的特征浅析/艾畏//法学评论. －1986，4

我国奴隶制刑法锋芒是对准奴隶的吗？/廖炳杨//安徽大学学报（哲社科版）.
　　－1986，4

西周军法判例——《师旅鼎》述评/冯卓慧、胡留元//人文杂志. －1986，5

我国奴隶制刑法是对着奴隶吗？/廖炳扬//法学杂志. －1986，6

"象刑"解/庄春波//江汉论坛. －1986，12

商朝法制略论/刘凝禧//贵州民族学院学报（哲社科版）. －1987，1

《吕刑》"墨辟疑赦"条辨正/王远瞻//湘潭大学学报（哲社科版）. －1987，2

西周誓审——兼与殷代神判之比较/胡留元、冯卓慧//西北政法学院学报.
　　－1987，2

释"礼不下庶人，刑不上大夫"/马小红//法学研究. －1987，2

殷周宗法的异同/段渝//历史知识. －1987，3

《吕刑》——我国最古老的一部刑法文献/阎青义//社会科学战线. －1987，3

牧牛告主——周朝诉讼制度/俞建平//律师与法制. －1987，4

周代宗法制度在我国历史上的演变/钱杭//河北学刊. －1987，4

《易经》与我国古代民法/武树臣//法学. －1987，4

浅析"礼不下庶人，刑不上大夫"/宋曦//汉江大学学报（社科版）.
　　－1987，4

奴隶社会法律制度中不存在"礼不下庶人，刑不上大夫"的原则/王占通//吉
　　林大学社会科学学报. －1987，5

中国职官的起源与国家的形成/俞鹿年//政治学研究. －1987，5；又载《百年
　　回眸：法律史研究在中国》第 2 卷，中国人民大学出版社. －2009

《吕刑》新议/蔡燕莽//法学研究. －1988，2

西周金文中的司寇及其官司机构/冯卓慧、胡留元//考古与文物. －1988，2

"礼不下庶人，刑不上大夫"质疑/李弋飞//法学论丛. －1988，2

"殷彝""殷罚"辨/周建英//河北师范学院学报（哲社科版）. －1988，3

我国古代最早的国家监狱——里/李合敏//文史知识. －1988，7

"明德慎罚"与奴隶制法的发展/李铁//《中华法史丛谈》，中国政法大学出版
　　社. －1988

我国成文法制源远流长——对《尚书·吕刑》的反思/蔡燕莽//中国法学.
　　－1989，2

《吕刑》试议/李弋飞//中国法学. －1989，2

"刑不上大夫"考辨/王志固//文史知识. -1989，4

略述我国奴隶社会法官出入人罪的责任制度/巩富文//政治与法律. -1989，5

试论《吕刑》的制定年代/马小红//晋阳学刊. -1989，6

奴隶社会神权在法律上的体现/严武//中南民族学院学报（哲社科版）.
　　-1990，1

《周礼》的礼与刑/彭林//孔子研究. -1990，1

从奴隶概念的法律含义看西周庶人/朱行天//历史教学问题. -1990，4

论西周"礼"与"法"的关系/羽佳//兰州学刊. -1990，4

象魏——我国古代收藏法律文献的处所/姚行地//黑龙江图书馆. -1990，4

铜器铭文所见西周刑法规范考述/杨广伟//上海大学学报（社科版）.
　　-1990，5

从金文看西周诉讼制度/赵平安//历史大观园. -1990，12

《郭偃之法》与《宣子之刑》考/刘恒焕//《中国法律史国际学术讨论会论文
　　集》，陕西人民出版社. -1990

《洪范》——举世最早的一部古代成文法典/阎青义//《中国法律史国际学术讨
　　论会论文集》，陕西人民出版社. -1990

竹简秦汉律与《周礼》/李学勤//《中国法律史国际学术讨论会论文集》，陕
　　西人民出版社. -1990

"有亡荒阅"剩说：法律视角下周代政治经济纠葛举隅/张文//河北师范大学
　　学报（哲社科版）. -1991，1

商周法律是"秘而不宣"吗？——兼论成文法的公布不始于春秋/张景贤//历
　　史教学. -1991，2

试论我国奴隶制经济法的基本内容/游绍尹//中南政法学院学报. -1991，2

试论周代法律对我国法律文化的影响/杨文杰//宝鸡师院学报（社科版）.
　　-1991，4

略论西周法官责任/巩富文//政法学刊. -1991，4

"刑不上大夫"辨正/张全民//社会科学战线. -1991，4

试论西周的诉讼制度/翟婉华//兰州学刊. -1991，5

论上请/王立民//法学. -1991，6

从"荒阅"到"质要"：中国古代奴隶制法一瞥/武树臣//文史知识.
　　-1992，1

商代的王位继承与宗法制/高光晶//湖南师范大学社会科学学报. -1992，1

试论西周"同姓不婚"制/葛生华//兰州学刊. -1992，1

西周圜土拘禁对象之我见/邓和平//劳改劳教理论研究. -1992，1

论我国历史上最早的一次"三反运动"/高绍先//现代法学. -1992，3

"刑不上大夫"非先秦古法/韩国磐//厦门大学学报（社科版）. -1992，4

关于"七日诛少正卯"的再辨析——兼论孔子不是言论罪的创始人/俞荣根//
　　《儒家法思想通论》，广西人民出版社. -1992

《吕刑》与法律语言/刘愫贞//法律科学. -1993，1

"奴隶社会不存在独立于礼的法"说质疑/李衡梅//河南大学学报（社科版）.
　　-1993，1

略论周公与西周法制/李交发//湘潭大学学报（哲社科版）. -1993，2

论"有亡荒阅"及相关问题/张文//《西周史论文集》，陕西人民教育出版
　　社. -1993

《吕刑》约解/吕绍纲//《西周史论文集》，陕西人民教育出版社. -1993

初探商代后期的监察制度/聂玉海//殷都学刊. -1994，3

夏商周法制研究评析/李力//中国法学. -1994，6

从《易经》看西周时期婚姻家庭制度/从希斌//历史教学. -1994，9

从《诗经》、《仪礼》、《礼记》看三代法制/马小红//《中外法律史新探》，陕
　　西人民出版社，1994

法律与宗教：略论中国早期法律之性质及其法律观念/郭锦//《美国学者论中
　　国法律传统》，中国政法大学出版社. -1994

箕子"八条之教"的研究/张博泉//史学集刊. -1995，1

论《易经》与周代法制/马军胜//研究生法学. -1995，2

宗教迷信对夏商西周法制的影响/刘向明//嘉应大学学报（社科版）.
　　-1995，2

从《易·讼》看中国古代法制建设的初始阶段/朱方//广西师范大学学报（哲
　　社科版）. -1995，2

从《易经》看西周时期的司法制度/从希斌//法学家. -1995，3

论商代的法律制度/何宁生//西北大学学报（哲社科版）. -1995，3

中国奴隶社会刑法基本原则初探/宁汉林//法学评论. -1995，3；又载政法论
　　坛. -1997，1

试论周代宗法制形成发展及其确立/王刚//南昌职业技术师院学报. -1995，4

我国奴隶社会断狱基本原则初探/宁汉林//法律科学. -1995，4

从《山海经》看夏代神判/张春生//法治论丛（上海政法学院学报）.
　　-1995，6

从西周诉讼制度论中国古代刑、民诉之区分/刘晓英//湘潭大学学报（哲社科版）．-1995，6

《尚书·吕刑》中的"五过"新解/周学军//现代法学．-1996，1

"夏台""羑里"狱名辨/张耘天//中国监狱学刊．-1996，1

皋陶：中华法系的奠基人/孙小//六安师专学报．-1996，3

师旂鼎铭与西周法制/李雪山//殷都学刊．-1997，1

浅谈西周礼与刑的关系/谢秦//西安外国语学院学报（社科版）．-1997，1

西周宗法制度与《诗经》/王洲明//漳州师院学报．-1997，1

析我国西周奴隶制法律制度/袁兆春//丹东师专学报．-1997，2

从《尚书·吕刑》看西周的奴隶制法律制度/袁兆春//益阳师专学报．-1997，4

论象刑/王小健//吉林大学社会科学学报．-1998，1

略论中国奴隶制社会的国家警察管理/何瑞林//甘肃政法学院学报．-1998，2

略论西周时期的司法制度/周阿红//安徽史学．-1998，4

夏商法律研究中的若干问题/李力//《法律史论集》第1卷，法律出版社．-1998

《吕刑》考释/马小红//《法律史论集》第1卷，法律出版社．-1998

《九刑》"司寇"考辨/李力//法学研究．-1999，2

试论商代王权的专制主义性质/刘文泰//南都学坛．-1999，2

《周礼》中记载的法律文书与档案/丁海斌//辽宁大学学报（哲社科版）．-1999，2

中国古代军法的早期形态/周健、贾国文//西安政治学院学报．-1999，2

西周婚姻法制探考/孙平//河北大学学报（哲社科版）．-1999，4

象刑与五行/王小健//大连大学学报．-1999，5

东周刑书考略/张伯元//《中国古代法律文献研究》第1辑，巴蜀书社．-1999

"礼不下庶人，刑不上大夫"考论/李明德//《法律史论集》第2卷，法律出版社．-1999

周代职官制度与秦汉官僚制度的形成/卜宪群//南都学坛．-2000，1

从礼经看西周时期的司法制度/田沐臣、马增强//西北大学学报（哲社科版）．-2000，1

夏、商神权法说质疑/马卫东//史学集刊．-2000，3

两周时期司法警察制度及其特点/夏淑云、任莉桃//中国监狱学刊．-2000，3

夏商周三代礼法制度论略/李学功//青海师范大学学报（哲社科版）．

-2000，3

中国历代王朝的行政大法——简析《尚书·洪范》/齐明山//北京行政学院学报．-2000，4

"礼不下庶人，刑不上大夫"释义/张兆凯//湘潭大学社会科学学报．-2000，6

象刑歧义考/尤韶华//《法律史论集》第3卷，法律出版社．-2000；又载《中国法制史考证》甲编第1卷，中国社会科学出版社．-2003

殷周时期的法律观念及制度/崔永东//中国人民大学学报．-2001，3

论西周时期的监狱行刑制度/刘燕玲//中国监狱学刊．-2001，4

帛书《易经》与西周法制/崔永东//孔子研究．-2001，5

从金文看周代媵妾婚制/曹兆兰//深圳大学学报．-2001，6

先商时代商族的继承制度/李龙海//商丘师范学院学报．-2002，1

西周的"德治"思想与法制建设/宋四辈//郑州大学学报（哲社科版）．-2002，1

西周法律的主要形式——礼/王长利//管子学刊．-2002，2

周礼与华夏民族习惯法初探/刘翠萍//社会科学家．-2002，2

《礼仪·丧服》所体现的周代宗法制度/丁鼎//史学集刊．-2002，4

关于周代宗法制度的两个问题/陈恩林、孙晓春//社会科学战线．-2002，6

西周的刑事法律制度/赵晓耕//人民法院报．-2002，8．26

中国最早的成文法：吕刑/赵晓耕//人民法院报．-2002，9．16

周朝的德治与法治/周丽//人民法院报．-2002，9．30

漫谈西周宗法伦理下的社会格局及其法律影响/王玉亮//廊坊师范学院学报．-2003，1

《尚书·甘誓》并非"连坐"制度之源/龙安生//韶关学院学报（社科版）．-2003，1

浅谈商代的刑罚/秦永艳//寻根．-2003，2

《周礼》司寇考/关晓丽//北华大学学报．-2003，2

西周法律思想和制度综述/李芬、周艺//南昌高专学报．-2003，3

《周礼》中市场法制管理文书探究/孙瑞//法制与社会发展．-2003，3

《周礼》中的契约及其反映的商业关系/朱红林//北京工商大学学报（社科版）．-2003，4

"礼不下庶人，刑不上大夫"辩/李晓明//法学杂志．-2003，4

论周代的宗法制/张继才、聂蒲生//信阳师范学院学报．-2003，6

商代劓刑、宫刑与"劓殄":兼与秦永艳先生商榷/张秉伦//寻根. -2003,6

"五辞"辨正/武树臣//《武树臣法学文集》,中国政法大学出版社. -2003

"礼不下庶人,刑不上大夫"之真伪/王占通//《中国法制史考证》甲编第1卷,中国社会科学出版社. -2003

西周的刖刑/胡留元、冯卓慧//《中国法制史考证》甲编第1卷,中国社会科学出版社. -2003

《易经》中的西周法制/从希斌//《中国法制史考证》甲编第1卷,中国社会科学出版社. -2003

"有亡荒阅"考/张文//《中国法制史考证》甲编第1卷,中国社会科学出版社. -2003

倗匜释文/李学勤//《中国法制史考证》甲编第1卷,中国社会科学出版社. -2003

倗匜研究/刘海年//《中国法制史考证》甲编第1卷,中国社会科学出版社. -2003

西周后期所反映的变革萌芽——曶鼎铭解释问题的初步解决/〔日〕松丸道雄//《中国法制史考证》丙编第1卷,中国社会科学出版社. -2003

"礼不下庶人,刑不上大夫"辨疑/刘信芳//中国史研究. -2004,1

"象刑"考/胡长发//鄂州大学学报. -2004,2

夏商周时期的监狱制度/温慧辉//唐都学刊. -2004,3

论中国奴隶制法律制度的基本特征/王云鹏//河南省政法管理干部学院学报. -2004,3

《易经》中记载的商周自由刑/从希斌//天津师范大学学报(社科版). -2004,3

西周罪名考论/杨玲//榆林学院学报. -2004,4

论西周监狱管理制度及其启示/万安中//当代法学. -2004,5

再论周人的结婚年龄/南玉泉//北京理工大学学报(社科版). -2004,6

西周法制及其对后世的影响/焦克源//经济与社会发展. -2004,11

《周礼》与古代法律文化/武树臣//《法律史论集》第5卷,法律出版社. -2004

质疑西周民事诉讼与刑事诉讼分立说/蒋铁初//阴山学刊(社科版). -2005,1

虞舜时的贪赃罪/黄会奇//陇东学院学报(社科版). -2005,4

为国以礼:西周礼制的"法"文化形态/焦利//北方论丛. -2006,1

商纣王：用酷刑虐杀大臣/赵晓耕//法律与生活．-2006，1

西周军法案是法律老祖宗/赵晓耕//法律与生活．-2006，2

《诗经》婚姻案——父权夫权下的女性悲剧/赵晓耕//法律与生活．-2006，3

西周牧牛背誓诉讼案/赵晓耕//法律与生活．-2006，4

略论西周赎刑/江涛//涪陵师范学院学报．-2006，4

《周易》与商周时代的婚姻家庭制度/黄震//《中西法律传统》第5卷，中国政
　　法大学出版社．-2006

司法审判的《易经》探源——革卦新解（一、二）/桑东辉//中南大学学报
　　（社科版）．-2007，1；2008，1

《周易》所见古代法律/连劭名//北京教育学院学报．-2007，1

质疑刑讯起源于西周说/蒋铁初//人文杂志．-2007，2

劳动的稀缺性与周代私有产权的起源/杨志文//社会科学战线．-2007，3

虞舜时期的法律创制/李岩//历史教学问题．-2007，3

《周礼》"肺石"之制与"路鼓"之制考/温慧辉//史学月刊．-2007，6

论《曶鼎》案例中的诉讼主体——兼谈西周的审判制度/南玉泉//《中国古代
　　法律文献研究》第3辑，中国政法大学出版社．-2007

原始社会司法的功能及其主体演化：一种文化人类学的解读/孙永兴//广西社
　　会科学．-2008，1

《周礼》"八议之辟"考论/温慧辉//福建论坛（人文社科版）．-2008，2

《周礼·秋官》与周代法制研究/苏哲//江苏警官学院学报．-2008，5

论西周宗法制度与婚姻制度的关系/李娟//企业家天地（下半月刊·理论版）．
　　-2008，9

七出三不去具体指什么//文史博览．-2008，9

《倗生簋》"典"的交易性质/李悍//黑龙江教育学院学报．-2008，10

论西周时期对犯罪的治理及其当代意义/谢海燕//法制与社会．-2008，18

西周：合法婚姻必须通过"六礼"/佚名//政府法制．-2008，24

西周刑法制度的"中和"特征/张继//吉首大学学报（社科版）．-2009，5

"狱刺"背景下的西周族产析分——以珊生器及相关器铭为中心的研究/王
　　沛//法制与社会发展．-2009，5；又载《中国传统司法与司法传统》，陕
　　西师范大学出版社．-2009

论宗法制度是适用于西周全社会的政治法律制度/王占通//社会科学战线．
　　-2009，9

《周礼》：我国古代行政法之雏形/翟树毅//法制与社会．-2009，25

《周礼》所见判书三种形式探微/李军//法制与社会. -2009，34

西周的物权取得制度/姜鹏//法制与社会. -2009，35

《尚书·吕刑》所见司法理念与制度/梁凤荣//《中国传统司法与司法传统》，
　　陕西师范大学出版社. -2009

从西周青铜器铭文中的司法案例看其礼法思想的变迁/汪荣//《中国传统司法
　　与司法传统》，陕西师范大学出版社. -2009

《周礼》"主察狱讼"之官——"士"官辨析/温慧辉//《中国传统司法与司法
　　传统》，陕西师范大学出版社. -2009

寻找商代法律的遗迹：从传世文献到殷墟甲骨文/李力//兰州大学学报（社科
　　版）. -2010，4

西周军法初探/郑全红//《中国法律传统与法律精神——中国法律史学会成立
　　30周年纪念大会暨2009年会论文集》，山东人民出版社. -2010

论《尚书·吕刑》法律价值的后世际遇/梁凤荣//《中国法律传统与法律精
　　神——中国法律史学会成立30周年纪念大会暨2009年会论文集》，山东
　　人民出版社. -2010

西周适用刑罚杂谈——从《尚书·立政》"以列用中罚"谈起/李均明//《中
　　国古代法律文献研究》第4辑，法律出版社. -2010

僃匜集释/王沛//《中国古代法律文献研究》第4辑，法律出版社. -2010

2. 春秋战国秦

先秦时代之不婚/陈贻祥//法学季刊. -1931，（第4卷）8

论商鞅变法/杨宽//历史教学. -1955，9

李悝"尽地力"的考察/金德建//历史教学问题. -1957，4

略谈战国时期各国的变法和商鞅变法/王灵轩//史地教学通讯. -1957，7

春秋时期宗法制度在晋国的开始解体与晋国称霸的关系/常正光//四川大学学
　　报（哲社科版）. -1963，1

春秋战国时期郡县制度的发生和发展/冉光荣//四川大学学报（哲社科版）.
　　-1963，1

李悝变法/郑鹤声等//文史哲. -1974，3

李悝的《法经》/项前//解放日报. -1974，6. 13

关于李悝的《法经》/张晋藩//光明日报. -1974，12. 16

关于李悝《法经》/庆思//光明日报. -1974，12. 16

云梦秦简出土《封珍式》简册研究/陈公柔//燕京学报. -1977，3

论秦律的阶级本质——读云梦秦律札记/吴荣曾//历史研究．-1977，5

秦律中"隶臣妾"问题的探讨——兼批四人帮的法家"爱人民"的谬论/高
　　恒//文物．-1977，7；又载《百年回眸：法律史研究在中国》第2卷，
　　中国人民大学出版社．-2009

"啬夫"考——读云梦秦简札记/郑实//文物．-1978，2

从云梦秦简看秦律的阶级本质/刘海年、张晋藩//学术研究．-1979，1

论《秦律》中的"啬夫"一官/高敏//社会科学战线．-1979，1

云梦秦简辨正/黄盛璋//考古学报．-1979，1

秦律的阶级本质与基本内容/游绍尹//理论与实践．-1979，1；又载《百年回
　　眸：法律史研究在中国》第2卷，中国人民大学出版社．-2009

从云梦秦简看秦代刑律及其阶级本质/黄贤俊//西南政法学院学报．-1979，2

从云梦秦简看秦代的法律制度/林剑鸣//西北大学学报（哲社科版）．
　　-1979，3

"有秩"非"啬夫"辩——读云梦秦简札记兼与郑实同志商榷/高敏//文物．
　　-1979，3

秦法和秦人执法——读《睡地秦墓竹简》浅识/陈抗生//江汉论坛．-1979，3

关于《秦律》中的"隶臣妾"问题质疑——读《云梦秦简》札记兼与高恒商
　　榷/高敏//《云梦秦简初探》，河南人民出版社．-1979

略论云梦《秦律》的性质/陈玉景//江淮论坛．-1980，1

云梦秦律简论/黄展岳//考古学报．-1980，1

从云梦出土的竹简看秦代的法律制度/刘海年//学习与探索．-1980，1

"隶臣妾"辨/林剑鸣//中国史研究．-1980，2

秦国封建社会各阶级分析——读《睡虎地秦墓竹简》札记/林剑鸣//西北大学
　　学报（哲社科版）．-1980，2

"啬夫"辨正——读云梦秦简札记/高恒//法学研究．-1980，3

胥靡试探——论战国时的刑徒制/吴荣曾//中国史研究．-1980，3

关于布币的三个问题——读云梦出土秦简《金布律》札记/赵德馨、周秀弯//
　　社会科学战线．-1980，4

法家李"悝"之类的正音小议/邹身城//法学研究．-1980，5

战国时期秦封建法制的发展——读睡虎地秦墓竹简札记/崔春华//辽宁大学学
　　报（哲社科版）．-1980，5

秦律中的徭、戍问题——读云梦秦简札记/高恒//考古．-1980，6

由秦律"渎职罪"想到的/丰州//人民日报．-1980，7.31

秦代的经济制裁法/无戊//陕西日报. -1980, 11. 12

秦律"葆子"释义/张政烺//《文史》第 9 辑，中华书局. -1980

关于《秦律》中的"居"——《睡虎地秦墓竹简》注释质疑/张铭新//考古.
　　-1981, 1

略谈秦的法官法吏制/黄留珠//西北大学学报（哲社科版）. -1981, 1

秦国"什伍"、"伍人"考——读云梦秦简札记/罗开玉//四川大学学报（哲
　　社科版）. -1981, 2

《秦律》所反映的诉讼、审讯和量刑制度/高敏//郑州大学学报. -1981, 3

对云梦秦简中诉讼制度的探索/黄贤俊//法学研究. -1981, 5

从秦律"渎职罪"看秦代对官吏玩忽职守的处分/黄展岳//光明日报. -1981,
　　6. 8

秦代的邮驿法令/许庆发//集邮. -1981, 7

论楚刑法/吴永章//《楚文化新探》，湖北人民出版社. -1981

监门考/吴荣曾//《中华文史论丛》总第 19 辑，上海古籍出版社. -1981

秦律"集人"音译/张政烺//《云梦秦简研究》，中华书局. -1981

啬夫初探/裘锡圭//《云梦秦简研究》，中华书局. -1981

秦律刑罚考析/刘海年//《云梦秦简研究》，中华书局. -1981；又载《中国法
　　学文集》第 1 集，法律出版社. -1984

秦代法律制度初探/林剑鸣//《法律史论丛》第 1 辑，中国社会科学出版
　　社. -1981

秦律丛考/于豪亮//《文物集刊》第 2 辑，文物出版社. -1981

"燔诗书而明法令"辨疑/张炳武//沈阳师范学院学报. -1982, 1

秦"隶臣妾"为官奴隶说——兼论我国历史上"岁刑"制的起源/苏诚鉴//
　　江淮论坛. -1982, 1

"隶臣妾"是秦的官奴婢/宫长为、宋敏//中国史研究. -1982, 1

释青川秦牍的田亩制度/杨宽//文物. -1982, 1

云梦秦简的发现与秦律研究/刘海年//法学研究. -1982, 1

《秦律》中"隶臣妾"性质再探/陈玉璟//阜阳师范学院学报（社科版）.
　　-1982, 2

"居赀"非刑名辨——兼论秦律中的几个问题/朱绍侯、孙英民//许昌师专学
　　报. -1982, 2

秦代法吏体系考略/刘海年//学习与探索. -1982, 2

先秦刑法的沿革/李衡梅//研究生论文集刊. -1982, 2

秦律赀罚制述论/吕名中//中南民族学院学报（哲社科版）. -1982，3

秦律婚姻家庭关系探索/程天权//政治与法律丛刊. -1982，3；又载《复旦法
　　学》第1辑，复旦大学出版社. -1986

《秦律》中的经济制裁——兼谈秦的赎刑/张铭新//武汉大学学报（哲社科
　　版）. -1982，4

秦刑弃灰原因？/黔容//社会科学辑刊. -1982，5

浅谈秦代经济管理中对官吏的几种规定——读《睡虎地秦墓竹简》的一点看
　　法/宫长为//东北师大学报. -1982，6

青川秦墓木牍内容探讨/林剑鸣//考古与文物. -1982，6

青川新出秦田律木牍及其相关问题/黄盛璋//文物. -1982，9

我国刑事检验制度历史悠久——从出土秦简《贼死》篇谈起/陆伦章//法学.
　　-1982，10

秦律中的"赀"与"赀赎"/吕名中//《法律史论丛》第2辑，中国社会科学
　　出版社. -1982

陕西法史人物：嬴政/段秋关//西北政法学院学报. -1983，创刊号

从竹简《秦律》看秦代的经济立法/潘世宪//内蒙古大学学报（哲社科版）.
　　-1983，1

晋国成文法的形成试探/陈力//晋阳学刊. -1983，1

秦自商鞅变法后的租赋徭役制度/张金光//文史哲. -1983，1

范宣子刑书探微/李孟存、常金仓//山西师院学报（社科版）. -1983，1

论商鞅改法为律/程天权//复旦学报（社科版）. -1983，1；又载《复旦法
　　学》第1辑，复旦大学出版社. -1986

我国两千年前的一批青少年法规简编——云梦秦墓出土竹简初探/陆伦章//青
　　少年犯罪问题. -1983，1

秦律刑罚的适用原则（上、下）/刘海年//法学研究. -1983，1、2

秦律中的奖惩责任制/朱绍侯、孙英民//光明日报. -1983，1. 12

秦代奴隶的法律地位/张铭新//法学评论. -1983，Z1

从睡虎地秦墓竹简看秦的土地制度/潘策//历史教学与研究. -1983，2

"隶臣妾"简论/杨剑虹//考古与文物. -1983，2

"隶臣妾"并非奴隶/林剑鸣//历史论丛. -1983，3

骊山刑徒辨析/胡留元、冯卓慧//人文杂志. -1983，4

论春秋时代法律制度的演变/韩连琪//中国史研究. -1983，4

谈"隶臣妾"与秦代的刑罚制度/钱大群//法学研究. -1983，5

秦律中的刑徒及其刑期问题/高恒//法学研究. -1983，6

从云梦秦简看秦代的经济立法/刘序传//法学研究. -1983，6

战国时期的变法改革/张荣铮//天津社会科学. -1983，6

秦田律考释/田宜超、刘钊//考古. -1983，6

《法经》——中国最早的封建法典/刘海年//中国青年报. -1983，6. 8

青川秦墓木牍"为田律"所反映的田亩制度/胡平生//《文史》第 19 辑，中华
　　书局. -1983

浅谈秦代经济立法/陈汉生//《法史研究文集》（上），西北政法学院. -1983

秦律盗罪考论/陈涛//《法史研究文集》（上），西北政法学院. -1983

《秦简》中经济法规问题的探索——读《睡虎地秦墓竹简》札记/薛梅卿//
　　《法律史论丛》第 3 辑，法律出版社. -1983

《秦律》中为什么以"一百一十"为进位数？/汉生//《政治与法律丛刊》第 3
　　辑. -1983

释秦律"率敖"/杨禾丁//《中国古代史论丛》第 1 卷. -1983

从秦简看社会变革时期经济生活的法律规范/王传生//法学研究. -1984，1

"隶臣妾"的身份复议/施伟青//中国社会经济史研究. -1984，1

我国第一部完整的封建成文刑法典——《法经》/何一夫//湖南法学通讯.
　　-1984，1

西周和春秋时代宗法制度的几个问题/吴浩坤//复旦学报（社科版）.
　　-1984，1

从"以礼率刑"到"改法为律"——先秦的立法概况/荣根//法学杂志.
　　-1984，2

关于秦代的经济立法/陈汉生//政治与法律. -1984，2

"隶臣妾"是带有奴隶残余属性的刑徒/王占通、栗劲//吉林大学社会科学学
　　报. -1984，2；又载法学研究. -1984，3

秦律赀罚甲盾与统一战争/石子政//中国史研究. -1984，2

秦律的经济关系规范考论/水寿//西北政法学院学报. -1984，2、3

秦代治安机构及有关治安的法律/刘海年//国际政治学院学报. -1984，3

秦律和罪刑法定主义/栗劲//法学研究. -1984，3

试论秦的徒刑是无期刑——兼论汉初有期徒刑的改革/栗劲、霍存福//中国政
　　法大学学报. -1984，3

试论先秦刑罚规范中所保留的氏族制残余/吴荣曾//中国社会科学. -1984，
　　3；又载《法学探微》，重庆出版社. -1986

亦谈"隶臣妾"与秦代的刑罚制度/李力//法学研究．-1984，3

商鞅变法性质之再探讨/于琨奇//安徽师大学报（哲社科版）．-1984，3

商鞅变法促进了奴隶制的发展/卞直甫、冯庆余//东北师大学报（社科版）．
　　-1984，4

《法经》辨伪/蒲坚//法学研究．-1984，4

银雀山汉简齐国法律考析/吴九龙//史学集刊．-1984，4

从古代罪人收奴刑的变迁看"隶臣妾""城旦舂"的身份/徐鸿修//文史哲．
　　-1984，5

记为筑始皇陵而死的赣榆刑徒/李洪甫//历史知识．-1984，5

云梦秦简"语书"探析——秦始皇时期颁行的一个地方性法规/刘海年//学习
　　与探索．-1984，6

秦简"隶臣妾"确为奴隶说——兼与林剑鸣先生商榷/高敏、刘汉东//学术月
　　刊．-1984，9

秦国官吏法律责任述评/程维荣//历史教学．-1984，10

试论"李斯与秦法"/高潮、李民//《中国政法大学科学讨论会论文集》
　　（上），中国政法大学．-1984

郦山徒考/刘云祥//文博．-1985，1

秦的讼诉制度（连载）/刘海年//中国法学．-1985，1、3、4；1986，2、3、
　　6；1987，1

春秋时期法律制度的变迁及其特点/刘林希等//政法学习．-1985，3

简析《秦律》对官吏生活的约束/罗开玉//法学季刊．-1985，3

论秦简中有关经济法规的基本原则/栗劲//西北政法学院学报．-1985，3

秦经济法律制度初探/徐进//政法丛刊．-1985，3

重刑主义与秦律/朱健华//贵州师范大学学报（社科版）．-1985，3

秦刑徒刑期辨正/李力//史学月刊．-1985，3；又载《百年回眸：法律史研究
　　在中国》第2卷，中国人民大学出版社．-2009

"铸刑鼎"辨证/孔庆明//法学研究．-1985，3；又载《百年回眸：法律史研
　　究在中国》第2卷，中国人民大学出版社．-2009

"小城旦、隶臣作者"辨误/张昌倬//史学月刊．-1985，4

略论秦代隶臣妾的身份问题/张传汉//辽宁大学学报（哲社科版）．-1985，4

浅析秦代的刑事检验制度/郭延威//西北政法学院学报．-1985，4

试论秦朝法官责任制/张中秋//法学杂志．-1985，4

《法经》是著作不是法典/陈炯//法学季刊．-1985，4

商鞅"改法为律"质疑/江必新//法学杂志. -1985，5

云梦地宫献瑰宝，无价竹简惊世人——《秦简》和秦代的立法/俞荣根//函授
　　通讯（西南政法学院）. -1985，5

关于中国岁刑的起源——兼谈秦刑徒的刑和隶臣妾的身份（上、下）/刘海年
　　//法学研究. -1985，5、6

论先秦时期自上而下的监察/曲英杰、杨一凡//求是学刊. -1985，6

再谈隶臣妾与秦代的刑罚制度——兼复《亦谈"隶臣妾"与秦代的刑罚制
　　度》/钱大群//法学研究. -1985，6

三辨"隶臣妾"——兼谈历史研究中的方法论问题/林剑鸣//学术月刊.
　　-1985，9

秦刑律的渊源及其演进/商庆夫//《历史论丛》第5辑，齐鲁书社. -1985

关于秦刑徒的几个问题/张金光//《中华文史论丛》总第33辑，上海古籍出版
　　社. -1985

从秦律的打击对象看其实质/邱晞//武汉教育学院学报. -1986，1

试论《秦律》在秦统一前后不同作用的原因/姚双年//法学杂志. -1986，1

从云梦秦简看秦律"连坐"法/孔英民//中原文物. -1986，2

简论云梦秦简的司法文书/邱世华//西北政法学院学报. -1986，2

论秦朝法律制度的特点/刘林希等//政法学习. -1986，2

浅谈秦的经济立法及其特点/万方//河北大学学报（哲社科版）. -1986，2

秦代经济立法原则及其意义/高敏//学术研究. -1986，2

以君主意志为法权的秦法/林剑鸣//学术月刊. -1986，2

《晋刑鼎》再议——兼向庆明同志请教/俞荣根//法学研究. -1986，3

浅谈商鞅变法之成因/窦连荣//宁夏大学学报（社科版）. -1986，3

秦简中关于官吏的法律责任/华雁//福建论坛（社科版）. -1986，3

试谈秦简中有关物品质量检查的律文/张中秋//法学与实践. -1986，5

中国秦代的统计法制/于越//统计研究. -1986，5

从秦律看中国封建法律对官吏的两手政策/艾永明//江海学刊（社科版）.
　　-1986，6

《通鉴》书商鞅变法辨——兼谈李之勤同志的文章/张有智//山西师大学报
　　（社科版）. -1986，专刊

夏朝到战国时期的警察机构与制度/金唐文//贵州公安. -1987，1

孔子讥刑鼎辨析/俞荣根//孔子研究. -1987，1

银雀山竹书《田法》刍议/杨作龙//洛阳师专学报. -1987，1

春秋时期楚军的训练和军法/徐俊//华中师范大学学报（哲社科版）.
　　-1987，2

秦代的"比"与"廷行事"/徐进、易见//山东法学. -1987，2

秦代经济立法略论/常俊山//安徽大学学报（哲社科版）. -1987，2

秦王朝执行警察职能的机构和官吏/金唐文//贵州公安. -1987，2

云梦秦简中"隶臣妾"的身份和战国时期秦国的社会性质/杨升南//郑州大学
　　学报（哲社科版）. -1987，2

再说秦简"隶臣妾"确为奴隶/刘汉东//中州学刊. -1987，2

秦律中的比与"廷行事"/徐进//山东法学. -1987，2

子产对中国古代法律思想转变的贡献/吕丽//当代法学. -1987，2

青川秦牍《田律》争议问题总议/黄盛章//农业考古. -1987，2

《法经》非法典辨/张传汉//法学研究. -1987，3

邓析及其《竹刑》/朱新华//中南政法学院学报. -1987，3

从判例法时代到成文法时代——对春秋末期法制变革的再探讨/武树臣//自修
　　大学（政法）. -1987，3

试论先秦的军事刑罚/陈恩林//史学集刊. -1987，4

"隶臣妾分为官奴隶与刑徒两部分"说值得商榷/王占通等//法学研究.
　　-1987，5

睡虎地秦简所载魏律研究/李解民//《中华文史论丛》总第41辑，上海古籍出
　　版社. -1987

从竹简本《秦律》看秦律律篇的历史源流/吴树平//《中华文史论丛》总第42
　　辑，上海古籍出版社. -1987

楚国法律及执法情况述略/何崇恩//湘潭大学学报（哲社科版）. -1988，2

古代农村公社与管仲的"修旧法"/王兴业//管子学刊. -1988，2

秦律"三环"论/钱大群//南京大学学报（哲学人文社科版）. -1988，2

秦什伍连坐制度初探/吴益中//北京师院学报（社科版）. -1988，2

战国法律制度研究的若干问题/刘海年//中国法学. -1988，2

春秋时期晋国法律制度初探/周苏平//人文杂志. -1988，3

从云梦秦简看秦代刑徒管理制度/麦天骥//考古与文物. -1988，3

略论秦朝法制在当时历史发展中的两重性/王忻亚//贵州民族学院学报（哲社
　　科版）. -1988，4

春秋时代诸侯各国的法制建设/杨善群//学术月刊. -1988，5

从出土《秦律》看秦的婚姻家庭制度/翟宛华//社会科学（甘肃）. -1988，5

关于商鞅变法的几个问题/许垣//齐鲁学刊．-1988，5

商鞅变法后秦的家庭制度/张金光//历史研究．-1988，6

青川秦牍《为田律》所规定的"为田"制/罗田玉//考古．-1988，8

秦朝的法律制度/何戍中//《中华法史丛谈》，中国政法大学出版社．-1988

"失期，法皆斩"质疑/于敬民//中国史研究．-1989，1

临沂竹书《田法》与爰田制/王恩田//中国史研究．-1989，2

秦代什伍连坐制度之溯源问题/黎明剑//（台湾）大陆杂志．-1989，2

先秦农业生产保护法初探/程宝林//求是学刊．-1989，2

秦简中的"同居"与有关法律/张世超//东北师大学报（社科版）．-1989，3

秦律中的奖励与行政处罚/徐进//吉林大学社会科学学报．-1989，3

谈楚令/张君//江汉论坛．-1989，10

谈谈秦律中的经济管理/杨云//法制日报．-1989，12.12

鲁国继承制度中的"一继一及"问题/钱杭//史林．-1990，1

"商君死，秦法未败"的原因与启示/竺培升//湖北师范学院学报（社科版）．
　　-1990，1

爰书、传爰书考/胡留元、冯卓慧//烟台大学学报（哲社科版）．-1990，1

从几条未引起人们注意的史料辨析《法经》/李力//中国法学．-1990，2

秦朝由盛而衰的法律思考/张洪池//当代法学．-1990，3

春秋战国时期立法原则初探/夏瑞璋//法学学刊．-1990，3

论春秋末期成文法产生的社会条件/李力//法学研究．-1990，4

秦朝确立了我国封建社会的法官责任制/巩富文//法学与实践．-1990，4

秦律中反映的秦代粮食管理制度/李孔怀//复旦学报（社科版）．-1990，4

从银雀山竹书《田法》等篇中看国家授田制/张金光//管子学刊．-1990，4

试论先秦及秦汉的监察制度/葛生华//兰州学刊．-1990，4

先秦时期的秘密警察/陈艺鸣//历史大观园．-1990，9

《法经》的篇目及其亡佚/李力//《中国法律史国际学术讨论会论文集》，陕西
　　人民出版社．-1990

论先秦法家"以法为本"的政治形式/朱苏人//北京大学研究生学刊．
　　-1991，1

从"以刑统例"到"以罪统刑"：春秋战国时期的法律变革/武树臣等//文史
　　知识．-1991，2

从银雀山竹书《守法》、《守令》等十三篇论及战国时期的爰田制/沈长云//
　　中国社会经济史研究．-1991，2

论秦国法制建设的三个阶段/黄中业//松辽学刊（社科版）．-1991，2

"失期，法皆斩"吗？/丁相顺、霍存福//政法丛刊．-1991，2

云梦龙岗秦简《禁苑律》中的"耎"（壖）字及相关制度/胡平生//江汉考
　　古．-1991，2

秦代肉刑耐刑可作主刑辩/王占通//吉林大学社会科学学报．-1991，3

战国法家代表地主阶级吗/杨师群//学术月刊．-1991，3

春秋战国国际法述略/李衡眉、周兴//烟台大学学报（哲社科版）．-1991，4

春秋婚制考述/宋秀丽//贵州社会科学．-1991，10

从考古和文物看先秦债及其法律调整源流/张培田//中原文物．-1992，1

秦代徒刑刑期辩/王敏典//深圳大学学报（社科版）．-1992，1

试论《秦律》对盗窃罪及与其有关刑事犯罪的定性与处罚/王忠全、张睿//河
　　南大学学报（社科版）．-1992，1

青川秦牍《为田律》再研究/罗开玉//四川文物（成都）．-1992，3

秦农业经济立法探析/萧正洪//陕西师大学报（哲社科版）．-1992，4

秦《为田律》农田规划制度再释/袁林//历史研究．-1992，4

秦简《语书》窥测——兼论《编年记》作者不是楚人/杨剑虹//江汉考古．
　　-1992，4

商鞅变法何以能够成功/徐进//山东法学．-1993，2

秦简"小隶臣妾"的身份与来源/李力//法学研究．-1993，3

睡虎地秦简日书"四法日"小考/刘乐贤//考古．-1993，4

睡虎地秦简日书《诘咎篇》研究/刘乐贤//考古学报．-1993，4

青川秦牍《更修为田律》适用范围管见/张金光//四川文物．-1993，5

云梦秦简《日书》所见法与习俗/〔日〕工藤元男著，莫枯译//考古与文物．
　　-1993，5

《法经》考辨/殷啸虎//法学．-1993，12

《封珍式》：中国最早的司法文书汇编/沈乃富//应用写作．-1993，12

商鞅为何"刑弃灰于道者"/张子侠//淮北煤师院学报（社科版）．-1994，2

秦始皇实行法治疑论/奚椿年//江海学刊．-1994，3

战国刑罚制度述略/康大鹏//北京大学研究生学刊．-1994，4

秦代工商法律研究/张中秋//江苏社会科学．-1994，5

秦法述略/熊铁基//《中外法律史新探》，陕西人民出版社．-1994

论秦代之治贪惩腐/温晓莉//西南民族学院学报（哲社科版）．-1995，1

《版法》为管仲所作考/李曦//管子学刊．-1995，1

谈《秦谳书》中秦代和东周时期的案例/彭浩//文物. -1995，3

东周盟书与春秋战国法制的变化/李力//法学研究. -1995，4

商鞅变法的性质与作用问题驳论/杨师群//学术月刊. -1995，6；又载《百年
　　回眸：法律史研究在中国》第 2 卷，中国人民大学出版社. -2009

秦代审判制度的复原/籾山明//《日本中青年学者论中国史》（上古秦汉卷），
　　上海古籍出版社. -1995

略论楚国法律发展轨迹/顾文幸//中华文化论坛. -1996，1

简论秦代契约法/童光政//研究生法学. -1996，2

从秦律看秦 "吏治" 的特点/李丕祺//西北第二民族学院学报（哲社科版）.
　　-1996，3

先秦时期质量管理思想措施与法规/丘光明//考古与文物. -1996，3

略论秦法对经济生活的规范与促进/齐桂苓//理论与现代化. -1996，5

秦代人事立法初探（上、下）/孙延波、任怀国//政法论丛. -1996，5、6

秦律名考/吴青//文博. -1996，6

从云梦秦简看秦的经济立法/王震亚//西北师大学报（社科版）. -1996，6

从出土竹简看楚国司法职官的建置及演变/贾继东//江汉论坛. -1996，9

楚国法律的起源及法律形式/顾久幸//江汉论坛. -1996，10

春秋时期的军事训练与军事法规/黄朴民//文史知识. -1996，11

包山楚简司法术语考释/刘信芳//《简帛研究》第 2 辑，法律出版社. -1996

誓盟诅约与我国先秦法制/刘向明//嘉应大学学报（社科版）. -1997，1

中国古代治安体制草创于春秋战国时期/陈鸿彝//江苏公安专科学校学报.
　　-1997，2

楚秦诉讼管辖和强制措施之比较研究/贾继东//法商研究. -1997，3

从云梦秦简看秦代的勘查检验制度/周琍//公安大学学报. -1997，4

李悝变法的意义及启示/尚志迈//汉中师范学院学报. -1997，4

"门逆旅" 新探/臧知非//中国史研究. -1997，4

析孔氏家族宗教法对当时国家政权的影响/袁兆春//政法论丛. -1997，4；又
　　载《百年回眸：法律史研究在中国》第 2 卷，中国人民大学出版
　　社. -2009

《孝经》与不孝罪/王立民//青少年犯罪问题. -1997，5

战国前法的形式、生成及其时代特点/徐进//吉林大学社会科学学报.
　　-1997，6

春秋战国的军事法/李昂、周健//检察日报. -1997，8.30

中国历史上第一位讼师/马作武//中国律师. -1997，12

从秦墓竹简看秦代的所有权关系/吴治繁//云南法学. -1998，1

秦律的责任年龄辨析/张全民//吉林大学社会科学学报. -1998，1

商鞅的户籍制度改革及其历史意义/万川//公安大学学报. -1998，1

从《睡虎地秦墓竹简》看秦国控告文书/孙瑞//吉林大学社会科学学报.
    -1998，2

先秦民事法律渊源浅探/李剑//法论. -1998，2

《法经》新考/何勤华//法学. -1998，2

论商鞅变法中的法律普及：兼谈睡虎地秦墓主人身份/刘树林//甘肃政法学院
    学报. -1998，4

秦汉时期判例法的研究及其特点/何勤华//法商研究. -1998，5

秦令与睡虎地秦墓竹简相关问题略析/张建国//中外法学. -1998，6

先秦法制的几个特点/王玉花//高校自学考试. -1998，9

《法经》略考/何勤华//《法律史论集》第1卷，法律出版社. -1998

从睡虎地秦墓档案文书看秦政的复杂表现/郭玉珍//安徽教育学院学报.
    -1999，1

《法经》新解/杜文忠//西南政法大学学报. -1999，1

《吕氏春秋》论道和法/张鸣芳//当代法学. -1999，1

虽严且公，虽苟且正：秦代法律刍议/朱筱新//北京教育学院学报. -1999，1

法经新解/杜文忠//西南政法大学学报. -1999，1

论西周春秋时期的灭族刑/康德文//江西师范大学学报（哲社科版）.
    -1999，1

战国前的多元立法权及其由来/徐进//法制与社会发展. -1999，2

楚王刘英之狱探析/王健//中国史研究. -1999，2

《秦简·法律答问》与秦代法律解释/张伯元//华东政法学院学报. -1999，3

先秦时期我国行政监察制度略论/郝欣富//安徽史学. -1999，3

中国古代监察制度萌芽于战国时期/王丽英//史学月刊. -1999，3

先秦法制教育述论/马克林//西北成人教育学报. -1999，4

秦代刑事责任能力身高衡量标准之质疑——兼论秦律中身高规定的法律意义/
    方潇//江苏社会科学. -1999，4；又载《东吴法学文粹》，法律出版
    社. -2003

秦简"甸人"考辨：兼论《法律答问》中律文的成文时代/严国庆//文教资
    料. -1999，5

秦朝的律法档案及其保管/闵克勤//档案管理．-1999，6

楚秦审判法律制度比较研究/刘金华//荆州师范学院学报（社科版）．
　　-1999，6

失礼则入刑——略论先秦礼法制度及其对后世的影响/金尚理//中州学刊．
　　-1999，6

秦代婚姻初探/郭玉峰//历史教学．-1999，7

中国户籍制度起源初探/俞德鹏//《法律史论丛》第6辑，山东大学出版
　　社．-1999

春秋战国时期的社会变革与法律的成文化/徐祥民//《法律史论丛》第6辑，
　　山东大学出版社．-1999

从银雀山汉简《守法守令等十三篇》看齐国法制/李力//《法律史论集》第2
　　卷，法律出版社．-1999

春秋时期法律形式的特点及其成文化趋势/徐祥民//中国法学．-2000，1

从云梦秦简看秦的赎刑制度/严国庆//江苏广播电视大学学报．-2000，2

略谈秦的"以法治吏"/黑广菊//聊城师范学院学报．-2000，2

浅谈先秦时期身份犯问题/邵维国//北华大学学报．-2000，2

秦朝利用法律手段对经济行为的规范管理/王柏中、隋文家//鞍山师范学院学
　　报．-2000，2

先秦儒家犯罪预防和社会控制/唐元林//河南公安高等专科学校学报．
　　-2000，2

春秋时期的刑罚概念/徐祥民//现代法学．-2000，2

略论春秋时期刑罚的特点/徐祥民//法学研究．-2000，3

云梦秦简中秦律的经济观探微/汤凌慧//辽宁师范大学学报．-2000，3

楚国司法制度探微/南玉泉//政法论坛．-2000，4

秦行政制度的特点/汪玉川//中国行政管理．-2000，4

从天水放马滩秦简看秦代的弃市/曹旅宁//广东社会科学．-2000，5

先秦肉刑源流刍议/李鸣//西南民族学院学报（哲社科版）．-2000，9

春秋刑罚的特点初探/徐祥民//《中国传统法律文化与现代法治》（《法律史论
　　丛》第7辑），重庆出版社．-2000

关于齐国"法治"的借鉴价值/范维贞//《中国传统法律文化与现代法治》
　　（《法律史论丛》第7辑），重庆出版社．-2000

从《秦简》看秦律对两性关系的调整及其现实意义/党江舟//河南省政法管理
　　干部学院学报．-2001，1

论战国时期的婚姻制度及其目的/马汝军//史学集刊. -2001，1

释秦律"拔其须眉"及"斩人发结"——兼论秦汉的髡刑/曹旅宁//中国史
研究. -2001，1；又载《百年回眸：法律史研究在中国》第2卷，中国
人民大学出版社. -2009

四川青川秦律与稻作农业/罗二虎//四川大学学报（哲社科版）. -2001，4

《法经》名称由来驳议/杨慧清//韶关学院学报（社科版）. -2001，4

秦朝法律：以身高为判刑标准/何松山//法学天地. -2001，5

论秦代狱吏考核制度/白焕然//中国监狱学刊. -2001，5

春秋时期的司寇是法官吗/徐祥民//郑州大学学报（哲社科版）. -2002，1

《云梦龙岗秦简》所见之秦代苑政/刘金华//文博. -2002，1

《奏谳书》所见秦朝的法律推理方法/汪世荣//法律方法与法律思维.
-2002，1

战国贿赂三论/马卫东//吉林大学社会科学学报. -2002，2

略论春秋诸侯国间的纳赂受赂现象/李海勇//江汉论坛. -2002，3

论秦律中所见的家族法/曹旅宁//学术研究. -2002，4

秦法制史研究中存在的几个问题/谭前学//四川师范学院学报（哲社科版）.
-2002，4

先秦盗罪考/柳正权//法学评论. -2002，4

春秋时期法制进程考略/杨师群//华东政法学院学报. -2002，5

秦朝逃亡犯罪探析/张功//首都师范大学学报. -2002，6

秦律宫刑非淫刑辨/曹旅宁//史学月刊. -2002，6

李悝与《法经》：兼述中国封建律典的发展过程/彰理//人民法院报. -2002，
6. 17

论秦律的历史地位/霍俊彦//渭南师范学院学报. -2002，增刊

秦"傅"年之我见——秦可能以身高"傅籍"/刘汉//《中西法律传统》第2
卷，中国政法大学出版社. -2002

商鞅改法为律考/吴建璠//《法律史论集》第4卷，法律出版社. -2002；又载
《百年回眸：法律史研究在中国》第2卷，中国人民大学出版社. -2009

睡虎地秦简中的"定杀"与"毒言"考释/曹旅宁//《法律史论集》第4卷，
法律出版社. -2002

从《秦律》看为吏之道/武秀艳//黑龙江教育学院学报. -2003，1

试析"叔向断狱"的法律意义：兼论春秋时晋国的法律制度/张家国//江西师
范大学学报（哲社科版）. -2003，2

赵简子"铸刑鼎"与三晋法家的形成/刘晓丽//学术论丛．-2003，2

云梦秦律：经济运作的理性精神/朱奎泽//兰州铁道学院学报．-2003，2

里耶秦简中的"除邮人"简/于振波//湖南大学学报（社科版）．-2003，3

秦律《廊苑律》考/曹旅宁//中国经济史研究．-2003，3

先秦时期军事伦理与军事法制发展关系探要/孙君//辽宁师范大学学报（社科版）．-2003，3

秦朝"盗"考论/张功//甘肃高师学报．-2003，4

从《睡虎地秦墓竹简》看秦国地方官吏的犯罪与惩罚/武玉环//吉林大学社会科学学报．-2003，5

从《秩律》论战国秦汉间禄秩序列的纵向伸展/阎步克//历史研究．-2003，5

井田制的衰亡——新制度经济学派视角下的春秋战国土地产权制度变迁/张中秋、阮晏子//法商研究．-2003，5

邓析与中国古代讼师现象/叶新火//人民法院报．-2003，5.26

楚秦审判制度比较研究/刘玉堂、贾济东//江汉论坛．-2003，9

先秦君权正当性理论及其特征/陈秀平//《中西法律传统》第3卷，中国政法大学出版社．-2003

云梦秦简对法史研究的价值/武树臣//《武树臣法学文集》，中国政法大学出版社．-2003

先秦法制研究之批判/李力//《中国法制史考证》甲编第1卷，中国社会科学出版社．--2003

东周盟书与法制/李力//《中国法制史考证》甲编第1卷，中国社会科学出版社．-2003

秦法律志/马非百//《中国法制史考证》甲编第2卷，中国社会科学出版社．-2003

商鞅秦律与云梦出土秦律区别和联系/高敏//《中国法制史考证》甲编第2卷，中国社会科学出版社．-2003

云梦秦简中有关法律问题的考证/于豪亮//《中国法制史考证》甲编第2卷，中国社会科学出版社．-2003

战国秦法制史考证综述/马小红//《中国法制史考证》甲编第2卷，中国社会科学出版社．-2003

试论先秦时期的监狱制度/温慧辉//殷都学刊．-2004，2

楚秦起诉制度比较研究/刘玉堂、贾济东//中南民族大学学报（人文社科版）．-2004，2

楚秦刑事诉讼证据比较研究/刘玉堂、贾济东//湖北大学学报（哲社科版）.
　　-2004，2

出土秦律书写形态之异同/佐佐木研太//清华大学学报（哲社科版）.
　　-2004，4

中国历史上最早的一次法律变革——春秋成文法的公布及争论/马珺//河南社
　　会科学. -2004，4

典范政治衰落与春秋战国成文法运动/胡谦//广西政法管理干部学院学报.
　　-2004，5

秦简中的军事法律制度/冯江峰//武警学院学报. -2004，6

里耶秦简秦令三则探析/蔡万进//许昌学院学报. -2004，6

云梦龙岗秦简的法律形式与内容/南玉泉//《中国古代法律文献研究》第2辑，
　　中国政法大学出版社. -2004

周秦之际的"变法"与信任结构的演进——兼析秦之盛衰原因/萧伯符、易江
　　波//《中国历史上的法律制度变迁与社会进步》（《法律史论丛》第10
　　辑），山东大学出版社. -2004

"徒法不足以自行"——秦朝由"事皆决于法"而迅速走向亡国的历史启示/
　　王胜国//《中国历史上的法律制度变迁与社会进步》（《法律史论丛》第
　　10辑），山东大学出版社. -2004

战国法家与古罗马法学家之比较/杨师群//《论史传经》，上海古籍出版
　　社. -2004

先秦典籍关于判例制度的论述/庄伟燕//《判例制度研究》，人民法院出版
　　社. -2004

出土文献：战国的法律/〔美〕罗凤鸣著，孔庆平译，苏亦工校//《美国学者
　　论中国法律传统》增订版，清华大学出版社. -2004

论秦律对官吏管理的措施/李国锋//河南省政法管理干部学院学报. -2005，1

云梦秦简行政法文献新论/周生春、韦光燕//浙江大学学报（人文社科版）.
　　-2005，1

先秦时期债流转的史实探析/张培田、陈金全//法学研究. -2005，2

秦令的演化及其在法律形式中的地位/南玉泉//考古与文物. -2005，2

睡虎地秦简魏户律的再研究/张继海//中国史研究. -2005，2

先秦时期丧服制度中的性别等级地位差异问题初探/段塔丽//四川大学学报
　　（哲社科版）. -2005，3

礼法·法天·法术——先秦法制模式及其影响/魏义霞//哲学研究. -2005，4

先秦的债及其法律调整源流刍探/张培田、陈金全//西南民族大学学报（人文社科版）. -2005，4

再论资产铸刑书事件/黄广进//西南民族大学学报（人文社科版）. -2005，4

孔子杀少正卯考论/马作武//中外法学. -2005，5；又载《百年回眸：法律史研究在中国》第2卷，中国人民大学出版社. -2009

从"公室告"与"家罪"看秦律的立法精神/于振波//湖南大学学报（社科版）. -2005，5

从多元立法权和司法权到一元立法权和司法权的转折：春秋时期"铸刑书"、"铸刑鼎"辨析/郝铁川//华东政法学院学报. -2005，5

睡虎地秦律"除佐必当壮以上"年龄规定辨析/刘向明//南昌大学学报. -2005，5

如何看待春秋期间郑铸刑书、晋铸刑鼎的法律意义/廖宗麟//河池学院学报（哲社科版）. -2005，6

春秋时期的档案文献编纂——成文法的编纂公布/林荣//兰台世界. -2005，8

《秦律十八种·徭律》应析出一条《兴律》说/王伟//文物. -2005，10

试论郭店楚简对儒家"知命"学说的贡献/陈代波、刘光本//《法律文献整理与研究》，北京大学出版社. -2005

楚国法治经验对当今中国实施依法治国的启示/周家洪、张宏//沙洋师范高等专科学校学报. -2006，1

盟书：春秋时代特殊的法律文书/董芬芬//甘肃政法学院学报. -2006，1

试论先秦时期赵国的法律制度/白国红//河北法学. -2006，1

李悝撰《法经》质疑补证/廖宗麟//河池学院学报（哲社科版）. -2006，1

战国时期官吏腐败之文化渊薮探析/司志晓、周海燕//华北水利水电学院学报（社科版）. -2006，2

也谈春秋战国时期的诸侯国是否为主权国家：以《墨子》为例、以国际法为视角/桑东辉//国际政治研究. -2006，2

"悬灋象魏"考辨：兼论"铸刑书"与"铸刑鼎"问题/温慧辉//河南省政法管理干部学院学报. -2006，3

秦朝以身高确认刑事责任的原因探析/谢冬慧//政治与法律. -2006，3

商鞅被车裂案/赵晓耕//法律与生活. -2006，5

春秋时期的狱讼初探/宁全红//重庆师范大学学报（哲社科版）. -2006，6

先秦时期债流转的史实补析/张培田//法学研究-2006，6；又载《百年回眸：法律史研究在中国》第2卷，中国人民大学出版社. -2009

睡虎地秦简中的法律故事/赵晓耕//法律与生活. -2006，6

秦律中的家长权/赵晓耕//法律与生活. -2006，7

关于睡地虎秦简秦律所见隶臣妾/〔日〕永田英正著，李力译//《法律史论集》第6卷，法律出版社. -2006

先秦"法治"渊源与"法治"实践的障碍/邓建鹏//《法律史论集》第6卷，法律出版社. -2006

先秦时期刑罚演变析论/许巧玥//沧桑. -2007，1

秦简《秦律杂抄》译文商榷/周群、陈长琦//史学月刊. -2007，1

春秋时期法的产生初探/宁全红//广东社会科学. -2007，1

春秋时期郑国的成文法与"悬书"/李玉洁//中州学刊. -2007，1

秦朝律法档案的组成及保管利用刍议/王云庆//档案学通讯. -2007，2

秦律中的和谐社会因素/刘光宇//安徽理工大学学报（社科版）. -2007，2

秦律三种辨正/尹伟琴、戴世君//浙江社会科学. -2007，2

里耶秦简"金布"与《周礼》中的相关制度/朱红林//华夏考古. -2007，2

先秦环境保护法规及思想述略/韩晓燕//甘肃联合大学学报. -2007，3

秦简廷行事考辨/刘笃才、杨一凡//法学研究. -2007，3

先秦妇女在婚姻家庭中的法律地位/钟铁蕙//邵阳学院学报（社科版）. -2007，3

从《云梦秦简》看秦国的民族立法/赵英//内蒙古社会科学（汉文版）. -2007，4

孔府司法：中国传统社会家族司法的典型/袁兆春//美中法律评论. -2007，4

法家治国方略与秦朝速亡关系的再考察/屈永华//法学研究. -2007，5；又载《南湖法学论衡——中南财经政法大学六十周年校庆法学论文集萃》，北京大学出版社. -2008

先秦监察法制形态的功能视角分析/胡谦//宁夏大学学报. -2007，5

中国先秦诉讼艺术/胡平仁//湘潭大学学报（哲社科版）. -2007，6

关于先秦时期复仇问题的思考/张琦//湘潭师范学院学报（社科版）. -2007，6

秦青铜器铭文所见"隶臣"及"鬼薪"、"城旦"身份考/李力//《中国古代法律文献研究》第3辑，中国政法大学出版社. -2007

《龙岗秦简禁苑律》研究/于翠平、于青明//《法律文化研究》第3辑，中国人民大学出版社. -2007

权与法的博弈——从法治角度看先秦法家人物悲剧命运/冯君伟//时代文学

（双月上半月）. -2008，2

春秋铸刑书刑鼎究竟昭示了什么巨变/黄东海、范忠信//法学. -2008，2

小议先秦社会的史官与法律：从刑字说起/赵晓耕、孙倩//思想战线.
    -2008，3

析《龙岗秦简》中的行政法规和行政管理制度/于翠平//湖南医科大学学报
    （社科版）. -2008，4

先秦监察法制的形态研究/祝磊、胡谦//船山学刊. -2008，4

先秦法律用语同义现象探析/牟玉华//江西社会科学. -2008，4

秦"以吏为师、以法为教"的渊源与流变/臧知非//江苏行政学院学报.
    -2008，4

秦律所见连坐法积极作用浅析——以睡虎地秦墓竹简为中心/裴永亮//牡丹江
    教育学院学报. -2008，5

《法经》论考/夏阳//法制与经济（下半月）. 2008，5

秦国与秦王朝的财计法规/郭道扬//中国总会计师. -2008，5

从包山楚简看楚国的诉讼制度/陈绍辉//江汉论坛. -2008，5

释"徒隶"兼论秦刑徒的身份及刑期问题/曹旅宁//上海师范大学学报（哲社
    科版）. -2008，5

睡虎地秦简所反映的公物管理法/田振洪//河南科技大学学报（社科版）.
    -2008，6

商鞅变法后秦政府对性过错的规范及其作用/刘举//学习与探索. -2008，6

简牍所见秦律令/张军//新西部（下半月）. -2008，8

里耶秦简《祠律》考述/曹旅宁//史学月刊. -2008，8

论春秋战国时期国际法的萌芽/周峤//金卡工程（经济与法）. -2008，10

《左传》中的"刑"和"法"/何博//江苏警官学院学报. -2009，1

云梦秦简中所见隶臣妾身份研究/蒋秀碧//时代文学（下半月）. -2009，2

先秦刑罚考/魏代富//聊城大学学报（社科版）. -2009，2

秦律所反映的官营畜牧业管理制度/田振洪//青岛农业大学学报（社科版）.
    -2009，2

论春秋时期之存在国际法/赵彦昌、王忠宝//黑龙江史志. -2009，2

商鞅变法与中国传统法制的初次转型/徐昱春//求索. -2009，2

《左传》中的法律实践/徐歌阳//法制与社会. -2009，3

秦律令中的"新黔首"与"新地吏"/于振波//中国史研究. -2009，3

战国时期国家法律的传播——竹简秦汉律与《周礼》比较研究/朱红林//法制

与社会发展. －2009，3

关于秦始皇奉行法治的几点思考/李由//宿州教育学院学报. －2009，4

也谈云梦睡虎地秦简《魏律》——从有关姜太公的经历说起/代生//史林.
　　－2009，4

《云梦睡虎地秦简》与中下级官吏的法律约束/窦文良//河北青年管理干部学
　　院学报. －2009，4

从传世的和新出土的陕西金文及先秦文献看西周的民事诉讼制度/冯卓慧//法
　　律科学. －2009，4

秦律的制度分析/罗爱华//甘肃社会科学. －2009，5

试析先秦时期的反贪贿赂制度/董鹏华//郑州航空工业管理学院学报（社科
　　版）. －2009，6

秦代的法治实践及其历史教训/罗家云//玉溪师范学院学报. －2009，7

"罪刑法定"在中国的萌芽——对争鸣时期的另类考察/郭成龙、乔利民//理
　　论界. －2009，10

先秦时期渎职犯罪考察/王永欣//学术交流. －2009，12

秦律"非公室告"述评/邹欢艳//法制与社会. －2009，21

《法经》论考/陈梦竹//法制与社会. －2009，22

也谈"苛法亡秦"——读睡虎地秦简《田律》/贾迪//法制与社会.
　　－2009，32

从《左传》看春秋时期狱讼的基本特征/宁全红//《司法》（北京理工大学司
　　法高等研究所主办）第4辑，厦门大学出版社. －2009

春秋时期狱讼的确定性问题初探/宁全红//《法律文化研究》第5辑，中国人
　　民大学出版社. －2009

关于我国传统社会的家族性司法——以孔府司法为例/袁兆春//《法律文化研
　　究》第5辑，中国人民大学出版社. －2009

《周礼》中的司法官联制度论析/温慧辉//《法律文化研究》第5辑，中国人民
　　大学出版社. －2009

秦司法文书"当腾腾"用语释义/戴世君//浙江社会科学. －2010，2

战国时期官营畜牧业立法研究——竹简秦汉律与《周礼》比较研究（六）/
　　朱红林//古代文明. －2010，4

《周礼》官计文书与战国时期的行政考核——竹简秦汉律与《周礼》比较研
　　究（十七）/朱红林//吉林师范大学学报（人文社科版）. －2010，4

秦律中的甲盾比价及相关问题/于振波//史学集刊. －2010，5

士与理：先秦时期刑狱之官的起源与发展/罗新慧//陕西师范大学学报（哲社
　　科版）. -2010，5

传世文献中秦律佚失原因蠡测/付志杰、李俊方//长春师范学院学报（人文社
　　科版）. -2010，6

竹简秦律有关损害赔偿之规定/田振洪//兰州学刊. -2010，8

秦国的吏治与廉政/曹文泽、祝和军//人民检察. -2010，21

再论睡虎地秦简中的"赍律"/朱红林//《中国法律传统与法律精神——中国
　　法律史学会成立 30 周年纪念大会暨 2009 年会论文集》，山东人民出版
　　社. -2010

《韩非子》与中国古代治吏不治民法律传统的形成/彭炳金//《中国法律传统与
　　法律精神——中国法律史学会成立 30 周年纪念大会暨 2009 年会论文
　　集》，山东人民出版社. -2010

"隶臣妾"身份再研究/李力//《青蓝集续编：张晋藩教授指导的法律史学博士
　　论文粹编》，法律出版社. -2010

秦"笞"辨疑/张伯元//《中国古代法律文献研究》第 4 辑，法律出版
　　社. -2010

3. 汉

汉文帝废止肉刑与中国刑制之得失/王恒颐//中央大学半月刊. -1930，（第 2
　　卷）1

秦汉肉刑考/张斗衡//学术丛刊. -1947，（第 1 卷）1

汉之决事比及其源流/陈顾远//复旦学报（社科版）. -1947，3

秦汉刑徒杂考之一/张政烺//历史学习. -1956，5

关于两汉的徒/陈直//《两汉经济史料论丛》，陕西人民出版社. -1958

从徐胜买地券论汉代"地券"的鉴别/方诗铭//文物. -1973，5

汉刑徒砖志杂释/吴荣曾//考古. -1977，3

关于"江陵丞"告"地下丞"/陈直//文物. -1977，12

秦汉"士伍"的身份与阶级地位/刘海年//文物. -1978，2

秦汉连坐制度初探/陈自方//北方论丛. -1979，2

秦汉"徒"为奴隶说质疑/陈玉景//安徽大学学报（哲社科版）. -1979，2

司马迁受宫刑/韩兆琦//史学史研究. -1979，4

"城旦"解/陈金生//《文史》第 6 辑，中华书局. -1979

秦汉啬夫考/钱剑夫//中国史研究. -1980，1

秦汉诉讼中的"爰书"/刘海年//法学研究. -1980，1；又载《战国秦代法治管窥》，中国法制出版社. -2006；《百年回眸：法律史研究在中国》第 2 卷，中国人民大学出版社. -2009

汉律篇名新笺/高恒//吉林大学社会科学学报. -1980，2；又载《法律史论丛》第 1 辑，中国社会科学出版社. -1981

居延简册《甘露二年丞相御史律令》考述/初师宾//考古. -1980，2

西汉"三十税一"和"献费"初探/魏良强//南京大学学报（哲学人文社科版）. -1980，3

秦汉族刑考/陈乃华//山东师范大学学报（人文社科版）. -1980，4

"顺流而与之更治"——论汉初法治与社会安定、经济发展/张志哲、罗俊义//光明日报. -1980，4. 29

略论西汉成帝时的"刑徒"起义/高敏//中州学刊. -1981，1

试论秦汉御史制度/苏俊良//北京师院学报. -1981，2

从杜周的专行看封建主义法制的影响/肖雯//法学杂志. -1981，3

秦汉的民爵、囚徒和谪发/龚鹏九//邵阳师专教与学. -1981，3

略说汉文帝除肉刑/俞慈韵//社会科学辑刊. -1981，4

论两汉刑法的基本原则/肖永清//《法律史论丛》第 1 辑，中国社会科学出版社. -1981；又载《百年回眸：法律史研究在中国》第 2 卷，中国人民大学出版社. -2009

汉代买地券考/吴天颖//考古学报. -1982，1

西汉对法律的改革/于豪亮//中国史研究. -1982，2

从汉武帝刺察"六条"所得的启示/马进保//法学杂志. -1982，3

对《居延简册〈甘露二年丞相御史律令〉考述》的商榷/朱绍侯//河南师大学报（社科版）. -1982，4

论西汉初年对于刑律的修正/张维华//文史哲. -1982，5

河南偃师县发现汉代买田约束石券/黄士诚//文物. -1982，12

汉代用刑与季节的关系/杨鸿年//《法律史论丛》第 2 辑，中国社会科学出版社. -1982

秦汉时代刑徒从军问题初探/荀德麟//苏州大学学报（社科版）. -1983，3

我国法律史上的一次重要改革/刘海年//法学季刊. -1983，4

甘肃武威新发现的汉简表明：我国西汉就有养老尊老法/程杰//文汇报. -1983，4. 21

也论西汉的酷吏/田久川//文史哲. -1983，5

论西汉的财政法制/戴凤岐//《法学论集》，北京市法学会．-1983

论"引经决狱"/高恒//《法律史论丛》第2辑，法律出版社．-1983

东汉刑徒墓/徐金星//中州今古．-1984，2

张释之执法如山/陈茂菊//法学季刊．-1984，2

法繁网密，一脉相承——秦汉立法概况/倪正茂//法学杂志．-1984，3

秦汉的劳役刑/〔日〕冨谷至著，张鹤泉译//中国史研究动态．-1984，3

司马迁受刑之年略考/施丁//辽宁大学学报（哲社科版）．-1984，3

经义断狱/王友才//河北法学．-1984，4

《春秋》决狱初探——兼与两本统编教材中某些观点商榷/萧伯符//湖北财经
　　学院学报．-1984，4

论西汉酷吏的产生、职能和特点/马建石、徐世虹//中国政法大学学报．
　　-1984，4；又载《中国政法大学科学讨论会文集》（上）．-1984

略论汉代的弛刑徒/张鹤泉//东北师大学报（社科版）．-1984，4

试论"春秋决狱"/宋昌斌//政治与法律．-1984，5

萧何作律九章的质疑/胡银康//学术月刊．-1984，7

汉代监察制度述论/刘修明//光明日报．-1984，8.29

从两汉税法看古代经济立法对社会经济的影响/陈汉生//法学．-1984，12

秦汉货币立法略论/陈汉生//《上海市法学会年会论文选》．-1984

秦汉之际法律制度的沿革——试论"汉承秦制"/殷啸虎//《华东政法学院研
　　究生论文集》．-1984

汉代婚律初探/彭卫//西北大学学报（哲社科版）．1985，1

湖北江陵发现一批珍贵的西汉竹简，久已失传的萧何汉律得以重见//人民日
　　报．-1985，1.17

主父偃献策推恩与汉武帝下推恩令应为元朔二年辨/岳庆平//北京大学学报
　　（哲社科版）．-1985，2

略论《汉书·刑法志》/何东义//法学杂志．-1985，5

东汉"三互法"辨析/方北辰//《文史》第24辑，中华书局．-1985

秦汉地方警察机构——亭/高恒//《中国警察制度简论》，群众出版社．-1985

秦汉律中髡、耐、完刑辨析/王森//法学研究．-1986，1

对西汉收孥法研究中的两个问题的商榷/彭年//社会科学研究．-1986，1

秦汉族刑、收孥、相坐诸法渊源考释/彭年//四川师范大学学报（社科版）．
　　-1986，2

试论秦汉时代的货币立法/陈汉生//上海大学学报（社科版）．-1986，2

论萧何的《九章律》/刘林希、尹天佑//政法学习．-1986，3

西汉诏狱探析/余行迈//云南师范大学学报（哲社科版）．-1986，3

汉代军法内容新探——读青海省大通县上孙家寨汉墓木简札记/白建钢//青海
　　社会科学．-1986，4

论汉代的血族复仇/彭卫//河南大学学报（社科版）．-1986，4

试论商事立法在西汉初期经济开放政策中的作用/陈汉生等//政法丛刊．
　　-1986，4

汉律在中国封建法制史上的地位/叶峰//政治与法律．-1986，6

西域木简所见《汉律》中的"证不言请"律/连劭名//文物．-1986，11

居延汉简债务文书述略/李均明//文物．-1986，11

秦汉的御史官制/罗义俊//江汉论坛．-1986，12

居延汉简"变事"解/李均明//《文史》第27辑，中华书局．-1986

从安土重迁论西汉时代的徙民分迁徙刑——附录：论汉代迁徙刑的运用与不
　　复肉刑/邢义田//（台湾）《"中央研究院"历史语言研究所集刊》第57
　　本第2分册．-1986

从汉律看我国古代的民事立法/蒋维德//内蒙古大学学报（哲社科版）．
　　-1987，1

对两汉收孥法研究中的两个问题的商榷/彭年//社会科学研究．-1987，1

"汉科"质疑/从希斌//天津师大学报．-1987，1

略论西汉"贵治狱之吏"的原因及其后果/刘汉东//郑州大学学报（哲社科
　　版）．-1987，1

"耐刑""完刑"考辨/张中秋//辽宁大学学报（哲社科版）．-1987，1

秦汉的户籍制度/高敏//求索．-1987，1

东汉法律制度简论/刘林希等//政法学习．-1987，3

汉简中的债务文书及"贳卖名籍"/连劭名//考古与文物．-1987，3

汉代一份民事诉讼文书析/曹海科等//档案．-1987，4

西汉"察廉"考/阎步克//北京师院学报（社科版）．-1987，4

读《汉书·刑法志》札记两则/刘笃才//辽宁大学学报（哲社科版）．
　　-1987，5

对汉文帝除肉刑后宫刑存废问题的辨析/吴文翰、陶广峰//政法论坛．
　　-1987，5

两汉"鞫狱"正释/陈晓枫//法学评论．-1987，5

关于秦汉刑事连坐的若干问题/陈乃华//山东师大学报（社科版）．-1987，6

试论汉文帝废肉刑/蒙振祥//《西北政法学院本科生优秀毕业论文选》（1），
　　西北政法学院印行. −1987

汉代刑罚制度改革的原因刍议/于晓光//政法丛刊. −1988，1

汉律中的"上言变事律"/连劭名//政法论坛. −1988，1

两汉赎刑考/程维荣//西北政法学院学报. −1988，1

论刘邦约法三章的性质/周锦文//北京师院学报（社科版）. −1988，1

三章之法辨析/关振军//中国法学. −1988，1

卫太子狱辨/苏亦工//辽宁大学学报（哲社科版）. −1988，1

汉代监察制度的渊源、作用和演变/刘修明//上海社会科学院学术季刊.
　　−1988，2

从《先令券书》看汉代有关遗产继承问题/杨剑虹//武汉大学学报（哲社科
　　版）. −1988，3

汉代"案比"制度的渊源及其流演/钱剑夫//历史研究. −1988，3

洛阳东汉刑徒墓人骨鉴定/潘其风、韩康信//考古. −1988，3

司马迁下狱、宫刑年代之商榷/张艳国//史学月刊. −1988，3

试论秦汉的参夷法/王克奇、张汉东//山东师大学报. −1988，6

西域木简所见《汉律》/连劭名//《文史》第29辑，中华书局. −1988

汉朝刑法琐谈/雨齐//江苏劳改战线. −1989，1

汉代"春秋决狱"浅谈/江淳//广西师范学院学报（社科版）. −1989，1

小议秦汉刑徒与褒斜古道/王良//成都大学学报（社科版）. −1989，1

论"引经折狱"的实质/高积顺//政法论丛. −1989，1

论汉文帝废除肉刑及其影响/汤玉枢//华侨大学学报（社科版）. −1989，2

两汉劾制辨正/陈晓枫//法学评论. −1989，3

"春秋决狱"简析/于逸生//求是学刊. −1989，6

"约法三章"新释/曾凡英//贵州社会科学（社科版）. −1989，8

汉简所见西北边塞的商品交换和买卖契约/林甘泉//文物. −1989，9

论银雀山简《守法》、《守令》/李学勤//文物. −1989，9

战国秦汉法制沿革/刘海年//（日本）《史滴》第10号. −1989

汉代地方监察制度的几个问题/牟元珪//复旦学报（社科版）. −1990，1

《九章律》考辨/殷啸虎//历史教学. −1990，1

律令法系的演变与秦汉法典/〔日〕大庭脩著，马小红译//中外法学.
　　−1990，1

汉初冤狱简论/姚凤林//佳木斯师专学报. −1990，2

经义决狱/梁治平//文史知识. -1990, 2

萧何九章皆沿秦律而来/韩国磐//厦门大学学报（社科版）. -1990, 3

汉"科"为法律形式说质疑/马作武、蒋鸿雁//法学评论. -1990, 4

汉代监察制度的特点/朱莲华、邱永明//上海大学学报（社科版）. -1990, 4

汉代经济立法初探/蒋晓伟//政治与法律. -1990, 5

秦汉"同居"考辨/彭年//社会科学研究. -1990, 6

东汉初年的一宗诉讼案卷/刘海年//《中国法律史国际学术讨论会论文集》，陕
    西人民出版社. -1990

秦汉官吏赃罪考述/陈乃华//山东师大学报（社科版）. -1991, 1

秦汉"不道"罪考述/陈乃华//中国史研究. -1991, 2

汉文帝除肉刑考析/韩国磐//中国史研究. -1991, 2

文帝改制考释/刘笃才//辽宁大学学报（哲社科版）. -1991, 2

试论秦汉时期的监察制度/任树民//西藏民族学院学报（社科版）. -1991, 3

以经治国与汉代法律/晋文//江海学刊. -1991, 3

论汉代的察举制度/王震亚//西北师大学报（社科版）. -1991, 4

论秦汉刑罚中的"迁"、"徙"/宋杰//北京师范学院学报（社科版）.
    -1992, 1

试论扬廉惩贪的秦汉监察制度/崔莉//辽宁大学学报（哲社科版）. -1992, 1

西汉关于渎职罪的立法与执法/李振宏//河南大学学报（社科版）. -1992, 1

汉代刑徒兵论略/陈晓鸣、饶国宾//抚州师专学报. -1992, 1

汉简与汉代法制研究/徐世虹//内蒙古大学学报（哲社科版）. -1992, 2

汉简中所见的刑徒制/吴荣曾//北京大学学报（哲社科版）. -1992, 2

论两汉酷吏/田延峰//宝鸡师院学报（社科版）. -1992, 3

《轻侮法》与东汉的血亲复仇风/曹金华//扬州师院学报（社科版）.
    -1992, 3

试论汉文帝废肉刑/翟婉华//甘肃社会科学. -1992, 3

汉代皇权与法制刍议/李大生//吉林大学社会科学学报. -1992, 4

秦汉户籍制度考述/孙筱//中国史研究. -1992, 4

西汉官吏立法研究/李振宏//中国史研究. -1992, 4

秦汉以来我国古代监察制度的几个特点/于敬民、于建华//山东师大学报（社
    科版）. -1992, 6

汉高祖除秦苛法质疑/韩国磐//求索. -1992, 6

秦汉督责之术比较研究：兼谈李陵与司马迁的冤案/赵志远//文史知识.

–1992，10

董仲舒春秋折狱案例研究/黄源盛//《台大法学论丛》第21卷第2期. –1992

《汉书·刑法志》的法律思想/高恒//《儒学与法律文化》，复旦大学出版
　　社. –1992

"约法三章"句读辨正/雏飞//河南大学学报（社科版）. –1993，1

《春秋》决狱始因质疑/刘志坚//法律与社会（兰州）. –1993，2

论秦汉的吏役制/王新邦//贵州大学学报（社科版）. –1993，2

"巫蛊之祸"新探/吴刚//中国史研究. –1993，2

汉代养老制度小议/胡小丽//文博. –1993，2

论宫刑与《史记》的关系/陈桐生//山西师大学报（社科版）. –1993，3

对汉代"酷吏"的评论应一分为二：读《史记》关于"酷吏"的记载/谢季
　　祥//福建师范大学学报（社科版）. –1993，4

刘邦的法制活动及其影响/华友根//史林. –1993，4

论文帝改革后两汉刑制并无斩趾刑/张建国//中外法学. –1993，4；又载《百
　　年回眸：法律史研究在中国》第2卷，中国人民大学出版社. –2009

谈《奏谳书》中的西汉案例/彭浩//文物. –1993，8

武威旱滩坡出土汉简考述——兼论"挈令"/李均明、刘军//文物.
　　–1993，10

汉代罪犯徙边研究/张凤仙、吴东生//劳改劳教理论研究. –1994，1

论汉代吏民上书的监察作用/袁礼华//南昌大学学报（社科版）. –1994，1

浅谈秦汉时期对官吏渎职罪的惩处/江旭伟//宝鸡文理学院学报（社科版）.
　　–1994，1

汉代土地法律制度研究/张中秋//南京大学法律评论. –1994，春季号

西汉的《春秋》决狱及其历史地位/华友根//政治与法律. –1994，5

汉代赋役法律研究/张中秋//南京社会科学. –1994，10

两汉春秋折狱案例探微/黄源盛//（台湾）《政大法学评论》第52期. –1994

汉初法律系全部继承秦律说——读张家山汉简《奏谳书》札记之一/高敏//
　　《秦汉史论丛》第6辑，江西教育出版社. –1994

天人之间：汉代的契约与国家/〔美〕宋格文著，李明德译//《美国学者论中
　　国法律传统》，中国政法大学出版社. –1994；又载《中外法律史新探》，
　　陕西人民出版社. –1994

汉代经济犯罪的类型及惩治的司法原则/熊伟华//人文杂志. –1995，1

秦汉御史大夫的职能/王勇华//首都师范大学学报（社科版）. –1995，1

秦汉赋税立法之比较/张洪林、李东方//中州学刊. -1995，1

经学与汉代法制/张涛//文史哲. -1995，3

论汉武帝时期的封建法治/陈春雷//淮阴师专学报. -1995，3

略谈"以经决狱"/何汝泉//重庆社会科学. -1995，3

汉代工商贸易法律叙论/张中秋//南京大学学报（哲学人文社科版）.
　　-1995，4

西汉的礼法结合及其在中国法律史上的地位/华友根//复旦学报（社科版）.
　　-1995，6

汉代的两座刑徒墓/〔日〕冨谷至//《日本中青年学者论中国史》（上古秦汉
　　卷），上海古籍出版社. -1995

试析汉初"约法三章"的法律效力——兼谈"二年律令"与萧何的关系/张
　　建国//法学研究. -1996，1；又载《帝制时代的中国法》，法律出版
　　社. -1999

浅析"汉承秦制"与"春秋决狱"的关系/江旭伟//研究生法学. -1996，1

论汉代的《春秋》决狱/张景贤//天津政法. -1996，2

略论王莽的法制活动及其历史地位/华友根//史林. -1996，2

儒学与汉代婚姻制度/刘厚琴//孔子研究. -1996，2

论秦汉地方监察系统与监察法/范学辉、曾振宇//三峡学刊. -1996，3

论汉代礼入于法的趋势/张景贤//天津政法. -1996，4

汉代奏谳制度考析/罗鸿英//现代法学. -1996，5

居延新汉简"粟君债寇恩"民事诉讼个案研究/张建国//中外法学. -1996，5

秦汉弃市非斩刑辨/张建国//北京大学学报（哲社科版）. -1996，5

西汉刑制改革新探/张建国//历史研究. -1996，6

包山楚简司法术语考释/剑信芳//《简帛研究》第 2 辑，法律出版社. -1996

汉劾制管窥/徐志虹//《简帛研究》第 2 辑，法律出版社. -1996

汉简中所见汉律辑考/高恒//《简帛研究》第 2 辑，法律出版社. -1996

简帛所见军法辑证/陈伟武//《简帛研究》第 2 辑，法律出版社. -1996

从《奏谳书》看汉初军功爵制的几个问题/朱绍侯//《简帛研究》第 2 辑，法
　　律出版社. -1996

汉代的立法形式与立法语言/徐世虹//内蒙古大学学报（哲社科版）.
　　-1997，1

汉简《奏谳书》和秦汉刑事诉讼程序初探/张建国//中外法学. -1997，2

论齐国法制对汉制的影响/陈乃华//中国史研究. -1997，2

关于秦汉"弃市"的几个问题——兼与张建国先生商榷/牛继清//甘肃理论学刊. -1997，3

简论汉代的礼和法/尚玮//史学月刊. -1997，4

论汉代的经学与法律/于语和//南开学报（社科版）. -1997，4

叔孙通定《傍章》质疑——兼析张家山汉简所载律篇名/张建国//北京大学学报（哲社科版）. -1997，6；又载《帝制时代的中国法》，法律出版社. -1999

汉申诉上书初探/袁礼华//安徽史学. -1998，1

略论汉"徙合浦"/蒋廷瑜//社会科学家. -1998，1

漫谈东汉的举民谣纠察官吏职行监督/袁刚//法学杂志. -1998，1

春秋决狱：儒家经义与判例法/武树臣//判例与研究. -1998，2

从"约法三章"到"九章律"：汉初立法考析/李雄伟//长沙电力学院学报（社科版）. -1998，2

汉文帝除肉刑的再评价/张建国//中外法学. -1998，3

孝与汉代法制/侯欣一//法学研究. -1998，4

秦汉时期的判例法研究及其特点/何勤华//法商研究. -1998，5；又载《判例制度研究》，人民法院出版社. -2004

汉代官吏"擅为"及其法律责任/仝晰纲//山东师范大学学报（人文社科版）. -1998，6

先秦至两汉家族主义法起源/丁凌华//法学. -1998，增刊

汉文帝刑制改革相关问题点试诠/张建国//《法律史论集》第 1 卷，法律出版社. -1998

孝与汉代社会及法律/侯欣一//《法律史论集》第 1 卷，法律出版社. -1998

从简牍看汉代的行政文书范本——"式"/邢义田//《简帛研究》第 3 辑，广西教育出版社. -1998

汉简中所见令文辑考/高恒//《简帛研究》第 3 辑，广西教育出版社. -1998

汉令甲、乙、丙辨正/徐世虹//《简帛研究》第 3 辑，广西教育出版社. -1998

居延汉简中的状与"毋状"/徐世虹//《出土文献研究》第 4 辑，中华书局. -1998

汉代法制杂考/张积//北京大学学报（哲社科版）. -1999，1

汉代上计制度论考——兼评尹湾汉墓木牍《集簿》/高恒//东南文化. -1999，1；又载《尹湾汉墓简牍综论》，科学出版社，-1999

论汉代刑罚制度改革的历史背景/孙光妍//北方论丛. -1999，1

略谈汉代禄秩的特点与倾向/阎步克//杭州师范学院学报. –1999, 1

秦汉时期的"文法吏"/于振波//中国社会科学院研究生院学报. –1999, 2

"引经决狱"的实质与作用/于振波//湖南大学学报（社科版）. –1999, 2

西汉及其以前的"肉袒谢"/张维慎//寻根. –1999, 2

秦汉时期监察制度形成及思想探源/马作武//政法论坛. –1999, 3

继承秦代衣钵的西汉法治/萧平汉//衡阳师范学院学报. –1999, 4

秦汉时期的乡里管理体制/仝晰纲//东岳论丛. –1999, 4

汉代"春秋决狱"的判例机制管窥/黄震//中央政法管理干部学院学报.
　　–1999, 6

《奏谳书》与秦汉铭文中的职官省称/李学勤//《中国古代法律文献研究》第1
　　辑，巴蜀书社. –1999

汉简所见劳役刑名资料考释/徐世虹//《中国古代法律文献研究》第1辑，巴
　　蜀书社. –1999

汉简中的官吏奖惩制度/罗鸿瑛//《法律史论集》第2卷，法律出版社. –1999

试论新莽时期的刑法问题/张继海//北京大学研究生学报. –2000, 1

汉代法律运行机制的现代启示/于振波//湖南大学学报（社科版）. –2000, 1

略论西汉时期的行政监察管理制度/张耀武//山西教育学院学报. –2000, 1

秦汉时期的刑事侦查/闫晓君//寻根. –2001, 1

两汉"故事"论考/阎晓君//中国史研究. –2000, 1；又载《百年回眸：法
　　律史研究在中国》第2卷，中国人民大学出版社. –2009

论汉律中的礼法融合/吴秋红//高等函授学报. –2000, 2

略论汉代"春秋决狱"之利弊/阎雅彬//鞍山师院学报. –2000, 2

秦汉县政府机构设置与行政职能/袁刚//南都学坛. –2000, 2

略论秦汉时期地方性立法/阎晓君//江西师范大学学报（哲社科版）.
　　–2000, 3

试论两汉监察官员的选任制度/关汉华//广东社会科学. –2000, 4

西汉商人身份地位的法律限定/王刚//上饶师范学院学报. –2000, 5

"春秋决狱"新探/吕志兴//西南师范大学学报（人文社科版）. –2000, 5

汉朝的档案立法/徐绍敏//浙江档案. –2000, 6

"徒法不能以自行"：西汉依法治官的经验与教训/卞海霞、钱振明//中国行政
　　管理. –2000, 9

汉简中的敬老养老法令析/罗鸿瑛//《中国传统法律文化与现代法治》（《法律
　　史论丛》第7辑），重庆出版社. –2000

居延出土汉律散简释义/陈公柔//《燕京学报》新 9 期，北京大学出版社. -2000

汉代法律运行机制的现代启示/于振波//湖南大学学报（社科版）. -2001，1

由简牍文书看汉代职务罪规定/胡仁智//法商研究. -2001，3

西汉举报立法初探/刘凡振、刘广平//殷都学刊. -2001，4

汉代民事诉讼程序考述/徐世虹//政法论坛. -2001，6

论萧何的政治功绩与法律成就/华友根//政治与法律. -2001，6

汉简中的债务文书辑证/高恒//《法律史论集》第 3 卷，法律出版社. -2001

秦汉罚金考/〔日〕藤田高夫//《简帛研究》第 4 辑，广西师范大学出版社. -2001

秦汉时代的赎刑/〔日〕角谷常子著，陈清、胡平生译//《简帛研究》第 4 辑，广西师范大学出版社. -2001

汉简中所见举、劾、案验文书辑录/高恒//《简帛研究》第 4 辑，广西师范大学出版社. -2001

"告御状"：汉代诣阙上诉制度/赵光怀//山东大学学报（哲社科版）. -2002，1

秦汉监察制度的形成/王春知//安徽教育学院学报. -2002，1

"王杖诏书"与汉代养老制度/臧知非//史林. -2002，2

张家山汉简所见规范继承关系的法律/李均明//中国历史文物. -2002，2

张家山汉简所反映的二十等爵制/李均明//中国史研究. -2002，2

汉简所反映的关津制度/李均明//历史研究. -2002，3

《二年律令·具律》中应分出《囚律》条款/李均明//郑州大学学报（哲社科版）. -2002，3

对汉代民法渊源的新认识/徐世虹//郑州大学学报（哲社科版）. -2002，3

汉代农业经济管理法初探/黄顺春//农业考古. -2002，3

上书与秦汉法制/孙展//人文杂志. -2002，3

从出土简牍看秦汉法律制度的继承和发展/车佐贤//甘肃社会科学. -2002，3

西汉前期的"傅年"探讨——读《张家山汉墓竹简》札记之六/高敏//新乡师范高等专科学校学报. -2002，3

张家山汉简所反映的适用刑罚原则/李均明//郑州大学学报（哲社科版）. -2002，4

论西汉前期刍、稿、藁税制度的变化发展：读《张家山汉墓竹简》札记之二/高敏//郑州大学学报（哲社科版）. -2002，4

张家山汉简所见"妻悍""妻殴夫"等事论说/王子今//南都学坛. -2002，4

从张家山汉简看楚汉法统关系/蔡万进、吴亮//中州学刊. -2002，4

秦汉时期的社会福利法规/王子今//浙江社会科学. -2002，4

"春秋决狱"之内涵及其价值探析/张友好//克山师专学报. -2002，4

试说张家山简《史律》/李学勤//文物. -2002，4

张家山汉简《二年律令·秩律》所见巴蜀县道设置/王子今、马振智//四川文物. -2002，5

试论两汉与亲属有关的司法程序/赵恒慧//南都学刊. -2002，5

论两汉司法与引礼入法途径/苏凤格//韶关学院学报. -2002，5

汉初查处官员非法收入的制度——张家山汉简《二年律令》研读札记/王子今//政法论坛. -2002，5

张家山二年律令简所见汉代的继承法/徐世虹//政法论坛. -2002，5

张家山汉简所见规范人口管理的法律/李均明//政法论坛. -2002，5

张家山汉简《二年律令》所见刑罚原则/南玉泉//政法论坛. -2002，5

张家山出土汉律的特色/崔永东//政法论坛. -2002，5

论西汉初期的赎/张建国//政法论坛. -2002，5

从悬泉置壁书看《月令》对汉代法律的影响/于振波//湖南大学学报（社科版）. -2002，5

西汉初年军公爵制的等级划分——《二年律令》与军公爵制研究之一/朱绍侯//河南大学学报（社科版）. -2002，5

两汉县级管辖下的司法制度/陈长琦、赵恒慧//史学月刊. -2002，6

论秦汉时代的谪发兵制和刑徒兵制/李玉福//政法论丛. -2002，6

"无为而治"时期的汉代法律/于振波//文史知识. -2002，7

汉文帝"易刑"再考/王泽武//江西社会科学. -2002，8

从《二年律令》看西汉前期的赐爵制度/高敏//文物. -2002，9

张家山汉简《收律》与家族连坐/李均明//文物. -2002，9

汉代的行政监察形式/王子今//中国党政干部论坛. -2002，9

从张家山汉简看汉初"矫制"之法/孙家洲//光明日报. -2002，9.24

《二年律令》与汉代女性权益保护/高凯//光明日报（理论周刊·历史）. -2002，11.5

吕后二年赐田宅制度试探——《二年律令》与军功爵制研究之二/朱绍侯//史学月刊. -2002，12

说"程"——秦汉时期的计量性法规/阎晓君//《走向二十一世纪的中国法文

化》（《法律史论丛》第9辑），上海社会科学院出版社．-2002

略论西汉对人身犯罪的预防与惩治/姜晓敏//《法律史论集》第4卷，法律出版社．-2002

汉代壁书《四时月令五十条》论考/高恒//《法律史论集》第4卷，法律出版社．-2002

张家山汉简《奏谳书》考释/闫晓君//《追寻中华文明的踪迹——李学勤先生学术活动五十年纪念文集》，复旦大学出版社．-2002；又载《法律文献整理与研究》，北京大学出版社．-2005

张家山汉简《田律》与青川秦木牍《为田律》比较研究/高大伦//《简帛语言文字研究》第1辑，巴蜀书社．-2002

张家山汉简奴婢考/李均明//《国际简牍学会会刊》第4号，（台湾）兰台出版社．-2002

汉简所反映的汉代诉讼关系/李均明//《文史》第60辑，中华书局．-2002

睡虎地秦简和张家山汉简反映的秦汉时期后子制和家系继承/〔韩〕尹在硕//中国历史文物．-2003，1

张家山汉简盗律考/曹旅宁//南都学坛（人文社科版）．-2003，1

张家山汉简《津关令》涉马诸令研究/陈伟//考古学报．-2003，1

张家山汉简《贼律》"偏捕"试解/王子今//中原文物．-2003，1

《二年律令·秩律》的历史地理意义/周振鹤//学术月刊．-2003，1

从《二年律令》看与军功爵制有关的三个问题——《二年律令》与军功爵制研究之三/朱绍侯//河南大学学报（社科版）．-2003，1

从《二年律令》看汉初二十级军功爵制研究之四/朱绍侯//河南大学学报（社科版）．-2003，2

张家山汉墓竹简研究述评/张小峰、沈颂金//中国史研究动态．-2003，2

从张家山汉简看西汉时期私奴婢的社会地位/王彦辉//东北师大学报．-2003，2

试论秦汉时期的监察制度/曹金祥//聊城大学学报（社科版）．-2003，2

从《汉书·刑法志》看西汉的德治与立法/关健瑛//求是学刊．-2003，2

汉文帝"易刑"考辨/王泽武//湖北大学学报（哲社科版）．-2003，2

汉代的不道罪与大逆不道罪/魏道明//青海社会科学．-2003，2

西汉社会的崇奢犯赃与惩贪问题考论/张翅//淮南职业技术学院学报．-2003，2

张家山汉简与汉初货币/李均明//中国钱币．-2003，2

论张家山汉简《二年律令》中的"宦皇帝"/阎步克//中国史研究.
　　-2003，3

西汉授田制度与田税征收方式新论——对张家山汉简的初步研究/臧知非//江
　　海学刊.-2003，3

秦汉"名田宅制"说——从张家山汉简看战国秦汉的土地制度/杨振红//中国
　　史研究.-2003，3

"毋二尺告劾"试解/张全民//史学集刊.-2003，3

汉初县吏之秩阶及其任命——张家山汉简研究之一/廖伯源//社会科学战线.
　　-2003，3

从张家山汉简《二年律令》看西汉前期的土地制度——读《张家山汉墓竹
　　简》札记之三/高敏//中国经济史研究.-2003，3

一统天下，一脉流远——秦汉监察制度的基本框架及对后世的影响/卢胜泉//
　　财政监察.-2003，4

秦汉律令中的完刑/韩树峰//中国史研究.-2003，4

秦汉时期的始傅、始役、终役的年龄研究/丁光勋//上海师范大学学报（哲社
　　科版）.-2003，4

秦汉时期判例适用的方法及得失/吴秋红//海南师范学院学报（社科版）.
　　-2003，4

张家山汉简所反映的适用刑罚原则/李均明//郑州大学学报（哲社科版）.
　　-2003，4

汉科考略/刘笃才//法学研究.-2003，4

关于汉代有"户赋"、"质钱"及各种矿产税的新证——读《张家山汉墓竹
　　简》/高敏//史学月刊.-2003，4

《二年律令·秩律》的中二千石秩级阙如问题/阎布克//河北学刊.-2003，5

汉代"春秋决狱"的重新解读/封志晔//中州学刊.-2003，5

汉代儒家化的诉讼制度初探/万竹青//广西社会科学.-2003，5

汉简所记敬老制度研究/刘奉光//西南政法大学学报.-2003，6

从张家山汉简看西汉初期平价制度/温乐平、程宇昌//江西师范大学学报（哲
　　社科版）.-2003，6

张家山汉简所见西汉继承制度初论/臧知非//文史哲.-2003，6

汉代孝伦理的法律化/李文玲//江淮论坛.-2003，6

秦汉家族成员连坐考略/张仁玺//思想战线.-2003，6

汉"谋反"、"大逆"、"大逆不道"辨析/吕丽//社会科学战线.-2003，6

从刘秀解决奴婢问题看东汉初年的法制建设/戴开柱//江西社会科学.
　　-2003，8

《张家山汉墓竹简·二年律令》中诸律的制作年代试探/高敏//史学月刊.
　　-2003，8

"异体"监察与西汉刺史制度/万孝行//史学集刊.-2003，11

《奏谳书》新郪信案例爵制释疑/朱绍侯//史学月刊.-2003，12

睡虎地秦简"隶臣妾"身份问题研究及评述/李力//《法制史研究》第4期，
　　（台湾）中国法制史学会、"中央研究院"历史语言研究所.-2003

"不道"罪考辨/崔永东//《中国法制史考证》甲编第3卷，中国社会科学出版
　　社.-2003

东汉初年一份诉讼案出土简册新探/张建国//《中国法制史考证》甲编第3卷，
　　中国社会科学出版社.-2003

汉律论考/高恒//《中国法制史考证》甲编第3卷，中国社会科学出版
　　社.-2003

汉代法律变革考述/崔永东//《中国法制史考证》甲编第3卷，中国社会科学
　　出版社.-2003

汉代法律载体考述/徐世虹//《中国法制史考证》甲编第3卷，中国社会科学
　　出版社.-2003

张家山汉简《奏谳书》研究/张建国//《中国法制史考证》甲编第3卷，中国
　　社会科学出版社.-2003

汉代的复仇/牧野巽//《中国法制史考证》甲编第3卷，中国社会科学出版
　　社.-2003

汉律中"不道"的概念/〔日〕大庭脩//《中国法制史考证》丙编第1卷，中
　　国社会科学出版社.-2003

秦汉时期的审判制度——张家山汉简《奏谳书》所见/〔日〕宫宅洁//《中国
　　法制史考证》丙编第1卷，中国社会科学出版社.-2003

王杖十简/〔日〕富谷至//《中国法制史考证》丙编第1卷，中国社会科学出
　　版社.-2003

战国秦汉时期的集团之"约"/〔日〕增渊龙夫//《中国法制史考证》丙编第
　　1卷，中国社会科学出版社.-2003

张家山二年律令简中的损害赔偿之规定/徐世虹//《华学》第6辑，紫禁城出
　　版社.-2003；又载《中国法律文化论集》，中国政法大学出版
　　社.-2007

张家山汉简所见刑罚等序及相关问题/李均明//《华学》第 6 辑，紫禁城出版
　　社．-2003

张家山汉简《二年律令》概述/李均明//《长沙三国吴简暨百年来简帛发现与
　　研究国际学术研讨会论文集》，湖南人民出版社．-2003

秦汉时期的法医检验/闫晓君//《国学研究》第 11 卷，北京大学出版
　　社．-2003

秦汉时期的诉讼审判制度/闫晓君//《秦文化论丛》第 10 辑，三秦出版
　　社．-2003

汉代监狱的层次及管理/薛瑞泽//中国监狱学刊．-2004，1

从《二年律令》看汉律对渎职罪的处罚/姜建设//史学月刊．-2004，1

从张家山汉简《具律》看汉初“爵论”制度/谭卫元//江汉考古．-2004，1

汉代廷尉考述/沈刚//史学集刊．-2004，1

论汉代的德主刑辅制度/田大治//平原大学学报．-2004，1

西汉对刺史的监察与考核机制/张扬金//宜春学院学报．-2004，1

张家山汉简中的名田制及其在汉代的实施情况/于振波//中国史研究．
　　-2004，1

试论张家山汉简《钱律》/闫晓君//法律科学．-2004，1

“爵戍”考/张伯元//华东政法学院学报．-2004，1

张家山汉简中“隶臣妾”身份探讨/杨颉慧//中原文物．-2004，1

从张家山出土汉简看汉代律法/郑璞//湖南冶金职业技术学院学报．-2004，2

谶纬对秦汉政治的影响/王仲修//黑龙江教育学院学报．-2004，2

汉代法制转型中的宗教因素/马克林//西北师大学报（社科版）．-2004，2

《二年律令·史律》的性质及“史书”/王学雷//中国书画．-2004，2

试论张家山汉简中的“私属”/王爱清、王光伟//乌鲁木齐职业大学学报．
　　-2004，2

《张家山汉墓竹简·二年律令》中的教育问题和现代意义/陈战峰//长安大学
　　学报（社科版）．-2004，2

张家山汉简“小爵”臆释/刘敏//中国史研究．-2004，3

《奏谳书》所反映的汉初政区地理与司法管辖——张家山汉简研究之三/阎晓
　　君//烟台师范学院学报．-2004，3

“春秋决狱”及其现代价值/杨健康//船山学刊．-2004，3

从《二年律令》看汉初丞相与御史大夫的关系/王惠英//徐州师范大学学报
　　（哲社科版）．-2004，3

从张家山汉律看汉初国家授田制度的几个特点/朱红林//江汉考古. -2004，3

汉代赦制略论/杨国誉、晋文//学海. -2004，3

论秦汉的律与令/南玉泉//内蒙古大学学报（哲社科版）. -2004，3

月令与秦汉政治再探讨——兼论月令源流/杨振红//历史研究. -2004，3

汉代司法管辖制度与政区地理/闫晓君//烟台师范学院学报. -2004，3

《二年律令》与汉初传驿制度/连劭名//四川文物. -2004，4

汉代皇权与法律形式/秦进才//河北法学. -2004，4

汉代官员的休假与退休制度/王志凯//唐都学刊. -2004，4

论汉代法律体系的几个问题/刘笃才//当代法学. -2004，4

论张家山汉简中的军功名田宅制度/王彦辉//东北师大学报. -2004，4

秦汉诽谤、妖言罪同异辨析/潘良炽//中华文化论坛. -2004，4

试论汉初对家庭关系的法律调整/李国锋//河南师范大学学报（哲社科版）.
　　-2004，4

张家山汉简《具律》的流变及"斩右趾"罪的弃市问题——读江陵张家山
　　《二年律令·具律》札记/王纪潮//东南文化. -2004，4

张家山汉简《奏谳书》所见汉初对官吏犯罪的惩处/刘向明//嘉应学院学报.
　　-2004，4

从《二年律令》看汉初的以法治吏/王瑷珲//边疆经济与文化. -2004，5

两汉时期的"赇赂"犯罪与防范措施/董平均//学术论坛. -2004，5

论秦汉法律的适用时效/孟志成//南都学坛. -2004，5

秦汉不孝罪考论/张功//首都师范大学学报（社科版）. -2004，5

从悬泉置壁书看《月令》在汉代的法律地位/于振波//绿叶. -2004，5

汉代的罚金和赎刑——《二年律令》研读札记/高叶青//南都学坛. -2004，
　　6

秦汉盗罪及其立法沿革/闫晓君//法学研究. -2004，6

《春秋决狱》与引经注律/李俊芳//长春师范学院学报（人文社科版）.
　　-2004，6

张家山汉简所见汉初马政及相关问题/臧知非//史林. -2004，6

从张家山汉简看"月为更卒"的理解问题/臧知非//苏州大学学报（哲社科
　　版）. -2004，6

《张家山汉简·二年律令》所见汉初国家对基层社会的控制/沈刚//学术月刊.
　　-2004，10

论张家山汉简《津关令》之"禁马出关"——兼与陈伟先生商榷/龚留柱//

史学月刊. -2004，11

张家山竹简汉律散论/阎晓君//考古与文物. -2004，增刊（汉唐考古）

"春秋决狱"：儒家经义与判例法/武树臣//《判例制度研究》，人民法院出版
　　社. -2004

关于汉代文书的一点考察——"记"这一文书的存在/〔日〕鹈饲昌男//《中
　　国古代法律文献研究》第2辑，中国政法大学出版社. -2004

张家山汉简《行书律》考/李均明//《中国古代法律文献研究》第2辑，中国
　　政法大学出版社. -2004

汉文帝改制废女子宫刑考辨/张全民//《中国历史上的法律制度变迁与社会进
　　步》（《法律史论丛》第10辑），山东大学出版社. -2004

汉科考略/刘笃才//《中国法史学精萃》2001—2003年卷，高等教育出版
　　社. -2004

汉律伪写玺印罪与西汉的政治斗争/刘少刚//《出土文献研究》第6辑，上海
　　古籍出版社. -2004

简牍所反映的汉代文书犯罪/李均明//《出土文献研究》第6辑，上海古籍出
　　版社. -2004

《奏谳书》与汉代奏谳制度/蔡万进//《出土文献研究》第6辑，上海古籍出版
　　社. -2004

秦或西汉初和奸案中所见的亲属伦理关系——江陵张家山247号墓《奏谳书》
　　简180—196考论/邢义田//《"经义折狱与传统法律"学术研讨会论文
　　集》，（台湾）"中央研究院"历史语言研究所. -2004

主观与客观之间——两汉春秋折狱原心定罪的刑法理论/黄源盛//《《"经义折
　　狱与传统法律"学术研讨会论文集》，（台湾）"中央研究院"历史语言
　　研究所. -2004

汉简所见法医检验/闫晓君//《陕西历史博物馆馆刊》第11辑，三秦出版
　　社. -2004

说张家山汉简《二年律令》中的"诸侯"/曹旅宁//《陕西历史博物馆馆刊》
　　第11辑，三秦出版社. -2004

张家山汉简《贼律》研究——兼与秦律、唐律比较/崔永东//《法律史论集》
　　第5卷，法律出版社. -2004

汉简"致籍"考辨：读张家山《津关律》札记/李天虹//《文史》第67辑，
　　中华书局. -2004

《二年律令·行书律》浅析/张俊民//《秦汉史论丛》第9辑，三秦出版

社．–2004

关于秦律、汉律中的杀人罪类型——以张家山汉简《二年律令》为中心/〔日〕水间大辅//《秦汉史论丛》第9辑，三秦出版社．–2004

汉文帝废除肉刑的原因探讨及其意义/孙海霞//辽宁行政学院学报．–2005，1

秦汉"傅籍"制度与社会结构的变迁——以张家山汉简《二年律令》为中心/臧知非//人文杂志．–2005，1

汉代刺史制度研究及其现实意义/李耀建//国家行政学院学报．–2005，S1

《二年律令》与汉代课役身份/张荣强//中国史研究．–2005，2

试说张家山汉简《具律》中的"证不言请"律/朱红林//中国历史文物．–2005，2

张家山汉简《贼律》集释/朱红林//古籍整理研究学刊．–2005，2

秦汉的礼制与法制初探/刘志平、谭宝刚//沙洋师范高等专科学校学报．–2005，3

论汉朝法律儒家化的体现/田莉姝//贵州大学学报（社科版）．–2005，3

秦汉法典体系的演变/孟彦弘//历史研究．–2005，3

秦汉徒刑散论/韩树峰//历史研究．–2005，3

汉代复仇所见之经、律关系问题/邱立波//史林．–2005，3；又载《法律史论集》第6卷，法律出版社．–2006

《二年律令》所见二十等爵对西汉初年国家统治秩序的影响/张鹤泉//吉林师范大学学报（人文社科版）．–2005，3

两汉司法官员立法功能探析/律璞//宁夏社会科学．–2005，4

汉代居延地区社会治安初探/赵浴沛//河南省政法管理干部学院学报．–2005，4

汉代谳疑狱制度试探/邵正坤//晋阳学刊．–2005，4

狱吏与汉代司法系统/赵光怀//河南师范大学学报（哲社科版）．–2005，4

秦汉时期家族犯罪研究述评/贾丽英、鲍晓文//石家庄学院学报．–2005，4

秦汉时期的"少年"犯罪与政府防范措施/董平均//首都师范大学学报（社科版）．–2005，4

秦汉法律的性别特征/翟麦玲、张荣芳//南都学坛．–2005，4

从《二年律令》的性质看汉代法典的编纂修订与律令关系/杨振红//中国史研究．–2005，4

汉代证据制度探析/李晓英//郑州大学学报（哲社科版）．–2005，5

汉代法政体制述论/刘长江//成都大学学报（社科版）．–2005，5

略论秦律对汉律的影响/阎晓君//甘肃政法学院学报．-2005，5

秦汉商法法律构成与发展演变/谢华//湖南城市学院学报．-2005，5

《二年律令·置后律》中的若干问题/王彦辉//古籍整理研究学刊．-2005，6

睡虎地秦简与张家山汉简反映的秦汉亲亲相隐制度/张松//南都学刊．
　　-2005，6

浅谈汉代对人才察举的法律规制/甘正气//领导之友．-2005，6

张家山汉简《二年律令》之"司寇"、"城旦舂"名分析/万荣//晋阳学刊．
　　-2005，6

秦汉律篇二级分类说：论《二年律令》二十七种律均属九章/杨振红//历史研
　　究．-2005，6

"春秋决狱"研究述评/朱宏才//青海社会科学．-2005，6

董仲舒与"春秋决狱"/袁明乡//中共郑州市委党校学报．-2005，6

张家山汉简《奏谳书》中的司法程序词语研究/湛玉书//河南社会科学．
　　-2005，6

汉代礼法结合对社会的多元建构/王如鹏//学术交流．-2005，11

汉代有关女性犯罪问题论考：读张家山汉简札记/贾丽英//河北法学．
　　-2005，11

汉初刑制改革"由轻入重"原因探析/陈国坤//甘肃社会科学．-2005，增刊

九章律再认识/徐世虹//《沈家本与中国法律文化国际学术研讨会论文集》，中
　　国法制出版社．-2005

张家山汉简反映的汉初土地制度/杨师群//《法律文献整理与研究》，北京大学
　　出版社．-2005

张家山汉简《奏谳书》考释/闫晓君//《法律文献整理与研究》，北京大学出
　　版社．-2005

两汉春秋折狱"原心定罪"的刑法理论/黄源盛//（台湾）《政大法学评论》
　　第85期．-2005

也谈西汉初期诸侯王国的法律制度：与陈苏镇先生商榷/梁安合//咸阳师范学
　　院学报．-2006，1

汉武帝治吏制度化建设探析/许云钦//漳州师范学院学报（哲社科版）．
　　-2006，1

张家山汉律赎刑考辨/曹旅宁//华南师范大学学报（社科版）．-2006，1

汉简《贼律》沿革考/阎晓君//华南师范大学学报（社科版）．-2006，1

秦汉时期"悍罪"论说/贾丽英//石家庄学院学报．-2006，1

论儒家阴阳思想下的汉代赦宥/胡晓明//南京农业大学学报（社科版）.
　　-2006，1

试论西汉法制与官方哲学之关系/胡旭晟//文史博览.-2005，Z1

汉代赎罪问题考述/孙剑伟//北京大学研究生学志.-2006，2

汉代赎罪问题考述/孙剑伟//北京大学研究生学志.-2006，2

略论西汉的"严于治吏"及其影响/孙喆//四川行政学院学报.-2006，2

关于《二年律令》颁行年代的探析/刘欢//考古与文物.-2006，2

论汉代法律的儒家化/杜玉奎、李文玲//管子学刊.-2006，2

简论秦汉奴婢的法律地位/文霞//学术论坛.-2006，2

《奏谳书》与秦汉法律实际应用/蔡万进//南都学坛.-2006，2

略论《奏谳书》所反映的秦汉"覆讯"制度/程政举//法学评论.-2006，2

浅析张家山汉简《二年律令·贼律》所见刑名的刑等/万荣//江汉考古.
　　-2006，3

秦汉简牍中的不孝罪诉讼/徐世虹//华东政法学院学报.-2006，3

论张家山汉简《收律》/闫晓君//华东政法学院学报.-2006，3

汉初货币制度变革与经济结构的变动——兼谈张家山汉简《钱律》问题/臧知
　　非//苏州大学学报（哲社科版）.-2006，3

汉代"不道"罪考论/刘洋//安徽教育学院学报.-2006，4

"援礼入法"对中国汉律的影响/杨慧鹏//青海师范大学学报（哲社科版）.
　　-2006，4

赀刑变迁与秦汉政治转折/臧知非//文史哲.-2006，4

秦汉时期奸罪论考/贾丽英//河北法学.-2006，4

引经决狱与两汉法官造法之价值分析/律璞//宝鸡文理学院学报.-2006，4

汉初的刑罚体系/闫晓君//法律科学.-2006，4

汉代"七十赐杖"制度及相关问题考辨——张家山汉简《傅律》初探/朱红
　　林//东南文化.-2006，4

汉代的罚作、复作与弛刑/张建国//中外法学.-2006，5

小议秦汉惩治官吏的立法/王凯旋//史学月刊.-2006，6

东朝廷辩与汉代诉讼制度的缺失/程政举//中州学刊-2006，6

张家山汉简释丛/朱红林//考古.-2006，6

"少女缇萦上书"与汉文帝废肉刑/赵晓耕//法律与生活.-2006，8

略论秦汉时期的禁锢/吕红梅//求索.-2006，9

张释之判案/赵晓耕//法律与生活.-2006，9

春秋决狱/赵晓耕//法律与生活. –2006，10

从张家山汉简《二年律令》看汉初法典的儒家化/杨颉慧//学术论坛. –2006，10

中国封建社会的证明制度（一）秦汉——公证文化的窒息与私证文化的起搏/詹爱萍//中国公证. –2006，11

浅议秦汉官吏法的几个特点/王彦辉、于凌//史学月刊. –2006，12

两汉成文法体系创建中的法官因素及价值分析/律璞//理论界. –2006，12

"亲亲得相首匿"/赵晓耕//法律与生活. –2006，12

王式违礼被劾案/赵晓耕//法律与生活. –2006，13

张家山汉简《贼律》考/闫晓君//《中国古代文明研究与学术史：李学勤教授伉俪七十寿庆纪念文集》，河北大学出版社. –2006

汉律中有关行为能力及责任年龄用语考述/徐世虹//《简帛研究二〇〇四》，广西师范大学出版社. –2006；又载《百年回眸：法律史研究在中国》第2卷，中国人民大学出版社. –2009

汉朝"不孝"罪的历史考察/苑媛//《法律文化研究》第2辑，中国人民大学出版社. –2006

张家山汉简《二年律令》中的刑罚原则与刑罚体系/崔永东//《法律史学科发展国际学术研讨会文集》，中国政法大学出版社. –2006

汉代拘捕制度考/程政举//河南省政法管理干部学院学报. –2007，1

秦汉时期的司法职务犯罪——睡虎地秦简和张家山汉简所见/田振洪//忻州师范学院学报. –2007，1

汉文帝为何废除肉刑/周溯源//档案天地. –2007，1

秦汉时期的侵权行为民事法律责任论析/田振洪//河南司法警官职业学院学报. –2007，1

汉代的司法机构和官吏设置/明慧//和田师范专科学校学报. –2007，1

论张家山汉简中的"告不审"罪/季琳//新乡师范高等专科学校学报. –2007，1

《二年律令·户律》与高祖五年诏书的关系/王彦辉//湖南大学学报（社科版）. –2007，1

秦汉磔刑考/曹旅宁//湖南大学学报（社科版）. –2007，1

再论竹简秦汉律中的"三环"：简牍中所反映的秦汉司法程序研究之一/朱红林//当代法学. –2007，1

张家山汉简《盗律》集释/朱红林//江汉考古. –2007，2

张家山汉简《奏谳书》法律地位探析/蔡万进//南都学坛. -2007，2

张家山汉简《二年律令》研究述评/顾丽华//南都学坛. -2007，2

秦汉商法实质浅析/谢华//湖南城市学院学报. -2007，2

秦汉时期的司法职务犯罪/田振洪//池州师专学报. -2007，2

析《二年律令·田律》"诸马牛到所"条——兼与曹旅宁先生商榷/宋国华//
　　法制与社会. -2007，2

《二年律令》所见"卿"与"卿侯"献疑/董平均//首都师范大学学报（社科
　　版）. -2007，2

东汉的黄门北寺狱/宋杰//首都师范大学学报（社科版）. -2007，2

从秦汉奴婢奸罪窥探其法律地位/文霞//首都师范大学学报（社科版）.
　　-2007，2

汉代后宫的监狱/宋杰//中国史研究. -2007，2

西汉中央司法官张释之的法律观刍议/胡仁智//重庆师范大学学报（哲社科
　　版）. -2007，2

略论汉武帝时期的盐铁专卖制度/万海峰//江西社会科学. -2007，2

东汉"律三家"考析/俞荣根、龙大轩//法学研究. -2007，2

论不道及其发生学原理/刘笃才//清华法学. -2007，2

试论汉代女性刑罚/薛瑞泽//东岳论丛. -2007，2

东汉"三独坐"论/毛健//湘潭师范学院学报（社科版）. -2007，2

董仲舒与春秋决狱/周建英//衡水学院学报. -2007，3

秦汉奸罪考/王辉//甘肃理论学刊. -2007，3

试析张家山汉简所见的汉初婚姻法/王辉//大庆师范学院学报. -2007，3

论《春秋》决狱与汉代礼法并用/马念珍//贵州工业大学学报（社科版）.
　　-2007，3

论汉律/王伟//历史研究. -2007，3

张家山汉墓竹简反映的乞鞫制度/程政举//中原文物. -2007，3

《二年律令》所反映的汉代告诉制度/程政举//华东政法学院学报. -2007，3

汉律中的司法官吏渎职罪考评/胡仁智//甘肃政法学院学报. -2007，3

春秋决狱/王庆廷//南京医科大学学报（社科版）. -2007，3

论"春秋决狱"对中国法律传统的影响/蒋冬梅、黄川倪//华东理工大学学报
　　（社科版）. -2007，4

秦汉时期民族关系的法律调整——以《属邦律》和《蛮夷律》为中心/陈庆
　　云//曲靖师范学院学报. -2007，4

从法律角度看汉代奴婢的社会地位/翟麦玲//鲁东大学学报（哲社科版）.
　　-2007，4

浅析汉代判例法/王娟//商丘职业技术学院学报.-2007，4

论汉代丧礼中的以礼入法现象/李莎//东岳论丛.-2007，4

竹简秦汉律中的"赎罪"与"赎刑"/朱红林//史学月刊.-2007，5

汉代"不忠人律"研究/刘厚琴//济南大学学报（社科版）.-2007，5

再论秦汉律中的"三环"问题/刘洋//社会科学.-2007，5

程树德《汉律考》辨正一则/龙大轩、梁健//历史研究.-2007，5

再论《春秋》决狱之"原心定罪"/林顺虎//宜宾学院学报.-2007，5

《奏谳书》所反映的先秦及秦汉时期的循实情断案原则/程政举//法学评论.
　　-2007，6

论汉简中礼对律的影响/房丽//大庆师范学院学报.-2007，6

秦汉时期的法制教育刍议/高宗留//池州学院学报.-2007，6

东汉的洛阳狱/宋杰//历史研究.-2007，6

从西汉法律看中国传统道德的法律化/孙喆//河南教育学院学报.-2007，6

张家山汉简《告律》考论/闫晓君//法学研究.-2007，6

儒家孝伦理与汉代行政法/李文玲//求索.-2007，7

汉代居延戍卒法律地位/程维荣//政治与法律.-2007，8

浅论汉律的儒家化特点/陈巨红//法制与经济（下半月）.-2007，12

汉代商业立法及其影响——我国传统商业政策的一个观察视角/王江然//商场
　　现代化.-2007，16

秦及汉初律中的城旦刑/徐世虹//《中华法系国际学术研讨会文集》，中国政法
　　大学出版社.-2007

有关古人堤汉律简的两个问题/张伯元//《法史学刊》第1卷，社会科学出版
　　社.-2007

秦汉律篇二级分类说辨正——关于"秦汉魏晋法律传承"问题的探讨/曹旅
　　宁//《中国历史上的法律与社会发展》，吉林人民出版社.-2007

从《二年律令》论汉代"孝亲"的法律化/刘敏//《南开法律史论集2007》，
　　南开大学出版社.-2007

读《奏谳书》"春秋案例"三题/张忠伟//《中国古代法律文献研究》第3辑，
　　中国政法大学出版社.-2007

战国秦汉司法职官玺印辑证/南玉泉//《中国古代法律文献研究》第3辑，中
　　国政法大学出版社.-2007

汉律令/中田薰//《中国古代法律文献研究》第 3 辑，中国政法大学出版
　　社．-2007

秦汉刑罚史的研究现状——以刑期的争论为中心/籾山明//《中国古代法律文
　　献研究》第 3 辑，中国政法大学出版社．-2007

从张家山汉简《二年律令》重论秦汉的刑期问题/邢义田//《中国古代法律文
　　献研究》第 3 辑，中国政法大学出版社．-2007；又载《百年回眸：法律
　　史研究在中国》第 2 卷，中国人民大学出版社．-2009

从出土文献看秦汉女性刑法/薛瑞泽//文博．-2008，1

汉代女性犯罪问题初探/林红//南都学坛．-2008，1

从《二年律令》看汉初核验与审计/张兴林//重庆工学院学报（社科版）．
　　-2008，1

张家山 336 号汉墓《朝律》的几个问题/曹旅宁//贵州师范大学学报（社科
　　版）．-2008，1；又载华东政法大学学报．-2008，4

《二年律令》与秦汉继承法/曹旅宁//陕西师范大学学报．-2008，1

《二年律令·具律》中的法律诉讼程序与法律思想/曾加//西北大学学报（哲
　　社科版）．-2008，1

汉代的廷尉狱/宋杰//史学月刊．-2008，1

睡虎地秦简和张家山汉简中的《金布律》研究：简牍所见战国秦汉时期的经
　　济法规研究之一/朱红林//社会科学战线．-2008，1

《二年律令》中的工商业税和徭役史料研究/梁莉//重庆工学院学报（社科
　　版）．-2008，1

西汉张释之断案浅析/赵天宝//阿坝师范高等专科学校学报．-2008，1

西汉张释之断案的理性思考/赵天宝//社科纵横．-2008，2

从出土文献看秦汉时期刑事司法协助的请求/宋国华//河南公安高等专科学校
　　学报．-2008，2

汉代女性婚姻自主权探析/林红//云南大学学报（法学版）．-2008，2

秦汉时期族刑论考/贾丽英//首都师范大学学报（社科版）．-2008，2

汉代女性财产权探析/林红//济南大学学报（社科版）．-2008，2

西汉的中都官狱/宋杰//中国史研究．-2008，2

汉代执行制度考论/程政举//湖南师范大学社会科学学报．-2008，2

从春秋决狱看两汉司法官员的价值追求/律璞//理论界．-2008，3

汉朝法制中理性内容解析/孙英伟//文史博览（理论）．-2008，3

张家山汉简《二年律令》所见公法与陋俗之争/方原//南都学坛．-2008，3

试论秦汉赎刑/孙孝勤//沧桑．-2008，3

张家山汉简所见汉代婚姻禁令/张淑一//史学集刊．-2008，3

秦汉律的罚金刑/〔韩〕任仲爀//湖南大学学报（社科版）．-2008，3

张家山汉简《具律》中所见影响"减刑"的几个因素/鲁家亮//社会科学．
    -2008，3

先秦至汉代的司法检验论略/黄道诚//河北大学学报（哲社科版）．-2008，3

秦汉简牍中所见特殊类型奸罪研究/孙闻博//中国历史文物．-2008，3

试论张家山汉简《二年律令》的语料价值/曹小云//古汉语研究．-2008，3

汉代居延戍卒及其法律地位/程维荣//政治与法律．-2008，3

《二年律令》年代问题研究/张忠炜//历史研究．-2008，3

春秋决狱再考/李鼎楚//政法论坛．-2008，3

论秦汉时期的保辜制度/刘涛//凯里学院学报．-2008，4

汉代官贵法律特权——《二年律令》主体身份地位解读/刘国胜//喀什师范学
    院学报．-2008，4

秦汉律中"髡刑"溯源——以法人类学为视角/刘洋//西部法学评论．
    -2008，4

汉代女性在家庭中的法律地位/林红//唐都学刊．-2008，4

对《二年律令》有关土地、田赋、继承制度中几则释文的思考/王彦辉、薛洪
    波、刘举//东北师大学报（哲社科版）．-2008，4

秦汉私营工商业法律环境考察/谢华//衡阳师范学院学报．-2008，5

秦汉性犯罪述论/张功//天水行政学院学报．-2008，5

秦汉不孝罪考论/贾丽英//历史教学（高校版）．-2008，6

汉代民人婚姻关系与婚姻法/王凯旋//聊城大学学报（社学版）．-2008，6

两汉郡县官吏司法权研究/苏哲//江苏警官学院学报．-2008，6

汉代身份继承制度探析/刘厚琴//天府新论．-2008，6

汉代录囚制度兴起原因及其现代价值评析/李博//中国监狱学刊．-2008，6

秦汉时期的"户绝"与社会控制/王彦辉//学习与探索．-2008，6

试述汉代家族法对家庭关系的规范/薛洪波//学习与探索．-2008，6

汉文帝除肉刑述评/张开阳//法制与经济（下旬刊）．-2008，7

汉代法律体系及其研究方法/杨振红//史学月刊．-2008，10

论汉代法律中的官吏职务犯罪/彭炳金//南阳师范学院学报．-2008，11

张家山汉简所见汉律中的"告"制论析/胡仁智//西南民族大学学报（人文社
    科版）．-2008，12

古今继承法——从现行法律看张家山汉简《二年律令·置后律》/魏文莉//法制与社会. -2008, 28

汉代"首匿罪"的历史考察——兼论"首匿"与"亲亲得相首匿"二者之关系/邢桂霞//法制与社会. -2008, 31

刍议汉代的"决事比"/陈銮//法制与社会. -2008, 34

汉代社会中的非刑法机制/徐世虹//《"中央研究院"会议论文集》,(台湾)"中央研究院"历史语言研究所. -2008

释汉律"复兄弟、季父伯父之妻、御婢"兼论秦汉法律制度的演变/曹旅宁//《法律文化研究》第4辑,中国人民大学出版社. -2008

汉简《二年律令》研究二题——兼及汉律中的和谐价值观/崔永东//《法律文化研究》第4辑,中国人民大学出版社. -2008

汉代矫制研究/孙家洲//《法律文化研究》第4辑,中国人民大学出版社. -2008

张家山汉简《亡律》考论/闫晓君//法律科学. -2009, 1

论汉代法律中的几种刑名/陈玲//甘肃高师学报. -2009, 1

秦汉地方吏治探微——以云梦秦简和张家山汉简之《效律》为例/刘玉华//江苏警官学院学报. -2009, 1

张汤审鼠与中国传统司法程序/曲词、赵晓耕//中国人大. -2009, 1

简牍所见秦汉子女的孝亲责任/关翠霞//河北法学. -2009, 1

试论汉代纲常与法律的互动/王健//宁夏社会科学. -2009, 1

秦汉军事刑罚的行施/上官红伟//首都师范大学学报(社科版). -2009, S1

论秦汉家族主义的价值观//杨文英/中国校外教育. -2009, S1

浅谈孝道对汉代法制的影响/翟芳//甘肃广播电视大学学报. -2009, 2

张家山汉简《二年律令》有关汉代边防的法律/李方//中国边疆史地研究. -2009, 2

秦汉时期的捕律/闫晓君//华东政法大学学报. -2009, 2

汉律"性越轨"治罪条令与汉代女性人身权益——基于简牍资料的研究/顾丽华//妇女研究论丛. -2009, 2

秦汉时期的和奸罪——以简牍资料为中心的考察/顾丽华、刘举//古代文明. -2009, 2

中国传统法律演变管窥——从西汉法律看中国传统法律的继承与突破/孙喆//北方论丛. -2009, 2

简论《盗律》对《二年律令》的影响/冯勇//西北大学学报(哲社科版).

-2009，2

汉律中的县道官"断狱"权探析/胡仁智//现代法学．-2009，2

论儒家法律文化对两汉郡县官吏司法活动的影响/胡仁智//湘潭大学学报（哲
　　社科版）．-2009，3

论汉初至汉武帝期间的法律指导思想/吴述林//法制与社会．-2009，3

论汉代的法律教育/张积//中国政法大学学报．-2009，3

汉代监狱建置设施丛考/宋杰//首都师范大学学报（社科版）．-2009，3

汉代匿名文书犯罪诸问题再探讨/赵凯//河北学刊．-2009，3

汉法律的儒学转向/申波//求索．-2009，3

简牍资料所见秦汉奴婢的诉讼权/文霞//中国史研究．-2009，3

张家山《二年律令》与《风俗通义》中两则案例的对读/张朝阳//史林．
　　-2009，4

汉代"不孝入律"研究/刘厚琴、田芸//齐鲁学刊．-2009，4

论两汉不动产买卖及其法律控制——兼及两汉不动产买卖契约的基本情况/岳
　　纯之//烟台大学学报（哲社科版）．-2009，4

论汉代女子的财产继承权/翟麦玲//鲁东大学学报（哲社科版）．-2009，5

进退有序的税收制度——西汉经济发展的法制之本/冯卓慧//西安财经学院学
　　报．-2009，5

论两汉时期家庭关系立法的基本精神/李国锋//中州学刊．-2009，5

古代"春秋决狱"制度之再审视/李振生//法商论丛．-2009，5

论汉代婚姻礼法的伦理教化功能/王雅梅//太原师范学院学报（社科版）．
　　-2009，6

从秦汉司法判例看中国早期传统司法程序制度的意义/赵晓耕、曲词//理论月
　　刊．-2009，6

新资料和先秦及秦汉判例制度考论/程政举//华东政法大学学报．-2009，6

汉代司法中的经义决狱新论/汪荣//求索．-2009，6

西汉立法的几点成功经验/张耀武//湖北第二师范学院学报．-2009，7

略论西汉法律中的德主刑辅原则/孙喆//商丘师范学院学报．-2009，8

"《春秋》决狱"与古代判词文化/赵进华//社会科学论坛（学术研究卷）．
　　-2009，9

以法杀人，更以理杀人——试析汉武帝时期的"春秋决狱"/袁辉//理论界．
　　-2009，10

从二年律令对不孝罪的规定看汉初的以孝入律/翟芳//理论界．-2009，11

《汉书·刑法志》的历史编纂学价值/朱凤祥//兰台世界. -2009，11

论王莽土地法律制度的改革/蔡世杰//山西高等学校社会科学学报.
　　-2009，11

从《二年律令》看汉初孝道伦理与法制的混融/吴凡明//求索. -2009，11

贾彪办案充满人情味/庞朝骥//法制资讯. -2009，11

秦汉妇女的继产承户/尹在硕//史学月刊. -2009，12

论汉代的"春秋决狱"/崔灿//法制与社会. -2009，22

简牍所见秦汉家庭成员间的法律关系/刘伟//法制与社会. -2009，25

论秦汉时期家族犯罪的特点/杨文英//法制与社会. -2009，28

汉代军事活动法研究/张寒//《法律文化研究》第5辑，中国人民大学出版
　　社. -2009

关于《二年律令·具律》部分条文的归属问题/徐世虹//《中国传统司法与司
　　法传统》，陕西师范大学出版社. -2009

荆州纪南松阳汉墓牍与汉初《傅律》的实施/曹旅宁//《中国传统司法与司法
　　传统》，陕西师范大学出版社. -2009

两汉"循吏"司法风格简论/胡仁智//《中国传统司法与司法传统》，陕西师
　　范大学出版社. -2009

试析汉代疑狱奏谳制度及其司法实践/胡伟//《中国传统司法与司法传统》，陕
　　西师范大学出版社. -2009

春秋决狱论/马作武//《〈春秋〉三传与经学文化》，长春出版社. -2009

礼序·法序·解构·复构：秦汉大变局与社会秩序大变迁/卜安淳//南京大学
　　学报（哲学人文社科版）. -2010，1

发现最初的混合法：从睡虎地秦简到张家山汉简/李力//河北法学. -2010，2

论汉代司法中的经义决狱/赵进华、顾海波//湖北大学学报（哲社科版）.
　　-2010，2

论汉代孝伦理的刑法化/李文玲//管子学刊. -2010，2

汉代髡钳城旦刑考略/陈玲、张红岩//青海民族大学学报（社科版）.
　　-2010，3

秦汉逮捕制度考/刘庆//河北法学. -2010，3

简析《二年律令》的史料价值/丁光勋//档案学通讯. -2010，3

汉代奏谳制度辨析/李晓英//河南大学学报（社科版）. -2010，3

浅谈出土律令名目与"九章律"的关系/于振波//湖南大学学报（社科版）.
　　-2010，4

张家山汉简《二年律令》中的"诸侯"：历史笺释与法律考辨/支振锋//华东
　　政法大学学报．-2010，4

汉文帝"养老令"考辨/郭浩//合肥师范学院学报．-2010，4

有关秦汉《金布律》的若干问题/程维荣//兰州大学学报（社科版）．
　　-2010，4

从出土秦汉律看中国古代的"礼"、"法"观念及其法律体现：中国古代法律
　　之儒家化说商兑/杨振红//中国史研究．-2010，4

汉代孝伦理法律化基础探析/李文玲//求索．-2010，4

从《二年律令》看黥刑在汉初的运用/翟芳//史学月刊．-2010，6

《二年律令》中的家庭和谐观/崔永东//人民法院报．-2010，6．11

汉代疑狱奏谳制度及其司法实践/胡伟//求索．-2010，8

论秦汉城旦舂刑的变迁及其影响/程维荣//政治与法律．-2010，11

《二年律令·贼律》中的罪名及其法律问题研究/连宏//社会科学战线．
　　-2010，11

《二年律令·贼律》中所见罪名及其法律精神研究/连宏//《中国法律传统与法
　　律精神——中国法律史学会成立 30 周年纪念大会暨 2009 年会论文集》，
　　山东人民出版社．-2010

岳麓秦律睡虎地汉律简牍与中国古代的法律沿革问题/曹旅宁//《中国法律传
　　统与法律精神——中国法律史学会成立 30 周年纪念大会暨 2009 年会论
　　文集》，山东人民出版社．-2010

中国古代伦纪、情理、法律关系之再辨析——兼论董仲舒《春秋》决狱的法
　　律史意义/何剑//《中国法律传统与法律精神——中国法律史学会成立 30
　　周年纪念大会暨 2009 年会论文集》，山东人民出版社．-2010

张家山汉简《二年律令》札记三则/王伟//《中国古代法律文献研究》第 4 辑，
　　法律出版社．-2010

张家山汉简《囚律》考论/闫晓君//《中国古代法律文献研究》第 4 辑，法律
　　出版社．-2010

4. 三国两晋南北朝

后魏司法上因种族成见牺牲的大史案/杨鸿烈//中华法学杂志新编．-1937，1

汉魏晋之肉刑论战/刘公任//人文月刊．-1937，（第 8 卷）2

试评诸葛亮的正身、用人和执法/张云桥//四平师院学报．-1980，1

诸葛亮如何执法/李林河、李哲夫//光明日报．-1980，10．14

诸葛亮行法的历史地位/罗秉英//思想战线. -1981，2

曹魏时代的杰出法官——高柔/王鑫义//兰州大学学报（社科版）. -1982，1

对北魏均田令的一些分析/赵俪生//中国社会经济史研究. -1982，2

释北魏均田令/张尚谦//云南民族学院学报. -1983，1

略论晋律的"宽简"和"周备"/祝总斌//北京大学学报（哲社科版）.
    -1983，2

麟趾格制定经过考/陈仲安//《文史》第 21 辑，中华书局. -1983

魏晋律管窥/韩玉林//《法律史论丛》第 3 辑，法律出版社. -1983

汉魏"同产"浅释/杨鹤年//法学评论. -1984，1

《晋律》略论/杨廷福//江海学刊. -1984，2

诸葛亮使被罚者无怨言的原因何在/曹邦军//历史知识. -1984，2

陕西法史人物：杜预/段秋关//西北政法学院学报. -1984，2

北魏孝文帝法制改革述论/简修炜//河北学刊. -1984，4

魏延的冤案/陈迩冬//光明日报. -1984，10. 3

略论晋律之"儒家化"/祝总斌//中国史研究. -1985，2

诸葛亮与蜀国法治/张录云//中国法制报. -1985，2. 11

从朱谦之杀人免刑谈起——浅论魏晋南北朝法制特点/曹三明//自修大学（政
    法）. -1985，7

魏律篇目及其次序考辨/张建国//《北京大学研究生论文集》（文科版）第 3
    集. -1985

李安世均田疏和北魏均田令颁布的年代/张尚谦//云南民族学院学报.
    -1986，1

魏律篇目辨正/怀效锋//研究生法学. -1986，2

魏晋南北朝法律历史地位/陈鹏生、程维荣//法学杂志. -1986，4

魏晋南北朝时期的户籍制度/郑欣//郑州大学学报（哲社科版）. -1987，1

略论《魏律》对封建法制的发展和创新/项胸//贵州师范大学学报（社科
    版）. -1987，2

晋郭偊变法述略/李学功//青海师范大学学报（社科版）. -1987，3

科的变迁及其历史作用/张建国//北京大学学报（哲社科版）. -1987，3

论诸葛亮的官吏考绩法/边牛汉等//辽宁广播电视大学学报（社科版）.
    -1987，3

论诸葛亮的情与法/霍雨佳//海南大学学报（社科版）. -1987，4

三国、两晋和南北朝时期警察机构的沿革（上、下）/金唐文//贵州公安.

－1987，4、6

郦道元"酷吏"辨/王畅//社会科学（甘肃）．－1987，6

魏晋南朝监察制度的变迁/陈琳国//北京师范大学学报（社科版）．－1988，1

"清议入律"小议/马小红//自修大学（政法）．－1988，12

儒家化在汉魏晋南北朝法律中的体现/李建渝//《中华法史丛谈》，中国政法大
　　学出版社．－1988

魏晋时期监察概论/徐斌//浙江学刊．－1989，4

北齐律对隋唐制度的影响初探/张丽梅//河北法学．－1989，6

西晋初年的法制及其影响/李交发//求索．－1989，6

《魏律》篇目考/徐进//山东大学学报（哲社科版）．－1990，2

晋泰始律令的形成/〔日〕堀敏一//中国史研究动态．－1990，4

试论魏晋南北朝及隋唐的监察制度/葛生华//兰州学刊．－1990，5

再析晋修泰始律时对两项重要法制的省减/张建国//北京大学学报（哲社科
　　版）．－1990，6

北魏均田令补遗/武建国//学术月刊．－1990，7

崔暹与北齐监察/邓奕琦//北朝研究．－1991，1

略论魏晋南北朝监察制度之得失/邱永明//社会科学．－1991，2

北魏后期的贪污之风与治贪之策/梁满仓//探索与争鸣．－1991，3

论北魏法律的特点/王霄燕//晋阳学刊．－1991，3

论北魏法制建设/王霄燕//山西大学学报（哲社科版）．－1991，3

苻秦监察略论/邓奕琦//北朝研究．－1992，1

论北朝法制建设/白丽云//法林．－1992，1

东魏北齐的监察制度/余世明//贵州大学学报（社科版）．－1992，2

吴国继承制度剖析/王恩田//东南文化．－1992，2

曹魏时期监察制度的形成与特征/李小沧//南开学报（社科版）．－1992，3

两晋南朝"孝先于忠"伦理观及其对司法的影响/邓奕琦//法律学习与研究．
　　－1992，5

论魏晋南北朝的刑徒/刘汉东//中国史研究．－1993，3

五胡十六国对封建法律的借鉴与继承/邓奕琦//北朝研究．－1993，3

北魏究竟修订过多少次法律？/程维荣//法学杂志．－1993，4

杜预：宽严结合、廉洁奉公的"酷吏"/段秋关//《陕西一百个著名人物》，
　　陕西人民出版社．－1993

汉魏法简论/陶广峰//兰州大学学报（社科版）．－1994，2

论北魏孝文帝的法制改革/邓奕琦//法学家. -1994，2

论魏晋五刑制度略论/张建国//中外法学. -1994，4

北魏中央监察机构——御史台研究/程维荣//法商研究. -1994，5

论拓跋鲜卑的习惯性/邓奕琦//江南大学学报（社科版）. -1995，1

魏晋律令法典比较研究/张建国//中外法学. -1995，1

晋以"一鼓铁"铸刑鼎献疑/陈建樑//山西师大学报（社科版）. -1995，2

封建法制"国家·家族"本位在北朝的确立/邓奕琦//贵州师范大学学报（社
　　科版）. -1995，4

后秦法制初探/何宁生//西北大学学报（哲社科版）. -1995，4

魏晋九品官人法再探讨/陈长琦//历史研究. -1995，6

南北朝监察概论/徐斌//浙江学刊. -1996，1

浅谈北魏法律对后世的影响/沈春学//北朝研究. -1996，1

魏晋南北朝法制的历史地位/陈晓枫、殷耀德//孝感师专学报（社科版）.
　　-1996，3

南北朝法律的历史思考/田小梅//政法论坛. -1996，3

魏律略考/董念清//法学杂志. -1996，5

北魏反贪惩贪述评/刘伟航、任大川//四川师范学院学报（社科版）.
　　-1997，1

试论诸葛亮行法治蜀/王玲//贵州师范大学学报（社科版）. -1997，2

北魏前期法律制度的特征及其实质/贾瑞芬//中央民族大学学报. -1997，3

汉魏晋宫刑存废析/陶广峰//法学研究. -1997，3

六朝时期的社会治安/陈鸿彝//江苏公安专科学校学报. -1998，3

试论北魏防范官吏腐败机制的架构/曾代伟//现代法学. -1998，5

试论《晋律》的刑制特点与理论贡献/张建荣//中国人民大学学报. -1998，5

简论北魏法制建设/白丽云//山西大学师范学院学报（社科版）. -1999，2

论魏晋南北朝时期儒家思想地位及其法律化表现/林明//山东社会科学.
　　-1999，2

伦理与法律融合的重要时期：从魏晋南北朝看封建法律的伦理法特点/张竞
　　生//重庆教育学院学报. -1999，2

魏晋南朝地方武职官的法律制度：以法律惩罚制度为内容/陶新华//杭州师范
　　学院学报. -1999，5

试论魏晋时代的立法改革/刘笃才//《法律史论丛》第 6 辑，山东大学出版
　　社. -1999

法制变革与北魏封建化/王霄燕//《法律史论丛》第 6 辑，山东大学出版
　　社. -1999

从魏晋之际官僚贵族世袭特权的法律化制度化看士族门阀制度的确立与发展/
　　马志冰//中国文化研究. -2000，春之卷

汉魏晋"比"辨析/吕丽、王侃//法学研究. -2000，4

论《吏民田家莂》的契约与凭证二重性及其意义：读长沙走马楼简牍札记之
　　三/高敏//郑州大学学报（哲社科版）. -2000，4

北魏律渊源辨/曾代伟//《中国传统法律文化与现代法治》（《法律史论丛》第
　　7 辑），重庆出版社. -2000

北魏法律的封建化进程/魏崴//文史杂志. -2001，3

晋代"引礼入律"论略/吴秋红//玉林师范学院学报. -2001，4

论魏晋时期的立法改革/刘笃才//辽宁大学学报（哲社科版）. -2001，6

泰始年间士族集团的争斗与晋律的儒家化/杨昂、马作武//《继承与创新——
　　中国法律史学的世纪回顾与展望》（《法律史论丛》第 8 辑），法律出版
　　社. -2001

北魏入仕途径与职官管理/俞鹿年//《法律史论集》第 3 卷，法律出版
　　社. -2001

前秦法制初探/何宁生//西北大学学报（哲社科版）. -2002，3

关于西晋刑律制订人选的思考/文慧科//西南民族学院学报（哲社科版）.
　　-2002，4

曹魏大逆不道罪的演变及妇女连坐问题/刘广平、刘凡振//许昌师专学报.
　　-2002，6

汉魏晋"故事"辨析/吕丽//法学研究. -2002，6；又载《中国法史学精萃》
　　2001—2003 年卷，高等教育出版社. -2004

北魏均田法刍议——兼论"土地兼并"的抑制/林茂松//《法制史研究》第 3
　　期，（台湾）中国法制史学会、"中央研究院"历史语言研究所. -2002

北魏前期的大人官与三都大官/俞鹿年//《法律史论集》第 4 卷，法律出版
　　社. -2002

"九品官人法"名称考辨/胡舒云//求实学刊. -2003，2

汉魏晋的礼仪立法与礼仪故事/吕丽//法制与社会发展. -2003，3

论后燕的法制/何宁生//西北大学学报（哲社科版）-2003，3

张斐《注律表》评析/魏文超//皖西学院学报. -2003，4

论北朝法制之改创/王霄燕//山西大学学报（哲社科版）. -2003，5

魏晋律令分野的几个问题/李玉生//法学研究. -2003，5；又载《百年回眸：
　　法律史研究在中国》第 2 卷，中国人民大学出版社. -2009

"九品官人法"性质辨析/胡舒云//东北师大学报. -2003，6

论魏晋南北朝法律制度的特点/薛菁//福建师范大学学报（哲社科版）.
　　-2003，6

北魏末年修改地、赋、户令内容的复原与研究/邓文宽//《中国法制史考证》
　　甲编第 3 卷，中国社会科学出版社. -2003

两汉魏晋南北朝法制考证学术见解述要/高旭晨//《中国法制史考证》甲编第
　　3 卷，中国社会科学出版社. -2003

晋泰始律令的制定/〔日〕堀敏一//《中国法制史考证》甲编第 3 卷，中国社
　　会科学出版社. -2003

关于曹魏《新律》十八篇篇目/〔日〕滋贺秀三//《中国法制史考证》丙编第
　　2 卷，中国社会科学出版社. -2003

再论魏律篇目——答内田智雄教授的质疑/〔日〕滋贺秀三//《中国法制史考
　　证》丙编第 2 卷，中国社会科学出版社. -2003

刘宋监狱新考/姚潇鸫//上海师范大学学报（哲社科版）. -2004，1

浅析走马楼吴简中"刑"的含义/于振波//船山学刊. -2004，1

魏晋南朝刑律中的妇女地位：兼谈魏晋南朝刑律的轻省化/金霞、李传军//南
　　都学坛. -2004，2

故事与汉魏晋的法律：兼谈对于《唐六典》注和《晋书·刑法志》中相关内
　　容的理解/吕丽//当代法学. -2004，3

汉末魏晋复肉刑之议论析/薛菁//东南学术. -2004，3

论北朝的流刑制度/薛菁//福建师范大学学报（哲社科版）. -2004，4

从野蛮到文明——简议两晋南北朝刑罚制度的演变/杜邈//郑州航空工业管理
　　学院学报（社科版）. -2004，4

论北魏时期良贱身份制的法典化/李天石//江海学刊. -2004，5

论走马楼简所见"小妻"——兼说两汉三国社会的多妻现象/王子今//学术月
　　刊. -2004，10

魏晋南北朝时期的土地立法及其作用/李建渝//《法律史学研究》第 1 辑，中
　　国法制出版社. -2004

三国两晋南北朝的立法特点/王汇//安庆师范学院学报（社科版）. -2005，1

从"春秋决狱"到"纳礼入律"——浅析儒家思想融入魏晋北朝诸律的必然
　　性/武剑青//柳州师专学报. -2005，2

北齐法制的异化及其当代启示/汪世荣、许光县//陕西理工学院学报（社科版）. -2005，4

论魏晋南北朝刑法原则儒家化特征/薛菁//福建师范大学学报（哲社科版）. -2006，1

魏晋南北朝法政体制述论/刘长江//重庆师范大学学报（哲社科版）. -2006，1

浅析魏晋南北朝时期法律的维孝功能/张宏民//延安大学学报（社科版）. -2006，2

魏晋南北朝对唐律的贡献/任海涛//兰州商学院学报. -2006，2

十六国时期前赵的法制/何宁生//西北大学学报（哲社科版）. -2006，3

门阀士族的婚姻——王源嫁女被弹劾案/赵晓耕//法律与生活. -2006，14

费羊皮卖女葬母案/赵晓耕//法律与生活. -2006，16

从北魏"费羊皮卖女案"说到中国古代的债务和人口买卖/陈登武、于晓雯//《法制史研究》第9期，（台湾）中国法制史学会、"中央研究院"历史语言研究所. -2006

北朝流刑的研究/陈俊强//《法制史研究》第10期，（台湾）中国法制史学会、"中央研究院"历史语言研究所. -2006

晋令的法典化研究/马韶青//《法律史论集》第6卷，法律出版社. -2006

汉魏"考竟"辩义/刘洋//理论学刊. -2007，1；又载研究生法学. -2007，1；石家庄学院学报. -2007，1

《晋书·刑法志》与汉《九章律》/邵方//法学评论. -2007，1

论三国两晋南北朝"引礼入律"的表现/南思宁//忻州师范学院学报. -2007，3

浅谈魏晋南北朝时期法律特点/宋洁//吉林广播电视大学学报. -2007，3

魏晋法律体系的变化与学术风气之关系/韩树峰//中国人民大学学报. -2007，4

曹魏《新律》的制订者到底是谁——对"陈群为首制订《新律》说"的质疑/曹鹏//嘉应学院学报. -2007，5

梁《律》《令》的修订及其历史地位/吕志兴//西南大学学报（社科版）. -2007，5

三国时的校事与司法/李俊强//南华大学学报（社科版）. -2007，6

北魏朝卖女葬母案/赵晓耕//中国审判. -2007，12

战国至三国土地的法律调整——基于出土法律文献的研究/邓建鹏//《法史学

刊》第 1 卷，中国社会科学出版社．-2007

十六国法制抉微/陶广峰//法学研究．-2008，1

从魏晋间关于肉刑争议看酷吏性质之变化/严耀中//社会科学战线．-2008，5

魏晋南北朝时期与妇女相关的法律问题及司法案件/张承宗//南京理工大学学
　　报（社科版）．-2009，2

汉晋财产刑的传承与变迁/李俊方//江西社会科学．-2009，5

浅析魏晋南北朝法文化的多元性/尚春霞//河南教育学院学报（哲社科版）．
　　-2009，6

从费羊皮卖女案看北朝法律对礼教的屈从/辛宇罡//法制与社会．-2009，8

诸葛式的法治/刘阳//政府法制．-2009，19

试析魏晋时期恢复肉刑之议/胡坤//法制与社会．-2009，20

北朝流刑的研究/陈俊强//《百年回眸：法律史研究在中国》第 3 卷，中国人
　　民大学出版社．-2009

北魏华林园听诉制度渊源考/曹刚华//民族研究．-2010，3

玉门花海所出《晋律注》初步研究/曹旅宁、张俊民//法学研究．-2010，4

5. 隋唐五代

未遂罪在唐律及刑法之比较观/贺圣鼐//法学季刊．-1930，（第 4 卷）4

妇女在唐律之地位/贺圣鼐//法学季刊．-1930，（第 4 卷）6

唐律残篇之研究（一、二）/胡长清//法律评论．-1930，（第 7 卷）40、41

汉唐时七出研究/董家尊//文史汇刊．-1935，（第 1 卷）1

唐代官吏水法的法令/陶希圣//食货．-1936，（第 4 卷）7

《故唐律疏议》非永徽律考/袁仲灿//中和月刊．-1940，（第 1 卷）10

唐代审判制度考/刘陆民//法学月刊．-1947，2

唐代司法组织系统考/刘陆民//法学月刊．-1947，3、4

开元律考/徐道邻//新法学．-1948，3

略论《唐六典》之性质施行问题/严耕望//（台湾）《"中央研究院"历史语
　　言研究所集刊》第 24 本．-1953

略论隋朝的法律/韩国磐//历史教学．-1956，12

关于唐朝法律的几个问题/王永兴//历史教学．-1957，4

试论唐律是中国封建社会的标准法典/戴克光//政法教学．-1958，1

论唐律与中国封建社会的"四种权力"问题（提纲）/戴克光//政法研究．
　　-1963，1

唐律的阶级实质/刘海年//历史教学．-1966，3；又载《百年回眸：法律史研究在中国》第2卷，中国人民大学出版社．-2009

《唐律》对亚洲古代各国封建法典的影响/杨廷福//社会科学战线．-1978，创刊号

《唐律疏议》制作年代考/杨廷福//《文史》第5辑，中华书局．-1978；又载《中国法学文集》第1集，法律出版社．-1984

略论隋王朝的封建法制和它的兴亡史/沈国峰//北京政法学院学报．-1979，1

《唐律》的社会经济基础及其阶级本质——《唐律》初探之一/杨廷福//中国史研究．-1979，1

试谈贞观时期的法制/魏国忠//学习与探索．-1979，4

"贞观之治"和当时的社会安定政策/饶鑫贤//法学研究．-1979，5

论唐初立法及其对经济发展的作用/赵克尧、许道勋//文汇报．-1980，2．1

唐太宗与法制/计翔翔、洪朝辉//杭州大学学报．-1980，3

试谈唐初的立法、执法与守法/庄昭//山西师院学报．-1980，4

关于《唐律疏议》中三条律疏的修改——读唐律札记/王永兴//《文史》第8辑，中华书局．-1980

武则天与酷吏/时重实//北京政法学院学报．-1981，1

中国封建刑律中的八议/曾炳钧//法学研究．-1981，2

"贞观法治"浅谈/徐汉炎//法学研究．-1981，3

贞观法制初探/赵克尧、许道勋//史学月刊．-1981，4

唐代监察制度述论/徐连达、马长林//历史研究．-1981，5

唐代的谏官制度/蒲坚//人民日报．-1981，10．12

党仁弘贪赃罪当诛，唐太宗违法先自责/龙文//奋斗（黑龙江）．-1981，11

唐律十恶之溯源/戴炎辉//《中国法制史论文集》，（台湾）成文出版社．-1981

试论《唐律疏议》/叶孝信//《法律史论丛》第1辑，中国社会科学出版社．-1981；又载《复旦法学》第1辑，复旦大学出版社．-1986；《百年回眸：法律史研究在中国》第2卷，中国人民大学出版社．-2009

唐田令研究——从田令和敦煌文书看唐代土地制度中几个问题/王永兴//《纪念陈垣诞辰百周年史学论文集》，北京师范大学出版社．-1981

唐律上议请减赎制之溯源/戴炎辉//（台湾）《"中央研究院"国际汉学会议论文集》·民俗与文化组．-1981

略论隋《开皇律》的地位和教训/王天木、杨永华//《西北政法学院学术论文

选》，西北政法学院. -1981；又载《法律史论丛》第 2 辑，中国社会科学出版社. -1982

从唐代盐法的改革论禁榷制度的发展规律/鲍晓娜//中国社会经济史研究. -1982，2

论唐太宗守法/梁文//历史教学问题. -1982，2

唐律"婚书"考/胡日武//法学研究. -1982，2

唐代御史制度浅论/李俊恒//许昌师专学报（社科版）. -1982，2

唐太宗的"止盗"与"贞观之治"/曾立人//丽水师专学报. -1982，2

唐律的特色/杨廷福//历史教学问题. -1982，2

《武德新格》并非制定于武德九年/庄昭//史学月刊. -1982，2

从《唐律》看封建伦理政治/王玉波//学习与探索. -1982，4

白居易执法明判/杨大中//中国法制报. -1982，7. 2

《唐律疏议》——我国现存唯一完备的古代成文法典/罗辑//河南司法. -1982，9/10

《唐六典》正确地描述了唐朝的制度吗？/〔法〕戴何都//中国史研究动态. -1982，10

唐初对违法官员的惩治/金能刚//中国法制报. -1982，11. 5

试论《唐律疏议》的制作年代问题/蒲坚//《法律史论丛》第 2 辑，中国社会科学出版社. -1982；又载《百年回眸：法律史研究在中国》第 2 卷，中国人民大学出版社. -2009

唐玄宗天宝十一载"禁官夺百姓口分永业田诏"试析/高敏//《中国古代史论丛》，福建人民出版社. -1982

略论《唐律》的历史渊源/杨廷福//《唐律初探》，天津人民出版社. -1982

开皇律的历史地位/王天木、杨永华//《法律史论丛》第 2 辑，中国社会科学出版社. -1982

牒式及其处理程式的探讨——唐令式文研究/卢向前//《敦煌吐鲁番文献研究论集》（1），中华书局. -1982

唐开元廿四年岐州郡县尉判集（敦煌文书附二九七九号）研究——兼论唐代勾征制/薄小莹、马小红//《敦煌吐鲁番文献研究论集》（1），中华书局. -1982

天宝令式表与天宝法制——唐令格式写本残卷研究之一/刘俊文//《敦煌吐鲁番文献研究论集》（1），中华书局. -1982；又载《敦煌吐鲁番出土文献研究论集》第 3 辑，北京大学出版社. -1986

关于《大唐六典》行用问题/韩长耕//中国史研究. -1983，1

试论唐太宗的厉行法治/何敦铧//福州师专学报. -1983，1

唐太宗"纵囚"/王翔//民主与法制. -1983，1

关于唐代定户等及户令中几个问题的研究/王珠文//山西大学学报（哲社科版）. -1983，2

谈对唐代两税法的再评价问题/丁柏传//河北大学学报（哲社科版）. -1983，2

试说《唐六典》的施行问题/刘逊//北京师院学报. -1983，2

唐太宗与贞观法治/严峻//江西师范学院南昌分院学报. -1983，2

有感于李世民的法精事简/文一戈//法学. -1983，2

唐《御史台精舍碑》初探/胡留元、冯卓慧//人文杂志. -1983，2

《唐六典》的编撰刊行和其他/张弓//史学月刊. -1983，3

《唐律疏议》没有关于"中分产品"的规定/翁俊雄//北京师院学报. -1983，3

唐太宗厉行法治浅探/何敦铧//中学历史教学. -1983，3

关于中国中世纪官吏的法律地位（根据《唐律疏议》的资料）/〔苏〕B. M. 雷巴科夫著，马忠建译//中国史研究动态. -1983，4

唐朝的法律/杨廷福//文史知识. -1983，5

唐六典/陈汉生//政治与法律丛刊. -1983，5

唐律与礼的关系试析/刘俊文//北京大学学报（哲社科版）. -1983，5

唐格探索初稿/钱元凯//《法史研究文集》（上），西北政法学院. -1983

从《唐律·户婚》看唐代土地赋役与户籍制度/俞鹿年//《法史研究文集》（上），西北政法学院. -1983

治世与法制——就法制谈汉"文景之治"与唐"贞观之治"/陈国礼//《法史研究文集》（中），西北政法学院. -1983

唐代妇女在法律上的地位/杨廷福//《法律史论丛》第3辑，法律出版社. -1983

《唐律》中的犯罪未遂初探/陆晓光//湖北财经学院研究生学报. -1984，1

我国古代的行政法典——《大唐六典》/王超//中国社会科学. -1984，1；又载《法学探微》，重庆出版社. -1986

唐代巡院初探/贾宪保//人文杂志. -1984，3

集封建法典之大成，播深远影响于中外——隋、唐立法概况/倪正茂//法学杂志. -1984，4

省官简政、惩贪治赇——浅议贞观初年的几项整顿措施/王世莲//求是学刊.
　　-1984，4

唐代的治安机构与治安管理/俞鹿年//国际政治学院学报. -1984，4

唐律债法初探/何勤华//江海学刊. -1984，4

唐律与礼的密切关系例述/刘俊文//北京大学学报（哲社科版）. -1984，5

唐代官吏的罚俸制度/马长林//历史教学. -1984，6

《唐律》债法初探/何勤华//江海学刊. -1984，6

唐律中的谋杀罪/夏勇//法学研究. -1984，6

从白居易的一份判决书看唐代婚姻成立的条件/陈汉生//法学探讨. -1985，1

唐律中的官吏奖惩责任制浅探/刘太祥//南阳师专学报. -1985，1

唐律中官吏犯罪初探/徐显明//东岳论丛. -1985，1

漫谈《唐律》/何东义//政法丛刊. -1985，1

论《唐律》和《唐律疏议》的价值/王召棠、殷啸虎//法学. -1985，Z1

隋朝法律改革述评/陆庆夫//兰州大学学报（社科版）. -1985，2

唐代的监察制度/丁中柱//法学杂志. -1985，2

唐代明法科考述/盛奇秀//东岳论丛. -1985，2

《唐律》关于社会预防犯罪和社会治安的规定/杨廷福、钱元凯//社会科学战
　　线. -1985，2

唐律中的和、略人罪/程维荣等//政法学习. -1985，2

"为国以礼"成圣训，"一准乎礼"定《唐律》——法律的儒家化/俞荣根//
　　函授通讯（西南政法学院）. -1985，2

论唐代前期行政管理的较高效率与法制的关系/王永兴//北京大学学报（哲社
　　科版）. -1985，3

唐代刑事起诉制度/郑禄//法学评论. -1985，3

唐代执法三司初探/李治安//天津社会科学. -1985，3

唐律以帛论赃罪原因何在/殷啸虎//法学. -1985，3

唐太宗厉行法治的历史意义/何敦铧//中学历史. -1985，3

从《唐律》看唐代妇女的贞节观/牛志平//陕西师大学报（哲社科版）.
　　-1985，4

唐初监察"六条"小考/胡宝华//河北师院学报（社科版）. -1985，4

唐律中"再犯"与"累犯"的关系探讨/邹涛//中国人民警官大学学报（社
　　科版）. -1985，4

也谈"疏议"/王宏治//读书. -1985，4

从唐代姚文秀杀妻案看我国古代故杀人罪的罪名定义/王应瑄//法学评论.
　　-1985，5

《唐律》实施问题辨析/马长林//学术月刊.　-1985，5

唐律与封建吏治/钱大群//江海学刊（社科版）.　-1985，5

唐代北司的司法机构/贾宪保//人文杂志.　-1985，6

唐代刑事审判制度/郑禄//政法论坛.　-1985，6

唐律渊源辨/刘俊文//历史研究.　-1985，6

唐律中的"累犯"/邹涛//社会科学.　-1985，7

略论《开皇律》的历史渊源及其对《唐律》的影响/李曙光//法学.
　　-1985，8

唐代的狱政制度/许章润//法学与实践.　-1986，1

唐律强盗罪初探/曹洋//青年法学.　-1986，1

唐律中的奸淫罪/刘明祥//青年法学.　-1986，1

论唐后期法制的变化/刘俊文//北京大学学报（哲社科版）.　-1986，2

论《唐律》"一准乎礼"、"得古今之平"/叶峰//法学季刊.　-1986，2

永业田"身终不还"并非遗产继承制/袁昌隆//贵州史学丛刊.　-1986，2

浅谈《唐律》对渎职官吏的惩治/范西望//人文杂志.　-1986，3

浅谈《唐律疏议》中的市场管理法规/童平宇//河北法学.　-1986，4

五代立法与司法制度初探/杜文玉、李洪涛//思想战线.　-1986，4

《唐律》对当时社会经济生活的作用/陈绍方//法学杂志.　-1986，5

我国法律历史文献中的瑰宝——《唐律疏议》/王召棠等//百科知识.
　　-1986，5

一件重要的唐代"牒"文实证/赵超//文物.　-1986，9

唐《律疏》系据《永徽律》考/叶孝信//《复旦法学》第1辑，复旦大学出版
　　社.　-1986；又载《百年回眸：法律史研究在中国》第2卷，中国人民大
　　学出版社.　-2009

十将与铁券——读唐代墓志札记/赵超//考古与文物.　-1987，1

唐朝的官吏管理制度/扈纪华//法制建设.　-1987，1

唐律累犯质疑/刘志坚//政治与法律.　-1987，1

《唐律疏议》的立法解释和语言风格/陈炯//安徽大学学报（哲社科版）.
　　-1987，1

礼与唐律/白慎修//政法学习.　-1987，2

唐代茶法略考/陈衍德//中国社会经济史研究.　-1987，2

唐代监督制度浅探/刘太祥//南都学坛．-1987，2

略论《唐律疏议》中"疏议"的作用/王立民//西北政法学院学报．
　　-1987，3

论《唐律》"义疏"的法律功能/霍存福//吉林大学社会科学学报．-1987，4

论违礼是唐律的刑事责任依据——兼论中华法系的特点/王占通//社会科学战
　　线．-1987，4

略述唐代法官责任制/徐其萍//河北法学．-1987，4

唐代民事法规发展缀要/王志刚//西北政法学院学报．-1987，4

论唐代司法审判的法律依据/张中秋//史林．-1987，4

试论唐代封建家庭及其财产制度/魏承思//华东师范大学学报（社科版）．
　　-1987，5

隋朝的宫廷警卫和治安机构/金唐文//贵州公安．-1987，7

论唐代立法中的审核程序/王立民//法学．-1987，9

唐代监察制度浅析/朱国斌//中国行政管理．-1987，10

试论唐朝的民事立法/贺嘉//《西北政法学院本科生优秀毕业论文选》（1），
　　西北政法学院印行．-1987

浅论《唐律》的"六赃"及其处罚原则/钱元凯、殷啸虎//《法学论文集》，
　　上海社会科学院出版社．-1987

律、令、格、式——唐代的法典体系/刘海峰、宋方青//文史知识．-1988，1

唐王朝监察制度及经验教训/胡巍//政治学研究资料．-1988，1

试论唐代食盐专卖法的演变/陈衍德//历史教学．-1988，2

唐代海外贸易与法律调整/毛起雄//海交史研究．-1988，2

《唐律》刑事责任年龄辨误/殷啸虎//中国史研究．-1988，2

论建中元年实施两税法的意图/黄永年//陕西师大学报（哲社科版）．
　　-1988，3

唐代出使监察制度与中央决策的关系初探/谢元鲁//社会科学家．-1988，3

隋唐初期统治者及其法制比较/万芳//河北大学学报（哲社科版）．-1988，3

唐代前期经济立法特点浅谈/刘振华//江海学刊．-1988，3

唐代人事立法浅探/刘太祥//商丘师专学报（社科版）．-1988，4

唐代司法中的"三司"/王宏治//北京大学学报（哲社科版）．-1988，4

唐太宗纵囚辨/王应瑄//中南政法学院学报．-1988，4

大唐狱制述评/杨建忠//劳改劳教理论研究．-1988，5

《唐律疏议》中所见的社会等级/李伯重//云南社会科学．-1988，5

浅论《唐律》中的牵连管辖/刘东风//中南政法学院学报. -1988, 8

略论唐律在发展唐前期经济中的作用/王立民//法学. -1988, 10

论唐格——敦煌写本唐格残卷研究/刘俊文//《敦煌吐鲁番学研究论文集》，汉语大词典出版社. -1988

唐代的司法审判制度/王宏治//《中华法史丛谈》，中国政法大学出版社. -1988

唐律——封建法律的楷模/王宏治//《中华法史丛谈》，中国政法大学出版社. -1988

唐代户籍法规初探/胡银康//《华东政法学院法学硕士论文集》，上海社会科学院出版社. -1988

唐代监临主守赃罪考/杨心明//《华东政法学院法学硕士论文集》，上海社会科学院出版社. -1988

析《唐律疏议》中的三种法律协调关系/王立民//《华东政法学院法学硕士论文集》，上海社会科学院出版社. -1988

唐律户籍管理的特点/陈炯//中国人民警官大学学报（社科版）. -1989, 1

《唐律疏议》与唐经济制度简论/王德兴//宁波师院学报（社科版）. -1989, 1

唐代商事立法探究（上、下）/陈汉生、赵翔//政治与法律. -1989, 1、2

唐代前期的地方监察制度/何汝泉//中国史研究. -1989, 2

《唐律疏议》——中国古代社会科学的百科全书/蒋晓伟//上海社会科学院学术季刊. -1989, 2

隋唐律令与日本古代法律制度的关系/〔日〕池田温//武汉大学学报（哲社科版）. -1989, 3

有关北朝隋唐均田制立法的几个问题/杨际平//厦门大学学报（哲社科版）. -1989, 3

唐代御史台司法审判权的获得/胡沧泽//厦门大学学报（哲社科版）. -1989, 3

谈谈唐代立法的历史贡献/吴大逵//人民公安报. -1989, 3. 24

唐代御史台对财政经济工作的监督/胡沧泽//中国社会经济史研究. -1989, 4

论唐律令格式都是刑法/王立民//法学研究. -1989, 4

唐代法官违法刑讯的责任制度/巩富文//西北大学学报（哲社科版）. -1989, 4

论隋代均田令的形成——隋代均田令研究之一/赵云旗//晋阳学刊. -1989, 5

唐代官刑论/霍存福//吉林大学社会科学学报. -1989，5

唐律对青少年犯罪及保护青少年的若干规定/王立民//少年犯罪问题.
　　-1989，5

谈《唐律疏议》三条律疏的修改问题/钱大群//南京大学学报（哲学人文社科
　　版）. -1989，5

唐朝巡院及其在唐后期监察体系中的作用和地位/宁欣//北京师范学院学报
　　（社科版）. -1989，6

《唐六典》性质论/钱大群、李玉生//中国社会科学. -1989，6；又载《百年
　　回眸：法律史研究在中国》第2卷，中国人民大学出版社. -2009

《唐律疏议》"禁外姻无服尊卑婚"考释/张中秋//《南京大学学报法学论集》，
　　南京大学出版社. -1989

唐代狱讼制度考析/刘俊文//《陈寅恪先生诞辰百周年纪念论文集》，北京大学
　　出版社. -1989

初唐法律论/〔英〕丹尼斯·C.特威切特著，张中秋译//比较法研究.
　　-1990，1

试谈唐律对官吏职务犯罪的规定/陈炯//江南大学学报（社科版）. -1990，1

中唐以后敦煌税法的变化/〔日〕堀敏一著，郑学檬、杨际平译//中国社会经
　　济史研究. -1990，1

唐代前中期土地立法述略——从唐律看唐代均田制/赵翔等//山东法学.
　　-1990，2

武则天行"铜匦制"考略/符庆如//史学月刊. -1990，2

大唐律令与唐代经济繁荣关系之研究/张中秋、金眉//南京大学学报（哲学人
　　文社科版）. -1990，2

从判文看唐代市籍制的终结/姜伯勤//历史研究. -1990，3

试论唐代御史在财经上的监督作用——兼谈唐代御史监察中的几个问题/方宝
　　璋//北京师范学院学报（社科版）. -1990，3

令式分辨与唐令的复原——《唐令拾遗》编译墨余录/霍存福//当代法学.
　　-1990，3

论礼令关系与唐令的复原——《唐令拾遗》编译墨余录/霍存福//法学研究.
　　-1990，4

唐代刑事审判机关及其管辖制度/巩富文//西北大学学报（哲社科版）.
　　-1990，4

浅谈唐代的刑罚制度/蒲硕棣//法制日报. -1990，4.30

唐律自首制度初探/明廷强、张玉珍//齐鲁学刊. -1990，5

唐田令与"均田令"、"已受田"与"见营田"的关系/杨际平//历史教学问题. -1990，5

唐代的御史台/胡沧泽//文史知识. -1990，8

唐代的吏胥制度/俞鹿年//《中国法律史国际学术讨论会论文集》，陕西人民出版社. -1990

论大唐律令与唐代经济衰退之关系：以均田律令为中心/张中秋//江海学刊. -1991，1

论唐律与专制统治/王立民//比较法研究. -1991，1

唐代法律中的血属复仇问题/张帆//北京大学研究生学刊. -1991，1

唐代司法监察得失谈/黄圭//文史杂志. -1991，2

唐代司法"三司"考析/刘后滨//北京大学学报（哲社科版）. -1991，2

关于武则天重用酷吏的几点看法/马晓丽//烟台大学学报（哲社科版）. -1991，3

论《唐律》与唐初政治社会的协调性/张梓太//江海学刊. -1991，3

唐律规定的官吏失职行为的种类及其惩治的原则与特点/袁建勇//中南政法学院学报. -1991，3

唐律与佛道教/王立民//政法论丛. -1991，3

唐代的著作权现象/郭绍林//人文杂志. -1991，5

现行刑法抢劫罪与唐律强盗罪的比较/周亦杨//江苏社会科学. -1991，5

唐代科举陋规/邱远猷//文史杂志. -1991，5

略论唐代的婚姻制度/刘振华//学海. -1991，6

唐朝流放制度初探/刘启贵//劳改劳教理论研究. -1991，6

五代刑法残酷说质疑/杜文玉//渭南师专学报. -1992，1

简论唐律对官吏犯赃定罪量刑的规定/袁建勇//中南政法学院学报. -1992，2

论《唐律》与吏治/唐鸿儒//山西大学学报（哲社科版）. -1992，2

《唐律》中数罪并罚制度浅析/钟斌//山东法学. -1992，2

从几件敦煌吐鲁番文书看唐代法律形式：式/冯卓慧//法学研究. -1992，3

何谓"三覆奏"、"五覆奏"/李万禄//西部学坛. -1992，3

论唐律对官吏罪责追究的制度/钱大群//江苏社会科学. -1992，3

略论《唐律》的"中"、"平"性/张梓太、俞心慧//南京社会科学. -1992，3

唐初的"用刑宽简"和"恤刑慎杀"/王国平//文史知识. -1992，3

吐鲁番出土文书所涉及的晋唐法制/王欣//西域研究．-1992，3

浅论唐代前期维护国家军事利益的刑事法律/张少瑜//南京大学学报（哲学人
　　文社科版）．-1992，4

唐律贿赂罪初探/明延强、张玉珍//历史研究．-1992，5

唐式性质考论/霍存福//吉林大学社会科学学报．-1992，6

唐律的通则性规定及其来源/〔日〕仁井田陞//《日本学者研究中国史论著选
　　译》（八），中华书局．-1992

唐户婚律立嫡违法条论者/〔日〕冈野诚撰，姚荣涛译//《儒学与法律文化》，
　　复旦大学出版社．-1992

论唐律对封建官吏选任考核制度的维护/袁建勇//法学评论．-1993，1

略述唐代的官吏考课制度/关保英//中南政法学院学报．-1993，1

唐代法官出入人罪的责任制度探析/巩富文//政治与法律．-1993，1

论唐武德到贞观律令制度的成立——唐朝立国政策的研究之二/高明士//汉学
　　研究．-1993，（第11卷）1

论唐代监察制度的特点/邹顺亮//中南政法学院学报．-1993，2

论唐律对官吏擅权行为的惩治/袁建勇//中南政法学院学报．-1993，2

论唐律与制敕/王立民//历史教学问题．-1993，2

论《唐律》篇章体例结构的完备性/张梓太//学海．-1993，2

从"无子"出妻看唐代"七出三不去"离婚制度的实践/金眉//史学月刊．
　　-1993，2

初唐法律研究/〔英〕崔瑞德著，张中秋译//南京社会科学．-1993，3

唐律中的类推不是"举重明轻"，而是"比附"——与中国法制史诸书及
　　《中国刑法史》作者商榷/王侃//法学研究．-1993，3

论隋代均田令的诸问题/赵云旗//中国史研究．-1993，4

论唐代官吏的贪污罪/周东平//中国社会经济史研究．-1993，4

从几件敦煌法制文书看唐代的法律形式——格/胡留元//法律科学．-1993，5

《唐律》职务犯罪管见/包雯//河北法学．-1993，5

唐故事惯例性论略/霍存福//吉林大学社会科学学报．-1993，6

池田温教授谈唐令与日本令/李锦绣记录，黄正建整理//中国史研究动态．
　　-1993，8

论《论语》对唐律的影响/王立民//（台湾）孔孟月刊．-1993，11

《唐律》与现代刑法的原则、制度之比较/赵东升//研究生法学．-1994，1

论唐代惩治官吏赃罪的特点/周东平//厦门大学学报（社科版）．-1994，1

论唐"以法治吏"/覃守元//华中师范大学学报（哲社科版）.-1994，1

从《唐律·户婚》看唐代婚姻的双重性/方亚光//学海.-1994，2

唐人的"离婚"刍议/牛致功//学术界.-1994，2

《唐六典》仅仅是一般的官修典籍吗？/宁志新//中国社会科学.-1994，2

唐初社会治安对策初探/梅少华//法商研究.-1994，3

唐代对社会成员的治安管束/郭绍林//洛阳师专学报（社科版）.-1994，3

《隋律》的正负效应/倪正茂//（上海）社会科学报.-1994，3. 13

谈谈唐朝的受所监临财物罪/孙季萍、冯立水//山东法学.-1994，4

唐朝立法监督制度初探/艾永明、钱长源//苏州大学学报（社科版）.
　　-1994，4

唐代对社会现象的治安处置/郭绍林//洛阳师专学报（社科版）.-1994，4

唐代的遗嘱继产问题/邢铁//人文杂志.-1994，5

《唐律疏议》"以""准"字例析/霍存福、丁相顺//吉林大学社会科学学报.
　　-1994，5

《大唐开元礼》初探——论唐代礼制的演化历程/赵澜//复旦学报（社科版）.
　　-1994，5

唐刑部尚书崔凝墓志考释/林集友//考古.-1994，11

试论两税法的财政改革及其对唐中、后期经济的影响/王复华//中央财政金融
　　学院学报.-1994，12

唐律研究中的几个问题/吴建璠//《中外法律史新探》，陕西人民出版
　　社.-1994

唐朝立法监督制度初探/艾永明//《中外法律史新探》，陕西人民出版
　　社.-1994

《唐律》与后世的律：连续性的根基/〔美〕马伯良著，霍存福译//《美国学
　　者论中国法律传统》，中国政法大学出版社.-1994

论唐代文字狱的酝酿/郭绍林//唐都学刊.-1995，1

隋唐的田制、税法与户籍统计/于越人//统计研究.-1995，1

唐朝法律从严治吏所给予我们的启示/曲成钢//德州师专学报（社科版）.
　　-1995，1

唐代行政法概论/王宏治//行政法学研究.-1995，1

唐代刑事立法中的"赃罪"/孙玉荣//法学杂志.-1995，2

唐京师长安治安的兴衰/刘炳愉//中国刑警学院学报.-1995，3

敦煌吐鲁番文书中所见唐官文书"行判"的几个问题/向群//敦煌研究.

-1995，3

唐代专卖法律研究/张中秋//南京大学法律评论．-1995，春季号

浅析唐律对贿赂罪的惩罚/陆明德//检察理论研究．-1995，4

浅谈中国唐代的行政监察制度/李顺义//攀登．-1995，5

律、令、格、式与唐律的性质/钱大群//法学研究．-1995，5；又载《百年回眸：法律史研究在中国》第2卷，中国人民大学出版社．-2009

传统中国政治生活类型的转变：依唐代经济法律所作的一种分析/张中秋//法学．-1995，6

唐代复除制考略/张仁玺//山东师大学报（社科版）．-1995，6

唐律依法审判监督机制述论/钱大群//江苏社会科学．-1995，6

隋《开皇律》及其立与毁/王光照//学术月刊．-1995，9

从唐代的判集看唐代对法律的适用/董念清//社科纵横．-1996，1

唐代对外贸易的法律调整述论/张中秋//江海学刊．-1996，1

《唐六典》性质刍议/宁志新//中国史研究．-1996，1

《唐律》的光辉与阴翳（上、下）/王江、王春淑//人民检察．-1996，1、2

强化对有职权者的法律监督：试说唐律的廉政建设/钱大群//传统文化与现代化．-1996，2

隋文帝不悦儒学专尚刑名辨析/曹治怀//安庆师院社会科学学报．-1996，2

谈唐代对官吏赃罪的惩治/侯雯//首都师范大学学报（社科版）．-1996，2

唐律数罪并罚制度探析/明廷强//齐鲁学刊．-1996，2

唐中后期的罚俸及其对唐律的发展/张艳云//陕西师范大学学报（社科版）．-1996，2

唐律慎刑论/叶昌富//咸宁师专学报．-1996，2

长庆时期的法制/郑显文、苏丽华//松辽学刊（社科版）．-1996，3

法制生活中的"官当"、"八议"及防治：从隋唐"官当""八议"制度说起/张龙平//北京社会科学．-1996，3

唐代商业政策的变化——兼论唐代商人的法律地位/郭兴莲//研究生法学．-1996，3

唐巡检及唐警察职能的强化/刘炳愉//中国刑警学院学报．-1996，3

唐朝的五花判事和六押制度/袁刚//安徽史学．-1996，4

唐代中日两国地方监察制度的比较研究/胡沧泽//福建师范大学学报（社科版）．-1996，4

唐律立法量化技术运用初探/钱大群//南京大学学报（哲学人文社科版）．

-1996，4

《大唐六典》御史监察制度初探/刘树林//甘肃政法学院学报（社科版）.
　-1996，4

唐律"坐赃"罪简论/徐川//山东法学.-1996，4

长孙无忌与《唐律疏议》/张荣峥//法治论丛（上海政法学院学报）.
　-1996，4

汉唐民事诉讼制度/汪世荣//法律科学.-1996，4

唐朝的涉外法律规定/徐国建//法治论丛（上海政法学院学报）.-1996，5

《唐六典》不是行政法典——答宁志新先生/钱大群//中国社会科学.
　-1996，6

从英藏CH0045捕亡律断片论唐贞观捕亡律之存在问题——兼论贞观断狱律之
　存在问题/高明士//《潘石禅先生九秩华诞敦煌学特刊》.-1996

《龙筋凤髓判》初步研究/郭成伟//《龙筋凤髓判校注》，中国政法大学出版
　社.-1996

贞观时期的廉政与法制/王立民//上海法学研究.-1997，1

唐代依法治吏之鉴/许振红//公务员学刊.-1997，1/2

略论唐代的弹劾制度/高凤林//北京图书馆馆刊.-1997，2

试论唐朝均田令时代的移民政策/任士英//中国历史地理论丛.-1997，2

唐朝雇佣契约初探/高文和等//天津政法.-1997，2

唐中后期罚俸制度初探/张艳云//中国史研究.-1997，2

张鷟《龙筋凤髓判》与白居易《甲乙判》异同论/霍存福//法制与社会发展.
　-1997，2；又载《法律史论丛》第4辑，江西高校出版社.-1998

试论隋唐时期的考课与监察制度在反腐倡廉中的作用与流弊/杨希义、翟麦
　玲//西北大学学报（哲社科版）.-1997，3

唐律：中国古代法律文化遗产中的瑰宝/蒲坚//中外法学.-1997，3

唐代律令中的奴婢略论/陈宁英//广西民族学院学报（社科版）.-1997，4

敦煌出土契约中的违约条款初探/余欣//史学月刊.-1997，4

《唐律》中有关保护消费者权益的内容探析/王兴国//兰州学刊.-1997，5

唐代格、式的编纂/侯雯//文史知识.-1997，8

浅析唐律中的共同犯罪/陈晓枫、殷耀德//贵州教育.-1997，10

唐律刑事责任能力的历史考察/黄源盛//《现代刑事法与刑事责任——蔡教授
　墩铭先生六秩晋五华诞祝寿论文集》，国际刑法学会中华民国分
　会.-1997

《晋书·刑法志》与中国古代法学/何勤华//《法制现代化研究》第 3 卷，南京
　　师范大学出版社．–1997

我国唐朝流放制度初探/刘启贵//青海社会科学．–1998，1

唐代司法制度述论/冯辉//史学集刊．–1998，1

唐律研究中的误读/周子良//法论．–1998，1

《意林》所载刑事案例简析/王天海//现代法学．–1998，1；又载贵州民族学
　　院学报（哲社科版）．–1998，4

浅析《唐律》中过失犯罪的法律用语/黄明儒//法学评论．–1998，2

唐代涉外法律规范的意义/王国奇//益阳师专学报．–1998，2

略论唐代刑事控告及其受理制度/余经林//中外法学．–1998，3

唐朝的监察制度及积极作用/孙军、于恩忠//政法论丛．–1998，3

唐代惩治受贿罪研究/刘毅然//晋阳学刊．–1998，3

唐代律令中的贱民略论/陈宁英//中南民族学院学报（哲社科版）．–1998，3

《唐律》中的官吏失职犯罪/孙季萍//山东法学．–1998，3

汉武帝的“六条诏书”及汉唐地方监察法规/袁刚//南都学坛（社科版）．
　　–1998，4

略论贞观年间法制的几个特点/李春凌//中国社会科学院研究生院学报．
　　–1998，4

浅议唐文宗在刑法方面的措施/侯雯//首都师范大学学报．–1998，4

唐代打击官吏经商谋利的法律规定/洪学伙//安徽大学学报（哲社科版）．
　　–1998，4

唐律中“法定刑省略技术”论析/张生//天津政法．–1998，4

关于唐代法律体系研究的述评及其他/徐忠明//法制与社会发展．–1998，5

唐朝前期的地方监察方式/袁刚//法学杂志．–1998，5

关于《唐六典》的几个争议问题/袁文兴//甘肃理论学刊．–1998，6

唐律内容疏而不漏的质疑/王立民//南京大学法律评论．–1998，秋季号

关于唐律的赃与赃罪问题/周东平//法门寺文化研究通讯．–1998，12

唐代工商法律叙论/张中秋//《法律史论丛》第 3 辑，江西高校出版社．–1998

唐代经济管理的廉政监察/春杨//《法律史论丛》第 4 辑，江西高校出版
　　社．–1998

论唐代官吏管理制度/蒲坚//《法律史论丛》第 5 辑，中国华侨出版社．–1998

《唐律·职制》与唐代文官制度/俞鹿年//《法律史论集》第 1 卷，法律出版
　　社．–1998

略论唐代的坐赃/周东平//《中国古代社会研究》，厦门大学出版社．-1998

从《唐律》看唐王朝对官吏的严格管理/章翊中//南昌职业技术师范学院学报．-1999，1

略论唐代档案立法/阚红柳//档案学研究．-1999，1

唐朝的廉政立法剖析/张洪林//华南理工大学学报（社科版）．-1999，1

唐代肃贪法律及其运作/翁俊雄//商丘师范学院学报．-1999，1

武则天与酷吏的关系/王双怀//唐都学刊．-1999，1

论《唐律疏议》语言承继的跨越性特征/刘愫真//平顶山师专学报．-1999，1

从《唐律疏议》看唐礼及相关问题/陈戍国//湖南大学学报（社科版）．
　　-1999，1、2

武则天对唐朝法制的破坏/刘焕曾//锦州师范学院学报（哲社科版）．
　　-1999，2

试论唐代律令对唐前期佛教寺院经济的制约/郑显文//中国经济史研究．
　　-1999，2

论唐代的流刑及其执行情况/李毅//西安外国语学院学报．-1999，3

唐故事与制敕之管见/李毅//渭南师范学院学报．-1999，4

论《唐律》中的共同犯罪/许利飞//法学评论．-1999，4

日本移植唐朝法律考述/石田琢智//法学．-1999，5

隋朝监察制度述论/袁刚//北京大学学报（哲社科版）．-1999，6

唐代判文文体及源流研究/吴承学//文学遗产．-1999，6

《唐律》"十恶"罪刑研究/徐永康//河南省政法管理干部学院学报．
　　-1999，6

唐五代敦煌、吐蕃买卖契约的法律与经济分析/霍存福、李声炜、罗海山//法
　　制与社会发展．-1999，6

汉唐间社会财产私有权问题考论/杨师群//学术月刊．-1999，8

论唐代以立法行吏治/孙光妍//《法律史论丛》第6辑，山东大学出版
　　社．-1999

隋朝法制建设得失及其历史启迪/孙文波//《法律史论丛》第6辑，山东大学
　　出版社．-1999

关于中国古代赃罪的若干问题——以唐律为中心/周东平//《法律史论丛》第
　　6辑，山东大学出版社．-1999

唐律条标探析/王立民//《法律史论集》第2卷，法律出版社．-1999

唐代法制与典籍考辨七题/钱大群//《法律史论集》第2卷，法律出版

社. -1999

日本律令官制对隋唐官制的继承与创新/刘敬者//河北法学. -2000，1

唐律对"不孝"罪的界定/马继云//江海学刊. -2000，2

唐朝依法治吏评析/江山//重庆社会科学. -2000，2

唐代明法考试制度初探/郑显文//政法论坛. -2000，2

唐代依法治吏研究/孙光妍//政法论坛. -2000，2

唐《开元二十五年令·田令》研究/戴建国//历史研究. -2000，2

唐代监察制度对皇帝的制约/胡沧泽//福建师范大学学报（社科版）.
　　-2000，3

唐律自首制度研究/曹坚//福建公安高等专科学校学报. -2000，3

敦煌文献中民间借贷契约法律制度初探/陈永胜//甘肃政法学院学报.
　　-2000，3

唐律"一准乎礼"的立法特点及产生的主要原因/邱玉梅//黑龙江省政法管理
　　干部学院学报. -2000，3

"明主治吏不治民"：论《唐律》中的官吏渎职罪/胡世凯//锦州师范学院学
　　报. -2000，3

《唐律》中贪污贿赂犯罪初探/罗欣//法学评论. -2000，4

唐代的勾检官制与行政效率法律化/童光政//中国国家行政学院学报.
　　-2000，4

刘晏榷盐法与中国古代商业政策之转型/马林涛//许昌师专学报. -2000，4

《唐律疏议》结构及书名辨析/钱大群//历史研究. -2000，4

唐律"赔偿"制度研究/吴萍//江西社会科学. -2000，5

试论《唐律》的法官责任制度/高英彤、房书君//通化师范学院学报.
　　-2000，6

唐律疏议家族主义法研究/丁凌华//法学. -2000，增刊

唐前期的御史监察与廉政建设/王立民//《激浊扬清》，中国检察出版
　　社. -2000

唐宋户绝财产继承之分配及其归属/李淑媛//《法制史研究》创刊号，（台湾）
　　中国法制史学会、"中央研究院"历史语言研究所. -2000

唐之婚姻家庭法探析/叶英萍//海南大学学报（人文社科版）. -2001，1

浅述唐律中的反腐惩贪法律制度/詹坤木//西南政法大学学报. -2001，1

五代时期的法典编订/侯雯//首都师范大学学报（社科版）. -2001，3

唐代监察体制的变革/胡沧泽//福建师范大学学报（哲社科版）. -2001，3

论唐代的立法语言/陈炯//江南学院学报. -2001, 3

唐朝前期军事法执行状况及其主要影响因素/张少瑜//南京大学法律评论.
　　-2001, 春季号

释唐律"出入得古今之平"/蒲坚//政法论坛. -2001, 4；又载《中国法史
　　学精萃》2001—2003 年卷，高等教育出版社. -2004

裴政及其在中国法制史上的贡献/李红//安徽史学. -2001, 4

唐王朝"依法治吏"的经验与启示/蒋建新、周宝砚//社会科学. -2001, 5

试析唐代"七出三不去"法律制度/金眉//南京大学学报（哲学人文社科
　　版）. -2001, 6

论唐代民事法律的发展及其特点/金眉//法学. -2001, 11

论唐代婚姻终止的法律制度/金眉//南京社会科学. -2001, 11

唐朝地方监察制度历史进步性探析/江鹏//湖北社会科学. -2001, 11

述论唐代大赦的内容和效力/陈俊强//《法制史研究》第 2 期，（台湾）中国法
　　制史学会、"中央研究院"历史语言研究所. -2001

唐律轻重相举条的法理及其运用/黄源盛//《唐律名例律》（学术研讨会论文
　　集），台湾大学历史学系、中国法制史学会. -2001

唐"天宝律令式说"献疑/戴建国//《法律史论集》第 3 集，法律出版
　　社. -2001

从 73TAM509：8（1）、（2）号残卷看唐代的保辜制度/郑显文//《法律史论
　　集》第 3 卷，法律出版社. -2001

《唐律疏议》中"例"字之用法（上）/〔日〕冈野诚，李力译//《法律史论
　　集》第 3 卷，法律出版社. -2001

唐"天宝律令式"说献疑/戴建国//《法律史论集》第 3 卷，法律出版社.
　　-2001；又载《百年回眸：法律史研究在中国》第 2 卷，中国人民大学出
　　版社. -2009

《唐律疏议》的律学成就/周少元//《继承与创新——中国法律史学的世纪回顾
　　与展望》（《法律史论丛》第 8 辑），法律出版社. -2001

透视唐代经济民事法律/张中秋//法学. -2002, 1

《唐律》和现行刑法对未成年人保护之比较/林安民//青少年犯罪问题.
　　-2002, 1

略论唐代瑕疵担保制度/刘玉堂、陈绍辉//武汉大学学报（哲社科版）.
　　-2002, 1

从《唐律疏议》看唐代公务文书处理的法制化/何保梅//浙江档案. -2002, 1

略论唐律中刑案其他参与人的地位与责任之规定/陈秋云、陈鸥//华北电力大学学报（社科版）. -2002，1

论唐代的反贪立法/毕连芳//法学杂志. -2002，1

唐代茶法考述/王晓燕、赵晓芳//甘肃理论学刊. -2002，1

隋唐时期佛教与法的关系/周相卿//贵州民族学院学报（哲社科版）. -2002，1

论唐律的血缘主义特征/李伟迪//船山学刊. -2002，1

唐律自首制度的科学性与局限性/夏朝辉//中南法律评论. -2002，1

浅析《唐律》中赃罪的处罚原则/黄明儒//法学评论. -2002，1

唐代婚姻礼俗述略/杨希义、谢翠维//西北大学学报（哲社科版）. -2002，1

唐代格后敕的编纂及特点/侯雯//北京师范大学学报. -2002，1

唐律述评/陈国凤//甘肃广播电视大学学报. -2002，2

简论《唐律疏议》对吏治的整饬/倪春青、徐芸华//中国历史地理论丛. -2002，2

试论唐代京兆府的司法权/张艳云//唐都学刊. -2002，2

浅析唐代赦宥的原因及对其利益的讨论/邵治国//阴山学刊. -2002，2

浅析唐代赦宥实施的仪式、程序及赦书/邵治国//常德师范学院学报. -2002，2

再论唐代茶法/黄纯艳//思想战线. -2002，2

试述《唐律》的历史地位及其在吏治方面的实践/丁寰翔、戍百全//中共宁波市委党校学报. -2002，2

律令格式与律令制度、律令国家——二十世纪中日学者唐代法制史总体研究一瞥/周东平//法制与社会发展. -2002，2；又载《走向二十一世纪的中国法文化》（《法律史论丛》第9辑），上海社会科学院出版社. -2002

论唐律的礼法关系/王立民//浙江学刊. -2002，2

论唐代明法考试制度的几个问题/彭炳金//政法论坛. -2002，2

判文中所见唐代身份法体制下的奴婢问题/向群//论衡丛刊. -2002，2

唐代禁止官吏经商谋利的法律规定及启示/储著斌、张忠国//郑州轻工业学院学报. -2002，3

试论唐王朝监察制度的特点/眭明泉//燕山大学学报（哲社科版）. -2002，3

中晚唐监察体制与政局/刘长江//四川师范学院学报. -2002，3

唐代家产继承方式述略/邢铁//河北师范大学学报（哲社科版）. -2002，3

唐王朝监察制度的运作/林强、周宝砚//黄山高等专科学校学报. -2002，3

唐代家庭财产继承制度初探/郑显文//中国文化研究. -2002，3

现行刑法与唐律疏议：血缘视角的比较/李伟迪//政法论坛. -2002，3

试论唐朝礼法并用的治国经验/李云凯//黑龙江农垦师专学报. -2002，4

论法律儒家化的完成和古代立法技术的第一次大发展：秦、唐律比较研究后
　　的一个发现/冯岚//中山大学研究生学刊. -2002，4

从唐律看唐代的婚姻状况和妇女的法律地位/霍俊卿//首都律师论坛.
　　-2002，4

从《唐律》看唐初统治集团对经济的法律干预及其特点/章翊中、熊亚非//江
　　西科技师范学院学报. -2002，5

唐王朝监察制度的运作及特点/周宝砚//南京政治学院学报. -2002，5

唐代反腐败法律制度初探/王丽英//内蒙古民族大学学报（社科版）.
　　-2002，5

论唐代市场法/姚秀兰//河南省政法管理干部学院学报. -2002，5

唐代县级政权的司法权限/张健彬//山东大学学报（哲社科版）. -2002，5

《燕子赋》与唐代司法制度/楚永桥//敦煌研究. -2002，6

从敦煌的婚书程式看唐代许婚制度/张艳云//敦煌研究. -2002，6

敦煌故事画中的刑罚/谢生保//敦煌研究. -2002，6

再谈唐代的明法考试制度——兼答彭炳金先生/郑显文//政法论坛. -2002，6

唐代封爵贵族的法律特权探析/胡纪平//湖北社会科学. -2002，7

唐律中的罪过形式研究/魏地//当代法学. -2002，7

关于唐代律令格式的性质问题/李玉生//金陵法律评论. -2002，秋季卷

唐代官吏赃罪述论/彭炳金//史学月刊. -2002，10

唐会审制度浅析/张扬金、于兰华//江西社会科学. -2002，增刊

《唐律疏议》中"例"字之用法（下）/〔日〕冈野诚著，李力译//《法律史
　　论集》第4卷，法律出版社. -2002

论唐代地狱审判的法制意义——以《佛说十王经》为中心/陈登武、那司陆//
　　《法制史研究》第3期，（台湾）中国法制史学会、"中央研究院"历史
　　语言研究所. -2002

唐律关于维护"社会集体安全"规范之研究/桂齐逊//《法制史研究》第3期，
　　（台湾）中国法制史学会、"中央研究院"历史语言研究所. -2002

唐律与唐朝的身份等级关系/王立民//《走向二十一世纪的中国法文化》（《法
　　律史论丛》第9辑），上海社会科学院出版社. -2002

唐代自首制度的科学性与局限性/夏朝辉//《中南法律评论》创刊号，法律出

版社. -2002

唐代民事主客体及其民事法源概述/张中秋//《中南法律评论》创刊号，法律
　　出版社. -2002

谏诤制度与"贞观之治"/钱大群//《中西法律传统》第2卷，中国政法大学
　　出版社. -2002

论隋律对北周律之因袭/倪正茂//《中西法律传统》第2卷，中国政法大学出
　　版社. -2002；又载《百年回眸：法律史研究在中国》第2卷，中国人民
　　大学出版社. -2009

唐代债权保障制度研究/郑显文//西北师大学报（社科版）. -2003，1

论唐代监察制度的承续与完善/吴秀兰//青海师范大学学报（哲社科版）.
　　-2003，1

唐代"进状"、"关白"考/胡宝华//中国史研究. -2003，1

《唐律》与现行刑法对过失犯罪规定的比较研究/沈莺//山东科技大学学报.
　　-2003，1

唐代监察制度探析/孙立忠//河南社会科学. -2003，1

唐代司法中的时限制度探析/李亚龙、杨剑//湖北成人教育学院学报.
　　-2003，2

《唐律》共同犯罪的立法特点分析/梁洪行//广播电视大学学报（哲社科版）.
　　-2003，2

御史纠弹：唐代官吏犯罪的侦控程序考辨/龙大轩、原立荣//现代法学.
　　-2003，2

唐代长安新设刑场独柳树考论/赵望秦//史学月刊. -2003，2

唐代涉外民事法律初探/郑显文//北京科技大学学报（社科版）. -2003，3

论唐代司法效率及其现代价值/王琳//广西政法管理干部学院学报. -2003，3

浅议"贞观之治"的法治、德治及官德/周敦耀//广西大学学报. -2003，3

试析唐律的"官司出入人罪"/明廷强、张玉珍//齐鲁学刊. -2003，3

敦煌写本《寅年令狐宠宠卖牛契》中的瑕疵担保制度/陈永胜//甘肃政法学院
　　学报. -2003，3

唐代以法治吏的经验与启迪/王旭伟//沈阳师范大学学报（社科版）.
　　-2003，4

唐代家庭财产和继承制度述论/王厚香//文史杂志. -2003，4

汉唐期间奏章与诏令及其关系/赵春娥//青海社会科学. -2003，4

论唐代商人法律地位低下对资本主义萌芽的桎梏作用/王兵//楚雄师范学院学

报．-2003，4

论《唐律》中的"出入人罪"/李艳芳//河南公安高等专科学校学报．-2003，5

略论唐律中的服制原则与亲属相犯/郑定、马建兴//法学家．-2003，5

《唐律疏议》与犯罪预防/黄书建//青少年犯罪研究．-2003，5

唐代"保辜制度"解读二则/李勇伟//巢湖学院学报．-2003，5

论唐律对市场管理的规范/张力//安庆师范学院学报．-2003，5

唐代行政编制制度的借鉴意义/齐建东//江苏警官学院学报．-2003，5

唐宋中央监察制度变迁初探/贾玉英//河南大学学报（社科版）．-2003，6

唐代判牍体例文辞研究/赵久湘//涪陵师范学院学报（社科版）．-2003，6

论唐代保辜制度的实际运用——从《唐宝应元年（762）六月康失芬行车伤人案卷》谈起/张艳云、宋冰//陕西师范大学学报．-2003，6

唐律"除免比徒"性质考/胡谦//广西社会科学．-2003，8

唐《律》法律术语考释/邓海荣//西南民族大学学报（人文社科版）．-2003，9

漫谈唐朝的证据制度及其借鉴之处/陈虹、贾小平//广西政法管理干部学院学报．-2003，增刊

唐律与现行刑法比较研究/杨永华//《比较法在中国》第2集，法律出版社．-2003

唐律与现行法关于"正当防卫"规定之比较研究/桂齐逊//《法制史研究》第4期，（台湾）中国法制史学会、"中央研究院"历史语言研究所．-2003

唐《捕亡令》复原研究/戴建国//《李埏教授九十华诞纪念文集》，云南大学出版社．-2003

隋代法制考/倪正茂//《中国法制史考证》甲编第4卷，中国社会科学出版社．-2003

隋唐法制考证举要/尤韶华//《中国法制史考证》甲编第4卷，中国社会科学出版社．-2003

唐代使职制度考/俞鹿年//《中国法制史考证》甲编第4卷，中国社会科学出版社．-2003

唐律实施考述/张建一//《中国法制史考证》甲编第4卷，中国社会科学出版社．-2003

唐律赃罪诸考/周东平//《中国法制史考证》甲编第4卷，中国社会科学出版社．-2003

《大唐六典》研究/〔日〕奥村郁三//《中国法制史考证》丙编第 2 卷，中国
　　社会科学出版社．－2003

敦煌发现的唐《水部式》研究/〔日〕仁井田陞//《中国法制史考证》丙编第
　　2 卷，中国社会科学出版社．－2003

论敦煌本唐户婚律放部曲为良条——P3608 和 P3252 再探/〔日〕冈野诚//
　　《中国法制史考证》丙编第 2 卷，中国社会科学出版社．－2003

敦煌发现唐律断简（P3608、P3252）和《大宝律》——关于户婚律放部曲为
　　良条续冈野诚之新说/〔日〕坂上康俊//《中国法制史考证》丙编第 2 卷，
　　中国社会科学出版社．－2003

《故唐律疏议》研究/〔日〕八重津洋平//《中国法制史考证》丙编第 2 卷，
　　中国社会科学出版社．－2003

《故唐律疏议》制作年代考/〔日〕仁井田陞//《中国法制史考证》丙编第 2
　　卷，中国社会科学出版社．－2003

关于唐代桥梁和渡津的管理法规——以敦煌发现唐《水部式》残卷为线索的
　　研究/〔日〕爱宕元//《中国法制史考证》丙编第 2 卷，中国社会科学出
　　版社．－2003

关于《唐六典》的施行/〔日〕内藤干吉//《中国法制史考证》丙编第 2 卷，
　　中国社会科学出版社．－2003

唐代贬官考/〔日〕辻正博//《中国法制史考证》丙编第 2 卷，中国社会科学
　　出版社．－2003

从法律面看唐代的夫与嫡妻的关系/刘燕俪//《唐代身份法制研究——以唐律
　　名例律为中心》，（台湾）五南图书出版股份有限公司．－2003

唐代的司法监督制度/王宏治//《民族史研究》第 4 辑，民族出版社．－2003

吐鲁番回鹘文买卖契约分析/霍存福、王宏庆//当代法学．－2004，1

论《唐律》中的不作为犯罪/古淑惠//中国刑事法杂志．－2004，1

浅议唐律中的刑事责任年龄/刘斌//湖北师范学院学报（哲社科版）．
　　－2004，1

唐代拟判体例文辞探析/赵久湘//重庆交通学院学报（社科版）．－2004，1

枉法娶人妻妾及女处罚应不同：对《唐律疏议笺解》一条注释的异议/黄会
　　奇//黄冈师范学院学报．－2004，1

论唐代的离婚立法——以"七出"之制为中心/刘玉堂、陈绍辉//江汉论坛．
　　－2004，2

隋代选官制度中的吏部职权/曹治怀//安庆师范学院学报（社科版）．

－2004，2

唐代一场被历史湮没的法制运动：李林甫执政性质新探/赵剑敏//学术月刊.
－2004，2

《唐律疏议》之犯罪预防特色与现实意义/郑志、黄书建//中山大学学报论丛.
－2004，2

试论隋唐五代买卖合同制度/岳纯之//天津市政法管理干部学院学报.
－2004，2

试论唐代赦文的变化及其意义/禹成旼//北京理工大学学报（社科版）.
－2004，3

试述《唐律》立法方面的特点/刘磊//鸡西大学学报. －2004，3

律令制下唐代妇女的法律地位/郑显文//吉林师范大学学报（人文社科版）.
－2004，3

完善市场管理法的借鉴：唐律管窥/李青//新东方. －2004，3

开元立法与行政法典阐论/赵剑敏//上海大学学报（社科版）. －2004，3

论隋唐五代借贷契约及其法律控制/岳纯之//中国社会经济史研究. －2004，3

唐律对共同犯罪成员的处罚/马聪//郑州航空工业管理学院学报（社科版）.
－2004，4

《唐律疏议》中的留养制度/洪佳期//枣庄师范专科学校学报. －2004，4

唐代继承法探析/王云飞、罗浪、丰霏、刘宣池//大连海事大学学报（社科
版）. －2004，4

唐代《道僧格》研究/郑显文//历史研究. －2004，4

《开皇律》的修订及其在中国法制史上的地位/张先昌//法学研究. －2002，4；
又载《中国法史学精萃》2001—2003 年卷，高等教育出版社. －2004

论唐代官吏职务连坐法律制度/彭炳金//人文杂志. －2004，5

略述唐代的司法监督制度/王宏治//浙江学刊. －2004，5；又载《百年回眸：
法律史研究在中国》第 2 卷，中国人民大学出版社. －2009

浅谈唐律中不作为犯罪的几个问题/张衡//西北民族大学学报（哲社科版）.
－2004，5

浅论《唐律疏议》中反腐败方面的规定/朱作鑫//兰州学刊. －2004，5

唐代经济监察法之分析/李青//史学月刊. －2004，5

唐律刍议/焦克源//高等函授学报（哲社科版）. －2004，5

唐代法律体系研究/李玉生//法学家. －2004，5

试论"血缘关系"在唐律中的体现/赵鹏//理论月刊. －2004，6

《唐律》中贪污贿赂罪浅析/武志坚//云南财贸学院学报（社科版）.
　　-2004，6

《唐律》与现行刑法之共同犯罪比较研究/罗浩//黑龙江省政法管理干部学院
　　学报. -2004，6

唐代监狱制度述要/邵治国//河北师范大学学报（哲社科版）. -2004，6

隋朝法制与隋朝兴亡的辩证统一——从《开皇律》修定及其实施谈起/所桂
　　萍//南阳师范学院学报. -2004，11

《唐律》对官吏的监督、处罚及其实现/沈大明//哈尔滨学院学报. -2004，11

唐律学的起源、演进与趋势/俞荣根//《中西法律传统》第4卷，中国政法大
　　学出版社. -2004

唐律不应得为罪的当代思考/黄源盛//《法制史研究》第5期，（台湾）中国法
　　制史学会、"中央研究院"历史语言研究所. -2004

关于唐律现代研究的几个问题/钱大群//《法制史研究》第5期，（台湾）中国
　　法制史学会、"中央研究院"历史语言研究所. -2004

从唐临《冥报记》看唐代地狱审判/陈登武//《法制史研究》第6期，（台湾）
　　中国法制史学会、"中央研究院"历史语言研究所. -2004

再论唐代律令格式的性质问题——"律令格式皆刑法"说质疑/李玉生//《法
　　律史论集》第5卷，法律出版社. -2004

隋唐五代合同法研究/岳纯生//《法律史论集》第5卷，法律出版社. -2004

法理与文采之间——读《龙筋凤髓判》/黄源盛//（台湾）《政大法学评论》
　　第79期. -2004

唐代法律关于外国人人身权和财产权的规定/郑显文//《法律史学研究》第1
　　辑，中国法制出版社. -2004

试论唐律的吏治规范/王爽//《法律文化史研究》第1卷，商务印书馆. -2004

二十世纪唐代"典"、"判"研究回顾/周东平//《法史思辨：2002年中国法史
　　年会论文集》，法律出版社. -2004

关于唐代法律史研究的几个问题/李玉生//《法史思辨：2002年中国法史年会
　　论文集》，法律出版社. -2004

浅析唐律对贪污贿赂性质犯罪的规定/赵伟、赵肖筠//长治学院学报.
　　-2005，1

略论唐朝的吏治/孙燕//黑龙江省政法管理干部学院学报. -2005，1

论《唐律疏议》中的累犯制度/朱作鑫//西安文理学院学报（社科版）.
　　-2005，1

论中国古代契约与国家的关系——以唐代法律与借贷契约的关系为中心/霍存福//当代法学．-2005，1

竹简秦汉律与唐律/阎晓君//华东政法学院学报．-2005，1；又载学术月刊．-2005，9

汉唐巡察制度略论/尹君//青海民族学院学报．-2005，1

浅议《唐律》中的婚姻法律制度/哈玉红//甘肃高师学报．-2005，1

盛唐吏制对干部工作法制化的启示/李振兴//锦州医学院学报．-2005，1

试论唐律中的破坏市场管理秩序罪/刘运亚//江苏技术师范学院学报．-2005，1

略论唐代的两税法/刘立霞//黑龙江省政法管理干部学院学报．-2005，1

唐代家庭财产的法律继承和遗嘱继承/李润强//甘肃政法学院学报．-2005，1

唐代投匦制度述论/戴显群//福建师范大学学报（哲社科版）．-2005，1

唐律共同犯罪探析/明廷强、张玉珍//齐鲁学刊．-2005，1

中国传统吏治特征的现代分析——以唐代文官制度为例/柳捷//社会科学家．-2005，1

媒人与唐代婚姻/岳纯之//史林．-2005，1

试论隋唐五代买卖活动及其法律控制/岳纯之//中国社会经济史研究．-2005，1；又载《南开法律史论集2007》，南开大学出版社．-2007

敦煌写本《神龙散颁刑部格残卷》研究——唐格的源流与递变新论/王斐弘//现代法学．-2005，1

唤起法律文化历史的记忆——从法律文化角度解读《唐律疏议》/王国骞//保定师范专科学校学报．-2005，1

论唐代法律史的编纂成就/徐彬//安徽师范大学学报（人文社科版）．-2005，2

唐代文官制度特征的现代诠释/杨成炬//茂名学院学报．-2005，2

唐律中的共同犯罪探析/张芳英//湖北师范学院学报（哲社科版）．-2005，2

隋朝监察制度述论/张先昌//法学研究．-2005，2

《唐律》对利用图谶进行颠覆犯罪的打击/江润南//湖南科技大学学报（社科版）．-2005，3

关于《大唐开元礼》的性质及行用问题/刘安志//中国史研究．-2005，3

营造盛世：《大唐开元礼》的撰作缘起/吴丽娱//中国史研究．-2005，3

隋《开皇律》十恶渊源新探/周东平//法学研究．-2005，4

唐代民事法律主客体与民事法源的构造/张中秋//法制与社会发展．-2005，4

《龙筋凤髓判》探析/贾俊侠、张艳云//西安文理学院学报. -2005，4

唐律惩治贪污贿赂行为的现实意义/江义红//信阳农业高等专科学校学报.
　　-2005，4

唐代的贬官制度及其行政处罚作用/李国锋//河南公安高等专科学校学报.
　　-2005，4

唐代民事主客体与民事法源的构造/张中秋//法制与社会发展. -2005，4

《唐律》与现行刑法关于正当防卫之规定比较/方毓敏//黑龙江省政法管理干
　　部学院学报. -2005，5

"爱吏不爱民"的《唐律》：对"明主治吏不治民"的《唐律》的再考察/邹
　　剑锋、唐红林//浙江万里学院学报. -2005，5

唐代职官考核与监察制度的历史透视/黄冬云//安徽农业大学学报. -2005，5

法律视野下的唐代婚姻制度：以婚姻立法为个案/刘玉堂//理论月刊.
　　-2005，6

唐代主婚人制度和媒妁制度的法律观照/刘玉堂//武汉大学学报（哲社科版）.
　　-2005，6

论唐代的"义绝"制度及其法律后果/刘玉堂//中南民族大学学报（人文社科
　　版）. -2005，6

论唐代的婚龄立法/刘玉堂//湖北大学学报（哲社科版）. -2005，6

《唐律疏议》——中国古代法律与历史融合的典范/王立民//浙江工商大学学
　　报. -2005，6

《唐律疏议》之犯罪预防特色与现实借鉴/张利兆、黄书建//犯罪研究.
　　-2005，6

论唐律中的自首/黄凯//河南公安高等专科学校学报. -2005，6

敦煌吐鲁番文书中所见的唐代交通管理的法规规定/郑显文//西南师范大学学
　　报（人文社科版）. -2005，6

唐代市场管理制度探析/蒋铁初//唐都学刊. -2005，6

论唐代纳妾制度/岳纯之//历史教学. -2005，10

唐代大赦与行政法律体系的协调/魏斌//《法制史研究》第8期，（台湾）中国
　　法制史学会、"中央研究院"历史语言研究所. -2005

从出土简牍史料论《唐律·户婚律》之渊源/桂齐逊//《法制史研究》第8期，
　　（台湾）中国法制史学会、"中央研究院"历史语言研究所. -2005

唐律不应得为罪的当代思考/黄源盛//《东亚传统教育与法制研究》，台湾大学
　　出版中心. -2005

律令制下的唐代的民事诉讼制度研究/郑显文//《诉讼法学研究》第8卷，中国检察出版社. -2005

初唐西州土地契约及其成因刍议——以吐鲁番出土文书为中心/唐红林//《法律文献整理与研究》，北京大学出版社. -2005

隋唐五代时期的林业法制/林鸿荣//北京林业大学学报. -2006，1

唐代惩治经济犯罪的立法与实践/王毓明//法治论丛. -2006，1

关于唐代婚姻成立禁止条件的探讨/岳纯之//烟台大学学报（哲社科版）. -2006，1

论唐代离婚的程序与效力/岳纯之//河北大学学报（哲社科版）. -2006，1

唐代的权利侵害及其法律责任/岳纯之//南开学报. -2006，2

唐代婚姻家庭制度的法律文化意义及其当代启示/马霞//宁夏社会科学. -2006，2

唐代法政体制述论/刘长江//天府新论. -2006，2

唐王朝的法与刑/马小红//政法论坛. -2006，2

唐律"一准乎礼"辨正/苏亦工//政法论坛. -2006，3

《唐律疏议》"化外人"辨析/沈寿文//云南大学学报. -2006，3

唐代赎刑制度考评议/张健//湘潭师范学院学报（社科版）. -2006，4

唐代赦书内容的扩展与大赦职能的变化/魏斌//历史研究. -2006，4

《唐律疏议》：法律与历史的结合/王立民//文汇报. -2006，4. 2

唐律与《龙筋凤髓判》体现的中国传统法律语言特色/郭成伟//法学家. -2006，5

关于唐律"化外人相犯"条的再思考/邹敏//贵州民族研究. -2006，5

也谈唐代法文化发达之隐因/宋玲//政法论坛. -2006，5

唐代民事审判制度初探/王宏治//江苏警官学院学报. -2006，5

论唐代婚外性行为及其社会控制/岳纯之//齐鲁学刊. -2006，5

唐代法定适婚年龄考/岳纯之//历史教学. -2006，5

浅析唐太宗赦宥的政治功用和背景/邵志国//唐都学刊. -2006，5

论盛唐法律体系的人文精神/叶永东//汕头大学学报（人文社科版）. -2006，6

再论中国古代契约与国家法的关系——以唐代田宅、奴婢卖买契约为中心/霍存福//法制与社会发展. -2006，6

唐朝血缘关系立法对我国当代刑事立法的启示/卜志勇//新东方. -2006，8

唐律中的合理性因素对当代立法之借鉴/卜志勇//学习论坛. -2006，10

也论唐代司法体系中的"三司"/张春海//河北法学. -2006，12

中国封建社会的证明制度（二）唐——公证文化的复苏与私证文化的勃兴/詹
    爱萍//中国公证. -2006，12

房强兄弟"谋反缘坐"案/赵晓耕//法律与生活. -2006，17

唐代曲元衡杖杀柏公成母案/赵晓耕//法律与生活. -2006，21

论唐代的廉政法制/田东奎//国家行政学院学报. -2006，增刊

《唐律》与现行刑法对受贿犯罪规定之比较/叶雯//法学杂志. -2006，Z1

唐朝对司法的监督制度和惯例研究/春扬//《法律史论集》第6卷，法律出版
    社. -2006

唐《开元二十五年令·杂令》复原研究/戴建国//《文史》第76辑，中华书
    局. -2006

隋唐书《刑法志》研究中的若干问题——《译注续中国历代刑法志》补记/
    梅原郁、周东平//《中西法律传统》第5卷，中国政法大学出版
    社. -2006

试论唐律的血缘主义特征/赵宁芳//临沧师范高等专科学校学报. -2007，1

略论唐代的坐赃罪及其执行/吉健//世纪桥. -2007，1

论唐代保辜制度的完善及其立法借鉴/刘高勇、李燕//华北电力大学学报.
    -2007，1

论唐代妇女的个人财产所有权/钟铁蕙//山西财经大学学报（高等教育版）.
    -2007，S1

"准五服制罪"于唐代法律中之流变/张伯晋//法制与社会. -2007，2

唐代加强法律教育的措施及其影响/吴秋红//黄冈师范学院学报. -2007，2

论《唐律疏议》中的自首制度/陆江宁、陆超楠//辽宁警专学报. -2007，2

吐鲁番新出土唐开元《礼部式》残卷考释/雷闻//文物. -2007，2

唐御史台狱考述/毛健//湖南社会科学. -2007，2

论唐代的谋反罪/石冬梅//燕山大学学报（哲社科版）. -2007，2

唐令与礼的关系析论/李玉生//陕西师大学报（哲社科版）. -2007，2；又载
    《唐史论丛》第10辑，三秦出版社. -2008

对《唐律疏议》中有关婚姻家庭制度的"礼"性思考/孙晋辉//三峡大学学
    报（人文社科版）. -2007，S2

唐律与现行刑法未成年人刑事责任制度的比较/姚建龙//文史博览（理论）.
    -2007，3

论《唐律》中的"首犯"与"从犯"/王昭振//南都学坛. -2007，3

论《唐律疏议》的儒家伦理化/李忠建//沙洋师范高等专科学校学报.
　　-2007，3

唐律中刑事诉讼审判制度的基本原则——兼与当代中国刑事诉讼法之比较与
　　借鉴/洪婷//新学术. -2007，3

唐代死刑的执行时间辨析/石冬梅//保定师范专科学校学报. -2007，3

唐长安城环境保护法规初探/李淑娟//西安建筑科技大学学报（社科版）.
　　-2007，3

唐代的赎刑：用大米换自由/郭建//人民法院报. -2007，3. 30

唐代司法"三司"制度考论/陈玺//云南大学学报（法学版）. -2007，4

试论《唐律疏议》中对"疾残"人的政策/王春花、刘再聪//江南大学学报
　　（人文社科版）. -2007，4

论五代军巡院的司法和执法职能及其特征/叶春弟//甘肃政法成人教育学院学
　　报. -2007，4

五代刑罚制度的变化/连宏//长春理工大学学报（社科版）. -2007，4

浅析隋律与唐律的异同/崔志敏//邯郸职业技术学院学报. -2007，4

唐律"拷囚"制度评析/陶昆//法制与经济（下半月）. -2007，4

略论唐律的"不孝罪"/孙家红、龚汝富//中国文化研究. -2007，4

简论《唐律疏议》中有关经济欺诈的立法/尚玚//首都经济贸易大学学报.
　　-2007，4

论隋唐五代不动产买卖及法律控制/岳纯之//中国经济史研究. -2007，4

唐代司法三司制度考论/陈玺//云南大学学报（法学版）. -2007，4

唐代格式东传日本嬗变考/吴海航//法学研究. -2007，5

法制文明与和谐社会：唐初盛世一瞥/张晋藩//国家行政学院学报. -2007，6

《唐律疏议》"律疏"的律学意义/阮兴//宁夏大学学报. -2007，6

唐朝待遇囚人之法论要/王素芬//浙江社会科学. -2007，6

"《唐律疏议·户婚》无死刑"辨正/刘晓林//甘肃社会科学. -2007，6

唐律有关祭礼犯罪的立法及其影响/吕丽、刘炜//社会科学战线. -2007，6

唐律对古代日本律的影响/霍耀林//井冈山学院学报. -2007，7

唐朝司法官责任制度与现实借鉴/黄振香//华东经济管理. -2007，8

白居易理断郡守专命案/陈重业//中国审判. -2007，8

论唐代军事法的借鉴价值/林跃轶//法制与社会. -2007，10

试论唐代家产继承方式/王楠楠//法制与社会. -2007，12

唐尚书六部二十四格初探/赵贞//《中国古代法律文献研究》第 3 辑，中国政

法大学出版社. -2007

《唐六典》的修撰和施行/赵和平//《中国古代法律文献研究》第3辑，中国政
　　法大学出版社. -2007

对武则天的诅咒与裴怀古的守法——围绕唐代一起诬告僧侣的案件/冈野诚//
　　《中国古代法律文献研究》第3辑，中国政法大学出版社. -2007

从戴孚《广异记》看唐代地狱审判的法制意义/陈登武//《法制史研究》第12
　　期，（台湾）中国法制史学会、"中央研究院"历史语言研究所. -2007

唐代法律中的夫妻之间性别秩序/〔韩〕崔碧茹//《法律文化研究》第3辑，
　　中国人民大学出版社. -2007

唐律中"法定刑省略"论析/张生//《中华法系国际学术研讨会文集》，中国
　　政法大学出版社. -2007

唐代流刑的演变/戴建国//《法史学刊》第1卷，中国社会科学出版社. -2007

隋《开皇律》与佛教的关系论析/周东平//《中国文化与法治》，社会科学文
　　献出版社. -2007

唐律四个问题的述评/王立民//《中国文化与法治》，社会科学文献出版
　　社. -2007

官吏选、考及相关犯罪——唐律第92条研究/〔英〕杰夫瑞·麦考麦克//《中
　　国文化与法治》，社会科学文献出版社. -2007

隋朝监察制度的现代省思/张先昌//《中国历史上的法律与社会发展》，吉林人
　　民出版社. -2007

隋朝中央机构的设置与隋朝统一秩序研究/高珣//《中国历史上的法律与社会
　　发展》，吉林人民出版社. -2007

唐律连坐制度论纲/王立民//《中国历史上的法律与社会发展》，吉林人民出版
　　社. -2007

律学两大流派与唐律渊源/丁凌华//《中国历史上的法律与社会发展》，吉林人
　　民出版社. -2007

论唐令与礼的关系/李玉生//《中国历史上的法律与社会发展》，吉林人民出版
　　社. -2007

从资料环境看20世纪日本的唐代法制史研究——以唐令的复原研究为中心/
　　〔日〕辻正博撰，周东平、陈进立译//《中国历史上的法律与社会发展》，
　　吉林人民出版社. -2007

唐代御史地位演变考/胡宝华//《南开法律史论集2007》，南开大学出版
　　社. -2007

唐代侵权行为法研究/邹超//《南开法律史论集 2007》，南开大学出版社. -2007

盛唐成因与唐律渊源/丁凌华//《唐宋法律史论集》，上海辞书出版社. -2007

《唐律疏议》的同义词谱系分析/王东海//南开语言学刊. -2008，1

唐初立法对死刑的限制/吕丽//佛山科学技术学院学报（社科版）. -2008，1

敦煌文献所见"凌迟"、"陵迟"考：兼及"凌迟"酷刑的起源/王晶波//敦煌学辑刊. -2008，1

唐代律学教育与明法考试/陈玺//西南大学学报（社科版）. -2008，1

唐代虑囚使职系统的演进与发展/陈玺//求索. -2008，1

唐律所体现的古代立法经验/马小红//南京大学法律评论. -2008，Z1

法律视野下的唐代假宁制度研究/郑显文//南京大学法律评论. -2008，Z1

扬长避短，整合归真——谈唐代《律疏》书名的整合问题/钱大群//北方法学. -2008，2

唐蕃法律制度比较研究/华热·多杰//青海民族学院学报. -2008，2

唐代起诉制度研究/练节晃//法商论丛. -2008，2

唐代法制中侵损人身行为的赔偿/田振洪//中国矿业大学学报（社科版）. -2008，2

《唐律》之贪污贿赂犯罪规定及其借鉴价值/任以顺//聊城大学学报（社科版）. -2008，2

简析五代的立法状况/马小红//上海师范大学学报（哲社科版）. -2008，2

试论唐代流刑与国家政策、社会分层之关系/张春海//复旦学报（社科版）. -2008，2

从观念到制度——《唐律》中的容隐制度及其相关问题/孙奕//武汉大学学报（哲社科版）. -2008，2

论《唐律》中的共同犯罪/张异//华商. -2008，3

高丽移植唐代法制之变形及其历史背景/张春海//上海交通大学学报（哲社科版）. -2008，3

浅析唐代藏匿罪/邢桂霞//法制与经济（下半月）. -2008，3

穿行在礼与法之间——《龙筋凤髓判》所揭示的唐代官吏的司法观/徐燕斌//昆明理工大学学报（社科版）. -2008，3

唐律对家庭中家长权力的保护略析——以尊长卑幼间互犯罪之量刑为例/朱坤、陈联君//齐齐哈尔师范高等专科学校学报. -2008，3

试析唐律中的贿赂犯罪/张玉珍//齐鲁学刊. -2008，3

对俄藏敦煌放妻书的研究/乜小红//敦煌研究．-2008，3

唐代的女性犯罪与女犯监管/岳纯之//中华女子学院学报．-2008，3

格敕背后的积淀与昭示——以敦煌写本《开元户部格残卷》为例/王斐弘//福建论坛（人文社科版）．-2008，3

唐代匿名告人现象的法律思考/陈玺//人文杂志．-2008，3

狄仁杰蒙冤案/王平原//中国审判．-2008，3

汉唐时期直诉制度探析/李胜渝//求索．-2008，4

唐代婚姻缔结程序研究/王昆//商丘师范学院学报．-2008，4

《唐律疏议》立法伦理思想探究/李忠建//延边大学学报（社科版）．-2008，4

唐代死刑复核制度探究/王宏治//政法论坛．-2008，4

关于唐《丧葬令》复原的再检讨/吴丽娱//文史哲．-2008，4

《唐律》对僧道的法律规定及其特点/武宝宁//延安大学学报（社科版）．-2008，5

《唐律疏议》中的涉外法律规定/周宁//辽宁教育行政学院学报．-2008，5

唐职员令复原与研究：以北宋前期文献中新见佚文为中心/唐雯//历史研究．-2008，5

试论唐中后期法制的废弛：以"宫市"为视角/张全民、姚上怡//湘潭大学学报（哲社科版）．-2008，5

唐律"得古今之平"补辨——兼评《四库提要》之价值观/苏亦工//政法论坛．-2008，5

试析《唐律疏议》自首制度/李中和//天中学刊．-2008，6

唐律中的畜产与损害赔偿/田振洪//重庆工商大学学报（社科版）．-2008，6

浅析汉唐伦理性刑事原则/何冠楠//消费导刊．-2008，8

从唐律看中国古代法律儒家化/代炳权、岳智慧//金卡工程（经济与法）．-2008，10

实践与制度的契合与背离——以唐代亲属连坐适用范围为例/胡高飞//贵州社会科学．-2008，10

唐代罚俸制度论略/张春海//史学月刊．-2008，11

唐律与唐朝的刑事司法制度/王立民//社会科学．-2008，11；又载《中国传统司法与司法传统》，陕西师范大学出版社．-2009

法与道——贞观之治盛世回眸/张茹//决策与信息（财经观察）．-2008，12

刍议唐代商业立法/孙英伟//商场现代化．-2008，12

唐律"不应得为"罪新探/徐燕斌//兰州学刊. -2008，12

从科判与唐律的关系看唐代铨选试判的社会作用——以《文苑英华》中判文
　　为考察对象/谭淑娟//兰台世界. -2008，16

《唐律疏议》之"自首"制度浅析/石景春//法制与社会. -2008，24

浅议唐代婚姻立法/黄爱琴//黑龙江科技信息. -2008，29

浅析唐律中的受所监临财物罪/管伟东//法制与社会. -2008，33

唐律疏议《名例》篇首浅析/韩玮//法制与社会. -2008，34

唐律中的家长责任/高明士//《中西法律传统》第 6 卷，北京大学出版
　　社. -2008

《唐律》"罪"的观念/甘怀真//《中西法律传统》第 6 卷，北京大学出版
　　社. -2008

唐律与台湾现行法关于"正当防卫"规定之比较研究/桂齐逊//《中西法律传
　　统》第 6 卷，北京大学出版社. -2008

释滞与擅断之间——唐律轻重相举条的当代诠释/黄源盛//《法制史研究》第
　　13 期，（台湾）中国法制史学会、"中央研究院"历史语言研究
　　所. -2008

天下秩序与"天下法"——以隋唐的东北亚关系为例/高明士//《法制史研
　　究》第 14 期，（台湾）中国法制史学会、"中央研究院"历史语言研究
　　所. -2008

唐代律学的创新/何勤华//《古代文化经典选读》，北京大学出版社. -2008

唐朝的法文化与社会和谐论纲/王立民//《儒家法文化与和谐社会》，吉林人民
　　出版社. -2008

试论《唐律疏议》与经学的关系/王宏治//《法律文化研究》第 4 辑，中国人
　　民大学出版社. -2008

唐代诉讼活动中的翻译人/郑显文//《理性与智慧：中国法律史学会论文集》，
　　中国政法大学出版社. -2008

唐代刑事诉讼审判活动中司法官员的法律责任制度研究/郑显文//《唐宋法律
　　史论集》，上海辞书出版社. -2008

论唐代保辜制度/唐义红//泸州职业技术学院学报. -2009，1

论《唐律疏议》对监临官犯罪的规定及启示/彭蕾//理论界. -2009，1

《唐律》中的"礼"——以服制为中心/陈奇//鸡西大学学报. -2009，1

《唐律疏议》中体现儒家思想的军事法律制度/张小贺//福建省社会主义学院
　　学报. -2009，1

《唐律疏议》有关自首制度与现行刑法的比较/花春南//西安欧亚学院学报.
　　-2009，1

唐代惩治贪贿犯罪的立法及其实施/陈宏//重庆师范大学学报（哲社科版）.
　　-2009，1

汉唐律中反映的和谐理念——以汉简《二年律令》与《唐律》为例/崔永
　　东//政法论坛. -2009，1

盛唐刑事政策探析/王玉杰//河南师范大学学报（哲社科版）. -2009，1

浅论《唐律疏议》中的"十恶"/王聪//天津市政法管理干部学院学报.
　　-2009，S1

略论唐律中的贪贿/诸葛瑞强//和田师范专科学校学报. -2009，2

试论唐代法律中的贱民/徐燕斌//河南教育学院学报（哲社科版）. -2009，2

医人医国：医学对唐代司法的影响/方潇//中外法学. -2009，2；又载《中国
　　传统司法与司法传统》，陕西师范大学出版社. -2009

论《唐律疏议》中身份对刑罚的影响/陈松//贵州文史丛刊. -2009，2

论唐律中的"倍备"处罚原则/田振洪//五邑大学学报（社科版）. -2009，2

儒家思想对《唐律疏议》影响之管见/徐华//宜宾学院学报. -2009，2

浅析唐代律令中的合同法律制度/杨怡悦、杨希义//西安邮电学院学报.
　　-2009，2

高丽律对唐律变形之原因探析——以"华化"与"土俗"之关系为视角/张
　　春海//南京农业大学学报（社科版）. -2009，2

浅谈唐代婚姻法律制度/游士慧//淮南职业技术学院学报，-2009，2

苏威与《开皇律》/张先昌//首都师范大学学报（社科版）. -2009，2；又载
　　《中国传统司法与司法传统》，陕西师范大学出版社. -2009

唐律视角下我国老年人犯罪的刑事立法研究/王玉杰//河南省政法管理干部学
　　院学报. -2009，3

唐人离婚探析/么振华//首都师范大学学报（社科版）. -2009，3

从书判看唐代的损害赔偿制度/田振洪//燕山大学学报（哲社科版）.
　　-2009，3

中国传统监察制度的现代省思：以隋朝为例/张先昌//河北法学. -2009，3

汉、唐婚姻制度比较研究/房丽//大庆师范学院学报. -2009，4

唐代保辜制度分析——人身损害赔偿的视角/田振洪//沈阳大学学报.
　　-2009，4

唐代中央司法官员的地域来源及其变迁——以刑部尚书为视角/王建峰//山东

大学学报（哲社科版）. -2009，4

唐律"格杀勿论"渊流考/闫晓君//现代法学. -2009，4

唐代"司法三司"新论/石冬梅//唐都学刊. -2009，5

唐代婚姻家庭继承法研究——兼与西方法比较/苏哲//江苏警官学院学报. -2009，5

论唐代明法科与律学馆/陶俊杰//黑龙江史志. -2009，5

唐律与中国传统法制论纲/王立民//华东政法大学学报. -2009，5

唐朝丝绸之路贸易管理法律制度探析——以过所为例/李叶宏//武汉理工大学学报（社科版）. -2009，5

唐代"拟判"考/张建成//法学评论. -2009，5

《唐六典》的行政法文化研究/关保英//社会科学战线. -2009，5

唐代刑事证据制度考略/陈玺//证据科学. -2009，5

军司审判权能对中晚唐司法的影响/陈玺//社会科学辑刊. -2009，5

唐代亲属代诉现象考论/陈玺//西北大学学报（哲社科版）. -2009，6

论唐代的担保文化——以吐鲁番契约为例/董永强//理论导刊. -2009，6

唐律自首制度对我国自首制度的启发/张贺//商业文化（学术版）. -2009，6

论唐代的女性犯罪及其法律惩治/岳纯之//比较法研究. -2009，6

现存的《唐律疏议》为《永徽律疏》之新证：以敦煌吐鲁番出土的唐律、律疏残卷为中心/郑显文//华东政法大学学报. -2009，6

唐代反贪立法的规定与现代启示/邓中文//云南行政学院学报. -2009，6

从隋开皇《田令》的修订增补看诏制敕与制定法的关系/张先昌、程柳//郑州大学学报（哲社科版）. -2009，6

唐故事为"不成文法"说质疑/徐志卿//史学月刊. -2009，7

浅议唐律中的被害人身份观/李婧//法制与经济（中旬刊）. -2009，8

纵囚归狱的故事/庞朝骥//法制资讯. -2009，8

吏部尚书与唐代律令制定/董劭伟//兰台世界. -2009，9

《唐律》侵害皇权罪渊源中的一些问题/李俊杰//黑龙江史志. -2009，9

略论唐律的官司出入人罪/赵瑛//中外企业家. -2009，10

从唐律看唐朝从严治吏/范宝华//法制与经济（下旬刊）. -2009，10

略论唐代废除死刑的尝试/石冬梅//贵州社会科学. -2009，11

唐朝前期民间群体性反叛的原因与处置/岳纯之//兰州学刊. -2009，11

唐律中误杀、戏杀、过失杀考析/彭祖女//法制与经济（下旬刊）. -2009，12

论唐代对受贿犯罪的惩治——兼与现代刑法之比较/秦文//理论月刊.

－2009，12

礼法结合在唐代婚姻家庭制度的表现和启示/江雅捷//法制与社会.
　　－2009，12

隋唐时期农业立法及农业发展状况浅析/陈秀平//法制与社会. －2009，14

从唐律中对杀人罪的处罚来看待同罪不同罚/张建峰//法制与社会.
　　－2009，14

唐代惩治贪贿罪对我国现行刑法反贪罪的借鉴意义/孙伟//法制与社会.
　　－2009，14

论《唐律》中的贪污贿赂犯罪/邓中文//兰台世界. －2009，14

略论唐朝司法官员/毛蜀湘//知识经济. －2009，18

略论汉唐时期强盗罪的演变/石冬梅//兰台世界. －2009，18

唐代诉讼中的褫夺巾带制度/陈玺//兰台世界. －2009，19

浅议唐代的自首制度/沈颖//法制与社会. －2009，19

浅议唐代容隐制度及其现代意蕴/许燕//法制与社会. －2009，20

浅析唐律的"礼法结合"/蒋易轩//法制与社会. －2009，34

唐代司法组织系统考/刘陆民、郝一伍//《法律文化研究》第 5 辑，中国人民
　　大学出版社. －2009

从唐代"生祠立碑"论地方信息法制化/刘馨珺//《法制史研究》第 15 期，
　　（台湾）中国法制史学会、"中央研究院"历史语言研究所. －2009

"诸户主皆以家长为之"——唐代户主之身份研究/罗彤华//《百年回眸：法律
　　史研究在中国》第 3 卷，中国人民大学出版社. －2009

唐代地狱审判的法制意义——以《佛说十王经》为中心/陈登武//《百年回眸：
　　法律史研究在中国》第 3 卷，中国人民大学出版社. －2009

唐代《狱官令》篇目形成及其对古代东亚地区的影响/郑显文//《中国传统司
　　法与司法传统》，陕西师范大学出版社. －2009

五代司法制度改革探析/吕志兴//《中国传统司法与司法传统》，陕西师范大学
　　出版社. －2009

从终极的肉刑到生命刑——汉至唐死刑考/冨谷至//《中西法律传统》第 7 卷，
　　北京大学出版社. －2009

唐开元二十五年《律》为日本《养老律》蓝本之新证——以敦煌吐鲁番发现
　　的唐律、律疏残卷为中心/郑显文//《中西法律传统》第 7 卷，北京大学
　　出版社. －2009

传统中国公文法律制度初论/王祖志//《中西法律传统》第 7 卷，北京大学出

版社. -2009

赵冬曦：古代罪刑法定的力倡者/岳纯之//《法学家茶座》第 27 辑，山东人民出版社. -2009

唐格条文体例考/戴建国//《文史》第 87 辑（2009 年第 2 辑），中华书局. -2009

唐代"互市"法律制度探析/李叶宏、惠建利//海南大学学报（人文社科版）. -2010，1

唐代中央对地方司法活动的监督与控制/岳纯之//学习与探索. -2010，1

唐代多元司法解决纠纷机制探微/马晨光//人民司法. -2010，1

唐代法律有关侵害官畜的赔偿规定/田振洪//农业考古. -2010，1

用现代法学方法规范唐律条标/赵晓耕、杨光//南京大学法律评论. -2010，1

唐律疏议的贡献与问题/徐忠明//南京大学法律评论. -2010，1

唐代吏治法律制度分析/陈宏//重庆师范大学学报（哲社科版）. -2010，2

从《唐律疏议》看儒家"孝治"施政的司法实践及其影响/黄修明//四川师范大学学报（社科版）. -2010，2

权利换和谐：从《唐律疏议》看女性权利问题/关丹丹//政法论坛. -2010，2

唐代监察制度及其现代启示/田霞、任倩//中国青年政治学院学报. -2010，3

史话中国刑罚：唐代"谋大逆"罪名初探/江润南//中国监狱学刊. -2010，3

唐代御史台司法功能转化探析/王宏治//中国政法大学学报. -2010，3

唐律官员家人受贿犯罪探析：兼与刑法修正案（七）"关系密切人"受贿相比较/谢红星//甘肃政法学院学报. -2010，4

《唐律》中共犯人的分类及其现代借鉴价值/黄莎//甘肃政法学院学报. -2010，4

《唐律疏议》"知而犯之谓之'故'"辨正/李芳//甘肃政法学院学报. -2010，4

唐都长安市法述论/韩伟//长安大学学报（社科版）. -2010，4

唐代刑罚体系的演变：以杖刑为中心的考察/戴建国//史学集刊. -2010，4

"坐而不偿，偿而不坐"：汉唐时期法律处置侵损财产行为的一项原则/郭建//华东师范大学学报（哲社科版）. -2010，4；又载《中国法律传统与法律精神——中国法律史学会成立 30 周年纪念大会暨 2009 年会论文集》，山东人民出版社. -2010

唐代关于结婚禁止条件的法律规范/刘玉堂//江汉论坛. -2010，4

中国封建官吏犯罪惩罚问题研究：以唐律为例证的分析/孙宇//学习与探索.

-2010，4

《唐律疏议》保辜制度新探/李中和//青海民族大学学报（社科版）．
　　-2010，4

论唐律对朝鲜王朝前期法制之影响：以"华化"与"土俗"之关系为中心/
　　张春海//中外法学．-2010，4

唐代刑罚体系的演变——以杖刑为中心的考察/戴建国//史学集刊．-2010，4

《唐律疏议》自首制度立法探析：以上官兴醉酒杀人自首案为例/李中和//新
　　疆大学学报（哲学人文社科版）．-2010，5

铨选试判：唐代重要的普法手段/张世民//东岳论丛．-2010，5

《唐律》别籍异财之禁探析/艾永明、郭寅枫//法学研究．-2010，5

唐代律令与司法史料之证据规则掇英/宋志军//国家检察官学院学报．
　　-2010，6

从《唐律》看儒学对古代立法的影响/王岩//郑州航空工业管理学院学报．
　　-2010，6

《文苑英华》判文中的唐代官吏经济犯罪和司法犯罪/刘小明//华东师范大学
　　学报（哲社科版）．-2010，6

唐代婚姻法律制度评析/张文胜//安徽史学．-2010，6

唐朝前期政府土地私有产权保护职能探析/侯江红//思想战线．-2010，6

唐律"夜无故入人家"条源流考/闵冬芳//法学研究．-2010，6

论唐代的配隶刑/张春海//史学月刊．-2010，8

唐格后敕修纂体例考/戴建国//江西社会科学．-2010，9

五代监狱制度考略/曹强新//理论月刊．-2010，10

隋律源流若干问题考辨/倪正茂//法学．-2010，10

唐律的疑罪与有罪推定原则/王立民//法制日报．-2010，11．17

从《唐律疏议》看封建特权制度下情与法的冲突与统一/李杰//科技信息．
　　-2010，15

古代宗法家族情与法的冲突与统一——以《唐律疏议》为范本考量/李杰//人
　　民论坛．-2010，20

论唐律"子孙违犯教令"条款与不孝罪的区别和联系/孙家红//《法制史研
　　究》，（台湾）中国法制史学会、"中央研究院"历史语言研究所主编出
　　版．-2010

唐日医疾令的复原与对比——对天圣令出现之再思考/丸山裕美子著，方国花
　　译//《法制史研究》第16期，（台湾）中国法制史学会、"中央研究院"

历史语言研究所．-2010

唐代官人的父母丧制——以《假宁令》"诸丧解官"条为中心/罗彤华//《法制史研究》第 16 期，（台湾）中国法制史学会、"中央研究院"历史语言研究所．-2010

日唐营缮令营造关系条文的检讨/古濑奈津子著，孙爱维、高丹丹译//《法制史研究》第 16 期，（台湾）中国法制史学会、"中央研究院"历史语言研究所．-2010

休妻弃放——唐代离婚法"七出"、"义绝"问题再探/李淑媛//《法制史研究》第 17 期，（台湾）中国法制史学会、"中央研究院"历史语言研究所．-2010

唐朝刑法化的司法制度/王立民//《法学家茶座》第 32 辑，山东人民出版社．-2010

诏制敕与制定法的关系——以隋开皇《田令》的修订增补为考察对象/张先昌//《中国法律传统与法律精神——中国法律史学会成立 30 周年纪念大会暨 2009 年会论文集》，山东人民出版社．-2010

唐代的直诉制度研究/陈玺//《中国法律传统与法律精神——中国法律史学会成立 30 周年纪念大会暨 2009 年会论文集》，山东人民出版社．-2010

唐律"谋杀"考/刘晓林//《中国法律传统与法律精神——中国法律史学会成立 30 周年纪念大会暨 2009 年会论文集》，山东人民出版社．-2010

以法统礼：《大唐开元礼》的序例通则——以《开元礼·序例》中的令式制敕为中心/吴丽娱//《中国古代法律文献研究》第 4 辑，法律出版社．-2010

从律令视角看唐代婚姻中的女性附属地位——以《唐律疏议》户婚、贼盗、斗讼律为中心/李淑媛//《中国古代法律文献研究》第 4 辑，法律出版社．-2010

6. 宋

宋代的法律/杨鸿烈//吴淞月刊．-1929，1、2

宋建隆重祥定《刑统》考略/任启珊//社会科学论丛季刊．-1935，（第 2 卷）4

唐宋继承法研究/陈鹏//法律评论．-1947，（第 15 卷）3、4

《宋史·刑法志》考正/邓广铭//（台湾）《"中央研究院"历史语言研究所集刊》第 20 本（下）．-1949

南宋统治阶级分割地租的斗争——经界法和公田法/华山//山东大学学报（历史版）. -1960，S1

中国唐宋时代的法律教育/徐道邻//东方杂志. -1972，（第6卷）4

宋朝的司法律考试（上、下）/徐道邻//东方杂志. -1973，（第6卷）8/9

宋朝的法律考试/徐道邻//《中国法律史论集》，（台湾）志文出版社. -1975

宋初严惩赃吏/金中枢//（台湾）成功大学历史学报. -1976，7；又载《中国史学论文选集》第3辑，（台湾）幼狮文化事业公司. -1979

熙宁变法丛考/林瑞翰//《宋史研究集》第8辑，（台湾）中华丛书编审委员会. -1976

北宋台谏制度之转变/梁天锡//《中华丛书·宋史研究集》第9辑，（台湾）中华丛书编审委员会. -1977

唐宋时期外国人在中国的法律地位/高树异//吉林大学学报（社科版）. -1978，5/6

宋慈及其《洗冤集录》/诸葛计//历史研究. -1979，4

谈"清官"和"清天"包拯/钱剑夫//学术月刊. -1979，7

浅论包拯执法如山/张道贵等//文汇报. -1979，12. 14

宋代杰出的法医学家宋慈/林永匡、朱家源//西北大学学报（哲社科版）. -1980，1

宋初川陕地区的茶法与"贩茶失职"/胡昭议//四川大学学报（哲社科版）. -1980，3

宋朝的"以敕代律"和岳飞冤案/邹身城//河南师大学报. -1981，1

简论王安石的考课法/郭志坤//历史教学问题. -1981，4

宋代的消防组织——军巡捕/林坚//消防. -1981，4

北宋的"钞盐法"/陆茂清//中国财贸报. -1981，11. 4

我国法医学奠基人——宋慈/建阳、范苑//南方日报. -1981，11. 29

宋朝法官的选拔和作用/卓帆//江西大学学报. -1982，1

宋代监司监察地方官吏摭谈/金圆//上海师范学院学报. -1982，3

宋慈和《洗冤集录》/魏以伦//文物天地. -1982，5

八百四十年前的一桩冤案——岳飞惨遭杀害始末/邓广铭//江海学刊. -1982，6

论保马法——兼评马端临对保马法的误解/陈振//《中华文史论丛增刊·宋史研究论文集》，上海古籍出版社. -1982

试论宋代的诉讼法与土地所有制形式的关系——兼与侯外庐先生商榷/董家

骏//《宋史研究论文集》，上海古籍出版社．-1982

北宋建隆"折杖法"辨析/薛梅卿//中国政法大学学报．-1983，1；又载《法史研究文集》（上），西北政法学院．-1983

论北宋重典治贼盗/郭成伟//史学评论．-1983，1

宋朝重典治贼盗的法律制度/郭成伟//史学评论．-1983，1、2

北宋的吏制与王安石变法的失败/倪正太//江海学刊．-1983，3

试析王安石改革役法的目的/罗家祥//信阳师范学院学报（社科版）．-1983，3

岳飞冤狱与周三畏其人/王曾瑜//历史知识．-1983，5

宋初严法治贪官/史旺成//法学．-1983，7

神宗变法与北宋编敕的发展/郭成伟、沈国峰//《法律史论丛》第3辑，法律出版社．-1983

略论北宋惩治贼盗的"重法"/郭成伟//《法史研究文集》（上），西北政法学院．-1983；又载《百年回眸：法律史研究在中国》第2卷，中国人民大学出版社．-2009

宋代的警察机关——巡检司/吴建璠//国际政治学院学报．-1984，4

从《名公书判清明集》看宋朝继承制度/莫家齐//法学杂志．-1984，6

宋朝"明法"、"新科明法"及"试刑法"考/莫家齐//中州学刊．-1984，6

宋代考课法的实行/邓小南//自修大学（政法）．-1984，12

南宋民事诉讼证据制度管见——兼论中国古代不采法定证据制度/莫家齐//法学季刊．-1985，2

《水浒》和宋代法律制度/曾代伟//文史知识．-1985，2

宋朝之"律"非《刑统》/殷啸虎//中国史研究．-1985，2

宋初对官吏贪污受贿的惩处/史旺成//中州学刊．-1985，2

包拯其人其事/棋然//政法学习．-1985，2

从《庆元条法事类》看宋代的文书与文书工作/刘国能//湖南档案．-1985，3

论宋代土地私有制的特征及其在法律上的体现/穆朝庆//中州学刊．-1985，3

试论宋代乡村客户的法律地位/郭东旭//河北大学学报（哲社科版）．-1985，3

"以敕代律"说质疑/江必新、莫家齐//法学研究．-1985，3

从阿云狱的审理看宋神宗年间的"敕律之争"/郭成伟//政法论坛．-1985，4

两宋消弭官吏犯赃心审的法律对策/江必新//法学与实践．-1985，4

赵匡胤重视法治的原因和策略/乔宗传//史学集刊．-1985，4

浅论宋初严法治赃吏/齐源//青海社会科学．-1985，6

《洗冤录》——中国古代第一部法医学专著/刘海年//《中国警察制度简论》，
　　群众出版社．-1985

南宋土地交易法规述略——《名公书判清明集》研究之一/莫家齐//湖南法
　　学．-1986，1；又载法学季刊．-1987，4

宋代官吏经济违法问题考察/张邦炜//社会科学研究．-1986，1

宋代"严贪墨之罪"述论/江必新//西南师范大学学报（人文社科版）．
　　-1986，2

两宋防止狱讼淹滞的法律措施述论/江必新//政法学习．-1986，3

王安石变法的法律对策/朱新华//中南政法学院学报．-1986，3

宋代财产继承法初探/郭东旭//河北大学学报（哲社科版）．-1986，3

试论宋代的有关民事法律规范/赵晓耕//法学研究．-1986，3；又载《百年回
　　眸：法律史研究在中国》第2卷，中国人民大学出版社．-2009

关于朱熹的《学规》及其他/学知//江西师范大学学报（哲社科版）．
　　-1986，3

论南宋末年的公田法/吴旭霞//江西社会科学．-1986，6

从青苗法看王安石变法的动机和效果/张羽华//江西历史文物．-1987，1

宋律的编纂及其特点和作用/潘德深//福建师范大学学报（社科版）．
　　-1987，1

宋律内容特点及其维护经济发展的重要作用/潘德深//中州学刊．-1987，1

宋代的狱政制度/戴建国//上海师范大学学报（哲社科版）．-1987，3

宋代封弥制考辨/何忠礼//杭州大学学报（哲社科版）．-1987，3

"乌台诗案"起因新探/姚复//中南政法学院学报．-1987，3

"刺配沙门岛"刍议/郭东旭//河北大学学报（哲社科版）．-1987，3

试论北宋初年的法制与吏治/曹海科//兰州大学学报（社科版）．-1987，4

从纵囚的论争看唐宋法制的宽严/朱德魁//贵州民族学院学报（哲社科版）．
　　-1987，4

宋朝宽典治吏于风不清刍议/薛梅卿//法制建设．-1987，5

宋代佃客法律地位再探索/朱瑞熙//历史研究．-1987，5

宋朝的巡尉两司制和保甲制度/金士宝//贵州公安．-1988，1

熙宁新法的富民与富国之争/葛金芳、陈方清//晋阳学刊．-1988，1

论北宋熙丰变法时期的市易法/俞兆鹏//江西社会科学．-1988，1、2

宋代改制与更法的历史启迪/曾宪义、赵晓耕//政法丛刊．-1988，2

南宋的越诉之法/郭东旭//河北大学学报（哲社科版）. -1988, 3

试析"熙宁新法"的行废/李达三//河北师范大学学报（哲社科版）. -1988, 3

宋代《户绝条贯》考/魏天安//中国经济史研究. -1988, 3

试论宋初的法制建设/张其凡//中州学刊. -1988, 4

宋代的公证机构——书铺/戴建国//中国史研究. -1988, 4

州县官亲自鞫狱制非创于宋/戴建国//政法丛刊. -1988, 5

宋慈与世界上第一部法医学专著《洗冤集录》/梁汉镳//人物. -1988, 6

宋神宗与熙丰变法/顾全芳//学术月刊. -1988, 8

宋代刑事审判制度研究/戴建国//《文史》第31辑，中华书局. -1988

北宋前期司法制度系统考察/殷啸虎//《华东政法学院法学硕士论文集》，上海社会科学院出版社. -1988

宋朝的民事法律规范/郭成伟//《中华法史丛谈》，中国政法大学出版社. -1988

关于岳飞狱案问题的几点看法/戴建国//《岳飞研究论文集》第2集，中原文物. -1988

从《庆元条法事类》看宋代的文书制度/蒋淑薇//湘潭大学学报（哲社科版）. -1989, 2

宋代的提点刑狱司/戴建国//上海师范大学学报（哲社科版）. -1989, 2

具有特色的宋代监司巡检制度/莫家齐//政法论坛. -1989, 3

两宋法制历史地位新论/陈景良//史学月刊. -1989, 3

封建法律中同居法适用范围的扩大——略论唐宋时期"随身"、"人力"、"佃客"、"雇工人"的法律地位/唐刚卯//中国史研究. -1989, 4

论阿云狱之争/郭东旭//河北学刊. -1989, 6

两宋惩贪教训述论/阿江//现代法学. -1989, 6

宋代投诉案件的登闻鼓考议/季平//文史知识. -1989, 8

宋代妇女离婚权浅议/宋东侠//青海教育学院学报. -1989, 增刊

两宋防治官吏犯赃的法律对策/江必新//《法学硕士论文选》，群众出版社. -1989

试论王安石变法时期的仓法/贾玉英//河南大学学报（社科版）. -1990, 1

宋律对家长财产处分的维护与限制/屈超立//北京大学研究生学刊. -1990, 1

宋代的矿冶法令及政策/顾利民等//江海学刊. -1990, 2

宋代通判及其主要职能/苗书梅//河北学刊. -1990, 2

试论庆历新政和王安石变法的异同/周膺//牡丹江师院学报（社科版）.
　　-1990，3

宋代黜降官叙复之法/苗书梅//河北大学学报（哲社科版）.-1990，3

宋代编敕制度述略/郭东旭//河北大学学报（哲社科版）.-1990，3

宋代清理"留狱"活动述论/季怀银//中州学刊.-1990，3

朱子社仓法的基本内容及其社会保障功能/张大鹏//中国农史.-1990，3

宋代官田出租订立租佃契约说质疑/杨际平//陕西师大学报（哲社科版）.
　　-1990，4

北宋监察制度的特点与弊端/姜国华//实事求是.-1990，5

宋代惩治贪官的斗争/宋采义//史学月刊.-1990，5

南宋的书判与民法/孔庆明//《中国法律史国际学术讨论会论文集》，陕西人民
　　出版社.-1990

北宋范祥盐法改革浅探/刘伯午//天津财经学院学报.-1991，1

北宋役法改革中的南北差异/王棣//华南师范大学学报（社科版）.-1991，1

宋代官吏回避法述论/苗书梅//河南大学学报（社科版）.-1991，1

宋代笞杖刑罚制度论略/安国楼//河南大学学报（社科版）.-1991，1

北宋前期司法监督制度考察/殷啸虎//中国史研究.-1991，2

宋朝预防官吏经济犯罪的法律措施/王永贞//聊城师范学院学报（社科版）.
　　-1991，2

宋代司法审判中的限期督催制度/季怀银//史学月刊.-1991，2

宋代严禁拐卖人口/史继刚//西南师范大学学报（人文社科版）.-1991，2

浅议北宋熙宁年间的役法改革：兼评王安石与司马光在役法问题上的论争/张
　　伟//宁波师院学报（社科版）.-1991，3

试论宋代的"折杖"与"刺配"/马继曾//山西省政法管理干部学院学报.
　　-1991，3

论宋代法律中"例"的发展/郭东旭//史学月刊.-1991，3；又载《中日宋
　　史研讨会中方论文选编》，河北大学出版社.-1991

宋代酷刑论略/郭东旭//河北大学学报（哲社科版）.-1991，3

《宋刑统》的制定及其变化/郭东旭//河北学刊.-1991，4

试论北宋的审判复核制度/殷啸虎//中州学刊.-1991，4

宋代法官回避制度考议/巩富文//法律与社会.-1991，4

我国最早的公证机构——宋书铺/李同江//法学杂志.-1991，5

宋代的财经监督法/方宝璋//福建学刊.-1991，5

论宋代税收中的违法处罚/张全明//江汉论坛. -1991, 6

北宋前期官吏贪污之原因、手段以及政府对策/顾吉辰//甘肃社会科学.
　　-1992, 1

南宋临安的治安管理/鲁伟刚//中国人民警官大学学报（社科版）. -1992, 1

关于《青苗法》研究中的几个问题/李华瑞//西南师范大学学报（人文社科
　　版）. -1992, 3

宋代编管法/郭东旭//河北大学学报（哲社科版）. -1992, 3

论宋朝御史的素质/肖建新//安徽师大学报（哲社科版）. -1992, 4

宋代司法机关/李映辉//益阳师专学报. -1992, 4

《宋刑统》制定后的变化——兼论北宋中期以后《宋刑统》的法律地位/戴建
　　国//上海师范大学学报（哲社科版）. -1992, 4

宋代文职官吏的注官法律试/季怀银//河南大学学报（社科版）. -1992, 4

论宋代的资格法：兼论中国古代任官资格制度/曾小华//历史研究. -1992, 6

宋代的财产遗嘱继承问题/邢铁//历史研究. -1992, 6

宋代的顽佃抗租和佃户的法律身份/〔日〕草野靖//《日本学者研究中国史论
　　著选译》（八），中华书局. -1992

宋代法官责任制度初探/季怀银//中州学刊. -1993, 1

宋代立法史分期问题刍议/殷啸虎//宋史研究通讯. -1993, 1

宋代通判制度述论/罗炳良、范云//河北师范大学学报（哲社科版）.
　　-1993, 1

宋代法制建设的教训略述/李丕琪//西北第二民族学院学报（哲社科版）.
　　-1993, 2

试论宋代防治官吏犯赃的"文治"特点/吕志兴//重庆师院学报（社科版）.
　　-1993, 3

试析宋代的"狱空"/张凤仙//河北大学学报（哲社科版）. -1993, 3

论宋代婢仆的社会地位/郭东旭//河北大学学报（哲社科版）. -1993, 3

略论宋代立法特点/陈绍方//暨南学报（社科版）. -1993, 4

宋朝矜贷赃吏之法介评/薛梅卿//法学评论. -1993, 4

宋朝御史制度和监察的独立性问题/肖建新//安徽师大学报（哲社科版）.
　　-1993, 4

唐宋时期的财经监督法/方宝璋//当代审计. -1993, 5

"乌台诗案"与宋代法制/殷啸虎//法治论丛（上海政法学院学报）.
　　-1993, 5

宋代档案架阁条法探析/王金玉//档案管理. -1994，1

宋代赎刑制度述略/戴建国//法学研究. -1994，1

宋朝如何控制官员贪赃的几个问题/汪圣铎//西南师范大学学报（人文社科
    版）. -1994，2

宋代监司制度述论/金圆//上海师范大学学报（哲社科版）. -1994，3

唐宋时期的立嗣继产问题/邢铁//河北师院学报（社科版）. -1994，3

试论南宋封建法制的败坏及原因/唐自斌//湖南师范大学社会科学学报（社科
    版）. -1994，4

宋代婚姻立法的变迁/尹铁凡//法学学刊. -1994，4

浅谈包公的用人与严法/王纪河//河北师范大学学报（哲社科版）. -1994，4

宋代外国人来华及其在中国的法律地位/胡天明//中州学刊. -1994，5

略论南宋妇女的财产与婚姻权利问题/唐自斌//求索. -1994，6

南宋田宅交易法初探/刘春萍//求是学刊. -1994，6

从律到例：宋代法律及其演变简论/〔美〕马伯良//《美国学者论中国法律传
    统》，中国政法大学出版社. -1994

宋代的巡慰两司制/吴建璠//《中外法律史新探》，陕西人民出版社. -1994

宋代典权法补论/刘笃才//《中外法律史新探》，陕西人民出版社. -1994

宋代土地典卖制度述论/吕志兴//《中外法律史新探》，陕西人民出版
    社. -1994

略论包拯反腐败/杨国宜//安徽史学. -1995，1

青白盐使与青白盐刑律——兼论夏宋青白盐贸易/郭正忠//宁夏社会科学.
    -1995，2

王安石的"均输法"和"市场法"/汤标中//北京商学院学报. -1995，2

析包拯历千年而不衰的历史地位——兼评欧阳修的"蹊田夺牛"之议/舒炳麟
    //政法论坛. -1995，5

千仓渠科条碑记与宋代农田水法/周宝珠//历史研究. -1995，6

宋代财政监督法述论/郭东旭//河北大学学报（哲社科版）. -1996，1

论宋朝的弹劾制度/肖建新//河北学刊. -1996，2

"文学法理，咸精其能"：试论两宋士大夫的法律素养（上、下）/陈景良//
    南京大学法律评论. -1996，2；1997，1

宋例辨析/王侃//法学研究. -1996，2、6；又载《中国法史学精萃》2002年
    卷，机械工业出版社. -2002

宋代的司法与法治秩序/苏基朗//（台湾）大陆杂志. -1996，（第92卷）3

论北宋前期治吏惩贪的特点/梁凤荣//史学月刊. -1996，5；又载《百年回
　　眸：法律史研究在中国》第 2 卷，中国人民大学出版社. -2009
南宋婚姻家庭法规范中妇女地位刍议/刘春萍//求是学刊. -1996，6
重新评估《宋刑统》/薛梅卿//法律评论. -1996，6
宋代诏狱制度述论/戴建国//《岳飞暨宋史国际学术研讨会论文集》，中华书
　　局. -1996
岳飞狱案与宋代的法律/巨焕武//（台湾）《大陆杂志史学丛刊》第 5 辑第 3
　　册. -1996
包拯：中国古代监察的典范/李乐宣//南京理工大学学报（社科版）.
　　-1997，1
略论北宋的专卖法制/张建国//法学研究. -1997，2
试论宋代监察制度的几个特点/季盛清//中共浙江省委党校学报. -1997，2
南宋继承法规范初探/刘春萍//学术交流. -1997，2
宋朝官员行政奖惩制度/朱瑞熙//上海师范大学学报（哲社科版）. -1997，2
试论宋代对台谏系统的监控/虞云国//史林. -1997，3
宋代妇女的法律地位论略/宋东侠//青海师范大学学报（社科版）. -1997，3
宋代买卖契约制度的发展/郭东旭//河北大学学报（哲社科版）. -1997，3
宋氏蕃法与蕃汉关系法/安国楼//中南民族学院学报（哲社科版）. -1997，3
两宋商事立法述略/赵晓耕//法学家. -1997，4
宋代私盐律述略/郭政忠//江西社会科学. -1997，4
宋代典卖制度散论/余贵林、郝群//中州学刊. -1997，5
论北宋入中茶法中的"加抬"、"虚估"及其后果/孙洪升//中州学刊.
　　-1997，6
宋代编敕初探/戴建国//《文史》第 42 辑，中华书局. -1997
宋代家法族规试探/戴建国//《宋史研究论文集》，云南民族出版社. -1997
宋朝的风闻监察述论/肖建新//西北师大学报（社科版）. -1998，2
从《名公书判清明集》看宋代的宗祧继承及其财产继承的关系/王善军//中国
　　社会经济史研究. -1998，2
宗法家族组织与中国专制政治/王三山//法学评论. -1998，2
宋祖之惩贪污/业衍璋//江苏文史研究. -1998，2
北宋真宗时期的崇道与滥赦/杨习梅//中国监狱学刊. -1998，3
宋代对政府官员的法律监督/李俊清//中国行政管理. -1998，3
宋代经济法制初探/宋小维//河南大学学报（社科版）. -1998，3

宋代中央政府对地方司法活动的管理和监督/叶向明//天津政法．-1998，3

论最早的法医学专著《洗冤集录》研究中的重大失误/吕丽//社会科学探索．
　　-1998，3

南宋理财家李椿年与"经界法"的推行/龚汝富、姚小建//烟台师范学院学报
　　（哲社科版）．-1998，3

北宋时期惩戒科举舞弊的法规措施及借鉴/王天平//煤炭高等教育．-1998，4

略论宋代立法特点/陈绍方//暨南学报（社科版）．-1998，4

宋代全国性综合编敕纂修考/孔学、李乐民//河南大学学报（社科版）．
　　-1998，4

南宋司法裁判中的价值取向——南宋书判初探/王志强//中国社会科学．
　　-1998，6

关于宋刑统研究诸问题探讨/殷啸虎//法学．-1998，增刊

士大夫与宋代法律考试/陈景良//《法律史论丛》第 4 辑，江西高校出版
　　社．-1998

两宋财计法律特点/赵晓耕//《法律史论集》第 1 卷，法律出版社．-1998

宋朝法制与专制制度/李丕祺//西北第二民族学院学报（哲社科版）．
　　-1999，1

宋代私有田宅的亲邻权利/李锡厚//中国社会科学院研究生院学报．-1999，1

论北宋初期的茶叶贸易法令/黄纯艳//厦门大学学报（哲社科版）．-1999，1

宋代的监察制度与专制主义中央集权/刘若飞//南昌大学学报（社科版）．
　　-1999，2

北宋的法律与诗歌/窦玉玺//河南师范大学学报（哲社科版）．-1999，3

天一阁藏明抄本《官品令》考/戴建国//历史研究．-1999，3

略论宋代州县公吏违法/黄山松、胡宁宁//中共浙江省委党校学报．-1999，5

《名公书判清明集》书判性质述略/屈超立//《中国古代法律文献研究》第 1
　　辑，巴蜀书社．-1999

《金玉新书》新探/戴建国//《古典文献与文化论丛》，杭州大学出版
　　社．-1999

王安石变法的内容及其社会效果/俞鹿年//《法律史论集》第 2 卷，法律出版
　　社．-1999

宋代刑罚体系研究/戴建国//《宋史研究论文集》，宁夏人民出版社．-1999

论宋代福建茶法/黄纯艳//中国社会经济史研究．-2000，1

宋代的判例法研究及其法学价值/何勤华//华东政法学院学报．-2000，1

论宋代"巡检司"设置的作用及意义/萧忠文//江西公安专科学校学报.
　　-2000，1

北宋漕运法规述略/周建明//学术论坛.-2000，1

《庆元条法事类》研究/孔学//史学月刊.-2000，2

宋代竞渡骚乱罪——从《名公书判清明集》看法律案件的解决/〔美〕马伯
　　良著，戴建国译//南京大学法律评论.-2000，2

宋代司法中的分权与监督制度初探/吕志兴//中央政法管理干部学院学报.
　　-2000，3

论宋代的"羁管"刑/魏殿金//漳州师范学院学报.-2000，3

律·敕兼行——宋代刑法体系简论/魏殿金//齐鲁学刊.-2000，3

北宋司法监察制度述论/冯锦//湖北大学学报（哲社科版）.-2000，4

论北宋"盗贼"重法/郭东旭//河北大学学报（哲社科版）.-2000，5

论宋代的私茶法与私茶/黄纯艳//云南社会科学.-2000，5

宋代监察制度弊端管见/莫志静//青海社会科学.-2000，5

论宋代的出版管理/郭孟良//中州学刊.-2000，6

宋折杖法的再探讨/戴建国//上海师范大学学报（哲社科版）.-2000，6；又
　　载《中国传统法律文化与现代法治》（《法律史论丛》第7辑），重庆出
　　版社.-2000

论南宋的两件图书出版保护法规/祝尚书//人民政协报.-2000，11.10

宋代从刑考述/戴建国//《中华文史论丛》总第64辑，上海古籍出版
　　社.-2000

宋代折杖法的再探讨/戴建国//《中国传统法律文化与现代法治》（《法律史论
　　丛》第7辑），重庆出版社.-2000

天一阁藏《天圣令·赋役令》初探（上）/戴建国//《文史》第53辑，中华
　　书局.-2000

论宋代的民事执行制度/屈超立//《政法评论》2000年卷，中国政法大学出版
　　社.-2000

唐宋"四等官"审判制度初探/童光政//法学研究.-2001，1

宋《吏部条法》考略/刘笃才//法学研究.-2001，1

论宋代法律制度的特点/李敏昌//三峡大学学报（人文社科版）.-2001，2

宋代城市治安管理模式杂谈/陈鸿彝//公安大学学报.-2001，2

北宋东京治安管理模式探析/肖忠文//江苏公安专科学校学报.-2001，2

两宋法律中的田宅细故/赵晓耕//法学研究.-2001，2

宋代律敕关系/孔学//河南大学学报（社科版）. -2001，3

从民间争讼看宋朝社会/雷家宏//贵州师范大学学报（哲社科版）. -2001，3

论南宋东南茶法/黄纯艳//厦门大学学报（哲社科版）. -2001，3

论包拯监谏结合的监察方式//安庆师范学院学报（社科版）. -2001，3

论北宋嘉祐茶法/黄纯艳//中国社会经济史研究. -2001，3

宋代立嗣制度探析/吕志兴//现代法学. -2001，3

宋代交易投税凭由和官印田宅契书/戴建国//中国史研究. -2001，3

浅析宋代的档案法规/邓君//辽宁大学学报（哲社科版）. -2001，4

试析宋代配的刑罚内容/魏殿金//中国史研究. -2001，4

唐宋"蕃坊"与"治外法权"/邱树森//宁夏社会科学. -2001，5

论宋代茶法的地区差异/黄纯燕//云南社会科学. -2001，5

天一阁藏《天圣令·赋役令》初探（下）/戴建国//《文史》第54辑，中华
　　书局. -2001

讼学与讼师：宋代司法传统的诠释/陈景良//《中西法律传统》第1卷，中国
　　政法大学出版社. -2001

宋代对司法的监督制度和惯例研究/春杨//《中西法律传统》第1卷，中国政
　　法大学出版社. -2001

南宋徽州地契试析/戴建国//《继承与创新——中国法律史学的世纪回顾与展
　　望》（《法律史论丛》第8辑），法律出版社. -2001

理学、法律与妇女财产权——关于黄干的一件判词/（香港）苏基朗//《法律
　　史论集》第3卷，法律出版社. -2001

宋代民风好讼的成因分析/许怀林//宜春学院学报. -2002，1

简析宋代在室女的财产权/宋东侠//青海师范大学学报（哲社科版）.
　　-2002，1

北宋初年惩贪措施述论/淮建利//郑州大学学报（哲社科版）. -2002，1

讼学、讼师与士大夫：宋代司法传统的转型及其意义/陈景良//河南省政法管
　　理干部学院学报. -2002，1；又载《百年回眸：法律史研究在中国》第
　　2卷，中国人民大学出版社. -2009

宋代"妖言"罪源流考/贾文龙//河北学刊. -2002，2

解读包公故事中的罪与罚/徐忠明//现代法学. -2002，3

宋朝以赃致罪法略述/郭东旭//河北大学学报（哲社科版）. -2002，3

吕嘉问与市易法/郭文佳//安徽史学. -2002，3

宋代监察体制述论/吴远//聊城大学学报（哲社科版）. -2002，3

论宋代的法律教育/吴秋红//黄冈师范学院学报．-2002，4

宋代"禁寺、观毋市田"新解：宋代的土地法规/游彪//中国经济史研究．
　　-2002，4

宋代商税法律制度探微/张保成//贵州警官职业学院学报．-2002，5

南宋广南的钞盐法/林日举//中国社会科学院研究生院学报．-2002，6

宋代外商城市居住权探析/章深//开放时代．-2002，6

两宋土地交易中的若干法律问题/郑定、柴荣//江海学刊．-2002，6

略论北宋的"盗贼重法"制度/王晓勇//中州学刊．-2002，6

两宋的民事调处/屈超立//人民法院报．-2002，10．28

论宋代狱讼中"情理法"的运用/刘馨珺//《法制史研究》第 3 期，（台湾）
　　中国法制史学会、"中央研究院"历史语言研究所．-2002

宋代皇家女性的法律地位/王扬//《法律史论集》第 4 卷，法律出版社．-2002

北宋皇帝临朝视事与诏令议决制度/傅礼白//《走向二十一世纪的中国法文化》
　　（《法律史论丛》第 9 辑），上海社会科学院出版社．-2002

北宋提点刑狱司研究/石涛//聊城大学学报（哲社科版）．-2003，1

两宋时期的中央监察制度/赵凤英//沧桑．-2003，1

论宋代司法官员的证据观念及实践/李华//南都学坛（人文社科版）．
　　-2003，1

论蔡京茶法改革——兼论宋代茶法演变的基本规律/黄纯艳//中国经济史研
　　究．-2003，1

《明公书判清明集》所引宋代法律条文述论/孔学//河南大学学报（社科版）．
　　-2003，2

宋代重法区与平法区的划分及影响/张晓丽//淮北煤炭师范学院学报（哲社科
　　版）．-2003，2

宋代民事案件的上诉程序考述/屈超立//现代法学．-2003，2

宋代"五刑"的名实分离/魏殿金//南京财经大学学报．-2003，2

北宋军法实际操作问题考察/张明//中州学刊．-2003，2

北宋军法基本内容考略/张明//青海社会科学．-2003，3

从租佃形式看宋代租佃契约的订立/熊燕军//湖北大学学报（哲社科版）．
　　-2003，3

透视宋代土地租佃制度——对宋代土地经营过程有关法律问题的思考/柴荣//
　　内蒙古大学学报（哲社科版）．-2003，3

宋代加役流刑辨析/戴建国//中国史研究．-2003，3

宋代"折杖法"考辨——兼与薛梅卿先生商榷/魏殿金//南京大学法律评论.
　　-2003，春季号

论宋代转运司的司法职能/屈超立//浙江学刊. -2003，4

浅论唐宋时期的商业立法/马珺//濮阳教育学院学报. -2003，4

宋朝台谏和地方监司概略/袁刚//法学杂志. -2003，4

宋代巫术妖教犯罪与法律惩禁考述/赵章超//宗教学研究. -2003，4

宋代法律在民间的传播/张德英//济南大学学报（社科版）. -2003，6

宋代法官受理诉讼制度探讨/郑颖慧//南都学坛. -2003，6

健讼与贱讼：两宋以降民事诉讼中的矛盾/邓建鹏//中外法学. -2003，6；又
　　载《中国法史学精萃》2001—2003年卷，高等教育出版社. -2004

宋代残疾人法初探/郭东旭、杨高凡//史学月刊. -2003，8

"默示同意"的认定：宋代房屋租赁纠纷案件之解读/赵晓耕//人民法院报.
　　-2003，8. 4

阿云案与宋代的自首制度/戴建国//《跬步集》（上海师大学报增刊）. -2003；
　　又载《中国历史上的法律制度变迁与社会进步》（《法律史论丛》第10
　　辑），山东大学出版社. -2004

《庆元条法事类》考略/戴建国//《文史》第65辑，中华书局. -2003

《金玉新书》略考/戴建国//《中国法制史考证》甲编第5卷，中国社会科学出
　　版社. -2003

宋代的公证书铺考/戴建国//《中国法制史考证》甲编第5卷，中国社会科学
　　出版社. -2003

宋代审判制度考/戴建国//《中国法制史考证》甲编第5卷，中国社会科学出
　　版社. -2003

宋代赎刑制度考/戴建国//《中国法制史考证》甲编第5卷，中国社会科学出
　　版社. -2003

宋代提点刑狱司考略/戴建国//《中国法制史考证》甲编第5卷，中国社会科
　　学出版社. -2003

宋代狱政考/戴建国//《中国法制史考证》甲编第5卷，中国社会科学出版
　　社. -2003

宋代诏狱制度考述/戴建国//《中国法制史考证》甲编第5卷，中国社会科学
　　出版社. -2003

宋代宽典治吏考略/薛梅卿//《中国法制史考证》甲编第5卷，中国社会科学
　　出版社. -2003

宋代《刑统赋》及解疏本初考/薛梅卿//《中国法制史考证》甲编第 5 卷，中国社会科学出版社. -2003

南宋司法裁判引用的法条考/王志强//《中国法制史考证》甲编第 5 卷，中国社会科学出版社. -2003

宋代指挥考/王侃//《中国法制史考证》甲编第 5 卷，中国社会科学出版社. -2003

宋代资格制度考/邓小南//《中国法制史考证》甲编第 5 卷，中国社会科学出版社. -2003

倚当、抵挡考/郭建、姚少杰//《中国法制史考证》甲编第 5 卷，中国社会科学出版社. -2003

"父母已亡"女儿的继承地位——论南宋时期的所谓女子财产权/〔日〕高桥芳郎//《中国法制史考证》丙编第 3 卷，中国社会科学出版社. -2003

论南宋时期家产分割中的"女承分"/〔日〕柳田节子//《中国法制史考证》丙编第 3 卷，中国社会科学出版社. -2003

《清明集》的"法意"与"人情"——由诉讼当事人进行法律解释的痕迹/〔日〕佐立治人//《中国法制史考证》丙编第 3 卷，中国社会科学出版社. -2003

宋代的流刑与配役/〔日〕辻正博//《中国法制史考证》丙编第 3 卷，中国社会科学出版社. -2003

宋代折杖法初考/〔日〕川村康//《中国法制史考证》丙编第 3 卷，中国社会科学出版社. -2003

《作邑自箴》研究——对该书基础结构的再思考/〔日〕佐竹靖彦//《中国法制史考证》丙编第 3 卷，中国社会科学出版社. -2003

论北宋法律制度中"例"的发展/赵旭//北方论丛. -2004，1

宋朝的物价变动与计赃论罪/郭东旭//中国经济史研究. -2004，1

宋代知县、县令考课制度述论/邢琳、李艳玲//许昌学院学报. -2004，1

宋代配刑制度探析/吕志兴//西南师范大学学报（人文社科版）. -2004，1

宋代官员的经济犯罪与时代特点的联系/涂耀军//上饶师范学院学报. -2004，2

宋代"谪宦"类型分析/张其凡、金强//青海社会科学. -2004，2

论宋代保护奴婢人身权的划时代特征：据两宋民法看奴婢的人身权/郭尚武//晋阳学刊. -2004，3

唐宋监察制度初探/李青//现代法学. -2004，3

宋朝民众争讼中自残现象浅析/郭东旭、马永娟//河北大学成人教育学院学报
　　（哲社科版）. -2004，3

宋代岭南谪宦类型分析/张其凡、金强//学术研究. -2004，3

宋格初探/吕志兴//现代法学. -2004，4

"主仆名分"与宋代奴婢的法律地位——唐宋变革时期阶级结构研究之一/戴
　　建国//历史研究. -2004，4

论宋以例破法原因/吴秋红//黄冈师范学院学报. -2004，5

宋代登闻鼓制度/黄纯艳//中州学刊. -2004，6；又载宋辽金元史人大复印资
　　料. -2005，1

宋代州级公吏制度研究/苗书梅//河南大学学报（社科版）. -2004，6；又载
　　宋辽金元史人大复印资料. -2005，2

论凌迟之刑的起源及在宋代的发展/孔学//史学月刊. -2004，6

论宋代灾害救助程序/郭文佳//求索. -2004，9；又载宋辽金元史人大复印资
　　料. -2005，1

唐宋地方监察体制变革初探/贾玉英//史学月刊. -2004，11；又载宋辽金元
　　史人大复印资料. -2005，1

宋代分产法"在室女得男之半"新探（上）/柳立言//《法制史研究》第5
　　辑，（台湾）中国法制史学会、"中央研究院"历史语言研究所. -2004

宋代分产法"在室女得男之半"新探（下）/柳立言//《法制史研究》第6
　　辑，（台湾）中国法制史学会、"中央研究院"历史语言研究所. -2004

法律与道德——关于宋代司法的几点思考/Brian E. McKnight 著，江玮平等
　　译//《法制史研究》第6期，（台湾）中国法制史学会、"中央研究院"
　　历史语言研究所. -2004

宋代土地管理机构探析/柴荣//《法律史论集》第5卷，法律出版社. -2004

南宋民事法制与社会变迁——以《名公书判清明集》为基础兼与西方比较/高
　　珣//《法律文化史研究》第1卷，商务印书馆. -2004

阿云案与宋代的自首制度/戴建国//《中国历史上的法律制度变迁与社会进步》
　　（《法律史论丛》第10辑），山东大学出版社. -2004

北宋"盗贼重法"解析——兼论"刑乱国用重典"的法律传统/章深//开放
　　时代. -2005，1

略论宋代法官审判活动之法律责任/郑颖慧//保定师范专科学校学报.
　　-2005，1

宋代的版权问题——兼评郑成思与安守廉之争/邓建鹏//环球法律评论.

-2005，1

宋朝逃田产权制度与地方政府管理职能的变迁/陈明光//文史哲．-2005，1

敦煌"放妻书"研究/刘文锁//中山大学学报（哲社科版）．-2005，1

宋代法律制定、公布的信息渠道/戴建国//云南社会科学．-2005，2

宋代司法传统略论/康雪峰//台声（新视角）．-2005，2

宋代妇女奁产权的探讨/郭丽冰//广东农工商职业技术学院学报．-2005，2

辨所谓"淳化令式"/楼劲//敦煌学辑刊．-2005，2

民讼官——宋代民众对官员的诉讼抗争论略/牛杰//云南社会科学．-2005，3

道教与宋代皇室女性罪犯：以瑶华宫与洞真宫为中心/吴羽//中山大学研究生
　　学刊．-2005，3

从"阿云之狱"看宋代刑法中的自首制度/苗苗、赵晓耕//河南省政法管理干
　　部学院学报．-2005，3

宋代司法传统及其现代意义/陈景良//河南省政法管理干部学院学报．
　　-2005，3

论宋代民事立法的划时代贡献/郭尚武//山西大学学报（哲社科版）．
　　-2005，3

宋代的户绝继承法/魏天安//中州学刊．-2005，3；又载宋辽金元史人大复印
　　资料．-2005，3

北宋工艺法令汇释/徐飚//美苑（鲁迅美术学院学报）．-2005，4

略论宋代监狱管理制度的发展及主要特征/毛晓燕//长春师范学院学报．
　　-2005，4

北宋沙门岛之免死流浅议/伊敏//青海社会科学．-2005，4

唐宋死刑制度流变考论/赵旭//东北师大学报（哲社科版）．-2005，4

从《洗冤集录》看我国古代法医学发展的成就与特点/王宏//天津成人高等学
　　校联合学报．-2005，4

宋代招标、投标制度论略/刘云生//广东社会科学．-2005，5

论宋代民间诉讼的保障与局限/赵旭//史学月刊．-2005，5

司法职业化的历史逻辑——对宋代司法体制的多维思考/晁殿峰//台声（新视
　　角）．-2005，5

宋代的换刑制度/魏殿金//南京财经大学学报．-2005，5

宋朝司法腐败现象简论/郭东旭、郑迎光//河北大学学报（哲社科版）．
　　-2005，5

两宋时期民间祠祀的法律控制/梁聪//重庆师范大学学报（哲社科版）．

-2005，6

宋朝新设刑罚制度及其特点/邝璐//池州师专学报．-2005，6

试析两宋法律中的重海商色彩/马珺//中州学刊．-2005，6

看宋慈——电视连续剧《大宋提刑官》得失剖析/王凯娟//中国报道．
　　-2005，7

宋代法政体制述论/刘长江//西南民族大学学报（人文社科版）．-2005，11

试论宋《天圣令》的学术价值/戴建国//《法律文献整理与研究》，北京大学
　　出版社．-2005

唐宋时期法律形式的传承与演变/戴建国//《法制史研究》第7期，（台湾）中
　　国法制史学会、"中央研究院"历史语言研究所．-2005

宋代的恩赦制度/戴建国//《中国古文献与传统文化学术研讨会论文集》，华文
　　出版社．-2005

北宋西北蕃民的保护法/陈武强、司江平//焦作师范高等专科学校学报．
　　-2006，1

论宋代好讼之风产生原因再思考：以乡村司法机制为中心/牛杰//保定师范专
　　科学校学报．-2006，1

宋代对蕃民经济犯罪的惩治：以西北边区为中心浅析/陈武强//甘肃理论学
　　刊．-2006，1

从唐宋性越轨法律看女性人身权益的演变/杨果、铁爱花//中国史研究．
　　-2006，1

宋代"法官"、"司法"和"法理"考略——兼论宋代司法传统及其历史转
　　型/陈景良//法商研究．-2006，1；又载《法律史学科发展国际学术研讨
　　会文集》，中国政法大学出版社．-2006

关于宋代县尉的职务犯罪问题/王钟杰//中国监狱学刊．-2006，1

《全宋词》所见宋代诉讼及司法/何永军//宁夏社会科学．-2006，2

唐宋分司机构与社会变迁/勾利军//河南师范大学学报（哲社科版）．
　　-2006，2

宋代户绝财产继承制度初探/杜栋//韶关学院学报．-2006，2

宋代法律体系研究/吕志兴//现代法学．-2006，2

论宋代宗室的法律管理/何兆泉//浙江社会科学．-2006，2

认宋代契约关系和契约法/牛杰//中州学刊．-2006，2

"义理决狱"探析——以《名公书判清明集》为主要依据/张利//河北学刊．
　　-2006，2

《天圣令·田令》所附唐田令荒废条"私田"的再探讨——与杨际平先生商榷/何东//中国社会经济史研究. -2006，2

简析宋朝《市舶条法》的基本范畴/任满军//盐城师范学院学报（人文社科版）. -2006，2

北宋后期关于西北蕃部的民族立法述略/陈武强//甘肃民族研究. -2006，3；又载贵州民族研究. -2006，6

宋代债法的渊源及宋代债法发展的历史动因/李国锋//河南师范大学学报（哲社科版）. -2006，3

晚唐至宋初土地过户的法律标志：户状/刘进宝//中国历史文物. -2006，3

宋代民间物权关系的家族主义特征/陈志英//河北法学. -2006，3

试论宋代司法制度的发展/傅日晶//学术探索. -2006，3

宋式考论/吕志兴//西南师范大学学报（人文社科版）. -2006，3

宋代司法传统的现代解读/陈景良//中国法学. -2006，3；又载《南湖法学论衡——中南财经政法大学六十周年校庆法学论文集萃》，北京大学出版社. -2008

论唐宋时期监狱制度的滞后与徒刑执行方式的变异/赵旭//辽宁大学学报（哲社科版）. -2006，4

社会变革与宋代民事法的发展/陈志英//河北法学. -2006，5

宋代版权保护成因初探/陈宁//新世纪图书馆. -2006，6

南宋民事案件执行状况考述：以《名公书判清明集》中的财产案件为中心/高楠、仇静莉//河北大学学报（哲社科版）. -2006，6

宋代伪造官文书犯罪透析/董邵伟、鹿军//石家庄经济学院学报. -2006，6

情理法的平衡——"典主迁延入务"案的分析/赵晓耕、崔锐//中国审判. -2006，8

宋代"名公"司法审判探析：以《名公书判清明集》为主要依据/张利//河北法学. -2006，10

论宋代法律文献的编纂成就/杨翠兰//湖南科技学院学报. -2006，12

南宋母亲身后的奁产归属：以《名公书判清明集》为例/高楠//广西社会科学. -2006，12

宋代阿云之狱/赵晓耕//法律与生活. -2006，22；又载山东人大工作. -2007，5

典主迁延入务案/赵晓耕//法律与生活. -2006，23

南宋土地交易法研究——以《名公书判清明集》中的土地交易案件为例/李贵

连、吴正茂//《法制史研究》第9期，（台湾）中国法制史学会、"中央研究院"历史语言研究所. -2006

重视判例资料的深入研究——以南宋民事判词为例/屈超立//《法律史学科发展国际学术研讨会文集》，中国政法大学出版社. -2006

宋代契约保障制度/杨卉青//榆林学院学报. -2007，1

宋代专门编敕机构：详定编敕所述论/孔学//河南大学学报（社科版）. -2007，1

略论宋代法官行为责任制/崔兰琴、张喻忻//江南大学学报. -2007，1

试析宋代证据制度发达的原因/李华、王存河//甘肃政法学院学报. -2007，1

敦煌吐鲁番借贷契约的抵赦条款与国家对民间债负的赦免——唐宋时期民间高利贷与国家控制的博弈/霍存福//甘肃政法学院学报. -2007，2

宋代刑事立法论析/田志光//研究生法学. -2007，2

蔡京与《政和茶法》辑考/王河//农业考古. -2007，2

中国封建社会的证明制度（三）　宋——国家公证、民间私证的空前活跃时代（上）/詹爱萍//中国公证. -2007，1

中国封建社会的证明制度（四）　宋——国家公证、民间私证的空前活跃时代（下）//中国公证. -2007，2

论宋代的皇权、刑罚与大赦/孙之智//重庆科技学院学报（社科版）. -2007，2

浅析宋代法制建设与社会治安/丁立学//昭通师范高等专科学校学报. -2007，2

宋朝强制征购的法规与执行/孙尧奎、李晓//西北师大学报（社科版）. -2007，2

北宋前期奏狱复审制度/祁琛云//兰州学刊. -2007，2

两宋士兵逃亡法新探/张明//西北大学学报（哲社科版）. -2007，3

宋代法官责任制度探析及其启示/赵呐//北京交通管理干部学院学报. -2007，3

从《名公书判清明集》看宋代的遗嘱继承/黄启昌、赵东明//湘潭大学学报（哲社科版）. -2007，3

唐宋流刑之变迁/赵立新//山西师大学报（社科版）. -2007，3

北宋的独特司法监督机构：纠察在京刑狱司/孟宪玉//河北学刊. -2007，3

宋代植树护林的法律规定及其社会作用/马泓波//人文杂志. -2007，3

宋代州级司法属官体系探析/郑迎光、贾文龙//中州学刊. -2007，3

从家产继承方式说我国古代的所有制形式——以唐宋为中心的考察/邢铁//中国经济史研究．-2007，3

宋代籍帐制度探析——以户口统计为中心/戴建国//历史研究．-2007，3

宗教力量在应对唐宋民间纠纷中的作用/李可//研究生法学．-2007，4

"与时俱进"的宋代刑事立法/田志光//法制与社会．-2007，4

宋代公共卫生治理的法律措施述略/陈燕萍//沧桑．-2007，4

北宋前期审刑院制度述略/祁琛云//许昌学院学报．-2007，4

北宋西北边区民族法规中的罚则初探/陈武强//延安大学学报（社科版）．-2007，4

中国古代司法的法律宣教传统——以宋代判词为例/陈小葵//开封大学学报．-2007，4

对北宋"盗贼重法"的法律经济学分析/孙涛//海南广播电视大学学报．-2007，4

论宋代皇权对司法的控制/李文军//重庆交通大学学报（社科版）．-2007，4

南宋儒家化法官的法治理论与司法实践：以理学家胡颖为例/郭东旭、王瑞蕾//河北大学学报（哲社科版）．-2007，4

宋代借贷契约及其法律调控/杨卉青、崔勇//河北大学学报（哲社科版）．-2007，4

宋代四川茶叶领域的缉私法/魏晓欣//经济与社会发展．-2007，4

略论五代法制对宋朝的影响/王俊//法学杂志．-2007，4

《天圣令》附《唐令》是开元二十五年令吗？/黄正建//法学杂志．-2007，4

北宋对非法刑讯的防治/林五星//商业文化（学术版）．-2007，5

浅论宋代监狱管理制度/宋乾//湖南行政学院学报．-2007，5

自首原则在宋代的适用——阿云之狱/赵晓耕//中国审判．-2007，5

宋神宗时期律敕关系考——基于对登州"阿云案"的思考/江眺//重庆科技学院学报（社科版）．-2007，5

论唐宋监狱中的医疗系统：兼论病囚院的设置/杜文玉//江汉论坛．-2007，5

母亲生前的奁产权利：以宋代为中心/高楠//云南社会科学．-2007，5

宋代司法中的"吏强官弱"现象及其影响/张正印//法学评论．-2007，5

《折杖法》对宋代刑罚重刑化的影响/吕志兴//现代法学．-2007，5

宋代的医事组织与疾疫防治的法律措施/陈燕萍//浙江档案．-2007，6

宋代立法规范性问题初探/田志光//沧桑．-2007，6

宋代社会变革与契约法的发展述论/杨卉青//理论导刊．-2007，8

北宋前期审刑院与宰相的司法复审权/祁琛云//史学月刊. -2007，9

宋朝法制史的几个联想/朱雪明//科技咨询导报. -2007，19

宋代家庭中的共有财产纠纷/高楠//中国社会历史评论. -2007

宋代判决断由中"检法拟笔"的原则/刘馨珺//《法制史研究》第 11 期，（台湾）中国法制史学会、"中央研究院"历史语言研究所. -2007

色戒——宋僧与奸罪/柳立言//《法制史研究》第 12 期，（台湾）中国法制史学会、"中央研究院"历史语言研究所. -2007

北宋区希范叛乱事件和人体解剖图的产生——宋代法医学发展的一大要素/〔日〕冈野诚著，周建雄译//《法律文化研究》第 3 辑，中国人民大学出版社. -2007

宋代量移制度考略/戴建国//（韩国）《民族文化论丛》. -2007

宋代编管刑考略/戴建国//《中国历史上的法律与社会发展》，吉林人民出版社. -2007

宋代科举考试明法科考/李冬冬//《中国历史上的法律与社会发展》，吉林人民出版社. -2007

论宋以前禁榷制度与国家军备后勤的关系及其影响/王文涛//《中国历史上的法律与社会发展》，吉林人民出版社. -2007

从宋代官箴类作品看当时地方官的司法理念/王捷//《中国历史上的法律与社会发展》，吉林人民出版社. -2007

"武松斗杀西门庆"故事的法学解读/王亚军//《中国历史上的法律与社会发展》，吉林人民出版社. -2007

唐宋时期财产法定继承问题/程维荣//《唐宋法律史论集》，上海辞书出版社. -2007

论宋代例在司法审判中盛行的原因/张彦霞//河西学院学报. -2008，1

宋代赎刑制度考述/赵旭//辽宁大学学报（哲社科版）. -2008，1

宋代商业市场管理法律初探/柴荣//北京工商大学学报. -2008，1

宋代司法检验的制度化、法律化/黄道诚//云南社会科学. -2008，1

宋代寡妇的财产权探讨/朱海琳//中华女子学院山东分院学报. -2008，2

《洗冤集录》为什么产生在宋代/李晓琴//长沙铁道学院学报（社科版）. -2008，2

简析宋朝土地交易中的物权公示/陆红//南京农业大学学报（社科版）. -2008，2

略论唐宋时期的社会控制模式——一个法社会学的视角/蒋传光//上海师范大

学学报（哲社科版）. -2008，2

论北宋对西北边区经济活动的法律规制/李文军//内蒙古社会科学（汉文版）. -2008，2

《庆元条法事类·文书门》中所涉文档立法术语考释/蒋卫荣//档案学通讯. -2008，2

论宋代孀妇的法律地位/林红//燕山大学学报（哲社科版）. -2008，2

宋代"干证人"法制境遇透视/郭东旭//河北大学学报（哲社科版）. -2008，2

宋代为人母的民事法律地位/朱海琳、陈旭//中华女子学院学报. -2008，2

南宋经界法实施利弊之探讨/郭丽冰//黑龙江社会科学. -2008，2

宋代与罗马女子奁产权之比较/李婕//产权导刊. -2008，3

论宋代民间不动产买卖的原因与程序/岳纯之//烟台大学学报（哲社科版）. -2008，3

士大夫的人文精神与宋代法律品格/陈志英//法学杂志. -2008，3

略论宋代政府对经济的法律规制/金亮新//兰州学刊. -2008，3

宋代开封府界提刑司考论/王晓龙//河南大学学报（社科版）. -2008，3

论宋代法制文明及其历史贡献/朱勇//河北法学. -2008，3

论宋代的保辜/陈东亮//河北大学成人教育学院学报. -2008，4

论宋代对私权的法律调整/陈志英//河北大学学报（哲社科版）. -2008，4

宋代司法检验中存在的问题及其原因分析/马鸿波//西北大学学报（哲社科版）. -2008，4

论宋代在华穆斯林的法律地位：兼论伊斯兰教在宋时的传播与发展/姜歆//宁夏社会科学. -2008，4

宋代司法传统的叙事及其意义——立足于南宋民事审判的考察/陈景良//南京大学学报（哲学人文社科版）. -2008，4

《天圣令》复原唐《田令》中的"私田"问题：与何东生商榷/耿元骊//文史哲. -2008，4

诏敕入令与唐令复原：以《天圣令》为切入点/牛来颖//文史哲. -2008，4

南宋绍兴时期经界法研究/郭丽冰//前沿. -2008，4

宋代乡村行政组织与民间刑事诉讼/谭景玉//求索. -2008，4

宋朝时代变迁与民事法律关系主体变革/魏文超//安徽农业大学学报（社科版）. -2008，5

宋代经济立法中的"民生"思想/欧阳文东//沈阳大学学报（社科版）.

-2008，5

浅析宋代"先问亲邻"制度/陈熙//科教文汇（中旬刊）. -2008，5

"宋无罚金之刑"质疑/高叶青//陕西师范大学学报（哲社科版）. -2008，5

论宋代担保质权体制的转型/刘志刚//河北学刊. -2008，5

论宋代的监司关系：以转运、提点刑狱和提举常平司为中心/徐东升//江西社
会科学. -2008，5

宋代胥吏对立法的影响/黎桦、张正印//法学评论. -2008，5

论宋代司法活动中的人性化因素/张利//河北法学. -2008，5

宋代版权保护详论/阳瑞刚//广东广播电视大学学报. -2008，6

宋代卖引法茶叶市场管理机构述论/陶德臣//广东茶业. -2008，6

试析唐宋时期的涉外法律原则/周宁//工会论坛（山东省工会管理干部学院学
报）. -2008，6

宋代诉讼证据辨析/郭东旭、左霞//河北师范大学学报（哲社科版）.
-2008，6

宋代财产继承法之"女合得男之半"辨析/魏天安//云南社会科学. -2008，6

宋代检验制度探微/郭东旭、黄道诚//河北法学. -2008，7

北宋天圣令的公布出版及其意义——日唐律令比较研究的新阶段/大津透、薛
轲//中国史研究动态. -2008，9

礼法与现实之间：宋代寡妇的再嫁/石璠//法制与社会. -2008，9

浅析宋代茶法演变与商品经济发展的关系/董锡阁//今日南国（理论创新版）.
-2008，10

论宋代"分权制衡"的司法传统/鲁忠//太原城市职业技术学院学报.
-2008，10

宋代经济领域中的告赏立法/郭东旭//河北法学. -2008，10

南宋时期的风水坟地诉讼/郭艳芬//河北法学. -2008，10

"《天圣令》研究：唐宋礼法与社会"学术研讨会综述/张雨//中国史研究动
态. -2008，12

论两宋民事法制的发展/唐丹丹//法制与社会. -2008，15

宋朝经济立法探析/金亮新//北方经济. -2008，18

南宋狱讼判决文书中的"健讼之徒"/刘馨珺//《中西法律传统》第6卷，北
京大学出版社. -2008

南宋地方司法诉讼的动态图景——刘馨珺《明镜高悬——南宋县衙的狱讼》
读后/杜金//《中西法律传统》第6卷，北京大学出版社. -2008

再论南宋"儿女分产法"/高桥芳郎//《法制史研究》第 13 期，（台湾）中国
　　法制史学会、"中央研究院"历史语言研究所．-2008

唐仲友案的现实与评价——兼论《清明集》所描述的地方政治/户田裕司//
　　《法制史研究》第 14 期，（台湾）中国法制史学会、"中央研究院"历史
　　语言研究所．-2008

《天圣令》所附唐令为开元二十五年令考/戴建国//《唐研究》第 14 卷，北京
　　大学出版社．-2008

南宋时期家产分割法"在室女得男之半"法新证/戴建国//《邓广铭教授百年
　　诞辰纪念文集》，中华书局．-2008

简论宋代官马管理和役使的律令措施/张显运//温州大学学报（社科版）
　　2009，1

宋代档案立法特点探析/贾文广//兰台世界．-2009，1

寺院如何解决内部民事纠纷——基于唐宋时期几则案例的考察/李可//时代法
　　学．-2009，1

浅析宋代折杖法的性质与作用/荣玲鱼//山西大同大学学报（社科版）．
　　-2009，1

宋代刑讯制度及其实践/郑颖慧//保定学院学报．-2009，1

《宋刑统》研究与中国监狱史学——以薛梅卿先生的著述为基点的拓展阅读/
　　赵晶//中国政法大学学报．-2009，1

墓田上诉：一项南宋民间诉讼类型的考察/高楠、宋燕鹏//安徽师范大学学报
　　（人文社科版）．-2009，1

宋代动产交易与担保制度研究/刘志刚//河北大学学报（哲社科版）．
　　-2009，1

宋代通商法对茶叶市场的管理/陶德臣//广东茶业．-2009，Z1

浅析宋朝的赦免制度/唐华彭//今日南国（理论创新版）．-2009，2

宋代家法传播方式探析/铁爱花//社科纵横．-2009，2

宋代刑事复审制度考评/郭东旭//河北大学学报（哲社科版）．-2009，2

从《宋史·刑法志》看宋代的司法制度/李晓婧//甘肃联合大学学报（社科
　　版）．-2009，2

宋朝法定赎刑制度的演变及其特点/滕健//中国人民公安大学学报（社科版）．
　　-2009，2

唐宋时期判例的适用及其历史意义/戴建国//江西社会科学．-2009，2

论宋代刑事审判权的制约机制/陈玉忠//河北法学．-2009，2

朱熹社仓法的基本内容及其社会保障作用/张品端//中国社会科学院研究生院
　　学报．-2009，3

北宋庶子告母的意外结局/李月//中国人大．-2009，3

从《水浒传》微探宋代司法文化/马黎//湖北广播电视大学学报．-2009，3

我国古代法律文本中的嫁妆——以北宋仁宗和哲宗时代为中心/高楠//保定学
　　院学报．-2009，3

北宋"试刑法"考略/谢波//云南大学学报（法学版）．-2009，3

宋代的侵权行为法律责任及其对当代立法的启示/张文勇//长春工业大学学报
　　（社科版）．-2009，3

国家改革过程中地方政府角色的转型——基于王安石变法时期路级提刑司的
　　研究/王晓龙//河北大学学报（哲社科版）．-2009，3

宋代用水纠纷述论/高楠//河北大学学报（哲社科版）．-2009，3

宋代侦查中的现场勘验初探/黄道诚//河北大学学报（哲社科版）．-2009，3

宋代与中国古代取保候审制度的形成/黄道诚//河北学刊．-2009，3

宋代"别籍异财法"的演变及其原因阐析/包伟民、尹成波//浙江大学学报
　　（人文社科版）．-2009，3

试论北宋政治的准宪政特征/龙异//贵州大学学报（社科版）．-2009，4

论蔡京茶法的特点和影响/杨小敏//暨南学报（哲社科版）．-2009，4

宋代流刑特点考论/伊敏//青海师范大学学报（哲社科版）．-2009，4

唐宋判书的司法文化解析/夏婷婷、邴广川//沈阳师范大学学报（社科版）．
　　-2009，4

唐宋大赦功能的传承演变/戴建国//云南社会科学．-2009，4；又载《中国传
　　统司法与司法传统》，陕西师范大学出版社．-2009

宋代监狱管理的历史借鉴/张利//中国监狱学刊．-2009，4

宋初的嫁妆立法——以《宋刑统》为中心/高楠、宋燕鹏、吴克燕//社会科学
　　论坛（学术研究卷）．-2009，4

南宋民事审判依据的分类考察——以《名公书判清明集》为中心/王为东//中
　　州学刊．-2009，4

古典法律解释的合理性取向——以宋"阿云之狱"为分析样本/陈林林//中外
　　法学．-2009，4

21世纪初（2001～2008年）宋代法律史研究趋向述评/田志光//研究生法学．
　　-2009，4

宋代商业立法论略/郑颖慧//江西科技师范学院学报．-2009，5

宋代法律由中央到地方颁布方式探析/马泓波//历史教学（高校版）.
　-2009，5

浅析宋代的科举担保与责任追究/肖建新、曹缪辉//法学杂志. -2009，5

无讼理想下的宋代讼师/张本顺//社会科学战线. -2009，5

宋朝监狱管理略考/夏淑云//中国监狱学刊. -2009，5

《洗冤集录》的现代价值/陈新山、黄瑞亭//中国法医学杂志. -2009，5

《洗冤集录》中仵作社会地位的分析/王明忠//中国法医学杂志. -2009，6

宋代的政治与法制及其关系探析/郑颖慧//山东理工大学学报（社科版）.
　-2009，6

论宋代社会发展与民事法律关系主体变革——基于11—13世纪中西商人阶层
　的比较分析/魏文超//阜阳师范学院学报（社科版）. -2009，6

唐宋"为女子"财产继承权问题/兰伊春//青海师范大学学报（哲社科版）.
　-2009，6

论宋代"田宅牙人"之弊及其法律控制/张本顺//东岳论丛. -2009，6

浅析宋代的文书鉴定/杨守堂//新疆社会科学. -2009，6

北宋对"归明人"的法律控制/谢波//北方论丛. -2009，6

论宋代刑事审判权的分散行使/陈玉忠//学术界. -2009，6

宋代法典体例的演变/吕志兴//贵州社会科学. -2009，8

宋代司法审判中的推问勘鞫及刑讯制度探寻/魏元旭//消费导刊. -2009，10

宋代海外贸易法律制度研究/程皓、周跃雪//理论月刊. -2009，10

宋以降契约的签押研究/任志强//河北法学. -2009，11

经界法与南宋地方社会/吴业国//求索. -2009，12

方兴未艾的《天圣令》研究/戴建国//中国社会科学报. -2009，12. 3

从"阿云之狱"看北宋变法之争/赵晓耕、赵启飞//中国人大. -2009，16

浅析两宋的物证制度/张贻湘//法制与社会. -2009，17

论南宋经界法在福建的实施/刘巧兴//法制与社会. -2009，33

宋朝田宅先买权制度研究/余寅同//法制与社会. -2009，34

栈法与宋《天圣令·厩牧令》"三栈羊"考释/赖亮郡//《法制史研究》第15
　期，（台湾）中国法制史学会、"中央研究院"历史语言研究所. -2009

包公断案中的个性因素探析/李相森//《安徽大学法律评论》第9卷第1期，
　安徽大学出版社. -2009

宋代禁书法的执行情况及其原因分析/马泓波//《中国传统司法与司法传统》，
　陕西师范大学出版社. -2009

宋代狱讼胥吏的信仰、伦理与知识/张正印//《中国传统司法与司法传统》，陕西师范大学出版社. -2009

一条律文各自解读：宋代"争鹑案"的争议/柳立言//《百年回眸：法律史研究在中国》第3卷，中国人民大学出版社. -2009

论宋代狱讼中"情理法"的运用/刘馨珺//《百年回眸：法律史研究在中国》第3卷，中国人民大学出版社. -2009

《永乐大典》本宋《吏部条法》考述/戴建国//《中华文史论丛》总第95辑，上海古籍出版社. -2009

论宋代民间不动产买卖及其法律控制/岳纯之//《南开法律史论集2008》，南开大学出版社. -2009

中国传统司法的公开模式及其对当代中国的借鉴意义——以宋代以来州县司法为中心的考察/黄晓平//《中西法律传统》第7卷，北京大学出版社. -2009

论宋代皇权对刑事审判的控制/郭东旭//河北法学. -2010，1

宋代契约中介"牙人"法律制度/杨卉青//河北大学学报（哲社科版）. -2010，1

宋代以"重禄法"治吏惩贪政策评析/赵旭//史学集刊. -2010，1

宋代豪横的危害以及惩治/李永卉//安徽师范大学学报（人文社科版）. -2010，1

南宋女儿继承权考察：《建昌县刘氏诉立嗣事》再解读/邢铁//中国史研究. -2010，1

宋朝对大理寺审判的约束机制/田志光//云南社会科学. -2010，1

略论"兼祧"制度/赵晓耕、欧甸丘//湘潭大学学报（哲社科版）. -2010，1

论宋代司法官员的调处艺术/张文勇//江汉论坛. -2010，2

《天圣令》研究两题/戴建国//上海师范大学学报（哲社科版）. -2010，2

论宋代民事审判的时代特点/张文勇//兰州学刊. -2010，2

宋代地方官员在法律订立过程中的作用探析/马泓波//历史教学（高教版）. -2010，3

南宋的归明人法制：以《庆元条法事类·蛮夷门》为中心/谢波//甘肃社会科学. -2010，3

唐宋时期买卖契约中的瑕疵担保：以敦煌契约文书为中心的考察/韩伟//兰州学刊. -2010，3

宋代"公人世界"中的官吏共生与制衡/廖峻//法学杂志. -2010，3

宋代契约担保法律制度研究/杨鹏亮//中国社会科学院研究生院学报.
　　-2010, 4

从《庆元条法事类·蛮夷门》看南宋民族法制/谢波//思想战线. -2010, 4

宋代考试制度对司法官员知识结构的影响/张文勇//北方论丛. -2010, 4

事实与规范之间：情理法的再认识——以《名公书判清明集》为考察依据/崔
　　明石//当代法学. -2010, 6

论狱讼胥吏对宋代狱讼体制的影响/张正印//求索. -2010, 6

对《洗冤集录》中特殊方式窒息死亡论述的探讨/黄瑞亭、陈新山//中国法医
　　学杂志. -2010, 6

宋代法律形式"申明"考析/谢波//史学月刊. -2010, 7

论唐宋僧道法之演变/董春林//江西社会科学. -2010, 10

天圣令的发现及其历史意义/高明士//《法制史研究》第 16 期，（台湾）中国
　　法制史学会、"中央研究院"历史语言研究所. -2010

《天圣令》复原研究中的几个问题/牛来颖//《法制史研究》第 16 期，（台湾）
　　中国法制史学会、"中央研究院"历史语言研究所. -2010

无冤的追求——从《天圣令·狱官令》试论唐代死刑的执行/陈俊强//《法制
　　史研究》第 16 期，（台湾）中国法制史学会、"中央研究院"历史语言
　　研究所. -2010

《天圣令·杂令》的比较研究/黄正建//《法制史研究》第 16 期，（台湾）中
　　国法制史学会、"中央研究院"历史语言研究所. -2010

《错斩崔宁》中的冤案发生学/邓建鹏//《法制史研究》第 17 期，（台湾）中
　　国法制史学会、"中央研究院"历史语言研究所. -2010

关于《天圣令》所依据唐令的年代/〔日〕冈野诚//《中国古代法律文献研
　　究》第 4 辑，法律出版社. -2010

《天圣令》中的"别敕"/牛来颖//《中国古代法律文献研究》第 4 辑，法律
　　出版社. -2010

天圣令的发现及其历史意义/高明士//《中国古代法律文献研究》第 4 辑，法
　　律出版社. -2010

试论宋代接脚夫的法律问题/屈超立//《中国法律传统与法律精神——中国法
　　律史学会成立 30 周年纪念大会暨 2009 年会论文集》，山东人民出版
　　社. -2010

论南宋民事审判的特点/张文勇//《中国法律传统与法律精神——中国法律史
　　学会成立 30 周年纪念大会暨 2009 年会论文集》，山东人民出版

社. -2010

从《天圣令》看唐和北宋的法典制作/戴建国//《文史》第91辑（2010年第2辑），中华书局. -2010

7. 西夏辽金元

元代法律的特色/〔日〕有高岩撰，邝护华译//法律评论. -1935，39/41

《大元通制》中的"禁令"考/吕振羽//中华法学杂志新编. -1936，2

蒙元时代的法典编纂/翁独健//燕京社会科学. -1948，1

辽朝鞫狱官考（上、下）/〔日〕岛田正郎//（台湾）大陆杂志. -1965，（第31卷）10、11

关于忽必烈"附会汉法"的历史考察/白钢//中国史研究. -1980，4

元朝法律之管窥/高娃//内蒙古社会科学（汉文版）. -1980，4

辽朝法律与刑罚概述/舒樊//武汉师范学院学报. -1981，2

元代役法简论/陈高华//《文史》第11辑，中华书局. -1981

辽代刑法概述/嵇训杰//民族研究. -1982，1

也谈元朝在澎湖设巡检司的年代/丛耕//贵州社会科学. -1982，1

略论元朝的法律/杨国宜//安徽师大学报（哲社科版）. -1982，3

以"七"为尾数的元朝笞、杖刑/王凡//今昔谈. -1982，5

元朝澎湖巡检司隶属考/吴幼雄//泉州文史. -1983，8；又载历史教学. -1984，6

从元朝的法令看当时的土地制度/杨国宜//安徽师大学报（哲社科版）. -1984，3

元代大法医学家王与/杨奉琨//复旦学报（社科版）. -1984，6

元代大法医学家王与生平著述考略/杨奉琨//浙江学刊. -1985，2

元朝法律制度述略/石磊//内蒙古社会科学（汉文版）. -1985，2

论忽必烈"行汉法"的原因/赵华富//史学月刊. -1985，4

十二世纪西夏法典/〔苏〕Е.И. 克恰诺夫著，姬增录译//西北史地. -1985，4

耶律楚材与元初的封建法制建设/武树臣//《北大法学论文集》（续集），光明日报出版社. -1985

《元典章》试析/李淑娥//史学月刊. -1986，1

金代法制初探/傅百臣//史学集刊. -1986，4

金代杖刑管窥/傅百臣//北方文物. -1986，4

论元朝刑法体系形式/姚大力//《元史论丛》第 3 辑，中华书局. -1986

元代监察制度概述/郝时远//《元史论丛》第 3 辑，中华书局. -1986

《大元通制》考辨/黄时鉴//中国社会科学. -1987，2

论元朝监察制度的特点/周继中//中国人民大学学报. -1987，3

元代五刑体制及特点/阎青义//法学季刊. -1987，4

元大都与《通制条格》：写在元大都建城 720 周年之际/卢心铭//百科知识. -1987，9

元代的旅馆业管理：历代行业治安管理探索之一/杨泽万//中国人民警官大学学报. -1988，2

窦娥冤与元代司法/曾代伟//文史杂志. -1988，3

英宗新政与《大元通制》/陈景良、张中秋//江海学刊. -1988，4

元代罚俸制度评述/杨涛//江苏教育学院学报（社科版）. -1988，4

元代土地典卖的过程和文契/陈高华//中国史研究. -1988，4

夏鲁的元朝帝师法旨/陈庆英//西藏民族学院学报（社科版）. -1988，4；1981，1

略论元朝法律制度的特点/郭成伟//《中华法史丛谈》，中国政法大学出版社. -1988

论金代的考课与廉察制度/王世莲//北方文物. -1989，1

元代法制中的人命赔偿——试论烧埋银与私和钱/〔日〕岩村忍著，潘昌龙译//蒙古学资料与情报. -1989，1

金代监察制度沿革初探——金代监察制度研究之一/一丁//牡丹江师范学报（社科版）. -1989，2

金律对某些特权的限制及其原因/王立民//天津政法. -1989，3

元代收婚制度述论/王晓清//内蒙古社会科学（汉文版）. -1989，6

金代监察系统构成及其职能述论——金代监察制度研究之二/一丁//牡丹江师院学报（社科版）. -1990，1

西夏法典/李范文//宁夏大学学报（社科版）. -1990，1

西夏法典序/王静如//宁夏大学学报（社科版）. -1990，1

元代的监察制度述论/王晓天//民族论坛. -1990，1

元英宗与《大元通制》——论元王朝的法典与法制/杨德华//云南师范大学学报（哲社科版）. -1990，Z1

金代监察官员的任选、奖罚及其作用——金代监察制度研究之四/徐松巍//北方文物. -1990，2

论元杂剧与元代法制/张培田//戏剧艺术. -1990，2

论元代监察制度与官僚政治/吴观文//西北民族学院学报（哲社科版）.
-1990，3

金代监察制度的整体反思：金代监察制度研究之五/徐松巍//牡丹江师院学报
（社科版）. -1990，4

试论元朝惩治官吏赃罪的实践/王宝来//法律科学. -1990，4

元代买卖奴婢手续——从敦煌研究院藏元延祐三年永昌税使司文书谈起/杨际
平//敦煌研究. -1990，4

元代法制史上之"旧例"/〔日〕小林高四郎著，潘世宪译//蒙古学资料与
情报. -1990，4

元朝设澎湖巡检司的年份/张崇根//文史知识. -1990，5

试论宋元的监察制度/葛生华//兰州学刊. -1990，6

金代监察制度特点刍议/徐松巍//求是学刊. -1991，3

西夏的丝路贸易与钱币法/陈炳应//中国钱币. -1991，3

元朝的流放刑/冯修青//内蒙古大学学报（哲社科版）. -1991，4

金代监察制度初论/徐松巍//民族研究. -1992，2

论元代户婚律体系/王晓清//江汉论坛. -1992，2

元代西夏遗民婚姻研究/孟楠//宁夏社会科学. -1992，2

蒙元帝国在高丽的流放地/冯修青//内蒙古社会科学（汉文版）. -1992，3

《元典章》中有关畏兀儿丧事体例诠释/田卫疆//西域研究. -1992，4

宋元时代的法制和审判机构/〔日〕宫崎市定//《日本学者研究中国史论著选
译》（八），中华书局. -1992

辽金法律研究/王宏治//《法律史研究》，广西师范大学出版社. -1992

西夏《天盛律令》略论/史金波//宁夏社会科学. -1993，1

西夏乾定申年典麇契约/孙寿岭//中国文物报. -1993，2. 7

论元代地方监察制度的特点/吴文涛//华中师范大学学报（哲社科版）.
-1993，3

《通制条格》新探/方龄贵//历史研究. -1993，3

论元代赋税课管中的违法处罚/张全明//内蒙古大学学报（哲社科版）.
-1994，1

论元代赋税课管中的违法处罚/张全明、雷信泽//华中师范大学学报（哲社科
版）. -1994，1

元代治安制度述论/任崇岳//中州学刊. -1994，1

元代佃客法律地位辨析/桂栖鹏//浙江师大学报（社科版）．－1994，3

《西夏天盛廿二年卖地文契》研究/王新元//西北第二民族学院学报（哲社科
　　版）．－1994，4

西夏军律重典《贞观将玉镜》考/胡若飞//宁夏社会科学．－1994，6

元朝的审判机构和审判程序/陈高华//《东方学报》第66册．－1994

元代的警迹与警迹人/刘晓//《北大史学》，北京大学出版社．－1994

元代的流刑和迁移法/陈高华//《中国史论集》，天津古籍出版社．－1994

元代的狱讼管理与约会制度/赵文坦//《中国史论集》，天津古籍出版
　　社．－1994

《通制条格》札记/方龄贵//《中国史论集》，天津古籍出版社．－1994

元代司法制度述略/李明德//法学研究．－1995，1

试析《元典章》的特色/舒炳麟//法学．－1995，1

元代司法制度的特点/赵文坦、孙成状//东岳论丛．－1995，3

辽金元二元制法的形成及其意义/苏钦//法学杂志．－1995，5

元代的钞法/徐晓光//内蒙古社会科学（汉文版）．－1995，5

金朝婚姻制度的二元制特色/曾代伟//西南民族学院学报（哲社科版）．
　　－1995，5

论元代不动产买卖程序/霍存福//法学研究．－1995，6

元代借贷法律简论/霍存福//吉林大学社会科学学报．－1995，6

元初法制论考/〔日〕植松正//《日本中青年学者论中国史》（宋元明清卷），
　　上海古籍出版社．－1995

论辽代法律/黄震云//北方文物．－1996，3

论元代法律中的野生动物保护条款/王风雷//内蒙古社会科学（汉文版）．
　　－1996，3

试论元朝的法制建设/何天明//黑龙江民族丛刊．－1996，3

元代亦集乃路的民间借贷契约/杨选第//内蒙古师大学报（社科版）．
　　－1996，3

金代的盐使司与分司体制：《金史·食货志》"盐法"补正/郭正忠//中国史
　　研究．－1996，4

日本有关元代法制史研究概述/刘晓//中国史研究动态．－1996，4

金朝金融立法述论/曾代伟//民族研究．－1996，5

略论元代在云南的经济法制措施/方慧//云南社会科学．－1996，5；又载《中
　　国历史上的法制改革与改革家的法律思想》，山东大学出版社．－1999

《窦娥冤》与元代法制的若干问题试析/徐忠明//中山大学学报（哲社科版）.
　　-1996，增刊

独具特色的元朝法制/李淑娥//西北大学学报（哲社科版）. -1997，2

论蒙元时代的收嫂婚与其法例/李淑娥、魂簇//法制与社会发展. -1997，2

从《天盛改旧新定律令》看西夏妇女的法律地位/韩小忙//宁夏大学学报（社
　　科版）. -1997，3

西夏的内宿制度/杜建录//固原师专学报. -1997，4

金朝物力通检推排法述论/曾代伟//民族研究. -1997，5

试评元监察官杨朵儿只/李棣华//贵州社会科学. -1997，5

论辽法二元现象及其融合趋势/王继忠//安徽大学学报（哲社科版）.
　　-1997，6

略论元朝法律文化特色/白翠琴//民族研究. -1998，1

辽代刑法与《唐律》比较研究/杨黛//杭州大学学报（社科版）. -1998，2

关于金朝倡廉惩贪措施的考察/徐松巍//东北师大学报（社科版）. -1998，3

《天盛改旧新定律令》中所反映的西夏道教/韩小忙//西北师大学报（社科
　　版）. -1998，3

从《天盛律令》看西夏京畿地区的经济状况/刘菊湘//宁夏社会科学.
　　-1998，3

金初法制的特点/孙光妍//齐齐哈尔师范学院学报（社科版）. -1998，4

历史上第一部反腐败法典：元代的"赃罪法"/郭立杰//文史知识. -1998，4

辽代法制建设的成效与借鉴/张志勇、李春凌//北方文物. -1998，4

试论西夏的婚姻制度：《天盛律令》/邵方//民族研究. -1998，4

《天盛律令》所反映的西夏政区/李学江//宁夏社会科学. -1998，4

元朝法制中的僧侣特权/刘向明//嘉应大学学报（社科版）. -1998，4

元世祖时期官吏贪赃受贿的形式及特点/沈仁国//江苏教育学院学报（社科
　　版）. -1998，4

元朝断事官考/刘晓//中国社会科学院研究生院学报. -1998，4

关于《天盛律令》的成书年代/刘菊湘//固原师专学报（社科版）. -1998，4

辽代刑法制度考述/武玉环//中国史研究. -1999，1

论《大元通制》"断例"的性质及其影响——兼与黄时鉴先生商榷/殷啸虎//
　　华东政法学院学报. -1999，1

西夏水利法初探/杜建录//青海民族学院学报（社科版）. -1999，1

金朝诉讼审判制度论略/曾代伟//民族研究. -1999，2

《天盛律令》与西夏婚姻制度/韩小忙//宁夏大学学报（社科版）．-1999，2

元代刑法轻重考辨/赵文坦//中国史研究．-1999，2

西夏畜牧法初探/杜建录//中国农史．-1999，3

金《泰和律》徒刑附加决杖考——附论元初的刑政/姚大力、郭晓航//复旦学报（社科版）．-1999，4

《天盛律令》与西夏社会形态/王天顺//中国史研究．-1999，4

西夏的立法概况/赵江水//宁夏大学学报（人文社科版）．-1999，4

西夏刑罚体系初探/杨积堂//宁夏大学学报（人文社科版）．-1999，4

西夏亲属关系的法律效力及拟制/邵方//固原师专学报．-1999，4

元代"约会"制度初探/杨德华、胡兴东//云南师范大学学报（哲社科版）．-1999，5

略论元朝在云南的经济法制建设/方慧//《法律史论丛》第6辑，山东大学出版社．-1999

元朝民事诉讼与民事法规论略/陈景良//《法律史论集》第2卷，法律出版社．-1999

从天盛律令看西夏榷禁制度/张玉海//宁夏社会科学．-2000，1

辽朝刑罚制度考略/刘肃勇、姚景芳//社会科学辑刊．-2000，1

元朝法典的编纂及其特征/赵建玲//法学杂志．-2000，2

难以诞生的元朝法典/赵建玲//光明日报．-2000，3

元代收养制度研究/刘晓//中国史研究．-2000，3

论古代蒙古习惯法对元朝法律的影响/柴荣//内蒙古大学学报（哲社科版）．-2000，6

辽代法制史研究述评/张志勇//辽宁高职学报．-2001，1

辽代籍没法考述/王善军//民族研究．-2001，2

辽代夷离毕院再探/何天明//内蒙古社会科学（汉文版）．-2001，4

《大元通制》断例小考/刘晓//《法律史论集》第3卷，法律出版社．-2001

元代反贿赂法述论/沈仁国//江苏教育学院学报．-2002，1；2003，1

论元朝法制的民族特色/田莉姝//贵州民族研究．-2002，1

辽代财产刑研究：契丹"籍没"刑及其相关问题试析/项春松//北方文物．-2002，2

儒家的"礼"与西夏《天盛律令》/陈旭//西北第二民族学院学报（哲社科版）．-2002，3

元代监察官员选任制度述论/田莉姝//贵州民族研究．-2002，3

辽代惩治官吏犯罪的法律规定考述/张志勇//北方文物. -2002，3

元朝烧埋银初探/张群//内蒙古大学学报（哲社科版）. -2002，6

元代二元法律文化对法律形式的影响/王旭、郭晓英//前沿. -2002，11

论元朝烧埋银的起源/张群//历史教学. -2002，12

论宋辽金元时期的法制融合/唐自斌//《走向二十一世纪的中国法文化》（《法律史论丛》第 9 辑），上海社会科学院出版社. -2002

论西夏法典结构及私法在其中的地位/姜歆//宁夏大学学报（人文社科版）. -2003，1

略论西夏法律对于党项社会婚姻制度的规定/邵方//法学评论. -2003，1

元代民事审判制度研究/胡兴东//民族研究. -2003，1

《大元通制》渊源考辨/曾代伟//现代法学. -2003，1；又载《百年回眸：法律史研究在中国》第 2 卷，中国人民大学出版社. -2009

试论辽金元三朝法律的特点/关志国//史学集刊. -2003，2

浅析元代的判决离婚/谭晓玲//内蒙古大学学报（哲社科版）. -2003，3

论西夏的司法制度/杜建录//西北民族研究. -2003，4

蒙元时期的穆斯林与伊斯兰教法/哈宝玉//西北第二民族学院学报（哲社科版）. -2003，4

辽代刑法制度对辽王朝的影响及其历史贡献/张秀杰、郝维彬//内蒙古民族大学学报（社科版）. -2003，4

元代买卖女口现象初探/谭晓玲//中央民族大学学报. -2003，4

元代前期腹里地区的土地开发与田产争讼/默书民//内蒙古社会科学（汉文版）. -2003，4

斡脱：蒙元时期民事制度的一个创新/胡兴东//云南师范大学学报（哲社科版）. -2003，5

辽朝与唐朝监察制度比较研究/张志勇//河南大学学报（社科版）. -2003，5

西夏婚姻家庭法律制度研究/邵方//河北法学. -2003，5

西夏婚姻制度的特征：兼论女性在西夏婚姻中的地位/邵方//宁夏社会科学. -2003，5

西夏的审判制度/杜建录//宁夏社会科学. -2003，6

论西夏法典中的刑事法律制度/姜歆//宁夏社会科学. -2003，6

西夏司法制度述略/李鸣//西南民族大学学报（人文社科版）. -2003，6

金代立法考略/傅百臣//《中国法制史考证》甲编第 5 卷，中国社会科学出版社. -2003

宋辽夏金元法制考证举要/尤韶华//《中国法制史考证》甲编第 5 卷，中国社会科学出版社．–2003

《通制条格》考辨/方贵龄//《中国法制史考证》甲编第 5 卷，中国社会科学出版社．–2003

元代的审判机构和审判程序考/陈高华//《中国法制史考证》甲编第 5 卷，中国社会科学出版社．–2003

元代断事官考/刘晓//《中国法制史考证》甲编第 5 卷，中国社会科学出版社．–2003

元代收嫂婚考/李淑娥、魂簇//《中国法制史考证》甲编第 5 卷，中国社会科学出版社．–2003

元代刑法体系的形成考略/姚大力//《中国法制史考证》甲编第 5 卷，中国社会科学出版社．–2003

《大元通制》解说——兼介绍新刊本《通制条格》/〔日〕安部健夫//《中国法制史考证》丙编第 3 卷，中国社会科学出版社．–2003

《金玉新书》与《淳祐新书》考/〔日〕仁井田陞//《中国法制史考证》丙编第 3 卷，中国社会科学出版社．–2003

辽代北面中央官制的特色与世官制的意义/〔日〕岛田正郎//《中国法制史考证》丙编第 3 卷，中国社会科学出版社．–2003

宋元时期的法制与审判机构——《元典章》的时代背景及社会背景/〔日〕宫崎市定//《中国法制史考证》丙编第 3 卷，中国社会科学出版社．–2003

元初法制一考——与金制的关系/〔日〕植松正//《中国法制史考证》丙编第 3 卷，中国社会科学出版社．–2003

西夏服制与亲属等级制度研究/邵方//法学评论．–2004，3

关于元代婚姻制度的独特性与进步性的若干思考/何德廷//政法学刊．–2004，3

试论西夏的立法/陈永胜//甘肃理论学刊．–2004，4

论西夏法典中的狱政管理制度——兼与唐、宋律令的比较研究/姜歆//宁夏大学学报（人文社科版）．–2004，5

蒙元流刑考辨/曾代伟//内蒙古社会科学（汉文版）．–2004，5

蒙元法定死刑考辨/曾代伟//法学家．–2004，5

论元代的官吏贪赃/李治安//南开学报．–2004，5；又载宋辽金元史人大复印资料．–2005，1

蒙元"义绝"考略/曾代伟//西南民族大学学报（人文社科版）. -2004，11

金朝行政管理体制立法述论/曾海若//《中国历史上的法律制度变迁与社会进步》（《法律史论丛》第 10 辑），山东大学出版社. -2004

西夏法律制度研究论纲/陈永胜//《西部法学论坛》第 2 辑，中国法制出版社. -2004

元初著名立法儒臣——王恽/吴海航//《渠水集——纪念饶鑫贤教授法学文集》，北京大学出版社. -2004

西夏《天盛律令》厩牧律考/姜歆//宁夏社会科学. -2005，1

传统司法中"人治"模式——从元杂剧中透视/苏力//政法论坛. -2005，1

论西夏《天盛律令》的特点/杜建录//宁夏社会科学. -2005，1；又载宋辽金元史人大复印资料. -2005，2

西夏文书档案立法脉络及特点述论/尚世东//宁夏社会科学. -2005，2

窦娥的悲剧——传统司法中的证据问题/苏力//中国社会科学. -2005，2

元代刑事审判制度之研究/胡兴东//云南大学学报（法学版）. -2005，2

试论金代的地方治安管理/曲淑华//东北史地. -2005，4

西夏档案立法概述/尚世东//宁夏大学学报. -2005，5

论辽圣宗时期的法制改革/张志勇//辽宁工程技术大学学报（社科版）. -2005，6

从法制史料看蒙、汉文化的交会与元代社会——评介妇女守节意识提升的相关研究/张斐怡//《法制史研究》第 7 期，中国法制史学会、"中央研究院"历史语言研究所. -2005

试论西夏的刑罚/陈永胜//甘肃理论学刊. -2006，1

论西夏法律制度对中国传统法律文化的传承与创新——以西夏法典《天盛律令》为例/姜歆//固原师专学报. -2006，2

元代刑法体系中的出军制度探析/武波//山西师大学报（社科版）. -2006，2

冤狱是怎样炼成的：从《窦娥冤》中的举证责任谈起/易延友//政法论坛. -2006，4

试论辽朝"治契丹与诸夷之法"/潘丹丹//东北史地. -2006，5

元代司法运作机制研究/胡兴东//云南大学学报（法学版）. -2006，6

一枝一叶总关情——蒙元法制的开端与学术社会思潮的演变/王平原//《法律文化研究》第 2 辑，中国人民大学出版社. -2006

法文化的冲突与融合——元代兄收弟妻断离案/王平原//中国审判. -2007，1

辽代后期法制的败坏及原因分析/李文军、袁俊英//辽宁工程技术大学学报

（社科版）．－2007，2

西夏法典《天盛律令》盐铁法考/姜歆//宁夏社会科学．－2007，2

论中国元代法制史研究/李玉年//合肥学院学报（社科版）．－2007，3

元代法律体系之构建——元代法律组成解析/李玉年//安徽史学．－2007，3

《大札撒》对元朝立法的影响及其在中华法系中的地位/李玉年//史林．
　　－2007，3

中国封建社会的证明制度（五）：元——国家公证、民间私证的急剧逆转时
　　代/詹爱萍//中国公证．－2007，3

元代法律研究概述/李泽岩//法律文献信息与研究．－2007，4

元代的鱼盐与盐法/钱永生、吴志坚//湖南大学学报（社科版）．－2007，4

《天盛律令·司序行文门》与西夏政区刍议/杨蕤//中国史研究．－2007，4

论西夏契约及其制度/赵彦龙//宁夏社会科学．－2007，4

西夏契约研究/赵彦龙//青海民族研究．－2007，4

元代烧埋钱无法追缴案/王平原//中国审判．－2007，6

元代籍没妇女的命运与籍没妻孥法的行废/杨印民//史学月刊．－2007，10

元代民事法律中的习惯法因素/胡兴东//《法史学刊》第1卷，中国社会科学
　　出版社．－2007

元朝司法制度的创建与发展/尹序庭//《南开法律史论集2007》，南开大学出
　　版社．－2007

元初蒙古婚姻习惯法汉地之嬗变/吴海航//《京师法律评论》第1卷，北京师
　　范大学出版社．－2007

屠城、妄杀与死刑奏报——论蒙元时期死刑文化的转化/王平原//山东警察学
　　院学报．－2008，1

辽朝畜牧法与渔猎法考述/张志勇//东北史地．－2008，1

金代法制略探/张涛//东北史地．－2008，2

元朝法律中的民间婚姻生育制度/李莎//殷都学刊．－2008，2

元朝二元法制成因初探/林顺虎//宝鸡文理学院学报（社科版）．－2008，2

蒙元《条画五章》考论/魏晓欣//上饶师范学院学报．－2008，2

元代医法初探/马明达、武香兰//暨南学报（哲社科版）．－2008，2

西夏法律与西夏社会：基于《天盛改旧新定律令》“畜物”条文的观察/陈
　　杰、刘国乾//学术探索．－2008，2

金代的奴告主案/周峰//博物馆研究．－2008，3

西夏的宗教法/邵方//现代法学．－2008，4

辽代法令考/黄震云//北方文物. -2008，4

西夏契约再研究/赵彦龙//宁夏社会科学. -2008，5

略析元初汉人收继婚的法律实践/沈寿文//云南大学学报（法学版）.
　　-2008，6

试析元代的流刑/胡小鹏//西北师大学报（社科版）. -2008，6

元朝法吏管理考略/夏淑云//中国司法. -2008，7

对金朝法制的探讨/丁大炜、汪亚光//法制与社会. -2008，35

元代司法运作中判例创制机制研究：兼以普通法系判例法的比较/胡兴东//
　　《中国法学与法治发展30年》，中国社会科学出版社. -2008

论西夏法典中的文书制度/高宗池//青海民族研究. -2009，1

综论元代监察法律制度/明辉//法学杂志. -2009，1

从《天盛律令》看西夏的税法/姜莉//贵州民族学院学报（哲社科版）.
　　-2009，2

元朝监察官员的管理法规/淮建利//郑州大学学报（哲社科版）. -2009，2

辽代的文化转型和法令修订/黄震云//东北史地. -2009，2

唐与西夏婚姻制度之比较：以《唐律》和《天盛改旧定新律令》为中心/张
　　永萍//河北学刊. -2009，2

宋夏缘边蕃汉经济法律述略/李玉芳//黑龙江史志. -2009，4

试析元代法律中特殊的"奴告主"现象/武波//云南师范大学学报（哲社科
　　版）. -2009，4

西夏的诉讼审判制度初探/邵方//法学评论. -2009，4

蒙元时期汉人收继婚的法律调整/龚恒超//贵州社会科学. -2009，7

元代刑罚制度初探/徐婧//法制与社会. -2009，17

西夏的诉讼审判制度/邵方//《中国传统司法与司法传统》，陕西师范大学出版
　　社. -2009

元代司法中的判例适用问题研究/胡兴东//《司法》（北京理工大学司法高等研
　　究所主办）第4辑，厦门大学出版社. -2009

元代法律碑刻要目及简释/李雪梅//《中西法律传统》第9卷，北京大学出版
　　社. -2009

元代盗贼律之研究——与唐律有关部分之比较/林茂松//《百年回眸：法律史
　　研究在中国》第3卷，中国人民大学出版社. -2009

金代皇族赃罪考述/李玉君、杨柳//北方文物. -2010，1

元朝判例法创制程序问题研究/胡兴东//内蒙古师范大学学报. -2010，1

元代收继婚制度评述/李钰//广州社会主义学院学报. -2010，3

金代地方监察制度研究：以提刑司、按察司为中心/余蔚//中国历史地理论
　　丛. -2010，3

研究元代刑狱制度的新史料：《至正条格》"狱官"条格初探/陈广恩//图书
　　馆理论与实践. -2010，3

辽朝职官管理法律制度探析/孙振江//东北史地. -2010，4

元代法律与资源的保护利用/刘义青//黑龙江民族丛刊. -2010，4

也论冤案是如何产生的：对《错斩崔宁》、《窦娥冤》的再解析/邓建鹏//法
　　学评论. -2010，5

元代版权保护探析/陈景增//图书情报工作. -2010，13

8. 明

明代奖励制度考略/李飞鹏辑述//考试院公报. -1933，3

记刘瑾水牢并考释/熊梦飞//师大月刊. -1934，14

胡惟庸党案考/吴晗//燕京学报. -1934，15

明代两大疑案/廉君//北平晨报艺圃. -1934，20、22、23

明代文字狱祸考略/顾颉刚//东方杂志. -1935，（第32卷）14

明代国子监制度考略/于登//金陵学报. -1936，（第6卷）3

明宪宗赐朱永铁券考/刘官谔//史学年报. -1937，（第2卷）4

廷杖考/朱畸觚//国学丛刊. -1942，11

略谈明初之诗谶/陈友琴//胜流. -1946，（第3卷）8

洪武二十二年太孙改律及三十年律诰考/黄彰健//（台湾）《"中央研究院"
　　历史语言研究所集刊》第20本（下）. -1949

大明律诰考/黄彰健//（台湾）《"中央研究院"历史语言研究所集刊》第24
　　本. -1953

王明阳的南赣乡约/周天固//民主评论. -1955，（第6卷）5

明代后期一条鞭法的研究/田继周//历史研究. -1956，3

关于明初胡蓝之狱的分析/傅衣凌//厦门大学学报. -1963，4

论明代里甲法和均徭法的关系/梁方仲//学术研究. -1963，4、5

明丞相胡惟庸谋叛通倭略考/余又荪//（台湾）大陆杂志. -1964，（第29
　　卷）10/11

海瑞执行的王法究竟是什么样的法？/张晋藩//文汇报. -1966，2. 4

明代化外人犯罪时适用之法律/杨雪峰//（台湾）大陆杂志. -1972，（第45

卷）4；又载（台湾）《明清史研究论集·大陆杂志史学丛书》第 4 辑第
　　5 册，（台湾）大陆杂志社．-1998

明洪武永乐朝的榜文峻令/黄彰健//（台湾）《"中央研究院"历史语言研究
　　所集刊》第 46 本第 3 分册．-1975

明代律例关于化外人的犯罪规定/巨焕武//思与言．-1976，（第 14 卷）2；又
　　载《明史研究论丛》第 1 辑，（台湾）大立出版社．-1982

徐一夔死刑辩证兼论明初文字狱史料/陈学霖//东方文化．-1977，（第 15
　　卷）1

居丧生子罪在明代所适用的法律/巨焕武//新时代．-1977，（第 17 卷）2

明代判决书的招由及其记载方法/巨焕武//中华文化复兴月刊．-1977，（第
　　10 卷）6

律解辩疑、大明律直解及明律集解附例三书所载明律之比较研究/黄彰健//
　　《明清史研究丛稿》，（台湾）商务印书馆．-1977

"掣签法"考/张荣林//《宋元明史研究论集》（台湾大陆杂志史学丛书第 5 辑
　　第 3 册），（台湾）大陆杂志社．-1978

明代国子监的"洪武学规"/汤承业//孔孟学刊．-1979，（第 18 卷）2

明代的特务机构——厂卫/付同钦//百科知识．-1979，5

评朱元璋整肃吏治的措施/陈梧桐//光明日报．-1979，10.16

关于"空印案"时间/孙达人//陕西师大学报（哲社科版）．-1980，2

论明太祖"以诰代律"的弊政/邹身城//社会科学．-1980，5

《大明律》的一条规定/志民//民主与法制．-1980，6

明《大诰》初探/杨一凡//北京政法学院学报．-1981，1

从《大诰》看明初的专制政治/陈高华//中国史研究．-1981，1

论明初的吏治/郭厚安//甘肃师大学报．-1981，1

朱元璋惩治贪污/陈梧桐//历史知识．-1981，2

关于明代设置东厂、西厂、内行厂的时间问题/张华//晋阳学刊．-1981，2

明代皇权强化与锦衣卫/王恩厚//天津师专学报．-1981，3

"廷杖"首创于朱元璋？/杨希义//西南师范学院学报．-1981，3

明代的诉讼费用/巨焕武//（台湾）大陆杂志．-1981，（第 62 卷）4

评朱元璋反对贪官污吏的斗争/杨善群//齐鲁学刊．-1981，5

熊廷弼冤狱述略/谢源远//江汉论坛．-1981，5

洪武三十年《大明律》考/杨一凡//学习与思考．-1981，5

明代的廷杖/温功义//书林．-1981，6

朱元璋与"文字狱"/钱昌明//历史教学. -1981，6

明代律例有关官吏出入人罪的规定/巨焕武//（台湾）《政大法学评论》第 23
期. -1981

论《大明律》与《大明律诰》的关系/杨一凡//《法学文集》，法学杂志
社. -1981

明朝内阁制度初探/王侃//《法律史论丛》第 1 辑，中国社会科学出版
社. -1981

李贽下狱事探微/周应岊//苏州大学学报（社科版）. -1982，1

明懿安皇后死事疑案考/商传//故宫博物院院刊. -1982，1

海瑞和他的《督抚条约》/隋喜文//人民日报. -1982，1. 12

论明初的重典政策与让步政策/杨一凡//中州学刊. -1982，2

小议明代初年的法制宣传/陈振兴//中国法制报. -1982，2. 26

明初空印案发生年代考/陈梧桐//历史研究. -1982，3

明代的镇压机构"锦衣卫"/王恩厚//中学历史教学. -1982，5

明初的重典治吏/杨一凡//求是学刊. -1982，6

明代赎刑制度初探/胡建中、江宪//学术月刊. -1982，7

明初的茶马走私与缉私/陆茂清//中国财贸报. -1982，8. 14

明律"雇工人"研究/周良霄//《文史》第 15 辑，中华书局. -1982

均徭法、九等法和均徭事例/〔日〕岩见宏//《明清史国际学术讨论会论文
集》，天津人民出版社. -1982

明代里甲制研究/李晓路//华东师大学报（社科版）. -1983，1

明永乐年间后宫惨案/刘精义//史苑. -1983，1

朱元璋"重典治吏"的启示/陈汉生//法学. -1983，3

"廷杖"考/陈文秀//晋阳学刊. -1983，5

明初重典治民考实/杨一凡//《法律史论丛》第 3 辑，法律出版社. -1983

明大诰与朱元璋封建专制的强化/陈梧桐//《法律史论丛》第 3 辑，法律出版
社. -1983

明初重典与朱元璋治国的两手策略/杨一凡//《法史研究文集》（中），西北政
法学院. -1983

明代的锦衣卫和东西厂/唐玉萍//昭乌达盟蒙族师专学报. -1984，1

明代广西盐法刍议/覃延欢//中国社会经济史研究. -1984，1

"瓜步沉舟"案真相考辨/王贵均//淮阳师专学报（社科版）. -1984，2

明初重惩官吏赃罪浅论/怀效锋//中国法学. -1984，2

关于明末三案的原委/王锺翰//文史知识. -1984，3

重才执法的改革家张居正/学文//北京日报. -1984，3. 19

明代的特务机构——厂卫/郑晓江//知识窗. -1984，6

从唐六赃到明六赃/程天权//复旦学报（社科版）. -1984，6

朱元璋惩治贪官污吏/周桂林//河南日报. -1984，8. 15

明代的廷杖/王硕//史学简报. -1984，9

朱元璋诏、谕、令、旨经文人润色析/周桂林//史学月刊. -1985，2

法律史话：重视犯罪预防的皇帝——朱元璋/成牧//法学. -1985，2

明代的酷刑/唐任伍//中学历史教学参考. -1985，3

明代"半印勘合"起于何时/刘孔伏//河北师院学报（社科版）. -1985，4

张居正的考成法/金戈//安徽史学. -1985，5

明代中叶的宦官与司法/怀效锋//中国社会科学. -1985，6；又载《百年回眸：法律史研究在中国》第2卷，中国人民大学出版社. -2009

明末"三案"究竟/商鸿逵//历史教学. -1985，6

明代的廷杖/侯玉芳//教学参考资料. -1985，7

刘瑾"变乱旧制"考略/廖心一//《明史研究论丛》第3辑，江苏古籍出版社. -1985

论明初的监察制度及其作用/吴观文//船山学报. -1986，1

明初空印案新探/刘孔伏//贵州文史丛刊. -1986，1

一条鞭法初探——论法律对经济改革的作用/陈国平//中南政法学院学报. -1986，2

明代十三道监察御史统属考/颜广文//华南师范大学学报（社科版）. -1986，3

试论明初立法特点/刘序传//江西大学学报（社科版）. -1986，4

朝审制的缘起——兼谈中国法制史上一个被遗忘的人物/黄幼声//求是学刊. -1986，5

明律中的嘱托公事罪/巨焕武//（台湾）大陆杂志. -1986，（第72卷）5

朱元璋的法制宣传的得与失/邓尚文、缪仁生//社会科学. -1986，6

"胡蓝之狱"辨析/朱子彦//学术月刊. -1986，7

关于评价朱元璋《大诰》的若干问题/刘孔伏、潘良炽//萍乡教育学院学报（社科版）. -1987，1

关于一条鞭法实行的两个问题/柳义南//苏州大学学报（社科版）. -1987，1

姜宸英与《明史·刑法志》/朱端强//南开史学. -1987，1

略论明代的廷杖与皇权/王恩厚//天津师专学报（社科版）. -1987，1

明代官吏任用回避制度述论/颜广文//华南工学院学报（社科版）. -1987，1

论明朝洪武时期经济法制建设/刘桂宗//东岳论丛. -1987，S1

论明朝经济立法的特点/李程//中山大学研究生学刊（社科版）. -1987，2

明代都察院和监察制度/罗辉映//档案学论丛. -1987，2

朱元璋与胡蓝党案/童舟//中外历史. -1987，2

论明代监察制度及其作用/吴观文//管理世界. -1987，3

明代的廷杖制/朱子彦//历史教学问题. -1987，3

明代的廷杖及其实质/杨炳功//南都学坛. -1987，4

试论明初重典治吏/陈国平//中南政法学院学报. -1987，4

试论明代里甲制度/唐文基//社会科学战线. -1987，4

论张居正的考成法/张海瀛//晋阳学刊. -1987，5

明代首辅与司法（上、下）/怀效锋//中国法学. -1987，6；1988，1

略论明代的"双轨制"监察制度/赵映林//南京教育学院学报（社科版）.
　　-1988，1

明代官吏的经济违法问题/沈霞//学习与实践. -1988，1

明初宫廷疑案考/杨业进//故宫博物院院刊. -1988，1

明代漕粮"支运"考辨/唐文基//中国史研究. -1988，1

明代里老制度考述/余兴安//社会科学辑刊. -1988，2

明代吏典制度简说/赵世瑜//北京师范大学学报（社科版）. -1988，2

明代御史与司法/怀效锋//江海学刊. -1988，3

明代的巡抚制度/方志远//中国史研究. -1988，3

明代宗藩的犯罪与处罚/怀效锋//政法论坛. -1988，3

张居正整顿吏治的特色及启示/赵翔//中南政法学院学报. -1988，4

论明代司法中的皇权/怀效锋//现代法学. -1988，5

朱元璋为整饬吏治颁《大诰》/刘孔伏等//南京史志. -1988，5

明代六科论略/赵毅//社会科学辑刊. -1988，9

论明代厂卫与司法/怀效锋//《中华法史丛谈》，中国政法大学出版社. -1988

明初刑典治吏"重"、"轻"考论/姜永琳//《华东政法学院硕士论文集》，上
　　海社会科学院出版社. -1988

明宣宗对监察职官的考核与黜陟/孙与常//社会科学战线. -1989，1

明《大诰》与朱元璋的明刑弼教思想/杨一凡//烟台大学学报（哲社科版）.
　　-1989，1

明《大诰》的颁行时间、条目和诰文渊源考释/杨一凡//中国法学. -1989，1

明《大诰》的实施及其历史命运/杨一凡//中外法学. -1989，3

论明代监察和监察系统的变异/游伟//云南教育学院学报（社科版）.
　　-1989，4

明初的文字狱/魏连科//文史知识. -1989，4

朱元璋重典治国的是是非非/邹国勋//昭乌达盟蒙族师专学报（社科版）.
　　-1989，4

《大明律》的形成及其反映的时代特点/张显清//中国史研究. -1989，4

明弘治《问刑条例》考析/曲英杰、杨一凡//现代法学. -1989，5

论朱元璋的重典政策/阎青义//法学. -1989，7

嘉靖新政中的法制改良/怀效锋//社会科学辑刊. -1990，1

论明初加强法治和重典问题/胡晏//江苏教育学院学报（社科版）. -1990，1

试论明代的巡按制度/高春平//山西大学学报（哲社科版）. -1990，1

朱元璋惩贪的启示/林君庄//福建师大福清分校学报. -1990，1

明律轻重特色考析/郭建//史林. -1990，2

《大明律》修订始末考/杨一凡//政法论坛. -1990，2；又载《中外法律史新
　　探》，陕西人民出版社. -1994

明代的廷杖/曹国庆//史学集刊. -1990，3

明代的贡茶制度及其社会影响——明代茶法研究之二/郭孟良//郑州大学学报
　　（哲社科版）. -1990，3

明代中日间"永乐条约"与"宣德条约"辩证/陈景彦//吉林大学社会科学
　　学报. -1990，3

论明代监察机构对皇权的加强和制约/白自东//西藏民族学院学报（社科版）.
　　-1990，4

略论明徽州的乡约/陈柯云//中国史研究. -1990，4

四川明代万历年间禁止早婚碑初探/白杉//四川大学学报（哲社科版）.
　　-1990，4

析朱元璋"重典治吏"与惩治贪污贿赂/周天仁、郑周鹏//政治与法律.
　　-1990，4

明代《问刑条例》的修订/曲英杰、杨一凡//中外法学. -1990，4；又载
　　《中国法律史国际学术讨论会论文集》，陕西人民出版社. -1990

海瑞抵制贪污二例/陈涌玲//广西会计. -1990，11

"大礼之争"是非考辨/刘真武//湖北大学学报（哲社科版）. -1991，1

明初的立法及其特色/姜晓萍//文史知识. -1991，1

明代官吏的回避制度/王兴亚//河南大学学报（社科版）. -1991，1

论明代的督抚/刘秀生//中国社会科学院研究生院学报. -1991，2

明律的轻重及其原因探析/郭建//史林. -1991，2

明代茶禁考析：明代茶法研究之一/郭孟良//史学月刊. -1991，2

明代的茶课制度——明代茶法研究之三/郭孟良//茶业通报. -1991，2

明代引茶制度初论——明代茶法研究之四/郭孟良//中州学刊. -1991，3

明代勘合制论/左书谔//求是学刊. -1991，3

明初法制教育述评/陈连营//河南大学学报（社科版）. -1991，4

明代的监察制度/寇伟//史学集刊. -1991，4

南明“十八先生之狱”始末/熊宗仁//理论与当代. -1991，6

明初法制教育述评/陈继营//河南大学学报（社科版）. -1991，8

明太祖文字狱案考疑/〔美〕陈学霖//《明史研究论丛》第5辑，江苏古籍出
　　版社. -1991

监察御史制与明代政治/戴建庭//浙江师大学报（社科版）. -1992，1

明代法官出入人罪的责任制度探析/巩富文//法学学刊. -1992，2

朱元璋与文字狱/黄才庚//辽宁档案. -1992，2

论明代的提刑按察使司/高春平//晋阳学刊. -1992，3

试论明代茶法的特点/郭孟良//中国社会经济史研究. -1992，3

明代的司法制度与君主专制/姜晓萍//西南师范大学学报（人文社科版）.
　　-1992，4

海瑞的廉政措施/黄君萍//岭南文史. -1992，4

明朝“以力役代刑”略论/邓和平//劳改劳教理论研究. -1992，5

浅析朱元璋“重典治吏”与惩贪/杨树德//现代法学. -1992，5

明朝监察御史的选任制度及其借鉴/刘志坚//法律与社会. -1992，6；又载中
　　央政法管理干部学院学报. -1995，2

大明令解说/〔日〕内藤乾吉著，姚荣涛、徐世虹译//《日本学者研究中国史
　　论著选译》（八），中华书局. -1992

明代官员考核制度述论/陈国平//中南政法学院学报. -1993，1

明代罚俸制度述论/王兴亚//中州学刊. -1993，2

明代实施老人制度的利与弊/王兴亚//郑州大学学报（哲社科版）. -1993，2

郭桓贪污案数额辨误/钞晓鸿//陕西师大学报（哲社科版）. -1993，2

试论明代监察官的考选制度/关汉华、孙卫国//中国史研究. -1993，2

试析明初监察机制/钞晓鸿//陕西师大学报（哲社科版）．–1993，4

试论张居正的"考成法"/孟昭信//吉林大学社会科学学报．–1993，5

王守仁与南赣乡约/曹国庆//《明史研究》第3辑，黄山书社．–1993

明中叶以来徽州争讼和民俗健讼问题探论/卞利//《明史研究》第3辑，黄山书社．–1993

明中后期的贪赃之风与法纪衰败/温晓莉//西南民族学院学报（哲社科版）．–1994，3

铁榜诫侯论/佟英富//辽宁大学学报（哲社科版）．–1994，3

明代的老年人政策/王兴亚//南都学坛（社科版）．–1994，4

试析明代地方监察制度及其特点/贾艳敏//黄淮学刊（社科版）．–1994，4

从《大明律》看明朝王权对宗教及涉神事务的司法管理/黄山//社会科学辑刊．–1994，5

蓝玉党案考/吕景琳//东岳论丛．–1994，5

从李福达案看明中期的法制状况/高春平//史学月刊．–1995，1

明朝对官员的监察及其启示/高春平//晋阳学刊．–1995，2

宋元明档案立法/徐绍敏、张树兴//档案学通讯．–1995，5

从《利玛窦中国札记》看明代末期司法制度的弊端/萧平汉//衡阳师专学报（社科版）．–1996，1

《金瓶梅》"公案"与明代刑事诉讼制度初探/徐忠明//比较法研究．–1996，1

明代之判牍/〔日〕滨岛敦俊//中国史研究．–1996，1

明太祖朱元璋惩贪记/邱远猷//炎黄春秋．–1996，1

明代诉讼制度/杜婉言//中国史研究．–1996，2

唐律与明律立法技术比较研究/侯欣一//法律科学．–1996，2

明初峻法惩贪撷谈/陈伟庄//福建史志．–1996，3

"明代大案多枉"原因探析/刘长江//川东学刊（社科版）．–1996，3

明中后期对商税官的监察和管理/姜晓萍//中国史研究．–1996，3

试析朱元璋法律实践的矛盾性/徐晓庆//史学月刊．–1996，4

略论朱元璋的惩贪治赃/程丽华//辽宁师范大学学报（社科版）．–1996，5

朱元璋惩贪"剥皮实草"质疑/王世华//历史研究．–1997，2

明代镇守宁夏总兵官陈懋贪赃盗仓粮案始末/胡迅雷//宁夏史志研究．–1997，2

浅议明代中后期商品经济及资本主义萌芽对法律的影响/侯欣一、高文和//研

究生法学．－1997，3

明朝救荒立法述略/李鸣//研究生法学．－1997，3；又载现代法学．－2000，4

明代徽州批契与其法律意义/阿风//中国史研究．－1997，3

明洪武朝上告初探/吴艳红//北大史学．－1997，4

《经世大典》尸检法令及断例辨证/沈仁国//江苏公安专科学校学报．
  －1997，4

明朝钞法述论/王玉祥//甘肃社会科学．－1997，5

明代的宗室犯罪/周致元//安徽大学学报（哲社科版）．－1997，5

明代妇女犯罪缩小收禁范围原因探析/张凤仙//中国监狱学刊．－1997，5

明代"高墙"略考/左登豪//中国监狱学刊．－1997，5

试析明代盐法变迁之轨迹/张家国、殷耀德、李红卫//法学评论．－1997，5

《金瓶梅》反映的明代经济法制释论/徐忠明//南京大学法律评论．－1997，秋
  季号

明代宦官特务司法初探/吴高庆//浙江省政法管理干部学院学报．－1998，1

明朝宦官特务司法探究/吴高庆//当代法学．－1998，3

明初的法律及普及法律知识的措施/毛英萍//沈阳教育学院学报．－1998，3

明初低俸与重典惩贪及其历史启迪/卿文峰、李交发//湘潭大学学报（哲社科
  版）．－1998，3

试论王安石变法与张居正改革成效不同之原因/徐昌强//荆州师专学报（社科
  版）．－1998，3

明代民事法律客体述论/童光政、龚维玲//社会科学家．－1998，4

明朝的皇权与立法/刘广安//法学．－1998，5

《祖训录》与《皇明祖训》比较研究/张德信//《文史》第45辑，中华书
  局．－1998

明太祖朱元璋重典惩贪/邱远猷//《法律史论丛》第5辑，中国华侨出版社．
  －1998；又载《法律史论集》第2卷，法律出版社．－1999；淮北煤炭师
  范学院学报．－2000，2；《远猷选集》，香港天马出版有限公司．－2008

明代对官员犯罪的处置/尤韶华//《法律史论集》第1卷，法律出版社．－1998

《皇明条法事类纂》与《条例全文》的比较考述/张伯元//《法律史论集》第1
  卷，法律出版社．－1998

略论明代科道官的"风闻言事"/刘长江//贵州文史丛刊．－1999，1；又载黑
  龙江社会科学．－1999，5

明代护农立法散论/周永坤//政治与法律．－1999，1

明 "梃击案" 述论/张禾//固原师专学报. -1999, 2

《西游记》与明律/林鸿雁//文史哲. -1999, 2

反腐倡廉 标本兼治——从明太祖朱元璋惩治贪官污吏谈起/顾晓明//宜宾学
　　院学报. -1999, 3

论明初监察制度的若干特色/王丽英//广州师院学报. -1999, 3

朱元璋重典治国政策探析/张汉静//山西财经大学学报. -1999, 4

明代的判牍/〔日〕滨岛敦俊著，徐世虹、郑显文译//《中国古代法律文献研
　　究》第 1 辑，巴蜀书社. -1999

《问刑条例》与《大明律》比较分析/赵姗黎//《法律史论集》第 2 卷，法律
　　出版社. -1999

明代军犯定卫考论/吴艳红//《法律史论集》第 2 卷，法律出版社. -1999

明初重典考/杨一凡//《中国人文社会科学博士硕士文库·法学卷》（上册），
　　浙江教育出版社. -1999

嘉靖专制政治与法制/怀效锋//《中国人文社会科学博士硕士文库·法学卷》
　　（下册），浙江教育出版社. -1999

论明代市舶太监牛荣走私案/王川//海交史研究. -2000, 1

明代官吏渎职及其惩罚/王兴亚//平顶山师专学报. -2000, 1

明代徽州的民事纠纷与民事诉讼/卞利//历史研究. -2000, 1

明代土地法制叙论/程宗璋//不动产纵横. -2000, 1、2

试论明初法律教化/鲍春红//芜湖师专学报. -2000, 2

试论明末徽州府的丝绢分担纷争/〔日〕夫马进//中国史研究. -2000, 2

《教民榜文》所见明初基层里老人理讼制度/韩秀桃//法学研究. -2000, 3

以史为鉴：明代土地法制的管探与启示/程宗璋//十堰职业技术学院学报.
　　-2000, 4

略论明代中国律学对周边国家的影响/何勤华//法制日报. -2000, 4. 16

《大明律》传入朝鲜考/文亨镇//中央民族大学学报（哲社科版）. -2000, 5

李自成《大顺律》刊行于何时/田涛//光明日报. -2000, 5. 19

明代流刑考/吴艳红//历史研究. -2000, 6

论朱元璋重典治吏/刘洪彪//西南民族学院学报（哲社科版）. -2000, 9

明代东厂与司法审判/那思陆//《法制史研究》创刊号，（台湾）中国法制史
　　学会、"中央研究院" 历史语言研究所. -2000

明朝俸禄制度探究/赵元信//《中国传统法律文化与现代法治》（《法律史论
　　丛》第 7 辑），重庆出版社. -2000

明代嘉靖年间的增减沙堤乡约/朱鸿林//《燕京学报》新 8 期，北京大学出版
　　社．-2000

试论明代中国法学对周边国家的影响/何勤华//比较法研究．-2001，1

明朝《大诰》颁行动机新议/余洪波//河南社会科学．-2001，2

礼与法——从海瑞、张居正看中国古代社会的法制传统/于秀萍//沧州师范专
　　科学校学报．-2001，4

明代监狱制度初考/任超//中国监狱学刊．-2001，5

严法惩贪：朱元璋对贪官的回应/周子良//综治园地．-2001，5

《大明律》论/徐晓庄//天中学刊．-2001，增刊

明代内阁与司法审判/那司陆//《法制史研究》第 2 期，（台湾）中国法制史学
　　会、"中央研究院"历史语言研究所．-2001

明代的司法与社会——从明人文集中的判牍谈起/巫仁恕//《法制史研究》第
　　2 期，（台湾）中国法制史学会、"中央研究院"历史语言研究所．-2001

明代的律例与收继婚风俗/柏桦//南开大学法政学院《学术论丛》，天津人民
　　出版社．-2001

明初惩贪肃贿法制的历史考察与借鉴/殷凤斌//理论与现代化．-2002，1

明"严法治吏，重典惩贪"及失败原因论/吴秋红、刘清//郧阳师范高等专科
　　学校学报．-2002，2

退契与元明的乡村裁判/周绍泉//中国史研究．-2002，2

《大明律》与明代礼制以及相关问题/陈戍国//湖南大学学报（社科版）．
　　-2002，3

朱元璋重典惩贪得失新论/张兆凯//求索．-2002，4；又载《百年回眸：法律
　　史研究在中国》第 2 卷，中国人民大学出版社．-2009

明代土地租佃的法律调整/李鸣//现代法学．-2002，5

明代监察制度式微的原因分析及现代启示/李伟//社科与经济信息．-2002，5

试论明代海外贸易立法活动及其特点/洪佳期//法商研究．-2002，5

论明初的法制反腐惩贪/汤毅平//湖南行政学院学报．-2002，6

律与例之间——通过明代赎法看古代中国法之一斑（上）/〔德〕陶安著，
　　李力译//《法律史论集》第 4 卷，法律出版社．-2002

明代的宗教法律制度/夏清瑕//《走向二十一世纪的中国法文化》（《法律史论
　　丛》第 9 辑），上海社会科学院出版社．-2002；又载南京财经大学学报．
　　-2004，3

明代中期罪宗庶人归类论析/雷炳炎//湖南社会科学．-2003，2

明代中央处理贵州社会冲突事件的法律措施与政治策略/吴海丽//法学评论.
　　-2003，2

朱元璋反腐肃贪论/李安林//广播电视大学学报（哲社科版）. -2003，2

从收继婚风俗看明代的律例/柏桦//北京行政学院学报. -2003，3

明代徽州的宗族乡约化/常建华//中国史研究. -2003，3

嘉靖前期监察制度改革述论/田澍//兰州大学学报（社科版）. -2003，4

朱元璋重典惩贪/李艳君//辽宁师专学报. -2003，4

传统法制之史治境遇：道德虚张与法律萎缩及其他——以明初重典治吏为背
　　景的一种文化解析/方潇//河南省政法管理干部学院学报. -2003，5

从《北伐檄文》《大赦天下诏》看明代法制建设的特点/唐国军//广西右江民
　　族师专学报. -2003，5

明代户籍法的调整与农村社会的稳定/卞利//江海学刊. -2003，5

略论明代的律、令、诰、例/吴晓玲//南昌大学学报（人文社科版）.
　　-2003，6

首辅贪污？——从反贪思想和法律角度论张居正的贪污罪状/苏基朗、谭家
　　齐//《中国文化研究所学报》第 12 卷. -2003

《大诰》考/杨一凡//《中国法制史考证》甲编第 6 卷，中国社会科学出版
　　社. -2003

洪武《大明律》考/杨一凡//《中国法制史考证》甲编第 6 卷，中国社会科学
　　出版社. -2003

明初重典补考/杨一凡//《中国法制史考证》甲编第 6 卷，中国社会科学出版
　　社. -2003

明代法制考证若干学术见解补述/杨一凡//《中国法制史考证》甲编第 6 卷，
　　中国社会科学出版社. -2003

明代诉讼制度考略/尤韶华//《中国法制史考证》甲编第 6 卷，中国社会科学
　　出版社. -2003

《明史·刑法志》充军记述补正/吴艳红//《中国法制史考证》甲编第 6 卷，中
　　国社会科学出版社. -2003

《条例全文》残卷考略/张伯元//《中国法制史考证》甲编第 6 卷，中国社会科
　　学出版社. -2003

《问刑条例》考/赵珊黎//《中国法制史考证》甲编第 6 卷，中国社会科学出版
　　社. -2003

明代成化、弘治的律与例——依律照例发落考/〔日〕加藤雄三//《中国法制

史考证》丙编第 4 卷，中国社会科学出版社. -2003

明代后期徽州乡村社会的纠纷处理/〔日〕中岛乐章//《中国法制史考证》丙
编第 4 卷，中国社会科学出版社. -2003

从明初法制看中国封建社会之走向衰落/洪养//毕节师范高等专科学校学报.
-2004, 1

明代的首犯与从犯/张光辉//安徽大学学报（哲社科版）. -2004, 1

明代妇女的法律地位/赵崔莉//安徽师范大学学报（人文社科版）. -2004, 1

朱元璋严法惩贪的历史考察/陈静熔//高等建筑教育. -2004, 1

《明史·刑法志》述评/李艳鸿//宿州教育学院学报. -2004, 1

明代州县政府审理刑事案件职能初探/施洪道//零陵学院学报（教育科学）.
-2004, 2

明律"私充牙行埠头"条的创立及其适用/童光政//法学研究. -2004, 2

朱元璋反贪的历史启示/陈平其//湖湘论坛. -2004, 2

从《大明律》对东亚的影响看其历史地位/李青//比较法研究. -2004, 3

明初整饬吏治的举措/李巧//安庆师范学院学报（社科版）. -2004, 3

论朱元璋的普法宣传/段建宏//晋东南师范专科学校学报. -2004, 4

明代徽州的民间纠纷及其解决——以《不平鸣稿》为中心/韩秀桃//中国文化
研究. -2004, 4

试论明代对官员的俸禄处罚/王伟凯//辽宁大学学报（哲社科版）. -2004, 5

《不平鸣稿》所见明末徽州的民间纠纷及其解决/韩秀桃//中国文化研究.
-2004, 秋季卷

明代中后期经济未能实现转型的法律阐释/尹成波//经济论坛. -2004, 12

明末徽州的民间纠纷及其解决/韩秀桃//《中西法律传统》第 4 卷，中国政法
大学出版社. -2004

《海阳纪略》中所见的徽州民间生活与民间纠纷/韩秀桃//《明清徽州宗族与民
间社会》，安徽大学出版社. -2004

律与例之间——通过明代赎法看古代中国法之一斑（下）/〔德〕陶安著，
李力译//《法律史论集》第 5 卷，法律出版社. -2004

明初重典治吏及其启示/祝里里//江淮论坛. -2005, 1

朱元璋"重典治吏"的弊端与借鉴/李莹//黑龙江省政法管理干部学院学报.
-2005, 1

《大明律》之特点琐谈/徐晓庄//天中学刊. -2005, 1

从拟话本看明代的审判成本/孙旭//曲靖师范学院学报. -2005, 2

试论明代对官员生活行为的法律和制度约束/王伟凯//历史教学. -2005, 2

明初重典治吏的立法和实践初探/李洪文//湖南商学院学报. -2005, 3

明代赎刑的运作/张光辉//四川大学学报（哲社科版）. -2005, 3

明代云南刑法原则和刑罚手段的变化/方慧//云南民族大学学报（哲社科版）.
　　-2005, 3

论明代的廉政法制/田东奎//宝鸡文理学院学报. -2005, 3

从《详情公案》看明代诉讼制度/王改萍//山西警官高等专科学校学报.
　　-2005, 4

从祁门县"谢氏诉讼"看明代中期徽州的诉讼处理和里老/金仙憶//上海师范
　　大学学报（哲社科版）. -2005, 4

论明朝初期的重典治贪制度/谢冬慧//安徽工业大学学报（社科版）.
　　-2005, 4

论明初廉政法制建设/毕连芳//石家庄学院学报. -2005, 4

明代监察制度述评/欧振宝//安徽电子信息职业技术学院学报. -2005, 5

从拟话本看明代的诉讼成本/张旭//大理学院学报（社科版）. -2005, 6

明代法政体制述论/刘长江//四川师范大学学报（社科版）. -2005, 6

朱元璋重典治吏之立法探究/李洪文//文史博览. -2005, 8

朱元璋的个性特点与明初法律制度/王轶虹//探索与争鸣. -2005, 8

试论明代州县政府监禁与递解人犯/许燕婵//经济与社会发展. -2005, 8

试析明《大诰三编·进士监生不悛》之进士犯罪/王伟凯//求索. -2005, 10

明初"刑乱国用重典"与德治并用的治国方略/李晓梅//广西社会科学.
　　-2005, 11

《盟水斋存牍》及其反映的晚明继承制度/程维荣//《法律文献整理与研究》,
　　北京大学出版社. -2005

从明代淫祠之禁看儒臣、皇权与民间社会/罗冬阳//求是学刊. -2006, 1

"情理法"与明代州县司法审判/柏桦、崔永生//学习与探索. -2006, 1

明代官吏职务犯罪问题研究/陈淑丽、吕丽//当代法学. -2006, 1

"情理法"与明代州县审判/柏桦//学习与探索. -2006, 1

明太祖与洪武法制/杨一凡//东方法学, -2006, 2

明代文官匿丧与诈丧现象探析/赵克生//东北师大学报（哲社科版）.
　　-2006, 2

明代"限制边茶以制之"立法及其治藏主旨——以边关将吏和茶商严厉禁约
　　为例/邓前程//四川师范大学学报（社科版）. -2006, 2

明代公案小说：类型与源流/石昌渝//文学遗产. -2006，3

《大明律》与中华法系"自首"制度/徐晓庄//天中学刊. -2006，3

明代重刑主义略论/罗殿宏、程东杰//工会论坛. -2006，5

明万历《问刑条例》修订考辨/王伟凯//历史教学. -2006，6

《大明律》中的"盗"罪研究/万明之//韶关学院学报. -2006，10

祁彪佳司法实践若干问题初探/才媛//《法律史论集》第6卷，法律出版
　　社. -2006

论明代的赃罚制度/魏志静//保定师范专科学校学报. -2007，1

明代订婚制度初探/张宜//鲁东大学学报（哲社科版）. -2007，1

宗族法对经济的消极影响：以明代为例的阐析/尹成波//西安电子科技大学学
　　报. -2007，1

明朝依律决讼载盐船沉没赔偿案/童光政//中国审判. -2007，2

论明代商税的征收及其法律控制/任晓兰//历史教学. -2007，2

监察吏治的实现障碍——以明代监察官职务犯罪为视角的考察/丁玉翠//北方
　　法学. -2007，3

从金石文契看明代大理白族地区民事法制状况/方慧//昆明理工大学学报（社
　　科版）. -2007，3

明代一条鞭法之兴衰——立足于法律实效的分析/付春杨//社会科学家.
　　-2007，3；又载《中国历史上的法律与社会发展》，吉林人民出版
　　社. -2007

澄清吏治：威慑与预防——以明代监察官职务犯罪立法为例/丁玉翠//求是学
　　刊. -2007，4

论明世宗崇道对法制的影响/谭全万//中共成都市委党校学报. -2007，4

明朝民事诉讼变革初探——以唐宋"务限"为参照系/曾维冰//琼州学院学
　　报. -2007，4

明初朱元璋的严刑峻法/蒋新红//保山师专学报. -2007，4

晚明的悔婚现象及其法律规制/任晓兰//妇女研究论丛. -2007，6

明朝侦查制度研究/任惠华、蔡艺生//晋阳学刊. -2007，6

明末方氏家族"并立二嗣"案/童光政//中国审判. -2007，7

试述明代法律制度是如何实现重典治吏的/李柯玖//科教文汇（上旬刊）.
　　-2007，7

浅论朱元璋重惩贪赃罪之严厉性及效果/王明坤//法制与社会. -2007，11

明代争水群殴致人死亡案/徐忠明//中国审判. -2007，11

《大明律》之"娶部民妇女为妻妾"考察/张宜//《法律文化研究》第 3 辑，
　　中国人民大学出版社．-2007

试析海瑞的地方立法活动及立法成就/才媛//《法律文化研究》第 3 辑，中国
　　人民大学出版社．-2007

日本江户时代的明律研究/〔日〕田中俊光//《中华法系国际学术研讨会文
　　集》，中国政法大学出版社．-2007

《朱元璋传》所引律例及其"句解"考/张伯元//《中国历史上的法律与社会
　　发展》，吉林人民出版社．-2007

从对东亚的影响看《大明律》的历史地位/李青//《中国法律文化论集》，中
　　国政法大学出版社．-2007

"民从私约"与民事纠纷解决——对明代徽州 38 件契约文书的分析/韩秀桃//
　　《中国文化与法治》，社会科学文献出版社．-2007；又载《中西法律传
　　统》．-2009

明代牙行法律制度考评/周中云//晋中学院学报．-2008，1

明代监察立法的历史价值与现实借鉴/哈萨//广播电视大学学报（哲社科版）．
　　-2008，1

明代监察机构刑事司法职能研究/徐晓庄//中州学刊．-2008，2

朱元璋与普法教育/李贞、高燕//学习月刊．-2008，3

礼仪犯罪初探：以明律为中心的研究/吕丽、游津波//法制与社会发展．
　　-2008，3

明初申明亭考论/刘志松、高茜//天津社会科学．-2008，3

浅谈明代贵州司法中的几个特点/陈松//贵州民族学院学报（哲社科版）．
　　-2008，4

明代"壬寅宫变"释疑与司法程序/柏桦//故宫学刊．-2008，4

明代对邪教的法律惩治/周向阳//长江师范学院学报．-2008，5

明代榜例考/杨一凡//上海师范大学学报（哲社科版）．-2008，5

《律解辩疑》版刻考/张伯元//上海师范大学学报（哲社科版）．-2008，5

试论明代民事诉讼的基本特点——以"赵县尹断两姨讼婚"案为例/支强//新
　　西部（下半月）．-2008，6

从族刑的适用看明初的"重典治国"/向广宇//中共郑州市委党校学报．
　　-2008，6

论明代的僧人群体及其法律规制/任晓兰//西北大学学报（哲社科版）．
　　-2008，6

明朝芜湖榷关法制研究/姚国艳//安徽师范大学学报（人文社科版）.
　　-2008，6

论明代的僧人群体及其法律规制/任晓兰//西北大学学报（哲社科版）.
　　-2008，6

明代古照壁被毁引发的官司/区倚//中国审判. -2008，7

对重刑主义之思考——以明朝朱元璋时期为视角/李淼//科教文汇（上旬刊）.
　　-2008，10

"申明亭"调解的思考/王立民//法制日报. -2008，11. 23

明朝诉讼制度的蜕变——兼谈文官体制对司法的影响/李丽鹏//法制与社会.
　　-2008，20

明代州县政府审理民事词讼职能初探/许燕婵//法制与社会. -2008，30

明初重刑辨析/毋冰//平顶山学院学报. -2009，1；又载河南公安高等专科学
　　校学报. -2009，3

浅议明以前中国法律对越南的影响/张金莲//经济与社会发展. -2009，2

明代乡里调解制度研究/陆娓//黑龙江史志. -2009，2

明代登闻鼓制度/魏天辉//广播电视大学学报（哲社科版）. -2009，2

论高拱的法治改革/岳天雷//辽东学院学报（社科版）. -2009，3

《大明令》与明代的律令体系——明代"令"的作用与法律效力/张凡//殷都
　　学刊. -2009，3

明代票盐法探析/李鹏飞//沧桑. -2009，4

从明朝的严刑峻法看治理腐败的法制良方/王媛//中共郑州市委党校学报.
　　-2009，4

从明朝文学作品看中国古代的法律制度/王迪//法商论丛. -2009，4

唐明律例刑讯规定之异同/徐忠明、杜金//北京大学学报（哲社科版）.
　　-2009，4

《大明律》对朝鲜王朝法律制度的影响/高艳林//求是学刊. -2009，4

略论明代法律形式的变革——以《大明令》为中心/张凡//宁夏社会科学.
　　-2009，5

论明代中央司法权力的划分/李文军//河南科技大学学报（社科版）.
　　-2009，6

明初"重典治吏"思想刍议/任然//法制与社会. -2009，6

礼仪犯罪再论——以明律为中心的研究/吕丽//法制与社会发展. -2009，6

重典治吏，奈何朝杀而暮犯？——浅析朱元璋吏治失败的制度根源及当今借

鉴意义/孙钰涵//今日南国（理论创新版）. -2009，7

张居正税法改革行之有效的原因分析/陈艳花//科学之友（B 版）. -2009，8

中国传统恤刑思想的审刑制度体现——以明代为例/王艳//市场周刊（理论研
　　究）. -2009，10

论明初的法制宣传/谢水顺//湖南科技学院学报. -2009，11

张居正税法改革实践研究/陈艳花//黑龙江史志. -2009，12

明代妇女的财产继承诉讼研究——以《盟水斋存牍》为例/孟黎//黑龙江史
　　志. -2009，16

论明初法律的特点/翟文喆//知识经济. -2009，17

明朝法律体制与道德标准的思量/王小源//法制与社会. -2009，36

明代司法实务手册——《刑台法律》/张宜//《法律文化研究》第 5 辑，中国
　　人民大学出版社. -2009

明代司狱形象及其社会地位的探讨/连启元//《法制史研究》第 15 期，（台湾）
　　中国法制史学会、"中央研究院"历史语言研究所. -2009

明代赎罪则例刍议/杨一凡//《中国传统司法与司法传统》，陕西师范大学出版
　　社. -2009

从明代僧人群体法律规制看中国古代司法传统/任晓兰//《中国传统司法与司
　　法传统》，陕西师范大学出版社. -2009

危险的法制建设诱惑——明代充军刑盛衰寻思/张兆凯//《中国传统司法与司
　　法传统》，陕西师范大学出版社. -2009

明代的司法与社会——从明人文集中的判牍谈起/巫仁恕//《百年回眸：法律
　　史研究在中国》第 3 卷，中国人民大学出版社. -2009

从公罪私罪区分看明代官场政治/柏桦、葛荃//《中西法律传统》第 7 卷，北
　　京大学出版社. -2009

"民从私约"与民事纠纷解决——对明代徽州 38 件契约文书的分析/韩秀桃、
　　金大宝//《中西法律传统》第 7 卷，北京大学出版社. -2009

历史语境中的"海瑞定理 I"：延伸性讨论/尤陈俊//《法律和社会科学》第 5
　　卷，法律出版社. -2009

明代"以法治腐"的文化解释/徐祖澜//北方论丛. -2010，1

论明代死刑制度/唐景//求索. -2010，1

"以法治腐"的背后：基于明代中后期社会背景下的文化阐释/徐祖澜//宁夏
　　社会科学. -2010，2

多维度透视朱元璋"重典治国"/李宜霞、李梦萦//中国监狱学刊. -2010，2

孝陵秋思：明太祖的"重典治贪"与"普法运动"/余定宇//人民检察. —2010，3

《皇明条法事类纂》成书年代及作者考/吴启琳//历史档案. —2010，3

明代廷杖探析/徐春燕//辽宁大学学报（哲社科版）. —2010，3

元明两朝对藏传佛教宗教事务的法律调整及其历史启示/牛绿花//青海社会科学. —2010，4

简论明代诏狱的管理/魏天辉//河南师范大学学报（哲社科版）. —2010，6

明初法律的二重构建：兼论朱元璋的法律思想/肖建新//法学杂志. —2010，7

明代宗祧继承制度探微：法律、观念与社会变迁/张凡//历史教学（下半月刊）. —2010，11

古代讼争频繁的经济制度分析——以宋明两朝判词中的田土典卖为例/何君//《中国法律传统与法律精神——中国法律史学会成立30周年纪念大会暨2009年会论文集》，山东人民出版社. —2010

《大明律》与明代民事契约制度/徐晓庄//《中国法律传统与法律精神——中国法律史学会成立30周年纪念大会暨2009年会论文集》，山东人民出版社. —2010

9. 清

前清法制概要：本校第七届毕业典礼之演说词/董康//法学季刊. —1924，（第2卷）3

前清司法制度/董康//法学杂志. —1935，（第8卷）4

清律名例——中国旧律之检讨/郭卫//中华法学杂志新编. —1935，（第1卷）4

清六律之检讨（吏、户、礼、兵、刑、工律）/郭卫//中华法学杂志新编. —1937，（第1卷）8

清乾隆朝文字狱简表/许霁英//人文月刊. —1937，（第8卷）4

略谈前清吏胥——对清朝"绍兴师爷"和"书办"的介绍/范朴斋//光明日报. —1957，1.1

唐及明清律上二罪以上俱发与更犯/戴炎辉//《中国法制史论集》. —1968

"自首"制在唐明清律中的演变/徐道邻//东方杂志. —1972，（第4卷）7

清律初探/张晋藩//法学研究. —1979，1

论清代的文字狱/孔立//中国史研究. —1979，3

清前期的文字狱（上、下）/朱眉叔//辽宁大学学报（哲社科版）. —1979，

4、5

明清文字狱简论/王思治//人民日报. -1979，8. 24

关于清初的"逃人法"——兼论满族阶级斗争的特点和作用/杨学琛//历史研究. -1979，10

《红楼梦》所反映的清朝诉讼制度/张晋藩//红楼梦学刊. -1980，2

从清代文字狱看康乾"盛世"的"法治"/邱远猷、薛梅卿//学习与探索. -1980，3

清代文字狱一案/沈永松//西南政法学院学报. -1980，3

清律的继承和变化/瞿同祖//历史研究. -1980，4；又载《中国法学文集》第1集，法律出版社. -1984

二百年前的一起文字狱——记徐述夔《一柱楼诗集》案/王煦//群众论丛. -1981，1

清初"逃人法"试探/孟昭信//河北大学学报（哲社科版）. -1981，2

《聊斋志异》中的冤狱和推理/庄汉新//法学杂志. -1981，2

乾隆间甘肃"监粮冒赈"贪污案/岳维宗//兰州学刊. -1981，4

清宫盗案/钟近//紫禁城. -1981，6

明清文字狱案例/钱昌明//历史教学. -1981，6

清代科举考试中的营私舞弊和严厉处分/侯建良//光明日报. -1981，7. 20

明清封建法制对资本主义萌芽的摧毁/曹三明//中国社会科学. -1982，2

《大清新刑律》与《大清现行刑律》辨正/李贵连//法学研究. -1982，2

清代东北封禁政策初探/王振科//四平师院学报（社科版）. -1982，3

丁酉科场案/林明//历史知识. -1982，5

清代的抄家档案和抄家案件/韦庆远//学术研究. -1982，5

曾静投书案与吕留良文字狱述论/冯尔康//南开学报. -1982，5

清顺天科场案判决/姜纬堂//北京日报. -1982，5. 24

颁行逃人法百姓遭祸/姜纬堂//北京日报. -1982，8. 18

试论满洲军事赏罚制/马社香//江汉论坛. -1982，11

清代甘肃大赈案/刘大有//社会科学. -1983，1

清代巴县档案选编——关于吏治整顿揭露吏治积弊打击贪赃枉法//四川档案史料. -1983，1

清官"四大奇案"是怎么回事？/王钟翰//文史知识. -1983，1

谈《中俄伊犁条约》的性质和清政府改约谈判的成败/赵春晨//西北历史资料. -1983，2

《明夷待访录》与清初文字狱/谢刚//中国史研究．-1983，3

清代松江之文字狱/张寿甫//松江文史．-1983，3

清代最大的戊午科场案/唐国耀//紫禁城．-1983，3

清《崇德会典》试析/张晋藩、郭成康//法学研究．-1983，3

从《乾隆刑科题本》看清代押租制/宋秀元//故宫博物院院刊．-1983，4

清代嘉道年间漕运与盐法的改革/李瑚//求索．-1983，5

明清太监杀人案审判始末记/陈兆祥//民主与法制．-1983，12

清入关前的诉讼制度/张晋藩、郭成康//《法律史论丛》第 3 辑，法律出版
　　社．-1983

试论清代的"教化"制度/曹培//《法史研究文集》（上），西北政法学
　　院．-1983

明清两代"雇工人"的法律地位问题/经君健//《明清时代的农业资本主义萌
　　芽问题》，中国社会科学出版社．-1983

论乾隆年间到望厦条约签订前中国对外司法权的运用和认识/吴孟雪//中山大
　　学研究生学刊．-1984，创刊号

略论清朝的刑名幕宾和书吏/宋加兴//政治与法律．-1984，1

乾隆朝一起特殊文字狱——"伪孙嘉淦奏稿案"考述/陈东林、徐怀宝//故宫
　　博物院院刊．-1984，1

乾隆惩贪述评/夏家骏//求是学刊．-1984，1

查嗣庭案缘由与性质/顾真//中州今古．-1984，1

清代州县民事诉讼初探/曹培//中国法学．-1984，2

彭家屏"文字狱"/杨如松//中州今古．-1984，3

清王朝《振兴工艺给奖章程》产生前后/张尚策//法学．-1984，3

朝审、秋审、热审/张天禄//河北法学．-1984，4

清初更名田立法考实/陈支平//厦门大学学报（社科版）．-1984，4

由崇德三、四年刑部满文原档看清初的刑法/张晋藩、郭成康//法学研究．
　　-1984，4

继唐律之大要，开法典之新体——明清立法概况/泰水永//法学杂志．
　　-1984，6

明清时期徽州的宗法制度与土地占有制——兼评叶显恩《明清徽州农村社会
　　与佃仆制》/〔美〕居密著，黄启臣译//江淮论坛．-1984，6

清嘉庆年间揭发一起"假印大案"//北京日报．-1984，11．12

清代修志与文字狱/傅贵九//《文史》第 23 辑，中华书局．-1984

古今惊叹的和珅贪污案/张胜利//历史知识. -1985，1

年羹尧与文字狱/李世愉//清史研究通讯. -1985，1

清代的边境卡伦制度/齐钧//中国人民警官大学学报. -1985，1

雍正皇帝的特务手段/王锐夫//中国人民警官大学学报. -1985，1

清代监察制度的特点/邢早忠//贵州社会科学. -1985，3

论清朝开国时期的赏罚制度/冯年臻//东北地方史通讯. -1985，4

清朝的会典和则例/郭松义//清史研究通讯. -1985，4

"清初三大疑案"析/仁萌//城市时报. -1985，11．24

略论顺治年间的"逃人"/罗崇良//辽宁师范大学学报（社科版）. -1986，1

乾隆年间河南的三次文字狱/陆草//中州今古. -1986，1

清代向边疆流放的罪犯——清朝的流刑政策与边疆（之一）/〔日〕川久保
　　悌郎著，郑毅、孔艳春译//吉林师范学院学报（哲社科版）. -1986，2

论乾隆时期议罪银制度与罚俸制度的区别/林新奇//故宫博物院院刊.
　　-1986，3

清律颁年考略/苏亦工//法学研究. -1986，4

清代官员铨选中的亲族回避制度/齐钧//经济社会体制比较. -1986，4；又载
　　政治学研究. -1987，1

论清初的监察制度与吏治/吴观文//求索. -1986，6

努尔哈赤时代法制述论/刘世哲//民族研究. -1986，6

清朝建警始末/易木//人民警察. -1986，8

清初（1683—1727年）海上贸易政策和南洋禁航令/庄国土//海交史研究.
　　-1987，1

清代地方司法管辖制度考析/郑秦//西北政法学院学报. -1987，1

清初巡按制度/吴建华//故宫博物院院刊. -1987，2

清律中的"贼盗"/范忠信//外国法学译丛. -1987，2

清朝政府的禁赌措施/杨明//法学与实践. -1987，3

努尔哈赤时期刑罚类项及其特点/刘世哲//民族研究. -1987，6

清代律例中的犯罪自首问题/罗平//法学杂志. -1987，6

清代刑法关于共同犯罪的一些规定/罗平//法学. -1987，6

清朝的高等巡警学堂/王铭珍//人民公安报. -1987，12．10

试论《大清律》人命罪/王端阳//《西北政法学院本科生优秀毕业论文选》
　　（1），西北政法学院印行. -1987

清朝最早的文字狱——明史案/岳成//书林. -1987

论明清的家法族规/刘广安//中国法学. -1988，1；又载《中国法律文化论
　　集》，中国政法大学出版社. -2007

乾隆时期的贪污风与惩贪措施/林永匡、王熹//中州学刊. -1988，1

清朝政府对喇嘛教立法初探/徐晓光、周健//内蒙古社会科学（汉文版）.
　　-1988，1

清初一大文字狱——《南山集》案真相/王树民//文史知识. -1988，1

清代"雇工人"问题考释/黄冕堂//社会科学战线. -1988，1

《沈之奇辑注》对清代司法审判的影响/〔美〕陈福梅著，毛启雄译//外国法
　　学译丛. -1988，1

略论清代三法司的职权与关系/郑秦//法学论丛（南京）. -1988，1

清代的法学教育（上、下）/张伟仁//法学论丛（台湾大学法律系）. -1988，
　　（第18卷）1、2

穆拉维约夫与中俄《瑷珲条约》/张宗海//黑河学刊. -1988，2

《南山集》文字狱案及桐城方氏向东北的遣戍/李兴盛//北方文物. -1988，2

乾隆朝疯汉文字狱探析/郭成康//清史研究通讯. -1988，2

明清时期的茶马政策述论——明清茶法研究之一/苏鑫鸿//中国社会经济史研
　　究. -1988，2

清代四川"茶法"述评/陈一石//中国社会经济史研究. -1988，2

皇权与清代司法/郑秦//中国法学. -1988，4

康熙五十年辛卯科江南乡试贿卖举人案/张书才、张国荣//故宫博物院院刊.
　　-1988，4

论清朝法律制度对资本主义萌芽的压抑/刘序传//江西大学学报（社科版）.
　　-1988，4

论清代律例的地位及其相互关系（上，下）/苏亦工//中国法学. -1988，
　　5、6

论努尔哈赤的法治/邓中绵//北方论丛. -1988，6

《坚磨生诗抄》案与弘历的用心——析乾隆时的一起文字狱/赵伯陶//文史知
　　识. -1988，7

清代的文字狱/楚庄//文史知识. -1988，7

明清法制对资本主义萌芽的桎梏作用/曹三明//《中华法史丛谈》，中国政法大
　　学出版社. -1988

清朝的行政立法与吏治/李铁//《中华法史丛谈》，中国政法大学出版
　　社. -1988

大清律例特点简析/张晋藩//《中华法史丛谈》，中国政法大学出版社. -1988

明清的司法制度/郑秦//《中华法史丛谈》，中国政法大学出版社. -1988

清代的民事审判与调处息讼制度/郑秦//《清代司法审判制度研究》，湖南教育
　　出版社. -1988；又载《百年回眸：法律史研究在中国》第2卷，中国人
　　民大学出版社. -2009

清代旗人的司法审判制度/郑秦//清史研究通讯. -1989，1

清代乾隆年间两淮盐引案/朱宗宙//扬州师范学院学报. -1989，1

清乾隆末年总督伍拉纳巡抚浦霖贪污大案纪实/林家钟//福建史志. -1989，1

魏耕和清初的"通海案"/薛瑞录//中国史研究. -1989，1

有清以来沧州地契文书的几点研究/朱文通//河北学刊. -1989，1

略论清代监察制度/武晓华//山西大学学报（哲社科版）. -1989，3

努尔哈赤与法制/常荣//东北地方史研究. -1989，3

乾隆查处新疆贪污大案述评/齐清顺、周轩//新疆社会科学. -1989，3

清代流放制度初探/张铁纲//历史档案. -1989，3

《盛京刑部原档》与清入关前史研究/孟昭信//史学集刊. -1989，3

从罪奴遣犯在新疆的管束形式看清代的刑法制度/叶志如//新疆大学学报（哲
　　学人文社科版）. -1989，4

清代法制简论/阎崇年//社会科学辑刊. -1989，4

清代强奸罪面面观/谢先觉//法学杂志. -1989，4

我馆馆藏两种稀见清代法律抄本的初步研究/俞荣根//现代法学. -1989，4

《中俄尼布楚条约》的签订与耶稣会士/何桂春//福建师范大学学报（社科
　　版）. -1989，4

清代刑法原则初探/怀效锋//法学论丛. -1989，4

简论乾隆帝在惩贪上的功与过/赵秉志等//北方论丛. -1989，6

清太宗时期兵律类汇引议/刘世哲//民族研究. -1989，6

试论清代铨选回避制度/袁昌顺//华中师范大学学报（哲社科版）. -1990，1

"养廉"与贪污——清代官俸琐议/陆联星//淮北煤炭师范学院学报（社科
　　版）. -1990，2

从法制建设看努尔哈赤的历史功绩/汀朗//中央民族学院学报. -1990，3

海富润案剖析/答振益、苏盛光//中南民族学院学报（哲社科版）. -1990，3

略论清朝奴婢的法律地位/宋加兴//法学杂志. -1990，3

略论清代前期土地买卖中宗法关系的松弛及其社会意义/江太新//中国经济史
　　研究. -1990，3

清代广西土州县监狱制度/许直//学术论坛. -1990，3

略论明清徽州的乡约/陈柯云//中国史研究. -1990，4

试论清代州县衙门设置幕府的原因/郭润涛//学术研究. -1990，4

康熙、雍正、乾隆对贪官的惩处/张义忠//历史大观园. -1990，4

明清监察制度的特色/李本义//史志文萃. -1990，5

多尔衮与《大清律》/郑秦//历史大观园. -1990，10

清代的秋审制度——清朝法制漫谈之二/郑秦//历史大观园. -1990，12

从清代档案看《瑷珲条约》的非法性/齐钧//《中国法律史国际学术讨论会论
    文集》，陕西人民出版社. -1990

清代监察机构的建置和演变/倪军民//通化师院学报（社科版）. -1991，1

清代职制律初探/任红//松辽学刊（社科版）. -1991，1

试论明清时期的监察制度/葛生华//兰州学刊. -1991，1

一块待开垦的清代法律史园地/俞荣根//现代法学. -1991，1

从查嗣庭文字狱案谈文字游戏/杨乃济//紫禁城. -1991，2

从龚自珍"治狱"看清代刑名师爷/邱远猷//北京师范学院学报（社科版）.
    -1991，2；又载《远猷选集》，香港天马出版有限公司. -2008

清朝禁赌刍议/杨明//社会科学. -1991，2

清代蒙古审判事例/〔日〕荻原守著，哈刺古纳译//蒙古学资料与情报.
    -1991，2

乾隆朝文字狱述评/白新良//故宫博物院院刊. -1991，3

清初李大生案辨疑/马卫中、潘虹//社会科学辑刊. -1991，3

治国当以惩贪奖廉为要：明清惩治贪官污吏浅析/张曦//政法学习. -1991，3

关于清文字狱中的梁三川《奇冤录》案/侯月祥//广东史志. -1991，4

乾隆朝贪污案与惩贪措施/梁希哲//吉林大学社会科学学报. -1991，4

清律中之风宪官吏犯赃罪/陈培豪//（台湾）法学丛刊. -1991，（第36
    卷）4

清代法官的责任/郑秦//历史大观园. -1991，4

清代刑具及用刑/吴吉远//历史大观园. -1991，10

清代州县审批试析/郑秦//《清史论丛》第8辑，中华书局. -1991

论明清时期国家权力的监督机制/郑秦//比较法研究. -1992，1

论清代文字狱对图书事业的影响/刘淑敏//津图学刊. -1992，1

明清守、巡道制考辨/杨武泉//中国史研究. -1992，1

努尔哈赤时期的宗室犯罪与处罚/刘世哲//北方文物. -1992，1

浅谈清王朝肃贪的一些法律措施/文立人//现代法学. -1992，1

试析乾隆惩贪屡禁不止的原因/刘凤云//清史研究. -1992，1

清代的宗族法/朱勇//文史知识. -1992，1

清代地方官吏办案及奖惩浅介/冷启明//巴蜀史志. -1992，1

清代屈大均文字狱案始末/侯月祥//广东史志. -1992，1

清代罪奴的发遣形式及其出路/叶志如//故宫博物院院刊. -1992，1

乾隆五十一年骆愉因呈《盐法策》获罪案/中国第一历史档案馆//历史档案.
　　-1992，1

乾隆四十六年安徽太和县私盐贩拒捕殴兵案/中国第一历史档案馆//历史档
　　案. -1992，2

汤若望案始末/安双成//历史档案. -1992，2

顾亭林"济南狱"与《赴东诗》考论/王冀民//齐鲁学刊. -1992，2

黄培文字狱与《含章馆诗集》/鲁海、时桂山//文献. -1992，2

乾隆惩贪三大案考实/朱桂昌//云南教育学院学报. -1992，2

清律惩贪条款辨析/郑秦//政法论坛. -1992，2

论清朝中期以后社会生活的反礼法趋势/张仁善//中国史研究. -1992，2

《离主条例》刍议/姚念慈//历史档案. -1992，2

康熙朝"明珠案"与"治河案"的关系/张仁善//南开学报（社科版）.
　　-1992，3

雍正杀子辨疑/杨珍//清史研究. -1992，3

从曾静案看十八世纪前期的社会心态/王汎森//（台湾）大陆杂志. -1992，
　　（第85卷）4

关于李光地"三案"的辨析/李鸿烈//福建论坛（社科版）. -1992，4

清朝时期的"青海衙门"及其对重大刑事案件的审判/顾建华//青海社会科
　　学. -1992，4

略论清朝法官责任制度/巩富文//法律与社会. -1992，4

清代八议制度存废考析/苏亦工//法学研究. -1992，4

清代肃贪廉政律令考/文立人//社会科学研究. -1992，4

清律中旗人"犯罪免发遣"考释/苏钦//清史论丛. -1992，4

清太宗时期的宗室法律及其特点/刘世哲//黑龙江民族丛刊. -1992，4

论清代民事诉讼制度的几个问题/张晋藩、汪世荣、何敏//政法论坛.
　　-1992，5

清代的秋审制度/郑秦//文史知识. -1992，7

清代族规初探/朱勇//清史论丛. -1992，8

清代监察官行使言责的特权与禁限/王国平//文史知识. -1992，10

屈大均"文字狱"案真相暨释疑/欧安年//广州日报. -1992，11. 27

从薛蟠打死张三命案看清代刑事诉讼制度/徐忠明//《法学文集》（4），中山
　　大学学报丛书. -1992

明清时代的一田两主习惯及其成立/〔日〕仁井田陞//《日本学者研究中国史
　　论著选译》（八），中华书局. -1992

清律之成立/〔日〕岛田正郎//《日本学者研究中国史论著选译》（八），中华
　　书局. -1992

清代州县衙门诉讼的若干研究心得——以淡新档案为史料/〔日〕滋贺秀三//
　　《日本学者研究中国史论著选译》（八），中华书局. -1992

清代台湾典买田宅律令之演变与台湾不动产交易的找价问题/张富美//《台湾
　　历史上的土地问题》，台湾"中央研究院". -1992

论清代八议制度的存废及其历史演变根源/苏亦工//《儒学与法律文化》，复旦
　　大学出版社. -1992

论清初顺康两朝的廉政措施及其吏治效应/郭成伟//《思考与探索》，中国政法
　　大学出版社. -1992

乾隆帝惩处高朴私贩玉石述略/江珊//历史档案. -1993，1

清代广东四宗文字狱案述略/侯月祥//广东史志. -1993，1

清代新疆流放人物述略/周轩//西域研究. -1993，1

清代中国对琉球遭风船只的抚恤制度及特点/李少雄//海交史研究. -1993，1

清代广西盐法刍议/覃延欢//学术论坛. -1993，2

试论清代监察官的权威及其保障机制/倪军民//东岳论丛. -1993，2

乾隆初处理建阳县瞒报应升科田赋案/中国第一历史档案馆//历史档案.
　　-1993，3

乾嘉年间山东济宁李氏家族争讼家产案/吕小鲜//历史档案. -1993，4

明清徽州民俗健讼初探/卞利//江淮论坛. -1993，5

清太宗时期宗室犯罪的量刑原则和处罚方式/刘世哲//民族研究. -1993，5

甘肃监粮案始末/刘成刚//青海社会科学. -1993，5

清代的赎刑与捐赎/吴吉远//历史大观园. -1993，11

论清代宗族的法律地位/朱勇//《法律史研究》，广西师范大学出版社. -1993

清代刑事投诉制度研究/何敏、汪世荣//法律科学. -1994，1

清代关于民间经济的立法/经君健//中国经济史研究. -1994，1

禁毒及其立法史/马忠红//研究生法学. -1994，1

明初重典治吏的主要措施/肖光辉、黄晓明//山东法学. -1994，2

试论清代监察制度机能萎缩及其原因/倪军民//上海社会科学院学术季刊.
　　-1994，2

严惩贪吏：顺治帝治吏的一个重要特点/杨洪榜//百家论坛. -1994，2

案中案：雍正年间庆元贪污关税案/牛创平//江苏历史档案. -1994，3

乾隆后期侵贪特征/郑宝凤//中国青年政治学院学报. -1994，4

乾隆后期贪污案/唐文基//福建师范大学学报（社科版）. -1994，4

从历史档案看清代对州县官吏的惩处制度/柏桦//北方论丛. -1994，4

耶稣会士与《中俄尼布楚条约》/倪军民、三英//北方论丛. -1994，5

清代贪污史的一章/仲伟民//北京日报. -1994，5. 11

清代注释律学特点/何敏//法学研究. -1994，6

论清代的秋审制度/郑秦//《清史论丛》第 9 辑，中华书局. -1994

千方百计上京城：清朝的京控/〔美〕欧中坦//《美国学者论中国法律传统》，
　　中国政法大学出版社. -1994

清朝对外国人的司法管辖/〔美〕爱德华//《美国学者论中国法律传统》，中
　　国政法大学出版社. -1994

大清律例研究/〔美〕钟威廉著，苏亦工译//《美国学者论中国法律传统》，
　　中国政法大学出版社. -1994

清朝钦定藏内善后章程 29 条的颁布与祖国的统一/徐晓光等//《藏学研究论
　　丛》第 6 辑，西藏人民出版社. -1994

清朝刑法中的过失犯罪/〔日〕中村茂夫//《中外法律史新探》，陕西人民出
　　版社. -1994

清前期昌吉遣犯起事考述/王希隆//西北史地. -1995，1

清代新疆地区法制与伊斯兰教法/陈光国、徐晓光//西北民族研究. -1995，1

论清代徽州土地买卖中宗法关系的松弛/江太新//徽州社会科学. -1995，1/2

清朝前期廉政立法及措施/赵广华、朱颜//殷都学刊. -1995，2

清嘉庆年间的海盗及其性质试析/李金明//南洋问题研究. -1995，2

康熙《现行则例》：从判例法到法典法的回归/郑秦//现代法学. -1995，2

清代法制与李毓昌之死/薛梅卿、张志京//行政与法. -1995，3

雍正皇帝的反贪倡廉/崔克实//人物. -1995，4

明清时期孔府的继承制度/邢铁//历史研究. -1995，6

国家法与宗族法：清代宗族法与国家法律之比较及宗族政策的演变/朱勇//

（台湾）法学研究. -1995，9

关于清代土地法秩序"惯例"的结构/〔日〕寺田浩明//《日本中青年学者论
　　中国史》（宋元明清卷），上海古籍出版社. -1995

清代农业立法及其影响/吴兴南//学术探索. -1996，1

清代文字狱新论/喻大华//辽宁师范大学学报（社科版）. -1996，1

宋元明清时期的妇女继产权问题/邢铁、高崇//河北师院学报（社科版）.
　　-1996，1

顺治三年律考/郑秦//法学研究. -1996，1

我国清代国际法之一瞥/杨泽伟//船山学刊. -1996，2

清代回避制度/吴兆清//故宫博物院院刊. -1997，1

康熙帝倡廉肃贪述论/里明、张信磊、陈红卫//河南大学学报（社科版）.
　　-1997，2

道光时期胥吏违法问题/谢世诚//学海. -1997，3

论清代监察制度的两个问题/陈彬、阜元//四川师范学院学报（社科版）.
　　-1997，3

清朝的回避制度/刘战//辽宁大学学报（哲社科版）. -1997，3

清代广东监狱的沿革变化及其管理制度的探讨/万安中//广东史志. -1997，3

清代乾隆年间两广盐法改埠归纲考论/黄国信//中国社会经济史研究.
　　-1997，3

试析清代四川井盐生产中的合伙法律关系/张洪林//现代法学. -1997，3

从清代习惯法看社会与国家的互动关系/徐忠明//南京大学法律评论. -1997，
　　春季号

《大清律例》与清代新疆流人/周轩//新疆大学学报（哲学人文社科版）.
　　-1997，4

发现中国的普通法——清代借贷契约的成立/苏亦工//法学研究. -1997，4

雍正惩贪探微/刘佩芝、冯会明//上饶师专学报. -1997，4

清代"幕僚"及其在法律语言研究方面的建树/潘庆云//中州学刊. -1997，5

熊本藩和大清律例汇纂/〔日〕小林宏著，赵雅君译//中外法学. -1997，5

明清《会典》性质论考/钱大群//《中国典籍与文化论丛》第4辑，中华书局.
　　-1997；又载《法律史论丛》第4辑，江西高校出版社. -1998

清朝康雍乾时期内蒙古中西部地区税法述略/杨选第//内蒙古师大学报（哲社
　　科版）. -1998，1

明清寄产纳税及其契约规制/龚汝富、李光曼//南昌大学学报（社科版）.

　　　　－1998，2

明清例辨析/王侃、吕丽//法学研究．－1998，2

清朝的禁烟政策与鸦片贸易合法化问题述论/吕秀莲、刘艳秋//北方论丛．
　　　　－1998，2

是官修史书，还是行政法典：《清会典》性质论/吕丽//法制与社会发展．
　　　　－1998，2

清初逃人问题初探/李子龙//江苏社会科学．－1998，2

试论明清时期市场法的特点与功能/杨松//社会科学辑刊．－1998，2

明清例辨析/王侃、吕丽//法学研究．－1998，2

清朝的契约和契税制度/傅光明//湖北方志．－1998，3

秋审初探/沈厚铎//政法论坛．－1998，3

汉化与西化：从《刑法志》看清代的立法修律/王健//淮北煤炭师范学院学报
　　　　（社科版）．－1998，4

明清政府对澳门的法权管理/康大寿//四川师范学院学报（社科版）．
　　　　－1998，4

试论清代州县政府管理在配人犯的职能/吴吉远//辽宁大学学报（哲社科版）．
　　　　－1998，4

弘历的意识与乾隆朝文字狱/霍存福//法制与社会发展．－1998，6

清代民法的地位与特点/张晋藩//南京大学法律评论．－1998，秋季号

康熙十九年《刑部现行则例》的初步研究/沈厚铎//《法律史论集》第1卷，
　　　　法律出版社．－1998

《办案要略》与清代刑名师爷//《办案要略校释》，九州出版社．－1998

清代顺治朝北京城区房契研究/张小林//中国史研究．－1999，1

清代中期妇女再婚的个案分析/王跃生//中国社会经济史研究．－1999，1

行政法学巨篇：略谈清代五朝会典/郑杰//行政法学研究．－1999，1

明清乡约的司法职能及其产生原因/段自成//史学集刊．－1999，2

中俄《恰克图市约》中的法权探析/康大寿//四川师范学院学报．－1999，2

日美学者关于清代民事审判制度的论争/易平//中外法学．－1999，3

近年来清朝《理藩院则例》的整理研究概况/杨选第//内蒙古社会科学（汉文
　　　　版）．－1999，3

清朝康雍乾时期内蒙古地区税法述略/杨选第//清史研究．－1999，3

"清代民事审判与民间调解"导论/黄宗智//南京大学法律评论．－1999，春
　　　　季号

论《大清律例》"以例辅律"的体例原则/吕丽//吉林大学社会科学学报. —1999，4

从有关律例看清代田房典当契税的变化/吕鹏军//清史研究. —1999，4

清代档案工作制度研究/蔡莹//湖北大学学报（哲社科版）. —1999，4

1553—1849 年澳门主权归属问题/寇伟//学习与探索. —1999，5

略论清代文件稽察汇奏制度/卢毓钢//档案. —1999，6

试论雍正初年查禁"邪教"的决策及实施/郑永华//公安大学学报. —1999，6

《聊斋志异》对封建法制的批判/高英//政法论丛. —1999，6

雍正严禁赌博/李国荣//北京档案. —1999，9

清代判例制度/汪世荣//《法律史论丛》第 6 辑，山东大学出版社. —1999

近年来日美两国学者关于清代民事审判性质的争论/〔日〕寺田浩明//《法律史论丛》第 6 辑，山东大学出版社. —1999

清代民事审判：性质及意义——日美两国学者之间的争论/〔日〕寺田浩明著，王亚新译//《北大法律评论》第 1 卷第 2 辑，法律出版社. —1999

《大清律例通考》正疑/陆昕//《中国古代法律文献研究》第 1 辑，巴蜀书社. —1999

明清充军同异考/尤韶华//《法律史论集》第 2 卷，法律出版社. —1999

顺治律的初颁及其早期适用情况/苏亦工//《法律史论集》第 2 辑，法律出版社. —1999

浅释《清史稿·刑法志》所记"《大清律》成"/马小红//《法律史论集》第 2 卷，法律出版社. —1999

清代宗族法研究/朱勇//《中国人文社会科学博士硕士文库·法学卷》（下册），浙江教育出版社. —1999

明清时期徽州妇女在土地买卖中的权利与地位/阿风//历史研究. —2000，1

十八世纪中国亲属法的基本概念/郑秦//比较法研究. —2000，1

明清政府立法治澳之探讨/陈文源//暨南学报. —2000，1

清律保护文物评述/杨林生//东南文化. —2000，1

清代婚姻关系的变化与特点/郭松义//中国社会科学院研究生院学报. —2000，2

明清"永佃"：一种习惯法视野下的土地秩序/音正权//华东政法学院学报. —2000，2

清代越界朝鲜人编入华籍之争与中国国籍法的制定/孙春日、朴兴镇//延边大学学报（社科版）. —2000，2

论清代条例中的地区性特别法/王志强//复旦学报（社科版）. -2000，2

清代403宗民刑案例中的私通行为考察/郭松义//历史研究. -2000，3

康熙现行则例考：律例之外的条例/郑秦//历史档案. -2000，3

明清案例汇编及其时代特征/何勤华//上海社会科学院学术季刊. -2000，3

清朝前期"律"和"例"维护父权效用之考察/张仁善//南京大学法律评论. -2000，春季号

1644年至1840年的清朝立法概况/金海燕//满族研究. -2000，4

国家与社会的冲突与整合——论明清民事法律规范的调整与农村基层社会的稳定/卞利//荆门职业技术学院学报. -2000，4

清代有关农民抗租的法律和政府政令/高王凌//清史研究. -2000，4

清代例的制定与实施——雍正五年"开豁世仆"谕旨在徽州、宁国实施情况的个案分析/韩秀桃//法制与社会发展. -2000，4

清代海关的"政治关税"特点、成因及其教训/朱淑娣//法商研究. -2000，4

明清律的结构及私法在其中的地位/范忠信//现代法学. -2000，4

论清代对明朝条例的继承与发展/郑定、闵冬芳//法学家. -2000，6

清代的丧娶、收继及其法律实践/王志强//中国社会科学. -2000，6

清代刑名幕友的办案方法/高浣月//《百年回眸：法律史研究在中国》第2卷，中国人民大学出版社. -2009

顺治律版本考/苏亦工//《国学研究》第7卷，北京大学出版社. -2000

《户部则例》与清代民事法律探源/张晋藩、林乾//比较法研究. -2001，1

诉讼案件所再现的文书类型——以"淡新档案"为中心/林乾//松辽学刊（人文社科版）. -2001，1

略论清代的司法回避制度/沈晓敏//政法学刊. -2001，2

清代法律渊源考/何勤华//中国社会科学. -2001，2；又载《中国法史学精萃》2001—2003年卷，高等教育出版社. -2004

论清代的地方法规——以清代省例为中心/王志强//中国学术. -2001，3

清代盐务法律问题研究/张世明//清史研究. -2001，3

清代监察制度概况及特点/张保成//贵州公安干部学院学报. -2001，3

试论清代的监察制度/刘战、谢茉莉//辽宁大学学报（哲社科版）. -2001，3

乾隆朝甘肃捐监冒赈众贪案/卢经//历史档案. -2001，3

《大清律》与清朝礼制/陈戍国//湖南大学学报（社科版）. -2001，4

清朝司法行政述略/张可辉//行政与法. -2001，4

清代的犯罪存留养亲/吴建璠//法学研究. -2001，5

论清代的典权制度/郑佳宁//中央政法管理干部学院学报. -2001, 6

清代四川盐井买卖契约/张洪林//现代法学. -2001, 6

《清会典》辨析/吕丽//法制与社会发展. -2001, 6

论清代婚姻的禁忌与限制/张晓蓓//西南民族学院学报（哲社科版）.
    -2001, 11

清会典、则例的性质及其与律例的关系/林乾//《政法评论》2001 年卷，中国
    政法大学出版社. -2001

略论清代对明朝条例的继承与发展/郑定、闵冬芳//《继承与创新——中国法
    律史学的世纪回顾与展望》（《法律史论丛》第 8 辑），法律出版
    社. -2001

清代证据制度初探/蒋铁初//《继承与创新——中国法律史学的世纪回顾与展
    望》（《法律史论丛》第 8 辑），法律出版社. -2001

《大清律》与清朝礼制/陈国//湖南大学学报（社科版）. -2002, 1

尹状图上疏停罚"议罪银"述论/卢经//黑龙江社会科学. -2002, 1

由放料到工厂：清代前期苏州棉布字号的经济与法律分析/邱鹏生//历史研
    究. -2002, 1

乾隆年间湖北江陵县讳盗匿详案/中国第一历史档案馆//历史档案. -2002, 2

清代精神病人管制措施考述/郝秉键//清史研究. -2002, 2

清朝法制史概论/张晋藩//清史研究. -2002, 3

清代打击拐卖妇女犯罪之考察/乔秀玲//中国社会经济史研究. -2002, 3

清朝的法律制度概述/李云霞//民族研究. -2002, 4

清政府对中琉交往活动中违法事件的处置/赖正维//福建师范大学学报（哲社
    科版）. -2002, 4

从《鹿洲公案》考察潮州社会犯罪现象/王强、刘正刚//广东史志. -2002, 4

清朝死刑非正刑述评/李凤鸣//西南交通大学学报（社科版）. -2002, 4

清代安康地区河运习惯法碑刻资料解读/孙丽娟//清史研究. -2002, 4

清代澳门中葡司法冲突/乔素玲//暨南学报（哲社科版）. -2002, 4

明清州县的监狱/柏桦//中国史研究. -2002, 4；又载《百年回眸：法律史研
    究在中国》第 2 卷，中国人民大学出版社. -2009

明清时期徽州的民间禁赌/卞利//安徽师范大学学报（人文社科版）.
    -2002, 4

清前期外贸立法中的具结制度研究/王为东、汪清//安徽教育学院学报.
    -2002, 5

清代海外领事制度论略/任云仙//中州学刊. -2002，5

清代司法程序中的惰性因素分析/郭成伟、孟庆超//政法论坛. -2002，5

明清刑法之比较/郝佩韦//佳木斯大学社会科学学报. -2002，6

清代监察官员考选制度述论/关汉华//广东社会科学. -2002，6

例以辅律 非以代律——谈《清史稿·刑法志》律例关系之说的片面性/吕
　　丽//法制与社会发展. -2002，6

明清的尚讼现象和职业"律师"/龚汝富//文史知识. -2002，8

清代农业立法与农本经济的回光/孙月红、吴兴南//上海经济研究. -2002，9

清代健讼外证：威海卫英国法庭的华人民事诉讼/〔马来西亚〕陈玉心著，赵
　　岚译，苏亦工校//环球法律评论. -2002，秋季号

清朝广东监狱及其管理制度初探/万安中//犯罪与改造研究. -2002，12

澳门明清法律史料之构成/李雪梅//《中西法律传统》第 2 卷，中国政法大学
　　出版社. -2002

清代民法概论/张晋藩//《法治在中国：制度、话语与实践》，中国政法大学出
　　版社. -2002

明清身份契约的法律分析/郝维华//《法律史论集》第 4 卷，法律出版
　　社. -2002

理性的目标与不理智的过程——论《大清刑律》的社会适应性/朱勇//《中国
　　法律近代化论集》，中国政法大学出版社，-2002

清朝中后期的金融危机及立法对策——从《刑案汇览三编》的有关记载分析/
　　刘远征//《走向二十一世纪的中国法文化》（《法律史论丛》第 9 辑），上
　　海社会科学院出版社. -2002；又载《法律史论集》第 5 卷，法律出版
　　社. -2004

明清州县司法审判中的"六滥"现象/柏桦//清史研究. -2003，1；又载
　　《南开法律史论集 2007》，南开大学出版社. -2007

试论清代的例对明代的例之继承/马薇薇//燕山大学学报（哲社科版）.
　　-2003，2

比附援引：罚当其罪还是"罪"当其罚？——从两个具体案例入手/陈新宇//
　　清华法学. -2003，2

清代成案的效力及其运用中的论证方式：以《刑案汇览》为中心/王志强//法
　　学研究. -2003，3；又载《中国法史学精萃》2001—2003 年卷，高等教
　　育出版社. -2004

清代贪污腐败犯罪成因分析/孙季萍//烟台大学学报（哲社科版）. -2003，3

略论《警察学》与清朝警察行政创立时期的警察教育/任士英//中国人民公安
　　大学学报．-2003，4

论清代前期报刊法制的体系与特点/倪延年//南京师大学报．-2003，4

明清法制价值浅析/苏凤格//河南机电高等专科学校学报．-2003，4

论清代律例对雇工人法律身份的界定/蒋燕玲//社会科学家．-2003，5

清代的邮驿立法/宫宏祥//山西高等学校社会科学学报．-2003，5

清季国籍问题与民族国家身份认同/许小青//天津社会科学．-2003，5

清朝文官考绩制度及其实施状况/艾永明//法制与社会发展．-2003，5

《户部则例》的法律适用——兼对几个问题的回答/林乾、曾建藩//法学前沿．
　　-2003，5

虚假的材料与结论的虚假——从《崇德会典》到《户部则例》/田涛//法学
　　前沿．-2003，5；又载《中国法制史反拨》（倪正茂主编），法律出版
　　社．-2003

清朝死刑复核制度：秋审/王勇//人民法院报．-2003，5.19

略论清初崇德会典的议定/祖伟//社会科学辑刊．-2003，6

清代民间契约中关于"伙"的观念和习惯/李力//法学家．-2003，6

清代调处制度/孔祥雨、张秋敏//广西政法管理干部学院学报．-2003，6

略论清代的税契问题/孙清玲//福建师范大学学报（哲社科版）．-2003，6

"契约"与"合同"之辩——以清代契约文书为出发点/俞江//中国社会科
　　学．-2003，6；又载《中国法史学精萃》2001—2003年卷，高等教育出
　　版社．-2004

清朝驻日使臣的派遣和领事裁判权的行使/黄汉青//河北学刊．-2003，6

中国传统社会纠纷解决机制研究论纲——以明清为契入点（上、下）/左卫民
　　//西南民族大学学报（人文社科版）．-2003，6；2004，1

清代盗名盗版算书几例/李迪//自然辩证法研究．-2003，7

清代地方司法管辖浅析/赵旭光//天中学刊．-2003，增刊

试论清太宗朝的《崇德会典》/李典蓉//《法制史研究》第4期，（台湾）中
　　国法制史学会、"中央研究院"历史语言研究所．-2003

中国19世纪基层司法文化研究——以《汝东判语》文本为中心/李孝猛//《华
　　东法律评论》2003年第2卷，法律出版社．-2003；又载《法律史研究》
　　第1辑，中国方正出版社．-2004

"九卿会审"及其他/王立民//《法学家茶座》第3辑，山东人民出版
　　社．-2003

户部则例的法律适用/林乾、张晋藩//《崇德会典、户部则例及其他》，法律出版社. -2003

清代法制史考证学术见解述要/高旭晨//《中国法制史考证》甲编第 7 卷，中国社会科学出版社. -2003

《瑗珲条约》初考/齐钧//《中国法制史考证》甲编第 7 卷，中国社会科学出版社. -2003

"八议"考/苏亦工//《中国法制史考证》甲编第 7 卷，中国社会科学出版社. -2003

律例关系考辨/苏亦工//《中国法制史考证》甲编第 7 卷，中国社会科学出版社. -2003

明清婚姻制度变迁考略/苏亦工//《中国法制史考证》甲编第 7 卷，中国社会科学出版社. -2003

顺治律考/苏亦工//《中国法制史考证》甲编第 7 卷，中国社会科学出版社. -2003

清律例的继承和变化/瞿同祖//《中国法制史考证》甲编第 7 卷，中国社会科学出版社. -2003

雍正三年律考/郑秦//《中国法制史考证》甲编第 7 卷，中国社会科学出版社. -2003

清朝宗族法考/朱勇//《中国法制史考证》乙编第 1 卷，中国社会科学出版社. -2003

比附的功能/〔日〕中村茂富//《中国法制史考证》丙编第 4 卷，中国社会科学出版社. -2003

督捕则例的出现——清初的官僚制与社会/〔日〕谷井俊仁//《中国法制史考证》丙编第 4 卷，中国社会科学出版社. -2003

明清时代的"找价回赎"问题/〔日〕岸本美绪//《中国法制史考证》丙编第 4 卷，中国社会科学出版社. -2003

清代则例省例考/〔日〕谷井阳子//《中国法制史考证》丙编第 4 卷，中国社会科学出版社. -2003

清代中国刑事审判中成案的法源性/〔日〕小口彦太//《中国法制史考证》丙编第 4 卷，中国社会科学出版社. -2003

清律误杀初考/〔日〕中村正人//《中国法制史考证》丙编第 4 卷，中国社会科学出版社. -2003

田面田底惯例的法律性——以概念性的分析为主/〔日〕寺田浩明//《中国法

制史考证》丙编第 4 卷，中国社会科学出版社．-2003

刑案所见宗族私刑审判造成的命案——兼论国家法律的对策／〔日〕滋贺秀
　　三//《中国法制史考证》丙编第 4 卷，中国社会科学出版社．-2003

清代户籍法的调整与农村基层社会的稳定／卞利//安徽大学学报（哲社科版）.
　　-2004，1

试论清代前期的林业政策和法规／樊宝敏、董源、李智勇//中国农史.
　　-2004，1

论清代律例中雇工人范畴及界定标准的变化／蒋燕玲//广西社会科学.
　　-2004，1

清初"江南奏销案"补证／付庆芬//江苏社会科学．-2004，1

清代宗藩关系的历史法学多维透视分析／张世明//清史研究．-2004，1

清代旗、民法律关系的调整——以"犯罪免发遣"律为核心／林乾//清史研
　　究．-2004，1

健讼之人与地方公共事务——以清代漕讼为中心／张小也//清史研究.
　　-2004，2

从李毓昌案看嘉庆朝的吏治／王开玺//历史档案．-2004，2

清朝行政处分制度研究／艾永明//江苏社会科学．-2004，2

清代法律制度中的民事习惯法／李力//法商研究．-2004，2

略论清例对明例之继受／杨昂//华南理工大学学报（社科版）．-2004，3

明清时期的"中人"及其法律作用与意义——以明清徽州地方契约为例／吴
　　欣//南京大学法律评论．-2004，春季号

明清徽州乡（村）规民约论纲／卞利//中国农史．-2004，4

清代保障商旅安全的法律机制——以《西江政要》为例／龚汝富//清史研究.
　　-2004，4

清代广东涉外司法与文化冲突／唐伟华//西南政法大学学报．-2004，4

清代外国科技人员管理法令探析／乔素玲//暨南学报（人文社科版）.
　　-2004，4

论清代的诉讼制度／翟东堂//华北水利水电学院学报（社科版）．-2004，4

浅析《红楼梦》中的几桩糊涂官司／赵仁军//安徽警官职业学院学报.
　　-2004，4

清朝风闻监察述论／刘长江//临沂师范学院学报．-2004，5

清代江南的一田两主制和主佃关系的新格局——以苏州地区为中心／吴滔//近
　　代史研究．-2004，5

清代京师涉及旗人的户婚、田土案件的审理——兼谈《户部则例》的司法应用/胡祥雨//云梦学刊. -2004, 5

从清代锦屏人工林业的繁荣谈政府和国家法的"为"与"不为"/罗洪祥//经济问题探索. -2004, 5

清入关前宗室罪罚制度形成述议/魏影//黑龙江社会科学. -2004, 6

清代旗人特权法的确立与限制/林乾著,郑肯植译//（韩国汉城大学）法学. -2004, 6

小事闹大与大事化小：解读一份清代民事调解的法庭记录/徐忠明//法制与社会发展. -2004, 6

试论清朝的秋审制度/陈爱平、杨正喜//江汉论坛. -2004, 7

后金政权创建法律的政治作用探析/曲岩//学术交流. -2004, 9

明清诉讼：官方的态度与民间的策略/徐忠明//社会科学论坛. -2004, 10

从碑铭看明清福建民间规约与社会管理/王日根//《中西法律传统》第4卷,中国政法大学出版社. -2004

重建清朝的法律帝国：从清代内阁题本刑科婚姻奸情档案谈起/陈惠馨//《法制史研究》第5期,（台湾）中国法制史学会、"中央研究院"历史语言研究所. -2004

清代的法律方法论——以《刑案汇览三编》为中心的论证/陈新宇//《法制史研究》第6期,（台湾）中国法制史学会、"中央研究院"历史语言研究所. -2004

《大明律例》考略/张伯元//《法史思辨：2002年中国法史年会论文集》,法律出版社. -2004

明清碑刻中的"乡约"/李雪梅//《法律史论集》第5卷,法律出版社. -2004

明清时期地方"普法"宣传与法律教育/龚汝富//《民间法》第3卷,山东人民出版社. -2004

挑战权威：清代法上的寡妇和讼师/〔美〕麦柯丽著,傅建奇译,苏亦工校//《美国学者论中国法律传统》增订版,清华大学出版社. -2004

明清碑刻中的制定法与习惯法/李雪梅//《中国古代法律文献研究》第2辑,中国政法大学出版社. -2004

五朝《清会典》纂修述论/王丽娟、林乾//《中国古代法律文献研究》第2辑,中国政法大学出版社. -2004

《顺治律》补述/王宏治、李建渝//《法律史学研究》第1辑,中国法制出版

社. -2004

关于《户部则例》法律适用的再探讨/林乾//《法律史学研究》第1辑，中国法制出版社. -2004

儒者之刑名——清代地方官员与法律教育/张小也//《法律史学研究》第1辑，中国法制出版社. -2004

清代民间社会的权力与秩序——以档案与判牍中妇女再嫁的"聘礼归属"问题为中心/吴欣//《法律史学研究》第1辑，中国法制出版社. -2004

明清保辜制度研究/林明、朱运涛//《中国历史上的法律制度变迁与社会进步》（《法律史论丛》第10辑），山东大学出版社. -2004

浅议官员的连带责任及其失效——以清代律例及成案为例/鲁鹏//《中国历史上的法律制度变迁与社会进步》（《法律史论丛》第10辑），山东大学出版社. -2004

从清代的有关律例看清代人身权利的变化/李霞//华北水利水电学院学报（社科版）. -2005，1

"法表儒质"：清代刑名师爷理案原则初探——以"绍兴师爷"汪辉祖为例/周国平//西安外事学院学报. -2005，1

明清律典中的巫术犯罪/田东奎//唐都学刊. -2005，1

论"江南奏销案"/宫宏祥//太原理工大学学报. -2005，1

十八、十九世纪之际的宗族社会状态——以嘉庆朝刑科提本资料为范围/冯尔康//中国史研究. -2005，S1

论清代判例的适用/吴秋红//理论月刊. -2005，2

浅析明清法律的抑商色彩/马珺//唐都学刊. -2005，2

《清会典》的历次纂修与清朝行政法制/林乾//西南师范大学学报（人文社科版）. -2005，2

清律对于商人的保护与控制/沈大明//上海交通大学学报（哲社科版）. -2005，2

清入关前宗室罪罚制度及其特点/魏影//兰州学刊. -2005，2

清代江西赋税讼案浅探——以《名花堂录》为例/龚如富//中国社会经济史研究. -2005，2

清代讼师的官方规制/邓建鹏//法商研究. -2005，3

典权适用的另类解释：以清代北京旗房为例/姜朋//云南大学学报（法学版）. -2005，3

明清徽州宗族的异姓承继/栾成显//历史研究. -2005，3

讼师对法秩序的冲击与清朝严治讼师立法/林乾//清史研究．–2005，3；又载
　　《中国法律文化论集》，中国政法大学出版社．–2007

清朝以法治边的经验得失/林乾//中国边疆史地研究．–2005，3

清代江西赋税纠纷案卷辑存及其评述/龚汝富//历史档案．–2005，3

法制探索与《红楼梦》的写实艺术/韩春萌//红楼梦学刊．–2005，3

办成"疑案"：对春阿氏杀夫案的分析——档案与文学以及法律与事实之间/
　　徐忠明//中外法学．–2005，3

明清刑事诉讼"依法判决"之辨正/徐忠明//法商研究．–2005，4

明清典当和借贷法律规范的调整与乡村社会的稳定/卞利//中国农史．
　　–2005，4

讼师秘本与清代诉状的风格——以"黄岩诉讼档案"为考察中心/邓建鹏//浙
　　江社会科学．–2005，4

清代"兄弟争产"诉讼中的法律与社会/吴欣//聊城大学学报．–2005，4

清代民法语境中"业"的表达及其意义/李力//历史研究．–2005，4；又载
　　《百年回眸：法律史研究在中国》第2卷，中国人民大学出版社．–2009

财产所用权保障与清代锦屏人工林业经济繁荣/赵大华、罗洪祥//贵州警官职
　　业学院学报．–2005，5

清代徽商与经营地民众的纠纷——六安徽州会馆案/范金民//安徽大学学报
　　（哲社科版）．–2005，5

清代涉台官式文书析要/王冠玺//浙江大学学报（人文社科版）．–2005，5

管窥清朝的监察制度/杨曙光//四川行政学院学报．–2005，5

关于明清时期司法档案中的虚构与真实：以《天启崇祯年间潘氏不平鸣稿》
　　为中心的考察/徐忠明//法学家．–2005，5

清代的司法检验/阎晓君//中国刑事法杂志．–2005，5

明清时期婚姻立法的调整与基层社会的稳定/卞利//安徽大学学报（哲社科
　　版）．–2005，6

清代"卖妻包管文约"/左平//四川档案．–2005，6

清中叶的宗族、政府与地方治理——透视温州粮食危机引发的骚乱及其消弭/
　　李世众//历史教学问题．–2005，6

浅议清代的调解制度/刘婷婷//云南大学学报（法学版）．–2005，6

唆讼、吓财、挠法：清代官府眼中的讼师/霍存福//吉林大学社会科学学报．
　　–2005，6

明清时期区域社会中的民事法秩序：以湖北汉川汈汊黄氏的《湖案》为中心/

张小也//中国社会科学. -2005, 6

清代则例初探/李留文//广西社会科学. -2005, 9

论清朝讼师对司法秩序的维护功能/修云福//边疆经济与文化. -2005, 9

清代妇女民事诉讼权利考析：以档案与判牍资料为研究对象/吴欣//社会科学. -2005, 9

祁门清代诉讼档案解读/邵名川//徽州社会科学. -2005, 9

法学家赵舒翘的悲剧命运/林盛//浙江人大. -2005, 9

清代判词语言的法文化视角/刘愫贞//学术交流. -2005, 11

明清契约文书的研究价值/栾成显//史学月刊. -2005, 12

土地契约文书与明清社会、经济、文化的研究/陈学文//史学月刊. -2005, 12

向左转？向右转？——董康与近代中国法律改革/陈新宇//（台湾）《法制史研究》第 8 期, 中国法制史学会、"中央研究院" 历史语言研究所. -2005

清代法律对活卖之规范与民间的活卖习惯/张益祥//《法制史研究》第 8 期, （台湾）中国法制史学会、"中央研究院" 历史语言研究所. -2005

凭族理说与全族谊：宗族内部民事纠纷的解决之道——以清光绪年间伙县宏村汪氏店屋互控案为例/张斐怡//《法制史研究》第 8 期, （台湾）中国法制史研究、"中央研究院" 历史语言研究所. -2005

也是"商法"问题：试论十七世纪中国的法律批判与法律推理/邱澎生//《法制史研究》第 8 期, （台湾）中国法制史学会、"中央研究院" 历史语言研究所. -2005

董康与《清秋审条例》/赵元信//《法律文献整理与研究》, 北京大学出版社. -2005

清代狱政管理制度与实施——以《大清律例·断狱》为例/吴敏//《法律文献整理与研究》, 北京大学出版社. -2005

从业者、素养、才能：职业与专业视野下的清代讼师/霍存福//辽宁大学学报（哲社科版）. -2006, 1

清初吏治清明探析——以廉吏于成龙为例/王晋玲//苏州大学学报（哲社科版）. -2006, 1

清代县衙吏役的内部管理/周保明//北方论丛. -2006, 1

乡约·保甲·族正与清代乡村治理——以凌焘《西江视臬纪事》为中心/常建华//华中师范大学学报（哲社科版）. -2006, 1

明清徽州村规民约和国家法之间的冲突与整合/卞利//华中师范大学学报（哲社科版）. -2006，1

清朝法政体制述论/刘长江//四川理工学院学报（社科版）. -2006，1

清代地方政府对黔东南苗区人工林业的规范/罗洪洋//民族研究. -2006，1

明清时期民事诉讼立法的调整与农村基层社会的稳定/卞利//江海学刊. -2006，1

清代中朝关系中的司法制度/宋慧娟//东北亚论坛. -2006，1

慎刑思想的体现：谈明清时期的秋审制度/陈晓光//辽宁广播电视大学学报. -2006，2

19 世纪收继问题研究——以安徽为中心/毛立平//安徽史学. -2006，2

明清两代的公罪与私罪制度/许颖//河北学刊. -2006，2

论清律对明律的继承和发展/高学强//长安大学学报. -2006，2

清代徽州盐商的销盐纠纷与诉讼/范金民//中国社会经济史研究. -2006，2

熙丰时期农田水利法取得的主要成果及其原因/李金水//中国社会经济史研究. -2006，3

论明清律对日本法的影响/赵立新//华东政法学院学报. -2006，3

清代宗祧继承制度/刘洋//法制与社会（理论版）. -2006，3

清代班房考释/张世明//清史研究. -2006，3

论清代立嗣继承中的财产因素/吕宽庆//清史研究. -2006，3

论明清律对日本法的影响/赵立新//华东政法学院学报. -2006，3

杨乃武冤案的平反背后：经济、文化、社会资本的考察/徐忠明、杜金//法商研究. -2006，3

从法律的视角看后金征服漠南蒙古/杨强//青海民族学院学报. -2006，3

后金政权相关法律规定对后金经济的作用/曲岩//社会科学战线. -2006，4

论清代的"存留养亲"制度/李艳君//中北大学学报. -2006，4

清代发审局研究/李贵连、胡振//比较法研究. -2006，4

清代土地所有权转移的法制化：清道光三十年山西徐沟县王耀田契（私契、官契、契尾）的考察及其他/陈学文//中国社会经济史研究. -2006，4

清朝政府对澳门的司法管治：1849 年以前/刘冉冉//山东大学研究生学志. -2006，4

清代的坟山争讼：以徐士林《守皖谳词》为中心/张小也//清华大学学报. -2006，4

清代江南地区民间的健讼问题：以地方志为中心的考察/侯欣一//法学研究.

-2006，4

清代江西诬扳漕运军丁讼案浅析——以《康熙四十五年诬扳军案集录一本永
远存据》为例/龚汝富//清史研究. -2006，4

疑案·存案·结案：从春阿氏案看清代疑案了解技术/张从容//法制与社会发
展. -2006，4

娱乐与讽刺：明清时期民间法律意识的另类叙事：以《笑林广记》为中心的
考察/徐忠明//法制与社会发展. -2006，5

清代健讼社会与民事证据规则/邓建鹏//中外法学. -2006，5

清代司法官员知识结构的考察/徐忠明、杜金//华东政法学院学报. -2006，5

清代地主阶层的法律特权/沈大明//华东政法学院学报. -2006，6

清代寡妇立嗣问题探析/吕宽庆//史学月刊. -2007，6

清代西部另类移民：军犯/任树民//青海师专学报. -2006，6

清代的律、例、令初考/夏永红//池州师专学报. -2006，6

乾隆大兴文字狱/薛思孝//政府法制. -2006，7

唐、清两代关于异族通婚的法律比较/金眉//法学. -2006，7

从族亲命案看乾隆时期的乡村诉讼/刘正刚//韶关学院学报. -2006，7

试论清代立法过程中的公文运用：以耗羡归公在福建省实施过程中的奏折运
用为中心/董蕊//理论界. -2006，9

清代的因灾恤刑制度/赵晓华//学术研究. -2006，10

清政府与清代商业社会秩序的建立/孙丽娟//（台湾）月旦民商法研究.
-2006，11

公正及公益的动力——从《未能信录》看儒家思想对清代地方官行使公共职
能的影响/苏亦工//《法制史研究》第10期，（台湾）中国法制史学会、
"中央研究院"历史语言研究所. -2006

由公产到法人——清代苏州、上海商人团体的制度变迁/邱澎生//《法制史研
究》第10期，（台湾）中国法制史学会、"中央研究院"历史语言研究
所. -2006

清代土地法律文化——研究取径与理论进展的评析/林文凯//《法制史研究》
第10期，（台湾）中国法制史学会、"中央研究院"历史语言研究
所. -2006

清代民间土地契约对于典的表达及其意义/李力//《法律文化研究》第2辑，
中国人民大学出版社. -2006

《顺治律》制定颁布时间考释/王宏治//《法律史学科发展国际学术研讨会文

集》，中国政法大学出版社．－2006

清代地方司法中的"判"："判决"抑或"判而不决"/李启成//《法治与和谐
　　社会：首届"中国法学博士后论坛"论文集》，社会科学文献出版
　　社．－2006

法理与私情之间——关于明清徽州民间纠纷以及解决方式的几点认识/韩秀
　　桃//《清华法治论衡》第7辑，清华大学出版社．－2006

《尼布楚条约》所涉以雅库为界初考/齐钧//《法律史论集》第6卷，法律出版
　　社．－2006；又载《法苑撷英》上卷，中国社会科学出版社．－2008

清代法律中的类推/张富美、陈新宇//《中西法律传统》第5卷，中国政法大
　　学出版社．－2006

明清刑事审判制度及实践一瞥——以《聊斋·胭脂》为视角/杨晓辉//保定师
　　范专科学校学报．－2007，1

从《刑案汇览》看清朝盐政中的缉私——从道光年间报司有名巡役杀死拒捕
　　盐匪案说起/邰婧//法制与社会．－2007，1

清代诉讼风气的实证分析与文化解释——以地方志为中心的考察/徐忠明//清
　　华法学．－2007，1

清代治理民间秘密教门法律政策及措施研究/孔祥涛、孙先伟//中国人民公安
　　大学学报．－2007，1

论中国古代刑法典中的概括性禁律：以《大清律例》为例/钱锦宇//求是学
　　刊．－2007，1

明清讼师秘本制作的经验与素材/龚汝富//江西师范大学学报（哲社科版）．
　　－2007，1

清代民事疑难案件的处理模式初探/蒋铁初//求索．－2007，1

宗教与邪教——明清时期刑罚政治观/柏桦//西南大学学报（社科版）．
　　－2007，1

刑名幕友与清代法律教育/刘锦龙//九江学院学报．－2007，2

清代中期以前中朝宗藩关系下的司法运作之研究/柳岳武//福建师范大学学报
　　（哲社科版）．－2007，2

从清代立嗣继承诉讼案例看地方官的司法信仰/吕宽庆//淮北煤炭师范学院学
　　报（哲社科版）．－2007，2

清代刑案律例发展的内因浅析/姚旸//历史档案．－2007，2

明清"滥设官吏"罪/柏华、高进//史学集刊．－2007，2

清前期京师初级审判制度之变更/胡祥雨//历史档案．－2007，2

清代中国司法裁判的形式化与实质化：以《病榻梦痕录》所载案件为中心的考察/徐忠明//政法论坛. -2007，2

清代搜查制度初探/李仪//政法论坛. -2007，3；又载江西公安专科学校学报. -2007，3

清初绅士眼中的上海地方司法活动：以姚廷遴《历年记》为中心的考察/徐忠明//现代法学. -2007，3

明清日常生活中的讼学传播——以讼师秘本与日用类书为中心的考察/尤陈俊//法学. -2007，3

明清讼师秘本中的状词解析/潘宇//法制与社会发展. -2007，3

清代州县司法与行政——黄六鸿与《福惠全书》/柏桦//北方法学. -2007，3

浅析我国清代的调处制度/季松//山西省政法管理干部学院学报. -2007，3

清代诉讼费用研究/邓建鹏//清华大学学报（哲社科版）. -2007，3

清代前期西南地区边境贸易中的有关法规/方慧//贵州民族学院学报（哲社科版）. -2007，3

中国古代法制建设中的情与法——以清代犯罪存留养亲为例/赵文健//信阳农业高等专科学校学报. -2007，3

清代州县讼案的裁判方式研究：以“黄岩诉讼档案”为考察对象/邓建鹏//江苏社会科学. -2007，3

论清代防洪工程的修防责任追究制/饶明奇//江西社会科学. -2007，3

论清朝京控的结构性缺陷：历史考察与当代借鉴/王永杰//学海. -2007，3

略论清律的诸种同罪异罚及制订原则/冯尔康//文史哲. -2007，3

民间社会冲突与清代中国的经济变迁——步德茂眼中的18世纪中国产权制度与暴力纠纷/石涛、丰若非//清史研究. -2007，3

清朝政府对澳门的司法管治（1849年以前）/刘冉冉//兰州学刊. -2007，3

清代民间异姓继承问题研究/吕宽庆//云梦学刊. -2007，4

论清代的“违禁取利”罪/柏桦//政法论丛. -2007，4

元明清时期国家法对民间纠纷解决机制的规制研究/胡兴东//云南大学学报（法学版）. -2007，4

论现行死缓制度与清代死刑监候之不同/孙家红//江西财经大学学报. -2007，4

论清朝对外贸易法及其属性/张晓堂//北京工商大学学报. -2007，4

清代衙门的潜规则/林乾//决策与信息. -2007，4

从金石文契看清代大理地区的社会组织和经济民事法制状况/周芳//中国边疆

史地研究. -2007，4

《大清民事诉讼律》修订考析/吴泽勇//现代法学. -2007，4

关于明清法典中"雇工人"律例的一些问题——答罗仑先生等（上、下）/
　　经君健//中国经济史研究. -2007，4；2008，1

中国封建社会的证明制度（六）：明清——公证私证文化的稳中求变与推陈出
　　新（上）/詹爱萍//中国公证. -2007，4

中国封建社会的证明制度（七）：明清——公证私证文化的稳中求变与推陈出
　　新（中）/詹爱萍//中国公证. -2007，5

论清代妾的民事法律地位/郭洁//金华职业技术学院学报. -2007，5

清代州县讼案和基层的司法运作——以黄岩诉讼档案为研究中心/邓建鹏//法
　　治研究. -2007，5

清代四川地方司法档案的价值评述——以清代巴县、南部县衙门档案为例/张
　　晓蓓、张培田//四川档案. -2007，5

试论明清律例对腐败的威慑/杨朝亮//聊城大学学报（社科版）. -2007，5

论清代的"呈请发遣"/王云红//史学月刊. -2007，5

明清时期司法官吏的法律教育/龚汝富//江西财经大学学报. -2007，5

守文与权断：清代量刑的制度与实践/蒋铁初//中国刑事法杂志. -2007，5

清代水权纠纷解决机制：模式与选择/王荣、郑勇//甘肃社会科学. -2007，5

清代的立继规则与州县审理——以宝坻县刑房档为线索/俞江//政法论坛.
　　-2007，5

论清代的继子孙责任：以顺天府宝坻县刑房档为线索/俞江//现代法学.
　　-2007，6

中国封建社会的证明制度（八）：明清——公证私证文化的稳中求变与推陈出
　　新（下）/詹爱萍//中国公证. -2007，6

清代诉讼制度的理论逻辑及其反思/李凤鸣//广西政法管理干部学院学报.
　　-2007，6

从讼师问题看清代地方司法的表达与实践/高峰雁//史学月刊. -2007，6

财产权利的客体：清代妇女婚姻地位的实证考析/付春杨//华中科技大学学
　　报. -2007，6

元明清时期我国书籍的版权保护/冯念华//大学图书馆学报. -2007，6

从诉讼观念看清代地方司法中的官民互动/高峰雁//河南大学学报（社科版）.
　　-2007，6

从讼师问题看清代地方司法的表达与实践/高锋雁//史学月刊. -2007，6

明清契尾考释/陈学文//史学月刊. –2007，6

清朝前期禁烟法令述考/王巨新、王欣//理论学刊. –2007，6

原则与例外：清代民事证据制度的表达与实践/蒋铁初//现代法学. –2007，6

清代民事诉讼制度一瞥：读《徐公谳词》/李青//政法论坛. –2007，6

论清代前期澳门民、刑案的法律适用/林乾//澳门研究. –2007，6

清"例"简论/陈一容//福建论坛. –2007，7

明清时期家法族规与国家法的冲突/张娟娟//法制与社会. –2007，8

清代科举立法中对答卷的形式要求/叶晓川//安徽文学（下半月）. –2007，8

视野放宽：对清代秋审和朝审结果的新考察/孙家红//清史研究. –2007，8

论清代婚姻家庭法律的特质/金眉//法学. –2007，10

和谐精神与清代科举立法/叶晓川、李建波//河北法学. –2007，10

清代民事审判的依据/龚胜华//法制与社会. –2007，11

从明清徽州谱牒与文书看当时社会的民间纠纷与诉讼/张萍//怀化学院学报.
　　–2007，11

18 世纪中国经济变迁背景下的基层司法体制考察：以土地产权纠纷审理为例/
　　孙守朋//兰州学刊. –2007，11

清代刑事审判中的依法判决问题研究：以《刑案汇览》的诬告案件为基础/姚
　　志伟//社科纵横. –2007，12

清代疯病杀人制度初探/闵冬芳//外交评论（外交学院学报）. –2007，增刊

略论清代民事诉讼过程中妇女的身份与地位/阿风//《法制史研究》第 11 期，
　　（台湾）中国法制史学会、"中央研究院"历史语言研究所. –2007

清代侠义公案小说的正义诗/陈丽君//《法制史研究》第 11 期，（台湾）中国
　　法制史学会、"中央研究院"历史语言研究所. –2007

清代"秋审文类"述论/孙家红//《法制史研究》第 11 期，（台湾）中国法制
　　史学会、"中央研究院"历史语言研究所. –2007

《刑案汇览三编》中的"罪名"——兼论对中国传统律典中"罪名"的解读/
　　王瑞峰//《法制史研究》第 11 期，（台湾）中国法制史学会、"中央研究
　　院"历史语言研究所. –2007

清季官代书研究——以《清代四川南部县衙门档案》为中心的考察/吴佩林//
　　《法制史研究》第 11 期，（台湾）中国法制史学会、"中央研究院"历史
　　语言研究所. –2007

"非规则型"法之概念——以清代中国法为素材/寺田浩明//《法制史研究》
　　第 12 期，（台湾）中国法制史学会、"中央研究院"历史语言研究

所. -2007

功能视角下的传统"法"和"司法"概念解析——以祭田案件为例/李启成//《法制史研究》第 12 期,(台湾)中国法制史学会、"中央研究院"历史语言研究所. -2007;又载政法论坛. -2008,4

"穿破浮云上云霄"——论清代叩阍制度/李典蓉//《法制史研究》第 12 期,(台湾)中国法制史学会、"中央研究院"历史语言研究所. -2007

清代聚众行为的法律控制——以讼师庄午可聚众抗法案为核心/林乾//《法制史研究》第 12 期,(台湾)中国法制史学会、"中央研究院"历史语言研究所. -2007

清朝宫廷管理法制化初探/林乾//《明清档案与历史研究国际学术研讨会论文集》,中华书局. -2007

清代民事起诉的方式——以黄岩诉讼档案为考察中心/邓建鹏//《中国文化与法治》,社会科学文献出版社. -2007

明清"在官求索借贷人财物"罪与豪强行贿/柏桦//《中国文化与法治》,社会科学文献出版社. -2007

明清小说所反映的法治状况/孙旭//《中国古代法律文献研究》第 3 辑,中国政法大学出版社. -2007

从明清契约看妇女的地位与权利/郭瑞卿//《中国古代法律文献研究》第 3 辑,中国政法大学出版社. -2007

清代严治讼师立法——"以例破律"解析之一/林乾//《法史学刊》第 1 卷,中国社会科学出版社. -2007

清代司法制度与司法文学交流/欧中坦//《法史学刊》第 1 卷,中国社会科学出版社. -2007

论批呈词——从宝坻档案看清朝土地债务案件的受理/梁临霞//《法史学刊》第 1 卷,中国社会科学出版社. -2007

清代命盗案件的法源与推论的结构/森田成满//《法史学刊》第 1 卷,中国社会科学出版社. -2007

明清法律知识的另类空间:透过日用类书的展示/尤陈俊//《法史学刊》第 1 卷,中国社会科学出版社. -2007

晋商经济纠纷解决机制初探/余永恒//《三晋法学》第 2 辑,中国法制出版社. -2007

论清代的比附生例/周子良、张朝晖//《法律文化研究》第 3 辑,中国人民大学出版社. -2007

存留养亲：清朝死刑复核的经验/〔美〕步德茂著，付瑶译//《中华法系国际
　　学术研讨会文集》，中国政法大学出版社．-2007

清代法制史研究路径探析——以黄宗智著《清代的法律、社会和文化》为中
　　心/张思、王洪兵//《南开法律史论集2007》，南开大学出版社．-2007

"收养孤老"律例考/田梅梅//《南开法律史论集2007》，南开大学出版
　　社．-2007

论明清乡规民约对社会发展的作用/春杨//《中国历史上的法律与社会发展》，
　　吉林人民出版社．-2007

诉讼与秩序——《清代民事诉讼与社会秩序》读后/王云//聊城大学学报（社
　　科版）．-2008，1

司法档案：表达抑或实践——读《清代的法律、社会与文化：民法的表达与
　　实践》有感/王鑫//云南大学学报（法学版）．-2008，1

明清州县监狱狱囚生活处遇制度研究/常杰//天津市政法管理干部学院学报．
　　-2008，1

清代科举立法中制裁制度的特色/叶晓川//理论界．-2008，1

清代刑科题本中的小农家庭经济——以527件服制命案为中心的考察/周祖
　　文//中国社会经济史研究．-2008，1

浅议讼学传播对明清地方司法的潜在挑战/龚汝富//南昌航空大学学报（社科
　　版）．-2008，1

道光以来江浙地区略及略卖女性现象初探：清代刑部题本婚姻家庭纠纷研究/
　　曹婷婷//北京联合大学学报（人文社科版）．-2008，1

宋明清"告不干己事法"及其对生员助讼的影响/霍存福//华东政法学院学
　　报．-2008，1

明清时期土地交易的立法与实践/柴荣//甘肃社会科学．-2008，1

清朝司法的域外形象研究：十八世纪西人眼中的清朝司法/柳岳武//天府新
　　论．-2008，1

清代契约法对土地买卖的规制：以红契制度为中心的考察/许光县//政法论
　　坛．-2008，1

公正及公益的动力——从《未能信录》看儒家思想对清代地方官行使公共职
　　能的影响/苏亦工//北方法学．-2008，1

明清商牙纠纷与商业社会控制/黄东海//河南省政法管理干部学院学报．
　　-2008，2

论清代的契税与民间契约管理/刘高勇//廊坊师范学院学报．-2008，2

入关初期清朝对明朝法制的继承及其特点分析/唐华彭//今日南国（理论创新版）. -2008，2

明末清初耶稣会士书简中法律史资料简编/赵银//法律文献信息与研究. -2008，2

道光朝清廷在贵州苗疆的治理和法律控制/潘志成//贵州民族学院学报（哲社科版）. -2008，2

国家法律制度变迁与清代前中期工商业经济的发展/周执前//边缘法学论坛. -2008，2

清代流放刑罚概说/王云红//刑法论丛. -2008，2

清代刑事技术对州县刑事程序的影响/陈如超//中华文化论坛. -2008，2

司法实践中确认的权利——从清代相邻权的实例考析/付春杨//社会科学家. -2008，2

清代民间纠纷调解的规则与秩序——以徽州私约为中心的解读/春杨//山东大学学报（哲社科版）. -2008，2

法律社会学视野下的清代官代书研究/吴佩林//法学研究. -2008，2

康乾盛世下清廷蒙古司法治理政策研究/柳岳武//中国边疆史地研究. -2008，2

清代抱告制度考论/徐忠明、姚志伟//中山大学学报（哲社科版）. -2008，2

浅析清代预防职务犯罪的制度/薛强//法制与社会. -2008，3

透析清代中叶财产权暴力纠纷的法律经济学思想/刘亚丛//内蒙古师范大学学报（哲社科版）. -2008，3

明清时期皖北地区健讼风习探析/陈业新//安徽史学. -2008，3

清代州县衙门研究综述/严新宇//研究生法学. -2008，3

清代共同犯罪制度辨析/于雁//政法学刊. -2008，3

论清代刑事技术对州县犯罪侦查的影响/陈如超//政法学刊. -2008，3

清代法官与百姓名誉/章燕//长春理工大学学报（社科版）. -2008，3

清代中期土地纠纷的州县司法探析——从步德茂的著作《过失杀人、市场与道德经济》谈起/孙守朋//内蒙古师范大学学报（哲社科版）. -2008，3

从"状式条例"看清代对书状的要求/李艳君//保定学院学报. -2008，3

清代闽台商人间经济纠纷的案例分析/陈支平//中国经济史研究. -2008，3

元明清基层法治秩序的结构——以民族乡约为视角/马雁//云南农业大学学报（社科版）. -2008，3

浅议关注民生的于成龙"婚姻不遂案之判"/翟书俊//时代文学（下半月）.

-2008, 3

中人调处与清代民事纠纷解决/胡谦//烟台大学学报（哲社科版）. -2008, 3

论清代民间选择纠纷调解的理由/春杨//法律适用. -2008, 3

清代防洪法规的形成与特点/饶明奇//河北学刊. -2008, 3

清代寡妇立嗣及其权利保护问题研究/吕宽庆//史学月刊. -2008, 3

功能决定形式——对清代买卖契约内容特点的解读/刘高勇//韩山师范学院学报. -2008, 4

法律社会学视野中的清代习惯法研究——以清代国家与社会关系的研究为中心/朱艳英//云南大学学报（法学版）. -2008, 4

对簿公堂——一件清代民事诉讼案的解读/郑金刚//社科纵横（新理论版）. -2008, 4

试论清代不应得为律的适用——以规则分析和案例实证为中心/管伟//政法论丛. -2008, 4

《大清律例》关于人身损害的民法救济论析/李红英//和田师范专科学校学报. -2008, 4

清代法律：实践超越表达——以衙役群体运作班房为视角/陈兆肆//安徽史学. -2008, 4

清代立嗣继承法律关系的发生和失效/吕宽庆//郑州航空工业管理学院学报（社科版）. -2008, 4

从格式固定化到内容形式化：中国传统契约的发展轨迹——以清代田宅买卖契约为中心的考察/刘高勇//云南社会科学. -2008, 4

清代的开复/徐彪、董蕊//法学研究. -2008, 4

清代南部县衙档案中的差票考释/吴佩林、蔡东洲//文献. -2008, 4

"抑讼"观念与清代州县民事诉讼规则/胡谦//求索. -2008, 4

明清徽州的民间调处及其演变：以文书资料为中心的考察/刘道胜//安徽师范大学学报（人文社科版）. -2008, 4

关于江南奏销案的再思考/岁有生//兰州学刊. -2008, 4

伦理与真实之间——清代证据规则的选择/蒋铁初//中外法学. -2008, 5

"三跪九叩"与前清国际法秩序的建构——从法学视野解读何伟亚旧作《怀柔远人》/赖骏楠//研究生法学. -2008, 5

清代清水江下游村寨社会的契约规范与秩序——以文斗苗寨契约文书为中心的研究/苏哲//江苏警官学院学报. -2008, 5

论清代不动产买卖契约的国家法律规制/刘高勇//长江师范学院学报.

-2008，5

清代司法实践中的推类方法与民间规范/贾焕银//山东大学学报（哲社科版）.
　　-2008，5

中人在清代私契中功能之基因分析/李桃、陈胜强//河南社会科学. -2008，5

论清代国家法干预"先买权"的失败/刘高勇//湖北大学学报（哲社科版）.
　　-2008，5

清雍正朝曾静投书谋反案/赵晓耕//中国审判. -2008，5

清代州县刑事案件受理的制度与实践——以巴县司法档案为对象的考察/廖
　　斌、蒋铁初//西南民族大学学报（人文社科版）. -2008，5

参与审判和杀害石达开父子的司法官员杨重雅其人其事/廖宗麟//玉林师范学
　　院学报. -2008，6

英租时期威海卫的民事纠纷与民事诉讼/张志超//北方法学. -2008，6

论清代的盗决河防罪/饶明奇//华北水利水电学院学报（社科版）. -2008，6

从清代视角看中国传统司法的"不确定性"/胡永恒//法治论丛（上海政法学
　　院学报）. -2008，6

清代民事诉讼与社会秩序/苏哲//江苏警官学院学报. -2008，6

古代基层法制运行——以清代基层法制运行为例/包扬//网络财富. -2008，6

论清代田宅"活卖"契约的性质——与"典"契的比较/刘高勇//比较法研
　　究. -2008，6

明清"收养孤老"律例与社会稳定/柏桦//西南大学学报（社科版）.
　　-2008，6

浅议清代新疆乡约制度创设及司法职能/杨军//思想战线. -2008，6

清朝官代书制度研究/邓建鹏//政法论坛. -2008，6

清朝善会善堂自治制度探悉/李芳//河北法学. -2008，6

清代城市管理法律研究述评/周执前//社会科学辑刊. -2008，6

清代刺字刑考略/于雁//历史教学（高校版）. -2008，6

近世西人眼中的清朝司法/柳岳武//求索. -2008，7

从清代"亲亲"的惩戒权问题看皇权之"尊尊"——以《刑案汇览》为主要
　　视角/王忠春、张分田//历史教学（高校版）. -2008，7

明清时期关于运河水源管理的立法建设/饶明奇//历史教学（高校版）.
　　-2008，8

明清时期土地活卖与找价现象初探/黄华兵//哈尔滨学院学报. -2008，8

《清代的死刑监候》自我揭谬一则/孙家红//社会科学论坛（学术评论卷）.

-2008，9

《大清律辑注》按语的类型化解析/王志林//河北法学．-2008，9

清康熙朝《南山集》案——清代奇案之一/赵晓耕//中国审判．-2008，9

一柱楼诗案——清朝奇案系列/赵晓耕//中国审判．-2008，10

清代刑部对"因公科敛"案件的处理——以《刑案汇览》收录案件为例/刘
志勇//贵州社会科学．-2008，10

论清代律例规定的官民治安防范体系/柏桦//贵州社会科学．-2008，10

没落王朝的背影——清代死刑监候制度的回顾与审视/何显兵//中国图书评
论．-2008，10

论清季十年的法制改革及启示/赵天宝//兰州学刊．-2008，12

清代司法中的驳审程序解析——以《驳案新编》为考察文本/王志林//求索．
-2008，12

刑民之分与重情细故：清代法研究中的法及案件分类问题/里赞//西南民族大
学学报（人文社科版）．-2008，12

清代法官的说服任务/章燕//中国市场．-2008，14

论清代科举的复试制度/陈光//法制与社会．-2008，18

清朝秋审与专制皇权/龙山//黑龙江史志．-2008，19

《重刊补注洗冤录集证》与清代的刑律勘验制度/吴有祥//兰台世界．
-2008，20

试析清代"西洋人传教治罪"条例的形成——以"张铎德案件"为中心/支
强//法制与社会．-2008，24

从《樊山判牍》看清代女子继承权/赵倩//法制与社会．-2008，27

浅论清代的纠纷解决机制/张丽娟//法制与社会．-2008，27

浅谈清代民事纠纷与诉讼——从《樊山判牍》入手/郑国霞//法制与社会．
-2008，27

浅析清代秋审制度/龙山//法制与社会．-2008，28

明清海禁立法之比较/叶萍//法制与社会．-2008，32

以法为名：讼师与幕友对明清法律秩序的冲击/邱澎生//《中西法律传统》第
6卷，北京大学出版社．-2008

情欲与刑罚：清前期犯奸案件的历史解读（1644—1795）/赖惠敏//《中西法
律传统》第6卷，北京大学出版社．-2008

清代州县刑事诉讼程序研究/肖征祁//《法律史研究》第3辑，中国方正出版
社．-2008

清代地方司法的行政背景/尤陈俊//《原法》第 3 卷，人民法院出版社. -2008

从《清会典馆奏议》论《会典》的性质/林乾//《明清档案与历史研究论文集》，新华出版社. -2008

试论清代中期的君权与司法——以律例和《刑案汇览》为中心/王志强//《法制史研究》第 13 期，（台湾）中国法制史学会、"中央研究院"历史语言研究所. -2008

清代西藏终审权问题再研究/袁剑//《法制史研究》第 14 期，（台湾）中国法制史学会、"中央研究院"历史语言研究所. -2008

明清徽州民间坟山纠纷的初步分析/韩秀桃//《法律文化研究》第 4 辑，中国人民大学出版社. -2008

清代半官方性质民事纠纷调解初探/春杨//《法律文化研究》第 4 辑，中国人民大学出版社. -2008；又载《中国传统司法与司法传统》，陕西师范大学出版社. -2009

清代民事纠纷民间调处运行机制简论/胡谦//石家庄学院学报. -2009，1

明清时期活卖习惯的秩序空间/黄华兵//哈尔滨学院学报. -2009，1

清代抱告制度探析/江兆涛//西部法学评论. -2009，1

略论中国传统司法的"不确定性"——以清代司法为例/胡永恒//福建法学. -2009，1

诉诸情感：明清中国司法的心态模式/徐忠明//学术研究. -2009，1

引"情"入法：清代州县诉讼中习惯如何影响审断/刘昕杰//山东大学学报（哲社科版）. -2009，1

清律中有关惩处秘密会党的条款及其演变/秦宝琦//历史档案. -2009，1

清律中的图财害命概念探析：以清代的典型案例为基础进行分析/闵冬芳//理论月刊. -2009，1

清代"发冢"律之研究/陈聪//宁夏大学学报（人文社科版）. -2009，1

清代徽州的民间合约与乡村治理/郑小春//安徽大学学报（哲社科版）. -2009，1

明清徽州合同契约与民间合约关系/刘道胜//安徽大学学报（哲社科版）. -2009，1

清代惩治匿名告人立法的嬗变与省思——清代律典、附例、成案三者关系的个案考察/陈玺//求索. -2009，1

清代对邪教犯罪的法律惩禁/周向阳//求索. -2009，1

山西票号习惯法的价值追求/周子良//中国法学（英文版）. -2009，1

徽州地区民间纠纷调解契约初步研究/田涛//法治论丛（上海政法学院学报）.
　　-2009，1

清代律例规定的民间组织治安责任/柏桦//学术交流. -2009，1

清代民间组织在社会治安中的责任与作用/柏桦//中共成都市委党校学报.
　　-2009，2

清代的借贷与规制"违禁取利"研究/柏桦//南开经济研究. -2009，2

国家与社会：清代行会法的产生与效力——以苏州为中心的考察/周执前//苏
　　州大学学报（哲社科版）. -2009，2

清代佛山的水事纠纷研究/衷海燕//郑州航空工业管理学院学报（社科版）.
　　-2009，2；又载广东广播电视大学学报. -2009，2

明清商事纠纷与商业诉讼/苏哲//江苏警官学院学报. -2009，2

清代官批民调制度政治分析——以"黄岩诉讼档案"为考察中心/陈瑞来//广
　　东教育学院学报. -2009，2

清代巴县政府对商业活动的管理与法律规制/张渝//贵州民族学院学报（哲社
　　科版）. -2009，2

社会变迁与立法语境的转换——以"奸党"罪的嬗变为线索/陈煜//南京大学
　　法律评论. -2009，2

试析清前期工商管理法律制度中"不与民争利"的思想及其表现/李勤//北京
　　化工大学学报（社科版）. -2009，2

浅议明清讼学对地方司法审判的双重影响/龚汝富//法律科学. -2009，2；又
　　载《中国传统司法与司法传统》，陕西师范大学出版社. -2009

最后的"青天"？——清代京控制度研究/胡震//中国农业大学学报（社科
　　版）. -2009，2

试论清代涉外司法的"一命一抵"/唐伟华//清史研究. -2009，2

清代州县审判中对讼师的禁制及原因分析/潘宇//法制与社会发展. -2009，2

略论清朝对客民的法律调控措施/杨鸿雁//贵州大学学报（社科版）.
　　-2009，2

清代陋规及其对基层司法和地方民情的影响：从徽州讼费账单谈起/郑小春//
　　安徽史学. -2009，2

明清晋商兴衰的宪法学思考/段俊芳//山西煤炭管理干部学院学报. -2009，2

清代刑事司法中的严格法律解释/黄延廷//中国刑事法杂志. -2009，2

证据定谳：明清诉讼的事实之维/汪雄涛//法学评论. -2009，2

清朝台湾侦查制度研究/刘南男//福建警察学院学报. -2009，3

清代民事诉讼特点略论/李艳君//安徽文学. -2009，3

清代民事诉讼中当事人的诉讼策略/李艳君//大理学院学报. -2009，3

清代州县民事诉讼规则探研——以州县"状式条例"为对象/胡谦//通化师范
　　学院学报. -2009，3

明清判词特色研究/张建成//新乡学院学报（社科版）. -2009，3

清代重庆的商业诉讼及其审理/张渝//重庆师范大学学报（哲社科版）.
　　-2009，3

清代刑案律例与地方性法规关系探析/姚旸//安徽史学. -2009，3

户绝与财产继承：清代民事审判中的情理法/柏桦、袁红丽//天津师范大学学
　　报（社科版）. -2009，3

清代律例规定的官方治安责任/柏桦、刘立松//西南大学学报（社科版）.
　　-2009，3；又载晋阳学刊. -2009，4

"通漕"与"变漕"：明清漕运法规变革研究/吴欣//山东师范大学学报（人
　　文社科版）. -2009，3

清朝诉讼代理制度研究/邓建鹏//法制与社会发展. -2009，3

清代中叶巴县地方政府与巴县商业秩序的构建/张渝//重庆大学学报（社科
　　版）. -2009，3

清朝文官立法中的效率原则探微/艾永明//江苏社会科学. -2009，3

官告民：雍正年间的一件维权案——《青浦县正堂黄李二任老爷讯审销案等
　　呈词抄白》跋/伍跃//中国史研究. -2009，3

从邪教惩禁个案看清代司法对立法的矫正/周向阳//云南行政学院学报.
　　-2009，3

市场、法律与地方习惯：清代台湾的胎借/杨柳//中外法学. -2009，3

山西票号习惯法初探——以号规为中心/周子良//政法论坛. -2009，3

清代驳审制度考论——以《驳案新编》所载案例为中心的考察/王志林//政法
　　论坛. -2009，4

婚姻诉讼案件中妇女社会性别的建立——以清代直、陕、豫、鲁地区判牍、
　　档案资料为例/吴欣//妇女研究论丛. -2009，4

清代罪犯递解途中的意外事故及成因分析/侯永国//中共贵州省委党校学报.
　　-2009，4

明清徽州地方性行政法规文书初探/卞利//安徽大学学报（哲社科版）.
　　-2009，4

清前期"重农抑商"政策及其法律思想/李勤//大连海事大学学报（社科

版）．-2009，4

万事胚胎于州县乎：《南部档案》所见清代县丞、巡检司法/吴佩林//法制与社会发展．-2009，4

"求生"——论中华帝国晚期的"司法欺诈"/巩涛、徐悦红、刘雅玲//内蒙古师范大学学报（哲社科版）．-2009，4

恭请王命考——清代死刑判决的"权宜"与"定例"/铃木秀光、吕文利、袁野//内蒙古师范大学学报（哲社科版）．-2009，4

乾嘉时期恭请王命旗牌先行正法之制的宽严张弛/张世明//内蒙古师范大学学报（哲社科版）．-2009，4

清代的代书及代书戳记/李艳君//法制与社会．-2009，4

刍议清代律例条文的变化/李永贞//阜阳师范学院学报（社科版）．-2009，4

从冕宁司法档案看清代四川土司的司法活动/张晓蓓//西南大学学报（社科版）．-2009，4；又载《中国传统司法与司法传统》，陕西师范大学出版社．-2009

规则与情理——"刺马"案的法律适用研究/陈新宇//清华法学．-2009，4

法治的恪守者——燕树棠先生的生平与思想/陈新宇//华东政法大学学报．-2009，4

浅议清代河政部门与地方政府的关系/赵晓耕//河南省政法管理干部学院学报．-2009，5

清朝行政法律之儒家化/艾永明//中国政法大学学报．-2009，5

健讼与明清水权诉讼/田东奎//政法论坛．-2009，5

清代民间调处中的民间社会规范探析/胡谦//石家庄学院学报．-2009，5

讼师性质考——以明清时期为例/章薇//科教文汇（中旬刊）．-2009，5

近代化背景下的律学教育——以《大清律讲义》为视角/龙宪华//凯里学院学报．-2009，5

清代州县听讼制度的再认识——以黄岩诉讼档案为对象的分析/胡谦//山西师大学报（社科版）．-2009，5

明清判牍中的亲属争讼/汪雄涛//环球法律评论．-2009，5

论清代刑案审理中的"夹签"制度/姚旸//天津社会科学．-2009，5

近三十年清代监狱史研究述评/陈兆肆//史林．-2009，5

清代州县审断的灵活性——以清代南部县档案中"判词"为例/里赞//现代法学．-2009，5

司法与政务：清代州县诉讼中的审断问题/里赞//法学研究．-2009，5

浅议清代吏治框架下州县官的司法职能/曾永凯//法制与社会. -2009, 6

论清代宗族法规的文化内涵和社会功能/刘宗棠//福建论坛（人文社科版）. -2009, 6

清代理藩院之司法管辖权初探/马青连//思想战线. -2009, 6

明清法律规则中的利益平衡/汪雄涛//当代法学. -2009, 6

明清诉讼中的"依法审判"/汪雄涛//开放时代. -2009, 8

从黄岩诉讼档案看清代州县讼案诉状格式/胡谦//兰台世界. -2009, 8

清代积案之弊/李文海//中国党政干部论坛. -2009, 8

清代律例成案的适用——以"强盗"律例为中心/柏桦、于雁//政治与法律. -2009, 8

《大清刑事民事诉讼法》草案的命运及其原因探究/胡瀚//法制与经济（中旬刊）. -2009, 9

清代以前司法责任制度研究/夏广玲//金卡工程（经济与法）. -2009, 10

清代茶政简论/杜七红//浙江社会科学. -2009, 10

略论《刑案汇览》的史料价值/张玮//图书馆学刊. -2009, 10

清代河工事故责任追究制的司法实践分析/饶明奇//史学月刊. -2009, 10

明清时期土地四至的确定及界址的纷争/任志强//求索. -2009, 10

清代比附的法理探讨/黄延廷//广西社会科学. -2009, 11

一个有待认真研究的课题——关于英租威海卫法律史的研究/张志超//中国图书评论. -2009, 11

同姓中人在清代土地绝卖契约中的法律角色研究——从与卖方的关系探讨/周进、李桃//贵州社会科学. -2009, 11

清代独子兼祧制度述论/孔潮丽//史学月刊. -2009, 12

论案外因素之于古代法官的比附援引实践——以《刑案汇览三编》为中心/贺文洁//法制与社会. -2009, 13

试析清代工商管理法律制度的立法理念/李勤//法制与社会. -2009, 14

清代典权制度略论/徐丽叶//法制与社会. -2009, 16

清代水利法制史研究评析/饶明奇//兰台世界. -2009, 16

李铁桥智断嗣子案/王祖远//政府法制. -2009, 27

浅论清代的监察、司法审判制度/邹毓瀚//法制与社会. --2009, 29

清代秋审制度的价值探讨/黄玲娟//法制与社会. -2009, 36

清代地方审级划分的再思考——乾隆朝行政实践下的动态变通性和相对稳定性/魏淑民//《法律文化研究》第5辑, 中国人民大学出版社. -2009

明清地缘社会解纷机制问题研究现状/陈会林//《中西法律传统》第7卷，北京大学出版社. -2009

清代巴县的乡保、客长与"第三领域"——基于巴县档案史料的考察/陈亚平//《中西法律传统》第7卷，北京大学出版社. -2009

明末清初工商禁碑与地方法律秩序——以江南地区"禁当行碑"为中心/李雪梅//《法制史研究》第15期，（台湾）中国法制史学会、"中央研究院"历史语言研究所. -2009

清代州县衙门审理民间细故的制度规定与司法实践——以《南部档案》为中心/吴佩林//（韩国）《中国史研究》第62辑. -2009

清代刑事司法裁判的微观考察——以"杀死奸夫"案为中心/董陆璐//《司法》（北京理工大学司法高等研究所主办）第4辑，厦门大学出版社. -2009

清末司法改革管窥——以三个诉讼法律文件为视角/张维新//《司法》（北京理工大学司法高等研究所主办）第4辑，厦门大学出版社. -2009

以史立论：案件与法学的认识问题——以大清律"杀死奸夫"之案件为例/江照信//《法律方法》第8卷，山东人民出版社. -2009

明清时期坟茔的纷争/任志强//《安徽大学法律评论》第9卷第1期，安徽大学出版社. -2009

从叶塘包讼案看讼师的活动方式及特点/林乾//《北大法律评论》第10卷第1辑，北京大学出版社. -2009

清代的诉状及其制作者/〔日〕唐泽靖彦著，牛杰译//《北大法律评论》第10卷第1辑，北京大学出版社. -2009

被掩盖的声音——从一件疯病京控案探讨清代司法档案的制作/李典蓉//《北大法律评论》第10卷第1辑，北京大学出版社. -2009

法学专家、苏州商人团体与清代中国的"习惯法"问题/邱澎生//《北大法律评论》第10卷第1辑，北京大学出版社. -2009

失礼的对话：清代的法律和习惯并未融汇成民法/〔法〕巩涛著，邓建鹏译//《北大法律评论》第10卷第1辑，北京大学出版社. -2009

真实与伦理之间——明清民事证据制度的选择/蒋铁初//《中国传统司法与司法传统》，陕西师范大学出版社. -2009

法有正条与罪刑不符——《大清律例》"审拟罪名不得擅拟加等"条例考论/陈新宇//《中国传统司法与司法传统》，陕西师范大学出版社. -2009

论清朝的民事诉讼习惯/汪世荣//《中国传统司法与司法传统》，陕西师范大学

出版社. -2009

论清代律例规定的官民治安防范体系/柏桦//《中国传统司法与司法传统》,陕西师范大学出版社. -2009

清朝的监察与反腐浅议/陈宏//《中国传统司法与司法传统》,陕西师范大学出版社. -2009

从婚姻之诉看清代地方司法审判——以判牍为中心/郭瑞卿//《中国传统司法与司法传统》,陕西师范大学出版社. -2009

论清代司法审判中的"错案"/李燕//《中国传统司法与司法传统》,陕西师范大学出版社. -2009

现实框架约束下的行为选择——以明清州县民商事司法行为的偏好为中心/黄东海//《中国传统司法与司法传统》,陕西师范大学出版社. -2009

浅议清代州县民事诉讼制度:以司法档案为中心/张勤//《中国传统司法与司法传统》,陕西师范大学出版社. -2009

民间社会的权力、诉讼与秩序——有关清代士绅民事诉讼案件的考察/吴欣//《中国传统司法与司法传统》,陕西师范大学出版社. -2009

清代州县衙门审理民事细故的官方表达与司法实践——以《南部档案》为中心/吴佩林//《中国传统司法与司法传统》,陕西师范大学出版社. -2009

条例与清代澳门涉外命案审理/乔素玲//《中国传统司法与司法传统》,陕西师范大学出版社. -2009

清朝中期家族对有罪妇女的惩罚权/杨晓辉//《中国传统司法与司法传统》,陕西师范大学出版社. -2009

中国非诉讼解纷机制(ADR)的传统智慧——以明清时期乡里组织解纷为例/陈会林//《中国传统司法与司法传统》,陕西师范大学出版社. -2009

诉讼活动与市场秩序:以巴县档案为中心的研究/张渝//《中国传统司法与司法传统》,陕西师范大学出版社. -2009

试析碑刻中的水利纠纷/李雪梅//《中国司法传统与传统司法》,陕西师大出版社. -2009

《清秋审条例》及其董康/赵元信//《百年回眸:法律史研究在中国》第2卷,中国人民大学出版社. -2009

由公产到法人:清代苏州、上海商人团体的制度变迁/邱澎生//《百年回眸:法律史研究在中国》第3卷,中国人民大学出版社. -2009

清代州县司法运用的实态/林茂松//《百年回眸:法律史研究在中国》第3卷,中国人民大学出版社. -2009

清代台湾案件的司法审判机关/那思陆//《百年回眸：法律史研究在中国》第
　　3卷，中国人民大学出版社. -2009

从命案看清前期的国家与社会（1644—1795）/赖惠敏//《百年回眸：法律史
　　研究在中国》第3卷，中国人民大学出版社. -2009

明清判牍中的"情理"/汪雄涛//法学评论. -2010，1

明清时期的"依法裁判"——一个伪问题？/徐忠明//法律科学. -2010，1

清代官员断案的基准与"技术手段"：以纪昀《阅微草堂笔记》中的断案故
　　事为核心/崔明石//吉林师范大学学报（人文社科版）. -2010，1

清代乾隆晋中田契"契尾"释例/安介生、李钟//清史研究. -2010，1

"例"之辩——略论清代刑案律例的继承与创新/姚旸//故宫博物院院刊.
　　-2010，1

明清国家的法律宣传：路径与意图/徐忠明//法制与社会发展. -2010，1

清代刑案审理法源探究/姚旸//南京大学法律评论. -2010，1

论明清时期徽州地区司法官的思维特点及其影响/丁国锋//南京大学法律评
　　论. -2010，2

人心似铁与官法如炉——"无文"视域下的清代司法审判/崔明石//法制与社
　　会发展. -2010，2

清代地方诉讼中的"客民"——以《樊山政书》为中心的考察/李文军//贵
　　州文史丛刊. -2010，2；又载唯实. -2010，2

清代"信牌"律的归属考释/高进//历史档案. -2010，2

明清徽州分家阄书与民间继承关系/刘道胜、凌桂萍//安徽师范大学学报（人
　　文社科版）. -2010，2

杨增新治新时期司法制度研究/伏阳//新疆社会科学. -2010，2

清代应对"群体性事件"的立法研究/周向阳//求索. -2010，2

明清州县监狱的牢头/柏桦//古代文明. -2010，2

明清州县监狱的督查制度/柏桦//江苏警官学院学报. -2010，2；又载政法论
　　丛. -2010，3

清代律例原则中的利益平衡/汪雄涛//湖北大学学报（哲社科版）. -2010，2

明清诉讼中的清理调处与利益平衡/汪雄涛//政法论坛. -2010，3

清代民事诉讼中的伪证及防治/蒋铁初//华东政法大学学报. -2010，3

中人对清代土地绝卖契约的影响及其借鉴意义/陈胜强//法学评论. -2010，3

努尔哈赤时期的司法制度考析：以《满文老档》为中心展开的研究/武航宇//
　　沈阳师范大学学报（社科版）. -2010，3

清朝《状式条例》研究/邓建鹏//清史研究. -2010, 3

清代知县杜凤治对于三件命案的审理：读《杜凤治日记》之三/张研//清史研究. -2010, 3

《南部档案》所见清代民间社会的嫁卖生妻/吴佩林//清史研究. -2010, 3

明清州县狱囚的脱逃与处置/柏桦//西南大学学报（社科版）. -2010, 3

明清州县衙门陋规的存留与裁革/柏桦//史学集刊. -2010, 3

明清州县狱囚反狱与劫狱/柏桦//社会科学辑刊. -2010, 3

明清州县的狱具及凌虐罪囚/柏桦//北方法学. -2010, 4

法律与资源：以清代包头蒙租合同为中心分析规则的变迁/王旭//清史研究. -2010, 4

清代高官贪污腐败犯罪及其惩治/孙季萍、张鸿浩//烟台大学学报（哲社科版）. -2010, 4

明清契约中的"吉祥语"和吉祥文化/冯学伟//法制与社会发展. -2010, 4

明清文献中的"纸赎"和"纸赎银"/赵红梅//贵州文史丛刊. -2010, 4

清代地方民事纠纷何以闹上衙门——以《清代四川南部县衙档案》为中心/吴佩林//史林. -2010, 4

州县档案之学术价值漫谈/吴佩林//光明日报. -2010, 4. 13

清代"通行"考论/胡震//比较法研究. -2010, 5

明清刑讯的文学想象：一个新文化史的考察/徐忠明、杜金//华南师范大学学报（社科版）. -2010, 5

科举学的法律视角：以《钦定科场条例》为例/覃红霞//厦门大学学报（哲社科版）. -2010, 5

清朝代书制度与基层司法/郑小春//史学月刊. -2010, 6

拥挤列车模式：明清时期的社会认识和秩序建构/〔日〕寺田浩明著，阮云星译//清华法学. -2010, 6

明清商牙纠纷类型及所见国家商业社会控制/黄东海//华东政法大学学报. -2010, 6

清代保甲制度的困境/张德美//政法论坛. -2010, 6

由清刑律中有关妾的条法看妇女地位的复杂性/程郁//史林. -2010, 6

《聊斋志异·胭脂》诉讼制度若干问题研究/周会蕾//河南教育学院学报（哲社科版）. -2010, 6

清代问责官员的开复机制及其启示/闫文博//理论与现代化. -2010, 6

工商行业规范与清代非正式法：以会馆碑刻为中心的考察/李雪梅//法律科

学. –2010，6

秋审制度中的实、缓、矜、留/李燕华//黑龙江教育学院学报. –2010，7

论清朝前期涉外法的渊源/王巨新//理论学刊. –2010，9

论明清调解制度及其在基层社会治理中的作用/翟芳//政治与法律. –2010，9

清代司法过程的制度悖论/钱锦宇//光明日报. –2010，9. 14

刍议清代则例的性质和分类/李永贞//法学杂志. –2010，10

清代收留迷失子女律与拐卖人口犯罪/闫文博、安媛媛//兰州学刊.
　　–2010，12

从"葬实仆真"到"一体开豁"——以徽州婺源余姓的《钦定例案》为中
　　心/卜永坚//《中国古代法律文献研究》第 4 辑，法律出版社. –2010

清律"光棍例"之由来及其立法瑕疵/苏亦工//《法制史研究》第 16 期，（台
　　湾）中国法制史学会、"中央研究院"历史语言研究所. –2010

"狱成"之现场——清代后期刑事审判上的认罪口供和众证/铃木秀光//《法制
　　史研究》第 16 期，（台湾）中国法制史学会、"中央研究院"历史语言
　　研究所. –2010

清代知县案件裁断中的"天理"——以妇女"名节"案件为主/赵娓妮//《法
　　制史研究》第 17 期，（台湾）中国法制史学会、"中央研究院"历史语
　　言研究所. –2010

清代法制史研究的几点省思——从规范的角度出发/陈惠馨//《法制史研究》
　　第 17 期，（台湾）中国法制史学会、"中央研究院"历史语言研究
　　所. –2010

清代四川南部县民事诉讼中的妇女与抱告制度——以《南部档案》为中心/吴
　　佩林//《中国乡村研究》第 8 辑. –2010

清代未成年人犯罪初论——以判例判牍等为中心/祖伟//《中国法律传统与法
　　律精神——中国法律史学会成立 30 周年纪念大会暨 2009 年会论文集》，
　　山东人民出版社. –2010

清朝法律的伦理化特征——以妇女奸情犯罪为视角/杨晓辉//《中国法律传统
　　与法律精神——中国法律史学会成立 30 周年纪念大会暨 2009 年会论文
　　集》，山东人民出版社. –2010

论明清时期买卖契约的类型和构成要件/春杨//《中国法律传统与法律精
　　神——中国法律史学会成立 30 周年纪念大会暨 2009 年会论文集》，山东
　　人民出版社. –2010

论清代法律对故意杀人罪未成年受害人的特别保护/闵冬芳//《中国法律传统

与法律精神——中国法律史学会成立 30 周年纪念大会暨 2009 年会论文集》，山东人民出版社. -2010

明清商牙纠纷所见国家商业社会控制的几个特点/黄东海//《中国法律传统与法律精神——中国法律史学会成立 30 周年纪念大会暨 2009 年会论文集》，山东人民出版社. -2010

清代司法审判中的讼师与官代书研究/潘宇//《中国法律传统与法律精神——中国法律史学会成立 30 周年纪念大会暨 2009 年会论文集》，山东人民出版社. -2010

论清代民事诉权的构成——以对州县衙门审判权的限制为视角/胡康//《中国法律传统与法律精神——中国法律史学会成立 30 周年纪念大会暨 2009 年会论文集》，山东人民出版社. -2010

传宗接代：清代宗祧继承考论/高学强//《中国法律传统与法律精神——中国法律史学会成立 30 周年纪念大会暨 2009 年会论文集》，山东人民出版社. -2010

明清州县狱囚越狱处罚及责任/柏桦//《明史研究》第 11 辑，黄山书社. -2010

清代婚姻制度研究/张晓蓓//《青蓝集续编：张晋藩教授指导的法律史学博士论文粹编》，法律出版社. -2010

从《大清刑律》到《民法典》的转型——兼论中国古代民法的开放性法律规范体系/李显冬//《青蓝集续编：张晋藩教授指导的法律史学博士论文粹编》，法律出版社. -2010

清代监察法研究/焦利//《青蓝集续编：张晋藩教授指导的法律史学博士论文粹编》，法律出版社. -2010

清代赋税法律制度研究（1644—1840）/尚春霞//《青蓝集续编：张晋藩教授指导的法律史学博士论文粹编》，法律出版社. -2010

清朝对外贸易法制研究/张小堂//《青蓝集续编：张晋藩教授指导的法律史学博士论文粹编》，法律出版社. -2010

服制视野下的清代法律/高学强//《青蓝集续编：张晋藩教授指导的法律史学博士论文粹编》，法律出版社. -2010

传统中国侵权行为的法律对待——以清代法律为背景/明辉//《青蓝集续编：张晋藩教授指导的法律史学博士论文粹编》，法律出版社. -2010

清代地方法规研究——以"省例"为中心/胡震//《青蓝集续编：张晋藩教授指导的法律史学博士论文粹编》，法律出版社. -2010

从冕宁县档案看清代民事诉讼制度/李艳君//《青蓝集续编：张晋藩教授指导的法律史学博士论文粹编》，法律出版社．－2010

清代法律职业者的法律知识与法律实践/李仪//《青蓝集续编：张晋藩教授指导的法律史学博士论文粹编》，法律出版社．－2010

清代契约法制研究/袁家超//《青蓝集续编：张晋藩教授指导的法律史学博士论文粹编》，法律出版社．－2010

清代上控制度研究/张翅//《青蓝集续编：张晋藩教授指导的法律史学博士论文粹编》，法律出版社．－2010

清代物权法律研究/许光县//《青蓝集续编：张晋藩教授指导的法律史学博士论文粹编》，法律出版社．－2010

清代缉捕制度研究/宋国华//《青蓝集续编：张晋藩教授指导的法律史学博士论文粹编》，法律出版社．－2010

清代漕运制度研究/李群//《青蓝集续编：张晋藩教授指导的法律史学博士论文粹编》，法律出版社．－2010

三

中国近现代法制史

（一） 法制通史

商标法之沿革及其颁布后所引起的国际交涉/孙祖基//法学季刊. –1924，（第
　　1卷）9

晚近我国法制之史的演进/杨幼炯//中山文化教育馆季刊. –1935，（第2
　　卷）3

领事裁判权/谢冠生//中华法学杂志新编. –1936，（第1卷）7

五十年来的台湾法制/戴炎辉//台湾文化. –1949，（第5卷）1

中国旧民主主义宪政运动的破产/张晋藩//光明日报. –1954，5. 24

辛亥革命前后的立宪派与立宪运动/刘桂五//历史教学（高校版）. –1962，8

清末以来在宪法问题上的重大斗争——学习《关于中华人民共和国宪法草
　　案》/黎实//光明日报. –1977，5. 12

关于民主革命时期宪政运动的几个问题/张光博//《吉林大学社会科学论丛·
　　法学》第1集，吉林大学出版社. –1979

中国近代的徒刑之成立（要旨）/〔日〕岛田正郎著，林茂松译//《中国法制
　　史论文集》，（台湾）成文出版社. –1981

旧中国制宪史述略/之元//政治与法律丛刊. –1982，1

中国宪法发展简述/董文贵//通化师院学报. –1982，2

我国历史上的几部宪法/蔡忆//北京日报. –1982，5. 3

我国宪法的历史/崔立文//辽宁日报. –1982，5. 12

我国宪法小史/向前//历史知识. –1982，6

近代中国宪法史述略/邱远猷//光明日报. –1982，6. 7

从君主立宪到提出共和/石上流//新民晚报. –1982，12. 20

中国资产阶级的立宪与革命争议/童显勋//黄石师院学报．-1983，4

旧上海律师界的民主爱国传统/李漪//社会科学．-1983，5

我国商业立法的沿革/吴峰//商业资料．-1984，1

公司法的演进/胡坤礼//研究与通讯．-1984，5

我国近代的警察/金旭//电大法学．-1984，10

中国近代警察制度的形成/常兆儒//中国人民警官大学学报．-1985，1

我国警察制度沿革概况/余史桦//人民公安报．-1985，1．11

领事裁判权制度——中国近代史上司法制度半殖民地化的主要标志/袁红兵//
自修大学（政法）．-1985，3

上海近代反动警察演变/易木//人民警察．-1985，3

再谈谁在中国最早提出君主立宪/袁鸿林//史学月刊．-1985，4

中国警察制度的历史发展/刘海年//中国人民公安大学学报．-1985，4

从哈尔滨地区看沙皇俄国对我国司法权的侵犯/张祖珍、田嘉禾//政治与法
律．-1985，5

普丹大沽口船舶事件和西方国际法传入中国/王维俭//学术研究．-1985，5

我国新闻法的演变及争取新闻自由斗争/马光仁//新闻大学．-1985，10

善耆与中国近代警察/邵靖//中国人民警官大学学报．-1986，3

中国民法沿革考略/李龙//法学研究．-1986，4

旧警察简介/夏树辉等//长春史志．-1987，1

上海租界时代的临时法院论述/姜屏藩//上海社会科学院学术季刊．-1987，3

略论列强在华领事裁判制度/程道德//《法学论文集》，光明日报出版
社．-1987

中国近代档案立法活动述论/朱国斌//档案．-1988，2

中国的立宪运动也应彪炳青史/孙春芝//太原师专学报（社科版）．-1988，3

四十年来台湾地区法律制度的几点主要变化/朱勇//台湾研究．-1988，4

上海律师制度历史沿革简介/王申//法学．-1988，11

论近代以来中国法制运动的若干矛盾/李建明//学海．-1990，创刊号

旧中国治安管理处罚法评介/方庆才//中国人民警官大学学报（社科版）．
-1990，1

北京历史上的警巡院/韩光辉//北京档案史料．-1990，3

旧中国新闻立法概述/马光仁//上海社会科学院学术季刊．-1990，3

近代安徽的警政/谢国兴//安徽史学．-1990，4

近代中国的海权与主权/张仁善//文史杂志．-1990，4

近代商会的法人社团性质/虞和平//历史研究. -1990，5

中国近代警察制度的萌芽/宫言//文史杂志. -1990，5

民主革命时期土地法规的主要内容及其历史意义/华友根//政治与法律.
　　-1990，6

近代中国外籍律师问题述评/王申//上海社会科学院学术季刊. -1991，1

中国法律近代化简论/李贵连//比较法研究. -1991，2

从《大清著作权律》到《中华人民共和国著作权法》——我国著作权法小
　　史/江莹//民主与科学. -1991，2

谈旧中国的刑讯制度/朱宇//山东公安专科学校学报. -1991，3

近代中国的比较法学教育/王立中//比较法研究. -1991，3

中国近代宪政探析/徐友春//学海. -1991，6

儒家化法律走向近代的若干问题/李贵连//中国法学. -1992，1

试述中国近现代法律中有关婚约问题的规定/李湘如//中南政法学院学报.
　　-1992，1

代理总税务司罗福德对近代中国海关缉私情形的回顾/广东省档案馆//历史档
　　案. -1992，2

近代甘肃的法政教育/马芳诚//高教研究（甘肃政法学院）. -1992，2

多种法制的旧上海/陈瑞君//历史教学问题. -1992，3

论租界的司法制度/费成康//政治与法律. -1992，3

试论中国法制现代化的动力机制（1840—1949）/公丕祥//江海学刊.
　　-1992，3

台湾现行法与民国法/俞荣根//台湾研究. -1992，3

中国法制近代化论略/郭志祥//史学月刊. -1992，4

近代西安警察机构的产生/刘红岩//陕西地方志. -1992，5

我国公司立法的历史回顾/李庆应//河北法学. -1992，6

近代所有权论及其法典化/张文政//求是学刊. -1993，2

试论会审公廨与近代法制的半殖民地化/刘春山//驻马店师专学报（社科版）.
　　-1993，2

论近代中国法政留学教育及影响/王立中//史学月刊. -1993，3

中国近代法政专门教育的兴衰/宋方青//教育评论. -1993，3

旧中国的证券交易所法/马俊起//金融研究. -1993，6

中西亲属法文化的冲突及其对近现代中国的影响/夏锦文//南京社会科学.
　　-1993，6

中国宪政发展的症结与出路/郝铁川//法学. –1993，12

近代中国法律的变革与日本影响/李贵连//比较法研究. –1994，1

冲击与嬗变——近现代中西方审判制度的关联考察/夏锦文//江苏社会科学.
　　–1994，1

试述近代中国不平等条约体系的形成与扩展/程道德//中外法学. –1994，3

四川审判机关的创立及发展/林静//巴蜀史志. –1994，3

四十年来台湾地区民事法律之发展/杨建华//法学家. –1994，3

中国诉讼法制现代化的动力机制（1840—1949）/夏锦文//南京大学学报（哲
　　学人文社科版）. –1994，4

我国近代历史上的几部审计法/王洪泉、王洪亮//财会审论坛. –1994，5

近代上海地方诉讼法制史浅探/钱国耀//社会科学. –1994，7

中国近代司法判例制度/乔丛启//《中外法律史新探》，陕西人民出版
　　社. –1994

中国近代工会立法简论/陈文渊//《中外法律史新探》，陕西人民出版
　　社. –1994

近代中国保护外国著作权的历史溯源/李明山//著作权. –1995，1

留学生与中国的法律近代化/安宇//徐州师范学院学报（哲社科版）.
　　–1995，1

近代中国领事裁判权制度/李育民//湖南师范大学社会科学学报. –1995，4

伍廷芳与中国近代法制变革/马作武//法学家. –1995，4

罗马法东渐与中国近代民法形成/郭成伟、田涛//《罗马法、中国法与民法法
　　典化》，中国政法大学出版社. –1995

培养中国的近代法学家——东吴大学法学院/〔美〕Alison W. Conner（康雅
　　信）著，王健译//比较法研究. –1996，2

论近代华侨国籍与中国国籍法/杜裕根、蒋顺兴//江海学刊. –1996，4

中国法律的传统与近代化的开端（上、下）/张晋藩//政法论坛. –1996，
　　5、6

对我党劳动立法的历史回顾与展望/赵映林//工会理论与实践. –1996，6

超负荷下的蹒跚步履：谈谈走向近代化过程中的北京警察机构/张斌//北京档
　　案. –1996，11

日治时期台湾之身份法——以亲属关系与婚姻关系之判决为中心/邓学仁//
　　《台湾法制一百年论文集》，台湾法学会. –1996

中国近代法制变革之伦理分析/胡旭晟//《走向法治之路：20 世纪的中国法制

变革》，中国民主法制出版社. -1996

伦理亲情与中国法律近代化（论纲）/范忠信//《走向法治之路：20 世纪的中国法制变革》，中国民主法制出版社. -1996

中国法律样式一百年/武树臣//《走向法治之路：20 世纪的中国法制变革》，中国民主法制出版社. -1996；又载《判例制度研究》，人民法院出版社. -2004

中国百年法制变革的启示/张锐智//《走向法治之路：20 世纪的中国法制变革》，中国民主法制出版社. -1996

近代中国权利丧失的另一种因由：领事裁判权在华确立过程研究/郭卫东//近代史研究. -1997，2

关于我军条令条例的形成与发展的几个阶段/王安//军事历史研究. -1997，3

近代中国的"公司法"与公司制度/张忠民//上海社会科学院学术季刊. -1997，4

近代中国人对立宪政治的文化误读及其历史后果/萧功秦//战略与管理. -1997，4

中国近代公司制度史：史学领域的一块处女地/李玉、熊秋良//社会科学研究. -1997，4

近代中国资本主义经济法律述评/黄昭昭//江西社会科学. -1997，4

清朝末年与民国时期警察机关预审制度探究/于树斌//中国人民公安大学学报. -1997，5

关于旧中国公司立法的若干思考/李小宁//法学. -1997，7

中国百年宪政梦的追寻/徐永康//华东政法学院学报. -1998，创刊号；又载《百年回眸：法律史研究在中国》第 2 卷，中国人民大学出版社. -2009

《华洋诉讼判决录》与中国近代社会/何勤华//中外法学. -1998，1

中国近代刑事立法的特色/杨惠//现代法学. -1998，1

近代中国海关警史探微：关于缉私警察制度的历史启示/甄鸣//现代法学. -1998，1

论近代中国著作权制度的产生/吴治繁//法论. -1998，2

试论中国近代公司法中的责任制/宋德会//四川师范大学学报（社科版）. -1998，3

中国近代民法的发展/朱勇//中国法律. -1998，3

近代关税改革税则变化对民族经济的影响/樊卫国//上海经济研究. -1998，5

台湾公司法律制度的变迁与发展/王文杰//比较法研究. -1999，Z1

20 世纪前期中国之民商事习惯调查及其意义/胡旭晟//湘潭大学社会科学学报. -1999，2

领事裁判权对近现代中国法制的影响/董梅//北京科技大学学报（社科版）. -1999，2

港澳法律制度比较：回顾与展望/张波//徐州师范大学学报（哲社科版）. -1999，2

近代中国法官制度/马志刚//研究生法学. -1999，2

被动立法的百年轮回——谈中国知识产权保护的发展历程/曲三强//中外法学. -1999，2

二十世纪中国法制变革与法律移植/周少元//中外法学. -1999，2

二十世纪中国的三次法律革命/公丕祥//中外法学. -1999，3

近现代物权法的发展趋势与我国物权法的制定/钱明星//中外法学. -1999，3

近代国际法输入中国及其影响/杨泽伟//法学研究. -1999，3

制度决定论的贫困：近代中国立宪政治失败的原因分析/文勇//东南学术. -1999，3

翻阅近代合同法/周容//21 世纪. -1999，4

近代中国法权交涉的历史考察/杨丹伟//东方论坛. -1999，4

法律移植与中国民法典现代化/李艳华//法学. -1999，5

澳门主权归属问题的历史考察/詹明静//淮阴师范学院学报（哲社科版）. -1999，5

中国法学教育百年回眸/李龙//现代法学. -1999，6

内地香港台湾商标法的沿革及商标权比较探讨/王立//法律适用. -1999，6

百年宪政的历史省思/萧瀚//南风窗. -1999，7

中国百年变法运动的两种话语/徐忠明//法商研究. -1999，法制变革与教育专号

中国近代农村土地交易中的契约、习惯与国家法/赵晓力//《北大法律评论》第 1 卷第 2 辑，法律出版社. -1999

儒教与新教：百年宪政建设的本土情结与文化抵抗/包万超//《北大法律评论》第 1 卷第 2 辑，法律出版社. -1999

辛亥革命与中国近代律师制度的兴起/李卫东//《辛亥革命研究丛刊》第 10 辑，湖北人民出版社. -1999

辛亥革命前后中国人宪法权利的演变/春杨//《法律史论丛》第 6 辑，山东大学出版社. -1999

澳门法律制度沿革/刘莘、冯慧//国家行政学院学报．－2000，1

近代法制转型的考察与思考/马克林//锦州师范学院学报．－2000，1

略论近代以来澳门法律地位的历史变迁/姚群民//南京师范专科学校学报．
　　－2000，1

近代中国最早的离婚诉讼和跨国婚姻/郭大路//光明日报．－2000，1. 14

近代外国人在华"治外法权"释义/康大寿//社会科学研究．－2000，2

百年中国的法律移植/冯立明//中山大学研究生学刊．－2000，2

二十世纪法制的文明演进/童光政//特区法制．－2000，2

检察在中国百年的命运/张培田//检察实践．－2000，3

中国宪法的变迁——历史与未来/周永坤//江苏社会科学．－2000，3

宪政制度在近代中国为什么难以确立/刘文静//暨南学报．－2000，4

居正与中国近代法制变革/春杨//法学家．－2000，4

20 世纪上半叶法本位研究之得失/童之伟//法商研究．－2000，6

晚近国际法发展的新特点及其影响因素/杨泽伟//中国法学．－2000，6

中国近代民事诉讼法探源/李政//法律科学．－2000，6

法制现代化研究与 20 世纪的法制变革/刘笃才//辽宁大学学报（哲社科版）．
　　－2000，6

传统与走向：20 世纪中国宪政道路的回眸与前瞻/于雷鸣、张宝明//中国律
　　师．－2000，7

香港殖民地时期二元化法制之确立/苏亦工//二十一世纪．－2000，8

中国百年法治回眸/宋功德、李娟娟//民主与法制．－2000，24

近代法学留学生与 1957 年反右派斗争/郝铁川//《中国传统法律文化与现代法
　　治》（《法律史论丛》第 7 辑），重庆出版社．－2000

近百年来中国人民争取人权的斗争/邱远猷//《中国传统法律文化与现代法治》
　　（《法律史论丛》第 7 辑），重庆出版社．－2000

近代中国担保制度的演进及其启示/丁淑渊//《中国传统法律文化与现代法治》
　　（《法律史论丛》第 7 辑），重庆出版社．－2000

近代外国在华法庭述论/潘家德//四川师范学院学报（哲社科版）．－2001，2

中国近代判例制度及其特征/武乾//现代法学．－2001，2

近代民事立法对固有民法资源的吸收和整合/李超//中央政法管理干部学院学
　　报．－2001，4

西方法律、法学的输入与中国法制的近代化/袁敏珠//安徽大学学报．
　　－2001，4

中国宪政百年历程（上、下）/陆德生、纪荣荣//江淮文史．－2001，4；2002，1

庞德与中国近代的法律改革/王健//现代法学．－2001，5；又载《中国法律近代化论集》，中国政法大学出版社．－2002

中国近代法律教育探析/宋方青//中国法学．－2001，5

近代中日宪政追求"同途殊归"原因探析/赵迅//湖湘论坛．－2001，5

参与和实践：辛亥革命与中国法制近代化/李卫东//华中师范大学学报（哲社科版）．－2001，5

中国刑名与刑罚体系近代化论纲/徐岱//吉林大学社会科学学报．－2001，6

中国近代国际法探源/李胜渝//四川教育学院学报．－2001，7

中国法律近代化的路径：中国法律的变革与外来法律资源的本土化/郭成伟、郭瑞卿//金陵法律评论．－2001，秋季卷；又载《走向二十一世纪的中国法文化》（《法律史论丛》第9辑），上海社会科学院出版社．－2002

中国法律近代化的三条道路/范忠信//法学．－2001，10

晚近我国刑法犯罪构成理论研究中的五大误区/刘艳红//法学．－2001，10

从传统律例到近代刑法/黄源盛//《月旦法学》第75期．－2001

中国司法传统及其近代化/苏力、贺卫方//《二十世纪的中国：学术与社会·法学卷》，山东人民出版社．－2001

近代中国法官制度/马志刚//《政法评论》2001年卷，中国政法大学出版社．－2001

追寻中国传统法律的近代意义/张生//《法制史研究》第2期，（台湾）中国法制史学会、"中央研究院"历史语言研究所．－2001

论中国近代判例制度/武乾//《继承与创新——中国法律史学的世纪回顾与展望》（《法律史论丛》第8辑），法律出版社．－2001

近代中国检察官制度/郭瑞清//《继承与创新——中国法律史学的世纪回顾与展望》（《法律史论丛》第8辑），法律出版社．－2001

简论中国近代法学翻译与移植/俞荣根、俞江//《继承与创新——中国法律史学的世纪回顾与展望》（《法律史论丛》第8辑），法律出版社．－2001

香港新界地产与华人习惯业权/苏亦工//《法律史论集》第3卷，法律出版社．－2001

近代中国法学语词的生成与发展/俞江//《中西法律传统》第1卷，中国政法大学出版社．－2001

孙中山、辛亥革命与中国法律近代化/邱远猷//《中西法律传统》第1卷，中

国政法大学出版社. -2001

近代江南乡村妇女的"财产权"/张佩国//史学月刊. -2002, 1

近代立法机关委员会产生的原因探讨/周伟//西南交通大学学报（社科版）.
　　-2002, 1

近代宪政成因探微/肖北庚//长沙电力学院学报. -2002, 1

近代中国契约法律制度刍议/栾爽//南京航空航天大学学报（社科版）.
　　-2002, 1

晚近双边投资立法的一个新动向：履行要求禁止规则的出现及影响/刘笋//当
　　代法学. -2002, 1

试论近代"会审"制度/潘家德、杨隆高//四川师范学院学报（哲社科版）.
　　-2002, 1

中国百年宪政的历史经验/陆德生、纪荣荣//中州学刊. -2002, 1

中国近代教育立法的历史启示/李露//安阳师范学院学报. -2002, 1

从沈家本到孙中山：中国法律的现代化变革/张生//中国社会科学院研究生院
　　学报. -2002, 1

善耆与中国近代警政/王飏、徐广//湖南公安高等专科学校学报. -2002, 2

近代法学教育的几点省思/周少元//《安徽大学法律评论》第2卷第2期, 安
　　徽大学出版社. -2002

从近代民法到现代民法/梁慧星//律师世界. -2002, 3

法律移植与中国刑法的近代化：以《大清新刑律》为中心/李秀清//法制与社
　　会发展. -2002, 3

香港中国式婚姻法制的变迁/苏亦工//比较法研究. -2002, 3

鸦片战争后外国法对中国的影响/何勤华//河南省政法管理干部学院学报.
　　-2002, 4

农民的财产边界与近代中国司法的性质/张佩国//河北大学学报（哲社科版）.
　　-2002, 4

从司法印纸看近代中国法制/李卫东、陈晋萍//华夏文化. -2002, 4

近代毒品贸易与外国人在华治外法权/康大寿//四川师范学院学报. -2002, 4

中国近代行政法院之沿革/张生//行政法学研究. -2002, 4

庞德与中国近代法律教育/张文艳、廖文秋//黄山高等专科学校学报.
　　-2002, 4

中国宪政之路若干反思/程华//河北法学. -2002, 5

从传统的家园意识看近代中国的宪政建设/苗连营、王钰//华东政法学院学

报．－2002，6

近代中国商事仲裁制度演变的历史轨迹/郑成林//中州学刊．－2002，6

中国商会制度的创立/高旭晨//环球法律评论．－2002，夏季号

陪审制度在中国的兴衰/吴玉章//读书．－2002，7

近代以来中外关于保护知识产权的谈判/刘保刚//史学月刊．－2002，9

香港华人婚姻法制的变迁/苏亦工//比较法研究．－2002，秋季号

中国近代律师身份定位刍议/杨林生//湖北社会科学．－2002，11；又载辽宁
　　师范大学学报．－2003，4

中国近代行政法规及其特点述论/姚琦//韶关学院学报．－2002，11

近代中国法学语词的形成与发展/俞江//《中西法律传统》第2卷，中国政法
　　大学出版社．－2002

中国近代法律援助制度的产生与发展/徐立志//《法律史论集》第4卷，法律
　　出版社．－2002

制度与人文：法律近代化中的民族传统（代序）/朱勇//《中国法律近代化论
　　集》，中国政法大学出版社．－2002

试论中国近代法史时代划分/高见泽磨著，张生、张代恩译//《中国法律近代
　　化论集》，中国政法大学出版社．－2002

中国固有民法资源对近代民事立法的影响/李超//《中国法律近代化论集》，中
　　国政法大学出版社．－2002

近代中国民法学中的私权及其研究/俞江//《北京大学法律评论》第4卷第2
　　辑，法律出版社．－2002

百年来中国司法现代化之特征/徐永康//《2002法学新问题探论》，上海社会
　　科学院出版社．－2002

近代法制回顾与当代法制思考/郭成伟//《20世纪中国法制的回顾与前瞻》，
　　中国政法大学出版社．－2002

世纪沧桑话法治/张晋藩//《20世纪中国法制的回眸与前瞻》，中国政法大学
　　出版社．－2002

近代中国法制的国际化与本土化/栾爽//徐州教育学院学报．－2003，1

中国法律近代化与大陆法系的影响/范忠信、叶峰//河南省政法管理干部学院
　　学报．－2003，1

演进中的香港法启示录——关于比较法的思考/徐静琳//上海大学学报．
　　－2003，1

张謇与近代法制改革/周其厚//山西高等学校社会科学学报．－2003，2

鉴往知来——谈中国近代司法考试对今天的影响/于语和、李夏衍//中国律师. -2003, 2

中国陪审制度的历史考察和实践检验/王东春//兰州铁道学院学报. -2003, 2

强制缔约制度研究：兼论近代民法的嬗变与革新/易军、宁红丽//法学家. -2003, 3

宪政制度产生的背景及其启示/周云帆//中山大学学报（哲社科版）. -2003, 3

权利的兴起与近代宪法的产生/龚向和//湖南大学学报（社科版）. -2003, 3

论近代中国的协定税则/王国平//江海学刊. -2003, 3

偶然还是必然：中国近现代选择与继受大陆法系法典化模式原因之分析/封丽霞//金陵法律评论. -2003, 春季卷

试论近代中国争取法治的不懈努力/薛忠义、李晓颖//大连海事大学学报（社科版）. -2003, 4

中国近代司法改革刍议/贾孔会//安徽史学. -2003, 4

中国近代律师由来述论/李东霞//西北大学学报（哲社科版）. -2003, 4

近代中国对司法独立的价值追求与现实依归/韩春桃//中国法学. -2003, 4

废除南京国民政府"六法全书"之思考/范进学//法律科学. -2003, 4

废除"六法全书"的回顾与反思/李龙、刘连泰//河南省政法管理干部学院学报. -2003, 5

中国近代侦查制度创立的历史背景/杜水源、宫万路//江西公安专科学校学报. -2003, 5

中国地方自治百年发展论略/李国忠//南开学报（哲社科版）. -2003, 5

论封建士大夫阶层对中国法制近代化进程的影响/舒彤//广东法学. -2003, 5

近代中国破产立法探析/姚秀兰//现代法学. -2003, 5

论中国近代警察制度的开创/杨玉环//辽宁大学学报（哲社科版）. -2003, 6

中国近代警察高等教育述论/徐乃龙//公安教育. -2003, 12

不平等条约与中国法律近代化的开始/范忠信//《四川大学法律评论》2002年号，四川大学出版社. -2003

近代劳动立法之新趋势/孙晓楼//《法学文选》，中国政法大学出版社. -2003；原载《法学季刊》第6卷第3期

朝阳大学与我国法制近代化论略/于语和、金大宝//《安徽大学法律评论》第3卷第2期，安徽大学出版社. -2003

法典在制度文明中的位置/周旺生//《中国民法百年回顾与前瞻——学术研讨

会论文集》，法律出版社．-2003

综论中国法制的近代化/张晋藩//政法论坛．-2004，1

从救亡到启蒙：近代中国宪政运动之回顾与反思/占美柏//法学评论．
-2004，1

中国版权史纲/张玉敏、李雨峰//科技与法律．-2004，1

典权制度在近代的立法状况及价值分析/张秀芹//重庆工业高等专科学校学
报．-2004，1

工具性的宪法和宪法的工具性：以近代中国宪政历程为视角/夏新华//社会科
学家．-2004，1

近代中国宪政建设的社会制约因素分析/宋四辈//河南师范大学学报（哲社科
版）．-2004，1

浅探近代民法的产生/李琳//景德镇高专学报．-2004，1

中国近代妇女对宪政的推动作用述论/肖巧平//怀化学院学报．-2004，1

法律近代化对中国传统法律的影响/田莉姝//贵州大学学报（社科版）．
-2004，1

中国宪政百年史/王雷、赵丽娜//甘肃行政学院学报．-2004，2

湖南谘议局与近代民主政治/许顺富//湖南社会科学．-2004，3

近代中国宪政建设制约因素的法律文化分析/宋四辈//郑州大学学报（哲社科
版）．-2004，3

近代中国知识产权制度的安排与变迁/张东刚、冯素杰//中国人民大学学报．
-2004，3

中国近代的法律危机与法律变革/曹全来//中国社会科学院研究生院学报．
-2004，3

中国近代法律制度的变迁方式/程玉敏、郭俊义、孙会海//山东省农业管理干
部学院学报．-2004，3

中国近代少年监的生成及启示/王素芬//青少年犯罪问题．-2004，3

中国宪法的历史发展/何鹏//新东方．-2004，3

试论我国预审制度的历史沿革和完善/白俊华//中国人民公安大学学报．
-2004，3

我国拘役刑制度演变/岑飒、王文利//社会科学家．-2004，3

英租威海卫法律制度研究札记/王一强//环球法律评论．-2004，春

中国近代户籍变革探析/姚秀兰//华东政法学院学报．-2004，4

中国近代宪政的幻灭及宪政精神的苏醒/郑玉臣//新东方．-2004，4

百年中国法治艰辛路/李交发//湖南社会科学. -2004，4

共和革命与法律进步/公丕祥//江苏社会科学. -2004，4

北京近代警察制度之区划研究/公一兵//北京社会科学. -2004，4

从开明专制、训政到新式独裁——兼论近现代中国对宪政民主路径的采择/李
　　国忠//社会科学战线. -2004，4

历史性妥协的瞬间：近代中国移植西式宪政之最后尝试/石毕凡//社会科学战
　　线. -2004，4

从讼师到律师——兼论中国近代律师制度的确立/吕利//枣庄师范专科学校学
　　报. -2004，4

对中国近代以来移植西方法律制度的解释学反思/冉杰//广西民族学院学报
　　（哲社科版）. -2004，4

近代中国民法的社会本位立法简评/宋四辈//湘潭大学学报（哲社科版）.
　　-2004，4

社会转型与近代中国法制现代化——以1840—1928年中国法制现代化为研究
　　中心/侯强//甘肃联合大学学报（社科版）. -2004，4

中国宪法的演变与宪政的曲折之路/董玉珍//中学历史教学参考. -2004，4

自由、宪政及其关系：解读中国宪政运动的自由之结/刘田玉//西南政法大学
　　学报. -2004，4

20世纪我国女子继承权发展述评——兼论法律意识与法律之辩证关系/刘迪香
　　//湖南城市学院学报. -2004，5

近代中国宪政建设的教训及启示/宋四辈//中国法学. -2004，5；又载《法律
　　文化研究》第2辑，中国人民大学出版社. -2006

中国近代司法改革：从四级三审制到三级三审/张生、李麒//政法论坛.
　　-2004，5

近代中国职业法学家群体的形成及特点/刘宝东//党史研究资料. -2004，5

论中国近代宪政运动的历史症结/路常青//哈尔滨工业大学学报（社科版）.
　　-2004，5

中国近代违警罚法的沿革/李春华//山东公安专科学校学报. -2004，5

20世纪前期中国继承制度的近代化/程维荣//学术论丛. -2004，5

中国近代的法律教育/王健//人民法院报. -2004，5. 19

朝阳大学与中国近现代法学教育/张钧//法学杂志. -2004，6

民法典修订的百年历程与当前中国民法典的制定/章正璋//江苏社会科学.
　　-2004，6

"变"与"不变"：20世纪上半期中国法律近代化转型的趋向问题/张晋藩//史学月刊. -2004，7

近代法制与中国社会转型/郭世佑//史学月刊. -2004，7

中国近代律师制度探析/姚秀兰//河北法学. -2004，9

近代中国刑法语词的塑造——以外国刑法典的翻译为研究对象/陈新宇//环球法律评论. -2004年，冬季号

司法独立在近代中国何以如此曲折？——以沈家本为例/李启成//《法制史研究》第6期，（台湾）中国法制史学会、"中央研究院"历史语言研究所. -2004

试论中国近现代证券法之演变/李本森//《法律史研究》第1辑，中国方正出版社. -2004

近代中国工具性宪法及其法文化分析/夏新华//《安徽大学法律评论》第4卷第1期，安徽大学出版社. -2004

中国近代司法判例制度/乔丛启//《判例制度研究》，人民法院出版社. -2004

简析法律监督体制的近代化/刘双舟//《法律史学研究》第1辑，中国法制出版社. -2004

试论中国近代法制转型的起点与特点/叶玉琴//福建师大福清分校学报. -2005，1

职业法学家群体与近代中国法制转型/刘宝东//山西师大学报（社科版）. -2005，1

中国近代民权的演化及其逻辑/韩英军//天府新论. -2005，1

中国宪法变迁与宪政秩序的塑造研究/任栋//江西行政学院学报. -2005，1

关于近代民法移植问题的一点思考/冯引如//西南政法大学学报. -2005，2

官与民的平衡器——论中国近代行政法院/孟庆超//天津市政法管理干部学院学报. -2005，2

中日近代宪政道路不同选择的历史约束条件——兼论中国近代宪政与革命的关系/刘笃才//环球法律评论. -2005，2；又载《百年回眸：法律史研究在中国》第2卷，中国人民大学出版社. -2009

近代民法移植问题探析/冯引如、占茂华//法治论丛（上海政法学院学报）. -2005，2

论近代女子财产继承权的确立/马晓莉、赵晓耕//湖南社会科学. -2005，2

论政府经济法规与中国近代企业的发展——以天津为中心的考察/宋美云//湖南师范大学社会科学学报. -2005，2

资产阶级改良派与近代中国法制现代化/侯强//甘肃社会科学．-2005，2

资产阶级革命派与近代法制宣传及中国法制近代化/侯强//苏州科技学院学报
（社科版）．-2005，2

浅论中国近代法律教育/王石磊//北京教育学院学报．-2005，2

西法何以未能东鉴——庞德与中国近代的法律改革浅析/周雅菲//湖南科技大
学学报（社科版）．-2005，2

中国警政近代化过程中的文化阻力——兼论落后教育的影响/孟庆超//湖南公
安高等专科学校学报．-2005，2

历史流变中的民事诉讼证据种类/张嘉军//现代法学．-2005，2

论中国近代户政管理法律制度/姚秀兰//政治与法律．-2005，3

中国法制近代化过程中的三部著作权法/王兰萍//比较法研究．-2005，3

战争环境对中国警察近代化的遏制/孟庆超//江苏警官学院学报．-2005，3

中国近代商会的产生及其法律职能/任满军//江苏警官学院学报．-2005，3

我国陪审制度的历史梳理和法理解读/张光杰//河南科技大学学报．-2005，3

略论近代上海外籍律师的法律活动及影响/陈同//史林．-2005，3

民事习惯及其法律意义：以中国近代民商事习惯调查为中心/郑定、春杨//南
京大学法律评论．-2005，春季号

日据时期台湾法制的殖民属性/范忠信//法学研究．-2005，4；又载《南湖法
学论衡——中南财经政法大学六十周年校庆法学论文集萃》，北京大学出
版社．-2008

近代民事主体形成的条件与成因/杨振山//政法论坛．-2005，4

中国民法的创生/任海涛//社科纵横．-2005，4

百年中国宪政之路及社会生态障碍/陈纯柱//探索．-2005，4

论近代政治对法治的考验/唐士其//国际政治研究．-2005，4

近代中国著作权立法论/姚秀兰//深圳大学学报（人文社科版）．-2005，4

合同自由原则在近代合同法中的地位及评价/胡利玲//山西财经大学学报．
-2005，4

近代国际法与林则徐禁烟/张卫明//漳州师范学院学报（哲社科版）．
-2005，4

论中国近代的商事立法/张域//吉林省教育学院学报．-2005，4

中国诉讼机制的近现代变迁及思考/刘晴辉//社会科学研究．-2005，4

郑观应：近代中国第一个提出制定新闻法的人/马跃峰、吕倩娜//新闻与传播
研究．-2005，4

九龙与威海卫：两个围城的故事/〔英〕乐迈士著，孙颖译//环球法律评论. -2005，5

英租威海卫的刑事审判/陈玉心//环球法律评论. -2005，5

《租威海卫专条》研究/王一强//环球法律评论. -2005，5

英租威海卫司法体制初探/王娆//环球法律评论. -2005，5

英租威海卫时期的监狱制度/张志超//环球法律评论. -2005，5

追寻中国宪政的童年/俞荣根、徐燕斌//当代法学. -2005，5；又载《法律文化研究》第1辑，中国人民大学出版社. -2006

英租威海卫的外来法、本土法与民间法/王一强//甘肃政法学院学报. -2005，5

戊戌前后知识分子转型与近代中国法制现代化/侯强//宁波大学学报（人文社科版）. -2005，5

中国近代的法制改革与当代的法制改革刍议/利旻//财经政法资讯. -2005，5

二十世纪上半叶中国农村婚姻制度探微/刘晓红//西安文理学院学报（社科版）. -2005，5

论近代中外首次商标问题谈判/王黎明//江海学刊. -2005，5

中国法治之路探析/赖志忠//四川行政学院学报. -2005，5

上海公共租界在国际法上的地位/潘攀//湘潭师范学院学报（社科版）. -2005，5

继承领域内冲突格局的形成：近代中国的分家习惯与继承法移植/俞江//中国社会科学. -2005，5

私法原则与中国民法近代化/朱勇//法学研究. -2005，6

论近代中国警察权力的程序化/孟庆超//云南大学学报. -2005，6

近代中国法治启蒙受阻原因探析/庞虎//长白学刊. -2005，6

论近代中国律师资格的认定及特点/李忠良//湖南农业大学学报. -2005，6

近代对《洗冤录》的批判/闫晓君//唐都学刊. -2005，6

初创时期的同济大学法学教育/蒋晓伟、江鸿波//同济大学学报（社科版）. -2005，6

近代舆论监督的兴起与言论出版自由权的法制化/刘双舟//贵州大学学报（社科版）. -2005，6

论近代中国律师资格的认定及特点/李忠良//湖南农业大学学报（社科版）. -2005，6

通向权利之路：汉语"民律"至"民法"的转化/王素芬//河南省政法管理

干部学院学报. -2005，6

中国法治的百年危机/汪公文//兰州大学学报（社科版）. -2005，6

中国近现代亲属法的历史考察及其当代启示/周子良、李峰//山西大学学报（哲社科版）. -2005，6

近代国际法与中法马江战役/郑剑顺、张卫明//学术月刊. -2005，6；又载中国近代史人大复印资料. -2005，9

近代在华外国法律人对中国治外法权制度的认识/尹小闻、宣刚//韶关学院学报. -2005，8

简论近代国际法对中国的影响/修志君//法律适用. -2005，10

枪口下的法律——近代中国版权法的产生/李雨峰//《北大法律评论》第6卷第1辑，法律出版社. -2005

中国民法近代化的开端与完成——《大清民律草案》与《中华民国民法》的比较研究/孟祥沛//《法律文献整理与研究》，北京大学出版社. -2005

近代中国的一个伪命题："宪政"/王运红//洛阳大学学报. -2006，1

从"讼棍"到权利的维护者——记中国近代律师制度的确立/陈浩//书屋. -2006，1

清末新知识分子转型与近代中国法制现代化/侯强//社会科学辑刊. -2006，1

理性生存价值：近代卫生防疫法移植的历史路径/胡克夫//河北学刊. -2006，1

中国宪政百年历程概述/孙家红//学习论坛. -2006，1

中国宪政历史的三个阶段——兼论宪政的三种类型/徐祥民//学习与探索. -2006，2

近代中国商标立法论/姚秀兰、张洪林//法治论丛（上海政法学院学报）. -2006，2

百年中国法制建设的启示/郭星//柳州职业技术学院学报. -2006，2

水利碑刻与中国近代水权纠纷解决/田东奎//宝鸡文理学院学报. -2006，3

中国近代水权纠纷解决的启示/田东奎//政法学刊. -2006，3

中国近代地政制度的建立/夏扬//行政法学研究. -2006，3；又载《中国法律近代化论集》总第2卷，中国政法大学出版社. -2009

中国近代扬州民间契约传统与变迁：以房契为例/谢全发//贵州民族学院学报（哲社科版）. -2006，3

近代国际法在中国的传播及影响/修志君//青岛大学师范学院学报. -2006，3

近代中国著作权法制的实践探索/吴治繁//电子科技大学学报. -2006，3

治外法权与中国司法近代化之关系：调查法权委员会个案研究/李启成//现代
　　法学. -2006，4

百年中国宪政反思/马小红//上海师范大学学报（哲社科版）. -2006，4；又
　　载《法苑撷英》上卷，中国社会科学出版社. -2008

上海租界与上海法制现代化/王立民//法学. -2006，4

制度构建与社会变迁：近代中国专利立法论/姚秀兰//法学论坛. -2006，4

上海道契与近代土地契证的实践/夏扬//华东政法学院学报. -2006，4

"六三法"的存废与台湾殖民地问题/李理//抗日战争研究. -2006，4

英租威海卫司法殖民之特性分析/王娆//甘肃政法学院学报. -2006，6

洋商挂名道契与近代信托制度的实践/夏扬//比较法研究. -2006，6

西学东渐与上海近代法律教育：以东吴法学院为中心/杨大春//法治论丛（上
　　海政法学院学报）. -2006，6

比较法在近代中国/何勤华//法学研究. -2006，6

我国近代关于民商立法模式的三次论争/季立刚//法学. -2006，6

试论近代中国刑罚人道主义运动/律璞//理论界. -2006，6

论 20 世纪前期的民事习惯入律绩效问题/刘国强//南阳师范学院学报（社科
　　版）. -2006，7

从义务本位和社会本位的区别看中国法律的"进化"/李启成//博览群书.
　　-2006，8

黄遵宪与中国近代法制变革/黄升任//广西社会科学. -2006，9

宪政：近代中国的一个伪命题/王运红//理论界. -2006，10

中国近代诉讼审判机制转型初期的折中变通/张培田、李胜渝//《中西法律传
　　统》第 5 卷，中国政法大学出版社. -2006

《租威海卫专条》的几个问题/王一强//《法律文化研究》第 1 辑，中国人民大
　　学出版社. -2006

中国近代诉讼审判机制转型之初的变通/张培田、李胜渝//《法律文化研究》
　　第 1 辑，中国人民大学出版社. -2006

近代刑法人权保障功能机制的建立/柴荣//《法律文化研究》第 2 辑，中国人
　　民大学出版社. -2006

近代中国社会变迁与法学教育的开端/林明//《法律文化研究》第 2 辑，中国
　　人民大学出版社. -2006

宪法基本权利的法律限制问题：以中国近代制宪史为中心/聂鑫//中外法学.
　　-2007，1

中国近代两幕立宪活动的闹剧/李吉宁//辽宁公安司法管理干部学院学报.
    -2007, 1

论中国近代司法独立的失败及历史启示/窦衍瑞//湖北广播电视大学学报.
    -2007, 1

近代江苏立宪派的阶级基础及其特点/潘锦全//安徽工业大学学报（社科版）.
    -2007, 1

试论德国法律对近代和当代中国的影响/陈慧//德国研究. -2007, 1

中西之争与古今之争：近代中国宪政史研究的一个视角/羽戈//社会科学论
    坛. -2007, 1

百年中国宪政的五个拐点/朱椋//中国改革. -2007, 1

近代中国法律教育转型与法律人才的成长及异化/侯强//云南社会科学.
    -2007, 1

近代商会法律制度与中国法制近代化/王红梅//社会科学辑刊. -2007, 1

司法讲习所考论：中国近代司法官培训制度的产生/李启成//比较法研究.
    -2007, 2

我国近代职业教育法制产生的历史必然性/王为东//辽宁教育行政学院学报.
    -2007, 2

日本对中国法律近代化的影响探析/李芳//怀化学院学报. -2007, 2

中国裁判文书近现代发展概况/周祝一//贵阳市委党校学报. -2007, 2

近代中国保险立法述论/岳宗福、张秀芹//山东工商学院学报. -2007, 2

中国义务教育法制百年历程之反思/陈鹏、林玲//陕西师范大学学报.
    -2007, 2

浅析中国近代宪政运动之失败原因/杨剑//和田师范专科学校学报. -2007, 3

天津近代法学教育代表院校略述/张红侠//天津市政法管理干部学院学报.
    -2007, 3

在传统与现代之间：近代天津永租契约探微/任吉东//河北学刊. -2007, 3

法律监督的渊源——以中国法制近代化为视角/赵晓耕//法学家. -2007, 4

百年中国司法权体系的发展进程及现实反思/张仁善//河南省政法管理干部学
    院学报. -2007, 4

近代中国商标法的肇始及其演进/侯强//青岛科技大学学报（社科版）.
    -2007, 4

论近代中国宪政的困境/叶兴艺//大连民族学院学报. -2007, 4

我国近代职教法制创制活动初步考察/王为东//职业技术教育. -2007, 4

近代社会经济与法制改革缘何不成功/杨师群//探索与争鸣. -2007, 4

二十世纪中国法制成长模式论/石文龙//法律科学. -2007, 5

抗战·军婚·人权——我国近代军人婚姻立法初探/张群//比较法研究.
　　-2007, 5；又载《法律文化研究》第 3 辑，中国人民大学出版社.
　　-2007；《法苑撷英》上卷，中国社会科学出版社. -2008

法律制度近代变迁的多样性——以上海道契为例/夏扬//西北大学学报（哲社
　　科版）. -2007, 5

中国近代民族自治的历史演进/李鸣//云南大学学报（法学版）. -2007, 5

经济法在近代法律构造更化中的地位发微/张世明//福建师范大学学报（哲社
　　科版）. -2007, 5

教育刑理念的彰显与背离：近代中国假释制度考论/王素芬//法制与社会发
　　展. -2007, 6

近代中国监狱官制度考论/王素芬//政治与法律. -2007, 6

近代中国法律转型问题浅论/熊英//邵阳学院学报（社科版）. -2007, 6

中国近代宪政实践的困境及其启示/魏福明//江苏行政学院学报. -2007, 6

中国近代独立审判制度建构述论/刘俊//淮阴师范学院学报（哲社科版）.
　　-2007, 6

在华外国"法律人"与近代中国法制变革/尹晓闻//菏泽学院学报. -2007, 6

中国近代司法的产生及其前提条件/沈国琴//晋阳学刊. -2007, 6

近代中国审检关系探析/桂万先//学术研究. -2007, 6

传统资源与移植资源的对话：以近代民事立法为视角/刘婷婷//云南社会科
　　学. -2007, 6

浅析议会制度在近现代中国移植失败的原因/董力//武汉大学学报（哲社科
　　版）. -2007, 6

台湾日治时期土地权演变的历史考察及其评价/陆静//东岳论丛. -2007, 6

近代天津会馆房地契约与诉讼习惯研究/宋美云//史学月刊. -2007, 7

论近代中国公司立法中商会的角色与作为/蒋燕玲//河北法学. -2007, 7

简析中国近代宪政之路/宋鉴//党政干部学刊. -2007, 8

中国近代法律教育政策和体系及其特征/侯强//重庆社会科学. -2007, 8

中国近代金融法治演进的特点及其影响因素：从法律文化的视角/庄少绒//理
　　论月刊. -2007, 11

检察制度的引进与近代中国司法发展/桂万先//南京社会科学. -2007, 11

近代中国宪政之路的历史省思/徐蓉蓉//武汉科技学院学报. -2007, 12

论近代职业教育立法的当代启示/王为东//教育与职业. -2007，27

香港新界土地继承权的演变/傅健慈//《法律文化研究》第 3 辑，中国人民大
　　学出版社. -2007

水册、碑刻、传说：近代中国水权纠纷民间解决的历史人类学分析/田东奎//
　　《法史学刊》第 1 卷，中国社会科学出版社. -2007

中国近现代亲属、继承法变革的背景及其效果/林泽新//《法史学刊》第 1 卷，
　　中国社会科学出版社. -2007

德属胶澳租界地法制述略/解锟//《法史学刊》第 1 卷，中国社会科学出版
　　社. -2007

司法判决书与中国近代法研究/李贵连、李启成//《近代法研究》第 1 辑，北
　　京大学出版社. -2007

澳门司法权历史沿革及其研究/栾军//《崇法集：华东政法大学优秀硕士学位
　　论文选》，中国检察出版社. -2007

英租威海卫的法律和文化间的纽带/〔马〕陈玉心//《中国文化与法治》，社
　　会科学文献出版社. -2007

治外法权之争与中西早期法律文化冲突/苏亦工//《全球化与多元法律文化》，
　　社会科学文献出版社. -2007

言论出版自由与近代中国报刊立法变迁/姚秀兰//《中国历史上的法律与社会
　　发展》，吉林人民出版社. -2007

"中体西用"与法制的近代化/李青//《中国法律文化论集》，中国政法大学出
　　版社. -2007

近代中国官办法律教育与法制现代化/侯强//重庆社会科学. -2008，1

中国近代知识分子与中国近代法的命运/何勤华//江海学刊. -2008，1

中国近代宪政失败的原因探析/赵丹//山西省政法管理干部学院学报.
　　-2008，1

法制因素与近代开滦煤矿矿难的发生/郝飞//河南理工大学学报（社科版）.
　　-2008，1

近代中国立宪的契约性流失/郑琼现//广东社会科学. -2008，1

我国香港地区报刊法制发展史略/倪延年//新闻与传播研究. -2008，1

论立法变革对近代中国中央银行的影响/潘健//中国经济史研究. -2008，2

近现代社会保障立法的历史演变/岳宗福//中国社会科学院研究生院学报.
　　-2008，2

近代宪法虚置的成因探析/袁兵喜//求索. -2008，2

西学东渐与法律门的变迁/张学博//贵州大学学报（社科版）. -2008, 3

晚近国际司法制度的新发展/王林彬、秦鹏//新疆大学学报（哲学人文社科版）. -2008, 3

法律近代化过程中的外来规则与固有习惯——以祭田案件为例/李启成//中国社会科学. -2008, 3

近代甘肃警政研究初探/张利荣//青海社会科学. -2008, 3

英国租借威海卫土地法律制度研究/邵宗日//法学论坛. -2008, 3

中国检察制度历史变迁之回顾/徐爽、韩健//法学杂志. -2008, 3

君宪、共和之争与近代中国的宪政历程/卞修全//法学家. -2008, 4

试论"传统"中国宪政发展中的失落/马小红//法学家. -2008, 4

晚近我国刑事诉讼的动向与反思/周长军//甘肃政法学院学报. -2008, 4

中国百年宪政历程的反思与展望/张千帆//法学. -2008, 4

近代西法东渐的进路、特点及影响/刘宝东//长白学刊. -2008, 4

中国近代的住宅不可侵犯权——以宪法和刑法为例/张群//中国政法大学学报. -2008, 4

近代中国与国际法的遭逢/曾涛//中国政法大学学报. -2008, 5

吴经熊与近代中国宪政现代化/孙伟//江苏行政学院学报. -2008, 5

中国近代民法法典化原因探析/郭永//新余高专学报. -2008, 5

中国商事法制近代化的回顾与反思/张翅//特区经济. -2008, 5

国际人权法的晚近发展及未来趋势/张爱宁//当代法学. -2008, 5

论近代中国宪政期成之争/闾小波//南京大学学报（哲学人文社科版）. -2008, 5

移植　改造　融合——论中国近代继受大陆民法的模式/李瑞钦//云南大学学报（法学版）. -2008, 6

我国近代刑法移植研究/杨建军//铁道警官高等专科学校学报. -2008, 6

论我国近现代刑法之工具性/杨建军//国家检察官学院学报. -2008, 6

百年宪政进程中的宪法结构及其发展特点/秦强//湖南社会科学. -2008, 6

共同诉讼的渊源及近代中国的继受/王嘎利//甘肃政法学院学报. -2008, 6

司法官视野中的近代中国法治：路向与功用——以董康、许世英为中心/李在全//福建论坛（人文社科版）. -2008, 8

百年宪法研究的历史起点/王丽丽//检察日报. -2008, 8. 25

百年宪政呼唤共识和智慧/傅达林//检察日报. -2008, 9. 2

中国法制近代化的原因探讨/孙海霞//决策探索（下半月）. -2008, 10

从契约文书看近代甘肃广河县物权民事习惯/高云昌//新西部（下半月）.
　　-2008，10

浅议近代以来妇女劳动权益的立法保护/严丹//金卡工程（经济与法）.
　　-2008，11

从"讼师"到"律师"——谈我国近代律师制度的产生及发展/王荻//商业
　　文化（学术版）. -2008，11

近代中国银行立法的演进与嬗变/李婧//政治与法律. -2008，11

近代中国"相邻关系"中的民事习惯/郑永福//史学月刊. -2008，12

英租威海卫乡村治理模式的变迁/张志超//兰州学刊. -2008，12

英租威海卫时期中国法律及习惯的法源考察/张志超//昆明理工大学学报（社
　　科版）. -2008，12

中国近代法科知识分子与中国近代学传统/何勤华//《法理学讲演录》，法律出
　　版社. -2008

专业教育与中国近代律师职业群体的形成/李卫东//《近代史学刊》第5辑，
　　华中师范大学出版社. -2008

清至民国徽州田宅典当契约探析——兼与郑力民先生商榷/吴秉坤//中国经济
　　史研究. -2009，1

从"移民实边"到屯垦"殖边"——以黑龙江近代边防法制为例/邓齐滨//
　　黑龙江史志. -2009，1

从丧服制度在近代的变迁看中国传统法律的近代化/高学强//青海社会科学.
　　-2009，1

论西方诉讼文化影响下我国近代律师制度的产生/王荻//知识经济. -2009，1

近代会审制度的始末——以租界中的会审公廨而谈/翟晓美//九江学院学报.
　　-2009，1

论近代公司组织的成因/徐彪//环球法律评论. -2009，1

从三法司到司法院——中国中央司法传统的断裂与延续/聂鑫//政法论坛.
　　-2009，1

从动物、植物到动产、不动产——近代法律词汇翻译个案考察/张璐、赵晓
　　耕//河南省政法管理干部学院学报. -2009，1

近代中国的法律家群体/韩秀桃//法制日报. -2009，1. 1

论中国近代银行与银行法的成长/姚秀兰//河南省政法管理干部学院学报.
　　-2009，2

近代上海公共租界的土地管理制度/练育强//华东政法大学学报. -2009，2

法学构建进程中的近代银行法研究/李婧//昆明理工大学学报（社科版）. -2009，2

法学构建进程中的近代银行法/李婧//北方论丛. -2009，2

近代中国政府处理华侨国籍问题的法制化进程/齐凯君、权赫秀//华侨华人历史研究. -2009，2

近代中国民事审级制度的嬗变/谢冬慧//学习与探索. -2009，2

我国近现代刑法的国际化与地方性/杨建军//湖南社会科学. -2009，2

英租威海卫时期土地交易习惯的历史考察/张志超//山东大学学报（哲社科版）. -2009，2

徘徊于东西方之间：英租威海卫时期的法治/张志超//开放时代. -2009，2

近代百年中国监狱制度的全球化问题研究（上、下）/张晶//犯罪与改造研究. -2009，2、3

略论中国近代的监狱改良/王燕//辽宁教育行政学院学报. -2009，3

论近代民事诉讼制度的特征及其对后世的影响/包冰锋//辽宁行政学院学报. -2009，3

百年中国宪法视野中的人民权利研究/韩亚光//河北法学. -2009，3

中西法律近代冲突与调适的另一种表现——以土地升科与涨滩产权为例/夏扬//宁夏社会科学. -2009，3

中国近代水权纠纷解决机制审视/田东奎//学术交流. -2009，3

移植与创新：近代中国公司立法之路/魏淑君//江淮论坛. -2009，3

近代公司治理结构变迁：基于公司法律的视角/金敏//湖北社会科学. -2009，3

近代法制嬗递探析/宋玲//船山学刊. -2009，3

亲属权利的法律之痛——兼论"亲亲相隐"的现代转化/俞荣根、蒋海松//现代法学. -2009，3

近代清华法政教育研究（1909—1937）/陈新宇//政法论坛. -2009，4

我国近代专利核准情况分析/徐海燕//知识产权. -2009，4

中国近代检察权的检讨与启示/刘清生//中国刑事法杂志. -2009，4

近代中国对外国公司的管制及其法律制度/魏淑君//云南行政学院学报. -2009，4

简论近代中国侦查权的制衡机制/倪铁//中国人民公安大学学报（社科版）. -2009，4

现代侦查制度在中国的早期实践/倪铁//华东政法大学学报. -2009，4

近代中国法治发展的主要障碍分析/郑淑芬//学术交流. -2009, 5

晚近国际环境立法发展与阻滞析论/万霞//世界经济与政治. -2009, 5

近代中国监狱制度变革略论/王葵//法制与经济（下旬刊）. -2009, 6

我国近现代民法的嬗变及其思考/肖少启//黑龙江史志. -2009, 6

会审公廨与中国法制进步：以一名美国律师的记录为视角/杨帆、于兆波//北
　　京理工大学学报（社科版）. -2009, 6

中国传统礼法规制下的身体归属及其在近代的法律转向/方潇//环球法律评
　　论. -2009, 6

文本嬗递与"法意"薪传：中国近代侵权行为立法的一般脉络/蔡晓荣//政法
　　论坛. -2009, 6

制度变迁中的自治秩序：以近代以来中国商会自治规则为例/谈萧//山东大学
　　学报（哲社科版）. -2009, 6

中国近代票据立法的反思/李胜渝//中国国情国力. -2009, 7

英租威海卫法律制度"二元化"特性之分析——以土地法律制度为基点/张
　　洁//法制与社会. -2009, 7

我国近代亲属法比较研究/许莉//学术交流. -2009, 9

晚清法科留学生与中国法制近代化/董节英//历史教学（高校版）. -2009, 9

略论近代中国知识产权制度的演进/赵娟霞//现代财经. -2009, 10

契约心理的近代嬗变：以华北乡村的土地易动为中心的考察/王小梅//河北法
　　学. -2009, 10

新民主主义革命时期的人民检察制度研究/刘清生//中国刑事法杂志.
　　-2009, 10

我国传统婚姻制度及其近代转型/刘国强//理论月刊. -2009, 12

中国近代宪政沧桑的启示刍议/翟书俊//网络财富. -2009, 20

中国近代档案法规发展演变动因探析/刘迎红//兰台世界. -2009, 22

英租威海卫时期的监狱制度/程妍冰//法制与社会. -2009, 22

近代中国法律的半封建性和法制改革的保守性/欧阳湘//《中西法律传统》第
　　7 卷，北京大学出版社. -2009

英租威海卫时期的民事诉讼制度/张志超//《司法》（北京理工大学司法高等研
　　究所主办）第 4 辑，厦门大学出版社. -2009

关于新民主主义时期法制的几个问题/丁凌华//《中国传统司法与司法传统》，
　　陕西师范大学出版社. -2009

半个世纪的"立法秀"——近世中国司法主权的收复与法律创制/张仁善//

《中国传统司法与司法传统》，陕西师范大学出版社．–2009

近代中国司法变革中的律师制度/柴荣、柴英//《中国传统司法与司法传统》，
　　陕西师范大学出版社．–2009

中国古代司法制度向近代司法制度转变的重要拐点——黄遵宪《日本国志》
　　对中国近代司法改革影响探析/张锐智//《中国传统司法与司法传统》，陕
　　西师范大学出版社．–2009

从讼师秘本到新式诉讼指导用书：中国法制近代化背景下的撰状技巧之变/尤
　　陈俊//《中国传统司法与司法传统》，陕西师范大学出版社．–2009

从讼师秘本到诉状汇编：作状技巧的近代嬗变/尤陈俊//《中国法律近代化论
　　集》总第2卷，中国政法大学出版社．–2009

中国法律近代化的艰辛历程（代序）/张生//《中国法律近代化论集》总第2
　　卷，中国政法大学出版社．–2009

近代中国的人格权立法与学术研究/俞江//《中国法律近代化论集》总第2卷，
　　中国政法大学出版社．–2009

中国近代水权纠纷解决机制之特点/田东奎//《中国法律近代化论集》总第2
　　卷，中国政法大学出版社．–2009

社会变革中的传统选择——以近代中国刑事诉讼法制现代化为视角/张翅//
　　《中国法律近代化论集》总第2卷，中国政法大学出版社．–2009

近代中国官办法律教育人才培养模式及其启示/侯强//中南大学学报（社科
　　版）．–2010，1

司法近代化研究：价值转换与发展趋向之考察/张闯//河北法学．–2010，1

略论晚近国际投资法的几个特点/王贵国//比较法研究．–2010，1

论上海公共租界审判权力变迁/姚远//政治与法律．–2010，1

论近现代中国不动产登记模式的立法选择/秦涛//法学评论．–2010，1

近代中国的知识产权制度安排/赵娟霞//江西财经大学学报．–2010，1

近代中国一流法学院管理之研究：以东吴法学院与东吴大学之关系为考察对
　　象/孙伟、高积顺//苏州大学学报（哲社科版）．–2010，1

县司法处：近代中国基层审判机构论略/谢冬慧//东南学术．–2010，1

借鉴与移植：大陆法系宪政文化对近代中国的影响/夏新华//南京大学法律评
　　论．–2010，1

董康与近代中国立法/华友根//南京大学法律评论．–2010，2

近代中国的破产法制及命运/陈夏红//政法论坛．–2010，2

近代中国审级制度的变迁——理念与现实/聂鑫//中外法学．–2010，2

中国传统法律近代化的一个视角——以丧服制度在近代的变迁为考察中心/高学强//西北大学学报（哲社科版）．-2010，2

近代民间不动产买卖契约中的委婉语说略/唐智燕、向熹//当代修辞学．-2010，2

中国刑法百年发展的回顾与反思：以台湾地区的几个刑法议题为中心/黄静嘉、胡学丞//华中科技大学学报（社科版）．-2010，3

近代民事立法中的男女平等/李相森//妇女研究论丛．-2010，3

冀贡泉与山西近代法学教育之发展/赵清明//中央民族大学学报（哲社科版）．-2010，3

近代上海公共租界的建筑法律制度/练育强//探索与争鸣．-2010，3

中国近代看守所制度形成考/柳岳武//云南社会科学．-2010，3

晚近国际投资争端解决实践之评判："全球治理"理论的引入/徐崇利//法学家．-2010，3

从北京模范监狱教诲室中的一幅画像谈起：英国监狱改革运动及对近代中国监狱制度改革的影响/刘志松//中国监狱学刊．-2010，3

变法、法治与国家能力——对中国近代法制变革的再思考/支振锋//环球法律评论．-2010，4

上海的现代法制与现代城市/王立民//政治与法律．-2010，4

近代中国刑法之正当防卫制度考析：以法典之文本规则为中心/李永伟、萧伯符//华中科技大学学报（社科版）．-2010，4

上海公共租界法制现代化的动力来源/练育强//历史教学问题．-2010，4

中国近代图书馆立法试析/王丽娟//辽宁大学学报（哲社科版）．-2010，4

近代中国反倾销法规的颁布与实施述论/卢征良//国际贸易问题．-2010，4

中国有限责任公司法律制度的历史解读：以国企公司化的百年变迁为视角/魏淑君//法制与社会发展．-2010，5

民事权利在近代中国的生成：以大理院审理祭田案件为中心的实证考察/李启成//比较法研究．-2010，6

商务印书馆早期的版权实践/刘禹//中国版权．-2010，6

对著作权法近代性的几点思考/李琛//中国版权．-2010，6

著作权法律制度与观念之互动关系论：以近代著作权法为视角/马晓莉//中国版权．-2010，6

笔迹鉴定在近代中国的早期实践/沈臻懿//山西师大学报（社科版）．-2010，6

近代中国女子继承权确立过程论析：革命与法律的二重奏/李文军//妇女研究
　　论丛．－2010，6

以近代宪法发展史为视角看宪法的妥协性/李莉//福建论坛（人文社科版）．
　　－2010，6

近代上海城市法制现代化研究：以城市规划法为主要视角/练育强//社会科
　　学．－2010，8

中国近代专利制度萌芽的过程/徐海燕//科学学研究．－2010，9

近代上海城市法律的移植及本土化：以土地、道路管理法规为视角/练育强//
　　政治与法律．－2010，11

近代中国最著名的法学院：东吴法学院之研究/孙伟//江西社会科学．
　　－2010，11

近代中国民间社团立法比较研究及其当代启示/陈志波//前沿．－2010，21

固有伦常与舶来法律——杀尊亲属罪的历史、观念及其归趋/黄源盛//（台
　　湾）《政大法学评论》第117期．－2010

中国亲属法律近代化的三个时期/罗旭南//《中国法律传统与法律精神——中
　　国法律史学会成立30周年纪念大会暨2009年会论文集》，山东人民出版
　　社．－2010

中国法律对毒品的基本态度：厉禁——以近代涉外鸦片贸易法制为视角/吕铁
　　贞//《中国法律传统与法律精神——中国法律史学会成立30周年纪念大
　　会暨2009年会论文集》，山东人民出版社．－2010

中国军事法的传统与近代转型/周健//《青蓝集续编：张晋藩教授指导的法律
　　史学博士论文粹编》，法律出版社．－2010

宪政与近代中国社会——近代中国宪政化问题研究/杜文忠//《青蓝集续编：
　　张晋藩教授指导的法律史学博士论文粹编》，法律出版社．－2010

简论中国近代个人财产权的宪法保护/贾晖//《青蓝集续编：张晋藩教授指导
　　的法律史学博士论文粹编》，法律出版社．－2010

（二）　近代各历史时期法制史

1. 晚清

论戊戌变法与立宪/谢兴尧//新建设．－1953，11

记清末的预备立宪公会/祁龙威//光明日报．－1964，5．20

帝国主义列强赞扬和支持清朝"立宪"/张天保//历史教学（高校版）．
　　-1965，7

清末的"预备立宪"/张天保//历史教学（高校版）．-1966，2

论清末立宪派的国会请愿运动/耿云志//中国社会科学．-1980，5

清末杨乃武案始末/张铭新//民主与法制．-1980，5

清末假光绪案/莫愁//羊城晚报．-1980，7．22

谈安德海伏法/智东方//北京政法学院学报．-1981，2

试论清末"预备立宪"的实质及其意义/草放//社会科学．-1981，4

清末立宪运动的几个问题/乔志强//晋阳学刊．-1981，5

论清政府的"预备立宪"/李文海//历史档案．-1982，1

清末修订法律中的礼法之争/李贵连//法学研究资料．-1982，Z1

国际法最早的汉文译著者是林则徐/张劲草//法学．-1982，5

领事裁判权与清末立法/夏勇、章荣湘//法学．-1982，6

鸦片战争时期闽南地区的反走私斗争/洪卜仁//厦门日报．-1982，8．7

论1906—1911年清政府的官制改革/邱远猷//《法律史论丛》第2辑，中国社
　　会科学出版社．-1982

林则徐与国际法/张劲草//法学杂志．-1983，1

清末修律与译书/孙虹//法学杂志．-1983，1

谎言难挽危局——满清末年的"预备立宪"/吴桂龙//上海广播电视文科月
　　刊．-1983，4

论清末的刑法改革/费成康//政治与法律丛刊．-1983，4

论互惠领事裁判权在我国的肇始/张劲草//法学杂志．-1983，6

试论清末法制改革/钟启华//社会科学．-1983，7

上海公共租界的会审公廨/张铨//社会科学．-1983，11

上海人民一次维护司法主权的斗争（1905年）/孟彭兴//社会科学．
　　-1983，11

晚清太监杀人案审判始末记/陈兆祥//民主与法制．-1983，12

清末"立宪改官"中的资政院和谘议局/邱远猷//《法史研究文集》（上），西
　　北政法学院．-1983；又载社会科学研究．-1984，8；《远猷选集》，香
　　港天马出版有限公司．-2008

试论上海公共租界公审公廨的实质/江兴国//《法史研究文集》（上），西北政
　　法学院．-1983

清末西方法律、法学的输入及影响/云岭//《法律史论丛》第3辑，法律出版

社. -1983

清末修律初探/曾宪义//《法律史论丛》第3辑，法律出版社. -1983

陕西法史人物：赵舒翘/段秋关//西北政法学院学报. -1984，1

上海公共租界会审公廨的产生及其性质/江兴国//中国政法大学学报.
　　-1984，2

评所谓湖广铁路债券案/汪瑄//中国政法大学学报. -1984，2

论国际法之传入中国/张劲草、邱在珏//河北大学学报（哲社科版）.
　　-1984，2

论片面领事裁判权在我国的肇始/张劲草//法学杂志. -1984，3

论湖广铁路债券案/朱奇武//中国政法大学学报. -1984，3

评清末筹备立宪中的地方自治/郑永福//中州学刊. -1984，3

论清末修律中的礼法之争/艾礼明//苏州大学学报（社科版）. -1984，4

清末宪政编查馆考察/吕美颐//史学月刊. -1984，6

"立制度局以议宪法"的"宪法"一词应作何解/郑之洪//学术研究.
　　-1984，6

"上海土地章程"研究/卢汉超//《上海史研究》，学林出版社. -1984

大清商律及其修订始末/戴凤岐、吴峰//北京商学院学报. -1985，1

林则徐翻译西方国际法著作考略/王维俭//中山大学学报（哲社科版）.
　　-1985，1

清末预备立宪的发生原因及其客观作用/朱金元//学术月刊. -1985，2

上海小刀会立法概况/王立民//档案与历史. -1985，2

我国第一部版权法——《大清著作权律》简说/沈仁干//出版工作. -1985，2

晚清泉州"观口黄"置业契约选/陈盛明//中国社会经济史研究. -1985，3

略论"台湾之狱"/陈进忠//西南民族学院学报（哲社科版）. -1985，3

呼兰劫狱案始末/夏家骏、孟宪//北方论丛. -1985，4

析曾纪泽订立《中俄伊犁条约》的历史背景/秦和平//成都大学学报（社科
　　版）. -1985，4

论清末立宪运动与"预备立宪"——辛亥革命前十年史札之八/乔志强//山西
　　大学学报（哲社科版）. -1985，4

预备立宪与清末政朝/迟云飞//东方论丛. -1985，5

日俄战争与中国的立宪和革命/黄德发//华中师范大学学报（哲社科版）.
　　-1985，6

清末大陆法系引进概说/毛启雄//中州学刊. -1986，3

林则徐创译国际法始末/苑艺//人与法. -1986，6

《万国公报》与戊戌变法/房德邻//北京师范大学学报（社科版）. -1986，6

五大臣出洋考察与清末立宪活动/马东玉//辽宁师范大学学报（社科版）.
　　-1987，1

试谈《大清监狱律草案》的立法意义/薛梅卿、叶峰//政法论坛. -1987，1

小刀会起义军的刑法及其特点/王立民//政治与法律. -1987，4

清末预备立宪动因新探/郑大华//求索. -1987，6

沈家本对比附援引旧制的改革/李建华//法学研究. -1987，6

重评《钦定宪法大纲》/郑大华//湖南师范大学社会科学学报. -1987，6

关于天津巡警制度发展与《辛丑条约》关系的一点质疑/史河//天津日报.
　　-1987，9. 2

沈家本与清末立法/李贵连//《法学论文集》，光明日报出版社. -1987

关于清末预备立宪几个问题的商榷/郑大华//史学月刊. -1988，1

清末中央警察机关的沿革/王志远//公安大学学报. -1988，1

《大清报律》浅议/李国荣//社会科学辑刊. -1988，1

《瑷珲条约》的签订和奕山的历史责任/韩来兴//黑河学刊. -1988，2

关于1887年中葡《和好通商条约》的订立/黄成康//上海社会科学院学术季
　　刊. -1988，2

清末山东监狱管理机构的设置及狱制改良/程延华//山东法学. -1988，2

清末修订报律史料选载/李国荣//历史档案. -1988，3

清末司法制度的几个问题——读兴京抚民同知刑档残卷/郑秦//历史档案.
　　-1988，3

杨度与清末立宪运动散论/唐文权//华中师范大学学报（哲社科版）.
　　-1988，3

晚清涉外法权的一个怪物——上海公共租界会审公廨剖析/马长林//档案与历
　　史. -1988，4

《大清民律草案》的修订宗旨及其思想影响/华友根//政治与法律. -1988，5

清末的地方立法机关——谘议局及其立法初探/梁彦//法学研究. -1988，5

戊戌变法运动与天津/陈传瑞//南开学报（社科版）. -1988，5

中日《辽南条约》与俄德法三国同盟/戚其章//东岳论丛. -1988，5

清末湖北立宪派的政治参与/刘伟//湖北社会科学. -1988，10

《法学盛衰说》析论/艾永明//苏州大学学报. -1988，法学专刊

清末预备立宪思考录/艾永明//苏州大学学报. -1988，法学专刊

鸦片战争后的清朝法律制度/朱勇//《中华法史丛谈》，中国政法大学出版
社. -1988

《大清律例》特点简析/张晋藩//《中华法史丛谈》，中国政法大学出版
社. -1988

《新疆南路禁烟章程》浅谈/齐清顺//新疆社会科学. -1989，1

《出使各国大臣奏请宣布立宪折》非载泽等所上/伊杰//社会科学研究.
-1989，2

清末的商事立法及其特点/徐立志//法学研究. -1989，3

假除弊为由，掩杀人之迹——一份参劾岑春煊的奏稿/李贵连//法律学习与研
究. -1989，3

论清末实行预备立宪的必要性及可能性——兼论中国近代民主化的起点/董方
奎//安徽史学. -1990，1

两次鸦片战争期间外国领事裁判权在中国的确立/邱远猷//北京师范学院学报
（社科版）. -1990，3；又载《鸦片战争与中国现代化》，中国社会科学
出版社. -1991

戊戌变法失败原因新解/沈茂骏//学术研究. -1990，4

预备立宪公会拟订商法活动述论/朱英//西南民族学院学报（哲社科版）.
-1990，4

上海小刀会起义军法制述评/王立民//历史教学问题. -1990，4

清统治集团的君主立宪论与晚清政局/王开玺//北京师范大学学报（社科版）.
-1990，5

晚清《国籍法》与《国籍条例》/李贵连//法学研究. -1990，5

试论辛丑议和中有关国际法的几个问题/张海鹏//近代史研究. -1990，6

酌古准今，熔铸东西——评沈家本修律/俞荣根//现代法学. -1990，6

清宣统二年商律草案考/徐立志//《中国法律史国际学术讨论会论文集》，陕西
人民出版社. -1990

晚清职官法与中国法律近代化/李曙光//比较法研究. -1991，1

清末预备立宪新探/张兆茹//渤海学刊. -1991，Z1

沈家本与清末律师制度的创立/周太银//司法行政. -1991，2

清末"预备立宪"为何模仿日本明治宪政/罗华庆//北方论丛. -1991，3

东北立宪运动和立宪派琐议/李侃//社会科学战线. -1991，4

清末合法政党宪友会的成立/侯宜杰//社会科学战线. -1991，4

袁世凯地方自治剖析/陆建洪//史学月刊. -1991，4

清末地方自治剖析/陆建洪//探索与争鸣. -1991，6

晚清法制近代化的动因及其开展/黄源盛//（台湾）《中兴法学》第 32
期. -1991

清末第二次出洋考政与"预备立宪"对日本的模仿/罗华庆//江汉论坛.
-1992，1

日籍台民与治外法权：以光绪三十一年王协林案为例/陈小冲//台湾研究集
刊. -1992，2

论立宪派和革命派的阶级基础/侯宜杰//近代史研究. -1992，3

试论清末的宪政改革/李育民//求索. -1992，4

清末北京的法政教育/王立中//燕都. -1992，5

沈家本与清末的法律修订/唐自斌//求索. -1992，5

清末的法制改革及其历史意义/徐晓光、石泉长//社会科学辑刊. -1992，6

清末"预备立宪"对日本明治宪政模仿中的保留/罗华庆//河北学刊.
-1992，6

论张之洞与沈家本的修律/唐自斌//湘潭大学学报（哲社科版）. -1993，1

清末苏州商会调解商事纠纷述论/朱英//华中师范大学学报（哲社科版）.
-1993，1

清末四大冤案之一——镇平王树文案始末/胡会云//中州今古. -1993，2

咸丰十一年浙江平阳金钱会案/中国第一历史档案馆//历史档案. -1993，3

清末第一部中国保险业法规考订/颜鹏飞//中国保险管理干部学院学报.
-1993，4

清末教育立法及其特点/张玉堂//四川师范大学学报（社科版）. -1993，4

论清末的经济法规/朱英//历史研究. -1993，5

清末教育立法初探/马平//史学月刊. -1993，5

中国历史上第一部商标法《1904 商标注册试办章程》/李志茗//历史大观园.
-1993，8

近代中国法制变革的先声：论五大臣出洋考察及其结论/贺嘉//汉中师院学报
（社科版）. -1993，11

大清新刑律礼法争议的历史及时代意义/黄源盛//《中国法律现代化之回顾与
前瞻》，台湾大学法学院. -1993

晚清"就地正法"考/李贵连//中南政法学院学报. -1994，1；又载《中外
法律史新探》，陕西人民出版社. -1994

鸦片战争前的中西司法冲突与领事裁判权的确立/贺其国//内蒙古民族师院学

报（哲社科版）. -1994，2

新发现的清末京师城市管理法规研究（上、下）/郭成伟、田涛、张培田//政法论坛. -1994，2、3

中国清末诉讼审判机制转变及其曲折（上、下）/张培田//中央检察官管理学院学报. -1994，3、4

晚清立法中的外国人/李贵连//中外法学. -1994，4

试论清末的《公司律》/李玉、熊秋良//湖南师范大学社会科学学报. -1994，4

试论清末修律研究中的两个问题/张凤磊//山东师大学报（社科版）. -1994，5

沈家本与我国近代狱制改良/张纹邦、蒋国中//劳改劳教理论研究. -1994，6

沈家本与凌迟刑的废除/余丽芬//浙江方志. -1994，6

清末法制改革与中国法制现代化/公丕祥//江苏社会科学. -1994，6

评《钦定宪法大纲》/贺嘉//比较法研究. -1994，12

试论端方的立宪渊源及其对宪政的理解/刘高葆//中山大学研究生学刊（社科版）. -1995，1

论清末的公司法/李玉、熊秋良//近代史研究. -1995，2

张之洞与清末监狱改良/张凤仙//中国监狱学刊. -1995，2

《活地狱》与晚清州县司法研究/徐忠明//比较法研究. -1995，3

论清末教育立法和对法政教育的规范动员/王立中、马芳城//中央政法管理干部学院学报. -1995，3

清末报律的实施/王学珍//近代史研究. -1995，3

清朝禁烟法令为何没阻止鸦片的输入/付江红//黔南民族师专学报（社科版）. -1995，4

清末礼法分离的社会动因和文化动因新探/张仁善//南京大学学报（哲学人文社科版）. -1995，4

我国历史上的第一部著作权法：《大清著作权律》简论/语和//历史教学（高校版）. -1995，6

论《大清新刑律》的刑罚制度/周少元//政法论坛. -1995，6

清末对于西方狱制的接触和研究：一项法的历史和文化考查/许章润//南京大学法律评论. -1995，秋季号

晚清修律大臣沈家本/黄源盛//《东海法学研究》第 9 期. -1995

传统习惯对清末民事立法的影响/刘广安//比较法研究. -1996，1

商事裁判与商会：论晚清苏州商事纠纷的调处/马敏//历史研究. -1996，1

清朝末期对专利制度的两种意见/张尚策//知识产权. -1996，2

清末德国法对中国近代法制形成的影响/王立民//上海社会科学院学术季刊.
　　-1996，2

《钦定宪法大纲》的历史地位/刘永红//淮阳师专学报. -1996，2

大清监狱草案的特点/王志亮、陈九振//监狱通讯. -1996，3

《赴厦日记》与清末厦门会审/曹旅宁、段晓春//福建论坛（人文社科版）.
　　-1996，4

清末著作权立法初探/姚琦//青海师范大学学报（社科版）. -1996，4

清末中西公司立法背景的比较研究/许富仁//研究生法学. -1996，4

试论《钦定宪法大纲》的法文化价值/周少元//法学. -1996，6

端方与清季预备立宪/刘高葆//学术研究. -1996，6

晚清修律与中国法律现代化问题探析/谷青云//中山大学研究生学刊（社科
　　版）. -1996，增刊

近代不平等条约与清末法制/赵晓耕//《走向法治之路：20 世纪的中国法制变
　　革》，中国民主法制出版社. -1996

20 世纪初中国对德国法的引进/王立民//《走向法治之路：20 世纪的中国法制
　　变革》，中国民主法制出版社. -1996

简评清末法律移植的效果/苏亦工//《走向法治之路：20 世纪的中国法制变
　　革》，中国民主法制出版社. -1996

浅析洋务运动时期的涉外合同/陆玉芹//福建师范大学学报（社科版）.
　　-1997，1

清末中国从日本民法中吸取德国民法/王立民//法学. -1997，1

清末法政教育的兴起/安新予//中山大学研究生学刊（社科版）. -1997，1

清末商标立法述论/熊秋良//湖南师范大学社会科学学报. -1997，1

试析清末的"预备立宪"/江涌//船山学刊. -1997，1

从《大清新刑律》看中西法律的冲突与融合/周少元//江苏社会科学.
　　-1997，2

论清末教育立法/陈绍方//暨南学报（社科版）. -1997，2

清末巡警制度述略/师建祥//四川师范学院学报. -1997，2

鸦片战争时期中英关于香港居民司法管辖权的交涉/郭卫东//史学月刊.
　　-1997，2

论清末修律的方法与意义/王敏//南京师大学报（社科版）. -1997，3

领事裁判与清末律师制度的产生/徐家力//河北法学. -1997, 3

清末广东巡警（警察）制度述略/沈晓敏//政法学刊. -1997, 3

清末预备立宪与中国政治近代化的开端/姚琦//贵州教育学院学报（社科版）.
　　-1997, 3

民族国家、宪政与法律移植：晚清国家转型中的合法性重建/张世功//战略与
　　管理. -1997, 6

清末修律的经济背景/高旭晨//法制与社会发展. -1997, 6

近代中国宪政运动的发生及其反思：关于清末"立宪"的几个问题的探讨/殷
　　啸虎//法学. -1997, 8

晚清留学教育及其立法/陈绍方//社会科学辑刊. -1998, 1

台湾之狱：近代中国第一起涉外案件述论/林齐模//安庆师院社会科学学报.
　　-1998, 1

论戊戌变法的策略错误——九十年前的改革教训值得注意/董方奎//华中师范
　　大学学报（哲社科版）. -1998, 3

略论晚清的京控制度/赵晓华//清史研究. -1998, 3

清末教育立法的缘起、立法指导思想及其运作机制/陈绍方//暨南学报（社科
　　版）. -1998, 3

《大清民律草案》考析/俞江//南京大学法律评论. -1998，春季卷

清末经济法规的影响及其局限/陈耀华//玉林师范高等专科学校学报.
　　-1998, 4

《大清著作权律》是"没来得及实施"的法律吗？/李明山//中国出版.
　　-1998, 4

试论清末预备立宪的必然性/丁应通//江西社会科学. -1998, 7

谈清末修律的背景/高旭晨//《法律史论丛》第 4 辑，江西高校出版社. -1998

重评清末法律改革与沈家本之关系/苏亦工//《法律史论集》第 1 卷，法律出
　　版社. -1998

"晚清就地正法之制"研究/邱远猷//《法律史论集》第 1 卷，法律出版
　　社. -1998

近代不平等条约与清末法制的变革/赵晓耕//浙江社会科学. -1999, 1

论清末审判方式的改革/王立民//法制与社会发展. -1999, 4

清末的法制改革及其历史意义/张竞生//探索. -1999, 4

清末直隶立宪派与立宪运动琐议/刘建军//河北大学学报（哲社科版）.
　　-1999, 4

预备立宪——中国政治制度近代化的开端/赵葆惠//韩山师范学院学报.
　　-1999，4

沈家本的局限与法律现代化的误区/马作武//法学家.-1999，4；又载《法律
　　史论丛》第 6 辑，山东大学出版社.-1999

丁韪良与《万国公法》/田涛//社会科学研究.-1999，5

浅析清末司法制度之变革/柴荣//内蒙古大学学报（哲社科版）.-1999，5；
　　又载《法律史论丛》第 6 辑，山东大学出版社.-1999

试论清末的经济立法/贾孔会//福建论坛（人文社科版）.-1999，6

清末修律的中外通行原则/艾永明//法学研究.-1999，6

郭嵩焘与国际公法/成晓军//历史教学（高校版）.-1999，6

张之洞与清末立宪/吴春梅//江苏社会科学.-1999，6

晚清国际法输入述论/田涛//天津社会科学.-1999，6

晚清法制改革的逻辑与意义/徐忠明//《法律史论集》第 2 卷，法律出版
　　社.-1999

晚清法制改革引出的两点思考/徐忠明//《法律史论丛》第 6 辑，山东大学出
　　版社.-1999

法律移植与中国民法法典化之路/李艳华、戴剑波//《法律史论丛》第 6 辑，
　　山东大学出版社.-1999

略论清末修律对中国法制近代化的影响/肖传林//《法律史论丛》第 6 辑，山
　　东大学出版社.-1999

帝国主义对清末修律的影响/王端起//《法律史论丛》第 6 辑，山东大学出版
　　社.-1999

晚清法制改革引出的两点思考/徐忠明//《北大法律评论》第 2 卷第 1 辑，法
　　律出版社.-1999

保定教案与沈家本被拘考/李贵连//比较法研究.-2000，1

帝制中国晚期的民事法律、审判与调解/高寿仙//北京行政学院学报.
　　-2000，1

清末官僚法律心理的演变与传统礼法制度的消亡/张仁善//史学集刊.
　　-2000，1

晚清的积案问题/赵晓华//清史研究.-2000，1

清季主张立宪的官员对宪政的体认/迟云飞//清史研究.-2000，1

外来因素的冲击与回应：清末修律动因再探/林明//山东大学学报（哲社科
　　版）.-2000，2

论 20 世纪初期的法制改革/马东玉//辽东师范大学学报. —2000，2

禁止把持与保护专利——试析清末商事立法中的苏州金箔业讼案/邱澎生//中外法学. —2000，3

清末报律与言论、出版自由/春杨//法学. —2000，3

晚清政府何时何地开始实行"就地正法之制"/邱远猷//历史档案. —2000，3

资政院与清末的制宪活动/卞修全//南开学报（哲社科版）. —2000，4

论清末新闻法规/张力军//怀化师专学报. —2000，4

清末法律移植活动及其思考/祖伟//辽宁大学学报（哲社科版）. —2000，4

晚清"十年专利"的产生及其法律特征/吴钦缘//研究与发展管理. —2000，4

鸦片战争前清政府的反毒品立法/毕连芳//河北师范大学学报（哲社科版）. —2000，4

我国第一份近代出版合同/吴永贵//中国出版. —2000，4

试析《浙江军政府临时约法》/邱远猷//历史教学（高校版）. —2000，5

清末官制改革中的大理院/韩秀桃//法商研究. —2000，6

清末修律与中国法制近代化/肖传林//江汉论坛. —2000，8

我国第一部图书馆法规的产生及其影响/张雪峰//图书馆杂志. —2000，9

清末司法主体"有法不依"的行为趋向与传统礼法体系的消亡——兼谈"依法治国"的必要前提/张仁善//《中国传统法律文化与现代法治》（《法律史论丛》第 7 辑），重庆出版社. —2000

论清末修律的历史意义/袁春兰//《中国传统法律文化与现代法治》（《法律史论丛》第 7 辑），重庆出版社. —2000

从清末修律的局限性看中国对西方法律的借鉴/傅建奇//甘肃政法学院学报. —2001，1；又载法学杂志. —2002，4

清末法学教育的特点/周少元//法商研究. —2001，1；又载《中国法律近代化论集》，中国政法大学出版社，2002

中国第一部公司法的诞生及启示/舜秋//湖北社会科学. —2001，1

曾国藩与直隶清讼/马啸//石家庄师范专科学校学报. —2001，2

《大清著作权律》的制定/曾汉祥//著作权. —2001，2

论清朝末年法制变革模式/王霞//山西师大学报（社科版）. —2001，2

从清末修律的局限看中国对西方法律的借鉴/傅建奇//甘肃政法学院学报. —2001，3

北洋官报局盗版与晚清版权律的制定/李明//南通师范学院学报（哲社科版）. —2001，3

论清《公司律》对我国现行公司立法的意义/金永恒//山西大学学报（哲社科版）. -2001，3

清末法学教育的多样性特点/周少元//华东政法学院学报. -2001，3

晚清赴日法政留学生与中国法制近代化的再思考/丁相顺//金陵法律评论. -2001，春季卷

论辛亥革命前拟定商法的活动/朱英//郧阳师范高等专科学校学报. -2001，4

地方督抚与清末法制变革/玉霞//人文杂志. -2001，4

清末礼法之争及其法哲学解析/李晓明//河北法学. -2001，4

晚清社会转型中的教育改革立法刍议/胡仁智//现代法学. -2001，4

张百熙与中国近代的版权保护/李明山//韶关学院学报. -2001，4

论中国 20 世纪初的法律改革/徐祖澜//安徽工业大学学报（社科版）. -2001，4

清末报律：在创新和守旧的夹缝中/孙季萍//政法论丛. -2001，5

清末法制改革的现代化特征/周金恋//郑州大学学报（哲社科版）. -2001，5

《万国公法》与清末国际法/何勤华//法学研究. -2001，5

晚清赴日法政留学生与中国早期法制近代化/丁相顺//中外法学. -2001，5

中国宪政史上移植西方法的第一次尝试——清末立宪活动述评/刘秀清//河南政法管理干部学院学报. -2001，6

评晚清宪政/张从容//中央政法管理干部学院学报. -2001，6

清末"新政"与近代法学教育/林明//山东大学学报（哲社科版）. -2001，6

清末部院之争初探/张从容//现代法学. -2001，6；又载《继承与创新——中国法律史学的世纪回顾与展望》（《法律史论丛》第 8 辑），法律出版社. -2001

中国近代民商法的嚆矢——清末移植外国民商法述评/李秀清//法商研究. -2001，6

20 世纪中国宪政的回顾与思考/王永祥//河北学刊. -2001，6

试析清末部院司法权限之争/李俊//江汉论坛. -2001，8

法律移植中法律制度与法律文化的互动——辛亥革命时期法制建设的启示/李静//当代法学. -2001，9

清末民初寺庙财产权研究稿/李贵连//《法制史研究》第 2 期，（台湾）中国法制史学会、"中央研究院"历史语言研究所. -2001

冈田朝太朗与清末民初刑法的近代化/黄源盛//《刑事法百年回顾与前瞻》（学术研讨会论文集），台湾刑事法学会与中国法制史学会. -2001

清末商法实施考/徐立志//《法律史论集》第3卷，法律出版社．-2001

论清末修律变法的历史必然性/高尚//《继承与创新——中国法律史学的世纪回顾与展望》（《法律史论丛》第8辑），法律出版社．-2001

试论清末修律中经济立法对经济发展的影响与作用/杨东霞//《继承与创新——中国法律史学的世纪回顾与展望》（《法律史论丛》第8辑），法律出版社．-2001

清末法律移植的途径、方法及评价/祖伟//《继承与创新——中国法律史学的世纪回顾与展望》（《法律史论丛》第8辑），法律出版社．-2001

清末改土归流期间的司法实践之个案分析/徐晓光//《继承与创新——中国法律史学的世纪回顾与展望》（《法律史论丛》第8辑），法律出版社．-2001

从《大清新刑律》看清末法律改革/张德美//《继承与创新——中国法律史学的世纪回顾与展望》（《法律史论丛》第8辑），法律出版社．-2001

清末修律取法日本述论/祖伟//日本研究．-2002，1

关于清末宪政运动的几个问题/刘笃才//中国法学．-2002，1

清末法律变革的成败、道德信念与法治信念/马小红//学习时报．-2002，1.28、2.25、4.22

清末司法移植略论/张德美//诉讼法学研究．-2002，2

清末新政时期刑律监狱制度改革/刘雪毅//益阳师专学报．-2002，2

清末"新政"：一场真正的法律革命/朱勇//济宁师范专科学校学报．-2002，2；又载重庆社会科学．-2002，5

伍廷芳：第一个取得外国律师资格的中国人/马作武//律师文摘．-2002，2

现代化视野中的清末修律/马作武//文化中国．-2002，3

十九世纪末地方法律实践状况考：一块碑文透出的历史信息/龙大轩//现代法学．-2002，3

官方舆论与依法治国——晚清中央机关"清议"群体现象个案分析/陈勇勤//甘肃政法学院学报．-2002，3

清末沈家本修订刑律的功绩及成因/杨惠//天津市政法管理干部学院学报．-2002，3

《大清违警律》移植外国法评析/李秀清//犯罪研究．-2002，3

阿拉巴马号案与晚清国人的国际法印象/田涛//天津师范大学学报．-2002，3

从分家继产之讼看清代的法律与社会——道光、光绪年间陕西相关案例分析/张晓也//清史研究．-2002，3

晚清国籍法之由来及影响探析/张静、尹朝晖//柳州师专学报．-2002，3

清末修律与中国近代民刑事法典的编纂/李卫东//江汉大学学报．-2002，4

倾听保守者的声音：清末修律/俞江//读书．-2002，4

试论国际法的输入对晚清外交近代化的影响/曹胜、柳宾//青岛科技大学学报
　　（社科版）．-2002，4

《苏报》案与治外法权/高强//西南师范大学学报（人文社科版）．-2002，4

论晚清矿章关于办矿洋商的规定及其效果/李玉//南京大学学报（哲学人文社
　　科版）．-2002，4

清末建警失败原因分析/孟庆超//公安大学学报．-2002，5

清末商人法律地位浅析/吕铁贞//河南省政法管理干部学院学报．-2002，5

试论清末监狱近代化的法制前提/王春霞、王颖//广西社会科学．-2002，5

评晚清宪政/张从容//中央政法管理干部学院学报．-2002，6

郭嵩焘在晚清法律近代化过程中的历史贡献/张家国、张静//法商研究．
　　-2002，6

清末刑法改制与中国刑法近代化/徐岱//刑法论丛．-2002，6

晚清宪政改革在近代中国政治发展中的地位和影响/高旺//中国青年政治学院
　　学报．-2002，6

清末商事立法百年回顾与反思/叶昌富//江汉论坛．-2002，6

清末监狱学诞生的历史原因分析/郭明//犯罪与改造研究．-2002，8

清末《安徽省民事习惯调查录》读后/俞江//《法制史研究》，（台湾）中国法
　　制史学会、“中央研究院”历史语言研究所．-2002

宣统二年的法官考试/李启成//《法制史研究》第 3 期，（台湾）中国法制史学
　　会、“中央研究院”历史语言研究所．-2002

1902 年（光绪二十八年）：中国法百年祭/李贵连、王志强//《法制史研究》
　　第 3 期，（台湾）中国法制史学会、“中央研究院”历史语言研究
　　所．-2002

从东京、北京到上海：日系法学教育与中国律师的养成/孙慧敏//《法制史研
　　究》第 3 期，（台湾）中国法制史学会、“中央研究院”历史语言研究
　　所．-2002

清末审判独立改革的障碍分析/韩秀桃//《法律史论集》第 4 卷，法律出版
　　社．-2002

论清末新式法学教育的经验/徐彪//《法律史论集》第 4 卷，法律出版社.
　　-2002；又载法制与社会发展．-2003，3

从清末修律看法律移植/张德美//《中国法律近代化论集》，中国政法大学出版
　　社．-2002

清末法律移植评价及政治因素的作用/崔林林//《中国法律近代化论集》，中国
　　政法大学出版社．-2002

从清末修律看我国加入 WTO 法律之改革/宋北平//《中国法律近代化论集》，
　　中国政法大学出版社．-2002

浅议清末的"弹劾军机大臣案"/李倩//《中国法律近代化论集》，中国政法
　　大学出版社．-2002

沈家本与清末民商事法律的修订/赵晓耕//《中国法律近代化论集》，中国政法
　　大学出版社．-2002

变革中的冲突与调整——析清末部院之争/张从容//《中国法律近代化论集》，
　　中国政法大学出版社．-2002

清末修律中的证据立法研究/蒋铁初//《中国法律近代化论集》，中国政法大学
　　出版社．-2002

清末司法改革原因研究/李启成//《走向二十一世纪的中国法文化》（《法律史
　　论丛》第 9 辑），上海社会科学院出版社．-2002

清末经济立法与近代经济制度在中国的奠基/武乾//《中西法律传统》第 2 卷，
　　中国政法大学出版社．-2002

清末的"法治"话语/程燎原//《中西法律传统》第 2 卷，中国政法大学出版
　　社．-2002

"苏报案"与西法东渐下的中国传统办案思维/易江波//《中西法律传统》第 2
　　卷，中国政法大学出版社．-2002

从戊戌变法的目的看戊戌之宪政/徐祥民//《海大法学评论》，吉林人民出版
　　社．-2002

德国法在中国传播的一段逸史：从青岛特别高等专门学堂说到赫善心和晚清
　　修律/王健//比较法研究．-2003，1

析 1910 年《法院编制法》/张从容//暨南学报．-2003，1

论清末的商事立法/张鹏、李建钢//榆林高等专科学校学报．-2003，1

鸦片战争前英国破坏中国司法主权述论：广东地区典型涉英刑事案件透析/向
　　军//五邑大学学报．-2003，1

清末赴日法政留学教育及其影响/姚琦//新疆大学学报（哲学人文社科版）．
　　-2003，1

郭嵩焘与万国公法会/张建华//近代史研究．-2003，1

"迷拐"、"折割"传闻与天津教案/董丛林//近代史研究. –2003，2

清末修律的动因考察及反思/李晓光//宿州教育学院学报. –2003，2

清末警察教育述论/黄晋祥//安庆师范学院学报. –2003，2

晚清国人的民族国家认同及其困境：以国籍问题为中心/徐小青//华侨华人历
　　史研究. –2003，2

清末司法现代化变革原因探析/吴永明//江西师范大学学报（哲社科版）.
　　–2003，2

清末刑法制度改革刍议/贾孔会//学术论坛. –2003，2

肃顺与戊午科场案考论/高中华//广西师范大学学报（哲社科版）. –2003，2

近代商战与清末修订商律——以棉纺织业个案为例/苏凤格//商丘职业技术学
　　院学报. –2003，2

清末法制近代化为什么失败：从中日比较的角度分析/艾永明//比较法研究.
　　–2003，3；又载《东吴法学文粹》，法律出版社. –2003

清末商会探微/林雅//华东政法学院学报. –2003，3

论清末新式法学教育的经验/徐彪//法制与社会发展. –2003，3

略论清末《公司律》的产生及特点/张铭新、王玉洁//法学评论. –2003，3

清末新政与中国警政近代化/郭玉家、马学春//许昌学院学报. –2003，3

试析清末修律中礼法之争的力量对比/高汉成//东方论坛. –2003，3

国际化与本土化：晚清法制改革的两个目标/曹全来//天津社会科学.
　　–2003，3

论伍廷芳与刑讯制度的废除/邓学文//广东史志. –2003，3

略谈沈家本在废除凌迟酷刑中的作用/余方德//湖州职业技术学院学报.
　　–2003，3

清末修律中的民事诉讼制度变革/吴泽勇//比较法研究. –2003，3

领事裁判权制度与晚清司法改革之肇端/李启成//比较法研究. –2003，4

清末变法修律的历史思考/邓保国//惠州学院学报. –2003，4

晚清时期中国近代警察制度建设/夏敏//江苏警官学院学报. –2003，4

清末日本法学教习来华原因探析/尹伟琴、陈琛//社会科学辑刊. –2003，4

沈家本与中国法学的传承及新生——纪念沈家本先生逝世九十周年/陈金全、
　　陈松//现代法学. –2003，5

张之洞与清末监狱改良/杨晓辉//中国监狱学刊. –2003，5

清末经济立法对中国入世后法律改革的借鉴意义/张文举//学术界. –2003，5

伍廷芳与清末修律/杨莉//零陵学院学报. –2003，6

开启理性司法之门：对清末司法改革的程序正义解读/石毕凡//浙江社会科学. -2003, 6

晚清外商在华招工法律制度探析/吕铁贞//中州学刊. -2003, 6

鲜知、遗忘的上海美国法院/杨寅//读书. -2003, 8

浅析清末法制改革的历史地位/陆文前//江汉论坛. -2003, 8

新见史料所揭示的《大清民律草案》编纂问题/张生//《法制史研究》第4期，（台湾）中国法制史学会、"中央研究院"历史语言研究所. -2003

探索西方的"法言法语"——以毕利干的《法国律例》为线索，兼论外国法的翻译与中国法律近代化关系/王健//《法制史研究》第4期，（台湾）中国法制史学会、"中央研究院"历史语言研究所. -2003

沈家本等订民刑诉讼法草案考/徐立志//《中国法制史考证》甲编第7卷，中国社会科学出版社. -2003

近代西方刑法学派对《钦定大清刑律》的影响/周少元//《安徽大学法律评论》第3卷第2期，安徽大学出版社. -2003

司法储才馆初考/俞江//清华法学. -2004, 1

晚清中央司法机关的近代转型/张从容//政法论坛. -2004, 1

晚清各级审判厅的诉讼程序研究/李启成//法学纪元. -2004, 1

清末修律之动因与意义分析/赵虎//山东农业大学学报（社科版）. -2004, 1

《中英续议通商行船条约》与清末修律辨析/陈亚平//清史研究. -2004, 1

近代中国政党的发轫——谈清末立宪运动下的组党试验/岑树海//复旦学报（社科版）. -2004, 2

论清末东北宪政改革的特点/徐建平//中国边疆史地研究. -2004, 2

论清末湖南的法学教育/周正云//时代法学. -2004, 2

清末法律改革的经济和社会基础分析/丁为群//云南大学学报（法学版）. -2004, 2

清末法制改革中的人才准备/赵晓华//华南师范大学学报（社科版）. -2004, 2

清末刑法典编纂体例和结构的变化/宋四辈//南都学坛（人文社科版）. -2004, 2

清末修律原因新探/向仁富//西南民族大学学报（人文社科版）. -2004, 2

清末"预备立宪"新论/贾孔会//三峡大学学报（人文社科版）. -2004, 2

晚清文官考核制度述论/陈一容//重庆三峡学院学报. -2004, 2

《大清民律草案》摭遗/张生//法学研究. -2004, 3；又载《百年回眸：法律

史研究在中国》第 2 卷，中国人民大学出版社．－2009

《大清新刑律》中共同犯罪人分类之研究/郑赫南//国家检察官学院学报．
　－2004，3

论晚清政府国籍法的制定及其影响/邱建章//河南大学学报（社科版）．
　－2004，3

清末司法改革述论/章惠萍//晋阳学刊．－2004，3

宪政视野中的清末报刊与报律/屈永华//法学评论．－2004，4

中国立宪主义的起点：对清末君主立宪主义的一个省察/林来梵、凌维慈//社
　会科学战线．－2004，4

法律与社会：清末刑法改制的互动考察——以社会经济状况为分析单元/蔡道
　通//淮阴师范学院学报（哲社科版）．－2004，4

清末法制改革的历史意义/孙建//南京林业大学学报（人文社科版）．
　－2004，4

清末中西竞争语境下的刑律修订/赵娓妮//社会科学研究．－2004，4

国法与习惯的"交错"：晚清广东州县地方对命案的处理——源于清末《广东
　省调查诉讼事习惯第一次报告书》（刑事诉讼习惯部分）的研究/赵娓
　妮//中外法学．－2004，4

晚清法律改革动因再探——以张之洞与领事裁判权问题的关系为视角/高汉
　成//清史研究．－2004，4；又载《法苑撷英》上卷，中国社会科学出版
　社．－2008

晚清法制变革中的法官考选制度研究/李超//新疆大学学报（哲学人文社科
　版）．－2004，4

晚清预备立宪述评/金亮贤//丽水师范专科学校学报．－2004，4

中国刑罚轻缓化之肇始——清末修律中刑罚轻缓化之动因、概况及评析/赖早
　兴//湘潭大学学报（哲社科版）．－2004，4

伍廷芳与清末新政法律改革/于建胜//山东师范大学学报（人文社科版）．
　－2004，4

学术与变革：清末的唐明律研究与评价/赵晓耕、王平原//浙江社会科学．
　－2004，4

清末法制变革中的日本影响——以直隶为中心的考察/侯欣一//法制与社会发
　展．－2004，5

洋务运动与晚清法律近代化/江立新//安徽教育学院学报．－2004，5

论清末法律渊源/熊命辉//湘南学院学报．－2004，6

清朝末年刑法的现代化/蒋超群//广西社会科学. -2004，6

清末法律变革原因再认识/汪菁华//安徽史学. -2004，6

清末高等教育法研究/李静蓉//理工高教研究. -2004，6

清末预备立宪的史实考论/张培田、陈金全//湘潭大学学报（哲社科版）.
　　-2004，6

论清末监狱改良/赵连稳//青海师范大学学报（哲社科版）. -2004，6

试论清末法律变革的意义/周有良//黑龙江省政法管理干部学院学报.
　　-2004，6

对清末法律移植的思考/赵杨、刘春香//学术交流. -2004，9

试论晚清传统法律转型的时代性/曹建军//理论导刊. -2004，10

论清末法制变革的内在动因/熊命辉//求索. -2004，11

沈家本与司法独立改革/胡国强//浙江人大. -2004，12

论奕劻在清末修律中的作用——以《大清刑律》的制定为中心/高汉成//《法
　　律史论集》第5卷，法律出版社. -2004

托"洋"改制——法理派眼中收回领事裁判权问题/高汉成//《中国历史上的
　　法律制度变迁与社会进步》（《法律史论丛》第10辑），山东大学出版
　　社. -2004

试论清末中国司法体制的转型/春杨//《中国历史上的法律制度变迁与社会进
　　步》（《法律史论丛》第10辑），山东大学出版社. -2004

浅析清末诉讼体制变革之得失/周进//《中国历史上的法律制度变迁与社会进
　　步》（《法律史论丛》第10辑），山东大学出版社. -2004

晚清改革：中国立法机构之演变/徐永康//《东吴法学》，黑龙江人民出版
　　社. -2004

清末民事习惯调查说略/俞江//《民商法论丛》总第30卷. -2004

关于清末宪政运动的几个问题/刘笃才//《中国法史学精萃》2001-2003年卷，
　　高等教育出版社. -2004

清末法制与法学教育改革的几个问题/林明//《法史思辨：2002年中国法史年
　　会论文集》，法律出版社. -2004

沈家本与满汉一法/林乾、王丽娟//《沈家本与中国法律文化国际研讨会论文
　　集》，中国法制出版社. -2004

晚清司法改革之真实记录——《各省审判厅判牍》简介/李启成//清华法治论
　　衡. -2005，1

简论清末宪政视野下的司法独立/简海燕//湖南行政学院学报. -2005，1

论清末的法律近代化/汤毅平//时代法学．-2005，1

论清末警察与直隶、京师等地的社会文化变迁——以《大公报》为中心的探
　　讨/王先明//河北师范大学学报（哲社科版）．-2005，1

清末地方司法改革中的审级权限制度/贾滕//河南教育学院学报（哲社科版）．
　　-2005，1

清末宪政改革的现代化特征/王洪涛//甘肃理论学刊．-2005，1

清末新闻立法与近代化大众传播模式的确立/房晓童//华侨大学学报（哲社科
　　版）．-2005，1

清末新政与中国教育制度近代化/肖建文//宜春学院学报．-2005，1

试论条约前时代清政府对领水主权的维护/刘利民//信阳师范学院学报（哲社
　　科版）．-2005，1

晚清海关洋员职务行为涉讼再探讨——以英籍洋员为考察中心/蔡晓荣//苏州
　　大学学报（哲社科版）．-2005，1

析清末修律对日本法的移植/钱鹏//云南行政学院学报．-2005，1

鸦片战争前粤海关税费问题与战后海关税则谈判/吴义雄//历史研究．
　　-2005，1

清末新政狱制改良原因浅析/王长芬//社会科学家．-2005，S1

不可能的任务：晚清冤狱之渊薮——以杨乃武与小白菜案初审官刘锡彤为中
　　心的分析/郑定、杨昂//法学家．-2005，2

论清末中国司法体制的转型及其历史启示/春杨//政法论丛．-2005，2

科举误国——从翁同龢看传统文官体制下晚清政局的必然走势/楼宏峰//贵州
　　文史丛刊．-2005，2

就地正法与清代刑事审判制度——从晚清就地正法之制的争论谈起/王瑞成//
　　近代史研究．-2005，2

清末地方司法改革中的法官制度/柳岳武//天府新论．-2005，2

晚清地方自治与中国宪政的萌动/唐强奎//南京工业大学学报（社科版）．
　　-2005，2

《钦定宪法大纲》的法学评析/曹心宝//广西教育学院学报．-2005，2

杨乃武与小白菜案：清季法官的心理分析/杨昂//北京大学研究生学志．
　　-2005，2

清末法律移植的现代反思/马作武//学术研究．-2005，2

晚清司法改革的两种倾向/张从容//学术研究．-2005，2；又载《法律文化研
　　究》第1辑，中国人民大学出版社．-2006

法界硕彦沈家本/毛德传//钟山风雨. -2005，2

论清末《宪法大纲》与《重要信条》的实质/王侃//信阳师范学院学报（哲
　　社科版）. -2005，3

《万国公法》的几个问题/张用心//北京大学学报（哲社科版）. -2005，3

法律移植与清末司法制度改革/范仲琪//郑州航空工业管理学院学报（社科
　　版）. -2005，3

从"东乡抗粮案"看"同光司法"/柳岳武、张雷//商丘师范学院学报.
　　-2005，3

清末奉天新式审判制度的社会运作及评价/柳岳武、赵鉴军//唐都学刊.
　　-2005，3

清末法制改革与法制近代化/王永进//社会科学家. -2005，3

晚清外交和约与近代中国法制现代化的启蒙/侯强//云南社会科学. -2005，3

袁世凯与晚清地方司法体制的转型/王先明//社会科学研究. -2005，3

晚清司法发展分析：以严复的司法理论为分析对象/沈国琴//国家检察官学院
　　学报. -2005，3

清末修刑律的再认识/王宏治//比较法研究. -2005，4

清末民初关于设立行政裁判所的争议/李启成//现代法学. -2005，4

张之洞与清末监狱改良/高艳//犯罪与改造研究. -2005，4

试论司法鉴定的独立性——以清末"杨乃武与小白菜案"为例/潘巍松//法律
　　与医学杂志. -2005，4

论清末选官制度的变革及其对时局的影响/岑红//江苏社会科学. -2005，4

晚清司法改革实践与反思/胡谦//长沙大学学报. -2005，4

论清末的《商法调查案理由书》/王雪梅//四川师范大学学报（社科版）.
　　-2005，4

中国第一部著作权法的制定与施行/朱洪梅//出版史料. -2005，4

清末刑事诉讼制度变革探究/聂志琦//黑龙江省政法管理干部学院学报.
　　-2005，5

论晚清的司法独立/张洪林、曾友祥//华南理工大学学报（社科版）.
　　-2005，5

略论《钦定大清商律》对外国法的移植/徐立志//郑州大学学报（哲社科
　　版）. -2005，5；又载《法苑撷英》上卷，中国社会科学出版社. -2008

清末"预备立宪"刍议/宋四辈//郑州大学学报（哲社科版）. -2005，5

试析治外法权与领事裁判权/赵晓耕//郑州大学学报（哲社科版）. -2005，5

清末法制改革：诉讼制度与诉讼文化/李交发//郑州大学学报（哲社科版）.
　　-2005，5

袁世凯与清末法制改革/康大寿//史学月刊. -2005，5

清末刑事司法改革成败析/尤志安//光明日报. -2005，5. 24

论清末修律的原因、价值及其局限性/沈江瑞//郑州航空工业管理学院学报
　　（社科版）. -2005，6

清末各省调查局和修订法律馆的习惯调查/张勤//厦门大学学报（哲社科版）.
　　-2005，6

清末立宪效法日本动因探析/邝良锋//求索. -2005，6

苏报案幕后的人犯争夺战/林盛//浙江人大. -2005，6

凭族理说与全族谊：宗族内部民事纠纷的解决之道——以清光绪年间黟县宏
　　村汪氏店屋互控案为例/胡中生//济南大学学报（社科版）. -2005，6

《南京条约》不平等性新探：一个国际法视角的分析/谭玉秀、范剑飞//绥化
　　学院学报. -2005，6

简论《大清民律草案》/居洪生//科学中国人. -2005，6

晚清的"呼冤案"与逐级审转制/林盛//浙江人大. -2005，7

晚清时期待质人证问题/赵晓华//史学月刊. -2005，9

晚清时期的涉外商标侵权纠纷/蔡晓荣、王国平//学术研究. -2005，9

《大清著作权律》述论/张小莉//学术研究. -2005，9

清末始创的"自新监"对司法特权的维护/从希斌、吴中跃//犯罪与改造研
　　究. -2005，10

震动晚清政局的云南报销案/贾熟村//史学月刊. -2005，11

冤案与话语权——围绕女性立场而对杨乃武案的一个分析/刘练军//法学.
　　-2005，11

戴鸿慈与清末宪政运动的开端/俞勇嫔//历史教学（高校版）. -2005，11

督促与应对：晚清教务教案中中央政府与地方官的互动/邓常春//西南民族大
　　学学报（人文社科版）. -2005，12

论清末预备立宪之积极价值/胡玲芝//文史博览. -2005，14

沈家本《旧抄内定律例稿本》命名臆解/孙家红//《法制史研究》第 7 期，
　　（台湾）中国法制史学会、"中央研究院"历史语言研究所. -2005

晚清商人群体的崛起与传统法等级观念的动摇/周少元//《安徽大学法律评论》
　　第 5 卷第 2 期，安徽大学出版社. -2005

从告示碑看光绪年间的主要社会问题/李雪梅//《沈家本与中国法律文化国际

学术研讨会论文集》，法制出版社．–2005

晚清继受外国法中"无夫奸"存废的世纪之争/黄源盛//《东亚传统家礼、教育与国法（一）家族、家礼与教育》，台湾大学出版中心．–2005

清末宪政改革的形而上与形而下：从清末地方自治运动谈起/姜栋//法学家．–2006，1

清末奉天各级审判厅考论/俞江//华东政法学院学报．–2006，1

从法律移植维度审视沈家本修律/傅育//安徽工业大学学报（社科版）．–2006，1

大沽口船舶事件：晚清外交运用国际法的成功个案/况落华//安庆师范学院学报（社科版）．–2006，1

中英《续议通商行船条约》裁厘加税条款的谈判/谢振治//玉林师范学院学报．–2006，1

论清末"新政"时期的刑法变革/杨智平、黄国耀//哈尔滨学院学报．–2006，1

论清末商会对华洋商事纠纷的司法参与/蔡晓荣//学术探索．–2006，1

清末修订《刑事民事诉讼法》论考：兼论法典编纂的时机、策略与技术/吴泽勇//现代法学．–2006，2

断裂的传统：清末废科举对宪政改革的影响/徐爽//政法论丛．–2006，2

清代刑事司法实际透视——杨乃武与小白菜案件评析/陈翠玉//中国刑事法杂志．–2006，2

清末刑讯制度改革始末研究/刘文鹏//甘肃农业．–2006，2

试析法学家与法律转型的关系——以沈家本个人角色与晚清法律变革为例/冯琳//江海学刊．–2006，2

张之洞与晚清法制教育/王姗萍//贵州文史丛刊．–2006，2

晚清修订商约中的版权交涉：中国近代版权制度的嚆矢/任满军//中国版权．–2006，2

从商人对《破产律》的批评看清末的社会法律环境/王雪梅//四川大学学报（哲社科版）．–2006，2

杨乃武冤案平反的背后：经济、文化、社会资本的分析/徐忠明、杜金//法商研究．–2006，3

清末中国监狱近代化的启动/卞修全//中国监狱学刊．–2006，3

国际法与晚清近代外交/张效民//社会科学论坛（学术研究卷）．–2006，3

论上海公共租界混合法庭/李慧娟//株洲师范高等专科学校学报．–2006，3

清末涉外版权纠纷问题/蔡晓荣//齐齐哈尔大学学报. -2006，3

移植与改造：清末新式法律教育中的行政法教学/侯强//行政法学研究.
　　-2006，4

清末修订《法院编制法》考略：兼论转型期的法典编纂/吴泽勇//法商研究.
　　-2006，4

清末买官卖官的公开化与合法化/余育国//武汉文史资料. -2006，4

论清末前后的司法特征/严晶//苏州大学学报（哲社科版）. -2006，4

论清末日本狱志考察/孔颖//日本研究. -2006，4

晚清国际法研究回顾与前瞻/张卫明//西华大学学报. -2006，4

清末立宪中的满族因素/田东奎//政法论坛. -2006，5

尚未破解的"礼法之争"之谜/张仁善//政法论坛. -2006，5

基于法文化视角的清末版权法律文本产生背景考察/刘华、陆剑//甘肃政法学
　　院学报. -2006，5

1843—1911年起源时期的上海法学教育/蒋晓伟、董思毓//法治论丛（上海政
　　法学院学报）. -2006，6

浅议清末地方审判监督制度的改革/柳岳武、黄洁//石河子大学学报.
　　-2006，6

晚清涉外税法中偷漏税的预防与惩治/吕铁贞//中州学刊. -2006，6

1906年慈禧垂帘时代的宪政萌芽/傅国涌//中国社会导刊. -2006，8

中西文化冲突与清末宪政模式之选择/张继良、梁小惠//河北法学. -2006，8

黄遵宪与中国近代法制变革/黄升任//广西社会科学. -2006，9

晚清立宪中的松冈义正/秋风//中国新闻周刊. -2006，10

西法东渐中无夫奸存废之争/黄源盛//（台湾）《政大法学评论》第91
　　期. -2006

近代宪政视野中的晚清弹劾军机案/李启成//《法制史研究》第9期，（台湾）
　　中国法制史学会、"中央研究院"历史语言研究所. -2006

上海会审公廨中外审判官裁判冲突研究/洪佳期//《法制史研究》第9期，（台
　　湾）中国法制史学会、"中央研究院"历史语言研究所. -2006

"分别民刑考"——以《大清现行刑律》之编纂为中心/陈新宇//（台湾）
　　《法制史研究》第10期，中国法制史学会、"中央研究院"历史语言研究
　　所. -2006

清末中国对律师制度的认识与引介/孙慧敏//《"中央研究院"近代史研究所集
　　刊》第52期. -2006

清末预备立宪活动中"化除满汉畛域"初探/苏钦//《法律文化研究》第2辑，中国人民大学出版社. -2006

清末宪政改革——以清末地方自治为视角/姜栋//《法律文化研究》第2辑，中国人民大学出版社. -2006

晚清法律教育形式的转变：从职业教育到学堂教育/周少元//《法治与和谐社会建设》，社会科学文献出版社. -2006

中国商法史研究路径的反省/孙丽娟//《中西法律传统》第5卷，中国政法大学出版社. -2006

清末民事习惯调查与《大清民律草案》的编纂/张生//法学研究. -2007，1

"常识"与传统中国州县司法——从一个疑难案件（新会田坦案）展开的思考/李启成//政法论坛. -2007，1

清末司法变革困境分析——从"春阿氏"一案说起/叶玲//平原大学学报. -2007，1

清末商事立法评述/何晖//华北电力大学学报（社科版）. -2007，1

"预备立宪"百年祭——祭晚清预备立宪中的政治妥协/江国华//湖南科技大学学报（社科版）. -2007，1

清末财税制度改革与宪政建设问题研究/李凡湘//法制与社会. -2007，1

晚清宪政运动——基于市民社会理论的分析/庞晓燕//市场周刊（理论研究）. -2007，1

从《申报》看清末传媒对法制进步的影响/赵晓耕//浙江学刊. -2007，1

论晚清以来法律人的崛起——回首浙江法律人/刘正中//法治研究. -2007，2

清末西式警察服装的制定/樊学庆//江苏警官学院学报. -2007，2

超越"在商言商"——清末公司立法中的商人参与问题述评/江眺//安阳工学院学报. -2007，2

论晚清刑狱制度的现代化/张天杰//沧桑. -2007，2

清末商标法律订立的肇始——中外续约谈判中最早涉及的商标保护条款/张丽红//山西警官高等专科学校学报. -2007，2

清末宪政改革中的地方自治——以《清末筹备立宪档案史料》为中心的考察/郭绍敏//北方法学. -2007，2

宪政视野中的清末法制改革与法治建设/龙长安//中国石油大学学报. -2007，2

清末地方自治与民权保障/龙长安//电子科技大学学报. -2007，2

试析鸦片战争前清代走私贸易处罚律令/侯俊云//广西师范大学学报（哲社科

版）. -2007，2

艰难的洗冤之路：杨乃武一案复杂原因的程序性探析/张忠军、秦涛//理论月
　　刊. -2007，2

从近代国际法看晚清政府对南海权益的维护/郭渊//求索. -2007，2

晚清司法改革中的戴鸿慈——兼论传统司法官员的知识转型/张从容//学术研
　　究. -2007，2；又载《中华法系国际学术研讨会文集》，中国政法大学出
　　版社. -2007

仵作的迷惑与衙门的迷失——晚清杨乃武案成冤的一个侧面/陆永棣//法治研
　　究. -2007，3

晚清预备立宪与司法"独立"/迟云飞//首都师范大学学报（社科版）.
　　-2007，3

晚清变法奏折中的中西法律沟通/宋大琦//法制与社会. -2007，3

清末商业纠纷的审理/倪毅//东方博物. -2007，3

道是无关却有关：清末时期的领事裁判权与晚清监狱改良/肖世杰//河南社会
　　科学. -2007，3

清末留日热潮对近代中国法制现代化的影响/侯强//历史档案. -2007，3

落日残照：晚清杨乃武案昭雪的历史、社会与制度因素/陆永棣//中外法学.
　　-2007，4

论罚金刑在近代刑法中的确立——以 1907 年大清刑律草案的相关规定为视
　　点/高汉成//政法论坛. -2007，4；又载《中国历史上的法律与社会发
　　展》，吉林人民出版社. -2007；《中国法律近代化论集》总第 2 卷，中
　　国政法大学出版社，2009

略论晚清政府关于来华外国人内地游历的执照制度/柴松霞//时代法学.
　　-2007，4

对清末修律过程中法律移植的认识/肖永兰//重庆科技学院学报（社科版）.
　　-2007，4

清末修律的评价及其对依法治国的启示/彭学慧//佛山科学技术学院学报（社
　　科版）. -2007，4

晚清上海租界会审公廨与华洋民商诉讼/蔡晓荣//西安电子科技大学学报.
　　-2007，4

晚清民事习惯的证据功能/蒋铁初//北方论丛. -2007，4

晚清留日法政学生与中国近代司法变革/邝良锋//求索. -2007，4

清末法学教育概况/袁天亮//西南交通大学学报. -2007，4

清末监狱制度近代化演变浅析/薛金莲//山西农业大学学报（社科版）.
　　-2007，4

清末诉讼制度改革刍议/贾孔会//三峡大学学报（人文社科版）. -2007，4

《钦定宪法大纲》内容解读/张剑//河南省政法管理干部学院学报. -2007，5

晚清小说家眼中的立宪运动/宋大琦//中北大学学报（社科版）. -2007，5

清末行政法产生的背景/孔曼//和田师范专科学校学报. -2007，5

清末法学教育与近代中国法制现代化/侯强//沈阳大学学报. -2007，5

劳乃宣与清末修律述论/于建胜//历史教学问题. -2007，5

论清末日本监狱学书籍之译介/孔颖//日语学习与研究. -2007，5

晚清知县对婚姻讼案之审断：晚清四川南部县档案与《樊山政书》的互考/赵
　　娓妮//中国法学. -2007，6

立宪的"药方"——张君劢的清末宪政想象/王本存//政法论丛. -2007，6

清末宗室觉罗刑事诉讼中的检察厅职权/谢如程//国家检察官学院学报.
　　-2007，6

《钦定宪法大纲》与清末政治博弈/张剑//史学月刊. -2007，6

《大清著作权律》的时间效力/王兰萍//中国版权. -2007，6

清末商事法规颁行的背景、影响及评价/张玉光//学术研究. -2007，6

清末宪政及中国近百年宪政实践对现实之思考/李雅柳//法制与社会.
　　-2007，7

中国为什么没有走西方的判例法道路？——以清末修律为视角/李绍燕//法制
　　与经济（下半月）. -2007，10

《日本帝国宪法》对《钦定宪法大纲》的影响/马明玉//法制与经济（下半
　　月）. -2007，10

清末新闻法规制定的背景与实质/许亚荃//江西社会科学. -2007，10

清末新闻法规刍议/许亚荃//东南传播. -2007，10

清末新闻法制的启示/牛千//东南传播. -2007，12

留学生与清末法律学制/裴艳//历史教学（高校版）. -2007，12

试论清末法制变革中的法的移植/安乙文//安徽农学通报. -2007，13

签注视野下的晚清刑法改革——以大清刑律草案的价值取向为中心/高汉成//
　　《中国文化与法治》，社会科学文献出版社. -2007

清末修律的宗旨究竟是什么？/王敏//《法制现代化研究》第11卷，南京师范
　　大学出版社. -2007

华洋商事纠纷与晚清法律移植：一个民间的视野/蔡晓荣//《法史学刊》第1

卷，中国社会科学出版社．-2007

诉讼与性别——晚清京控中的妇女诉讼/胡震//《近代法研究》第1辑，北京大学出版社．-2007

张之洞与清末改定新律的两个问题/张振国//《近代法研究》第1辑，北京大学出版社．-2007

司法独立：晚清时期国人对现代司法制度的认识——以《日本政法考察记》为中心的考察/侯欣一//《法律文化研究》第3辑，中国人民大学出版社．-2007

清末修律：沈家本面临的三大时代课题/高积顺//《法律文化研究》第3辑，中国人民大学出版社．-2007

清末修律中的死刑适用程序/胡兴东//《中国历史上的法律与社会发展》，吉林人民出版社．-2007

晚清法律教育风格的转变：从封闭走向开放/周少元//《中国历史上的法律与社会发展》，吉林人民出版社．-2007

张之洞是清末"修律的最大反对者"？/邱远猷//《中国历史上的法律与社会发展》，吉林人民出版社．-2007；又载《远猷选集》，香港天马出版有限公司．-2008

清代京控中当事人的诉讼策略和官方的结案技术：以光绪朝为例的一个分析/胡震//法学．-2008，1

清末修订《大清律例》的原因浅析/何欣//陕西档案．-2008，1

试论清末修律对中国近代法制转型的影响/吕震乾//安阳工学院学报．-2008，1

杨乃武与小白菜案揭谜——晚清奇案系列之一/陆永棣//中国审判．-2008，1

晚清民法近代化论略/贾孔会//三峡大学学报（人文社科版）．-2008，1

浅析清末司法制度改革的原因/曹心宝//遵义师范学院学报．-2008，1

《大清著作权律》的立法背景及历史意义/陈福初//江汉大学学报（社科版）．-2008，1

晚清按察使司法职能的演化/孙洪军//苏州大学学报（哲社科版）．2008，1

清末法官的培养、选拔和任用/刘焕峰//历史档案．-2008，1

"司法独立"在晚清的艰难展开/康黎//河北师范大学学报（哲社科版）．-2008，1

晚清围绕《大清新刑律》的争论/梁治平//中国企业家．-2008，Z1

清末检察厅的刑事上诉（控诉、上告及抗告）职权/谢如程//甘肃政法成人教

育学院学报．－2008，S1

不偏不倚　入情入理——清代光绪年间的一桩婚姻案件判例/胡剑//四川档案．－2008，2

清末变法修律的历史动因分析及现代反思/李念庆//淮阴工学院学报．－2008，2

论领事裁判权对清末律师制度的影响/吴畅//四川理工学院学报（社科版）．－2008，2

晚清钦定宪法大纲探析/刘柳儿//成都大学学报（社科版）．－2008，2

浅析《大清著作权律》播散的社会原因/尹燕//中国版权．－2008，2

论黄遵宪《日本国志》对清末法制改革的影响/张锐智//日本研究．－2008，2

丁韪良主持翻译《公法会通》新探/傅德元//河北学刊．－2008，2

晚清商会经济纠纷调理权再探讨/张启耀、黄红莲//求是学刊．－2008，3

传统政治文明转型视角下的清末立宪之难/刘伟//南京理工大学学报（社科版）．－2008，3

清末直隶基层司法制度改革研究/徐建平//世纪桥．－2008，3

从《大清民律草案》看传统法与外来法的冲突/马珺//史学月刊．－2008，3

晚清预备立宪失败原因探讨/张婷//现代商贸工业．－2008，3

晚清司法改革的困境及启示/肖军//社科纵横．－2008，3

清末对日本监狱学的留学学习/高艳//犯罪与改造研究．－2008，3

清末监狱改良对日本罪犯作业的考察/高艳//犯罪与改造研究．－2008，4

君权从哪里开始让步？——来自《钦定宪法大纲》的启示/马岭//法学家．－2008，4

试论清末地方司法改革中的中央馆部与地方督抚之争/欧阳湘//比较法研究．－2008，4

清末宪政语境中"司法独立"的三种认知倾向——以预备立宪期间官员的言论为分析对象/李鼎楚//法商研究．－2008，4

刍议清末检察改制的借鉴作用/刘方//法学杂志．－2008，4

从黔江教案看晚清教案的一些内幕/李重华//史学月刊．－2008，4

直隶社会各界与清末媒体立法改革/徐建平//沧桑．－2008，4

晚清时期中国纠纷解决机理/王亚明//宝鸡文理学院学报（社科版）．－2008，4

百年后对《钦定宪法大纲》的再审视/张顺昌//贵州文史丛刊．－2008，4

清末金融立法与金融发展/王红曼//历史教学（高校版）．－2008，4

清末"就地正法"操作程序之考察/娜鹤雅//清史研究. -2008，4

领事裁判权与清末的法制改革/邵仕聪//金卡工程（经济与法）. -2008，5

清末罪犯作业的创办/高艳//犯罪与改造研究. -2008，5

晚清法律移植与张之洞监狱改良/高艳//中国社会科学院研究生院学报.
　　-2008，5

冲突与抉择：清末与西方狱制的正面接触——以庚辛年"黑屋"事件为中心
　　的考察/张万军、赵友新//中国监狱学刊. -2008，5

留日法政学生与清末法政学堂/邝良峰//重庆工学院学报（社科版）.
　　-2008，5

清末审判独立制度的历史考察——以大理院为研究视角/李琳//社会科学辑
　　刊. -2008，5

更新与沉淀——《钦定宪法大纲》颁布百年之际的反思/陈晓枫、毕玉玲//法
　　学评论. -2008，6

晚清传统司法制度变革动因新探/李俊//江西社会科学. -2008，6

清末新式审判与法文化转型——以《盛京时报》判词为中心的考察/邹辉//湖
　　南医科大学学报（社科版）. -2008，6

晚清法部的酝酿产生/赵俊明//沧桑. -2008，6

迟到的清末立宪——清末立宪的回眸与反思/邓联繁//湖南社会科学.
　　-2008，6

《钦定宪法大纲》：清末宪政观的制度载体/马建红//湖南社会科学. -2008，
　　6；又载《法律文化研究》第4辑，中国人民大学出版社. -2008

浅析清末宪政运动的失败/李晓郛//金卡工程（经济与法）. -2008，8

清末司法制度变革特点探析/李俊//理论导刊. -2008，8

清末修律前西方法学输入述论/李俊//江汉论坛. -2008，8

晚清立宪之得失/夏季//湖南科技学院学报. -2008，9

论清末监狱改革之得失/徐黎明//辽宁行政学院学报. -2008，9

清末《商法调查案理由书》述论/魏淑君//理论学刊. -2008，9

试析《大清著作权律》的缺陷/张小林//才智. -2008，9

关于《钦定宪法大纲》//公民导刊. -2008，10

清末新式司法人才的培养与任用述论/李俊//求实. -2008，10

清末宪政改革时期的"新君主制"——《钦定宪法大纲》百年祭/郭绍敏//
　　社会科学论坛（学术评论卷）. -2008，10

《钦定宪法大纲》辨析/陈宇翔//光明日报. -2008，10. 12

清末审判制度改革与中国法制近代化/龚春英//哈尔滨学院学报. -2008，12

从黄岩诉讼档案看晚清民间调处机制/胡谦//兰台世界. -2008，20

清末礼法之争研究评述/任晓兰//兰台世界. -2008，24

试论清末修律对中国近代化的影响/姜云//法制与社会. -2008，33

试论《大清民律草案》中遗嘱自由原则的维度/李彤//《法律文化研究》第 4 辑，中国人民大学出版社. -2008

清末新政的"省部之争"——以司法改革为中心的考察/欧阳湘//《法制史研究》第 13 期，（台湾）中国法制史学会、"中央研究院"历史语言研究所. -2008

日治时期台湾旧惯调查对满洲旧惯调查的输出——以调查模式与人员的移植为中心/郑政诚//《法制史研究》第 13 期，（台湾）中国法制史学会、"中央研究院"历史语言研究所. -2008

司法变奏的历史空间——从晚清大理院办公场所的建筑谈起/韩涛//《北大法律评论》第 9 卷第 2 辑，北京大学出版社. -2008

晚清时期英美法对山西大学堂法学教育的影响/吕江//《三晋法学》第 3 辑，中国法制出版社. -2008

清末制宪修律与辛亥革命/邱远猷//《远猷选集》，香港天马出版有限公司. -2008

基于书报检查视野中的晚清版权保护/张运君//青岛科技大学学报（社科版）. -2009，1

试析清末司法改革中法官的选任办法/毕连芳//西部法学评论. -2009，1

试梳理晚清职业教育法制萌芽的产生/庞少召//职业教育研究. -2009，1

论清代九卿定议——以光绪十二年崔霍氏因疯砍死本夫案为例/俞江//法学. -2009，1；又载《中国传统司法与司法传统》，陕西师范大学出版社. -2009

论清末监狱改良中的日本影响/王雪峰、高海平、高畅//中国监狱学刊. -2009，1

有关清末著作权律的两个问题/翟志宏//河南师范大学学报（哲社科版）. -2009，1

上海英租界与现代法制/王立民//法制日报. -2009，1. 21

杨乃武与小白菜的故事/庞朝骥//法制资讯. -2009，Z1

清末变法的法律经济学解释：为什么中国学习了大陆法/邓峰//中外法学. -2009，2

清末检察官回避制度探究/谢如程//河南公安高等专科学校学报. -2009，2

清末狱政改革与南京老虎桥监狱的设立/周鹏//南京晓庄学院学报. -2009，2

清末提法使司的设置及其执掌/史新恒//兰台世界. -2009，2

论清末新政时期的四级三审制/饶本忠//河南科技学院学报. -2009，2

晚清时期中国近代矿业法规述评（1840 -1911）/蒋朝常//中国矿业大学学报
　　（社科版）. -2009，2

清末新政中江苏士绅立宪活动述评/袁岿然//江苏警官学院学报. -2009，2

清末地方审判监督制度改革研究/张庆锋//河南社会科学. -2009，2

清末审判厅设置考略/刘焕峰//历史档案. -2009，2

洋务期间的灾荒与社会法律因素/刘惠君//晋阳学刊. -2009，3

清末刑法改革及其现实意义/廖颖//江苏警官学院学报. -2009，3

苛法下的柔性反拨——晚清内阁刑科题本试析/陈大中//华夏文化. -2009，3

清末商人的法视角透视/吴朝军//商场现代化. -2009，3

清末法制的现代化转型初论/张建涛//陇东学院学报. -2009，3

晚清"公法时代"国际法学教育述论/谢小庆//河南省政法管理干部学院学
　　报. -2009，3

晚清刑部与法部之比较/赵俊明//沧桑. -2009，3

从《大清律例》到《大清新刑律》——通过法典及条款的变化和对比析儒家
　　法思想之走势/姚笑圆//金卡工程（经济与法）. -2009，3

清末检察厅的职权配置/谢如程、杨勇、李珍苹//江西科技师范学院学报.
　　-2009，3

清末司法区划方案中县级行政区并非只设初级厅/欧阳湘//历史档案.
　　-2009，3

清末边疆省份司法改革的特殊政策述论/欧阳湘//中国边疆史地研究.
　　-2009，3

清末天津习艺所创办始末/刘志松//中国监狱学刊. -2009，3

清末商事立法评析/赵玉环//政法论丛. -2009，3

论日本明治宪法对《钦定宪法大纲》的影响：为《钦定宪法大纲》颁布100
　　周年而作/韩大元//政法论坛. -2009，3

中国法律近代化的开端——洋务派的"稍变成法"引进西法/李青//政法论
　　坛. -2009，4

冤案背后的程序逻辑——从晚清四大奇案透视正当法律程序/胡铭//政法论
　　坛. -2009，4

清末官吏对立宪与地方自治关系的认识与表达/汪太贤//西南民族大学学报
　　（人文社科版）. -2009，4

"包世臣正义"的成本：晚清发审局的法律经济学考察/张世明//清史研究.
　　-2009，4

晚清刑部皂役收入研究/谢蔚//史学月刊. -2009，4

浅析清末司法制度改革失败的深层原因/曹心宝//黑龙江史志. -2009，4

法文化视野中的晚清武穴教案/乔飞//湖北警官学院学报. -2009，4

论清末新政时期监狱管理制度的改良/龚春英//晋中学院学报. -2009，4

论清末新政时期的监狱制度改革——以新式模范监狱为中心的考察/蔡永明//
　　厦门大学学报（哲社科版）. -2009，4

改变中国的国际定位观：晚清时期国际法引进的意义/〔挪威〕鲁纳著，施清
　　婧译//南京大学学报（哲学人文社科版）. -2009，4

略论清末宪政改革对德国模版的取舍/胡凯//北京大学学报（哲社科版）.
　　-2009，4

清末礼法之争中的劳乃宣/周旋//华东政法大学学报. -2009，4

刍议清末监狱改良所受日本之影响/殷导忠//中国监狱学刊. -2009，4

中体西用与洋务运动时期的法制教育/喻军//求索. -2009，4

《钦定宪法大纲》与清王朝的命运/徐爽//政法论坛. -2009，5

《钦定宪法大纲》的宪政意义探析/王长江//南都学坛. -2009，5

由清末"礼法之争"看中国传统法制/孟海静//经济师. -2009，5

宪政视阈下的晚清法制变革/张弦//今日南国（理论创新版）. -2009，5

清末宪政中的民族因素/常安//宁夏社会科学. -2009，5

理与势：晚清版权保护政策的两难选择/冯秋季//河南社会科学. -2009，5

西商东渐与晚清法律变革：以华洋商事诉讼为线索/蔡晓荣//上海交通大学学
　　报（哲社科版）. -2009，5

科举革废与清末法政教育/宋方青//厦门大学学报（哲社科版）. -2009，5

历史与现实的平衡：晚清水权纠纷的审理/田东奎//西北大学学报（哲社科
　　版）. -2009，5；又载《中国法律传统与法律精神——中国法律史学会成
　　立30周年纪念大会暨2009年会论文集》，山东人民出版社. -2010

清末修律中的废刑讯/李欣荣//学术研究. -2009，5

华洋商事纠纷与晚清商事习惯法嬗变/蔡晓荣、王国平//学术研究. -2009，5

论清政府在清末法制改革中的作用——从对法系的选择谈起/张静//法制与社
　　会. -2009，6

版社. —2009

新见史料及其所揭示的《大清民律草案》编纂过程/张生//《中国法律近代化论集》总第 2 卷，中国政法大学出版社. —2009

清末新政中建立行政裁判制度的尝试/宋玲//《中国法律近代化论集》总第 2 卷，中国政法大学出版社. —2009

晚清法官考试研究/李启成//《中国法律近代化论集》总第 2 卷，中国政法大学出版社. —2009

晚清时期领事裁判权下的涉外诉讼机制/吕铁贞//《中国传统司法与司法传统》，陕西师范大学出版社. —2009

清末《刑事民事诉讼法草案》搁置考/胡康//《中国传统司法与司法传统》，陕西师范大学出版社. —2009

晚清华洋诉讼与中国传统司法诉讼制度之转型/蔡晓荣//《中国传统司法与司法传统》，陕西师范大学出版社. —2009

1840 年鸦片战争以后清朝的国家与法权/曾宪义//《百年回眸：法律史研究在中国》第 2 卷，中国人民大学出版社. —2009

从宪政平衡论的视角分析《钦定宪法大纲》/王蕾//成都大学学报（社科版）. —2010，1

中国著作权法的里程碑《大清著作权律》百年祭/王兰萍//中国版权. —2010，1

宣统二年法官考试录取名录考论/李在全//历史档案. —2010，1

对清末法律移植的思考与借鉴/杨晓莉//理论导刊. —2010，1

政治博弈与法制进步：对《钦定宪法大纲》的另一种审视/刘雅斌//法学杂志. —2010，S1

晚清西方在华司法机构与华洋诉讼：以华洋讼案的受理与审判为中心/蔡晓荣、艾其茂//中国石油大学学报（社科版）. —2010，2

晚清在华美国传教士与近代西方国际法的传入——以伯驾为中心的考察/谭树林//南京大学学法律评论. —2010，2

论清末行政裁判院筹设之争/孙兵//重庆师范大学学报（哲社科版）. —2010，2

清末的出版自由与报律的限制/冯江峰//北京理工大学学报（社科版）. —2010，2

《大清刑事民事诉讼法草案》立法导向考辨/胡康//求索. —2010，2

《大清刑事民事诉讼法草案》搁置时间考析/胡康//重庆理工大学学报（社科

版）．－2010，2

清代刑部与京师细事案件的审理/胡祥雨//清史研究．－2010，3

亲历者眼中的修订法律馆：以《汪荣宝日记》为中心的考察/胡震//华中科技
　　大学学报（社科版）．－2010，3

论晚清修律时期的商业立法/隋亮//北方论丛．－2010，3

晚清江浙乡村寡妇财产纠纷问题试探/曹婷婷//历史档案．－2010，3

清末"罪犯习艺所"简考/陈兆肆//历史档案．－2010，3

清代自新所考释：兼论晚清狱制转型的本土性/陈兆肆//历史研究．－2010，3

清末改革司法职权配置考察/陈灿平、柴松霞//法学研究．－2010，3

洋务运动时期学堂章程行政法特征分析/周洋//社会科学辑刊．－2010，3

咸丰朝户部宝钞案考论/高中华//近代中国与文物．－2010，3

中美早期法律冲突的历史考察：以 1821 年"特拉诺瓦案"为中心/李秀清//
　　中外法学．－2010，3

中国历史上第一部成文国籍法：纪念《大清国籍条例》颁布 100 周年/严海
　　玉//中央民族大学学报（哲社科版）．－2010，4

《大清民律草案》法源辨析/孟祥沛//清史研究．－2010，4

光绪三十二年章董氏《刑律草案》（稿本）所附签注之研究/孙家红//华东政
　　法大学学报．－2010，4

效法西方话语下的自我书写：提法使与清末审判改革/史新恒//历史教学（下
　　半月刊）．－2010，5

《大清著作权律》出台的前前后后/李寿荣、李明山//中国版权．－2010，5

夹缝中的法律移植与传统创造——《大清著作权律》述评/李宗辉//西南政法
　　大学学报．－2010，5

浅析清末新闻法制/李丹//吉林师范大学学报（人文社科版）．－2010，6

民间秘密社会与晚清结社法律/刘康磊、杨添翼//中南大学学报（社科版）.
　　－2010，6

"变法"与"斗法"：解读清末地方司法独立制度构建中的权力争斗/李鼎
　　楚//湘潭大学学报（哲社科版）．－2010，6

日本法政大学速成科与清末的法政教育/翟海涛//社会科学．－2010，7

再议清末法律变革的内在理路/赵娓妮//社会科学．－2010，9

自说自话的研究不要也罢：学术批评视野下的杨乃武与小白菜案研究/韩剑
　　尘、杨国柱//学术界．－2010，9

如何实践"中体西用"：张之洞与清末新刑律的修订/李欣荣//学术研究.

-2010，9

论清末徒刑的近代化/史永丽、张小铮//法学杂志．-2010，10

清末新政时期贫民习艺立法评析：以 1906 年《京师习艺所试办章程》为中心/韩君玲//东岳论丛．-2010，11

《大清著作权律》关键词辨析/韦之//电子知识产权．-2010，11

两岸著作权法中法人著作相关问题——从大清著作权律谈起/萧雄淋//今日财富（中国知识产权）．-2010，11

翻开尘封的历史——《大清著作权律》的那些故事/王亚川、聂士海//今日财富（中国知识产权）．-2010，11

光绪末年司法统计中的女性犯罪/张洪阳//统计研究．-2010，12

从清末变法修律看我国审判人员职业化的发展/陈秀平、陈继雄//《中国法律传统与法律精神——中国法律史学会成立 30 周年纪念大会暨 2009 年会论文集》，山东人民出版社．-2010

清末新政中的修订法律馆/陈煜//《青蓝集续编：张晋藩教授指导的法律史学博士论文粹编》，法律出版社．-2010

清末变法修律中的习惯调查——中国法制现代化中的本土化自觉/江兆涛//《青蓝集续编：张晋藩教授指导的法律史学博士论文粹编》，法律出版社．-2010

《钦定大清刑律》研究/周少元//《青蓝集续编：张晋藩教授指导的法律史学博士论文粹编》，法律出版社．-2010

清末民初监狱史史料的整理与分析/陶永新//《中国近代史及史料研究》，社会科学文献出版社．-2010

大清民律草案的编纂：资料的缺失与存疑的问题/张生//《中国古代法律文献研究》第 4 辑，社会科学文献出版社．-2010

2. 太平天国

浅论太平天国的法律/张晋藩、邱远猷//法学研究．-1979，4

"国家以法制为先"——重读《资政新编》和《立法制宣谕》/邱远猷//光明日报．-1979，4．24；又载《远猷选集》，香港天马出版有限公司．-2008；《百年回眸：法律史研究在中国》第 2 卷，中国人民大学出版社．-2009

冯云山与太平天国的立法创制/邢凤麟、风梧//历史知识．-1981，6

论太平天国法制并未超脱封建主义范畴/邹身城//法学研究．-1982，1

论太平天国法制的性质/曹三明//法学研究. -1983，4

太平天国运用法律武器的经验教训/时伟超//《法律史论丛》第3辑，法律出
版社. -1983

太平天国《百姓条例》考/姜涛//盐城师专学报（社科版）. -1984，1

洪大全案/罗尔纲//北京晚报. -1984，2.9

再谈太平天国法制性质问题——兼与曹三明同志商榷/陈健生//法学研究.
-1985，4

中国法制史知识：太平天国的神明裁判/小丁//自修大学（政法专业）.
-1985，10

太平天国与中国宪政运动始端/周敏//中南政法学院学报. -1987，3

太平天国的婚姻立法/邱远猷//政法季刊. -1988，3

太平天国妇女的法律地位浅析/王岩//山东大学学报（哲社科版）. -1988，4

论太平天国的刑罚/张九洲//史学月刊. -1988，6

论太平天国的刑事法令/邱远猷//北方论丛. -1989，1

关于《天朝田亩制度》的几个问题/孙海泉//徐州师范学院学报. -1990，3

太平天国的法制问题探讨/黄剑华//探索. -1990，4

奴刑与太平天国刑罚/周新国//扬州师院学报（社科版）. -1991，2；又载江
海学刊. -2002，1

太平天国经济立法/邱远猷//法律学习与研究. -1991，2

太平天国的禁烟立法/邱远猷//历史大观园. -1991，2

"以法法之之法"：重读《资政新编》/魏琼//法学. -1993，4

洪仁玕与中国法律近代化/邱远猷//中州学刊. -1993，6；又载中国近代史.
-1994，3

太平天国的禁烟禁赌禁娼/邱远猷//炎黄春秋. -1996，11；又载法制博览.
-1997，1

论太平天国的刑审立法及其局限性/翟桂范//河南师范大学学报（哲社科版）.
-1997，4

太平天国军事法制建设探析/肖季文//军事历史研究. -1997，4；又载社会科
学辑刊. -1998，2

浅议太平天国的法制建设/田留轩、田孟恩//焦作工学院学报. -1997，6

洪秀全与太平天国的禁烟立法和反鸦片侵略的斗争/邱远猷//《从虎门销烟到
当代中国禁毒》，四川人民出版社. -1997

太平天国与晚清"就地正法之制"/邱远猷//近代史研究. -1998，2

太平天国妇女的法律地位浅析/王岩//山东大学学报（哲社科版）. -1998，4

太平天国刑法制度初探/石志新//甘肃社会科学. -2000，3

妇女：法律上的死亡与复活：太平天国革命与中国妇女解放/王绯//中国文化
　　研究. -2001，3

洪秀全禁烟主张与太平天国的禁烟立法/覃主元//广西民族学院学报.
　　-2001，3

太平天国法律制度探析/柯永祥//中南民族大学学报（人文社科版）.
　　-2002，4

中国历史上的神权刑法：太平天国刑法探究/杜邈//刑法论丛. -2007，2

太平天国期间女性法律地位确立的初步实践/徐静莉//中北大学学报.
　　-2007，6

太平天国法律中的落后性/袁荣海、李大勇、陈永林//法制与社会.
　　-2008，23

试从太平天国法律制度角度分析其失败的根源/肖金华//经营管理者.
　　-2010，1

3. 北洋军阀和中华民国

各省调查习惯报告：关于婚姻之习惯（一）//法学季刊. -1923，（第1
　　卷）4

民国十三年四法之回顾/董康//法学季刊. -1925，（第2卷）3

关于修订中国商法法典之报告/爱斯嘉拉//法学季刊. -1925，（第2卷）3

国民政府组织法之变迁/熊伯履//河南大学学报. -1934，3

三十年来中国刑法之辩证法的发展/蔡枢衡//北大社会科学季刊. -1936，（第
　　6卷）1

论辛亥革命时期的宪政运动/刘桂五//新建设. -1954，1

旧中国宪政运动史话/张晋藩等//中国青年. -1954，6. 21

对国民党刑法的反动本质的初步批判/顾联璜//教学简报. -1957，6

国民党伪"六法"的反动实质/宋光等//法学. -1958，2

剖析《中华民国临时约法》，吸取历史的经验和教训/张晋藩//政法研究.
　　-1962，1

《中华民国临时约法》的产生和被撕毁/潘念之//政法研究. -1962，1

五四运动时期争取民主与法制的斗争/张晋藩、曾宪义//教学与研究.
　　-1979，3

省港罢工委员会与革命法制/张希坡//法学杂志. –1980，1（创刊号）

武汉国民政府法制评介/毛磊、袁继臣、刘继增//法学杂志. –1981，1（创刊号）

武汉国民政府的法制建设/毛磊、袁继臣、刘继增//江汉论坛. –1981，2

临时大总统孙中山整顿吏治的批示和命令/中国第二历史档案馆//历史档案. –1981，3

南京临时政府的立法建制/唐上意//近代史研究. –1981，3

中国历史上的第一个资产阶级共和国——南京《临时政府公报》研究札记/彭明//历史档案. –1981，3

评《中华民国临时约法》/刘望龄//华中师院学报（哲社科版）. –1981，4

试论南京临时政府的法制/邱远猷//西南政法学院学报. –1981，4

《约法》、毁法、护法——纪念辛亥革命七十周年/张晋藩//法学杂志. –1981，4

南京临时政府法律浅谈/邱远猷//群众论丛. –1981，5

《中华民国临时约法》/邱远猷//光明日报. –1981，10. 24

《中华民国临时约法》浅析/邱远猷//文史知识. –1982，3

试论《中华民国临时约法》的历史功绩/曹三明//山西大学学报（哲社科版）. –1982，3

武汉国民政府法制梗概/湖北省司法编辑室//档案资料. –1982，6

五四运动时期的一篇辩护词/高绍先//法学杂志. –1982，6

上海工人三次武装起义中的市民代表政府及其革命法制/张希坡//《法律史论丛》第 2 辑，中国社会科学出版社. –1982

论宋教仁的议会活动/罗平//《法律史论丛》第 2 辑，中国社会科学出版社. –1982

对《中华民国临时政府组织大纲》的几点认识/郑治发//北京政法学院学报. –1983，1

武汉国民政府法制简介/胡超//武汉春秋. –1983，1

劳动者的律师——施洋/廖鑫初//文物天地. –1983，1

南京临时政府的司法改革/邱远猷//法学杂志. –1983，3

《中华民国临时约法》起草人辨正/苏亦工//历史研究. –1983，3

举世难寻空前未有的国民党政府公布的工会法//中国工运史料. –1983，4

故宫盗宝冤案始末（1924）/周益//人民政协报. –1983，8. 31

死刑缓刑制度何时开创质疑/张红洲//法学. –1983，9

《六法全书》和五奎桥/祝珏//民主与法制. -1983，9

近代中国法制史上的重要一页——试论南京临时政府的法制建设/李振墀、汪家靖//《法律史论丛》第3辑，法律出版社. -1983

关于《中华民国临时约法》的起草日期和主稿人问题——兼述《中华民国临时约法》制订过程/张国福//北京大学学报（哲社科版）. -1984，1

试析国民政府十年内战时期的土地法/杨振亚//南京大学学报（哲学人文社科版）. -1984，3

国民党南京政府保甲制度述论/谢增寿//南充师院学报. -1984，4

中国民主宪政的先驱宋教仁/石芳勤//光明日报. -1984，4.4

袁世凯与巡警的创建/廖一中//天津社会科学. -1984，5

略论旧中国民法的阶级本质/俞建平//河北法学. -1984，6

论《中华民国训政时期约法》的理论来源/谢刚//华东师范大学学报（社科版）. -1984，6

国民党统治时期的警察制度/常兆儒//中国人民警官大学学报（社科版）. -1985，2

抗战后期国统区的民主宪政运动/许纪霖//华东师范大学学报. -1985，2

论湖南省宪运动/李子文//史学集刊. -1985，2

伪满洲国劳动法令的制定及其对中国人民的奴役与迫害/朱海举//东北师大学报（社科版）. -1985，2

关于《暂行新刑律》的修订问题/张国福//北京大学学报（哲社科版）. -1985，6

第一次国共合作时期国民政府法制建设的历史经验教训/江兴国//政法论坛. -1986，1

关于北洋政府援用清末法律的依据问题/张国福//法学杂志. -1986，1

《中华民国临时约法》的历史评述/陈国平//青年法学. -1986，1

抗战后期国统区的民主宪政运动/郑会欣//江西师范大学学报（哲社科版）. -1986，2

从洪述祖案看北洋时期的"司法独立"/何磊//北京档案史料. -1986，4

略论武汉国民政府的司法改革/吴传太//中南政法学院学报. -1986，4

国民党时期的警察教育概况/罗裴孙//中国人民警官大学学报（社科版）. -1987，1

伪满洲国法律制度概说/强磊//学术交流. -1987，1

《暂行新刑律》是南京临时政府颁布的吗/柯钦//法学杂志. -1987，1

袁记《出版法》的制定与废止/马光仁//新闻研究资料. -1987，2

伪满政权的检察制度/申世良//长春史志. -1987，5

济南惨案之国际法观/李家振//东岳论丛. -1987，5

关于解放前"国统区"的"行政诉讼"/杨玉清//法学杂志. -1987，6

《暂行新刑律》辨正/曾代伟//法学研究. -1987，6

京师警察厅（北洋军阀）/李拓野//百科知识. -1987，8

第一次国共合作时期的侨务立法/毛起雄//暨南学报（社科版）. -1988，2

中华民国时期的高等教育立法/忻福良//华东师范大学学报（社科版）.
　　-1988，2

评《中华民国训政时期约法》/王守法//山东师大学报（社科版）. -1988，2

民国时期行政督察专员公署体制初探/陈小京//政治学研究资料. -1988，3

《中华民国军政府组织大纲修正案》的提出和通过/魏关松//河南师范大学学
　　报（哲社科版）. -1988，3

司法院大法官会议法修正问题研究/黄源盛//（台湾）宪政时代. -1988，
　　（第13卷）3

邵章和北京法政专门学校/王立中//北京日报. -1988，3. 11

论南京国民党政府行政督察专员制度之性质/陆建洪//华东师范大学学报（社
　　科版）. -1988，4

清末民初领事会审权在上海/郭伟等//档案与历史. -1988，4

对1941年《苏日中立条约》的再评价/王亚兵//苏联问题研究资料.
　　-1988，5

南京临时政府的工商管理法规/张希坡//法学杂志. -1988，6

顾维钧与废止中比不平等条约/习五一//团结报. -1988，8. 23

国民党南京政府的六法/李铁//《中华法史丛谈》，中国政法大学出版
　　社. -1988

《中华民国临时约法》试析/沈国锋//《中华法史丛谈》，中国政法大学出版
　　社. -1988

应当重视研究和重新评价"六法全书"（提纲）/邵宇力//中山大学研究生学
　　刊（社科版）. -1989，1

第一次国共合作时期司法改革的片断/祁绍礼//岭南文史. -1989，2

关于巴县大监和重庆反省院的一些情况/钟灵//重庆党史研究资料. -1989，2

试论广州、武汉国民政府国家制度的改革与立法/吴传太//中南政法学院学
　　报. -1989，2

抗战时期的北平伪警察机构/李继星//中国人民警官大学学报（社科版）.
　　-1989，3

五四运动与民主宪政/王德祥//法学研究.-1989，3

中华民国临时约法评析/刘钧斌//辽宁大学学报（哲社科版）.-1989，4

评国民党政府1930年颁布的《土地法》/左用章//教学与研究.-1989，4

论中日甲午高升轮事件的法律责任/孙放//日本研究.-1989，4

辛亥革命后的经济立法措施/纪辛//教学与研究.-1989，5

民国监察体制述论/郭宝平//政治学研究.-1989，6

民国元年姚荣泽案及其纷争述略/华有根//政治与法律.-1989，6

北洋政府修改通商进口税则经过（1912—1918）/柳州市图书馆//民国档案.
　　-1990，1

民国时期公务员制度述论/朱金瑞、王少卿//史学月刊.-1990，1

伪哈尔滨警察厅概述/肖炳龙//北方文物.-1990，1

解放战争时期的哈尔滨市监狱/王福金//法学与实践.-1990，2

略论段祺瑞的《善后会议条例》与《国民代表会议条例》的纷争/华友根//
　　安徽史学.-1990，2

袁世凯与预备立宪/廖大伟//史林.-1990，3

抗日战争时期妇女宪政运动的回顾/黄柳玲//重庆党史研究资料.-1990，3

《苏满关于中东路转让基本协定》所涉及的国际法问题/金梅//近代史研究.
　　-1990，4

会审公廨的收回及其历史意义/徐小松//民国档案.-1990，4

谈谈民国时期江苏的审判机构/戚庚生//档案与建设.-1990，4

民国时期宁夏省各地方法院及其分院考/逯云程//宁夏史志研究.-1990，5

北洋政府大理院及其判例/乔丛启//中外法学.-1990，6

也谈《暂行新刑律》的颁行诸问题/张希坡//法律学习与研究.-1990，6

台湾四十年律师制度的发展演变/赵晓耕//法律学习与研究.-1990，6

广州、武汉国民政府法律制度述论/金钟//民国档案.-1991，1

南京政府组织法变更浅议/陈瑞云//史学集刊.-1991，1

论国民政府时期的文物法令与文物保护/苏勇//文博.-1991，2

驳正南京国民政府《六法全书》中的一个错误事实/张国福//中外法学.
　　-1991，2

关于《中华民国临时约法》制定的问题/张国福//北京大学学报（哲社科
　　版）.-1991，3

民国时期宁夏地方县司法公署与县司法处情况考/逯云程//宁夏史志研究.
　　-1991，3

南京临时政府行政立法初探/安宇//徐州师范学院学报（社科版）. -1991，4

试论南京临时政府的法制建设/戴军//法学评论. -1991，4

《中华民国临时约法》的文化透视/刘汪洪//江苏社会科学. -1991，4

特刑庭上的斗争/甘光余等//重庆党史研究资料. -1991，4

国民党统治时期的经济立法/戴凤岐//经济法制. -1991，5

辛亥革命时期各省军政府约法初探/张国福//中外法学. -1991，5

《动员戡乱时期临时条款》的制订与演变/孙淑//徐州师范学院学报（社科
　　版）. -1992，1

民国时期江苏的公证制度/曹宁//江苏地方志. -1992，1

浅议广州、武汉国民政府的吏治立法/吴传太//中南政法学院学报. -1992，1

民国时期宁夏参议会、省政会述要/宁史//宁夏史志研究. -1992，3

论华侨参议员的设立及其历史地位/杜裕根、蒋顺兴//民国档案. -1992，3

残酷的日伪司法刑事制度/张辅麟//学术研究丛刊. -1992，3

宋教仁与民初法制/于沛霖//锦州师院学报（社科版）. -1992，4

民国初年经济法制建设述评/虞和平//近代史研究. -1992，4

一九二七年以前的几部民国宪法文件/李良玉//民国春秋. -1992，4

清末民国时期云南警察建制沿革（连载）/云南省公安厅公安史志办公室//云
　　南方志. -1992，4、5、6；又载南中. -1993，1、2、3

民国时期的住宅租赁立法及房租标准考略/陈柏东//投资与信用研究.
　　-1992，5

《临时约法》：孙中山的权宜之计/王继洲//团结报. -1992，5. 13

中国近代最先的经济立法：我国第一个企业登记管理法规的产生/赵子法//上
　　海经济研究. -1992，6

国民党"制宪国大"与"改组政府"/王宗荣//历史教学. -1992，6

南京国民政府公布的保险法/吕明勋//上海保险. -1992，9

重庆国民政府制订公布的保险法规/赵同生等//上海保险. -1992，10

孙立人案件的案中案/孙宅巍//民国春秋. -1993，1

国民党政府立法刍议/俞建平//浙江省政法管理干部学院学报. -1993，2

省港大罢工的法制建设/利丹//华南师范大学学报（社科版）. -1993，2

战时自救：抗战时期国统区沦陷区的法政教育/王立中//档案史料与研究.
　　-1993，3

民国时期的宁夏监狱/王肇江//宁夏史志研究．-1993，3

伪满的司法矫正制度/郭素美//黑龙江社会科学．-1993，4

民国时期水利法规体系初探/张志杰//社会科学论丛．-1994，1

南京国民政府公务员制度及其特征/毓文//江苏历史档案．-1994，2

南京国民政府初期的禁烟政策/王金香//民国档案．-1994，2

南京临时政府时期立法程序述略/翟国璋//江苏教育学院学报（社科版）．
　　-1994，2

汪伪《出版法》及实施后果/王春南//学海．-1994，2

中国最早的工会法考辨/张希坡//法学研究．-1994，6

不明德焉能肃贪？——于右任巧断林、顾两案（林世良贪污案）/张紫葛//人
　　物．-1995，2

清末与民国时期山东法学教育概略/张建华//政法论丛．-1995，2

三十年代的冤狱赔偿运动浅论/徐思彦//史学月刊．-1995，3

广州国民政府法律制度概述（1923．3—1926．12）/庄有为//上海师范大学
　　学报（哲社科版）．-1995，4

国民党"联总"兵工署警务处组织机构及特征/王虹锦//中国人民警官大学学
　　报（社科版）．-1995，4

国民政府在大陆执政时期警察组织制度考略/潘益民//民国档案．-1995，4

对清末至民国刑事诉讼中预审制度的建立与废止的考证/于树斌//公安大学学
　　报．-1995，5

民国时期广东监狱发展研究/万安中//广东社会科学．-1995，6

抗战时期的《兵役法》和兵役署/方秋苇//民国档案．-1996，1

分合之际：二十年代初省宪运动的背景分析/李继锋//民国档案．-1996，3

北洋政府时期《暂行新刑律》及其修正案评析/杨惠//天津政法．-1996，3

重评《中华民国临时约法》/侯贵生//东方论坛．-1996，3

"国民大会议政会"刍议——抗战时期改革中央政治体制的重大设计/闻黎
　　明//抗日战争研究．-1996，3

广州国民政府时期的监察制度/颜远志//中山大学研究生学刊（社科版）．
　　-1996，4

黄炎培与宪政运动/尚丁//学习与探索．-1996，4

《中华民国临时约法》失败原因简析/王志毅//中央政法管理干部学院学报．
　　-1996，4

1927—1937年南京国民政府的教育立法刍议/潘国琪//浙江社会科学．

-1996，5

清末民国时期杭州检察机构的变迁/陈中南//杭州研究. -1996，5

《广西临时约法》初探/邱远猷//法学家. -1996，6

民初暂行新刑律的历史与理论/黄源盛//刑事法杂志. -1996，（第41卷）6

民国时代的法律发展/公丕祥/《走向法治之路：20世纪的中国法制变革》，
　　　中国民主法制出版社. -1996

抗战时期的"宪政"之争/孙玉玲//天中学刊. -1997，1

孙科与"五五宪草"/王军//湘潭大学学报（哲社科版）. -1997，1

孙科与"五五宪章"/石柏林//民国春秋. -1997，2

论民国初期律师制度的建立及特点/徐家力//中外法学. -1997，2

应当恢复《中华民国临时约法》的条文原貌/张希坡//法学家. -1997，2

略论南京国民政府初期的高等教育立法/李罡//清华大学教育研究. -1997，2

民国律师制度得失论/徐家力//政法论坛. -1997，2

民国时期的律师/张庆军、孟国祥//民国春秋. -1997，2

南京国民政府时期的公务员惩戒制度/来丰//江苏历史档案. -1997，2

南京国民政府时期监狱状况初探/邓和平//四川法学. -1997，2

旧上海的中国律师/王立民//上海档案. -1997，2

1928—1937年国民政府组织法述论：兼向陈瑞云教授请教/张皓//史学集刊.
　　　-1997，3

关于1947年南京政府颁发"戡乱总动员令（案）"的两点辨正/周炳钦//民国
　　　档案. -1997，3

关于南京临时政府与《临时约法》的几个问题/邹小站//近代史研究.
　　　-1997，3

论南京临时政府时期关于内阁制与总统制的探索及其意义/石柏林//政治学研
　　　究. -1997，3

民国前期创设律师制度的曲折历程/徐家力//中外法学. -1997，3

南京国民政府时期的军事法制概述/赵晓冬//社会科学. -1997，3

民国初年山东省的司法变革/张玉法//社会科学战线. -1997，3

试论大革命时期国民党南方政权的劳动立法/饶东辉//华中师范大学学报（哲
　　　社科版）. -1997，4

有贺长雄、古德诺与民国初年宪政体制的演变/张学继//档案与史学.
　　　-1997，4

试析民国时期律师的消极诉讼义务/徐家力//中外法学. -1997，5

论民国初期的选举诉讼/郭兴莲//法学评论. -1997，6

南京国民政府行政督察专员制度探析/翁有为//史学月刊. -1997，6

试析《中华民国参议院法》/邱远猷//历史教学（高校版）. -1997，12

发生在汪伪时期的最大贪污案/宁一//文史精华. -1998，1

论《临时约法》对民国政体的设计规划/杨天宏//近代史研究. -1998，1

民国北京政府的劳动立法初探/饶东辉//近代史研究. -1998，1

论民国初年的公司法规/熊秋良//四川师范大学学报（社科版）. -1998，1

论中间党派在 1939—1945 年宪政运动中的宪政设计/王永祥、王丽华//南开
　　学报. -1998，1

从联邦到均权：孙中山对中央与地方关系的探索/张连红//史学月刊.
　　-1998，2

民国监狱简况/李奇//浙江监狱. -1998，2

试论南京国民政府 1929 年《公司法》的实施效果及其制约因素/曹成建//四
　　川师范大学学报（社科版）. -1998，2

试析《中华民国江苏军政府临时约法》/邱远猷//江苏文史研究. -1998，2

孙科就任立法院长和《五五宪草》起草原因/张皓//岭南文史. -1998，2

天津"瑞通洋行"诈骗案/李铁强//民国春秋. -1998，2

民国时期贵州省地价整理法规选编/龙珊//贵州档案史料. -1998，2

国民政府修改颁布保险法及保险业法施行法/梅佳//北京档案史料. -1998，3

日本帝国主义对东北的军事统治与伪满《国兵法》/沈燕//社会科学探索.
　　-1998，3

略论《天坛宪法草案》/谢伟//法学杂志. -1998，3

论旧中国民事立法继受德国民法的原因/邵建东//南京大学法律评论. -1998，
　　春季号

民国初年袁世凯政府查办盗卖热河行宫清代古物案/张天宇//北京档案史料.
　　-1998，4

民国时期的江苏第一监狱/张福运//民国春秋. -1998，4

一段难忘的囚徒生活：在国民党恩施集中营方家坝管理所的所见所闻/高树//
　　武汉春秋. -1998，4

重庆蜀军政府的成立及其法制/邱远猷//重庆师专学报. -1998，4

南京临时政府监察制度述略/孙学敏//辽宁大学学报（哲社科版）. -1998，5

民国初期的大理院：最高司法机关兼行民事立法职能/张生//政法论坛.
　　-1998，6；又载诉讼法学研究. -2002，1

民国四年修正刑法草案摭遗/黄源盛//刑事法杂志. -1998，（第 42 卷）6

抗战时期的第一次民主宪政运动/姜平//党史研究资料. -1998，9

民初大理院司法档案的典藏整理与研究/黄源盛//（台湾）《政大法学评论》
　　第 59 期. -1998

民初大理院/黄源盛//（台湾）《政大法学评论》第 60 期. -1998

赃官、清官与司法专横/张建伟//研究生法学. -1999，1

论南京临时政府的经济立法实践/贾孔会//湖北三峡学院学报. -1999，1

袁世凯与《临时约法》/张华腾//安阳师范学院学报. -1999，1

清末民初法政专科教育盛衰探析/刘迪香//益阳师专学报. -1999，2

南京国民政府监察制度探析/孙季萍//烟台大学学报（哲社科版）. -1999，2

中共与抗战时期的民主宪政运动/宋建平//太原师范专科学校学报. -1999，2

论北洋政府的文官制度/武乾//法商研究（中南政法学院学报）. -1999，2

南京国民政府遗产税法及其当代启示/春杨//法商研究（中南政法学院学报）.
　　-1999，3

浅析日本殖民地统治旅大 40 年的司法制度/张淑香、赵光珍//辽宁师范大学
　　学报（社科版）. -1999，3

战前"训政"时期立法体制特点初探/陈炳山//江海学刊. -1999，4

论清末民初监察制度的嬗变/王晓天//湖南社会科学. -1999，4

清末民初法政学堂的畸形繁荣及影响/赵可//晋阳学刊. -1999，4

论北洋政府的行政执行法/武乾//法学杂志. -1999，4

中国自由主义迟到的人权宣言——1929—1931 年人权运动简评/张连国//南京
　　社会科学. -1999，4

近代四川颁行的第一个禁烟法规/莫子刚//文史杂志. -1999，4

论北洋政府的《行政执行法》/武乾//法学杂志. -1999，4

论北洋政府的行政诉讼制度/武乾//中国法学. -1999，5

略论北洋军阀政府监察制度的反动本质/孙学敏//辽宁大学学报（哲社科版）.
　　-1999，5

民国时期司法独立的矛盾分析/夏锦文、秦策//南京社会科学. -1999，5

《中华民国临时约法》的文化透视/陈晓枫//武汉大学学报（哲社科版）.
　　-1999，6

论民国初年公司法规对公司经济发展的影响：以荣氏企业和南洋兄弟烟草公
　　司为例/李玉、熊秋良//社会科学辑刊. -1999，6

民国初年近代刑事诉讼的生成与开展/黄源盛//（台湾）《政大法学评论》第

61 期. -1999

1946 年《中华民国公司法》的产生、特点及影响/胡文涛//河南师范大学学报（哲社科版）. -2000, 1

民国初年关于中国加入国际版权同盟问题的论争/常青//河南大学学报（社科版）. -2000, 2

"期成宪草"探微——抗战时期民主宪政运动的重要成果/陈波//湖北大学学报（哲社科版）. -2000, 3

试论北洋政府的经济立法活动/贾孔会//安徽史学. -2000, 3

北洋时期首次经济立法述略/范继忠//河北师范大学学报（哲社科版）. -2000, 3

论"全国教育会联合会"对民初教育立法的影响/李露//学术论坛. -2000, 3

论民国初期议会政治失败的原因/朱勇//中国法学. -2000, 3

国民党政府《出版法》的滥施及其负面效应/张仁善//民国档案. -2000, 4

清末民初民法法典化的历史动因/张生//北京市政法管理干部学院学报. -2000, 4

民初平政院裁决书整编与初探/黄源盛//（台湾）研究汇刊. -2000,（第 10 卷）4；又载《平政院裁决录存》,（台湾）五南图书有限公司. -2006；《中西法律传统》第 6 卷, 北京大学出版社. -2008

中华民国时期西北地区的烟毒及禁政/褚宸舸//福建公安高等专科学校学报·社会公共安全研究. -2000, 5

试析《浙江军政府临时约法》/邱远猷//历史教学（高校版）. -2000, 5

南京临时参议院维护法制的努力/李学智//历史教学（高校版）. -2000, 5

南京临时政府司法行政法规考察研究/张希坡//法学家. -2000, 5

《中华民国临时约法》的主要缺陷/音正权//政法论坛. -2000, 6

"民国民法"的价值观与中国传统价值观的差异/陈传法、李素珍、宋保仁//河北法学. -2000, 6

民国间民事习惯调查中所见的中人与保人研究/潘宇、李新田//法制与社会发展. -2000, 6

北洋政府票据立法论略/李胜渝//法商研究（中南政法学院学报）. -2000, 6

略评胡汉民之立法主持活动/春杨//法学评论. -2000, 6

论北洋政府时期的司法独立/李峻//南京社会科学. -2000, 10

庞德与中国之法制——1943 年至 1948 年之中国法制历史/刘正中//（台湾）法学. -2000, 12

民初大理院关于民事习惯判例之研究/黄源盛//（台湾）《政大法学评论》第
　　63 期. -2000

民国初年的法制改革与司法独立理念的实践/欧阳正//《法制史研究》创刊号，
　　（台湾）中国法制史学会、"中央研究院"历史语言研究所. -2000

中华民国暂行民律草案/俞江//《民商法论丛》总第 17 卷，（香港）金桥文化
　　出版公司. -2000

旧桂系时期广西审判制度述评/邓智旺//南宁师范高等专科学校学报.
　　-2001，1

南京临时政府与南京国民政府法治模式分析论纲——兼谈法律文化的传统与
　　现代性问题/栾爽//政法论丛. -2001，1

中国第一部近代宪法——《鄂州约法》/费春//现代法学. -2001，1

抗战以前国民政府法制改革评议/孙季萍//文史哲. -2001，2

清末民初法律教育的特点及其成因/尹斌//洛阳工学院学报（社科版）.
　　-2001，3

中西交融、民商合一——论民国时期《民法》/徐永康//南京大学法律评论.
　　-2001，春季号

略论民事习惯在民初司法中的作用/张生//人文杂志. -2001，4

试析《中华民国宪法》制定过程的特征/刘昌兰//烟台师范学院学报.
　　-2001，4

从《中华民国临时约法》看辛亥革命的历史地位/何世昆//安徽教育学院学
　　报. -2001，4

战后初期中国的对日政策与战犯审判/宋志勇//南开学报. -2001，4

试论北洋政府时期妇女在婚姻家庭中的法律地位/张茂梅//华南理工大学学
　　报. -2001，4

清末民初宪政选择和文化冲突/郭钦//贵州师范大学学报（社科版）.
　　-2001，4

略论民国时期中国移植国际法的理论与实践/何勤华//法商研究（中南政法学
　　院学报）. -2001，4

论辛亥革命时期中国刑事审判制度的革新：以姚荣泽案为例/杨大春//苏州大
　　学学报（哲社科版）. -2001，4

南京国民政府（1927—1937）宗教法规评析/张宝海、徐峰//泰安师专学报.
　　-2001，5；又载山东社会科学. -2001，6

南京国民政府的保甲制度与地方自治/武乾//法商研究（中南政法学院学报）.

-2001，6

"梁启超宪草"与民国初期宪政模式的选择/李秀清//现代法学．-2001，6

南京临时政府的司法制度改革/邱远猷//中州学刊．-2001，6

论中华民国宪法的施行/林文雄//《法制史研究》第2期，（台湾）中国法制史学会、"中央研究院"历史语言研究所．-2001

中国律师制度的建立——以上海为中心的观察（1911—1912）/孙慧敏//《法制史研究》第2期，（台湾）中国法制史学会、"中央研究院"历史语言研究所．-2001

"国家制定法"与"民间习惯"——台湾"祭祀公业"的历史社会分析（Ⅱ）/林端//《法制史研究》第2期，（台湾）中国法制史学会、"中央研究院"历史语言研究所．-2001

民国《民律草案》的起草及其主要成就/张生//《继承与创新——中国法律史学的世纪回顾与展望》（《法律史论丛》第8辑），法律出版社．-2001

孙中山、辛亥革命与中国法律近代化/邱远猷//《中西法律传统》第1卷，中国政法大学出版社．-2001

南京国民政府地方自治立法的演进及其特质/武乾//《中西法律传统》第1卷，中国政法大学出版社．-2001

民国监狱史料述要/赵晓耕//《中西法律传统》第1卷，中国政法大学出版社．-2001；又载法律文献信息与研究．-2005，4

司法党化：国民政府（1925—1927）司法改革初探/韩秀桃//《安徽大学法律评论》创刊号，安徽大学出版社．-2001

从宪政意识角度析民初有宪法无宪政的原因/刘江琴//荆州师范学院学报．-2002，1

1927—1937年南京政府教育立法探究/李露//河南大学学报（社科版）．-2002，1

南京临时政府法制建设的特点及重要意义/胡明华//南京人口管理干部学院学报．-2002，1

民国社会救济立法述论/蔡勤禹//青岛海洋大学学报．-2002，1

论民国前期（1912—1927）的教育立法/李露//集美大学学报．-2002，1

护国战争的法律问题/余子明//四川大学学报（哲社科版）．-2002，1

20世纪前期民法新潮流与《中华民国民法》/李秀清//政法论坛．-2002，1

民国时期移植外国商事立法论略/李秀清//法学论坛．-2002，2

民国时期小县三大案/陆治乾//广东史志．-2002，2

民国时期宗教管理的法制取向/王业兴//广东省社会主义学院学报. -2002，2

"五权宪法"对监督行政体制改革的借鉴意义/张劲松//党政干部论坛. -2002，2

《中华民国临时约法》的宪法原则/彭毓花//云南民族学院学报. -2002，2；
　　又载学术探索. -2002，专刊

民国初期妇女的公民权/黄佩芳//中华女子学院学报. -2002，2

民国时期妾的法律地位及其变迁/程郁//史林. -2002，2

清末民初商事裁判组织的演变/付海晏//华中师范大学学报（哲社科版）.
　　-2002，2

民国时期的监察制度评析/余信红//华北水利水电学院学报（社科版）.
　　-2002，2

南京国民政府前期教育立法的宏观考察/胡仁智//西南政法大学学报.
　　-2002，3

评南京国民政府监察制度/王浩宇//松辽学刊. -2002，3

论司法官的生活待遇与品行操守——以南京国民政府时期为例/张仁善//南京
　　大学法律评论. -2002，春季号

清末与民国时期的司法独立研究（上、下）/郭志祥//环球法律评论. -2002，
　　春季号、夏季号

政府法令与民间惯行：以国民政府颁行"年利20%"为中心/李金铮//河北
　　大学学报（哲社科版）. -2002，4

司法行政权的无限扩大与司法权的相对缩小——论南京国民政府时期的司法
　　行政部/张仁善//民国档案. -2002，4

试论旧桂系时期广西近代司法制度的执行/谢水顺//广西师范大学学报（哲社
　　科版）. -2002，4

民初大理院审判独立的制度与实践/张生//政法论坛. -2002，4；又载《判例
　　制度研究》，人民法院出版社. -2004

王宠惠——第一个走出国门的大法官/张仁善//法学天地. -2002，4

论民国时期的法律援助制度/周正云//湖南省政法管理干部学院学报.
　　-2002，5

1939—1940年关于民主宪政的争论述评/邓正兵//郧阳师范高等专科学校学
　　报. -2002，5

国民党统治时期根本法的产生和中央与地方的关系述论/李国忠//辽宁师范大
　　学学报. -2002，5

民初商会舆论的表达与实践：立足于商事裁判权的历史研究/付海晏//开放时
　　代. -2002, 5

《临时约法》"因人立法"说辨正/刘笃才//法学研究. -2002, 5

南京国民政府时期县级司法体制改革及其流弊/张仁善//华东政法学院学报.
　　-2002, 6

南京国民政府劳工福利政策研究/陈竹君//江汉论坛. -2002, 6

民国司法部的"不倒翁"——谢冠生/张仁善//法学天地. -2002, 6

1939 年中间党派的宪政提案评述/兰芳//历史教学（高校版）. -2002, 7

1946 年政协会议"宪法草案案"的宪政模式辨析/石毕凡//《公法研究》第 1
　　辑，商务印书馆. -2002

民国初期民事固有法与继受法的整合（1912—1927 年）/张生//《法律史论
　　集》第 4 卷，法律出版社. -2002

略论北洋时期的司法发展/韩秀桃//《安徽大学法律评论》第 2 卷第 2 期，安
　　徽大学出版社. -2002

民国兼理司法制度初探/韩秀桃//《中国法律近代化论集》，中国政法大学出版
　　社. -2002

北洋政府时期民法近代化三题/张生//《中国法律近代化论集》，中国政法大学
　　出版社. -2002

北洋大理院刑事解释例初探/音正权//《中国法律近代化论集》，中国政法大学
　　出版社. -2002

论国民政府时期司法腐败的防治机制及其功能效应/张仁善//《走向二十一世
　　纪的中国法文化》（《法律史论丛》第 9 辑），上海社会科学院出版
　　社. -2002

辛亥革命与中国法律近代化/邱远猷//《走向二十一世纪的中国法文化》（《法
　　律史论丛》第 9 辑），上海社会科学院出版社. -2002

辛亥革命时期贵州军政府的成立及其法制建设/邱远猷//《辛亥革命史丛刊》
　　第 11 辑，湖北人民出版社. -2002

民国第一个行政诉讼审判机关——民初平政院裁决书整编与初探/黄源盛//
　　《20 世纪中国法制之回顾与前瞻》，中国政法大学出版社. -2002

清末民初民法法典化动因探析/柳经纬、吴克友//福建政法管理干部学院学
　　报. -2003, 1

"五五宪草"公布后知识界的批评/尹伟琴//杭州商学院学报. -2003, 1

动荡与发展：民国时期民事诉讼制度述略/吴泽勇//现代法学. -2003, 1

张君劢对中央政制的具体设计：简析《国事会议宪草》及《政协宪草》设计的中央政制/张振国//现代法学. -2003，1

民国时期监狱统计制度述论/张凤仙//中国监狱学刊. -2003，1

略论民国审计制度的建立与发展/史全生//民国档案. -2003，1

民初国会制宪中中央与地方关系论争述评/李国忠//山西师范大学学报. -2003，1

北洋政府时期的经济法与经济体制的二元化/武乾//法商研究（中南政法学院学报）. -2003，1

简论民国时期城市行政民主化与法制化的发展趋势/何一民//西南民族学院学报（哲社科版）. -2003，1

南京政府行政监察专员制的废止时间考/翁有为//历史研究. -2003，1

南京国民政府后期改进大学法律教育理念述评——兼谈目前我国大学法律教育中存在的问题及改进对策/张仁善//高教研究与探索. -2003，1

清末民初陕西司法改革初探/张瑞泉、朱伟东//唐都学刊. -2003，1

论南京临时政府人权保障失败的原因/翟洪峰、王英梅//广西社会科学. -2003，1

1949 年前国民党土地政策述评/廖光珍//贵州社会科学. -2003，1

清末民初商事仲裁制度的演进及其社会功能/郑成林//天津社会科学. -2003，2

民国元年的司法论争及其启示：以审理姚荣泽案件为个案/韩秀桃//法学家. -2003，2

张謇与清末民初的经济立法/刘云//南通工学院学报. -2003，2

九一八事变后国民党内宪政态度的分歧/尹伟琴//吉林师范大学学报. -2003，2

略论 1928—1936 年广东省金融立法/毕明志、汤传志//五邑大学学报. -2003，2

《政治协商会议宪法草案》设计之中央政制的比较分析/张振国//淮北煤炭师范学院学报（哲社科版）. -2003，2

《临时约法》九十有感/归东//贵州广播电视大学学报. -2003，2

张君劢与 1946 年《中华民国宪法》/郑大华//淮阴师范学院学报（哲社科版）. -2003，2

重评 1946 年《中华民国宪法》/郑大华//史学月刊. -2003，2

试评《临时约法》的历史地位及其影响/归东//贵州社会科学. -2003，3

司法腐败与社会失控：以南京国民政府后期为个案的分析/张仁善//江苏社会
科学. -2003，3

南京国民政府时期的冤狱赔偿运动述论/张建华//华北电力大学学报.
-2003，3

国民党统治时期广东监狱发展探讨/万安中//中山大学学报（哲社科版）.
-2003，3

民国时期的商标立法与商标保护/赵毓坤//历史档案. -2003，3

论 1946 年政协会议决议案中的宪政模式：与孙中山五权宪法模式比较研究/
王丽华//江汉大学学报. -2003，3

一种法律社会史视角的考察——国民政府时期司法界不良社会关系剖析/张仁
善//南京大学法律评论. -2003，春季号

废除南京国民政府"六法全书"之思考/范进学//法律科学. -2003，4

民国初年的涉外版权纠纷案/李明山//民国档案. -2003，4

南方革命政府审计制度的建立/刘相平//史学月刊. -2003，4

自杀抑他杀：1927 年武汉国民政府集中现金条例的颁布与实施/冯筱才//近代
史研究. -2003，4

南京国民政府时期司法腐败防治机制的功能障碍及负面效应/张仁善//江海学
刊. -2003，4

《天坛宪法草案》与民初宪政选择的失败/严泉//开放时代. -2003，5

试论北洋军阀政府时期广东监狱/万安中//犯罪与改造研究. -2003，5

伪满劳动统制政策剖析/张凤鸣、王敏荣//学习与探索. -2003，5

略论南京国民政府时期司法经费的筹划管理对司法改革的影响/张仁善//法学
评论. -2003，5

民国时期四川盐井租佃契约/张洪林//现代法学. -2003，5

民国时期兼理司法制度的内涵及其价值分析/韩秀桃//安徽大学学报.
-2003，5

民国时期婚龄制度评析/廖秀健//湖南社会科学. -2003，5

孙科与"五五宪草"/韩文宁//钟山风雨. -2003，5

1927—1937 年上海律师业发展论析/张丽艳//社会科学. -2003，6

论清末民初的人证制度/蒋铁初//东方论坛. -2003，6

北洋政府时期的地方警政建设/夏敏//江苏警官学院学报. -2003，6

民初移植人身保护令制度述论/杨慧清、尹灵芝//许昌学院学报. -2003，6

民初法学教育与法制现代化/侯强、陆建洪//法商研究. -2003，6

中华民国时期刑事诉讼立法史略/尤志安//诉讼法学研究. -2003，6

段祺瑞政府法制变革述论/侯强//前沿. -2003，8

民国法制几个史实考/张国福//《中国法制史考证》乙编第 3 卷，中国社会科学出版社. -2003

南京国民政府预决算法制的演进及特点/武乾//《中西法律传统》第 3 卷，中国政法大学出版社. -2003

清末民初寺庙财产权研究稿/李贵连//《中国民法百年回顾与前瞻学术研讨会论文集》，法律出版社. -2003

中国两次民律草案的编修及其历史意义——《大清民律草案》《民国民律草案》编辑说明/杨立新//《中国民法百年回顾与前瞻学术研讨会论文集》，法律出版社. -2003

民初内阁倒台的法学透视/郑素一//汕头大学学报（人文社科版）. -2004，1

20 世纪 30 年代的冤狱赔偿运动/孙彩霞//历史档案. -2004，2

民国前期新式法院建设述略/吴永明//民国档案. -2004，2；又载《百年回眸：法律史研究在中国》第 2 卷，中国人民大学出版社. -2009

从商事公断处看民初苏州的社会变迁/付海晏//华中师范大学学报（哲社科版）. -2004，2

国民党执政大陆时期腐败现象的法理透视/聂资鲁//湖南大学学报（社科版）. -2004，2

清末至北洋政府时期区乡行政制度考略/魏光奇、丁海秀//北京师范大学学报（社科版）. -2004，2

民国时期法律群体法律思想的特征/韩秀桃//榆林学院学报. -2004，2

"六法全书"基本特点的一种探讨/吴海燕//云南行政学院学报. -2004，2

民国时期的"人身保护法"/杨宜默//当代法学. -2004，2

民国宪政史上追求"直接民主"的尝试及论争——从"国民大会"观民国政制的演变/邓丽兰//人文杂志. -2004，2

1927 年陕西"司法革命化"与司法制度改革/张瑞泉、贾俊侠//唐都学刊. -2004，2

抗战时期的民主宪政运动/徐维俭、李少斐//晋阳学刊. -2004，2

民初省议会失败原因概论/沈晓敏//政法学刊. -2004，3

试论清末与民国时期的司法独立/张珉//安徽大学学报（哲社科版）. -2004，3

论北洋军阀政府时期的报刊立法活动及主要特点/倪延年//南京师大学报（社

科版）．-2004，3

论南京国民政府"六法全书"之基本特点/刘晓源//甘肃行政学院学报．
-2004，3

民初法官素养论略/郭志祥//法学研究．-2004，3

中国经济法制近代化的重要里程碑——北洋政府时期的经济立法/易继苍//贵
州社会科学．-2004，3

抗战前南京国民政府土地立法的失与得/杨士泰//邢台职业技术学院学报．
-2004，4

制约、授权与规范——试论南京国民政府时期对同业公会的管理/魏文享//华
中师范大学学报（哲社科版）．-2004，4

历史性妥协的瞬间：近代中国移植西式宪政之最后尝试/石毕凡//社会科学战
线．-2004，4

清末民初商会的商事仲裁制度建设/虞和平//学术月刊．-2004，4

长沙临时大学、西南联合大学及复校后的北京大学法律系/孙家红//中外法
学．-2004，4

民国晚期西安地区律师制度研究/侯欣一//中外法学．-2004，4；又载《百年
回眸：法律史研究在中国》第2卷，中国人民大学出版社．-2009

民国刑法的理性分析和实践检验/周密//江苏警官学院学报．-2004，4

南京国民政府审计立法的结构特点/鄢定友//江苏警官学院学报．-2004，5；
又载长江大学学报（社科版）．-2004，5

《民国民法典》对传统家庭财产制度的改造/黄本莲//江苏警官学院学报．
-2004，5

论民国前期的劳动立法/汤毅平//求索．-2004，5

论南京国民政府时期的警政建设/赵平//河南公安高等专科学校学报．
-2004，5

民国前期刑事诉讼法制变革述论/吴永明//江西师范大学学报（哲社科版）．
-2004，5

试论南京临时政府的宪政革新/贾孔会//学术论坛．-2004，5

现代性及其限度：民国文官考试制度评议/李里峰//安徽史学．-2004，5

走出传统：北洋军阀时期的县公署制度/魏光奇//史学月刊．-2004，5

1940年中间党派与"期成会修正案"/兰芳//历史教学．-2004，5

汪伪政府"收回"租界及"撤废"治外法权述论/石源华//复旦学报（社科
版）．-2004，5；又载中国现代史人大复印资料．-2005，2

章士钊与人身保护令制度/杨宜默//法学杂志. -2004，5；又载《法律文化研究》第 1 辑，中国人民大学出版社. -2006

民初覆判制度考察/李启成//清华法学. -2004，5

北洋时期票据习惯调查研究及其对立法的影响/张群//清华法学. -2004，6

行业习惯与国家法令——以 1930 年行规讨论案为中心的分析/朱英//历史研究. -2004，6

抗战前南京国民政府金融立法浅论/魏浩然//哈尔滨学院学报. -2004，6

"五五宪草"之立法技术分析/胡旭晟、周浩江//湘潭大学学报（哲社科版）. -2004，6

善之途多歧路：五权宪法的理想与现实/王贵松、邱远猷//首都师范大学学报. -2004，6；又载《法律文化研究》第 2 辑，中国人民大学出版社. -2006

论民初"兼理司法"制度的社会背景/吴燕//求索. -2004，9

理想与现实的两难：论国民政府的地方自治与保甲制度/肖如平//福建论坛（人文社科版）. -2004，12

民国南京临时政府法制建设的历史定位与深远影响/胡明华//唯实. -2004，12

民国前期律师制度建构述论/吴永明//江西社会科学. -2004，12

南京政府行政督察专员制度的法制考察/翁有为//史学月刊. -2004，12

民国时期票据立法活动初探/张群//《私法》第 8 卷，北京大学出版社. -2004

"满洲国"司法制度的建立与实践——一段殖民史的侧写/吴欣哲//《法制史研究》第 6 期，（台湾）中国法制史学会、"中央研究院"历史语言研究所. -2004

民国政府时期司法独立的理论创意、制度构建与实践障碍/张仁善//《法律史学研究》第 1 辑，中国法制出版社. -2004

论国民政府时期司法独立的理论创意与实践得失/张仁善//《中国历史上的法律制度变迁与社会进步》（《法律史论丛》第 10 辑），山东大学出版社. -2004

民初移植人身保护令制度述论/杨宜默//《中国历史上的法律制度变迁与社会进步》（《法律史论丛》第 10 辑），山东大学出版社. -2004

民国前期新式法院建设述略/吴永明//《中国历史上的法律制度变迁与社会进步》（《法律史论丛》第 10 辑），山东大学出版社. -2004

广州武汉国民政府法制体系（纲要）/张希坡//《法史思辨：2002 年中国法史

年会论文集》，法律出版社． -2004

民国时期法律家群体特征综论/韩秀桃//《渠水集——纪念饶鑫贤教授法学文集》，北京大学出版社． -2004

1946：宪政的幻灭/杨帆//黑龙江省政法管理干部学院学报． -2005，1

曹锟"贿选宪法"及其价值评价/侯强//重庆教育学院学报． -2005，1

基督徒与民初宪法上的信教自由——以定孔教为国教之争为中心（1912—1917）/刘义//东岳论丛． -2005，1

略论南京国民政府亲属法对传统婚姻制度的改造/郑全红、纪芸//天津商学院学报． -2005，1

训政前期（1927—1937）国民党政府监察制度中的党政体制/田湘波//上饶师范学院学报． -2005，1

民初刑事诉讼法制变革论略/吴永明//贵州社会科学． -2005，1

废除伪"法统"就是废除以国民党《六法全书》为代表的一切反动法律/张希坡//法学杂志． -2005，1

《钦定宪法大纲》与蒋记《中华民国宪法》之比较/李致远//天府新论． -2005，S1

清末民初关于责任内阁制的理解、运用与争论/肖光辉//江苏社会科学． -2005，2

北洋时期对票据习惯的调查研究及其与立法的关系/张群、张松//清华法学． -2005，2

两位美国人与清末民初的中国法律教育/朱志辉//环球法律评论． -2005，3

北洋外交与"治外法权"的撤废——基于法权会议所作的历史考察/杨天宏//近代史研究． -2005，3

试论抗战时期的"一国两制"——论国共合作的法制基础/程鸿勤//北京政法职业学院学报． -2005，3

于激变中求稳实之法——民国最高法院关于女子财产继承权的解释例研究/赵晓耕、马晓莉//山西大学学报（哲社科版）． -2005，3

论民国初年的监察制度机制与效能/刘永//廊坊师范学院学报． -2005，3

简论抗战前南京国民政府的土地立法/张志红、杨士泰//历史教学（高校版）． -2005，4

民国乡村秩序的整合：规范化过程——以1945年后的浙江省嘉兴地区乡村佃业纠纷为中心/丰箫//中国农史． -2005，4

民族主义勃兴与司法主权重构——民国北京政府废除领事裁判权的外交努力/

刘宝东//北京联合大学学报（人文社科版）.－2005，4

"武汉抗战时期"的社会保障立法/周荣//湖北行政学院学报.－2005，4

清末民初甘肃省婚姻习惯评析/李丕祺//西北第二民族学院学报（哲社科版）.
　　－2005，4

清末民初图书馆立法简论/王丽娟//吉林师范大学学报.－2005，4

1927—1932年的湖北省司法公署初探/黄燕群//咸宁学院学报.－2005，4

抗日战争时期立法院的立法工作述论/陈书梅、陈红民//苏州科技学院学报.
　　－2005，4

清末民初劳工立法中的童工保护/尹明明//山东师范大学学报（人文社科版）.
　　－2005，4

一部宪法与一个时代：《美国宪法》在清末民初的传入及对民初中国立宪的影
　　响/聂资鲁//政法论坛.－2005，5

清末民初关于设立行政裁判所的争议/李启成//现代法学.－2005，5

清末民初甘肃省债权习惯评析/李丕祺//西北民族大学学报.－2005，5

1946年政协会议与中国宪政设计/刘山鹰//社会科学战线.－2005，5

1940年代鄂东寺庙财产权初探/付海宴//贵州师范大学学报.－2005，5

试述南京国民政府的禁烟、禁毒立法/胡金野//西北民族大学学报.－2005，5

孙中山与中国法律监督体制的近代化/陈会林//湖北大学学报（哲社科版）.
　　－2005，5

民国时期"兼理司法制度"组织形式演变探析/黄燕群//湘潭师范学院学报
　　（社科版）.－2005，5

论民国时期的娼妓管理/孟庆超//吉林公安高等专科学校学报.－2005，6

民国晚期工商团体的法律规制与行政控制——以津冀为中心的考察/窦竹君//
　　河北法学.－2005，6

南京政府监察权的行使及其评析/孙学敏//辽宁大学学报（哲社科版）.
　　－2005，6

清末民初铁路犯罪形态及原因分析/葛玉红//辽宁大学学报（哲社科版）.
　　－2005，6

略论民国初年法人制度的萌芽：以大理院寺庙判决为中心/黄章一//中外法
　　学.－2005，6

梅汝璈与《远东国际军事法庭》/何勤华//法学.－2005，7

民国《民律草案》评析/张生//江西社会科学.－2005，8

由一例民国时期的移植法与民商习惯冲突展开的思考/魏淑君//法学.

　　-2005，9

国民党二届五中全会前后的制宪诉求/赵金康//史学月刊．-2005，9

略评民国初年（1912—1928）的司法制度/曹心宝//哈尔滨学院学报．
　　-2005，9

北洋政府的平政院制度与司法独立/罗旭南、黄丽环//理论界．-2005，9

抗战前湖北的县级司法体制改革/黄燕群//广西社会科学．-2005，10

抗战期间国民党政府的有关广播宣传管理的政策法规/李煜//中国广播电视学
　　刊．-2005，11

民国初年遵从民商事习惯风格之考证/眭鸿明//河北法学．-2005，11

民国时期工商团体的法律规制与行政控制：以津冀为中心的考察/窦竹君、胡
　　延广//河北法学．-2005，12

民国前期（1912—1936）司法官考试的模型设计/胡震//法学．-2005，12

论抗战时期宪政运动兴起的体制背景：合法性不足的弱势独裁/祝天智//重庆
　　社会科学．-2005，12

袁世凯组阁的法制意义/陈晓东//历史教学（高校版）．-2005，12

宪政莫忘宋教仁/胡子敬//政府法制．-2005，23

大理院判决对"契约自由"概念的运用/周伯峰//《法制史研究》第7期，
　　（台湾）中国法制史学会、"中央研究院"历史语言研究所．-2005

民事习惯调查与中国民法典编纂/俞江//《中国法学文档》第1辑，法律出版
　　社．-2005

试述民国初年的土地政策与立法/赵晓耕、何莉萍//政治与法律．-2006，1

在法律与社会之间：民国时期上海本土律师的地位和作用/陈同//史林．
　　-2006，1

训政前期司法党化问题之研究/田湘波//怀化学院学报．-2006，1

民国民法典的编订：政府与法律家的合作/张生、李彤//中国社会科学院研究
　　生院学报．-2006，1；又载《法律史学科发展国际学术研讨会文集》，中
　　国政法大学出版社．-2006

在民法典与传统规则之间——中华民国最高法院的抉择/黄本莲//湖北师范学
　　院学报（哲社科版）．-2006，1

清末《公司律》和北洋政府时期《公司条例》比较研究/卢征良、任贤兵//
　　郧阳师范高等专科学校学报．-2006，1

抗战前国民政府训政的演变/张珊珍//宁波大学学报（人文科学版）．
　　-2006，2

民国初年宪法危机：袁世凯与戴高乐宪法主张的对比分析/张水//上海大学学报. -2006，2

灾难的补偿：1930年《救灾准备金法》之出台/武艳敏//四川大学学报（哲社科版）. -2006，2

近代刑事诉讼的生成与展开——大理院关于刑事诉讼程序判决笺释（1912—1914）/黄源盛//清华法学. -2006，2

清末民初法政学堂之研究：教育史的视角/陈建华//华东政法学院学报. -2006，3

民国广州报纸婚姻案件报道中的法律词语：从法律变革的视角看/胡雪莲//中山大学学报（哲社科版）. -2006，3

民初平政院行使行政监察职能的制度尝试论/李唯一//郑州大学学报（哲社科版）. -2006，3

民初到五四前后报刊律法状况及其影响/卢国华//山东社会科学. -2006，3

南京国民政府时期新闻法制及其影响/李霞//江苏警官学院学报. -2006，3

南京国民政府初期的基层司法实践问题：对四川南充地区诉讼案例的分析/吴燕//近代史研究. -2006，3

国民党初掌政权后的劳工政策解析/周良书、汪华//学术界. -2006，3

南北分裂时期之广州大理院（1919—1925）/胡震//中外法学. -2006，3

未竟的循环：《犯罪论体系》在近现代中国的历史展开/李浩//政法论坛. -2006，3

生不逢时的法律学系——20世纪二三十年代清华法律学系设立之周折/陈俊豪//清华法学. -2006，3

民国时期公民投票：理论、制度和实践/魏贻恒//法学家. -2006，4

清末民初奉天省的司法变革/张勤//辽宁大学学报（哲社科版）. -2006，4

清末民初上海公共租界会审公廨法权之变迁（1911—1912）/胡震//史学月刊. -2006，4

略论南京临时政府成立前后的法官制度/龚春英//鸡西大学学报. -2006，4

民国时期法官独立审判制度研究/毕连芳//石家庄学院学报. -2006，4

国民党政府时期湖北监狱管理制度研究/张宁//湖北警官学院学报. -2006，4

戴鸿慈：近代中国第一位"司法部长"/韩秀桃//法制日报. -2006，4. 19

民初的离婚诉讼和司法裁判：以奉天省宽甸县为中心/张勤//比较法研究. -2006，5

旧中国版权制度初探/舒琼//河南图书馆学刊. -2006，5

民国时期上海本土律师的法律业务/陈同//社会科学. -2006，5

法治理想与现实的反差——姚荣泽案的法学思考/赵晓耕、何莉萍//河南社会
　　科学. -2006，5

南京国民政府"五院制度"述评——兼论"五院制度"与孙中山"五权宪
　　法"思想之关系/刘秋阳//武汉化工学院学报. -2006，5

民初《省议会议员选举法》探略/叶利军//求索. -2006，5

董康：近代法制变革的亲历者/韩秀桃//法制日报. -2006，5. 24

论我国清末民初宪政中民族观的变化/方慧//民族研究. -2006，6；又载《百
　　年回眸：法律史研究在中国》第2卷，中国人民大学出版社. -2009

国民政府基层司法建设述论/蒋秋明//学海. -2006，6

中华民国律师协会与1930年代的冤狱赔偿运动/郑成林//江汉论坛.
　　-2006，8

试论清代、民国时期冀中农村土地买卖中的契约精神：以束鹿县张氏家族土
　　地买卖契约为例/童广俊、张玉//河北法学. -2006，8

北洋政府对司法官考试的制度设计/毕连芳//史学月刊. -2006，10

南京政府征询社会制定"五五宪草"和刑法的考察/赵金康//史学月刊.
　　-2006，10

中国近现代史上的法官职业/侯欣一//法学. -2006，10

租借时期提篮桥监狱刑罚执行的历史记录和可资借鉴内容的研究分析/徐家
　　俊//犯罪与改造研究. -2006，11

简论中华民国南京临时政府时期个人财产权的宪法保护/贾晖//商业经济.
　　-2006，12

试论《天坛宪法草案》制定中制度设计与政治角逐/丁以德//理论界.
　　-2006，12

论清末民初对"习惯"问题的认识与讨论/李卫东//《法治与和谐社会建设》，
　　社会科学文献出版社. -2006

清末民初画报中的衙蠹与劣幕/尤陈俊//《中西法律传统》第5卷，中国政法
　　大学出版社. -2006

错误移植的责任内阁制——《中华民国临时约法》制定过程重探/张茂霖//
　　《法制史研究》第9期，（台湾）中国法制史学会、"中央研究院"历史
　　语言研究所. -2006

王宠惠与中国法律近代化——一个知识社会学的分析/张生//《法制史研究》
　　第10期，（台湾）中国法制史学会、"中央研究院"历史语言研究

所. -2006

民事法制中的"旧惯"与日据台湾时期的治理术变迁（1895—1945）/尤陈
俊//《北大法律评论》第 7 卷第 2 辑，北京大学出版社. -2006

民国前期司法官考选述论/吴永明//《法律文化研究》第 1 辑，中国人民大学
出版社. -2006

国民政府时期诉讼迟延问题剖析/张仁善//《法律文化研究》第 1 辑，中国人
民大学出版社. -2006

民事习惯及其法律意义——以清末民初商事习惯调查为中心/春杨//《法律文
化研究》第 2 辑，中国人民大学出版社. -2006

产权限制：20 世纪 20 年代广州政府产权政策评析/乔素玲//《法律文化研究》
第 2 辑，中国人民大学出版社. -2006

南京国民政府金融法制研究述略/黄振//《法律文化研究》第 2 辑，中国人民
大学出版社. -2006

作为民国时期立法的维护者——王伯琦/何意志//《中德法学学术论文集》第
2 辑，中国政法大学出版社. -2006

现代性话语结构下的本土生存空间——民国司法改革在边疆推行的效果与反
思/方慧//云南农业大学学报（社科版）. -2007，1

论民初商人拒绝律师的原因/任玉伟//内蒙古农业大学学报（社科版）.
-2007，1

南京国民政府福利立法探析/王莹//社科纵横（新理论版）. -2007，1

民初律师惩戒制度论析——以惩戒案例为中心/张勤//河北法学. -2007，1

北洋政府律师制度探析/陈亮//金华职业技术学院学报. -2007，1

北洋政府时期的"民告官"略论（1914—1928）——以平政院为中心的考察/
周颖//宿州学院学报. -2007，1

论 1927—1937 年间国民政府改良传统婚姻制度/张志永//重庆三峡学院学报.
-2007，1

论民初商人与律师的关系/任玉伟//科学时代. -2007，1

孙中山与中国法律近代化——以南京临时政府法制为中心/邱远猷//新乡师专
学报. -2007，1

二十世纪二十年代北京女性犯罪研究：基于犯罪调查的一种分析/艾晶、黄小
彤//中华女子学院学报. -2007，1

厦门鼓浪屿公共租界会审公堂论要/章育良、许峰//求索. -2007，1

《五五宪草》中总统制确立的过程及知识界人士对此的评论/尹传政//首都师

范大学学报（社科版）．－2007，S1

清末民初的县衙审判：以江苏省句容县为例/李贵连、俞江//华东政法学院学报．－2007，2

南京国民政府地方自治立法评析/隆奕//吉首大学学报（社科版）．－2007，2

试述南京政府时期刑事辩护制度之变革/杨猛//宜宾学院学报．－2007，2

南京国民政府时期律师制度述略/芮强//涪陵师范学院学报．－2007，2

民国时期江西保甲经济纠纷及其解决机制/龚汝富//中国经济史研究．－2007，2

窃电问题：民国时期的法律规制/王重阳//安徽电气工程职业技术学院学报．－2007，2

《湖南省宪法》述评：以地方宪政主义为视角/龙长安//西安电子科技大学学报．－2007，2

民国时期的婚约制度——以国家法为视角/杨玲//广西社会主义学院学报．－2007，2

民国司法史研究述评/丁勇//社科纵横（新理论版）．－2007，2

中华民国早期（1912—1928）的外交立法述论/李兆祥//民国档案．－2007，2

论1934年《海关缉私条例》的历史地位/孙宝根//求索．－2007，2

晚清民国时期的浙江私立法政专门学校/赵大川//法治研究．－2007，3

地方自治与清末民初的上海平安城市建设/周松青//法治论丛（上海政法学院学报）．－2007，3

民初私拟宪草研究/夏新华//中外法学．－2007，3

浅析我国解放前的《中华民国宪法》/杨熙玲//科技经济市场．－2007，3

民国分家析产纠纷案——传统与近代的竞合/马晓莉//中国审判．－2007，3

《鄂州临时约法》研究/邱远猷//历史教学（高校版）．－2007，3；又载《辛亥革命丛刊》第13辑，湖北人民出版社．－2007；《远猷选集》，香港天马出版有限公司．－2008

中国知识界与"五五宪草"之制定/邓丽兰//历史档案．－2007，3

北洋政府时期司法官惩戒立法初探/毕连芳、任吉东//理论月刊．－2007，3

"中华民国第二共和宪法草案"评析/张文生//台湾研究集刊．－2007，3

民国宪政史上的"经济民主"诉求及其论争/邓丽兰//福建论坛（人文社科版）．－2007，3

民初民法史的叙述问题初探：1911—1925年合伙法材料及其叙述技术/林达丰//北京大学研究生学志．－2007，3

清季民初出版法规与文学传播之演变/姜金明//湖北师范学院学报. -2007，3

清末民初商事立法对商事习惯的认识与态度/王雪梅//四川师范大学学报（社科版）. -2007，3

民初庙产立法检讨/林达丰//江西财经大学学报. -2007，3

日本侵占辽宁时期的司法统治/张淑香、蔡静//辽宁大学学报（哲社科版）. -2007，3

传统的"礼"与近代的"法"——由《暂行新刑律》评北洋政府刑事立法/丁德春//安徽警官职业学院学报. -2007，3

民初司法发展的制度性环境——以司法官考试制度为例的分析/胡震//中国矿业大学学报（社科版）. -2007，3

法律移植与本土文化的融合：1930 年代南京国民政府《破产法》考察/王小梅//河北学刊. -2007，3

中国传统继承制度的近代嬗变：以民国时期河北高等法院档案为例/裴赞芬//河北学刊. -2007，3

抗战时期国民政府的交通立法与交通管理/谭刚//抗日战争研究. -2007，3

北洋政府颁行商标法的社会条件分析/张丽红//理论探索. -2007，3

废除《六法全书》的缘由及影响/熊先觉//炎黄春秋. -2007，3

清末民初证据法的近代化初探/蒋铁初//江苏社会科学. -2007，3

论民初司法大量适用民事习惯的历史原因/李卫东//西北大学学报（哲社科版）. -2007，3

从会长负责到委员主持：1927 年上海律师公会改组述论/李卫东//江苏社会科学. -2007，3

民初组建全国性律师组织的努力与顿挫：以"全国律师公会联合会"为中心/李卫东//浙江学刊. -2007，4

南京临时政府的立法实践及其历史启示/刘海燕//江海学刊. -2007，4

民国律师制度建立的历史进程/魏奇迅//法制与社会. -2007，4

民国初期人权的宪法保障/庞士兵//淮南师范学院学报. -2007，4

民国时期关于文物归属权的争议——以殷墟发掘为中心的历史回眸/徐玲//中国文物科学研究. -2007，4

民初合伙合同法律规则形成略考/林达丰//集美大学学报（哲社科版）. -2007，4

民国初年关于行政诉讼制度的争论/沈大明//社会科学. -2007，4

南京国民政府 1930 年婚姻法的实施效果与制约因素考察/李刚//江西社会科

学．-2007，4

民国南京政府时期的妇女离婚问题：以江苏省高等法院 1927—1936 年民事案例为例/谭志云//妇女研究论丛．-2007，4

民国早期离婚法的实施及其局限：以 20 世纪 20 年代山西省为个案/贾秀堂//历史教学问题．-2007，4

1922—1923 年北洋政府京外司法考察述论/康黎//首都师范大学学报．-2007，4

民国时期对外籍律师的限制：以上海为例/陈同//史林．-2007，4

战后武汉律师群体的发展轨迹（1945—1949）/赵永利//江汉大学学报．-2007，4

宪法危机与 1919 年南北和谈/张淑娟//安徽史学．-2007，4

民国时期国际法研究考/王贵勤//华东政法学院学报．-2007，4

民初《大总统选举法》立法之争/叶利军//江汉论坛．-2007，4

北京政府时期司法官惩戒制度略论/毕连芳//山西师大学报（社科版）．-2007，4

南京临时政府的立法实践及其历史启示/刘海燕//江海学刊．-2007，4

从清代行会到民国同业公会行规的变化：以习惯法的视角/王雪梅//历史教学（高校版）．-2007，5

清末民初家庭财产继承中的民事习惯/郑永福//郑州大学学报（哲社科版）．-2007，5

民初政体模式失效的宪政文化反思/王小飞//时代法学．-2007，5

农业雇佣劳动习惯法研究——以民国时期山东地区的雇工制度为例/尚海涛//山东理工大学学报（社科版）．-2007，5

民国时期近似商标判例——1929 年"象牌"水泥商标的侵权纠纷/钟霞//政法论丛．-2007，5

广州和武汉国民政府司法制度改革概论/周海燕//长春师范学院学报．-2007，5

民国南京政府时期寡妇与立嗣问题：以江苏高等法院 1927—1936 年民事案例为例/谭志云//宁夏大学学报．-2007，5

1925 年宪法案：一部体现现代宪政精义的宪法/胡玲芝//湖南师范大学社会科学学报．-2007，5

特殊农业雇佣习惯法研究——以民国时期山东地区为例说明/尚海涛//湖南公安高等专科学校学报．-2007，6

民国时期上海地区的合会——（1918～1948）法制史的角度/吕利、曹云飞//
　　枣庄学院学报．-2007，6

略论民国时期司法改革中的经费短缺问题/芮强//平原大学学报．-2007，6

民国初年妇女在婚姻家庭中法律地位的变化/朱洁//廊坊师范学院学报．
　　-2007，6

民国司法院：近代最高司法机关的新范式/聂鑫//中国社会科学．-2007，6

中国第一部新闻法考证/殷莉//当代传播．-2007，6

"五权宪法"与"三权宪法"之比较/张振国//辽宁大学学报（哲社科版）．
　　-2007，6

民初商事裁判中习惯的导入机制初探/张松//政法论坛．-2007，6

晚清民初社团立法的演进探略/陈志波//黑龙江教育学院学报．-2007，6

试论南京国民政府《工厂法》的社会反映/朱正业//安徽大学学报．-2007，6

南京国民政府《工厂法》述论/朱正业//广西社会科学．-2007，7

南京国民政府（1927—1937）社团立法略论/陈志波//井冈山学院学报．
　　-2007，7

北京政府时期司法官考绩制度初探/毕连芳//历史教学（高校版）．-2007，8

略论民国公司法罚则立法例沿革/黄明//法制与社会．-2007，8

略论解放前公立高等教育机构法律地位的变迁/赵春力//法制与社会．
　　-2007，8

南京国民政府司法院派系斗争内幕揭秘/沈阳//党史文苑．-2007，9

从晚清到民国：女儿继承问题的法律与实践/张艳艳//法制与社会．
　　-2007，11

南京国民政府时期的宪政立法/赵娟//法制与社会．-2007，11

民国时期诉讼法律家与诉讼法律的近代变革/薛广文//消费导刊．-2007，11

国民政府档案立法概述/徐绍敏//浙江档案．-2007，11

初探北洋时期新兴律师的业务/王素平//今日科苑．-2007，22

民刑分立之后——民初大理院民事审判法源问题再探/黄源盛//（台湾）《政大
　　法学评论》第98期．-2007

南京国民政府住宅立法研究——以土地法为中心/张群//《安徽大学法律评论》
　　第7卷第2期，安徽大学出版社．-2007

南京国民政府的土地政策和土地立法之评析/何莉萍//《法史学刊》第1卷，
　　中国社会科学出版社．-2007

民国时期婚姻立法特点与动因分析/王新宇//《法史学刊》第1卷，中国社会

科学出版社．－2007

法治大厦之基石——民国时期山西大学的法学教育/常光玮//《法史学刊》第
1卷，中国社会科学出版社．－2007；又载《南开法律史论集2007》，南
开大学出版社．－2007

1943年《中华民国违警罚法》中的程序性内容解析/孟庆超//《法史学刊》第
1卷，中国社会科学出版社．－2007

民初大理院民事审判法源问题再探/黄源盛//《近代法研究》第1辑，北京大
学出版社．－2007

"买卖"从可能变成不可能——大理院如何运用《大清现行刑律》处理"人
口买卖"问题/周伯峰//《近代法研究》第1辑，北京大学出版
社．－2007

近代中国法人制度的创设——以民初大理院司法实践为中心的考察/黄章一//
《近代法研究》第1辑，北京大学出版社．－2007

《江西省临时约法》初探/邱远猷//《法律文化研究》第3辑，中国人民大学出
版社．－2007；又载《远猷选集》，香港天马出版有限公司．－2008

固有商事习惯与近代商法间的冲突与传承——以民初京师商事公断书为中心
的考察/张松//《中国历史上的法律与社会发展》，吉林人民出版
社．－2007

清末民国时期的习惯调查和《民商事习惯调查报告录》/〔日〕西英昭//《中
国文化与法治》，社会科学文献出版社．－2007

明清及民国初期的产权与商业投资/〔美〕曾小萍//《中国文化与法治》，社
会科学文献出版社．－2007

论《临时约法》对国会职权的设计/闵伟峰//大庆师范学院学报．－2008，1

民国宪法中的受教育权探微/徐海滨//湖南大众传媒职业技术学院学报．
－2008，1

民国晚期成都地区律师制度概述/邝良锋//成都大学学报（社科版）．
－2008，1

民国时期的婚约规制与民间习惯/曾代伟//昆明理工大学学报（社科版）．
－2008，1

民国时期的婚嫁习俗与婚姻法/裴庚辛、郭旭红//兰州大学学报（社科版）．
－2008，1

北洋时期律师的身份及其管理体制/王素平//河北工程大学学报（社科版）．
－2008，1

《福建省宪法》之文本分析/刘沧海//岳阳职业技术学院学报．-2008，1

简论民国时期的领海制度建设问题——以领海划界问题为中心/刘利民//贵州
　　师范大学学报（社科版）．-2008，1

民国初年商事调解机制评析：以《商事公断章程》为例/赵婷//江西财经大学
　　学报．-2008，1

浅议民国时期第一届国会的弹劾权/李荣坤、陈国勇//西南交通大学学报（社
　　科版）．-2008，1

试析北洋政府对法官非职业行为的道德约束/毕连芳、任吉东//北方论丛．
　　-2008，1

民国时期北京"非律师"活动初探/邱志红//北京档案史料．-2008，1

北洋政府对法官职业道德的制度化设计/毕连芳//甘肃社会科学．-2008，1

抗战胜利后武汉律师群体的发展轨迹/魏文享、赵永利//甘肃社会科学．
　　-2008，2

律师公会与民国律师职业自治——以律师公会组织结构变迁为中心/李卫东//
　　甘肃社会科学．-2008，2

民国时期上海律师公会对律师信誉的维护/李严成//甘肃社会科学．-2008，2

南京国民政府时期民事诉讼法制变革原因之探析/谢冬慧//江苏社会科学．
　　-2008，2

清末至民国检察制度探讨/汪鸿兴//内蒙古社会科学（汉文版）．-2008，2

朝阳大学法律教育初探——兼论民国时期北京律师的养成/邱志红//史林．
　　-2008，2

民国时期一起砍伐"左公柳"案件始末/姜洪源//发展．-2008，2

南京国民政府福利立法之精神研究/王莹//湘潮．-2008，2

民国时期商法文献举要/范宇航//法律文献信息与研究．-2008，2

平政院与北洋时期的行政诉讼制度/蔡云//民国档案．-2008，2

民初司法判解中女性权利变化的总体趋势——以大理院亲属、继承判解为中
　　心/徐静莉//山西师大学报（社科版）．-2008，2

略评《天坛宪草》政体设计/周兴芬//九江学院学报．-2008，2

民国纠纷解决机制探析/王亚明//江西财经大学学报．-2008，2

清末民初罪犯作业考证报告/高艳//犯罪与改造研究．-2008，2

民国初年法律冲突中的定婚问题/汪雄涛//华东政法大学学报．-2008，2

民国住宅权保障的启示/张群//政治与法律．-2008，2

民国时期房租管制立法考略——从住宅权的角度/张群//政法论坛．-2008，2

《中华民国民法》中的民事习惯——以物权编为考察中心/江琳//政法论坛.
　　-2008，3

法制变革年代的诉讼话语与知识变迁——从民国时期的诉讼指导用书切入/尤
　　陈俊//政法论坛．-2008，3

魏玛宪法在中国的传播/邓丽兰//中国政法大学学报．-2008，3

清末民初的选举资格比较述论/沈晓敏//政法学刊．-2008，3

浅析我国当前物权习惯调查模式——从清末民初两次民商事习惯调查比较角
　　度/张强//甘肃政法学院学报．-2008，3

民初的司法、传媒与政争——对 1917 年一桩高官案件的考析/李在全//比较
　　法研究．-2008，3

1946 年"中华民国宪法"浅议/聂鑫//法学杂志．-2008，3

北洋政府时期股份有限公司监察人制度研究/李玉//四川师范大学学报（社科
　　版）．-2008，3

民国末年四川地区不动产交易中民间契约的法律地位探析/张捷捷//西华大学
　　学报（哲社科版）．-2008，3

晚清民初社团立法的演进探略/陈志波//绵阳师范学院学报．-2008，3

民国时期云南植树造林法规及影响/李丽//云南林业．-2008，3

试析"训政时期约法"训政建设的教训/陈旭、朱海琳//社科纵横（新理论
　　版）．-2008，3

"四联总处"对战时货币发行的法律监管/王红曼//中国社会经济史研究.
　　-2008，3

民国新旧约法与蔡锷的认同取向/张华腾、南有锋//历史档案．-2008，3

清末和民国时期行政程序法制的发展介评/戴桂洪//学海．-2008，3

联邦主义的宪政诉求——以 1922 年湖南省宪为例/姚琦//衡阳师范学院学报.
　　-2008，4

由官绅制宪、公民制宪到学者制宪——从制宪权看湖南自治运动中官治与民
　　治的斗争/马珺//法学评论．-2008，4

清末与民国时期宪法学方法运用状况考察/郑磊//法学家．-2008，4

浅评北洋时期律师制度/王素平//辽宁行政学院学报．-2008，4

民国时期司法独立制度形式化过程探析/韩杰//江苏警官学院学报．-2008，4

南京国民政府时期河南公路法规研究（1927—1937）/刘常凡//三门峡职业技
　　术学院学报．-2008，4

民国时期云南勐海茶业发展中的相关法律制度研究/徐建平//云南大学学报

（法学版）. -2008，4

孙中山与南京临时政府的审判制度建设/龚春英//五邑大学学报（社科版）.
　　-2008，4

清末民初商会裁判制度：法律形成与特点解析/常健//上海交通大学学报（哲
　　社科版）. -2008，4；又载华东政法大学学报. -2008，5

二十世纪二十年代世界新宪法在中国的传播及影响/王兆刚//东方论坛.
　　-2008，4

孙中山、叶夏声与"五权宪法"草案/欧阳湘//历史档案. -2008，4

理想与现实：南京国民政府地方司法建设中的经费问题/吴燕//近代史研究.
　　-2008，4

清末民初被控犯罪女性刑讯问题探究/艾晶//求索. -2008，4

民国《寺庙管理条例》的颁布与废止/陈金龙//法音. -2008，4

压力集团的抗衡：1931 年上海钱业公会请求另订《钱庄法》之争/邹晓昇//
　　社会科学研究. -2008，4

论民国初期（1912～1921 年）物权契约的适用进路转换与理论发展/姜茂
　　坤//内蒙古社会科学（汉文版）. -2008，4

民国时期北京律师群体探析/邱志红//北京社会科学. -2008，4

南京国民政府环境法制论略/谢冬慧//南京社会科学. -2008，4

南京国民政府初期的中外商标交涉/高晓东//云南社会科学. -2008，5

防范与失范：清末明初女性犯罪防治问题研究/艾晶//沈阳师范大学学报（社
　　科版）. -2008，5

"五五宪草"的历史回顾与宪政反思/汪新胜//四川理工学院学报（社科版）.
　　-2008，5

关于习惯与法律关系的误会——民国立法中的一个争论/孔庆平//北方法学.
　　-2008，5

国家与社会视野下的民国律师公会/李严成//湖北大学学报（哲社科版）.
　　-2008，5

北洋政府司法官考试制度评析/桂万先//江苏警官学院学报. -2008，5

晚清民初民商事习惯调查叙评/张松//长江师范学院学报. -2008，5

民国初年的司法官制度变革和人员改组/李在全//福建师范大学学报（哲社科
　　版）. -2008，5

晚清民间习惯法的民俗特征——以清末民初民事习惯调查资料为例/柳芳菲//
　　理论界. -2008，5

民初法国宪政文化对中国立宪的影响/夏新华//求索．-2008，5

民国甘肃高等法院档案及其价值/马铭//档案．-2008，6

简析北洋时期的电信法规/张枫//滁州学院学报．-2008，6

国民政府职业教育法制初探/徐歌阳//江苏警官学院学报．-2008，6

南京国民政府时期成都地区律师制度研究——以1941年《律师法》的实施为例/邝良锋//四川警察学院学报．-2008，6

民国时期的浙江律师业——以杭县律师公会为中心的分析/陈柳裕//浙江工商大学学报．-2008，6

民国战时经济统制法初探/蒋善祺//南昌高专学报．-2008，6

1922年知识界的制宪讨论——以《东方杂志》"宪法研究号"为中心的考察/肖高华//湖南大学学报（社科版）．-2008，6

清末民初契约自由在自贡盐业契约中的体现/王雪梅//四川师范大学学报（社科版）．-2008，6

国民政府时期法官职业化的制度环境/蒋秋明//学海．-2008，6

个人或社会：民国时期法律本位之争/孔庆平//中外法学．-2008，6

民国初年罪犯作业的规划/高艳//犯罪与改造研究．-2008，6

民初我国罪犯作业展开效果评析/高艳、范德胜//犯罪与改造研究．-2008，7

北洋时期律师制度产生的背景/王素平//重庆科技学院学报（社科版）．-2008，7

民国第一大案：姚荣泽杀人案/马晓莉//中国审判．-2008，7

广州、武汉国民政府法律制度的地位及影响/侯欣一//法学．-2008，7

清末民初我国罪犯作业制度体系/高艳、范德胜//犯罪与改造研究．-2008，8

民国时期罪犯作业科目选择制度探析/高艳、范德胜//犯罪与改造研究．-2008，9

民国时期罪犯作业实施制度探析/高艳、范德胜//犯罪与改造研究．-2008，10

清末民初规制法律院校的高等教育政策/王石磊、虞思旦、张伟//社会科学论坛．-2008，10

略论律师在30年代冤狱赔偿运动中的作用/唐燕静//法制与经济（下旬刊）．-2008，10

民国时期民控官的途径与控案处置——以川政统一后的四川基层政权为例/黄小彤//西南民族大学学报（人文社科版）．-2008，11

浅析民国监狱教诲及教育制度/吴萃//法治研究．-2008，12

伪满洲国民法典若干问题研究/孟祥沛//社会科学. -2008, 12

民初惩罚女性性犯罪的法律问题/艾晶//史学月刊. -2008, 12

民初《现行律民事有效部分》援用过程之探讨/李琳//法制与社会.
    -2008, 14

评析立宪派在辛亥革命时期的双重作用/杨阳//经济研究导刊. -2008, 17

评《中华民国临时约法》存在的缺陷/张辉//法制与社会. -2008, 25

南京国民政府司法院职能变迁及特征分析/纪良才//法制与社会. -2008, 30

论南京国民政府时期的社会本位立法理论/张志芳//法制与社会. -2008, 31

民国前期司法体制的沿革/刘清洋//法制与社会. -2008, 36

良幕循吏汪辉祖——一个法制工作者的典范/张伟仁//《中西法律传统》第 6
    卷, 北京大学出版社. -2008

南京国民政府时期上海地方刑案考察——以 1928—1937 年上海档案馆百例刑
    案为文本/王春丽//《法律史研究》第 3 辑, 中国方正出版社. -2008

"分家析产"或"遗产继承"——以大理院民事判决为中心的考察/卢静仪//
    《法制史研究》第 13 期, (台湾) 中国法制史学会、"中央研究院"历史
    语言研究所. -2008

居正与民国司法近代化/范忠信、龚先砦//《法制史研究》第 13 期, (台湾)
    中国法制史学会、"中央研究院"历史语言研究所. -2008

中国法律"看不见中国"——居正与三十年代变法/江照信//《法制史研究》
    第 14 期, (台湾) 中国法制史学会、"中央研究院"历史语言研究
    所. -2008

民刑分立之后——民初大理院民事审判法源诸问题/黄源盛//《中国传统法律
    文化之形成与转变》, (台湾) 联经出版事业股份有限公司. -2008

论山西村治时期法律中的习惯/周子良、李芳//《三晋法学》第 3 辑, 中国法
    制出版社. -2008

试论南京临时政府的法制/邱远猷//《远猷选集》, 香港天马出版有限公
    司. -2008

"活法"与司法——20 世纪台湾地区的民事习惯调查/尤陈俊//《法史学刊》
    第 2 卷, 社会科学文献出版社. -2008

国民政府档案立法研究/徐绍敏//档案学通讯. -2009, 1

清末民初江西赣南一份诉讼文书之研究/卜永坚//赣南师范学院学报.
    -2009, 1

民国婚姻诉讼中的民间习惯——以新繁县司法档案中的定婚案件为据/里赞//

山东大学学报（哲社科版）．-2009，1

论孙中山废除刑讯逼供制度的现代价值/许浩//佛山科学技术学院学报（社科版）．-2009，1

包容与赦宥：清末民初对女性犯罪的宽宥研究（1901—1919）/艾晶//史林．-2009，1

论清末和民国时期检察机关的内部监督/刘清生//求索．-2009，1

民国时期钱业习惯法与国家法的冲突——以三十年代银行立法为视角/李婧//法制与社会发展．-2009，1

徽州地区民间纠纷调解契约初步研究/田涛//法治论丛（上海政法学院学报）．-2009，1

北洋政府时期法官群体的物质待遇分析/毕连芳//宁夏社会科学．-2009，1

民国时期的慈善法规述略/周秋光、曾桂林//光明日报．-2009，1．20

剖析《省制条议》——追索民初张君劢的国家结构设想/王本存、王迎春//山西财经大学学报．-2009，S1

清末民初秘密教门向会道门的转变：以政府法令为视角的探讨/刘平、唐雁超//甘肃社会科学．-2009，2

民间惯例与法律事实的认定——从民国两起离奇婚姻诉讼案谈起/张斌//甘肃政法学院学报．-2009，2

清末民初罪犯作业经费的来源问题/范德胜//中国监狱学刊．-2009，2

民国时期江西地方共有款产提拨公用纠纷探析/龚汝富//中国经济史研究．-2009，2

民国前期新疆缓设审检两厅探析/伏阳//西域研究．-2009，2

清末民初的新闻出版法/殷莉//南通大学学报（社科版）．-2009，3

民国初年法官制度改革刍议/张熙照//辽宁大学学报（哲社科版）．-2009，3

民国南京政府时期妾的权利及其保护——以江苏高等法院民事案例为中心/谭志云//妇女研究论丛．-2009，3

南京国民政府治下监犯作业制度设计及运作情况考/柳岳武//民国档案．-2009，3

民国时期四川盐井契约纠纷成因论析/张洪林//宁夏大学学报（人文社科版）．-2009，3

党治下的司法——南京国民政府训政时期执政党与国家司法关系之构建/侯欣一//华东政法大学学报．-2009，3

寻求法律与社会的平衡：论民国时期亲属法、继承法对家族制度的变革/张仁

善//中国法学. -2009，3

民国时期银行法研究探析——以三十年代《银行周报》为考察视角/李婧//法
　　学杂志. -2009，3

清末民初行政诉讼制度中的本土因素/宋玲//政法论坛. -2009，3

王宠惠与中国法律近代化——一个知识社会学的分析/张生//比较法研究.
　　-2009，3

民国时期人事诉讼程序考察/谢冬慧、王鹏//湖北社会科学. -2009，3

判例、解释及习惯在民事审判中的价值——以南京国民政府时期为背景的考
　　察/谢冬慧//黑龙江社会科学. -2009，3

法律意识与清末民初律师制度的创建与实施/张雷//周口师范学院学报.
　　-2009，4

从民国后期的民事立法看中国法律对西方法律的移植——以民国后期新繁县
　　司法档案为例/阎晓梦//知识经济. -2009，4

南京国民政府初期湖南邵阳地方刑事判决书探微/邓雯//三门峡职业技术学院
　　学报. -2009，4

民初法律冲突中的孀妇改嫁——以大理院解释例为素材的考察/汪雄涛//湖北
　　警官学院学报. -2009，4

民盟与旧中国的宪政运动及其反思/殷啸虎//华东政法大学学报. -2009，4

礼法化民与权法治民——从广西桂柳运河畔的两块碑刻看清、民国的法律差
　　异/彭少华//传承. -2009，4

民国时期我国刑事司法状况探析/杨建军//铁道警官高等专科学校学报.
　　-2009，4

民国时期职业教育立法特色及其启示/曲铁华、苏刚//沈阳师范大学学报（社
　　科版）. -2009，4

民国水上警察制度考略/董纯朴//黑龙江史志. -2009，4

南京国民政府时期的民事审判监督机制研究/谢冬慧//法制与社会发展.
　　-2009，4

政治选择与实践回应：民国县级行政兼理司法制度述评/刘昕杰//西南民族大
　　学学报（人文社科版）. -2009，4

列强与1923年中国《商标法》之颁行/李永胜//社会科学. -2009，4

从衙门到法庭：清末民初法庭建筑的一般观念和现状/李启成//中外法学.
　　-2009，4

民初法律冲突中的买卖婚姻——以大理院解释例为素材的考察/汪雄涛//江苏

警官学院学报．-2009，5

民初法律冲突中的离婚问题——以大理院解释例为素材的考察/汪雄涛//云南
　　大学学报（法学版）．-2009，5

民初报律风波透视/殷莉//天津师范大学学报（社科版）．-2009，5

中西之间的民国监察院/聂鑫//清华法学．-2009，5

民国时期的红十字会立法初探/曾桂林//苏州大学学报（哲社科版）．
　　-2009，5

民初大理院对于民事习惯的态度——以一则"土地先买权"案件为例/党敏//
　　黑河学刊．-2009，5

民国时期监督慈善团体立法及其启示/龚汝富//法商研究．-2009，5

浅议民国时期的民事调解制度及其得失/龚汝富//光明日报．-2009，5.26

论民国刑事特别法之间与刑法典的法律关系/张道强//理论界．-2009，6

"九·一八"前第三势力宪政运动初探/叶兴艺//大连民族学院学报．
　　-2009，6

试论民国初期的土地私有权法律制度/杨士泰//河北法学．-2009，6

民国时期的刑法适用/杨建军//国家检察官学院学报．-2009，6

略论南京国民政府时期的司法行政监督/蒋秋明//学海．-2009，6

租界、清末民国时期上海监所概览/徐家俊//中国监狱学刊．-2009，6

南京国民政府行政法院述论/周海燕、张庆杭、吴永明//长春师范学院学报
　　（人文社科版）．-2009，7

南京国民政府时期民事审判组织简论/谢冬慧//贵州社会科学．-2009，7

政治、法律与社会习俗的博弈：对1926—1928年女子财产继承法律变化的解
　　读/徐静莉//兰州学刊．-2009，7

关于民国初年宪政实践的若干思考/张光颖//法制与社会．-2009，8

清末民初农民社团组织立法述论/唐鸣、王勤//江汉论坛．-2009，8

民国时期的劳动与社会保护立法与实践/魏众//中华读书报．-2009，8.26

南京临时政府司法制度改革/袁应武//赤峰学院学报（汉文哲社科版）．
　　-2009，9

南京国民政府假释制度考论（1927~1937）/柳岳武//史学月刊．-2009，9

简论民国刑事特别法的立法机关与司法机关/张道强//社会科学论坛（学术研
　　究卷）．-2009，9

论中华民国南京政府时期的民事司法制度和实践中的几个问题/李红英、汪远
　　忠//理论月刊．-2009，9

南京国民政府民事调解制度考论/谢冬慧//南京社会科学. -2009，10

试析民初庙产问题司法化的社会成因/赵艳玲//理论月刊. -2009，10

从李大钊案到陈独秀案：民国时期司法现代化的发展/黄伟英//历史教学（高
　　校版）. -2009，11

民初妇女婚姻法律地位提高的社会背景分析/李继红//黑龙江史志.
　　-2009，12

南京国民政府《土地法》的传播及其影响/陈岩//黑龙江史志. -2009，14

试析南京国民政府时期的行政诉讼实践/张力//法制与社会. -2009，14

浅析国际法视角下民国初期新疆与沙俄的交往——立足于 1917—1919 年的考
　　察/魏飞//法制与社会. -2009，16

民国初年新闻法制的演进/傅崎//法制与社会. -2009，16

对“五五宪草”的再认识——以《东方杂志》为材料/雍洁//知识经济.
　　-2009，17

南京国民政府时期法制理念的形成与确立/陈天林//学理论. -2009，18

清末民国时期证据制度的证明标准研究/胡云飞//消费导刊. -2009，18

晚清及民国时期教科书版权立法述论/刘桂芳、洪港//图书情报工作.
　　-2009，23

浅析《中华民国临时约法》未能实行的原因/张燕//法制与社会. -2009，24

广州国民政府的立法特点/李根生//法制与社会. -2009，29

南京国民政府住宅立法研究/张群//《清华法律评论》第 3 卷第 1 辑，清华大
　　学出版社. -2009

大理院关于诚信原则的法理运用/黄源盛//《法制史研究》第 16 期，（台湾）
　　中国法制史学会、“中央研究院”历史语言研究所. -2009

《法学季刊》之沿革及其历史地位/孙伟//《东吴法学》2008 年秋季卷，中国
　　法制出版社. -2009

南京国民政府时期民事审判制度述论/谢冬慧//《山东大学法律评论》第 6 辑，
　　山东大学出版社. -2009

晚清民初民商事裁判机构略论/张松//《中国法律近代化论集》总第 2 卷，中
　　国政法大学出版社. -2009

清末民初刑讯制度废止问题研究/金大宝//《中国法律近代化论集》总第 2 卷，
　　中国政法大学出版社. -2009

从审检所制度看民初的司法独立/李超//《中国法律近代化论集》总第 2 卷，
　　中国政法大学出版社. -2009

辛亥自贡自治政府/曾小萍//《中国传统司法与司法传统》，陕西师范大学出版社．-2009

固有法与继受法：大理院"共有"判例的社会学分析/林端//《中国传统司法与司法传统》，陕西师范大学出版社．-2009

更迭中的传承：民初的司法官制度变革与人员组合/李在全//《中国传统司法与司法传统》，陕西师范大学出版社．-2009

论南京国民政府时期的民事司法实践中的几个问题——以鲍景惠、王玉贞离婚案件为例/李红英//《中国传统司法与司法传统》，陕西师范大学出版社．-2009

山西村治研究述评/周子良、李芳//《中国传统司法与司法传统》，陕西师范大学出版社．-2009

中华民国宪法之父与民国宪政之梦的幻灭/何鹏//《中西法律传统》第7卷，北京大学出版社．-2009

南京政府前期中央银行法律制度发展论（1927—1936）——以政府主导下的制度生成过程为视角/李永伟//《中西法律传统》第7卷，北京大学出版社．-2009

南京国民政府民事审级改革的原因分析/李红英//长春理工大学学报（高教版）．-2010，1

转型社会刑事侦查权的限度——以民国政府时期贩毒案为中心的分析/蒋志如//社会科学研究．-2010，1

试论《临时约法》对庙产问题的影响/许效正//贵州文史丛刊．-2010，1

民国初期民法的"新""旧"冲突与调试：以制定法为中心/李卫东//江汉大学学报（社科版）．-2010，1

社会本位：理想还是现实？对民国时期社会本位立法的再评价/李文军//华东政法大学学报．-2010，1

民末宪政刍议/郑率//哈尔滨工业大学学报（社科版）．-2010，1

1933—1949年新疆地方立法初探/白京兰//新疆社会科学．-2010，1

民国民法中的佃：传统制度的现代法律实践——以新繁县民国司法档案为佐证/刘昕杰//南京大学法律评论．-2010，1

南京国民政府前期基层司法官员薪酬考/尹伟琴//学术界．-2010，1

清至民国新疆婚姻法制浅谈/梁海峡//新疆大学学报（哲学人文社科版）．-2010，1

民国时期新疆公司法律制度初探/伏阳//新疆大学学报（哲学人文社科版）．

－2010，2

民国时期司法职员的薪俸问题/杨天宏//四川大学学报（哲社科版）.
　　－2010，2

论鲁迅婚姻所涉及的法律问题：驳"重婚"及"与人通奸者"/周楠本//中
　　国文学研究. －2010，2

伪蒙疆政权刑事诉讼法初探/宋从越//内蒙古大学学报（哲社科版）.
　　－2010，2

"契约"抑或"身份"：民初"妾"之权利变化的语境考察——以大理院婚
　　姻、继承判解为中心/徐静莉//政法论坛. －2010，2

"变守"权衡、曲折演进：民初女性权利变化的基本轨迹——以婚姻、继承为
　　中心/徐静莉//江淮论坛. －2010，2

民国南京政府时期的寡妇权利问题/谭志云//妇女研究论丛. －2010，2

中国文物法制化管理的开端：简析南京国民政府的《古物保护法》/鲜乔蓥//
　　中华文化论坛. －2010，2

近代警察教育立法之发展：南京国民政府时期警察教育立法/柳卫民、沈国
　　红//理工高教研究. －2010，2

民国时期青少年感化教育探究：从上海公共租界案例谈起/姚远//青少年犯罪
　　问题. －2010，2

论民国初年抵押债权优先受偿原则的确立/牛杰//燕山大学学报（哲社科版）.
　　－2010，2

论沦陷期北京市的刑事政策及其特点/王显成//理论学刊. －2010，2

行宪后的立法院/易青//民国档案. －2010，2

试论南京国民政府的社会立法/岳宗福//科学·经济·社会. －2010，2

军权立宪：《中华民国约法》的历史反思/袁兵喜//武汉大学学报（哲社科
　　版）. －2010，2

刑讯存废与口供地位关系论：对清末民初限制与废止刑讯的历史考察/蒋铁
　　初//甘肃政法学院学报. －2010，3

民初商事公断处探析——以京师商事公断处为中心/张松//政法论坛.
　　－2010，3

伪蒙疆政权的司法体系/宋从越//内蒙古社会科学（汉文版）. －2010，3

民初《天坛宪法草案》起草委员会委员考/严泉//历史档案. －2010，3

历史上中国中央与地方实质性分权的实验：以民国《湖南省宪法》为样本/陈
　　建平//现代法学. －2010，3

三方博弈下的南京国民政府工会立法/周晓焱//西北工业大学学报（社科版）.
　　-2010，4

论北洋政府之经济立法/王玉灵//中国石油大学学报（社科版）.-2010，4

民国时期先买习惯、立法与司法实践/刘素峰//湖北师范学院学报（哲社科
　　版）.-2010，4

清末民初女性犯罪统计的比较分析/张洪阳、艾晶//中华女子学院学报.
　　-2010，4

清末及民国时期新疆南疆涉外刑事犯罪问题研究/梁海峡//青海民族大学学报
　　（社科版）.-2010，4

论民国初年的抵押关系及国家法律调整/牛杰、钟志勇//求索.-2010，4

清末民初房产交易中民事习惯的历史考察/郑永福、李道永//中州学刊.
　　-2010，4

法律近代化视野下的南京国民政府1930年婚姻法/李刚//中州学刊.
　　-2010，4

中华民国时期婚姻家庭法对中国当前立法的启示/翟红娥、陈昊//河北学刊.
　　-2010，4

南京国民政府县自治法的官治化/周联合//社会科学研究.-2010，4

警察与近代北京城市治安管理：以1901—1937年为中心的考察/李自典//北
　　京社会科学.-2010，4

移植与借鉴：南京国民政府民事审判制度溯源/谢东慧//江苏社会科学.
　　-2010，4

南京国民政府时期"妾"的法律地位与司法裁判/李刚//山东社会科学.
　　-2010，4

民初大理院民法解释例浅论/王少珺、周子良//科学之友.-2010，5

论民国时期基层法院判决依据的多样性：以浙江龙泉祭田纠纷司法档案为例/
　　尹伟琴//浙江社会科学.-2010，5

法律文本与习俗的双向互动：以南京政府1930年婚姻法为例/李刚//河南大
　　学学报（社科版）.-2010，5

立法与司法的"变奏"：民初女性权利演变的特性——以婚姻、继承中的女性
　　权利为中心/徐静莉//学术论坛.-2010，5

从民法的制订看清末民国时期男女平等地位的法律建构/陈同//史林.
　　-2010，5

1944年《中华民国专利法》的立法思路/徐海燕//知识产权.-2010，5

北洋政府经济立法及其实效分析/王玉灵//武汉科技大学学报（社科版）.
　　-2010，5

民国初年的转押习惯和司法调整/牛杰//兰州学刊. -2010，5

南京国民政府时期民事管辖制度论略/谢冬慧//兰州学刊. -2010，5

徘徊于理想之门：民国初期行刑制度近代化的探索——以许世英1911年"司
　　法计划书"为中心的考察/张万军、赵友新//中国监狱学刊. -2010，5

民国初年女性被告人的经济和职业状况分析：基于1914—1919年司法统计/
　　张洪阳、艾晶//中国人民公安大学学报（社科版）. -2010，6

试探清末民国四川自贡盐业契约中的债务清偿习惯/王雪梅//四川师范大学学
　　报（社科版）. -2010，6

清末民初我国监狱罪犯作业的经费问题/高艳//中国社会科学院研究生院学
　　报. -2010，6

民国时期教学自由权的四个向度/陈晓枫、孟令战//法学评论. -2010，6

从一田二主到永佃权——清末民国民法对永佃制的继承和改造/邹亚莎//政法
　　论坛. -2010，6

清末民初商会裁判权的确立与发展/张松//求索. -2010，6

南京政府时期的离婚制度：以民事判决为中心的考察/李刚//历史教学（高校
　　版）. -2010，6

"五五宪草"选择总统独裁制的原因探究/李伟//现代商贸工业. -2010，6

南京国民政府治下法院离婚案件审理研究/柳岳武//宁夏社会科学. -2010，6

你方唱罢我登场：民国初年法统问题述论/郭钦//湖南社会科学. -2010，6

北洋政府时期边疆省区的司法改革及特殊政策论析/李光和//贵州社会科学.
　　-2010，7

国民政府（1927—1949）专区公署的辖区设置与经费保卫保障/莫起升//山东
　　社会科学. -2010，7

主体认知与合作社法律文化的构建：从民国时期《合作社法》的绩效看《农
　　民专业合作社法》之施行/陈婉玲//江西社会科学. -2010，7

法律与体制性腐败：以南京国民政府的《县组织法》为例/周联和//社会科学
　　战线. -2010，7

纠纷、司法与文化：民国湖北婚约纠纷现象考察/潘大礼//理论月刊.
　　-2010，8

民初女性被告人的婚姻家庭状况分析：基于1914—1919年司法统计的考察/
　　张洪阳、艾晶//学术论坛. -2010，10

伪蒙疆政权行政法律制度探析/宋从越//前沿. -2010, 11

南京国民政府时期银行立法的嬗变及反思/李婧//上海金融. -2010, 11

南京国民政府刑事自诉制度述论/蒋秋明//南京社会科学. -2010, 11

民国初年女性犯罪的原因解析：基于 1914—1919 年司法统计的考察/艾晶//
求索. -2010, 11

民国初期监狱制度的近代化：对许世英 1912 年"司法计划书"的解读/张万
军、魏顺光//求索. -2010, 11

民国时期婚约纠纷与司法实践/潘大礼//求索. -2010, 12

清末民国社团立法比较及启示/陈志波//广西社会科学. -2010, 12

南京国民政府的劳资争议处理法述评/周卫平//探索与争鸣. -2010, 12

抗战时期国民政府对票据市场的法律监管/王红曼//兰州学刊. -2010, 12

南京政府专区公署人员编制的行政法考察/李刚//前沿. -2010, 14

大理院关于诚信原则的法理运用/黄源盛//《法制史研究》第 16 期，（台湾）
中国法制史学会、"中央研究院"历史语言研究所. -2010

近代刑事诉讼理念与体制的形塑——民初大理院刑事程序判决再探/黄源盛//
《法制史研究》第 18 期，（台湾）中国法制史学会、"中央研究院"历史
语言研究所. -2010

民国时期住房权入宪的回顾与反思/张群//（韩国）《亚洲研究》（庆北大学）
第 11 辑. -2010

论南京国民政府后期改进大学法律教育构想、成效及现实借鉴/张仁善//（韩
国）《中国史研究》第 69 辑. -2010

法文化发展的自我逻辑——基于《民国民法典》监护制度的分析/贾国发//
《中国法律传统与法律精神——中国法律史学会成立 30 周年纪念大会暨
2009 年会论文集》，山东人民出版社. -2010

试论南京国民政府时期民事审级制度的改革/李红英//《中国法律传统与法律
精神——中国法律史学会成立 30 周年纪念大会暨 2009 年会论文集》，山
东人民出版社. -2010

民初的地方主义与《湖南省宪法》/蔡浩明//《中国法律传统与法律精神——
中国法律史学会成立 30 周年纪念大会暨 2009 年会论文集》，山东人民出
版社. -2010

4. 革命根据地

旧中国选举制度的实质/戴修瓒等//新华月报. -1953, 7

抗日战争时期革命根据地的民主选举/魏宏远//历史教学（高校版）.
　　-1953，9

新民主主义革命阶段陕甘宁边区的人民司法工作/马锡五//政法研究.
　　-1955，1

中国革命各时期的土地立法/高树异//东北人民大学学报（社科版）.
　　-1956，4

中华人民共和国成立前革命根据地选举制度的特点/罗世英//政法研究.
　　-1957，4

试论新民主主义阶段人民刑法的发展/杨琪//法学．-1957，6、8

学习马锡五同志审判方式/张希坡//法学研究．-1979，创刊号

抗日战争时期陕甘宁边区的选举制度/方克勤、杨永华、李文彬//人文杂志.
　　-1979，1；又载《百年回眸：法律史研究在中国》第2卷，中国人民大
　　学出版社．-2009

马锡五同志和他的审判方法/张希坡//社会科学战线．-1979，4

中国婚姻制度大革命的开端——重温《中华苏维埃共和国婚姻条例》/李忠
　　芳、陈航//《吉林大学社会科学论丛·法学》第1集，吉林大学出版社.
　　-1979；又载《法律史论丛》第1辑，中国社会科学出版社．-1981

陕甘宁边区审判方式的一个范例/杨永华、方克勤//西南政法学院学报.
　　-1980，3

试论抗日根据地的调解制度/韩延龙//法学研究．-1980，5

当年延安一件凶杀案的审理/方克勤、杨永华、马朱炎//民主与法制.
　　-1980，10

抗日根据地的民主与法制/朱玉湘、吕伟俊//山东大学文科论文集刊.
　　-1981，2

试论《井冈山土地法》的制定/金普森//杭州大学学报（社科版）．-1981，4

陕甘宁边区的精兵简政/熊宇良//人文杂志．-1981，6

革命法制史上的一封重要复信——读毛泽东同志《给雷经天的信》/张希坡//
　　法学杂志．-1981，6

任何人都要服从法律——黄克功事件的始末/李逸民//人民日报．-1981，
　　7．18

革命法制保障人民权利的传统及其历史经验/刘海年、常兆儒//《法律史论丛》
　　第1辑，中国社会科学出版社．-1981

"废止肉刑"是我国新民主主义革命的一项重要任务/张希坡//《法律史论丛》

第 1 辑，中国社会科学出版社. -1981

民主建设的一个创举——略论一九四〇年晋察冀边区民主大选/谢忠厚、居之芬//河北学刊. -1982，1

浅谈中华苏维埃法律作用问题/严鸿//江西大学学报（社科版）. -1982，1

新民主主义宪政运动史简介/佳木整理//政治与法律丛刊. -1982，1

指导陕甘宁边区民主法制建设的光辉文献/杨永华//西北政法学院学报. -1982，1；又载法律科学. -1988，4

中华苏维埃革命法制简介/江西省法学会苏区革命法制调查组//江西司法. -1982，1

《兴国土地法》对《井冈山土地法》的一个原则改正/金普森//历史研究. -1982，2

中国人民当家作主的第一部根本大法——试析《中华苏维埃共和国宪法大纲》/陈奕善//新疆师范大学学报. -1982，2

中央苏区民主选举原则小议/陈君聪//史学月刊. -1982，3

中华苏维埃法制的形成及其特点/杨楠//江西大学学报. -1982，3

晋绥边区的精兵简政/王敏启//晋阳学刊. -1982，4

革命根据地的审计立法及其基本经验/张希坡//法学杂志. -1982，6

抗大管理区开展调解有成效/孙时聪、王敏//法学. -1982，6

陕甘宁边区的简政与行政立法/常兆儒//法学研究. -1982，6

马"青天"办案/王军英、毛树富、丁天瑞//民主与法制. -1982，8

陕甘宁边区民主政权的刑法原则/杨永华、方克勤//《法律史论丛》第 2 辑，中国社会科学出版社. -1982

革命根据地关于保护儿童、禁止弃婴溺婴的法令/张希坡//西北政法学院学报. -1983，创刊号

赣东北根据地的法制简介/赖仁光//江西司法. -1983，1

试论川陕革命根据地的法制建设/杨波//许昌师专学报. -1983，1

革命根据地有关惩治贪污浪费的刑事法规/张希坡//北京政法学院学报. -1983，2

红色区域司法体系简论/韩延龙//法学研究. -1983，2

我党第一个土地法——《井冈山土地法》/梁开平、朱丹//历史知识. -1983，4

执法如山的人民法官——郭亮、柳直荀/张希坡//学习与研究. -1983，4

陕甘宁边区精兵简政与行政立法/张希坡//政治与法律. -1983，5

简论山东抗日民主根据地的人民调解工作/李庚元//东岳论丛. -1983，6

闽西苏维埃政府的婚姻法令/郑学秋//妇女. -1983，7

再论田中忠夫对《湖北省惩治土豪劣绅暂行条例》图解中的主要问题/张希
坡//《法学论集》（北京法学会第二届年会）. -1983

革命根据地的基层政权和群众性自治组织/张希坡//《法史研究文集》（上），
西北政法学院. -1983

红色区域婚姻立法简论/韩延龙//《法史研究文集》（上），西北政法学
院. -1983

第二次国内革命战争时期革命根据地刑法试析/雷晟生//《法史研究文集》
（上），西北政法学院. -1983

第二次国内革命战争时期革命根据地土地立法初探/雷晟生//《法律史论丛》
第3辑，法律出版社. -1983

革命根据地法制建设基本原则初探/韩延龙、常兆儒//《法律史论丛》第3辑，
法律出版社. -1983

陕甘宁边区严于执法一例——谈谈黄克功案件的处理/杨永华、方克勤//《法
律史论丛》第3辑，法律出版社. -1983

陕甘宁边区调解原则的形成/杨永华、方克勤//西北政法学院学报. -1984，1

陕甘宁边区调解工作的基本经验/杨永华、方克勤//西北政法学院学报.
-1984，2

论国际法之传入中国/张劲草、邱在珏//河北大学学报（哲社科版）.
-1984，2

革命根据地保护妇女儿童权益的刑事法规/张希坡//中国法学. -1984，3

革命根据地的森林法规概述/张希坡//法学. -1984，3

依法保护抗日军人婚姻/邱世华、杨永华//司法文书与公文写作. -1984，3

第二次国内革命战争时期根据地刑法试析/雷晟生//西北政法学院学报.
-1984，3

抗日战争时期陕甘宁边区司法工作中贯彻统一战线政策的几个问题/杨永华、
方克勤//西北政法学院学报. -1984，4

试论闽西苏维埃政府的民主选举制度/陈君聪//史学月刊. -1984，4

陕甘宁边区民主政治的伟大实践/熊宇良//党史研究. -1984，5

浅谈中华苏维埃法律作用问题/严鸿//《法学论文选》（1981—1983），江西省
法学会. -1984

中华苏维埃法制的形成及其特点/杨楠//《法学论文选》（1981—1983），江西

省法学会. -1984

抗日根据地精兵简政的政策制度/史福祯//山西革命根据地. -1985，1

晋察冀边区目前施政纲领//山西革命根据地. -1985，1

我国劳改制度的开端——第二次国内革命战争时期根据地的劳动感化院/雷晟
　　生//西北政法学院学报. -1985，1

试论一九四三年《盐阜区文教法令》/朱新春等//盐城师专学报（社科版）.
　　-1985，1

黄克功案/杨永华//民主与法制. -1985，2

试论抗日民主政权法律中的人权问题——为抗日战争四十周年而作/杨永华//
　　西北政法学院学报. -1985，3

关于"五四指示"和《中国土地法大纲》的几个问题（1946年）/杜敬//天
　　津社会科学. -1985，3

简论梁柏台对苏区司法建设的贡献/朱顺佐//绍兴师专学报（社科版）.
　　-1985，4

我党在民族地区颁发的第一个宗教法规/周锡银//四川文物. -1985，4

太行根据地公安保卫组织机构沿革/山西省公安厅史志科//山西地方志通讯.
　　-1985，5

新疆"三区革命"时期法制建设初探/阎殿卿//新疆社会科学. -1985，6

延安时期的业余法律学校/姬乃军//法制日报（陕）. -1985，8. 13

毛泽东同志和陕甘宁边区法制建设/杨永华、段秋关//《毛泽东思想法学理论
　　论文选》，法律出版社. -1985

论《溪南里土地法》（1928年8月邓子恢等同志制订）/苏明辉//中国社会经
　　济史研究. -1986，1

八年抗战中晋察冀边区的劳教劳改工作/王志远//中国人民警官大学学报.
　　-1986，3

《井冈山土地法》不是我党历史上第一个土地法/苏明辉//文献和研究.
　　-1986，3

山西抗日根据地关于贪污罪的规定/王家勤//山西革命根据地. -1986，3

陕甘宁边区刑法制度/杨永华//法律科学. -1986，4

湘赣苏区赤色工会暂行组织法//中国工运史料. -1986，28/29

解放战争时期解放区的商标注册法规/张希坡//法学杂志. -1987，1

晋察冀边区公安保卫机关/王志远//中国人民警官大学学报（社科版）.
　　-1987，1

革命根据地的财产继承法/张希坡//西北政法学院学报. -1987，2

苏区法制的几个基本问题/杨目生//赣南师范学院学报（社科版）. -1987，2

中国红色区域行政法律监督制度述略/常兆儒//法学研究. -1987，3

从黄克功案的处理看陕甘宁边区加强民主法制建设的特点/钟庆祥//延安大学
学报（社科版）. -1987，4；又载理论导刊. -1988，2

陕甘宁边区惩治贪污罪的立法与实践/方克勤//西北政法学院学报. -1987，
4；又载《百年回眸：法律史研究在中国》第 2 卷，中国人民大学出版
社. -2009

关于《溪南里土地法》主要内容的考辨/孔永松//福建党史通讯. -1987，9

试论抗日根据地的人权问题/周健//《西北政法学院本科生优秀论文选》（1），
西北政法学院印行. -1987

论苏区土地立法的重要意义/程维荣//《法学论文集》，上海社会科学院出版
社. -1987

浅谈中央苏区制定劳动法规的得失/陈诗益//闽西方志通讯. -1988，1

论山东抗日民主政权刑事立法的特点/刘为民//山东大学学报（哲社科版）.
-1988，1

陕甘宁边区的人民调解制度（一、二、三、四）/杨永华//法律科学. -1988，
1、2、3、4

革命根据地的科技政策与法规/张希坡//法学杂志. -1988，2

新民主主义革命时期人民民主政权的法院组织与诉讼制度/郭成伟//《中华法
史丛谈》，中国政法大学出版社. -1988

太行革命根据地的公安保卫工作/史法根等//山西革命根据地. -1989，1

陕甘宁边区的狱政制度（一、二、三、四）/杨永华//法律科学. -1989，1、
2、3、4

湘鄂西苏区和中央苏区等土地政策之比较研究/张修全//华中师范大学学报
（哲社科版）. -1989，2

土地革命战争时期中央苏区的监察制度/刘宋斌//江西社会科学. -1989，2

保障人权是我们党的一贯主张——重读《陕甘宁边区保障人权财权条例》有
感/胡良荣//镇江师专学报（社科版）. -1989，2

陕甘宁边区抗日民族统一战线中的法律问题——边区法制史料的新发现/杨永
华、段秋关//中国法学. -1989，2；又载《中国法律史国际学术讨论会
论文集》，陕西人民出版社. -1990

马锡五审判方式研究/杨永华//法商研究. -1989，3

陕甘宁边区选举制度/杨永华//人文杂志. -1989，4

统一战线中的法律问题——边区法制史料的新发现/段秋关//法学研究. -1989，5

1940年—1949年太行根据地税收制度若干问题的研究/罗任权//经济法制. -1989，7

苏区检察官二三事/刘良//人民检察. -1989，9

革命根据地的监察制度/丛树//中国监察. -1989，12

论山东抗日民主政权司法制度的特点/刘为民//山东法学. -1990，1

黄克功案评析/杨永华//法律科学. -1990，1

简论中央苏区的财经立法/刘绍春等//党史文苑. -1990，2

论晋察冀边区的法制建设/齐一飞//法学杂志. -1990，2

毛泽东同志与乡苏维埃组织法的制定和宣传/张希坡//法学杂志. -1990，6

从"五四指示"到《中国土地法大纲》/俞宏标//历史教学问题. -1990，6

川陕苏区的法制建设/白明高//四川党史月刊. -1990，10

延安时期的村民公约/田方//人民日报. -1990，12．9

革命根据地如何惩治贪污/唐滔默//财政研究资料. -1990，52

1931年《赣东北特区苏维埃暂行刑律》考订研究/张希坡//《中国法律史国际学术讨论会论文集》，陕西人民出版社. -1990

论陕甘宁边区普选制度的形成及实施/曲涛等//庆阳师专学报（社科版）. -1991，1

川陕苏区革命法制建设探析/白明高//川陕苏区历史研究. -1991，1

试析鄂豫皖苏区的婚姻立法/洪平//安徽史学. -1991，3

忆抗日时期的看守工作/辛建//许昌师专学报（社科版）. -1991，4

新疆的"三区革命"与法制建设/阎殿卿//新疆社会经济. -1991，4

革命根据地时期盐池县司法机关考/逯云程//宁夏史志研究. -1991，5

抗日根据地的狱制特色/王利荣//现代法学. -1991，6

新民主主义革命时期人民民主政权的婚姻立法/冯治//四川党史. -1991，6

抗战时期处决武胜县长崔恺案始末/管开群//巴蜀史志. -1992，1

陕甘宁边区人权立法/杨永华//法律科学. -1992，1

延安时期边区的人权与法律保障/肖周录//法律科学. -1992，2

抗日战争时期陕甘宁边区民族法制建设/李彬//民族理论研究. -1992，3

也谈革命根据地的人权保障条例问题/张希坡//法律学习与研究. -1992，3

中华苏维埃时期的检察制度/皇甫玉宝//人民检察. -1992，6

我国民主革命时期劳动法规述略/华友根//政治与法律. -1992，6

略论抗战时期党的法制统一战线/佘志勤、东吴//徐州师范学院学报（社科版）. -1993，1

陕甘宁边区的破产立法/韩松、肖周录//人文杂志. -1993，1

从新民主主义的立法看妇女运动的特点/许有恒等//成都党史. -1993，3

毛泽东与《井冈山土地法》的制定/周海华//江西方志. -1993，4

陕甘宁边区征粮法规及有关史实考辨/张希坡//法律科学. -1993，5

《中国土地法大纲》与文物保护/张志强//文物天地. -1993，6

革命根据地人权法律制度的历史发展/杨永华//法律科学. -1994，1

陕甘宁边区科技立法与知识分子的权益保障/肖周录//法律科学. -1994，3

试论抗日根据地的人权法/王立民//政治与法律. -1994，3

陕甘宁边区政府查禁鸦片毒品立法述评/刘树林//甘肃政法学院学报.
        -1995，2

抗日民主政权的法制建设/蔡永民//兰州大学学报（社科版）. -1995，3

中华苏维埃共和国检察史概要/李卫阳、袁宗评//赣南社会科学. -1995，3

新民主主义革命时期的刑事法规简析/华友根//政治与法律. -1995，6

论华北抗日根据地对传统婚姻制度的改造/傅建成//抗日战争研究. -1996，1

新民主主义革命时期根据地预审制度的建立与发展（一、二、三）/于树斌//
        公安大学学报. -1996，1、2、3

革命根据地民主政权反腐倡廉的法制建设/邱远猷//文史知识. -1996，3

陕甘宁边区公文制度的改革/杨永华//甘肃政法学院学报. -1996，3

中华苏维埃共和国选举制度述论/田利军//四川师范大学学报（社科版）.
        -1996，4

上海法制史上光辉的一页——评《上海特别市民代表会议政府组织条例》/王
        立民//历史教学问题. -1996，5

试论土地革命时期几部土地法规的立法意义/宇赟//延安大学学报（社科版）.
        -1997，1

怎样看待革命根据地的法：兼与孙国华先生商榷/李煌//贵州师范大学学报
        （社科版）. -1997，1

当年震惊延安的一桩凶杀案/邱远猷//华夏纵横. -1997，1

民主宪政的楷模：简析抗日边区的民主宪政运动/张欣、杨景亮//石油大学学
        报（社科版）. -1997，1

陕甘宁边区参议会评述/刘迪香//益阳师专学报. -1997，2

试论抗日民主政权的法律建设/朱恩沛//长白学刊．-1997，3

中华苏维埃共和国军事检察制度评析/曾志平//江西社会科学．-1997，3

华北人民政府发布使用印信规定/黄玉竹选编//北京档案史料．-1997，4

黄克功事件始末/杨永华、肖周录//人文杂志．-1997，4

中国工农红军法制的历史地位/张山新//法学杂志．-1997，4

川陕苏区法律制度浅述/王平元//四川党史．-1997，5

革命根据地民主政权的反腐倡廉立法/邱远猷//中州学刊．-1997，6

论革命根据地对人权的法律保障/李潇、范红//桂海论丛．-1997，增刊

陕甘宁边区民主政治建设与净化执法环境/杨永华、木可//甘肃政法学院学
　　报．-1998，1；又载《百年回眸：法律史研究在中国》第2卷，中国人
　　民大学出版社．-2009

民意的结晶、政策的定型：刍议陕甘宁边区参议会的立法特点/宇赟//延安大
　　学学报（社科版）．-1998，2

根据地婚姻立法与人权保护/谭双泉、李招忠//湖南师范大学社会科学学报．
　　-1998，3

中华苏维埃共和国立法工作浅议/张明之//党的文献．-1998，3

中国共产党早期的人权立法/喻权域//当代思潮．-1998，4；又载公民与法．
　　-1998，7

新民主主义革命时期根据地人权立法初探/刘怀松//湖北师范学院学报．
　　-1998，5

我国革命根据地人权立法问题研究的几点建议/肖周录//中国人民大学学报．
　　-1998，6

东北解放区法制建设回顾/孙光妍//今日法坛．-1998，11

延安时期的廉政建设/杨永华//《法律史论丛》第4辑，江西高校出版
　　社．-1998

略论东北解放区的土地立法/孙光妍//齐齐哈尔大学学报（哲社科版）．
　　-1999，1

马锡五出生年月考证/张希坡//法学杂志．-1999，1

论《井冈山土地法》的开创性意义/刘国荣、宇赟//荆州师专学报（社科
　　版）．-1999，1

刍议湘赣苏区的劳动和社会保障工作/张观怀//中国档案报．-1999，1．7

试论陕甘宁边区抗日民主政权人民民主法制的特点和经验/张佺仁//西北史
　　地．-1999，3

延安时期法制建设的概况及其主旨/徐增满//延安大学学报（哲社科版）.
　　-1999，3

解放战争爆发前中共关于和平宪政的政治构想/邓泽宏//江汉论坛．-1999，3

中央苏区司法机关及其法规综述/马于强//吉安师专学报（社科版）.
　　-1999，4

深化对革命根据地人权法规的研究/肖周录//理论导刊．-1999，4

陕甘宁边区的破产立法/肖周录//法学研究．-1999，6；又载《百年回眸：法
　　律史研究在中国》第 2 卷，中国人民大学出版社．-2009

从中华苏维埃共和国的立法看中国人权工作的进步/魏佐国、章克昌//江西行
　　政学院学报．-2000，1

抗日时期革命根据地法制建设述略/段丽霞//学术论丛．-2000，1

陕甘宁边区行政立法与改革/杨永华//甘肃政法学院学报．-2000，2

论新中国成立前无产阶级社会保险立法/唐志明//贵州民族学院学报（哲社科
　　版）．-2000，2

革命根据地廉政法制建设及其现代意义/胡仁智//现代法学．-2000，3

论抗日根据地军事法制的历史特点/张山新、刘凡//军事历史研究．-2000，4

闽浙赣苏区法制建设的成就和基本经验/唐志全、陈学明、黄德华//江西社会
　　科学．-2000，4

马锡五审判方式再认识/魏斌//西江大学学报．-2000，4

抗战胜利后四年间的教育立法/李露//广西民族学院学报．-2000，5

新民主主义革命时期的人权法制建设及其特点/宋四辈//郑州大学学报（哲社
　　科版）．-2000，6

论《陕甘宁边区征购地主土地条例草案》/阎庆生//西北师大学报（社科
　　版）．-2000，6

晋冀鲁豫根据地商标法规简介/左旭初//中国工商报．-2000，10.11

权力的组织网络与法律的治理化——马锡五审判方式与中国法律的新传统/强
　　世功//《北大法律评论》第 3 卷第 2 辑，法律出版社．-2000

论毛泽东与延安时期的法制建设/张晓丽//安徽教育学院学报．-2001，1

抗战时期大后方文人的著作权保护活动/曾汉祥//著作权．-2001，1

论苏区的司法制度/杨木生//求实．-2001，1

抗战至抗战胜利初期陕甘宁边区的选举法及其实施/张文琳//甘肃理论学刊.
　　-2001，2

新中国建立前中国共产党的法律探索/付子堂、胡仁智//学习与探索．-2001，

4；又载《百年回眸：法律史研究在中国》第 2 卷，中国人民大学出版社．-2009

新民主主义革命时期根据地监所制度的建立与发展简介/于树斌、彭晶//公安大学学报．-2001，4

论马锡五审判方式对抗日根据地司法制度的影响/张芳芳//广东党史．-2001，4

东北解放区的法制建设/王金艳//长白学刊．-2001，6

论陕甘宁边区的土地政策和土地立法/阎庆生、黄正林//西北师大学报（社科版）．-2001，6

论陕甘宁边区税收法律制度的产生及基本原则/魏秀玲//政法论坛．-2001，6

中央苏区法制建设的经验与教训：纪念中华苏维埃共和国临时中央政府成立暨中央革命根据地创建七十周年/杨木生//江西社会科学．-2001，12

《中华苏维埃共和国宪法大纲》的历史地位和伟大意义/张立群//攀登（哲社科版）．-2001，专刊

论解放区土地改革的意义——纪念《中华人民共和国土地改革法》颁布五十周年/邱远猷//《继承与创新——中国法律史学的世纪回顾与展望》（《法律史论丛》第 8 辑），法律出版社．-2001

抗日根据地农业立法中"三农"战略的历史考察/张海荣//河北师范大学学报（哲社科版）．-2002，1

《井冈山土地法》的内容及其历史意义/马于强//井冈山师范学院学报．-2002，1

抗战时期陕甘宁边区保障人权的特点和经验/刘文娟//湖北大学学报（哲社科版）．-2002，2

抗战至抗战胜利初期陕甘宁边区的选举法及其实施/张文琳//甘肃理论学刊．-2002，2

论抗战时期的教育立法/李露//集美大学学报．-2002，2

论《中国土地法大纲》的历史地位/郑志廷、焦亚葳//河北大学学报（哲社科版）．-2002，2

《中华苏维埃共和国宪法》的再探讨/谢一彪//南昌大学学报（人文社科版）．-2002，3

抗战时期陕甘宁边区司法中的人权保障/刘文娟//河南职业技术师范学院学报（社科版）．-2002，4

新民主主义革命根据地的民事诉讼制度/吴泽勇//烟台大学学报（哲社科版）．

－2002，4

论中央苏区军事法制建设及其历史作用/曹敏华//中共福建省委党校学报.
　　－2002，11

土地革命时期的人权派及其政治主张/李腊生//人文杂志.－2003，1

论抗日民主根据地的人权建设/袁金辉//河南社会科学.－2003，3

陕甘宁边区人权法律的颁布与实施/杨永华//兰州大学学报（社科版）.
　　－2003，3

边区法院两则判决书的特点及启示/王长江//河南省政法管理干部学院学报.
　　－2003，3

抗战时期苏皖根据地的禁毒法规措施及其影响/张晓丽//中共党史研究.
　　－2003，3

论陕甘宁边区政府的廉政建设/梁凤荣//当代法学.－2003，3

抗战时期中共土地政策的制定、实施和作用/龚大明//贵州师范大学学报.
　　－2003，4

"三三制"与"三个代表"——从《陕甘宁边区施政纲领》说起/赵晓耕、何
　　民捷//河南省政法管理干部学院学报.－2003，4

新民主主义时期的土改立法/宇赟//广西社会科学.－2003，6

抗日根据地法制建设新内容述略/唐正芒//宁夏党校学报.－2003，6

中国革命根据地的反腐倡廉与刑事立法/张希坡//政法论丛.－2003，7

对革命根据地四种法制文献的初步考订/张希坡//《中国法制史考证》乙编第
　　4卷，中国社会科学出版社.－2003

论新民主主义时期人民民主法制建设/王守梅//山西广播电视大学学报.
　　－2004，1

苏区对"第二代人权"的保障/文卫勇//赣南师范学院学报.－2004，1

中国共产党在新民主主义革命时期的人权法律保障实践初探/范红//北京理工
　　大学学报（社科版）.－2004，2

新民主主义革命时期的民主司法制度建设及启示/宋四辈//中国社会科学院研
　　究生院学报.－2004，2

梁柏台与中华苏维埃共和国司法制度之建设/李宜霞、杨昂//中共中央党校学
　　报.－2004，3

论革命根据地的证券法律制度/田东奎//政法学刊.－2004，3

试论抗战时期中国共产党的新民主主义宪政实践/贾孔会//理论月刊.
　　－2004，3

浅析陕甘宁边区法制建设的人本特征/王吉德//陕西档案. -2004，3

略论延安时期的法制建设/郝琦//广西社会科学. -2004，4

新民主主义革命时期民主政权土地立法的主要特点/叶昌富//江西社会科学.
　　-2004，4

陕甘宁边区高等法院司法制度改革研究/侯欣一//法学研究. -2004，5

中国新民主主义革命刑法中的资格刑述评/吴平//黑龙江省政法管理干部学院
　　学报. -2004，6

解放战争时期"中央法律委员会"的变迁及其工作成就——兼评对中共中央
　　废除国民党《六法全书》指示的某些不实之词/张希坡//法学家.
　　-2004，6

边区法制建设浅论/王艳芳//党史文苑. -2004，8

死缓制度的中外渊源及历史发展/金泽刚、张正新//《中西法律传统》第4卷，
　　中国政法大学出版社. -2004

长者风范，学术知音——记同陈守一同志交谈有关革命根据地法制建设的若
　　干问题/张希坡//《陈守一纪念文集》第2卷，北京大学出版社. -2004；
　　又载《百年回眸：法律史研究在中国》第2卷，中国人民大学出版
　　社. -2009

雷经天在陕甘宁边区司法工作会议上的报告/雷经天著，侯欣一整理//《法律
　　史论集》第5卷，法律出版社. -2004

山东民主政权人权保障立法及司法制度概论/黎明//《中国历史上的法律制度
　　变迁与社会进步》（《法律史论丛》第10辑），山东大学出版社. -2004

抗日根据地禁毒立法问题研究/齐霁//抗日战争研究. -2005，1

浅析井冈山《土地法》/韦湘燕//社会科学家. -2005，S2

论中国共产党在抗日战争时期的法制建设/张荣华//石油大学学报（社科版）.
　　-2005，3

论新民主主义革命时期立法对妇女权利的保障/田莉姝//贵州民族学院学报
　　（哲社科版）. -2005，3

抗战时期陕甘宁边区的禁毒斗争及其历史启示/齐霁//宁夏社会科学.
　　-2005，4

论陕甘宁边区的民主政治建设/顾永俊、赵兴银、程单剑//沧桑. -2005，4

中共抗日根据地的民主政治建设及其启示/梁军峰//河南社会科学. -2005，4

陕甘宁边区司法制度、理念及技术的形成与确立/侯欣一//法学家. -2005，4

抗日民主政权的劳动立法/吴蕾//武汉理工大学学报. -2005，4

论《中华苏维埃共和国宪法大纲》在中国宪政史上的地位/许静//内蒙古大学
　　学报（哲社科版）．-2005，5

陕甘宁边区行政督察专员制度初探/华小勇//延安大学学报（社科版）．
　　-2005，5

新民主主义时期土地法制的理性思考/宇赟//延安大学学报（社科版）．
　　-2005，6

中华苏维埃共和国廉政制度建设刍议/吴超//玉溪师范学院学报．-2005，6

论《中华苏维埃共和国宪法大纲》的历史影响/许静//贵州社会科学．
　　-2005，6

论中华苏维埃宪法大纲的人权保障特色/许静//求索．-2005，11

陕甘宁边区高等法院档案及其学术价值/刘全娥//法律科学．-2006，1

抗战时期晋察冀边区的妇女权益问题研究/曲晓鹏//抗日战争研究．-2006，2

抗战期间中国共产党关于中国民主宪政的思考及斗争策略/刘秋阳//党史文
　　苑．-2006，3

论建国前中国共产党领导下的立法机关的发展与演变/姜爱林、陈海秋//党史
　　研究与教学．-2006，4

从马锡五审判方式到人民法庭审判方法/张勇健//人民法院报．-2006，4．3

论瑞金时期的民主与法制建设/吴琳//韶关学院学报．-2006，5

淮南抗日根据地的法制建设/张蓓蓓//宿州学院学报．-2007，1

20世纪40年代鄂西南的婚姻法秩序研究/王艳勤//武汉大学学报（哲社科
　　版）．-2007，1

论20世纪30—40年代陕西地区的高等法律教育：以西北大学为中心的初步
　　考察/钱锦宇、赵海怡//西北大学学报（哲社科版）．-2007，1

陕甘宁边区高等法院推行婚姻自主原则的实践与经验/汪世荣//中国法学．
　　-2007，2

析中华苏维埃共和国妇女婚姻自主权的立法保障/罗惠兰//求实．-2007，3

中华苏维埃共和国最高法院刍议/胡晏诚//党史文苑．-2007，3

《井冈山土地法》产生不足原因探析/陈胜华//中共四川省委党校学报．
　　-2007，3

黄克功杀人案与陕甘宁边区的司法公正/汪世荣//政法论坛．-2007，3

陕甘宁边区高等法院对民事习惯的调查、甄别与适用/汪世荣//法学研究．
　　-2007，3

陕甘宁边区司法制度的大众化特点/侯欣一//法学研究．-2007，4

中国红色新闻法制发展史论/倪延年//新闻与传播研究. -2008，6

论马锡五审判方式中的当事人地位/蔡泳曦//社会科学研究. -2008，6

论土地革命初期的两部"土地法"——《井冈山土地法》与《兴国土地法》
　　之比较/傅金碧//湘潭师范学院学报（社科版）. -2008，6

抗日根据地纠纷调解制度浅析/赵婷、刘瑾//党史文苑. -2008，8

马锡五审判方式的特征、精髓及其运用/王韶华//人民法院报. -2008，8. 6

陕甘宁边区高等法院编制判例的实践与经验/汪世荣//法制资讯. -2008，9

陕甘宁边区肖玉璧贪污案/周道鸾//中国审判. -2008，12

中国共产党延安时期人权法律教育/马成//法制与社会. -2008，24

法统初考/赵晓耕、王平原//《董必武法学思想研究论文集》第7辑，人民法
　　院出版社. -2008

华北人民政府中小学、师范教育法令研究/邱远猷//《远猷选集》，香港天马出
　　版有限公司. -2008

中华苏维埃政权关于男女平等问题的立法/贾燕苓//辽宁教育行政学院学报.
　　-2009，1

苏联法对哈尔滨解放区劳动法规的影响——以1948年《哈尔滨特别市战时暂
　　行劳动条例》为例/孙光妍//学习与探索. -2009，2

民主革命中的中国共产党与中国宪政运动/郭道晖//广东社会科学. -2009，2

哈尔滨解放区法制建设中的苏联法影响/孙光妍、郭海霞//法学研究.
　　-2009，2

陕甘宁边区民事法律的几个问题/肖周录、马京平//法学研究. -2009，3

陕甘宁边区民事审判模式之选择/潘怀平//中国延安干部学院学报. -2009，3

何叔衡的法制工作实践与贡献/朱与墨、何伦波//沧桑. -2009，3

依法执政的典范——陕甘宁边区政府法律法规档案回眸/田惠琴//陕西档案.
　　-2009，3

中国共产党领导的抗日根据地援用国民政府法律问题论析/欧阳湘//抗日战争
　　研究. -2009，3

《中华苏维埃宪法大纲》中存在的局限初探/王慧娟//改革与开放. -2009，4

革命传统与西方现代司法理念的交锋及其深远影响：陕甘宁边区1943年的司
　　法大检讨/李娟//法制与社会发展. -2009，4

马锡五审判方式的和谐价值/王长江//河南教育学院学报. -2009，4

"马锡五审判方式"及其司法理念——以封捧儿"婚姻申诉案"为分析样本/
　　李家祥//西南政法大学学报. -2009，4

"马锡五审判方式"在司法改革中的当代意蕴/欧阳若涛//西南政法大学学报．
　　-2009，4

回归马锡五的思考/张卫平//现代法学．-2009，5

论《右江苏维埃政府土地法暂行条例》的特征/李元勇//百色学院学报．
　　-2009，5

抗日革命根据地科技法制建设述论/侯强//西华大学学报（哲社科版）．
　　-2009，5

论华北人民政府时期婚姻法的价值取向/蒋燕玲//法制与社会发展．-2009，6

也论马锡五审判方式/王立民//东方法学．-2009，6

华北人民政府司法制度之研究/周道鸾//人民司法．-2009，7

马锡五审判方式在当代的继承与发展/张立勇//人民司法．-2009，7

梁柏台对中华苏维埃共和国法制建设的历史贡献及现实启示/张梁//法制与经
　　济（下旬刊）．-2009，8

马锡五审判方式是人民司法工作的一面旗帜/张希坡//人民法院报．-2009，
　　8．11

马锡五审判方式的当代价值/汪世荣//人民法院报．-2009，8．12

马锡五审判方式的司法价值/田成有//人民法院报．-2009，8．19

当代司法学习马锡五什么/刘用军//法制日报．-2009，8．19

代店乡苏维埃土地实施细则原件/孙克新//中国老区建设．-2009，9

民主政府法制建设的新篇章——山东抗日根据地人权保障立法及司法制度概
　　论/林明//东岳论丛．-2009，10

抗日民主政权的人权立法/李青//史学月刊．-2009，11

马锡五审判方式中的能动司法/王建林、伍玉联//人民法院报．-2009，
　　11．11

试述闽西苏区土地法律制度的形成及其特点/吴升辉//福建党史月刊．
　　-2009，14

论《中华苏维埃共和国宪法大纲》的历史意义/张兆平//黑龙江史志．
　　-2009，16

鲜为人知的中共地方政权"涉外刑事第一案"/刘向上//政府法制．
　　-2009，17

陕甘宁边区选举立法及其现实意义/孙博奇//法制与社会．-2009，21

董必武与华北人民政府契税制度的建立/张璐、赵晓耕//《董必武法学思想研
　　究论文集》第7辑，人民法院出版社．-2009

陕甘宁边区政府审判委员会案例评析——王生秀与呼生祥窑产争执案/刘全娥//《中国传统司法与司法传统》，陕西师范大学出版社. -2009

马锡五审判方式的再思考/余钊飞//《中西法律传统》第7卷，北京大学出版社. -2009

中央苏区经济动员立法研究/孙西勇//江西师范大学学报（哲社科版）. -2010，1

陕甘宁边区民事立法及其特征/肖周录//政法论坛. -2010，1

对马锡五审判方式的民本与民生之解读/杨汉平//人民法院报. -2010，1. 6

司法现代化视野中的"马锡五审判方式"/魏治勋//新视野. -2010，2

论陕甘宁边区司法机构对疑难案件的处理：以一桩窑产争执案为例/刘全娥//当代法学. -2010，3

革命根据地政权民事立法的概况及其变化/易清//社会科学家. -2010，3

浅论中央苏区土地法律制度/曾邵东//农业考古. -2010，3

苏区新式婚姻制度的建立和发展/汤水清//党的文献. -2010，4

1943年陕甘宁边区停止援用六法全书之考察：整风、审干运动对边区司法的影响/胡永恒//抗日战争研究. -2010，4

陕甘宁边区民事法律创制的主要方式探析/肖周录、马京平//法律科学. -2010，5

马锡五审判方式的"回归"与未来/李喜莲//求索. -2010，5

"劳资两利"：平衡劳资关系的首次立法实践——以《哈尔滨特别市战时暂行劳动条例》为考察/孙光妍、孔令秋//求是学刊. -2010，6

抗日民族统一战线与陕甘宁边区劳动立法的转变/马举魁//理论导刊. -2010，7

陕甘宁边区时期刑法的"三元结构模式"/潘怀平//检察日报. -2010，7. 29

马锡五审判方式是成功的审判方式/王立民//法学杂志. -2010，10

陕甘宁边区"有主动性的"为民司法模式/潘怀平//人民法院报. -2010，10. 22

陕甘宁边区抗灾赈济法制研究/关保英//西南民族大学学报（人文社科版）. -2010，11

中国共产党在新民主主义革命时期的法制建设/王硕//党史文苑（学术版）. -2010，11

陕甘宁边区高等法院院长更迭的三种思路/刘全娥//《中国法律传统与法律精神——中国法律史学会成立30周年纪念大会暨2009年会论文集》，山东

人民出版社．－2010

陕甘宁边区三三制政权建设的主要经验/方克勤//《中国法律传统与法律精
　　神——中国法律史学会成立 30 周年纪念大会暨 2009 年会论文集》，山东
　　人民出版社．－2010

（三） 中华人民共和国法制史

我国农村基层人民政权的历史发展/王仲敏//政法研究．－1961，4

谈我国婚姻家庭制度的改革/杨大文、刘素萍//人民日报．－1963，12．13

关于法制建设的几个问题/杨景凡//西南政法学院学报．－1979，1；又载《百
　　年回眸：法律史研究在中国》第 2 卷，中国人民大学出版社．－2009

彻底批判林彪、"四人帮"的株连刑罚/曾宪义//北京日报．－1979，1．18

彻底废止肉刑，切实保证人身自由是民主革命的遗留任务/张希坡//社会科学
　　辑刊．－1979，4

我国法制建设三十年/陈守一、刘开卓、赵震江//法学研究．－1979，4

土地改革对消灭封建关系及发展生产力的意义——纪念《中华人民共和国土
　　地改革法》公布三十二周年/周约三//史学月刊．－1982，4

党领导人民制宪和第一部宪法诞生/吴新平//中国法制报．－1982，12．31

我国人民调解制度的历史发展/韩延龙//《法律史论丛》第 2 辑，中国社会科
　　学出版社．－1982

鉴古明今　遵宪守法/张晋藩//中国政法大学学报．－1983，3

中国军事法庭对日本侵华部分战犯审判概述/胡菊蓉//史学月刊．－1984，4

建国以来我国行政监察制度的发展变化/韩晓武//河北法学．－1984，5

新中国制宪工作回顾——纪念中华人民共和国成立三十五周年/张友渔//法学
　　研究．－1984，5

中华人民共和国法律的产生/朱华泽//自修大学（政法）．－1984，5

开国第一盗窃案/沙石等//人民警察．－1985，1

论人民代表大会代表的任务、职权和活动方式问题/张友渔//法学研究．
　　－1985，2

我省五十年代检察通讯员略考/张长海//河北法学．－1985，4

历史的审判——访原特别军事法庭审判长袁光/邵文海//北京晚报．－1985，
　　8．15

维护生态平衡是全人类的事情——袁光将军回忆对日本战争罪犯的审判/杨金

路等//法律与生活. -1985，9

使战争狂人成为和平使者——访原抚顺战犯管理所所长金源/赵海啸等//中国
　　法制报. -1985，9. 4

正义的审判——访原特别军事法庭成员/辛晓谋//中国法制报. -1985，9. 6

我国 1981 年—1986 年刑事案件和治安案件统计//青少年犯罪研究. -1988，2

周恩来同志对国际法发展的重要贡献/李玫//法制日报. -1988，3. 2

建国后监察制度的历史回顾/李建明//政治学研究资料. -1988，4

香港学者评述大陆十年法制建设/郑宇硕等//法学评论. -1988，6

走向法治，痛苦而艰难的路——关于十年改革的"法律"思考/陈非//工人日
　　报. -1988，11. 25

黄河防洪法规的历史演进/林观海//黄河史志资料. -1989，1

解放初取缔上海证券交易所纪实/上海市公安局公安资料征集研究领导小组办
　　公室//上海党史资料通讯. -1989，1

中华人民共和国新法制建立与发展/林景仁//科学集刊（人民大学）.
　　-1989，1

法制宣传工作十年/刘一杰//法制建设. -1989，4

中国法制四十年/刘升平//中外法学. -1989，4

民事诉讼法制建设四十年/潘剑锋//中外法学. -1989，5

我国民事法制四十年的变迁/钱明星//中外法学. -1989，5

我国地方立法及其研究十年评述/徐向华//中国法学. -1989，5

中国法制四十年的发展及其历史经验/刘升平//现代法学. -1989，5

略论我国社会主义司法制度的四十年/张新//政法丛刊. -1989，6

十年劳动立法分析/张再平//经济法制. -1989，6

共和国四十年与宪法/楚明等//上海法苑. -1989，10

人民法院四十年/任建新//人民司法. -1989，10

我国劳动法制建设四十年概览/劳动部政策法规司//中国劳动报. -1989，
　　10. 14

湖北省人民调解工作十年回顾/湖北省司法厅基层处//法制建设. -1990，2

我国十年立法谈/扈纪华//中外法学. -1990，3

从毛泽东到邓小平——中国法律制度的进步/卢永鸿//法学评论. -1990，3

新中国行政法发展的历史考察/赖钦显//深圳大学学报（社科版）. -1990，3

特区劳动法制建设十年回顾/邱其海//深圳特区报. -1990，8. 6

中国法律实践的历史足迹/武树臣//《中国法治四十年》，北京大学出版

社. -1990

毛泽东关心法制建设三五例/张贻玖//民主与法制. -1991，9

1989 年陕西的特赦工作/权洲魁//陕西地方志. -1992，2

接管旧警察机构和建立人民公安机关/秦祖仪等//公安研究. -1992，3

中国法学会的十年/中国法学会办公室//中国法学. -1992，5

中国四十多年来犯罪的发展变化与理性思考/康树华//法治论丛（上海政法学院学报）. -1994，1

谢觉哉与共和国第一所政法院校/王立中//档案史料与研究. -1994，4

社会主义宪政的不平凡历程：新中国第一部宪法颁布 40 周年纪念/许崇德//中国法学. -1994，5

中国法制现代化历程的特点/苏晓宏、郝铁川//法学. -1994，5

我国十五年来刑事立法的回顾与前瞻/高铭暄//法学. -1995，1

建国以来军事法制建设历史的考察/项金宏//南京政治学院学报. -1995，2

新中国人权与法制研究的历史、现状与前瞻/何勤华//《改革与法制》，天津社会科学院出版社. -1995

试论当代中国法律体系的形式渊源与历史渊源/黄竹胜//社会科学家. -1996，6

中国法制走向现代化的历史进程/刘笃才//《走向法治之路——20 世纪的中国法制变革》，中国民主法制出版社. -1996

中国社会主义法制建设的发展道路和基本经验/杨一凡、陈寒枫//《走向法治之路——20 世纪的中国法制变革》，中国民主法制出版社. -1996

中国行政法的现代化历程/孙季萍//《走向法治之路：20 世纪的中国法制变革》，中国民主法制出版社. -1996

简略回顾西藏地方人民政法机关的建立/汪德军//西藏研究. -1997，1

毛泽东与"一国两制"/陈立旭//毛泽东思想论坛. -1997，2

彭真同志倡导重建中国法学会/中国法学编辑部//中国法学. -1997，3

加强政权与法制建设，建设社会主义法治国家：纪念杨秀峰同志诞辰 100 周年/周贤奇//中国法学. -1997，3

党的"八大"对我国社会主义民主与法制建设的历史功绩/田华//河北法学. -1997，3

云南历史上的暗娼野妓及解放初期的收容改造工作/卢卫东、孙美蓉//云南史志. -1997，4

论澳门"开埠"以来法律地位的变迁/管从进//社会科学家. -1997，4

1957 年后法制建设滑坡现象探析/徐付群//教学与研究．-1997，5

人民解放军共同条令诞生的前前后后/包国俊//军事历史．-1997，5

缅怀我国社会主义法制主要奠基人彭真同志/刘复之//长安．-1997，6

彭真同志对我国社会主义民主法制建设的卓越贡献/王汉斌//中国法学．
　　-1997，6；又载人民日报．-1997，10．27

"刀把子"风波记——建国以来法学界重大事件研究（一）/张传桢、李然//
　　法学．-1997，6

无罪推定在新中国的命运——建国以来法学界重大事件研究（二）/黄道、铁
　　犁//法学．-1997，7

农民负担问题的法制史鉴/王立民//法学．-1997，7

"依法从重从快"的来历——建国以来法学界重大事件研究（三）/杨时、李
　　然//法学．-1997，8

牙膏皮事件始末：建国以来法学界重大事件研究（四）/陆锦碧、铁犁//法
　　学．-1997，9

对新中国摧毁旧法制的历史反思：建国以来法学界重大事件研究（五）/蔡定
　　剑//法学．-1997，10

我们是怎样逐步实现"罪刑法定"的？——建国以来法学界重大事件研究
　　（六）/孙丽娟//法学．-1997，11

韩琨案功与罪之争——建国以来法学界重大事件研究（七）/张传桢//法学．
　　-1997，12

1957 年错批杨兆龙的《法律继承论》纪实——建国以来法学界重大事件研究
　　（八）/铁犁、陆锦碧、杨黎明//法学．-1998，1

1996 年"晓南"风波纪实——建国以来法学界重大事件研究（九）/郭道晖、
　　春扬//法学．-1998，2

1957 年的王造时——建国以来法学界重大事件研究（十）/冯英子//法学．
　　-1998，3

新中国成立以来的犯罪发展变化及其理性思考/康树华//中国刑事法杂志．
　　-1998，3、4

周恩来对我国社会主义法制建设的伟大建树/陈寒枫//法制日报．-1998，
　　3．5

依法治国是历史发展的必然——二十世纪中国法制回眸/张晋藩//中国法学．
　　-1998，4

阶级斗争与新中国法制建设——建国以来法学界重大事件研究（十一）/蔡定

剑//法学. -1998，4

人权研究中的一场风波——建国以来法学界重大事件研究（十二）/吕世伦、
仕中//法学. -1998，5

20 年来我国律师制度的发展和展望/肖胜喜、王进喜//政法论坛. -1998，5

二十年法制建设的美与不足/贺卫方//中外法学. -1998，5

五十年代末法制建设滑坡原因新探/徐付群//中共党史研究. -1998，5

二十年法制，回顾与反思/谢晖//走向世界. -1998，5、6

20 年来我国刑事立法的回顾与展望/高铭暄//中国法学. -1998，6

上海 20 年法制建设简述/尤俊意//上海法学研究. -1998，6

刘少奇对我国民主法制建设的伟大建树/刘武俊//法学杂志. -1998，6

一场有缺陷的司法改革——建国以来法学界重大事件研究（十三）/铁犁、陆
锦碧//法学. -1998，6

戴振祥冤案平反始末及其反思——建国以来法学界重大事件研究（十四）/张
传桢、李志刚//法学. -1998，7

《再为司法独立鼓与呼》一文的风波——建国以来法学界重大事件研究（十
五）/杨海坤//法学. -1998，8

关于更改反革命罪名的风波——建国以来法学界重大事件研究（十六）/侯国
云、李然//法学. -1998，9

死刑的限制与扩张之争——建国以来法学界重大事件研究（十七）/赵秉志、
肖中华//法学. -1998，10

一篇挑起"无谓争论"的文章发表前后——建国以来法学界重大事件研究
（十八）/郭道晖、陶威//法学. -1998，11

沉浮起落，日渐灿烂：我国经济法二十年发展回顾/刘文华、宋彪//中国工商
报. -1998，11. 19

正当防卫立法的进展与缺憾——建国以来法学界重大事件研究（十九）/赵秉
志、肖中华//法学. -1998，12

雄关漫道真如铁：中国律师 20 年/孙继斌//法学天地. -1998，12

中国法制建设二十年/乔新生//公民与法. -1998，12

人事工作逐步实现依法管理：人事法制建设 20 年回眸/祝永康//行政与人事.
-1998，12

跃上依法治军的新高度：改革开放 20 年来我国国防和军队法制化建设的三次
跨越/张建田//中国国防报. -1998，12. 15

依法治国的春天：20 年民主与法制建设回眸/景延安//中国纪检监察报.

-1998，12.17

中国法制建设 20 年/乔新生//中国市场经济报．-1998，12.28

我国法制建设 20 年成就与展望/刘瀚、李林//求是．-1998，23

我国私营经济法制的回顾与展望/孙建昌//《法律史论丛》第 4 辑，江西高校
　　出版社．-1998

廿年民主法治建设的 3 座历史丰碑/张希平//中国司法．-1999，1

试探经济法发展的三次飞跃/杨三正//甘肃政法学院学报．-1999，1

十一届三中全会对社会主义法制发展与法治化进程的深远影响/俞歌春//福建
　　师范大学学报（哲社科版）．-1999，1

我国高等教育史和教育法制史上的大事——在学习宣传贯彻实施《高等教育
　　法》座谈会上的讲话/彭佩云//中国高教研究．-1999，1

中国法学教育的现状及发展趋势/田平安//西南政法大学学报．-1999，1

沈阳扣押检查邮件所引起的风波——建国以来法学界重大事件研究（二十）/
　　王俊民、傅雪峰//法学．-1999，1

立法：走过二十年/郑淑娜//检察日报．-1999，1.11

关于 80 年代"法的社会性和阶级性问题"大论战——建国以来法学界重大事
　　件研究（二十一）/周凤举、纪祥//法学．-1999，2

对现行宪法制定修改历程的回顾与思考/栾高明//陕西教育学院学报.
　　-1999，2

简述我国民事诉讼法的沿革及其特点/刘海渤//求是学刊．-1999，2

我国民主法制建设的新阶段/浦增元//毛泽东邓小平理论研究．-1999，2

建国 50 年来宪法的发展与社会主义民主法制建设/马全江//滨州师专学报.
　　-1999，3

从《共产党宣言》到中国特色社会主义法律体系的建立/刘忠勋//通化师范学
　　院学报．-1999，3

论当代中国法制建设的创新/缪乐炜//南通师范学院学报（哲社科版）.
　　-1999，3

试论新中国的法制建设及其历史经验/李艳梅//桂林师范高等专科学校学报.
　　-1999，3

中国宏观法律环境的二十年巨变/钱怀瑜//渭南师范学院学报．-1999，3

《工人日报》官司的前前后后/李浩明//检察风云．-1999，3

论我国刑法典中死刑立法的演变及控制/刘丽//政法学刊．-1999，3

关于前苏联法对中国法制建设的影响——建国以来法学界重大事件研究（二

十二）/蔡定剑//法学．-1999，3

"引导"还是"误导"的论战——建国以来法学界重大事件研究（二十三）/
    陈桢、崔齐东//法学．-1999，4

新时期立法借鉴：成就与展望/陈保中//现代法学．-1999，4

新中国五十年法制建设/徐永康//上海党史研究．-1999，4

中国法制：沧海桑田五十年/张晋藩//中国法律．-1999，4

新中国行政监察制度的沿革/柯锡银//郧阳师范高等专科学校学报．-1999，4

行政诉讼十年回顾——行政诉讼的成就、价值、问题与完善/应松年//行政法
    学研究．-1999，4

"一国两制"原则下的澳门法制转型/廖奕//重庆社会科学．-1999，4

20年来中国法治的西化与本土化之争/田成有//学术探索．-1999，4

新中国社会主义法治进程回眸/何峻//党的文献．-1999，5

历史的抉择——《宪法》修订纪实/阿计//政府法制．-1999，5

朱德对新中国廉政建设的开创性贡献/许先春//上饶师范学院学报．-1999，5

人权禁区是怎样突破的——建国以来法学界重大事件研究（二十四）/郭道
    晖、陶威//法学．-1999，5

法治系统工程二十年（上、下）/杨建广//现代法学．-1999，5、6

从崎岖走向辉煌的中国法制五十年/张晋藩//现代法学．-1999，6

"法权"还是"权利"之争——建国以来法学界重大事件研究（二十五）/陈
    忠诚、邵爱红//法学．-1999，6

第三次历史性选择——共和国50年大庆话法治/徐祥民//山东公安专科学校
    学报．-1999，6

论中国合同法的演进/陈小君//法商研究．-1999，6

迈向二十一世纪的中华人民共和国宪法/浦增元//政治与法律．-1999，6

新中国50年法治建设成就斐然/刘海年//中国人大．-1999，6

新中国法治50年论略/曾宪义//中国人民大学学报．-1999，6

从"法制"到"法治"二十年改一字——建国以来法学界重大事件研究（二
    十六）/李步云、黎青//法学．-1999，7

"道德法庭"的存废之争——建国以来法学界重大事件研究（二十七）/陈忠
    诚、邵爱红//法学．-1999，8

从水利经济看水利执法——纪念《中华人民共和国水法》颁布实施十一周年/
    付成业//山东水利．-1999，8

论地方立法的合法性——二十年地方立法的法理回顾与批评/周军//求实．

-1999，8

中国现代法学教育的曲折与艰辛/熊先觉//炎黄春秋. -1999，8

新中国第一次法理讨论会的回忆与思考——建国以来法学界重大事件研究
　　（二十八）/陈鹏生//法学. -1999，9

五十年来我国宪法建设的成就、经验与不足/苏格清//党政干部论坛.
　　-1999，9

50年来我国劳动保障管理体制的变迁与发展点评//中国劳动保障. -1999，9

董必武对共和国新生政权建设的贡献/成国银//党史博采. -1999，9

新中国法制建设五十年回顾与展望/刘海年//光明日报. -1999，9. 24

中国法制建设五十年回顾/蔡定剑//人民检察. -1999，10

盛会上的律师——记五十年前参加商讨新中国建国大计的律师们/流水长//中
　　国律师. -1999，10

从崎岖走向辉煌——新中国法制50年剪影/张晋藩//法制世界. -1999，10

五十年代《法学》是为何被迫停刊的——建国以来法学界重大事件研究（二
　　十九）/张传桢、陆申//法学. -1999，11

我国劳动保障法制建设历程/石美遐//中国劳动保障. -1999，11

中国劳动保障法制建设五十年/石美遐//中国劳动. -1999，11

建国后制宪与修宪的曲折历程/鲁烟//炎黄春秋. -1999，12

对50年法制建设的几点思考/曾君锋//理论与现代化. -2000，1

我国立宪史发展的新阶段/胡晓军、孙秀纯//山西高等学校社会科学学报.
　　-2000，1

新中国法制建设回眸与前瞻/张晋藩//国家行政学院学报. -2000，1

我国高等教育法规建设的回顾与思考/陈志强、吴相锋//洛阳大学学报.
　　-2000，1

五十年法治建设的教训与经验/安群、李浩//法学评论. -2000，1

试论1954年宪法的过渡性及其影响/殷啸虎//上海市政法管理干部学院学报.
　　-2000，2

新中国法制建设历程透视/丁爱华、金新华//政法论丛. -2000，2

略论新中国刑法50年的发展与完善/李淳//法学家. -2000，2

建国初期绥远地区贯彻婚姻法运动/庆格勒图//内蒙古社会科学（汉文版）.
　　-2000，2

新中国民主法制建设的历史回顾/李刚//青海社会科学. -2000，2

中国近代法学留学生与新中国初期的法治建设/郝铁川//法学研究. -2000，2

20 年地方立法工作的探索与启示/张计书//山西大学学报（哲社科版）.
　　-2000，3

我国社会保障立法的历史发展/黄艳//四川三峡学院学报. -2000，3

新上海第一年刑案述评/王立民//华东政法学院学报. -2000，3

新中国宪法 50 年：回顾与总结/倪业群//社会科学家. -2000，3

二十年人大立法的转变//人民之友. -2000，3/4

人民法院独立审判的回顾与展望/程荣斌//法学家. -2000，4

我国民事上诉审理范围的回顾与思考/许少波//河南省政法管理干部学院学
　　报. -2000，4

建国五十年法制建设的成就与经验/褚俊英//思想战线. -2000，4

新中国头七年法制建设与民主政治的双重发展趋向/俞歌春//党史研究与教
　　学. -2000，5

浙江民主法制建设的历史进程与现实启示/万斌//理论学习. -2000，5

非公有制经济宪法规范变迁的历程及其现实意义/杜程铭//理论月刊.
　　-2000，5

我国五十年法制建设的历程及昭示/张宝锋//中州学刊. -2000，5

20 年人大立法的发展及历史性转变/蔡定剑//国家行政学院学报. -2000，5

三代领导核心对新中国民主法制建设的贡献/刘煜//齐鲁学刊. -2000，5

制定我国 1954 年宪法若干历史情况的回忆——建国以来法学界重大事件研究
　　（三十）/董成美//法学. -2000，5

中国立法五十年——1949—1999 年中国立法检视（上、下）/周旺生//法制
　　与社会发展. -2000，5、6

关于"能人犯罪是否可以从宽处理"的一场刑法讨论——建国以来法学界重
　　大事件研究（三十一）/杨兴培、李翔、王春燕//法学. -2001，6

犯罪持续增长的二十年——犯罪学研究 20 年回顾/戴宜生//青少年犯罪研究.
　　-2000，6

论新中国职务过失犯罪的立法发展/谢文钧//当代法学. -2000，6

南京民事侵权赔偿诉讼 10 年纵览/洒欣燕//人民与权力. -2000，9

我国刑事执行体制的历史记录片断：从我国监狱史的角度谈谈刑事执行体制
　　问题/薛梅卿//犯罪与改造研究. -2000，11

中国律师二十年历程回顾/贾午光//法制日报. -2000，11. 14

法治：从蒙昧到觉醒的五十年/郭道晖//东吴法学. -2000，特刊

依法治国是历史发展的必然——20 世纪中国法治回眸/张晋藩//《政法评论》

2000 年卷，中国政法大学出版社．-2000

人民代表大会制度的建立和发展/刘海年//《中国传统法律文化与现代法治》（《法律史论丛》第 7 辑），重庆出版社．-2000

论建国初期中国法制的变革/汪世荣//《中国传统法律文化与现代法治》（《法律史论丛》第 7 辑），重庆出版社．-2000

论我国民主法制化的发展历程/杭莉//安徽教育学院学报．-2001，1

《中华人民共和国土地改革法》颁布的前前后后/郎迎洁//纵横．-2001，1

50 年代初我党领导的反腐败斗争的启示/张焕琴、王胜国//河北法学．-2001，2

新中国法制建设的历程及其基本经验/李玉荣//当代世界与社会主义．-2001，2

50 年代反腐倡廉与法制建设的经验/吴小妮//中国行政管理．-2001，3

新中国法律监督制度的曲折发展/孙季萍、汤唯//南京大学法律评论．-2001，春季号

新中国第一部《中国人民解放军政治工作条例》诞生前后/阎稚新//军事历史．-2001，5

新上海第一年死刑案种种/王立民//上海档案．-2001，5

1957—1976 中国法制建设滑坡的原因探析/鞠健//江苏教育学院学报．-2001，6

劳动教养的历史考察与反思/陈瑞华//中外法学．-2001，6

劳动教养制度的法制历程及现实问题/姜金方//中外法学．-2001，6

法治天下：共产党领导下的中国法治化进程/刘旺洪、严海良//法学天地．-2001，7

知识经济时代民法的变迁/易继明//法学．-2001，8

20 世纪 50 年代后中国对于苏联国际法的移植/何勤华//金陵法律评论．-2001，秋季卷

彭真与 1982 年宪法的修改工作/许崇德//中共党史资料．-2001，80

我国人民陪审制度的历史回顾与现实思考/李小明//《继承与创新——中国法律史学的世纪回顾与展望》（《法律史论丛》第 8 辑），法律出版社．-2001

论党的领导与法治间的关系的演进/李毅斌、崔艳//政法论丛．-2002，1

20 世纪 50 年代中国移植苏联宪法的实践与理论/李秀清//华东法律评论．-2002，1

中国共产党与新中国刑法立法/高铭暄//法学论坛．-2002，1

我国陪审制度之历史发展及其当代命运/冯雷、时红//贵州教育学院学报．
　　-2002，1

新中国律师制度建设及律师业的发展/巴能强、徐香花//北京社会科学．
　　-2002，1

我国军事司法建设的回顾与展望（上、下）/武中和、赵娜//西安政治学院学
　　报．-2002，1、2

建国初期有组织犯罪形态及特征/王燕飞//福建公安高等专科学校学报．
　　-2002，2

《共同纲领》——新中国的政治基石/阚珂//中共中央党校学报．-2002，2

从实物形态到价值形态的法律保护——中国土地权利制度的变迁/王蓉//法学
　　评论．-2002，2

中国对侵华日本战犯的审判处理和改造/林晓光//史志研究．-2002，3

依法治国的历史进程及其未来发展前瞻/陈爱国、赵新刚、李建忠//铁道警官
　　高等专科学校学报．-2002，3

五十五年来中国对国际法院诉讼管辖权的态度之述评/王勇//华东政法学院学
　　报．-2002，3

关于新中国移植苏联司法制度的反思/何勤华//中外法学．-2002，3

新中国刑事立法移植苏联模式考/李秀清//法学评论．-2002，4

新中国婚姻法的成长与苏联模式的影响/李秀清//法律科学．-2002，4

新中国宪法与农村土地所有制的变革/刘杨//华中师范大学学报（哲社科版）．
　　-2002，4

法治：中国共产党治国的必然选择——中国共产党历代领导人治国之路的回
　　眸与思考/唐彩虹//广西大学学报．-2001，4

建国初期有组织犯罪惩治策略研究：一种犯罪学的分析路径/谢勇、王燕飞//
　　湘潭大学社会科学学报．-2002，5

中国对前苏联法的继受：以法概念的分析为中心/陈景辉//淮北煤炭师院学
　　报．-2002，5

我国死罪立法的演进与现状述评/晓理//广东法学．-2002，5

论我国民法的发展历程/赵中孚、解志国//法学杂志．-2002，5

建国初期华北农村婚姻制度的改革/张志永//当代中国史研究．-2002，5

新中国法治历程的史学视角分析/刘煜、张玉龙//齐鲁学刊．-2002，5

中国移植苏联民法模式考/李秀清//中国社会科学．-2002，5

全球化时代的中国立法发展（上、中、下）/李林//法治论丛（上海政法学院学报）. -2002，5、6；2003，1

新中国刑事立法移植苏联模式考/李秀清//法学评论. -2002，6

82 年宪法与中国宪政——写在 82 年宪法颁布实施 20 周年之际/周叶中、江国华//法学评论. -2002，6

论社会转型时期的中国宪政制度（1982—2002）/胡锦光、詹福满//法学家. -2002，6

妇女与本土：近二十年来中国大陆的妇女犯罪研究/王金玲//浙江学刊. -2002，6

毛泽东：新中国宪法的奠基人——纪念毛泽东诞辰 110 周年/马蓥伯//当代思潮. -2002，6

中国工会的历史、现状及有关问题探讨/史探径//环球法律评论. -2002，夏季号

中国统计法制建设的回顾和前瞻/政策法规司//统计研究. -2002，7

深圳经济特区授权立法十周年回顾与展望/张余庆//深圳特区报. -2002，7. 4

我国移植苏联法的反思/杨心宇、陈怡华//社会科学. -2002，8

新时期中国移植西方司法制度研究/何勤华//法学. -2002，9

依法治党十五年/李伯富//中国档案. -2002，9

新中国宪法的发展历程/帅海香//前沿. -2002，9

回顾五年的司法改革/张涛//人民日报. -2002，10

惩罚与法治：中国刑事实践的法社会学分析（1976—1982）/强世功//刑事法评论. -2002，10

回首十三年：我国军事立法工作成就斐然/张建田、刘梅//检察日报. -2002，10. 31

挥就中国专利事业的华章：回眸十三届四中全会以来 13 年的流金岁月/《中国知识产权报》社//中国知识产权报. -2002，11. 8

论新中国立法体制的沿革：纪念 1982 年《宪法》颁布生效 20 周年/朱力宇//法律适用. -2002，12

关于建国以来教育立法的若干反思/欧阳仕文//江西社会科学. -2002，增刊

13 年中国人权事业的发展/中国人权研究会//人权. -2003，1

把握宪法价值，推进政治文明：纪念我国现行宪法颁布 20 周年/巴桑罗布//西藏研究. -2003，1

重申公民迁徙自由权利：纪念现行宪法实施 20 周年/刘建军//政法论丛.
　　-2003，1

加强宪政建设，树立宪法权威：纪念我国宪法颁布实施 20 周年/马全江、贾
　　荣//滨州师专学报.-2003，1

82 宪法与中国的法治建设/李伯超//湘潭大学社会科学学报.-2003，1

20 世纪 50 年代中后期中国法制建设滑坡成因透析/张益刚、李安增//山东社
　　会科学.-2003，1

现代进程与诉讼：1978—2000 年社会经济发展与诉讼率变迁的实证分析/冉井
　　富//江苏社会科学.-2003，1

我国民事诉讼调解制度的历史发展及其社会基础/潘度文//中国青年政治学院
　　学报.-2003，1

苏联法影响中国法制发展进程之回顾/孙光妍、于逸生//法学研究.-2003，
　　1；又载《中国法史学精萃》2001—2003 年卷，高等教育出版社.
　　-2004；《百年回眸：法律史研究在中国》第 2 卷，中国人民大学出版
　　社.-2009

严打整治斗争 20 余年的回顾与思考/江普生//江苏公安高等专科学校学报.
　　-2003，2

《政治协商会议宪法草案》设计之中央政制的比较分析/张振国//淮北煤炭师
　　范学院学报（哲社科版）.-2003，2

我国民主法制建设的历史进程及主要经验/王鑫//中央社会主义学院学报.
　　-2003，2

中国商标法制 20 年的政治、经济、文化分析/杨和义//中共中央党校学报.
　　-2003，2

关于建国初期政协代行人大职权问题的正确理解/刘世华//社会科学战线.
　　-2003，2

共产党领导下的立法机关的初步创立与新中国立法机关的逐步完善/陈海秋//
　　高校社科信息.-2003，2

关于 82 宪法颁布实施 20 年来的回顾与评价/曹玲//湖北民族学院学报.
　　-2003，3

中国法院体制行政化的历史轨迹/张烁//广西政法管理干部学院学报.
　　-2003，3

新中国立法体制的嬗变及发展/刘鹤挺//攀登.-2003，3

20 世纪 80 年代的婚姻法律与婚姻家庭变迁/秦燕//当代中国史研究.

－2003，3

近五十年来我国刑事犯罪的特征与规律/袁小平//浙江学刊．－2003，3

新中国对国际人道法的贡献/陈刚//西安政治学院学报．－2003，4

1991年—2003年版权保护12年大事记/全保//中国版权．－2003，4

从《共同纲领》到《中华人民共和国宪法》：以1954年国家与政府领导体制
　　变化为中心/李格//党的文献．－2003，4

我国死缓制度的产生、发展及思考/张正新//中国刑事法杂志．－2003，5

上海统计法制建设50年纪实/金慧莲//上海统计．－2003，5

我国民族区域自治的法制建设历程/杨雪蓉//新疆社科论坛．－2003，5

软件保护制度：12年回顾与未来展望/唐广良//中国版权．－2003，5

历史的必然选择与中国法治的出路：反思建国初期对旧法统的废除/池海平、
　　俞华权//理论月刊．－2003，5

南京国民政府时期律师制度与现行律师制度之比较/乔晓静//咸宁学院学报．
　　－2003，5

我国宪法内容历次变动的思路、重点、特点及其原因分析/李正华//当代中国
　　史研究．－2003，6

中国当代民主政治建设研究——以1954年宪法为例/刘国新//当代中国史研
　　究．－2003，6

严打整治斗争的回顾与思考/江普生//公安研究．－2003，7

《婚姻法》的变迁与社会价值观念的转变/马云驰//当代法学．－2003，8

试析新中国户籍管理制度变迁/冷静//江西社会科学．－2003，9

平反冤假错案与权利救济：1978—1982/贺海仁//法学．－2003，11

《统计法》诞生的前前后后/李成瑞//中国信息报．－2003，12．5

20年来中国刑事政策的回顾与研究/顾肖荣、游海东//《中国刑法学年会文
　　集》第2卷，中国人民公安大学出版社．－2003

1983年以来中国刑事法治与刑事政策的回顾与研究/马天山//《中国刑法学年
　　会文集》第2卷，中国人民公安大学出版社．－2003

"严打"政策的回顾与科学定位/游伟、谢锡美//《中国刑法学年会文集》第2
　　卷，中国人民公安大学出版社．－2003

"严打"20年与我国刑事法治进程/戴长林、尧宇华//《中国刑法学年会文集》
　　第2卷，中国人民公安大学出版社．－2003

对我国公安史研究的回顾与思考/刘君玲、匡萃冶//中国人民公安大学学报．
　　－2004，1

"司法独立"话语在当代中国的变迁/滕彪//法学纪元. -2004，1

我国个体和私营经济法律地位的历史演变/冯辉、万其刚//当代中国史研究.
　　-2004，1

在文本与现实之间：关于"五四宪法"的回顾与反思/占美柏//法商研究.
　　-2004，1

王铁崖和中国旧约章编纂/饶戈平//清华法学. -2004，1

戴炎辉：朴实谨严、开一代宗风的大师——略述其生平及其对法史学、法学
　　教育及司法进步的贡献/黄静嘉//清华法学. -2004，1

毛泽东与新中国第一部宪法/谭绍木//南昌航空工业学院学报（社科版）.
　　-2004，1

对五四宪法的回顾与思考——纪念五四宪法颁布 50 周年/李红//北京建筑工
　　程学院学报. -2004，S1

中国社会保险立法现状述评/李强//佛山科学技术学院学报（社科版）.
　　-2004，2

20 世纪五六十年代中国宪法运行机制与"文革"的爆发/张明军//河南师范
　　大学学报（哲社科版）. -2004，2

建国初期婚姻制度改革研究/黄桂琴、张志永//政法论坛. -2004，2

从毛泽东、邓小平到江泽民：社会主义法制建设的历史发展/郭跃军//河北法
　　学. -2004，4

1952—1953 年司法改革运动研究/黄文艺//江西社会科学. -2004，4

建国之初的司法制度/公丕祥//江海学刊. -2004，4

新中国的历史丰碑：纪念 1954 年宪法颁布 50 周年/张颐//法治论丛（上海政
　　法学院学报）. -2004，4

关于新中国 1954 年宪法制定过程若干问题探讨：纪念 1954 年宪法颁布五十
　　周年/韩大元//河南省政法管理干部学院学报. -2004，4

我国司法解释体制之演变与发展/吴萍//甘肃政法成人教育学院学报.
　　-2004，4

中国共产党对侵华日本战犯的审判处理和改造/林晓光//党史研究与教学.
　　-2004，4

新中国初期的民事立法/赵晓耕//人民法院报. -2004，4. 14

1954 年宪法的历史命运与人民代表大会制度/韩大元//法律科学. -2004，5

我国民主法制建设的历史进程及主要经验/王鑫//毛泽东邓小平理论研究.
　　-2004，5

毛泽东与新中国第一部宪法/张焕琴//河北法学. -2004，6

试论 1952 年司法改革运动/张懋//法律适用. -2004，8

回顾新中国法制建设的历程/顾昂然//中国人大. -2004，15

中西会通　博专并重——山西大学法学院法学教育史专论/李麒、李君超//
　　《三晋法学》第 2 辑，中国法制出版社. -2004

新中国第一部宪法在人权保障中的特点及作用——从《共同纲领》到五四宪
　　法的历史进步性/莫纪宏//《东吴法学》总第 9 卷，法律出版社. -2004

论 1954 年宪法对新中国宪政的影响/韩大元//《东吴法学》总第 9 卷，法律出
　　版社. -2004

宪法应当超越时代——纪念 1954 年宪法颁布 50 周年/王磊//《东吴法学》总
　　第 9 卷，法律出版社. -2004

新中国检察制度曲折发展的史实考论/张培田//《中国历史上的法律制度变迁
　　与社会进步》（《法律史论丛》第 10 辑），山东大学出版社. -2004

1982 年宪法的制定过程及其历史经验/刘荣刚//当代中国史研究. -2005，1

建国初期是怎样进行反腐倡廉的/王传利//马克思主义研究. -2005，1

中国 50 年宪政建设的困顿与前景/谢维雁//社会科学战线. -2005，1

《劳动法》：扬帆 10 年再征程/周斌//中国劳动. -2005，2

浅析我国新《婚姻法》颁布实施后国内第一桩婚内索赔案/孙宏涛//金陵科技
　　学院学报（社科版）. -2005，2

新中国法制现代化建设的基本历史经验/全承相//中共党史研究. -2005，2

建国初期中国共产党领导法制建设的基本经验/李秀忠//政法论丛. -2005，2

人大代表的特殊保障制度——1954 年以来的回顾与反思/刘远征//政法论丛.
　　-2005，3

新中国审判制度曲折演变的史实考论（1957—1976）/张培田//甘肃政法学院
　　学报. -2005，3

世界宪法视野中的 1954 年宪法/周永坤//学习论坛. -2005，3

社会嬗变与 82 宪法的修改/周武君//河南科技大学学报. -2005，3

北平解放后颁布的第一部《学生人民助学金暂行条例》/高中华//北京党史.
　　-2005，3

新中国《婚姻法》夫妻财产制及其价值取向的变迁/周子良、王志林//山西大
　　学学报（哲社科版）. -2005，3

20 年来法治之法的价值、制度与谱系生长/陈卯轩//四川师范大学学报（社
　　科版）. -2005，4

新中国法治历程：民法 56 年/冉昊//南京大学学报（哲社科版）．-2005，4

上海土地改革立法与近郊农村的发展/王立民//社会科学．-2005，4

试论新中国建立初期的律师制度/刘夕海//北方工业大学学报．-2005，4

历史不会忘记：建国初期人民律师制度的建立与发展/刘夕海//中国律师．
　　-2005，5

我国中小学教师法规建设的历史成就/涂怀京//石家庄学院学报．-2005，5

一九五三年的"修正税制"及其影响/武力//中国社会科学．-2005，5

中国行政法治发展进程回顾：经验与教训/姜明安//政法论坛．-2005，5

为国家主义法制观正名：以新中国 1949 至 1957 年的法律实践为例/刘诚、杜
　　晓成//武汉大学学报（哲社科版）．-2005，5

"无毒中国"缘何不再？——对中国共产党领导下的新中国禁毒运动辉煌历史
　　的反思/胡金野//甘肃社会科学．-2005，6

追求幸福生活：评五四宪法的基本权利条款/郑贤君//新乡师范高等专科学校
　　学报．-2005，6

执行《教育法》十年反思/张玉堂//教育科学研究．-2005，8

法制进程　势不可挡——与法同行 20 年/石少华//劳动保护．-2005，9

2005：震惊中国人的十大法制案件/魏雅华//记者观察．-2005，11

我国农户住房、宅基地立法的历史比较/钱茜//农业经济问题．-2005，12

金融法制十年/吴志攀//中国金融．-2005，13

淡泊从容莅海牙——追记新中国首任国际法院大法官倪征燠/张慎思//法律与
　　生活．-2005，20

中国国际法学家王铁崖（1913—2003）/赵国材//《法制史研究》第 7 期，
　　（台湾）中国法制史学会、"中央研究院"历史语言研究所．-2005

中国简易刑事程序立法沿革述评/何永军//西华大学学报（哲社科版）．
　　-2006，1

建国初期新区土地改革中的人民法庭/许庆贺//平原大学学报．-2006，1

新中国成立初期上海贯彻婚姻法运动/杨丽萍//中共党史研究．-2006，1

中国社会主义宪政建设历程的历史考察及其启示/陈仁涛//理论与改革．
　　-2006，1

中国"普法"二十年：回顾与前瞻/卓渊泽//探索．-2006，1

二十年"普法"与宪法及其完善/徐继敏//探索．-2006，1

五十年来中国之法制/江庸//清华法学．-2006，2

论中华人民共和国检察监督职能的形成与发展/赵晓耕、刘涛//法学家．

　　－2006，3

广东绑架犯罪二十年回顾与发展趋势探析/许细燕//中国刑警学院学报.
　　－2006，4

建国前夕和建国初期对旧法制的废除与新法制的建设/李林//上海党史与党
　　建．－2006，4

解放初期甘肃宣传和贯彻《婚姻法》述评/姚万禄、王晋林//甘肃政法成人教
　　育学院学报．－2006，4

中国社会主义宪政五十年的成就和不足分析/顾土东//襄樊学院学报.
　　－2006，4

我国社会主义法制建设回顾与展望/姜男//党史纵横．－2006，5

新民主主义宪政立法的有益尝试：1946 年《哈尔滨施政纲领》考察/孙光
　　妍//法学研究．－2006，5

周恩来的德法并举工作方法研究/欧大军//毛泽东思想研究．－2006，5

破产立法二十年：回顾与展望/胡健//华东政法学院学报．－2006，6

私有财产权与法律改革：1978—2003 中国法律改革史考察/田宝会、刘静仑//
　　河北法学．－2006，8

共和国第一部《婚姻法》诞生纪事/黄传会//档案春秋．－2006，12；又载学
　　习时报．－2010，1.25

杨兆龙法律观与新中国初期法治/周永坤//《中西法律传统》第 5 卷，中国政
　　法大学出版社．－2006

我国选举制度的演进与滞碍/徐永康//《法律史学科发展国际学术研讨会文
　　集》，中国政法大学出版社．－2006

文革时期法律虚无主义盛行的表现及根源/刘倩//新余高专学报．－2007，1

一篇尘封 26 年的立法建议：对监狱工作方针的早期研究/何为民//辽宁师专
　　学报．－2007，1

新时期中国共产党确立依法治国方略的历史考察/祝彦//中共中央党校学报.
　　－2007，1

我国历次修改修正宪法有关经济制度内容的表现与特点/李正华//北京联合大
　　学学报．－2007，1

政府法制化的艰难探索：新中国成立后专员区公署制度的推行及变化/翁有
　　为//中共党史研究．－2007，1

党的"八大"关于法制建设的历史经验/刘宝东//理论视野．－2007，2

新中国 50 年来宅基地立法的历史沿革/姜爱林、陈海秋//重庆工商大学学报.

-2007，2

观念的博弈：对 1950—1953 年我国《婚姻法》贯彻活动的历史考察/苏宝俊 //社会科学家．-2007，2

1952 年北京市的司法改革运动/董节英//北京党史．-2007，2

1952：新中国法学教育的整顿与重构/董节英//中共中央党校学报．-2007，2

董必武与新中国的法学教育/董节英//毛泽东思想研究．-2007，2

激情与理性：中国法学教育的历史反思——从法律职业的视角剖析中国法学 教育的改革方向/俞雄武//经济与社会发展．-2007，2

简论新中国国际私法的制度变迁/徐伟功//东方论坛．-2007，2

我军财务管理法制化的历史变迁/李飞//军事史林．-2007，3

东北人民大学法律系早期历史述略（1950—1953）/姜朋//法制与社会发展． -2007，3

新中国赦免制度的发展状况及评析/闫凤娟//法制与社会．-2007，3

新中国民法典起草历程论纲/赵晓耕、王平原//铁道警官高等专科学校学报． -2007，3

新中国第一部婚姻法的诞生（上、下）/黄传会//中国人大．-2007，3、4

从《共同纲领》看新中国的社会性质/陈娟、马延//理论探讨．-2007，4

从史学视角看新中国法制建设的发展历程/吴秀霞//唐都学刊．-2007，5

五四宪法特点论析/薛剑符//黑龙江社会科学．-2007，5

五四宪法：中国宪政现代化的真正起点/程乃胜//山东警察学院学报． -2007，6

中国 30 年来的宪法学教学与研究/童之伟//法律科学．-2007，6

叶剑英同志在新时期民主法制建设中的历史功绩：纪念叶剑英同志诞辰 110 周年/全国人大常委会办公厅//人民日报．-2007，6．1

风雨五十载，真情沃中原：河南劳动教养工作 50 年回顾与展望//法制日报． -2007，6．5

"五四宪法"的回顾与反思/易清//广西社会科学．-2007，10

中华人民共和国第一部宪法制定考论/翁有为//史学月刊．-2007，11

当代中国的法治之路：中国五十年来法治建设的回顾与展望/陈海//前沿． -2007，11

新中国 50 多年来宅基地立法的历史沿革/姜爱林、陈海秋//理论学刊． -2007，12

历史中的五四宪法：文本与现实之间/郭绍敏//《中国文化与法治》，社会科学

文献出版社. -2007

观念与制度的落差：新中国成立初期的性别意识与婚姻法执行/乔素玲//《法史学刊》第1卷，社会科学出版社. -2007

建国初期的司法改革运动：回顾与思考/侯松涛//中国特色社会主义研究. -2008，1

建国初期河北省贯彻婚姻法运动述评/张志永//河北省社会主义学院学报. -2008，1

新中国第一部《婚姻法》宣传与贯彻运动述论/张成洁、莫宏伟//河南师范大学学报（哲社科版）. -2008，1

浅议1980年《婚姻法》对1950年《婚姻法》的修改与完善/马荟//浙江万里学院学报. -2008，1

建国初期的妇女离婚问题探论/李洪河//求索. -2008，1

从我国讼费规则的变迁看司法政策之导向/刘冬京//南昌大学学报（人文社科版）. -2008，1

回顾、反思与改造：中国法律硕士教育历程之检视/张德瑞//郑州大学学报（哲社科版）. -2008，1

略论当代中国法制变革之特点——兼与清末修律比较/肖传林//武汉商业服务学院学报. -2008，1

中国高等法学教育三十年发展回顾/徐卫东//当代法学. -2008，1

新中国检察制度的演变与特色/单民、薛伟宏//法学杂志. -2008，1

新中国的非登记结婚制度研究/张学军//政法论坛. -2008，1

不动产为什么要登记：以1949年之后中国土地登记为例的历史考察/张迎涛//行政法学研究. -2008，1

最高人民法院政治任务的变化：以1950—2007年最高人民法院工作报告为中心/时飞//开放时代. -2008，1

民事陪审制度的兴衰与启示/唐东楚//学海. -2008，1

1954年宪法的历史局限性论析/江业文//船山学刊. -2008，1

反思与启示——检察岁月1950～1978/张仁善//清风苑. -2008，1

从一份"离婚判决书"看解放初期对妇女生存权的保护/姜明周、陈洁亮//档案. -2008，2

人民陪审制度：历史、现状及其完善/刘德兴//四川师范大学学报（社科版）. -2008，2

从"改革宪法"走向"宪政宪法"：我国改革开放三十年宪法发展的回顾与

思索/杨叶红、刘峰//湖南社会科学. -2008，2

改革开放三十年宪法发展的回顾与思索/杨叶红、刘峰//兰州商学院学报.
　　-2008，2

新中国第一部《婚姻法》起草始末/王彦红、周艳芝、刘志兰//党史文苑.
　　-2008，2

新中国成立以来法学教育工作的历史沿革/朱立恒//中共党史研究. -2008，3

新中国第一部宪法的诞生/穆兆勇//公民导刊. -2008，3

30 年中国法制发展大事记/杨子云//中国改革. -2008，3

近十年我国成人教育立法研究综论/康和平、刘奉越//继续教育. -2008，3

中国禁毒立法三十年：以立法体系的演进与嬗变为视角/褚宸舸//中国人民公
　　安大学学报（社科版）. -2008，3

"均质"与"激情"下的规则制定：建国初期的立法及其社会背景分析/赵颖
　　坤//安徽大学学报（哲社科版）. -2008，3

改革开放三十年来公司立法的回顾与前瞻/刘俊海//法学论坛. -2008，3

中国特色社会主义法律体系的发展与回顾：改革开放 30 年中国立法检视/周
　　叶中、伊士国//法学论坛. -2008，4

依法治国历史进程的回顾与展望/李步云//法学论坛. -2008，4

改革开放的 30 年就是建设宪政的 30 年/王立民//法学. -2008，4

建国初期犯罪研究/李锡海//法学杂志. -2008，4

"五四宪法"的立宪目的之反思/范进学//法商研究. -2008，4

中国检察制度三十年/何勤华、张进德//国家检察官学院学报. -2008，4

党的十五大以来检察改革的回顾与展望/万春//国家检察官学院学报.
　　-2008，4

基层检察院三十年回顾与展望/孙力//国家检察官学院学报. -2008，4

我国法治建设三十年与国家检察官学院的创建/丁慕英//国家检察官学院学
　　报. -2008，4

走向法治文明的三十年：改革开放以来我国法治建设的回顾与思考/张继宗//
　　青海社会科学. -2008，4

国际法视角下的 1972 年《中日联合声明》/钟放//日本学论坛. -2008，4

改革开放三十年：从人治到法治的转型/李曙光//理论导报. -2008，4

中国经济法发展 30 年研究/程信和//重庆大学学报（社科版）. -2008，4

聚焦共和国第一个宪法修正案 20 周年/曾献文//检察日报. -2008，4. 12

改革开放 30 周年商务法律建设（11）：海峡两岸商务法律在我国的成功运用/

祖月、刘薇//国际商报. -2008，4. 18

改革开放三十年的法制建设/郭伟伟//当代世界与社会主义. -2008，5

新时期高等教育法制变迁特征探析/郭为禄//华东师范大学学报（哲社科版）.
　　-2008，5

1954 年宪法与 1982 年宪法实效差异的文本视角解读/宦吉娥//甘肃政法学院
　　学报. -2008，5

中国法学教育 30 年：回顾与展望/牟宪魁//学习与探索. -2008，5

叶剑英与新时期法制建设/石维行//湘潮. -2008，5

检视与前行：行政立法与中国改革开放三十年/曹海晶//江苏社会科学.
　　-2008，5

改革开放 30 年中国劳动合同制的演变/吕楠//北京社会科学. -2008，5

改革开放 30 年我国社会立法的轨迹与启示/高永宏//宁夏社会科学.
　　-2008，5

改革开放三十年银行业法制建设的历程/黄震、周葛子//湖南社会科学.
　　-2008，6

建设法治政府：中国以行政立法为中心的三十年探索/付春//毛泽东邓小平理
　　论研究. -2008，6

中国行政法治建设 30 年/罗豪才//国家行政学院学报. -2008，6

改革开放 30 年中国行政法治建设透视/史华松//中国石油大学学报（社科
　　版）. -2008，6

改革开放二十年矿产资源法的变迁/李永军//石家庄经济学院学报. -2008，6

改革开放三十年：中国农村土地物权制度的历史变迁/张里安、汪灏//武汉理
　　工大学学报（社科版）. -2008，6

法院改革三十年/周道鸾//湘潭大学学报（哲社科版）. -2008，6

制度、制度竞争与中国经济法的发展：纪念中国经济法三十年/冯辉//华东政
　　法大学学报. -2008，6

人民检察的光辉历程：纪念人民检察院恢复重建 30 周年/孙谦//人民检察.
　　-2008，6

中国知识产权三十年之成长/柳福东//知识产权. -2008，6

改革开放三十年中国知识产权研究的回顾与展望/何华//知识产权. -2008，6

法治 30 年的回顾、反思与展望：第一届齐鲁法学论坛述评/齐延平、于文
　　豪//法学论坛. -2008，6

"五四宪法"与当代中国宪政制度现代化：纪念"五四宪法"诞辰五十四周

年/刘旺洪//法制与社会发展. -2008，6

悼中国法制史学一代宗师瞿同祖先生/王进文//环球法律评论. -2008，6

十一届三中全会：30 年中国"法制崛起"的起点/李群//法制日报.
-2008，6.1

人民检察的光辉历程：纪念人民检察院恢复重建 30 周年（上、下）/孙谦//
检察日报. -2008，6.3、6.4

中国法治建设大事记（1978—2008）/凌逢整理//法制日报. -2008，6.8

法 治 建 设 三 十 年 发 展 成 就 与 基 本 经 验/韩 大 元//中 国 纪 检 监 察 报.
-2008，6.10

三十年规范执法路/蔡荣生//人民检察. -2008，7

身份的衰落：中国民商法三十年/戴孟勇//政治与法律. -2008，7

奠定迈向法治政府基石的三十年：我国依法行政回顾与展望/应松年、杨伟东
//法制日报. -2008，7.6

三十年不寻常的程序正义之路/吴孟栓//检察日报. -2008，7.18

三十年中国特色法治之路/蒋熙辉//检察日报. -2008，7.31

我国死刑复核制度的历史与现实/邱远猷//内江师范学院学报. -2008，9；又
载《远猷选集》，香港天马出版有限公司. -2008

我国普查立法的历史回顾/郭国云//中国统计. -2008，9

反渎职侵权工作 30 年回顾/陈连福//人民检察. -2008，9

中国消费者权益保护运动 30 年回眸/姚芃//法制日报. -2008，9.21

保密法制建设的里程碑：纪念保密法颁布 20 周年/陈立骅//法制日报.
-2008，9.28

人民法院 60 年：以历史为鉴，以经验为师/郭春雨、林楠特//法制日报.
-2008，9.30

当代中国法治 30 年：回眸与前瞻：访中国社会科学院荣誉学部委员李步云教
授/李红//党政干部论坛. -2008，10

会计法规变迁与产权保护机制演进/龚翔、许家林//会计研究. -2008，10

回顾与展望：档案法治 30 年/李伯富//中国档案. -2008，10

改革开放 30 年中国残疾人体育法制建设回顾与对策研究/郝晓芩//中国特殊
教育. -2008，10

刑法三十年反思/马克昌//人民检察. -2008，10

广东监狱改革开放 30 周年纪实（上、中、下）/广东省监狱学会//犯罪与改
造研究. -2008，10、11、12

改革开放三十年经典立法盘点（上、下）/帅恒//中国纪检监察报. -2008，
　　10. 8、10. 17

五十年沧桑，五十年巨变：宁夏回族自治区法院发展历程回眸/李劲松//人民
　　法院报. -2008，10. 11

回顾与反思：中国刑法三十年/马克昌//检察日报. -2008，10. 16

刑法：历时 25 载 38 易其稿终成法典/孙军//人民公安报. -2008，10. 23

改革开放 30 年的教育法制建设/劳凯声//教育研究. -2008，11

改革开放 30 年十大经典立法/阿计//楚天主人. -2008，11

中国会计法制建设的三十年回眸与展望/朱星文//当代财经. -2008，11

改革开放 30 年来我国对外贸易法制的建设与发展/余敏友、王追林//国际贸
　　易. -2008，11

法治之法：30 年来教育法制建设的进展与局限/李赐平//国家教育行政学院学
　　报. -2008，11

"两案" 审判：中国走向法治的里程碑/张亦嵘//法制资讯. -2008，11

刑事申诉检察三十年回顾与展望/王晋、鲜铁可//人民检察. -2008，11

改革开放 30 年与中国的法治建设/何勤华//法学. -2008，11；又载红旗文
　　稿. -2008，21

司法护权，激励创新：三十年来全国法院知识产权司法保护工作综述/李飞、
　　李剑//人民法院报. -2008，11. 4

沿着公正司法之路前行：沈阳市中级人民法院成立 60 周年回顾/王贵廷、刘
　　宝权//人民法院报. -2008，11. 20

三十年公诉工作回顾与展望/彭东//人民检察. -2008，12

侦查监督工作三十年回顾与展望/杨振江//人民检察. -2008，12

中国民法三十年之复兴路/王丽萍//政治与法律. -2008，12

改革开放 30 年中国特色社会主义监狱法治建设述评/陈好彬//犯罪与改造研
　　究. -2008，12

中国媒介管理法治的体系化：回顾媒介法制建设 30 年/魏永征//国际新闻界.
　　-2008，12

犯罪学与刑事司法的融合：少年司法研究 30 年/姚建龙//社会科学.
　　-2008，12

回首三十年的民主法制足迹//时代主人. -2008，12

改革开放 30 年我国民营经济法律制度的发展轨迹及思考/吕敏//上海企业.
　　-2008，12

30 年行政法治建设回顾与前瞻/袁曙宏//法制日报．-2008，12．7

始终坚持科学发展，大力加强检察队伍建设：检察队伍建设 30 年回顾与展
望/尹晋华//检察日报．-2008，12．9

中国三十年法治发展的重要轨迹/江平//北京日报．-2008，12．15

"法治" 30 年：从观念到实践/尤俊意//文汇报．-2008，12．20

不同寻常的中国特色之路——从改革开放三十年看中国特色社会主义法律体
系基本形成/毛磊//中国人大．-2008，16

党中央决策 "严打" 始末/何立波//检察风云．-2008，17

监所检察三十年回顾与展望/白泉民//人民检察．-2008，19

谈我国会计法律规范的历史变迁/杜静然//中国管理信息化．-2008，21

审计法制化是历史积淀更是时代要求：25 年审计法制建设回顾/王刚//中国审
计．-2008，22

我国政府法制建设 30 年/曹康泰//求是．-2008，24

试论中国 1954 年宪法制定权的正当性/李跃庆//法制与社会．-2008，36

十一届三中全会以来我国知识产权保护制度的立法实践/王国利//攀登．
-2008，专刊

勃兴、机遇与挑战——中国民法 30 年回顾与展望/李洁//《三晋法学》第 3
辑，中国法制出版社．-2008

近三十年中国所有权制度的历史考察/周子良、王少珺//《三晋法学》第 3 辑，
中国法制出版社．-2008

上海卫生法制三十年/程维荣//《上海法治建设三十年专题研究》，上海社会科
学院出版社．-2008

历史的拐点——写在 "七八宪法" 颁布实施 30 周年/杨蓉//长沙理工大学学
报（社科版）．-2009，1

有关 20 世纪 50 年代婚姻法的颁布及实施情况的一组文献//中共党史资料．
-2009，1

新时期的立法从这里起步——全国人大常委会法制工作委员会三十年剪影/夏
莉娜//中国人大．-2009，1

中国人权 30 年 30 事/吴兢//海南人大．-2009，1

30 年来依法治国理论与实践的发展/刘维林//新视野．-2009，1

建国初期人民政协代行人大职权问题论析/李祥营//党史文苑．-2009，1

我国法治建设三十年回顾与前瞻：关于中国法治历程、作用和发展趋势的思
考/袁曙宏、杨伟东//中国法学．-2009，1

国家立法三十年的回顾与展望/刘松山//中国法学. -2009，1

改革 30 年中国司法之回顾与前瞻/陈卫东//人民司法. -2009，1

中国高等法学教育 30 年：回顾与评鉴/高宇//当代法学. -2009，1

改革开放三十年中国婚姻立法之嬗变/巫昌祯、夏吟兰//中华女子学院学报.
　　-2009，1

改革开放三十年中国离婚法研究回顾与展望/蒋月//法学家. -2009，1

改革开放 30 年中国刑事诉讼制度发展之回顾与展望/卞建林//法学杂志.
　　-2009，1

住房制度改革 30 年：从法律史角度的考察/张群//法商研究. -2009，1

改革开放 30 年我国税法建设的回顾与展望：基于纳税人权利保护的视角/方
　　赛迎//税务研究. -2009，1

我国实施依法治国方略的历史回顾/徐格明//攀登. -2009，1

宪法与国家命运之间关系的历史考察/邓联繁//船山学刊. -2009，1

彭真与改革开放新时期法制建设的起步——新中国第一部刑法出台内幕/田酉
　　如//百年潮. -2009，1

沈钧儒追求民主宪治/珀石//中国人大. -2009，1

改革开放 30 年与中国立法发展（上、下）/李林//北京联合大学学报（人文
　　社科版）. -2009，1、2

我国 30 年立法工作的回顾与反思/冯威//山东社会科学. -2009，2

毛泽东与新中国第一部宪法/霞飞//党史博采. -2009，2

1956 年特别军事法庭沈阳太原审判研究/龙心刚、孙君//党史文苑. -2009，2

改革开放 30 年中国行政法治发展历程回顾/朱维究、闫晶//中国行政管理.
　　-2009，2

改革开放 30 年：我国外贸法律法规的回顾与展望/邓敏、王清//国际贸易问
　　题. -2009，2

改革开放三十年劳动立法的回顾与展望/关怀//法学杂志. -2009，2

知识产权法制三十年/张玉敏//法学杂志. -2009，2

中国商法及商法学三十年/华中师范大学商法研究中心//法学杂志. -2009，2

改革开放 30 年北京博物馆法规建设回顾/韩更//北京文博. -2009，2

改革开放以来中国妇女权益保障的回顾与展望/王丽萍//工会论坛. -2009，2

新中国两次法律革命与新闻法制建设/薛传会//当代传播. -2009，2

改革开放 30 年来我国财产权与宪法的演进/唐清利//西南民族大学学报（人
　　文社科版）. -2009，2

从历史轨迹看中国特色社会主义法律体系形成主线/杨晖//河北师范大学学报（哲社科版）. -2009，2

改革开放30年我国刑法建设的成就及展望/赵秉志//北京师范大学学报（社科版）. -2009，2

1955—2007年中国经济与犯罪关系实证研究/田鹤城、万广华、霍学喜//中国农业大学学报（社科版）. -2009，2

我国单位犯罪研究30年的回顾与反思/杨国章//中南大学学报（社科版）. -2009，2

作为政治司法运作中心环节的审判——1949至1956年华县人民法院实证研究（上、下）/高其才、左炬//清华法学. -2009，2、3

政府法制建设三十年回顾/中共国务院法制办党组//经济日报. -2009，2. 3

我国能源法制建设三十年/叶荣泗//中国经济时报. -2009，2. 9

新中国司法制度60年/李青//国家行政学院学报. -2009，3

回顾与展望：改革开放以来的我国能源法制建设/叶荣泗//郑州大学学报（哲社科版）. -2009，3

经验与启示：中国能源法制建设30年/吴钟瑚//郑州大学学报（哲社科版）. -2009，3

改革开放三十年来的期货市场及其法制建设历程/唐波//华东政法大学学报. -2009，3

胡乔木与1982年宪法/黎虹、尹作金//中共党史资料. -2009，3

当代中国检察制度改革的历史回顾/冯向辉//江海学刊. -2009，3

中国改革开放三十年婚姻家庭立法的变革/蒋月//浙江学刊. -2009，3

从建国初期婚姻诉讼的特点和理念探析/曾琼//学术界. -2009，3

改革开放30年十大经典著作权案例分析（上、中、下）/李顺德//科技与出版. -2009，3、4、5

新中国成立初期华北地区婚姻制度的嬗变/李洪河//河南师范大学学报（哲社科版）. -2009，4

论新形势下我国社会主义法治建设：以30年法治改革为视角/张邦铺//中北大学学报（社科版）. -2009，4

《共同纲领》与新中国三大政治制度的确立/陈扬勇//党的文献. -2009，4

新中国宪法保障非公有制经济的历史变迁/李芳//经济问题探索. -2009，4

20世纪50年代我国实行律师制度的短暂过程及其历史思考/陈同//史林. -2009，4

新中国成立初期中南区婚姻制度的改革/李洪河//当代中国史研究. -2009，4

改革开放三十年中国竞争法的回顾与展望/吴端妮//山西经济管理干部学院学报. -2009，4

我国刑法三十年的回顾与前瞻/李连博//广西大学学报（哲社科版）. -2009，4

中国监狱经济发展的历史演变：中国监狱经济六十年回顾与展望/乔炳炎//中国监狱学刊. -2009，4

中国财政法治之反思：1978—2008/张学博//甘肃政法学院学报. -2009，4

改革开放30年刑罚消灭制度研究述评/彭新林//甘肃政法学院学报. -2009，5

罪刑法定原则在我国60年的演进/刘宪权//法学论坛. -2009，5

新中国60年法律发展的主要历程及其启示/杨宝成//中国浦东干部学院学报. -2009，5

中国环境法治三十年：回顾与反思/汪晋//中国地质大学学报（社科版）. -2009，5

三十年中国环境法治的理论与实践/常纪文//中国地质大学学报（社科版）. -2009，5

建国60年来中国共产党对"依法治国"基本方略的的探索历程/戴木才、田海舰//江西师范大学学报（哲社科版）. -2009，5

新中国法学教育60年的历程考察与展望/司春燕//中国石油大学学报（社科版）. -2009，5

虚无、模糊、初晰——程序法治历程——写在新中国成立六十周年的纪念/黄捷//湖南师范大学社会科学学报. -2009，5

新中国政府法治60年/王宝明//国家行政学院学报. -2009，5

中国法学教育三十年：成就、问题与出路/曹义孙//中央社会主义学院学报. -2009，5

我国私营经济"入宪"的历程回顾与思考/姜伟//郑州航空工业管理学院学报（社科版）. -2009，5

新中国60年：体育法治在探索中加快前行/于善旭//天津体育学院学报. -2009，5

新中国60年法律体系建设研究/刘先春//北京社会科学. -2009，5

新中国成立60年来中国法治话语之演进/喻中//新疆社会科学. -2009，5

新中国60年国防法制建设回顾/丛文胜//中国军事科学. -2009，5

新中国司法解释六十年/董皞//岭南学刊．-2009，5

新中国特赦的决策过程及其经验启示/王香平//党的文献．-2009，5

刘少奇与新中国第一部宪法的制订和通过/张金才//党的文献．-2009，5

新中国四部宪法与"特定人"权利的变迁/肖巧平//当代中国史研究．
　　-2009，5

新中国刑法的演变/卢乐云//中国刑事法杂志．-2009，5

建国初期婚姻诉讼制度之渊源分析/曾琼//求索．-2009，5

法学教育六十年/曾宪义//法学家．-2009，5

共和国宪法六十年/许崇德//法学家．-2009，5

共和国建立初期的四项重大民事立法/赵中孚//法学家．-2009，5

建国初期司法改革运动述评/陈光忠、曾新华//法学家．-2009，6

建国初期干部群体婚姻问题辨正/张志永//复旦学报（社科版）．-2009，6

论影响中国律师制度形成的历史原因/赵朝琴//史学月刊．-2009，6

新中国60年法学研究与法制建设的互动/蒋传光、王逸飞//河南省政法管理
　　干部学院学报．-2009，6

法治的脚步：回顾新中国法制60年/张晋藩//上海师范大学学报（哲社科
　　版）．-2009，6

新中国60年法制建设经验的总结与展望/蒋传光//上海师范大学学报（哲社
　　科版）．-2009，6

八二宪法修改与我国宪法理念的变化/豆星星//郑州大学学报（哲社科版）．
　　-2009，6

新中国第一部宪法是怎样诞生的/逄先知//党的文献．-2009，6

中国六十年之自由权研究探析/王月英、白颖//吉林省经济管理干部学院学
　　报．-2009，6

中国六十年：消费者保护法的演进历程/杨琴//贵州大学学报（社科版）．
　　-2009，6

价格法制建设60年回顾与启示/刘汉文//中国物价．-2009，6

废旧布新，与时俱进：婚姻法甲子回眸/杨大文//中华女子学院学报．
　　-2009，6

改革开放三十年中国监狱体制发展研究/杨凝华//中国监狱学刊．-2009，6

功德无量：少年法庭工作25年回眸/陈永辉//人民法院报．-2009，6.1

灿烂的业绩：地方人大立法三十年回眸/毛磊//人民日报．-2009，6.17

新中国成立初期贯彻《婚姻法》运动中的社会问题及其解决：以河南省为中

心的历史考察/李洪河//中共党史研究. -2009,7

《共同纲领》与民族区域自治制度的确立——兼谈新中国民族区域自治政策的
　　形成/陈扬勇//中共党史研究. -2009,8

构建和谐的婚姻家庭关系:中国婚姻家庭法六十年/陈苇、冉启玉//河北法
　　学. -2009,8

建国60年来我国大学生教育管理法律程序的回顾与启示/郝占辉、贺宏斌//
　　现代教育管理. -2009,8

二十世纪上半期中国农村家庭财产继承制探析/谢晓琳、贾杉//山东社会科
　　学. -2009,8

历史长卷镌刻对司法公正不懈追求:上海人民法院六十年回眸//法制日报.
　　-2009,8. 9

治安立法50年:从"条例"到"法"/王新友//检察日报. -2009,8. 27

改革开放三十年我国体育法治建设的回顾与展望/田思源//法学杂志.
　　-2009,9

中国教育法制建设30年:回顾与前瞻/陈小红、聂伟、王火生//教育学术月
　　刊. -2009,9

新中国广播电视法制建设回溯/王军//中国广播电视学刊. -2009,9

新民主主义革命时期中国共产党的法理念及其实践/阎少华、张熙照//理论学
　　刊. -2009,9

从身份到契约的成长:新中国成立以来民法的发展与完善/汪琳、张志勋//江
　　西社会科学. -2009,9

毛泽东与新中国第一部宪法/史中//福建党史月刊. -2009,9

教师法律地位的历史沿革及改革走向/劳凯声、蔡金花//中国教育学刊.
　　-2009,9

一个甲子的辉煌:新中国监狱工作60年的回顾(上、下)/王明迪//犯罪与
　　改造研究. -2009,9、10

中国地方立法三十年/封丽霞//学习时报. -2009,9. 7

中国法学教育的三次转型:1949—2009年/易继明//学习时报. -2009,9. 21

走向新中华法系的道路:新中国60年法治探索回眸/陈耿、傅达林、刘婷
　　婷//经济参考报. -2009,9. 22

中国经济法治三十年:回顾我国经济合同法立法进程//国际商报. -2009,
　　9. 29

法治60年的轨迹与路向/蒋安杰、唐仲江//法制日报. -2009,9. 30

新中国监狱创建历程给我们的两点启示/高文//犯罪与改造研究. -2009，10

与新中国一起成长的保定监狱：回顾河北省保定监狱建狱 60 周年所走过的光辉历程/刘建华//犯罪与改造研究. -2009，10

中国检察制度六十年/张进德、何勤华//人民检察. -2009，10

共和国 60 年科技法制与科技文化建设/赵小平、张培富//自然辩证法研究. -2009，10

新中国 60 年依法治国探析/刘少莹//经济与社会发展. -2009，10

检察机关内设机构的风雨变迁：对高检院 24 个职能部门历史沿革的初步梳理/王松苗、王丽丽//检察日报. -2009，10. 12

中国特色社会主义法治建设六十年/杨峥嵘、胡艳香、胡君等//光明日报. -2009，10. 13

新中国司法建设六十年/熊秋红//学习时报. -2009，10. 19

福建第一代律师的三十年/闵凌欣//福建日报. -2009，10. 19

社会公正和谐的六十年求索：中国劳动和社会保障法的发展轨迹/冯彦君、王天玉、孙冰心//社会科学战线. -2009，11

新中国建立初期北京市婚姻制度改革研究/张浩//社科纵横. -2009，11

彭真的法治之路/阎军//山东人大工作. -2009，11

安徽监狱工作六十年巡礼（上、下）/程传水//犯罪与改造研究. -2009，11、12

务实，为民，创新：广州市中级人民法院 60 周年回眸/杨晓梅//人民法院报. -2009，11. 3

六十年来我国劳动法的发展与展望/关怀//法学杂志. -2009，12

我国金融法治化的历史进程：纪念中华人民共和国建国六十周年/席月民//法学杂志. -2009，12

建国六十年刑事审判事业发展历程与经验研究/高憬宏、刘静//法律适用. -2009，12

六十年行政审判工作发展历程与基本经验/赵大光//法律适用. -2009，12

回望我国六十年民事审判方式的演进与变迁：以湖南省长沙市雨花区人民法院为视角/刘建军、申遇友//法律适用. -2009，12

中国司法建设 30 年：成就、经验与展望/徐昕//中国社会科学报. -2009，12. 17

追溯建国以来全国人大三次法律清理/李小健//中国人大. -2009，13

新中国 60 年法治建设的探索与发展/曹康泰//求是. -2009，14

新中国选举制度六十年的重大进展/冯梦成//理论前沿. -2009，18

重读第一部人民法院组织法有感——写在中华人民共和国成立 60 周年的时候/山民//人民司法. -2009，19

中国检察制度六十年/张进德、何勤华//人民检察. -2009，19

回首法治建设 60 年/蒋晓伟//检察风云. -2009，20

1949：上海监狱接管始末/徐家俊//政府法制. -2009，29

"人民性"的司法与新中国的司法建设（1949—1976）/文礼均//法制与社会. -2009，34

新中国土改人民法庭：社会大变迁中的临时审判机关/陈翠玉//《中国传统司法与司法传统》，陕西师范大学出版社. -2009

身体的暧昧与犯罪——1949—1978 年广东省 S 县诉讼档案研究系列之通奸/聂铄//《中国传统司法与司法传统》，陕西师范大学出版社. -2009

中国法治改革三十年述评/冯玉军//甘肃政法学院学报. -2010，1

刘少奇与新中国社会主义法制的创构/刘宝东//党的文献. -2010，1

刘少奇与 20 世纪 60 年代初的政法工作调整/张金才//当代中国史研究. -2010，1

新中国天津监狱的创建/刘晓梅//犯罪与改造研究. -2010，1

六十载光辉历程，一甲子司法为民——数说人民法院审判工作 60 年/佟季//人民司法. -2010，1

从文学性到程式化的变迁：1949 年至 1978 年乡村诉讼档案研究之刑事判词研究/聂铄//河南师范大学学报（哲社科版）. -2010，1

新民主主义革命时期女工劳动立法分析/杨云霞//西北大学学报（哲社科版）. -2010，1

彭真对民主法制建设的贡献（上、下）/蔡定剑//学习时报. -2010，1. 11、1. 18

农业法制的发展与完善：农业法制建设 60 年回顾与展望/王乐君、李迎宾、杨东霞、陈朱勇//农业经济问题. -2010，2

五四宪法的民主政治意蕴/薛剑符、刘世华//理论探讨. -2010，2

检视司法鉴定管理体制改革三十年/张迎涛//中国司法鉴定. -2010，2

30 年来我国家事纠纷解决机制的变迁及其启示：基于广东省某县与福建省厦门市五显镇实践的分析/巫若枝//法商研究. -2010，2；又载中国检察官. -2010，11

论影响五四宪法公民基本权利规定的因素/程乃胜//学习与探索. -2010，2

共和国宪法变迁史研究中的几个重要问题/李伯超、邹琳//湘潭大学学报（哲社科版）. -2010，2

对本土制度语境下法官职业化的回顾、反思与展望：以三十年法院人事制度改革为分析样本/王禄生//四川大学学报（哲社科版）. -2010，2

20世纪50年代初期中国乡村贯彻《婚姻法》过程中的死亡现象探析/汤水清//社会科学. -2010，2

论彭真对民主法制建设的十大贡献/蔡定剑//法学. -2010，2

回眸：江苏监狱60年/张留保//犯罪与改造研究. -2010，3

60年土地制度变革及立法完善/祁雪瑞//学习论坛. -2010，3

宪法工具主义的困境：七五宪法的革命话语分析/张敏、黄凯//社会科学论坛. -2010，3

"投机倒把"的法律史检视/谢冬慧//北方论丛. -2010，3

五四宪法与中国民主政治模式的构建/薛剑符//东北师大学报（哲社科版）. -2010，3

新中国六十年知识产权刑法立法发展与评价/刘湘廉//广西民族大学学报（哲社科版）. -2010，3

建国初期婚姻制度变革的地区性/乔素玲//比较法研究. -2010，3

新中国第一部《婚姻法》的颁布与实施/王思梅//党的文献. -2010，3

刘少奇与新中国第一部《婚姻法》/王为衡//党的文献. -2010，3

50年代初我国婚姻法律关系的演化/李永铭//湖北大学学报（哲社科版）. -2010，3

婚姻司法中妇女权益保障的特点：从诉讼卷宗考察婚姻司法六十年/薛峰、刘晓男、李玉斌//中华女子学院学报. -2010，4

新中国成立初期贯彻婚姻法运动述论/马冀//江西社会科学. -2010，4

20世纪中叶中国科技法制与科技文化探析：兼谈牛胰岛素人工合成成果与诺贝尔奖擦肩而过/赵小平//山西大学学报（哲社科版）. -2010，4

建国初期的《西南区禁绝鸦片烟毒治罪暂行条例》/方勇//重庆师范大学学报（哲社科版）. -2010，4

文革时期修正主义科研路线批判的法学反思/侯强//科学·经济·社会. -2010，4

我国城市犯罪空间防控研究二十年/王发曾//人文地理. -2010，4

新中国民航立法回顾与展望/中国民航大学法学院课题组//法学杂志. -2010，4

新中国宪法财产制度的历史回顾/甘超英//中国法学. -2010，4

毛泽东与新中国第一部宪法的诞生/赵景文//人民代表报. -2010，4. 8

婚姻法 60 年见证社会文明和进步/李佩华、欧甸丘//人民代表报. -2010，
4. 29

论 1949 年《共同纲领》的制定权/韩大元//中国法学. -2010，5

专业之作：中国三十年（1979—2009）立法检视/赵晓耕、沈玮玮//辽宁大学
学报（哲社科版）. -2010，5

建国后检察权威的变迁：兼论检察权的应然配置/周光富//甘肃联合大学学报
（社科版）. -2010，5

关于 1950 年《工会法》的几个问题/高爱娣//中国劳动关系学院学报.
-2010，5

1954 年宪法确立的宪政体制价值解读/胡灵芝//湖南师范大学社会科学学报.
-2010，5

论 1954 年宪法的时代特征：纪念新中国第一部宪法诞生/许元宪、朴飞//延
边大学学报（社科版）. -2010，5

回顾与反思：建国初期的土地改革人民法庭——兼谈对当下司法建设的启示
意义/陈翠玉//兰州学刊. -2010，5

周恩来起草《共同纲领》初稿时间考/陈扬勇//党的文献. -2010，5

改革开放以来我国法制建设的发展历程及伟大成就/张金才//毛泽东邓小平理
论研究. -2010，6

政治术语的法制化实践：论 1951 年前后的反革命罪/沈玮玮、赵晓耕//中国
人民公安大学学报（社科版）. -2010，6

新中国建立初期的职业法律教育/张小军、高亚军//教育评论. -2010，6

六十年婚姻司法的主题与变奏/薛峰、刘骁男、李玉斌//人民法院报. -2010，
6. 4

新中国成立 60 年人民法院诉讼调解情况分析：马锡五审判方式在我国的当代
司法价值/佟季//人民司法. -2010，7

乡土社会的非诉讼纠纷解决与地域文化：1954 年至 1978 年广东省 S 县人民法
院诉讼与非诉讼争端解决比较/聂铄//政治与法律. -2010，7

彭真在制定村民委员会组织法中的卓越贡献/赵景文//人民代表报. -2010，
7. 1

新中国民事诉讼司法解释之演进/洪浩、操旭辉//法学杂志. -2010，8

我国上世纪 50 年代婚姻制度改革运动的反思/金眉//法学. -2010，8

改革开放 30 年中国产业政策法研究述评/宾雪花//河北法学. -2010，8

新中国社会公平演进的历史回顾与法学反思/何士青//学习论坛. -2010，8

建国 60 年法律制度变革的历史轨迹/危玉妹//中共福建省委党校学报.
　　-2010，10

中非法律交往五十年的历史回顾与前景展望/洪永红、李学冬、郭莉莉、刘
　　婷//西亚非洲. -2010，11

新中国成立初期党治理毒品问题的成功经验/齐霁、刘世超//毛泽东邓小平理
　　论研究. -2010，11

司法改革演变及若干反思：以"新法学研究院"对旧法人员的改造和 1952 年
　　司法改革为例/张小军//政治与法律. -2010，12

中国社会科学院**老年学者文库**

百年中国法律史学
论文著作目录

（下册）

赵九燕　杨一凡／编

社会科学文献出版社
SOCIAL SCIENCES ACADEMIC PRESS (CHINA)

目　录
CONTENTS

· 上册 ·

论文目录

· 下册 ·

图书目录

四

中国古代法律思想史

（一） 法律思想通史

-1984，5

我国古代法制协调统一思想考察/姜永林//《华东政法学院研究论文集》.
　　-1984；又载法学. -1985，6

道家法律思想之探讨/封思毅//《中西法律思想论集》，（台湾）翰林出版
　　社. -1984

儒家法律思想之溯源/张镜影//《中西法律思想论集》，（台湾）翰林出版
　　社. -1984

法家法律思想之突出/荫孟武//《中西法律思想论集》，（台湾）翰林出版
　　社. -1984

礼刑合一的作用及其评价/林咏荣//《中西法律思想论集》，（台湾）翰林出版
　　社. -1984

我国古代礼与法关系浅论/马作武//《中国政法大学本科生七九级毕业论文选
　　编》，中国政法大学出版社. -1984

谈儒家思想对我国封建社会法律的影响/刘晶军//《黑龙江省法学会论文集》
　　（一），黑龙江法学会（自刊）. -1984

中国古代法律思想和法律制度对日本的影响/张文政//《黑龙江省法学会论文
　　集》（一），黑龙江法学会（自刊）. -1984

论儒家思想对中国封建法律的影响/李曙光//政法论坛. -1985，2；又载《中
　　国法律文化论集》，中国政法大学出版社. -2007

儒家的礼和法家的法的异同/王超//河北法学. -1985，2

"刑罚世轻世重"说考/钱大群//南京大学学报（哲学人文社科版）.
　　-1985，3

论我国古代慎刑思想/成光海//法制园林. -1985，4

略论奴隶社会的"礼"和"法"/栗劲、王占通//中国社会科学. -1985，5

法家非法治/俞荣根//人民日报（海外版）. -1985，11. 12

儒家的"三纲"及其对封建法律的影响/杨鹤皋//中国法学. -1986，2/3

试论我国古代的犯罪概念/王应瑄//法学评论. -1986，3

儒家思想与古代刑事责任/郑定//研究生法学. -1986，6

儒家"德主刑辅"论的形成初探/杨鹤皋//《孔子法律思想研究》，山东人民
　　出版社. -1986

略论我国封建正统法律思想的起源及形成/庞标//中南政法学院学报.
　　-1987，2

对儒法两家犯罪学说的研讨/马建石//政法论坛. -1987，3；又载《百年回

眸：法律史研究在中国》第2卷，中国人民大学出版社．-2009

一部礼治的盛衰史——中国法律思想史的主旋律/武树臣//自修大学．
　　-1987，7

我国古代版权观念述略（上、下）/韩锡铎//出版工作．-1987，7、8

试论中国封建法思想中的宗教学影响/赵旭东//《西北政法学院本科生优秀论
　　文选》（1），西北政法学院印行．-1987

中国古代法律思想和法律制度的历史发展大要/饶鑫贤//《法律基本问题系列
　　讲座》，北京大学出版社．-1987；又载《百年回眸：法律史研究在中
　　国》第2卷，中国人民大学出版社．-2009

法家的犯罪心理学思想研究/艾永明、朱永新//心理学探新．-1988，1

中国法制历史的礼与法的关系/史凤仪//中国法学．-1988，3

我国封建社会实行过罪刑法定主义吗？兼与栗劲同志商榷/李程//法学研究．
　　-1988，3

"亲亲相隐"的历史渊源/李哲//河北法学．-1989，1

贱讼：中国古代法观念中一个有趣逻辑/范忠信//比较法研究．-1989，2

中国古代商品经济法律思想论辨考评/孔庆明//烟台大学学报（哲社科版）．
　　-1989，2

试论儒家之法的精神/俞荣根//现代法学．-1989，2

礼与法：法律的道德化/梁治平//学习与探索．-1989，4

传统法律观念的现实存在和影响/段秋关//西北政法学法学报．-1989，4

法律与道德的关系：古代中国人的回答/范忠信//《法学硕士论文集》，群众出
　　版社．-1989

儒家思想与日本江户时代的法律/王家骅//日本问题研究．-1990，3

拾零与随感：关于中国古代法思想/胡旭晟//比较法研究．-1990，3

封建婚姻观与违法婚姻/李洪祥//政法丛刊．-1990，4

试论儒家法思想的现代启示/耘耕//中南政法学院学报．-1990，4

中国古代"法治"辨析/段秋关//人文杂志．-1990，5

儒家伦理法批判/耘耕//中国法学．-1990，5；又载《中国法史学精萃》2002
　　年卷，机械工业出版社．-2002

儒家思想对日本古代律令的影响/王家骅//日本研究．-1991，1

中国古代非赦思想述评/吴刚//中南政法学院学报．-1991，2

中国传统法律人治精神若干问题辨析/张中秋//南京社会科学．-1991，2

论中国的法律观：儒家的法律观念/〔美〕本杰明·史华兹著，高鸿钧译//中

外法学. -1991，3

论中国封建主流法律思想的形成和特点/尹天佑//新疆社会经济. -1991，3

略谈中国古代的廉政思想及其社会实践/唐梦诗//云南文史丛刊. -1991，4

论中国古代法律的自然主义特征/朱勇//中国社会科学. -1991，5；又载《中国法律文化论集》，中国政法大学出版社. -2007

中国古代的人治与法治之争/武树臣//文史知识. -1991，11

浅谈"以宽服民"和"以猛服民"对我国封建社会之影响/黄玉兰//法林. -1992，1

论儒家的礼法观/龚杰//河北学刊. -1992，2

中国古代罪刑法定主义思想及其实践/陈成雄、郑厚勇//咸宁师专学报. -1992，2

中国哲学中的民主与法的观念/赵吉惠//孔子研究. -1992，2

中国古代等级法观念的渊源及其流变/何勤华//法学. -1992，9

传统法律观念的演变与更新/段秋关//《儒学与法律文化》，复旦大学出版社. -1992

谈中国古代以教化预防犯罪的思想/程维荣//犯罪与对策. -1993，1

"心治"、"身治"与"法治"：析法家政治思想中不可解的内在矛盾/韩东育//史学集刊. -1993，2

关于"德主刑辅"法律思想的再思考/龙大轩//西北第二民族学院学报（哲社科版）. -1993，3

中国古代盗窃罪概念的演进及形态/刘柱彬//法学评论. -1993，6

法家的法治和理论/徐进//山东法学. -1994，1

法家法治理论的精髓/徐进//山东大学学报（哲社科版）. -1994，2

"法呆子"与法观念改造/范忠信//南京社会科学. -1994，2

中国古代法治主义思想的成就/刘肖生、孔庆明//烟台大学学报（哲社科版）. -1994，4

简析中国古代法典疏简的思想/陈金钊//史学月刊. -1994，5

理学法律思想评析/陈金全//现代法学. -1994，6

中国古代刑事诉讼中的亲亲相隐原则/巩富文等//历史大观园. -1994，6

中国早期的法治思想/〔美〕高道蕴著，高鸿钧译//《美国学者论中国法律传统》，中国政法大学出版社. -1994

析我国古代的刑事责任根据思想/荣晓宏//山东法学. -1995，2

传统法文化中的自然主义思想/刘培峰、刘骁军//研究生法学. -1995，4

中国古代司法中的法观念/郭兴莲//研究生法学．－1995，4

关于中国古代民法概念发展的考证/孔庆明//《中国民法史》，吉林人民出版
　　社．－1995

从《尔雅》注疏"常也""法也"条看古代中国人的法意识/左林霞//武汉教
　　育学院学报．－1996，1

法家理论在封建法制建设中的地位/赵映林//文史杂志．－1996，1

论中国封建正统法律思想及其法律化/余经林//政法论坛．－1996，1

中国法律思想的历史发展及其基本特点/汪汉卿//学术界．－1996，3；又载
　　《汪汉卿法学文选》，安徽人民出版社．－2004

儒家学说对中国历史上民商法经济法的影响（上、下）/王良学//新东方．
　　－1996，3、4

论儒家思想对我国封建司法的影响/周宝峰//前沿．－1996，4

"司法时令说"及其对中国古代司法制度的影响/舒国莹、宇培峰//政法论坛．
　　－1996，4

中国古代法律思想的历史发展及特点/张历凭//信阳师范学院学报（哲社科
　　版）．－1996，4

中国古代的法学、律学和谳学/武树臣//中央政法管理干部学院学报．
　　－1996，5

论中国古代限制君权的思想/黄毅//中国法学．－1996，5

法家的重刑思想值得借鉴/艾永明//法学．－1996，11

儒法两家经济立法思想与中国古代经济法制：兼论现代立法的本土资源利用/
　　李交发//湘潭大学学报（哲社科版）．－1997，1

无罪推定与罪行法定：中国古代人身权利保障原则的新仁学思考/杜钢建//天
　　津社会科学．－1997，1

中国古代法律样式的理论诠释/武树臣//中国社会科学．－1997，1；又载《中
　　国法史学精萃》2002年卷，机械工业出版社．－2002；《判例制度研究》，
　　人民法院出版社．－2004

法学形态考："中国古代无法学论"质疑/何勤华//法学研究．－1997，2

中国古代官吏的法制思想/徐臻、孙刚//山东法学．－1997，2

论"德主刑辅"及其影响/渠长根//求是学刊．－1997，2

论中国古代法律的公正思想/杨培景//黄淮学刊（社科版）．－1997，3

浅析中国古代的法治思想与当代的依法治国/马念珍//法学探索．－1997，3

从测天到治人：由《尚书》探源中国古代的治安思想/刘挺生//公安理论与实

践. -1997，4

论法家的"法治"及其法律思想/杨师群//史林. -1997，4

"中国古代无自然法"说平议/崔永、龙文茂//比较法研究. -1997，4

法家学说对惩治腐败的借鉴意义/甘桂芬//工人日报. -1997，4. 16

论中国古代法律思想中的"公道"思想/韩起祥//当代法学. -1997，6

《晋书·刑法志》与中国古代法学/何勤华//《法制现代化研究》第3卷，南京
　　师范大学出版社. -1997

法家法治思想的再评判——兼与杨师群同志商榷/武树臣//华东政法学院学
　　报. -1998，创刊号

论儒家的"德主刑辅"思想/赵玉环、赵玉强//政法论丛. -1998，1

封建社会形成以前的中国法律思想及特点/万齐洲//荆门大学学报（社科版）.
　　-1998，1

中国古代礼法合治思想在基层乡里社会中的实践/韩秀桃//安徽大学学报（社
　　科版）. -1998，1

儒法盛衰本源论/张铭新//清华法学评论. -1998，1

儒家德刑观及其现代价值/关健瑛//求是学刊. -1998，2

传统中国的"厌讼"现象及其对现代社会的启示/邢晓军//汕头大学学报（人
　　文社科版）. -1998，2

论"礼"/张晋藩//社会科学战线. -1998，3

精神文明建设与传统法律观念的借鉴/马小红//江西社会科学. -1998，3

中国法律传统上法律与道德的互动论/彭灵勇//中央检察官管理学院学报.
　　-1998，3

儒法两家的治国主张与现代法治方略比较研究/萧伯符//中国法学. -1998，3

"礼治主义"与中国古代法律观念/徐忠明//南京大学法律评论. -1998，春
　　季号

中国古代民众法律意识是儒家化而非鬼神化——兼与郝铁川教授商榷/萧伯
　　符、李伟//法商研究. -1998，4

论西方法律对中国传统法律思想的影响/尹春丽//河北法学. -1998，4

浅谈古代刑罚的因时适用原则/孙光妍//中央政法管理干部学院学报.
　　-1998，5

劲士精神与成文法传统/武树臣//法律科学. -1998，5

中国古代法学世界观初探/何勤华//法学家. -1998，6

论法家的法价值观/陈会林//湖北大学学报（哲社科版）. -1998，6

中国古代复仇观之我见/张建国//法学. -1998, 8

《中国法律思想史新编》绪论/张国华//《中国法律思想史新编》，北京大学出版社. -1998；又载《百年回眸：法律史研究在中国》第 2 卷，中国人民大学出版社. -2009

儒法两家经济立法思想与中国古代经济法制/李交发//《法律史论丛》第 4 辑，江西高校出版社. -1998

我国传统的廉政思想和法制/卓子洪//《法律史论丛》第 4 辑，江西高校出版社. -1998

儒学及其在中国经济、法制发展中的价值/俞荣根//《法律史论丛》第 4 辑，江西高校出版社. -1998

传统"义利"观念与当前经济违法犯罪/卓帆//《法律史论丛》第 4 辑，江西高校出版社. -1998

中外历史上"以法治国"的思想及其主张/赵晓耕//《法律史论丛》第 4 辑，江西高校出版社. -1998

中国古代立法中的环境意识浅探/张梓太//《法律史论丛》第 4 辑，江西高校出版社. -1998

拒讼意识产生的社会根源及其影响/何玲华//《法律史论丛》第 4 辑，江西高校出版社. -1998

传统经济与传统法律观念/马华、马小红//《法律史论丛》第 4 辑，江西高校出版社. -1998

儒家民本思想与廉政/方潇//《法律史论丛》第 4 辑，江西高校出版社. -1998

"法先王"——儒家王道政治的理想法/俞荣根//《法律史论集》第 1 卷，法律出版社. -1998

天人合一与中国古代法律观念/徐忠明//《法律史论集》第 1 卷，法律出版社. -1998

儒家思想与传统"私人所有观念"/赵晓耕//《儒家思想与现代道德和法治》，吉林人民出版社. -1998

法家法治理论评析/何勤华//《法哲学与法社会学丛书》第 1 卷，中国政法大学出版社. -1998

诚论儒家道德与法/周海燕//云南大学学报（法学版）. -1999, 1

出土法律史料中的刑法思想/崔永东//北京大学学报（哲社科版）. -1999, 1

"道德法律化"与"法律道德化"——浅论中国法律思想的理论特色/邓红蕾//中南民族学院学报（哲社科版）. -1999, 1

中国古代法的伦理价值观/顾俊杰//同济大学学报（社科版）．-1999，1

中国古代经济控制论反思——读《管子》、《商君书》有感/冯晓宏//淮阴工
　　学院学报．-1999，1

中国古代社会定罪思想的剖析/荣莉//黑龙江农垦师专学报．-1999，1

罪刑法定史论/郭婕//河南大学学报（社科版）．-1999，1

从"礼治"到"法治"？/梁治平//开放时代．-1999，1

中国传统法哲学的历史发展、特点及价值剖析/刘建勇//青海社会科学．
　　-1999，1

法家法治理论评析/何勤华//华东政法学院学报．-1999，1

中国古代"法治"质论——兼驳法治的本土资源说/马作武//法学评论．
　　-1999，1

"刑治主义"与中国古代法律观念/徐忠明//比较法研究．-1999，Z1

礼法融合的人性基础/马止戈//法学评论．-1999，2

法家"法治"思想再探讨——答武树臣先生/杨师群//华东政法学院学报．
　　-1999，2

中国民事传统观念略论/郭建//华东政法学院学报．-1999，2

中国传统法律思想中价值取向的民法学思考/刘韶华、范海燕//中央政法管理
　　干部学院学报．-1999，2；又载河北法学．-1999，4

从出土法律史料看古代预防犯罪思想/崔永东//中外法学．-1999，2

"德治""法治"杂议/胡河宁//改革．-1999，2

礼法融合论略/史广全//求是学刊．-1999，2

儒家思想与腐败的"民俗化"/沈远新//新东方．-1999，2

论"仁"的法哲学思想/王娆//甘肃社会科学．-1999，2

论儒家的道德自律及其意义/宁新昌//现代哲学．-1999，2

浅析阴阳五行说对我国古代法制的影响/刘向明//湛江师范学院学报（社科
　　版）．-1999，2

儒家"德主刑辅"思想与社会治安综合治理/顾晓明//宜宾师范高等专科学校
　　学报．-1999，2

儒家法律思想中的合理内核/李桂英//长春大学学报．-1999，2

中国历史上的人权意识和人权思想/杨成铭//武汉大学学报（哲社科版）．
　　-1999，2

罪与孽：中国的"法治"与"德治"概说/马戎//北京大学学报（哲社科
　　版）．-1999，2

浅析我国古代经济控制论的特征/冯晓宏//北京邮电大学学报（社科版）.
　　-1999，3

中国传统法律思想中价值取向的民法学思考/范海燕//南京政治学院学报.
　　-1999，3

中国法律思想史分期问题商兑/饶鑫贤//法学研究．-1999，3；又载《中国传
　　统法律文化与现代法治》（《法律史论丛》第7辑），重庆出版社.
　　-2000；《中国法史学精萃》2002年卷，机械工业出版社．-2002

法治及其制度性条件——对厌讼思想的另一种法理学思考/邓林俊昌//研究生
　　法学．-1999，3

"德主刑辅"的历史演进与基本精神/冯守华//国际商务（对外经济贸易大学
　　学报）．-1999，4

论法家关于奖赏之法的思想及其现代意义/李培玉//南京师大学报（社科版）.
　　-1999，4

"德治"与"法治"/胡河宁、王渭功//法制导刊．-1999，4

"德治"、"法治"摭议/胡河宁//理论前沿．-1999，5

试论名家的政治法律思想/陈锐//现代法学．-1999，5

"礼"的概念的两个基本问题/侯健//现代法学．-1999，5

中国传统"法治"的政治学诠释/刘晔//浙江社会科学．-1999，5

中国古代反腐败的理论和做法评鉴/高丽华//中国党政干部论坛．-1999，8

中国自然法理念的现代意义/江山//《北大法律评论》第1卷第2辑，法律出
　　版社．-1999

试论"无讼"法律传统产生的历史根源和消极影响/于语和//法学家.
　　-2000，1

法治——中国封建社会形成过程中的主导社会思潮/吴雁南//贵州师范大学学
　　报．-2000，1

成文法观念的演进与我国法律思想发展中的问题/沈敏荣//浙江省政法管理干
　　部学院学报．-2000，1

儒家自然法思想及其启示/邓建华//湖南师范大学社会科学学报．-2000，1

试论"一准乎礼"/姜素红//湖南农业大学学报．-2000，1

中国传统"法治"的政治学诠释/刘晔、罗飞//上海社会科学学术季刊.
　　-2000，1

诸子百家犯罪原因思想采撷/衣家奇//社科纵横．-2000，1

我国古代法律个性的地理观——从地理因素看我国古代法律的特征/谭小颖、

石秀丽//河北法学. -2000，2

法家何以迅速衰落/陆昕//北京日报. -2000，2.21

中国古代常平仓思想对美国新政农业立法的影响/李超民//复旦学报（社科版）. -2000，3

论儒、法两家法律思想从分立到合流的原因/班克庆//广西教育学院学报. -2000，3

我国古代刑法中的犯罪过失概念剖析/林亚刚//武汉大学学报（哲社科版）. -2000，3

浅谈中国古代法中的权利观念/刘全德//新疆社会经济. -2000，3

中国传统的重民恤狱思想和实践/张鸣芳//当代法学. -2000，3

从神意到法意：报应论的理念嬗变/邱兴隆//湖南省政法管理干部学院学报. -2000，3

谈谈中国古代的权利观念及其对封建法制的影响/刘全德//中央政法管理干部学院学报. -2000，4

论中国古代婚姻家庭之法律思想/徐凤侠//济宁师专学报. -2000，4

儒家伦理与法治精神/陈云良//中国法学. -2000，5

论中国古代自然资源及环境立法的可持续发展思想/牛晓艳//当代法学. -2000，5

中国传统宗法伦理下的法律意识/韩国莉、孙树志//兰州大学学报（社科版）. -2000，5

中国传统法哲学概析/文正邦、张玉光//湖南省政法管理干部学院学报. -2000，5

唐代以后中国法律思想的定型化或僵化/范忠信//湖南省政法管理干部学院学报. -2000，6

刑罚的由来及其理论基础/宁汉林、魏克家//政法论坛. -2000，6

浅议"天人和谐"的中国古代法律观念/李娟//山西高等学校社会科学学报. -2000，11

论中西早期法律思想的异质内涵/杨师群//法学. -2000，增刊

中国古代的慎刑思想与刑讯制度/陈鹏生、王立民//《中国传统法律文化与现代法治》（《法律史论丛》第7辑），重庆出版社. -2000

试探儒家法律思想的现实意义/崔永东//《纪念孔子诞辰2550周年国际学术讨论会论文集》，国际文化出版公司. -2000

儒家的民本思想及其法律文化价值述评/萧光辉//上海市政法管理干部学院学

报．－2001，1

中国古代主流信仰的演变与相关法律思想/吕艳利//现代法学．－2001，1

帛书《易传》与帛书《德行》中的犯罪预防思想/崔永东//政法论坛．
　　－2001，2

中国古代县治与官箴思想——以《钦颁州县事宜》为例/周少元、韩秀桃//政
　　法论坛．－2001，2

古代思想家对法的应然与实然问题的追寻/李道军//比较法研究．－2001，2

"性善论"对中国法治的若干消极影响/郝铁川//法学评论．－2001，2

法家"法治"原则与儒法合流/马珺//河南省政法管理干部学院学报．
　　－2001，2

以法惩贪，重典治吏：古代廉政法制思想述评/李青魁//山西省政法干部学院
　　学报．－2001，3

中国儒家人权思想的底蕴/贾伟//山西青年管理干部学院学报．－2001，3

古代犯罪原因及预防思想探析/刘春荣//绥化师专学报．－2001，3

中国古代德治与法治浅探/蔡春玲、王卫东//管子学刊．－2001，3

儒家反酷刑的理论与实践/俞荣根//现代法学．－2001，5

试论我国古代"礼法并用、德主刑辅"的治国方略/戴者春//黑龙江社会科
　　学．－2001，5

中国古代人性论及其对传统法律文化刑事性的影响/杨成炬//华东政法学院学
　　报．－2001，5

评说儒家法文化中的德治思想与民本主义/田成有//河南省政法管理干部学院
　　学报．－2001，5

论中国传统诉讼中的宗法伦理原则/夏新华、李胜伟//河南省政法管理干部学
　　院学报．－2001，5

法家法律观和"法治"理论/马珺//河南省政法管理干部学院学报．－2001，6

略论中国古代法律的儒家化/王旭东、方新枝//中州学刊．－2001，6

中国古代社会的"德法"并治论/曾宪义//中南民族学院学报（哲社科版）．
　　－2001，6

中国古代关于预防犯罪的教育思想/席小华//首都师范大学学报．－2001，6

从《水浒传》看传统中国社会法治观念的层次性/卜安淳//南京大学法律评
　　论．－2001，秋季号

中国自然法论的哲学基础/周念//《中西法律传统》第 1 卷，中国政法大学出
　　版社．－2001

中华古代法制文明史上的法治和德治/汪汉卿//《安徽大学法律评论》2001 年
　　第 1 卷，安徽大学出版社．-2001；又载《汪汉卿法学文选》，安徽人民
　　出版社．-2004

中国儒家司法伦理道德/王毓明//华东理工大学学报．-2002，1

中国人厌讼吗？——对传统观念的另一种思考/王华胜//池州师专学报．
　　-2002，1

中国古代制度防腐的思想与历程/贺培育//湖南行政学院学报．-2002，1

法家学派的由来及其界限/徐祥民//山东大学学报（哲社科版）．-2002，1

罪刑法定思想的沿革与发展/武玉红//华东理工大学学报．-2002，1

论法家思想中的变法与定法/蒋重跃//中国哲学史．-2002，1

礼治、法治与合法性/张百庆//学术论坛．-2002，1

中国古代的治世之道与法制实践——张晋藩教授关于中国古代“礼乐刑政、
　　综合为治”的思想评述/韩秀桃、阮燕//政法论坛．-2002，1

论中国古代的法律自然主义/崔永东//中外法学．-2002，1；又载《中国法史
　　学精萃》2001—2003 年卷，高等教育出版社．-2004；《比较法律文化论
　　集》，中国政法大学出版社．-2007

法家以法律统一思想评析/宋云伟//研究生法学．-2002，1

论“以德去刑”与“以刑去刑”/魏培良、陈士果//管子学刊．-2002，2

论法治思想与实践的中世纪渊源/王中汝//锦州师范学院学报（哲社科版）．
　　-2002，2

亲亲相隐原则的法理探析及其在当代中国命运之检讨/余辉胜//上饶师范学院
　　学报．-2002，2

儒家法伦理思想的解读与转换/陈勇、王晓莉//北京市政法管理干部学院学
　　报．-2002，2

简论中国人礼法观念的历史变迁/邢红飞//南京农专学报．-2002，2

道法论刍议/余元洲//湖南工程学院学报．-2002，3

对异化的儒家礼法的超越——道家法哲学新探/喻中//江苏行政学院学报．
　　-2002，3

浅谈中国古代的“法治”/李明珠//社科纵横．-2002，3

宽猛相济，德法并举：简论中国的传统治国方略/马兆明//东岳论丛．
　　-2002，3

无争无讼与中国古代诉讼价值的取向/黄晓明//诉讼法学研究．-2002，3

法家以法律统一思想评析/陈锋//齐齐哈尔大学学报（哲社科版）．-2002，4

中国古代礼法分立的历史进程及其意义/王启发、罗莉//中国社会科学院研究
　　生院学报．-2002，4

礼刑与富贵：中国古代刑罚的政治观/柏桦、葛荃//政治与法律．-2002，4；
　　又载《走向二十一世纪的中国法文化》（《法律史论丛》第9辑），上海
　　社会科学院出版社．-2002

中国传统法哲学的特点和本质体现/张玉光//社会科学家．-2002，5

传统刑法观念的解读/孙国祥//河南省政法管理干部学院学报．-2002，5

从玩忽职守罪的法定刑看我国的传统法律观念/王杨//湖南省政法管理干部学
　　院学报．-2002，5

我国狱政思想及其发展特征初探/万安中//学术研究．-2002，5

论古代中国的监狱知识形态及其观念/郭明//犯罪与改造研究．-2002，6

试论儒学的等级思想对中国古代法制的影响/王胜国//河北法学．-2002，6

秦后法家及其发展变迁/徐祥民//社会科学战线．-2002，6；又载《走向二十
　　一世纪的中国法文化》（《法律史论丛》第9辑），上海社会科学院出版
　　社．-2002

中国传统德治与法治的思考/马小红、于敏//法学．-2002，9

古代刑法的价值观念/赵晓耕//人民法院报．-2002，9．23

从历史上德、法之争探"德、法并举"治国思想/熊英//江西社会科学．
　　-2002，11

论法家的刑罚观及其法理基础/谢长发//社科与经济信息．-2002，11

儒法家、道法家及其合流——论法家思想的儒道渊源/高仰光//《中西法律传
　　统》第2卷，中国政法大学出版社．-2002

中国古代施刑轻重之争辨析/李交发//《走向二十一世纪的中国法文化》（《法
　　律史论丛》第9辑），上海社会科学院出版社．-2002

中国古代天人观及其对法律文化刑事性的影响/杨成炬//《走向二十一世纪的
　　中国法文化》（《法律史论丛》第9辑），上海社会科学院出版社．-2002

儒家的法哲学/俞荣根//《清华法学》2002年卷，清华大学出版社．-2002

鬼神与脸面之间——中国传统法制的思想基础概观/张守东//《清华法学》
　　2002年卷，清华大学出版社．-2002

一个最低限度的法治概念——对中国法家思想的现代阐释/王人博//法学论
　　坛．-2003，1

评中国思想家对道德与法律之关系的探索/崔永东、龙文懋//孔子研究．
　　-2003，1

中国古代的平等观念/郑敬高//中国海洋大学学报. -2003，1

略论法家法治思想的现代价值/戴隆芸//天津市政法管理干部学院学报.
　　-2003，1

道德法律化——中国人治的特征和儒学反人性的政治根源/袁红冰//贵州师范
　　大学学报. -2003，1

道德法律化的悲剧——儒学的历史命运批判/袁红冰//贵州师范大学学报.
　　-2003，2

"德治"与"法治"：中国历史文化传统的基本特质及其启示/陈寒鸣、贾乾
　　初//扬州教育学院学报. -2003，2

伦理道德法律化是贯穿于中国法律史的主线之一——兼论道德立法价值取向/
　　王毓明//法制论丛. -2003，2

论"亲属相隐"及其现代生命力/孟奇勋//安徽广播电视大学学报. -2003，2

关于"德主刑辅"的几点思考/钱跃飞//华北电力大学学报（社科版）.
　　-2003，2

中国早期国家的领土观念/张应峰//山东师范大学学报（人文社科版）.
　　-2003，2

由两种法文化之暗合谈中国的法德并治/院晓苗//河南省政法管理干部学院学
　　报. -2003，2

我国古代"无讼"论再认识/陈雪云//福建公安高等专科学校学报. -2003，3

中国传统法价值观及其转化/张玉光//东疆学刊. -2003，3

儒家伦理法中的人权思想/庞从容//宁夏社会科学. -2003，3

德治与法治关系历史形态考辨/李西杰、黄丹//兰州学刊. -2003，4

我国封建正统法律思想形成探微/胡卫萍、吴人骥//福建政法管理干部学院学
　　报. -2003，4

"无讼"文化探析/夏秀渊//抚州师专学报. -2003，4

论我国历史上的依法治国与以德治国思想/郭宝安//青海民族学院学报.
　　-2003，4

法家思想体系论略/萧伯符、汤建华//法学评论. -2003，4；又载《中国法史
　　学精萃》2001—2003年卷，高等教育出版社. -2004

对峙·对话·合流·和谐：中国法律思想史轨迹回顾及现代启示/邓红蕾//法
　　学评论. -2003，4；又载《中国法史学精萃》2001—2003年卷，高等教
　　育出版社. -2004

论"天道"观对中国传统法律的影响/郭成伟、孟庆超//政法论坛. -2003.

5；又载《中国法史学精萃》2001—2003 年卷，高等教育出版社.
　　-2004；《中国法律文化论集》，中国政法大学出版社. -2007

略论儒家人权理念及其对现代人权思想的深刻影响/谷春德//成人高教学刊.
　　-2003，5

法治视野中的中国传统思想初论/张骐//北京大学学报（哲社科版）.
　　-2003，5

以礼正俗：儒家自然法与传统契约精神/刘云生//广东社会科学. -2003，5

中国狱政思想的历史变迁/王居野//社会科学辑刊. -2003，5

论中华民族的罪行观念及其历史嬗变（上、下）/龙大轩//贵州民族学院学报
　　（哲社科版）. -2003，5、6

论古代肉刑存废之争/张兆凯//湘潭大学社会科学学报. -2003，6

儒家伦理思想对中国传统法律的影响/刘绍云//理论学刊. -2003，6

略论中国传统司法的哲学理念/吴永明、陈小琼//云梦学刊. -2003，6

中国古代亲属隐匿原则述论/张建伟//政法论丛. -2003，6

儒家的法律化与法学的儒家化/张守东//法制日报. -2003，6. 12

法家"以刑去刑"理论及实践的诸分析/史广全、李景瞳//学术交流.
　　-2003，7

论中国古代的德治与法治/魏秀玲//当代法学. -2003，7

传统"德治"、"法治"思想的误区/周继旨//探索与争鸣. -2003，8

论传统中华帝国的"同罪异罚"思想/林义全、施润//山西高等学校社会科学
　　学报. -2003，10

刑法平等观探源/胡云腾、赖早兴//《安徽大学法律评论》第 3 卷第 1 期，安
　　徽大学出版社. -2003

中国古代传统的道德法律观/赵晓耕//《法学家茶座》第 2 辑，山东人民出版
　　社. -2003

儒家法律传统及其对实践的影响/武树臣//《武树臣法学文集》，中国政法大学
　　出版社. -2003

法家思想衰亡原因的法理学思考/崔榕//湖北民族学院学报（哲社科版）.
　　-2004，1

古代封建法律思想渊源及其合流/王佃冰//菏泽师范专科学校学报. -2004，1

关于法治与德治相辅相成的文化渊源/高志翔//河北建筑科技学院学报（社科
　　版）. -2004，1

论礼法/张立荣//安庆师范学院学报（社科版）. -2004，1

略论中国古代廉政思想及其实践/武晓婕//商洛师范专科学校学报．-2004，1

中国传统法律中礼法关系的历史演进/陈海平//青海师专学报．-2004，1

试论儒家法律思想之形成与利弊/丁洁//齐鲁艺苑．-2004，1

传统法律思想与士大夫的博弈运思/郑智//法律科学．-2004，2

论法家的"法治秩序"思想/曹英//学海．-2004，2

浅论儒家"德主刑辅"的法律思想及其借鉴价值/李润红//云南大学学报（法学版）．-2004，2

儒家法律思想中的民本主义评说/田成有//云南财贸学院学报．-2004，2

试析传统无讼价值观产生根源及其历史影响/吴勇//广西商业高等专科学校学报．-2004，2

中国传统"厌讼"观念辨析/潘宇//北华大学学报（社科版）．-2004，2

传统诉讼观念之怪圈——"无讼"、"息讼"、"厌讼"之内在逻辑/张文香、萨其荣桂//河北法学．-2004，3

儒家伦理法律思想的影响与启示/张运华//广东教育学院学报．-2004，3

慎对中国古代的"德主刑辅"/刘阿霞//昭通师范高等专科学校学报．-2004，3

中国传统法律思想述略/韩秀桃//皖西学院学报．-2004，3

宗法思想与中国传统伦理化法律/张文胜//江淮论坛．-2004，3

中国封建社会诉讼证明原则——以情折狱原则之含义及成因论/赵小锁//学术界．-2004，3

论中国古代法律思想中的自然主义倾向/朱玮玮//江苏警官学院学报．-2004，4

论中国古代礼刑互动关系/李玉福//法学论坛．-2004，4

试论无讼思想/赵虎//甘肃理论学刊．-2004，4

"治乱重典论"的历史与现状/欧阳竹筠、杨方泉//江汉论坛．-2004，4

儒法思想与中国法制研究/王云飞//大连大学学报．-2004，5

儒家孝义思想对传统中国国家司法主义的影响：以"复仇"制度为论域的思考/张玉光//西南政法大学学报．-2004，5

法家"法治"说：理论、实践及百年流变/郑琼现、占美柏//学术研究．-2004，6

试论儒家的"礼因人情"说/金尚理//甘肃社会科学．-2004，6

儒家思想与礼制——兼议中国古代传统法律思想的礼法结合/邵方//中国法学．-2004，6

浅析中国古代的德治思想/万国庆//河南公安高等专科学校学报. -2004，6

民法原则对儒家思想的历史解读/刘婷婷//云南大学学报（法学版）.
　　-2004，6

我国古代法家"法治"思想浅析/张桂梅//山东省工会管理干部学院学报.
　　-2004，6；又载工会论坛. -2004，6

中国古代不同时期对法的认识及评价/马珺//河南省政法管理干部学院学报.
　　-2004，6

权利与申冤：传统中国诉讼意识的解释/徐忠明//中山大学学报（哲社科版）.
　　-2004，6；又载《百年回眸：法律史研究在中国》第 2 卷，中国人民大
　　学出版社. -2009

"德治"语境中的"亲亲相隐"——对穆南珂先生"商榷"的商榷/郭齐勇//
　　哲学研究. -2004，7

传统中国民众的伸冤意识：人物与途径/徐忠明//学术研究. -2004，10

儒法思想的内在相通及其历史融合/刘绍云//理论学刊. -2004，12

略论儒家思想在江左的地位与影响/林明//《法律史论集》第 5 卷，法律出版
　　社. -2004

论法家思想中的变法与定法/蒋重跃//《法律史论集》第 5 卷，法律出版
　　社. -2004

论中国早期国家的主权观念/张应峰//烟台师范学院学报（哲社科版）.
　　-2005，1

试析中国传统诉讼观念——官府"无讼""息讼"与百姓"畏讼""厌讼"/
　　王石磊//北京市工会干部学院学报. -2005，1

中国传统慎刑思想研究/陈松//江苏警官学院学报. -2005，1

中国法家道德法律化研究/邢晓晖//法学杂志. -2005，1

无讼价值取向的再认识及反思/黄晓敏//中南民族大学学报（人文社科版）.
　　-2005，S1

法家的法治思想及其对中国传统法律文化的影响/吕中国//中北大学学报（社
　　科版）. -2005，2

论中国传统军事法律文化之特点/丁郁//南京政治学院学报. -2005，2

试析中国古代儒家行政伦理思想/张红英//中共四川省委省级机关党校学报.
　　-2005，2

寻求"自我"——中国法律思想史的传承与趋向/俞荣根//现代法学.
　　-2005，2

中国刑法哲学的产生和发展/赵秉志//法制与社会发展. -2005，2

浅析新儒学的法律观及对律学的影响/马珺//河南省政法管理干部学院学报.
　　-2005，3

儒家孝道观及后世的原旨疏离/吕艳//枣庄学院学报. -2005，3

中国传统诉讼观念辨析/潘宇//长春师范学院学报. -2005，3

民法基本理念的历史渊源及其在我国缺失的成因分析/郭宗杰//河南社会科
　　学. -2005，3

关于"亲亲互隐"、"爱有差等"的争鸣/郭齐勇//江苏社会科学. -2005，3

试析儒家思想对中国古代法制的影响：以人性论为视角/张顺庆//福建法学.
　　-2005，3

古代宗教思想对法制的影响/夏祖恩//福建师大福清分校学报. -2005，3

浅析"权源于法"的思想内涵及其影响/于午丁//江苏工业学院学报.
　　-2005，4

公罪与私罪——中国古代刑罚政治观/柏桦、葛荃//政治与法律. -2005，4

论帝制中国的君权合法性信仰/张星久//武汉大学学报（哲社科版）.
　　-2005，4

阴阳五行学说对古代中国刑法的影响浅谈/方波//合肥学院学报（社科版）.
　　-2005，4

中国传统法治观研究中的认识误区/张德广//理论建设. -2005，4

阴阳五行学说对古代中国刑法的影响浅谈/方波//合肥学院学报. -2005，4

中国古代社会的等级观念与刑法的等级性/赖早兴//云南大学学报（法学版）.
　　-2005，5

"仁政"思想与我国古代未成年人犯罪刑事政策/张利兆//青少年犯罪问题.
　　-2005，6

中国古代德治思想与监狱制度/赵友新//中国刑事法杂志. -2005，6

从容隐原则析儒家思想的人权色彩/马念珍//贵州警官职业学院学报.
　　-2005，6

近观"亲亲得相首匿"/邓天江//中国律师. -2005，6

从礼法关系看德法之治/周黎明//湖北师范学院学报（哲社科版）. -2005，6

中国传统法律思想的现代性诠释/崔永东//南京大学法律评论. -2005，夏季
　　号；又载《百年回眸：法律史研究在中国》第2卷，中国人民大学出版
　　社. -2009

传统无讼思想的产生及其历史根源/吴勇//广西社会科学. -2005，7

中国传统德治与法治相结合的必然性/杨文霞//理论与当代. -2005，9

儒家思想对封建社会法的影响探析/李明国//经济与社会发展. -2005，11

我国古代监察思想评析与启示/于东洋//中国监察. -2005，13

诉讼和伸冤中的中国传统民间法律意识/徐忠明//《想象法学》，法律出版
　　社. -2005

法律思想的形成：面对古典的创造/任强//政法论坛. -2006，1；又载《法律
　　史学科发展国际学术研讨会文集》，中国政法大学出版社. -2006

人本主义对中国古代女儿及非婚生子女财产继承制的影响/张焕琴//河北法
　　学. -2006，1

中国古代司法伦理道德观透视/李世书//信阳农业高等专科学校学报.
　　-2006，1

性恶·法家·人治/赵庆永//青海社会科学. -2006，1

传统政治法律思想中民本思想的法理学分析/张先昌//江苏大学学报（社科
　　版）. -2006，2

法律儒家化新论/吴正茂//安徽教育学院学报. -2006，2

经与权——古代司法中的修辞学/赵静//重庆三峡学院学报. -2006，2

论中国古代的"道德法律化"/刘最跃//湘潭师范学院学报（社科版）.
　　-2006，2

系统论视野下中国古代的礼与法/祖伟//辽宁公安司法管理干部学院学报.
　　-2006，2

中国传统社会法律信仰探析/董长海//陕西省行政学院陕西省经济管理干部学
　　院学报. -2006，2

我国古代刑法中的犯罪故意概念剖析/张文勇//绥化学院学报. -2006，2

古代证据意识在现代社会的折射/姜虹//北京人民警察学院学报. -2006，2

追求义利之间的和谐——"和谐"语境下义利关系在传统法中的价值体现/孙
　　光妍//北方论丛. -2006，2

中国古代法的真精神到底是什么？以瞿同祖-梁治平理论为例反思晚清以来中
　　国知识界的知识引进运动/金高品、魏敦友//经济社会体制比较.
　　-2006，3

儒家伦理与法治精神的冲突/陈建明//重庆社会科学. -2006，3

厌诉观之探析与对策/严玥//法制与社会（理论版）. -2006，3

中国传统社会诉讼意识之反思/徐慧娟//株洲工学院学报. -2006，3

礼与中国古代社会/胡瑞琴//辽宁行政学院学报. -2006，4

刍论中国古代无讼贱讼思想及其当代启示/杨宝丽//理论导刊．-2006，4

中国传统恤刑思想与刑狱实践述论/毛晓然//中州学刊．-2006，4

儒家思想对我国古代狱制的影响/李祥金//齐鲁学刊．-2006，4

无讼思想与王权主义秩序情节/王忠春、张分田//江西社会科学．-2006，5

浅析中国传统法律思想对社会主义法制建设的影响/高忆//新疆社科论坛．
-2006，5

从秦、汉律到唐律的变化看齐儒学对中国刑律的影响/陈红太//政法论坛．
-2006，6

论中国传统的厌讼意识及其影响/纵博//山西高等学校社会科学学报．
-2006，10

中国古代诉讼中的"和谐"观/陈小葵//学习论坛．-2006，11

中国封建正统法律思想的重新认识：简述自汉武帝起各代的法律思想/蓝俏
彦//湖北经济学院学报．-2006，12

对中国古代诉讼法的理论省思/胡平仁//求索．-2006，12

遗忘的文明——重新认识古代中国的法治思想/夏勇//《清华法治论衡》第7
辑，清华大学出版社．-2006

论"礼治"的改造/马小红//《清华法治论衡》第7辑，清华大学出版
社．-2006

滥设与额设——中国古代刑罚政治观/柏桦//《法律文化研究》第1辑，中国
人民大学出版社．-2006

"法令滋彰，盗贼多有"法律思想的哲学解释/王进杰//文史博览（理论）．
-2007，1

儒家思想与中国古代酷刑/郭成龙//安徽警官职业学院学报．-2007，1

"刑期于无刑"思想的社会价值/王爱鲜//山西省政法管理干部学院学报．
-2007，1

中国罪刑法定思想之历史探源/肖玲//和田师范专科学校学报．-2007，1

"明刑弼教"思想的渊源、发展及其运用/陈应琴//海南大学学报．-2007，1

从"亲亲相隐"制度看中国传统法律思想的基础：兼论"亲亲相隐"制度于
当代重构之法律思想基础/孔庆萍、赵秀梅//北京理工大学学报（社科
版）．-2007，1

中国古代法公平思想解读/刘娟、刘倩//中共乐山市委党校学报．-2007，2

儒家法律思想与现代和谐社会的构建/杨华双//阿坝师范高等专科学校学报．
-2007，2

中国古代量刑原则/潘永建//河南省政法管理干部学院学报. -2007, 2

试论儒家和法家法观念的融合/文竹、鲁宽民//北京化工大学学报（社科版）.
　　-2007, 2

契合与悖反：中国传统法律思想与现代法治理念之比较/刘述涛//吉林公安高
　　等专科学校学报. -2007, 2

史辨：以中国法律思想史为例/吴猛强//社会科学论坛. -2007, 2

和谐社会理论与我国的古代法律思想文化/李晓君//贵州文史丛刊. -2007, 2

"刑期于无刑"思想与和谐社会刑事政策的构建/蔡军//河南大学学报（社科
　　版）. -2007, 3

儒家法律思想与现代刑事政策源流论/赵运锋、徐业尧//铁道警官高等专科学
　　校学报. -2007, 3

"德礼政刑并建"与"以礼节和"——论中国法律思想史上的和谐理论/邓红
　　蕾//中南民族大学学报（人文社科版）. -2007, 3

谈儒家文化对中国法律思想的影响/周冉//山东档案. -2007, 3

儒家法律文化与现代刑事法律思想/赵运锋、云剑//理论探索. -2007, 3

古代礼法结合的治国思想及启示/王鹏飞//理论探索. -2007, 3

中国古代关于刑罚目的以及功利主义与反功利主义价值观的争论/陶阳//政治
　　与法律. -2007, 3

论中国的民本主义与传统法制/胡海滨//华商. -2007, Z3

中国传统法律思想中"礼"和"法"的关系/王唯宁//吉林公安高等专科学
　　校学报. -2007, 4

儒家民本法律思想探析/邵方//暨南学报（哲社科版）. -2007, 4

中国古代死刑制度及其思想基础/邢琳//许昌学院学报. -2007, 4

古代"慎刑"思想与和谐社会的构建/秦璇//新乡师范高等专科学校学报.
　　-2007, 4

论"明德慎罚"及其对后世的影响/樊鸣//法制与社会. -2007, 4

亲亲相隐原则及其现代意义/韦宇洁//法制与社会. -2007, 5

略论中国传统法律思想/宋林希//文史博览（理论）. -2007, 5

浅析淮河流域传统法律文化中的两大典型学派的法律思想及其现代启示/杨晓
　　秋//新学术. -2007, 5

中国古代刑事法律规范中的原则及思想/李佳丽、贾晖//商业经济. -2007, 9

从儒家中庸思想看中国古代的息讼观/汤莉莉//法制与社会. -2007, 11

论中国古代"刑罚得中"思想/苏凤格//西南民族大学学报（人文社科版）.

-2007，11

"以刑为主"还是"以礼为主"/马小红//法制日报．-2007，12．2

中国古代社会的礼法思想/柳娟、郑佳//时代经贸（中旬刊）．-2007，SC

法家"法治"理想批判/屈永华//《中华法系国际学术研讨会文集》，中国政
　　法大学出版社．-2007

西周至秦汉"治道"的历史选择/闫晓君//《中国历史上的法律与社会发展》，
　　吉林人民出版社．-2007

儒家法律思想的理论架构与社会价值/郭成伟//《中国法律文化论集》，中国政
　　法大学出版社．-2007

论"亲亲得相首匿"对构建和谐社会的意义/何巍//《昆仑法学论丛》第4卷，
　　北京大学出版社．-2007

中国古代死刑观念论要/赵秉志//南都学坛．-2008，1

中国传统"德""法"概念演变及当代意义/夏吕群//常熟理工学院学报．
　　-2008，1

"以刑为主"还是"以礼为主"——中国传统法的反思/马小红//中国司法．
　　-2008，1

传统中国民众诉讼观念的样态及其本质/李旻//北京理工大学学报（社科版）．
　　-2008，1

"天人合一"思想对我国传统法律文化的影响/彭凯、吴蓓蓓//广西社会科学．
　　-2008，1

"亲亲相隐"法律思想的源流及其当代价值/陈小葵//铁道警官高等专科学校
　　学报．-2008，2

论儒家思想与民法"诚实信用原则"之暗合/柴荣、柴英//上海师范大学学报
　　（哲社科版）．-2008，2

徽州传统民间契约观念及其遗存：以田藏徽州民间契约及对徽州六县的田野
　　调查为基础/刘志松//甘肃政法学院学报．-2008，2

论中国传统死刑观的负价值/左坚卫//北京师范大学学报（哲社科版）．
　　-2008，2

中国古代矜恤思想及制度实践述论/吴朝军//重庆师范大学学报（哲社科版）．
　　-2008，2

中国古代刑事法律与儒家伦理精神/高扬元//云南社会科学．-2008，2

无讼观念的历史渊源与现代影响/吴佳//理论观察．-2008，2

中国古代义利观对重农抑商法律传统的影响/赵晓耕、周子良、易清//船山学

刊. -2008，2

我国古代冲突法思想比较探源/王立武//管子学刊. -2008，2

中国古代法家思想的现代价值/王怡飞//兰州学刊. -2008，3

"亲亲得相首匿"法律价值析/李忠良//长沙民政职业技术学院学报. -2008，4

道法传统与立法宽简/彭凤莲//安徽师范大学学报（人文社科版）. -2008，4

从"天人合一"看传统法律的自然主义精神/孙聪聪//法制与经济（下半月）. -2008，5

"无讼"思想对中国法治的消极影响/吴维维//今日南国（理论创新版）. -2008，5

"犯罪两分观"下的我国古代刑罚原则/张光辉//铁道警官高等专科学校学报. -2008，5

"亲亲相隐"制度在我国现行立法中的缺失及其存在的合理性/周海//牡丹江教育学院学报. -2008，5

中国古代契约精神的内涵及其现代价值——敬畏契约、尊重契约与对契约的制度性安排之理解/霍存福//吉林大学社会科学学报. -2008，5

浅论中国古代法的刑治主义及其成因/许世英//内蒙古农业大学学报（社科版）. -2008，6

《周易·讼》卦与中国古代的诉讼观念/杨永林//周易研究. -2008，6

中国"法治"思想的历史观察与思考/吴斌//社科纵横. -2008，6

法家法律政治思想与新农村法治文化建设/赵金科、刘煜//齐鲁学刊. -2008，6

"慎刑"新释/孙光妍、隋丽丽//北方论丛. -2008，6

罔密而奸不塞，刑蕃而民愈嫚——中国古代法外权思想考证/焦冶//当代法学. -2008，6

"天人合一"理念下的无讼与和解思想及其影响/严音莉//政治与法律. -2008，6

论中国传统刑事司法的"泛侦查主义"/朱勇//河北法学. -2008，7

传统无讼思想对当代中国法治的影响/谭万霞、滕珍桓//法制与社会. -2008，9

浅谈中国封建正统法律思想的建构路径/王聪、贾丽//法制与社会. -2008，9

慎刑观与中国古代死刑审判制度/李胜渝//求索. -2008，9

儒学的意识形态化及其对中国传统法律的影响/董长春//广西社会科学.

－2008，10

"礼与法"的思考/陈奕婷//消费导刊. －2008，10

论中国古代的"无讼"观念/李华根//中国商界（下半月）. －2008，10

"慎刑"与"宽严相济"——以中国传统法为视角的考察/孙光妍、隋丽丽//
学术交流. －2008，11

儒家法律思想与中国现代民法发展/方兴//社科纵横. －2008，12

浅析中国法律儒家化的过程/张淑英//内蒙古电大学刊. －2008，12

中庸思想与"无被害人犯罪"刑事立法政策的哲学反思/肖怡//哲学动态.
－2008，12

论儒家法思想对当代法治之借鉴意义/王苗苗//法制与社会. －2008，13

浅谈儒家法律思想对西方契约原则的扬弃/方兴//消费导刊. －2008，15

中国古代严刑峻罚思想的历史思考/凌云//法制与社会. －2008，17

论儒家礼法结合思想及对封建法制的影响/任红//兰台世界. －2008，24

中国传统刑法思想中的现代价值/柴荣、王昕//《法律文化研究》第4辑，中
国人民大学出版社. －2008

中国古代法理学/王振先、孙雪峰//《法律文化研究》第4辑，中国人民大学
出版社. －2008

礼治、法治之辨/马小红//《依法治国：建设社会主义法治国家》，社会科学文
献出版社. －2008

矜恤思想对传统法制的影响及现代化意义/吴朝军//西华师范大学学报（哲社
科版）. －2009，1

论儒家法治思想对中国古代刑法的影响/王茹//乌鲁木齐成人教育学院学报.
－2009，1

论"刑罚世轻世重"原则在当今社会的折射及危害/刘静静//法制与社会.
－2009，1

中国古代司法的观念和制度略论/罗昶//法制与社会发展. －2009，2

中国古代"谋杀"概念的形成与演变/闵冬芳//法学. －2009，2

中国古代法律制度中的内部控制思想考略/郑石桥、徐国强、于明星//法制与
经济（下旬刊）. －2009，2

中国传统法律的民本思想与集体主义人权观之契合/姚国艳//法学杂志.
－2009，2

我国古代宽严相济刑罚四项研究/夏淑云//中国监狱学刊. －2009，2

礼法精神及其现代意义/李翔//船山学刊. －2009，2

论我国古代契约的法理基础/乜小红//中国社会经济史研究．-2009，2

儒家民本思想与中国传统司法论析/张莉//中国青年政治学院学报．-2009，2

论中国古代刑法中的罪刑法定思想/陈伟//贵州警官职业学院学报．-2009，2

中国法律儒家化后的发展：浅谈儒家理学思想对中国法律发展的影响/威菲//
　　山西煤炭管理干部学院学报．-2009，2

"顺天则时"——中国传统法律的自然观/温慧辉、张镭//学术交流．
　　-2009，3

义、利之辨对中国传统法律文化的影响/赵晓耕、何民捷//社会科学辑刊．
　　-2009，3

论儒家思想对中国古代刑法的影响/刘德法//黄河科技大学学报．-2009，3

论中国古代婚姻家庭继承法律的精神与意义/金眉//政法论坛．-2009，4

浅议当代法治理念的伦理基础——儒家思想对当代中国法治理念的影响/胡
　　冰//法制与社会．-2009，4

天道观念下的中国君权的合法性建构：基于礼的视角/徐燕斌//江南大学学报
　　（人文社科版）．-2009，4

中国古代慎刑思想的原因分析/熊青//黑龙江史志．-2009，4

儒家法思想略论/陈应琴//广西社会科学．-2009，5

"礼"的自然法思想之探讨/林丛、林明//孔子研究．-2009，5

我国传统恤刑思想与当代死刑废除突破口的选择/刘国强//河南师范大学学报
　　（哲社科版）．-2009，5

关系契约视野下的婚姻观：对传统婚姻契约观的反思和突破/康娜//法律科
　　学．-2009，5

重刑主义初探/于志勇//金卡工程（经济与法）．-2009，6

中国古代讼学摭议/龚汝富//华东政法大学学报．-2009，6

中国传统法制精神初探/刘艺工//文化学刊．-2009，6

阴阳五行思想与中国法律观念关系略论/张先涛、赵杰伟//科技信息．
　　-2009，7

"无讼"思想对当下法律实践的启示/习剑平//井冈山学院学报．-2009，7

传统和谐思想与中国古代司法/张文勇//学术论坛．-2009，7

论鬼神观念对中国传统司法的积极意义/李文军//河北法学．-2009，7

古代儒家法律思想的合理内核及其影响/王琳琳、刘东旭//法制与社会．
　　-2009，7

"德主刑辅"的基本内涵及其借鉴价值/姜敏//法制与社会．-2009，7

大学学报. -2010, 5

从简帛史料看中国古代司法思想/崔永东//江苏警官学院学报. -2010, 5

婚姻的起源与婚姻形态的演变：一个突破功能主义的理论解释/李拥军、桑本
　　谦//山东大学学报（哲社科版）. -2010, 6

传统家族司法价值论/李交发、原美林//湘潭大学学报（哲社科版）.
　　-2010, 6

中国传统法律思想的道德化取向及现代启示/雷晓萍//宁夏党校学报.
　　-2010, 6

道家"民间法"意识探源/袁翔珠//山东社会科学. -2010, 8

我国古代"恤幼"思想对未成年人犯罪刑事政策的启示/夏天//理论导刊.
　　-2010, 8

法律思想与传统文化漫谈/武树臣//检察日报. -2010, 11. 4

《易经》的哲理和监狱矫正/乔成杰//犯罪与改造研究. -2010, 12

矛盾论视角下的中国古代重刑主义探讨/刘邦明//西南民族大学学报（人文社
　　科版）. -2010, 12

儒家司法文化的精髓："慎刑"与"中庸"/崔永东//人民法院报. -2010,
　　12. 17

法官后语与古代判词之比较/杨依//人民司法. -2010, 13

中国传统法律思想文化浅析/周军、李志民//法制与社会. -2010, 24

中国古代法制中的"中道"精神/吕志兴//《中国法律传统与法律精神——中
　　国法律史学会成立 30 周年纪念大会暨 2009 年会论文集》，山东人民出版
　　社. -2010

惟良折狱及其迁延/陈晓枫//《中国法律传统与法律精神——中国法律史学会
　　成立 30 周年纪念大会暨 2009 年会论文集》，山东人民出版社. -2010

中国传统的司法理念及其制度表现——以无讼、慎刑为视角/林明//《中华法
　　系的形与魂》，中国人民公安大学出版社. -2010

（二）　各代法律思想史

1. 夏商周

虞舜五刑说/董康//法学季刊. -1928，（第 3 卷）7/8

略论周公的天命思想/耶冰//光明日报. -1962，9. 7

阴阳五行思想与《周易》/黎子耀//杭州大学学报（哲社科版）．-1979，1/2

《尚书》法律思想平议/赵国彬、孔庆明//《法律史论丛》第2辑，中国社会科
　　学出版社．-1982

试论西周的"明德慎罚"政策/杨诚//江海学刊．-1984，6

试论"明德慎罚"政策在西周刑法中的贯彻/杨诚//《华东政法学院研究生论
　　文集》．-1984

西周礼刑释义/刘林希等//政法学习．-1985，2

周公旦"明德慎罚"的法律思想/陈淑珍//法学杂志．-1985，2

《尚书》宗法思想研究/钱杭//社会科学战线．-1985，4

试论周代刑法中的"保民"思想/赵忠文//辽宁师范大学学报（社科版）．
　　-1987，1

《吕刑》法治思想发微——兼论儒家法治思想渊源/游唤民//湖南师范大学社
　　会科学学报．-1987，4

西周政治思想两题/郝铁川//河南大学学报（社科版）．-1988，1

《周礼》的人口与就业思想——兼谈《周礼》尚法治/李远元//财经科学．
　　-1989，5

"明德慎罚"辨/王宏林//法学研究．-1989，6

《洪范》法律思想刍议/夏锦文、李玉生//南京大学学报（哲学人文社科
　　版）·法学论集．-1989

《吕刑》法律思想初探/马小红//法学研究．-1990，1

《易经》与我国古代法律实践活动/武树臣//《中国法律史国际学术讨论会论文
　　集》，陕西人民出版社．-1990

《周易》中的刑法思想探微/陈汉生//政治与法律．-1991，1

《周易》中的刑法思想和刑法制度述略/陈汉生//上海大学学报（社科版）．
　　-1991，2

简论《尚书》中的法治思想/宋绍光//上海社会科学院学术季刊．-1991，3

西周审判心理思想试探/李交发//人文杂志．-1991，5

试论《尚书·吕刑》篇的"人法并重"思想/闵存基//上海公安专科学校学
　　报．-1992，1

殷人神权思想与中国传统法文化/魏春艳//青海民族学院学报（社科版）．
　　-1992，2

从《尚书》看周公的神权思想/郭昊奎//内蒙古工学院学报（社科版）．
　　-1993，1

《易经》与周代的刑罚适用原则/丛希斌//天津师大学报（社科版）.
　　-1994，3

《尚书·吕刑》中的"五过"新解/周学军//现代法学. -1996，1

姜太公法治思想及其对后世的影响浅说/徐树梓//管子学刊. -1996，3

试论"周礼"对中国封建法律的影响/柴荣//前沿. -1996，4

夏、商、周三代神权法思想嬗变/于逸生//求是学刊. -1997，1

《周易》古经之刑罚内容述论/张家国、李红卫//黄冈师专学报. -1997，2

《周易》法律思想初探/崔波、高秀昌//黄淮学刊（社科版）. -1997，3

德在西周政治中的运用与神权法的衰落/徐进//法制与社会发展. -1997，5

周代金文中的刑法思想研究/崔永东//政法论坛. -1998，2

帛书《黄帝四经》中的刑法思想/崔永东//法学研究. -1998，3

略论《周礼》的法学价值/魏筌//政法论丛. -1998，3

帛书《黄帝四经》中的犯罪学说初探/崔永东//学术月刊. -1999，2

《周易》"无讼"思想及其历史影响/于语和//政法论坛. -1999，3

象以典刑——论《尚书》中的刑罚观/王定璋//中华文化论坛. -1999，4

试论周公的"明德慎罚"思想/刘新//《法律史论集》第 2 卷，法律出版
　　社. -1999

论《吕刑》"德主刑辅"的司法伦理思想/杨喜洲//河南社会科学. -2000，3

《黄帝四经》中道法思想的自然法特征/周亮、蒋广学//衡阳师范学院学报.
　　-2000，4

《易经》廉政思想述略/丛希斌//天津师范大学学报（社科版）. -2001，2

西周的"德治"思想与法制建设/宋四辈//郑州大学学报（哲社科版）.
　　-2002，1

《易经》军事思想管窥/丛希斌//天津师范大学学报（社科版）. -2002，2

从"庶狱庶慎"到"惟良折狱"：《尚书》刑法观念的形成、发展与特征/王
　　定璋//天府新论. -2002，6

《周易》德治、法治思想综论/曹福敬、王成三//社会科学战线. -2002，6

帛书《周易》中的法思想/崔永东//《法律史论集》第 4 卷，法律出版社.
　　-2002；又载《中国法律文化论集》，中国政法大学出版社. -2007

西周孝道与判例精神/黄震//《法律史论集》第 4 卷，法律出版社. -2002

明德慎罚观念在《易经》中的体现/丛希斌//《法律史论集》第 4 卷，法律出
　　版社. -2002

《吕刑》中的民本思想及与法治的关系/张明泽//《走向二十一世纪的中国法文

化》（《法律史论丛》第 9 辑），上海社会科学院出版社. -2002

从《吕刑》看"明德慎罚"思想在西周的演变/王保国//郑州大学学报（哲社科版）. -2003，1

论西周"中刑"观/徐难于//中华文化论坛. -2003，2

《周易》犯罪学思想探析/耿志勇、陈莉//周易研究. -2003，3

"明德慎罚"：《尚书》的"以德治国"思想探析/王定璋//中华文化论坛. -2003，4

《周易》中的法律思想及其影响/谭德贵//法学论坛. -2003，4

"明德慎罚"研究/崔永东//《中国法制史考证》甲编第 1 卷，中国社会科学出版社. -2003

试论西周中和主义的法制思想及法制实践/张继//管子学刊. -2004，2

《礼记》的法理思考/王波//研究生法学. -2004，3

西周德刑关系思想论/关健英//道德与文明. -2004，3

浅析奴隶社会立法指导思想的演进/乔雪梅//河北广播电视大学学报. -2004，4

西周"礼"、"刑"法制文化辨析/黄中伟//南阳师范学院学报. -2004，11

明德礼治，天下归心——周公法律思想述评/李鸣//《法律史学研究》第 1 辑，中国法制出版社. -2004

从《康诰》和《吕刑》看西周初中期刑罚思想的演变/张文安//郑州大学学报（哲社科版）. -2005，2

夏、商、周犯罪预防思想萌芽之考察：以先秦儒家与法学关于犯罪预防思想形成的背景为视角/贾剑虹、王春知//安徽电子信息职业技术学院学报. -2005，3

论周代的"天监"思想/李金玉//商丘师范学院学报. -2005，6

略论殷商神权法思想/赵江涛//安阳师范学院学报. -2006，4

《礼记》的法理思考/高玉琢、王宏//理论探索. -2007，2

《周易》古经"明德慎罚"观辨析/林明、徐艳云//周易研究. -2007，6

周公"德治"、"礼治"思想的法文化启蒙意义/李露//理论界. -2008，1

试论周公《康诰》中建立的法治体系/邓田田//船山学刊. -2008，2

法律与神权——浅析夏商周时期的神权法思想/阿依古丽//社科纵横. -2008，6

《吕刑》在中国法律史上的地位与影响/梁凤荣//法学研究. -2009，1

西周时期"天"的法律意义/王谋寅//兰州大学学报（社科版）. -2009，2

礼与刑：《尚书》的法思想解读/朱晓红//西北大学学报（哲社科版）．
　　-2009，3

夏、商、西周时期神权法思想的演进/李晓霞//法制与社会．-2009，4

天道观的兴起与商周法律思想的转变/朱腾//《中西法律传统》第7卷，中国
　　政法大学出版社．-2009

简论《尚书》中的几个重要范畴——中国古代社会政法思想的源头活水/王成
　　儒//《中国法律传统与法律精神——中国法律史学会成立30周年纪念大
　　会暨2009年会论文集》，山东人民出版社．-2010

2. 春秋战国秦

商君的法治主义论/邱汉平//法学季刊．-1926，（第2卷）7

慎子的法律思想/邱汉平//法学季刊．-1927，（第3卷）3

韩非的法治思想/傅文楷//法学季刊．-1927，（第3卷）4

周秦诸子礼法两大思想概论/刘程汉//法学季刊．-1931，（第4卷）8

韩非的思想/汪毅//光明日报．-1954，5.5

吴起的学说思想与变法运动/吴泽//历史教学问题．-1957，5

法家的杰出代表——韩非/孙长江//北京师范大学学报（社科版）．-1973，1

早期法家代表人物——李悝和吴起/樊茹//文汇报．-1973，10.9

法家先驱者邓析/史戈//破与立．-1974，3

谈韩非的法治思想/哲思//南京大学学报（哲学人文社科版）．-1974，4

韩非法治理论的进步作用/杨宽//文汇报．-1974，5.15

李悝的变法斗争和他的法治思想/黎彬//光明日报．-1974，6.27

法家的先驱——管仲/姚晓敏//解放日报．-1974，9.4

"竹刑"的创制者——邓析/余祝毅//解放日报．-1974，9.4

先秦法家荀况的法治思想/辛哲斌//新华日报．-1974，9.6

邓析与申不害/褚雪、贾流//天津日报．-1974，10.15

"法家爱人民"就是阶级调和论/张晋藩//光明日报．-1976，12.16

试论韩非的"法、术、势"/袁伟时//学术研究．-1979，1

试论韩非的法治思想及其散文/高潮//北京政法学院学报．-1979，2；又载
　　《百年回眸：法律史研究在中国》第2卷，中国人民大学出版社．-2009

荀、韩政治法律思想的比较研究/乔木青//哲学研究．-1979，5

荀韩政治法律思想的比较研究——兼论荀况所属学派的性质问题/乔伟//哲学
　　研究．-1979，5；又载《乔伟文集》，山东大学出版社．-2000；《百年

回眸：法律史研究在中国》第 2 卷），中国人民大学出版社．－2009

荀况的礼不是法/栗劲//《吉林大学社会科学论丛·法学》第 1 集，吉林大学出版社．－1979

从秦简《为吏之道》看秦的治吏思想/刘海年、齐振翻//《吉林大学社会科学论丛·法学》第 1 集，吉林大学出版社．－1979

商鞅法治理论与实践的初步研究/乔伟、徐波//《吉林大学社会科学论丛·法学》第 1 集，吉林大学出版社．－1979

荀况论"礼"/藏云浦//徐州师院学报（哲社科版）．－1980，1

再评韩非的"法、术、势"——答孔繁同志/袁伟时//学术研究．－1980，1

略论春秋战国时期的"法治"与"人治"/张国华//法学研究．－1980，2

《法经》和李悝的政治法律思想/俞荣根//西南政法学院学报．－1980，3

怎样认识和评价孔子的法律思想/俞荣根//法学季刊．－1982，2

秦季法律思想初探/陈抗生//法学评论．－1983，1

荀子刑法论初探/谢胜山//法学．－1983，1

先秦法家立法原则初探/刘泽华//天津社会科学．－1983，1

专制集权和政治权术的鼓吹者：韩非——论韩非政治法律思想的核心及其影响/王超//江海学刊．－1983，1

韩非法治思想论述/谭风雷//山东大学文科论文集刊．－1983，2

论李斯的法律思想/王威宣//山西大学学报（哲社科版）．－1983，3

论《商君书》的耕战与法治思想/刘泽华//山东师大学报（哲社科版）．－1983，4

孔子的司法道德观/耘耕//法学．－1983，9

论秦始皇的法律思想/刘海年//《法律史论丛》第 3 辑，法律出版社．－1983

论子产/肖永清//《法史研究文集》（中），西北政法学院．－1983

墨子自然法思想探析/段秋关//《法史研究文集》（中），西北政法学院．－1983

评孔孟法律思想/杨鹤皋//《法史研究文集》（中），西北政法学院．－1983

墨子自然法思想探析/段秋关//《法史研究文集》（中），西北政法学院．－1983

孔子伦理法律观的再认识/俞荣根//法学．－1984，1

浅谈荀子关于犯罪预防的思想/徐进//河北法学．－1984，1

商鞅论法/杨鹤皋//中国政法大学学报．－1984，2

田齐法家法制理论的主要特点/胡家聪//齐鲁学刊．－1984，2

春秋战国时期儒、墨、道、法四家的法律思想（上、下）/张国华//自修大学
　　（政法）．-1984，2、3

略论李斯/巨澜//中国政法大学学报．-1984，3；又载《百年回眸：法律史研
　　究在中国》第2卷，中国人民大学出版社．-2009

"儒家人治，法家法治对立论"质疑——兼论先秦法律思想中的一个方法问
　　题/俞荣根//法学季刊．-1984，4

韩非的法治三论/孙实明//求是学刊．-1984，4

孔子"无讼"辨证/徐进//齐鲁学刊．-1984，4

墨子法律思想述评/杨鹤皋//法学．-1984，11

略论李斯的法律思想/王立民//《华东政法学院研究生论文集》，华东政法学
　　院．-1984

商鞅——战国中期法家之代表/傅启学//《中西法律思想论集》，（台湾）翰林
　　出版社．-1984

慎到法律思想之我见/贺凌虚//《中西法律思想论集》，（台湾）翰林出版
　　社．-1984

韩非的法律哲学观/张绪通//《中西法律思想论集》，（台湾）翰林出版
　　社．-1984

李悝及其法律思想/何东义//《法学论文选》（1981—1983），江西省法学
　　会．-1984

从"复礼"看孔子的法律思想/王振安//新疆大学学报（哲学人文社科版）．
　　-1985，1

读《论语》四题/陈抗生//法学评论．-1985，1

孔子伦理法律思想再议/俞荣根//法学杂志．-1985，1

简论韩非的"专制"与"法治"思想/唐忠民//法学季刊．-1985，1

孔子的"孝义"及其对封建法制"不孝入罪"的影响/陈鹏生、陈汉生//江
　　海学刊（社科版）．-1985，3；又载《孔子法律思想研究》，山东人民出
　　版社．-1986

略论商鞅"缘法而治"的法律思想/陈淑珍//南开学报（社科版）．-1985，3

先秦儒家的法律思想及其历史地位/乔伟//文史哲．-1985，3

韩非法律思想初探/梁延器等//法制园林．-1985，4

孔子法律学说述评/徐志祥//齐鲁学刊．-1985，6

战国时期法制协调思想考察/王立民//法学．-1985，增刊

简论韩非的"专制"与"法治"思想/唐忠民//法学季刊．-1986，1

对荀子"以类举"之我见/徐进//西北政法学院学报．-1986，1

略论韩非法概念及其特征/刘作翔//西北政法学院学报．-1986，2

孔子法律思想撷粹/曹孔六//浙江法学．-1986，2

略论孔子关于预防犯罪的法律思想/萧伯符//法学评论．-1986，2

崇尚自然的庄子法律思想/费开文//法学评论．-1986，3

荀子思想中的礼、法、刑/胡泽君//河北学刊．-1986，4

先秦诸子对人性与法关系的探讨——兼论法家法治主义成败原因/宋昌斌//复
　　旦学报（社科版）．-1986，5

荀子的法律思想简论/郭志坤//辽宁师范大学学报（社科版）．-1986，6

孔子与铸刑鼎/武树臣//《孔子法律思想研究》，山东人民出版社．-1986

孔、荀礼论比较研究/徐进//《孔子法律思想研究》，山东人民出版社．-1986

关于孔丘法律思想研究的方法论问题/刘富起//《孔子法律思想研究》，山东人
　　民出版社．-1986

开创孔子法律思想研究新局面/李光灿//《孔子法律思想研究》，山东人民出版
　　社．-1986

孔子对周公法律思想的继承与发展——孔子法律思想探源/刘新//《孔子法律
　　思想研究》，山东人民出版社．-1986

孔子法律思想的历史地位/张晋藩、郭成伟、相自成//《孔子法律思想研究》，
　　山东人民出版社．-1986

孔子法律思想论略/杨景凡、俞荣根//《孔子法律思想研究》，山东人民出版
　　社．-1986

孔子和礼——孔子法律思想初探/栗劲//《孔子法律思想研究》，山东人民出版
　　社．-1986

论孔子学派法律思想的形成、发展及其历史地位/乔伟//《孔子法律思想研
　　究》，山东人民出版社．-1986

试论孔子的"礼"与"礼入于刑"/赵国斌//《孔子法律思想研究》，山东人
　　民出版社．-1986

试论孔子的"无讼"思想及其影响/姚荣涛、郭建//《孔子法律思想研究》，
　　山东人民出版社．-1986；又载《复旦法学》第1辑，复旦大学出版
　　社．-1986

试论孔子法律思想的核心/叶孝信//《孔子法律思想研究》，山东人民出版
　　社．-1986

应当恰如其分地评价孔子/张国华//《孔子法律思想研究》，山东人民出版

社．-1986

应当重视《论语》本身的研究/陈抗生//《孔子法律思想研究》，山东人民出版社．-1986

《管子》法律思想浅释/顾宣魁//《复旦法学》第 1 辑，复旦大学出版社．-1986

老子政治法律思想初探/杨奉昆//《复旦法学》第 1 辑，复旦大学出版社．-1986

孟子法律思想简议/俞荣根//《孟子思想研究》，山东人民出版社．-1986

韩非的"刑赏"思想试说/向洁//吉首大学学报（社科版）．-1987，1

简述荀况的法律思想/王德兴//宁波师院学报（社科版）．-1987，1

论孟子法律思想中的人民性因素/刘坚承//社会科学（甘肃）．-1987，1

孔子讥刑鼎辨析/俞荣根//孔子研究．-1987，1

孔子关于刑罚基础的基本思想试析/陈晓枫//中南政法学院学报．-1987，2

试论荀况的法律思想/徐进//山东大学学报（哲社科版）．-1987，2

荀子刑罚思想的初步研究/徐进//政法论丛．-1987，2

孔子关于犯罪的预防及其社会控制简议/俞荣根//政法论丛．-1987，3

先秦法家重刑主义产生原因初探/杨翔//湘潭大学学报（哲社科版）．-1987，3

"地主阶级的罪刑法定主义"驳议：与栗劲先生商榷/么志龙//法学与实践．-1987，4

韩非子论法与君权/郝铁川//法学研究．-1987，4

商鞅论法制教育/姚能海//教育评论．-1987，4

荀子的犯罪心理学思想蠡测/艾永明、朱永新//心理科学通讯．-1987，4

殷周时期的犯罪心理学思想初探/艾永明、朱永新//心理学报．-1987，4

试探商鞅的法治思想/刘晶军//北方论丛．-1987，6

荀况刑罚论初探/徐进等//政法丛刊．-1987，6

从现代法学观点论墨子法理思想/黄源盛//（台湾）《复兴岗学报》第 37 期．-1987

从法思想史的观点看荀子的礼法思想方法/黄源盛//（台湾）《法学丛刊》第 125 期．-1987

简论孔子对犯罪进行社会控制的思想——兼论我国当前的"综合治理"/李洪欣//广西大学学报（哲社科版）．-1988，S1

试论慎到的"分权"思想/孙小迎//广西大学学报（哲社科版）．-1988，S1

略论荀子的"重礼隆法"思想/江复愚//安徽省委党校学报．-1988，2

孔子法哲学思想及其法文化意义/俞荣根//政法学习．-1988，2

论韩非君本位法律思想的特征/唐忠民//中南政法学院学报．-1988，3

先秦法家法律学说通论/马南//郑州大学学报（哲社科版）．-1988，3

中国传统政治文化的一个侧面——先秦法家法治理论与古代社会的政治实践/
　　朱日耀//吉林大学社会科学学报．-1988，3

《管子》以法治国论的历史价值和现实意义/龙锦阳//湘潭大学学报（哲社科
　　版）．-1988，4

《庄子》法哲学价值观探微/公丕祥//南京师大学报（社科版）．-1988，4

《吕氏春秋》政治法律思想初探/王宗非//北方论丛．-1988，4

荀况奠定了封建正统法律思想的基础/徐进//山东法学．-1988，4

"法治"与"专制"——韩非的"法治"思想评述/陈淑珍//河北法学．
　　-1988，6

韩非的法律思想/唐忠民//现代法学．-1988，6

孔子的法律思想与周礼/王占通//吉林大学社会科学学报．-1988，6

商鞅法治思想的渊源及其贡献/黄中业//吉林大学社会科学学报．-1988，6

韩非的历史观及其法律思想研究/黄源盛//（台湾）《法律评论》第54卷3
　　期．-1988

孔子法律思想探微/俞荣根//《孔子研究论文集》，齐鲁出版社．-1988；又载
　　《中国人文社会科学博士硕士文库·法学卷》（上册），浙江教育出版社．
　　-1999；《百年回眸：法律史研究在中国》第2卷，中国人民大学出版
　　社．-2009

黄老学派的兴起及其法律思想/严武//中南政法学院学报．-1989，1

晋国文化："法治"思潮的发祥地与输出港/武树臣//晋阳学刊．-1989，1

论韩非的法术学说与愚民思想/张力//四川师范学院学报（社科版）．
　　-1989，1

先秦法理思想略议/万高//宁波师院学报（社科版）．-1989，1

论韩非法治思想特点/高积顺//河北法学．-1989，2

韩非法学导论/胡发贵//中国哲学史研究．-1989，3

寄治乱于法术，托是非于赏罚——关于慎子法律思想探析/蒲远礼、胡用九//
　　现代法学．-1989，3

刑·法·律——先秦法观念探微/李力//中外法学．-1989，5

墨家的法律思想/曹磊//喀什师范学院学报．-1989，6

论先秦法家之法的公正意蕴/贝月//学海. -1990年, 创刊号

孟子的预防和治理犯罪思想/唐忠民//现代法学. -1990, 1

孟子"仁政"学说在法律思想上的体现/严武//中南政法学院学报. -1990, 2

商鞅重刑理论述评/徐进、范进学//山东法学. -1990, 3

试论韩非经济思想与其"法治"思想的关系/豫柏杞//现代财经 (天津财经学院学报). -1990, 3

试论先秦法家"法"的公正意蕴/胡发贵//浙江学刊. -1990, 3

试论儒家法思想的现代启示/俞荣根//中南政法学院学报. -1990, 3

《商君书》法治思想述论/黄中业//史学集刊. -1990, 4

《管子》中的犯罪心理学思想探析/艾永明、朱永新//管子学刊. -1990, 4

孔子的综合控制犯罪观/艾永明//法学天地. -1990, 4

荀子的综合型犯罪与预防学说/俞荣根//现代法学. -1990, 5

关于《商君书》的历史评价/杨鹤皋//《中国法律史国际学术讨论会论文集》, 陕西人民出版社. -1990

孔子论"仁"的重点和范围——析孔子宗法名分性的仁学/蔡尚思//孔子研究. -1991, 1

从一则虚构的故事看孟子的法思想/俞荣根//政法论坛. -1991, 1

论叔向/耘耕//孔子研究. -1991, 1

儒法两家治官思想之比较与启示/耘耕//中南政法学院学报. -1991, 3

简析孔子法律观在孔子思想中的地位/唐忠民//现代法学. -1991, 3

韩非法治心理概说/张恺//法制心理研究. -1991, 3

试论孔子的预防犯罪思想/王振安//新疆社会科学研究. -1991, 3

试析孔子"礼治"思想中的"法治"因素/任冠文//山西省政法管理干部学院学报. -1991, 3

儒法两家治官思想之比较/俞荣根等//政法学习. -1991, 4

简论韩非的"法、术、势"/李明、王振军//辽宁师范大学学报 (社科版). -1991, 4

略论韩非法律思想的哲学基础/张耀明//河北法学. -1991, 5

亲亲与尊尊——孔子的直与封建法制/武树臣//文史知识. -1991, 7

荀况——儒法合流的先行者/刘恒焕//《法学文集》第 3 集 (中山大学学报丛书). -1991

孟、荀法律思想差异论/邓伟平//《法学文集》第 3 集 (中山大学学报丛书). -1991

"仁"是墨家法律思想的核心/徐进、宋燕敏//山东大学学报（哲社科版）.
　　-1992，1

孔子法律思想的理论基础：仁学/罗昶//中南政法学院学报. -1992，2

论荀子的法律思想/王威宣//山西大学学报（哲社科版）. -1992，2

也谈管子的法治思想/刘斌//管子学刊. -1992，2

《论语》中孔子守法思想体系述评/侯保田//法制心理研究. -1992，3

荀子"法先王"和"法后王"的本义试探/杨太辛//中共浙江省委党校学报.
　　-1992，3

论孔子法律思想对中国封建法律的影响/杨海燕//甘肃理论学刊. -1992，4

浅谈先秦法家的法律观/林明//山东法学. -1992，4

试论管子的法治思想/邹华玉//北方论丛. -1992，6

孔子的法思考/俞荣根//大众法制. -1993，1

黄老思想的法哲学高度/庆明//比较法研究. -1993，2

论孔子的法律思想/杨奉琨//复旦学报（社科版）. -1993，2

略论《管子》关于道德与法的理论/杨义银//西南师范大学学报（人文社科
　　版）. -1993，2

略谈秦简中的治吏思想/王宝来//理论与改革. -1993，2

论孟子的法律思想/何海燕等//北方论丛. -1993，3

法家思想与秦亡关系新探/李国明、霍存福//当代法学. -1993，3

韩非的法制思想/平见同//晋阳学刊. -1993，4

孔子的法律思想及其对中国封建法律的影响/苗先周//山西师大学报（社科
　　版）. -1993，4

道统与法统/俞荣根//孔子研究. -1993，4

《论语》的法律价值取向/公丕祥//社会科学研究. -1993，4

《韩非子》中法、术、势三者关系/〔日〕饭冢由树//中国人民大学学报.
　　-1993，5

孔子法律思想初探/陈秀梅//郑州大学学报（哲社科版）. -1993，5

试论孔子的法治思想/张文举//阜阳师范学院学报（社科版）. -1994，1

试析韩非君主专制主义的法律观/陈雪//华南师范大学学报（社科版）.
　　-1994，1

法家的法治合理论/徐进//山东法学. -1994，1

韩非法治理论的现代思考/崔永东//工人日报. -1994，1. 26

《论语》与中国社会治理模式探讨/萧伯符//法学家. -1994，2

《论语》中的"先富后教"思想及其法文化价值/徐永康//法律科学.
　　-1994，2

秦朝立法和司法的指导思想不再是法家思想/贺嘉//研究生法学.-1994，3

论孔子"德主刑辅"法律思想/秋荣//河南教育学院学报（社科版）.
　　-1994，3

《荀子》"法正之治"考辨/李中生//东方丛刊.-1994，3

韩非子亡秦论：商鞅、韩非法律思想之比较/徐进//法学研究.-1994，4

试析道家法律思想的积极方面/徐进//山东大学学报（哲社科版）.-1994，4

荀子法哲学与社会和谐/〔美〕南希·帕克//《中外法律史新探》，陕西人民
　　出版社.-1994

《管子》的法律思维与现代法治/杨以汉//管子学刊.-1995，1

《商君书》法治理论述评/区永圻//广东教育学院学报（社科版）.-1995，1

先秦刑罚思想对古代监管制度的影响/徐永康//监管与改造.-1995，1/2

论管仲的法律思想及其在法制史上的建树/任重//山东大学学报（哲社科版）.
　　-1995，2

墨子法律思想的自然法理论特征/赵建文//现代法学.-1995，2

从"经言"诸篇看《管子》的法思想/路英勇、孙清顺//管子学刊.
　　-1995，3

孔子的法律思想与中国法律文化/李交发//湘潭大学学报（哲社科版）.
　　-1995，3

略论先秦儒法两家法律思想的对立/杨思斌//六安师专学报.-1995，3

《论语》法思想的价值论初探/艾永明//《论语的现代法文化价值》，上海交通
　　大学出版社.-1995

老子法律思想探路/周少元//安徽大学学报（社科版）.-1996，1

先秦儒家情法观初探/张复熙//安徽大学学报（社科版）.-1996，1

《论语》"政"、"刑"思想及其关系/宗文举//思想战线.-1996，2

墨子的义利观与现代法的价值取向/孙季萍、冯立永//山东法学.-1996，2

墨子关于"兼爱非攻"的国际法思想及其现代价值/赵建文//法学研究.
　　-1996，2

谈谈《墨经》中的"法"/闵龙昌//华东理工大学学报（社科版）.-1996，3

荀子"法先王"、"法后王"思想新探/张杰//陕西师范大学学报（社科版）.
　　-1996，3

试论《管子》中的法律思想/郭世东//政法论丛.-1996，4

先秦儒家婚姻观/刘厚琴//齐鲁学刊．-1996，4

先秦名家学派法律观阐释：以理论逻辑的分析为主体/胡旭晟//法学研究．
　　-1996，6

法家的重刑思想值得借鉴/艾永明//法学．-1996，11

简述韩非法治思想的历史地位/孙瑞新//理论月刊．-1996，12

包山楚简司法术语考释/刘信芳//《简帛研究》第2辑，法律出版社．-1996

论《管子》的法制权威思想/刘校民//管子学刊．-1997，1

论春秋时期法律思想的发展变化/乔伟//法制与社会发展．-1997，1

墨家法哲学对儒家法哲学的抗争/倪正茂//社会科学．-1997，1

韩非"人治"思想初探/苏立新、高广珍//社会科学论坛．-1997，2

子产法律思想论略/王晓勇//许昌师专学报（社科版）．-1997，2

孙子法律思想述略/达知//法学．-1997，2

墨子法律思想述评/杨永林、洪学军//法论．-1997，3

银雀山汉简中反映的刑法思想/崔永东//中国文化研究．-1997，3

先秦儒家、法家有关"人治"和"法治"争论的启示/徐晓明//华东理工大
　　学学报（社科版）．-1997，4

先秦治安的理论探讨与法制建设/陈鸿彝//江苏公安专科学校学报．-1997，4

荀子礼法思想的特征与现代启示/李仙娥//唐都学刊．-1997，4

儒家刑法思想对秦律影响之管见/崔永东//中国法学．-1997，5

竹简《孙膑兵法》法律思想述略/达知//中外法学．-1997，5

《管子·明法》与《韩非子·有度》比较/金敏//中外法学．-1997，6

商鞅法治理论的缺失：再论法家思想与秦亡的关系/徐进//法学研究．
　　-1997，6

先秦法哲学论考/何勤华//法学．-1997，6

试论管子以法治国的思想/丘立才//岭南学刊．-1997，6

孔子思想与二十一世纪中国法治/徐永康//香港孔教学院会刊．-1997

法家的"法治"及其法律思想批判/杨师群//《市场经济与法制建设——华东
　　政法学院建院45周年文集》，法律出版社．-1997

孔子法思想辨正/马作武//法学评论．-1998，1

商鞅的预防和治理犯罪思想/杨鹤皋//政法论坛．-1998，1

先秦儒家法律思想探源/吕安青//政法论坛．-1998，1

秦简《语书》中的法治思想/王健//研究生法学．-1998，1

韩非术、法、势的心理思想探析/毕世响//徐州师范学院学报（社科版）．

-1998，1

老子政治法律思想刍议/袁敏殊//安徽史学．-1998，1

论韩非法治思想的本体依据和理论阐释/宫桂芝//求是学刊．-1998，1

帛老之犯罪学说初探/崔永东、龙文龙//文献．-1998，1

慎子法治思想概述/刘斌//管子学刊．-1998，1

《管子》法律思想初探/宋玉顺//管子学刊．-1998，2

先秦儒家治安思想对现代社会治安的参鉴价值/江锡华//社会公共安全研究.
　　-1998，2

论管仲的法律思想对齐国法治的影响/赵玉林、张迎秀//管子学刊．-1998，3

略论荀子的法治思想/王笃芳//管子学刊．-1998，3

法家法治主义与秦王朝之兴衰/杨培景//黄淮学刊（社科版）．-1998，3

法家思想与秦朝的速亡/刘仲一//求是学刊．-1998，3

《法经》中"形—名"思想探源/郭梨华//安徽大学学报（社科版）.
　　-1998，3

韩非"务法不务德"思想及其伦理价值/韩超//河南师范大学学报（哲社科
　　版）．-1998，3

论荀子的礼法观/韩德民//社会科学战线．-1998，4

商鞅的经济法律思想述论/高积顺//河北法学．-1998，4；又载《法律史论
　　丛》第6辑，山东大学出版社．-1999

荀子的性恶论及其法治倾向/刘文静//政法学刊．-1998，4

管、商异同论/盛建国//政法论丛．-1998，5

试析《管子》的法律思想/宣兆琦、李华//理论学刊．-1998，6

荀子的"隆礼重法"思想及其现代意义/王群英//高校理论战线．-1998，9

孔子法律观新论/马作武//《儒家思想与现代道德与法治》，吉林人民出版
　　社．-1998

论春秋时期法律思想的发展变化/乔伟//《法律史论丛》第4辑，江西高校出
　　版社．-1998

论邓析/高积顺//《法律史论集》第1卷，法律出版社．-1998

《吕氏春秋》论道和法/张鸣芳//当代法学．-1999，1

墨子的法律观/刘彦林//新西部．-1999，1

试探孔子的法律思想/王娆//甘肃政法学院学报．-1999，1

《论语》"中庸"思想及其法文化的浅析/王培松//贵州省政法管理干部学院
　　学报．-1999，1

论荀子的"隆礼重法"思想/刘志//西安建筑科技大学学报（社科版）.
　　-1999，1

论秦朝法制中儒家法律思想/刘远征//西安建筑科技大学学报（社科版）.
　　-1999，2

管子思想法利之辨/明平//烟台大学学报（哲社科版）.-1999，2

墨子法律思想中的尊天事鬼观/刘向明//龙岩师专学报.-1999，2

论孔子的法哲学体系/王娆//人文杂志.-1999，2

《管子》民为国本的法治思想/马建红//管子学刊.-1999，2

《管子》法治思想析论/王强//管子学刊.-1999，3

稷下道家法律思想初探/王小兰//政法论丛.-1999，3

简论商鞅的"法治"思想/覃碧琴//广西教育学院学报.-1999，3

先秦儒家法律思想浅论/张汉静//中共太原市委党校学报.-1999，3

韩非论官吏与法的关系探析——兼与儒、道、墨、前期法家比较/邓玲//海南
　　大学学报（社科版）.-1999，3

荀子的"混合法"理论/武树臣//《判例与研究》.-1999，3；又载《判例制
　　度研究》，人民法院出版社.-2004

帛书《老子》甲乙本中的法律思想试析/崔永东//政法论坛.-1999，4

孟子法律思想及对当今法治建设的启示/王霄燕//大同职业技术学院学报.
　　-1999，4

墨子的法律观新探/杨永林//嘉应大学学报.-1999，4

先秦经典中的法学思想评析/何勤华//河南省政法管理干部学院学报.
　　-1999，5

韩非"法治"思想刍议/张家国//黄冈师范学院学报.-1999，5

春秋战国时期法律思想的进步意义/刘秀珍//山西高等学校社会科学学报.
　　-1999，6

齐国法治思想学术讨论专辑前言/徐祥民//管子学刊.-1999，增刊

戎事与法制——管仲的法律思想对齐国法治的影响/徐进//管子学刊.-1999，
　　增刊

论晏子的法律思想/冯潇//管子学刊.-1999，增刊；又载《百年回眸：法律
　　史研究在中国》第2卷，中国人民大学出版社.-2009

齐国法治赏罚思想之我见/张玉书//《法律史论丛》第6辑，山东大学出版
　　社.-1999

稷下道家及其法律思想/王萍//《法律史论丛》第6辑，山东大学出版

社. -1999

商鞅的吏治思想/汪汉卿、夏扬//《法律史论丛》第 6 辑，山东大学出版社.
　　-1999；又载《中国历史上的法制改革与改革家的法律思想》，山东大学
　　出版社. -2001

简论商鞅的"法治"思想/王祖志//《法律史论丛》第 6 辑，山东大学出版
　　社. -1999

荀子法律思想新论/武树臣//《法律史论集》第 2 卷，法律出版社. -1999

韩非法思想的价值取向/周子良//《三晋文化学术研讨会论文专集》，山西古籍
　　出版社. -1999

论荀子"隆礼至法"的礼法观/陈延庆//管子学刊. -2000，1

孟子法律思想浅议/吴斌//承德民族师专学报. -2000，1

秦人为什么选择法家/王磊//宝鸡文理学院学报. -2000，1

略谈秦的"以法治吏"/黑广菊//聊城师院学报. -2000，2

论春秋时期刑罚思想的历史地位/官性根//重庆教育学院学报. -2000，2

略论孔子的法律思想/李海霞//山东公安专科学校学报. -2000，2

试述先秦的"法治"理论/周海燕//云南法学. -2000，2

《郭店楚墓竹简》在先秦法律思想史研究上的价值/崔永东//法学研究.
　　-2000，2

孔子法律思想的哲学思考/欧阳祯人//法学评论. -2000，3

云梦秦简中秦律的经济观探微/汤凌慧//辽宁师范大学学报. -2000，3

《管子》的依法治国思想/程宗璋、姜晓妮//昆明冶金高等专科学校学报.
　　-2000，3

论荀子"隆礼至法"的礼法观及其现实意义/陈延庆//山东科技大学学报（社
　　科版）. -2000，3

为往圣继绝学，为万世开太平：荀子法思想辨证/何邦武、柯卫//广东法学.
　　-2000，4

论秦始皇的法治主义/李元//北方论丛. -2000，4

论《文子》中"法"的思想/褚兆勇//管子学刊. -2000，4

秦简中吏治思想的考察/方利平//淮北煤炭师院学报. -2000，4

孟荀法律思想比较研究/张泳//南京师范大学学报. -2000，5

先秦兵家法律思想概要/张少瑜//法学研究. -2000，5；又载《法苑撷英》上
　　卷，中国社会科学出版社. -2008；《百年回眸：法律史研究在中国》第
　　2 卷，中国人民大学出版社. -2009

商鞅法哲学研究/曾振宇//史学月刊. -2000，6

吴起法律思想述略/达知//法学. -2000，7

20 世纪的先秦儒家礼法思想研究/任强//学术研究. -2000，10

秦礼治文化述论/黄留珠//《秦俑秦文化研究》，陕西人民出版社. -2000

先秦法家思想对秦政治及后世的影响/高波、张东轩//《文物考古论集》，三秦
　　出版社. -2000

论商鞅的法治思想及其实现/汪汉卿//《中国传统法律文化与现代法治》（《法
　　律史论丛》第 7 辑），重庆出版社. -2000；又载《汪汉卿法学文选》，
　　安徽人民出版社. -2004

论法与孔子的礼治思想/袁宗建//荷泽师专学报. -2001，1

先秦儒法两家的治国方略与法律思想/杨思斌//安庆师范学院学报. -2001，1

和谐顺道的法律观：老子法律思想新探/何兆升//广西政法管理干部学院学
　　报. -2001，1

中国传统法律思想的研究范式——以先秦儒家的礼法思想为例/任强//现代法
　　学. -2001，1

文子法思想探析/刘绍云//理论学刊. -2001，1

孔孟治安学解读/陈鸿彝//江苏公安专科学校学报. -2001，1

墨子治安学解读/陈鸿彝//江苏公安专科学校学报. -2001，2

再说《韩非子》/赵晓耕//河南省政法管理干部学院学报. -2001，2；又载
　　《继承与创新——中国法律史学的世纪回顾与展望》（《法律史论丛》第 8
　　辑），法律出版社. -2001

浅析《论语》中孔子的法律思想/卓洪涛、杨化忠//河南省政法管理干部学院
　　学报. -2001，2

秦朝法治失败原因的理性思考/史广全//求实学刊. -2001，3

孔子法律目的说析论：兼议孔子法律思想的核心/艾永明//江苏社会科学.
　　-2001，3

仁政理想与礼法并施的冲突与融合：孟子与荀子刑法思想之比较/刘柱彬//法
　　学评论. -2001，3

商鞅的"普法"思想及其现代价值/高英彤、王凌皓//法制与社会发展.
　　-2001，4

老庄治安学解读/陈鸿彝//江苏公安专科学校学报. -2001，4

慎到的法理学说/王晓毅//东岳论丛. -2001，6

《礼记·月令》与古代自然法思想/王启发//炎黄文化研究. -2001，8

先秦礼法之争及其法哲学解析/李晓明//当代法学. -2001，9

千年沧桑评商鞅/曾振宇//《继承与创新——中国法律史学的世纪回顾与展望》（《法律史论丛》第8辑），法律出版社. -2001

论法家先驱/徐祥民//《继承与创新——中国法律史学的世纪回顾与展望》（《法律史论丛》第8辑），法律出版社. -2001

《郭店楚墓竹简》与儒家预防犯罪学说/崔永东//《法律史论集》第3卷，法律出版社. -2001

先秦儒家礼法思想中的道德与法律/任强//《法律史论集》第3卷，法律出版社. -2001；又载《中西法律传统》第1卷，中国政法大学出版社. -2001

商鞅的吏治思想/汪汉卿//《中国历史上的法制改革与改革家的法律思想》，山东大学出版社. -2001；又载《汪汉卿法学文选》，安徽人民出版社. -2004

论管仲的法律思想/赵玉环//政法论丛. -2002，1

先秦儒家文化与知识产权法律/崔立红//烟台大学学报（哲社科版）. -2002，1

孔子法律思想初探/王宏//广西右江民族师专学报. -2002，1

"法者，民之父母也"：管子立法思想的现实意义/张庆旭//阜阳师范学院学报. -2002，1

先秦儒、墨、道、法教育哲学三题/张学强//西北师大学报（社科版）. -2002，1

先秦诸子论礼与法（上、下）/王启发//燕山大学学报（哲社科版）. -2002，1、2

先秦礼法之争的现代思考/李彩晶//惠州学院学报. -2002，2

试论先秦儒家的犯罪学思想/李广辉、余小满//河南大学学报（社科版）. -2002，2

《云梦秦简》的治安学解读/陈鸿彝//江苏公安专科学校学报. -2002，2

商鞅法治理论及其现代借鉴/萧伯符//中国法学. -2002，2；又载《中国法史学精萃》2001—2003年卷，高等教育出版社. -2004；《南湖法学论衡——中南财经政法大学六十周年校庆法学论文集萃》，北京大学出版社. -2008

春秋战国时期"法治""德治"思想探析/刘开兵//行政与法. -2002，2

对荀子"隆礼重法"思想的现实思考/李云飞、李鹏飞//理论探索. -2002，2

论"以德去刑"与"以刑去刑"/魏培良、陈士果//管子学刊．-2002，2

人性、霸道及权力意志——韩非子的法哲学论析/李振纲//燕山大学学报（哲
　　社科版）．-2002，3

三晋法家思想的华与实/周子良、王华、焦艳鹏//山西大学学报（哲社科版）．
　　-2002，3

《黄老帛书》法治思想初探/张增田//华南理工大学学报（社科版）．
　　-2002，3

论先秦诸子的执法观/吴秋红//高等函授学报．-2002，3

试论荀子礼法结合的治国思想/张绪刚、吴颖梅//华北电力大学学报．
　　-2002，3

商鞅法治论中的"禁使"/徐祥民//山东公安专科学校学报．-2002，3

荀子"隆礼重法"的中道尝试/沈寨、邓红蕾//理论月刊．-2002，4

春秋时期"法治"思想先驱管仲/江仁宝//炎黄春秋．-2002，4

孔子法律思想简论/王雷松//河南大学学报（社科版）．-2002，4

无讼与刑中：孔子的法律思想/陈科华//益阳师专学报．-2002，4

试论孔子关于犯罪的论述/李颖红//合肥工业大学学报．-2002，4

试论秦朝"法治主义"的经验教训/李云凯、孙开禹//黑龙江省政法管理干部
　　学院学报．-2002，4

《司马法》和《孙子兵法》军事法制思想的比较/刘向阳//泰安师专学报．
　　-2002，4

论孔子法律思想研究的立场与方法：以法治为视角/齐延平//山东大学学报
　　（哲社科版）．-2002，5

论商鞅变法对秦文化传统的顺应与整合/王绍东//内蒙古大学学报（哲社科
　　版）．-2002，5

先秦法律思想中的"尚一"意识/夏彦才//武汉理工大学学报．-2002，5

先秦儒家的君权合法性论证浅析/欧阳祯人//社会科学战线．-2002，5

先秦兵书军事法律文化探微/俞正山//中国军事科学．-2002，6

荀悦的法治思想/刘治立//甘肃高师学报．-2002，6

韩非子的"法治"思想及其现实意义/张翠萍//山西高等学校社会科学学报．
　　-2002，7

孔孟"德之刑辅、以礼统法"的中道理想/刘健虎、邓红蕾//理论月刊．
　　-2002，8

孔子、荀子的犯罪论比较/喻福东、陈少锋//社科与经济信息．-2002，8

论韩非的法治思想/王虹//青海教育. -2002，10

《文子》的法治思想/王三峡//江汉论坛. -2002，10

荀子的"分"与环境法的本位/徐祥民//当代法学. -2002，12

申不害的法治思想及其局限性/徐祥民//《中南法律评论》创刊号，法律出版
　　社. -2002；又载文史哲. -2003，2

论儒家的世界秩序观/钟继军//《中南法律评论》创刊号，法律出版社. -2002

帛书《黄帝四经》中的阴阳刑德思想初探/崔永东//（台湾）《哲学与文化》
　　第 29 卷第 4 期. -2002

关于荀子的法律思想的几点看法/杨景凡//《景凡文存》. -2002；又载《百年
　　回眸：法律史研究在中国》第 2 卷，中国人民大学出版社. -2009

反国家主义：儒家法律思想的一个基本倾向/王强//《走向二十一世纪的中国
　　法文化》（《法律史论丛》第 9 辑），上海社会科学院出版社. -2002

墨家"推类"思想对中国传统法文化的影响/林昌华、郑取//《走向二十一世
　　纪的中国法文化》（《法律史论丛》第 9 辑），上海社会科学院出版社.
　　-2002；又载南京社会科学. -2003，2；《法律史论集》第 5 卷，法律出
　　版社. -2004

法家的法律思想研究/徐祥民//《青蓝集：张晋藩先生指导的法学博士论文萃
　　编》，法律出版社. -2002

晏子"刑、德"思想试探/马斗成//青岛大学师范学院学报. -2003，1

试析中国传统法家的法治思想/贾建平//郑州牧业工程高等专科学校学报.
　　-2003，1

孔子的"德主刑辅"思想及其与中国法治与德治的现实对话/叶成朋、彭勇//
　　广西政法管理干部学院学报. -2003，1

先秦诸子的廉政思想/王萍、刘杰//山东大学学报（哲社科版）. -2003，1

韩非法治思想评析/李秀娟//重庆社会科学. -2003，1

《尉缭子》的军事法制思想/刘向阳//政法论丛. -2003，1

试论管仲法治思想及现代意义/张英俊//管子学刊. -2003，2

荀子礼法关系论/陆建华//安徽大学学报（社科版）. -2003，2

《管子》之法与中国古代国家管理思想/王京龙//东岳论丛. -2003，3

儒法墨道之犯罪行为防治论/金其高//犯罪研究. -2003，3

荀子"隆礼重法"观辨析/米继军//内蒙古社会科学（汉文版）. -2003，3

先秦法治思想形成和发展的社会历史原因/肖顺昌//邵阳学院学报. -2003，3

都鄙有章，上下有服：评春秋先哲子产的依法治国之道/李茂军//南华大学学

报．-2003，3

荀子与韩非法治思想之比较/赵涛//山东公安专科学校学报．-2003，3

论孔子法律思想研究的立场与方法——以法治为视角/齐延平//山东大学学报（哲社科版）．-2003，5

《管子》法治思想论析/邓加荣//法学杂志．-2003，6

论慎到的法律观/马作武//法学家．-2003，6

韩非"法通人情"论探析——解读韩非的治乱思想/宋洪兵//社会科学战线．-2003，6

法家"以刑去刑"理论及实践的诸分析/史广全、李景瞳//学术交流．-2003，7

先秦时期法制思想中蕴涵的保障性管理制度观念/王智利//学术交流．-2003，12

新出土竹简与古代法律思想史研究/崔永东//《历史文献学论集》，崇文书局．-2003

韩非法律思想中的"法、势、术"/王红//管子学刊．-2004，1

论春秋战国时期的治国思想/王建中//黑龙江社会科学．-2004，1

论《大学》和《中庸》的法律思想/赵玉环//政法论丛．-2004，1

商鞅社会理想探析/隋淑芬//首都师范大学学报（社科版）．-2004，1

慎到法律思想研究/徐建昭//克山师专学报．-2004，1

墨子的法律观评析/马作武//法学评论．-2004，2

略论先秦"人治"与"法治"思想的论争实质/傅晓华//云梦学刊．-2004，2

商鞅预防犯罪的思想/隋淑芬//齐鲁学刊．-2004，2

秦人政治文化的特色/王世荣//西北大学学报（哲社科版）．-2004，2

先秦法家法哲学思想概论/谢昀、冉晔//国家检察官学院学报．-2004，2

论孔孟"德治"和"仁政"的政治思想/罗国栋//黔东南民族师范高等专科学校学报．-2004，2

浅析子产的依法治国之道/李茂军//河北青年管理干部学院学报．-2004，2

韩非子的权力制约思想/孙季萍、徐承凤//烟台大学学报（哲社科版）．-2004，3

春秋战国时期法家法制思想的发展/王岚飞//黑龙江省政法管理干部学院学报．-2004，3

孔子的预防犯罪思想与我国犯罪预防体系的完善/胡建华//新乡师范高等专科

学校学报．-2004，3

三晋法文化的源与流——先秦法家思想集大成者韩非的思想渊源/赵晓耕//山
　　西大学学报（哲社科版）．-2004，3

商鞅的法律思想及其启示/宫宏祥//太原理工大学学报（社科版）．-2004，3

孔、荀礼制合理性的论证及对中国传统法制文化的影响/夏清瑕//山东社会科
　　学．-2004，3

先秦法家的法治精神内涵/关健英//北方论丛．-2004，3

试论管仲的法律思想/赵锦程//管子学刊．-2004，3

《管子》"刑、德"思想述论/马斗成//管子学刊．-2004，4

论管仲的法治思想/张要登//管子学刊．-2004，4

先秦法律观念的德治特色/张应峰//管子学刊．-2004，4

先秦道家法律思想研究：兼审道家对儒家礼治学说的总体态度/李晓明//河北
　　法学．-2004，4

略论荀子的法理思想/郭明月//开封教育学院学报．-2004，4

浅议荀子对封建正统法律思想的影响/周梅//安徽农业大学学报（社科版）．
　　-2004，4

商鞅法治思想的价值透视/唐华琳//嘉兴学院学报．-2004，4

从夏商到春秋时期法律思想的嬗变/韩慧//山东师范大学学报（人文社科版）．
　　-2004，5

论孔子的司法观/武志坚//云南财贸学院学报（社科版）．-2004，5

商鞅法治思想初探/景亚岩//东南大学学报（哲社科版）．-2004，6

略论先秦时期儒家与法家对法的认识/马珺//中州学刊．-2004，6

管仲法律思想述评/马作武//山东社会科学．-2004，8

小议秦律严苛背后的法治精神/尹硕//中学历史教学参考．-2004，11

荀子"隆礼重法"思想及其启示/邱磊//理论学刊．-2004，12

法家的法律思想概述/张国华//《传统中国法理探源——张国华教授八秩冥寿
　　纪念集》，北京大学出版社．-2004；又载《百年回眸：法律史研究在中
　　国》第2卷，中国人民大学出版社．-2009

出土文献：战国的法律与哲学//罗凤鸣著，孔庆平译，苏亦工校//《美国学者
　　论中国法律传统》增订版，清华大学出版社．-2004

仁法哲学：《论语》中的孔子法思想新解/高珣//《法律史论集》第5卷，法律
　　出版社．-2004

孔子"德主刑辅"思想初探/鲁玉桃//船山学刊．-2005，1

孔子的礼法思想/吕家林//安顺师范高等专科学校学报．-2005，1

论神权法思想对先秦儒家法律思想的影响/冉飞//贵州教育学院学报．
　　-2005，1

历史视阈中的先秦"德刑之辩"及其现代观照/范松仁//陕西理工学院学报．
　　-2005，2

商鞅关于防范官吏犯罪的思想及其启示/隋淑芬//中国人民公安大学学报．
　　-2005，2

先秦儒家政治文化中的权力制约思想/孙季萍//烟台大学学报（哲社科版）．
　　-2005，2

先秦儒家政治伦理化的德治观及其现代意蕴/郁大海//淮阴工学院学报．
　　-2005，2

《荀子》"礼、法"思想试探/马纳//青岛大学师范学院学报．-2005，2

韩非的法律形式主义思想/丘丽明//中山大学研究生学刊．-2005，3

论商鞅预防和治理官吏犯罪的思想/张文安//河南社会科学．-2005，3

商鞅学派犯罪学理论探析/王荣//商丘师范学院学报．-2005，3

试论老子法律思想的逻辑体系/崔兰琴//湖北广播电视大学学报．-2005，3

谈《庄子·天道》中关于裁判方法与司法调制的几个问题——兼议先秦道墨
　　两派裁判逻辑之争/周兴生//法制与社会发展．-2005，4

变法乎？不变矣！——《商君书》中的变法思想/李文波//重庆邮电学院学报
　　（社科版）．-2005，4

"法"与"道"——韩非政治法律思想源流辨析/周春生//上海师范大学学报
　　（哲社科版）．-2005，4

论荀子的礼法价值观/高春花//河北大学学报（哲社科版）．-2005，4

商鞅法治思想的缺失/袁庆东//徐州教育学院学报．-2005，4

试论孔子的"德治"思想/谢菲//武汉船舶职业技术学院学报．-2005，4

试论墨家兼爱兼利的法律观/张晓光//信阳师范学院学报．-2005，4

论韩非对商鞅重刑思想的发展/韩千//社科纵横．-2005，4

论荀子的治国方略及其学理依据/高春花//道德与文明．-2005，4

论《黄帝帛书》的刑德思想/徐文武//河南社会科学．-2005，4

略论东周时期的民本与法治思潮/赵缊//管子学刊．-2005，4

谈荀子的法律思想/杨军//沈阳大学学报．-2005，5

《墨子·经说上》中"湿故"的考释：墨家法律逻辑的重构/周兴生//唐都学
　　刊．-2005，5

先秦法家的监察思想浅探/陈谦//西北大学学报（哲社科版）．－2005，6

《鹖冠子》与战国时期的"法"观念/王沛//华东政法学院学报．－2005，6

从容隐原则析儒家思想的人权色彩/马念珍//贵州警官职业学院学报．
　　－2005，6

试论《管子》的行政法思想/张越//齐鲁学刊．－2005，6

法家重刑思想的逻辑分析/霍存福//法制与社会发展．－2005，6

试论商鞅的法律实施理论及作用/胡兴东//玉溪师范学院学报．－2005，7

荀子礼治思想的重新审视/卞修全//哲学研究．－2005，8

法家"法治"迥异于现代法治/马小红//中国社会科学院院报．－2005，9．6

韩非法律思想在现代法学理论上的意义——以其哲学基础为中心/林文雄//
　　《法制史研究》第7期，中国法制史学会、"中央研究院"历史语言研究
　　所．－2005

"民之父母"与先秦儒家古典宪政思想初探——从上博楚竹书简文谈起/李念
　　祖//《法制史研究》第7期，中国法制史学会、"中央研究院"历史语言
　　研究所．－2005

《黄帝帛书》与黄老法律思想/王沛//《法律文献整理与研究》，北京大学出版
　　社．－2005；又载《法律文化研究》第1辑，中国人民大学出版社．
　　－2006

荀子"有法者以法行，无法者以类举"说初探——《荀子》读书札记之一/
　　张晓光//《法律文献整理与研究》，北京大学出版社．－2005

马王堆汉墓帛书《周易》中的法律观念与法律制度/崔永东//《长沙三国吴简
　　暨百年来简帛发现及研究国际学术研讨会论文集》，中华书局．－2005

论荀子礼法正义思想及其现代意义/孙祥生//中共长春市委党校学报．
　　－2006，1

先秦儒家法律思想中的"礼治"及其启示/刘红升//西安外事学院学报．
　　－2006，1

从先秦"天人合一"探源"礼法结合"——构建和谐社会的历史启迪/张荣
　　贵//新余高专学报．－2006，1

礼治、德治、人治：试论先秦儒家法律思想/刘港//兰州教育学院学报．
　　－2006，1

《管子》礼法关系简论/张连伟//聊城大学学报（社科版）．－2006，2

《商君书》"以奸民治善民"论探析/李禹阶//重庆师范大学学报（哲社科
　　版）．－2006，2

先秦诸子法律发生论/陆建华//长安大学学报．-2006，2

先秦法家的法律起源思想评论/丁德春//广西大学梧州分校学报．-2006，2

竹简兵书中的法律思想研究/崔永东//法学家．-2006，2

法家法治思想的再评说/刘广安//华东政法学院学报．-2006，2

新出土文献与先秦法律思想/王沛//华东政法学院学报．-2006，3

韩非"以法为教"的德化思想论/许建良//现代法学．-2006，3

试论商鞅法律思想之刑罚目的/蔺小强//山东大学研究生学志．-2006，3

论荀子对礼与法的改造及其法文化意义/孙祥生//前沿．-2006，5

从先秦"心学"看"原心论罪"之必然/张荣贵//无锡商业职业技术学院学
　　报．-2006，5

法律视阈下先秦法制和谐思想之嬗变/孙光妍、桑东辉//求是学刊．-2006，
　　5；又载《中国历史上的法律与社会发展》，吉林人民出版社．-2007

中国先秦犯罪思想初探/冯引如//犯罪研究．-2006，6

荀子法律观之人性论的逻辑分析/傅珊//理论月刊．-2006，7

法家重刑思想的现代省察/陈劲阳//理论学刊．-2006，9

《尉缭子》法律思想述略/张少瑜//《中西法律传统》第5卷，中国政法大学出
　　版社．-2006

法治视野下先秦儒家"社会和谐观"之反思/梁灯、张洪林//《2005年全国法
　　理学研究会论文选》，中国政法大学出版社．-2006

中国上古政法思维模式之基础/杨师群//《人文社会科学新探》第3辑，中国
　　大地出版社．-2006

论先秦儒法之争及对中国现代法治和谐社会的借鉴意义/丁立波、欧阳军//法
　　制与经济（下半月）．-2007，2

略论《管子》的法的价值思想/杨柳//管子学刊．-2007，2

中国古代立法文化精神溯源：关于先秦诸子立法理论的初步研究/史广全//孔
　　子研究．-2007，2

论墨子法律思想的特点/张清学、包家新//攀枝花学院学报．-2007，2

先秦法家对《周礼》的继承和发展：兼论连坐法和法家"以吏为师，以法为
　　教"文化专制的形成/杨玲//兰州大学学报（社科版）．-2007，2

浅谈人性论对先秦法律思想的影响/张晓峰//安徽广播电视大学学报．
　　-2007，2

先秦人性论对后世法律思想的影响/毛毛//广播电视大学学报（哲社科版）．
　　-2007，3

论道家的法律思想及其影响/陈新明、曹建东//长沙铁道学院学报（社科版）.
　　-2007，3

论韩非的立法艺术的思想及对现代的启示/谭艳、尹建元//三峡大学学报（人
　　文社科版）. -2007，3

"守藏之史"与老子的法律思想/黄震云//宝鸡文理学院学报（社科版）.
　　-2007，3

浅论秦朝法治思想与法治的得失/孙海芳//湖北成人教育学院学报. -2007，3

韩非法治思想及其消极后果/洪琢//南京理工大学学报. -2007，3

论商鞅法律思想之刑罚目的/喻名峰、曹兴华//时代法学. -2007，3

法的视角："孟子论舜"再讨论/俞荣根、吕文荣、陈伟方//东方法学.
　　-2007，3

《老子》法哲学中的"常"与"名"/王沛//法制与社会发展. -2007，3

试论秦朝法治思想进步性/徐畅//法制与社会. -2007，4

法家"法治"主张史鉴/陈银英//法治论坛. -2007，4

屈原法律思想探微/徐昱春//云梦学刊. -2007，4

试论法家思想对秦代及后代文书档案立法的影响：以睡虎地秦简为中心/何
　　庄//档案学通讯. -2007，4

黄老学的法哲学原理、公共性和法律共同体理想：为什么是"道"和"法"
　　的统治/王中江//天津社会科学. -2007，4

论战国时期的狱政思想/白焕然//河南司法警官职业学院学报. -2007，4

以刑去刑：商鞅学派的预防犯罪心理学分析/张文安//商丘师范学院学报.
　　-2007，4

《文子》中的黄老"法"理论/王沛//辽宁大学学报（哲社科版）. -2007，4

韩非之"刑法"在汉武时代的嬗变/陈金花//宁夏大学学报. -2007，4

先秦道家法律思想流派略论/朱腾//江苏警官学院学报. -2007，5

"孔子难题"的法学意蕴/聂长建、李国强//太原师范学院学报（社科版）.
　　-2007，5

论墨子法哲学思想的三大立论根据/包家新//攀枝花学院学报. -2007，5

商鞅法律思想之刑罚目的论/蔺小强//怀化学院学报. -2007，6

孔子的"仁"学法律思想新论/龚培//合肥工业大学学报. -2007，6

先秦法家共同体的敌人：以法治国的规范理论/何海仁//政法论坛. -2007，6

"明者为法，微道是行"解诂：兼论黄老法律观/王沛//法商研究. -2007，6

论《论语》中"仁"的法律意义/朱腾//研究生法学. -2007，6

《商君书》中的经济法律思想——与《管子》的比较/承桂萍//法制与社会.
　　-2007, 6

周易中的"明德慎罚"观辨析/林明//周易研究. -2007, 6

李觏的礼法观/朱人求//孔子研究. -2007, 6

先秦法律思想探析：以法律用语为中心的考察/牟玉华、饶晶//江西社会科
　　学. -2007, 11

关于法家学说与秦代法制关系探讨/郑颖慧//河北法学. -2007, 11

法律视阈下先秦和谐思想之嬗变/孙光妍//《中国历史上的法律与社会发展》,
　　吉林人民出版社. -2007

论晏子廉政的法律思想/冯潇//《南开法律史论集 2007》, 南开大学出版
　　社. -2007

孔子法律思想批判/杨师群//《华东政法大学 2006 年学术文集》, 浙江人民出
　　版社. -2007

试论《管子》对法的渊源的探索/杨柳//管子学刊. -2008, 1

《管子》法思想中的民本理念/瓦永乾//管子学刊. -2008, 1

从云梦秦简看秦律的人道精神/姚国艳//山东科技大学学报（社科版）.
　　-2008, 1

浅析法家以法律统一思想的理论/张春平//沧州师范专科学校学报. -2008, 1

论孟子的立法伦理思想/黄云明//河北大学学报（哲社科版）. -2008, 1

从《性自命出》看郭店儒简的法律思想/吴礼明//华北水利水电学院学报（社
　　科版）. -2008, 1

柳下惠法律思想管窥/袁兆春、孔庆余//法学杂志. -2008, 1

略论孔子的法律思想/丁夏//西部法制报. -2008, 1. 19

先秦法家的法治思想及其对后世的影响/苏凤格//新乡学院学报（社科版）.
　　-2008, 2

从出土文献看孔子刑罚思想/陈桐生//郑州大学学报（哲社科版）. -2008, 2

法家"法治"思想与"普世主义法治观"/彭芸安//时代经贸（中旬刊）.
　　-2008, S2

商鞅法律思想中的社会控制理论分析/屈永华//法商研究. -2008, 3

荀子"性恶"法律思想探究/郭成伟、姜登峰//中国政法大学学报. -2008, 3

道家和法家法律思想中的和谐精神/崔永东//江苏警官学院学报. -2008, 3

孔子法律思想探析/田照军//兰州学刊. -2008, 3

先秦法家法治思想的衍变——以《管子》、《商君书》和《韩非子》为中心/

黄文娟//管子学刊. -2008，3

法家思想对我国现代法治建设的影响/桑志勇//高等教育与学术研究.
　　-2008，4

论春秋战国时期的社会变局与礼法之争/李桂民//聊城大学学报（社科版）.
　　-2008，4

解读法家法治思想/黄卓龄//法制与社会. -2008，4

儒家仁学宪政主义之我见/杜钢建//太平洋学报. -2008，4

墨子法哲学思想的历史意义与现代价值/祁雪瑞//中华文化论坛. -2008，4

杨朱思想之法律观辨析——以"一毛"与"天下"之辩为切入/马作武//政
　　法学刊. -2008，4

论荀子之礼的功能和目标/朱腾//研究生法学. -2008，4

秦律民法理念久远的人文精神/丁新正//江汉论坛. -2008，4

先秦儒法刑罚思想比较/张翅//法学杂志. -2008，5

先秦民本思想对中国古代法律思想的影响/王岚、郅兵//理论学习. -2008，5

从孔子对郑、晋颁布成文法的不同态度看孔子的礼法观/苏勇//中央社会主义
　　学院学报. -2008，5

孔子法思想刍议/鄢圣华//太平洋学报. -2008，6

论法律思想是法律制度的理论支撑——浅析儒家思想及秦朝的法律思想对法
　　律制度的影响/覃兴富//法制与社会. -2008，6

墨子"法仪"思想及其对建设社会主义法治国家的启示/高其文//农村经济与
　　科技. -2008，7

道法关系论——慎子法哲学思想探源/高燕//西南民族大学学报（人文社科
　　版）. -2008，8

浅析韩非重刑主义下的刑罚思想/王旭艳//商丘师范学院学报. -2008，10

先秦儒家"圣""君"立法思想及其法伦理意蕴/胡启勇//南京社会科学.
　　-2008，10

论管仲的经济法律思想/王鲁豫//现代商贸工业. -2008，11

先秦儒家法的内涵、性质及其伦理精神/胡启东//江西社会科学. -2008，12

孔子法律伦理思想探微/涂平荣//网络财富. -2008，13

荀子的礼法观/孙秀丽//法制与社会. -2008，27

论《文子》的法律思想/周娟娟、王前坤//法制与社会. -2008，31

浅析《论语》中的法及法德结合思想/孙中宁//科技信息. -2008，34

孟子法律思想批判/杨师群//《法律史研究》第3辑，中国方正出版社. -2008

试论老子的法律思想/桑玲//河南社会科学．-2009，1

法家"轻刑伤民"思想及其对当今的启示/马荣春、徐晓霞//江西社会科学．
　　-2009，1

韩非重刑思想的渊源/王小丹//郑州航空工业管理学院学报（社科版）．
　　-2009，1

法家法律思想概说及其现代启示/杨荣东//云南警官学院学报．-2009，2

"德礼"·"政刑"·"道之"——从孔子的"道之以德"说看传统中国治
　　道/朱苏人//北方工业大学学报．-2009，2

从《孟子·尽心上》第三十五章解读"亲亲相隐不为罪"/李晓君//贵州文
　　史丛刊．-2009，2

从《晏子春秋》看晏婴的法律思想/赵玉环//管子学刊．-2009，2

商鞅的法治理论和变法实践/杨杰//今日中国论坛．-2009，Z2

《管子》与汉初法制重构/吕华侨//管子学刊．-2009，3

礼与刑：《尚书》的法思想解读/朱晓红//西北大学学报（哲社科版）．
　　-2009，3

试论荀子的礼法思想/徐燕斌//昆明理工大学学报（法学版）．-2009，3

法家法律政治思想及其现代性评析/赵金科//社科纵横．-2009，3

杨朱思想的法学解读/马作武//法学评论．-2009，3

荀子的法律思想及其现代价值/汤莉莉//法制与社会．-2009，3

商鞅的法治思想探析/尹慧爽//法制与社会．-2009，4

道家思想对中国传统法律文化格局之影响/袁翔珠//北方法学．-2009，4

中国先秦法家的法哲学思想初探/陈文、丁小芬//长沙民政职业技术学院学
　　报．-2009，4

"法"与"法治"：商鞅法律思想解读/周向阳、张洁//湖州师范学院学报．
　　-2009，4

先秦诸子百家的和谐法律思想及现代价值/宋忠好//西南农业大学学报（社科
　　版）．-2009，5

韩非法律思想窥要/杨二奎、郜小军//黄河科技大学学报．-2009，5

法家"法治"论在国家治理中的作用/张锐智//法治论丛（上海政法学院学
　　报）．-2009，5

儒家法思想略论/陈应琴//广西社会科学．-2009，5

荀子的"法、类"说与中国传统司法的"确定性"问题/魏顺光//重庆师范
　　大学学报（哲社科版）．-2009，6

孔子政治法律思想的文化检视/王占通//吉林大学社会科学学报. -2009，6

论法家重刑思想及其对当代中国刑罚轻重的借鉴意义/陈杰中//湖北经济学院
　　学报（人文社科版）. -2009，7

商韩法家思想与传统帝政专制/龚培//兰州学刊. -2009，7

荀子对孟子法律思想的继承和发展及现代意义/张式杰//法制与社会.
　　-2009，7

论法家重刑的法学思想及其影响/林丛//东岳论丛. -2009，8

《吕氏春秋》"德治"法律思想研究/任海涛//前沿. -2009，8

荀子的礼法观/王兰香//发展. -2009，9

浅议法家法治思想中的赏罚观/刘红丽//法制与社会. -2009，9

墨子"杀盗非杀人"的法律价值分析/聂长建//兰州学刊. -2009，10

"礼崩乐坏"与"纳仁入礼"——以《论语》为中心的法理解读与现实思考/
　　袁瑜琤//太平洋学报. -2009，11

"无为"与"有为"——浅议道家法律思想与自然主义自然法/王盈、练成圳
　　子//法制与社会. -2009，15

试论孔子"无讼"思想及其对当代中国司法和谐的启示/王雨桐//法制与社
　　会. -2009，20

先秦儒法刑事政策思想比较/张丹华、李耀跃//法制与社会. -2009，35

申子刑名论与任法观发微——兼论"法"与"术"/马作武//《中山大学法律
　　评论》第7卷，法律出版社. -2009

论韩非法思想的价值目标/周子良、石雨卉//《三晋法学》第4辑，中国法制
　　出版社. -2009

道家的权力制约观/孙季萍//《法律文化研究》第5辑，中国人民大学出版
　　社. -2009

先秦儒家"信"的思想刍析——从法制文明视角展开/张培田、车才洪//《法
　　律文化研究》第5辑，中国人民大学出版社. -2009

论法家"务实功利"的价值观/时显群//社会科学家. -2010，1

孟子政治法律思想批判/杨师群//中国政法大学学报. -2010，1

儒家法律传统中的无讼和谐观/陈群//云南行政学院学报. -2010，2

荀子政治法律思想批判/杨师群//北方法学. -2010，2

黄老学派"类法治"思想探析/张继//管子学刊. -2010，2

荀子与礼法社会/马作武//北京日报. -2010，2. 8

齐文化法治思想与依法治国基本方略研究/张爱民//管子学刊. -2010，3

试论先秦儒法两家法律思想的冲突与协调/陶红武//山西社会主义学院学报.
　　-2010，3

礼法、刑法与道法：先秦法思想的三条路径/朱晓红//贵州社会科学.
　　-2010，3

韩非的法治理念/王立仁//政治学研究. -2010，4

荀子礼法学说新解/周伟//政法论坛. -2010，5

《墨子》中的宪法思想萌芽/任海涛//法学杂志. -2010，5

儒家"活法"初论/涂少彬、江河//法学评论. -2010，5

论孔子法思想的原创法文化意义/曾绍东//江西社会科学. -2010，5

《论语》中的宪法思想萌芽及其与西方比较/任海涛//政治与法律. -2010，7

论黄老学派的"君"与"法"/侯安琪//法学杂志. -2010，9

孟荀在中国政治法律思想史上的地位/王占通//《中国法律传统与法律精
　　神——中国法律史学会成立 30 周年纪念大会暨 2009 年会论文集》，山东
　　人民出版社. -2010

儒法法律观的融通/马作武、马腾//《中国法律传统与法律精神——中国法律
　　史学会成立 30 周年纪念大会暨 2009 年会论文集》，山东人民出
　　社. -2010

法家"法治"理论及治国作用考析/张锐智//《中国法律传统与法律精神——
　　中国法律史学会成立 30 周年纪念大会暨 2009 年会论文集》，山东人民出
　　版社. -2010

从礼到"礼法"：荀子的礼法思想/沈玮玮//《中国法律传统与法律精神——中
　　国法律史学会成立 30 周年纪念大会暨 2009 年会论文集》，山东人民出版
　　社. -2010

儒家的政治法律观与构建和谐社会/林明//《中华法系的形与魂》，中国人民公
　　安大学出版社. -2010

3. 汉

刘邦《大风歌》中的法治思想/晓孟//天津日报. -1974，12. 16

关于汉文帝的"人治"与法家的"法治"/吴永章//光明日报. -1980，
　　2. 12

试论秦汉之际法律思想的变化/段秋关//法学研究. -1980，5

董仲舒"德主刑辅"思想的初步研究/乔木青、何秀芳//《法律史论丛》第 2
　　辑，中国社会科学出版社. -1982

试论王符的法律思想/刘笃才//《法律史论丛》第 2 辑，中国社会科学出版
　　社. -1982

《淮南子》法律思想初探/段秋关//西北政法学院学报. -1983，1

董仲舒"德主刑辅"的法律思想体系/王占通、栗劲//河北学刊. -1983，3

简论《淮南子》的法律思想/王应瑄//法学评论. -1983，3、4

西汉初期统治集团法律思想评述/杨鹤皋//《法学论集》，北京市法学
　　会. -1983

汉初黄老学派法律思想略说/饶鑫贤//《法律史论丛》第 3 辑，法律出版
　　社. -1983

简析司马迁的刑法思想/朱枝富//中国政法大学学报. -1984，1

试论汉宣帝的法律思想/华友根//《法学论丛》第 2 辑，上海社会科学院法学
　　研究所. -1984

《淮南子》法律思想刍议/华友根//学术月刊. -1985，3

略论董仲舒刑罚思想/章权才//学术论坛. -1985，3

黄老的法律思想与文景之治/霍存福、栗劲//吉林大学社会科学学报.
　　-1985，4

试论战国、秦、汉时期立法指导思想的演变/孙家洲//杭州师院学报（社科
　　版）. -1986，1

董仲舒的"德主刑辅"思想简论/陈淑珍//政法丛刊. -1986，3

论从先秦到西汉法律思想的对立及其融合/马南//郑州大学学报（哲社科版）.
　　-1986，4

崔寔政治法律思想探微/刘建清//法学评论. -1986，6

董仲舒对孔子法律思想的继承与发展/高恒//《孔子法律思想研究》，山东人民
　　出版社. -1986

刘秀法律思想初探/朱明//南通师专学报（社科版）. -1987，2

秦汉法律思想的演进与法律制度的继承/姜德鑫//政法学习. -1987，3

董仲舒"德主刑辅"思想略论/高恒、蔚智前//东岳论丛. -1987，5

试论董仲舒的犯罪预防思想/王友才//法学与实践. -1988，1

试论王符法治思想的核心/王步贵//锦州师院学报（社科版）. -1988，1

《淮南子》中的犯罪心理学思想/艾永明、朱永新//苏州大学学报（社科版）.
　　-1988，3

封建正统法律思想改造秦汉律过程初探/王占通//政法丛刊. -1988，6

王符法律思想初探/华友根//社会科学（甘肃）. -1989，1

董仲舒的犯罪心理学思想研究/艾永明、朱永新//心理学探新．-1989，4

试论应劭的法律思想及其影响/华友根//法学研究．-1989，5

郑玄的"以经注律"及其法律观点/王应瑄//法学评论．-1989，5

汉武昭宣元时期法律思想变迁探实/王占通//西北师大学报（社科版）.
　　-1990，2

汉儒刑法观探析/秦学颀//重庆师院学报（社科版）．-1990，3

从司马迁笔下的执法者看他的法治思想/孙文铟//西南民族学院学报（哲社科
　　版）．-1990，5

汉武帝的法律思想/高恒//《中国法律史国际学术讨论会论文集》，陕西人民出
　　版社．-1990

西汉前期治国立法思想的变化及其对法制的影响/张景贤//河北学刊.
　　-1991，2

汉武帝的法制活动及其思想影响/华友根//甘肃社会科学．-1991，3

西汉法律儒家化散论/金眉//江海学刊．-1991，4

先秦两汉犯罪学思想刍议/莫洪宪//法学评论．-1992，3

张汤的法制活动及其影响/华友根//学术月刊．-1992，11

试论《淮南子》的法律思想/汪汉卿、张杰//安徽大学学报（社科版）.
　　-1993，1；又载《汪汉卿法学文选》，安徽人民出版社．-2004

论晁错的政治法律思想/王威宣//法林．-1993，2

董仲舒的法律思想/高恒//《秦汉法制论考》，厦门大学出版社．-1994

扬雄的法律思想/高恒//《秦汉法制论考》，厦门大学出版社．-1994

郑玄的法律思想及其历史地位/华友根//甘肃社会科学．-1995，2

董仲舒法律思想的宗教基因/魏春艳//青海民族学院学报（社科版）.
　　-1995，2

略论班固的法律思想/汪志强//黄冈师专学报（社科版）．-1995，2

司马迁对法的认识/徐万发//唐都学刊．-1996，1

董仲舒法律思想的几个问题/崔永东//《清华大学思想文化研究所集刊》第1
　　集，清华大学出版社．-1996

贾谊法律思想初探/袁兆春//临沂师专学报．-1997，1

司马迁刑德理论发微/陈国生//天府新论．-1997，1

西汉法制思想浅论/乔震山//南都学坛．-1997，1

《汉书·刑法志》中的法本源思想/王健//研究生法学．-1997，2

"天人合一"与秦汉法思想研究/陈静熔//法论．-1997，3

略论战国秦汉的经济立法思想/马克林//西北师大学报（社科版）．-1997，3

王符法治思想评议/杨彦平、姚继荣//青海师范大学学报（社科版）．
　　-1997，3

董仲舒法律思想初探/张成凭//信阳师范学院学报（社科版）．-1997，4

汉朝立法指导思想的转变/田莉姝//贵州师范大学学报（社科版）．-1998，1

司马迁法制思想浅议/鞠传文、史云芬//山东教育学院学报．-1998，3

董仲舒的法律思想和司法实践/武树臣//《法律史论集》第 1 卷，法律出版
　　社．-1998

法家思想对汉初统治集团的影响/徐进//《法律史论集》第 1 卷，法律出版
　　社．-1998

《王杖十简》与《王杖诏书令册》法律思想研究——兼及"不道罪"考辨/崔
　　永东//法学研究．-1999，2

"以德治国"与汉代社会/向晋卫//西安建筑科技大学学报（社科版）．
　　-1999，2

试论东汉后期的法治思潮/刘中建//聊城师范学院学报（哲社科版）．
　　-1999，4

论司马迁的法律思想/徐晓光//南京大学法律评论．-1999，秋季号

东汉的律学及其影响/张积//《中国古代法律文献研究》第 1 辑，巴蜀书
　　社．-1999

论汉代法律思想与法律制度的变革/崔永东//《法律史论丛》第 6 辑，山东大
　　学出版社．-1999；又载孔子研究．-2000，1

董仲舒的法哲学思想/庆明//烟台大学学报（哲社科版）．-2000，1

汉文帝"约法省刑"略述/汤凌慧//辽宁师专学报．-2000，1

简论郑玄在法律学上的成就/吴存浩//昌潍师专学报．-2000，1

《春秋决狱》轶文评析/周少元//安徽大学学报（社科版）．-2000，2

贾谊礼法观刍议/刘永艳//河北建筑科技学院学报．-2000，3

先德后刑——刘向的法律思想/华友根//《中国传统法律文化与现代法治》
　　（《法律史论丛》第 7 辑），重庆出版社．-2000

秦汉间的儒法合流及其影响/刘宝树//孔子研究．-2001，3

班固"天人合一"的法制观及渊源——兼与姜晓敏同志商榷/任汝平//江西社
　　会科学．-2001，11

贾谊治安学解读/陈鸿彝//江苏公安专科学校学报．-2002，1

论汉代诸子的"德治"与"法治"思想/陈新岗//东岳论丛．-2002，4

张家山汉简所反映的适用刑罚原则/李均明//郑州大学学报（哲社科版）.
　　-2002, 4

公平：道家黄老学派的法价值追求/张增田//安徽大学学报（社科版）.
　　-2002, 5

论司马迁的德教与政刑的思想/华友根//政治与法律. -2002, 5

春秋决狱对礼法融合的促动/史广全//哈尔滨学院学报. -2002, 7

《汉书·刑法志》中的德法观/关健瑛//高校理论战线. -2002, 12

礼乐最重要，法令不可少——司马迁的法律思想/华友根//《走向二十一世纪
　　的中国法文化》（《法律史论丛》第 9 辑），上海社会科学院出版
　　社. -2002

"法天而行"：董仲舒天论的民本主义倾向/曾振宇//《走向二十一世纪的中国
　　法文化》（《法律史论丛》第 9 辑），上海社会科学院出版社. -2002

论班固的刑法思想/赵永春、兰婷//吉林师范大学学报（人文社科版）.
　　-2003, 1

董仲舒的法律思想简论/曾加//西北大学学报（哲社科版）. -2003, 2

论陆贾的"礼""法"思想/李禹阶//重庆师院学报. -2003, 3

略论西汉控制犯罪的理论对策/姜晓敏//政法论坛. -2003, 4

试论刘向的法律思想及其影响/华友根//政治与法律. -2003, 5

张家山汉简中的法律思想/崔永东//法学研究. -2003, 5；又载《中国法史学
　　精萃》（2001—2003 年卷），高等教育出版社. -2004

从《盐铁论》看桑弘羊的法律思想/孙冕//淮阴师范学院学报. -2003, 5

略论董仲舒的"以德为国"思想/关健英//中国哲学史. -2004, 3

从《二年律令》看儒家思想对西汉立法的影响/刘欢、赵璐//人文杂志.
　　-2004, 4

《二年律令》中的《贼律》及其法律思想初探/曾加//西北工业大学学报（社
　　科版）. -2004, 4

《二年律令》中的《盗律》及其法律思想初探/曾加//西安电子科技大学学报
　　（社科版）. -2004, 4

论汉朝立法指导思想的转变与社会发展的同步性/田莉姝//贵州社会科学.
　　-2004, 4

阴阳五行学说与秦汉法律路线之选择/方潇//法商研究. -2004, 6

"春秋决狱"的国本位与家本位思想/易丽华、徐峙//长江大学学报（社科
　　版）. -2004, 6

简论淮南王刘安法哲学思想/张德广//广西社会科学. -2004, 8

秦汉时期法家的命运/王子今//社会科学. -2004, 9

汉初黄老思想及其对封建正统法律思想的影响/杨翠兰//经济与社会发展.
　　-2004, 12

董仲舒法哲学体系新探/史广全//社会科学家. -2005, 1

董仲舒的法学思维方法及其与汉代法律制度的关系/龙文懋//孔子研究.
　　-2005, 2

司马迁笔下的鞭笞之罚/张维慎//河南科技大学学报（社科版）. -2005, 2

黄老道家的政治思想与汉初的治国实践/宁国良//湖南大学学报（社科版）.
　　-2005, 2

论黄老思想与刘邦的治国实践/宁国良//西北大学学报（哲社科版）.
　　-2005, 2

秦汉法律指导思想的更替及启示/刘静//四川警官高等专科学校学报.
　　-2005, 2

董仲舒法律思想简论/周建英//衡水学院学报. -2005, 4

尹湾汉牍中法律用语解说/张伯元//《法律文献整理与研究》, 北京大学出版
　　社. -2005

浅论汉武帝法律思想的灵魂：从司马迁受宫刑说起/彭芬//湖北成人教育学院
　　学报. -2006, 1

浅析董仲舒之原心定罪的含义/李娟//研究生法学. -2006, 2

刘安法律思想评析/张帆//贵州民族学院学报（哲社科版）. -2006, 3

两汉时期狱政思想探究/杨习梅、黄永峰、蒋若蔚//中国监狱学刊. -2006, 3

论儒家思想对汉代法律的渗透/李春宜//重庆三峡学院学报. -2006, 4

论先秦两汉中国法制观念的儒法之争/谢端东//学术论坛. -2006, 8

论西汉汲黯的法律思想/赵天宝//政法学刊. -2007, 1

论文景帝刑制改革的思想渊源与历史价值/邓勇//当代法学. -2007, 1

《二年律令》有关奴婢的法律思想初探/曾加//西北大学学报（哲社科版）.
　　-2007, 1

浅议汉武帝之法律思想/秦楠//法制与社会. -2007, 12

黄老思想对汉初法律思想的影响/吉俊杰//齐齐哈尔师范高等专科学校学报.
　　-2008, 1

汉代法制中的人文精神/孙英伟//河南司法警官职业学院学报. -2008, 1

张家山汉简的法律思想/曾加//光明日报. -2008, 1. 6

我国秦汉时期儒家法律思想研究/金亮新//福建论坛（社科教育版）.
　　-2008，2

秦汉的教育法学思想/张承宇//沧桑. -2008，3

汉律儒家化及其影响——以董仲舒春秋决狱为考察对象/镡春鑫//西藏民族学
　　院学报（哲社科版）. -2008，4

《说苑》儒法结合的德刑观/高立梅//湘潭师范学院学报（社科版）.
　　-2008，4

秦汉"律令学"释义/于凌//社会科学战线. -2008，5

公羊义与两汉法律理论和实践片论/平飞//西南民族大学学报（人文社科版）.
　　-2008，11

董仲舒"德主刑辅"法律思想浅析/左金平//法制与社会. -2008，33

春秋决狱与法律思想/曾昕//陕西青年职业学院学报. -2009，1

秦汉杂家道法思想述论——以《吕氏春秋》和《淮南子》为考察文本/王志
　　林//法学杂志. -2009，2

两汉司法官员与律学家角色合一现象及其价值分析/律璞//甘肃社会科学.
　　-2009，2

论汉初至汉武帝期间的法律指导思想/吴述林//法制与社会. -2009，3

以《刘子新论》为视角探析刘勰的法律思想/羊思远//江苏警官学院学报.
　　-2009，4

前汉的法制思想/王姣//河北理工大学学报（社科版）. -2009，4

桑弘羊法治思想管窥/李保丽//河南师范大学学报（哲社科版）. -2009，6

论董仲舒春秋决狱思想的历史逻辑/卢琼//长春大学学报. -2009，11

论汉文帝的法律思想/倪万英//学理论. -2009，16

崔寔法律思想述论/秦进才//燕山大学学报（哲社科版）. -2010，2

汉代公羊学经权观中的法律思想探析/汪荣、荣霞//宁夏大学学报（人文社科
　　版）. -2010，2

小议董仲舒"春秋决狱"/董明珠、毛克洵//西安文理学院学报（社科版）.
　　-2010，5

论董仲舒"阳德阴刑"对孔子"德主刑辅"的继承与发展/郭丽萍//辽宁师
　　范大学学报（社科版）. -2010，5

简论张家山汉简中的和谐法律思想/曾加//《中国法律传统与法律精神——中
　　国法律史学会成立30周年纪念大会暨2009年会论文集》，山东人民出版
　　社. -2010

汉代司法观与中国传统司法精神/胡仁智//《中国法律传统与法律精神——中国法律史学会成立 30 周年纪念大会暨 2009 年会论文集》，山东人民出版社. -2010

4. 三国两晋南北朝

略论诸葛亮的法治观/陈鹏生//法学. -1981，1；又载《百年回眸：法律史研究在中国》第 2 卷，中国人民大学出版社. -2009

葛洪的法律思想——《抱朴子·用刑》述评/陈抗生//《法律史论丛》第 2 辑，中国社会科学出版社. -1982

试论刘颂的法律思想/陈抗生//《法律史论丛》第 3 辑，法律出版社. -1983

西晋法律家——杜预/段秋关//西北政法学院学报. -1984，2

张斐的《律注要略》及其法律思想/高恒//中国法学. -1984，3

西晋刘颂的法律思想/施光明//法学. -1984，4

傅玄的法律思想/徐永康//法学. -1984，5

张斐的律学思想/陈淑珍//河北法学. -1985，6

诸葛亮的法治思想和执法实践/张海声//兰州学刊. -1986，2

诸葛亮法律思想初探/唐梦诗//云南民族学院学报. -1986，2

张斐和他的律学/赵晓耕//学员之家（法律版）. -1986，3

谈张斐的法律思想/戴建志//法学杂志. -1986，5

试论诸葛亮的法治政策/杨文秀//云南师范大学学报（哲社科版）. -1987，1

厉行法治，赏罚严明——谈诸葛亮治国之道/谭良啸//探索. -1987，3

评以法治国的诸葛亮/赵蕴//齐鲁学刊. -1987，6

玄学家的犯罪心理学思想/朱永新、艾永明//心理科学通讯. -1988，3

曹魏时期杰出的法官——高柔/邓奕琦//文史知识. -1989，6

嵇康法律观探析/徐永康//法学. -1990，7

中国古代独树一帜的法律思想家——袁准/杨恩翰//《中国法律史国际学术讨论会论文集》，陕西人民出版社. -1990

诸葛亮的法制思想/左明祥//河北大学学报（哲社科版）. -1991，3

中国古代两种对立的司法主张：魏晋时期刘颂、张斐法律思想的比较/杨松//辽宁大学学报（哲社科版）. -1992，5

略论诸葛亮的法制心理/刘家钰//法制心理研究. -1993，1

魏孝文帝的法制思想和法制改革/刘精诚//中国史研究. -1993，2

论诸葛亮法治中的弹性原则/高梅//临沂师专学报. -1994，4

诸葛亮的审时明法和任贤律己思想/王延钰//社科纵横．-1994，6

论曹操的法律思想/王威宣//法林．-1995，1

诸葛亮法律思想初探/刘冀民、李金河//社会科学研究．-1995，1

张斐法律思想述评/穆宇//中外法学．-1995，5

复肉刑议与汉魏思想之转变/范家伟//中国史研究．-1996，1

汉魏之际关于肉刑问题的辩论/王政勋//唐都学刊．-1996，3

论魏晋南北朝法律思想的沿革及其特点/乔伟//山东工业大学学报（社科版）．
　　-1996，4

论张斐的法律思想：兼及魏晋律学与玄学的关系/刘笃才//法学研究．-1996，
　　6；又载《中国法史学精萃》2002年卷，机械工业出版社．-2002

诸葛亮法治思想成因初探/杨彦平、姚继荣//青海师专学报．-1997，3

论诸葛亮的封建法治/陈春雷、孙艳红//淮阴师范学院学报（社科版）．
　　-1998，3

析刘颂的法律观/袁兆春//济宁师专学报．-1998，4

诸葛亮与汉末法治思想的渊源关系/黄朴民//历史教学．-1998，6

刘勰法律思想初探/林明//山东大学学报（哲社科版）．-1999，1

魏晋时期多元化法学世界观论析/何勤华//西南政法大学学报．-2000，1

对魏武帝“用法峻急，有犯必戮”的再认识/王海东//西藏大学学报．
　　-2001，3

浅析晋代张斐律学成就/孙英伟//湖南省政法管理干部学院学报．-2001，4

论诸葛亮德法同济的治军思想/王晓春//军事历史研究．-2002，2

浅论诸葛亮的“德治”与“法治”——兼论“德治”与“法治”的关系/李
　　程//学术论坛．-2002，3

曹操法治思想论析/石经海//阜阳师范学院学报（社科版）．-2002，4

苏绰伦理法思想及其渊源初探/孔毅//重庆师院学报（哲社科版）．-2002，4

略论诸葛亮的法治——廉政思想及其成效/席萍安//文史杂志．-2003，12

北魏政权法律思想变迁析/张红方//琼州大学学报．-2004，1

多元思想背景下的伦理法制——兼议东晋南朝法律思想的时代特点/林明//法
　　学论坛．-2004，1；又载《百年回眸：法律史研究在中国》第2卷，中
　　国人民大学出版社．-2009

三国时期法治主义思想考辨/唐小龙//湛江师范学院学报．-2004，2

魏晋玄学法律思想及其现代反思/李慧秋//江苏警官学院学报．-2005，3

北魏孝文帝法律改革述评/魏志静//保定师范专科学校学报．-2005，4

诸葛亮法治思想研究/程浩、胡国庆//求索. -2005，8

"故家遗泽，积厚流光"——刘颂立法思想探微/周国文//西南民族大学学报
　　（人文社科版）. -2005，10

"孝"的观念在北魏法律制度中的反映/辛宇鹤//运城学院学报. -2006，1

"魏晋风度"与礼法精神/张仁善//南京大学法律评论. -2006，春季号；又载
　　《中国历史上的法律与社会发展》，吉林人民出版社. -2007

论诸葛亮的法治思想/张志远//安徽工业大学学报（社科版）. -2008，2

南北朝时期佛教对法律思想的影响/李放//船山学刊. -2008，3

陆逊法律思想初探/张志远//苏州教育学院学报. -2009，1

浅谈曹魏统治集团的法律思想/李海松//河南财政税务高等专科学校学报.
　　-2009，4

曹魏太和年间律变思想散议/赵昆生、但唐军//重庆师范大学学报（哲社科
　　版）. -2009，4

渤海封氏——中国律学世家的绝响/郭东旭、申慧青//河北学刊. -2009，5

"儒法合流"的伟大践行者：论诸葛亮法律思想的渊源及成因/王晓峰//天府
　　新论. -2010，4

5. 隋唐五代

唐律并合罪说/董康//法学季刊. -1930，（第4卷）5

试论柳宗元的政治法律思想/高树异//《吉林大学社会科学论丛·法学》第1
　　集，吉林大学出版社. -1979

略论唐太宗统治时期的法律思想/何汝泉//西南师院学报（哲社）. -1980，1

试论唐太宗李世民的法律思想/曲可伸//社会科学辑刊. -1981，2

简论唐初的法学思想/邹身城//浙江学刊. -1981，3

从《贞观之治》看李世民的政治法律思想/饶鑫贤//《法律史论丛》第1辑，
　　中国社会科学出版社. -1981

我国"紧急避险"的法律概念早于欧洲十个世纪——从唐代的一份判文谈起/
　　朱华荣、陈浩然//法学. -1982，9

论《唐律》的指导思想/霍存福//吉林大学1981届本科生（文科）《毕业论
　　文选》，吉林大学. -1982

李世民统治集团的刑法思想/金能刚//法学季刊. -1983，2

魏征法律思想论略/陈鹏生//法学. -1983，11

谈谈李世民的法制思想/吕薇//绍兴师专学报（社科版）. -1984，1

唐代杰出的法学家——白居易/李奇//西北政法学院学报. -1984，4

唐律中的法哲学/〔美〕韦乐斯·约翰逊著，李明德译//国外法学. -1984，4

唐太宗的法律思想/王威宣//文史哲. -1985，3

汉—唐法律思想略论/倪正茂//上海社会科学院学术季刊. -1985，3

从《唐律》看唐代妇女的贞节观/牛志平//陕西师范大学学报. -1985，4

李世民恤刑慎杀的法律思想/陈淑珍//政法学习. -1986，1

略论儒家思想对唐律的影响/张永路//辽宁大学学报（哲社科版）. -1986，2

试论《唐律疏议》的伦理法思想/俞荣根、王祖志//法学季刊. -1986，4

唐太宗法治思想浅探/朱翔//江汉大学学报（社科版）. -1987，3

《贞观政要》法律思想初探/王立民//政法论丛. -1987，4

刘禹锡法律思想初探/曹磊//政法丛刊. -1989，3

论唐太宗的法律思想和司法实践/王树春//延边大学学报（社科版）.
　　-1991，2

从《贞观政要》看唐太宗统治集团的廉政思想/高积顺//现代法学. -1991，5

论《唐律疏议》的法律思想/王威宣//法林. -1992，1

唐初反腐倡廉法制思想的历史借鉴/魏春艳//青海师专学报. -1994，1

唐初无为而治法律思想初探/吕东明//昭乌达盟蒙族师专学报（社科版）.
　　-1994，3

试论儒家思想对唐初法律的影响/杨荫楼//齐鲁学刊. -1994，5

试论《唐律疏议》中的有关养老敬老思想/魏恤民//咸宁师专学报. -1995，2

从《唐律疏议》名例篇看唐代律学/郝颖莉//研究生法学. -1995，4

论白居易的法律思想/王威宣//法林. -1996，2

《唐律》惩贪治吏思想浅析/潘世钦//江西师范大学学报（哲社科版）.
　　-1997，2

论魏征的慎刑观/王怡红//青年工作论坛. -1997，4

唐律中的礼教法律思想/黄源盛//（台湾）《政大法学评论》第58期. -1997

李世民的德政思想探析/王亦森//娄底师专学报. -1999，2

论唐太宗的法治思想/于云洪//德州学院学报. -1999，3

论刘禹锡的法制思想及其现实意义/周肇光、龚小青//政法论坛. -2000，1

略论唐太宗"礼法合一，依礼制法"的法治思想/许敏、钱家先//广西教育学
　　院学报. -2000，2

唐代律学的创新及其文化价值/何勤华//政治与法律. -2000，3

浅论唐代"安人宁国，以法为先"的法律思想/马珺//河南省政法管理干部学

院学报．－2000，5

《唐律》中的孝治思想/商爱玲//锦州师范学院学报．－2001，3

《李卫公问对》的军事法制思想/刘向阳//政法论丛．－2002，1

论唐律礼法的关系/王立民//浙江学刊．－2002，2

试论杨坚的法制思想/王洪军//郧阳师范高等专科学校学报．－2002，5

武则天的律法工具观/周丹//湖北社会科学．－2002，7

《冥报记》的冥判故事与初唐“依律慎刑”思想/张金桐//社会科学论坛．
　　－2002，12

论武则天的法律思想/贺润坤//陕西广播电视大学学报．－2003，3

略论《唐律》中的礼教思想/马建兴//中南大学学报（社科版）．－2003，3

论《贞观政要》中唐太宗的法律思想——兼与隋文帝法律思想之比较/杨圣
　　琼//华夏文化．－2004，1

论魏徵的法律思想/贺润坤//陕西广播电视大学学报．－2004，4

唐律伦理法思想的社会学分析/马建兴//唐都学刊．－2004，5

论道教对李唐王朝法律思想的影响/张红方//涪陵师范学院学报．－2004，6

唐代狱政思想考略/夏淑云//中国监狱学刊．－2005，5

隋文帝德法兼施的行政管理思想/李青岭//平顶山工学院学报．－2005，6

唐太宗狱政思想述评/毛晓燕//南阳师范学院学报．－2005，8

唐代狱政思想研究/赵友新//犯罪与改造研究．－2005，12

从敦煌本《百行章》看唐初的法制思想/僧海霞//成都理工大学学报（社科
　　版）．－2006，1

《唐律疏议》之婚姻家庭法中儒家法律思想解读/刘培丽//内蒙古农业大学学
　　报（社科版）．－2006，1

《唐律》惩贪治吏思想浅析/高华璐//法制与经济．－2006，8

唐律之依血缘立法思想/韦宇洁//法制与社会．－2007，2

从《唐律疏议》看中国古代的孝亲思想/任映艳//兰州交通大学学报．
　　－2007，2

从循吏与酷吏的对比看唐代执法者的法律思想/王营绪//哈尔滨学院学报．
　　－2007，3

论柳宗元的法治思想/谢水顺、胡水姣//湖南科技学院学报．－2007，3

朕即法律——从《贞观政要》对唐太宗的评价看中国的法律与道德/苏亦工//
　　南方周末．－2007，10．25

穿行在礼与法之间——《龙筋凤髓判》所揭示的唐代官吏的司法观/徐燕斌//

昆明理工大学学报（社科版）．-2008，3

唐律、人本思想与"反恐"/王立民//法制日报．-2008，8．31

《唐律疏议》中体现儒家思想的军事法律制度/张小贺//福建省社会主义学院
学报．-2009，1

《唐律疏议》司法伦理思想探究/李忠建、朱学英//重庆工商大学学报（社科
版）．-2009，2

试论杨坚法律思想的特点及其成因/陈松//贵州民族学院学报（哲社科版）.
-2009，4

礼治模式下中国传统法律的秩序观：以唐律中侵害皇权罪为中心/徐燕斌//北
方论丛．-2009，4

评《唐律疏议》的立法思想——兼浅谈对现代立法的启示/赵鹏程//金卡工程
（经济与法）．-2009，7

影响唐代死刑适用的法律观念分析/吕丽//法制与社会发展．-2010，6

6. 宋

朱熹法律思想探索/武树臣//北京大学学报（哲社科版）．-1983，5；又载西
北政法学院学报．-1985，4

李觏的政治和法治思想/姜国柱//辽宁大学学报（哲社科版）．-1984，4

论两宋法律思想的特点/陈抗生//中州学刊．-1984，4

包拯的执法思想与实践/刘笃才//法学．-1985，1

范仲淹司法改革思想述评/饶鑫贤//中国法学．-1985，1

赵匡胤的法律思想/俞慈韵//松辽学刊（社科版）．-1985，2

论王安石的法律思想/王威宣//河北学刊．-1985，3

朱熹法律思想探索/武树臣//西北政法学院学报．-1985，4

论司马光反对青苗法/季平//西南师范大学学报（人文社科版）．-1985，4

李觏法律思想论略/饶鑫贤//《法学论文集》（续集），光明日报出版
社．-1985

司马光祖宗之法不可变浅析/邓卓海//晋阳学刊．-1986，1

司马光反对青苗法的主张有积极意义/季平//社会科学研究．-1986，1

论范仲淹的法律思想/刘桂宗//昌潍师专学报（社科版）．-1986，2

简析王安石的法律思想/卓帆//江西社会科学．-1987，1

评司马光在役法问题上的主张与实践/季平//社会科学研究．-1987，1

简析司马光的法律思想/王光荣//晋阳学刊．-1987，2

朱熹法律思想简析/陈金全//法学季刊. -1987，3

宋代的诉讼之学/郭东旭//河北学刊. -1988，2

李觏法制思想简论/唐代剑、魏殿金//四川师范学院学报（社科版）.
  -1989，2

论朱熹的法律思想/于逸生//北方论丛. -1989，5

王安石与司马光法律思想比较分析/李克武//华中师范大学学报（哲社科版）.
  -1989，5

宋儒论刑罚与教化/朱永新//吴中学刊（社科版）. -1990，1

《折狱龟鉴》的犯罪心理学思想/朱永新、艾永明//心理科学通讯. -1990，3

朱熹法律思想举要/饶祖天//上饶师专学报（社科版）. -1990，4、5

略论司马光的人治和法治思想/栾继生//北方论丛. -1991，1

南宋事功学派法制变革思想论析/陈景良//法律科学. -1992，1

程颢、程颐的法律思想/李明德//徐州师范学院学报（社科版）. -1993，3

略论朱熹的司法思想/李明德//中外法学. -1993，5

论程颢和程颐的司法思想/陈金全//广西大学学报（社科版）. -1994，5

简议欧阳修"立制"与"任人"相为用的法律思想/陈金全//江西社会科学.
  -1994，9

论朱熹的法律思想/王威宣//山西师大学报（社科版）. -1995，1

关于朱熹法律思想的几点探讨/崔永东//孔子研究. -1995，4

略论宋代士大夫的法制观念/何忠礼//浙江学刊. -1996，1

简议欧阳修的经济立法思想/陈金全、李进一//现代法学. -1997，3

《名公书判清明集》法律思想初探/王志强//法学研究. -1997，5

朱熹《舜典象刑说》的刑法思想/徐公喜//上饶师专学报. -1998，1

试论包拯的执法思想/汪汉卿//安徽农业大学学报. -1998，3；又载《汪汉卿
  法学文选》，安徽人民出版社. -2004

试论宋代士大夫的法律观念/陈景良//法学研究. -1998，4；又载《中国法史
  学精萃》2002 年卷，机械工业出版社. -2002

略论王安石的法律思想/张仁木//江西社会科学. -1998，9

两宋皇帝法律思想论略/陈景良//南京大学法律评论. -1998，秋季号

程颢、程颐法律思想研究/杨鹤皋//《法律史论集》第 1 卷，法律出版社.
  -1998；又载《百年回眸：法律史研究在中国》第 2 卷，中国人民大学出
  版社. -2009

简议李觏的经济法制思想/陈金金//现代法学. -1999，1

包拯的吏治思想及其现代价值/萧伯符//华东政法学院学报. -1999，3

论宋代版权意识的形成和特征/徐枫//南京大学学报（哲社科版）. -1999，3

略论包公的"人治"司法模式/夏邦//华南师范大学学报（社科版）. -1999，3

试论包拯的吏治思想/夏扬//中外法学. -1999，5

朱熹法律思想论析/周霜梅//江汉论坛. -1999，8

试论包拯的法治思想/汪汉卿//《包拯诞辰千年学术研讨会文集》. -1999；又载《汪汉卿法学文选》，安徽人民出版社. -2004

论宋代中国古代法学的成熟及其贡献/何勤华//法律科学. -2000，1

简议范仲淹的司法改革思想/陈金全//现代法学. -2000，1

论包拯的司法道德观/徐彪//安徽大学学报（社科版）. -2000，2

德教刑辅，依法治国——试述苏颂的立法思想及立法实践/周岚//当代法学. -2000，3

范仲淹以法改革官制的思想及其现代意义/陈金全//《中国传统法律文化与现代法治》（《法律史论丛》第7辑），重庆出版社. -2000

论王安石的经济法律思想/田莉姝、周海燕//云南法学. -2001，2

宋代唯物主义法学家胡颖事迹著述与思想考述/万里//长沙电力学院学报. -2001，3

宋代士大夫法律批判意识论略/陈景良//《继承与创新——中国法律史学的世纪回顾与展望》（《法律史论丛》第8辑），法律出版社. -2001

包拯的儒法兼容/陈盛清//《包拯研究与传统文化》，安徽人民出版社. -2001

司马光"依礼断狱"的司法思想/陈金全//《法律史论集》第3卷，法律出版社. -2001

包拯法律思想述略/史爱君、张远灵//开封教育学院学报. -2002，2

解说包公的吏治思想与法律思想/徐忠明//南京大学法律评论. -2002，秋季号

两宋法律思想的变革及其特点/赵晓耕//河南省政法管理干部学院学报. -2003，2；又载辽宁大学学报（哲社科版）. -2003，2

宋代民众鬼神赏罚观念透析/郭东旭、牛杰//河北大学学报（哲社科版）. -2003，3

北宋庆历新政经济法律思想评述/陈金全//贵州财经学院学报. -2004，1

包拯惩治犯罪的思想及其现代启示/许水俊//犯罪与改造研究. -2004，1

李觏、王安石法学思想比较研究/张巨岩//中华文化论坛. -2004，1

朱熹义理法律思想论/徐公喜//中华文化论坛. -2004, 2

论司马光的经济法制变革思想——兼论与王安石变法思想的异同/李胜渝//西
　　南民族大学学报 (人文社科版). -2004, 2

试论朱熹以 "理" 为基石的法制思想/孟淑媛//安徽商贸职业技术学院学报.
　　-2004, 2

《洗冤集录》 与宋慈的法律学术思想/黄瑞亭//法律与医学杂志. -2004, 2

朱熹法律思想的价值重估/刘笃才//黄山学院学报. -2004, 4

陈亮法制思想的特色/肖建新、李永卉//安徽师范大学学报 (人文社科版).
　　-2004, 6

郑克法律思想初探/张全民//法制与社会发展. -2004, 6

范仲淹法律思想略论/艾永明//《范学论文集》, 香港新亚洲文化基金有限公
　　司. -2004

论宋初皇帝的法制思想与实践/陈骏程//信阳师范学院学报 (哲社科版).
　　-2005, 1

传统儒家德刑关系理论的传承与嬗变——论朱熹德刑关系理论/朱晓玲//河北
　　法学. -2005, 1

论包拯的法律思想及其现代意义/栾爽//安徽教育学院学报. -2005, 2

论郑克的 "鞫情之术" 及对现代侦查方法的启示/于成江//山西警官高等专科
　　学校学报. -2005, 4

中国古代法医学：宋 (慈) 学——宋慈及其 《洗冤集录》/俞荣根、吕志
　　兴//中国司法鉴定. -2006, 1

事功主义者叶适的法制思想及现实意义/彭澜//领导之友. -2006, 2

朱熹的德刑观新论/肖建新//孔子研究. -2006, 4

论朱熹的犯罪学说与和谐社会/郑颖慧//兰州学刊. -2006, 7

论朱熹法律思想融合与创新特色/徐公喜//江西社会科学. -2006, 9

朱熹与法律教育/夏绪仁、夏昌武//江西社会科学. -2006, 9

论王安石的法律思想/王亚军//理论界. -2006, 12

论朱熹的司法思想及其对清朝法制的影响/郑颖慧//集美大学学报 (哲社科
　　版). -2007, 1

朱熹的司法思想与和谐社会/郑颖慧//忻州师范学院学报. -2007, 1；又载长
　　安大学学报. -2007, 3

朱熹法律思想简议/邵方//法学论坛. -2007, 1

试述陈亮的法律思想——关于 "任人" 与 "任法"/张玉霞//黑河学刊.

-2007，4

南宋儒家化法官的法治理念与司法实践——以理学家胡颖为例/郭东旭、王瑞蕾//河北大学学报（哲社科版）．-2007，4

朱熹的司法思想探析/陶有浩//呼伦贝尔学院学报．-2007，5

试论包拯的执法思想/杨东欣//安徽电子信息职业技术学院学报．-2007，5

宋代理学对中国法律发展的影响/李凤鸣//华北水利水电学院学报（社科版）．-2007，6

《折狱龟鉴》与郑克司法审判思想浅析/浦姝嫄//法制与社会．-2007，12

宋朝刑罚思想考略/夏淑云、张美琳、刘新凯//法制日报．-2007，12．9

陆游的法律思想述论/孙科丽//安徽警官职业学院学报．-2008，1

公正求实：宋代陈傅良的法制理念/肖建新//安徽师范大学学报（人文社科版）．-2008，1

朱熹的司法思想探析/陶有浩//宜宾学院学报．-2008，2

古中国的契约观念——以唐、宋为中心/张姗姗//法制与社会发展．-2008，2

宋代经济立法中的"民生"思想/欧阳文东//沈阳大学学报．-2008，5

论宋代统治阶级犯罪预防思想/魏文超//犯罪与改造研究．-2008，6

宋明理学义利之辨与传统诉讼观念/徐公喜//福建论坛（人文社科版）．-2008，11

宋代法律思想与西北边区民族立法/陈武强//兰台世界．-2008，18

因法便民，为民自重——苏轼人本法律理念的现代解读/秦文//理论月刊．-2009，1

叶适法律思想诠释/张玉霞//温州职业技术学院学报．-2009，2

司马光法制思想试探/尹佳涛、贺连军//天津商业大学学报．-2009，3

中国传统和谐思想与宋代司法的特质/张文勇//唐都学刊．-2009，3

不是天理，便是人欲——理学法律思想的二分思维述评/宋大琦//政法论坛．-2009，5

论宋代士大夫阶层法律思想中的法家因素/陈松//中国政法大学学报．-2009，5

"立善法于天下"：王安石法伦理思想探析/刘立波//湖南师范大学社会科学学报．-2009，5

论理学对封建正统法律思想的影响/徐佳帅、伍松//中外企业家．-2009，16

晁迥慎刑思想探析/宋国华//《法律文化研究》第5辑，中国人民大学出版社．-2009

宋朝士大夫"以法治国"观论析/田志光//安徽师范大学学报（人文社科版）. -2010，1

人文主义理念下宋代司法中的理性与经验/张俊杰//文化学刊. -2010，1

朱熹司法思想及其现实价值/徐雅芬、朱潇//《中国法律传统与法律精神——中国法律史学会成立 30 周年纪念大会暨 2009 年会论文集》，山东人民出版社. -2010

7. 西夏辽金元

论忽必烈的政治法律思想/汪汉卿//《安徽大学法律系建系十周年法学论文集》，南京大学出版社. -1991；又载《汪汉卿法学文选》，安徽人民出版社. -2004

许衡的法律思想/汪汉卿//法学研究. -1993，2；又载《汪汉卿法学文选》，安徽人民出版社. -2004；《百年回眸：法律史研究在中国》第 2 卷，中国人民大学出版社. -2009

论元末起义农民的法律思想/陈盛清//《法律史研究》，广西师范大学出版社. -1993；又载《安徽大学知名法学教授论文选》，安徽大学出版社. -1999

宋元法学中的"活法"/蓝德彰著，李明德、李涵译//《美国学者论中国法律传统》，中国政法大学出版社. -1994

试论成吉思汗的法律思想/王蕾//西北史地. -1995，1

论耶律隆绪准法同科的平法思想/王继忠//安徽大学学报（社科版）. -1995，5

元诗中法律思想意识/周湘瑞//法治论丛（上海政法学院学报）. -1996，2

略论元朝法律文化特色/白翠琴//民族研究. -1998，1

苏天爵——元代封建正统法律思想的传播者和卫护者/吴海航//社会科学战线. -1998，3

评议马端临的刑制改革观/冯潇、杨恩翰//《法律史论丛》第 6 辑，山东大学出版社. -1999

元朝法律思想初探/铁木尔高力套//内蒙古大学学报（哲社科版）. -2000，4

论辽代的法律思想/张志勇//社会科学辑刊. -2002，4

西夏法律思想定型化初探/姜歆//固原师专学报. -2004，2

《吏学指南》中的法律思想/汪汉卿//《汪汉卿法学文选》，安徽人民出版社. -2004

元杂剧《窦娥冤》的法理解读——中国古代民众超现实的实质正义观简论/党
　　国华//内蒙古民族大学学报（社科版）．-2005，2

论金世宗的法律思想/张志勇、陈振斌//东北史地．-2006，1

论成吉思汗的法律思想/周宝峰//《法律史论集》第6卷，法律出版社．-2006

唐宋法律中儒家孝道思想对西夏法典的影响/邵方//法学研究．-2007，1

试论耶律楚材崇尚法治的思想与实践/张志勇、李庆恒//辽宁工程技术大学学
　　报（社科版）．-2007，5

元朝刑罚思想略考/夏淑云//犯罪与改造研究．-2008，9

《蒙古—卫拉特法典》立法伦理思想初探/陈志强//河北经贸大学学报（综合
　　版）．-2009，4

论金世宗的法治思想与实践/孙振江//政法论坛．-2010，5

8. 明

明大诰与朱元璋的重典治吏思想/杨一凡//学习与探索．-1981，2

浅论朱元璋"宽以待民与严惩贪吏"的法律思想/宋加兴、王建华//河北大学
　　学报（哲社科版）．-1983，3

丘浚法律思想述评/段秋关//西北政法学院学报．-1984，4；1985，1

唐甄法律思想试析/程维荣//法学．-1984，9

海瑞"整饬吏风"的行政法思想浅探/王占通、栗劲//吉林大学社会科学学
　　报．-1986，4

关于唐甄法律思想的几个问题/李哲//河北法学．-1986，5

海瑞的犯罪预防思想/程维荣//法学．-1987，5

论海瑞的监察思想/张永路//辽宁大学学报（哲社科版）．-1988，1

必须"以法绳天下"——论改革家张居正的法律思想/饶鑫贤//中国法学．
　　-1988，6

明大诰与朱元璋的明刑弼教思想/杨一凡//烟台大学学报（哲社科版）．
　　-1989，1

简论张居正的法律思想/陈国平//中南政法学院学报．-1989，2

朱元璋法律思想初探——明初统治措施探索之四/傅玉璋//安徽大学学报（社
　　科版）．-1990，1

朱元璋的反腐败思想及其法律实践/汪渊智//山西大学学报（哲社科版）．
　　-1990，2

略论朱元璋的立法思想/李琳琦//江西社会科学．-1990，5

张居正法律思想研究/饶鑫贤//《中国法律史学术讨论会论文集》，陕西人民出
　　版社．－1990

海瑞法律思想述论/黄君萍//史学集刊．－1991，2

论海瑞的法律思想/王威宣//回族研究．－1991，3

略论朱元璋的用刑思想/李琳琦//安徽师大学报（哲社科版）．－1991，3

海瑞法律思想与司法实践探析/李洪欣//广西大学学报（哲社科版）．
　　－1991，4

朱元璋的"民本"思想及其对明初法制特色之影响/董淮平//衡阳师专学报
　　（社科版）．－1991，5

《问刑条例》与明代中后期统治集团的立法思想/杨一凡、曲英杰//学习与探
　　索．－1991，5

朱元璋的廉政思想与廉政措施/孙洪涛//河北大学学报（哲社科版）．
　　－1992，2

明代吏治与洪朝选的吏治思想/罗耀九//福建论坛（社科版）．－1992，6

论吕坤"德治法辅"的治国思想/马涛//河北师院学报（社科版）．－1993，1

海瑞法理学思想初探/王家忠//海南师院学报．－1993，2

从明《大诰》看朱元璋的政治法律思想/汪锡靖//渤海学刊．－1993，3

刘基法律思想探微/尤韶华//法学研究．－1994，2

朱元璋法律意识二重性心理探析/姜晓萍//史学集刊．－1996，2

略论朱元璋对儒家法律思想的继承与异化/张生、张勇//研究生法学．
　　－1996，2

明初方孝孺宗法思想初探/陆广平//广西右江民族师专学报．－1996，2

析《大学衍义补》中的法律思想/袁兆春//济南大学学报（社科版）．
　　－1996，4

方孝孺的"立法利民"观/赵映林//文史杂志．－1997，6

王廷相廉政监察思想初探/孙玉杰、马平轩//河南大学学报（社科版）．
　　－1997，6

评朱元璋的重典治吏思想/赫晓惠//南都学坛（社科版）．－1998，4

丘浚《大学衍义补》对中国封建正统法律思想的继承和发展/张秀军、袁兆
　　春//临沂师专学报．－1998，5

方孝孺的司法思想/尤韶华//《明代司法初考附录》，厦门大学出版社．－1998

也谈清官——对我国历史上包拯海瑞两位清官的执法思想的认识/王坤、郭
　　文//辽宁公安司法管理干部学院学报．－1999，1

《皇明条法事类纂》所反映的明中期诉讼立法上的重民恤狱思想/张鸣芳//河
　　北法学. -1999，2

张居正法制改革的理论和实践/张鸣芳//法学杂志. -1999，2

朱元璋"重典治国"思想的合理性及历史借鉴/刘潇潇//常德师范学院学报
　　（社科版）. -1999，2

依法治国　以史为鉴——海瑞法律思想述略/张汉静//前进. -1999，5

明代三部代表性法律文献与统治集团的立法思想/杨一凡//《法律史论集》第
　　2卷，法律出版社. -1999

丘濬法律思想述评/段秋关//《中国人文社会科学博士硕士文库·法学卷》（下
　　册），浙江教育出版社. -1999

简论丘濬的法律思想/何勤华//法学论坛. -2000，2

传统的重民思想在明中期刑事立法上的体现：读《皇明条法事类纂·刑部》/
　　张鸣芳//河北法学. -2000，3

儒家的人权思想——以唐甄的男女平等论为中心/金德均//东岳论丛.
　　-2000，6

试论明代中国法学对周边国家的影响/何勤华//比较法研究. -2001，1

朱元璋法律思想探析/朱玉婷//济南大学学报（社科版）. -2001，3

略论朱元璋犯罪预防思想/张生//中央政法管理干部学院学报. -2001，4

高拱的考核思想及其哲学基础/张鸣芳//当代法学. -2001，4

浅析明太祖朱元璋的监察思想/刘双舟//《继承与创新——中国法律史学的世
　　纪回顾与展望》（《法律史论丛》第8辑），法律出版社. -2001

谈朱元璋的法律思想/郭秋红//龙岩师专学报. -2002，1

从《大学衍义补》看丘濬的法律思想/陈永正//泉州师范学院学报. -2002，5

《二拍》所蕴含的法律思想探微/黄昆、于语和、高梅、黄亚青//孝感学院学
　　报. -2003，2

宽猛相济——刘基的法治观浅析/李岩//浙江工贸职业技术学院学报.
　　-2003，3

王廷相的"仁义刑法并用"思想及其现代启示/陈宇宙//青年思想家.
　　-2003，5

试析明代民众诉讼观念的特点及其成因——兼谈其对现代的借鉴意义/周艺//
　　哈尔滨学院学报. -2004，9

重典治吏，立国之本——浅析明初"重典治吏"思想的形成和表现/孙宇//哈
　　尔滨学院学报. -2004.11；又载学习与探索. -2005，2

高拱法治思想探略/岳天雷、郭俊//郑州经济管理干部学院学报. -2005, 1

高拱的法治改革及其思想基础/岳天雷//学习论坛. -2005, 6

刘基法治思想及其实施/毕英春//丽水学院学报. -2005, 6

海瑞的错误法治观/乔新生//政府法制. -2005, 6

论朱元璋整饬吏治思想/金锋//南华大学学报（社科版）. -2006, 1

刘基与《大明律》刍议/俞美玉//浙江工贸职业技术学院学报. -2006, 2

丘濬法律思想初探/毛晓燕//理论界. -2006, 2

丘浚论刑何须有——"明刑弼教"在明代的理论解读/陈应琴//山东社会科
　　学. -2006, 5

明代名臣海瑞法律思想的特点/江仁宝//山东人大工作. -2007, 3

因时·民本·尚德：论刘基的法制思想/肖建新//江海学刊. -2008, 1

丘浚论典狱之官/陈应琴//华商理工学院学报（社科版）. -2008, 6

丘浚"便民为本"立法思想的刑法关照/曹迪、陈应琴//云南行政学院学报.
　　-2009, 2

明初"重典治吏"思想刍议/任然、董知莺//法制与社会. -2009, 6

试析朱元璋"重刑治吏"思想/赵秀文//社会科学论坛. -2010, 5

从明清小说看中国传统诉讼观念/关丹丹//《中国法律传统与法律精神——中
　　国法律史学会成立 30 周年纪念大会暨 2009 年会论文集》，山东人民出版
　　社. -2010

9. 清

清初启蒙民主主义者的政治法律思想/张晋藩//《吉林大学社会科学论丛·法
　　学》第 1 集，吉林大学出版社. -1979

清初进步思想家的政治法律思想/张晋藩//《法律史论丛》第 1 辑，中国社会
　　科学出版社. -1981

试论努尔哈赤的法律思想/林中//学习与探索. -1983, 6

龚自珍的法律思想初探/杨堪//《法史研究文集》（中），西北政法学
　　院. -1983

唐甄法律思想试析/程维荣//法学. -1984, 9

论康熙的法律思想/林中//学习与探索. -1986, 2

关于唐甄法律思想的几个问题/李哲//河北法学. -1986, 5

"天下之法"与"一家之法"——黄宗羲法律思想评述/陈淑珍//法学.
　　-1986, 9

蒲松龄法律思想试探/何绵山//上海社会科学院学术季刊. -1987, 1

努尔哈赤对国家与法的独特见解/郑宝凤//中国青年政治学院学报. -1987, 5

王夫之《读通鉴论》的法理辩证思想/罗锡冬//衡阳师专学报（社科版）.
      -1989, 3

黄宗羲法治观辨析/孟广林//贵州师范大学学报（社科版）. -1990, 1

黄宗羲"法治"观辨析/孟广林//中国史研究. -1990, 2

论黄宗羲的法律思想/刘运龙//山西大学学报（哲社科版）. -1990, 2

清代人士关于国际法的评论/程鹏//中外法学. -1990, 6

清代律学及其终结/吴建璠//《中国法律史国际学术讨论会论文集》，陕西人民
      出版社. -1990

从《廿二史札记》看赵翼的法律思想/华友根//史林. -1992, 2

黄宗羲"有治法而后有治人"论之再研究/耘耕//法学研究. -1992, 3

王夫之的法哲学及其方法论略/赵国斌//吉林大学社会科学学报. -1992, 6

孙奇逢的"法天之学以为学"思想析理/李之鉴//河南师范大学学报（哲社科
      版）. -1994, 5

黄宗羲的法哲学及其法制论/李本森//法商研究. -1995, 1

《聊斋志异》的公案诉讼篇与蒲松龄的法律思想/于天池//蒲松龄研究.
      -1995, Z1

试论王夫之法制心理学思想/高瑜茹、方强//社会心理科学. -1996, 1、2

论玄烨整饬吏治的法律思想/昝启英//法制与社会发展. -1996, 2

论努尔哈赤的法律观/张雷军//社会科学辑刊. -1996, 3

论玄烨"以教化为先"的法律思想/昝启英//吉林大学社会科学学报.
      -1996, 3

从明清小说看中国人的诉讼观念/徐忠明//中山大学学报（哲社科版）.
      -1996, 4

幽冥之录　孤愤之书——从《聊斋志异》中的公案描写看蒲松龄的法律思想/
      苗怀明//蒲松龄研究. -1997, 2

论戴震的法思想/滕云//法论. -1997, 3

论玄烨立法执法的思想/昝启英//法学. -1997, 3

"准古酌今"思想与《大清律例》的制定/吕丽//法制与社会发展. -1997, 3

重释"贪人败类"——评崔述关于防治贪污贿赂犯罪的思想/杨恩翰//法学研
      究. -1997, 3

论戴震对宋明理学关于"意见之理"的批判/徐岱、霍存福//中央检察官管理

学院学报. —1997，4

论胤禛"有治人，即有治法"的吏治思想/徐岱//吉林大学社会科学学报. —1997，6

论胤禛"通权达变"、"立法必行"的法律思想/徐岱//求是学刊. —1998，1

从文字狱看弘历的思想统治观念/霍存福//吉林大学社会科学学报. —1998，6

王船山法制思想述评/唐斌成//湖湘论坛. —1998，6

康熙的法制思想/刘研//兰台世界. —1998，11

从明清市井小说看民间法律观念/范忠信//《法制现代化研究》第4卷，南京
    师范大学出版社. —1998

蒲松龄的法律观与现代法律观之比较/焦方忠//蒲松龄研究. —1999，1

清初满汉两种法律文化的对峙/黄昉//华侨大学学报（哲社科版）. —1999，2

论顾炎武的"众治"思想/周可真//苏州大学学报（哲社科版）. —1999，4

论明清时期徽商的法制观念/卞利//安徽大学学报（社科版）. —1999，4

清代"从俗从宜"治理西藏的法律思想与实践/王立艳//中央政法管理干部学
    院学报. —2000，4

崔述反"息讼"思想论略/陈景良//法商研究. —2000，5

黄宗羲民主法治思想评析/刘新//法学家. —2001，2

魏源的法治观及其评述/胡峻//船山学刊. —2001，3

黄宗羲法律思想评述/苏凤格//广西师范大学学报（哲社科版）. —2002，4

黄宗羲法律思想评析/杨永华//甘肃政法学院学报. —2003，1

中国的卢梭：伟大的启蒙思想家黄宗羲民主法治思想述评/杨永华//人文杂
    志. —2003，1；又载甘肃政法学院学报. —2003，5

法而有实　德外无治——唐甄的"法治"、"德治"思想探微/秦继国//达县
    师范高等专科学校学报. —2003，1

变"一家之法"，行"天下之法"：论黄宗羲的法治观/刘云虹//东南大学学
    报（哲社科版）. —2003，4

黄宗羲的法律思想/韩媛//河北科技大学学报（社科版）. —2004，1

《红楼梦》中自然法思想的沦落/胡静//和田师范专科学校学报. —2004，1

论王夫之对封建"法治"思想的改造/汪汉卿//《汪汉卿法学文选》，安徽人
    民出版社. —2004

论黄宗羲民本主义的"法治"思想/汪汉卿//《汪汉卿法学文选》，安徽人民
    出版社. —2004

试论顾炎武、唐甄反对封建专制的法律思想/汪汉卿//《汪汉卿法学文选》，安

徽人民出版社．－2004

清中叶儒学思想的发展对习惯法的影响/李爱荣//《民间法》第 3 卷，山东人
　　民出版社．－2004

康熙的民本思想探析/王苏敏//满族研究．－2005，1

清代权利观念研究/李爱荣//兰州学刊．－2005，1

《狄公案》中国家法律思想与民间法律思想的矛盾/邢意和//沈阳农业大学学
　　报（社科版）．－2005，1

王船山法律思想的合理内核及其现实意义/肖剑平、陈元桂//衡阳师范学院学
　　报．－2005，4

王船山严于治吏的法律思想及现实意义/刘伯兰//船山学刊．－2006，3

黄宗羲法制思想探微/王丽梅//湖南城市学院学报．－2006，4

黄宗羲的"治法"思想再研究/俞荣根//重庆社会科学．－2006，4；又载
　　《黄宗羲与明清思想》，上海古籍出版社．－2006

明末清初法律思想的发展原因探析/苏凤格//河南教育学院学报（哲社科版）．
　　－2006，6

浅论黄宗羲的《原法》篇思想/陈圣彬//温州大学学报．－2006，6

明末清初法律思想的现代性分析/苏凤格//河南师范大学学报（哲社科版）．
　　－2007，1

儒家政治法律思想在鸦片战争前后实况辩——儒学的悲剧与天朝的没落/李晓
　　明、夏道虎//苏州大学学报（哲社科版）．－2007，2

陈宏谋法律思想初探/刘华政//广西教育学院学报．－2007，3

反思传统　突破传统——黄宗羲法治思想别议/严正//新学术．－2007，3

王夫之传统法哲学研究：逻辑起点与本体论/潘新辉//船山学刊．－2007，3

清末新式法律教育中的外语教学及其社会功效/侯强//青岛大学师范学院学
　　报．－2007，3

清初理学家陆陇其法律思想探析/余龙生、李承红//沧桑．－2007，4

明末清初人文法律思潮的现代性分析/苏凤格//河南社会科学．－2007，4

魏源变革清代法制的思想/沈大明//上海交通大学学报．－2007，6

张之洞的"中体西用"法律思想的辩证思维/王希安//企业家天地（下半月
　　刊·理论版）．－2007，7

由"治道"到"政道"——黄宗羲政治法律学说简论/白连永//《法律文化研
　　究》第 3 辑，中国人民大学出版社．－2007

明清日用类书中的律学知识及其变迁/尤陈俊//《法律文化研究》第 3 辑，中

国人民大学出版社. -2007

明末清初启蒙民主主义者的政治思想法律/张晋藩//《中国法律文化论集》,中国政法大学出版社. -2007

清代中叶社会冲突中的的道德法律化——步德茂传统中国法律思想文化研究/韩秋红、陈焱//内蒙古师范大学学报(哲社科版). -2008,3

《聊斋志异》的法律思想与理想清官/范正群//蒲松龄研究. -2009,1

王夫之法制思想述论/允春喜//湖州职业技术学院学报. -2009,2

王夫之法制思想论析/黄启昌、徐慧娟//船山学刊. -2009,4

张之洞与福泽谕吉政治法律思想管窥/何云鹏//社会科学战线. -2009,6

由明清晋商兴衰看中国传统法律思想/赵晴//法制与社会. -2009,12

试析清代工商管理法律制度的立法理念/李勤//法制与社会. -2009,14

明慎用刑——从故宫档案论清朝政府的恤刑思想/庄吉发//《法制史研究》第15期,(台湾)中国法制史学会、"中央研究院"历史语言研究所. -2009

《读律佩觿》与扬州学人王明德法律思想述要/包振宇//扬州大学学报(人文社科版). -2010,1

王船山论法治的原则/彭传华//船山学刊. -2010,4

循天理、随势变:方苞法律思想论析/张全民、姚上怡//湘潭大学学报(哲社科版). -2010,5

困境与出路:回望清代律学研究——以张晋藩先生的律学论著为中心/徐忠明//学术研究. -2010,9

论清代雍正帝的民族法治思想/彭翔珠//求索. -2010,10

努尔哈赤的法律思想研究/武航宇//《中国法律传统与法律精神——中国法律史学会成立30周年纪念大会暨2009年会论文集》,山东人民出版社. -2010

五

中国近现代法律思想史

（一） 近代法律思想史

1. 通论

国民对于司法之观念/梅华铨、蔡六乘//法学季刊. -1922，（第 1 卷）1

近民法律思想之趋势/王传璧//法学季刊. -1926，（第 2 卷）7

法律思想的性质/邱汉平//法学季刊. -1927，（第 3 卷）4

中国法学思想之国际地位/高维康//法学季刊. -1930，（第 4 卷）3

中国新分析派法学简述/端木恺//法学季刊. -1930，（第 4 卷）5

中国新分析派法学简述（续）/孙渠//法学季刊. -1930，（第 4 卷）6

《湖南农民运动考察报告》中关于人民民主专政思想的几个基本问题/张希
坡//政法研究. -1962，2；又载《百年回眸：法律史研究在中国》第 2
卷，中国人民大学出版社. -2009

彻底摧毁旧法制，肃清资产阶级法律思想——重读中共中央《关于废除国民
党的六法全书与确定解放区的司法原则的指示》/郑朴//政法研究.
-1964，2

中国近代宪政思想/邱远猷//学习与研究. -1982，2

资产阶级改良主义思潮的兴起和清末变法修律中"礼教"派与"法治"派之
争/刘明湘//《法史研究文集》（中），西北政法学院科研处印行. -1983

简评近代资产阶级的教育刑论/陈忠槐//苏州大学学报（社科版）. -1984，2

论清末修律中的礼法之争/艾永明//苏州大学学报（社科版）. -1984，4

陕甘宁边区法制建设的原则/杨永华、王天木、段秋关//法学研究. -1984，5

中国新旧法制在哲学上之基础/吴经熊//《中西法律思想论集》，（台湾）翰林

出版社. -1984

近百年来之刑事思想与三民主义/周冶平//《中西法律思想论集》，（台湾）翰
　　林出版社. -1984

论党在土地革命战争时期的地权思想/左志远//南开学报（社科版）.
　　-1985，2

论陕甘宁边区抗日民主法制建设的几项原则/杨永华、王天木、段秋关//《法
　　学论文集》（续集），光明日报出版社. -1985

延安时代的法制理论与实践/杨永华//西北政法学院学报. -1986，3

近代中国资产阶级改良派的民权、刑法论/纪军//河北学刊. -1986，4

论中国宪法思想的产生与发展/吴湘文//政法丛刊. -1988，6

对五四时期法学上反传统的新评价——纪念五四运动七十周年/栗劲//中国法
　　学. -1989，3

关于首倡君主立宪者之我见/侯宜杰//文史哲. -1989，5

近代诉权理论的探讨/王锡三//现代法学. -1989，6

中国近代法律思想演变及其特点述略/华友根//上海社会科学院学术季刊.
　　-1990，1

资产阶级法制思想与清末民初政局/翁君聪//福建论坛（人文社科版）.
　　-1990，1

清末法学输入及其历史作用/阿涛、祝环//政法论坛. -1990，6

晚清时期诉讼观的演变/孙谦//江汉论坛. -1991，2

晚清法观念的转变/朱仁显//福建论坛（人文社科版）. -1991，5

西方法文化在近代中国的早期传播及其效应/熊越//东南文化. -1992，2

革命派反对在中国实行君主立宪理论之评议/侯宜杰//史学集刊. -1992，2

太平天国法制思想述论/黄顺力//福建论坛（人文社科版）. -1992，3

中国资产阶级的人权与法制理论/乔丛启//中外法学. -1992，3

中国近代变法思潮的法理分析/孙谦//贵州社会科学. -1992，6

清末立宪派的民权观/刘伟//近代史研究. -1993，1

杨度与清末礼法之争/唐自斌//湖南师范大学学报（社科版）. -1993，1

根据地时期法律平等原则的历史回顾/杨永华//法律科学. -1993，6

晚清民法观念的变化/孙谦//学术界. -1995，1

略论中国近代变法思想的产生与结局/吕家毅//中央检察官管理学院学报.
　　-1995，2

要民主宪政，还是要专制独裁：30 年代关于民主与专制的一场大讨论/徐思

彦//史学集刊. -1995，2

晚清法观念的二元结构/孙谦//贵州社会科学. -1995，3

近代中国法治模式舶来论质疑/刘恒焕//特区理论与实践. -1995，3

西方资产阶级法律思想在中国近代的命运/艾永明//《架起法系间的桥梁》，苏
　　州大学出版社. -1995

《仁学》及其法哲学/苏亦工//《论语的现代法文化价值》，上海交通大学出版
　　社. -1995

太平天国的法思想与西方近代法律文化/李琦//福建学刊. -1996，2

近代中国民权思想演进的历史考察/玉林//学术月刊. -1996，4

清末留日立宪派的理论贡献/陈宇翔//求索. -1996，4

简论早期维新派的君主立宪思想/吴湉南//贵州文史丛刊. -1996，5

中国近代法观念的转变与法制改革/张晋藩//《走向法治之路：20 世纪的中国
　　法制变革》，中国民主法制出版社. -1996

20 世纪初期中国民主宪政思想的形成与发展/马作武//《走向法治之路：20 世
　　纪的中国法制变革》，中国民主法制出版社. -1996

近代中国的律师观/李力//《走向法治之路：20 世纪的中国法制变革》，中国
　　民主法制出版社. -1996

近代法治含义/李瑞强//研究生法学. -1997，1

早期维新派法律思想述评/何云鹏//中外法学. -1997，1

二十世纪初期的中国法学/李贵连//中外法学. -1997，2、4

试论近代广西宗法文化的变异性表现及其批判继承/钱宗范//广西师范大学学
　　报（哲社科版）. -1997，3

宪政之累——近代中国宪政文化的深思/王人博//现代法学. -1997，4

论古典自然法思想对近现代宪法与宪政的影响/周叶中、胡伟//法学家.
　　-1997，6

中国近代法学留学生与中国法制近代化/郝铁川//法学研究. -1997，6

清末民初中国比较法学的产生/陶广峰//法学研究. -1998，1；又载《比较法
　　在中国》，法律出版社. -2002；《百年回眸：法律史研究在中国》第 3
　　卷，中国人民大学出版社. -2009

近代维新派君主立宪思想再审视/胡红卫//广西师院学报（社科版）.
　　-1998，1

近代"民权"与传统文化/闻德峰//法论. -1998，2

论中国 20 世纪二三十年代的人权派/赵玉霞、蒋平华//文史哲. -1998，2

中国古代法学的死亡与再生：关于中国法学近代化的一点思考/何勤华//法学研究. -1998，2

《1910 年救助公约》下的"危险"概念：The Frio Alaska 号案/赵蓉//海事审判. -1998，2

中国近代法律思想历史发展的特色/周巨林//河南师范大学学报（哲社科版）. -1998，3

中国传统法观念的转变与晚清修律/张晋藩//南京大学法律评论. -1998，春季号

近代中国民权思想演进的历史考察：对亨廷顿"文明冲突论"的辨析/高海燕//江海学刊. -1998，4

近代中国民权思想演进的历史考察/久玉林//学术月刊. -1998，4

国际法观念与中国法的近代转型/郑文举//天府新论. -1999，1

法治的历史考察与思考/马小红//法学研究. -1999，2

法学近代化论考/何勤华//政治与法律. -1999，2

南京国民政府对西方社会本位民事立法思想的继承与改造/王杨//中外法学. -1999，2

清末立宪思潮的发展轨迹/卞修全//天津师大学报（社科版）. -1999，2

尊法——五四新文化运动的前奏/李海生//同济大学学报（社科版）. -1999，2

论晚清士大夫公法观念的演变/刘保刚//浙江学刊. -1999，3

政治家的法理与政治化的法——二十世纪中国法理对"宪政"的支持关系及其变革/谢晖//法学评论. -1999，3

罪刑法定：立法还是司法——探析 20 世纪罪刑法定原则在中国的历程/彭凤莲//山东科技大学学报（社科版）. -1999，3

国民党统治时期两种不同的人权思想/方敏//北京师范大学学报（人文社科版）. -1999，4

宪政·法制·法治/陈金钊//法学论坛. -1999，5

中国近代法律思想的历史发展、主要内容和特点/陈景良//法学. -1999，5

建国前中国共产党的民主法治观综述/黄力平//甘肃理论学刊. -1999，5

论清末立宪思潮/刘小林//学术论坛. -1999，5；又载玉林师范高等专科学校学报. -2000，1

刑事诉讼法学百年回眸/崔敏//公安学刊（浙江公安高等专科学校学报）. -1999，6

清末修律的"中外通行"原则/艾永明//法学研究. -1999，6

法治：中国百年寻梦/蒋明//21世纪. -1999，6

近代中国的司法改革思想/罗昶//现代法学. -1999，6

试论《新政真诠》中的"厚俸"主张/高旭晨//《法律史论丛》第6辑，山东
　　大学出版社. -1999

晚清时期禁用刑讯的思想及其实践/陈鹏生、陈汉生、王利民//《法律史论丛》
　　第6辑，山东大学出版社. -1999

近代中国的股权限制和家族公司思想/窦建民//甘肃社会科学. -2000，1

延安时期土地法制的基本思想/宇赟//延安大学学报（社科版）. -2000，1

变法与革理——20世纪中国法学发展的逻辑/谢晖、崔英楠//文史哲.
　　-2000，2

19世纪下半期中国知识界的国际法观念/田涛//近代史研究. -2000，2

"人权派"的思想言论自由及其局限性/马建红//山东大学学报（哲社科版）.
　　-2000，2

"西化"与现代化——20世纪初时中国法律文化思潮概览/公丕祥//中外法
　　学. -2000，3

东西洋考"自主之理"——十九世纪"议会"、"民主"、"共和"等西方概念
　　之中译、嬗变与使用/方维规//中外法学. -2000，3

超越家族的信任与合伙——十九世纪末期对"公司"一词的翻译/〔澳〕黎
　　志刚著，汪庆华译//中外法学. -2000，3

法治论在20世纪中国的命运/唐自斌//湖南师范大学社会科学学报.
　　-2000，4

试评19世纪中国法律思潮/张瑞泉//唐都学刊. -2000，4

清末民法学的输入与传播/俞江//法学研究. -2000，6

近百年中国监督思想的逻辑发展：从孙中山、毛泽东到邓小平/苑秀丽//淮阴
　　师范学院学报. -2000，6

论清末修律中的礼法之争/田东奎//宝鸡文理学院学报（社科版）. -2000，
　　增刊

法治之"法"析——清末变法思想的当代启示/周汉华//《清华法治论衡》第
　　1辑，清华大学出版社. -2000

人权观念在中国的形成和发展/刘海年//《人权与21世纪》，中国法制出版
　　社. -2000

浅析近代刑事侦查学的形成/郭晓彬//《中国传统法律文化与现代法治》（《法

律史论丛》第 7 辑），重庆出版社．－2000

百年法治观/张勇//《中国传统法律文化与现代法治》（《法律史论丛》第 7
　　辑），重庆出版社．－2000

论从旧兼从轻原则的适用——以晚近司法解释为核心/林维、王明达//法商研
　　究．－2001，1

西方政法知识在中国的早期传播——以《东西洋考每月统记传》为中心/王
　　健//法律科学．－2001，3

维新派近代民权学说的历史演进/黄汉青//清史研究．－2001，3

试论早期维新派的国家主权观/万恒军//青岛大学师范学院学报．－2001，3

依法治国是历史发展的必然——中国近代法律思想研究的若干思考/胡和勤//
　　西北师大学报（社科版）．－2001，3

晚清的三次思想变迁与法制的现代化变革/王霞//宁夏大学学报（人文社科
　　版）．－2001，4

论抗战时期中共的宪政思想/赵文远//许昌师专学报．－2001，4

1939—1940 宪政运动时期的中共宪政主张/赵文远、李心瑞//郑州航空工业管
　　理学院学报（社科版）．－2001，4

民国初年的法治思潮/李学智//近代史研究．－2001，4

论中国近代法观念的转变/田东奎//政法学刊．－2001，5

"变法"之中的"法变"——试论清末法律变革的思想论争/里赞//中外法
　　学．－2001，5

试论新民主主义宪政思想的形成/韩大梅//南开学报．－2001，5

中国近代法律思想的特征分析/祖伟//辽宁教育学院学报（社科版）．
　　－2001，11

近代中国的自然权利观："内在视角"的一种新解读/赵明//《清华法治论衡》
　　第 2 辑，清华大学出版社．－2001

20 世纪中国法律虚无主义思潮述评/徐永康//《2001 法学新问题探论》，上海
　　社会科学院出版社．－2001

中国近代法律思想发展的历史特点/徐彪//《继承与创新——中国法律史学的
　　世纪回顾与展望》（《法律史论丛》第 8 辑），法律出版社．－2001

简论中国近代法学的翻译与移植——以我国第一部国际私法译著为例/李贵
　　连、俞江//《继承与创新——中国法律史学的世纪回顾与展望》（《法律
　　史论丛》第 8 辑），法律出版社．－2001

罪刑法定主义及其在近代中国的演进/音正权//《法律史论集》第 3 卷，法律

出版社．-2001

人权史论（Ⅰ）——辛亥革命前后的人权思想初探/石启忠//《人权研究》
第1卷，山东人民出版社．-2001

人权史论（Ⅱ）——中国历史上的人权派及人权运动/葛明珍//《人权研究》
第1卷，山东人民出版社．-2001

人权史论（Ⅲ）——人权派思想述评/马建红//《人权研究》第1卷，山东人
民出版社．-2001

试论近代以来中国"法治"思想的历史沿革/李宁、赵竹芹//榆林高等专科学
校学报．-2002，1

晚清司法独立的思想及其实践/韩秀桃//诉讼法学研究．-2001

国家契约法与民间契约法：近代中国契约法律文化的历史思考/栾爽//江西社
会科学．-2002，2

抗战时期陕甘宁边区保障人权的思想与实践/刘文娟//广西民族学院学报．
-2002，3

戊戌变法中维新派政治法律思想及启示/马聪、张友好//甘肃行政学院学报．
-2002，3

二十世纪初留日学生的立宪思想评析/李倩//社会科学战线．-2002，4

太平天国法律思想与中国法律现代化/曾绍东//江西师范大学学报（哲社科
版）．-2002，4

清末资产阶级知识分子的宪政主张论析/卞修全//天津社会科学．-2002，5

论清末立宪派的议会思想/朱仁显//学术月刊．-2002，6

清末礼法之争探析/杨林生//理论月刊．-2002，10

近代中国的自然权利观："内在视角"的一种新解读/赵明//《清华法治论衡》
第2辑，清华大学出版社．-2002

近代中国民法学中的"私权"及其研究/俞江//《北大法律评论》第4卷第2
辑，法律出版社．-2002

近代西方法学的输入与维新派的法理论体系/马小红//《中国法律近代化论
集》，中国政法大学出版社，2002

从南京政府初期民事立法的指导思想看法律本位的演进/杨东霞//《中国法律
近代化论集》，中国政法大学出版社，2002

近代中国对"权利"概念的接纳/赵明//《走向二十一世纪的中国法文化》
（《法律史论丛》第9辑），上海社会科学院出版社．-2002

市场经济视野中的义利之辨/杨永华、叶晓川//《走向二十一世纪的中国法文

化》(《法律史论丛》第9辑),上海社会科学院出版社. -2002

清末司法独立观念的引进和法制变革/郭志祥//《走向二十一世纪的中国法文
　　化》(《法律史论丛》第9辑),上海社会科学院出版社. -2002

论"人权派"的人权保障思想/马建红//《人权研究》第2卷,山东人民出版
　　社. -2002

晚清司法独立思想的传入及其实践/韩秀桃//《诉讼法研究》第2卷,中国检
　　察出版社. -2002

二十世纪前半叶的中国法理念/马小红//《法制现代化研究》,南京师范大学出
　　版社. -2002

清末修律的"中外通行"原则/艾永明//《中国法史学精萃》2002年卷,机械
　　工业出版社. -2002

"苏报案"与西法东渐下的中国传统办案思维/易江波//《中西法律传统》第2
　　卷,中国政法大学出版社. -2002

从康有为到梁启超:中国近代权利观的产生和变异——以西方自然权利学说
　　为参照/周执前//船山学刊. -2003,1

浅析清末礼法之争/范仲琪//凉山大学学报. -2003,1

论清末法制变革的脱中入西倾向与西学影响/后智钢、曹峻//江苏行政学院学
　　报. -2003,1

百年侦查学/徐立根//侦查论丛. -2003,1

司法公正观念源流略论/高其才、肖建国、胡玉鸿//清华大学学报(哲社科
　　版). -2003,2

宪政文化在近代中国的发展及其启示/张捷、张书铭//国家检察官学院学报.
　　-2003,2

宪政精神及其在近代中国的缺失/曹任何、彭斌//湘潭大学社会科学学报.
　　-2003,2

近代中国启蒙思想对立宪运动之影响/吴天昊//华东政法学院学报. -2003,2

党的法制思想演变探析/费蕙蓉//淮北煤炭师范学院学报(哲社科版).
　　-2003,2

近代中国自然权利观的历史际遇/赵明//江西社会科学. -2003,2

近代中国立宪主义思潮的演进——从"五五宪草"到"期成宪草"/石毕
　　凡//法制与社会发展. -2003,2

民国初期的"共和"观念/刘远征//法制与社会发展. -2003,3

论戊戌政变后维新派的民权思想/王松涛//东方论坛. -2003,3

中国近代民主观念与民权理念的演变：从梁启超、谭嗣同到孙中山/刘远靖//
　　江西省团校学报．-2003，3

晚清民法观念的变迁与清末民律的修订/杨志昂//南华大学学报．-2003，3

中国近代法观念的演变/马小红//金陵法律评论．-2003，春季卷

晚清官员的司法独立观/张从容//比较法研究．-2003，4

晚清时期的铁路管理立法思想浅探/叶上东//广西师范大学学报（哲社科版）．
　　-2003，4

论20世纪上半期中国联邦制思潮及其影响/姚琦//宁夏大学学报．-2003，4

国际法观念与近代中国法律改制/王玫黎//郑州大学学报（哲社科版）．
　　-2003，4

21世纪中国法学创新——庆贺《法律科学》创刊20周年笔谈：说说近代中
　　国的法律期刊/王健//法律科学．-2003，5

晚清商人法律意识初探/乔素玲//江西社会科学．-2003，6

试析清末修律中对中国传统法律理念的突破/毕连芳//经济与社会发展．
　　-2003，7

近代中国股份有限公司监察制度思想/杨洁、沈山州//世界经济状况．
　　-2003，8

晚清法治观念演变探源/刘保刚//历史教学．-2003，11

中国近代法律教育与中国近代法学/何勤华//法学．-2003，12

近代西方刑法新旧派理论对《钦定大清刑律》的影响/周少元//《安徽大学法
　　律评论》第3卷第1期，安徽大学出版社．-2003；又载《百年回眸：法
　　律史研究在中国》第2卷，中国人民大学出版社．-2009

儒家民本传统与西方法律文化在近代中国的融合/莫守忠//船山学刊．
　　-2004，1

风雨百年路沧桑——中国近现代法学的反思/李晓明//河北法学．-2004，1

书生事业　无限江山——关于近世中国五代法学家及其志业的一个学术史研
　　究/许章润//清华法学．-2004，1

中国近代刑事诉讼法学的诞生与成长/何勤华//政法论坛．-2004，1

中国近代民商法学的诞生与成长/何勤华//法商研究．-2004，1

清末立宪：从思潮到运动/李强//湖北经济学院学报（人文社科版）．
　　-2004，1

《陕甘宁边区宪法原则》论析/韩大梅//中共中央党校学报．-2004，1

日本明治时期民法典论争与我国清末礼法之争（一、二）/丁明胜//北京市政

法管理干部学院学报．-2004，1、3

中国近代刑法学的诞生与成长/何勤华//现代法学．-2004，2

中国近代行政法学的诞生与成长/何勤华//政治与法律．-2004，2

中国近代民事诉讼法学的诞生与成长/何勤华//法律科学．-2004，2

中国共产党在宪法观念上的演变和发展/艾国//中共党史研究．-2004，2

近代监狱改良思想的兴起/徐黎明//山东工商学院学报．-2004，2

民国时期法律家群体的历史影响/韩秀桃//榆林学院学报．-2004，2

论中国近代国际法观念的肇兴/管伟//政法论丛．-2004，3

洋务派对国际法的认识和运用/韩小林//中山大学学报（哲社科版）．
　　-2004，3

论制宪权的概念：兼论中国历史上的几次立宪活动/张禹//广西政法管理干部
　　学院学报．-2004，3

洋务派法律思想探析/李青//中国法学．-2004，4

外国人与中国近代法学/何勤华//中外法学．-2004，4

中国近代国际法学的诞生与成长/何勤华//法学家．-2004，4

抗辩权概念的历史发展/刘宗胜//云南大学学报（法学版）．-2004，4

北洋政府时期的联省自治思想/朱秀蓉//云南大学学报（法学版）．-2004，4

三权分立学说在中国近代思想界的传播——以梁启超为核心进行考察/焦润
　　明//上海行政学院学报．-2004，5

晚清国外地方自治思想输入考论/汪太贤//湘潭大学学报（哲社科版）．
　　-2004，5

中国近代宪法学的诞生与成长/何勤华//当代法学．-2004，5

传教士与中国近代法学/何勤华//法制与社会发展．-2004，5

进化论思潮与近代中国法制现代化/侯强//西南政法大学学报．-2004，6

法科留学生与中国近代法学/何勤华//法学论坛．-2004，6

人民陪审制的理念与发展/吴明童//中国司法．-2004，8

民初关于孔教入宪的激烈争议/余衔玉//文史精华．-2004，9

西方法学观在近代中国的传播/何勤华//法学．-2004，12

略论民国时期法律家群体的法律思想/韩秀桃//《安徽大学法律评论》第4卷
　　第1期，安徽大学出版社．-2004

司法理念和社会观念：民国北平地区妇女"背夫潜逃"现象研究/马钊//《法
　　律史学研究》第1辑，中国法制出版社．-2004

西学东渐与中国宪政思想的萌发/张晋藩//《法律史学研究》第1辑，中国法

制出版社. -2004

中国近代权利观念的文化整合/柳正权//《中国历史上的法律制度变迁与社会
进步》(《法律史论丛》第 10 辑)，山东大学出版社. -2004

驳"救亡压倒启蒙"论/高积顺//《中国历史上的法律制度变迁与社会进步》
(《法律史论丛》第 10 辑)，山东大学出版社. -2004

中国近代法史学的诞生及其成长/何勤华//《法律文化史研究》第 1 卷，商务
印书馆. -2004

中国近代宪政思想述略/田威//人大研究. -2005，1

民国时期继受英美法理念概介——以日人宫本英雄著《英吉利法研究》为中
心/王素芬、高大友//辽宁公安司法管理干部学院学报. -2005，1

晚清西方法学的传入及其影响/姚琦//青海师范大学学报（哲社科版）.
-2005，1

论晚清重商思潮与公司立法的互动/蒋燕玲//社会科学研究. -2005，1

比较法学与近现代中国法制之命运/米健//现代法学. -2005，2

美国宪政思想对近代中国宪政的影响述评/陈秋云//法商研究. -2005，2

论中国近代司法文化发展的多层面冲突/张仁善//法学家. -2005，2；又载
《百年回眸：法律史研究在中国》第 2 卷，中国人民大学出版社. -2009

飘忽的法治——清末民初中国的变法思想与法治/夏勇//比较法研究.
-2005，2

社会变迁与民初民事法律观念的转变/陈晋萍//法学评论. -2005，2

走进"陕派律学"/阎晓君//法律科学. -2005，2；又载《法律文化研究》
第 2 辑，中国人民大学出版社. -2006

董康其人其书/何勤华//国家检察官学院学报. -2005，2

进化与回归——论近代中国社会思潮从民本向民权、民主思想的演变/甄尽
忠//信阳师范学院学报（哲社科版）. -2005，2

从清末修律中的"礼法论争"管窥礼法关系/刘霜//河南大学学报（社科
版）. -2005，2

论近代宪政的精神/喻阳//天府新论. -2005，S2

中国近代法理学的诞生与成长/何勤华//中国法学. -2005，3

论清末新式法学教育对中国近代法学的影响/徐彪//环球法律评论. -2005，3

民国时期高等院校学术期刊的出版与法学研究/刘馨//比较法研究. -2005，3

陕甘宁边区的狱政理论与实践/贾亚莉//中国监狱学刊. -2005，3

论清末礼教派保守主义法律思维模式的合理性/曹胜亮//学术探索. -2005，4

洋务派"中体西用"法律思想评介/林雅//法学论坛. -2005，4

中国近代的宪政思潮及评析/徐静莉//中北大学学报. -2005，4

论近代刑法和刑法观念的形成/徐爱国//环球法律评论. -2005，4

20 世纪国际私法的法律价值实现考察/费艳颖//社会科学辑刊. -2005，5

综论百年法学与法治中国/张晋藩//中国法学. -2005，5

近代中国民法法源及其适用原则简论/韩冰//华东政法学院学报. -2005，5

晚清时期近代司法理论的构建/沈国琴、鲁保宁//晋中学院学报. -2005，5

论近代中国公司立法指导思想之嬗变/蒋燕玲//湖南科技大学学报（社科版）.
    -2005，6

晚清法学新词的创制及其与日本的关系/王健//南京大学学报（哲学人文社科
    版）. -2005，6

刑罚人道主义对《大清新刑律》的影响/李靓//湖南社会科学. -2005，6

简评清末宪政——从宪政思想与运动维度/柳砚涛//齐鲁学刊. -2005，6

近代在华外国法律人对中国治外法权制度的认识/尹小闻//韶关学院学报.
    -2005，8

历史记忆与重新阐释——近代中国著作权观念的发生/朱健//福建论坛（人文
    社科版）. -2005，9

大理院判决对"契约自由"概念的运用/周伯峰//《法制史研究》第 7 期，
    （台湾）中国法制史学会、"中央研究院"历史语言研究所. -2005

清末的"法治"话语/程燎原//《中西法律传统》第 4 卷，中国政法大学出版
    社. -2005

远近高低各不同——薛允升、沈家本、杨鸿烈眼中的唐明律/赵晓耕、王平
    原//《沈家本与中国法律文化国际学术研讨会论文集》，中国法制出版
    社. -2005

维新派人权思想探略/赵迅//船山学刊. -2006，1

传教士关于清末法律改革的具体观点/牛锦红//皖西学院学报. -2006，1

《资政新篇》中的西方法文化思想探析/侯强//广西师范大学学报（哲社科
    版）. -2006，1

早期改良派法律思想述论/贾孔会//咸宁学院学报. -2006，1

论近代中国法律精英的法治理想/张仁善//河南政法管理学院学报. -2006，1

近代中国宪法宪政精神缺失的原因/谢炜//华东师范大学学报. -2006，1

人权派宪政思想探析/马建红//山东大学学报（哲社科版）. -2006，1

民国时期的"法学权威"：一个知识社会学的微观分析/刘星//比较法研究.

-2006，1

民国时期法学的"全球意义"：以三种法理知识生产为中心/刘星//法学.
　　-2006，1

论近代所有权绝对原则遭遇的现代挑战/刘美希//法学论坛. -2006，1

中国近代国际法学的中国化/刘显娅//政法论丛. -2006，2

宗法文化及其对中国近代宪政的制约/屈永华//法商研究. -2006，2

晚清涉外商事纠纷与近代中国法观念嬗替/蔡晓荣//云南社会科学. -2006，2

略论晚清传统法律意识的嬗变和晚清修律/杨友谊、李思谊//理论界.
　　-2006，2

我国近代版权保护思想的确立及其影响/李静//青海师范大学学报（哲社科
　　版）. -2006，2

自然法理论的嬗变与近代人权观的确立/苗贵山//辽宁大学学报（哲社科版）.
　　-2006，2

清末中国对日本法学的引进/史宝龙//历史教学. -2006，3

略论传统直观思维范式下的近代中国立宪/陈晓枫、易顶强//法学评论.
　　-2006，4

宪法知识在近代中国的民族化解读/张忠军//华中科技大学学报. -2006，4

清末"礼法之争"的原因及结局新论/胡红英//文教资料. -2006，6

论我国清末民初宪政中民族观的变化/方慧//民族研究. -2006，6；又载《百
　　年回眸：法律史研究在中国》第2卷，中国人民大学出版社. -2009

中国近代法律转型中的价值和论证——以"杀死奸夫"为例/王瑞峰//《清华
　　法治论衡》第7辑，清华大学出版社. -2006

近代中国法治思潮批判/李贵连、李启成//《清华法治论衡》第7辑，清华大
　　学出版社. -2006

百年中国宪政反思——兼论传统礼治的改造/马小红//《清华法治论衡》第7
　　辑，清华大学出版社. -2006

五四时期人权思想研究/孙婧//《山东大学法律评论》第3辑，山东大学出版
　　社. -2006

"西学东渐"背景下的中国近代司法思想——兼谈对待中西法律文化的正确态
　　度/崔永东//《法律文化研究》第1辑，中国人民大学出版社. -2006

略论我国近代宪政运动中的民族观/方慧//《法律文化研究》第1辑，中国人
　　民大学出版社. -2006

戊戌变法时期的"民权"概念/俞江//《法律文化研究》第1辑，中国人民大

学出版社. -2006

商观念的转变与近代中国公司立法/马建兴、高志玲//《法律文化研究》第 2
　　辑，中国人民大学出版社. -2006

人权保障：宪政法治的起点与归宿——"人权派"人权保障思想论略/马建
　　红//《法律史论集》第 6 卷，法律出版社. -2006

吴经熊与马锡五：现代中国两种法律传统的象征/喻中//法商研究. -2007，1

论民国时期的民法思想/柴荣//河北学刊. -2007，1

西方宪政之人权观及其在近代中国的歧变/郑琼现//岭南学刊. -2007，1

近代中国宪政移植中的文化抵抗/郑琼现//学术研究. -2007，2

论近代中国法律教育人才观的变革/侯强//大学教育科学. -2007，2

清末礼法之争背后的法律思想价值/柴荣//广东社会科学. -2007，2

法社会学的百年历程/胡平仁//山东大学学报（哲社科版）. -2007，2

近代中国社会救济的理念嬗变与立法诉求/岳宗福//浙江大学学报. -2007，3

晚清时期英美传教士的中国法律观/杨大春//政法论丛. -2007，3

法律自身的成长与修律变革的冲突：对清末修律指导思想的分析/张建飞、张
　　海峰//法学杂志. -2007，3

清末监狱改良思想的滥觞与兴起/肖世杰//湖湘论坛. -2007，3

清末中国民法思想形成分析/柴荣//江海学刊. -2007，4

新民主主义革命时期中国共产党人权理论的演变/梁爱强//河南师范大学学报
　　（哲社科版）. -2007，4

中国共产党宪法理念演进的历史考察/张桂英//东北师大学报. -2007，4

论党的第一代领导集体的科学立宪理念及其当代价值/王闯//东北师大学报.
　　-2007，4

国际法的传播与晚清领海主权观念的嬗变/刘利民//光明日报. -2007，4. 13

从"有法"到"无法"：清末民初新闻法制思想的演变/任薇//新闻爱好者.
　　-2007，5

对清末杨月楼一案的法理学分析/赵春燕//江苏警官学院学报. -2007，6

论清末立宪思潮/孙海霞//河南商业高等专科学校学报. -2007，6

中国近代法政杂志与分析法学研究/李刚//政法论坛. -2007，6

新实用主义与晚近破产冲突法的发展/何其生//法学研究. -2007，6

晚清"公法中源"说初探/张卫明//法制与社会发展. -2007，6

认真对待近代犯罪学/姚建龙//现代法学. -2007，6

个人正当权利理论在近代中国的嬗变：以民权、人权概念运演为例/张丽清、

刘霞//社会科学论坛. -2007, 6

清末监狱改良思想的现代性/肖世杰//河北法学. -2007, 7

宪法信仰与近代法治思想关系探析/周军虎、张义忠//牡丹江大学学报. -2007, 8

中国法律观念近代转型初探/胡伟//兰州学刊. -2007, 10

近代中国私立法律教育的办学理念及其反思/侯强//兰州学刊. -2007, 12

清末立宪思潮/张海鹏//兰台世界. -2007, 16

清末士大夫的地方自治思想与地方自治政策之推行——以《清末筹备立宪档案史料》为中心的考察/郭绍敏//《安徽大学法律评论》第 7 卷第 1 期，安徽大学出版社. -2007

晚清律学的困境与嬗变/周少元//《法律文化研究》第 3 辑，中国人民大学出版社. -2007

中国近代法律精英的法治理想/张仁善//《中国文化与法治》，社会科学文献出版社. -2007

礼法之争：中国法律近代化路径之检讨/郭成伟//《中华法系国际学术研讨会文集》，中国政法大学出版社. -2007

传统中国法律中的契约自由与法律面前人人平等的概念及其演变/〔美〕包恒//《中华法系国际学术研讨会文集》，中国政法大学出版社. -2007

"性法"、"天法"、"自然法"：清末的译论略述/程燎原//《近代法研究》第 1 辑，北京大学出版社. -2007

法政学者的宪政诉求——略论《太平洋》派学人的宪政思想（1917—1925年）/邓丽兰、王红霞//《南开法律史论集 2007》，南开大学出版社. -2007

法社会学在中国二十世纪初之演化/汤唯、冯勇//《中国历史上的法律与社会发展》，吉林人民出版社. -2007

晚清民间法观念初探——以《点石斋画报》为例/俞政//苏州大学学报（哲社科版）. -2008, 1

南京国民政府福利立法之精神研究/王莹//湘潮（下半月）. -2008, 2

近代刑法观念的裂变：从身份等级到公民平等/姚远光//理论界. -2008, 2

启蒙的偏向和缺失：近代中国宪政文化的价值转换/施建兴//内蒙古师范大学学报（哲社科版）. -2008, 2

近代中国的法律与学术/苏哲//江苏警官学院学报. -2008, 2

以立宪政治保障个人自由——中国近代自由主义本质特征探析/闫润鱼//中国

人民大学学报. -2008，2

中国最早的法学研究生教育：东吴大学法学研究生教育/孙伟//苏州大学学报
　　（哲社科版）. -2008，2

我国近代职业教育法制的发展环境刍议/王为东//郑州航空工业管理学院学报
　　（社科版）. -2008，2

近代中国宪政文化诉求价值选择论纲/施建兴//武夷学院学报. -2008，4

日本宪法学在清末的输入/王贵松//山东社会科学. -2008，5

晚清"新法家"的"新法治主义"/程燎原//中国法学. -2008，5

略论近代"新法家思想"的特点/时显群//法学评论. -2008，5

近代西方"权利"概念的中国化/董长春//学习与探索. -2008，6

宪法学说史上之"国家"主权说/钱宁峰//江海学刊. -2008，6

论民国初期"物权契约理论"的发展——以大理院判例中不动产物权变动模
　　式为例/姜茂坤//北方法学. -2008，6

论中国的新儒学与法制/王立民//政治与法律. -2008，7

关于控辩平等原则演进的思考/冀祥德//河北法学. -2008，7

论晚清"司法独立"原则的引进/李俊//福建论坛（人文社科版）. -2008，8

近代中国私权理论的演变——以"私法社会化"为角度/刘俊//法制与社会.
　　-2008，15

清末礼法之争研究评述/任晓兰//兰台世界. -2008，24

儒家思想与宪政主义试说/陈明//《原道》第 15 辑，首都师范大学出版
　　社. -2008

从康梁到孙中山：清末民初宪政理念的产生、形成及演进/吴爱萍//《法律文
　　化研究》第 4 辑，中国人民大学出版社. -2008

关于近代中国"犯罪论体系"学说的研究/陈融//《法律史研究》第 3 辑，中
　　国方正出版社. -2008

清末修律时期诉讼法律思想评析/张桂梅//政法论丛. -2009，1

知识之学与思想之学：近世中国法理学研究省思/支振锋//政法论坛.
　　-2009，1

隔阂与落寞：分析法学在近代中国的传播及其命运/陈锐//政法论坛.
　　-2009，1

维新派君主立宪思想的反思/尚代贵//《清华法治论衡》第 11 辑，清华大学
　　出版社. -2009

四川法政学校：中国近代法学专门教育的地方实践（1906—1926）/里赞、刘

昕杰//华东政法大学学报. -2009，1

近代中国宪政经验的启示/张千帆//民主与科学. -2009，1

中日法制近代化主导思想之比较/翟玉荣//社科纵横（新理论版）. -2009，1

沈钧儒追求民主宪治/珀石//中国人大. -2009，1

沈钧儒人权思想浅析/沈岚//嘉兴学院学报. -2009，1

十九世纪中国领海观念的传输与接受/刘利民//烟台大学学报（哲社科版）. -2009，2

清末司法独立思想的端倪、动因及途经：至预备立宪前夕的考察/李鼎楚//湘潭大学学报（哲社科版）. -2009，2

"中国法理学"的"发现"——"中国法理学史"在近代的创建/程燎原//法制与社会发展. -2009，3

延安时期马克思主义指导下的法制理论与实践/张炜达、梁星亮//理论导刊. -2009，3

近代中国移植宪政思想失败的原因探析——以中日宪政思想发展历史对照为切入点/杨振宏//云南行政学院学报. -2009，4

杨度眼中的中国立宪——以《君宪救国论》为分析范本/邹奕//北京化工大学学报（社科版）. -2009，4

浅析清末民初宪政理念的思想渊源/吴爱萍//太平洋学报. -2009，4

晚清民间法观念四探/俞政//苏州大学学报（哲社科版）. -2009，4

近代法律新词对日语词汇的借用及其辨正/崔军民//河北法学. -2009，4

南京国民政府的行政法律意识研究/卞修全//比较法研究. -2009，4

民初时论中法治精神管窥/赵炎才//法学论坛. -2009，4

中国宪法学说史的学术背景与研究意义/韩大元//山东社会科学. -2009，4

中国宪法学说史研究的难题与对策/褚宸舸//山东社会科学. -2009，4

近代化背景下的律学教育——以《大清律讲义》为视角/龙宪华、周向阳//凯里学院学报. -2009，5

中国近现代宪法"神话"的社会学新制度主义分析/孙艳//齐鲁学刊. -2009，5

基督教与近现代国际法理念/钟继军//法学评论. -2009，6

清末至民国时期死刑观念变革浅探/刘建//法学杂志. -2009，6

法典概念在晚清论著中的运用/刘广安//华东政法大学学报. -2009，6

中国近代宪政的文化基点：儒家群己观/刘小妹//政法论坛. -2009，6

沈钧儒地方自治思想探析/郭相宏//现代法学. -2009，6

1874 年日军侵台事件中的"番地无主"论与中国人主权观念的变化/贾益//
民族研究. -2009，6

试论中国近代国家主权观念形成的基本轨迹及其影响/刘慧娟//贵州社会科
学. -2009，9

探寻权利观念发生的历史踪迹/张康之、张乾友//教学与研究. -2009，10

清末司法独立思想的端倪、动因及途径——至预备立宪前夕的考察/李鼎楚//
湘潭大学学报（哲社科版）. -2009，12

清末宪政思想的急功近利性/丁天进//法制与社会. -2009，12

陕甘宁边区的司法理念/宇赟//法制与社会. -2009，13

奠定宪政建设的文化根基——以对儒家思想的批判继承为基础/崔艳娇//法制
与社会. -2009，30

民初大理院时期的罪刑法定主义——以《暂行新刑律》第十条为中心/陈新
宇//《中国法律近代化论集》总第 2 卷，中国政法大学出版社. -2009

借鉴与移植：大陆法系宪政文化对近代中国的影响/夏新华//南京大学法律评
论. -2010，1

近代法律新词的发展及其轨迹/崔军民//河北法学. -2010，1

改造主义与南京国民政府的亲属立法/罗旭南//海南大学学报（人文社科版）.
-2010，1

晚清民间法观念五探/俞政//苏州大学学报（哲社科版）. -2010，2

中国近代法理学的形成与发展/马小红//政法论丛. -2010，2

近代中国制宪中的"民权"与"人权"之争：以章渊若与罗隆基的一场论战
为例/杨添翼//现代法学. -2010，2

析马克思主义法律思想中国化研究视域之拓展/段凡//山西师大学报（社科
版）. -2010，3

《新尔雅》与近代中国法律新词/崔军民//吉林师范大学学报（人文社科版）.
-2010，4

近代中国检察理论的演进：兼析民国检察制度存废的论争/张培田//中国刑事
法杂志. -2010，4

我国人权史上的一次思想转型：论清末犯罪习艺所的筹办及其现代意义/肖世
杰、王灿//中国监狱学刊. -2010，4

晚清法律翻译的"普罗米修斯"及特殊贡献/熊德米//外语教学. -2010，5

借鉴与移植：美国宪政文化对近代中国立宪的影响/夏新华、谭钟毓//湘潭大
学学报（哲社科版）. -2010，5

太平天国法律思想与中国法律现代化/曾绍东//江西师范大学学报（哲社科版）. -2010，5

论清末修律中的现代法治理念与追求：从民事诉讼法制改革角度展开/张维新、陈刚、何志辉//山西师大学报（社科版）. -2010，6

救亡之使还是启蒙之功：清末监狱改良思想的特质/肖世杰//湘潭大学学报（哲社科版）. -2010，6

马克思主义法学在民国学界境遇概览/张小军、张天羽啸//新疆大学学报（哲学人文社科版）. -2010，6

晚清立宪与近代政治观念嬗变的基础性思维：兼从金观涛、王人博近著评晚清宪政史现状/王勇//法制与社会发展. -2010，6

传统与现代：中国近代法学界法治诉求论略/高燕//西南民族大学学报（人文社科版）. -2010，8

近现代法益理论的发展及其功能化解读/舒洪水、张晶//中国刑事法杂志. -2010，9

法言法语的规范化（性）：一个基于近代中国语境的历史法学解释/许章润//法学. -2010，10

晚清海权观的萌发与滞后/杨东梁//社会科学战线. -2010，10

清末民初宪政理念的形成及演进/吴爱萍//求索. -2010，10

《中国丛报》与19世纪西方人的中国刑法观/李秀清//《法制史研究》第17期，（台湾）中国法制史学会、"中央研究院"历史语言研究所. -2010

中国近代法治理论的形成及演变/马作武//《中山大学法律评论》第8卷，法律出版社. -2010

陕甘宁边区确立法律面前人人平等原则的艰难历程和深刻教训/杨永华、赵亮//《中国法律传统与法律精神——中国法律史学会成立30周年纪念大会暨2009年会论文集》，山东人民出版社. -2010

"风俗"与"习惯"：中国传统法律词语的近代转换/萧伯符、易江波//《中国法律传统与法律精神——中国法律史学会成立30周年纪念大会暨2009年会论文集》，山东人民出版社. -2010

2. 沈家本的法律思想

论沈家本的法律思想/张晋藩//法学研究. -1981，4、5；又载《博古通今学贯中西的法学家》，陕西人民出版社. -1992；《中国法律文化论集》，中国政法大学出版社. -2007

从沈家本的奏议看他的法律思想/李光灿//近代史研究. -1982，3

沈家本与洪仁玕法制思想比较/姜秉正//西北大学学报（哲社科版）.
　　-1983，3

沈家本法律思想论略/华友根//《法史研究文集》（中），西北政法学
　　院. -1983

试评沈家本"学断"二则（古案今评）/王应瑄//法学评论. -1984，4

从清末新刑律的制定看沈家本的法律思想/宋加兴//浙江学刊. -1984，5

沈家本法律思想略论/华友根//《年会论文选》，上海市法学会. -1984

参考古今博精中外——沈家本与清末立法活动/曹培//法学杂志. -1985，1

评沈家本的《压线篇》——《选评沈家本未刻印稿的法律思想》之一/李光
　　灿//政法丛刊. -1985，4

沈家本的监狱改良思想/薛梅卿//法制建设. -1985，6

从一份奏折看沈家本的刑法思想/李光灿//法学季刊. -1986，1

清末的法律改革家——沈家本/沈致和//学员之家（法律版）. -1986，Z1

论执法——兼谈沈家本法律思想/袁泽纯、宋相官//法学杂志. -1986，3

沈家本的"法治"思想浅论/陈淑珍//政法学习. -1988，1

沈家本法制改革述论/江必新//比较法研究. -1988，2

沈家本的得与失——兼论如何对待中外法律文化成果/武树臣//中外法学.
　　-1990，1；又载《判例制度研究》，人民法院出版社. -2004

沈家本的狱政改良思想/艾永明//劳改劳教理论研究. -1990，2

沈家本中西法律观论略/李贵连//中国法学. -1990，3

中国近代会通中西的法律改革家——沈家本/张国华//中国法学. -1990，3

略论沈家本的生活道路及其思想发展/沈厚铎//政法论坛. -1990，4

清季法律改革与领事裁判权——兼论沈家本法律救国思想/李贵连//中外法
　　学. -1990，4

沈家本对《宋刑统》的研究与传播/薛梅卿//法学研究. -1990，6

严谨治学，锐意改革：纪念沈家本诞辰 150 周年/刘海年//法学研究.
　　-1990，6

酌古准今，熔铸东西：评沈家本修律/耘耕//现代法学. -1990，6

我国近代"睁眼看世界"的法学家沈家本/张晋藩//法制日报. -1990，7. 28

沈家本与《历代刑法考》/崔文印//文史知识. -1990，12

沈家本与中国近代法制/梁治平//文史知识. -1990，12

沈家本的监狱改良论及其实施/薛梅卿//《中国法律史国际学术讨论会论文

集》，陕西人民出版社．－1990

沈家本法律思想与清末变法修律之争/郭成伟//《沈家本法学思想研究》，法律
　　出版社．－1990

沈家本与经世实学/怀效锋//《沈家本法学思想研究》，法律出版社．－1990

从沈家本的生平活动看其变法的核心/陆昕//《沈家本法学思想研究》，法律出
　　版社．－1990；又载《百年回眸：法律史研究在中国》第2卷，中国人民
　　大学出版社．－2009

《大清新刑律》的重心与沈家本的倾向：写在沈家本诞生一百五十周年/张铭
　　新//法学评论．－1991，1

论沈家本的慎刑思想/崔敏//中国法学．－1991，1

论沈家本"人格主义"的人权法思想/杜钢建//中国法学．－1991，1

论沈家本法律思想的现实意义/栗劲//当代法学．－1991，1

"中学为体，西学为用"：沈家本与清末法制改革再评说/曾宪义、郑定//法律
　　学习与研究．－1991，1

清末变法与沈家本的人权法思想/刘新、杜钢建//浙江学刊．－1991，1

沈家本法律思想国际学术研讨会开幕词/张国华//浙江学刊．－1991，1

沈家本法律思想的研究/张晋藩//浙江学刊．－1991，1

沈家本思想核心及其中西法文化融会点/李贵连//浙江学刊．－1991，1

沈家本与《汉律摭遗》/罗鸿英//现代法学．－1991，2

中国刑法史上不可磨灭的一页：评沈家本对犯罪主观心态之研究/钱大群//江
　　苏社会科学．－1991，2

论沈家本的刑事法律思想/樊凤林//政法论坛．－1991，3

略论沈家本法律思想的实质及进步意义/李启欣、邵宇力//政法学刊．
　　－1991，3

论沈家本涵化西方法文化修律的开拓与局限/赵国斌//吉林大学社会科学学
　　报．－1991，3

沈家本会通中西论/霍存福//烟台大学学报（哲社科版）．－1991，3

沈家本法律思想研究/张晋藩//《沈家本法律思想国际研讨会论文集》，陕西人
　　民出版社．－1991

沈家本司法独立思想管见/李洪欣、孙小迎//《沈家本法律思想国际研讨会论
　　文集》，陕西人民出版社．－1991

从杜氏之狱看沈家本的法律思想/汪汉卿//《沈家本法律思想国际研讨会论文
　　集》，陕西人民出版社．－1991

略谈沈家本的法律观/李哲宇//法学杂志. -1992，3

法律文献考订例释——沈家本考订法律文献的方法及其成果/张国全、张伯元//政法论坛. -1992，6

沈家本与中国古代律学/高恒//《博古通今学贯中西的法学家》，陕西人民出版社. -1992

沈家本——我国法制现代化之父/黄静嘉//《博古通今学贯中西的法学家》，陕西人民出版社. -1992

沈家本、冈田朝太郎法律思想比较研究/杜钢建//中国人民大学学报. -1993，1

试论沈家本的法律思想/张旭//镇江师专学报（社科版）. -1993，2

沈家本法律思想和法律实践的时代特色/艾立华//求是学刊. -1993，3

论沈家本的法律思想/"沈家本法律思想研究"课题组//浙江社会科学. -1993，5

媒介中西——"冰人"：沈家本新论/马作武//比较法研究. -1995，2

沈家本与晚清教案/邱远猷//首都师范大学学报（社科版）. -1995，3

沈家本与中国古代法律史研究/崔永东//团结报. -1996，10. 26

沈家本的刑法思想/崔永东//团结报. -1996，12. 18

沈家本传统法律变革之评价/马小红//《走向法治之路：20 世纪的中国法制变革》，中国民主法制出版社. -1996

沈家本"会通中外"的法律思想及评价/滕玉光//政法成人教学. -1997，11

从传统身份差等到近代平权立法——兼论沈家本的法律平权理念及其变革/黄源盛//《固有法制与当代民事法学——戴东雄教授六秩华诞祝寿论文集》，三民书局. -1997

从《寄簃文存》看沈家本的法律思想/曲桂玲//北京警院学报. -1998，3

论沈家本"会通中外"的法律观/田莉姝//贵州大学学报（社科版）. -1998，3

沈家本的法学教育思想及实践/王立中//档案史料与研究. -1998，3

论沈家本对传统律学的继承与发展/李俊//政法论坛. -1998，6

清季法学泰斗——沈家本/张晨怡//人物. -1998，11

沈家本的局限与法律现代化的误区/马作武//法学家. -1999，4

沈家本对清代死刑的改革及其法理/王耀虎//山西省政法管理干部学院学报. -2000，2

沈家本：中国近代法律思想的启蒙者/郑佳宁//法律文献信息与研究.

-2000，2

论沈家本的法律救国思想/田东奎//宝鸡文理学院学报．-2000，2

从《论故杀》看沈家本法学研究方法/周少元、戴家巨//法制与社会发展．
　　-2001，1

法子匡时为国重，高名重后以书传——一代法子沈家本的人生轨迹与法学建
　　树/沈厚铎//比较法研究．-2001，2

沈家本与中国刑法制度的近代化/张焕琴、王胜国//河北法学．-2001，3

沈家本论法制与道德之关系评析/崔永东//清华大学学报．-2001，3

沈家本、梁启超法学思想之比较/田东奎//宝鸡文理学院学报（社科版）．
　　-2001，4

论沈家本的法学思想/田东奎//榆林高等专科学校学报．-2002，1；又载西北
　　农林科技大学学报（社科版）．-2002，1

一代法学名家沈家本/王波、张仁善//法学天地．-2002，2

对沈家本《论杀死奸夫》的现代法理解说/宁杰//比较法研究．-2002，3

沈家本监狱改良思想探析/徐黎明//山东师范大学学报（人文社科版）．
　　-2002，4

沈家本法律思想初探/李军//理论导刊．-2002，7

法学家沈家本与晚清修律/王国龙、李保利//社科与经济信息．-2002，9

沈家本中西法律观论略/李贵连//《中国法史学精萃》2002 年卷，机械工业出
　　版社．-2002

沈家本：中国近代比较法学的开拓者/李青//淮北职业技术学院学报．
　　-2003，3

中华法律现代化的原点：沈家本西法认识形成刍议/曾尔恕、黄宇昕//比较法
　　研究．-2003，4；又载《中国法史学精萃》2001—2003 年卷，高等教育
　　出版社．-2004

论沈家本的罪刑法定思想/沈月娣//湖州师范学院学报．-2003，4

出入经史之间　定鼎法学新风——沈家本先生法律思想的学术源流探微/赵元
　　信//华东政法学院学报．-2003，5

沈家本与中国法学的传承及新生——纪念沈家本先生逝世九十周年/陈金全、
　　陈松//现代法学．-2003，5

法治（Rule of Law）：晚清法律改革者的理想——沈家本逝世 90 周年祭/李贵
　　连//华东政法学院学报．-2003，6

从清末修律中的礼法之争看沈家本的法理思想/洪伟//徽州社会科学．

-2003, 6

《寄簃文存》的唐律研究/王立民//浙江社会科学. -2003, 6

论沈家本的人格平等观/李贵连、俞江//环球法律评论. -2003, 秋季号

学贯中西的法学家沈家本及其法律思想著作/俞月丽//东方博物. -2003

还原沈家本: 略论沈家本与晚清司法场域之变迁（1901—1911 年）/郑定、
  杨昂//政法论坛. -2004, 1

沈家本与新刑律草案的伦理革命/范忠信//政法论坛. -2004, 1

沈家本修律与传统法律思想的改易/杨惠//天津市政法管理干部学院学报.
  -2004, 1

论沈家本修律中的人权思想/常缨//太原经济管理干部学院学报. -2004, 1

论沈家本的法治思想/黄腾华//华中师范大学研究生学报. -2004, 2

兼容中西融会贯通: 沈家本的法律价值观/张世珊//湖南行政学院学报.
  -2004, 2

论沈家本"法权统一"的法律思想/殷国伟//湖州师范学院学报. -2004, 3

试论沈家本汉律研究的特点/张全民//现代法学. -2004, 3

沈家本的法律思想/张雪//文史月刊. -2004, 4

沈家本的法律思想及对晚清人权变化的影响/钟华//渤海大学学报（哲社科
  版）. -2004, 4

沈家本法律思想初探/徐艳玲//漯河职业技术学院学报. -2004, 4

从律学到法学的飞跃——沈家本法学方法论初探/史广全//齐齐哈尔大学学报
  （哲社科版）. -2004, 5

从清末法律移植看沈家本的修律思想/宋春雪//山东社会科学. -2004, 6

沈家本与清末刑罚轻缓化/赖早兴、董丽君//政治与法律. -2004, 6

沈家本与中国近代法律体系的确立/田东奎//哈尔滨学院学报. -2004, 6

清末法制改革大家沈家本/晓海//炎黄春秋. -2004, 11

沈家本: 开启中国法治之门/王健//法律与生活. -2004, 14

沈家本"会通中西"的法律思想/汪汉卿//《汪汉卿法学文选》, 安徽人民出
  版社. -2004

简论沈家本的废除死刑观/李交发//现代法学. -2005, 1

论沈家本之死刑观/曾丽玮//甘肃政法成人教育学院学报. -2005, 1

百年回眸谁与功——记清末修律大臣沈家本与《大清新刑律》/陈浩//书屋.
  -2005, 2

浅析沈家本的死刑观/刘鄂//和田师范专科学校学报. -2005, 2

略论沈家本死刑思想/李鼎楚//求索. -2005，3

沈家本之废除重刑初探/钟铁慧//牡丹江大学学报. -2005，3

沈家本的历史法哲学/高积顺//法制与社会发展. -2005，4

礼法之争中的沈家本法理思想/洪伟//黄山学院学报. -2005，5

论沈家本法制思想中的人道主义精神/王伦光//湖州师范学院学报. -2005，5

评析沈家本与清末修律/陈国庆//长春大学学报. -2005，5

晚清刑事法律改革中的"危机论"：以沈家本眼中的领事裁判权问题为中心/
　　高汉成//政法论坛. -2005，5

回到沈家本　超越沈家本——中国法制现代化道路反思/马建红//《沈家本与
　　中国法律文化国际学术研讨会论文集》，中国法制出版社. -2005

法学盛衰之辨/苏亦工//《沈家本与中国法律文化国际学术研讨会论文集》，中
　　国法制出版社. -2005

沈家本刑法思想初探/方慧//《沈家本与中国法律文化国际学术研讨会论文
　　集》，中国法制出版社. -2005

沈家本法律思想综论/张晋藩//《沈家本与中国法律文化国际学术研讨会论文
　　集》，中国法制出版社. -2005

论沈家本的死刑程序观/康黎//中华文化论坛. -2006，1

沈家本"法律救国论"探析/傅育//广西社会科学. -2006，1

论沈家本在清末监狱改良中的作用/李宜霞//中国监狱学刊. -2006，1

修律功臣，法学宗师——沈家本/马英典//兰台世界. -2006，2

沈家本：中西方法制的"冰人"/韩秀桃//法制日报. -2006，2. 15

论论沈家本的司法独立思想：兼论清末法制改革之指导思想/郑丽、姚米佳//
　　陕西教育学院学报. -2006，3

沈家本的刑罚公正思想/陈异慧//河南师范大学学报（哲社科版）. -2006，3

沈家本法律变革思想的理论逻辑/陈小洁//社科纵横. -2006，4

沈家本监狱改良思想及其现代价值/毛晓燕//南都学坛. -2006，5

清末法学家沈家本法律改革的思维逻辑试析/李国锋//河南大学学报（社科
　　版）. -2006，5

试论沈家本汉律研究的目的与方法/张全民//湘潭大学学报（哲社科版）.
　　-2006，6

沈家本与中国近代法治文化/陈柳裕//法治研究. -2007，1

浅谈法学家沈家本的死刑思想/陈旭//科技经济市场. -2007，3

沈家本刑事诉讼法学思想述论/康黎//中华文化论坛. -2007，4

略谈沈家本的"会通"思想及其启示/程瑞彩//法制与社会. -2007, 6

试论沈家本汉律研究的贡献与不足/张全民//湘潭大学学报（哲社科版）. -2007, 6

从中西近代法文化冲突看沈家本/张培田、张晓蓓、李胜渝//法治研究. -2007, 12

从身份等差主义到平等主义——百年后检视沈家本修律与中华传统刑事法制之现代化问题/黄静嘉、胡学丞、林亮君//《中华法系国际学术研讨会文集》，中国政法大学出版社. -2007

沈家本西法认识述评/曾尔恕//《中国法律文化论集》，中国政法大学出版社. -2007

试析沈家本对中国封建重刑的评论/杨恩翰//《南开法律史论集2007》，南开大学出版社. -2007

中国罪犯教育改造思想近代化的进程：沈家本罪犯教育改造观述评/张万军//中国监狱学刊. -2008, 1

沈家本司法独立思想评述/周向阳//湖州职业技术学院学报. -2008, 2

沈家本的监狱改良思想/崔晓喜//哈尔滨职业技术学院学报. -2008, 5

沈家本刑事法律思想/王建宇//山西高等学校社会科学学报. -2008, 10

沈家本与清末大理院创办/谢蔚//长春工业大学学报（社科版）. -2009, 1

沈家本的人格平等观及其在清末修律中的尴尬/向达//南华大学学报（社科版）. -2009, 2

论沈家本的平等思想/赵玉环//工会论坛. -2009, 2

沈家本修律思想探究——从《寄簃文存》说起/康文静//黑龙江史志. -2009, 3

论沈家本的人权思想对清末修律的影响/赵玉环//理论学刊. -2009, 4

论沈家本法律思想的作用及局限性/赵玉环//科技信息. -2009, 5

沈家本之法律与道德治国作用评析/赵玉环//济南大学学报（社科版）. -2009, 5

论沈家本的人权思想/唐佩玉//商丘职业技术学院学报. -2009, 6

沈家本法律思想评析/赵玉环//科技信息. -2009, 7

论沈家本对清末司法改革的贡献/赵玉环//东岳论丛. -2009, 7

沈家本修律思想探究——从《寄簃文存》说起/康文静//黑龙江史志. -2009, 8

论沈家本的刑事诉讼法思想/王彬//理论月刊. -2009, 9

中国法律现代化的起点——沈家本法律思想之于两岸法律发展的影响/张文山、吴东、苏子文//海峡法学. -2010，1

沈家本的刑事审判法思想初探/康黎//中华文化论坛. -2010，3

沈家本的法学教育思想及其现代启示/姚国艳//法学杂志. -2010，4

沈家本修律改制的法学精髓/杨晓莉、张永春//贵州社会科学. -2010，8

3. 孙中山的法律思想

论孙中山的"五权宪法"思想/陈盛清//学术月刊. -1957，9；又载《安徽大学知名法学教授论文选》，安徽大学出版社. -1999

孙中山早期思想的评价问题/黄彦//学术研究. -1978，2

孙中山法制思想研究/孔庆明//《吉林大学社会科学论丛·法学》第1辑，吉林大学出版社. -1979

简论孙中山的"五权宪法"思想/黄汉升、曹孔六//杭州大学学报（哲社科版）. -1981，3

孙中山的宪政思想初探/熊忠厚//黄石师院学报（哲社科版）. -1981，3

孙中山宪政思想述略/李昌道//青海社会科学. -1981，4

论孙中山的法律思想/林中//学习与探索. -1981，6；又载《百年回眸：法律史研究在中国》第2卷，中国人民大学出版社. -2009

论孙中山的法律思想——纪念辛亥革命七十周年/陈盛清//法学. -1982，2；又载《安徽大学知名法学教授论文选》，安徽大学出版社. -1999；《百年回眸：法律史研究在中国》第2卷，中国人民大学出版社. -2009

试论孙中山的五权宪法思想/邵德门//《法律史论丛》第2辑，中国社会科学出版社. -1982

试论孙中山的法律思想/王传生//江淮论坛. -1983，4

孙中山五权宪法思想探究/王宏治//《法史研究文集》（中），西北政法学院. -1983

国父法律思想之认识/郑彦棻//《中西法律思想论集》，（台湾）翰林出版社. -1984

论孙中山的五权宪法思想/胡勇//《中国政法大学本科生七九级毕业论文选编》，中国政法大学印行. -1984

孙中山法制观辨析/魏海波//《法学论丛》第2辑，上海社会科学院法学研究所. -1984

试评孙中山的旧三民主义和"五权宪法"/艾景学//牡丹江师院学报. -1985，

增刊

孙中山先生的五权宪法理论探略——纪念孙中山先生诞辰一百二十周年/王
　　辉//安徽大学学报（社科版）. -1986，2

孙中山及其法律思想简介/胡旭晟//学员之家（法律版）. -1986，2

浅论孙中山的"五权宪法"学说/杨元华//上海师范大学学报（哲社科版）.
　　-1986，3

辛亥革命时期孙中山司法改革思想浅析/贺跃夫//广州研究. -1986，3

试论孙中山的法律思想——纪念孙中山诞辰一百二十周年/刘新//政治与法
　　律. -1986，4

孙中山的民权主义与辛亥革命的结局/耿云志//历史研究. -1986，6

孙中山法治思想述论/陈淑珍//法学杂志. -1986，6

孙中山与民权法制问题论争/丁贤俊//法学研究. -1986，6？

发扬孙中山先生尊崇法治的精神——孙中山致先父李根源函/李希泌//团结
　　报. -1986，11.8

论孙中山的民权主义/饶珍芳//华南师范大学学报（社科版）. -1987，1

试析"考选权"的由来/张春英、广德明//学术交流. -1987，1

孙中山的"五权宪法"思想/张伟国//法学. -1987，2

孙中山法治思想谈/江振良//中山大学学报（哲社科版）. -1987，3

孙中山五权宪法思想探索/王宏治//河北师院学报（社科版）. -1987，3

孙中山"五权宪法"思想之评介/卢仲维//广西师范大学学报（哲社科版）.
　　-1987，3

孙中山的法律思想及其实践/傅炳旭//聊城师范学院学报（社科版）.
　　-1988，1

浅论孙中山的"五权宪法"/李瑞平//贵阳师专学报（社科版）. -1988，2

孙中山"五权宪法"非分权制论/王祖志//现代法学. -1988，3

论孙中山民主立法思想/乔丛启//政法丛刊. -1989，1

孙中山从美国宪法吸取了哪些可贵思想/胡大泽//青海社会科学. -1989，1

孙中山"五权宪法"之特质新论/王祖志//广东社会科学. -1989，2

论孙中山"五权宪法"的集权性/王祖志//海南大学学报（社科版）.
　　-1989，2

社会义务本位法律观——孙中山法律思想的核心内容/乔丛启//中外法学.
　　-1989，2

试论孙中山的人民"四权"、政府"五权"主张/杜超卓//牡丹江师院学报

（社科版）. -1989, 3

孙中山与中国民主宪政/姜平//中学历史. -1989, 4

孙中山的民生主义目的刑论与司法观/乔丛启//烟台大学学报（哲社科版）.
-1990, 2

论孙中山宪政理论的主旋律/乔丛启//政法论坛. -1990, 5

孙中山五权宪法政治学说述论/季云飞//南京社会科学. -1990, 5

试论孙中山的立法思想/张捷//历史教学. -1990, 8

民生主义目的刑论——孙中山刑法思想的核心/乔丛启//《中国法律史国际学
术讨论会论文集》，陕西人民出版社. -1990

论孙中山的"五权宪法"思想/周新华//徐州师范学院学报（社科版）.
-1991, 3

论孙中山的法律思想/王威宣//山西省政法管理干部学院学报. -1991, 3

从《五权宪法》看孙中山对中国政体的设想/张海洋//宁夏教育学院银川师专
学报. -1991, 3

孙中山不赞成《临时约法》/王继洲//石油大学学报（社科版）. -1991, 4

从幼稚到成熟：孙中山法律思想发展的三个阶段/乔丛启//中国法学.
-1991, 5

融会中西、继承创新：孙中山法律思想的特色及其成因/乔丛启//法学研究.
-1991, 5

试论孙中山"五权分立"的宪法思想/吴国林//贵州社会科学. -1991, 8

简论孙中山的法律思想/刘胜康//贵州民族学院学报（哲社科版）. -1992, 1

试论孙中山的地方自治思想/陆建洪//华东师范大学学报（社科版）.
-1992, 1

孙中山民初廉政思想与实践/严如平//民国春秋. -1992, 2

孙中山五权宪法学说探析/杨金升、王永祥//史学月刊. -1992, 2

简评孙中山的"五权分立"思想/崔丕军、王伟//松辽学刊（社科版）.
-1992, 3

浅析孙中山的法制思想/李温//西北第二民族学院学报（哲社科版）.
-1992, 3

孙中山法律思想述略/陈汉生//上海大学学报（社科版）. -1992, 3

《五五宪草》与孙中山的宪法精神/陈景良//民国档案. -1992, 3

论孙中山新法律观念中的社会服务理论/刘遐龄、张天一//宁夏社会科学.
-1992, 4

孙中山关于考试权和监察权的设计：兼谈对传统的现代化改造问题/朱宗震//
　　团结报．-1992，6．27

孙中山法律思想/刘世文//辽宁大学学报（哲社科版）．-1993，1

论孙中山自由平等观与五权宪法思想/孙守煌、杜要忠//现代法学．-1993，2

孙中山五权宪法思想内涵辨析/李国忠等//南开学报（社科版）．-1993，2

关于孙中山先生设立考试权和监察权思想的述评/黄建远//海军医高专学报．
　　-1993，3

试析孙中山的平等法律观/杨连峰、刘柱彬//中南政法学院学报．-1993，3

从孙中山的自由平等观看中国法律观念的特征/徐建民//中南政法学院学报．
　　-1993，4

用现代法批判传统法，用传统法批判现代法：孙中山宪法思想的一个新观照/
　　耘耕//中南政法学院学报．-1993，4

孙中山宪法思想刍议/耿云志//历史研究．-1993，4

孙中山对权力制约理论的卓越贡献/应克复//学海．-1993，6

孙中山民权主义的构建方法/刘瑛//滨州师专学报．-1994，1

孙中山宪法思想的精粹/孙庆明//政治与法律．-1994，2

孙中山对西方近代宪政文化之扬弃/李琦//法学评论．-1994，3

宏观的理想主义与程序的现实主义——对孙中山民权主义政体设计的探析/江
　　秀平//厦门大学学报（哲社科版）．-1994，3

孙中山五权宪法思想评价新论/王永祥、李国忠//南开学报．-1994，4

孙中山先生之民权主义法制思想/陈光中//政法论坛．-1995，2

略论孙中山的旧三民主义和“五权宪法”/艾景学//黑龙江社会科学．
　　-1995，3

孙中山的监察理论及其实践/龚咏梅//苏州大学学报（社科版）．-1995，4

孙中山“五权宪法”思想新论/唐自斌//湖南师范大学社会科学学报．
　　-1995，4

艰难的探索——对五权宪法的再认识/章开沅//中山大学学报论丛．-1995，5

孙中山民权思想述略/江波//党史研究与教学．-1996，1

孙中山五权宪法思想与西方三权分立学说较析/马雪芹//平顶山师专学报．
　　-1996，1

评孙中山的民权主义法制度的严重超前和法观念的严重滞后/杨义银//现代法
　　学．-1996，3

孙中山民权主义思想的演进/李英铨//辛亥革命研究动态．-1996，3

论孙中山的权力制约思想/何增光//浙江师大学报. -1996，4

孙中山法治思想探微："约法"与"训政"/孙放//社会科学辑刊. -1996，5

孙中山法律思想的基本特征与历史地位/唐自斌//湖南师范大学社会科学学
　　报. -1996，6

孙中山训政思想再认识/范忠信//东吴法学. -1996，特刊

简论孙中山的民主监察思想及其启示/李光正//河池师专学报（社科版）.
　　-1997，1

孙中山监察思想述论/梁昱庆//成都大学学报（社科版）. -1997，1

孙中山"三民主义"法律思想初探/李晋旺//运城高专学报（社科版）.
　　-1997，1

略论孙中山的民权主义思想/谢俊美//华东师范大学学报（社科版）.
　　-1997，1

孙中山先生的民权主义/胡义成//黔东南民族师专学报（社科版）. -1997，1

被疏忽的研究课题《民权初步》——孙中山关于民主参政基本规范的构建/徐
　　梁伯//江海学刊. -1997，2

对孙中山"民权主义"的再认识/张明军//许昌师专学报（社科版）.
　　-1997，2

孙中山不赞成《临时约法》/王继洲//石油大学学报（社科版）. -1997，4

孙中山关于平均地权之法与累进税法的佚文/兴梁//团结报. -1997，7. 17

浅谈孙中山的民权思想/郑宪//中央社会主义学院学报. -1998，2

孙中山：五权宪法学说中的政府/沈远新//湖湘论坛. -1998，2

孙中山宪政思想述评/夏泽祥、钱昕//山东法学. -1998，2

《五五宪草》政体模式与孙中山五权宪法思想之异同论/王永祥、王兆刚//历
　　史教学. -1998，2

略论孙中山的平均地权思想/吴正俊、李宁波//康定学刊. -1998，4

孙中山法律思想浅谈/王建平//团结. -1999，1

孙中山法律思想研究/王云飞、任福田//大连大学学报. -1999，3

主权在民——孙中山民权主义的核心/李永伦//学术探索. -1999，3

论孙中山的法律思想/随庆军//河南省政法管理干部学院学报. -1999，4

孙中山民权思想述评/屈建军、马广荣//延安大学学报（社科版）. -1999，4

孙中山五权宪法思想研究新见/王祖志//法学研究. -1999，4

关于孙中山"五权宪法"思想的再认识/曹孔六//《法治研究》1998 年卷，杭
　　州大学出版社. -1999

人治与法治：孙中山宪政理论与宪政实践中的两难抉择/马建红//《法律史论丛》第6辑，山东大学出版社. -1999

孙中山的法制思想初探/戴宗芬//武汉交通科技大学学报. -2000，1

孙中山"五权宪法"与整顿吏治/周松柏//华东船舶工业学院学报（社科版）. -2000，1

论孙中山的民权观/李永伦//云南社会科学. -2000，1

简论孙中山考试权、监察权独立的思想/郑淑芬//中国青年政治学院学报. -2000，2

孙中山"五权宪法"思想的历史启示/刘桂兰//中州大学学报. -2000，2

论孙中山法律思想在中国近代法律思想史上的地位/章戎、王晶//学术探索. -2000，3

孙中山"训政时期"法制思想之我见/孙放//东岳论丛. -2000，3

孙中山的行政法律思想/孙季萍//法学论坛. -2000，3

试论孙中山先生"五权宪法"思想体系的构成要素/王祖志//政法论坛. -2000，5

美国现代城市制度与孙中山直接民权理论/赵可//中州学刊. -2000，6

试论孙中山的监察思想及其形成/孙学敏//辽宁大学学报（哲社科版）. -2001，2

孙中山"五权宪法论"特质之我见/王永祥、石毕凡//学术研究. -2001，2

试论孙中山的监察思想/刘慧频//湖北民族学院学报（哲社科版）. -2001，3

孙中山的五权宪法思想与三权分立说/邱恭志//华东船舶工业学院学报（社科版）. -2001，3

"权能"学理——孙中山宪法思想的核心/吴国舫//法学杂志. -2001，4

孙中山五权分立思想新探/王英津//文史哲. -2001，4

孙中山法治思想初探/张万洪//武汉大学学报（哲社科版）. -2001，4

论孙中山的民权政治思想/秦国民//洛阳工学院学报（社科版）. -2001，4

孙中山"五权宪法"思想研究/王云飞//大连大学学报. -2001，5

孙中山宪政思想探析/邱聪江//中共宁波市委党校学报. -2001，6

孙中山地方自治思想研究/唐卫国//河北法学. -2001，6

从"五权分立""权能分治"谈孙中山对政权模式的思考/王存奎//求索. -2001，6

试析孙中山"权能分别学理"对欧美宪法学说的"规抚"理路/吴国舫//学术探索. -2002，1

从沈家本到孙中山——中国法律的现代化变革/张生//中国社会科学院研究生
　　院学报．-2002，1

孙中山民主法治思想评析/包红君//呼兰师专学报．-2002，1

孙中山民权主义的发展/李永伦//云南师范大学学报（哲社科版）．-2002，1

孙中山与张君劢的宪政思想比较/张振国//现代法学．-2002，2

孙中山民权主义与中国政治现代化早期模式的建构/高燕宁、陆世宏//沈阳师
　　范学院学报．-2002，3

孙中山法律思想评析/赵金康//洛阳大学学报．-2002，3

孙中山的弹劾制度研究考略/黄建水//国家检察官学院学报．-2002，3

孙中山"权能分别学理"的形成及其基本内涵初探/吴国舫//荆州师范学院学
　　报．-2002，3

孙中山五权制理论初探/孟永林、许有平//天水师范学院学报．-2002，3

孙中山的刑罚思想之探析/唐元平、孙海龙//中山大学研究生学刊．-2002，3

孙中山的宪政民主论及其价值/郭艳梅//北华大学学报（社科版）．-2002，4

孙中山五权宪法思想及其实践/冀满红、白文刚//史学月刊．-2002，5

司法独立：孙中山的理想与实践/李力//中国青年政治学院学报．-2002，5

孙中山与九权立宪/张保华//云南师范大学学报（哲社科版）．-2002，6

论孙中山与宋教仁的政体分歧/杨逢银//浙江学刊．-2002，6

孙中山依法治国思想理论体系初探/黄建水//史学月刊．-2002，7

比较章太炎和孙中山的思想论近代宪政本土化精义/党江舟//《中国法律近代
　　化论集》，中国政法大学出版社，2002

孙中山五权宪法思想研究新见/王祖志//《中国法史学精萃》2002 年卷，机械
　　工业出版社．-2002

试论孙中山的法律思想/廖海花//三明高等专科学校学报．-2003，1

试论孙中山之考试权独立思想/邓庆伟//商丘师范学院学报．-2003，1

论孙中山的男女平权思想/李本义//湖北大学学报（哲社科版）．-2003，1

论孙中山的法治思想/汪志国//池州师专学报．-2003，2

孙中山五权宪制中的国民大会/牛桐//北京行政学院学报．-2003，2

孙中山五权宪法思想探析/廖海花//三明高等专科学校学报．-2003，3

孙中山"五权宪法"思想对中国民主宪政历史进程的促进/易朝蓬//中共珠海
　　市委党校珠海市行政学院学报．-2003，3

简述孙中山的五权宪法思想/阚英//政法论丛．-2003，4

论孙中山的法治思想/汪志国、章礼强//现代法学．-2003，4

再论孙中山"五权宪法"/王云飞//中国法学．-2003，5；又载《中国法史
　　学精萃》2001—2003 年卷，高等教育出版社．-2004

孙中山与中国法制现代化/贾孔会//学术论坛．-2003，5

论孙中山的民权主义和"五权宪法"思想/高光兴、陈杰//团结．-2003，6

关于孙中山立法建制思想若干问题的思考/覃克利//改革与战略．-2003，8

孙中山先生地方自治思想综述/洪英//当代法学．-2003，8

简论孙中山五权宪法思想/汤毅平//湖南广播电视大学学报．-2004，1

论孙中山的"以人就法"思想/李黎明//齐鲁学刊．-2004，2

善之途多歧路：五权宪法的理想与现实/王贵松//首都师范大学学报（社科
　　版）．-2004，6

有中国特色的宪政理论——浅析孙中山五权宪法的特征/刘启强//襄樊职业技
　　术学院学报．-2004，6

"五权宪法"思想对中国政治体制改革的几点启示/粟斌//喀什师范学院学报．
　　-2005，1

试述孙中山"权能分治"学说/胡卓然//安徽农业大学学报（社科版）．
　　-2005，2

试析孙中山的分权学说/卢珂//贵州文史丛刊．-2005，2

孙中山"权能区分"理论探析/牛彤//学术界．-2005，3

孙中山五权宪法思想探究/于文伟//牡丹江师范学院学报（哲社科版）．
　　-2005，3

"三权分立"与"五权宪法"思想三大比较/吴清一、王吉生//海南大学学报
　　（人文社科版）．-2005，3

孙中山的民主法治思想/肖顺昌//邵阳学院学报（社科版）．-2005，4

孙中山五权宪法思想的文本体现——叶夏声《五权宪法草案》研析/臧运祜//
　　民国档案．-2005，4

孙中山宪政思想的法理考察/施建兴//前沿．-2005，7

孙中山"权能分治"与"五权分立"思想述评/李雷//人大研究．-2005，8

试论孙中山的法治思想/栾严峰、孙放//理论界．-2005，10

新桂系"自治"法律思想与孙中山民权主义之比较/薛成斌、袁翔珠//广西政
　　法管理干部学院学报．-2006，1

孙中山的中西文化观及其宪政思想的演进/邓丽兰//中共长春市委党校学报．
　　-2006，2

简论孙中山的宪政思想/卢俏//和田师范专科学校学报．-2006，3

孙中山民权主义思想论析/张红军//中共山西省委党校学报．-2006，3

抗战时期中间势力宪政思想与孙中山五权宪法思想比较/蒋国海、石丽芹//重庆大学学报（社科版）．-2006，3

抗日战争时期中间势力宪政思想与孙中山五权宪法思想之比较/蒋国海、石丽芹//西华大学学报（哲社科版）．-2006，4

论孙中山的文官考试思想/房列曙//安徽史学．-2006，6

天人合一思想与孙中山的五权宪法/胡玲芝、易顶强//求索．-2006，10

简论孙中山先生的司法革新思想/王祖志//《法律文化研究》第1辑，中国人民大学出版社．-2006

"五权宪法"思想的历史地位和启示/王祖志//《中西法律传统》第5卷，中国政法大学出版社．-2006

论孙中山的司法改革理念及其对当下的启示/胥玲英、王满生//江西青年职业学院学报．-2007，1

孙中山"五权宪法"的民族主义精神新探/谌来业//云南师范大学学报（哲社科版）．-2007，1

试论孙中山五权宪法思想及其当代价值/邓婵//和田师范专科学校学报．-2007，1

论孙中山法律思想的创新特色/王万里、李海森//漯河职业技术学院学报．-2007，4；又载青海师专学报．-2008，3

孙中山民权思想与中国政治现代化/卢珂//湖北省社会主义学院学报．-2007，5

"五权宪法"与"三权宪法"之比较/张振国//辽宁大学学报（哲社科版）．-2007，6

孙中山的五权宪法思想与"权能分治"说/王立琼//浙江万里学院学报．-2007，6

孙中山五权宪法思想的演进/臧运祜//史学月刊．-2007，8

浅议孙中山的民主宪政思想——兼论对当代中国民主政治与国家现代化的启示/李昌庚//兰州学刊．-2007，8

论孙中山五权宪法思想的创新特色/王万里//湖北教育学院学报．-2007，10

孙中山五权宪法思想初探/花春南//法制与社会．-2007，10

孙中山与民初法制建设/李学智//历史教学．-2007，11

孙中山五权宪法思想研究述评/孙宏云//史学月刊．-2007，11

孙中山民权政治述评/马成成、白洁//职业圈．-2007，11

孙中山的监察思想/王晓天//求索. -2007，12

孙中山宪法思想核心的再理解/王立//职业圈. -2007，22

简论孙中山五权宪法思想/周海燕、谭晓静//江西广播电视大学学报.
　　-2008，1

孙中山国际法思想探析/李寿平//北京理工大学学报（社科版）. -2008，1

孙中山宪法思想研究/韩业斌//法制与社会. -2008，1

孙中山的考试权的宪政保障功能及实践障碍探析：以既得利益集团为切入点/
　　陈开江//贵州文史丛刊. -2008，2

论孙中山法律思想的创新特色/王万里、李海森//青海师专学报. -2008，3

孙中山人权思想及其对我国宪政文明的启示/朱海波//求索. -2008，7

试论孙中山的五权分立思想/徐黎明、江志平//黑龙江史志. -2008，16

浅析孙中山五权宪法和权能分立学说/张秀莲//科技信息（学术研究）.
　　-2008，34

合理、不足与启示——关于孙中山训政阶段理论的一些思考/谢红星//沧桑.
　　-2009，1

论孙中山的行政法律观/卞修全//行政法学研究. -2009，2

孙中山民权思想对中国传统思想文化的借鉴/初春华//大庆师范学院学报.
　　-2009，4

孙中山宪政思想的内在逻辑/孙翱翔//唯实. -2009，6

孙中山"五权宪法"理论探析/卢彭//经济研究导刊. -2009，14

孙中山五权宪法思想研究/邓芹//法制与社会. -2009，20

中华民国宪法之父与民国宪政之梦的幻灭/何鹏//《中西法律传统》第7卷，
　　北京大学出版社. -2009

浅论孙中山法律思想/范光辉//黑龙江史志. -2010，1

孙中山五权宪法思想与西方三权分立思想的区别分析/翟红娥//工会论坛.
　　-2010，2

孙中山五权宪法理论的思想渊源之探析/翟红娥//政法论丛. -2010，2

孙中山五权宪法思想的演变过程/臧运祜//团结报. -2010，3. 18

孙中山民主法治思想中的和谐观/包红君//辽宁师范大学学报（社科版）.
　　-2010，4

孙中山宪法思想探析/韩亚光//淮阴师范学院学报（哲社科版）. -2010，4

孙中山的五权宪法思想评析/赵红//科教导刊（中旬刊）. -2010，10

孙中山先生的考试权思想及其当代价值/鲁蒙娜//黑河学刊. -2010，10

论孙中山五权宪法/劳开准//湖北经济学院学报（人文社科版）. -2010，12

论孙中山"五权宪法"/陈吉光//黑龙江史志. -2010，19

浅析孙中山五权宪法论之思想来源/赵聪影、薛娟//黑龙江史志. -2010，22

论孙中山法律思想之基础——三民主义/熊威//学理论. -2010，27

制度设计中的创新与缺陷——孙中山的分权制约和权力监督思想初探/王华//
　　学理论. -2010，30

对孙中山宪法思想的再认识/宋海春、贾国发//《中国法律传统与法律精
　　神——中国法律史学会成立30周年纪念大会暨2009年会论文集》，山东
　　人民出版社. -2010

4. 其他法律人物的法律思想

批判胡适关于宪法问题的说教/张晋藩//政法研究. -1955，4

剖析胡适的法制观和人权观的实质/张晋藩//教学与研究. -1955，7

清季法学大家长安薛允升先生传——一位传统法学的殿后人物/黄静嘉//（台
　　湾）政大法学评论. -1960，3

洪仁玕法律思想浅谈/邱远猷//北方论丛. -1980，3

洪仁玕的法律思想/张晋藩//百科知识. -1981，3

论伍廷芳的法律思想/张晋藩//西南政法学院学报. -1981，4

伍廷芳的法律思想/张晋藩//现代法学. -1981，4

评谭嗣同反封建的政治法律思想/杨堪//《法律史论丛》第1辑，中国社会科
　　学出版社. -1981；又载《百年回眸：法律史研究在中国》第2卷，中国
　　人民大学出版社. -2009

严复法律思想略论/陈淑珍//北京政法学院学报. -1982，1

中国近代法制思想史的开篇——谈洪仁玕的法制思想/姜秉正//人文杂志.
　　-1982，3

宋教仁的政治法律思想/王鉴清、钱元凯//法学. -1982，4

唐才常维新变法思想浅论/何晓明//武汉师范学院学报（哲社科版）.
　　-1982，5

洪仁玕的法律思想/林中//《法律史论丛》第2辑，中国社会科学出版
　　社. -1982

张之洞法律思想初探/李贵连//《法律史论丛》第2辑，中国社会科学出版
　　社. -1982

浅论梁启超的"变法"思想/郑兆兰//《法律史论丛》第2辑，中国社会科学

出版社. -1982

辛亥革命后梁启超的宪政思想/董守义//光明日报. -1983, 2. 9

晚清的法律家赵舒翘/刘茂亭//西北政法学院学报. -1984, 1

浅论邹容的政治法律思想/杨堪等//湖北财经学院学报. -1984, 3

中国民主宪政的先驱宋教仁/石芳勤//光明日报. -1984, 4. 4

杨度的国家主义法律观/李贵连//《法学论文集》，北京大学出版社. -1984

张謇的经济立法思想和活动/曹均伟//政治与法律. -1985, 1

中国近代民主宪政的先驱——宋教仁/秦力//文史知识. -1985, 1

林则徐在禁烟与抗英斗争中的法律思想/邱远猷//历史知识. -1985, 5

论梁启超的法制思想/万发云、钟珍维//广州研究. -1986, 3

试论魏源的变法思想/胡泽君//法学季刊. -1986, 3

强国救民必行立宪——从《九江庆祝立宪会会场演稿》看黄远生早期政治思
　　想/汉国萃//社科情报与资料. -1986, 6

法界前辈伍廷芳/赖永光等//中国法制报. -1986, 10. 28

薛允升法律思想初探/胡鸿高//《复旦法学》第 1 辑，复旦大学出版社. -1986

洪仁玕的"法制"思想述论/陈淑珍//南开学报（社科版）. -1987, 1

试论薛允升的法律思想/吴高盛//法学研究. -1987, 1

试论张謇的法律思想/曹均伟//江海学刊（社科版）. -1987, 1

宋教仁宪政思想初探/华友根//政治与法律. -1987, 2

论梁启超的宪政思想/刘嗣元//中南政法学院学报. -1987, 3

宋教仁与民初法治/朱宗震//广东社会科学. -1987, 4

论郑观应的法律思想/吴刚//安徽史学. -1988, 4

略论李大钊的无产阶级法律思想/艾丽华//蒲峪学刊. -1989, 3

谭嗣同的民权思想/陈国勇//乐山师专学报（社科版）. -1989, 3

李大钊的马克思主义法律观初探/栗劲//吉林大学社会科学学报. -1989, 6

李大钊法律思想初探——纪念李大钊诞辰一百周年/李淑娥//法律科学.
　　-1990, 1

试论李大钊早期的政法思想/王路滨//党史研究与教学. -1990, 1

论张謇从立宪派到赞成共和的转变/陆仰渊//学海. -1990, Z1

李大钊法律思想初探/吴汉金//玉林师范高等专科学校学报. -1990, 2

论洪秀全的法律思想/王威宣//山西省政法管理干部学院学报. -1990, 2

林则徐禁烟法制思想析/许国柱//南昌职业技术师范学院学报. -1990, 3

洪仁玕法律思想述评/唐自斌//求索. -1990, 6

试论李大钊对马克思主义法律思想的传播与探索/李声笑//河北法学.
-1990，6

试论党的"一大"前夕陈独秀马克思主义的法律观/栗劲//政法丛刊.
-1991，1

中国国际法学的开山者：林则徐/刘恒焕//中山大学学报（哲社科版）.
-1991，1

李大钊法制思想初探/洪昉、瀚泉//云南教育学院学报（社科版）.-1991，2

论梁启超的法律思想/王威宣//山西大学学报（哲社科版）.-1991，2

林则徐以法禁烟/李启欣等//历史大观园.-1991，2

包世臣法律思想初探/唐自斌//湖南社会科学.-1991，2

康有为的立宪思想与法国大革命/马生祥、叶文//安徽史学.-1991，3

试论洪仁玕"以法治国"的法律思想/王振安//政法学习.-1991，3

对法家"法治"说质疑：评梁启超的一个观点/王礼明//中国法学.-1991，4

论严复的"三民"人权法思想/杜钢建//中国法学.-1991，5

洪仁玕改革法制的思想/邱远猷//开放时代.-1991，7

朱执信法律思想刍议/徐永康//法学.-1991，8

治国"尤以瘳愚为最急"：严复法律思想浅析/陆锦碧//法学.-1991，11

论洪仁玕改革法制的主张/邱远猷//政法论坛.-1992，1；又载《太平天国与
近代中国》，广东人民出版社.-1993；《首都师大四十周年校庆学术论文
集》，首都师范大学出版社.-1994

略论近代中国法学家王宠惠的刑事立法思想/华友根//上海社会科学院学术季
刊.-1992，3

宋教仁的宪政思想/王国席//安庆师范学院学报（社科版）.-1992，3

胡汉民法律思想初探/华友根//东岳论丛.-1992，4

梁启超的民权思想/管彦波//晋阳学刊.-1992，4

严复、张元济版权思想初探/王清//法学杂志.-1992，4

康有为立宪思想与法国大革命关系述论/叶文郁//淮北煤师院学报（社科版）.
-1993，1

论宋教仁的法制思想/刘敏//鞍山师专学报（社科版）.-1993，4

论戊戌时代康有为的君主立宪思想/赵洪刚//辽宁师范大学学报（社科版）.
-1993，4

浅论洪仁玕的法制思想/刘文革//益阳师专学报.-1993，4

民主革命时期张友渔宪政人权思想研究/肖周录//法律科学.-1993，4

论严复自由主义的法律思想/陈金全//现代法学. -1993, 5

施洋法律思想初探：为纪念"二七"大罢工七十周年而作/舒华//汉江大学学
　　报. -1993, 5

洪仁玕法律思想略评/吕佳//内蒙古教育学院学报. -1994, Z1

伍廷芳法律思想简论/唐自斌//湖南社会科学. -1994, 2

一个资产阶级革命理论家的失误与悲剧——章太炎宪政思想剖析/郝铁川//探
　　索与争鸣. -1994, 3

李大钊的"民彝论"法律思想/陈荣文、陈开琦//社会科学研究. -1994, 4；
　　又载贵州大学学报（社科版）. -1995, 1

李鸿章洋务纲领和变法思想探讨/刘铁君、王承仁//武汉大学学报（哲社科
　　版）. -1994, 4

论伍廷芳的法律思想/熊秋良//四川师范大学学报（社科版）. -1994, 4

清光绪帝变法思想探讨/刘洪英//南都学坛（社科版）. -1994, 5

简述洪仁玕的法制观/黄耀丽//史学月刊. -1994, 6

论瞿秋白对中国马克思主义法学理论的贡献/徐岱//吉林大学社会科学学报.
　　-1994, 6

试论康有为的君主立宪思想及实施策略/杨义银//江西社会科学. -1994, 8

法治国家，人的素质——李大钊对国人根性的剖析及意义/高积顺//河北法
　　学. -1995, 2

宋教仁法制思想/张华腾//南都学坛（社科版）. -1995, 2

林则徐禁烟抗英的法律思想/邱远猷//中州学刊. -1995, 3；又载《从虎门硝
　　烟到当代中国禁毒》，四川人民出版社. -1997

章太炎法律思想初探/王玉华//江海学刊. -1995, 4

梁启超的法治说与中西法律文化/崔永东//团结报. -1995, 4. 5

梁启超对立法问题的思考/崔永东//团结报. -1995, 6. 10

洪仁玕法制思想评析/汪秀枝//许昌师专学报（社科版）. -1996, 1

论梁启超的法治思想——兼论梁氏对传统法文化的转化创新/俞荣根//孔子研
　　究. -1996, 1；又载法制现代化研究. -1996

陈独秀早期法律思想研究/侯欣一//西北大学学报（哲社科版）. -1996, 2

李大钊法律思想论略/昝启英//中央检察官管理学院学报. -1996, 2

李大钊法律思想研究/侯欣一//甘肃政法学院学报. -1996, 2

伍廷芳法律理论与实践探要/卞慕东//广州师院学报（社科版）. -1996, 2

李大钊法律思想探析/李声笑//毛泽东思想论坛. -1996, 2

吴虞论儒家与中国旧律/华友根//上海社会科学院学术季刊．-1996，2

曾国藩尚礼崇法思想浅论/莫永明、华友根//江苏社会科学．-1996，3

严复与《法意》/钱林森//江苏社会科学．-1996，4

康有为与中国法文化的近代化/赵明//现代法学．-1996，5

旧中国自由资本主义改革开放的倡导者：论张謇运用法律实行改革开放的思
想与实践/钱大群、董长春//法制与社会发展．-1996，6

李鸿章在涉外活动中的法律思想/华友根//政治与法律．-1996，6

论瞿秋白对建设社会主义法律制度的贡献/徐岱//吉林大学社会科学学报．
-1996，6

洪仁玕——主张中国法律近代化的思想先驱/邱远猷//《中国法律的传统与近
代化》，中国民主法制出版社．-1996；又载《20世纪中国法制的回眸》，
法律出版社．-1999

关于戊戌时期严复传播"社会契约论"和"天赋人权论"问题的再探讨/王
宪明、舒文//河北学刊．-1997，1

论谭嗣同"民权"思想的意义/张立明//松辽学刊（社科版）．-1997，1

梁启超法治思想研究/刘新//法学家．-1997，5

论宋教仁的宪政思想/汪志国、江立新//安徽大学学报（社科版）．-1997，5

康有为的政治改革与孟德斯鸠的三权分立学说/何金彝//学术月刊．
-1997，12

蔡锷国权理论探析/陈邵桂//邵阳师专学报（社科版）．-1998，1

从《日人盟我版权》看蔡元培的版权观/李明山//著作权．-1998，1

薛允升论执法人才的选拔和培养/华友根//政治与法律．-1998，1

李鼎铭的法律思想/杨永华、木可//法律科学．-1998，1

张之洞"从缓""从速"立宪论/邓红洲//近代史研究．-1998，3

孟德斯鸠与卢梭法律思想对梁启超的影响/崔永东//史志研究．-1998，3

居正的法制思想简介/刘寿真//法学评论．-1998，4

梁启超中国宪政之路的思想变迁/王柏民//温州师范学院学报（社科版）．
-1998，4

论邹韬奋的宪政主张/吴志刚//浙江师大学报（社科版）．-1998，4

薛允升论丧服制度及其在执法中的运用/华友根//复旦学报（社科版）．
-1998，5

认识法学家梁启超/范忠信//政治与法律．-1998，6

梁漱溟论中国人生态度与法律生活/许章润//中外法学．-1998，6

戊戌变法与谭嗣同的民权思想/吴乃华//江西社会科学. -1998，9

梁启超的法治思想/邱远猷//光明日报. -1998，11．13；又载《法律史论丛》
　　第6辑，山东大学出版社. -1999；《戊戌维新与近代中国的改革》，社会
　　科学出版社. -2000

论戊戌变法时期康有为的议会思想/倪学新//福建师大福清分校学报.
　　-1999，1

论张之洞对清末预备立宪的态度/黎仁凯//保定师专学报. -1999，1

雷沛鸿教育法律思想渊源初探/李露//学术论坛. -1999，2

论梁漱溟的法文化观/陈景良//河南省政法管理干部学院学报. -1999，2

康有为宪法思想述评/程洁//法商研究. -1999，2

梁启超的法律思想与中西法律文化/王杨//法商研究. -1999，3

薛允升的律学研究及其影响/华友根//政治与法律. -1999，3

李大钊《省制与宪法》解析——兼析李大钊在集权、分权问题上认识的转变/
　　赵锦铎//清华大学学报（哲社科版）. -1999，3

王宠惠法律思想与实践述评/于语和//天津大学学报（社科版）. -1999，3；
　　又载《百年回眸：法律史研究在中国》第2卷，中国人民大学出版
　　社. -2009

陈独秀早期的民主宪政思想/曹磊//河北法学. -1999，6

雷沛鸿的教育立法思想与实践/刘兆伟//辽宁教育学院学报. -1999，6

试论薛允升关于废除严刑酷法的思想及其意义/华友根//学术月刊. -1999，8

黄遵宪法律思想与实践初探/杨胜华//学术研究. -1999，9

梁漱溟法文化观论略/陈景良//《法律史论丛》第6辑，山东大学出版
　　社. -1999

罗隆基人权理论评介/徐显明、葛明珍//《法律史论丛》第6辑，山东大学出
　　版社. -1999

论何启、胡礼垣"厚官禄以清贿赂"之变法主张/高旭晨//《法律史论集》第
　　2卷，法律出版社. -1999

居正法律思想研究/春杨//《法律史论集》第2卷，法律出版社. -1999

黄兴政治法律观略论/徐永康//《跨世纪法学问题探研》，上海社会科学院出版
　　社. -1999

薛允升政治法律思想评析/华友根//政治与法律. -2000，1

劳乃宣法律思想略论/郭婕//史学月刊. -2000，2

梁启超法治思想简论/张汉静//理论探索. -2000，2

试论郑观应的国际法思想/田玉才//四川师范学院学报．-2000，2

谭嗣同民权观新探/宝成关、颜德如//史学集刊．-2000，2

梁启超的法治思想/孙韶林//晋阳学刊．-2000，3

试论洪秀全与洪仁玕的法律思想/周执前//船山学刊．-2000，3

论孙科在制定《五五宪草》过程中的思想变化/高华//江海学刊．-2000，4

包世臣盐法改革思想及其近代性/张岩//江海学刊．-2000，4

邹容、陈天华民主与法律思想/徐永康//《2000法学新问题探论》，上海社会
科学院出版社．-2000

试论章太炎的政治法律思想/李胜渝//《中国传统法律文化与现代法治》（《法
律史论丛》第7辑），重庆出版社．-2000

略论谭嗣同的法律观/杨玲//《中国传统法律文化与现代法治》（《法律史论
丛》第7辑），重庆出版社．-2000

沈钧儒与清末宪政运动/陈水林//温州大学学报．-2001，1

严复的版权思想及其在中国版权近代化过程中的地位/汪维真//著作权．
-2001，2

一个旧中国"自由主义者"的法治心路——试论储安平的法治观/张仁善//华
东政法学院学报．-2001，2

略论严复的法制改革思想/陈金全、李胜渝//贵州民族学院学报（哲社科版）．
-2001，2

简论李大钊法律思想中的几个关系问题/于朝霞、李庆刚//天津市政法管理干
部学院学报．-2001，2

简论李大钊法律思想中的几个关系问题/于朝霞//胜利油田党校学报．
-2001，3

胡适的宪政思想/孙季萍//烟台大学学报（哲社科版）．-2001，3

曾国藩法律思想述略/华友根//史林．-2001，3

略论民初宋教仁的民主宪政思想及其政治实践/姚琦//韶关学院学报．
-2001，4

宋教仁的法制思想新探/刘敏//辽宁广播电视大学学报．-2001，4

邓演达对孙中山民权思想的超越/王业兴//学术研究．-2001，4

施洋法律思想初探/舒华//法学评论．-2001，4

梁启超与中国近代法理学的主题和特征/范忠信//法学评论．-2001，4

李大钊宪政思想初探/郑贤君//法学杂志．-2001，5

洪仁玕的法制思想：内容、评价与启示/王学栋、秦勇、任广志//石油大学学

报．-2001，5

郑观应对国际法的认识/田涛//天津师范大学学报．-2001，6

李达与马克思主义法学/宋境明//三峡大学学报．-2001，6

法律之下的权力——析严复对传统法制观的超越/冯英//行政与法．-2001，6

论郑观应的警政思想/吴沙//公安研究．-2001，7

梁漱溟的传统法文化观/孙季萍//南京社会科学．-2001，9

洪仁玕：主张中国法律近代化的第一人/邱远猷//淮北煤师院学报．-2001，
　　10；又载《法律史论集》第 4 卷，法律出版社．-2002

胡汉民法律思想研究/春杨//《法律史论集》第 3 卷，法律出版社．-2001

蔡叔衡法理思想与中西文化/孔庆平//《继承与创新——中国法律史学的世纪
　　回顾与展望》（《法律史论丛》第 8 辑），法律出版社．-2001

袁世凯法律思想论略/华友根//《继承与创新——中国法律史学的世纪回顾与
　　展望》（《法律史论丛》第 8 辑），法律出版社．-2001

杨度政治法律思想简论/唐自斌//《继承与创新——中国法律史学的世纪回顾
　　与展望》（《法律史论丛》第 8 辑），法律出版社．-2001

梁启超的法律思想新探/曾加//西北大学学报（哲社科版）．-2002，1

国权与法治的双重变奏——宋教仁法律思想述论/胡锋//湘潭大学社会科学学
　　报．-2002，S1

理性的国家与自由的消解——张君劢宪政思想评析/李秋成//现代法学．
　　-2002，2

儒家民族主义者：王韬的国际法思想/王玫黎//现代法学．-2002，2

李大钊法律思想的形成及其特征/姜德琪//南通师范学院学报（哲社科版）．
　　-2002，2

李大钊与中国法制现代化/史艺军//中共党史研究．-2002，2

李大钊的法制思想述评/史艺军//辽宁师范大学学报（社科版）．-2002，2

略论章士钊早期的政法观/施觉民//湖南公安高等专科学校学报．-2002，2

试析张君劢宪政观的文化关怀/刘志刚、黄冬娅//宁夏社会科学．-2002，2

张君劢宪政思想平议/陈先初//船山学刊．-2002，2

郑观应与西方法律观念的移植/乔素玲//岭南文史．-2002，3

蔡锷军事法制思想研究/余子明//中国军事科学．-2002，3

严复资产阶级启蒙法律思想与中西法律文化/王霄燕//山西大学学报（哲社科
　　版）．-2002，3

胡适教育法制思想探析/涂怀京//福建师范大学学报（哲社科版）．-2002，3

梁启超与中国法制的现代化/沈大明//上海交通大学学报（哲社科版）. -2002，3

张之洞与清末法制改革/李国青//东北大学学报. -2002，3

略论洪仁玕的近代法制思想/邵玲//济南教育学院学报. -2002，3

伍廷芳与中国审判制度近代化/朱云平、龚春英//安顺师范高等专科学校学报. -2002，3

浅析伍廷芳法制思想及其实践/朱云平、龚春英//思茅师范高等专科学校学报. -2002，4

黄遵宪的警政思想及其实践活动/田玉洪//山东教育学院学报. -2002，4

宋教仁的法律思想及实践/滕明杰//政法论丛. -2002，4

梁启超宪政思想探析/叶兴艺//当代法学. -2002，4

沈钧儒的法治精神及其政治实践/丁晓强//浙江学刊. -2002，5

三十年代胡适民主宪政主张述论/孙强//山东理工大学学报. -2002，5

伍廷芳的司法独立观初探/张本顺//枣庄师专学报. -2002，6

论汤寿潜的立宪思想及其社会实践/刘冰冰//齐鲁学刊. -2002，6

严复的版权主张与实践/李明山//韶关学院学报. -2002，11

胡汉民立法思想述论/赵金康//史学月刊. -2002，12

论宋教仁的法制思想/龚春英、朱云平//江西社会科学. -2002，增刊

论梁漱溟的地方自治思想/武乾//《走向二十一世纪的中国法文化》（《法律史论丛》第9辑），上海社会科学院出版社. -2002

董康的刑法思想与近代法制变革/华友根//《中西法律传统》第2卷，中国政法大学出版社. -2002

论伍廷芳的司法独立思想/张本顺//河南大学学报（社科版）. -2003，1

略论沈钧儒的法律思想与实践/郭世佑、田峰//嘉兴学院学报. -2003，1

沈钧儒先生与宪政运动/陈伟桐//嘉兴学院学报. -2003，1

试论胡适人权派法制思想/赵金康//洛阳师范学院学报. -2003，1

沈钧儒法治思想述略/王敬波//法官职业化建设指导与研究. -2003，1

李大钊早期宪政思想探析/王敏、张继良//河北师范大学学报（哲社科版）. -2003，1

严复的法制观、道德观/刘华//内蒙古师大学报. -2003，2

孙科法律思想特色略论/赵金康、林加林//首都师范大学学报（社科版）. -2003，2

梁启超法治思想论析/贾孔会//三峡大学学报. -2003，2

张君劢与 1946 年《中华民国宪法》/郑大华//淮阴师范学院学报．-2003，2

郑观应与中国法律观念近代化/乔素玲//比较法研究．-2003，2

试论张謇的经济法律思想/周执前//船山学刊．-2003，2

论蔡锷的国权观/陈邵桂//船山学刊．-2003，3

试析曾纪泽的近代国际法意识/蒋跃波//丽水师范专科学校学报．-2003，3

丁韪良与《万国公法》——兼论国际法学东渐之肇始/张燕清//徐州师范大学
　　学报．-2003，3

梁启超的民权思想与其"新民"理想观/王炳起、陈寒鸣//中国人口科学．
　　-2003，3

试论孙科的宪法思想/赵金康//史学月刊．-2003，3

杨鸿烈其人其书/何勤华//法学论坛．-2003，3

张之洞与中国法律近代化/邱远猷//江苏文史研究．-2003，3；又载首都师范
　　大学学报．-2003，4；《中西法律传统》第 3 卷，中国政法大学出版社．
　　-2003；《远猷选集》，香港天马出版有限公司．-2008；《百年回眸：法
　　律史研究在中国》第 2 卷，中国人民大学出版社．-2009

胡适法律思想略论/高其才、罗昶//法制与社会发展．-2003，4

略论郑观应司法改革思想/施建兴//雁北师范学院学报．-2003，4

"五四"时期陈独秀人权思想转型刍议/郑永军//许昌学院学报．-2003，4

邹容《革命军》之人权思想辨析/杨庆//江南大学学报．-2003，5

蔡锷国权思想述论/邓江祁//中南大学学报（社科版）．-2003，6

"五四"新文化运动与中国法观念的启蒙/武树臣//《武树臣法学文集》，中国
　　政法大学出版社．-2003

法的概念：规则及其意义——梁漱溟法律思想研究之一/许章润//华东政法学
　　院学报．-2004，1

唐才常公法交涉思想述评/陈策//天水师范学院学报．-2004，1

严复的版权思想/江立新//池州师专学报．-2004，1

跨越东与西——吴经熊的人与法律思想素描/曾建元//清华法学．-2004，1

晚清学人对民主自由诉求的一种表达——以严复地方自治主张的提出与阐释
　　为例/汪太贤//中国法学．-2004，2

宪政：中国的困境与出路——梁漱溟宪政思想研究/许章润//法制与社会发
　　展．-2004，2

"五四"前后高一涵的人权思想/文卫勇//中共南昌市委党校学报．-2004，2

严复对中国近代法制思想的贡献/林平汉//福建师范大学学报（哲社科版）．

－2004，2

严复对中国近代法制观念的开拓/林平汉//人民日报．－2004，2．27

程树德与《九朝律考》/何勤华//河南省政法管理干部学院学报．－2004，3

邹韬奋宪政思想初探/郝丹立//四川教育学院学报．－2004，3

梁启超宪法学思想研究/邱远猷、王贵松//法学家．－2004，3；又载《中国历
　　史上的法律制度变迁与社会进步》（《法律史论丛》第10辑），山东大学
　　出版社．－2004

胡汉民的立法思想与立法实践/郑素一//史学集刊．－2004，4

民国最高院"末代检察长"杨兆龙的荣与辱/石楠//钟山风雨．－2004，4

伍廷芳的国际和平法思想/方卫军//华东政法学院学报．－2004，4

严复立法思想初探/赵启平//郧阳师范高等专科学校学报．－2004，4

夜读梁启超——兼论中国现代法学研究方法之不足/李平波//零陵学院学报．
　　－2004，4

浅论汤寿潜的宪政思想/田琳琳//理论界．－2004，4

浅论伍廷芳的法治思想/田琳琳//理论界．－2004，5

论宋教仁的法制思想/朱云平//泉州师范学院学报．－2004，5

梁启超的法律思想与中国法制的现代化/彭敏//党史文苑．－2004，6

论梁启超的法治政府思想/焦润明//国家行政学院学报．－2004，6

梁启超的法律思想及对晚清人权变化的影响/钟华//渤海大学学报（哲社科
　　版）．－2004，6

沈钧儒与冤狱赔偿运动/张学继//浙江人大．－2004，8

严复的法制起源说/俞政//史学月刊．－2004，11

论居正的"重建中国法系思想"/肖太福//《法律史论集》第5卷，法律出版
　　社．－2004

居正的"混合法"思想/庄伟燕//《判例制度研究》，人民法院出版社．－2004

不应被忽视的康有为的共和思想——康有为对民国初期共和政体的设计/刘远
　　征//《中国历史上的法律制度变迁与社会进步》（《法律史论丛》第10
　　辑），山东大学出版社．－2004

陈独秀、梁启超宪政思想之比较/柳飒//《中国历史上的法律制度变迁与社会
　　进步》（《法律史论丛》第10辑），山东大学出版社．－2004

试论洪秀全反封建反专制的法律思想/汪汉卿//《汪汉卿法学文选》，安徽人民
　　出版社．－2004

论洪仁玕及其《资政新篇》的法律思想/汪汉卿//《汪汉卿法学文选》，安徽

人民出版社. −2004

论曾国藩的"以礼治人"和"严刑致安"的法律思想/汪汉卿//《汪汉卿法学文选》，安徽人民出版社. −2004

论张之洞"中体西用"的法律思想/汪汉卿//《汪汉卿法学文选》，安徽人民出版社. −2004

试论洋务派和资产阶级改良派的法律思想/汪汉卿//《汪汉卿法学文选》，安徽人民出版社. −2004

康有为的"变法维新"论/汪汉卿//《汪汉卿法学文选》，安徽人民出版社. −2004

梁启超的变法图存思想/汪汉卿//《汪汉卿法学文选》，安徽人民出版社. −2004

谭嗣同激进的反封建的法律思想/汪汉卿//《汪汉卿法学文选》，安徽人民出版社. −2004

试论严复的变法思想/汪汉卿//《汪汉卿法学文选》，安徽人民出版社. −2004

法学家王宠惠：生平·著述·思想/刘宝东//比较法研究. −2005，1

西方启蒙法律思想影响下的严复法律思想/孙元红//台声（新视角）. −2005，1

论洪仁玕的法制改革思想/周其厚//山西高等学校社会科学学报. −2005，1

从《江楚会奏变法三折》看张之洞法制改革思想——兼论张之洞与沈家本的修律之争/王志龙//池州师专学报. −2005，2

曾纪泽的国际法认识与实践初论/赵杰宏//盐城工学院学报（社科版）. −2005，2

中国近代国际法翻译第一人——丁韪良/高黎平//延安大学学报（社科版）. −2005，2

梁启超宪政思想论略/谭绍木//江西师范大学学报. −2005，2

论郑观应的国际法思想/熊命辉//株洲工学院学报. −2005，2

郑观应的宪政思想及其评价/洪岩//辽宁警专学报. −2005，2

郑观应法律思想述评/龙天贵//贵州社会科学. −2005，2

狱政制度近代化转型过程中对传统的短暂"回归"：梁启超狱政建议的提出与实施/李超、冯昆英//中国监狱学刊. −2005，2

李鸿章的国际法意识与琉球宗主权的丧失/黄俊华//郑州航空工业管理学院学报（社科版）. −2005，3

浅谈沈钧儒的宪政思想/林琳//辽宁行政学院学报. −2005，3

略论张之洞与晚清政治改革/王莲英//河北大学成人教育学院学报．-2005，4

伍廷芳的法律思想与西方文化/余从荣//五邑大学学报（社科版）．-2005，4

雷沛鸿教育法治思想与实践浅析/潘启富//广西师范学院学报．-2005，4

民彝思想是李大钊早期宪政主张的核心/周忠瑜//青海社会科学．-2005，4

论黄遵宪对近代中日法文化交流的贡献：以《日本国志》中的宪政思想为视
　　角/张锐智//日本研究．-2005，4

道德人格与法权人格——梁启超和张东荪论人格与权利/顾红亮//东方论坛．
　　-2005，5

薛福成法律思想述略/何云鹏//北华大学学报．-2005，5

伍廷芳对中西方法律的认识和比较/胡世煌//湖南城市学院学报．-2005，5

沈定一的法治思想与实践：以浙江省议会议长任期的个案考察/陶水木//浙江
　　学刊．-2005，5

评董康的刑法思想/华友根//政治与法律．-2005，6

郑观应警政思想述评/冷光伟//贵州师范大学学报（社科版）．-2005，6

论梁启超的"变"与"不变"——梁启超宪政思想再评说/吴爱萍//江西社
　　会科学．-2005，7

李大钊法律思想述略/贾孔会//学术论坛．-2005，12

严复的民权观/俞江//《法制史研究》第7期，（台湾）中国法制史学会、"中
　　央研究院"历史语言研究所．-2005

倡导与阻碍——张之洞在清末法制改革中的矛盾心理探察/龚春英//哈尔滨学
　　院学报．-2006，1

吕海寰法律思想研究/冯振华、陈京华//山东省农业管理干部学院学报．
　　-2006，1

王宠惠的刑事和民事立法思想与立法实践/刘宝东//云南大学学报（法学版）．
　　-2006，1

郑观应法律思想简论——以《盛世危言》为研究对象/孟红//徐州师范大学学
　　报（哲社科版）．-2006，1

论黄遵宪的法治思想/邱远猷//江海学刊．-2006，1；又载《远猷选集》，香
　　港天马出版有限公司．-2008

严复：自由为体　民主为用/韩秀桃//法制日报．-2006，1.11

法学大家梁启超/韩秀桃//法制日报．-2006，1.25

康有为宪政思想特点简论/杨仪//陕西师范大学学报（哲社科版）．-2006，S1

论康有为的君主立宪思想及实践/李玉琳//湖北行政学院学报．-2006，2

开放的法律观——论薛福成的法律思想/谢毓洁//中州大学学报.-2006，2

论居正的法律思想/韩洪淼、陈强//山东行政学院山东省经济管理干部学院学报.-2006，2

黄遵宪《日本国志》中的宪政思想及其影响/张锐智//法制与社会发展.-2006，2

维新变法时期康有为宪政思想论略/吴爱萍//江西社会科学.-2006，2

倡导君主立宪的杨度/韩秀桃//法制日报.-2006，3.8

张之洞：中体西用　变法为要/韩秀桃//法制日报.-2006，3.29

黄遵宪的女性观及"男女同权论"/邱远猷//中华女子学院学报.-2006，4

严复的民权观与自由观/俞荣根//福建政法管理干部学院学报.-2006，4

杨度宪政思想略论/周向阳//船山学刊.-2006，4

变法以图自强的法律观：论王韬的法律思想/谢毓洁//重庆文理学院学报.-2006，5

黄遵宪的狱政警政思想/邱远猷//江苏警官学院学报.-2006，5；又载《远猷选集》，香港天马出版有限公司.-2008

试论黄遵宪《日本国志》对中国近代刑法改革的影响/张锐智//比较法研究.-2006，6；又载华东政法学院学报.-2007，2；《中国历史上的法律与社会发展》，吉林人民出版社.-2007

张之洞法律思想探微/刘亚玲//理论导刊.-2006，9

曾纪泽与国际公法/张海平、李理//怀化学院学报.-2006，12

居正先生近代法制改革思想/刘涛//《法律文化研究》第1辑，中国人民大学出版社.-2006

伍廷芳的国际法思想/方惟均//《法律史论集》第6卷，法律出版社.-2006

文化为本，法律为用——解读张之洞的法律思想/孙绮//《法律史论集》第6卷，法律出版社.-2006

梁启超法学思想与中国法制现代化/林国强//法制与社会.-2007，1

清末礼教派法律思想的理性思考/严文强//江汉论坛.-2007，1

法制与法治的和声：依法治国的思想——略论宋教仁的法制思想/李华东//萍乡高等专科学校学报.-2007，1

浅析唐才常君主立宪思想的独特性——从《正气会序》谈开/李锐、左冠萍//湖南工业职业技术学院学报.-2007，1

从《危言》看汤寿潜的早期宪政思想/邵勇//浙江工业大学学报（社科版）.-2007，1

胡适宪政思想研究综述/陈少阳//湖北行政学院学报. -2007，S1

汤寿潜佚著《宪法古义》考证/都樾//江苏教育学院学报. -2007，2

朱执信法律思想述评/张先锋、解正勋//安庆师范学院学报（社科版）.
　　-2007，2

论曾纪泽运用国际法维权的意识/张海平//湖南省社会主义学院学报.
　　-2007，2

试论黄遵宪的《日本国志》对中国清末宪政改革的影响/张锐智//华东政法学
　　院学报. -2007，2

袁世凯法律思想浅析/孟宪科//社会科学论坛. -2007，2

胡适与张君劢的自由主义比较/张振国//政法论坛. -2007，2

中西之争向古今之争的转换：蔡枢衡法学理论之解读/孔庆平//法商研究.
　　-2007，3

三位民国法学家关于中国法理自觉的探讨/孔庆平//清华法学. -2007，3

从《法意》按语看严复的法治思想/杨景玉//郑州轻工业学院学报（社科
　　版）. -2007，3

王觐刑法学思想研究/吴文志//广西大学学报. -2007，4

曾国藩法制思想探析/黄启昌//湖南社会科学. -2007，3

抗战前孙科的立法思想与实践述评/刘丰祥//广西社会科学. -2007，4

黄遵宪《日本国志》中的法治思想论析/张锐智//日本研究. -2007，4

宋教仁的法制思想/刘菊素、黄宗凯//四川理工学院学报（社科版）.
　　-2007，5

抗战胜利后张君劢的宪政思想/刘福生//湘潭师范学院学报（社科版）.
　　-2007，5

李大钊人权保障思想述略/欧阳云梓//探索. -2007，5

胡适与张君劢的宪政思想比较/张振国//法律科学. -2007，5

"立宪"的隐微与显白——评张君劢的《穆勒约翰议院政治论》/王本存//现
　　代法学. -2007，5

严复的版权实践与观念研究/庄艺真//出版发行研究. -2007，6

黄遵宪《日本国志》对中国近代司法改革影响探析/张锐智//辽宁大学学报
　　（哲社科版）. -2007，6

在变迁中寻找契机的法律人——评伍廷芳法律思想及其实践/倪红//世纪桥.
　　-2007，8

张之洞法制思想的演变与近代中国法制建设/刘阁春//湖北社会科学.

　　－2007，8

严复宪政法治思想初探/吴向红、杜力夫//福建论坛（人文社科版）.
　　－2007，8

梁启超的法治政府思想及其现代价值反思/周玉琴、宋鑫华//重庆社会科学.
　　－2007，10

自由与权力之间：张君劢宪政思想的演变/王仰文//兰州学刊. －2007，11

沈钧儒的法律思想研究/陈淑珍//《南开法律史论集2007》，南开大学出版
　　社. －2007

郑观应国际法思想的形成与发展/乔素玲//《暨南大学法律评论》，法律出版
　　社. －2007

王觐刑法学思想研究/张杰//《法律文化研究》第3辑，中国人民大学出版
　　社. －2007

孔子之道何以不能入宪——李大钊的回答/高积顺//《中国历史上的法律与社
　　会发展》，吉林人民出版社. －2007

时代呼唤：五四前后知识分子转型及其法制现代化思想/侯强//《中国历史上
　　的法律与社会发展》，吉林人民出版社. －2007

蒋介石的法律思想初探/穆矢//《南开法律史论集2007》，南开大学出版
　　社. －2007

略论李大钊对中国近代法律史学的贡献/张雷//河北法学. －2008，1

试论民初章士钊的宪法思想/夏海英//求索. －2008，1

伍廷芳与中国法学近代化/王东宾//河北师范大学学报（哲社科版）.
　　－2008，1

论胡汉民的三民主义立法思想/韩久龙//河南师范大学学报（哲社科版）.
　　－2008，2

严复宪政思想演变的重新审视/任艳妮//山西高等专科学校学报. －2008，2

曾纪泽与国际法/樊仰泉//山西煤炭管理干部学院学报. －2008，2

李大钊的法律思想及其实践活动/张洪池、郭鹏//天津市政法管理干部学院学
　　报. －2008，3

严复人权法律思想的科学精神与构建和谐社会主义社会/张红兵//辽宁行政学
　　院学报. －2008，4

宋教仁法治理论与实践/兰彩霞、谢晓晖//东华理工大学学报（社科版）.
　　－2008，4

胡汉民：不应被忽视的三民主义法政人/方堃//云南大学学报（法学版）.

－2008，4

治道、治制、治术：严复译《法意》之思想探析/蔡维力//北京行政学院学报．－2008，4

革命司法：徐谦法律思想初探/侯欣一//华东政法大学学报．－2008，4

论林则徐摘译国际法的选择性/韩琴//福建师范大学学报（哲社科版）．－2008，4

胡汉民法律思想述论/韩久龙//河南社会科学．－2008，4

论梁启超的非宪政观/徐国利//江西社会科学．－2008，4

宋教仁民主宪政法律思想刍议/马海峰//船山学刊．－2008，4

严复和梁启超宪政思想的几点比较/陈勇军、虞文华//船山学刊．－2008，4

论郑观应的商务法律思想/朱作鑫//岭南文史．－2008，4

袁世凯警政思想初探/刘锦涛//历史档案．－2008，4

从《盛世危言》看郑观应的法律思想/刘倩//兰台世界．－2008，5

张之洞的宪政观探析/任晓兰//兰台世界．－2008，5

浅谈转型期严复法哲学与政治哲学思想/王在朴//商情（教育经济研究）．－2008，5

居正法律教育思想述略/周振新//时代法学．－2008，5

张君劢宪政思想论纲/叶兴艺//理论导刊．－2008，5

进化论与严复法律思想研究/王在朴//大众文艺（理论）．－2008，6

论胡汉民的民法思想/韩久龙//贵州社会科学．－2008，9

居正以法治国思想探析/周振新、刘传红//理论月刊．－2008，10

胡适梁漱溟宪政心态之比较/魏继昆//史学月刊．－2008，10

郭嵩焘法制思想探论/黄启昌//求索．－2008，12

制宪的悲情与学术的探微——张君劢的政治与学术人生/甄建均//今日科苑．－2008，18；又载理论界．－2009，4

洪仁玕法律思想浅谈/邱远猷//《远猷选集》，香港天马出版有限公司．－2008

杨度的国家主义法律思想述论/任继新、张桂霞//船山学刊．－2009，1

陈独秀早期宪政思想基本特征刍议/安雪玲//太原城市职业技术学院学报．－2009，1

论抗战时期沈钧儒的宪政思想与政治主张/蔡浩明、黄奇//嘉兴学院学报．－2009，1

生命史与法治史——以法律人沈钧儒为视角的透视/李在全//嘉兴学院学报．－2009，1

试论陈启天的民主宪政观/肖海艳//湖南医科大学学报（社科版）. -2009，1

吴贯因立法与行政关系思想述评/吴建铭//福州大学学报（哲社科版）.
　　-2009，2；又载中共福建省委党校学报. -2009，3

论黄兴的宪法思想及实践/邓江祁//湖南师范大学社会科学学报（社科版）.
　　-2009，2

在中西古今之间寻方向：蔡叔衡、王伯琦关于民国法学研究的反省/孔庆平//
　　深圳大学学报（人文社科版）. -2009，2

严复的自由观和法治观/冯国泉、张洪//理论与现代化. -2009，2

初探陈启天的"新法家主义"思想/田跃鸣、甘尚昆//法制与社会. -2009，2

论"新法家"陈启天的"新法治观"/程燎原//政法论坛. -2009，3

严复译《法意》之法治思想探析/孙曙生、蔡维力//政法论丛. -2009，3

"先秦国际法"研究与中国"世界图景"的重建：从丁韪良到陈顾远/邹磊//
　　国际观察. -2009，3

浅析董康的法律创制思想/骆威//江苏教育学院学报（社科版）. -2009，3

黄遵宪法律思想及实践/李刚、李芳峰//郑州航空工业管理学院学报（社科
　　版）. -2009，4

浅析袁世凯法律思想及其局限性/张莉//西安文理学院学报（社科版）.
　　-2009，4

李大钊的法制建设思想及其当代价值/刘宝东//科学社会主义. -2009，4

居正改良司法思想述评/周振新//中国政法大学学报. -2009，5

论陈独秀的法治思想/魏吉华//中国青年政治学院学报. -2009，5

论梁启超的宪政学说/王德志//山东社会科学. -2009，5

《九朝律考》"北优于南"说献疑/王娟//河北法学. -2009，5

郭嵩焘的宪政思想及其评价/洪岩//辽宁警专学报. -2009，6

"五四"后期陈独秀人权思想探析/文卫勇//南昌大学学报（人文社科版）.
　　-2009，6

论陈独秀的马克思主义人权思想/文卫勇、张学军//岭南学刊. -2009，6

《清议报》时期梁启超的版权思想/陈立新//编辑学刊. -2009，6

论谭嗣同的法律思想及局限/尚代贵//求索. -2009，6

梁启超宪政思想论略/包广明//法制与社会. -2009，10

黄群宪政思想初探/蔡克骄、刘敬敬//求索. -2009，11

黄遵宪法治思想探析/杨光辉//求索. -2009，12

法律：如何正当有效——对三位民国法学家的解读/孔庆平//《中国法律近代

化论集》总第 2 卷，中国政法大学出版社，2009

开眼看世界——黄遵宪的法律思想和实践探究/李峰//《中国法律近代化论集》
总第 2 卷，中国政法大学出版社，2009

胡适人权观的实验主义进路及其价值/马建红//《人权研究》第 8 卷，山东人
民出版社. -2009

论李大钊的法律思想/谷菲//辽宁教育行政学院学报. -2010，2

蔡锷的宪法观念评析/徐战成//湖南公安高等专科学校学报. -2010，3

梁启超与中江兆民的民权思想管窥/何云鹏//延边大学学报. -2010，4

胡适宪政训实现思想探讨——以宪政实现道路为视角/舒国兵//社科纵横.
-2010，4

清末薛允升的改法修律思想刍议/方勇//社科纵横. -2010，6

蔡锷宪政观初探/郭正怀//湘潭大学学报（哲社科版）. -2010，6

王韬变法自强思想述评/何云鹏//延边大学学报. -2010，6

试论沈钧儒的人权法律思想与实践/肖秀娟//内蒙古师范大学学报（哲社科
版）. -2010，6

自由主义的秩序追求——胡适宪政思想简评/李明凤//今日南国（中旬刊）.
-2010，6

梁漱溟人格特质的渊源及在其法治思想中的角色定位/郭岳梅//经济与社会发
展. -2010，12

伍廷芳法律思想的动因研究/游荣荣//黑龙江史志. -2010，21

梁启超的法学贡献及其法律思想特征/范忠信、何鹏//《法制史研究》第 16
期，（台湾）中国法制史学会、"中央研究院"历史语言研究所. -2010

梁启超法律思想综论/焦润明//《青蓝集续编：张晋藩教授指导的法律史学博
士论文粹编》，法律出版社. -2010

何启、胡礼垣变法观论略/何云鹏//《中国法律传统与法律精神——中国法律
史学会成立 30 周年纪念大会暨 2009 年会论文集》，山东人民出版
社. -2010

（二） 中华人民共和国法律思想史

1. 通论

十年来新中国法学发展的回顾/周新民//政法研究. -1959，5

对我国社会主义法学理论与实践的回顾和展望/曹海波//北京政法学院学报.
　　-1981，1

新中国法学三十年的回顾/陈守一//《法学论文集》，北京大学出版社.-1984

中国法学三十年/陈守一//《中国法学文集》第1辑，法律出版社.-1984

论健全社会主义法制/张友渔//《中国法学文集》第1辑，法律出版社.-1984

法学十年/张友渔//求是.-1988，2

法学基础理论的十年与三个阶梯/端木君//法制建设.-1988，5

中国犯罪学十年巡礼（一、二）/曹子丹、许章润//公安大学学报.-1988，
　　6；1989，1

十年法制建设理论成就概况/朱剑明//法制日报.-1988，11. 29

中国民法学理论在改革中的发展和繁荣——改革十年中民法学研究的重大理
　　论问题述评/郭锋//法学.-1988，11

中国法学四十年略论/孔小红//法学研究.-1989，2

中国法学四十年/张友渔、刘瀚//法学研究.-1989，2

中国婚姻家庭法学四十年（上、下）/巫昌祯//政法论坛.-1989，4、5

中国刑事诉讼法学四十年（上、下）/陈光中//政法论坛.-1989，4、5

中国法制理论四十年检讨/周旺生//法学评论.-1989，5

从主权平等的发展看我国四十年来国际法的理论与实践/李鸣//中外法学.
　　-1989，6

纪念回顾与展望：在纪念周鲠生先生诞辰一百周年暨国际法研究所成立十周
　　年大会上的讲话（1990年12月21日）/韩德培//法学评论.-1991，2

试论中国共产党社会主义法治观的历史形成及特点/陈景良//史学月刊.
　　-1991，5

浅议50年代前期我国法制建设的理论与实践/袁金霞//青海师专学报.
　　-1997，3

中国1957年法学思潮析论/孙丽娟//法学.-1997，4

刑事诉讼法学二十年/陈光中、郑旭//中国法学.-1998，4

民事诉讼法学的20年/杨荣新、谭秋桂//政法论坛.-1998，5

中国法理学二十年/张文显、姚建宗、黄文艺、周永胜//法制与社会发展.
　　-1998，5

依法治国：一个世纪的追求/张晋藩//战略与管理.-1998，5

恢复、发展和开拓：中国法学理论研究二十年/尤俊意//政治与法律.
　　-1998，6

新中国婚姻家庭法学的发展及我们的思考/李大文、马忆南//中国法学.
　　-1998，6

中国五十年代法律思潮研究——法文化视角的剖析与思考（上、下）/丁以
　　升、孙丽娟//法学. -1998，11、12

改革开放以来的中国社会转型：契约意识的启蒙/李曙光//广州市经济管理干
　　部学院学报. -1999，1

军事法学研究 15 年/张山新//西安政治学院学报. -1999，1

我国法理学的二十年/谷安梁//法学杂志. -1999，1

十一届三中全会到十五大的法治走向析/张正德//重庆社会科学. -1999，1

经济法理论在中国的产生——纪念中共十一届三中全会召开二十周年/徐中
　　起//思想战线. -1999，1

论十一届三中全会以来我国法制建设理论的重大突破/郑国珍//许昌师专学
　　报. -1999，2

走向 21 世纪的"法理学"教育/石旭斋//当代法学. -1999，2

民主·法制·法治国——毛泽东、邓小平和江泽民对治国方略的扶择、创新
　　和发展/章礼强//行政与法. -1999，3

人治　法制　法治——略论改革开放以来中国法律观念的变革/刘广登//徐州
　　师范大学学报（哲社科版）. -1999，3

坚持实践标准，进一步清除法学教条主义——新中国法学 50 年及其未来/周
　　永坤//法商研究. -1999，3

中国法学研究中的若干问题——立足于 1957—1966 年的考察/陈景良//法学
　　研究. -1999，3

从人治到法制到法治的进步——论我党对法律认识的理论突破/邓胜文//邵阳
　　师范高等专科学校学报. -1999，4

我国军事法学的创立与发展回顾/张建田//中国法学. -1999，5

20 年中国法理学的嬗变及其时代课题/汪太贤//现代法学. -1999，5

法制改革的推进与法治观念的更新/陆德生//江淮论坛. -1999，6

民主：从无序走向法制化——试论当代中国民主权利观的嬗变/柴宇平//东南
　　学术. -1999，6

世纪之交的中国刑法学研究/谢望原//中国刑事法杂志. -1999，6

走向二十一世纪的中国民事诉讼法学/江伟、傅郁林//中国人民大学学报.
　　-1999，6

依法治国方略：历史回顾与前景展望/任广浩//党史博采. -1999，8

当代法律思想史上的潜流：论中国后现代法学的兴起/杨昂//中山大学研究生
　　学刊. -2000，1

从人治到法治——论三代领导集体的法治观/邓建民//毛泽东思想研究.
　　-2000，5

论三代领导集体核心法制思想的演进/孙志军//山东社会科学. -2000，5

论新中国法治思想的历史发展——从毛泽东、邓小平到江泽民/张叶婷、郑显
　　芳//毛泽东思想研究. -2001，2

中国共产党对法制建设的理论贡献——纪念中国共产党成立 80 周年/邹礼
　　玉//天津市政法管理干部学院学报. -2001，2

从革命法制到社会主义法治——马克思主义法制（治）观在中国的成长/陈金
　　钊//法学论坛. -2001，4

党中央三代领导核心法制思想的特点/沈卫中//宁夏党校学报. -2001，5

从三代领导核心的法制思想看党的治国方略的发展变化/任绍辉//鞍山师范学
　　院学报. -2002，2

党的三代领导核心对我国法制建设的理论贡献/赵复强//德州学院学报.
　　-2002，3

十年来中国法制现代化研究观点综述/侯强//政治与法律. -2002，3

以实驭虚的正义实践：试析 1975 年宪法之正义观/胡启明、陈霞//哈尔滨工
　　业大学学报. -2002，3

略论苏联法对我国法学的影响/杨心宇、李凯//复旦学报（人文社科版）.
　　-2002，4

新中国主流法律观的演进/许德宾//扬州教育学院学报. -2002，4

三代领导人的法律思想与中国法制现代化进程/周红、钱晓东、马光开//渝州
　　大学学报. -2002，5

社会主义法制建设理论的历史发展/刘祖云、闫大伟//淮阴师范学院学报.
　　-2002，5

对建国初批判"旧法观点"的历史反思/周骁男//东北师大学报. -2002，5

论社会转型时期的中国宪法学研究（1982—2002）/韩大元//法学家.
　　-2002，6

试论我国刑法学从伦理到注释的发展/李晓明、李可//福建公安高等专科学校
　　学报. -2002，6

第一代党中央领导集体对社会主义法制理论的探索及其特征/李秀忠//政法论
　　丛. -2003，1

宪法思想的发展历程：从毛泽东到江泽民/喻中、朱俊荣//重庆社会主义学院
　　学报．-2003，1

三代领导人对社会主义法制建设的历史贡献/周贤林//阜阳师范学院学报．
　　-2003，3

当代中国十大法学家流派/刘克//北京日报．-2003，3．17

党的第三代领导集体对邓小平法制思想的丰富和发展/程印学//中共郑州市委
　　党校学报．-2003，5

论当代中国司法独立的思想渊源及其发展/谢鹏程//《法律人才与司法改革：
　　中日法学家的对话》，中国检察出版社．-2003

新时期中国共产党宪法观念的历史演进/艾国//深圳大学学报（人文社科版）．
　　-2004，1

传承与发展：马克思主义法学在中国/张清//法制与社会发展．-2004，2

我国人权观念的嬗变与人权进步的理论和现实表现/贾少鑫//河南社会科学．
　　-2004，3

中国共产党治国方略的法治选择——兼论邓小平法制理论的发展过程与历史
　　价值/石作斌//江苏省社会主义学院学报．-2004，3

从法制到法治——党的第三代中央领导集体对邓小平法制思想的发展/于向
　　阳//政法论丛．-2004，3

从毛泽东邓小平到江泽民：社会主义法制建设的历史发展/郭跃军、张东梅//
　　河北法学．-2004，4

毛泽东、邓小平、江泽民从法制到法治思想研究/张绍平//四川警官高等专科
　　学校学报．-2004，5

"统一战线"是我国独具特色的宪政理念/章戎//云南大学学报（法学版）．
　　-2004，5

中国特色社会主义宪政的确立、发展和创新：以毛泽东、邓小平、江泽民宪
　　政思想为中心的历史考察/刘宝东//沈阳师范大学学报（社科版）．
　　-2004，5

社会转型时期两代领导人的法治观的传承超越与立法的现代发展/吴燕//当代
　　中国史研究．-2005，1

从"健全社会主义法制"到"依法治国"——论"三个代表"重要思想对邓
　　小平法制理论的继承和发展/朱力宇//海南大学学报（人文社科版）．
　　-2005，2

二十世纪后期中国共产党法律哲学的变迁：从董必武到彭真/李红勃、王艺//

黑龙江省政法管理干部学院学报. -2005, 2

论毛泽东与邓小平法制思想及其中国法律实践/杨汉国//四川理工学院学报
（社科版）. -2005, 3

对20世纪50年代中国宪法学基本范畴的分析与反思/韩大元//当代法学.
-2005, 3

中国共产党宪法价值观的历史演变/董节英//党史文苑. -2005, 4

论党的三代中央领导集体行政法治思想的特色/葛仁钧//马克思主义与现实.
-2005, 5

毛泽东与邓小平反腐败路径之探略/张淑明//华南师范大学学报（社科版）.
-2006, 1

人民民主专政思想与当代中国宪政建设/陈桂林//内蒙古农业大学学报（社科
版）. -2006, 1

三代领导人法制思想探析/卢华锋、牛玉兵//电子科技大学学报（社科版）.
-2006, S1

中共三代领导集体宪政思想发展述评/潘弘祥//兰州学刊. -2006, 2

马克思主义法律思想的发展与创新：以中共三代领导集体核心的法律观为视
角/严励//法治论丛（上海政法学院学报）. -2006, 3

中国共产党人宪政思想的演进/陈东辉、杨绍安//邓小平理论研究. -2006, 3

中国犯罪学20年回眸与前瞻剪影/冯树梁//犯罪与改造研究. -2006, 4

从劳改学到监狱学：过去20年中国监狱学理论研究述评（上、下）/郭明//
犯罪与改造研究. -2006, 4、5

"五五"普法中农民法律意识的审视与培育——从构建和谐社会的视角探究/
刘永祥//中国司法. -2006, 5

行政法学二十年来的反思与前瞻/彭贵才//行政与法. -2006, 5

法治启蒙：一个百年的呼唤/蒋德海//探索与争鸣. -2006, 8

应正确理解中共中央关于废除国民党《六法全书》指示的精神实质/张希坡//
《董必武法学思想研究文集》第5辑，人民法院出版社. -2006

论法律思想的中国化——以思想和现实社会的矛盾为视角/姚昌、张锋//山东
社会科学. -2007, 1

论儒家文化与当代法治建设/韩冰//法商论丛. -2007, 1

近25年来的中国公民权理论述评/王小钢//中国地质大学学报. -2007, 4

浅谈中国法治思想的历史发展/邵和平//科技信息（科学教研）. -2007, 16

二十世纪中后期中国主流法律观的文本考察/雷磊//西部法学评论. -2008, 3

检察理论研究三十年/陈国庆//国家检察官学院学报．-2008，4

中国共产党人权观念的历史演变——以《苏维埃宪法大纲》和《"八二"宪法》为例/许静//江西青年职业学院学报．-2008，4

简论和谐社会构建中"以人为本"的法律思想/云书海//中国青年政治学院学报．-2008，4

马克思主义法学中国化的法制实践——略论中共三代领导核心的刑法思想/权小虎//新西部（下半月）．-2008，4

中国宪法学研究三十年：1978—2008/韩大元//湖南社会科学．-2008，5

中国宪法学研究三十年：历史脉络与学术自主性/韩大元//中国法学．-2008，5

改革开放三十年的中国法理学：1978—2008/刘雪斌、李拥军、丰霏//法制与社会发展．-2008，5

中国特色社会主义法律理论的形成和发展：纪念改革开放30年/朱景文//法学家．-2008，6

改革开放以来中国共产党关于建设社会主义法治国家理论的历史发展：仅以此文纪念改革开放三十周年/韩亚光//河北法学．-2008，7

马克思主义法律思想中国化的基本历史轨迹/付子堂//法制日报．-2008，7．6

马克思主义法律思想中国化的三条经验/付子堂//人民日报．-2008，7．23

近三十年法理学研究进路：1978—2008/刘东升//社会科学战线．-2008，8

司法理念的除旧与布新——以1952年司法改革对旧法观点的批判为素材/刘风景//北方法学．-2009，1

改革开放30年中国教育法学研究的回顾与展望/余雅风、劳凯声//教育研究．-2009，2

论改革开放以来法价值取向的历史流变与发展趋势/资金星//攀登．-2009，2

从刑事责任理论到责任主义——一个学术史的考察/陈兴良//清华法学．-2009，2

论新中国法和法学的起步——以"废除国民党六法全书"与"司法改革运动"为线索/何勤华//中国法学．-2009，4

论我国二十世纪六十至七十年代的宪法学说/范毅//山东社会科学．-2009，4

中国特色的人本主义慎刑观/张俊杰//和田师范专科学校学报．-2009，6

论我国法治社会建设中"以人为本"法治理念的确立/薛然巍//商业文化（学术版）．-2009，6

马克思主义法律思想中国化的历史进程及其经验启示：基于中国特色法律体系构建的视角/李婧、田克勤//马克思主义研究. -2009，9

浅谈中国法理学三十年发展/于泽源//东岳论丛. -2009，9

在合与分之间：中国法理学 60 年反思/朱景文//中国社会科学报. -2009，9. 22

"科学、民主、人权、法治"的中国之路探索与理论精髓：马克思主义法学原理中国化六十年/孙国华、龚刚强//法学杂志. -2009，10

改革开放以来中国共产党法律观念的演进/董节英//中共党史研究. -2010，12

和平崛起的政治维度：60 年政治和法治理念的演进与发展/左秋明//前沿. -2010，13

2. 毛泽东的法律思想

毛泽东同志对马克思主义关于彻底废除旧法原理的发展/王天木//西北政法学院学报. -1983，创刊号

毛泽东同志关于劳动改造罪犯的理论和实践/李龙//政治与法律丛刊. -1983，7

毛泽东同志关于刑事策略的思想——纪念毛泽东同志诞辰九十周年/李光灿//法学. -1983，12

坚持和发展毛泽东同志的法制思想/孙孝实//法学学刊. -1984，1

论毛泽东同志关于劳动改造罪犯的思想/杨奉达//湖南法学通讯. -1984，1

试论毛泽东同志的法律思想/陈秀英等//湖南法学通讯. -1984，1

毛泽东同志法制思想的精髓是实事求是/何新//学术论坛. -1984，1

研究毛泽东的法学思想/翁其银//社会科学. -1984，1

试论毛泽东同志的经济法制思想/宋浩波//吉林财贸学院学报. -1984，2

试论毛泽东同志的法制思想/杜钢健//法制建设. -1984，3

试论毛泽东法律思想的发展阶段/杜钢健//法学评论. -1984，4

试论毛泽东同志的"政体"思想/骆伟建//《研究生论文集》，华东政法学院. -1984

试论毛泽东同志的刑事法律思想/张步云//南京大学学报（哲学人文社科版）. -1985，1

论毛泽东同志的制宪思想/张庆福//法学研究. -1985，1

毛泽东思想法学理论初探/吴文翰等//法学研究. -1985，3

毛泽东同志对马克思主义法学的创造性发展/张友渔//《毛泽东思想法学理论论文选》，法律出版社. −1985

毛泽东同志著作中关于法律的论述/沈宗灵//《毛泽东思想法学理论论文选》，法律出版社. −1985

毛泽东思想法学理论的形成和发展/毕武卿//《毛泽东思想法学理论论文选》，法律出版社. −1985

试论毛泽东同志的宪法理论与实践/周方//《毛泽东思想法学理论论文选》，法律出版社. −1985

试论毛泽东思想关于立法的理论/周新铭、刘兆兴//《毛泽东思想法学理论论文选》，法律出版社. −1985

毛泽东同志的刑法理论初探/王文长//《毛泽东思想法学理论论文选》，法律出版社. −1985

毛泽东同志论遵守法制/王友才//《毛泽东思想法学理论论文选》，法律出版社. −1985

论毛泽东和邓小平同志对刑法学的重要贡献/宋世杰//《毛泽东思想法学理论论文选》，法律出版社. −1985

试论毛泽东同志关于劳动改造罪犯的理论/杨奉达//《毛泽东思想法学理论论文选》，法律出版社. −1985

论毛泽东的法制思想/佘国华//零陵师专学报. −1987，2

论毛泽东早期批判的法律观/徐显明//山东大学学报（哲社科版）. −1990，1

毛泽东法制思想简析/陈本亮//福建党史月刊. −1990，11

论毛泽东的权力、权威和合法性概念/〔印度〕莱恩·纳里西·夏梅著，易飞先译//毛泽东哲学思想研究. −1991，3

毛泽东的刑法思想原则/陈业宏//华中师范大学学报（哲社科版）. −1991，4

论毛泽东对马列主义死刑理论创造性的发展/康润森//政法论坛. −1991，6

毛泽东的社会主义法制观探略/李安增、刘煜//齐鲁学刊. −1991，6

略论毛泽东的法学思想/梁松林、晏涌涛//湖南师范大学社会科学学报. −1992，1

毛泽东在民主革命时期的宪政思想/华友根//政治与法律. −1992，2

毛泽东对马克思主义人权观的创造性发展/彭琪芳//社会科学家. −1992，4

毛泽东遵守法制的思想/陈业宏、冯会平//华中师范大学学报（哲社科版）. −1992，5

一律又不一律：毛泽东为新闻法规定的基调/童兵//中国人民大学学报.

－1993，1

论毛泽东关于民族区域自治的理论/张秀琴//内蒙古民族师院学报（社科版）.
　　－1993，2

毛泽东刑事司法思想与实事求是精神/魏春艳//青海民族学院学报（社科版）.
　　－1993，2

毛泽东刑事政策思想浅论/孙成建//毛泽东思想研究.－1993，2

毛泽东早期女权观述评/李伟迪、陈元九//怀化师专学报（社科版）.
　　－1993，2

毛泽东法制思想初探/张冬//温州师范学院学报（哲社科版）.－1993，2

浅议毛泽东的具有中国特色的改造罪犯思想/张致弟//青海社会科学.
　　－1993，3

试论毛泽东对国际关系理论的贡献/刘文祥、萧崇明//中南政法学院学报.
　　－1993，3

五四时期毛泽东人权观的转变及特点/刘仲良//益阳师专学报.－1993，3

毛泽东刑法思想初探/由子//娄底师专学报.－1993，3

毛泽东宪法思想初探/宁清同、周孝怀//中南政法学院学报.－1993，4

毛泽东法律思想略论/许子渝//重庆教育学院学报.－1993，4

毛泽东早年法制思想的几个特点/刘雷振//阜阳师范学院学报（社科版）.
　　－1993，4

试论毛泽东的民主和法制思想/邓国良//江西公安专学校学报.－1993，4

毛泽东刑罚思想初探/吴彦//检察理论研究.－1993，4

关于毛泽东刑法思想的几个问题/薛瑞麟//政法论坛.－1993，5

毛泽东宪法思想初探/陆武师//广西大学学报（社科版）.－1993，5

试论毛泽东的法律思想/李洪欣//广西大学学报（社科版）.－1993，5

毛泽东劳动改造罪犯思想探源/邵名正、赵宝成//政法论坛.－1993，5

毛泽东廉政思想初探/王然冀、周仲飞、魏平雄//政法论坛.－1993，5

毛泽东廉政思想论析/刘建明//学术交流.－1993，5

毛泽东廉政思想初探/王瑞娟//理论探索.－1993，6

毛泽东的革命法制思想论述/杨钧顺//社科纵横.－1993，6

重温毛泽东同志有关立法问题的论述——纪念毛泽东同志诞辰一百周年/赵震
　　江//中外法学.－1993，6

毛泽东的"人治"观新义/俞荣根//法学.－1993，6

真理与真理的"过犹不及"——毛泽东实事求是和群众路线的法文化观照/俞

荣根//现代法学. -1993，6

试论毛泽东改造罪犯的理论——纪念毛泽东同志诞辰一百周年/贾洛川、舒鸿康//法治论丛—上海政法学院学报. -1993，6

毛泽东的刑事政策思想/杨迎泽//法律与社会. -1993，6

毛泽东与当代中国的法制建设/胡为雄//江淮论坛. -1993，6

试评毛泽东的反贪保廉思想/郑磊//甘肃理论学刊. -1993，6

毛泽东人权思想浅论/曾忠恕//科学社会主义研究. -1993，8

试论毛泽东刑法观/谭文淦//深圳法制报. -1993，9.28

论毛泽东的马克思主义法律观之形成过程/李交发//湘潭大学学报. -1993，法学专刊

毛泽东反腐败思想论析/阎学勤、宋光文//《毛泽东法制思想论集》，中国检察出版社. -1993

论毛泽东同志反腐败的斗争策略——"区别对待"/伍洪年、宋军//《毛泽东法制思想论集》，中国检察出版社. -1993

毛泽东的宪政思想/张光博、王秋玲//《毛泽东法制思想论集》，中国检察出版社. -1993

毛泽东宪政思想的发展——从"湖南共和国"到《关于中华人民共和国宪法草案》/张连生、戴晨灿//《毛泽东法制思想论集》，中国检察出版社. -1993

论毛泽东的刑事司法思想/徐益初//《毛泽东法制思想论集》，中国检察出版社. -1993

重温与继承毛泽东的刑事政策思想/崔敏//《毛泽东法制思想论集》，中国检察出版社. -1993

论毛泽东同志关于刑法学的光辉思想及重要贡献/宋世杰//《毛泽东法制思想论集》，中国检察出版社. -1993

毛泽东同志刑法理论浅见/周淑芳//《毛泽东法制思想论集》，中国检察出版社. -1993

毛泽东刑事法律思想初探/左腾宇//《毛泽东法制思想论集》，中国检察出版社. -1993

论毛泽东法律面前人人平等的刑事法律思想/张年庚//《毛泽东法制思想论集》，中国检察出版社. -1993

试论毛泽东惩办与宽大相结合的基本刑事政策及其现实意义/梁华仁、李永君//《毛泽东法制思想论集》，中国检察出版社. -1993

论在社会主义市场经济条件下坚持和发展毛泽东同志的刑罚思想/刘春庆、邓亚兵//《毛泽东法制思想论集》，中国检察出版社. -1993

关于毛泽东的犯罪与刑罚观的再认识/陆芙蓉//《毛泽东法制思想论集》，中国检察出版社. -1993

毛泽东刑罚思想初探/吴彦//《毛泽东法制思想论集》，中国检察出版社. -1993

毛泽东同志刑事法制思想中的死刑观/云保华//《毛泽东法制思想论集》，中国检察出版社. -1993

试论毛泽东关于劳动改造罪犯的思想/王友才//《毛泽东法制思想论集》，中国检察出版社. -1993

坚持毛泽东关于改造罪犯的思想　加快我国监管法制建设的进程/姜志彦//《毛泽东法制思想论集》，中国检察出版社. -1993

毛泽东改造罪犯思想初探/罗大华、吴孟拴//《毛泽东法制思想论集》，中国检察出版社. -1993

毛泽东行政法思想初探/方世荣、皮用兵//《毛泽东法制思想论集》，中国检察出版社. -1993

毛泽东的人民本位法律观/俞荣根//中外法学. -1994，1

毛泽东刑法思想二题/俞荣根//中外法学. -1994，1

毛泽东法律思想初探/郑平安//同济医科大学学报（社科版）. -1994，1

毛泽东改造罪犯观与传统文化/湖北省沙洋农管局党校//劳改理论与实践. -1994，1

论毛泽东的法哲学思想/王威宣//理论探索. -1994，2

论毛泽东立法思想的"三原则"/肖方扬//浙江省政法管理干部学院学报. -1994，2

继承毛泽东法制思想加速社会主义法制建设/罗时光//西南民族学院学报（哲社科版）. -1994，S2

毛泽东对中国宪法学说的贡献/侯愚、刘娟//河北师范大学学报（社科版）. -1994，3

毛泽东"慎刑"思想初探/陈永革//毛泽东思想研究. -1994，4

缔造者留下的课题——毛泽东的法思想与法实践漫论/俞荣根//四川法学. -1994，4

毛泽东立宪思想初探/宗志翔//江西师范大学学报（哲社科版）. -1994，4

试论毛泽东的中国特色的法律思想/姚红健//湖州师专学报（社科版）.

－1994，4

论毛泽东的刑法思想（之一、二、三、四）/高格//吉林大学社会科学学报.
－1995，1、3、4、5

毛泽东阶级论法学观的变化与价值重估/俞荣根//四川师范大学学报（社科
版）.－1995，2

论毛泽东的刑事法学思想/韩治礼//宁夏大学学报（社科版）.－1995，4

毛泽东法律思想的历史地位及其当代价值/周会德//湖北师范学院学报（社科
版）.－1995，5

毛泽东的死刑思想/高格//法律科学.－1995，6

毛泽东刑事法律思想初论/江立新//池州师专学报.－1996，4

毛泽东法律思想述略/高广瑞//政治与法律.－1996，6

毛泽东的法制思想及其当代价值/刘亚玲//毛泽东思想研究.－1997，1

毛泽东关于社会主义法制的理论与实践/魏树发//福建师范大学学报（社科
版）.－1997，1

论毛泽东法制思想的基本原则/牛爱芳、赵建军//华侨大学学报（哲社科版）.
－1997，3

论毛泽东的法律面前人人平等刑事法律思想/张年庚//法学天地.－1997，3

毛泽东的人权思想探论/李安增、刘煜//理论学刊.－1997，3

毛泽东法律面前人人平等刑事法律思想/张年庚//人民检察.－1997，10

试论毛泽东的监狱经济思想/李维良//监管与改造.－1998，1/2

浅论毛泽东的人权观/钟瑞添//广西师范大学学报（哲社科版）.－1998，3

毛泽东法制思想的历史探析/李安增//四川党史.－1998，4

毛泽东延安时期法制思想研究/梁宏坤//四川党史.－1999，5

毛泽东邓小平治国方略与法制思想比较研究/郭道晖//法学研究.－2000，2

浅析建国初毛泽东法制思想的特点/罗惠玉//重庆商学院学报.－2000，2

民主革命时期毛泽东在劳动法制建设上的贡献/梁剑锋、唐艾苓//山西高等学
校社会科学学报.－2000，3

毛泽东刑法思想探略/熊吕茂//郴州师范高等专科学校学报.－2000，6

毛泽东罪犯改造理论的内容及特点/孟庆丰//中国监狱学刊.－2000，6

毛泽东在土地革命战争时期的法制思想与活动/薛忠义、李晓颖//东北师大学
报.－2000，专号

毛泽东革命法制的理论与实践/梁凤荣//郑州大学学报（哲社科版）.
－2001，1

试论毛泽东的刑法思想/杨嘉嵋、何娟//达县师范高等专科学校学报.
　　–2001，1

毛泽东与新中国民主法制建设/赵迅//社会主义研究. –2001，1

20世纪90年代毛泽东民主法制思想研究/李合亮、吴欣//滨州教育学院学报.
　　–2001，2

毛泽东关于打击犯罪以维护稳定的理论与实践/刘一民//成都大学学报（社科
　　版）. –2001，2

毛泽东改造罪犯理论的基本内容及其在新时期的继承与发展/杨习梅//中国监
　　狱学刊. –2001，4

毛泽东的刑罚思想与中国刑罚制度/阎少华//理论学刊. –2001，6

青年毛泽东法思想的嬗变/陈杰//毛泽东思想研究. –2002，1

毛泽东法制思想的时代特征及其局限/高文盛、熊金蝶//河北法学. –2002，3

试析毛泽东法制思想的局限性及其原因/吕红霞、杨正元//世纪桥. –2002，3

毛泽东的法制思想及其现实意义/张巧妹、胡玉平//大同职业技术学院学报.
　　–2002，4

从"法制"到"法治"——毛泽东、邓小平法律思想比较分析/胡卫萍//江
　　西社会科学. –2002，10

毛泽东的法制文化观对中国法制文化的强影响/吴燕//毛泽东思想研究.
　　–2003，1

毛泽东早期法律思想述略/贾孔会//毛泽东思想研究. –2003，1

毛泽东刑事政策观的辩证法蕴含/蔡道通//毛泽东思想研究. –2003，1

毛泽东宪法思想初探/张春霞//毛泽东思想研究. –2003，2

毛泽东法制思想及实践探析/任舒泽//理论与改革. –2003，2

走向法治的法制——毛泽东法制思想探析/饶俊、郭文龙//湘潭大学社会科学
　　学报. –2003，S2

论毛泽东法制思想对马克思主义法学的贡献/穆扎帕尔·买买提、米娜瓦尔·
　　伊明江//新疆广播电视大学学报. –2003，4

毛泽东对中国传统法律文化的继承与超越/刘潇潇//广西社会科学. –2003，6

论毛泽东法学思想及其发展/宋世杰//湘潭大学社会科学学报. –2003，6

毛泽东晚年法律思想探析/崔自力//史学月刊. –2003，8

毛泽东宪政思想与宪政实践/李交发//《现代化视野中毛泽东思想研究》，湖南
　　人民出版社. –2003

近十年来毛泽东法律思想研究综述/郑春梅//毛泽东思想研究. –2004，1

对毛泽东法制思想探索轨迹的思考/栗长生、马凤娟、韦静//河北建筑科技学院学报（社科版）. -2004, 1

法苑奇葩：浅议毛泽东刑法思想/钟铁蕙//邵阳学院学报（社科版）. -2004, 2

历史地全面地评价毛泽东的法律思想及其法制实践/李仲达//理论导刊. -2004, 2

毛泽东法制思想的时代特征及其局限/李剑//重庆社会科学. -2004, S2

毛泽东廉政思想初探/张建军//社科纵横. -2004, 3

论毛泽东的刑法思想/杨贺男//齐齐哈尔大学学报（哲社科版）. -2004, 3

浅析毛泽东的民主法制思想/朱如放//安阳师范学院学报. -2004, 4

试论毛泽东的法制思想/孔艳霞//西藏民族学院学报（哲社科版）. -2004, 5

毛泽东法律思想与中国传统法律文化/刘潇潇//毛泽东思想研究. -2005, 1

毛泽东人权思想的特点及其历史启示/唐云红//长沙铁道学院学报（社科版）. -2005, 2

论毛泽东的人权思想/唐云红//长白学刊. -2005, 2

试论毛泽东法制思想的探索路径/王宏英//兰州学刊. -2005, 3

从《中华苏维埃共和国宪法大纲》看毛泽东早期法律思想的特点/赵云峰//忻州师范学院学报. -2005, 4

论毛泽东的宪政思想及其现实意义/陈仁涛//江南大学学报（人文社科版）. -2005, 4

试论毛泽东法制思想/严永//湖南科技学院学报. -2005, 4

毛泽东廉政思想及其现实意义/平旭//河海大学学报（哲社科版）. -2005, 4

毛泽东土地立法思想及其理论与实践意义/吕连涛//昆明理工大学学报（社科版）. -2005, 4

论毛泽东的刑罚思想及其现实意义/梅达成、胡兴//党史文苑. -2005, 14

论毛泽东法制思想的形成、发展、基本原则及主要内容/白明政//贵州民族学院学报（哲社科版）. -2006, 5

试论毛泽东的刑法思想/陶爱萍//经济师. -2006, 5

毛泽东的法制思想及其当代价值/刘亚玲//毛泽东思想研究. -2007, 1

关于毛泽东法律思想的综合评述/张震//中北大学学报（社科版）. -2007, S1

毛泽东1957年后淡化法制作用的客观原因探析/祝庭显//天中学刊. -2007, 3

论毛泽东的法制思想——立足于1957年前的考察/祝庭显//新乡师范高等专

科学校学报．-2007，3

论析毛泽东法制成就有限之因/陈首崔//宁波广播电视大学学报．-2007，4

青年毛泽东法律思想探究/朱与墨//开封大学学报．-2007，4

毛泽东的法制思想探源/刘亚玲//黄冈师范学院学报．-2007，4

试析毛泽东的社会主义法制思想/孙拥军//社会科学论坛（学术研究卷）．
　　-2007，4

从农民私人所有到集体所有——以毛泽东土地法律思想变迁为视角/何文强//
　　毛泽东思想研究．-2007，6

孙中山与毛泽东法律思想之比较/陈红梅//广西社会科学．-2007，7

青年毛泽东宪法观的变迁/陈雄、阳国利//文史月刊．-2007，10

论毛泽东法制思想对构建农村和谐社会的意义/陶信平、郗泽宁、杨树//老区
　　建设．-2007，10

历史地看待毛泽东的法治思想/王志坚//党史文苑．-2007，12

毛泽东刑事法律思想的哲学意蕴/蔡道通//《法制现代化研究》，南京师范大学
　　出版社．-2007

毛泽东工具主义法律观及其成功实践/张爱军//毛泽东思想研究．-2008，1

毛泽东法律思想体系述略/廖小波、霍敏//重庆师范大学学报（哲社科版）．
　　-2008，2

浅析毛泽东的法制思想及其局限性/朱红祥//唯实．-2008，3

论毛泽东科学发展的法制思想/李俊杰//黑龙江史志．-2008，14

湖湘文化对青年毛泽东法律思想的影响/刘立勇、朱与墨//经济研究导刊．
　　-2008，15

从毛泽东提出"死缓"刑名说起/白雪//山东人大工作．-2009，2

毛泽东宪政思想初探/赵艳慧//中国石油大学胜利学院学报．-2009，4

理性与浪漫：毛泽东法律思想的心迹考察/李凤鸣//理论导刊．-2009，4

毛泽东法制思想论析/肖建杰、李红//法学杂志．-2010，S1

毛泽东《致雷经天》中的法律思想及其当代价值/张小军//湖北社会科学．
　　-2010，7

试论毛泽东的法制思想/廖海花//重庆科技学院学报（社科版）．-2010，10

3. 董必武的法律思想

董必武同志对政法战线的卓越贡献——纪念董老诞辰九十五周年/金默生、聂
　　菊荪、郭纶、陈守一、吴大羽//山西师院学报（社科版）．-1980，1

学习董必武同志的法制思想/道根//黄石师院学报（哲社科版）.-1981，3

学习董必武同志的法制思想/李龙//社会科学.-1981，3

"随处留心观察"便是"绝大本领"——学习董必武同志关于审判工作的教
导/陈伊//人民司法.-1981，4

学习董必武同志关于加强社会主义法制的重要论述/鲁明健、周珏、艾炜//中
国法学.-1984，1

董老对我国法制建设的卓越贡献——纪念董必武同志诞辰一百周年/金默生//
法学杂志.-1985，1；又载社会科学战线.-1986，1

董必武同志对我国法学事业的卓越贡献/曹为等//法学研究.-1985，2

董必武同志论社会主义法制建设——纪念董老逝世十周年/金默生//法学研
究.-1985，2

董必武对我国法制建设的重大贡献/吕玉临//湖北日报.-1985，3.4

董必武同志对我国政法工作建设的卓越贡献/李士超//山西师大学报（社科
版）.-1985，3

董必武同志法制思想的真知灼见——纪念董必武同志逝世十周年/蔡燕荞//法
学.-1985，4

依法办事是加强法制建设的中心环节——学习董必武法律思想的一点体会/吴
章法//政治与法律.-1985，4

党和人民宝贵的精神财富——学习董必武同志的政治法律思想/刘廷晓等//红
旗.-1985，11

董必武同志的法治思想与实践/东明//湖北党史通讯.-1986，1

依法办事是加强法制的中心环节——学习董必武同志的法制思想/徐有毅//法
学季刊.-1986，1

董必武论法制建设必须为经济建设服务/徐有毅//江海学刊（社科版）.
-1986，2

略论董必武的社会主义法制思想/谭玉轩//北京师范大学学报（社科版）.
-1986，2

我国社会主义法制建设的奠基人——董必武/罗金声、袁新安//湖北大学学报
（社科版）.-1986，2

新中国法律教育事业的引路人——纪念董必武同志诞辰一百周年/陈守一//法
学研究.-1986，2

济世宏文，经时力作——纪念董必武同志诞辰一百周年/薛方今//政治与法
律.-1986，3

学习董老关于社会主义法制建设的论述——纪念董必武同志诞辰一百周年/鲁明健、张懋//中国法学. -1986, 3

论研究董必武法学思想的必要性——为纪念董老诞辰一百周年而作/王怀安//中国法学. -1986, 3

依法办事是进一步加强法制的中心环节——《董必武政治法律文集》学习笔记/陈守一等//中国法制报. -1986, 3. 24

学习董必武同志的法制思想/杨瑞广//红旗. -1986, 5

浅论董必武的法律思想/管典熙//中南政法学院学报. -1987, 1

努力学习董必武同志的法学思想——纪念《人民司法》创刊三十周年/牛立志//人民司法. -1987, 1

董必武宪法思想初探/陈云生//西北政法学院学报. -1987, 3

一代新规要渐磨——学习董必武关于党政职能划分的论述/杨瑞广//毛泽东思想研究. -1988, 1

学习董必武法学思想，推进法制建设的发展/鲁明健、鲁嘉微//现代法学. -1990, 2

董必武法制思想简述/张伟明//九江师专学报. -1991, 2

董必武与中国法学事业/陈春龙等//法学研究. -1991, 4

董必武在民主革命时期的法律思想/华友根//学海. -1992, 4

董必武法律思想初探/潘嘉玮//毛泽东思想研究. -1994, 3

浅论董必武关于人民民主法制作用的思想/王明友//中州学刊. -1997, S1

论董必武社会主义法制思想/唐自斌//湘潭师范学院学报. -1997, 2

董必武对建国初期政权建设和法制建设的贡献/张海萍//当代中国史研究. -1997, 3

董必武"依法办事"法律思想探析/陈永革//毛泽东哲学思想研究. -1997, 5

浅论董必武的法制审判思想/宁教奎、吴楚婴//法学学刊. -1998, 6

建国初期的董必武与法制建设/邹泉康//宁波高等专科学校学报. -1999, 1

董必武对共和国新生政权建设的贡献/成国银//党史博采. -1999, 9

董必武法制思想概述/张洪祥//淮阴师范学院学报. -2000, 2

论董必武的刑法思想——纪念董必武诞辰一百一十五周年专文/樊凤林//中国刑事法杂志. -2001, 3

试析董必武同志民族法制思想及其实践/彭谦、贾燕馨//黑龙江民族丛刊. -2001, 3

董必武的诉讼法学思想——为纪念董必武同志诞辰 115 周年而作/周国钧//政

法论坛. -2001, 3

董必武法制思想探析/曾立斌、肖丕国//中南工业大学学报（社科版）.
　　-2001, 3

重温董必武教诲，呼唤法制文明：纪念董必武同志诞辰一百一十五周年/崔
　　敏//公安大学学报. -2001, 4

董必武法制思想初探/李元本//遵义师范学院学报. -2001, 4

弘扬法治文明，建设法治国家：学习董必武法制思想的几点体会/刘瀚//中国
　　社会科学院研究生院学报. -2001, 5

董必武的法制精神/郭中军、徐长春//人民政坛. -2001, 12

研究董必武的政治法律思想　加强法制建设/陶希晋//《董必武法学思想研究
　　文集》第 1 辑，人民法院出版社. -2001

董必武关于法制的思想/沈宗灵//《董必武法学思想研究文集》第 1 辑，人民
　　法院出版社. -2001

董必武——中国社会主义法治理论的奠基人/孙国华、冯玉军//《董必武法学
　　思想研究文集》第 1 辑，人民法院出版社. -2001

董必武法律观论纲/李龙、付子堂//《董必武法学思想研究文集》第 1 辑，人
　　民法院出版社. -2001

董必武法治思想初探/张懋//《董必武法学思想研究文集》第 1 辑，人民法院
　　出版社. -2001

论董必武关于法制建设的思想/刘兆兴//《董必武法学思想研究文集》第 1 辑，
　　人民法院出版社. -2001

学习董老的法制思想　推进依法治国方略的实施/丁慕英//《董必武法学思想
　　研究文集》第 1 辑，人民法院出版社. -2001

重温董老教诲　呼唤法制文明/崔敏//《董必武法学思想研究文集》第 1 辑，
　　人民法院出版社. -2001

论董必武的法治观/莫洪宪、汪习根//《董必武法学思想研究文集》第 1 辑，
　　人民法院出版社. -2001

论董必武的权威法律观/费春//《董必武法学思想研究文集》第 1 辑，人民法
　　院出版社. -2001

历史辩证法呼唤董必武法学思想/杨瑞广//《董必武法学思想研究文集》第 1
　　辑，人民法院出版社. -2001

论董必武对中国法学事业的奠基与开拓/陈春龙、沈其之//《董必武法学思想
　　研究文集》第 1 辑，人民法院出版社. -2001

开国前后的民主法治构想及其中辍——纪念董必武同志诞辰 115 周年/苏亦工//《董必武法学思想研究文集》第 1 辑，人民法院出版社. -2001

董必武宪政思想初探/韩大元//《董必武法学思想研究文集》第 1 辑，人民法院出版社. -2001

董必武对中国刑法学和中国法律史的理论和指导思想/李光灿、倪健民//《董必武法学思想研究文集》第 1 辑，人民法院出版社. -2001

学习与坚持董必武同志的刑法思想/樊凤林//《董必武法学思想研究文集》第 1 辑，人民法院出版社. -2001

认真学习贯彻董必武刑事法律思想/欧阳涛//《董必武法学思想研究文集》第 1 辑，人民法院出版社. -2001

董必武诉讼法学思想初探/江伟、武泽勇//《董必武法学思想研究文集》第 1 辑，人民法院出版社. -2001

董必武的诉讼法学思想/周国均//《董必武法学思想研究文集》第 1 辑，人民法院出版社. -2001

论董必武的诉讼法治思想/周卫东//《董必武法学思想研究文集》第 1 辑，人民法院出版社. -2001

董必武同志民族法制思想及其实践的初步研究/吴宗金、彭谦、董士靖//《董必武法学思想研究文集》第 1 辑，人民法院出版社. -2001

学习和弘扬董必武组织法学思想/熊先绝//《董必武法学思想研究文集》第 1 辑，人民法院出版社. -2001

董必武对我国人民民主法制建设的贡献/王明有//理论探索. -2002，1

论董必武法制思想的精髓/岳远尊//聊城大学学报（哲社科版）. -2002，1

董必武民主法制思想浅析/鲁玉菱//政法论丛. -2002，1

董必武刑事法治思想研究/赵秉志、时延安//吉林大学社会科学学报. -2002，2

董必武法制思想探略/鞠健//江苏教育学院学报. -2002，2

董必武法制思想浅析/陈新、张涛//湖北广播电视大学学报. -2002，3

论法治理念在当代中国的奠基：董必武法治思想探讨/汪习根、王冰//中南民族大学学报（人文社科版）. -2002，3

论董必武的"人民司法"思想/李敏昌、胡兆满//江汉大学学报（人文社科版）. -2002，3

董必武法治思想初探/秦前红、叶海波//武汉大学学报（社科版）. -2002，4

董必武法学教育思想初探/庄汉//郧阳师范高等专科学校学报. -2002，5

董必武法律思想与中国法治/夏雨//河北法学．－2002，5

继承和发展董必武人民司法思想 在审判工作中实践"三个代表"/吴家友、柳芳//人民法院报．－2002，6．1、2、3

民主法制建设的重要思想渊源：董必武法学思想研究会2002年年会综述/阿计//法制日报．－2002，6．23

董必武"人民司法"思想与依法治国/李卫东//理论月刊．－2002，9

"信法"与"守法"——董必武有关法律思想及其现时指导意义/萧伯符//法学．－2002，12

董必武国际法思想初探/黄进、邹国勇//武汉大学学报．－2003，1

董必武刑事法律思想初探/潘勤//法律科学．－2003，1

董必武对我国人民民主制建设的贡献/王明有//理论探索．－2003，1

远瞩依法治国的革命家、法学家：董必武法学思想点滴/崔敏//比较法研究．－2003，2

抗日战争时期董必武同志的统战理论与实践/邓红梅//湖南省社会主义学院学报．－2003，2

民主政治建设必须纳入法治轨道——学习董必武民主法制思想的体会/孙国华、王立峰//山东审判．－2003，2

董必武民族法制思想述论/戴小明、张泽忠//贵州民族研究．－2003，3

试论董必武对我国检察事业的重大贡献/丁幕英//检察实践．－2003，3

试析董必武法制思想的基本核心/余澜//湖北成人教育学院学报．－2003，3

董必武与新中国法制观念的局限性/范忠信//法学家．－2003，4

董必武法治思想探析/徐新颖//徐州师范大学学报．－2003，4

论董必武的法制思想及其对我国民族法体系的影响/彭谦//满族研究．－2003，4

董必武早期在武汉的法律实践活动/张志善//武汉文史资料．－2003，11

论董必武的法治文明观/孙国华、冯玉军//《董必武法学思想研究文集》第2辑，人民法院出版社．－2003

董必武的法治思想与实践/熊先觉//《董必武法学思想研究文集》第2辑，人民法院出版社．－2003

论董必武法制思想中的破与立/李卫东//《董必武法学思想研究文集》第2辑，人民法院出版社．－2003

董必武法律思想及其现实指导意义略论/萧伯符//《董必武法学思想研究文集》第2辑，人民法院出版社．－2003

论董必武依法办事的法制思想/朱明齐//《董必武法学思想研究文集》第2辑，人民法院出版社．-2003

论董必武法治国家观/潘爱国//《董必武法学思想研究文集》第2辑，人民法院出版社．-2003

董必武的法治国家观与新时期的依法治国/胡昌泰//《董必武法学思想研究文集》第2辑，人民法院出版社．-2003

论董必武关于依法办事的法律思想/汪家乾、吴如玉//《董必武法学思想研究文集》第2辑，人民法院出版社．-2003

董必武法制思想初探/刘茂林、陈新、张涛//《董必武法学思想研究文集》第2辑，人民法院出版社．-2003

董必武法律思想初探/占云发、王纳新//《董必武法学思想研究文集》第2辑，人民法院出版社．-2003

略论董必武法律思想的特色/郭成伟、苗鸣宇//《董必武法学思想研究文集》第2辑，人民法院出版社．-2003

董必武法德统一的法治思想论纲/胡传章//《董必武法学思想研究文集》第2辑，人民法院出版社．-2003

董必武关于党与法治关系的论断/赵文魁//《董必武法学思想研究文集》第2辑，人民法院出版社．-2003

董必武的民主宪政思想及其理论逻辑/李林、肖君拥//《董必武法学思想研究文集》第2辑，人民法院出版社．-2003

董必武建政立法思想的重要特点/陈奇文//《董必武法学思想研究文集》第2辑，人民法院出版社．-2003

浅论董必武的宪政思想/朱最新//《董必武法学思想研究文集》第2辑，人民法院出版社．-2003

董必武刑事法治思想研究/赵秉志、时延安//《董必武法学思想研究文集》第2辑，人民法院出版社．-2003

董必武的刑事政策思想/康树华、张小虎//《董必武法学思想研究文集》第2辑，人民法院出版社．-2003

董必武刑事司法政策思想之探讨/莫洪宪、王明星//《董必武法学思想研究文集》第2辑，人民法院出版社．-2003

董必武同志的刑事法律思想及其影响/何小玲//《董必武法学思想研究文集》第2辑，人民法院出版社．-2003

董必武刑事法律思想初探/潘勤//《董必武法学思想研究文集》第2辑，人民

法院出版社. －2003

董必武司法公正思想探析/何勤华、任超//《董必武法学思想研究文集》第2辑，人民法院出版社. －2003

论董必武同志的程序正义观/姚莉、郭倍倍//《董必武法学思想研究文集》第2辑，人民法院出版社. －2003

论董必武的人民司法思想/李敏昌、胡兆满//《董必武法学思想研究文集》第2辑，人民法院出版社. －2003

浅谈董必武诉讼法学思想之启示/李攀、谷晓峰//《董必武法学思想研究文集》第2辑，人民法院出版社. －2003

董必武守法思想论/张革文//《董必武法学思想研究文集》第2辑，人民法院出版社. －2003

董必武法学思想形成初探/秦基楚//《董必武法学思想研究文集》第2辑，人民法院出版社. －2003

董必武经济法学思想浅析/刘琳玲//《董必武法学思想研究文集》第2辑，人民法院出版社. －2003

浅谈董必武的经济法制思想/戴剑华//《董必武法学思想研究文集》第2辑，人民法院出版社. －2003

大革命时期董必武的法制观/段纪明//《董必武法学思想研究文集》第2辑，人民法院出版社. －2003

董必武法学教育思想初探/胡云秋、庄汉//《董必武法学思想研究文集》第2辑，人民法院出版社. －2003

董必武法律教育思想简论/黄凯//《董必武法学思想研究文集》第2辑，人民法院出版社. －2003

董必武民族法制思想述论/戴小明//《董必武法学思想研究文集》第2辑，人民法院出版社. －2003

刑事司法公正与效率的重要保障——董必武严格区分罪与非罪和罪与罪界限的思想/欧阳涛//《中国刑法学年会文集》2003年度第2卷（下），中国人民公安大学出版社. －2003

论董必武的守法思想及其启示/汪火良//湖北师范学院学报（哲社科版）. －2004，1

政治意识与法律意识的冲突与融合——学习董必武法治思想的一点体会/黄健//学习月刊. －2004，2

民主·法治·人权——董必武宪政思想探析/朱最新//江汉大学学报（人文科

学版).－2004,3

董必武法制思想形成历史过程初探/柯新凡//河南大学学报（社科版）.
　　－2004,6

董必武法学教育思想与法学教育改革/莫洪宪、王明星//武汉大学学报（哲社
　　科版）.－2004,6

从"依法办事"到"依法治国"——董必武法律思想及现实指导意义/赵文
　　静//湖北社会科学.－2004,12

学习董必武民主法制思想的几点体会/王怀安//《董必武法学思想研究文集》
　　第3辑,人民法院出版社.－2004

略论董必武法制思想的系统性/郭成伟、孟庆超//《董必武法学思想研究文集》
　　第3辑,人民法院出版社.－2004

论董必武依法执政的法律思想/刘兆兴//《董必武法学思想研究文集》第3辑,
　　人民法院出版社.－2004

董必武依法行政思想及其现实指导意义略论/萧伯符、周小玲、陈兵//《董必
　　武法学思想研究文集》第3辑,人民法院出版社.－2004

依法行政理念在中国的奠基——董必武民主法制思想探讨/杨亚佳、徐振增//
　　《董必武法学思想研究文集》第3辑,人民法院出版社.－2004

依法执政解析——兼论董必武依法执政的法学思想/李佑标//《董必武法学思
　　想研究文集》第3辑,人民法院出版社.－2004

学习董必武关于人民代表大会的地位与作用的思想/赵文魁、陈华荣//《董必
　　武法学思想研究文集》第3辑,人民法院出版社.－2004

论刑事诉讼公正与效率及其实现机制——学习董必武同志诉讼法学思想的几
　　点思考/占云发、王纳新//《董必武法学思想研究文集》第3辑,人民法
　　院出版社.－2004

论董必武的司法文明观/王密东//《董必武法学思想研究文集》第3辑,人民
　　法院出版社.－2004

继承和弘扬董必武关于司法与司法行政分立的法治思想/熊先觉//《董必武法
　　学思想研究文集》第3辑,人民法院出版社.－2004

论董必武法制思想与程序正义/胡盛仪//《董必武法学思想研究文集》第3辑,
　　人民法院出版社.－2004

董必武法学思想产生的社会环境/刘廷晓//《董必武法学思想研究文集》第3
　　辑,人民法院出版社.－2004

树立对法律的信仰——学习董必武法律思想的体会/刘茂林、陈新//《董必武

法学思想研究文集》第3辑，人民法院出版社．-2004

破中求立——董必武司法改革思想解读/王新宇//阜阳师范学院学报（社科版）．-2005，1

董必武与新中国检察制度/丁慕英//国家检察官学院学报．-2005，2

二十世纪后期中国共产党法律哲学的变迁——从董必武到彭真/李红勃、王艺//黑龙江省政法管理干部学院学报．-2005，2

从"依法办事"到"依法治国"——试析董必武法律思想及现实指导意义/赵文静//党史文苑．-2005，2

董必武的法制建设观/戴开柱//求索．-2005，12

浅析董必武法制思想对我国经济法制定和实施的影响/周帼//沿海企业与科技．-2005，12

董必武对法制建设的远见卓识/刘政//中国人大．-2005，13

学习董必武同志民主政治思想，不断增强宪政意识/孙晔//《董必武法学思想研究文集》第4辑，人民法院出版社．-2005

论董必武法治思想的几个问题/樊凤林、李全芳//《董必武法学思想研究文集》第4辑，人民法院出版社．-2005

董必武法治思想述要/赵锐、李艳馨//《董必武法学思想研究文集》第4辑，人民法院出版社．-2005

论董必武政治法律思想中的大局意识/卓翔、韩冰//《董必武法学思想研究文集》第4辑，人民法院出版社．-2005

法制建设必须代表人民利益——学习董必武的法制建设理论/楚刃//《董必武法学思想研究文集》第4辑，人民法院出版社．-2005

董必武宪政思想的历史解读/王继军//《董必武法学思想研究文集》第4辑，人民法院出版社．-2005

董必武宪政思想与政治文明/王连峰//《董必武法学思想研究文集》第4辑，人民法院出版社．-2005

董必武宪政思想初探/郭相宏、任俊琳//《董必武法学思想研究文集》第4辑，人民法院出版社．-2005

董必武法学思想与新中国法制建设/陶晓林//《董必武法学思想研究文集》第4辑，人民法院出版社．-2005

对董必武立法思想的几点实践性思考/吴家友//《董必武法学思想研究文集》第4辑，人民法院出版社．-2005

董必武的人民司法思想与我国诉讼调解制度/公丕祥//《董必武法学思想研究

文集》第 4 辑，人民法院出版社．－2005

董必武"人民司法"思想与我国人民陪审制的改革/姚宪弟、陈凯、任中秀//
　　《董必武法学思想研究文集》第 4 辑，人民法院出版社．－2005

论司法为民——兼谈董必武人民为本的法学观/张讳//《董必武法学思想研究
　　文集》第 4 辑，人民法院出版社．－2005

董必武的人民司法思想/冯志勇//《董必武法学思想研究文集》第 4 辑，人民
　　法院出版社．－2005

对司法为民思想的法理学思考——从董必武人民司法思想谈起/占云发、王纳
　　新//《董必武法学思想研究文集》第 4 辑，人民法院出版社．－2005

董必武法制思想与依法执政、执政为民的理论及其实践/辛向东、戴建华//
　　《董必武法学思想研究文集》第 4 辑，人民法院出版社．－2005

董必武诉讼法制思想概要/郝爱军//《董必武法学思想研究文集》第 4 辑，人
　　民法院出版社．－2005

论董必武的刑事司法思想/周道鸾//《董必武法学思想研究文集》第 4 辑，人
　　民法院出版社．－2005

董必武法学教育思想与我国法学高等教育改革/张媛媛、丁俊峰//《董必武法
　　学思想研究文集》第 4 辑，人民法院出版社．－2005

董必武司法思想述要/公丕祥//法制与社会发展．－2006，1

董必武的司法权威观/公丕祥//法律科学．－2006，1

董必武首倡"按法律办事"/杨瑞广//当代中国史研究．－2006，2

浅议董必武执政法治思想/邱萍//江苏省社会主义学院学报．－2006，2

论董必武法制文明的思想/任舒泽//湖北行政学院学报．－2006，3

董必武司法观探微：纪念董必武诞辰 120 周年/公丕祥//人民司法．－2006，3

树立司法权威　铸就和谐社会——从董必武司法权威思想谈起/庄汉//湖北社
　　会科学．－2006，3

董必武法学思想在当代中国的现实意义/刘亚兴//湖北教育学院学报．
　　－2006，4

缅怀新中国法制建设的主要奠基人董必武同志/吴家友//党史天地．－2006，4

中共"依法执政"理念思想渊源：关于董必武法律思想的分析/朱玉宝、周
　　石//广西青年干部学院学报．－2006，5

董必武刑事法思想初论/蔡道通//毛泽东思想研究．－2006，5

董必武法制思想的历史地位评析/柯新凡//安阳师范学院学报．－2006，6

董必武人民司法思想的理论体系/夏锦文//江苏社会科学．－2006，6

董必武的农村法治思想探求/占云发//决策与信息. –2006，12

论董必武同志的人民司法制度思想/欧阳涛//《董必武法学思想研究文集》第5辑，人民法院出版社. –2006

论董必武的人民司法观/熊先觉//《董必武法学思想研究文集》第5辑，人民法院出版社. –2006

董必武司法思想述要/公丕祥//《董必武法学思想研究文集》第5辑，人民法院出版社. –2006

董必武人民司法思想探析/张正新//《董必武法学思想研究文集》第5辑，人民法院出版社. –2006

董必武法律权威和司法权威思想研究/吕伯涛//《董必武法学思想研究文集》第5辑，人民法院出版社. –2006

学习董必武的人民司法思想/张懋//《董必武法学思想研究文集》第5辑，人民法院出版社. –2006

董必武人民司法思想与司法为民/戴剑华//《董必武法学思想研究文集》第5辑，人民法院出版社. –2006

论董必武"人民司法"及其新发展思想/陆国甫//《董必武法学思想研究文集》第5辑，人民法院出版社. –2006

董必武的法治思想与当代中国司法改革/宋志国、余俊//《董必武法学思想研究文集》第5辑，人民法院出版社. –2006

董必武法治思想与当代中国司法改革/彭光华、宁群//《董必武法学思想研究文集》第5辑，人民法院出版社. –2006

从"人民司法"到"司法为民"/王新宇//《董必武法学思想研究文集》第5辑，人民法院出版社. –2006

论董必武的"人民司法"思想与司法为民/王祥远//《董必武法学思想研究文集》第5辑，人民法院出版社. –2006

简论董必武的人民司法思想/郭瑞卿//《董必武法学思想研究文集》第5辑，人民法院出版社. –2006

董必武之政党与司法关系论/帅巧芳//《董必武法学思想研究文集》第5辑，人民法院出版社. –2006

董必武有关司法队伍建设理论与实践之研究/宋凯楚//《董必武法学思想研究文集》第5辑，人民法院出版社. –2006

董必武司法独立思想及其改革/张顺革//《董必武法学思想研究文集》第5辑，人民法院出版社. –2006

论司法独立及其制度保障/戴小明//《董必武法学思想研究文集》第 5 辑，人
　　民法院出版社．－2006

论董必武的司法相对独立思想/汪庆红//《董必武法学思想研究文集》第 5 辑，
　　人民法院出版社．－2006

论董必武的法制思想与当代中国司法改革/刘叶静//《董必武法学思想研究文
　　集》第 5 辑，人民法院出版社．－2006

董必武执政法治思想初论/邱萍//《董必武法学思想研究文集》第 5 辑，人民
　　法院出版社．－2006

试论董必武关于加强执政建设的思想/胡盛仪//《董必武法学思想研究文集》
　　第 5 辑，人民法院出版社．－2006

试论董必武对政治与法治关系的认识/孟庆超//《董必武法学思想研究文集》
　　第 5 辑，人民法院出版社．－2006

论董必武法制思想对我国经济法的影响/许江、周帼//《董必武法学思想研究
　　文集》第 5 辑，人民法院出版社．－2006

坚持司法为民理念，加强人民法庭建设/马志相//《董必武法学思想研究文集》
　　第 5 辑，人民法院出版社．－2006

董必武的刑事司法思想及其对中国刑事司法现代化的启示/袁春怡、周东平//
　　《董必武法学思想研究文集》第 5 辑，人民法院出版社．－2006

董必武刑法思想初探/蔡通道//《董必武法学思想研究文集》第 5 辑，人民法
　　院出版社．－2006

董必武的刑事司法思想及其对刑事立法、司法的影响/周道鸾//《董必武法学
　　思想研究文集》第 5 辑，人民法院出版社．－2006

董必武论刑讯逼供和错判、错杀/马克昌//《董必武法学思想研究文集》第 5
　　辑，人民法院出版社．－2006

重温董老法学思想探求中国冤案根源/樊凤林、朱显有//《董必武法学思想研
　　究文集》第 5 辑，人民法院出版社．－2006

用董必武思想指导刑事司法工作/张媛媛//《董必武法学思想研究文集》第 5
　　辑，人民法院出版社．－2006

董必武守法思想及其启示/董颖//《董必武法学思想研究文集》第 5 辑，人民
　　法院出版社．－2006

董必武的守法观与公民观念现代化/缪文生//《董必武法学思想研究文集》第
　　5 辑，人民法院出版社．－2006

董必武法学思想初探/琚运富//《董必武法学思想研究文集》第 5 辑，人民法

院出版社. –2006

关于董必武法学教育工作思想的研究/丁俊峰//《董必武法学思想研究文集》第5辑，人民法院出版社. –2006

董必武论守法教育/李青//《董必武法学思想研究文集》第5辑，人民法院出版社. –2006

试论董必武的人权保护思想/曾代伟、谢全发//《董必武法学思想研究文集》第5辑，人民法院出版社. –2006

试论董必武的程序法思想/蒋铁初//《董必武法学思想研究文集》第5辑，人民法院出版社. –2006

论董必武的诉讼法制思想对民事司法改革的指导意义/江伟、王铁玲//《董必武法学思想研究文集》第5辑，人民法院出版社. –2006

试论董必武诉讼法制思想与审判方式改革/李青春//《董必武法学思想研究文集》第5辑，人民法院出版社. –2006

学习董必武法制思想推进检察制度的司法体制改革/丁慕英//《董必武法学思想研究文集》第5辑，人民法院出版社. –2006

不断学习董必武法制思想，为构建和谐社会尽职尽责/刘琳玲//《董必武法学思想研究文集》第5辑，人民法院出版社. –2006

学习董必武民族法制思想构建和谐社会/彭谦、张林、赵龙淑//《董必武法学思想研究文集》第5辑，人民法院出版社. –2006

董必武宪政思想的历史解读/王继军//《董必武法学思想研究文集》第5辑，人民法院出版社. –2006

关于董必武对中国法律史论断的若干思考/高勇年、张建智//《董必武法学思想研究文集》第5辑，人民法院出版社. –2006

董必武的法律批判方法及其意义/刘小冰//《董必武法学思想研究文集》第5辑，人民法院出版社. –2006

学习董老法学思想，大兴调查研究之风/陶晓林//《董必武法学思想研究文集》第5辑，人民法院出版社. –2006

在董必武法学思想研究会2005年年会会议结束时的发言/周道鸾//《董必武法学思想研究文集》第5辑，人民法院出版社. –2006

应正确理解中共中央关于废除国民党《六法全书》指示的精神实质/张希坡//《董必武法学思想研究文集》第5辑，人民法院出版社. –2006

董必武法律监督思想初探/柯新凡//牡丹江师范学院学报（哲社科版）. –2007，1

论建国后董必武的守法思想/柯新凡//商丘师范学院学报. -2007, 2

董必武与新中国的法学教育/董节英//毛泽东思想研究. -2007, 2

董必武少用、慎用死刑的思想与中国死刑制度的完善/周道鸾//时代法学.
　　-2007, 2

灵活实用的土地立法思想和实践活动：董必武土地法律思想研究/何莉萍、赵
　　晓耕//湘潭大学学报. -2007, 2；又载《董必武法学思想研究文集》第
　　6辑，人民法院出版社. -2007

浅析董必武法制思想与依法治国/吴凌霞//湖北函授大学学报. -2007, 4

试论董必武的法学教育思想及其启示/柯新凡//韶关学院学报. -2007, 5

试论董必武的依法执政思想/柯新凡//党史博采. -2007, 5

董必武宪政思想探析/沈春光//许昌学院学报. -2007, 6

董必武新民主主义宪政思想研究/唐湘雨、姚顺东//学术论坛. -2007, 9

构建和谐社会需要增强司法的亲和性——学习董必武人民司法思想的思考/龚
　　恒超//南方论刊. -2007, 11；又载《董必武法学思想研究文集》第7
　　辑，人民法院出版社. -2008

董必武同志法治理念概论/胡云腾、黄斌//《董必武法学思想研究文集》第6
　　辑，人民法院出版社. -2007

董必武法学思想与现代社会主义法治理念/余军科//《董必武法学思想研究文
　　集》第6辑，人民法院出版社. -2007

董必武法学思想与社会主义法治理念/陶晓林//《董必武法学思想研究文集》
　　第6辑，人民法院出版社. -2007

简论董必武的法制思想/郭瑞卿、孙旭//《董必武法学思想研究文集》第6辑，
　　人民法院出版社. -2007

董必武法制思想的形成与发展/任舒泽//《董必武法学思想研究文集》第6辑，
　　人民法院出版社. -2007

董必武法治思想探讨/杨红//《董必武法学思想研究文集》第6辑，人民法院
　　出版社. -2007

论董必武的司法权威观及其现实意义/路红青//《董必武法学思想研究文集》
　　第6辑，人民法院出版社. -2007

董必武的法律权威思想及思考/张正新//《董必武法学思想研究文集》第6辑，
　　人民法院出版社. -2007

试论董必武的法律科学观/张国华//《董必武法学思想研究文集》第6辑，人
　　民法院出版社. -2007

董必武"党法关系"观研究///刘茂林、陈新《董必武法学思想研究文集》
　　第6辑，人民法院出版社．-2007

董必武公正司法思想探析/胡盛仪、武乐琪//《董必武法学思想研究文集》第
　　6辑，人民法院出版社．-2007

董必武司法公正思想及其改革/张顺革//《董必武法学思想研究文集》第6辑，
　　人民法院出版社．-2007

董必武人民司法思想刍议/靳文辉//《董必武法学思想研究文集》第6辑，人
　　民法院出版社．-2007

董必武司法观论略/乔素玲//《董必武法学思想研究文集》第6辑，人民法院
　　出版社．-2007

论董必武的人民司法观/刘兆兴//《董必武法学思想研究文集》第6辑，人民
　　法院出版社．-2007

董必武论人民司法思想/余俊//《董必武法学思想研究文集》第6辑，人民法
　　院出版社．-2007

董必武的人民法律观初探/马晓莉、赵晓耕//董必武法学思想研究文集第6
　　辑．-2007

管窥董必武法治思想之"依法办事"/曹楠//《董必武法学思想研究文集》第
　　6辑，人民法院出版社．-2007

浅论董必武的法治文明观/董颖//《董必武法学思想研究文集》第6辑，人民
　　法院出版社．-2007

论董必武的刑事立法思想/欧阳涛//《董必武法学思想研究文集》第6辑，人
　　民法院出版社．-2007

董必武的农村法治思想之探求/占云发、万鸿青//《董必武法学思想研究文集》
　　第6辑，人民法院出版社．-2007

论董必武政权建设思想中的"民主法制"观/曾亚平//《董必武法学思想研究
　　文集》第6辑，人民法院出版社．-2007

董必武的法律教育思想/邱远猷、秦璇//《董必武法学思想研究文集》第6辑，
　　人民法院出版社．-2007

董必武司法独立思想解读/欧宁//贵州工业大学学报（社科版）．-2008，4

我国新农村建设中的法治思考——学习董必武"人民司法"思想/温万名//经
　　济师．-2008，7

董必武司法监督思想探析/欧宁//企业技术开发．-2008，11

试论董必武的立法思想——重读《董必武政治法律文集》有感/岳远尊//世纪

桥．-2008，18

略论董必武人民司法与司法为民思想/欧阳涛//《董必武法学思想研究文集》
　　第7辑，人民法院出版社．-2008

董必武人民司法思想在当代中国的扬弃与发展/张正新、刘叶静//《董必武法
　　学思想研究文集》第7辑，人民法院出版社．-2008

论董必武的司法为民思想及其实践/春杨//《董必武法学思想研究文集》第7
　　辑，人民法院出版社．-2008

从人民司法到司法为民——董必武人民司法思想的继承与发展/骆艳青//《董
　　必武法学思想研究文集》第7辑，人民法院出版社．-2008

人民司法与以人为本——学习董必武人民司法思想有感/张顺革//《董必武法
　　学思想研究文集》第7辑，人民法院出版社．-2008

人民司法与司法为民——董必武"人民司法"思想的当代发展/刘晓东、廖灿
　　强、张雪//《董必武法学思想研究文集》第7辑，人民法院出版
　　社．-2008

解析董必武人民司法思想——从法治建设的本土化角度出发/任舒泽//《董必
　　武法学思想研究文集》第7辑，人民法院出版社．-2008

论董必武的人权思想及其特点/王贤玖、曾亚平//《董必武法学思想研究文集》
　　第7辑，人民法院出版社．-2008

论董必武法治思想与社会主义和谐社会的构建/周帼、凡海军//《董必武法学
　　思想研究文集》第7辑，人民法院出版社．-2008

和谐社会的法治思想奠基人——董必武法治思想学习体会/王华梅//《董必武
　　法学思想研究文集》第7辑，人民法院出版社．-2008

建设法治政府，铸就和谐社会——从董必武"依法行政"思想谈起/官正艳//
　　《董必武法学思想研究文集》第7辑，人民法院出版社．-2008

董必武法学思想与和谐社会的构建/张寒//《董必武法学思想研究文集》第7
　　辑，人民法院出版社．-2008

浅议董必武的民主法制思想/侯玉花//《董必武法学思想研究文集》第7辑，
　　人民法院出版社．-2008

学习董必武的社会主义民主政治思想/楚刃//《董必武法学思想研究文集》第
　　7辑，人民法院出版社．-2008

论坚持党对法院工作的领导——董必武人民司法思想的落脚点/吕伯涛//《董
　　必武法学思想研究文集》第7辑，人民法院出版社．-2008

谈董必武关于罪犯改造的思想/姜晓敏//《董必武法学思想研究文集》第7辑，

人民法院出版社. -2008

也论程序法是法治的核心——董必武法治思想探讨/刘蜜//《董必武法学思想研究文集》第 7 辑，人民法院出版社. -2008

论董必武法律思想与"坚定不移发展社会主义民主政治"之渊源/樊凤林、白俊华//《董必武法学思想研究文集》第 8 辑，人民法院出版社. -2009

宪政是依法治国的核心——重温董必武法学思想的若干思考/高勇年、张建智//《董必武法学思想研究文集》第 8 辑，人民法院出版社. -2009

社会主义民主与法治简论——董必武民主法治思想学习体会/宋毓均//《董必武法学思想研究文集》第 8 辑，人民法院出版社. -2009

董必武法治思想与新时期法治三十年论纲/萧伯符//《董必武法学思想研究文集》第 8 辑，人民法院出版社. -2009

民主政治的法治化轨道——论董必武的民主法制思想/曾代伟、盛波//《董必武法学思想研究文集》第 8 辑，人民法院出版社. -2009

"凡事要从老百姓的角度看看、想想"——学习董必武法律思想的一点心得/解成//《董必武法学思想研究文集》第 8 辑，人民法院出版社. -2009

浅谈董必武法律思想与中国社会主义民主政治建设/栗明辉//《董必武法学思想研究文集》第 8 辑，人民法院出版社. -2009

董必武法治思想与践行公平正义理念/范群//《董必武法学思想研究文集》第 8 辑，人民法院出版社. -2009

董必武和他的法治思想/胡进军//《董必武法学思想研究文集》第 8 辑，人民法院出版社. -2009

董必武法学思想蕴含的"三个至上"理念/张华荣//《董必武法学思想研究文集》第 8 辑，人民法院出版社. -2009

聆听法治前行的海音——历久弥新的董必武法治思想/邓瑀//《董必武法学思想研究文集》第 8 辑，人民法院出版社. -2009

论董必武法律思想中的社会主义民主观/周东平、王奕楠//《董必武法学思想研究文集》第 8 辑，人民法院出版社. -2009

浅谈董必武法律权威思想/吴道敏//《董必武法学思想研究文集》第 8 辑，人民法院出版社. -2009

董必武人民司法理论述要/褚宸舸、晏礼蠡//《董必武法学思想研究文集》第 8 辑，人民法院出版社. -2009

论董必武人民司法思想/胡云腾、袁春湘//《董必武法学思想研究文集》第 8 辑，人民法院出版社. -2009

董必武司法权威法治思想初探/张泽兵//《董必武法学思想研究文集》第8辑，
　　人民法院出版社．-2009

学习研究董老司法公正效率权威观的体会/王立志//《董必武法学思想研究文
　　集》第8辑，人民法院出版社．-2009

董必武"司法人民性"思想的启示/刘婷婷//《董必武法学思想研究文集》第
　　8辑，人民法院出版社．-2009

董必武法律思想与司法公正/万锋//《董必武法学思想研究文集》第8辑，人
　　民法院出版社．-2009

解析董必武人民司法思想/任舒泽//《董必武法学思想研究文集》第8辑，人
　　民法院出版社．-2009

略论董必武依法办事的法律思想/欧阳涛//《董必武法学思想研究文集》第8
　　辑，人民法院出版社．-2009

董必武依法执政思想初探/常瑞、刘璧田//《董必武法学思想研究文集》第8
　　辑，人民法院出版社．-2009

董必武检察思想初探/赵刚//《董必武法学思想研究文集》第8辑，人民法院
　　出版社．-2009

浅析董必武的法律思想/罗文华//《董必武法学思想研究文集》第8辑，人民
　　法院出版社．-2009

董必武中央苏区时期法学思想探析/彭光华//《董必武法学思想研究文集》第
　　8辑，人民法院出版社．-2009

建国初期董必武普法思想研究/肖华//《董必武法学思想研究文集》第8辑，
　　人民法院出版社．-2009

华北人民政府期间董必武法律思想探究/郭成伟、关志国//《董必武法学思想
　　研究文集》第8辑，人民法院出版社．-2009

董必武"过程法律观"初探/赵谦//《董必武法学思想研究文集》第8辑，人
　　民法院出版社．-2009

董必武法院内部监督思想初探/蒋明军//《董必武法学思想研究文集》第8辑，
　　人民法院出版社．-2009

浅析董必武的刑事司法思想/袁周斌//《董必武法学思想研究文集》第8辑，
　　人民法院出版社．-2009

谈董必武关于罪犯改造的思想/姜晓敏//《董必武法学思想研究文集》第8辑，
　　人民法院出版社．-2009

董必武对中国社会主义法治之路的探索/杨鹏亮、张小军//中国社会科学院研

究生院学报. -2009，3

论董必武立法思想对当代中国法治建设的启示/蒋燕玲、刘晶瑶//社会科学
　　家. -2009，5

董必武与建国初期的法制建设/宋凤英//党史纵横. -2009，6

董必武与中国民主法制建设/张灿//公民导刊. -2009，6

浅析董必武的政法干部培养观/兰培坤//法制与社会. -2009，7

董必武的法治思想浅析/张恒//湖北广播电视大学学报. -2009，10

论董必武法律思想的现实价值/田华//法制与社会. -2009，28

董必武的法治思想探析/董安全//法制与社会. -2009，29

试析董必武关于旧司法人员的思想改造理论/李化祥//湛江师范学院学报.
　　-2010，2

董必武司法改革思想的启示/俞荣根、曾绍东//江西财经大学学报. -2010，4

董必武民主法制思想是毛泽东思想的重要组成部分/孙国华、方林//《董必武
　　法学思想研究文集》第9辑，人民法院出版社. -2010

董必武法学思想与司法工作的科学发展/樊凤林、白俊华//《董必武法学思想
　　研究文集》第9辑，人民法院出版社. -2010

董必武法学思想与科学发展观/戴新平、夏红胜//《董必武法学思想研究文集》
　　第9辑，人民法院出版社. -2010

从董必武司法权威思想谈司法如何应对民意/占云发、叶蕾//《董必武法学思
　　想研究文集》第9辑，人民法院出版社. -2010

论董必武"司法为民"之思想/尚琤//《董必武法学思想研究文集》第9辑，
　　人民法院出版社. -2010

董必武的人民司法思想与建立和谐社会/靳志玲//《董必武法学思想研究文集》
　　第9辑，人民法院出版社. -2010

董必武司法人民性思想研究/李玉臻//《董必武法学思想研究文集》第9辑，
　　人民法院出版社. -2010

学习董必武人民司法思想/张顺革//《董必武法学思想研究文集》第9辑，人
　　民法院出版社. -2010

董必武法制思想的价值及其现实意义/刘蜜//《董必武法学思想研究文集》第
　　9辑，人民法院出版社. -2010

董必武法律思想的科学性探析/张新茂、梁贡华//《董必武法学思想研究文集》
　　第9辑，人民法院出版社. -2010

关于董必武公正司法思想的研究/成向千//《董必武法学思想研究文集》第9

辑，人民法院出版社. -2010

董必武的司法权威观与当下价值/季长龙//《董必武法学思想研究文集》第 9
　　辑，人民法院出版社. -2010

从董必武人民司法思想看多元化纠纷解决机制/蔡欣欣//《董必武法学思想研
　　究文集》第 9 辑，人民法院出版社. -2010

浅析董必武政权建设思想对于加强宪政建设的启示/占云发、叶蕾//《董必武
　　法学思想研究文集》第 9 辑，人民法院出版社. -2010

大局观下的正规化司法——董必武法制思想片论/马志相//《董必武法学思想
　　研究文集》第 9 辑，人民法院出版社. -2010

董必武与依法保障人权——读《董必武法学文集》札记/解成、刘淑娟//《董
　　必武法学思想研究文集》第 9 辑，人民法院出版社. -2010

试论董必武法学方法体系/曹晓庆//《董必武法学思想研究文集》第 9 辑，人
　　民法院出版社. -2010

董必武群众路线司法观的现实意义/张员娇、胡伟//《董必武法学思想研究文
　　集》第 9 辑，人民法院出版社. -2010

刑事法官对司法环境的态度和策略——重温董必武依法办事思想的启示/郑
　　剑、周德金//《董必武法学思想研究文集》第 9 辑，人民法院出版
　　社. -2010

董必武司法为经济建设服务思想浅析/杜兴华、萧波//《董必武法学思想研究
　　文集》第 9 辑，人民法院出版社. -2010

董必武法学思想与司法工作的科学发展/许一鸣、张远扬//《董必武法学思想
　　研究文集》第 9 辑，人民法院出版社. -2010

论党群相依乃国兴之基石——董必武法学思想群众观刍议/刘琳玲//《董必武
　　法学思想研究文集》第 9 辑，人民法院出版社. -2010

浅谈董必武法学思想对司法改革的启示/骆艳青//《董必武法学思想研究文集》
　　第 9 辑，人民法院出版社. -2010

董必武法学思想与中央苏区法制建设/张希坡//《董必武法学思想研究文集》
　　第 9 辑，人民法院出版社. -2010

略论董必武"人民司法"思想与我国信访制度/马小红、彭奕菲//《董必武法
　　学思想研究文集》第 9 辑，人民法院出版社. -2010

4. 邓小平的法律思想

试论邓小平的法制建设思想/王河//社会科学辑刊. -1984，6

论邓小平法制思想的核心——依法治国/舒炳麟//安徽大学学报．-1985，2

试论邓小平同志对毛泽东思想法学理论的坚持和发展/谌贻绵//《毛泽东思想
　　法学理论论文选》，法律出版社．-1985

邓小平法制思想初探/吴椒军//合肥工业大学学报（社科版）．-1991，1

邓小平刑法思想初探/韦韩生//政法学刊．-1991，2

论邓小平的刑法思想/姜爱林//探索．-1991，2

试论邓小平同志的刑法思想/何汉江//扬州师院学报（社科版）．-1992，S1

从南巡讲话看邓小平的法制思想/杜耀富//西南民族学院学报（哲社科版）．
　　-1992，4

试论邓小平的法制思想/徐久刚//政法论坛．-1993，1

邓小平的法制思想与党的法制建设纲领/杜耀富//四川社科界．-1993，3

还是要靠法制——邓小平建设有中国特色社会主义法制思想初探/白文昌、哈
　　登照日格//《毛泽东法制思想论集》，中国检察出版社．-1993

试论邓小平的法治观/杨联华//《毛泽东法制思想论集》，中国检察出版
　　社．-1993

邓小平民主与法制思想初探/蒋传光//淮北煤师院学报．-1994，2

试论邓小平对毛泽东刑法思想的发展/家林//宁德师专学报（哲社科版）．
　　-1994，3

邓小平刑事法律思想简论/杜耀富//毛泽东思想研究．-1994，4

略论邓小平的刑法思想/周毓业//贵州省政法管理干部学院学报．-1994，4

邓小平法制思想简论/李科、高玉林//成都大学学报（社科版）．-1994，4

邓小平的法制思想与中国的法制建设/刘强//济宁师专学报．-1994，4

邓小平法制思想初探/徐选炳//政法学报．-1994，4

邓小平的法制思想与中国法制现代化/公丕祥//中国法学．-1995，1

邓小平同志对我国宪政建设的思考/刘惊海//吉林大学社会科学学报．
　　-1995，3

邓小平刑法思想述评/朱淑娣//党政论坛．-1995，4

邓小平法制思想中的哲理光辉/蒋传光//政法论坛．-1995，4

邓小平对马克思主义法制理论的新贡献/蒋传光//政法论坛．-1995，5

邓小平法制思想初探/赵玲//河南职业技术师院学报．-1996，2

邓小平刑法思想研究/马克昌、贾宇、康均心//法学评论．-1996，3

邓小平法制思想的基本特色/陈建新//湖湘论坛．-1996，3

邓小平法制思想的时代特征/佘国华//湖湘论坛．-1996，4

邓小平法制思想探析/韩志才//池州师专学报. -1996, 4

毛泽东与邓小平法制思想之比较/王莉//党政干部学刊. -1996, 8

邓小平法制思想的价值观/汤正旗//建材高教理论与实践. -1997, 1

论邓小平对毛泽东法律价值观的继承和发展/张秀国//法学杂志. -1997, 2

缅怀和学习邓小平同志的刑事法制思想/范崇义//研究生法学. -1997, 2

论邓小平刑法思想的辩证特色/唐自斌//湖南师范大学社会科学学报.
    -1997, 3

邓小平法制思想述略/边和平//山西高等学校社会科学学报. -1997, 3; 又载
    中国矿业大学学报 (社科版). -2000, 1

邓小平法制思想论纲——建设有中国特色的社会主义法制/乔伟山//文史哲.
    -1997, 3

毛泽东邓小平法制理论与实践的比较透视/沈卫中//毛泽东思想研究.
    -1997, 3

邓小平法治思想永放光辉/汪汉卿//法制导刊. -1997, 3

邓小平法制思想简述/黄淑华//法学. -1997, 4

邓小平民主法制思想研究/张文显//吉林大学社会科学学报. -1997, 4

用邓小平法治理论指导社会主义法制建设/汪汉卿//安徽日报. -1997, 4. 30

论邓小平独特的法制思想/黄进才//河南师范大学学报 (哲社科版).
    -1997, 5

邓小平法制思想是建设社会主义法治国家的指南/张德淼//法商研究.
    -1997, 6

邓小平法制思想初探/江文//楚天主人. -1997, 12

邓小平法制思想论纲/王继军、张林江//山西大学学报 (哲社科版).
    -1998, 1

邓小平法制思想的立论基础/姚民治、乔连柱//内蒙古民族师院学报 (哲社科
    版). -1998, 2

邓小平法制思想中的哲学方法论/方章东//学术界. -1998, 2

邓小平法制思想与依法治国方略/饶艾//社会科学研究. -1998, 6

邓小平 "一国两制" 法律思想研究/夏锦文//《法制现代化研究》 第4卷, 南
    京师范大学出版社. -1998

邓小平的民主法制思想/姚向阳//政法论丛. -1999, 1

邓小平法律思想探析/杨波//许昌师专学报. -1999, 1

邓小平民主法制思想与大学生法律意识教育/李资远//武汉大学学报 (哲社科

版）．-1999，1

邓小平法制思想对我国法制实践的指导作用/白梅、侯廷生//邯郸大学学报．
　　-1999，1

论邓小平理论对法制建设原则的新贡献/焦德杰//德州学院学报．-1999，1

试论邓小平法制思想/汤春来//湖北广播电视大学学报．-1999，1

试论邓小平民主法制思想/龙武安//毛泽东思想研究．-1999，S1

邓小平民主法制理论的现实启示/王石山//唯实．-1999，Z1

论邓小平的法制思想/刘邦湖//毛泽东思想研究．-1999，2

邓小平法制思想的核心/刘娟//毛泽东思想研究．-1999，2

邓小平法制思想的精神实质/王寿林//理论与改革．-1999，2

邓小平法制思想与依法治国/李凤荣//兰州学刊．-1999，2

邓小平的法制思想与依法治国的新篇章/李云翔、陈远飞//学术交流．
　　-1999，2

关于邓小平的法律权威思想/李龙//现代法学．-1999，2

邓小平依法反腐思想述论/邬红旗//西南民族学院学报（哲社科版）．
　　-1999，2

论邓小平具有创见性的法制思想/杜晋黔//黔东南民族师范高等专科学校学
　　报．-1999，2

论邓小平理论中的法制思想/龙凯//黔西南民族师范高等专科学校学报．
　　-1999，2

论依法治国与邓小平的法制思想/胡正昌//湖南省政法管理干部学院学报．
　　-1999，2

试论邓小平法律思想/刘雁翎//贵州民族学院学报（哲社科版）．-1999，2

依法治国，走中国法制建设之路——邓小平法制思想初探/罗志军//东南大学
　　学报（哲社科版）．-1999，2

邓小平法律思想初探/郑六一//北京科技大学学报（社科版）．-1999，3

邓小平法制思想管窥/韩金玲//菏泽师范专科学校学报．-1999，3

邓小平民主和法制建设理论论纲/唐德先//东北师大学报（哲社科版）．
　　-1999，3

邓小平民主与法制思想的主要内涵和指导意义/李征南//武汉交通管理干部学
　　院学报．-1999，3

论邓小平依法治国理论的方法论特征/周叶中//河南省政法管理干部学院学
　　报．-1999，3

依法治国——邓小平法制思想的精神实质/戴丽红//四川省政法管理干部学院
　　学报. -1999, 3

邓小平法制思想的价值取向/朱广东//盐城师范学院学报 (哲社科版).
　　-1999, 3

邓小平的民主权利观/柴宇平//科学社会主义. -1999, 4

邓小平是我国依法治国的奠基人/柴庆云//中州学刊. -1999, 4

邓小平依法治国思想的形成和主要特征/徐朝贤//建材高教理论与实践.
　　-1999, 4

论邓小平的民主法制思想/孙大虹//云南公安高等专科学校学报. -1999, 4

论邓小平依法行政思想/童亮//同济大学学报 (社科版). -1999, 4

论新时期邓小平刑事法律思想/余正滚、姜军保//江西电力职工大学学报.
　　-1999, 4

浅谈邓小平民主法制思想的特点/洪碧华//漳州师范学院学报 (哲社科版).
　　-1999, 4

权威、法治与邓小平的宪政思想/王美舟//广东教育学院学报. -1999, 4

试论邓小平的法制思想/沈燕妮//山东省工会管理干部学院学报. -1999, 4

试论邓小平关于民主制度化、法律化的思想/陆继长//培训与研究 (湖北教育
　　学院学报). -1999, 4

试论邓小平的法制教育思想/司卫东//毛泽东思想研究. -1999, 4

论邓小平人民利益法律价值观/朱家明//毛泽东思想研究. -1999, 5

我国法治建设的指导思想——学习邓小平的法律思想/王秀芳//中州学刊.
　　-1999, 5

邓小平法制思想初探/任雪平//中共成都市委党校学报. -1999, 5

邓小平法律思想的内容构成/危国华//法商研究. -1999, 6

试论邓小平理论对依法治国的开拓意义/张世珊//湖南省政法管理干部学院学
　　报. -1999, 6

邓小平民主法制理论与中国根本法的立法完善/李洪欣//广西大学学报 (哲社
　　科版). -1999, 6

邓小平法律思想的实证分析/徐爱国//法学评论. -1999, 6

邓小平法理思想论纲/徐显明、范进学//法学家. -1999, 6

论邓小平的立法思想/余正滚、程吉生//江西社会科学. -1999, 8

邓小平行政法治思想研究/夏军//党政干部论坛. -1999, 9

邓小平治理腐败理论研究/朱兴有//特区理论与实践. -1999, 11

邓小平法制理论与第三代中央领导集体依法治国的基本方略/张健//求实.
　　-1999, 12

坚持用邓小平理论指导司法改革——对我国司法改革若干问题的哲学思考/缪
　　蒂生//人民司法. -1999, 12

邓小平法制思想初探/杨迎泽、周常青、彭艳霞//国家检察官学院学报.
　　-2000, 1

邓小平刑法思想研究/丁学军//西北大学学报（哲社科版）. -2000, 2

邓小平的法制思想与中国社会的艰难转型/魏敦友//民主. -2000, 2

邓小平法制思想的特征探析/王爱琦//宁波大学学报（人文社科版）.
　　-2000, 4

邓小平法制思想的核心是法治/唐萍//盐城师范学院学报（人文社科版）.
　　-2000, 4

邓小平的法制思想与法治国家建设/何欣//中共四川省委党校学报. -2000, 4

略论邓小平的法制思想/高庆华//长春师范学院学报. -2000, 4

邓小平理论与非公有制经济宪法地位的演变/罗文岚、李洪欣、韦娌//桂海论
　　丛. -2000, 4

邓小平法制思想初探/李新明//湘潭大学社会科学学报. -2000, 6

构建有中国特色的权力制约机制——邓小平权力监督与制约思想研究/殷啸
　　虎、王志林、成兆奎//华东政法学院学报. -2001, 1

试论邓小平对毛泽东法制思想的继承和发展/刘潇潇//佳木斯大学社会科学学
　　报. -2001, 1

邓小平的法制思想与法治国家建设/何欣//黑河学刊. -2001, 1

邓小平法制思想与依法治国/周挺//福州党校学报. -2002, 2

邓小平法制思想与依法治国基本方略/郭跃军、徐永胜//河北职工大学学报.
　　-2002, 3

邓小平法制思想是实现中国传统法制转型的理论指导/唐萍//盐城师范学院学
　　报（人文社科版）. -2002, 3

邓小平法制思想初探/张淑君//青海师专学报. -2002, 3

邓小平法制思想的理论与实践/王平//苏州城市建设环境保护学院学报（社科
　　版）. -2002, 3

邓小平法制思想与中国法文化现代化/周贤安//青海学刊. -2002, 4

邓小平刑法思想述论/戴建庭//毛泽东思想研究. -2002, 4

毛泽东邓小平法制思想之异同/刘传刚//辽宁教育学院学报. -2002, 5

邓小平法制思想与依法治国方略/刘振清、王平达//哈尔滨学院学报（社科版）．-2002，5

邓小平刑法思想探究/刘永桂、谢玉童//理论前沿．-2002，18

浅析邓小平法制思想的哲学基础/李道志//湖南经济管理干部学院学报．-2003，1

论邓小平的法制思想/付坚强//求实．-2003，S1

毛泽东、邓小平法制思想比较/于晓雷//天中学刊．-2003，3

列宁与邓小平的法制思想之比较/崔德华//烟台教育学院学报．-2003，4

论邓小平对毛泽东法制思想的继承和超越/刘潇潇//求索．-2003，5

邓小平法制思想的基石、核心与特色/李宪君、李艳文//哈尔滨市委党校学报．-2003，5

论邓小平法制思想的思维特色/唐芳、李俊//黔东南民族师范高等专科学校学报．-2003，5

试析邓小平的法治思想/王忠华、陈军//工会论坛（山东省工会管理干部学院学报）．-2003，6

邓小平法制建设思想的理论创新/张立兴、李邦敬//山东行政学院山东省经济管理干部学院学报．-2004，1

邓小平法制思想及其思维方法/朱静//信阳农业高等专科学校学报．-2004，2

试论邓小平的法制思想——学习《邓小平文选》的体会/朱文丽//理论界．-2004，2

邓小平法律思想浅论/唐伟//中共贵州省委党校学报．-2004，3

邓小平法制思想简评/杨廷文、袁梅//西华大学学报（哲社科版）．-2004，3

论邓小平依法治国思想/李青//康定民族师范高等专科学校学报．-2004，3

论邓小平法制思想与中国的"法治"建设/丛淼//黑龙江省社会主义学院学报．-2004，3

邓小平法制思想初探/武玉琴//兵团教育学院学报．-2004，3

论邓小平行政法制思想对法治政府建设的指导意义/朱容//毛泽东思想研究．-2004，3

略论邓小平早期民主法制思想/张学超//毛泽东思想研究．-2004，4

从法制到法治——浅论邓小平法制思想的演变/邝长策//华南农业大学学报（社科版）．-2004，4

邓小平法制思想的基本内涵/李宪君、王立君//哈尔滨市委党校学报．-2004，4

邓小平经济法制思想初论——纪念邓小平诞辰 100 周年/王艳林//长沙理工大学学报（社科版）. -2004，4

论邓小平法制思想与依法治国基本方略/游训龙//湖南人文科技学院学报. -2004，4

邓小平法制思想简论/张莲萍//湖南商学院学报. -2004，4

邓小平民主法制思想与社会主义政治文明建设/王莉君//中国青年政治学院学报. -2004，4

马克思主义民主法制思想的中国化——邓小平民主法制思想/聂波//电子科技大学学报（社科版）. -2004，4

邓小平法制思想的探索/齐治兰//北京机械工业学院学报. -2004，4

学习邓小平法制思想/廖启云//山西高等学校社会科学学报. -2004，4

邓小平法治思想的内涵与特征/陈振锟//福州党校学报. -2004，4

邓小平法制思想与法治/蒋传光//理论建设. -2004，4

邓小平法制思想研究综述/王琴//北京党史. -2004，4

邓小平民主法制思想之精髓/张文显//法制与社会发展. -2004，5

邓小平刑法思想的理论架构与时代价值/汪海霞//安康师专学报. -2004，5

科学解读邓小平法制思想内涵/胡传省//淮南师范学院学报. -2004，5

邓小平法制思想的特点/刘莉、张桂珍//安徽农业大学学报（社科版）. -2004，5

邓小平法治思想体系初探/李洪涛//天津成人高等学校联合学报. -2004，6

试论邓小平法制思想主要贡献/沈志先//法治论丛（上海政法学院学报）. -2004，6

邓小平法制思想论略/沈志先//政治与法律. -2004，6

论邓小平人权思想的基本内容及其意义/李永丰、贾向云//甘肃社会科学. -2004，6

邓小平关于法制建设的战略思考/莫守忠//思想理论教育导刊. -2004，7

邓小平人权思想的内涵与意义/汪海霞//学术探索. -2004，8

邓小平社会主义法治思想的历史背景及其特点/彭进//哈尔滨学院学报. -2004，8

邓小平法制思想的光辉/孟天//人民司法. -2004，9

邓小平法制思想的时代性与党的领导方式的转变/冯利民//理论研究. -2004，10

邓小平法律思想论析/刘常春//党史文苑. -2004，10

深入学习邓小平民主法制思想，进一步推进依法治国进程/武俊//中国司法.
　　-2004，10

论邓小平同志的刑事法律思想/胡云腾//人民司法. -2004，11

邓小平法制思想浅析/李杰//哈尔滨学院学报. -2004，12

邓小平同志亲自指导起草一九八二年宪法/王汉斌//中国人大. -2004，16

邓小平同志刑事法律思想研究/赵秉志//南都学坛. -2005，1

邓小平党内法规建设思想及其现实意义/杨小冬//中共福建省委党校学报.
　　-2005，1

邓小平法制思想对我国社会主义法律文化建设的指导/王曦//江苏教育学院学
　　报（社科版）. -2005，1

邓小平未成年人法制教育思想初探/王晓三、薛深//山东省青年管理干部学院
　　学报. -2005，1

论邓小平法制思想与我国监狱法制建设/严新堂、牛汉珍、苗时葵//河南司法
　　警官职业学院学报. -2005，1

实事求是　开拓创新——浅论邓小平法制思想的时代特征/梁红卫//石家庄职
　　业技术学院学报. -2005，1

依法治国　厉行法治——解读邓小平法制思想的精髓/张玉丽//运城学院学
　　报. -2005，1

浅谈邓小平法制思想的主要贡献/沈志先//今日中国论坛. -2005，Z1

试论邓小平的刑法思想/戴安良//沧桑. -2005，Z1

邓小平对我国社会主义法制理论的贡献/景京//大同职业技术学院学报.
　　-2005，2

邓小平刑事法治思想述评/刘为国//池州师专学报. -2005，2

从"健全社会主义法制"到"依法治国"——论"三个代表"重要思想对邓
　　小平法制理论的继承和发展/朱力宇//海南大学学报（人文社科版）.
　　-2005，2

坚持邓小平法制思想　正确处理党法关系/聂志琦//江西行政学院学报.
　　-2005，2

学习邓小平刑法思想　打击严重经济犯罪/杨中领//经济师. -2005，2

邓小平法制教育理论初探/阎高程//高教发展与评估. -2005，3

邓小平社会主义法制建设思想的理论贡献/张立兴、李邦敬//当代世界与社会
　　主义. -2005，3

邓小平法制教育思想述略/王永浩//社科纵横. -2005，3

试论邓小平青少年法制教育思想/王晓三//理论界. -2005，3

在邓小平理论指导下开展法学研究/韩哲//中国青年政治学院学报. -2005，3

论毛泽东与邓小平法制思想及其中国法律实践/杨汉国//四川理工学院学报（社科版）. -2005，3

再论邓小平法制思想的新贡献/李清渠//贵州警官职业学院学报. -2005，3

依法治国与邓小平法制思想的统一/邱梅、张居盛//天津成人高等学校联合学报. -2005，3

邓小平对毛泽东法制思想的继承与发展/周玉文//伊犁师范学院学报. -2005，4

论邓小平法制思想中以人为本的价值内核/李之琳//黄山学院学报. -2005，5

邓小平法制思想与中国政治发展/张东年//党史博采. -2005，6

邓小平法律思想成因探析/王芸//湖南科技学院学报. -2005，7

论邓小平的社会主义法制现代化理论与实践/郭榛树//学习论坛. -2005，10

论邓小平对依法治国的杰出贡献/查仲春//理论学刊. -2005，11

试论邓小平的法制思想/姚华光//湖南省社会主义学院学报. -2006，1

试析邓小平的法制思想/周杏芬//沙洲职业工学院学报. -2006，1

"以人为本"的立法模式是对邓小平法制思想的深化/郑泰安//毛泽东思想研究. -2006，1

对邓小平法制思想的认识/孟繁宾//首都师范大学学报（社科版）. -2006，S1

邓小平妇女人权思想探析/黄三生//求实. -2006，S1

毛泽东与邓小平法制思想关系探析/赵民学//当代经理人. -2006，4

论邓小平法制思想对政治文明的保障/尹学朋//甘肃农业. -2006，6

关于邓小平"共同富裕"法律思想的经济分析法学评价——兼评西方经济分析法学/唐战立//企业经济. -2007，1

新时期邓小平宪法思想探析——谨以此文纪念邓小平逝世十周年/韩亚光//河北法学. -2007，1

邓小平与马克思主义法学中国化/林国强//中共银川市委党校学报. -2007，1

邓小平法制思想新贡献述略/刘海燕、杨永照//湖北经济学院学报（人文社科版）. -2007，1

邓小平宪政思想研究/高宝琴//山东省青年管理干部学院学报. -2007，2

略论邓小平的刑法思想/廖海花//黄石理工学院学报（人文社科版）. -2007，2

邓小平对依法治国的理论创新和实践探索/叶海芹、张吉春//泰山学院学报.

－2007，4

试论邓小平法制思想的特点/陈晓文//工会论坛（山东省工会管理干部学院学报）．－2007，4

论邓小平经济法制思想/王培俊//安徽警官职业学院学报．－2007，4

浅议邓小平民主宪政思想/贾孔会、陈秀平//法学杂志．－2007，4

论邓小平的行政行为法律思想/魏蕾//毛泽东思想研究．－2007，6

浅析邓小平法律思想中的法理观/赵求勇//法制与社会．－2007，10

法治与治国方略的统一——邓小平法治思想30年/耿华东、赵雪君、孙文兴//昆明冶金高等专科学校学报．－2008，S1

论邓小平民主立国的法律思想/彭礼明//武汉公安干部学院学报．－2008，2

邓小平法制思想对地方人民政府法治行政的指导/杨立新//中共贵州省委党校学报．－2008，3

邓小平刑罚思想述要/钱叶六//南都学坛．－2008，3

论邓小平的民主法制思想/聂启元//毛泽东思想研究．－2008，4

试论邓小平法制思想的发展方向——兼谈中国特色社会主义法制文明建设/辛晖阳//太原城市职业技术学院学报．－2008，4

论邓小平的法治思想/丁瑞、夏少辉//山东行政学院山东省经济管理干部学院学报．－2008，6

邓小平中国特色社会主义法治理论解读——纪念改革开放30周年/吕世伦、张学超//北方法学．－2008，6

邓小平法制思想研究述评/彭瑞英//福建党史月刊．－2008，8

论邓小平"一国两制"法制思想/吴练斌//法制与经济（下旬刊）．－2008，11

邓小平法治思想与我国政府法治的实现路径/张波//行政与法．－2008，12

邓小平法治思想论析/杨静如、何海//经济研究导刊．－2008，15

试论依法治国，建设社会主义法治国家——邓小平政治法律思想的精髓/谷安梁//《依法治国　建设社会主义法治国家》，社会科学文献出版社．－2008

简论邓小平的法治思想/陈世荣//《依法治国　建设社会主义法治国家》，社会科学文献出版社．－2008

邓小平法制思想的创新点/李丹//科学时代．－2009，1

邓小平人权思想探析/蒋传光//淮北煤炭师范学院学报（哲社科版）．－2009，1

从邓小平法制思想谈公民法律意识的提升/阮照凯//学校党建与思想教育．

—2009，S1

邓小平人权思想探析——以《邓小平文选》为分析范本/王萌、包来福//法制与社会．—2009，4

邓小平"一国两制"法律构想对解决台湾问题的现实意义/朱冰冰//福建省社会主义学院学报．—2009，5

邓小平人权思想及其对完善我国人权宪法保障制度的启示/赵建//四川师范大学学报（社科版）．—2009，6

试论邓小平的法治思想/邓姗//重庆工学院学报（社科版）．—2009，12

浅论邓小平法制思想/武甜//沈阳大学学报．—2010，4

浅论邓小平法制思想的理论来源/侯菊英、武甜//公民与法（法学版）．—2010，8

论邓小平法制思想的三大特色/刘志国、赵淑华//经济研究导刊．—2010，13

论邓小平法制思想的形成和发展/吴红霞//才智．—2010，30

5. 其他法律人物的法律思想

学习刘少奇同志关于加强检察工作的精辟论述/金默生、柴发邦//法学杂志．—1980，1

刘少奇同志完备社会主义法制的光辉思想不容诋毁/姜达生、郭翔、董湖//法学杂志．—1980，1

学习周恩来同志关于法制建设的精辟论述——纪念周恩来同志诞辰八十七周年/金默生//法学季刊．—1985，2

学习周恩来同志关于政法建设的精辟论述/金默生//山西师大学报（社科版）．—1985，3

学法才能知法，知法才能守法——张友渔答本报记者问/王永安等//人民日报．—1985，7.8

史良的法律实践和法律思想/林亨元//群言．—1985，8

著名法学家张友渔谈宪法的实施/江耀春//民主与法制．—1985，11

回忆周总理关于法制工作的一次谈话——纪念周总理逝世十周年/冯若泉//司法．—1986，1

刘少奇同志关于政法工作的一个重要思想——读《政法工作和正确处理人民内部矛盾》/周志兴//法学杂志．—1986，1

学习周恩来同志关于法制建设的光辉思想/金默生//法学杂志．—1986，1

普及·争鸣·探索——张友渔谈法制建设的几个问题/施滨海//法学．

－1986，2

法学理论要更新——记张友渔和张宗厚的一席谈//人民日报．－1986，3．31

朱德在中国政法大学开学典礼上的讲话/本馆现行档案管理处//北京档案史料．－1986，4

人民法官的典范——回忆王维纲同志/郑天翔等//人民日报．－1987，2．12

叶剑英法制思想探略/蔡国芹//嘉应大学学报（社科版）．－1987，5

试论周恩来同志对现代国际法发展所作的贡献——兼论和平共处五项原则是国际法的基本原则/马木提·艾莎//《西北政法学院本科生优秀毕业论文选》（1），西北政法学院印行．－1987

试论张澜的政法思想/张利源//成都大学学报（社科版）．－1989，2

松晚翠益深，岁老根弥壮——记著名法学家张友渔同志/朔平//民主与法制．－1989，5

周恩来的法制建设思想初探/刘德军、陆建洪//东岳论丛．－1990，1

谢觉哉的法制思想初探/王金洪、舒华//江汉大学学报．－1991，5

江华同志刑法思想研究/赵秉志、李奇路//中南政法学院学报．－1992，4

试论彭真的立法思想/李淑娥//法律科学．－1992，4

张友渔法律思想观点节录/苏彦英//学习与研究．－1992，6

论刘少奇的法制思想/康立群//河北学刊．－1995，2

彭真法制思想述略/明文//当代中国史研究．－1995，5

江华法律思想初探/李淑娥//法律科学．－1996，1

周恩来宪法思想初探——纪念周恩来诞辰 100 周年/曾忠恕//河北法学．－1996，2

试论彭真的立法思想/朱应平//法治论丛（上海政法学院学报）．－1997，4

论彭真的法制思想/谭晓钟//毛泽东思想研究．－1997，6

试论周恩来国际法思想及历史意义：纪念周恩来同志诞辰一百周年/刘向东//商务与法律．－1998，1

建国后谢觉哉司法思想与实践/梁凤荣//郑州大学学报（哲社科版）．－1998，2

浅议周恩来的依法治国思想/蔡放波//中南财经大学学报．－1998，2

试论彭真的立法思想/郑之奇、齐芳//山西师大学报（社科版）．－1998，3

周恩来关于和平共处五项原则的思想——纪念周恩来诞辰一百周年/赵建文//法学研究．－1998，3

谆谆教诲，历历在目：缅怀彭真同志关于经济立法的教诲/宋汝棼//法制日

报．-1998，3. 26

论彭真同志的法制建设思想/张颐//上海市政法管理干部学院学报．-1998，4

试论彭真的立法思想/齐虎田、郝水蓉//忻州师专学报．-1998，4

彭真法制思想初探/宋振全//河北法学．-1998，4

刘少奇民主法制思想永放光辉——纪念敬爱的刘少奇同志诞辰一百周年/张英忠//中国法学．-1998，5

刘少奇的法制思想浅析：纪念刘少奇诞辰 100 周年/常守风//辽宁师范大学学报（社科版）．-1998，6

刘少奇同志社会主义民主法制思想的重大指导意义/王汉斌//中国法学．-1998，6；又载法制日报．-1998，11. 25

论彭真的立法思想/田东奎//宝鸡文理学院学报（社科版）．-1999，3

谢觉哉与新民主主义宪政建设/韩大梅//辽宁师范大学学报（社科版）．-1999，6

彭真的法制思想及其对当前政法工作的指导作用/宋秉文//前进．-1999，7

江泽民法治思想初探/彭程甸//湖南大学学报（社科版）．-2000，1；又载东北财经大学学报．-2000，2

论江泽民对法治理论的贡献/陈太彬//淮阴师范学院学报（哲社科版）．-2000，3

谢觉哉法制思想概述/何正付、韦杰廷//安徽广播电视大学学报．-2001，3

谢觉哉法制思想述略/何正付、韦杰廷//泰安师专学报．-2001，4

论彭真的立法思想/曾长秋、彭帅//零陵师范高等专科学校学报．-2002，2

略论彭真社会主义民主法制思想的形成和发展/田酉如//史志研究．-2002，3

彭真勉励为我国民主法制奠定基石：访原中国人大法制工作委员会秘书长岳祥/李海文、王燕玲//当代中国史研究．-2002，3

彭真同志的法制建设思想初探/林雅//湖南省政法管理干部学院学报．-2002，3

彭真国家权力监督思想——法制建设的宝贵财富/朱力宇//检察日报．-2002，10. 15

彭真立法思想研究（上、下）/万其刚//海南人大．-2002，12；2003，1

陈云的法律思想探微/蔡宝刚//河北法学．-2003，1

谢觉哉司法思想简论/何正付//青海师专学报．-2003，1

江泽民法治思想与依法治国/王云飞//大连大学学报．-2003，1

论江泽民的法治思想/公雪明//南京社会科学．-2003，S1

论江泽民法治思想的科学体系与理论价值/陈金涛//长白学刊．-2003，4

论江泽民的"依法治国"思想/肖卫华、周欣、汪波、马柳颖//南华大学学报
　　（社科版）．-2004，1

江泽民同志对邓小平法制思想的发展/权璐薇//牡丹江师范学院学报（哲社科
　　版）．-2004，3

江泽民法治思想缕析/任舒泽//社会主义研究．-2004，5

论江泽民法治观的主要特点/汪敏//湖北社会科学．-2004，6

谢觉哉对陕甘宁边区民主选举制度的理论贡献/梁凤荣//《中国历史上的法律
　　制度变迁与社会进步》（《法律史论丛》第 10 辑），山东大学出版
　　社．-2004

刘少奇法律思想探究/钱锦宇、赵海怡//理论导刊．-2005，1

论邓小平、江泽民法治思想/张绍平//重庆工学院学报．-2005，1

江泽民法治思想探析/欧健//郑州航空工业管理学院学报（社科版）．
　　-2005，2

杨兆龙先生的刑法学思想/吴斌//河南公安高等专科学校学报．-2005，5

"文革"时期周恩来的版权保护意识与措施/王焰安//淮阴师范学院学报．
　　-2005，6

论江泽民法治思想的基本特征/游训龙//湖南科技学院学报．-2005，6

试论陈云的法律思想及其实践性特征/蔡宝刚//毛泽东邓小平理论研究．
　　-2005，6

东京法庭上的中国检察官向哲浚/王俊彦//纵横．-2005，8

江泽民对毛泽东治国方略的继承与发展/徐彤宇、肖林//甘肃社会科学．
　　-2006，3

江泽民法律思想论析/卞修全//天中学刊．-2006，3

刘少奇建国后宪政民主思想与实践/沈春光//毛泽东思想研究．-2006，5

冯友兰政治法律思想研究：《中国哲学史新编》中有关法律思想的解释/宇培
　　峰//上海师范大学学报（哲社科版）．-2006，5

谢觉哉关于边区民主选举的理论与实践/梁凤荣//《法律文化研究》第 1 辑，
　　中国人民大学出版社．-2006

杨兆龙法律观与新中国初期法治/周永坤//《中西法律传统》第 5 卷，中国政
　　法大学出版社．-2006

彭真对现行《宪法》若干理论创新问题的贡献/许崇德//法学杂志．-2007，1

"修宪"与"护宪"：1950 年代前后雷震的"宪政"思想/何卓恩//台湾研究

集刊．-2007，1

李浩培与百年中国国际私法学/曾涛//政法论坛．-2007，1

刘少奇法制思想探析/韩亚光//河北法学．-2007，2

新时期彭真立法思想简论/于朝霞//胜利油田党校学报．-2007，3

贺麟法治类型说浅析/史广全//船山学刊．-2007，3

论江泽民法治思想/丁镭//安徽职业技术学院学报．-2007，4

贺麟的法治观及其当代启示/史广全//孔子研究．-2007，5

从法理学的视角看江泽民的法治思想/冯祥武//武警工程学院学报．-2007，5

江泽民的部门法观论析/冯祥武//中山大学学报论丛．-2007，6

试论江泽民法治思想的形成/郭玉梅//传承．-2007，7

浅析刘少奇法制思想/舒东林//法制与社会．-2007，11

论彭真的立法思想——试论立法的基本原则/孙一千、李海云//理论界．
　　-2008，1

马克思主义法律思想中国化的新成果（上篇、下篇）——江泽民的法治思想
　　初探/沈志先//政治与法律．-2008，1、2

周恩来法律思想探微/赖秀兰、江雪松//淮阴师范学院学报（哲社科版）．
　　-2008，3

谢觉哉法制实践中的法律思想及启示/朱与墨、李鲲鹏//沧桑．-2008，6

彭真民主立法思想及其对立法实践的影响/朱力宇、易有禄//求实．-2008，9

试论雷经天的司法思想/赵金康//史学月刊．-2008，10

"合情合理，即是好法"——谢觉哉"情理法"观研究/霍存福//社会科学战
　　线．-2008，11

"确要我们的法治"——从谢觉哉先生一次讲话说起/李建//传承．-2008，24

谢觉哉司法思想新论/侯欣一//北方法学．-2009，1

谢觉哉法制建设观述论/戴开柱//湖南社会科学．-2009，1

吴玉章宪政思想及其对当代的启示：纪念吴玉章诞辰130周年/史广全//毛泽
　　东思想研究．-2009，1

江泽民法治思想研究/缪世淮//四川警察学院学报．-2009，1

论江泽民法治思想的价值目标/陈根强//喀什师范学院学报．-2009，1

朱德法律思想研究/程皓//学校党建与思想教育．-2009，S1

周恩来法律思想初探/马成//今日南国（理论创新版）．-2009，2

谢觉哉立法思想研究——以马克思哲学中国化为视角/况蓉、王春旭//湘潮
　　（下半月·理论）．-2009，12

听彭真说立法/项淳一//中国人大. -2009，21

司法是"说情""说理"，判决要"合情合理"——谢觉哉"情理"司法观研
　　究/霍存福//《中国传统司法与司法传统》，陕西师范大学出版社. -2009

"合情合理，即是好法"——从谢觉哉的"情理法"观说起/霍存福//《风则
　　江大讲堂》第 3 辑，中国社会科学出版社. -2009

20 世纪 50 年代的无罪推定学术观点——关于杨兆龙无罪推定思想的研究/张
　　成敏//政法论丛. -2010，1

试论杨兆龙的法学教育思想/陈树艳//武汉冶金管理干部学院学报. -2010，4

罗隆基和他的法哲学/喻中//炎黄春秋. -2010，7

朱德法律思想初探/程皓//《中国法律传统与法律精神——中国法律史学会成
　　立 30 周年纪念大会暨 2009 年会论文集》，山东人民出版社. -2010

六
中国少数民族法律史

（一） 综论

近百年来我国宪法关于民族问题规定的历史考察/李儒忠//新疆大学学报（哲学人文社科版）. -1983，2

中国宪政史上的民族区域自治问题/李晋//辽宁大学学报（哲社科版）. -1983，4

我国少数民族最早的森林保护法/李育贤//民族工作. -1984，1

简论我国少数民族与中国古代法制的发展/张紫葛、温晓莉//西南民族学院学报（哲社科版）. -1986，2

民国时期的新疆司法概况/纽锦芝//政法学习. -1987，1

评唐律中有关少数民族条文/王可//西南民族学院学报（哲社科版）. -1988，2

清朝统治边疆少数民族区域的法律措施/郑秦//民族研究. -1988，2

论清朝对蒙古立法的政策依据与基本原则/徐晓光//内蒙古社会科学（汉文版）. -1989，1

简论清代民族立法/刘广安//中国社会科学. -1989，6；又载《百年回眸：法律史研究在中国》第2卷，中国人民大学出版社. -2009

清代民族法概观/夏家骏//光明日报. -1989，9. 6

古代南方民族法制述略/吴永章//云南社会科学. -1990，3

要重视和加强少数民族法制史研究/史金波//思想战线. -1990，5

两方关于土司管辖地区行政条规的石碑/景山//档案. -1990，6

秦汉民族政治法律制度探讨/罗季常、胡涂//西南民族学院学报（哲社科版）. -1991，3

清代四大民族法规概观/苏钦//法学杂志. -1991，4

我国少数民族法制的发展及其与中原法律文化的融合/徐晓光、黄名述//现代
　　法学. -1991，6

清朝民族立法原则初探/徐晓光//民族研究. -1992，1

西域法制史二题/马国荣//西域研究. -1992，3

论北朝少数民族政权对中华法律文化的历史贡献/温晓莉//民族研究.
　　-1992，5

从"喀屯案"的审理看清朝边境民族司法的灵活性/苏钦//法学杂志.
　　-1992，6

我国少数民族史上法制的传统特征/徐晓光//民族研究. -1993，3

我国新疆地区历史上伊斯兰法制的兴衰/陈国光//西域研究. -1993，3

清朝对边疆各民族实行的"换刑制"/苏钦//法学杂志. -1993，6

关于晋唐时期西域法律制度的几个问题/尚衍斌//新疆大学学报（哲学人文社
　　科版）. -1994，1

中国少数民族习惯法论纲/高其才//中南民族学院学报（哲社科版）.
　　-1994，3

从婚姻习俗上看民族杂居地区的民族法律冲突/蒋莹//思想战线. -1994，5

论云南土司制度与古代地方法制/刘艺乒//思想战线. -1994，6

论中国古代民族法制的研究对象和方法/苏钦//中央民族大学学报. -1995，1

清代新疆地区的法制与伊斯兰教法/陈光国、徐晓光//西北民族研究.
　　-1995，1

五胡十六国时期我国少数民族政权法律制度及其汉化进程/孙季萍//烟台大学
　　学报（哲社科版）. -1995，2

谚语与法律——论我国西南少数民族法律谚语的本质和特征/徐晓光//西南民
　　族学院学报（哲社科版）. -1995，3

从法律的起源与运行方式看民族习惯法的重要作用/田成有//学术探索.
　　-1995，5

论中国少数民族习惯法文化/高其才//中国法学. -1996，1

"北元"时期的蒙古法/奇格//内蒙古大学学报（哲社科版）. -1996，1

大化风景区各民族习惯法的调查/韦成球//广西民族研究. -1996，3

唐明律"化外人"条辨析：兼论中国古代各民族法律文化的冲突和融合/苏
　　钦//法学研究. -1996，5

论国家制定法与民族习惯法的互补与对接/田成有//现代法学. -1996，6

研究中国少数民族法制史的新角度/温晓莉//天府新论. -1996，法学专辑

论中国古代社会的民族法/张文山//思想战线. -1997，1

论传统习俗与民族社会规范/黄光成//思想战线. -1997，1

论清代西北地区的民族立法/廖杨//西北史地. -1997，2

论古代民族法制中的"因俗而治"/苏钦//法学杂志. -1997，3

日本与我国南方少数民族"兄妹婚"神话的比较——兼论中国古代"同姓不婚"原则/徐晓光//外国问题研究. -1997，3

宋代蕃法与蕃汉关系法/安国楼//中南民族学院学报（哲社科版）. -1997，3

习惯法与少数民族习惯法/邹渊//贵州民族研究. -1997，4

土司制度下的"准"法律制度/王学辉//西南民族学院学报（哲社科版）. -1997，5

我国游牧社会家庭财产的分配继承习惯法初探/参普拉敖力布//中央民族大学学报. -1997，5

日本与中国西南少数民族神判法述论/李若柏、徐晓光//日本学刊. -1997，6

民族法文化的本土化、多元化与国际化/王佐龙//青海民族学院学报（社科版）. -1998，2

人类学眼中的云南少数民族法文化/田成有、李朝开、王鑫//学术探索. -1998，3

云南多民族法文化的认同与变迁/田成有、朱勋克//贵州民族研究. -1998，3

云南少数民族习惯法形成和发展的轨迹/王学辉//现代法学. -1998，3

中国古代北方游牧民族刑法制度初探/申艳红//西北史地. -1998，3

论少数民族法俗文化/陈玉文//内蒙古社会科学（汉文版）. -1999，1

简论中国历史上少数民族与汉族政权的法制比较/杨华双//西南民族学院学报（哲社科版）. -1999，1

西南少数民族法律文化的特点/王明东//思想战线. -1999，2

现代社会中南方山地民族传统法律文化的命运与重构/张冠梓//社会科学战线. -1999，5

新中国民族法制建设——世纪之交的回顾与前瞻/戴小明//民族研究. -1999，5

中国民族法史研究之管见/苏钦//《法律史论丛》第6辑，山东大学出版社. -1999

中国少数民族习惯法简述/屈野//云南法学. -2000，2

贵州少数民族习惯法对现代法和"法治"的启示/罗洪洋//贵州民族研究.

–2000，2

十一届三中全会以来我国民族法学研究回顾与展望/方慧//思想战线. –2000，2

冲突与调适：南方山地民族的法律多元主义格局及其走向/张冠梓//广西民族学院学报（哲社科版）. –2000，3

历史上游牧民族的冲击对世界法制的影响/滕毅//法学评论. –2000，5

论清代婚姻制度的民族性/张晓蓓//西南民族学院学报（哲社科版）. –2000，11

试论南方山地民族的神判与固有法/张冠梓//《清华法律评论》，清华大学出版社. –2000

神话、禁忌与少数民族习惯法/徐晓光//《贵州法学论坛》第1辑，贵州人民出版社. –2000

云南少数民族文物法律保护刍议/方慧//《中国传统法律文化与现代法治》（《法律史论丛》第7辑），重庆出版社. –2000

神判与法律器物文化/徐晓光、吴大华//贵州民族学院学报（哲社科版）. –2001，1

中国古代少数民族法律文献概述/安群英//西南民族学院学报（哲社科版）. –2001，3

加强中国少数民族法制史的研究/徐晓光//贵州民族与宗教. –2001，4

冲突与互动——论中国古代国家制定法与民族习惯法之关系/杨华双//西南民族学院学报（哲社科版）. –2001，4

两汉魏晋南北朝正史"西域传"所见西域诸国的制度和习惯法/余太山//西北民族研究. –2001，4

民间法的变迁与作用：云南25个少数民族村寨的民间法分析/张晓辉、王启梁//现代法学. –2001，5

元代关涉回回立法初探/王东平//中央民族大学学报（哲社科版）. –2001，6

少数民族习惯法规范与生态环境保护/徐晓光等//《旅游、人类学与中国社会》，云南大学出版社. –2001

试论中国少数民族传统法文化的研究及其文献整理/张冠梓//贵州民族研究. –2002，1；又载法律文献信息与研究. –2006，2

中国少数民族习惯法序论：以民族法制及相关领域为中心/〔日〕小林正典著，华热多杰译//青海民族研究. –2002，1

试论清代民族法制的特点/袁自永//贵州民族学院学报（哲社科版）.

　　-2002，2

论中国封建时期对民族地区行政立法及意义/吴克娅//湖北民族学院学报.
　　-2002，2

习惯法与少数民族习惯法/高其才//云南大学学报. -2002，3

民族习惯法对维护国家法治统一的实践价值/杨经德//云南公安高等专科学校
　　学报. -2002，3

中国法制建设的民族特色及其社会实践作用/霍廷菊//江西社会科学.
　　-2002，3

论国家制定法与民族习惯法的冲突与融合——西部乡村少数民族婚姻现象透
　　视/石伶亚//贵州警官职业学院学报. -2002，6

清代民族法制概说/龚荫//西南民族学院学报（哲社科版）. -2002，7

试论少数民族习惯法的效力/朱玉苗//西南民族学院学报（哲社科版）.
　　-2002，7

论少数民族习惯与少数民族习惯法/杜敏//西南民族学院学报（哲社科版）.
　　-2002，7

辽西夏金元北方少数民族政权法制对中国法律文化的贡献/徐晓光//西南民族
　　学院学报（哲社科版）. -2002，7

论少数民族传统习惯的自治性及其现代意义——以广西大瑶山石牌制为研究
　　范例/童光政、袁翠微//《走向二十一世纪的中国法文化》（《法律史论
　　丛》第9辑），上海社会科学院出版社. -2002

中国少数民族法制史研究的新思路/徐晓光//《民族法学评论》第2卷，团结
　　出版社. -2002

论少数民族习惯法的自治性格及其现代意义/童光政//《走向二十一世纪的中
　　国法文化》（《法律史论丛》第9辑），上海社会科学院出版社. -2002

少数民族习惯法与西部乡村法制建设/石伶亚//吉首大学学报（社科版）.
　　-2003，1

国家制定法与民族习惯法相冲突的实证研究——西部乡村少数民族婚姻现象
　　透视/石伶亚//湖北民族学院学报（哲社科版）. -2003，2

中国古代少数民族妇女法律地位论析/谭万霞、王红兵//青海民族研究.
　　-2003，3

浅析贵州少数民族习惯法在稳定社会治安中的作用/郝唯茂//贵州民族研究.
　　-2003，3

清朝民族立法特点之研究/田莉姝//贵州民族研究. -2003，4

国家法制统一视野中的民族习惯法/柴进//贵州民族研究．－2003，4

《蒙古律例》及其与《理藩院则例》的关系/达力扎布//清史研究．－2003，4

贵州少数民族传统习惯法及其价值研究/张国安//贵阳师范高等专科学校学
　　报．－2003，4

浅论中国古代的民族法制及其精神/张冠梓//学术界．－2003，5

民族法文化与中华法系——以金代为例/曾代伟//现代法学．－2003，5

初民的审判——神判/张冠梓//东南文化．－2003，9

论清代民族立法的主要原则/肖汉银//理论月刊．－2003，11

清代西南地区少数民族法制研究/金笛//《民族法学评论》第3卷，团结出版
　　社．－2003

中国少数民族法制史研究的思路/徐晓光//《民族法学评论》第3卷，团结出
　　版社．－2003

中国少数民族习惯法的特点/刘艺工//兰州大学学报（社科版）．－2004，1

文化模式原理对民族习惯法研究的几点启示/周相卿//贵州民族学院学报（哲
　　社科版）．－2004，1

西南少数民族习惯法述论（上、下）/陈金全//贵州民族学院学报（哲社科
　　版）．－2004，1、2

试论偏远地区少数民族法律信仰问题/梁利//南宁师范高等专科学校学报．
　　－2004，2

试论少数民族习惯法与国家制定法的冲突与互补/刘艺工、高志宏//甘肃政法
　　学院学报．－2004，2

论民族习惯法之社会功用/刘晓明//贵州民族研究．－2004，2

民族习惯法研究之方法与价值/龙大轩//思想战线．－2004，2

少数民族习惯法与民族法制建设/陆进强//广西民族学院学报（哲社科版）．
　　－2004，S2

关于少数民族地区多元性法律制度的协调问题/董建蓉//阿坝师范高等专科学
　　校学报．－2004，3

我国西部开发中民族传统知识的法律保护/严永和//贵州警官职业学院学报．
　　－2004，3

少数民族习惯法与西部民族地区小康社会建设问题研究/彭谦、赵龙淑//黑龙
　　江民族丛刊．－2004，3

在照顾民族特点与维护国家法律统一之间——从“赔命价”谈起/杨鸿雁//贵
　　州民族研究．－2004，3

甘、青特有民族法文化特色及法制建设的思考/马克林//甘肃社会科学.
　　-2004，4

关于少数民族习惯法与国家法之冲突与互动的思考/徐曼、廖航//河南大学学
　　报（社科版）.-2004，4

中国少数民族习惯法与现代化/缪文升//重庆交通学院学报（社科版）.
　　-2004，4

中国少数民族习惯法的价值分析/刘艺工//西南民族大学学报（人文社科版）.
　　-2004，5

中国少数民族习惯法文化探析/何雅静//内蒙古民族大学学报（社科版）.
　　-2004，5

论我国民族法学学科体系的构建/宋才发//民族研究.-2004，5

论少数民族政权对古代封建社会法制建设的影响和贡献/饶燕文、钟俊//社科
　　纵横.-2004，6

少数民族习惯法与国家法的依存和冲突——少数民族地区法律多元个案透视/
　　官波//思想战线.-2004，6

日本学者与贵州世居民族研究中心关于民族法学研究的座谈纪要/徐晓光//贵
　　州民族学院学报（哲社科版）.-2004，6

少数民族地区村规民约的变迁与调试/田成有、欧剑菲//《民间法》第3卷，
　　山东人民出版社.-2004

习惯法与民族社会控制/严志亮、廖君湘、严志钦//兰州学刊.-2005，1

略论我国少数民族习惯法的效力/韩牡丹//内蒙古电大学刊.-2005，2

略论民族婚姻习惯法与国家制定法的冲突属性——兼析西部乡村少数民族婚
　　姻状况/石维海、向明//吉首大学学报（社科版）.-2005，2

论少数民族犯罪的立法控制/吴大华//云南大学学报（法学版）.-2005，2

少数民族法律文化形态与现代化——以云南少数民族村寨为例/方乐//中南民
　　族大学学报（人文社科版）.-2005，3

近年来中国少数民族法制文献述略/陈杰//法律文献信息与研究.-2005，3

完善的法制体系是构建民族地区和谐社会的基石——兼论民族宗教习惯法与
　　国家法的互动/何玲、徐格明//攀登.-2005，3

试论中国少数民族习惯法的性质与特征——以西南少数民族习惯法为中心的
　　分析/陈金全//贵州民族研究.-2005，4

我国古代民族法对人的效力原则述略/翟东堂//齐鲁学刊.-2005，4

少数民族习惯法与少数民族地区的乡村政治/官波//思想战线.-2005，4

习惯法在丝绸之路古今各民族中的表现/吴妍春//新疆大学学报（哲学人文社科版）. -2005，5

"巴楚民族文化圈"的演变与现代化论纲——从民族法文化的视角/曾代伟//甘肃政法学院学报. -2005，5；又载《法律文化研究》第2辑，中国人民大学出版社. -2006

少数民族习惯法和谐内涵的现代解读——以侗款为例/甘明、刘光梓、黄美煜//贵州民族学院学报（哲社科版）. -2005，5

论民族习惯法的渊源、价值与传承：以苗族、侗族习惯法为例/吴大华//民族研究. -2005，6

清末民国时期基督教传入对西南信教少数民族法律文化的影响/方慧、胡兴东//世界宗教研究. -2006，1

试论民族习惯法的要素和效力/李可//青海民族研究. -2006，1

十六国时期少数民族政权法制的历史影响/何宁生//民族研究. -2006，2

民族混居地基层法治构建中的法传统思考/张晓蓓//西南民族大学学报（人文社科版）. -2006，2

清代民族律法的特色/高鹏//内蒙古社会科学（汉文版）. -2006，3

关于广西少数民族习惯法研究的几点思考/袁翔珠//学术论坛. -2006，3

浅议民族习惯与民族习惯法/魏刚健//新疆石油教育学院学报. -2006，3

民族习惯法中的"阿舅形象"考察：以我国某些少数民族的习惯为个案/安宁、于语和、刘志松//甘肃政法学院学报. -2006，3

"赔命价"——一种规则的民族表达方式/衣家奇//甘肃政法学院学报. -2006，3

西部开发法治与少数民族习惯法文化/王允武//甘肃政法学院学报. -2006，4

我国西南地区的民族法学研究/马雁//云南民族大学学报（哲社科版）. -2006，4

论少数民族习惯法对政府行政行为的影响/冉瑞燕//中南民族大学学报（人文社科版）. -2006，4

有关荒地的法律基础与管理依据——中国西北部地区环境与习惯法讨论/杰克·帕特里克·海斯、张韬//山东大学学报（哲社科版）. -2006，4

先秦时期西南少数民族的刑法/韩敏霞//太平洋学报. -2006，5、6

论民族习惯法与国家法的冲突及整合/戴小明、谭万霞//广西民族大学学报（哲社科版）. -2006，6

《民族区域自治法》是我国民族法制史上的新里程碑——论乌兰夫为民族法制

建设做出的卓越贡献/李凤鸣//内蒙古师范大学学报（哲社科版）．
　　-2006，6

民间祭祀与习惯法论略/张琪亚//贵州民族学院学报（哲社科版）．-2006，6

论中国古代和谐社会的法律控制机制——以古代法和民族习惯法为视角/陶钟
　　灵//贵州民族研究．-2006，6

少数民族习惯法的民法适用问题研究/巫洪才//求索．-2006，8

"远国家"社会形态下的刑法话语——析古代西南少数民族刑事法律的研究意
　　义/韩敏霞//太平洋学报．-2006，9

"少数民族习惯法"课程体系在西部民族地区高校的建构/袁翔珠//学术论坛．
　　-2006，10

论少数民族习惯法对构建民族地区和谐社会的贡献/冉瑞燕//武汉科技学院学
　　报．-2006，11

三国两晋南北朝时期的西南少数民族刑法/韩敏霞//太平洋学报．-2006，12

中国少数民族的"赔命价"习惯法/张群、张松//《法律史论集》第6卷，法
　　律出版社．-2006

论民族习惯法中的和谐理念/杨华双//西南民族大学学报（人文社科版）．
　　-2007，1

论我国少数民族习惯法与刑法的冲突及其解决/郑鹤瑜//中州学刊．-2007，2

西南少数民族法律生活的历史和现状/陈金全、郭亮//甘肃社会科学．-2007，
　　2；又载《中国历史上的法律与社会发展》，吉林人民出版社．-2007

少数民族习惯法对国家法制现代化建设的作用/李洪欣、陈新建//广西民族研
　　究．-2007，2

唐宋时期西南少数民族刑法的发展/韩敏霞//太平洋学报．-2007，2

少数民族习惯法领域本体构建与社会和谐发展/陈欣、李晓菲//广西民族大学
　　学报（哲社科版）．-2007，2

有清一代西北边疆民族立法措施评析/王志强//伊犁师范学院学报（社科版）．
　　-2007，3

宗教对我国西部少数民族习惯法的影响/王存河//兰州大学学报（社科版）．
　　-2007，3

制度、思想、器物——地方少数民族法律文化刍议/徐晓光//贵州师范大学学
　　报．-2007，3

少数民族习惯法与构建和谐社会/冉瑞燕//中国民族．-2007，3

论少数民族习惯法对民族地区新农村建设的影响/冉瑞燕//理论月刊．

–2007，3

论少数民族习惯法的生态本原/邵泽春//贵州民族研究．–2007，4

中国少数民族环境保护习惯法简论/刘艺工、申伟//科学社会经济．–2007，4

北宋西北边区民族法规中的罚则制度/陈武强//西北第二民族学院学报（哲社科版）．–2007，4

少数民族习惯法与国家制定法的调适——以藏族"赔命价"习惯法为例/邹敏//西北第二民族学院学报（哲社科版）．–2007，4

中国近代民族自治的历史演进/李鸣//云南大学学报（法学版）．–2007，5

两晋南北朝时期北方游牧民族法律的变迁：以匈奴、鲜卑等"收继婚"的变迁为例/沈寿文//学术探索．–2007，5

十六国时期少数民族政权的司法制度及建树/何宁生//西北大学学报（哲社科版）．–2007，6

元明清时期西南少数民族纠纷解决规范研究/佴澎//思想战线．–2007，6

国家法与民族习惯法冲突与交融的审视/龚卫东//社科纵横．–2007，6

少数民族习惯法与森林资源的法律保护/杨爱华、吴位凡//理论界．–2007，10

中国少数民族法律文化价值探析/陈金全、杨玲//贵州社会科学．–2007，12

西南少数民族法律生活/陈金全//《法律文化研究》第3辑，中国人民大学出版社．–2007

美学角度审视少数民族习惯法传承的根据/马升//《昆仑法学论丛》第4卷，北京大学出版社．–2007

北宋神哲时期对西北蕃部的民族立法/陈武强//青海民族研究．–2008，1

在趋同中寻求和谐——元明清时期西南少数民族纠纷解决裁判程序研究/佴澎//云南社会科学．–2008，1

论市场经济对民族习惯法的影响——以凉山彝区为例/严文强//商场现代化．–2008，1

元明清时期西南少数民族纠纷解决执行研究/佴澎//昆明理工大学学报（社科版）．–2008，1

我国少数民族习惯法和国家法互动问题研究文献综论/吴喜、汪涌//云南警官学院学报．–2008，1

论少数民族习惯法与我国刑法的冲突及对策/熊征//西昌学院学报（社科版）．–2008，1

刑法视域下民族习惯法司法适用性研究/李茂久、任忠臣//黔南民族师范学院

学报．－2008，1

论政府行为对国家法与民族习惯法关系的契合/冉瑞燕//湖北民族学院学报哲（社科版）．－2008，1

进化、移植与传播——从前南诏时期的云南看法的形成与发展/罗家云//玉溪师范学院学报．－2008，1

略论中国少数民族法制史学的发展——民族法学与少数民族法制史学的关系/朱艳英、罗家云//玉溪师范学院学报．－2008，2

少数民族习惯法的历史与现状/侯斌//云南民族大学学报（哲社科版）．－2008，2

近代中国少数民族权利立法保障述评/邹敏//云南大学学报（法学版）．－2008，2

少数民族习惯法与制定法间的调适——以广西金秀瑶族自治县实地调查为基础/蒋超、陈焜如、王淑梅//长沙铁道学院学报（社科版）．－2008，2

论北宋真宗、仁宗时期关于甘青蕃部的民族立法问题/陈武强//西藏民族学院学报（哲社科版）．－2008，2

简论辛亥革命以来我国少数民族的法律地位/汤海清//黑龙江民族丛刊．－2008，2

少数民族习惯法与和谐社会建设/张殿军//民族论坛．－2008，2

少数民族习惯法与少数民族地区社会控制/杨军、刘娟//思想战线．－2008，S2

民族习惯法与民族习惯涵义解析/蒋超//学术界．－2008，3

论少数民族习惯法的现代化途径/蒋超//甘肃社会科学．－2008，3

历史与超越：少数民族习惯法与刑事司法实践间的整合/韩宏伟//广西青年干部学院学报．－2008，3

元明清基层法治秩序的结构——以民族乡约为视角/马雁//云南农业大学学报（社科版）．－2008，3

清代西南少数民族民事纠纷解决管辖制度研究/佴澎、刘亚虹//云南行政学院学报．－2008，4

少数民族习惯法对民族教育立法的启示/张维平、郭凤鸣//沈阳师范大学学报（社科版）．－2008，4

黔东南地区苗族习惯法与国家法并存交融之审视/刘玉兰//贵州民族学院学报（哲社科版）．－2008，4

论我国少数民族地区犯罪社会控制中的习惯法——以法律人类学为视角/刘

希//时代法学．-2008，4

从冲突到融合——浅议民族习惯法与国家法/刘琴//贵州民族研究．-2008，4

西南民族地区百年法制变迁述论/兰元富//贵州民族研究．-2008，5

"文化的刑法解释论"之提倡——以"赔命价"习惯法为例/苏永生//法商研
　　究．-2008，5

明清时期国家对西南少数民族土地所有权的法律保护/朱艳英//思想战线．
　　-2008，5

西南少数民族习惯法在生态环境保护中的作用/廖柏明//黑龙江民族丛刊．
　　-2008，5

改革开放以来青海民族法制建设的回顾与思考/娄海玲//青海社会科学．
　　-2008，5

西南少数民族习惯法研究/苏哲//江苏警官学院学报．-2008，5

试论社会主义法治建设与民族习惯法的关系——以藏族习惯法为个案/南杰·
　　隆英强//西北民族大学学报（哲社科版）．-2008，5

探寻少数民族习惯法的公正与权威：以景颇族神判为中心考察/赵天宝//甘肃
　　政法学院学报．-2008，5

探寻少数民族习惯法的意蕴：从"通德拉"之神判说起/赵天宝//重庆工商大
　　学学报（社科版）．-2008，5

论凉山彝族毕摩文化与法文化的联系/张晓蓓//西南民族大学学报（人文社科
　　版）．-2008，7

民族习惯法与国家制定法关系研究/蒋超//求索．-2008，7

细数三十年民族法制建设大发展/席锋宇//法制日报．-2008，12．14

十六国时期少数民族政权的司法制度/何宁生//《西北民族论丛》第6辑，中
　　国社会科学出版社．-2008

改革开放30年我国民族法制建设回顾/朱玉福//民族研究．-2009，1

加强民族法制建设，促进民族团结进步——黑龙江省民族法制建设辉煌的30
　　年/缪文辉、原波//黑龙江民族学刊．-2009，1

少数民族习惯法的社会功能及其考量/韩宏伟//思想战线．-2009，1

西南少数民族地区纠纷解决机制变迁研究/朱艳英//云南农业大学学报（社科
　　版）．-2009，1

浅析民族习惯法与国家法之冲突与互动/徐番、史亚鹏//怀化学院学报．
　　-2009，1

新疆少数民族婚姻习俗的法律思考/薛全忠//西北民族大学学报（哲社科版）．

-2009，1

冲突与回应：建国初少数民族地区婚姻问题研究——以贵州省为例（1949
　　年~1956年）/伍小涛//湖北民族学院学报（哲社科版）．-2009，2

论少数民族习惯法的教育意义/郭凤鸣//沈阳师范大学学报（社科版）．
　　-2009，2

论习惯法与民族地区和谐社会的构建/李中和//宁夏大学学报（人文社科版）．
　　-2009，2

从习惯、习俗到习惯法：兼论习惯法与民间法、国家法的关系/李保平//宁夏
　　社会科学．-2009，2

中国少数民族法制史研究的进路/徐晓光//教育文化论坛．-2009，2

少数民族习惯法略论/牛克林//法制与社会．-2009，2

民族法学三十年/李鸣、李剑、周强//中国民族．-2009，2

研究少数民族刑事习惯法的三个视角/马兰花//青海民族研究．-2009，3

中国历史上少数民族刑事案件法律适用问题研究/胡兴东、朱艳红//云南民族
　　大学学报（哲社科版）．-2009，3

罪刑法定视域的少数民族习惯法/张殿军//甘肃政法学院学报．-2009，3

北宋真、仁时期甘青藏区的民族法规初探/张永萍//西北民族大学学报（哲社
　　科版）．-2009，4

民间社会的"私了"：以西部民族地区为视域/王佐龙//青海民族研究．
　　-2009，4

论少数民族习惯法对农村承包地调整的影响/王占洲、林苇//广西民族研究．
　　-2009，4

新中国民族法制建设60年/朱玉福//广西民族研究．-2009，4

新中国民族法制建设60年的回顾与展望/李资源//贵州民族研究．-2009，5

多民族混居区域传统法文化与和谐社会构建：以渝湘鄂黔相邻地区为对象的
　　考察/曾代伟、万亿//贵州民族研究．-2009，5

新中国成立60年来中国民族法制建设和民族法学研究的发展与思考/吴大华、
　　刘云飞、郭婧//民族研究．-2009，5

论罪刑法定原则与民族习惯法/苏永生//法制与社会发展．-2009，5

和谐社会建构中的少数民族习惯法与国家法/张然//学术探索．-2009，5

民族习惯法中损害赔偿规则探解/韩轶//人民检察．-2009，5B

少数民族习惯法界定问题刍议/吴双全//青海社会科学．-2009，6

少数民族传统法文化分类探析/汪亚光、陈岩涛//北方民族大学学报（哲社科

版）．-2009，6

少数民族习惯法理论研究进路的解构与重塑/田钒平//西南民族大学学报（人文社科版）．-2009，6

新中国 60 年民族法制建设的发展与成就/吴大华、郑志//中国民族报．-2009，9．16

民族习惯法中损害赔偿规则探解/韩轶//人民检察．-2009，10

民族习惯法与西南民族人口发展/廖艳//学理论．-2009，11

民族习惯法回潮的原因分析及对策/熊征//重庆科技学院学报（社科版）．-2009，12

刑事司法与少数民族习惯法的融合/龙玥//经营管理者．-2009，15

论民族自治地方国家法与民族习惯法冲突的调适/蓝银华//经营管理者．-2009，17

新中国 60 年民族法制建设/马启智//求是．-2009，20

"南长城"的精神消解与法治研究/朱兴文、曾丹//《中国传统司法与司法传统》，陕西师范大学出版社．-2009

清代少数民族刑事案件法律适用问题初探——以乾隆朝刑部驳案为中心的考察/胡兴东//《中国传统司法与司法传统》，陕西师范大学出版社．-2009

试析清末资政院少数民族议员的产生及其意义/苏钦、吴贤萍//《中国传统司法与司法传统》，陕西师范大学出版社．-2009

乌江流域少数民族习惯法的当代变迁——以依法治国方略为视角/杨兴坤、张晓梅//长江师范学院学报．-2010，2

清代在甘青地区的民族政策及历史作用/杨虎得//中南民族大学学报（人文社科版）．-2010，2

论少数民族习惯法的自主发展与人权保障——文化多元视角/王飞、吴大华//广西民族大学学报（哲社科版）．-2010，2

新中国 60 年少数民族习惯法研究现状及分析/彭谦、韩艳伟//西北民族大学学报（哲社科版）．-2010，3

西北少数民族法制建设中习惯法因素的整合/周晓涛//兰州大学学报（社科版）．-2010，3

古代北方民族法律起源探析/焦应达//内蒙古民族大学学报（社科版）．-2010，3

论清代广西司法对少数民族民间习惯的认可/袁翔珠//比较法研究．-2010，3

少数民族习惯法及其社会功能/吐尔洪·阿吾提//法制与经济（中旬刊）．

-2010，3

乌江流域少数民族习惯法伦理精神探析/邓清华//黑龙江民族丛刊．-2010，3

习惯法类型与回族习惯法/李保平//宁夏社会科学．-2010，3

历史上西南少数民族地区族际纠纷解决机制研究/胡兴东//云南社会科学．
　　-2010，4

困境与出路：少数民族刑事习惯法的现代转型/韩宏伟//云南社会科学．
　　-2010，4

清代国家法在西南少数民族地区的本土化/佴澎//云南行政学院学报．
　　-2010，4

元明清时期的基层组织与国家法适用研究——以云南民族地区为中心的考察/
　　胡兴东//云南师范大学学报（哲社科版）．-2010，4

整体性理解习惯法——围绕彝族的文化观念而展开的法律人类学讨论/赵旭
　　东、罗涛//原生态民族文化学刊．-2010，4

论西南山地少数民族保护水资源习惯法/阳燕平、袁翔珠、陈伯良、何前斌//
　　生态经济．-2010，5

试析习惯法对民族地区法制建设的影响/李中和//新疆社会科学．-2010，6

青海世居少数民族习惯法的正向功能探析/高永宏//青海社会科学．-2010，6

少数民族习惯法的身份、功能与价值分析：以中国西部少数民族地区为例/陈
　　卯轩//西南民族大学学报（人文社科版）．-2010，7

西南少数民族刑事习惯法及其现代价值/侯斌//西南民族大学学报（人文社科
　　版）．-2010，7

论少数民族法律文化的特点及其功能/向平生//新闻知识．-2010，7

建国以来我国民族立法的历史进程与经验启示/康耀坤、马洪雨//求索．
　　-2010，7

少数民族习惯法与和谐社会建设/王亚彬、卞新龙//福建党史月刊．
　　-2010，10

浅析中国现行法律与少数民族风俗习惯的冲突/李想//学理论．-2010，15

论当代民间习惯法与国家法的冲突与融合——以西部少数民族习惯法的适用
　　为研究路径/孙德奎//法制与社会．-2010，18

西部少数民族习惯（法）在环境保护中的功与过/柳军荣、白雁斌、马志成//
　　中国高新技术企业．-2010，18

论民族习惯法在现代社会中的存在价值和运用/王莹//经营管理者．
　　-2010，19

浅议民族习惯法与国家法的冲突与调适/贾德荣//经济研究导刊. -2010，24

浅析少数民族习惯法对森林资源的保护/于峰//学理论. -2010，36

少数民族法律文化的原创智慧/陈金全等//《世界视野下的中国原创文化》，陕西师范大学出版社. -2010

中国少数民族习惯法研究/高其才//《青蓝集续编：张晋藩教授指导的法律史学博士论文粹编》，法律出版社. -2010

当代中国少数民族习惯法研究的方法论反思/郭亮、陈金全//《当代中国少数民族习惯法》，法律出版社. -2010

（二） 分论

突厥法初探/蔡鸿生//历史研究. -1965，5

明律对蒙古色目人婚姻上的限制/杨雪峰//（台湾）大陆杂志. -1970，（第41卷）3；又载《明清史研究论集》第4辑第5册，（台湾）大陆杂志社. -1998

清代的理藩院——兼论清代对蒙藏回诸族的统治/吕士朋//《中国史学论文选集》第3辑，（台湾）幼狮文化事业公司. -1979

试论卫拉特法典/罗致平、白翠琴//民族研究. -1981，2

苗族"习惯法"概论/李廷贵//贵州社会科学. -1981，5

我国最早的森林法/王炳华//新疆日报. -1982，2. 13

侗族的习惯法/（侗族）黄才贵、吴永清//贵州文史丛刊. -1982，3

关于苗族的"习惯法"问题——与李廷贵、酒素同志商榷/韦启光//贵州社会科学. -1983，2

吐蕃法律初探/仁青//西藏研究. -1983，4

成吉思汗时期蒙古法律初探/李淑娥//史学月刊. -1983，5

一部珍贵的古代蒙古法律文献——《阿勒坦汗法典》/奇格//内蒙古社会科学（汉文版）. -1983，6

蒙古族法律概述/徐维高、徐羡贞//蒙古学资料与情报. -1984，1

答《关于苗族的"习惯法"问题》/廷贵//贵州社会科学. -1984，1

侗族习惯法概述/（侗族）郭长生、邓星煌//贵州民族研究. -1984，1

从《开亲歌》探讨苗族古代婚姻制度/（苗族）吴通美//贵州民族研究. -1984，1

从江县孔明公社苗族习惯法、乡规民约调查/赵崇南//贵州民族研究.

－1984，1

凉山彝族奴隶社会的奴隶配婚制度/周星//学习与思考．－1984，2

藏族地区的行为规范——习惯与习惯法简析/陈光国//西藏民族学院学报．
　－1984，2

试论清朝政府治理藏族地区的法律措施/王志刚//西北政法学院学报．
　－1984，4

厄鲁特蒙古封建法的整理和研究/С. Д. 迪雷科夫著，马大正译//民族译丛．
　－1984，5

西盟佤族社会习惯法的起源/宋恩常//思想战线．－1984，6

一个藏族游牧部落的宗教、法律、家庭、婚姻调查和研究——对川西北色草
　原游牧部落社会的民族学研究之二/（藏族）格勒//中山大学研究生学刊
　（社科版）．－1984，特刊号

图们汗法典初探/奇格//内蒙古社会科学（汉文版）．－1985，1

古代蒙古法典/郅江//内蒙古社会科学（汉文版）．－1985，1

旧西藏噶厦的税法/畅笑//四川财政研究．－1985，2

清朝政府在西北少数民族地区立法浅析/马建德//甘肃民族研究．－1985，2

两块有关瑶族婚姻制度的石碑/覃廷生、项夑//贵州民族研究．－1985，2

关于琦善在驻藏大臣任上改定藏事章程问题/邓锐龄//民族研究．－1985，4

清代海南黎族的土地典卖契刻/张雪慧//中国社会经济史研究．－1985，4

苗族的古规古法及其作用和影响/（苗族）梁彬//三月三．－1985，14

果洛藏族部落世俗法之研究/张学忠//青海社会科学．－1986，1

评凉山彝族的等级内婚制/（彝族）列索子哈//思想战线．－1986，4

阿勒坦汗宗教法规述略/奇格//内蒙古社会科学（汉文版）．－1987，2

荔波瑶族的"瑶老制"、"石碑律"和"习惯法"/李秀振等//贵州地方志通
　讯．－1987，4

试论湘西苗族禁忌/张建华//吉首大学学报（社科版）．－1987，4

民主改革前的藏区法律规范述要/陈光国//中国社会科学．－1987，6

匈奴单于的继承制度/史培军//辽宁广播电视大学学报（社科版）．－1988，1

对凉山藏族习惯法的初步研究/刘广安//比较法研究．－1988，2

甘南州藏族家庭财产继承制度/李晓霞//西北民族研究．－1988，2

试论湘西苗族大禁忌习惯规约/张建华//中南民族学院学报（哲社科版）．
　－1988，2

佤族习惯法中的神明裁判/张锡盛//云南民族学院学报．－1988，2

《藏军司令部新订军规三十五条》内容简析/申新泰//西藏民族学院学报（社
　　科版）. -1988，3

试论《钦定西藏章程》产生的历史背景/张世明//清史研究通讯. -1988，3

中俄"司牙孜"会谳制度研究/厉声//新疆社会科学. -1988，4

哈萨克法初探/罗致平、白翠琴//民族研究. -1988，6

苗族社会组织和习惯法述论/周光大//思想战线. -1988，6

论哈萨克族游牧宗法封建制/杜荣坤//中央民族学院学报. -1989，1

清朝对蒙古的司法审判制度/徐晓光//内蒙古大学学报（哲社科版）.
　　-1989，1

清朝政府对蒙古的行政立法初探/徐晓光//内蒙古社会科学（汉文版）.
　　-1989，1

侗族乡规及其演变——对侗族社会组织形式、功能及其演变的探讨/向零//贵
　　州民族研究. -1989，3

南诏的习惯法/赵琴//大理文化. -1989，3

"蒙古法系"质疑——我国北方少数民族法律制度与中华法系的关系/徐晓
　　光//比较法研究. -1989，3/4

论《卫拉特法典》/道润梯步//新疆师范大学学报（哲社科版）. -1989，4

侗族约法款的法律思想及其特点/张世珊//民族论坛. -1989，4

云南省勐海县哈尼族习惯法与婚姻法的矛盾/张锡盛//社会学研究. -1989，4

藏族习惯法与藏区社会主义精神文明建设/陈光国//现代法学. -1989，5

试论广西大瑶山瑶族的习惯法/韩肇明、刘家英//广西民族研究. -1990，1

西盟佤族习惯法初探/张锡盛//民族学. -1990，1

吐蕃法律论略/吴剑平//中外法学. -1990，2

"赔命价"初析/吴剑平//法律学习与研究. -1990，2

蒙古立法在清代法律体系中的地位/徐晓光//比较法研究. -1990，3

清朝对青海蒙藏民族立法初探/徐晓光、王平洲、陈光国//西藏民族学院学报
　　（社科版）. -1990，3

对苗族古代法文化的探讨/韦宗林//贵州民族学院学报（哲社科版）.
　　-1990，4

云南德宏傣族的封建法律/张锡盛、徐中起、张晓辉//思想战线. -1990，4

广西壮族习惯法初探/刘建平//广西民族研究. -1990，4

也谈永宁纳西族亲属制/佳水//民族研究. -1990，6

蒙古族法制史概述/奇格//内蒙古社会科学（汉文版）. -1990，6；又载蒙古

学信息. -1995, 4

清朝蒙古民事法律规范试析/陈光国、徐晓光、王平//西北民族学院学报（哲
　　社科版）. -1991, 1

清朝政府对西藏的行政立法初探/徐晓光//现代法学. -1991, 1

云南西部傣族法规初探/张晓辉、徐中起、张锡盟//中外法学. -1991, 1

凉山彝族有关女性问题习惯法的特点/范和平//现代法学. -1991, 2

蒙古法中刑罚的变迁/〔日〕岛田正郎著，潘昌龙译//蒙古学资料与情报.
　　-1991, 2

蒙古法文化史/刘学灵//内蒙古大学学报（哲社科版）. -1991, 2

清朝对蒙古地区实行法制统治的几个问题/杨选第、刘海滨//内蒙古师大学报
　　（社科版）. -1991, 2

清朝对青海蒙藏民族的行政军事诉讼立法初探/陈光国、徐晓光//青海民族学
　　院学报. -1991, 2

清代蒙古刑事立法的本质和内容试析/陈光国、徐晓光//民族研究. -1991, 3

"吐蕃三律"试析/吴剑平//民族研究. -1991, 3

瑶麓瑶族婚规碑管窥/刘世彬//贵州民族研究. -1991, 3

凉山彝族奴隶社会婚姻习惯法初探/王学辉//云南民族学院学报. -1991, 3

试论清朝在"贵州苗疆"因俗而治的法制建设/苏钦//中央民族学院学报.
　　-1991, 3

清代蒙古的刑事审判事例/〔日〕荻原守著，哈剌古纳译//蒙古学资料与情
　　报. -1991, 3

18世纪喀尔喀的法律变迁/〔日〕萩原守著，乌朋译//蒙古学资料与情报.
　　-1991, 4

浅谈彝族奴隶社会的执法/骆正义//中央民族学院学报. -1991, 4

玉树藏族部落法规职能初探/多杰//青海民族学院学报（社科版）. -1991, 4

三十年代的循化回族婚丧村规/朱刚//青海民族学院学报（社科版）.
　　-1991, 4

《十六法》与十六世纪初期的藏族社会/诺布旺丹//民族研究. -1991, 6

从继嗣法则与祖先观念看卑南人祖宗制度的变迁/乔健//中央民族学院学报.
　　-1992, 1

论傣族古代法规和道德训条中的政治伦理思想/伍雄武//思想战线. -1992, 1

试论封建农奴制度下的西藏藏族婚姻制度/翟婉华//西北史地. -1992, 1

关于清代新疆伊斯兰教民法问题：契约文书探讨/陈国光//西域研究.

　　-1992，2

《蒙古秘史》中的某些法律条文/〔蒙〕达西策登//蒙古学资料与情报．
　　-1992，2

《理藩院则例》的编纂及版本/杨选第//古籍整理．-1992，2

《理藩院则例》性质初探/苏钦//民族研究．-1992，2

清王朝治理西藏的基本法律——《西藏通制》/史筠//民族研究．-1992，2

南诏国法律制度研究/张晓辉//比较法研究．-1992，2/3

青海藏族游牧部落社会习惯法的调查/陈玮//中国藏学．-1992，3

1995年青海藏族游牧部落社会习惯法的调查/陈玮//中国藏学．-1992，3

女真法律简述/陈安丽//满族研究．-1992，3

金秀瑶族民族法文化研究/廖明//广西民族研究．-1992，4

古代壮族法律文化初探/李洪欣//广西大学学报（社科版）．-1992，4

论清朝对蒙古立法的政策依据与基本原则/陈光国、徐晓光//青海民族学院学
　　报（社科版）．-1992，4

傣族早期法律初探/张晓辉//思想战线．-1992，5

"别尔克"一词考释/奇格//内蒙古社会科学（文史哲版）．-1992，6

历史上的藏传佛教与藏区法律/陈光国、徐晓光//攀登．-1992，6

侗族"约法款"对现实生活的影响/吴浩、邓敏文//贵州民族研究．-1993，1

浅谈藏族习惯法中"命价"的意义及其适用原则/华热·多杰//青海民族研
　　究．-1993，1

《藏内善后章程》二十九条的法律地位/张植荣//西藏研究．-1993，1

瑶族神判法述论/陈斌//东南文化．-1993，1；又载云南教育学院学报．
　　-1993，2

初民社会纷争调处的法则——黔东南苗族"佳"歌的法律分析/周勇//比较法
　　研究．-1993，2

关于契丹婚姻制度的商榷/席岫峰//历史研究．-1993，2

苗族的"氏族议会"——埋岩会/蒋远全//化石．-1993，2

藏文《水牛年文书》和《新订章程二十九条》探析/张国英//西藏研究．
　　-1993，3

从《卫拉特法典》追溯古代蒙古人的刑法思想/奥其乐巴特//西北史地．
　　-1993，4

论哈尼族的习惯法及其文化价值/张晓辉、卢保和//思想战线．-1993，4

近代西藏地方司法制度简述/牟军//现代法学．-1993，5

"苗例"考析/苏钦//民族研究. -1993，6

回族法文化研究概说/谢晖//宁夏社会科学. -1994，1

律例　番例/史丁//青海民族研究. -1994，1

回鹘文奴隶买卖与人口典押文书五种/李经纬//西北民族研究. -1994，2

西藏古代《十六法典》的内容及其特点/周润年//中国藏学. -1994，2

试论吐蕃的刑事法律制度/牟军//西南民族学院学报（哲社科版）. -1994，2

试述古代蒙古的法制及其主要特点/奇格//内蒙古社会科学（文史哲版）.
　　-1994，2

清朝对"蒙古例"、《理藩院则例》的制定与修订/徐晓光、陈光国//内蒙古
　　社会科学（文史哲版）. -1994，3

满族法律综述/魏福祥、杜尚侠//满族研究. -1994，3

从藏巴汗《十六法》看旧西藏的人权/何峰//中国藏学. -1994，4

云南独龙族原始习惯法初探/王学辉、高登荣//现代法学. -1994，4

纳西族先民法意识刍议/杨云鹏//思想战线. -1994，4

从中华法系的罚赎到藏区法制的赔命价的历史发展轨迹/陈光国、徐晓光//青
　　海社会科学. -1994，4

埋岩/李文彬、韦明山//中国民族教育. -1994，4

《圣训》中的法律问题概述/王银//西北第二民族学院学报（哲社科版）.
　　-1994，4

从石牌话看瑶族的原始法律意识/韦玖灵//广西大学学报（社科版）.
　　-1994，5

《阿勒坦汗法典》研究与思考/邢联舜//前沿. -1994，5

侗寨村落法初探/周勇//民族研究. -1994，6

云南南诏时期的刑法制度初探/聂秀娥//法学家. -1994，6

试谈融水苗族"埋岩"/贺明辉//中南民族学院学报（哲社科版）. -1994，6

论云南南诏（乌蛮、白蛮）时期法律制度对当世社会经济的调整/聂秀娥//云
　　南教育学院学报. -1994，10

浅论纳西先民的债权观/杨云鹏//思想战线. -1995，1

京族宗法制存在形态初探/杨一江//广西师范大学学报（哲社科版）.
　　-1995，2

试论广西瑶族石牌组织的宗法性/李庭华//广西师范大学学报（哲社科版）.
　　-1995，2

浅析滇南彝族历史上的习惯法/龙倮贵//云南社会科学. -1995，3

《卫拉特法典》中民法内容初探/包红颖//内蒙古社会科学（汉文版）.
　　-1995，3

关于匈奴法"拔刃尺者死"的确切含意问题——同林干教授商榷/阿尔丁夫//
　　蒙古学信息. -1995，3

蒙古族法制史概述/奇格//蒙古学信息. -1995，4

元代及其以前的蒙古法/奇格//内蒙古大学学报（哲社科版）. -1995，4

解放前川边藏区诉讼简述/杨武斌、饶斯丹//西南民族大学学报（人文社科
　　版）. -1995，5

浅议藏族先民时期的法律文化/刘婷婷、段建华//思想战线. -1995，5

明清之际蒙古地方政权法制概述/徐晓光//内蒙古大学学报（哲社科版）.
　　-1996，1

浅论苗族继承制度的宗法性质/钱宗范、李庭华//桂林市教育学院学报.
　　-1996，1

阿勒坦汉法典/苏鲁格译注//蒙古学信息（哲社科版）. -1996，1、2

清朝时代的蒙古法/奇格//内蒙古大学学报（哲社科版）. -1996，2

古代蒙古族法律与法医学/杨选第//内蒙古社会科学（汉文版）. -1996，2

羌族习惯法述论/龙大轩//现代法学. -1996，2

色达部落习惯法述略/益邛//中国藏学. -1996，2

关于藏族古代法的几个问题/华热·多杰//青海民族学院学报（社科版）.
　　-1996，2

从《德黑兰宣言》、《曼谷宣言》看西藏人权问题（上、下）/陈光国、徐晓
　　光//西北民族学院学报（哲社科版）. -1996，2、4

《卫拉特法典》中"别尔克"一词考释/奇格//前沿. -1996，3

论藏族传统的天断制度/何峰//西北民族学院学报（哲社科版）. -1996，4

略论清朝中央政府辖治西藏的法律：《钦定西藏章程》/赵音//中央政法管理
　　干部学院学报. -1997，1

民主改革前藏族婚姻制度/星全成//青海民族研究. -1997，1

桂西壮族妇女财产权益习惯法略述/韦小明//广西民族研究. -1997，1

瑶族习惯法与社会主义法制/杨林//广西民族研究. -1997，1

"埋岩"新说/杨林、莫翰//广西民族研究. -1997，2

论藏族僧尼的法律地位/何峰//青海民族学院学报（社科版）. -1997，2

撒拉族习惯法及其特征/马伟、马芙蓉//青海民族学院学报（社科版）.
　　-1997，2

论傣族历史上的地缘法律文化/耿明//云南法学．-1997，2

羌族习惯法的神文化特征/龙大轩//现代法学．-1997，2

藏族继承制度的内涵及特征试析/星全成//西藏研究．-1997，2

论西藏基层官吏的法律地位/何峰//西藏研究．-1997，3

论清朝对藏区法制的立法思想和立法原则/陈光国//青海社会科学．-1997，3

《番例》：清王朝对青海藏区的特殊法律/何峰//青海社会科学．-1997，3

浅析藏族部落旧制中的盗窃追偿规范/华热·多杰//青海民族研究．-1997，3

建国前黎族社会宗法制度存在形态浅析/何海龙//广西师范大学学报（哲社科版）．-1997，3

"依直"与近代广西苗族社会/白正骢//广西民族学院学报（哲社科版）．-1997，3

试论藏区部落习惯法中的刑法规范/陈光国//西北民族学院学报（哲社科版）．-1997，3

清代回疆的司法制度/王东平//中国边疆史地研究．-1997，4

融水苗族"埋岩"习俗谈/李干芬//广西民族研究．-1997，4

试论满族法制建设中的民族特色/何晓芳//满族研究．-1997，4

辽代契丹生活中"用筹决事"的习俗/任爱君//北方文物．-1997，4

试述古代蒙古的经济立法/奇格浩斯//内蒙古师大学报（社科版）．-1997，5

凉山彝族习惯法的现代价值/徐漫//西南民族学院学报（哲社科版）．-1997，5

钦定藏内善后章程二十九条的形成与版本问题/张云//民族研究．-1997，5

从侗族的约法款说起/潘克宁//中国民族．-1997，7

民主改革前藏族惩罚制度/星全成//青海民族研究．-1998，1

《理藩部则例》探析（上、下）/张荣铮//法治论丛（上海政法学院学报）．-1998，1、2

瑶族习惯法研究/玉时阶//中央民族大学学报．-1998，2

清代热河蒙旗的地契及其所反映的租佃关系/王玉海//清史研究．-1998，2

《卫拉特法典》体系的产生及其主要特点/奇格//西北史地．-1998，2

清代回疆地区法律典章的研究与注释/王东平//西北民族研究．-1998，2

论清代蒙古地区的民族立法/廖杨//社会科学辑刊．-1998，3

彝族尔比与习惯法/吉克·则伙·史伙//西南民族学院学报（哲社科版）．-1998，3

再论苗族习惯法的历史地位及其作用/李廷贵//贵州民族学院学报（哲社科

版）. -1998，3

"约孙"论：蒙古法渊源考之一/吴海航//中外法学. -1998，3

云南彝族水利山林习惯法及其功能/王明东、颜绍梅//思想战线. -1998，3

论清代法律中的回回问题/胡云生//回族研究. -1998，4

毛南族宗法制度试析/杨磊//思想战线. -1998，5

基诺族龙帕寨长房形态习惯法社会结构分析/宋笛//现代法学. -1998，5

古代蒙古家庭法/留金锁、奇格//内蒙古社会科学（汉文版）. -1998，5

从《理藩院则例》与《卫拉特法典》的比较看其民族法规的继承性/杨选
　　第//内蒙古社会科学（汉文版）. -1998，6

略论元、明、清时期的傣族法律/方慧、田瑞华//云南社会科学. -1998，6

谈清代"金奔巴瓶"掣签制度/孙镇平//政法论坛. -1998，6

历史上的羌族习惯法与国家制定法/龙大轩//现代法学. -1998，6

羌族民约的习惯法特征/龙大轩//西南政法大学学报. -1999，1

《贤者喜宴》所载松赞干布时代法律条文中佛教内容考辨/石硕//康定民族师
　　范高等专科学校学报. -1999，1

试论藏区部落习惯法中的"命价"/才仁东智、更太加//青海民族师专学报.
　　-1999，1

新疆穆斯林传统的家产世系传递制度/李晓霞//新疆社会科学. -1999，1

试论瑶族的石牌制度与习惯法/张冠梓//思想战线. -1999，1

凉山彝族习惯法对伤害五官的处罚及其特点/蔡富莲//民族艺术. -1999，1

清代回疆经济政策与法规研究/王东平//中国边疆史地研究. -1999，1

试析乾隆朝关涉回族的特别法令/李丕祺//回族研究. -1999，2

伊斯兰法对青海穆斯林社会的影响/华热·多杰//青海民族研究. -1999，2

雍、乾时期处理回族事务的法律原则/李丕祺//中南民族学院学报（哲社科
　　版）. -1999，3；又载河北法学. -1999，5

清朝对蒙古地区的立法原则探微/吴振平、海棠//内蒙古大学学报（哲社科
　　版）. -1999，3

论中国苗族习惯法及其现代转型/许家庆、陈国生//重庆师专学报. -1999，3

清代回疆法律文化刍论/王东平//民族研究. -1999，3

藏族习惯法在部分地区回潮的原因分析/文格//青海民族研究. -1999，3

略论清代内蒙古的厅/乌云格//清史研究. -1999，3

习惯法与羌族习惯法/俞荣根//中外法学. -1999，5

成吉思汗《大札撒》探析/吴海航//法学研究. -1999，5

关于"赔命价""赔血价"问题的法律思考和立法建议/徐澄清//人大研究.
　　-1999，8

清初回疆的廉政制度/齐钧//《法律史论集》第2卷，法律出版社.-1999

西双版纳傣族封疆社会民刑法规试析/徐晓光//《法律史论集》第2卷，法律
　　出版社.-1999

苗族习惯法的传承与社会功能/吴大华、徐晓光//贵州民族学院学报（哲社科
　　版）.-2000，1

侗族习惯法的文本及其内容、语言特点/石开忠//贵州民族学院学报（哲社科
　　版）.-2000，1

回族习惯法探究/刘淑媛//回族研究.-2000，1

《大清律例》回族法律条文研究/王东平//回族研究.-2000，2

从《理藩院则例》析清朝对蒙古地区立法特点/杨选第//内蒙古社会科学（汉
　　文版）.-2000，2

契丹族刑讯制度略述/白光//北方文物.-2000，2

论吐蕃法律文化的特色/徐晓光、路宝均//重庆教育学院学报.-2000，2

贵州苗族习惯法的历史、现状及发展/沈堂江//贵州民族学院学报（哲社科
　　版）.-2000，S2

贵州彝族习惯法概略/邹渊//贵州民族学院学报（哲社科版）.-2000，S2

从《卫拉特法典》看17世纪蒙古族婚姻家庭制度/特木尔宝力道//内蒙古师
　　大学报（哲社科版）.-2000，3

闽西客家祖地法制历史初探/张开源//闽西职业大学学报.-2000，3

13世纪蒙古法文化形成的哲学基础/吴海航//北京师范大学学报（人文社科
　　版）.-2000，3

论清朝对蒙古地区的立法/杨选第//内蒙古社会科学（汉文版）.-2000，5

近年来蒙古民族地方法制史研究述评/牛文军//内蒙古大学学报（人文社科
　　版）.-2000，5

论古代蒙古习惯法对元朝法律的影响/柴荣//内蒙古大学学报（人文社科版）.
　　-2000，6

羌族习惯法文化的民族个性及其儒家化倾向/龙大轩//《浙江大学法律评论》，
　　浙江大学出版社.-2000；又载《百年回眸：法律史研究在中国》第2
　　卷，中国人民大学出版社.-2009

苗族习惯法的传承与社会功能/吴大华//《中国传统法律文化与现代法治》
　　（《法律史论丛》第7辑），重庆出版社.-2000

论羌族民约的特点/龙大轩//《中国传统法律文化与现代法治》（《法律史论丛》第 7 辑），重庆出版社．-2000

《夜郎君法规》——一部贵州彝族古代地方政权习惯法/邹渊//《中国传统法律文化与现代法治》（《法律史论丛》第 7 辑），重庆出版社．-2000

《清朝法制史》回族法辨误/尚衍斌、王东平//回族研究．-2001，1

契丹习惯法研究/张志勇//徐州师范大学学报（哲社科版）．-2001，1

伊斯兰教法对回族道德观和习惯法的影响/马志俊//宁夏大学学报（人文社科版）．-2001，1

回疆法文化与大清法文化的冲突整合/李丕祺//西藏大学学报（汉文版）．-2001，2

清代回疆的法律适用/袁自永//喀什师范学院学报（社科版）．-2001，3

湘西苗族习惯法研究/石伶亚//贵州公安干部学院学报．-2001，3

试论清代蒙古地区的司法制度/杨选第//内蒙古社会科学（汉文版）．-2001，4

传统法文化的断裂与现代法治的缺失——少数民族农村法治秩序建构路径选择的社区个案研究/王启梁//思想战线．-2001，5

法治在民间的困惑——对羌族习惯法的考察/龙大轩//现代法学．-2001，5

民国治藏法律研究简述/刘琳琳、王立艳//中央政法管理干部学院．-2001，5；又载《继承与创新——中国法律史学的世纪回顾与展望》（《法律史论丛》第 8 辑），法律出版社．-2001

鲜卑族与中国封建法制建设/王霄燕//民族研究．-2001，6

论原始宗教与羌族习惯法/龙大轩//西南政法大学学报．-2001，6

20 世纪初一项协调民族关系的法制变革/齐钧//《继承与创新——中国法律史学的世纪回顾与展望》（《法律史论丛》第 8 辑），法律出版社．-2001

清朝政府对苗族立法与苗疆习惯法的准用/徐晓光//《贵州法学论坛》第 2 辑，贵州人民出版社．-2001

我国西部少数民族环境习惯法文化与西部环境资源保护/康耀坤//兰州学刊．-2002，1

从《清实录》看乾隆时期对回民案件的处断/李丕祺//西北民族学院学报（哲社科版）．-2002，1

论蒙古族习惯法的几个问题/特木尔宝力道//内蒙古大学学报（哲社科版）．-2002，1

女真民族习惯法考述/芮素平//中国社会科学院研究生院学报．-2002，S1

苗族婚姻习惯法追踪/郭澵//江西公安专科学校学报. -2002，2

明清时期汉文译著与回族穆斯林宗教法律文化的传布/王东平//世界宗教研
　　究. -2002，2；又载回族研究. -2002，3

壮族习惯法初探/李洪欣、陈新建//广西文史. -2002，2

西部大开发过程中蒙古族传统习惯法的扬弃/柴荣//前沿. -2002，2

三川土族的习惯法规范及法文化/白廷举//中国土族. -2002，2

贵州苗族习惯法的历史、现状及发展/沈堂江//贵州民族学院学报（哲社科
　　版）. -2002，2

民主改革前藏族部落刑律的特点/华热·多杰//青海民族学院学报. -2002，2

土族习惯法探析/白廷举//青海民族学院学报. -2002，3

明清时期回族哈乃斐教法的本土化/哈宝玉//西北民族研究. -2002，3

论大清律例中的伊斯兰教和穆斯林/〔美〕乔纳森·李普曼著，王建平译//回
　　族研究. -2002，3

清政府对苗疆的法律调整及其历史意义/徐晓光//清史研究. -2002，3

傣族刑事法律初探/李忠华、李朝开//学术探索. -2002，4

元代回回人的宗教制度与伊斯兰教法/王东平//回族研究. -2002，4

东乡族宗法文化论/廖杨//民族研究. -2002，4

西双版纳傣族封建法律探析/李忠华//云南民族学院学报（哲社科版）.
　　-2002，4

阿昌族习惯法的传承与社会功能/于维敏、文小勇//中南民族学院学报（人文
　　社科版）. -2002，5

壮族习惯法的法理学思考/李洪欣、陈新建//广西大学学报. -2002，6

羌族法文化渊源考：兼论中华法系的早期雏形/龙大轩//思想战线. -2002，6

"乌兰道沫"：青海果洛藏族地区的一种特殊破产形式//桑杰侃卓//攀登.
　　-2002，6

法人类学的体验：云南省怒江大峡谷傈僳族习惯法文化简析/王学辉//西南民
　　族学院学报（哲社科版）. -2002，7

清末广西壮族"习惯法"探议/黄明光//社科与经济信息. -2002，11

民国时期西藏法制综评/孙镇平//北京建筑工程学院学报. -2002，增刊

侗族习惯法与苗族习惯法的比较/焦正俊//《民族法学评论》第2卷，团结出
　　版社. -2002

论羌族习惯法文化的儒家化/龙大轩//《民族法学评论》第2卷，团结出版
　　社. -2002

苗族习惯法的文化诠释——从黔东南西江苗族社会组织自然领袖的权力问题
　　入手/文新宇//《民族法学评论》第2卷，团结出版社．-2002

民初一项体现孙中山民族平等思想的法制变革——《蒙古待遇条例》制定及
　　其实施/齐钧//《法律史论集》第4卷，法律出版社．-2002

婚俗的阐释性分析——一个回族村的法人类学观察/马平//贵州民族学院学报
　　（哲社科版）．-2003，1

清末民初我国蒙藏法制建设的得与失/徐晓光//内蒙古民族大学学报．
　　-2003，1

吐蕃统治敦煌的户籍制度初探/金滢坤//中国经济史研究．-2003，1

藏族历史上的土地所有权制度研究/华热·多杰//昆仑法学论丛．-2003，1

"赔命价"考析/孔玲//贵州民族研究．-2003，1

清代青海藏区的主要法律文本、产生年代、特点及历史影响/旺希卓玛//青海
　　民族研究（社科版）．-2003，1

回族伊斯兰习惯法的功能/杨经德//回族研究．-2003，2

果洛旧制中的部落法规/格明多杰//民间法．-2003，2

滇国法制初探/方慧//思想战线．-2003，2

清末民国蒙藏地区法制建设的得与失/徐晓光//内蒙古民族大学学报（社科
　　版）．-2003，2

浅议古代蒙古有关婚姻家庭关系的立法/王玉海、刘涛//内蒙古大学学报（哲
　　社科版）．-2003，3

佉卢文契约文书之特征/刘文锁//西域研究．-2003，3

清朝时期达斡尔地区法制的变迁/苏钦//法学杂志．-2003，3

小乘佛教对西双版纳傣族封建法律制度的影响/李忠华//云南社会科学．
　　-2003，3

试论壮族传统习惯法的社会功能/陈新建、李洪欣//桂海论丛．-2003，3

秦、西汉时期匈奴单于位继承制度考辨/武沐、王希隆//民族研究．-2003，3

浅谈藏区环保习惯法/华热·多杰//青海民族研究．-2003，3

部落习惯法对青海藏区社会生活的影响及对策分析/唐萍//青海民族学院学
　　报．-2003，4

试论甘孜彝族习惯法的特点与功能/苏静//康定民族师范高等专科学校学报．
　　-2003，4

花腰傣习惯法初论/杨世华//学术探索．-2003，4

回鹘文契约上的倒写文字/刘戈//民族研究．-2003，5

松赞干布时期藏族基本法律制度初探/陈永胜//民族研究．-2003，6

论传统客家村落的纷争处理程序——闽西武北村落的田野调查研究/刘大可//
　　民族研究．-2003，6

清代黔东南新辟苗疆六厅地区的法律控制/周相卿//法学研究．-2003，6

伊斯兰法中国本土化与回族伊斯兰习惯法的形成/杨经德//思想战线．
　　-2003，6

论古代蒙古罚畜刑/何金山、关其戈//内蒙古社会科学（汉文版）．-2003，6

彝族民间司法官"德古"刍议/杨玲、袁春兰//西南政法大学学报．-2003，6

彝族妇女在婚姻习惯法里的法律地位——兼与清代婚姻法比较/张晓蓓//西南
　　民族学院学报（哲社科版）．-2003，6

吐鲁番回鹘文买卖契约分析/霍存福、王宏庆//当代法学．-2004，1

训诫与惩罚：论傣族习惯法对非婚性关系的社会控制/朱和双//贵州民族研
　　究．-2004，1

从"田旻如案"看清初民族地区法律实施的变通/陈宁英//中南民族大学学报
　　（人文社科版）．-2004，1

关于藏区民间法文化现象的透析/华热·多杰//青海民族学院学报（社科版）．
　　-2004，1

藏族部落习惯法传承方式述略/杨士宏//青海民族学院学报（社科版）．
　　-2004，1

民国时期国民党政府的民族政策及内蒙古的民族问题/李玉伟//中央民族大学
　　学报．-2004，1

苗族婚姻习俗的法律考察/文新宇//贵州民族学院学报（哲社科版）．
　　-2004，1

"开除村籍"所体现的实用理性——金平县哈尼族习惯法的法律人类学思考/
　　欧剑菲//贵州民族学院学报（哲社科版）．-2004，1

果洛藏族部落习惯法浅议/李明香//西北民族大学学报（哲社科版）．
　　-2004，1

藏传佛教对藏族民间习惯法的影响/索南才让//西北民族大学学报（哲社科
　　版）．-2004，2

试析拉祜族的原始宗教与习惯法的互动/彭立春//昆明师范高等专科学校学
　　报．-2004，2

略论清政府辖制新疆的法律——《钦定回疆则例》/白京兰//新疆大学学报
　　（哲学人文社科版）．-2004，2

关于藏族古代法律及法律文化的若干思考——借鉴梅因《古代法》进行的研究/彭宇文//法学评论. -2004，2

历史上藏族社会的经济法律论纲/李占荣//社会科学战线. -2004，2

清代黔东南文斗苗族林业契约补论/罗洪祥、赵大华、吴云//民族研究. -2004，2

《蛮夷律》考略——从一桩疑案说起/曾代伟、王平原//民族研究. -2004，3

中央王朝的开拓与少数民族地方政权承袭制度的演变——对明代贵州水西彝族宗法制的再思考/温春来//贵州民族研究. -2004，3

浅析苗族习惯法/田应梅//贵州民族研究. -2004，3

用现行法解决"赔命价"问题的几点思考/华热·多杰//青海民族研究. -2004，3

元代回回法与汉法的冲突与调适/马娟//回族研究. -2004，3

羌族继承习惯法试析/李鸣//政法论坛. -2004，3

略论藏传佛教对蒙古《卫拉特法典》的渗透与影响——兼谈蒙古草原固有法对我国当代民族法制的几点启迪/黄华均、刘玉屏//中央民族大学学报. -2004，3

上古苗族国家与法的雏形探微/徐晓光、韦宗林//吉首大学学报（社科版）. -2004，3

凉山彝族奴隶的法律地位——兼与清代奴婢比较/张晓蓓//西南民族大学学报（人文社科版）. -2004，3

唃厮啰政权的"立文法"与宋朝藏汉关系立法/徐晓光//西藏民族学院学报（哲社科版）. -2004，4

清代回疆立法——《钦定回疆则例》探析/白京兰//中南民族大学学报（人文社科版）. -2004，4

民族习惯法回潮的困境及其出路：以青海藏区"赔命价"为例/杨方泉//中山大学学报（哲社科版）. -2004，4

《十三法典》反人权本质初探/孙镇平//黑龙江省政法管理干部学院学报. -2004，4

五世达赖喇嘛《十三法典》探析/何峰//政治学研究. -2004，4

羌族婚姻习惯法的历史考察/李鸣//比较法研究. -2004，4

对藏族部落习惯法中妇女地位及财产继承权问题的探讨/牛绿花//西北民族大学学报（哲社科版）. -2004，6

匈奴司法制度与刑法考述/武沐、王希隆//中南民族大学学报（人文社科版）.

-2004，6

吐鲁番回鹘文借贷契约研究/霍存福、章燕//吉林大学社会科学学报. -2004，6

西藏"赔命金"制度浅谈/孙镇平//政法论坛. -2004，6

清代民族法中"苗例"之考释/胡兴东//思想战线. -2004，6

广西壮族习惯法探究/覃主元//桂海论丛. -2004，6

侗族习惯法初探/何其鑫、杨音南//江西社会科学. -2004，11

古代法·部落法·习惯法——对藏区民间法现象的透析/多杰//《民间法》第3卷，山东人民出版社. -2004

关于土家族习惯法的社会调查与初步分析/蓝寿荣//《民间法》第3卷，山东人民出版社. -2004

少数民族习惯法的意蕴：理论与个案的透视——以彝区解纷为例/张明泽、严文强//《民间法》第3卷，山东人民出版社. -2004

苗族传统习惯法文化的批判与继承/徐晓光//《贵州世居民族研究》第1卷，贵州民族出版社. -2004

略论元、明、清时期的傣族法律/方慧、赵元信//《法史思辨：2002年中国法史年会论文集》，法律出版社. -2004

错案中的历史——蛮夷律初考/王平原//《法史思辨：2002年中国法史年会论文集》，法律出版社. -2004

清代黔东南锦屏苗族林业契约的纠纷解决机制/罗洪洋//民族研究. -2005，1

《夜郎君法规》时代辩析/侯绍庄、钟莉//贵州民族研究. -2005，1

从苗族"罚3个100"等看习惯法在村寨社会的功能/徐晓光//贵州民族研究. -2005，1；又载山东大学学报（哲社科版）. -2005，3

壮族乡约制度功能研究：以龙脊十三寨为例/符广华//广西民族研究. -2005，1

宗教法文化中的神学法治理念——兼及伊斯兰教法中国本土化对当代回族穆斯林法治理念建构之影响/马宗正//西北民族研究. -2005，1

从古代蒙古法中蠡测游牧民族对生态的保护——兼谈统筹人与自然的和谐发展/黄华均、刘玉屏//黑龙江民族丛刊. -2005，1

格头村苗族原始宗教信仰与习惯法关系研究/周相卿//西南政法大学学报. -2005，1

《喀尔喀法规》制定原因及实施范围初探/达力扎布//中央民族大学学报（哲社科版）. -2005，1

浅谈五世达赖喇嘛时期的《十三法典》/隆英强//西北民族大学学报（哲社科版）. -2005，1

试论甘南藏区的法制环境/刘艺工//贵州民族学院学报（哲社科版）. -2005，1

关于土族习惯法及其变迁的调查与分析——以互助县大庄村为例/鄂崇荣//青海民族学院学报. -2005，1

论清代对蒙古族的立法/杨强//辽宁警专学报. -2005，2

论清代对蒙古立法的指导思想和原则/杨强//沈阳工程学院学报（社科版）. -2005，2

西藏传统法律文化对现代社会的影响/卫绒娥//西藏大学学报（汉文版）. -2005，2

民族传统文化与现代法律文化冲突下的民族地区未成年人犯罪——以贵州省松桃苗族自治县为例/邓建民//四川理工学院学报（社科版）. -2005，2

羌族诉讼习惯法的历史考察/龙大轩//山东大学学报（哲社科版）. -2005，2

傣族封建领主制刑罚种类浅析/刀伟//涪陵师范学院学报. -2005，3

蒙古统治西域时期的宗教政策/李进新//新疆师范大学学报（哲社科版）. -2005，3

清朝回族立法政策初探/钱鹏//西北民族大学学报（哲社科版）. -2005，3

西藏民族区域自治的法律地位及其地方立法研究/宋月红//中国藏学. -2005，3

《回疆则例》研究/王欣//中国边疆史地研究. -2005，3

黔东南雷山县三村苗族习惯法研究/周相卿//民族研究. -2005，3

婚姻法对结婚的限制与少数民族习惯法的冲突和法律思考——以贵州苗族为视点/张红、周相卿//贵州民族研究. -2005，3

壮族习惯法及其特征与功能/覃主元//贵州民族研究. -2005，3

土家族习惯法文化探析/沈永胜//贵州民族研究. -2005，4

瑶族习惯法及其文化价值初探/王施力//民族论坛. -2005，4

彝族祖先崇拜与习惯法/程雅群、景志明//宗教学研究. -2005，4

广西壮族习惯法的法理学分析/覃主元//广西地方志. -2005，4

乡土社会中的传统与现代：藏区民间宗教、文化习俗背景下的生态法/张继宗//青海社会科学. -2005，4

试析藏族传统法律制度的特点/赵君//西藏大学学报（汉文版）. -2005，4

回族习俗中的法理学思想探微/马宇峰//西北第二民族学院学报（哲社科版）.

　　－2005，4

嘉绒藏区习惯法中的司法制度/杨华双//西南民族大学学报（人文社科版）.
　　－2005，4

藏族环境习惯法文化与环境保护/郭武、高伟//甘肃政法学院学报．－2005，5

经济因素对雷山地区苗族习惯法文化的影响/周相卿//贵州民族学院学报（哲
　　社科版）．－2005，5

《蒙古—卫拉特法典》与蒙古族传统的财产分配习俗/策·巴图//新疆大学学
　　报（哲学人文社科版）．－2005，6

新中国成立前壮族刑事习惯法的辩证思考/李洪欣、陈新建//桂海论丛.
　　－2005，6

从判例看嘉道时期蒙古西部的民族交流/刘正刚//宁夏社会科学．－2005，6

苗族传统法资源的保护及习惯法规范的合理吸收与利用/徐晓光等//《民族文
　　化保护与旅游开发》，贵州科技出版社．－2005

嘉绒藏区刑事习惯法分析/杨华双//甘肃政法学院学报．－2006，1

彝族习惯法之效力渊源考/张明泽//甘肃政法学院学报．－2006，1

明代草原法的文化解读——以《蒙古—卫拉特法典》为主要法据/黄华钧//西
　　北师大学报（社科版）．－2006，1

清末民国时期基督教传入对西南信教少数民族法律文化的影响/方慧、胡兴
　　东//世界宗教研究．－2006，1

吐蕃统治河陇时期司法制度初探/陆离//中国藏学．－2006，1

口承法律文化下的一种“立法”形式——桂黔边界苗族地区作为“判例法”
　　的埋岩/徐晓光//苗学研究．－2006，1

论藏族早期的法律文化/甘措//青海民族研究．－2006，1

试论回族习惯法形成与发展的时代特征/马宗正//回族研究．－2006，2

歌唱与纠纷的解决——黔东南苗族口承习惯法中的诉讼与裁定/徐晓光//贵州
　　民族研究．－2006，2

人与自然和谐的法则——探析蒙古族古代草原生态保护法/金山//中央民族大
　　学学报（哲社科版）．－2006，2

论清朝对蒙古族立法的继承性/杨强//西北第二民族学院学报（哲社科版）.
　　－2006，2

藏族农牧民厌诉的经济分析——基于对甘肃省舟曲县拱坝乡先锋村的调查/牛
　　绿花//西北第二民族学院学报（哲社科版）．－2006，2

撒拉族习惯法规范的当代运动/王佐龙//青海民族学院学报．－2006，3

黔东南雷山地区国家法与苗族习惯法关系研究/周相卿//贵州民族学院学报
（哲社科版）. -2006, 3

彝族婚姻家庭习惯法特征/张晓蓓//贵州民族学院学报（哲社科版）.
-2006, 3

瑶族习惯法特点初探/高其才//比较法研究. -2006, 3

侗族习惯法存在原因探微/何其鑫、杨音南//船山学刊. -2006, 3

侗族"款约"习惯法浅论/廖君湘//船山学刊. -2006, 4

水族习惯法及其变迁：以贵州省三都水族自治县塘党寨为例/文永辉//民族研
究. -2006, 4

关于《钦定回疆则例》研究的几个问题/白京兰//贵州民族研究. -2006, 4

浅论清代蒙古族的继承法律/杨强、刘传刚//辽宁经济职业技术学院辽宁经济
管理干部学院学报. -2006, 4

普米族民间纠纷解决机制探微/贺玲//甘肃政法成人教育学院学报. -2006, 4

少数民族习惯法在森林环境保护中的作用——以贵州苗族侗族风俗习惯为例/
余贵忠//贵州大学学报（社科版）. -2006, 5

浅析壮族习惯法/张万友//绥化学院学报. -2006, 5

台江县反排村当代苗族习惯法民族志/周相卿//甘肃政法学院学报. -2006, 6

无文字状态下的一种"立法"活动：黔桂边界苗族地区作为"先例"的埋
岩/徐晓光//山东大学学报（哲社科版）. -2006, 6

贵州苗族水火利用与灾害预防习惯规范调查研究/徐晓光//广西民族大学学报
（哲社科版）. -2006, 6

瑶族石牌制及其在南方民族习惯法中的地位/莫金山、潘远益//广西民族大学
学报（哲社科版）. -2006, 6

瑶族民间组织及民间法的现实影响——黔桂瑶族侗族习惯法系列调研之七/周
世中//湖南大学学报（社科版）. -2006, 6

金秀瑶族自治县金秀镇六段村石牌调查——黔桂瑶族侗族习惯法系列调研之
二/周世中、刘琳//经济与社会发展. -2006, 9

略论侗族款约的当代价值——黔桂瑶族侗族习惯法系列调研之五/杨和能、周
世中//广西社会科学. -2006, 10

关于蒙古封建法律文献/С. Д. 迪雷科夫著，李秀梅译//兰州学刊.
-2006, 10

彝族法文化的传承/张居盛、曲木伍各//西南民族大学学报（人文社科版）.
-2006, 11

中国民族. -2007, 3

试析松赞干布时期的法律/次仁潘多//西藏大学学报（汉文版）. -2007, 3

探析《格萨尔王传》中反映的军事法律/南杰·隆英强//西藏民族学院学报
（哲社科版）. -2007, 4

试论当前凉山彝族习惯法存在的原因及意义/王明雯//西昌学院学报.
-2007, 4

论回族习惯法的现实意义及与国家制定法的关系/姜歆//宁夏师范学院学报.
-2007, 4

习惯法与拉祜族习惯法论/屈野//云南大学学报（法学版）. -2007, 4

瑶族刑事处罚习惯法初探/高其才//山东大学学报（哲社科版）. -2007, 4

彝族习惯法在现代社会中的作用/李永勤//楚雄师范学院学报. -2007, 4

立法视角下的西藏人权保障历程/韩小兵//中国藏学. -2007, 4

浅析侗族习惯法的特点/何其鑫//民族论坛. -2007, 4

客家谱牒中族规家训的法人类学思考/曾晓林//江西社会科学. -2007, 4

论元明清时期国家刑法在云南少数民族地区的适用/方慧、韩敏霞//思想战
线. -2007, 4

南诏国的习惯法与社会控制研究/罗家云//思想战线. -2007, 5

黔桂侗族习惯法的变迁——以"款约法"为例/周世中、郭福良//北方法学.
-2007, 5

瑶族新石牌及其在构建和谐社会中调整功能探析——黔桂瑶族侗族习惯法系
列调研之八/周世中、全莉萍//山东大学学报（哲社科版）. -2007, 5

鲜卑习惯法与北魏法制的二元特色/邹敏//安徽大学学报（哲社科版）.
-2007, 5

大理国时期的彝族习惯法/罗家云//云南大学学报（法学版）. -2007, 5

试析彝族习惯法在民族法治建设中的作用/宋经同、王明雯//康定民族师范高
等专科学校学报. -2007, 5

黔东南苗族村寨"田边地角"的土地纠纷及其解决途径/徐晓光//西南民族大
学学报（人文社科版）. -2007, 6

从传统到现代——转型期壮族习惯法变迁的人类学考察/张元稳//绥化学院学
报. -2007, 6

锦屏契约、文书研究中的几个问题/徐晓光//民族研究. -2007, 6

论西南少数民族习惯规范中的债/张晓蓓、杨玲、曾青//贵州民族研究.
-2007, 6

法律视域中的苏鲁克制度/戴双喜、包英华//内蒙古社会科学（汉文版）.
　　-2007, 6

布依族的婚俗特点和性禁忌的法价值/陶钟灵、韦兴儒//云南社会科学.
　　-2007, 6

国家刑事制定法对少数民族刑事习惯法的渗透与整合——以藏族"赔命价"
　　习惯法为视角/苏永生//法学研究. -2007, 6

少数民族地区法律运行——从凤凰县到腊尔山镇、岩坎村寨的调研/秦士君//
　　研究生法学. -2007, 6

苗族社会民族习惯法理念研究/滕建杰、洪细根//怀化学院学报. -2007, 7

新农村建设中凉山彝族地区的法治问题探讨——以凉山彝族习惯法和国家法
　　的关系为视角/王明雯//西南民族大学学报（人文社科版）. -2007, 8

转型期壮族习惯法变迁的人类学考察/张元稳//传承. -2007, 8

《成吉思汗法典》：传奇与启迪/王冬梅//检察日报. -2007, 9. 15

《成吉思汗法典》：800 年前大草原上的古老法典/依日贵//中国人大. -2007,
　　19

清朝"改土归流"前后广西壮族土司司法程序探析/覃奕//《崇法集：华东政
　　法大学优秀硕士学位论文选》，中国检察出版社. -2007

瑶族调解和审理习惯法初探/高其才//《中华法系国际学术研讨会文集》，中国
　　政法大学出版社. -2007

对凉山彝族习惯法的初步研究/刘广安//《中国法律文化论集》，中国政法大学
　　出版社. -2007

一份有关青海海西蒙古族民商事习惯规则的调查报告——兼评 1640 年蒙古族
　　的《卫拉特法典》/王立明//《昆仑法学论丛》第 4 卷，北京大学出版
　　社. -2007

试论土族分家习惯的变迁——兼谈土族分家习惯对土族聚居地区立法和司法
　　的借鉴意义/黄慧//《昆仑法学论丛》第 4 卷，北京大学出版社. -2007

浅谈土族婚嫁丧俗的习惯法/古海花//《昆仑法学论丛》第 4 卷，北京大学出
　　版社. -2007

台江五寨与原始宗教相关的苗族习惯法规范/周相卿//贵州民族研究.
　　-2008, 1

试述清朝对青海蒙藏民族地方的立法/那仁朝格图//内蒙古社会科学（汉文
　　版）. -2008, 1

匈奴刑法新解：兼论秦汉时期匈奴法律的立法目的与特点/于凌、李焕青、刘

举//黑龙江民族丛刊. -2008, 1

明清时期西南少数民族地区证据制度研究/佴澎、刘亚虹//学术探索.
　　-2008, 1

景颇族传统山官制度下民事纠纷的解决机制/胡兴东//云南民族大学学报.
　　-2008, 1

在博弈中走向和谐——清代云南藏族纠纷解决机制研究/佴澎//云南农业大学
　　学报（社科版）. -2008, 1

瑶族法律文化研究：以广西金秀瑶族为例/林孝文//甘肃政法学院学报.
　　-2008, 1

藏族习惯法中的赔命价刍议/曹万顺//辽宁警专学报. -2008, 1

甘孜州藏族习惯法的特征与功能分析/丁国艳、刘中正//内江师范学院学报.
　　-2008, S1

蒙古族习惯法的法理学分析/额尔登//西北民族大学学报（哲社科版）.
　　-2008, 2

试论蒙古族习惯法对元朝法制的影响/邹敏//西北民族大学学报（哲社科版）.
　　-2008, 2

拉祜族习惯法历史源流探索/屈野//云南民族大学学报（哲社科版）.
　　-2008, 2

藏族习惯法如何适应社会主义法制建设的思考——从藏族习惯法中的"赔命
　　价、赔血价"谈起/南杰·隆英强、孟繁智//西藏民族学院学报（哲社科
　　版）. -2008, 2

吐蕃法律综述/黎同柏//西藏民族学院学报（哲社科版）. -2008, 2

西藏刑罚制度的变迁与刑罚理念现代化/王亚妮//西藏民族学院学报（哲社科
　　版）. -2008, 2

苗族习惯法的遗留、演变/文新宇//贵州民族学院学报（哲社科版）.
　　-2008, 2

后金习惯法中的野蛮与文明：以《满文老档》中天命六年的案例与谕令为基
　　础/武航宇//沈阳师范大学学报（社科版）. -2008, 2

浅析哈萨克族习惯法的变迁/加孜拉·热哈得力//伊犁师范学院学报（社科
　　版）. -2008, 2

"涉牛"案件引发的纠纷及其解决途径——以黔东南雷山县两个乡镇为调查对
　　象/徐晓光、杨戴云//山东大学学报（哲社科版）. -2008, 2

清代黔东南锦屏林业开发中国家法与民族习惯法的互动/徐晓光//贵州社会科

学．－2008，2

元明清时期西南边疆基层民族地区法秩序的动态结构/马雁//思想战线．
　－2008，2

和谐社会视野中藏族习惯法的转型论析/吕志祥、开方//法制与社会．
　－2008，2

彝族刑事习惯法探微/杨玲//求索．－2008，2

凉山彝族习惯法——婚姻的缔结/柏玲玲//天府新论．－2008，S2

论后金绥服漠南蒙古的法律措施/王祖书//辽宁师范大学学报（社科版）．
　－2008，3

凉山彝族继承习惯法研究/曾青、张晓蓓//西南民族大学学报（人文社科版）．
　－2008，3

藏族部落习惯法中的财产继承权问题探析/彭毛卓玛、更太嘉//西藏民族学院
　学报（哲社科版）．－2008，3

拉祜族传统婚姻家庭习惯法的变迁及其功能/付金锋//红河学院学报．
　－2008，3

侗族习惯法对女性发展影响探析——黔桂侗族瑶族习惯法系列研究成果之九/
　杨和能、周世中//湖北民族学院学报（哲社科版）．－2008，3

论清代对蒙古族"因俗而治"的立法原则及其意义/杨强//青海民族学院学报
　（社科版）．－2008，3

1789—1790年鄂辉等西藏事宜章程/邓锐龄//中国藏学．－2008，3

藏族"赔命价"与国家法的漏洞补充问题/淡乐蓉//中国藏学．－2008，3

云南傣族封建法律文明源于外来宗教的影响/吴之清//宗教学研究．－2008，3

论藏族民间环保习惯法之思想渊源/甘措//青海民族研究．－2008，3

清代大理白族纠纷的解决规范/侔澎//清史研究．－2008，3

芭茅草与草标：苗族口承习惯法中的文化符号/徐晓光//贵州民族研究．
　－2008，3

20世纪50年代《婚姻法》的倡导与广西瑶族婚姻变革/陈礼军、邓树生//党
　史文苑．－2008，3

论贵州苗族环境习惯法/刘雁翎//贵州民族研究．－2008，4

从蒙古法看清代法律多元性/〔法〕康斯坦//清史研究．－2008，4

试谈四川德格成文法与藏传佛教及西藏地方传统成文法之间的渊源关系/索南
　才让//西藏研究．－2008，4

论凉山彝族习惯法在当代的变迁及命运/李剑//云南大学学报（法学版）．

-2008，4

黎族习惯法在森林环境保护中的作用/陈文辉//琼州学院学报．-2008，4

边疆民族村寨社会秩序与国家法关系解读——来自滇东南的两个民族村寨个案研究/浦加旗//云南大学学报（法学版）．-2008，4

石牌律——瑶族习惯法探析/刘坚//传承．-2008，4

凉山彝族民事习惯法与国家法的断裂及成因分析/王明雯//法制与社会．-2008，4

略论元明时期云南白族地区所有权的变化/方慧//云南大学学报（法学版）．-2008，5

回族婚姻习惯法与国家婚姻法的冲突与调试/王银梅//宁夏社会科学．-2008，5

西部民族地区农村国家法与苗族习惯法冲突解决机制透视/黄彬、胡勇//安徽农业科学．-2008，5

多元化时期回族习惯法的价值功能与发挥/王银梅//西部法学评论．-2008，5

清代对西藏地方行政管理的法律成果考察/焦利//国家行政学院学报．-2008，5

古代蒙古族法制思维方式研究/王福革//内蒙古民族大学学报（社科版）．-2008，5；又载黑龙江民族丛刊．-2008，5

傣族村寨民俗中的习惯与习惯法：民族志两则/张晓辉//云南大学学报（法学版）．-2008，5

回族继承习惯法与国家继承法的冲突与调适/王银美//宁夏党校学报．-2008，5

民族习惯法的新特点：以金秀瑶族新石牌为例/黄小筝//广西民族大学学报（哲社科版）．-2008，6

彝族习惯法文化与主流法文化的冲突与整合/柳剑//湖南公安高等专科学校学报．-2008，6

《蒙古—卫拉特法典》研究述评/特木尔宝力道//内蒙古师范大学学报（哲社科版）．-2008，6

古代蒙古族野生动物保护法规之现代法学启示/冰梅、王瑞恒//北京理工大学学报（社科版）．-2008，6

古代蒙古族自然资源保护法律及启示/冰梅、王瑞恒、胡德夫//兰州大学学报（社科版）．-2008，6

贵州苗族理词的习惯法效力探析/缪锌、敖惠//四川理工学院学报（社科版）．

-2008，6

从款约的发展看侗族法文化的变迁/粟丹//甘肃政法学院学报．-2008，6

村规民约的实施与固有习惯法：以广西壮族自治区金秀县六巷乡为考察对象/
罗昶//现代法学．-2008，6

市场经济条件下的瑶族互助习惯法：以广西金秀六巷帮家屯互助建房为考察
对象/罗昶//比较法研究．-2008，6

论国家制定法和藏族习惯法的融合与对接——以法律多元主义为视角/贾登
勋、朱宁芳//甘肃理论学刊．-2008，6

法律多元视野下回族习惯法与国家制定法的异同与互补/王银梅//甘肃理论学
刊．-2008，6

"德古"与"莫"——凉山彝人社会中的世俗权威与纠纷解决方式/杨洪林//
西南民族大学学报（人文社科版）．-2008，8

藏族与周边民族习惯法比较/杨华双//西南民族大学学报（人文社科版）．
-2008，8

少数民族习惯法与国家制定法的冲突及原因——以瑶族婚姻习惯法为例/蒋
超、陈焜如//科技创业月刊．-2008，9

凉山彝族习惯法与国家法整合的必要性及途经探讨/王明雯//西南民族大学学
报（人文社科版）．-2008，10

浅析侗族习惯法的影响和作用——以清末贵州姜应芳起义为例/吴昊//民族论
坛．-2008，10

影响南诏土地法律制度的诸因素/罗家云//玉溪师范学院学报．-2008，12

传统侗款的法文化分析/粟丹//贵州社会科学．-2008，12

成吉思汗《大札撒》中生态法探析/赖秀兰//安徽农业科学．-2008，28

藏族习惯法在现代社会中的研究与解析/包少军//法制与社会．-2008，31

彝族习惯法研究及其意义述评/谢晶//《中外法律文献研究》第2卷，北京大
学出版社．-2008

云南省普洱市佤族原始法文化调查之一/陈金全//《反思与借鉴——法律史论
文辑》，中国文化出版社．-2008

西藏习惯法调查日志（之一）/陈金全、杨玲、杨丽英等//《反思与借鉴——
法律史论文辑》，中国文化出版社．-2008

西盟佤族原始法文化调查日志（之二）/陈金全//《反思与借鉴——法律史论
文辑》，中国文化出版社．-2008

论藏族习惯法的宗教哲学基础/周欣宇//内蒙古社会科学（汉文版）．

-2009，1

壮族民间法的遗存与变迁：以广西龙胜县龙脊十三寨之马海村为例/覃主元//
　　民族研究．-2009，1

论回族婚姻家庭习惯法与国家法的调试——以云南巍山回辉登村为例/马海
　　云、刘婷//回族研究．-2009，1

鼓楼——侗族习惯法订立与实施的文化场域/徐晓光//政法论丛．-2009，1

彝族祖先崇拜对婚姻习惯法的制约刍论/程雅群、景志明//宗教学研究．
　　-2009，1

贵州"锦屏文书"的整理与研究/徐晓光、龙泽江//原生态民族文化学刊．
　　-2009，1

藏族习惯法中的赔命价与伦理刑法的关系/南杰·隆英强//江苏警官学院学
　　报．-2009，1

略论清代的西北边政方略——以《蒙古律例》、《回疆则例》为研究对象/裴
　　杰生//昌吉学院学报．-2009，1

规模村布依族习惯法调查与研究/周相卿//贵州民族学院学报（哲社科版）．
　　-2009，1

古歌——黔东南苗族口承习惯法的一种表现形式/徐晓光//中南民族大学学报
　　（人文社科版）．-2009，1

第四届全国民间法·民族习惯法学术研讨会综述/郑鹏程、李涵伟//中南民族
　　大学学报（人文社科版）．-2009，1

略论藏族寺院裁判与法院司法权的冲突及其解决/王立志//西北民族大学学报
　　（哲社科版）．-2009，1

明朝中后期贵州侗族基层自治组织执行习惯法的功能刍议——兼论该地区普
　　遍存在的"乡公"制度/杨文军//西北民族大学学报（哲社科版）．
　　-2009，1

礼仪、大清律与维吾尔族习惯法/李德政//西北民族大学学报（哲社科版）．
　　-2009，1

清代中俄"司牙孜"会审制度再探——一个民族习惯法的视角/蔡晓荣//西北
　　民族大学学报（哲社科版）．-2009，2

清代民族立法略论——《清代民族立法文献汇编·总叙》/张双志、张羽新//
　　西藏民族学院学报（哲社科版）．-2009，2

彝族习惯法中的祖先崇拜因素刍论——以伤害耳罪为例/程雅群、景志明//西
　　南民族大学学报（人文社科版）．-2009，2

物权变动视角下的蒙古族游牧烙印文化/戴双喜//内蒙古大学学报（哲社科版）．-2009，2

为"蛊女"鸣冤——黔东南苗族"蛊"现象的法人类学寻脉/徐晓光//甘肃政法学院学报．-2009，2

试析藏族习惯法之盟誓主体的历史变迁/牛绿花//甘肃政法学院学报．-2009，2

继承领域国家法与少数民族习惯法的对话与思考——以维吾尔族继承习惯法为视角/热孜亚//广西政法管理干部学院学报．-2009，2

试论《蒙古—卫拉特法典》对蒙古社会的法律调控/陈志强、高近//大连民族学院学报．-2009，2

凉山彝族的民间纠纷解决模式"说中间"探析/魏晓欣//十堰职业技术学院学报．-2009，2

少数民族习惯法的功能释放与历史变迁考察——以湘西土家族、苗族自治州为例/石伶亚//贵州民族研究．-2009，2

青海蒙古族的村规民约/额定其劳//原生态民族文化学刊．-2009，2

论原生宗教约束力对法律行为的辅助与配合——以苗族社区为例/罗义群//原生态民族文化学刊．-2009，2

雷公山地区苗族习惯法中的榔规问题研究/周相卿//原生态民族文化学刊．-2009，2

藏区习惯法的新解读——从"赔命价"问题的分析介入/王佐龙//原生态民族文化学刊．-2009，3

伊斯兰继承制度的本土化及其对我国继承法的启示——以青海世居回族、撒拉族继承习惯为例/王刚//环球法律评论．-2009，3

论湘鄂西土司司法自治与土家族家族司法的确立/刘泽友//学术交流．-2009，3

巴楚民族文化圈纠纷解决机制论略：在历史文化视野下的考察/曾代伟、谢全发//贵州社会科学．-2009，3

《蒙古—卫拉特法典》的生态保护法规及思想述论/陈志强//昌吉学院学报．-2009，3

试论哈萨克族习惯法文化对构建民族地区和谐社会的影响/岳书光//新疆社科论坛．-2009，3

断裂、失范与衔接——试论当前彝族习惯法与国家法在法治现代化进程中的互动与走向/杨佳//法制与经济（下旬刊）．-2009，3

从法律制度看旧西藏的残酷与野蛮/张培中//检察日报. -2009，3. 28

天翻地覆五十年：从巨变看西藏法院民主改革特别是改革开放以来的发展/陈
晓英//人民法院报. -2009，3. 28

青海蒙古族的继承习惯析论/羊措、羊中太//青海民族研究. -2009，4

清代冕宁诉状与西南少数民族地区的纠纷解决机制/张晓蓓//法学研究.
-2009，4

读《乐记》，品侗歌——和谐语境下的侗族习惯法社会功能解析/徐晓光//原
生态民族文化学刊. -2009，4

黎族风俗习惯规则基本理念探讨/韩立收//原生态民族文化学刊. -2009，4

从系统论角度看藏族地区多元化法律制度的整合/李虹//甘肃高师学报.
-2009，4

看谁更胜一"筹"——苗族口承法状态下的纠纷解决与程序设定/徐晓光//山
东大学学报（哲社科版）. -2009，4

《蒙古—卫拉特法典》立法伦理思想初探/陈志强//河北经贸大学学报（综合
版）. -2009，4

非诉讼纠纷解决机制意义上的瑶族石牌制度/张涛//鸡西大学学报. -2009，4

少数民族婚姻习惯法的历史变迁：以凉山彝族等级内婚制为例/严文强//宁夏
大学学报（人文社科版）. -2009，4

多元纠纷解决机制背景下的彝族司法调解人——"德古"/杨玲、袁春兰//宁
夏大学学报（人文社科版）. -2009，5；又载《中国传统司法与司法传
统》，陕西师范大学出版社. -2009

少数民族习惯规范和国家法的冲突及互动——以景颇族为例/赵天宝//中央民
族大学学报（哲社科版）. -2009，5

论清代蒙古族婚姻法的变迁/杨强//大连海事大学学报（社科版）. -2009，5

少数民族习惯法中的公共事务管理权利——以拉祜族"卡些"为例/王瑛、戴
双喜//贵州民族研究. -2009，5

湘鄂西土家族家族司法之效用/刘泽友//求索. -2009，5

试析清代蒙古地方法中的民事法规/何金山、李娜//内蒙古大学学报（哲社科
版）. -2009，5

乾嘉时期蒙汉通婚禁例废止考/赵阳//内蒙古大学学报（哲社科版）.
-2009，6

试论《成吉思汗法典》的刑法规定及其意义/阿茹罕//内蒙古农业大学学报
（社科版）. -2009，6

当代凉山彝族腹心地新型德古研究——以美姑县阿奇家支德古兼头人阿奇乌合为例/蔡富莲//贵州民族研究. -2009，6

论古代傣族社会刑事法律制度变迁/乌云//思想战线. -2009，6

册亨县者述村布依族婚姻习惯法研究/周相卿//法制与社会发展. -2009，6

关于甘南藏族婚姻习惯法的实证分析/刘艺工、刘利卫//法制与社会发展. -2009，6；又载《中国法律传统与法律精神——中国法律史学会成立 30 周年纪念大会暨 2009 年会论文集》，山东人民出版社. -2010

凉山彝族习惯法——田野调查报告之前言/陈金全、巴且日伙//法制日报. -2009，6. 3

凉山彝族的"民间权威"型纠纷解决模式——以社会学法学的视角/魏晓欣//乐山师范学院学报. -2009，7

羌族婚姻习惯法的变迁及其法律调适——兼论阿坝藏族羌族自治州施行婚姻法《补充规定》的完善/周梅//西南民族大学学报（人文社科版）. -2009，8

目标与路径：统一婚姻法与民族习惯法的交互发展——兼论四川藏区婚姻法变通补充规定之完善/乐岚//西南民族大学学报（人文社科版）. -2009，8

藏族习惯法赔偿规范的特征/王向萍//经营管理者. -2009，8

"石头法"的嬗变：黔湘桂侗族地区从"款石"、"法岩"到"石碑法"的立法活动/徐晓光//贵州社会科学. -2009，9

巴楚文化圈民族习惯与生态环境保护/郑军//贵州社会科学. -2009，9

维吾尔族婚姻习惯法初探/努尔比艳·阿不拉//经营管理者. -2009，9

壮族习惯法的伦理思想及现代价值/陈玉冲、黄东桂//前沿. -2009，9

试论苗族习惯法之"罚三个一"的村寨社会功能/陈亦欣//法制与社会. -2009，21

土家族习惯法的当代变迁——以红烈村为例/罗华//法制与社会. -2009，22

将民族习惯法融入云南省国家公园保护立法中的必要性与可行性探析/张一芡、郑晓琴//法制与社会. -2009，25

夜郎国法制初探/方慧//《民族法学评论》第 6 卷，团结出版社. -2009

改土归流中的一场典型诉讼事件——从清末四川茂州羌民控告土司案件看民族地区诉讼与司法/徐晓光//《民族法学评论》第 6 卷，团结出版社. -2009

初民社会部落族群的规范和秩序——以 1958 年民族改革前西盟佤族纠纷解决

机制为中心的分析/陈金全、郭亮//《中国传统司法与司法传统》，陕西师范大学出版社. -2009

湘西古溪州铭约简议/向渊泉//《中国传统司法与司法传统》，陕西师范大学出版社. -2009

羌区多元化纠纷解决机制的构建/李鸣//《中国传统司法与司法传统》，陕西师范大学出版社. -2009

藏族历史上的诉讼制度及纠纷解决机制/刘艺工//《中国传统司法与司法传统》，陕西师范大学出版社. -2009

历史上的藏族纠纷解决机制及其现代演变/潘志成//《中国传统司法与司法传统》，陕西师范大学出版社. -2009

青海河湟地区回族习惯法的历史变迁——以青海湟中县金跃回族村为例/潘弘祥、马连龙//《中国传统司法与司法传统》，陕西师范大学出版社. -2009

巴楚民族文化圈纠纷解决机制论略——在历史文化视野下的考察/曾代伟、万亿//《中国传统司法与司法传统》，陕西师范大学出版社. -2009

关于中国土家族"猎规"与法之新议/罗士松//《中国传统司法与司法传统》，陕西师范大学出版社. -2009

湘鄂西土家族家族司法初探/刘泽友//《中国传统司法与司法传统》，陕西师范大学出版社. -2009

论少数民族纠纷解决机制的变迁——对凉山彝族不同时期杀人案之处理的比较/严文强//《中国传统司法与司法传统》，陕西师范大学出版社. -2009

论凉山彝族的纠纷类型及调解程序/李剑//《中国传统司法与司法传统》，陕西师范大学出版社. -2009

清代黔东南地区社会变迁与苗民民间纠纷解决方式的演变——以锦屏县文斗解纷文书为分析材料/梁聪、刘振宇//《中国传统司法与司法传统》，陕西师范大学出版社. -2009

景颇族特有传统法律制度研究/胡兴东//《花溪法学评论》第1卷，中国方正出版社. -2009

当代中国物权习惯法：广西金秀六巷瑶族"打茅标"考察报告/曹义荪、高其才//政法论坛. -2010，1

浅析回族婚姻习惯法/石春燕//法制与社会. -2010，1

民族习惯法对占里人口发展的影响/廖艳//西北人口. -2010，1

解析当代甘南牧区民间纠纷调解中的藏族部落习惯法/蒙小莺、蒙小燕//中国藏学. -2010，1

海南黎族习惯法价值的法理学分析/朱琳、温波//海南大学学报（人文社科版）.-2010，1

论清代黔东南苗寨的纠纷解决：以文斗苗寨词状为对象的研究/陈金全、侯晓娟//湘潭大学学报（哲社科版）.-2010，1

试论古代蒙古法中的生态环境保护/阿茹罕//内蒙古民族大学学报（社科版）.-2010，1

元以来汉籍文献所见蒙古族习惯法管窥/白·特木尔巴根//内蒙古师范大学学报（哲社科版）.-2010，1

哈尼族习惯法在保护森林环境中的作用/马岑晔//红河学院学报.-2010，1

浅谈黎族习惯法的特点/陈文辉//琼州学院学报.-2010，1

哈萨克法典的二元特色——论哈萨克法典的民族习惯法特色与宗法封建法特色/托丽娜依·达列力汗//伊犁师范学院学报（社科版）.-2010，1

黔东南榕江县月亮山区苗族"加两议榔"评介/徐晓光//山东大学学报（哲社科版）.-2010，1

"罚3个120"的适用地域及适应性变化——作为对黔东南民族地区"罚3个100"的补充调查/徐晓光//甘肃政法学院学报.-2010，1

台江县反排寨苗族习惯法中的神判制度研究/周相卿//贵州民族学院学报（哲社科版）.-2010，1

撒拉族婚姻习惯法与我国《婚姻法》的冲突与调适——以青海省循化撒拉族自治县街子镇为例/马晓花、吴兰翔、俞英超//原生态民族文化学刊.-2010，2

石头法的现代传承——月亮山苗族习惯法"榔规"改革纪实/龙泽江、张和平//原生态民族文化学刊.-2010，2

黔东南侗族传统林业生计及其习惯法规范/徐晓光//原生态民族文化学刊.-2010，2

侗族习惯法在当今侗族地区的调适研究——以贵州黔东南苗族侗族自治州锦屏县为例/郭婧、吴大华//民族学刊.-2010，2

藏族习惯法与甘南藏区和谐社会的构建/文婷//甘肃农业.-2010，2

冗鱼寨布依族习惯法民族志/周相卿//贵州民族研究.-2010，2

略论清代《回疆则例》立法特色及现实意义/韩伟//新疆社科论坛.-2010，2

论南诏的法律制度/李剑//中南民族大学学报（人文社科版）.-2010，2

民族习惯法变迁的不同路径——两个水族村寨的比较/文永辉//黔南民族师范学院学报.-2010，2

多元文化视野中青海藏族的农牧业生产及习惯法规范述略/张海云、侃本//青海师范大学民族师范学院学报. -2010, 2

清朝对藏传佛教宗教事务的法律调整及其历史启示/牛绿花//青海师范大学学报（哲社科版）. -2010, 2

四川凉山彝族财产继承习惯法中社会性别规范研究/田茂旺//西南民族大学学报（人文社科版）. -2010, 2

彝族地区群体性事件防控研究/张居盛、邓陕峡//成都大学学报（社科版）. -2010, 2

习惯法类型与回族习惯法/李保平//宁夏社会科学. -2010, 3

款词与讲款——兼论黔湘桂边区侗族社会的口头"普法"形式/陈迪、徐晓光//贵州社会科学. -2010, 3

格头村苗族习惯法中的婚姻制度/廖继红、周相卿//贵州民族研究. -2010, 3

西部开发语境下的藏族部落习惯法——以青海省海南藏族自治州为例/刘艺工、张鹏飞//甘肃理论学刊. -2010, 3

略论傣族封建法规档案的产生及特点/陈子丹、王旭东//档案学通讯. -2010, 3

古代傣族诉讼法律制度的几点思考/吴云//云南行政学院学报. -2010, 3

元明清时期傣族法律制度重要特点及其机制刍议/吴云//云南师范大学学报（哲社科版）. -2010, 3

羌族习惯法研究/李桂平//法制与经济（中旬刊）. -2010, 3

苗族习惯法的典型存在样态及其功能——以《苗族习惯法的遗留、传承及现代转型研究》为行文依凭/黄金兰、黄文霞//原生态民族文化学刊. -2010, 3

土族习惯法的传统特征与当今趋向/王佐龙//原生态民族文化学刊. -2010, 3

"圣牯"与"牛籍"——侗族斗牛活动中的仪式与习惯法规则/徐晓光//原生态民族文化学刊. -2010, 3

藏族习惯法中的"赔命价"制度——兼论原生态藏族赔命价习惯法与中国的死刑存废问题/南杰·隆英强//原生态民族文化学刊. -2010, 4

整体性理解习惯法——围绕彝族的文化观念而展开的法律人类学讨论/赵旭东、罗涛//原生态民族文化学刊. -2010, 4

黔东南苗族的"抢婚"及其与国家法的冲突/徐晓光等//政法论坛. -2010, 4

土家族习惯法的现代价值——基于湖北红烈村土家族的调查/卢明威、汪志雄//西部法学评论. -2010, 4

藏族成文立法的演变及特点探议/刘艺工//文化学刊．-2010，4

关于我国维吾尔族民事惯例的形成与发展过程研究/古丽·司马义、刘涛//民
　　族教育研究．-2010，4

外来文化冲击下水族习惯法的不同变迁：贵州省三都县两个水族村寨的比较/
　　文永辉//贵州民族研究．-2010，4

广西金秀瑶族石牌习惯法之违法规制探析——广西世居少数民族习惯法研究
　　之二/李远龙、李照宇//广西民族研究．-2010，4

论壮族乡约制度的起源与特色——以广西龙脊壮族为个案/付广华//广西民族
　　研究．-2010，4

草根规则与生育观念：生态与社会文化视野下的民族地区生育规则——以贵
　　州省从江县侗族村落为例/徐晓光//中南民族大学学报（人文社科版）．
　　-2010，4

黎族传统法文化的基本特征初探/韩立收//吉林师范大学学报（人文社科版）．
　　-2010，4

元明清时期傣族社会等级法律制度/吴云//云南民族大学学报（哲社科版）．
　　-2010，4

蒙古族"约孙"的生态价值诠释：基于低碳和绿色发展的法理思考/黄华均//
　　新疆大学学报（哲学人文社科版）．-2010，4

大方县箐丰村彝族习惯法研究/樊纪兰//贵州民族学院学报（哲社科版）．
　　-2010，4

浅谈哈萨克族的"安明格尔"婚姻制度——兼与古希伯来法"寡妇内嫁"婚
　　姻制度相比较/阿依古丽//中央民族大学学报（哲社科版）．-2010，4

和谐视野中的果洛藏区习惯法审视/王海聪//青海师范大学学报（哲社科版）．
　　-2010，5

惠州龙门县蓝田瑶族习惯法初探/董立山//惠州学院学报（社科版）．
　　-2010，5

吐蕃"见死不救制度"立法经验的借鉴与启示——从大学生因"见死不救"
　　溺亡的事件说起/郑毅//黑龙江省政法管理干部学院学报．-2010，5

尊重民族习惯法，构建国家法与侗族婚姻习惯法适用良好互动的思考——来
　　自三江侗族自治县八江乡和林溪乡的调查报告/周世中、杨和能、杨高
　　策//广西社会主义学院学报．-2010，5

藏族习惯法中的神明裁判探析/后宏伟、刘艺工//西藏研究．-2010，5

元代以来傣族传统婚姻关系法律制度的历史变迁及机制/吴云//思想战线．

-2010, 5

论习惯法在云南省德宏傣族景颇族自治州民族法制建设中的调适/李胜利//思
想战线. -2010, 6

"供全村吃一餐"的处罚规定所反映的苗族习惯法文化——对三个苗族村村规
民约的考察分析/文新宇/甘肃政法学院学报. -2010, 6

"抢婚"习俗的现代遗留及其民间法处理——黔东南基层司法实践的困惑/李
向玉、徐晓光//政法论丛. -2010, 6

青海世居少数民族习惯法的正向功能探析/高永宏//青海社会科学. -2010, 6

蒙古族习惯法——"约孙"探源/齐秀华//理论研究. -2010, 6

浅析佤族婚姻习惯法及其现代转化/郭亮//社科纵横. -2010, 7

"赔命价"习惯法:从差异到契合——一个文化社会学的考察/苏永生//中国
刑事法杂志. -2010, 7

当代苗族婚姻习惯法嬗变研究——以湘西苗族为例/曹玲、李龙、刘美麟//赤
峰学院学报(汉文哲社科版). -2010, 7

满族传统神判制度的法文化分析/连宏//河北法学. -2010, 8

从模式化的八旗制度看满族法律程序意识/齐秀梅//河北法学. -2010, 8

入关前满族刑法文化研究/陈英慧//河北法学. -2010, 8

满族传统婚姻家庭法文化研究/李畅//河北法学. -2010, 8

论宗教在满族传统法文化中的作用/赫然//河北法学. -2010, 8

经济因素与傣族重要历史法律制度/吴云//经济问题探索. -2010, 8

黔东南苗族侗族习惯法的调查和研究/卓轶群//咸宁学院学报. -2010, 9

彝族民事习惯法特点探析/李胜渝//求索. -2010, 9

布依族习惯法的表现形式——以紫云麻山地区布依族为例/王艳、曾令波//法
制与社会. -2010, 10

论苗族理词在民事诉讼案件中的运用/潘海生//贵州师范学院学报.
-2010, 10

《夜郎君法规》的历史内容及其真实性探讨/王鸿儒//毕节学院学报.
-2010, 10

凉山彝族传统社会的神判研究/杨素侠、陶冉冉//赤峰学院学报(汉文哲社科
版). -2010, 11

和谐社会与少数民族传统法文化——摩梭母系制婚姻家庭模式探析/李胜渝、
杨玲//《中国法律传统与法律精神——中国法律史学会成立 30 周年纪念
大会暨 2009 年会论文集》,山东人民出版社. -2010

论藏区刑事案件赔偿习惯的恢复性司法传统——以赔血价和赔命价为个案/张晓蓓、马秀楷//《中国法律传统与法律精神——中国法律史学会成立30周年纪念大会暨2009年会论文集》，山东人民出版社．-2010

论宗教在满族传统法文化中的作用/赫然、巫建军//《中国法律传统与法律精神——中国法律史学会成立30周年纪念大会暨2009年会论文集》，山东人民出版社．-2010

民国西藏法制研究/王立艳//《青蓝集续编：张晋藩教授指导的法律史学博士论文粹编》，法律出版社．-2010

论清代前期蒙古族行政组织制度的变迁/杨强//《青蓝集续编：张晋藩教授指导的法律史学博士论文粹编》，法律出版社．-2010

清代清水江下游苗疆地区法律文书研究（1693—1911）/龙宪华//《青蓝集续编：张晋藩教授指导的法律史学博士论文粹编》，法律出版社．-2010

七

博士和硕士论文[*]

（一） 博士论文

秦汉法律制度的演变/江淳（导师：田昌五、韩连琪）——中国古代史，山东
　　大学，博士．-1985

嘉靖专制政治与法制/怀效锋（导师：张晋藩）——中国法制史，中国政法大
　　学，博士．-1987

清代司法审判制度研究/郑秦（导师：张晋藩）——中国法制史，中国政法大
　　学，博士．-1987

清代宗族法研究/朱勇（导师：张晋藩）——中国法制史，中国政法大学，博
　　士．-1987

唐代御史制度研究/胡沧泽（导师：韩国磐）——中国古代史，厦门大学，博
　　士．-1988

论清代涉外案件的司法管辖/强磊（导师：张晋藩）——中国法制史，中国政
　　法大学，博士．-1989

清代民族立法研究/刘广安（导师：张晋藩）——中国法制史，中国政法大
　　学，博士．-1989

宋代台谏制度与政治研究/贾玉英（导师：漆侠）——宋史，河北大学，博
　　士．-1990

晚清职官法研究/李曙光（导师：张晋藩）——中国法制史，中国政法大学，
　　博士．-1990

先秦法家"法治"思想研究/朱苏人（导师：张国华）——中国法律思想史，

---

　　* 少数博士、硕士论文没有写指导教师姓名和专业研究方向，故本《目录》未标明。

北京大学，博士．-1990

明代行政法研究/陈国平（导师：张晋藩）——中国法制史，中国政法大学，博士．-1991

清代康雍乾时期经济立法概论/魏向阳（导师：张晋藩）——中国法制史，中国政法大学，博士．-1991

中国法律思想与宋明理学/李明德（导师：饶鑫贤）——中国法律思想史，北京大学，博士．-1991

中西近代法文化冲突与晚清法制演变/张培田（导师：张晋藩）——中国法制史，中国政法大学，博士．-1992

古代东方法研究/王立民（导师：吴泽）——中国古代史，华东师范大学，博士．-1993

《管子》的法律精神/金敏（导师：张国华）——中国法律思想史，北京大学，博士．-1993

清末法律变革思潮/马作武（导师：张国华）——中国法律思想史，北京大学，博士．-1993

唐代官吏赃罪研究/周东平（导师：韩国磐）——中国古代史，厦门大学，博士．-1993

宪政理想的执着追求者：论梁启超的宪政生涯和宪政思想/赵雅君（导师：张国华）——中国法律思想史，北京大学，博士．-1993

北朝法制研究/邓奕琦（导师：曾宪义）——中国法制史，中国人民大学，博士．-1994

论中国共产党在新民主主义革命时期的法制理论和实践/丛文胜（导师：李鸿文）——中共党史，东北师范大学，博士．-1994

清代注释律学研究/何敏（导师：张晋藩）——中国法制史，中国政法大学，博士．-1994

台湾的经济发展与法律调整/郑定（导师：曾宪义）——法制史，中国人民大学，博士．-1994

中国传统法律价值观及其在近代的演变/徐建民（导师：饶鑫贤）——中国法律思想史，北京大学，博士．-1994

中国古代判词研究/汪世荣（导师：张晋藩）——中国法制史，中国政法大学，博士．-1994

中国封建监察立法研究/肖丽娟（导师：张晋藩）——中国法制史，中国政法大学，博士．-1994

1840—1930 年中国商事立法思想研究/帅天龙（导师：饶鑫贤）——中国法律思想史，北京大学，博士．-1995

清代地方政府的司法职能研究/吴吉远（导师：王思治）——清代政治史，中国人民大学，博士．-1995

台湾税法研究/朱大旗（导师：曾宪义）——中国法制史，中国人民大学，博士．-1995

中国古代社会肃贪思想研究/宋利国（导师：饶鑫贤）——中国法律思想史，北京大学，博士．-1995

中国法律样式/武树臣（导师：张国华、饶鑫贤）——中国法律思想史，北京大学，博士．-1995

汉代司法制度研究/张积（导师：吴荣曾）——秦汉史，北京大学，博士．-1996

两宋民事诉讼制度研究/屈超立（导师：张晋藩）——中国法制史，中国政法大学，博士．-1996

论清末制宪/贺嘉（导师：张晋藩）——中国法制史，中国政法大学，博士．-1996

秦汉法律与社会/于振波（导师：林甘泉）——中国古代史，中国社会科学院研究生院，博士．-1996

秦汉魏晋时期丧葬制度研究/韩国河（导师：高敏）——秦汉魏晋南北朝史，武汉大学，博士．-1996

清代刑名幕友研究/高浣月（导师：张晋藩）——中国法制史，中国政法大学，博士．-1996

士大夫与宋代法律文化/陈景良（导师：张晋藩）——中国法制史，中国政法大学，博士．-1996

伍廷芳法律思想发微/于复苓（导师：饶鑫贤）——中国法律思想史，北京大学，博士．-1996

严复法思想研究/李新成（导师：张国华、饶鑫贤）——中国法律思想史，北京大学，博士．-1996

中国法律现代化历史进程与韩国之比较/〔韩〕金德贤（导师：张晋藩）——法制史，中国政法大学，博士．-1996

古代中国国际法研究/孙玉荣（导师：怀效锋）——中国法制史，中国政法大学，博士．-1997

法的道德历程（论纲）：法律史的伦理解释/胡旭晟（导师：曾宪义）——法

制史，中国人民大学，博士. -1997

共和国五十年代法制建设研究/徐付群（导师：杨先材）——中共党史，中国
人民大学，博士. -1997

金文简帛中的刑法思想研究/崔永东（导师：饶鑫贤）——中国法律思想史，
北京大学，博士. -1997

近代以来中国侨务法制历史综论/毛起雄（导师：张晋藩）——法制史，中国
政法大学，博士. -1997

明代充军研究/吴艳红（导师：王天友）——明史，北京大学，博士. -1997

明代律学研究/罗昶（导师：饶鑫贤）——中国法律思想史，北京大学，博
士. -1997

南京国民政府劳动立法研究/饶东辉（导师：章开沅）——中国近现代史，华
中师范大学，博士. -1997

清代回疆法律制度研究：1759—1884 年/王东平（导师：刘迎胜）——中国
古代史，南京大学，博士. -1997

清代礼法与清代社会/张仁善（导师：蔡少卿）——中国近现代史，南京大
学，博士. -1997

晚清立宪思想研究/黄毅（导师：饶鑫贤）——中国法律思想史，北京大学，
博士. -1997

中国古代刑法思想若干问题/昝启英（导师：高格）——刑法，吉林大学，博
士. -1997

中国近代商法研究/江旭伟（导师：张晋藩）——中国法制史，中国政法大
学，博士. -1997

《大明律》的特点及对朝鲜社会的影响：通过对儒家和法家思想的考察/文亨
镇（导师：王钟翰）——中国民族史，中央民族大学，博士. -1998

《大明律》中的科技法律研究/宋伟（导师：钱临照、张秉伦）——中国科学
技术史，中国科学技术大学，博士. -1998

论元代法律文化中蒙古法与汉法之关系/吴海航（导师：饶鑫贤）——中国法
律思想史，北京大学，博士. -1998

明代民事判牍研究/童光政（导师：怀效锋）——中国法制史，中国政法大
学，博士. -1998

南宋书判研究：试论南宋书判中的价值取向/王志强（导师：饶鑫贤）——中
国法律思想史，北京大学，博士. -1998

十七世纪至二十世纪初中西经济法制比较研究/王涛（导师：张晋藩）——中

国法制史，中国政法大学，博士．-1998

试论南方山地民族传统法律的演进/张冠梓（导师：饶鑫贤）——中国法律思
　　想史，北京大学，博士．-1998

宋代官商及其法律调整/赵晓耕（导师：曾宪义）——法制史，中国人民大
　　学，博士．-1998

刑法中的"亲爱"：中西法伦理的冲突融合/范忠信（导师：曾宪义）——法
　　制史，中国人民大学，博士．-1998

元明清时期彝族法律文化研究/王明东（导师：尤中）——中国民族史，云南
　　大学，博士．-1998

中国法的民族性/黄晓明（导师：怀效锋）——中国法制史，中国政法大学，
　　博士．-1998

中国近代新闻法制史论/黄瑚（导师：丁淦林）——新闻学，复旦大学，博
　　士．-1998

中国宪法文化研究/陈晓枫（导师：何华辉、李龙）——宪法学，武汉大学，
　　博士．-1998

大陆法系与中国近代民法/郭兴莲（导师：张晋藩）——法制史，中国政法大
　　学，博士．-1999

复仇、报复刑、报应说：中国人罪过偿报态度的文化解说/霍存福（导师：王
　　牧）——刑法学，吉林大学，博士．-1999

康熙惩抑朋党与清代极权政治的开启/林乾（导师：郭成康）——清史，中国
　　人民大学，博士．-1999

两岸三地民事法律冲突问题/梁美芬（导师：曾宪义）——法律史，中国人民
　　大学，博士．-1999

论当代中国法制变革：传统、理论与实践/黄文艺（导师：张文显）——法学
　　理论，中国人民大学，博士．-1999

明代土地法制研究/李鸣（导师：张晋藩）——中国法制史，中国政法大学，
　　博士．-1999

南京国民政府初期民事立法思想研究/王杨（导师：饶鑫贤）——中国法律思
　　想史，北京大学，博士．-1999

清末预备立宪研究/迟云飞（导师：戴逸）——中国近现代史，中国人民大
　　学，博士．-1999

晚清国际法输入之研究/田涛（导师：李喜所）——中国近现代史，南开大
　　学，博士．-1999

晚清讼狱制度的社会考察/赵晓华（导师：李文海）——中国近现代史，中国
　　人民大学，博士．-1999

我国台湾地区行政和司法侵权赔偿责任研究/李晓斌（导师：曾宪义）——法
　　制史，中国人民大学，博士．-1999

中国近代的法律教育/王健（导师：怀效锋）——法制史，中国政法大学，博
　　士．-1999

中国穆斯林社会法律文化研究/王东平——历史学，北京师范大学，博士后报
　　告．-1999

中国司法的传统与变革/夏锦文（导师：曾宪义）——法律史，中国人民大
　　学，博士．-1999

中日法文化交流史研究/〔日〕石田琢智（导师：张晋藩）——法制史，中
　　国政法大学，博士．-1999

北魏官吏收入与监察机制/王大良（导师：蒋福亚）——魏晋南北朝史，首都
　　师范大学，博士．-2000

藏族法制史研究/徐晓光（导师：张晋藩）——法律史，中国政法大学，博
　　士．-2000

出土简帛与古代法医学史/阎晓君（导师：李学勤）——科技史，西北大学，
　　博士．-2000

春秋法制研究/徐祥民（导师：孟祥才）——法律史，山东大学历史文化学
　　院，博士．-2000

从神权秩序到人伦秩序：《易经》的法律文化读解/黄震（导师：武树
　　臣）——法律史，北京大学，博士．-2000

当代中国立法体制的社会生态研究/曹海晶（导师：徐育苗）——中外政治制
　　度，华中师范大学，博士．-2000

法家的法律思想研究/徐祥民（导师：张晋藩）——法律史，中国政法大学，
　　博士．-2000

简帛文献与古代法文化/崔永东（合作导师：曾宪义）——法律史，中国人民
　　大学，博士后出站报告．-2000

民国初期民法的近代化：以固有法与继受法的整合为中心/张生（导师：朱
　　勇）——法制史，中国政法大学，博士，-2000

民国律师制度源流研究/徐家力（导师：张晋藩）——法律史，中国政法大
　　学，博士．-2000

清代西藏法制研究/孙镇平（导师：张晋藩）——法制史，中国政法大学，博

士．-2000

清末刑法改制与中国刑法近代化/徐岱（导师：高格）——刑法学，吉林大学，博士．-2000

唐代婚姻家庭继承法律制度初论：兼与西方比较/金眉（导师：张晋藩）——法制史，中国政法大学，博士．-2000

晚清审判制度变革研究/李俊（导师：怀效锋）——法制史，中国政法大学，博士．-2000

晚清宪政改革研究/高旺（导师：丁则勤）——政治学理论，北京大学，博士．-2000

香港法制与中国法律文化传统：香港适用中国传统法律及习惯的初步研究/苏亦工（导师：武树臣）——中国法律思想史，北京大学，博士．-2000

信息技术对台湾知识产权制度的影响/郭禾（导师：曾宪义）——法律史，中国人民大学，博士．-2000

张謇经济法律思想研究/聂永泰（导师：饶鑫贤）——中国法律思想史，北京大学，博士．-2000

中国革命根据地保障人权的法律制度研究/肖周录（导师：曾宪义）——法律史，中国人民大学，博士．-2000

中国社会保障法制史论/王广彬（导师：郭成伟）——法律史，中国政法大学，博士．-2000

从晚清到民国时期的婚姻诉讼看近代中国的法制转型/何树宏（导师：李文海）——中国近代史，中国人民大学，博士．-2001

"放任主义"与"干涉主义"的宏观调控理论：中国古代调整经济活动之法律模式/王铁汉（导师：武树臣）——中国法律思想史，北京大学，博士．-2001

沟通两个世界的法律意义：晚清西方法的输入与法律语词研究/王健——法学，北京大学，博士后出站报告．-2001

国民意识的觉醒与传统法律的近代化/屈永华（导师：张晋藩）——法律史，中国政法大学，博士．-2001

近代中国的自然权利观/赵明（导师：韩延龙、李步云）——法学理论，中国社会科学院研究生院，博士．-2001

两岸三地驰名商标保护制度的历史和发展趋势/李峰鑫（导师：曾宪义）——法律史，中国人民大学，博士．-2001

两汉魏晋南朝州刺史制度研究/汪清（导师：高敏）——秦汉魏晋南北朝史，

郑州大学，博士．-2001

略论西汉对犯罪的预防与惩治/姜晓敏（导师：郭成伟）——法律史，中国政
　　法大学，博士．-2001

民国初年的法治思潮与法制建设/李学智（导师：陈振江）——中国近现代
　　史，南开大学，博士．-2001

宋代女性法律地位研究/王扬（导师：怀效锋）——法律史，中国政法大学，
　　博士．-2001

新民主主义宪政研究/韩大梅（导师：王永祥）——中国近现代史，南开大
　　学，博士．-2001

刑法变迁中的法律家（1902—1935）/音正权（导师：朱勇）——法制史，中
　　国政法大学，博士．-2001

中国古代君权合法性研究/张星久（导师：刘德厚）——政治学，武汉大学，
　　博士．-2001

中国古代言谏文化与制度研究/陈秋云（导师：张晋藩）——法律史，中国政
　　法大学，博士．-2001

中国近代宪政思潮研究/王人博（导师：张晋藩）——法律史，中国政法大
　　学，博士．-2001

中国近代银行业监理法律问题研究/马志刚（导师：郭成伟）——法律史，中
　　国政法大学，博士．-2001

中国礼治与西方法治之比较研究/于语和（导师：徐大同）——法律史，天津
　　师范大学，博士．-2001

综论洋务派的法律思想与实践/李青（导师：张晋藩）——法律史，中国政法
　　大学，博士．-2001

包公故事：一个考察中国法律文化的视角/徐忠明（导师：张晋藩）——法律
　　史，中国政法大学，博士．-2002

日本明治时期民法典论争与我国清末礼法之争/丁明胜（导师：武树臣）——
　　中国法律思想史，北京大学，博士．-2002

当代中国环境法制的历史与现状/王立（导师：曾宪义）——法律史，中国人
　　民大学，博士．-2002

衡平司法与中国传统法律秩序：以清代诉讼案例为主要素材兼与英国法相比
　　较/顾元（导师：张晋藩）——法律史，中国政法大学，博士．-2002

徽州文书所见明清时代妇女的地位与权利/阿风（导师：周绍泉）——中国古
　　代史，中国社会科学院研究生院，博士．-2002

交汇与融合：中国法制现代化特征研究/徐永康（导师：蔡少卿）——中国近
　　现代史，南京大学，博士．-2002

近代三大基本刑法原则对《大清新刑律》的影响/李靓（导师：朱勇）——
　　法律史，中国政法大学，博士．-2002

近代中国立宪评论/郑琼现（导师：张学仁）——宪法学，武汉大学，博
　　士．-2002

近代中国民法学中的私权理论：词语考证、话语系统的转换、历史的和理论
　　的分析/俞江（导师：李贵连）——法律史，北京大学，博士．-2002

法律移植与传统法律文化在近现代的变迁/肖光辉（导师：郑定）——法律
　　史，中国人民大学，博士．-2002

略论中国近代公司法律制度/郭瑞卿（导师：郭成伟）——法律史，中国政法
　　大学，博士．-2002

论毛泽东法律思想的变迁/李瑞强（导师：吕世伦）——法学理论，中国人民
　　大学，博士．-2002

民国西藏法制研究/王立艳（导师：张晋藩）——法律史，中国政法大学，博
　　士．-2002

明代监察法制研究/刘双舟（导师：怀效锋）——法律史，中国政法大学，博
　　士．-2002

明代商事法研究/郭婕（导师：怀效锋）——法律史，中国政法大学，博
　　士．-2002

明代刑法思想研究/赵洪兴（导师：赵毅）——明史，东北师范大学，博
　　士．-2002

齐学法律思想述论/马斗成（导师：孟祥才）——中国古代史，山东大学，博
　　士．-2002

社会转型与宪法变迁/占美柏（导师：李龙）——宪法与行政法，武汉大学，
　　博士．-2002

司法独立与近代中国/韩秀桃（导师：朱勇）——法制史，中国政法大学，博
　　士，—2002

司马迁法律思想发微/尚琤（导师：饶鑫贤）——中国法律思想史，北京大
　　学，博士．-2002

孙中山宪政思想研究/牛彤（导师：林茂生）——政治学理论，中国人民大
　　学，博士．-2002

唐代官吏渎职罪研究/彭炳金（导师：张国刚、胡世凯）——中国法制史，南

开大学，博士. -2002

唐代赦文研究/禹成旼（导师：吴宗国）——隋唐史，北京大学，博士. -2002

晚清法律移植研究/张德美（导师：朱勇）——法律史，中国政法大学，博士. -2002

西汉初期津关制度研究/杨建（导师：陈伟）——历史地理学，武汉大学，博士. -2002

先秦礼治研究/李晓明（导师：武树臣）——法律史，北京大学，博士. -2002

先秦"人法合治"、"混合法"理论的确立及其对后世的影响/庄伟燕（导师：武树臣）——法律史，北京大学，博士. -2002

张君劢的宪政思想研究/张振国（导师：李贵连）——法律史，北京大学，博士. -2002

中国古代司法官责任制度及其法文化分析/张勇（导师：郭成伟）——法律史，中国政法大学，博士. -2002

中国购并制度研究：关于中国古代兼并制度的反思/朱伟雄（导师：曾宪义）——中国法制史，中国人民大学，博士. -2002

中国军事法的传统与近代转型/周健（导师：张晋藩）——法律史，中国政法大学，博士. -2002

中国少数民族习惯法研究/高其才（导师：张晋藩）——法律史，中国政法大学，博士. -2002

中古及近代法制文书语言研究/王启涛（导师：董志翘）——汉语言文字学，四川大学，博士. -2002

20世纪中国法律演进模式分析/蒋立山（导师：罗玉中）——法学理论，北京大学，博士. -2003

北宋转运使考述/戴扬本（导师：王家范）——中国古代史，华东师范大学，博士. -2003

出山未比在山清：王宠惠法制思想的理论与实践/刘宝东（导师：彭明）——中国现代政治思想史，中国人民大学，博士. -2003

从《大清律例》到《民国民法典》的转型/李显冬——法律史，中国政法大学，博士. -2003

法典中的西夏文化：西夏《天盛改旧新定律令》研究/杨积堂（导师：白振声）——民族学，中央民族大学，博士. -2003

改造与适应：中国法律变革中的理论之思（1911—1949）/孔庆平（导师：李贵连）——法律史，北京大学，博士．-2003

构建与解析中国传统法：兼论中国传统社会礼与法的关系/马小红（导师：曾宪义）——法律史，中国人民大学，博士．-2003

汉代赦免制度研究/邬文玲（导师：谢桂华）——历史文献学，中国社会科学院研究生院，博士．-2003

近代以来蒙古特别法体系的演变：以中央政府对蒙古的各项法律规定及相应措施为中心/乌力吉陶格套（导师：齐木德道尔吉）——专门史，内蒙古大学，博士．-2003

蒙古法制史研究/那仁朝格图（导师：成崇德）——清史，中国人民大学，博士．-2003

民初民法中的民事习惯与习惯法：观念、文本和实践/李卫东（导师：严昌洪）——中国近现代史，华中师范大学，博士．-2003

民初知识界理想中的宪法：以私拟宪草和《天坛宪草》为中心的研究（1913）/刘远征（导师：李贵连）——法律史，北京大学，博士．-2003

民国前期司法变革研究：1912—1928/吴永明（导师：张宪文）——中国近现代史，南京大学，博士．-2003

民国时期契约制度研究/李倩（导师：郭成伟）——法律史，中国政法大学，博士．-2003

南京国民政府法制研究：理论设计及其运作（1927—1937）/赵金康（导师：魏宏运）——中国现代史，南开大学，博士．-2003

《钦定大清刑律》研究/周少元（导师：张晋藩）——法律史，中国政法大学，博士．-2003

清代婚姻制度研究/张晓蓓——法律史，中国政法大学，博士．-2003

清代民间财产权利的观念与实践/郝维华（导师：武树臣）——中国法律思想史，北京大学，博士．-2003

清代民间契约中的法律：民事习惯法视角下的理论建构/李力（导师：曾宪义）——法律史，中国人民大学，博士．-2003

清代商业社会的规则与秩序：从碑刻资料解读清代中国商事习惯法/孙丽娟（导师：朱英）——中国近现代史，华中师范大学，博士．-2003

清末民初刑事诉讼制度变革研究/李春雷（导师：郭成伟）——法律史，中国政法大学，博士．-2003

丧服制度与传统法律文化/马建兴（导师：郑定）——法律史，中国人民大学，博士. -2003

社会转型与近代中国法制现代化：1840—1928/侯强（导师：陆建洪）——中国近现代史，苏州大学，博士. -2003

孙中山法治思想研究/唐卫国（导师：李贵连）——法律史，北京大学，博士. -2003

唐代婚姻立法若干问题研究/刘玉堂（导师：朱雷）——魏晋南北朝隋唐史，武汉大学，博士. -2003

通往职业化之路：民国时期上海律师研究：1912—1937/张丽艳（导师：忻平）——中国近现代史，华东师范大学，博士. -2003

晚清各级审判厅研究/李启成（导师：李贵连）——法律史，北京大学，博士. -2003

晚清司法制度转型研究：以部院之争为中心的考察/张从容（导师：朱勇）——法制史，中国政法大学，博士. -2003

晚清中国人的国际法知识与国家平等观念：中国不平等条约概念的起源研究/张建华（导师：王晓秋）——中国近代史，北京大学，博士. -2003

彝族法文化研究/孙伶伶（导师：武树臣）——法律史，北京大学，博士. -2003

秩序与渐进：社会主义初级阶段依法治国研究/郝铁川（合作导师：李步云、刘海年、夏勇）——法学，中国社会科学院法学研究所，博士后出站报告. -2003

中国传统讼师文化研究/党江舟（导师：张晋藩）——中国法制史，中国政法大学，博士. -2003

中国古代社会控制模式的历史考察：一个法社会学的研究/蒋传光（导师：张晋藩）——法律史，中国政法大学，博士. -2003

中国当代新闻传播法制史论/陈建云（导师：丁淦林）——传播学，复旦大学，博士. -2003

中国的宪政选择：1945 年前后/刘山鹰（导师：周叶中）——宪法学与行政法学，武汉大学，博士. -2003

中国近代保险立法移植研究/杨东霞（导师：朱勇）——法制史，中国政法大学，博士. -2003

中国近代证据制度研究/蒋铁初（导师：怀效锋）——法律史，中国政法大学，博士. -2003

中国近代证券法律制度研究/王志华（导师：怀效锋）——法律史，中国政法
　　大学，博士．-2003

中国法律文献学/李振宇（导师：冯浩菲）——中国古典文献学，山东大学，
　　博士．-2003

《周礼》所见若干司法问题研究/关晓丽（导师：吕绍纲）——中国古代史，
　　吉林大学，博士．-2003

变动社会中的法律秩序：1929—1949 年鄂东民事诉讼案例研究/付海晏（导
　　师：马敏）——中国近现代史，华中师范大学，博士．-2004

变动社会中的法律秩序：1929—1949 年鄂东民事诉讼案例研究/付海晏（导
　　师：马敏）——中国近现代史，华中师范大学，博士．-2004

传统司法行为及其合理性/武建敏（导师：武树臣）——法律史，北京大学，
　　博士．-2004

《大清律例》与清代的社会控制/沈大明——法律史，华东政法学院，博
　　士．-2004

国际化与本土化：中国近代法律体系的形成/曹全来（导师：朱勇）——法律
　　史，中国政法大学，博士．-2004

户籍、身份与社会变迁：中国户籍法律史研究/姚秀兰（导师：徐永康）——
　　中国法律史，华东政法学院，博士．-2004

纠纷、诉讼与裁判：黄岩、徽州及陕西的民事讼案研究（1874—1911 年）/
　　邓建鹏（导师：武树臣）——法律史，北京大学，博士．-2004

理念的嬗变、制度的初创：近代中国社会保障立法研究（1912—1949）/岳宗
　　福（导师：吕伟俊）——中国近现代史，浙江大学，博士．-2004

法理与私情之间：明清徽州的民间纠纷及其解决/韩秀桃（合作导师：曾宪
　　义、郑定）——法律史，中国人民大学，博士后出站报告．-2004

梁启超法律思想综论/焦润明（导师：张晋藩）——中国法制史，中国政法大
　　学，博士．-2004

民国初年的制宪与民主转型/严泉（导师：朱学勤）——社会学，上海大学，
　　博士．-2004

民国监督制度研究/何增光（导师：金普森）——中国近现代史，浙江大学，
　　博士．-2004

民国时期习惯法及其应用/苗鸣宇（导师：郭成伟）——法律史，中国政法大
　　学，博士．-2004

明末清初法律思潮研究/苏凤格（导师：怀效锋）——法律史，中国政法大

学，博士．-2004

黔东南雷山县三村苗族习惯法研究/周相卿（导师：张晓辉）——民族学，云
　　南大学，博士．-2004

清代边疆法制与民族关系研究/杜文忠（导师：方铁）——中国少数民族史，
　　云南大学，博士．-2004

清代立嗣继承研究/吕宽庆（导师：郭成康）——中国古代史，中国人民大
　　学，博士．-2004

清末民初的审判独立研究：以法院设置与法官选任为中心/李超（导师：朱
　　勇）——中国法制史，中国政法大学，博士．-2004

清末民初民商事习惯调查之研究/眭红明（导师：公丕祥）——法学理论，南
　　京师范大学，博士．-2004

上海道契：法制变迁的另一种表现/夏扬（导师：朱勇）——中国法制史，中
　　国政法大学，博士．-2004

社会变迁与制度建构：中国行政诉讼制度现代化研究/李孝猛（导师：徐永
　　康）——法律史，华东政法学院，博士．-2004

法社会学在中国：一个学说史的反思/汤唯（导师：何勤华）——法史学，华
　　东政法学院，博士．-2004

生存范式：理性与传统——元明清时期西南少数民族法制研究/胡兴东（导
　　师：方慧）——少数民族法，云南大学，博士．-2004

司法判词的表达与实践：以古代判词为中心/赵静（导师：李熙宗）——汉语
　　言文字学，复旦大学，博士．-2004

宋代军法研究/张明（导师：李昌宪）——中国古代史，南京大学，博
　　士．-2004

宋代刑法研究/戴建国（导师：朱瑞熙）——中国古代史，四川大学，博
　　士．-2004

台湾金融法律制度的历史与现状/柴荣（导师：郑定）——法律史，中国人民
　　大学，博士．-2004

唐代刑部研究/陈灵海（导师：王立民）——法律史，华东政法学院，博
　　士．-2004

晚清地方自治思想的萌生与演变：从鸦片战争至预备立宪前夕/汪太贤（导
　　师：周叶中）——宪法学与行政法学，武汉大学，博士．-2004

晚清涉外经济法律制度研究：晚清来华外商经济行为的法律调整/吕铁贞（导
　　师：怀效锋）——中国法制史，中国政法大学，博士．-2004

晚唐大赦申禁职能研究/魏斌（导师：朱雷）——魏晋南北朝隋唐史，武汉大学，博士．-2004

新民主主义宪政思想研究/宋俭（导师：吴剑杰）——中国近现代史，武汉大学，博士．-2004

新中国民营经济法律制度之变迁：以"权利本位"为视角/陈柳裕（导师：王立民）——中国法制史，华东政法学院，博士．-2004

战国与启蒙时代的刑法思想研究/安斌（导师：陈忠林）——刑法学，西南政法大学，博士．-2004

中国残疾人保护法律问题历史研究/相自成（导师：张晋藩）——法律史，中国政法大学，博士．-2004

中国传统司法的现代转型/沈国琴（导师：信春鹰）——法学理论，中国社会科学院研究生院，博士．-2004

中国古代的天学与法律关系之研究/方潇（导师：郭成伟）——法律史，中国政法大学，博士．-2004

中国警制近代化研究/孟庆超（导师：郭成伟）——法律史，中国政法大学，博士．-2004

中国民间习惯理论与实证研究：以山西阳泉、河北青县民间调查为个案/于语和（合作导师：曾宪义）——中国法制史，中国人民大学，博士后出站报告．-2004

中国信访制度的法律文化分析/李秋学——法学，中国社会科学院，博士后出站报告．-2004

中日民法近代化比较研究/孟祥沛（导师：王立民）——中国法律史，华东政法学院，博士．-2004

自治与官治：南京国民政府的自治法及其实践研究/周联合（导师：周兴樑）——中国近现代史，中山大学，博士．-2004

藏族法律文化研究/甘措（导师：丹珠昂奔）——民族学，中央民族大学，博士．-2005

传统与现代：乡土社会中的民间法/田成有（导师：张晋藩）——中国法制史，中国政法大学，博士．-2005

传统中国的契约：法律与社会——以土地买卖、典当契约为对象的考察/罗海山（导师：霍存福）——法学理论，吉林大学，博士．-2005

从比附援引到罪刑法定：以规则的分析与案例的论证为中心/陈新宇（导师：李贵连）——法律史，北京大学，博士．-2005

从上海公共租界会审公廨看中西法律制度和思想的冲突与融合/余华川（导师：相兰欣）——法律史，华东师范大学，博士．-2005

大陆有限责任公司与香港私人公司中股东拥有及行使权益相关制度比较研究/陈智彪（导师：曾宪义）——法律史，中国人民大学，博士．-2005

大清刑律草案签注研究/高汉成（导师：朱勇）——法制史，中国政法大学，博士，—2005

傣族法律制度研究/刀伟（导师：胡绍华）——专门史，中央民族大学，博士．-2005

当代中国刑法史研究/杨庆文（导师：杨树标）——中国近现代史，浙江大学，博士．-2005

公司法：政府权力与商人利益的博弈：以《公司律》和《公司条例》为中心/江眺（导师：朱勇）——中国法制史，中国政法大学，博士．-2005

公司法政府权力与商人利益的博弈：以《公司律》和《公司条例》为中心/江眺（导师：朱勇）——法制史，中国政法大学，博士，-2005

国际海上武装冲突法的历史演进/邢广梅（导师：叶秋华）——法律史，中国人民大学，博士．-2005

汉唐权力制约理论与实践研究/陈秋云（合作导师：李步云、刘海年）——法学理论，中国社会科学院法学研究所，博士后出站报告．-2005

黄老学法律思想辨疑/关志国（导师：杨一凡）——法学理论，中国社会科学院研究生院，博士．-2005

回族传统法文化研究/马克林（导师：杨建新）——民族学，兰州大学，博士．-2005

羁縻：清前期旅蒙商及其贸易活动的法律透视/岑飒（导师：郑定）——中国法制史，中国人民大学，博士．-2005

近代中国公司法律制度移植及效果分析/蒋燕玲（导师：曾宪义）——法律史，中国人民大学，博士．-2005

近代中国著作权法的成长（1903—1910）/王兰萍（导师：何勤华）——法律史，华东政法学院，博士．-2005

凌迟刑研究/李宜霞（导师：郑定）——法律史，中国人民大学，博士．-2005

论我国行政法制监督制度的历史发展与完善/李蕊（导师：郑定）——中国法制史，中国人民大学，博士．-2005

民国商事立法研究：1912—1937/季立刚（导师：公丕祥）——法学理论，南

京师范大学，博士. -2005

民国时代经济法律发展问题研究/张廉（导师：公丕祥）——法学理论，南京
　　师范大学，博士. -2005

民国时期婚姻法近代化研究/王新宇（导师：朱勇）——法制史，中国政法大
　　学，博士. -2005

民国时期恐怖活动与反恐法律制度研究/杨正鸣（导师：王立民）——法律
　　史，华东政法学院，博士. -2005

民国时期中间党派的宪政诉求/常保国（导师：郭成伟）——法律史，中国政
　　法大学，博士. -2005

明代官吏职务犯罪研究/江继海（导师：赵毅）——明清史，东北师范大学，
　　博士. -2005

明清晋商与传统法律文化/张钧（导师：曾宪义）——法律史，中国人民大
　　学，博士. -2005

明清讼学研究/龚汝富（导师：徐永康）——法律史，华东政法学院，博
　　士. -2005

清代州县财政与基层社会：以巴县为个案/史玉华（导师：周育民）——中国
　　近现代史，上海师范大学，博士. -2005

清季宪政大辩论：以《中兴日报》、《南洋总汇新报》之论战为主体的探讨/
　　彭剑（导师：严昌洪）——中国近现代史，华中师范大学，博士. -2005

清末民初《商人通例》及《商法总则》草案研究/万玫（导师：李贵
　　连）——中国法律史，北京大学，博士. -2005

清末旗民法律关系研究/高中华（合作导师：杨一凡）——法制史，中国社会
　　科学院法学研究所，博士后出站报告. -2005

清末诉讼模式的演进/王浩（导师：朱勇）——中国法制史，中国政法大学，
　　博士. -2005

清末新闻出版案件研究（1900—1911）：以"苏报案"为中心/徐中煜（导
　　师：李贵连）——法律史，北京大学，博士. -2005

秋审条款研究/宋北平（导师：朱勇）——法律史，中国政法大学，博
　　士. -2005

人权派人权思想研究/马建红（导师：徐显明）——法理学，山东大学，博
　　士. -2005

身份与财产：谱系继替下的清代承继法律文化/李小标（导师：张晋藩）——
　　法律史，中国政法大学，博士. -2005

《宋会要辑稿·刑法》整理与研究/马泓波（导师：李裕民）——中国古代史，陕西师范大学，博士．-2005

宋明理学视野中的法律/吴晓玲（导师：怀效锋）——中国法制史，中国政法大学，博士．-2005

唐代赦宥制度/邵志国（导师：施建中）——中国古代史，北京师范大学，博士．-2005

唐代宗教管理研究/周奇（导师：韩昇）——中国古代史，复旦大学，博士．-2005

唐令基本问题研究/李玉生（导师：曾宪义）——法律史，中国人民大学，博士．-2005

《唐律》若干罪名的实证分析/江润南（导师：程天权）——法律史，中国人民大学，博士．-2005

晚清华洋商事纠纷之研究/蔡晓荣（导师：王国平）——中国近现代史，苏州大学，博士．-2005

晚清交通立法研究/叶士东（导师：怀效锋）——法律史，中国政法大学，博士．-2005

晚清法律教育：从传统律学教育到近代法学教育的转型/周少元（合作导师：韩延龙、马小红）——法律史，中国社会科学院法学研究所，博士后出站报告．-2005

王权主义与中国社会：古代公法文化研究/陈小葵（导师：张晋藩）——中国法制史，中国政法大学，博士．-2005

魏晋南北朝刑法研究/薛菁（导师：汪征鲁）——历史学，福建师范大学，博士．-2005

西夏法律制度研究/陈永胜（导师：杨建新）——民族学，兰州大学，博士．-2005

先秦法家思想比较研究：以《管子》、《商君书》、《韩非子》为中心/杨玲（导师：束景南）——古典文献学，浙江大学，博士．-2005

信仰与权威：诅咒（赌咒）、发誓与法律之比较研究/张永和（导师：张晓辉）——民族学，云南大学，博士．-2005

学风、世变与民国法学：朝阳大学研究（1912—1946）/杨昂（导师：郑定）——法律史，中国人民大学，博士．-2005

永佃制的历史发展及法律实践/张弛（导师：武树臣）——法律史，北京大学，博士．-2005

元明清时期傣族法律制度研究/吴云（导师：方慧）——少数民族法制史，云南大学，博士．-2005

法制现代化视野中的清末房地产契证制度：以南京地区房地产契证为范本的分析/曹伊清（导师：夏锦文）——法律史，南京师范大学，博士．-2005

德治图景下的中国传统司法文化研究：以清代为中心/杨帆（导师：张晋藩）——中国法制史，中国政法大学，博士．-2005

中国古代立法文化研究/史广全（导师：曾宪义）——中国法制史，中国人民大学，博士．-2005

中国古代刑罚体系与"五刑"观念关系研究/史永丽（导师：赵晓耕）——法律史，中国人民大学，博士．-2005

中国古典法律解释的哲学向度/谢晖（导师：刘大钧、付有德）——中国哲学，山东大学，博士．-2005

中国监狱学史研究：清末以来的中国监狱学术述论/郭明（导师：张晋藩）——中国法制史，中国政法大学，博士．-2005

中国近代地方自治法研究/王圣诵（导师：郭成伟）——法律史，中国政法大学，博士．-2005

中国民事立法本土资源利用研究/童光政（合作导师：孟勤国）——法律史，武汉大学，博士后出站报告．-2005

《周礼·秋官》所见司法问题研究：兼与周代司法制度的比较/温慧辉（导师：晁福林）——中国古代史，北京师范大学，博士．-2005

宗法结构与中国古代民事争议解决机制/毛国权（导师：武树臣）——法律史，北京大学，博士．-2005

罪名·引断·案情：《刑案汇览三编》研究/王瑞峰（导师：李贵连）——法律史，北京大学，博士．-2005

1901—1911：旧王朝与新制度：清末立宪改革述论/徐爽（导师：王人博）——宪法与行政法学，中国政法大学，博士．-2006

1949—1957年的中国法学教育/董节英（导师：谢春涛）——中共党史，中共中央党校，博士．-2006

从碑刻资料解读清代民间社会保障规则/孙丽娟（导师：杨一凡）——法律史，中国社会科学院法学研究所，博士后出站报告．-2006

从"法律文化研究"的角度审视马克斯·韦伯的法律社会学/李强（导师：霍存福）——法学理论，吉林大学，博士．-2006

从无讼到恢复性司法/李游（导师：朱勇）——法律史，中国政法大学，博
　　士．-2006

从专员区公署到地区行署制的法治考察/翁有为（导师：张晋藩）——法律
　　史，中国政法大学，博士．-2006

《管子》与中国传统法律思想/吕华侨（导师：徐兆仁）——思想文化史，中
　　国人民大学，博士．-2006

规范与价值：近代中国刑事法制的转型/王敏（导师：公丕祥）——法学理
　　论，南京师范大学，博士．-2006

国民党党国体制：作为一种政体的研究/付春杨（导师：陈晓枫）——宪法学
　　与行政法学，武汉大学，博士．-2006

汉代礼法结合综治模式的确立及其影响/许建（导师：郭成伟）——法律史，
　　中国政法大学，博士．-2006

汉代律章句学考论/龙大轩（导师：俞荣根）——刑法学，西南政法大学，博
　　士．-2006

汉代诉讼制度研究/程政举（导师：袁祖亮）——中国古代史，郑州大学，博
　　士．-2006

货币资本证券化进程中的私法变迁/朱焕强（导师：江平）——民商法学，中
　　国政法大学，博士．-2006

监察与制衡：古代中国与中古英国权力控制模式比较研究/汪庆红（导师：张
　　晋藩）——法律史，中国政法大学，博士．-2006

近代中国公司法史论/魏淑君（导师：徐永康）——中国法律史，华东政法学
　　院，博士．-2006

近代中国刑法中的"故意过失"学说研究/刘庆飞（导师：俞荣根）——法
　　律史，西南政法大学，博士．-2006

孔氏家族宗族法及其法定特权研究/袁兆春（导师：王立民）——法律史，华
　　东政法学院，博士．-2006

"隶臣妾"身份再研究/李力（导师：张晋藩）——法律史，中国政法大学，
　　博士．-2006

论公务员制度的中国语境/杨成炬（导师：徐永康）——中国法律史，华东政
　　法学院，博士．-2006

罗马法与近代民法的伦理基础/孙晓光（导师：王卫国）——民商法学，中国
　　政法大学，博士．-2006

媒体报道司法活动的法律规制/简海燕（导师：曾尔恕）——法律史，中国政

法大学，博士．-2006

民初"府院之争"的宪政反思/许驰（导师：陈晓枫）——宪法学与行政法学，武汉大学，博士．-2006

民国商事登记法律制度研究/韦浩（导师：徐永康）——中国法律史，华东政法学院，博士．-2006

明暗之间：近代中国的狱制转型研究/王素芬（导师：何勤华）——法律史学，华东政法学院，博士．-2006

明清与民初的讼师与讼学研究/潘宇（导师：霍存福）——法学理论，吉林大学，博士．-2006

南京国民政府训政前期立法体制研究（1928—1937）/卞琳（导师：徐永康）——中国法律史，华东政法学院，博士．-2006

南诏法律制度研究/罗家云（导师：方慧）——少数民族法制史，云南大学，博士．-2006

清朝广州涉外法律制度研究/唐伟华（导师：郭成伟）——法律史，中国政法大学，博士．-2006

清代赋税法律制度研究（1644年—1840年）/尚春霞（导师：张晋藩）——法律史，中国政法大学，博士．-2006

清代监察法研究/焦利（导师：张晋藩）——法律史，中国政法大学，博士．-2006

清代科举法律文化研究/叶晓川（导师：张晋藩）——法律史，中国政法大学，博士．-2006

清代民间社会的保障规则与秩序：从碑刻资料解读清代社会保障习惯法/孙丽娟（合作导师：杨一凡）——法制史，中国社会科学院法学研究所，博士后出站报告．-2006

清代盐业犯罪研究/李坤刚（导师：程天权）——法律史，中国人民大学，博士．-2006

清代州县官的民事审判/王静（导师：霍存福）——法学理论，吉林大学，博士．-2006

清代州县官吏的司法责任/李凤鸣（导师：刘广安）——法律史，中国政法大学，博士．-2006

清末口岸法律制度研究/朱东晖（导师：朱勇）——法律史，中国政法大学，博士．-2006

清末民初人权思想的肇始与嬗变/冯江峰（导师：郭成伟）——法律史，中国

政法大学，博士．-2006

清末民初法人制度的萌芽：以大理院民事裁判为中心（1912—1928）/黄章一（导师：李贵连）——法律史，北京大学，博士．-2006

清末民初职官渎职犯罪研究/李文生（导师：郭成伟）——法律史，中国政法大学，博士．-2006

清末政治改革的法律路径：沈家本法律改革思想研究/付育（导师：宝成关）——政治学理论，吉林大学，博士．-2006

宋朝涉外法律初探：以外国人来华、归明人归正人为中心/吕英亭（导师：宝成关）——中国古代史，吉林大学，博士．-2006

唐代死刑研究/王平原（导师：赵晓耕）——法律史，中国人民大学，博士．-2006

晚清京控案件研究：以《光绪朝朱批奏折》为中心/胡震（导师：李贵连）——法律史，北京大学，博士．-2006

晚清同治朝条约的影响因素研究/陈文学（导师：饶戈平）——国际法学，北京大学，博士．-2006

晚清乡土社会的民事纠纷调解及其变迁：以徽州私约为起点的解读/春杨（导师：郑定）——法律史，中国人民大学，博士．-2006

王权宪法监察权研究/徐德刚（导师：陈晓枫）——宪法学与行政法学，武汉大学，博士．-2006

我国监护制度的法文化分析/闫弘宇（导师：霍存福）——法学理论，吉林大学，博士．-2006

洗钱与反洗钱：中外反洗钱法律制度的历史探究和现实思考/高俊义（导师：郑定）——法律史，中国人民大学，博士．-2006

宪政与近代中国治边法制/杜文忠（合作导师：崔钟库）——法律史，韩国首尔大学，博士后出站报告．-2006

刑罚制度的历史阶段演进/房绪兴（导师：王牧）——刑法学，中国政法大学，博士．-2006

秩序与人：先秦儒家法思想新论/张瑞雪（导师：张岂之）——历史学，西北大学，博士．-2006

中国传统行政程序研究/柳正权（导师：陈晓枫）——宪法学与行政法学，武汉大学，博士．-2006

中国传统政权合法性文化/张烁（导师：陈晓枫）——宪法学与行政法学，武汉大学，博士．-2006

中国传统法之和谐价值研究/孙光妍（导师：张锡勤）——中国哲学，黑龙江
　　大学，博士．-2006

中国近代律师职业群体与组织/李卫东（合作导师：杨一凡、徐立志）——法
　　律史，中国社会科学院法学研究所，博士后出站报告．-2006

中国近代商事仲裁制度研究/江立新（导师：朱勇）——法律史，中国政法大
　　学，博士．-2006

中国近代水权纠纷解决机制研究/田东奎（导师：朱勇）——法制史，中国政
　　法大学，博士．-2006

中国近代职业教育法制研究/王为东（导师：怀效锋）——法律史，中国政法
　　大学，博士．-2006

中国廉政法律文化研究/贾育林（导师：郭成伟）——法律史，中国政法大
　　学，博士．-2006

中国刑律儒家化的标准问题研究/陈红太（导师：张晋藩）——法律史，中国
　　政法大学，博士．-2006

中国罪刑法定原则的百年变迁研究/彭凤莲（导师：高铭暄）——刑法学，中
　　国人民大学，博士．-2006

不完备法律下的金融监管研究/霍学文（导师：曾宪义）——法律史，中国人
　　民大学，博士．-2007

传统审判制度近代化研究/张熙照（导师：赵英兰）——中国近现代史，吉林
　　大学，博士．-2007

传统中国侵权行为的法律对峙/明辉（导师：张晋藩）——法律史，中国政法
　　大学，博士．-2007

从康有为、梁启超到孙中山：清末民初宪政理论与实践演进的初探/吴爱萍
　　（导师：郑定）——法律史，中国人民大学，博士．-2007

担保法律制度与习俗的文化解读：以中国史上的"人的担保"为中心/张域
　　（导师：霍存福）——法律史，吉林大学，博士．-2007

当代中国调解制度的变迁研究/洪冬英（导师：王立民）——法律史，华东政
　　法大学，博士．-2007

服制视野下的清代法律/高学强（导师：张晋藩）——法律史，中国政法大
　　学，博士．-2007

关于古代受教育资格及权利实现的考察与比较：以"去特权化"为线索/芦琦
　　（导师：郝铁川）——法律史，华东政法大学，博士．-2007

国家与社会：清代城市管理机构与法律制度变迁研究/周执前（导师：何一

民）——中国近现代史，四川大学，博士．-2007

汉代债法研究：以简牍文书为中心的考察/谢全发（导师：曾代伟）——法律史，西南政法大学，博士．-2007

艰难中前行：中国法律经济学的发展与反思/潘小军（导师：徐永康）——法律史，华东政法大学，博士．-2007

建国初期刑事诉讼制度研究/张爱军（导师：陈刚）——诉讼法学，重庆大学，博士．-2007

近代广东妇女权利研究/向仁富（导师：郭世佑）——法律史，中国政法大学，博士．-2007

近代中国民法原则研究/韩冰（导师：刘广安）——法律史，中国政法大学，博士．-2007

近代中国民法原则研究/姜等峰（导师：郭成伟）——法律史，中国政法大学，博士．-2007

近代中国与国际法：从天下观到国际观/曾涛（合作导师：朱勇）——法制史，中国政法大学，博士后出站报告．-2007

经济犯罪死刑的历史和比较研究/黄伟明（导师：程天权）——法律史，中国人民大学，博士．-2007

礼与王权的合法性构建：以先秦至隋唐的史料为中心/徐燕斌（导师：俞荣根）——法律史，西南政法大学，博士．-2007

两汉郡县官吏司法权研究/胡仁智（导师：陈金全）——法律史，西南政法大学，博士．-2007

论地方议会制度在清末的实验：以江苏咨议局为核心的研究/刁振娇（导师：徐永康）——法律史，华东政法大学，博士．-2007

论张之洞"中体西用"法律思想/严晶（导师：杨一凡）——中国传统法律文化，中国社会科学院研究生院，博士．-2007

萌芽期的现代法律新词研究/崔军民（导师：俞理明）——语言学及应用语言学，四川大学，博士．-2007

民国社会救济法律制度研究/张毅刚（导师：徐永康）——法律史，华东政法大学，博士．-2007

明代茶法研究/魏志静（导师：怀效锋）——法律史，中国政法大学，博士．-2007

明代监察官职务犯罪研究/丁玉翠（导师：程天权）——法律史，中国人民大学，博士．-2007

明代文官犯罪研究/张宜（导师：曾宪义）——法律史，中国人民大学，博士．-2007

明代注释律学研究/马韶青（导师：杨一凡）——中国传统法律文化，中国社会科学院研究生院，博士．-2007

明清地缘社会的纠纷解决机制研究/陈会林（导师：范忠信）——法律史，中南财经政法大学，博士．-2007

明清以来江南地区商人团体习惯法的演化/李学兰（导师：谢晖）——法社会学，山东大学，博士．-2007

明清讼师文化研究/袁瑜珺（导师：武树臣）——法律史，北京大学，博士．-2007

南京国民政府时期四川基层司法审判的现代转型/吴燕（导师：陈廷湘）——中国近现代史，四川大学，博士．-2007

南京国民政府训政前期立法评判研究（1928—1937）/卞琳（导师：徐永康）——法律史，华东政法大学，博士．-2007

宁波近代法制变迁研究/邹剑锋（导师：王立民）——法律史，华东政法大学，博士．-2007

农地永佃权的历史与现实意义：以永佃权在民国的发展演变为视角/何莉萍（导师：赵晓耕）——法律史，中国人民大学，博士．-2007

秦汉奴婢法律地位及其比较研究/文霞（导师：宋杰）——中国古代史，首都师范大学，博士．-2007

秦汉杂家法律思想研究：对《吕氏春秋》和《淮南子》的解读/夏道虎（导师：武树臣）——法律史，北京大学，博士．-2007

清朝对外贸易法制研究/张晓堂（导师：张晋藩）——法律史，中国政法大学，博士．-2007

清朝前期涉外法律研究：以广东地区来华外国人为中心/王巨新（导师：陈尚胜）——专门史，山东大学，博士．-2007

清朝文官制度研究/艾永明（导师：杨海坤）——宪法学与行政法学，苏州大学，博士．-2007

清代蒙古地区地方立法问题研究：以《喀尔喀吉如姆》研究为中心/金山（导师：薄音湖）——蒙古史，内蒙古大学，博士．-2007

清代民事纠纷的民间调处研究/胡谦（导师：刘广安）——法律史，中国政法大学，博士．-2007

清代清水江下游村寨社会的契约规范与秩序：以锦屏文斗苗寨契约文书为中

心/梁聪（导师：陈金全）——法律史，西南政法大学，博士. -2007

清代文官行政处分研究/董蕊（导师：程天权）——法律史，中国人民大学，博士. -2007

清末监狱改良/肖世杰（导师：汪太贤）——诉讼法学，湘潭大学，博士. -2007

清末检查制度及其实践/谢如程（导师：王立民）——法律史，华东政法大学，博士. -2007

清末民初的商标法律制度/张丽红（导师：武树臣）——法律史，北京大学，博士. -2007

清末民初民事诉讼法律研究/刘玉华（导师：郭成伟）——法律史，中国政法大学，博士. -2007

清末民初女性犯罪研究（1901—1919年）/艾晶（导师：陈廷湘）——专门史，四川大学，博士. -2007

清末民初行政诉讼制度研究/宋玲（导师：朱勇）——法律史，中国政法大学，博士. -2007

清末诉讼文化转型研究/章育良（导师：李交发）——诉讼法学，湘潭大学，博士. -2007

清末新政中的修订法律馆/陈煜（导师：张晋藩）——法律史，中国政法大学，博士. -2007

三国两晋南北朝时期民族法制研究/陈庆云（导师：方慧）——云南大学，少数民族法制史，博士. -2007

天理循环：程朱礼法学研究/宋大琦（导师：朱勇）——法律史，中国政法大学，博士. -2007

晚清商法法典化研究/任满军（导师：朱勇）——法制史，中国政法大学，博士. -2007

晚清社会变迁中的法学翻译及其影响/胡照青（导师：孙潮）——法律史，华东政法大学，博士. -2007

我国仲裁机构演变的研究/袁忠民（导师：徐永康）——法律史，华东政法大学，博士. -2007

五权宪法之考试权研究/谌来业（导师：陈晓枫）——宪法学与行政法学，武汉大学，博士. -2007

西汉前期黄老学说下的法律思想与法治实践研究/杨頡慧（导师：姜建设）——中国古代史，郑州大学，博士. -2007

西南少数民族刑法研究/韩敏霞（导师：方慧）——少数民族法制史，云南大学，博士．-2007

新中国检察制度的发展研究/崔锐（导师：赵晓耕）——法律史，中国人民大学，博士．-2007

刑事制裁体系近现代史纲/葛磊（导师：陈兴良）——刑法学，北京大学，博士．-2007

荀子人性法律思想新论：以性恶论为核心/姜登峰（导师：郭成伟）——法律史，中国政法大学，博士．-2007

战国时代的黄老"法"理论/王沛（导师：王立民）——法律史，华东政法大学，博士．-2007

找寻乡土社会的法律秩序：1954 年至 1978 年广东省 S 县诉讼档案考察/聂铄（导师：曾宪义）——法律史，中国人民大学，博士．-2007

制度移植与功能回归：新中国专利制度孕育与发展历程/黄武双（导师：王立民）——法律史，华东政法大学，博士．-2007

中国传统诉讼之"情判"研究/刘军平（导师：李交发）——诉讼法学，湘潭大学，博士．-2007

中国近现代刑法进化研究/杨建军（导师：高铭暄）——刑法学，中国人民大学，博士．-2007

《中华民国民法·亲属》研究/许莉（导师：王立民）——法律史，华东政法大学，博士．-2007

罪刑法定原则与近代中国刑法之变迁：以法律文本为研究对象/孟红（导师：何勤华）——法律史，华东政法大学，博士．-2007

《左传》刑罚适用研究/宁全红（导师：俞荣根）——法律史，西南政法大学，博士．-2007

1946 年中华民国宪法辨析/聂鑫（导师：赵晓耕），——法律史，中国人民大学，博士．-2008

传统中国商业社会的国家控制模式研究：以明清商牙纠纷为视角/黄东海（导师：范忠信）——法律史，中南财经政法大学，博士．-2008

从都察院到检察厅：以清代法制变革为视角/刘涛（导师：赵晓耕）——法律史，中国人民大学，博士．-2008

从冕宁县档案看清代民事诉讼制度/李艳君（导师：张晋藩）——法律史，中国政法大学，博士．-2008

大清民律草案至民律第二次草案期间的普通合伙立法及司法状况研究/林达丰

（导师：李贵连）——法律史，北京大学，博士．-2008

《独立评论》的宪政思想/陈静熔（导师：程燎原）——环境与资源保护法学，重庆大学，博士．-2008

关于"子孙违犯教令"的历史考察（古代部分）/孙家红（导师：李贵连）——法律史，北京大学，博士．-2008

汉唐时期的损害赔偿制度研究/田振洪（导师：徐世虹）——法律史，中国政法大学，博士．-2008

近代商法与商事习惯研究/张松（导师：朱勇）——法制史，中国政法大学，博士．-2008

经学刑德观与汉代法律研究/汪荣（导师：曾代伟）——法律史学，西南政法大学，博士．-2008

居正法律思想与司法实践研究（1932—1948）/江照信（导师：苏基朗、於兴中）——法律史，香港中文大学，博士．-2008

凉山彝族习惯法的历史流变：以案例分析为中心的研究/严文强（导师：陈金全）——法律史，西南政法大学，博士．-2008

民初民事诉讼法制现代化研究（1912—1928）/杨立杰（导师：陈刚）——诉讼法学，重庆大学，博士．-2008

民初女性权利变化研究：以婚姻、继承判解为中心/徐静莉（导师：朱勇）——法制史，中国政法大学，博士，—2008

民国末期中央立法权的思想与文本研究：1947—1949/荆月新（导师：何勤华）——法律史，华东政法大学，博士．-2008

明代嘉靖至万历年间地方性条约研究/才媛（导师：杨一凡）——法律史，中国社会科学院研究生院，博士．-2008

明代绅士与诉讼：以判牍为中心/严曦（导师：怀效锋）——法律史学，中国政法大学，博士．-2008

明清法律生活中的功利平衡/汪雄涛（导师：陈景良）——法律史，中南财经政法大学，博士．-2008

明清时期西南少数地区物权制度研究/朱艳英（导师：方慧）——少数民族法制史，云南大学，博士．-2008

南京国民政府前期股东权益纠纷的司法救济/赵克军（导师：郭成伟）——法律史，中国政法大学，博士．-2008

南京国民政府时期民事审判制度研究/谢冬慧（导师：公丕祥）——法学理论，南京师范大学，博士．-2008

清朝官箴理念对州县司法的影响/关志国（合作导师：郭成伟）——法律史，
　　中国政法大学，博士后出站报告．-2008

清朝医药法制研究/刘聪（导师：梁峻）——中医医史文献，中国中医研究
　　院，博士．-2008

清朝中期妇女犯罪问题研究/杨晓辉（导师：张中秋）——法律史，中国政法
　　大学，博士．-2008

清代地方法规研究：以"省例"为中心/胡震（合作导师：张晋藩）——法
　　制史，中国政法大学，博士后出站报告．-2008

清代法官的司法观念/章燕（导师：霍存福）——法学理论，吉林大学，博
　　士．-2008

清代法律职业者的法律知识与法律实践/李仪（导师：张晋藩）——法律史，
　　中国政法大学，博士．-2008

清代买卖契约研究/刘高勇（导师：刘广安）——法律史，中国政法大学，博
　　士．-2008

清代审判纠错机制研究/李燕（导师：刘广安）——法律史，中国政法大学，
　　博士．-2008

清代刑讯制度考辨/于晓青（导师：郝铁川）——法律史，华东政法大学，博
　　士．-2008

清代治理邪教犯罪研究/周向阳（导师：郭成伟）——法律史，中国政法大
　　学，博士．-2008

清代中期妇女犯罪问题研究/杨晓飞（导师：张中秋）——法律史，中国政法
　　大学，博士．-2008

清末民初云南法制近代化转型研究/马雁（导师：方慧）——少数民族法制
　　史，云南大学，博士．-2008

清末民初中国家产制度的演变/卢静仪（导师：李贵连）——法律史，北京大
　　学，博士．-2008

清末民国土地法制研究/杨士泰（导师：张生）——法律史，中国政法大学，
　　博士．-2008

杀人者死的中国传统观念及其实践研究/蒋冬梅（导师：王立民）——法律
　　史，华东政法大学，博士．-2008

上海市法学会历史变迁研究：以1978年以后的发展为对象/穆中杰（导师：
　　王立民）——法律史，华东政法大学，博士．-2008

丝绸之路与中国传统法律文化的域外传播/马慧玥（导师：马小红）——法律

史，中国政法大学，博士．-2008

宋代商业法制研究：基于法律思想视角/郑颖慧（导师：崔永东）——法律史，中国政法大学，博士．-2008

宋元丰以后法律体系的变化/吕志兴（导师：曾代伟）——法律史，西南政法大学，博士．-2008

唐代文人与法律/何蕾（导师：陈尚君）——中国古代文学，复旦大学，博士．-2008

西方分析实证主义法学在中国/李刚（导师：程燎原）——法学理论，重庆大学，博士．-2008

西夏法制研究：以中华法系的传承与创新为视角/邵方（导师：俞荣根）——法律史，西南政法大学，博士．-2008

严复宪政思想研究/杨阳（导师：程燎原）——环境与资源保护法学，重庆大学，博士．-2008

元明清时期西南少数民族纠纷解决机制研究/伲澎（导师：方慧）——少数民族法制史，云南大学，博士．-2008

云南贡山丙中洛乡少数民族习惯法的育人功能研究/郭凤鸣（导师：张维平）——教育学原理，西南大学，博士．-2008

战国秦汉法家诸问题研究/区永圻（导师：熊铁基）——历史文献学，华中师范大学，博士．-2008

张家山汉简《二年律令》释文补遗与相关问题研究/鲁家亮（导师：陈伟）——历史文献学，武汉大学，博士．-2008

中国传统民事契约格式研究/唐红林（导师：徐永康）——法律史，华东政法大学，博士．-2008

中国传统侦查制度的现代转型：1906—1937年侦查制度现代化的初期进展/倪铁（导师：徐永康）——法律史，华东政法大学，博士．-2008

中国古代法律解释的学理诠释/管伟（导师：陈金钊）——法学理论，山东大学，博士．-2008

中国古代刑法总则研究/陈广秀（导师：霍存福）——法学理论，吉林大学，博士．-2008

中国近现代监督权利研究/王月明（导师：王立民）——法律史，华东政法大学，博士．-2008

中国外汇管理法律制度变迁/林华昌（导师：徐永康）——中法史，华东政法大学，博士．-2008

出洋考察团与清末立宪研究/柴松霞（导师：朱勇）——法律史，中国政法大学，博士．-2009

古代刑名诠考/彭文芳（导师：黄金贵）——汉语言文字学，浙江大学，博士．-2009

古代中国的"契约自由"：文本与实践的考察/张姗姗（导师：霍存福）——法学理论，吉林大学，博士．-2009

道教与中国传统法律文化/王谋寅（导师：崔永东）——法律史，中国政法大学，博士．-2009

二十世纪中期上海婚姻刑案研究：以1945—1947年上海部分婚姻刑案为例/倪万英（导师：徐永康）——中法史，华东政法大学，博士．-2009

美国司法审查制度及其理论基础研究：以美国最高法院司法审查的正当性为中心/雷安军（导师：张中秋）——法律史，中国政法大学，博士．-2009

汉代家庭法研究/王辉（导师：徐世虹）——法律史，中国政法大学，博士．-2009

回族民商事习惯法研究/孙晔（导师：谢晖）——民间法，山东大学，博士．-2009

近代中国城市江湖社会解纷模式研究——以汉口码头为例/易江波（导师：范忠信）——法律史，中南财经政法大学，博士．-2009

近代中国检察权配置与实践研究/刘清生（导师：胡旭晟）——诉讼法学，湘潭大学，博士．-2009

晋朝法制研究/李俊方（合作导师：戴建国）——中国古代史，上海师范大学，博士后出站报告．-2009

景颇族纠纷解决机制研究/赵天宝（导师：陈金全）——法律史，西南政法大学，博士．-2009

竞争与共享：明清山陕水权纠纷之解决/田东奎（合作导师：杨一凡）——法律史，中国社会科学院研究生院，博士后出站报告．-2009

论我国银行法体系的演进/虞瑾（导师：徐永康）——中法史，华东政法大学，博士．-2009

民国时期慈善法制研究/曾桂林（导师：王卫平）——中国近现代史，苏州大学，博士．-2009

民国时期档案法规研究/王芹（导师：王国平）——中国近现代史，苏州大学，博士．-2009

民国刑事特别法研究/张道强（导师：徐立志）——法律史，中国社会科学院
　　研究生院，博士. -2009

明清徽商的诉讼研究/王亚军（导师：王立民）——法律史，华东政法大学，
　　博士. -2009

明清契约格式化及其成因/王旭（导师：武树臣）——法律史，北京大学，博
　　士. -2009

南宋民事诉讼制度研究：以案件的"圆满解决"为中心/边媛（导师：郭成
　　伟）——法律史，中国政法大学，博士. -2009

亲情与秩序之间：清代传统亲属容隐制度之实践/李娟（导师：李贵连）——
　　法律史，北京大学，博士. -2009

清代的故意杀人罪/闵冬芳（导师：赵晓耕）——法律史，中国人民大学，博
　　士. -2009

清代丧葬法律与习俗/刘冰雪（导师：刘广安）——法律史，中国政法大学，
　　博士. -2009

清代新疆地区法律制度及其变迁研究：以回疆为中心的考察/杨军（导师：方
　　慧）——少数民族法制史，云南大学，博士. -2009

清代中期重庆的商业规则与秩序：以巴县档案为中心的研究/张渝（导师：俞
　　荣根）——法律史，西南政法大学，博士. -2009

清代州县司法与刑讯问题研究/金大宝（导师：朱勇）——法律史，中国政法
　　大学，博士. -2009

丧服制度研究/杨辉（导师：徐永康）——中法史，华东政法大学，博
　　士. -2009

陕甘宁边区的民事法源：以边区高等法院档案为中心/胡永恒（导师：武树
　　臣）——法律史，北京大学，博士. -2009

上海公共租界法权变迁问题研究/陈策（导师：金光耀）——中国近代史，复
　　旦大学，博士. -2009

试论中华法系的核心文化精神及其历史运行：兼析古人法律生活中的"情理"
　　模式/邓勇（导师：霍存福）——法学理论，吉林大学，博士. -2009

唐代诉讼制度研究/陈玺（导师：贾二强）——法律史，陕西师范大学，博
　　士. -2009

唐代驿站的法律制度研究/况腊生（导师：马小红）——法律史，中国政法大
　　学，博士. -2009

唐以降传统法定离婚制度探究/崔兰琴（导师：郭成伟）——法律史，中国政

法大学，博士．-2009

唐宋宗教社会纠纷解决机制研究/李可（导师：范忠信）——法律史，中南财经政法大学，博士．-2009

晚清大理院研究/韩涛（导师：李贵连）——法律史，北京大学，博士．-2009

晚清对外贸易法律制度研究的演变与透视/刘梅育（导师：张中秋）——法律史，中国政法大学，博士．-2009

文本、判解及学说：中国近代侵权行为法研究/蔡晓荣（合作导师：朱勇）——法制史，中国政法大学，博士后出站报告，—2009

文化与制度：藏区命价纠纷的法律分析/周欣宇（导师：陈金全）——法律史，西南政法大学，博士．-2009

吴经熊法律实践研究（1917—1949）/孙伟（导师：王国平）——中国近现代史，苏州大学，博士．-2009

西北出土汉简中汉代津令佚文分类整理研究/王旺祥（导师：张德芳）——专门史，西北师范大学，博士．-2009

《现行律民事有效部分·婚姻门》研究/李琳（导师：徐立志）——中国法律史，中国社会科学院研究生院，博士．-2009

乡土秩序的断裂与嬗变：1949—1979年县纠纷解决为视角/刘婷婷（导师：马小红）——法律史，中国政法大学，博士．-2009

湘鄂西土家族家族司法研究/刘泽友（导师：李交发）——诉讼法学，湘潭大学，博士．-2009

新中国民法法典化历史考察/易清（导师：赵晓耕）——法律史，中国人民大学，博士．-2009

冤抑与诉讼：清代上控制度研究/张翅（导师：张晋藩）——法律史，中国政法大学，博士．-2009

元代法定刑考辩/徐昱春（导师：曾代伟）——法律史，西南政法大学，博士．-2009

张之洞与晚清文化保守主义思潮/任晓兰（导师：孙晓春）——政治学理论，南开大学，博士．-2009

法制变迁的痕迹：以清末民初法律文书为考察对象/杨鸿雁（导师：赵晓耕）——法律史，中国人民大学，博士．-2009

中国传统司法审判制度法文化内涵研究/张明敏（导师：姜生）——专门史，山东大学，博士．-2009

中国古代判例法运作机制研究：以元朝和清朝为比较的考察/胡兴东（合作导师：何勤华）——法律史，华东政法大学，博士后出站报告．-2009

中国古代证据制度及其理据研究/祖伟（导师：霍存福）——法学理论，吉林大学，博士．-2009

从清代教案看中西法律文化冲突/乔飞（导师：范忠信）——法律史，中南财经政法大学，博士．-2010

汉代儒家法思想的形态与实践：以皇帝政治为视角的考察/朱腾（导师：崔永东）——中国法文化史，中国政法大学，博士．-2010

《汉书·律历志》研究/夏国强（导师：王继如）——汉语言文字学，苏州大学，博士．-2010

话语竞争与社会变迁：明清区域性诉讼社会中的讼师形象/尤陈俊（导师：张建国）——法律史，北京大学，博士．-2010

法家伦理思想体系的最终建构/张伯晋（导师：霍存福）——法学理论，吉林大学，博士．-2010

近代中国监狱的感化教育研究/张东平（导师：徐永康）——中国法律史，华东政法大学，博士．-2010

近代中国侵权行为法研究/王亚敏（导师：刘广安）——法律史，中国政法大学，博士．-2010

近代中国手工业社会纠纷解决机制研究/刘华政（导师：范忠信）——法律史，中南财经政法大学，博士．-2010

日据时期台湾警察制度研究/林共宜（导师：方慧）——少数民族法制史，云南大学，博士．-2010

抗日民主根据地金融法律制度研究/栗明辉（导师：马小红）——法律史，中国政法大学，博士．-2010

理藩院与清代民族法制研究/马青连（导师：方慧）——少数民族法制史，云南大学，博士．-2010

联邦宪制的生长与困境：1920年代省宪运动研究/肖洪泳（导师：赵晓耕）——法律史，中国人民大学，博士．-2010

论凉山彝族的纠纷解决/李剑（导师：李鸣）——民族法学，中央民族大学，博士．-2010

论清末民事诉权制度的变革/胡康（导师：俞荣根）——法律史，西南政法大学，博士．-2010

民初民事诉讼的现代转型/郑素一（导师：霍存福）——法学理论，吉林大

学，博士. -2010

民国初期票据立法研究（1912—1928）/林伟明（导师：朱勇）——法制史，中国政法大学，博士. -2010

民国祭田法律制度研究/尹伟琴（导师：徐永康）——中法史，华东政法大学，博士. -2010

民国律师公会自治研究/李严成（合作导师：朱勇）——法制史，中国政法大学，博士后出站报告. -2010

民国前期担保物权制度变革的司法理路：以大理院判例为中心/毛永俊（导师：朱勇）——法制史，中国政法大学，博士. -2010

民国时期审判制度研究/郭正怀（导师：王继平）——诉讼法学，湘潭大学，博士. -2010

民国时期行政法律制度研究/卞修全（合作导师：郭成伟）——法律史，中国政法大学，博士后出站报告. -2010

民国政府工会法变迁研究（1922—1949）/邱少晖（导师：马小红）——法律史，中国政法大学，博士. -2010

民事诉讼法院内部监督研究/魏建文（导师：李交发）——诉讼法，湘潭大学，博士. -2010

民事主体的历史变革与当代发展/王春梅（导师：马长山）——民商法学，黑龙江大学，博士. -2010

明朝商税法研究：以抽分厂的运营为对象/姚国艳（导师：徐世虹）——法律史，中国政法大学，博士. -2010

南京国民政府审判制度研究/蒋秋明（导师：夏锦文）——法律史，南京师范大学，博士. -2010

南京国民政府时期北京市社会转型与法律变革的关系研究/陈天林（合作导师：朱勇）——法制史，中国政法大学，博士后出站报告，—2010

清代夫妻相犯研究/钱泳宏（导师：徐永康）——中法史，华东政法大学，博士. -2010

清代徽州乡土社会法律秩序研究：以田土纠纷及其解决为中心/春杨（合作导师：徐凯）——清代法制史，北京大学，博士后出站报告. -2010

清代四川盐法研究/张洪林（导师：张晋藩）——中国法制史，中国政法大学，博士. -2010

清代无讼思想研究：以秩序建构为视野/王忠春（导师：张分田）——专门史，南开大学，博士. -2010

清末民初：中国监狱现代转型肇始研究/王志亮（导师：朱勇）——法制史，中国政法大学，博士．-2010

清末民国时期检察研究/李莹（导师：张生）——法律史，中国政法大学，博士．-2010

商会与中国法制近代化/王红梅（导师：王立民）——法律史，华东政法大学，博士．-2010

上海金融中心法制变迁及决策研究/徐少辉（导师：徐永康）——中法史，华东政法大学，博士．-2010

石缝中的生态法文明：中国西南亚热带岩溶地区少数民族生态保护习惯研究/袁翔珠（导师：苏亦工）——法律史，中国社会科学院研究生院，博士．-2010

试论中国近代史上的领事裁判权/谈晓颖（导师：赵晓耕）——法律史，中国人民大学，博士．-2010

唐代拟制判决中的法律发现/夏婷婷（导师：霍存福）——法理学，吉林大学，博士．-2010

西周重要金文法律资料集释及研究/王沛（合作导师：杨一凡）——法律史，中国社会科学院法学研究所，博士后出站报告．-2010

先秦军事法思想研究：以礼、法嬗变为中心/朱晓红（导师：方光华）——专门史，西北大学，博士．-2010

先秦德治法治关系论/陈健松（导师：张锡勤）——中国哲学，黑龙江大学，博士．-2010

新中国初期（1949—1965）民族法制建设/汪亚光（导师：李鸣）——民族法学，中央民族大学，博士．-2010

缘坐研究：以唐代立法、司法为背景/王娟（导师：俞荣根）——法律史，西南政法大学，博士．-2010

法治文化研究/姚峥嵘（导师：夏锦文）——法律史，南京师范大学，博士．-2010

中国传统证据文化研究/郑牧民（导师：胡旭晟）——诉讼法学，湘潭大学，博士．-2010

中国中央银行法律制度变迁/曲词（导师：赵晓耕）——法律史，中国人民大学，博士．-2010

《中华民国民法》中的习惯研究（1927—1949）/刘索峰（导师：林喆）——法学理论，中共中央党校，博士．-2010

（二） 硕士论文

论朱元璋的法律思想/刘笃才（导师：高恒）——中国法律思想史，中国社会科学院研究生院，硕士. -1981

明初重典考/杨一凡（导师：刘海年）——中国法制史，中国社会科学院研究生院，硕士. -1981

清末修订法律中的礼法之争/李贵连（导师：张国华）——中国法律史，北京大学，硕士. -1981

丘濬法律思想述评/段秋关（导师：张国华、饶鑫贤）——中国法律思想史，北京大学，硕士. -1981

孔子法律思想探微/俞荣根——中国法律思想史，西南政法学院，硕士. -1982

明代中叶的宦官与司法/怀效锋（导师：张警）——中国法制史，西南政法学院，硕士. -1983

论中华法系的解体/徐永康（导师：王召棠）——法律史，华东政法学院，硕士. -1984

秦汉之际法律思想的变迁/霍存福（导师：栗劲）——法律思想史，吉林大学，硕士. -1984

两宋防治官吏犯赃的法律对策/江必新（导师：张警）——法律史，西南政法学院，硕士. -1985

论清末商法/徐立志（导师：韩延龙）——中国法制史，中国社会科学院研究生院，硕士. -1985

论《唐律疏议》的法律协调关系/王立民（导师：王召棠）——法律史，华东政法学院，硕士. -1985

试论荀子的法律思想体系/胡泽君（导师：杨景凡）——中国法律思想史，中国社会科学院研究生院，硕士. -1985

新莽法制论/吴湘文（导师：张警）——法律史，西南政法学院，硕士. -1985

荀况法律思想研究/徐祥民（导师：栗劲）——法律史，吉林大学，硕士. -1985

中国封建军律初探/叶峰（导师：张警）——法律史，西南政法学院，硕士. -1985

中国封建土地买卖合同制度考析/郭健（导师：叶孝信）——中国法制史，复旦大学，硕士．-1985

论董仲舒"德主刑辅"学说/蔚智前（导师：高恒）——中国法律思想史，中国社会科学院研究生院，硕士．-1986

论韩非君本位的法律思想/唐忠民（导师：杨景凡）——法律史，西南政法学院，硕士．-1986

陕甘宁边区税法法律制度概论/魏秀玲（导师：方克勤、杨永华、胡留元、李文彬）——法律史，西北政法学院，硕士．-1986

宋代刑事审判制度述论/戴建国（导师：程应镠、朱瑞熙）——中国古代史，上海师范大学，硕士．-1986

西汉商业法律与规定概述/孙虹（导师：刘海年）——中国法律制度史，中国社会科学院研究生院，硕士．-1986

新闻法制建设的历史经验/夏勇（导师：林向荣）——法律史，西南政法学院，硕士．-1986

抗日战争时期陕甘宁边区工商税法研究/孔璋（导师：方克勤、杨永华）——法律史，西北政法学院，硕士．-1987

略论朱熹的"明刑弼教"学说/尤韶华（导师：高恒）——中国古代法律思想史，中国社会科学院研究生院，硕士．-1987

清末立宪研究/贺嘉——法律史，西北政法学院，硕士．-1987

陕甘宁边区法制内容/刘国正——法律史，西北政法学院，硕士．-1987

试论清朝法律形式的发展与运用/苏亦工（导师：韩延龙）——法制史，中国社科院研究生院，硕士．-1987

宋计法述/赵晓耕（导师：曾宪义）——法律史，中国人民大学，硕士．-1987

唐时期西藏少数民族立法研究/雷玉波——法律史，西北政法学院，硕士．-1987

香港的政制改革/耿捷（导师：吴建璠）——中国法制史，中国社会科学院研究生院，硕士．-1987

中国古代法律与道德关系论反省/范忠信（导师：杨鹤皋）——法律史，中国政法大学，硕士．-1987

中国封建社会中后期对外贸易的法律调整/毛起雄（导师：薛梅卿、张晋藩）——中国法制史，中国政法大学，硕士．-1987

论清会典的性质与地位/吕丽（导师：王侃）——法律史，吉林大学，硕

士．-1988

清朝对蒙古立法与司法审判制度/徐晓光（导师：张警）——法律史，西南政法学院，硕士．-1988

清代蒙藏地区法制研究/徐晓光（导师：张警）——法律史，西南政法学院，硕士．-1988

试论元朝惩治官吏犯赃/王宝来——法律史，西北政法学院，硕士．-1988

孙中山"五权宪法"思想的再研究/王祖志（导师：俞荣根）——法律史，西南政法学院，硕士．-1988

中国古代有关"慎刑"的法律制度初探/许晓瑛（导师：方克勤、杨永华、胡留元）——法律史，西北政法学院，硕士．-1988

中国封建社会惩治职务违法犯罪的法律对策/汪世荣（导师：方克勤、杨永华、胡留元、王志刚）——法律史，西北政法学院，硕士．-1988

李大钊法律思想的民主精华/昝启英（导师：栗劲）——法律思想史，吉林大学，硕士．-1989

论宋代妇女的法律地位/徐其萍（导师：张警）——法律史，西南政法学院，硕士．-1989

明代税法研究/王殿华（导师：张警）——法律史，西南政法学院，硕士．-1989

清律私家释本探究/何敏（导师：高潮、朱勇）——中国法制史，中国政法大学，硕士．-1989

《庆元条法事类》及其行政法规范/臧杰斌（导师：薛梅卿、马建石、高潮）——中国法制史，中国政法大学，硕士．-1989

试论近代中国民法典的编纂/张连生（导师：张警）——法律史，西南政法学院，硕士．-1989

宋代土地立法探讨/吕志兴（导师：张警）——法律史，西南政法学院，硕士．-1989

《现行律民事有效部分》初探/顾越利（导师：张警）——法律史，西南政法学院，硕士．-1989

唐令简论/李玉生（导师：钱大群）——法律史，南京大学，硕士．-1990

中国近代公司法研究/李庆应（导师：郭成伟）——法律史，中国政法大学，硕士．-1990

论家族法/钱弘猷（导师：胡留元、杨永华）——法律史，西北政法学院，硕士．-1991

试论我国刑法的近代化/杨惠（导师：杨和钰）——法律史，西南政法学院，硕士．-1991

《文子》的法哲学思想/边玉峰（导师：俞荣根）——法律史，西南政法学院，硕士．-1991

《周易》"法自然"的法哲学观/罗昶（导师：俞荣根）——法律史，西南政法学院，硕士．-1991

《礼记》的家族主义法思想/文珍兵（导师：俞荣根）——法律史，西南政法学院，硕士．-1992

早期资产阶级改良派法律思想初探/何云鹏（导师：李贵连）——法律史，北京大学，硕士．-1992

中国古代对外贸易法制研究/肖光辉（导师：胡留元）——法律史，西北政法学院，硕士．-1992

从法史学观点论我国刑法上之通奸罪/柯胜义（导师：黄源盛）——法律史，（台湾）国防管理学院法律学研究所，硕士．-1993

论清末中国传统法律文化的嬗变/聂原（导师：冯卓慧）——法律史，西北政法学院，硕士．-1993

论宋代土地典当制度/温兴立（导师：杨和钰）——法律史，西南政法学院，硕士．-1993

论我国台湾省民商法/李少学（导师：杨永华）——法律史，西北政法学院，硕士．-1993

明初法律变化研究/高丽华（导师：郭成伟）——法律史，中国政法大学，硕士．-1993

清末民初的法律教育/李新成（导师：李贵连）——法律史，北京大学，硕士．-1993

试论《尚书》"中德"的法思想/陈荣文（导师：俞荣根）——法律史，西南政法学院，硕士．-1993

唐朝契约法研究/郑云新（导师：胡留元）——法律史，西北政法学院，硕士．-1993

《大清新刑律》研究/周少元（导师：舒炳麟）——中国法制史，安徽大学，硕士．-1994

旧中国政府的公司立法/邹高林（导师：杨和钰）——法律史，西南政法学院，硕士．-1994

论韩非的法律思想/孟东升（导师：李贵连）——法律史，北京大学，硕

士．-1994

唐初法律思想探究/孙镇平（导师：郭成伟）——法律史，中国政法大学，硕
　　士．-1994

我国传统法律教育之研究/杜传荣（导师：黄源盛）——法律史，（台湾）国
　　防管理学院法律学研究所，硕士．-1994

中国古代商法初探/张勇（导师：杨永华）——法律史，西北政法学院，硕
　　士．-1994

《汉书·刑法志》反映的法律观及溯源/姜晓敏（导师：马小红）——法律
　　史，中国政法大学，硕士．-1995

黄遵宪的政治法律思想及实践/唐卫国（导师：李贵连）——法律史，北京大
　　学，硕士．-1995

康有为与中国近代法文化/赵明（导师：俞荣根）——法律史，西南政法大
　　学，硕士．-1995

论近代中国司法中的领事裁判制度/欧修平（导师：杨和钰）——法律史，西
　　南政法大学，硕士．-1995

清末教育立法/高文和（导师：杨永华）——法律史，西北政法学院，硕
　　士．-1995

孙中山的权利思想/杨金元（导师：俞荣根）——法律史，西南政法大学，硕
　　士．-1995

元代奉使宣抚述论/吴海航（导师：余大钧）——法律史，北京大学，硕
　　士．-1995

张之洞的"中体西用"法思想/储一丰（导师：俞荣根）——法律史，西南
　　政法大学，硕士．-1995

论中国近代银行法/邹恒舟（导师：罗鸿英）——法律史，西南政法大学，硕
　　士．-1996

清末城市行政法制改革研究/王丽艳（导师：郭成伟）——法律史，中国政法
　　大学硕士．-1996

严复的"自由"法思想/舒斌（导师：俞荣根）——法律史，西南政法大学，
　　硕士．-1996

《易传》的天人合一法哲学思想/梁清华（导师：俞荣根）——法律史，西南
　　政法大学，硕士．-1996

中国古代军法研究/律璞（导师：胡留元、汪世荣）——法律史，西北政法学
　　院，硕士．-1996

中国近代票据立法研究/李胜渝（导师：罗鸿英）——法律史，西南政法大学，硕士．-1996

邓小平法制建设思想研究/李朝鲜（导师：程思进、石开贵）——马克思主义理论教育，四川师范大学，硕士．-1997

《管子》的礼法思想/刘校民（导师：俞荣根）——法律史，西南政法大学，硕士．-1997

郭嵩焘的中西法文化思想/苏娟（导师：陈金全）——法律史，西南政法大学，硕士．-1997

礼法结合、综合为治：中国古代礼法合治的思想在基层乡里社会中的实践/韩秀桃（导师：汪汉卿）——法律史，安徽大学，硕士．-1997

论明清时期监察制度/盛薇薇（导师：王继忠）——法制史，安徽大学，硕士．-1997

论唐代的证据制度/吕虹（导师：汪世荣）——法律史，西北政法学院，硕士．-1997

明代《问刑条例》的比较研究/赵姗黎（导师：杨一凡）——中国法制史，中国社会科学院研究生院，硕士．-1997

宋朝土地法制研究/陈秋云（导师：郭成伟）——法律史，中国政法大学，硕士．-1997

孙中山人权思想及实践/张生（导师：杨永华）——法律史，西北政法学院，硕士．-1997

孙中山五权宪法理论研究/刘远征（导师：杨永华）——法律史，西北政法学院，硕士．-1997

张之洞"从缓"、"从速"立宪论/邓红洲（导师：张海鹏）——中国近代政治史，中国社会科学院研究生院，硕士．-1997

中国古代职官选任制度研究/春杨（导师：萧伯符）——法律史，中南政法学院，硕士．-1997

中国近代法律革命中的物权法/詹爱萍（导师：陈涛）——法律史，西北政法学院，硕士．-1997

走私及其惩治研究/唐永飞（导师：王继忠）——法制史，安徽大学，硕士．-1997

从清末改法修律看当代中国法制改革/李伟（导师：杨永华）——法律史，西北政法学院，硕士．-1998

黄宗羲的社会批判法思想/秦宏昌（导师：俞荣根）——法律史，西南政法大

学，硕士．－1998

梁启超宪法文化观/张奎升（导师：陈金全）——法律史，西南政法大学，硕
　　　士．－1998

明朝监察制度研究/罗润慈（导师：郭成伟）——法律史，中国政法大学，硕
　　　士．－1998

墨子的"兼爱"法思想/杨永林（导师：俞荣根）——法律史，西南政法大
　　　学，硕士．－1998

宋代刑事审判制度研究/李巍（导师：汪世荣）——法律史，西北政法学院，
　　　硕士．－1998

中国典权制度研究：从固有法到近代法/李定铁（导师：陈涛）——法律史，
　　　西北政法学院，硕士．－1998

中国近代所有权制度研究/张新（导师：陈涛）——法律史，西北政法学院，
　　　硕士．－1998

包拯的法律精神与传统法文化/王军（导师：汪汉卿）——法制史，安徽大
　　　学，硕士．－1999

包拯法治思想研究/洪学化（导师：汪汉卿）——法制史，安徽大学，硕
　　　士．－1999

北宋司法监察制度述论/冯锦（导师：葛金芳）——中国古代史，湖北大学，
　　　硕士．－1999

蔡枢衡学术思想研究：兼论中国现代法学研究的兴起/孔庆平（导师：李贵
　　　连）——法律史，北京大学，硕士．－1999

从徽州契约看中国古代民法文化/滕云（导师：俞荣根）——法律史，西南政
　　　法大学，硕士．－1999

户与中国古代民法文化/周子良（导师：俞荣根）——法律史，西南政法大
　　　学，硕士．－1999

论包拯的经济法制思想/黄茂生（导师：汪汉卿）——法制史，安徽大学，硕
　　　士．－1999

论当代中国法律理念的历史嬗变及其现代化/林翙（导师：赖仁光）——思想
　　　政治教育，江西师范大学，硕士．－1999

论唐代司法官责任制度/李影影（导师：汪汉卿、王继忠）——法制史，安徽
　　　大学，硕士．－1999

论中国传统契约的"信"及其实现方式/俞江（导师：陈金全）——法律史，
　　　西南政法大学，硕士．－1999

论中国古代法律形式的进化/张宁（导师：汪世荣）——法律史，西北政法学院，硕士. -1999

南宋市舶司变迁、职能及吏治研究/柳平生（导师：葛金芳）——中国古代史，湖北大学，硕士. -1999

清代土地权利及其观念问题研究/林晓辉（导师：郑秦、王宏治）——法律史，中国政法大学，硕士. -1999

清末立宪改革：回顾与反思/章志远（导师：汪汉卿）——法制史，安徽大学，硕士. -1999

清末修律评议（1901–1911）/宋德会（导师：彭久松）——中国近现代史，四川师范大学，硕士. -1999

人权派思想述评/马建红（导师：徐祥民）——宪法行政法，山东大学，硕士. -1999

试论汉魏晋礼律关系的演进/邱立波（导师：叶孝信）——法律史，复旦大学，硕士. -1999

孙中山五权宪法思想研究/熊威（导师：杨永华）——法律史，西北政法学院，硕士. -1999

唐代反贪贿赂立法研究/申永梅（导师：汪世荣）——法律史，西北政法学院，硕士. -1999

晚清的军事立法初探/罗向京（导师：刘广安）——法律史，中国政法大学，硕士. -1999

晚清审判制度的近代化/白春娟（导师：杨永华）——法律史，西北政法学院，硕士. -1999

晚清政府与法制变革/夏民——法学理论，南京师范大学，硕士. -1999

中国古代财产继承问题研究/高晶（导师：霍存福）——法律史，吉林大学，硕士. -1999

中国古代官制法意义上的科举制研究/陈和平（导师：陈涛）——法律史，西北政法学院，硕士. -1999

中国古代谏官制度研究/张启兵（导师：汪汉卿）——法制史，安徽大学，硕士. -1999

中国古代侵权行为法律规范研究/李声炜（导师：霍存福）——法律史，吉林大学，硕士. -1999

中国固有法三重结构研究/王存河（导师：陈涛）——法律史，西北政法学院，硕士. -1999

中国刑法近代转型研究/彭新华（导师：杨永华）——法律史，西北政法学院，硕士．-1999

1949—1956：中国法制建设的回顾与反思/韩威——中共党史，中共中央党校，硕士．-2000

藏传佛教对藏区立法的影响/蒋雪莲（导师：刘广安）——法律史，中国政法大学，硕士．-2000

传统法律的婚姻思想与近代化的冲突/韩文强（导师：王宏治）——法律史，中国政法大学，硕士．-2000

从身份到契约：中国传统契约中身份问题的探讨/郝维华（导师：王宏治）——法律史，中国政法大学，硕士．-2000

国民政府立法院述论/刘曙光（导师：王树荫）——马克思主义理论与思想政治教育，首都师范大学，硕士．-2000

汉代经济立法的初步考察/黄顺春（导师：黄今言）——专门史，江西师范大学，硕士．-2000

家族与中国固有法论要/李建波（导师：陈涛）——法律史，西北政法学院，硕士．-2000

近代以法典为中心的民法历史研究/何小平（导师：陈涛）——法律史，西北政法学院，硕士．-2000

近代中国司法独立原则的发展演变/李济涛（导师：范忠信）——法律史，中南财经政法大学，硕士．-2000

两汉遗令研究/王俊梅（导师：秦进才）——中国古代史，河北师范大学，硕士．-2000

两晋监察制度的构建/张军（导师：蒙振祥）——法律史，西北政法学院，硕士．-2000

法律文化中民族性的对比与重塑/牛建平（导师：韩竞）——马克思主义原理及思想品行教育，内蒙古师范大学，硕士．-2000

略论清政府对藏区的民族立法/王建洲（导师：王继忠）——法制史，安徽大学，硕士．-2000

略论沈家本法学研究方法/戴家巨（导师：王继忠）——法制史，安徽大学，硕士．-2000

论废除旧法统/谭绍木（导师：张吉雄）——思想政治教育，江西师范大学，硕士．-2000

论中国法制现代化的进程与建设/丁喜春（导师：李康平、赖仁光）——思想

政治教育，江西师范大学，硕士. -2000

明清之际启蒙思想家"独治"与"众治"思想研究/王永（导师：李贵
连）——法律史，北京大学，硕士. -2000

清末民初四川的禁烟政策与措施（1906—1916）/莫子刚（导师：邓绍
辉）——中国近现代史，四川师范大学，硕士. -2000

清末新式法学教育与中国法律近代化/徐彪（导师：周少元）——法律史，安
徽大学，硕士. -2000

肉刑的演变及废复之争/孙海霞（导师：闫晓君）——法律史，西北政法学
院，硕士. -2000

儒家伦理与中国古代侵权救济/李剑（导师：俞荣根）——法律史，西南政法
大学，硕士. -2000

《商君书》的法治思想/王波（导师：汪汉卿）——法制史，安徽大学，硕
士. -2000

试论张之洞的政治法律思想/冯菁（导师：叶孝信）——中国法制史，复旦大
学，硕士. -2000

宋代契约制度/武宇红（导师：陈涛）——法律史，西北政法学院，硕
士. -2000

孙中山法制思想中的人权精神初探/闫金鑫（导师：曹力铁）——思想政治教
育，江西师范大学，硕士. -2000

台湾监察制度的历史与现状分析/李秋容（导师：邓泽宏）——管理工程，武
汉科技大学，硕士. -2000

《唐律疏议》职务犯罪研究/叶晓川（导师：汪世荣）——法律史，西北政法
学院，硕士. -2000

晚清司法独立思想的传播与实践/金圣海（导师：李贵连）——法律史，北京
大学，硕士. -2000

"文革"前新中国法制建设的回顾与反思/赵增彦（导师：马同增）——中共
党史，河南大学，硕士. -2000

孝与中国古代民事法律关系/张玉光（导师：俞荣根）——法律史，西南政法
大学，硕士. -2000

元代民法研究/胡兴东（导师：杨德华）——元代史，云南师范大学，硕
士. -2000

法制进程中的中国法官/薄振峰（导师：张中秋）——法学，南京大学，硕
士. -2000

中道：中国古代法文化之价值目标/陈静熔（导师：俞荣根）——法律史，西南政法大学，硕士．-2000

中国古代共同犯罪之探析/马聪（导师：陈涛）——法律史，西北政法学院，硕士．-2000

中国古代蒙古族法律文化研究/申艳红——民族学，兰州大学，硕士．-2000

中国近代的法律教育（1862—1937）/冯惠敏（导师：谢长法）——教育史，河北大学，硕士．-2000

中国近代民间合会述略/吕利（导师：叶孝信）——中国法制史，复旦大学，硕士．-2000

中国民法近代化探源：以《大清民律草案》为例/刘涛（导师：汪世荣）——法律史，西北政法学院，硕士．-2000

中国判例制度的建构/吴丽亚（导师：张中秋）——法学，南京大学，硕士．-2000

中国刑法现代化研究/孙文波（导师：李交发）——刑法，湘潭大学，硕士．-2000

1935 年《中华民国刑法》述评/张维东——法律史，中国政法大学，硕士．-2001

传教士对中国近代法制之影响/苗鸣宇——法律史，中国政法大学，硕士．-2001

传统、移植与创新：1909—1949 年的中国证据法/宋国锋（导师：赵晓耕）——法律史，中国人民大学，硕士．-2001

从孝道思想论杀尊亲属罪概念的衍变/李玉玺（导师：黄源盛）——法律史，（台湾）政治大学，硕士．-2001

抵押担保问题两点探讨/赵旦（导师：赵晓耕）——法律史，中国人民大学，硕士．-2001

关于新中国五十年法治建设的历史考察及思考/高珩（导师：范鑫涛）——马克思主义理论与思想政治教育，陕西师范大学，硕士．-2001

婚姻·家庭·女性：中西近代之前婚姻家庭法律制度中女性地位之比较/王静（导师：张中秋）——法学，南京大学，硕士．-2001

建国初期司法改革运动研究/薄勇（导师：李贵连）——法律史，北京大学，硕士．-2001

江华法律思想研究/周保强（导师：郝铁川）——法律史，华东政法学院，硕士．-2001

理性精神与中国古代会审制度的历史借鉴/张文勇（导师：陈涛）——法律史，西北政法学院，硕士．-2001

历代豪右的危害及惩治研究/钱宁峰——法制史，武汉大学，硕士．-2001

领事裁判权与中国法制近代化/冯永金（导师：王健）——法律史，西北政法学院，硕士．-2001

论德国法对中国民法近代化的影响：兼及法律的移植/冯引如（导师：陈金全）——法律史，西南政法大学，硕士．-2001

论陕甘宁边区的财产制度体系与其中的民事法律制度/赵晋耀（导师：陈涛）——法律史，西北政法学院，硕士．-2001

满清初期对汉族的法律和政策/董志鹏（导师：范忠信）——法律史，中南财经政法大学，硕士．-2001

民初商事公断处商事裁判与调处：以苏州商事公断处为个案研究/付海晏（导师：马敏）——中国近现代史，华中师范大学，硕士．-2001

民国时期行政诉讼制度研究/陈有勇（导师：王继忠）——法律史，安徽大学，硕士．-2001

浅论我国的精神损害赔偿制度/蔡日川（导师：赵晓耕）——法律史，中国人民大学，硕士．-2001

秦汉商事规则初析/胡晓东（导师：陈涛）——法律史，西北政法学院，硕士．-2001

清代典权制度初步研究/陈志红（导师：刘广安）——法律史，中国政法大学，硕士．-2001

清代华北地区田房契约文书粘连结构及其契约观念/丁敏（导师：王宏治）——法律史，中国政法大学，硕士．-2001

清代狱政制度研究/陈雷（导师：周少元）——法律史，安徽大学，硕士．-2001

清末民初的永佃权习惯与立法述略/许睿（导师：叶孝信）——法律史，复旦大学，硕士．-2001

清前期工商管理法律思想试析/李勤（导师：王宏治）——法律史，中国政法大学，硕士．-2001

神判与早期习惯法：兼及中西方法律文化传统比较的一个侧面/杜文忠（导师：徐晓光）——比较法律文化专业，西南政法大学，硕士．-2001

沈家本与晚清修律/罗立（导师：章启辉）——中国思想史，湖南大学，硕士．-2001

试论清代刑案裁判的正当性论证/郑志华（导师：叶孝信）——法律史，复旦大学，硕士．-2001

试论清末民初商会立法/姚明铭（导师：叶孝信）——法律史，复旦大学，硕士．-2001

试论清末民初中国妇女的法律地位（1901—1928）/张茂梅（导师：谭肇毅）——中国近现代史，广西师范大学，硕士．-2001

试论中日民法近代化的开端：《大清民律（草案）》与日本明治民法典的比较研究/孟祥沛（导师：叶孝信）——法律史，复旦大学，硕士．-2001

死刑废除与中国现代刑制改革研究/王敏（导师：王健）——法律史，西北政法学院，硕士．-2001

唐朝违法审判责任制度研究/高仁宝（导师：汪汉卿）——法律史，安徽大学，硕士．-2001

唐代官吏赃罪的立法与司法实践研究/宁志新（导师：杨月君）——中国古代史，河北师范大学，硕士．-2001

唐代和清代妇女婚姻家庭关系的比较研究/郑惠雁（导师：王宏治）——法律史，中国政法大学，硕士．-2001

唐代婚姻制度研究/宋新邵（导师：汪世荣）——法律史，西北政法学院，硕士．-2001

我国古代担保制度研究/吴红艳（导师：王继忠）——法律史，安徽大学，硕士．-2001

我国证人证言制度基本问题研究：以历史为视角/张友好（导师：王健）——法律史，西北政法学院，硕士．-2001

伍廷芳法律思想初探/侯长龙（导师：汪汉卿）——法律史，安徽大学，硕士．-2001

刑讯制度的历史考察与现实借鉴/高学强（导师：闫晓君）——法律史，西北政法学院，硕士．-2001

中国百年选举制度的演进及反思/包珍（导师：徐永康）——中法史，华东政法学院，硕士．-2001

中国传统法律文化刑事性的哲学基础/杨成炬（导师：陈鹏生、徐永康）——法律史，华东政法学院，硕士．-2001

中国传统刑法量刑情节考虑/李媛（导师：汪世荣）——法律史，西北政法学院，硕士．-2001

中国古代监狱文化研究/黄金艳——中国古代史，兰州大学，硕士．-2001

中国古代契约研究/罗海山（导师：霍存福）——法律史，吉林大学，硕士．-2001

中国古代亲属容隐制度述论/胡谦（导师：赵世超）——专门史，陕西师范大学，硕士．-2001

中国户籍制度的功能与演变/赵萍（导师：吴忠民、林聚任）——社会学，山东大学，硕士．-2001

中国现代法律文化的价值取向/萧春茂（导师：张祥浩）——马克思主义理论教育，东南大学，硕士．-2001

中晚唐时期司法制度之变化初探/王海燕——法律史，中国政法大学，硕士．-2001

诸葛亮法律思想研究/谭笑阳（导师：何勤华）——法律史，华东政法学院，硕士．-2001

从唐代礼制看唐代婚姻/金霞（导师：杨荫楼）——专门史，曲阜师范大学，硕士．-2002

邓小平法制思想研究/刘珍杰（导师：彭承福）——马克思主义理论与思想政治教育，西南师范大学，硕士．-2002

二十世纪初戴季陶宪政思想初探：政治近代化的制度设计/刘利民（导师：李育民）——中国近现代史，湖南师范大学，硕士．-2002

关于郑百文事件的法律思考/李淑文（导师：赵晓耕）——法律史，中国人民大学，硕士．-2002

韩非"法治"思想的哲学分析/伍永忠（导师：黄德昌）——中国哲学，四川大学，硕士．-2002

胡汉民的立法理论与实践研究/邓中裕（导师：汪佩伟）——马克思主义理论与思想政治教育，华中科技大学，硕士．-2002

胡适自由主义法律思想述评/肖太福（导师：韩延龙、马小红）——法律史，中国社会科学院研究生院，硕士．-2002

法家"法治"思想的近代重构/史永丽（导师：赵晓耕）——法律史，中国人民大学，硕士．-2002

金代法律的渊源及其运用/龙威（导师：刘广安）——法律史，中国政法大学，硕士．-2002

近代中国的法治思想与政治秩序的互动：关于中国早期政治现代化进程的理性思考/李宁（导师：刘安荣）——政治学理论，陕西师范大学，硕士．-2002

孔子法思想解读/陈懋（导师：陈金全）——法律史，西南政法大学，硕士. -2002

刘衡官箴思想研究/张德军（导师：王宏治）——法律史，中国政法大学，硕士. -2002

略论中国古代调解的运行机制及其社会基础/占锦——法律史，中国人民大学，硕士. -2002

论近代中国民事法律制度的现代变迁与传统演进：以房屋租赁契约法律制度为例/赵海晨（导师：徐永康、陈鹏生）——法律史，华东政法学院，硕士. -2002

论清代回疆法律及其适用/袁自永——法律史，西南政法大学，硕士. -2002

论儒家义利观对现代法治的价值/曾贝（导师：汪习根）——法律史，武汉大学，硕士. -2002

论中国古代法律中女性的相对家长权/张志京（导师：郭建）——法律史，复旦大学，硕士. -2002

迈向法制：20世纪中国法律文化转型分析/杨帆（导师：张中秋）——法学，南京大学，硕士. -2002

民族主义与领事裁判权：以法权会议为个案分析/张洪武（导师：杨天宏）——中国近现代史，四川师范大学，硕士. -2002

明朝海禁法令初探/张立娜（导师：马小红）——法律史，中国社会科学院研究生院，硕士. -2002

南京国民政府前期教育立法的历史考察/胡仁智（导师：罗鸿瑛）——法律史，西南政法大学，硕士. -2002

朋党禁治论/周少华——中国法制史，武汉大学，硕士. -2002

彭真法制思想研究/李毅斌（导师：李秀忠）——马克思主义理论与思想政治教育，山东师范大学，硕士. -2002

秦汉告奸法初探/刘凡镇（导师：袁祖亮）——中国古代史，郑州大学，硕士. -2002

清朝旗地制度及其法律调整/杨柳——法律史，中国政法大学，硕士. -2002

清代的法律解释/陈新宇（导师：刘广安）——法律史，中国政法大学，硕士. -2002

清末监狱改革研究/徐黎明（导师：郭大松）——中国近现代史，山东师范大学，硕士. -2002

清末民初经济立法述论/王燕凌（导师：刘伟）——中国近现代史，华中师范

大学，硕士．-2002

清末直隶警政述论/谢明刚（导师：董丛林）——中国近现代史，河北师范大学，硕士．-2002

试析中国近代银行监管制度及思想（1859—1927年）/朱晓辉（导师：王宏治）——法律史，中国政法大学，硕士．-2002

司法的群众化：中共江西时期的司法实践/于晓虹——政治学理论，中国人民大学，硕士．-2002

晚清商事立法研究/唐韫玉（导师：周新国）——中国近现代史，扬州大学，硕士．-2002

晚清铁路立法研究/叶士东（导师：朱从兵）——中国近现代史，广西师范大学，硕士．-2002

伍廷芳司法思想探析/方卫军（导师：徐立志）——法律史，中国社会科学院研究生院，硕士．-2002

先秦君权理论研究/陈秀平（导师：范忠信）——法律史，中南财经政法大学，硕士．-2002

先秦儒家和法家关于犯罪预防思想比较研究/贾剑虹——法律史，安徽大学，硕士．-2002

香港的廉政思潮与廉政建设/赵岚（导师：苏亦工）——法律史，中国社会科学院研究生院，硕士．-2002

谢觉哉法制思想初探/何正付（导师：韦杰廷）——中国近现代史，湖南师范大学，硕士．-2002

中国传统法律近代化特点初探/罗芳——法律史，中国人民大学，硕士．-2002

中国传统法律文化及其现代价值/张艳玲（导师：龚廷泰）——法学理论，南京师范大学，硕士．-2002

中国古代公证研究/肖文（导师：林明）——法律史，山东大学，硕士．-2002

中国古代民事诉讼观念概论/潘宇（导师：霍存福）——法律史，吉林大学，硕士．-2002

中国古代契约法研究/程延军——民商法学，内蒙古大学，硕士．-2002

中国古代刑法特权兴衰原因论/陈丽蓉（导师：范忠信）——法律史，中南财经政法大学，硕士．-2002

中国古代自首制度研究/陈广秀（导师：霍存福）——法律史，吉林大学，硕

士．-2002

中国近代亲属法、继承法制定和发展初探/栗明辉——法律史，中国政法大
学，硕士．-2002

中国近代主权观念的兴起和国族认同/申剑敏（导师：林尚立）——政治学理
论，复旦大学，硕士．-2002

转型期中国农村法治问题研究：对农村社会中国家法与民间法及其关系的考
察/张明新（导师：张中秋）——法学，南京大学，硕士．-2002

曹魏监察制度几个问题的研究/王海东——魏晋南北朝隋唐史，武汉大学，硕
士．-2003

传统调解制度及其现代重构之思考/王立（导师：刘艳芳）——法律史，安徽
大学，硕士．-2003

从惩贪肃贿的角度看中国古代关于"六赃"罪的法律规定与实践/温霞——法
律史，中国政法大学，硕士．-2003

从国民大会制度的变迁看台湾"宪政改革"/赵理杨（导师：赵晓耕）——
法律史，中国人民大学，硕士．-2003

从法律文化看西汉藩国地位的演变/谢洪波——中国古代史，中国人民大学，
硕士．-2003

从法制到法治：体制改革时期邓小平法治思想发展历程寻迹/张渝（导师：陈
金全）——法律史，西南政法大学，硕士．-2003

《大清新刑律》进步性与局限性研究/谢春健（导师：霍存福）——刑法学，
吉林大学，法律硕士．-2003

当代中国法律发展研究：多元法律发展视野中当代中国法律文化定位/刘健虎
（导师：邓红蕾）——法律史，中南民族大学，硕士．-2003

邓小平立法思想研究/唐政秋（导师：彭真明）——马克思主义理论与思想政
治教育，华中师范大学，硕士．-2003

帝国之鞭与寡头之链：上海会审公廨权力关系变迁研究/杨湘钧（导师：黄源
盛）——法律史，（台湾）政治大学，硕士．-2003

《东方杂志》与清末立宪宣传/唐富满（导师：郭汉民）——中国近现代史，
湖南师范大学，硕士．-2003

董必武法制思想研究/岳远尊（导师：李秀忠）——马克思主义理论与思想政
治教育，山东师范大学，硕士．-2003

改土归流与纳西族婚姻制度的嬗变：兼论纳西族神秘殉情悲剧的法社会学意
义/和玉典——法律史，中山大学，硕士．-2003

关于张家山汉简的简单考释及形式研究/伊晓婷（导师：姚荣涛）——法制史，复旦大学，硕士．-2003

广西家法族规概论/黄爱平（导师：李交发）——法律史，湘潭大学，硕士．-2003

汉魏六朝赀税探析/官士刚（导师：陈金凤）——专门史，江西师范大学，硕士．-2003

回望故园：从《山海经》看"绝地天通"的法史意义/王平原（导师：曾代伟）——法制史，西南政法大学，硕士．-2003

建国以来的婚姻法与婚姻家庭变迁：从1950年婚姻法到2001年婚姻法修正案/李亚娟（导师：秦燕）——马克思主义理论与思想政治教育，西北工业大学，硕士．-2003

金朝立法研究/芮素平（导师：赵光远）——专门史学，中国社会科学院研究生院，硕士．-2003

近代中国民法基本原则简论/韩冰（导师：刘广安）——法律史，中国政法大学，硕士．-2003

近代中国女性法律地位的嬗变/纪庆芳（导师：张莲波）——中国近现代史，河南大学，硕士．-2003

《法经》和《十二表法》比较研究/张振华——法律史，中山大学，硕士．-2003

居正法律思想研究/周振新（导师：罗福惠）——中国近现代史，华中师范大学，硕士．-2003

科举选才与吏治及其现代启示/郭亮夫（导师：李交发）——法硕，湘潭大学，硕士．-2003

法律与社会：晚清科举考试法规评析/曾绍东（导师：张英明）——中国近现代史，江西师范大学，硕士．-2003

论传统"礼治"与现代法治/李琳（导师：刘安荣）——政治学，陕西师范大学，硕士．-2003

论民国时期物权法的近代化/左学和（导师：韩秀桃）——法律史，安徽大学，硕士．-2003

论我国刑法自首制度的继承与发展/周世虹（导师：周少元）——法律史，安徽大学，硕士．-2003

论训政制度/付春杨——法律史，武汉大学，硕士．-2003

论法治文化中国化：基于法治与德治并举的角度/黄东东（导师：邹学

荣）——马克思主义理论与思想政治教育，西南师范大学，硕士．-2003

论中国古代反贪惩贿法律制度/李伟（导师：鲍禄）——法律史，对外经济贸易大学，硕士．-2003

论中国古代官吏考绩制度/吴琼（导师：周少元）——法学，安徽大学，硕士．-2003

论中国历史上的著作权制度/湛益祥（导师：郭建）——法律史，复旦大学，硕士．-2003

论《中华民国民法典》对 1900 年《德国民法典》的继受/沈岚（导师：王继忠）——法律史，安徽大学，硕士．-2003

毛泽东的法治观/刘翠姣（导师：胡为雄）——马克思主义哲学，中共中央党校，硕士．-2003

毛泽东邓小平法制思想比较研究/王志梅（导师：郝志模）——马克思主义理论与思想政治教育，内蒙古师范大学，硕士．-2003

《盟水斋存牍》所载强盗案件研究/沈小明——法律史，中山大学，硕士．-2003

民初建立法治国的实践：以平政院裁决为中心/张焰辉（导师：黄源盛）——法律史，（台湾）政治大学，硕士．-2003

民国时期审判独立制度探析/李军（导师：徐永康）——中法史，华东政法学院，硕士．-2003

民国司法官考试制度研究/胡震（导师：韩秀桃）——法律史，安徽大学，硕士．-2003

明朝户籍制度中的身份法与迁徙法/高飞——法律史，中国政法大学，硕士．-2003

明代官箴法律思想探析：以《官箴书集成》为研究对象/李亚林（导师：王志强）——法律史，复旦大学，硕士．-2003

明代罪囚罚赎及其社会经济影响/朱二伟（导师：安国楼）——专门史，郑州大学，硕士．-2003

明清徽州婚姻若干问题研究/朱琳（导师：李修松）——专门史，安徽大学，硕士．-2003

墨家平等法律观研究/林华昌（导师：陈鹏生、丁凌华）——法律史，华东政法学院，硕士．-2003

南京国民政府公司法及公司制度/吉霁光（导师：徐永康）——法律史，华东政法学院，硕士．-2003

南宋民事法制与社会变迁/高珣（导师：陈鹏生、丁凌华）——法律史，华东政法学院，硕士．-2003

秦汉商法述略/谢华（导师：黄今言、陈晓鸣）——专门史，江西师范大学，硕士．-2003

清朝旗人特权的法律内涵/何青叶——法律史，中国人民大学，硕士．-2003

清朝养廉银制度平议/李凤鸣（导师：李成良）——中国古代史，四川师范大学，硕士．-2003

清末地方自治研究：围绕城镇乡立法的思考/李敬（导师：李贵连）——法律史，北京大学，硕士．-2003

清末广东教案研究/刘国强（导师：赵春晨）——专门史，广州大学，硕士．-2003

清末立宪研究：以法制现代化为视角/龙长安（导师：夏新华）——法律史，湘潭大学，硕士．-2003

清末民初中国知识产权法的产生及影响/冯秋季（导师：张九洲）——中国近现代史，河南大学，硕士．-2003

清末宪政改革与日本/樊云剑——中国近现代史，内蒙古大学，硕士．-2003

清末刑律改革研究/王瑞（导师：郭大松）——中国近现代史，山东师范大学，硕士．-2003

清末修律的再认识/蔡黎明（导师：陈鹏生）——法律史，华东政法学院，硕士．-2003

清末重商思潮与商事法律制度/张蕾（导师：王宏治）——法律史，中国政法大学，硕士．-2003

秋审考述/许卫权——法制史，中山大学，硕士．-2003

"三言两拍"公案故事研究：从法律史视角的考察/陈焰——法律史，中山大学，硕士．-2003

少数民族习惯法的意蕴：理论与个案的透视/张明泽（导师：陈金全）——法律史，西南政法大学，硕士．-2003

《盛京时报》与清末宪政：1906—1911/张敏（导师：俞政）——中国近现代史，苏州大学，硕士．-2003

试论清末司法制度之变革/范仲琪（导师：马小泉）——中国近现代史，河南大学，硕士．-2003

试论伍廷芳的法律思想及实践/张本顺（导师：马小泉）——中国近现代史，河南大学，硕士．-2003

宋代民事审判的法文化根源初探/邓勇（导师：霍存福）——法律史，吉林大
学，硕士．-2003

宋代司法官吏职务犯罪研究/郑颖慧（导师：郭东旭）——中国古代史，河北
大学，硕士．-2003

宋代讼师之兴探源/洪琳——法律史，中山大学，硕士．-2003

台湾地区"司法院"大法官解释制度/季宏——法律史，中国人民大学，硕
士．-2003

唐宋监察制度比较研究/刘斌——中国政治制度史，兰州大学，硕士．-2003

晚清时期梁启超宪政思想研究/林波——法律史，中山大学，硕士．-2003

晚清法制变革的启示：从法律文化的视角分析/金一超——法律史，中山大
学，硕士．-2003

皖南教案的法制分析/郑取——法律史，华东政法学院，硕士．-2003

无幕之幕：清代幕友的司法功能/魏勇——法律史，中山大学，硕士．-2003

五代宰相使相群体及宰相制度研究/谢南燕（导师：杜文玉）——隋唐五代
史，陕西师范大学，硕士．-2003

"五五宪草"研究/周浩江（导师：胡旭晟）——法律史，湘潭大学，硕
士．-2003

伍廷芳的法律思想研究/秦文——法律史，中山大学，硕士．-2003

先秦预防犯罪思想研究/张翅（导师：裘士京）——中国古代史，安徽师范大
学，硕士．-2003

辛亥革命前后江苏地区的审判制度研究/朱云平（导师：周新国）——中国近
现代史，扬州大学，硕士．-2003

《新民丛报》的立宪宣传/石烈娟（导师：郭汉民）——中国近现代史，湖南
师范大学，硕士．-2003

荀子法律思想研究/周梅（导师：周少元）——法律史，安徽大学，硕
士．-2003

元、明、清时期的人命赔偿/张群——明清史，南开大学，硕士．-2003

战后国民党宪政模式研究/孙桂珍——中国近现代政治制度史，南开大学，硕
士．-2003

张之洞与中国法律的近代转型/王姗萍（导师：黎仁凯）——中国近现代史，
河北大学，硕士．-2003

制度与文化的冲突与调适：兼议程序正义理念的近代变迁/陈莹莹（导师：张
中秋）——法学，南京大学，硕士．-2003

中国古代回避制度研究/汤建华（导师：范忠信）——法律史，中南财经政法
　　大学，硕士．-2003

中国古代立法解释探析/刘军平（导师：李交发）——法律史，湘潭大学，硕
　　士．-2003

中国转型时期法律文化滞后分析/沉寨（导师：邓红蕾）——法学理论，中南
　　民族大学，硕士．-2003

转型中国的法治之路：以国家和市民社会为视角的观察/徐天华（导师：张中
　　秋）——法学，南京大学，硕士．-2003

1932—1936 年的行政督察专员制度研究：以湖北省为例/钟日兴（导师：黄华
　　文）——中国近现代史，华中师范大学，硕士．-2004

1940 年代鄂西南的民事法秩序研究：从民事档案出发的考察/王艳勤（导师：
　　郭莹）——专门史，湖北大学，硕士．-2004

北魏刑事法律初探/魏志静——法律史，中国政法大学，硕士．-2004

北洋政府律师制度确立及实施效果探析/张雷（导师：赵金康）——中国近现
　　代史，河南大学，硕士．-2004

北洋政府时期司法审判制度探颐/李文靓（导师：王志强）——法律史，复旦
　　大学，硕士．-2004

日本殖民主义下的满洲国法制/吴欣哲（导师：黄源盛）——法律史，（台
　　湾）政治大学，硕士．-2004

不可期待的理性：《大清新刑律》论析/石晓华（导师：曾代伟）——法律
　　史，西南政法大学，硕士．-2004

初唐西州债法制度研究：以吐鲁番出土文书为中心/唐红林（导师：陈鹏
　　生）——法律史，华东政法学院，硕士．-2004

传统典权制度的发展及其在未来我国民法典中的改造/宋玲（导师：侯欣
　　一）——法律史，南开大学，硕士．-2004

传统中国社会典制研究/陈影——法律史，中山大学，硕士．-2004

春秋国际法研究/赵彦昌（导师：陈恩林）——中国古代史，吉林大学，硕
　　士．-2004

从文化的角度看清末礼法之争/向达（导师：刘启良）——中国哲学，湘潭大
　　学，硕士．-2004

邓小平法律思想探析/王芸（导师：尹春丽）——法律史，安徽大学，硕
　　士．-2004

典制原理研究/李幡（导师：王歌雅）——法律史，黑龙江大学，硕

士. -2004

对明代开中盐法的考察/周剑（导师：郭建）——法律史，复旦大学，硕士. -2004

腐败治理机制研究/梁红莉（导师：孙光研）——法律硕士，黑龙江大学. -2004

"革命"与"重构"下的规则制定：1949—1976年间的中国立法背景分析/孙朝东（导师：强昌文）——法律史，安徽大学，硕士. -2004

汉代家庭伦理犯罪研究/蔡秀萍——中国古代史，中国人民大学，硕士. -2004

汉代孝治文化研究/徐玲（导师：李振宏、郑慧生）——中国古代史，河南大学，硕士. -2004

汉代"诏狱"考论/张忠炜——历史学，中国人民大学，硕士. -2004

黄老思想与汉初的法制建设/陆益民（导师：艾永明）——法律史，苏州大学，硕士. -2004

家法族规在明清法律体系中的地位：兼论明清时期家法族规与国家法的关系/张娟娟（导师：曾代伟）——法律史，西南政法大学，硕士. -2004

监狱制度变迁研究：一个理性的分析框架/季忠芳（导师：张旭昆）——公共管理，浙江大学，硕士. -2004

简论中国近代个人财产权的宪法保护/贾晖（导师：刘广安）——法律史，中国政法大学，硕士. -2004

近代中国典权制度的立法研究（1907—1931）/张秀芹（导师：王建华）——中国近现代史，苏州大学，硕士. -2004

近代中国诉权保障制度的演进历程及启示/姚勇（导师：范忠信）——法律史，中南财经政法大学，硕士. -2004

晋令的法典化及其儒家化研究/马韶青（导师：马小红）——法律史，中国社会科学院研究生院，硕士. -2004

"就地正法"制度研究/娜鹤雅——专门史，中国人民大学，硕士. -2004

抗日战争时期宪政运动述评/刘彦芬（导师：时广东）——马克思主义理论与思想政治教育，西南交通大学，硕士. -2004

李鸿章与晚清宗藩体制的瓦解/黄俊华（导师：张九洲）——中国近现代史，河南大学，硕士. -2004

法律继受与转型期司法机制：以大理院民事判决对身分差等的变革为中心/张永铭（导师：黄源盛、陈起行）——法律史，（台湾）政治大学，硕

士．-2004

法律文化视野下的中国法院调解制度批判/王晓丹（导师：张中秋）——法律
　　史，南京大学，硕士．-2004

法律职业共同体的文化阐释/毛娓（导师：张中秋）——法律史，南京大学，
　　硕士．-2004

略论信托制度在中国的历史发展及其本土化/邢星（导师：赵晓耕）——法律
　　史，中国人民大学，硕士．-2004

论北宋的禁榷律法/马金生——法律史，中山大学，硕士．-2004

论藏族习惯法的宗教维度/周欣宇（导师：陈金全）——法律史，西南政法大
　　学，硕士．-2004

论"《春秋》决狱"/赵进华——法律史，中山大学，硕士．-2004

论"典"/刘涛（导师：赵晓耕）——法律史，中国人民大学，硕士．-2004

论二十世纪上半叶中国地方自治的民间诉求和制度重建/段文君（导师：赵晓
　　耕）——法律史，中国人民大学，硕士．-2004

论韩非的法律思想/张华兵（导师：赵晓耕）——法律史，中国人民大学，硕
　　士．-2004

论汉文帝废肉刑在魏晋南北朝时期引发的争论/吕云龙（导师：赵晓耕）——
　　法律史，中国人民大学，硕士．-2004

论霍韬在嘉靖初年的法制建设/甄晓岚（导师：颜广文）——中国古代政治制
　　度与行政管理，华南师范大学，硕士．-2004

论近代中国民事法律制度的传统演进和现代变迁：以房屋租赁法律制度为例/
　　阮继祥（导师：赵晓耕）——法律史，中国人民大学，硕士．-2004

论近代中国民事法律制度的传统演进和现代变迁：以房屋租赁契约法律制度
　　为例/阮继祥——法律史，中国人民大学，硕士．-2004

论近现代中国中央国家机构的设置特点/黄凯——法制史，武汉大学，硕
　　士．-2004

论恐怖主义产生的历史根源/丛中笑（导师：孙光研）——法律硕士，黑龙江
　　大学．-2004

论梁漱溟的乡村秩序观/陈伟（导师：程燎原）——法律史，湘潭大学，硕
　　士．-2004

论明清时期民间习惯法与国家制定法的互动及途径：以徽州地区民商事活动
　　为个案/陶涛（导师：曾代伟）——法学，西南政法大学，硕士．-2004

论清代的讼师/洪浩（导师：霍存福）——法律史，吉林大学，硕士．-2004

论商鞅变法及其历史地位/黎佐德——法律史，中国人民大学，硕士. -2004

论社会变迁中法律传统的发展/吴一裕（导师：卓泽渊）——法学理论，西南
　　政法大学，硕士. -2004

论孙中山的法制思想/周春国（导师：赵英兰）——中国近现代史，吉林大
　　学，硕士. -2004

论唐代科举制的匡时济俗功能/崔岩（导师：王振芳）——中国古代史，山西
　　大学，硕士. -2004

论唐代法律对官吏的监督管理/王学泽（导师：李俊）——法律史，对外经济
　　贸易大学，硕士. -2004

论我国户籍制度的完善/陈刚（导师：孙光研）——法律硕士，黑龙江大
　　学. -2004

论我国监护制度的完善/王明忠——法律史，中国人民大学，硕士. -2004

论我国清末司法制度的近代化之路/陈士春——中外政治制度，中国人民大
　　学，硕士. -2004

论中国古代历史上的权力制约机制/冯川（导师：张中秋）——法律史，南京
　　大学，硕士. -2004

论中国古代司法制度的演变及特点/王继尧（导师：李俊）——法律史，对外
　　经济贸易大学，硕士. -2004

论中国古代诉讼价值取向/许红艺（导师：孙光研）——法律硕士，黑龙江大
　　学. -2004

论左宗棠的法律思想与实践/徐明（导师：丁凌华）——法律史，华东政法学
　　院，硕士. -2004

毛泽东邓小平法制思想之比较/王永浩（导师：韩竞）——马克思主义理论与
　　思想政治教育，内蒙古师范大学，硕士. -2004

毛泽东宪法思想初探/阳国利（导师：蒋先福、唐自斌）——法学理论，湖南
　　师范大学，硕士. -2004

民国初年"契约自由"概念的诞生：以大理院的言说实践为中心/周伯峰（导
　　师：黄源盛）——法律史，（台湾）政治大学，硕士. -2004

民国初期（1912 年—1927 年）审判独立制度探析/张文举（导师：周少
　　元）——法律史，安徽大学，硕士. -2004

民国亲属法浅探/顾微微（导师：丁凌华）——法律史，华东政法学院，硕
　　士. -2004

民国时期夫妻财产制的变动：以民国二十年民法典亲属编为主/王晶（导师：

公丕祥）——法学理论，南京师范大学，硕士．-2004

民间法研究的反思性解读/陈冬春（导师：李桂林、郝铁川）——法理学，华东政法学院，硕士．-2004

明成化弘治时期经济犯罪探析：以《皇明条法事类纂》和《明实录》为基本史料/吴原元（导师：方志远）——专门史，江西师范大学，硕士．-2004

明代监察体制述评/王勇军（导师：李俊）——法律史，对外经济贸易大学，硕士．-2004

明代赎刑制度研究/杨轶明——法律史，中山大学，硕士．-2004

明代言官研究：以嘉靖、隆庆、万历朝为中心/蔡明伦（导师：吴琦）——中国古代史，华中师范大学，硕士．-2004

明清时期的健讼与无讼：以地方的实证考察为中心/张志伟（导师：侯欣一）——法律史，南开大学，硕士．-2004

明清州县司法中的衙役群体/程朝阳（导师：范忠信）——法律史，中南财经政法大学，硕士．-2004

明清宗族制度下民事纠纷及其解决/赵卫锋——法律史，中山大学，硕士．-2004

南京国民政府初期《土地法》研究（1928—1936年）/曹明（导师：于桂芬）——中国近现代史，东北师范大学，硕士．-2004

南京国民政府新旧刑法初探/成坤——法律史，中国人民大学，硕士．-2004

判例法及中国"判例"法历史考察/蒲娜娜（导师：饶艾）——马克思主义理论与思想政治教育，西南交通大学，硕士．-2004

祁彪佳司法实践若干问题初探/才媛（导师：尤韶华）——法律史，中国社会科学院研究生院，硕士．-2004

浅析藏族部落的法律制度/曾勇（导师：陈金全）——法律史，西南政法大学，硕士．-2004

秦汉婚姻家庭法探析/张云——法律史，中国人民大学，硕士．-2004

秦汉时期法律思想和制度变迁的历史与逻辑/周晓宇（导师：吕丽）——法律史，吉林大学，硕士．-2004

清代发遣制度研究/刘炳涛（导师：刘广安）——法律史，中国政法大学，硕士．-2004

清代归化城土默特土地租佃法律问题研究/王旭（导师：海棠）——民法，内蒙古大学，硕士．-2004

清代民事纠纷与民事诉讼论略/王雪松（导师：霍存福）——法律史，吉林大学，硕士. -2004

清代前期赋役法律制度改革研究/王坚——法律史，中国人民大学，硕士. -2004

清代死刑监候研究/孙家红（导师：徐凯）——中国古代史，北京大学，硕士. -2004

清末地方审判制度改革及实践：以奉天为例/柳岳武（导师：马小泉）——中国近现代史，河南大学，硕士. -2004

清末法官选任制度研究/邢小兰（导师：张生）——法律史，中国政法大学，硕士. -2004

清末律师制度研究/何志辉（导师：胡旭晟）——法律史，湘潭大学，硕士. -2004

清末民初市场管理法制建设研究/唐湘雨（导师：谭肇毅）——中国近现代史，广西师范大学，硕士. -2004

清末民初法学留学情况考察/黄涛涛——法律史，中山大学，硕士. -2004

清末司法改革若干问题研究/周东方（导师：王立民）——法律史，华东政法学院，硕士. -2004

清末司法制度的改革/周志坚（导师：赵晓耕）——法律史，中国人民大学，硕士. -2004

清末预备立宪时期宪政编查馆研究/赵鉴军（导师：马小泉）——中国近现代史，河南大学，硕士. -2004

清末法制变革研究/胡晓君——中外政治制度，中国人民大学，硕士. -2004

清末法制改革对西方法文化的引进与移植：兼论中国法律文化的现代化/易大东（导师：赵小平）——法律史，四川大学，硕士. -2004

人与自然是兄弟：对云南丽江纳西族环境保护习惯法的文化解读/偶芳（导师：陈金全）——法律史，西南政法大学，硕士. -2004

儒家法律价值观及其文化背景的分析：兼论儒家法律文化对中国传统法和现代法制建设的影响/张天舒（导师：周少元）——法律史，安徽大学，硕士. -2004

儒者与法学家：近代夹层中的吉同钧/鲍如——专门史，中国人民大学，硕士. -2004

山西票号与中国传统法律文化/任川霞（导师：赵晓耕）——法律史，中国人民大学，硕士. -2004

法社会学视野中的民间法/孙迎（导师：谢晖）——法律史，山东大学，硕士. -2004

沈家本的法律思想与中国法制近代化/罗婵（导师：任冠文）——中国近现代史，广西师范大学，硕士. -2004

沈家本"会通"思想述评/张朝晖（导师：高乐才）——中国近现代史，东北师范大学，硕士. -2004

试论明代职官渎职犯罪/路玲——法律史，中国政法大学，硕士. -2004

试论南京国民政府地方自治立法/隆奕（导师：曾代伟）——法律史，西南政法大学，硕士. -2004

试论秦汉刑罚中的赦与减免/杨国誉（导师：张进）——专门史，南京师范大学，硕士. -2004

试论清代亲属相犯的法律责任/武志文（导师：曾代伟）——法学，西南政法大学，硕士. -2004

试论唐朝监察制度/邱玲芸——法律史，中国人民大学，硕士. -2004

试论唐朝法律中政府的地位/龚曙东（导师：李交发）——法律史，湘潭大学，硕士. -2004

试论唐太宗的法律思想/邓怡舟（导师：何磊）——中国古代史，云南师范大学，硕士. -2004

试论条例在明清法律中的角色/刘稚清——法律史，中国政法大学，硕士. -2004

宋代民众法律观念初探/牛杰（导师：郭东旭、王善军）——中国古代史，河北大学，硕士. -2004

宋代赊买卖制度研究/张域（导师：霍存福）——法律史，吉林大学，硕士. -2004

孙中山与宋教仁法律思想之比较研究/秦凌（导师：李育民）——中国近现代史，湖南师范大学，硕士. -2004

唐朝妇女权利研究/王娟（导师：齐延平）——法学理论，山东大学，硕士. -2004

唐代冲突法发展研究/李火（导师：屈广清）——国际法学，大连海事大学，硕士. -2004

唐律贿赂罪研究/郑丽（导师：李交发）——法律史，湘潭大学，硕士. -2004

晚清传教士与西方法律思想的输入/牛锦红（导师：俞政）——中国近现代

史，苏州大学，硕士. -2004

魏晋"春秋决狱"研究/赵建林（导师：王晓毅）——专门史，清华大学，硕士. -2004

我国合同法及其理念的发展/丁璇（导师：徐永康）——中法史，华东政法学院，硕士. -2004

我国法律本土化进程中价值问题的伦理思考/朱孝红（导师：肖平）——马克思主义理论与思想政治教育，西南交通大学，硕士. -2004

新中国法制现代化的历史考察与思考/张晓光（导师：黄华文）——历史学，华中师范大学，硕士. -2004

循吏法律实践的思想基础浅析/袁瑜珍（导师：王宏治）——法律史，中国政法大学，硕士. -2004

一种文化的选择：论梁启超的法治思想/陶建新（导师：卓泽渊）——法理学，西南政法大学，硕士. -2004

遗嘱继承制度的历史考察：从中西方比较的角度/王沛——法律史，华东政法学院，硕士. -2004

渝东南土家族商事习惯法文化考察/刘云（导师：陈金全）——法律史，西南政法大学，硕士. -2004

早期维新派法律思想研究/谢毓洁（导师：俞政）——中国近现代史，苏州大学，硕士. -2004

张家山汉简《具律》研究/谭卫元——中国古代史，武汉大学，硕士. -2004

《张家山汉墓竹简·二年律令》法律思想研究/杨颉慧（导师：史建群、姜建设）——中国古代史，郑州大学，硕士. -2004

张居正变法改革浅探/孙振庆（导师：赵晓耕）——法律史，中国人民大学，硕士. -2004

张之洞的法律思想/孙琦（导师：高旭晨）——法律史，中国社会科学院研究生院，硕士. -2004

贞观时期谏官制度研究/张大飞（导师：艾永明）——法律史，苏州大学，硕士. -2004

制约法官职业化历史因素探析/王守春（导师：孙光研）——法律硕士，黑龙江大学. -2004

中国传统判例制度及其现代价值研究/余海民（导师：李俊）——法律史，对外经济贸易大学，硕士. -2004

中国传统社会的民事调解制度研究：以清朝为契入点/林娟霞——法律史，中

山大学，硕士．-2004

中国古代妇女财产继承法律地位的变迁及其根源/李江蓉（导师：徐永康）——法律史，华东政法学院，硕士．-2004

中国古代法官判案文化解析：以明清时期官箴文化为视角/周天越（导师：吕丽）——法律史，吉林大学，硕士．-2004

中国古代法律儒家化的初步/张煜昊（导师：徐永康）——法律史，华东政法学院，硕士．-2004

中国古代农商关系对清末商法的影响/金艳歌（导师：赵晓耕）——法律史，中国人民大学，硕士．-2004

中国古代判例的作用及启示研究/陈娅（导师：冯治良）——法律史，云南大学，硕士．-2004

中国古代土地典当买卖中的牙人研究/李琳（导师：霍存福）——法律史，吉林大学，硕士．-2004

中国封建刑法原则儒家化特点的研究/王虹（导师：孙光研）——法律硕士，黑龙江大学．-2004

中国近代国际私法渊源之考析：清代国际私法研究/陈宇萍（导师：屈广清）——国际法学，大连海事大学，硕士．-2004

中国近代商会法律制度研究/王红梅（导师：王立民）——法律史，华东政法学院，硕士．-2004

中国近代宪政运动的历史演进及当代中国宪政建设平台的构建/路常青（导师：赵连章）——马克思主义理论与思想政治教育，东北师范大学，硕士．-2004

中国近代法制转型中的法律移植/赵杨（导师：孙光研）——法律硕士，黑龙江大学．-2004

中国法律传统及其现代化研究/陈宏钧（导师：宋四辈）——法学，郑州大学，硕士．-2004

中国律师制度历史变迁和未来发展的宏观考察与理性思考/赵朝琴（导师：宋四辈）——法学，郑州大学，硕士．-2004

中国起诉限制历史研究/陈松涛——法律史，中国人民大学，硕士．-2004

中国商法的近代转型及其对中国当代民商立法的启示/王玫黎（导师：赵万一）——民商法，西南政法大学，硕士．-2004

中国社会离婚法律的历史演变/何民捷（导师：赵晓耕）——法律史，中国人民大学，硕士．-2004

朱熹法律思想研究/况腊生（导师：赵晓耕）——法律史，中国人民大学，硕士．-2004

转型时期的表达与实践：清末民初的商会与中国商事法制近代化/徐露颖——法律史，中国人民大学，硕士．-2004

1898 -1911：梁启超立宪思想的萌生与转变/杜旅军（导师：王威）——法理学，西南政法大学，硕士．-2005

1927 -1936年南京国民政府劳工立法研究/衡芳珍（导师：赵金康）——中国近现代史，河南大学，硕士．-2005

1927 -1937年湖北省县级司法体制改革初探/黄燕群（导师：黄华文）——中国近现代史，华中师范大学，硕士．-2005

北宋前期审刑院制度研究/祁琛云（导师：张德宗、苗书梅）——中国古代史，河南大学，硕士．-2005

朝阳大学法学教育的特色及其当代启示/王小川（导师：周子良、郑根堂）——法学理论，山西大学，硕士．-2005

川陕革命根据地的妇女社会地位变迁研究（1932.12—1935.4）/叶芳（导师：时广东）——马克思主义理论与思想政治教育，西南交通大学，硕士．-2005

春秋战国时期诉讼证据研究/郭明月（导师：赵世超）——中国古代史，陕西师范大学，硕士．-2005

从《名公书判清明集》看南宋妇女的守寡与再嫁/王麟——法律史，中国政法大学，硕士．-2005

从言语犯罪到文字犯罪：论汉唐宋诽谤法之演变/关凯元（导师：黄源盛）——法律史，（台）政治大学，硕士．-2005

存留养亲制度流变探析/吴昊（导师：曾代伟）——法律史，西南政法大学，硕士．-2005

邓小平法制思想研究/方传平（导师：吴文华）——马克思主义理论与思想政治教育，西南师范大学，硕士．-2005

二十世纪前三十年典的考察与反思/姜茂坤——法律史，华东政法学院，硕士．-2005

二十世纪中期以来中国农村土地产权制度变革研究/来东亚（导师：王大勇）——马克思主义理论与思想政治教育，南京理工大学，硕士．-2005

复奏帝决、"内部复核"与死刑复核制度之现代改革/屠晓景（导师：张成敏）——法律史，苏州大学，硕士．-2005

革命与秩序——以中国 1975 年宪法为例/孟庆涛（导师：张永和）——法理学，西南政法大学，硕士．-2005

龚自珍变法思想研究/龙江（导师：陈金全）——法律史，西南政法大学，硕士．-2005

关于死刑制度的理性思考/吕秋香（导师：刘德法）——法律史，郑州大学，硕士．-2005

关于中国法律多元论的评析与思考/范凌云（导师：冯治良）——法学理论，云南大学，硕士．-2005

国民政府行政督察专员制度：以四川为个案的考察/张红芳（导师：曹成建）——中国近现代史，四川师范大学，硕士．-2005

汉唐律杀伤人罪之比较研究：以《二年律令》与《唐律疏议》为主线/冯申（导师：徐世虹）——法律史，中国政法大学，硕士．-2005

汉魏之际法家思想研究/徐芬（导师：赵国华）——中国古代史，华中师范大学，硕士．-2005

胡汉民立法理论与实践初探/谢添——中共党史，中国人民大学，硕士．-2005

梁启超宪政思想研究/冯涛（导师：梁凤荣）——法律史，郑州大学，硕士．-2005

两宋皇城司制度探析：以其探事职能的拓展及人员的管理为主/汪辉（导师：张德宗、苗书梅）——中国古代史，河南大学，硕士．-2005

留日人员与清末法制改革/刘静（导师：黎仁凯）——中国近现代史，河北大学，硕士．-2005

法律文化：法律史解释的一种理论进路/肖洪泳（导师：李交发）——法律史，湘潭大学，硕士．-2005

略论严复的文化观和法律观/刘涛——法律史，中国人民大学，硕士．-2005

论《大清民律草案》亲属继承编对中国传统法律文化的继承/李晓晖（导师：赵晓耕）——法律史，中国人民大学，硕士．-2005

论邓小平的依法治腐思想/朱如放（导师：聂月岩）——马克思主义理论与思想政治教育，首都师范大学，硕士．-2005

论《窦娥冤》中法律精神的表现/韩轶春（导师：徐家力）——马克思主义理论与思想政治教育，贵州师范大学，硕士．-2005

论罗马法对中国近代民法体系形成的影响/岳政坤（导师：孙光研）——法律硕士，黑龙江大学，2005

论明清和民国时期孀妇继承权及其变迁/陈晓芳——法律史，中国人民大学，硕士．-2005

论清朝州县审判制度/胡婷（导师：周少元）——法律史，安徽大学，硕士．-2005

论清代的中央刑事审判制度及其变革/邓振军——法律史，中国人民大学，硕士．-2005

论清末公司立法/李艳鸿（导师：周少元、高尚）——法律史，安徽大学，硕士．-2005

论清末新闻法制/华志强（导师：周少元）——法律史，安徽大学，硕士．-2005

论儒家思想对中国法治建设的影响/宋文卓（导师：刘向文）——法律史，郑州大学，硕士．-2005

论沈家本的刑事法治思想：以清末刑律修订为中心的考察/谭雯倩（导师：卓泽渊）——法理学，西南政法大学，硕士．-2005

论宋代主流法律思想中的法家传统/陈松（导师：陈金全）——法律史，西南政法大学，硕士．-2005

论《唐律疏议》对官吏犯罪的规范/曹研霞（导师：李建渝）——法律史，中国政法大学，硕士．-2005

论《唐律疏议》对官吏犯罪的规范/曹研霞（导师：李建渝）——法律史，中国政法大学，硕士．-2005

论王安石变法/任沛——法制史，中国人民大学，硕士．-2005

论我国传统调解制度的继承与改造：兼论现代人民调解制度的重构/刘艳芳（导师：周少元）——法律史，安徽大学，硕士．-2005

论我国宪法修改制度的完善/邓三（导师：刘向文）——宪法学，郑州大学，硕士．-2005

论西汉法律文化的基本精神/孙喆（导师：李振宏）——专门史，河南大学，硕士．-2005

论荀子的"礼法"法思想及其现实意义/胡伟（导师：毕国明）——马克思主义理论与思想政治教育，云南师范大学，硕士．-2005

论中国传统法律文化中的以礼乐刑政实现综合为治的思想/余婧——法律史，中国人民大学，硕士．-2005

论中国典权制度的历史、现状及走向：从比较法的视角看/陈娇（导师：王涛）——法学理论，湖南师范大学，硕士．-2005

论中国调解制度的传统根基/刘志华（导师：孙光研）——法律硕士，黑龙江大学，2005

论中国封建监察制度/马珺（导师：梁凤荣）——法律史，郑州大学，硕士．-2005

论中国封建法制中的民本思想/王丹（导师：孙光研）——法律硕士，黑龙江大学，2005

论中国"法治"思想的历史沿革/马仁山（导师：霍存福）——法律史，吉林大学，硕士．-2005

罗马法买卖契约理论研究/宋顺喜（导师：霍存福）——法律史，吉林大学，硕士．-2005

民初新旧法律冲突中的婚姻问题/汪雄涛（导师：范忠信）——法律史，中南财经政法大学，硕士．-2005

民国时期广州市政体制演变研究/孙颖（导师：赵春晨）——专门史，广州大学，硕士．-2005

民国时期湖北保甲制度研究（1927-1937）/赵丽娜（导师：彭敦文）——中国近现代史，武汉大学，硕士．-2005

民国刑事立法概论/孙西勇（导师：廖信春）——中国近现代史，江西师范大学，硕士．-2005

明朝官吏职务犯罪研究/陈淑丽（导师：吕丽）——法律史，吉林大学，硕士．-2005

明朝回避制度述论/杨华文（导师：李绍平）——中国古代史，湖南师范大学，硕士．-2005

明代社会保障制度研究/肖英（导师：刘渝龙）——中国古代史，湖南师范大学，硕士．-2005

明前期荒政中的腐败问题研究（1368—1487）/肖发生（导师：方志远）——中国古代史，江西师范大学，硕士．-2005

明清刑事法律文化研究/王磊——法律史，安徽大学，硕士．-2005

南京国民政府监察制度述论/曾丽玮——法律史，湘潭大学，硕士．-2005

南京国民政府《民法·亲属编》研究/李刚（导师：赵金康）——中国近现代史，河南大学，硕士．-2005

南京国民政府社团立法研究（1927-1937）/陈志波（导师：朱从兵）——中国近现代史，广西师范大学，硕士．-2005

南京国民政府时期地方刑案的法文化考察/王春丽——法律史，华东政法学

院，硕士．-2005

浅论清末的狱政改良/王勇（导师：马建红）——法律史，山东大学，硕士．-2005

浅析典权制度：民国初期固有法与继受法对典之规定的整合/黄鑫（导师：赵晓耕）——法律史，中国人民大学，硕士．-2005

浅议《唐律疏议》律疏合编的原因及影响/郝丽霞（导师：赵晓耕）——法律史，中国人民大学，硕士．-2005

《钦定宪法大纲》的文化解释/姜美（导师：程燎原）——法学理论，湘潭大学，硕士．-2005

秦汉妇女权益和地位研究/岳岭（导师：丁毅华）——中国古代史，华中师范大学，硕士．-2005

秦汉豪强地主犯罪研究/刘洋（导师：宋杰）——中国古代史，首都师范大学，硕士．-2005

秦汉简牍所见财产法研究/李冬梅（导师：王彦辉）——法律史，东北师范大学，硕士．-2005

秦汉京师治安制度研究/谢彦明（导师：宋杰）——中国古代史，首都师范大学，硕士．-2005

秦汉爵制问题再探讨/杨媚（导师：李宝通、初仕宾）——历史文献学，西北师范大学，硕士．-2005

清代地方官员捏灾冒赈的形式、特点与影响探究/郭文娟（导师：萧正洪）——中国古代史，陕西师范大学，硕士．-2005

清代官吏惩戒制度研究/陈一容（导师：许增纮）——中国近现代史，西南师范大学，硕士．-2005

清代官吏的"连带责任"初探/鲁鹏（导师：马小红）——法律史，中国社会科学院研究生院，硕士．-2005

清代基层民事司法状况初探/李富强（导师：郭建、姚荣涛）——中国法制史，复旦大学，硕士．-2005

清代民间调解探析/赵连峰（导师：刘广安）——法律史，中国政法大学，硕士．-2005

清代欠租纠纷的解决：以乾隆朝为中心/张本照——法律史，中国人民大学，硕士．-2005

清代土地绝卖契约研究/周进（导师：陈晓枫）——法制史，武汉大学，硕士．-2005

清代州县刑事诉讼程序研究/肖征祁——法律史，华东政法学院，硕士．-2005

清末关税法律制度与法律思想初探/毛莹（导师：王宏治）——法律史，中国政法大学，硕士．-2005

清末民初刑讯制度废止问题研究/金大宝（导师：周少元）——法律史，安徽大学，硕士．-2005

清末民初法治理念转化历程研究/张棕军（导师：郭成伟）——法律史，中国政法大学硕士．-2005

清末民国壮族习惯法研究/张洪春（导师：覃圣敏、廖国一）——中国少数民族史，广西师范大学，硕士．-2005

清末陪审立法研究/刘倩（导师：胡旭晟）——法律史，湘潭大学，硕士．-2005

清末人事法律制度转型探析/陆巍（导师：李俊）——法律史，对外经济贸易大学，硕士．-2005

清前期叩阍制度研究/王金龙——中国古代史，中国人民大学，硕士．-2005

商鞅预防犯罪的思想及其现代价值/刘伟杰（导师：隋淑芬）——马克思主义理论与思想政治教育，首都师范大学，硕士．-2005

社会进化论与晚清法律思想研究：从 1895 到 1912/张志杭（导师：陈金全）——法律史，西南政法大学，硕士．-2005

沈家本人权思想研究/魏文超（导师：强昌文）——法律史，安徽大学，硕士．-2005

试论董必武的社会主义民主与法制思想/李论（导师：肖铁肩）——中国近现代史，中南大学，硕士．-2005

试论吕坤的法律思想/王惠昌（导师：李交发）——法律史，湘潭大学，硕士．-2005

试论宋代妇女的地位及其社会作用/苗玉勤（导师：安国楼）——专门史，郑州大学，硕士．-2005

试论我国刑事诉讼模式的演进/胡权明（导师：周少元）——法律史，安徽大学，硕士．-2005

试论伍廷芳与清末法制改革/于建胜（导师：郭大松）——中国近现代史，山东师范大学，硕士．-2005

试论西周法律的中和特征/张继——法制史，苏州大学，硕士．-2005

司法独立与清末中央司法机关的变革/林淑珍（导师：赵晓耕）——法律史，

中国人民大学，硕士．-2005

宋朝家庭身份权利状况研究/隋阳（导师：曹松林）——中国古代史，湖南师范大学，硕士．-2005

宋朝田赋制度探微/宋宏飞（导师：曾代伟）——法律史，西南政法大学，硕士．-2005

宋朝通判制度研究/高益青（导师：韩杰）——专门史，云南大学，硕士．-2005

宋代翻异别勘制度之思考与借鉴/马洪强——法律史，中国人民大学，硕士．-2005

宋代弱势群体法律地位探析：以寡妇、赘婿和养子为例/石璠（导师：李鸣）——法律史，中国政法大学，硕士．-2005

宋代孀妇财产权浅析/黄冬云——法律史，华东政法学院，硕士．-2005

太平天国刑法思想与刑法制度/郑志——法律史，华东政法学院，硕士．-2005

谭嗣同平等思想研究/石新艳（导师：隋淑芬）——马克思主义理论与思想政治教育，首都师范大学，硕士．-2005

唐代地方监察制度探析/袁岳（导师：何磊）——中国古代史，云南师范大学，硕士．-2005

唐代后期法制演变初探/边媛——法律史，中国政法大学，硕士．-2005

唐律"化外人有犯"条辨析/陈玺（导师：蒙振祥）——法律史，西北政法学院，硕士．-2005

《唐律疏议》的法律诠释学思想/陈张林（导师：张茂泽）——专门史，西北大学，硕士．-2005

《唐律疏议》中的《名例律》与我国现行刑法总则的比较/李东光（导师：霍存福）——法律史，吉林大学，硕士．-2005

唐宋医药法制研究/刘聪（导师：刘晖桢、梁峻）——中国医学史，中国中医研究院，硕士．-2005

通过司法改革的法律近代化之路/刘树勇——法律史，中国政法大学，硕士．-2005

晚清法律改革与近代中国法律建设的启蒙/邝玉深——法制史，中国人民大学，硕士．-2005

晚清审判方式变革探微/李媛媛（导师：周少元、高尚）——法律史，安徽大学，硕士．-2005

晚清引进近代警察制度述论/陈威（导师：李俊）——法律史，对外经济贸易大学，硕士．-2005

晚清中日两国修改不平等条约之比较/吕彩云（导师：田永秀）——专门史，西南交通大学，硕士．-2005

《万国公法》与中国近代国家观念的兴起/王建伟——中国近现代史，辽宁大学，硕士．2005

魏晋律学研究/于利（导师：宇培峰）——法律史，中国政法大学，硕士．-2005

魏晋南北朝"特务"型监察官的监察活动研究/田振洪（导师：汪征鲁）——专门史，福建师范大学，硕士．-2005

西汉董仲舒"春秋决狱"六佚案之当代法律语言解读/梁志强（导师：姚荣涛、郭建）——法律史，复旦大学，硕士．-2005

西汉官吏法研究：以《张家山汉简》为补充/吴智远——秦汉史，华东师范大学，硕士．-2005

西汉三侯犯罪研究/于日辉（导师：宋杰）——中国古代史，首都师范大学，硕士．-2005

先秦儒家法律用语研究/牟玉华（导师：李海霞）——汉语言文字学，西南师范大学，硕士．-2005

现代法治背景下的民间法：谈民间法与国家法二者的互动/俞芸（导师：侯欣一）——法律史，南开大学，硕士．-2005

新型法律对二十世纪五十年代新疆少数民族社会的影响/陈海鸣（导师：孟楠）——专门史，新疆大学，硕士．-2005

刑讯逼供现象的法文化思考/于曦（导师：李俊）——法律史，对外经济贸易大学，硕士．-2005

性腐败与法律规制：古代中国的实践与智慧/李鼎楚——法律史，湘潭大学，硕士．-2005

寻求冲突中的平衡：《大清民律草案》创制管窥/张继承（导师：蒋先福）——法学理论，湖南师范大学，硕士．-2005

永佃权论略/马兰峥——法律史，中国人民大学，硕士．-2005

原罪的法思想解读/殷秀峰（导师：陈金全）——法律史，西南政法大学，硕士．-2005

战国犯罪现象探析/程艳芳（导师：胡新生）——中国古代史，山东大学，硕士．-2005

张家山汉简《二年律令》之《置吏律》、《户律》、《效律》、《傅律》、《置后律》、《爵律》校释/黄锦前（导师：陈伟）——历史文献学，武汉大学，硕士. -2005

张君劢的宪政主张、努力及其命运/何鹏（导师：范忠信）——法律史，中南财经政法大学，硕士. -2005

张君劢宪政思想初探/陈江华（导师：强昌文）——法律史，安徽大学，硕士. -2005

章士钊法律思想研究（1903 -1917）/夏海英（导师：饶怀民）——中国近现代史，湖南师范大学，硕士. -2005

中国传统法律的近代转型研究/曹建军（导师：陈国庆）——中国近现代史，西北大学，硕士. -2005

中国传统法律文化与社会主义法治现代化/邵丹丹（导师：刘彤）——科学社会主义与国际共产主义运动，东北师范大学，硕士. -2005

中国传统亲伦法律文化及其当代价值/王志林（导师：周子良）——法学理论，山西大学，硕士. -2005

中国传统诉讼文化与现代诉讼文化的建构/毛兴勤（导师：毕国明）——马克思主义理论与思想政治教育，云南师范大学，硕士. -2005

中国传统刑律在清末的转型/李兆为（导师：方慧）——法学理论，云南大学，硕士. -2005

中国传统法哲学内在逻辑的演进/宋联洪（导师：李春茹）——法哲学，西南政法大学，硕士. -2005

中国古代法官责任制初探/曹丽（导师：陈金全）——法律史，西南政法大学，硕士. -2005

中国古代监察权力控制机制研究/李影（导师：孙光研）——法律硕士，黑龙江大学，2005

中国古代借贷契约的保证制度/章燕（导师：霍存福）——法律史，吉林大学，硕士. -2005

中国古代录囚制度的发展演变/李志友（导师：赵晓耕）——法律史，中国人民大学，硕士. -2005

中国古代法律虚无主义缘起初探/曾世伦（导师：李申文）——马克思主义理论与思想政治教育，云南师范大学，硕士. -2005

中国古代民本思想的形成、发展及其对中国传统法律文化的影响/丁长二（导师：陈鹏生）——法律史，华东政法学院，硕士. -2005

中国古代刑罚体系与"五刑"观念关系研究/史永丽（导师：赵晓耕）——法律史，中国人民大学，硕士. -2005

中国古代"义绝"离婚制度研究/廖克环（导师：曾代伟）——法律史，西南政法大学，硕士. -2005

中国古代租佃契约文书考析/武航宇（导师：吕丽）——法律史，吉林大学，硕士. -2005

中国封建农业法制史研究/赵延安（导师：郑少锋）——农业推广，西北农林科技大学，硕士. -2005

中国近代刑事审判制度的演变/王轶虹（导师：丁凌华）——法律史，华东政法学院，硕士. -2005

中国近代行政诉讼制度研究/孙之智（导师：徐立志）——法律史，中国社会科学院研究生院，硕士. -2005

中国近代预算法初探/韩晓洁——法律史，中国政法大学，硕士. -2005

中国警察制度研究/万国庆（导师：宋四辈）——法律史，郑州大学，硕士. -2005

中国民事诉讼法的历史谱系的开端——从中日比较的视角考量清末民事诉讼改制/赵蕾（导师：陈桂明）——诉讼法学，中国政法大学，硕士. -2005

中国宪政文化论：对我国宪政文化的反思与展望/张艳（导师：周叶中）——宪法学与行政法学，武汉大学，硕士. -2005

古中国与古罗马买卖双方义务的比较研究/王宏庆（导师：霍存福）——法律史，吉林大学，硕士. -2005

《中华民国民法》典权法律制度研究/杨熠（导师：曾代伟）——中国法制史，西南政法大学，硕士. -2005

《中华苏维埃共和国宪法大纲》评析/许静——马克思主义理论与思想政治教育，华东师范大学，硕士. -2005

中日法制现代化之比较/高长慧（导师：王国征）——国际关系，青岛大学，硕士. -2005

转型时期的乡村纠纷及其解决陕西北村的个案研究/倪兆国（导师：秦燕）——马克思主义理论与思想政治教育，西北工业大学，硕士. -2005

综论清末民初"法治理念"转化的历程/张棕军（导师：郭成伟）——法律史，中国政法大学，硕士. -2005

澳门司法权的历史沿革及其研究/栾军（导师：王立民）——法律史，华东政

法学院，硕士. -2006

不孝罪的历史考察/苑媛（导师：马小红）——法律史，中国人民大学，硕士. -2006

传统法律中的铁券制度：以明洪武朝皇权强化为背景分析/高东旭（导师：赵晓耕）——法律史，中国人民大学，硕士. -2006

从徽州牌坊看中国古代贞节观念/江琦（导师：赵晓耕）——法律史，中国人民大学，硕士. -2006

从《水浒》看中国古代法制/罗晓秦（导师：强昌文）——法律史，安徽大学，硕士. -2006

从西汉历史看商品经济的兴衰与法制/陆玲华（导师：高积顺）——法律史，苏州大学，硕士. -2006

戴修瓒法律思想与法制现代化/朱莉红（导师：眭鸿明）——法学理论，南京师范大学，硕士. -2006

董必武民主法治思想研究/祝接龙（导师：陈金全）——法律史，西南政法大学，硕士. -2006

董仲舒法律思想研究/李静贤（导师：马建红）——法律史，山东大学，硕士. -2006

反思法律文化的概念问题/南晓雪（导师：吕丽）——法律史，吉林大学，硕士. -2006

佛教对中古法律之影响/李俊强（导师：张全民）——法律史，湘潭大学，硕士. -2006

汉令的颁布与编纂研究/赵晓磊（导师：尤韶华）——法律史，中国社会科学院研究生院，硕士. -2006

汉、唐户婚之律比较研究/房丽（导师：吕丽）——法律史，吉林大学，硕士. -2006

黑龙江近代边防法制研究/郭菲菲（导师：孙光研）——法律硕士，黑龙江大学，2006

胡汉民三民主义法律思想研究/韩久龙（导师：张生）——法律史，中国政法大学，硕士. -2006

《黄帝四经》阴阳刑德思想述论/赖世力（导师：吕志兴）——法律史，西南政法大学，硕士. -2006

《黄帝四经》与《淮南子》治道法律思想比较研究论/李云（导师：崔永东）——法律思想史，中国政法大学，硕士. -2006

黄宗羲政治法律学说再探：由"治道"到"政道"：以《明夷待访录》为中心/白连永（导师：马小红）——法律史，中国人民大学，硕士. -2006

法家刑事政策思想研究/高洪（导师：余松龄）——刑法学，湖南大学，硕士. -2006

近代西方法律思想在华传播途径研究/刘加波（导师：吴永明）——中国近现代史，江西师范大学，硕士. -2006

近代中国领事裁判权研究/李文慧（导师：卞修全）——法律史，中国政法大学，硕士. -2006

近代中国著作权立法的二难困境及其选择研究/马晓莉（导师：赵晓耕）——法律史，中国人民大学，硕士. -2006

军功官僚、土地国有与秦律实践良好的原因/许菜花（导师：范忠信）——法律史，中南财经政法大学，硕士. -2006

君子笃恭而天下平：论章士钊的法律思路和近代中国的法制状况/欧阳媚（导师：侯欣一）——法律史，南开大学，硕士. -2006

梁启超法律思想的演变/李义发（导师：汤奇学）——专门史，安徽大学，硕士. -2006

梁漱溟法治思想研究/郭岳梅（导师：章育良）——专门史，湘潭大学，硕士. -2006

法律视野下《周易》和谐思想研究/桑东辉（导师：孙光研）——法律硕士，黑龙江大学，2006

论清朝的监狱制度/吴敏（导师：徐永康）——法律史，华东政法学院，硕士. -2006

论清末民初中国军事奖惩制度/孔曼（导师：赵金康）——中国近现代史，河南大学，硕士. -2006

论清末修律中的礼法之争/张晓敏（导师：林明）——法律史，山东大学，硕士. -2006

论儒家司法观/范梅（导师：许明月）——法理学，重庆大学，硕士. -2006

论唐代前中期宽松死刑制度/刘港（导师：李交发）——法律史，湘潭大学，硕士. -2006

论先秦法律文献中的和谐思想/李若男（导师：孙光研）——法律硕士，黑龙江大学，2006

论中国古代法律秩序的特征/王谋寅（导师：强昌文）——法律史，安徽大学，硕士. -2006

论中国近代的法律思想革新/张道强（导师：梁凤荣）——法律史，郑州大学，硕士．-2006

民国初期的司法改革/彭瑞花（导师：王德志）——法律史，山东大学，硕士．-2006

民国初期宪政研究：以封建体制的缺失为视角/王志强（导师：李贵连）——法律史，北京大学，硕士．-2006

民国高等教育立法与现代大学制度的形成（1912—1949）/任艳红（导师：杨洁）——教育史，陕西师范大学，硕士．-2006

民国时期的律师行业自治：以1946—1948年天津律师公会为中心的观察/朱志彤（导师：侯欣一）——法律史，南开大学，硕士．-2006

民国时期女子财产继承权的肇端/刘一（导师：赵元信）——法律史，华东政法学院，硕士．-2006

民国时期收养制度变迁/刘志慧（导师：张生）——法律史，中国政法大学，硕士．-2006

民国晚期司法人员考绩研究：以天津法院系统为中心/李雪（导师：侯欣一）——法律史，南开大学，硕士．-2006

《名公书判清明集》中所见的土地交易法制研究/吴正茂（导师：李贵连）——法律史，北京大学，硕士．-2006

墨学之嬗变：显、衰、兴——兼论墨子的法律思想/卢建辉（导师：高积顺）——法律史，苏州大学，硕士．-2006

南京国民政府禁止烟毒立法浅析：以南京国民政府"二年禁毒、六年禁烟"时期（1935—1940）为中心/冯尚（导师：赵元信）——法律史，华东政法学院，硕士．-2006

秦汉时期刑事连坐责任制度研究/张万军（导师：胡仁智）——法律史，西南政法大学，硕士．-2006

清朝"改土归流"前后广西壮族土司司法制度探析/覃奕（导师：周伟文）——法律史，华东政法学院，硕士．-2006

清代成案研究：以《刑案汇览》为中心的思考/陈丽如（导师：曾代伟）——法律史，西南政法大学，硕士．-2006

清代地方刑事诉讼程序简论/朱一泓（导师：李交发）——法律史，湘潭大学，硕士．-2006

清代江南地区健讼问题研究/王刚（导师：王卫平）——专门史，苏州大学，硕士．-2006

清代民事纠纷解决机制研究/李琴（导师：赵元信）——法律史，华东政法学院，硕士．-2006

清代民事法律制度与现代民法的比较/潘琦（导师：霍存福）——法律史，吉林大学，硕士．-2006

清代司法实践中的情理初探/李方明（导师：霍存福）——法律史，吉林大学，硕士．-2006

清代苏州义庄规约在维护基层社会秩序中的作用/史三军（导师：吕丽）——法律史，吉林大学，硕士．-2006

清代"违禁取利"罪研究/毛培（导师：侯欣一）——法律史，南开大学，硕士．-2006

清代州县官的多重责任及其对地方司法之影响/杨森（导师：吕丽）——法律史，吉林大学，硕士．-2006

清末监察制度改革述论/胡海滨（导师：王晓天）——法律史，湘潭大学，硕士．-2006

清末立宪与民变/孙琦（导师：王人博）——法律史，中国政法大学，硕士．-2006

清末律师制度立法研究：以三部诉讼法草案为中心/刘为忠（导师：陈金全）——法律史，西南政法大学，硕士．-2006

清末民初的律师制度/陶振全（导师：周少元）——法律史，安徽大学，硕士．-2006

清末民初法律教育/高颖（导师：胡玉鸿）——宪法与行政法学，苏州大学，硕士．-2006

清末民初"速定共和"的论争与实践/乔江玲（导师：艾永明）——法律史，苏州大学，硕士．-2006

清末民初推行宪政失败的原因分析/杨志杰（导师：周子良）——法理学，山西大学，硕士．-2006

清末民初资产阶级报律思想/吕倩娜（导师：李建伟）——新闻学，河南大学，硕士．-2006

清末商事法制变革及其现代启示：兼论商事法律移植/顾明晔（导师：眭鸿明）——法学理论，南京师范大学，硕士．-2006

清末司法官考试制度研究/华建文（导师：高积顺）——法律史，苏州大学，硕士．-2006

清末司法制度改革研究：以审判机关和审判制度改革为主/曹心宝（导师：唐

仁郭）——中国近现代史，广西师范大学，硕士．-2006

清末天津地方审判厅研究：以法院设置和运行为中心/边疆（导师：侯欣
　　一）——法律史，南开大学，硕士．-2006

清末修律时期诉讼法律思想研究/张桂梅（导师：马建红）——法律史，山东
　　大学，硕士．-2006

权利文化与清末修律/徐馨（导师：李交发）——法律史，湘潭大学，硕
　　士．-2006

沈家本的刑事诉讼法学思想研究/康黎（导师：孙长永）——诉讼法学，西南
　　政法大学，硕士．-2006

沈家本刑事法律思想的现代性/陈异慧（导师：高积顺）——宪法学与行政法
　　学，苏州大学，硕士．-2006

沈家本与近代法学教育/陈锐剑（导师：林明）——法律史，山东大学，硕
　　士．-2006

“声噪一时”与“改而不良”清末监狱改良再考察：以京师及江浙为重点/王
　　长芬（导师：马自毅）——中国近现代史，华东师范大学，硕士．-2006

史尚宽法律思想与当代法律发展/魏宁海（导师：眭鸿明）——法学理论，南
　　京师范大学，硕士．-2006

试比较领事裁判权与治外法权/李丹（导师：赵晓耕）——法律史，中国人民
　　大学，硕士．-2006

试论清末广东警政/贾蕊华（导师：冀满红）——中国近现代史，暨南大学，
　　硕士．-2006

试论宋代民商事法律制度中的“时间”/范国文（导师：马小红）——法律
　　史，中国人民大学，硕士．-2006

试论中华法系的特点及其发展变迁/李婧（导师：李申文、褚俊英）——马克
　　思理论与思想政治教育，云南师范大学，硕士．-2006

试评北洋时期律师制度/王素平（导师：李道军）——法律史，山东大学，硕
　　士．-2006

讼师与清代司法活动/康雪峰（导师：范忠信）——法律史，中南财经政法大
　　学，硕士．-2006

宋代货币立法考论/刘金平（导师：丁凌华）——法律史，华东政法学院，硕
　　士．-2006

孙中山先生法治思想中的考试权问题研究/郑刚（导师：艾永明）——法律
　　史，苏州大学，硕士．-2006

唐代军事法律的前后变化/卢志攀（导师：胡沧泽）——中国古代史，福建师范大学，硕士. -2006

唐代连坐制度初探/李伟（导师：王振芳）——中国古代史，山西大学，硕士. -2006

唐代律令制度对日本奈良时代政治体制的影响/单美玲（导师：吴英杰）——日语语言文学，对外经济贸易大学，硕士. -2006

唐代女性的法律地位/孙向峰（导师：霍存福）——法律史，吉林大学，硕士. -2006

唐代死刑研究/王平原（导师：赵晓耕）——法律史，中国人民大学，硕士. -2006

唐代狱政制度研究/赵友新（导师：陈金全）——法律史，西南政法大学，硕士. -2006

唐律渎职罪浅析/季红（导师：艾永明）——法律史，苏州大学，硕士. -2006

唐律实施论析/刘希烈（导师：霍存福）——法律史，吉林大学，硕士. -2006

晚明田宅争讼研究/何君（导师：霍存福）——法律史，吉林大学，硕士. -2006

晚清立宪的分析/魏湘（导师：刘广安）——法律史，中国政法大学，硕士. -2006

文中子政治法律思想探析/高鑫（导师：王宏治）——法律史，中国政法大学，硕士. -2006

我国古代司法鉴定制度考论/孙大明（导师：王立民）——法律史，华东政法学院，硕士. -2006

我国危害国家安全犯罪罪名历史沿革研究/孙浩（导师：孙光研）——法律硕士，黑龙江大学，2006

先秦法家：剧变时代的极端学说/张澄（导师：高积顺）——法律史，苏州大学，硕士. -2006

先秦时期的罪行观念及其演变/潘志成（导师：陈金全）——法律史，西南政法大学，硕士. -2006

严复宪政思想研究/任艳妮（导师：王振亚）——政治学理论，陕西师范大学，硕士. -2006

杨度法律思想研究/陈颖洲（导师：周少元）——法学，安徽大学，硕

士．－2006

义绝制度与中国传统婚姻法制的精神/崔兰琴（导师：范忠信）——法律史，中南财经政法大学，硕士．－2006

《易经》与殷周法制研究/徐艳云（导师：林明）——法律史，山东大学，硕士．－2006

日用类书中的法律知识构成与明清社会变迁/尤陈俊（导师：范忠信）——法律史，中南财经政法大学，硕士．－2006

郑观应的法律思想/朱作鑫（导师：丁凌华）——法律史，华东政法学院，硕士．－2006

法治大厦之基石：以民国时期山西大学法学教育为中心的考察/常光玮（导师：侯欣一）——法律史，南开大学，硕士．－2006

德治与法治/郑洪森（导师：吕丽）——法律史，吉林大学，硕士．－2006

中国传统法律的儒家化及其影响/魏昕烨（导师：宋四辈）——法律史，郑州大学，硕士．－2006

中国传统法律文化与现今"法德兼治"/田丽（导师：秦英君）——政治学理论，首都师范大学，硕士．－2006

中国传统法律文化与法治文化建构/王金刚（导师：马建红）——法律史，山东大学，硕士．－2006

中国传统"无讼"思想及其现时代价值/孙利（导师：龚廷泰）——法学理论，南京师范大学，硕士．－2006

中国古代耻辱刑研究/田凯（导师：孙光研）——法律史，黑龙江大学，硕士．－2006

中国古代雇佣契约制度研究/付钟瑶（导师：吕丽）——法律史，吉林大学，硕士．－2006

中国古代家法族规与国家法的冲突与互动/纪国庆（导师：艾永明）——法律史，苏州大学，硕士．－2006

中国古代礼乐政刑思想研究：从价值观和社会控制角度分析/肖柳（导师：马小红）——法律史，中国人民大学，硕士．－2006

中国古代田地所有关系变动的考察/王成伟（导师：霍存福）——法律史，吉林大学，硕士．－2006

中国古代遗嘱继承研究/吴留戈（导师：霍存福）——法律史，吉林大学，硕士．－2006

古中国的契约概念与契约观/张姗姗（导师：霍存福）——法律史，吉林大

学，硕士．-2006

中国近代专利制度研究/唐建平（导师：王立民）——法律史，华东政法学院，硕士．-2006

中国"亲亲相隐"制度研究/杨辉（导师：徐永康）——法律史，华东政法学院，硕士．-2006

中西古代契约制度、观念的比较/夏婷婷（导师：吕丽）——法律史，吉林大学，硕士．-2006

安徽抗日根据地的法制建设/张蓓蓓（导师：房列曙）——中国近现代史，安徽师范大学，硕士．-2007

包世臣法律思想研究/陈亮（导师：周少元）——法律史，安徽大学，硕士．-2007

北朝家族法研究/樊丽（导师：周子良）——法学理论，山西大学，硕士．-2007

北齐法制及其实施状况考/孔晶（导师：杨师群）——法律史，华东政法大学，硕士．-2007

北洋政府初期对盗匪的法律规制/沉镇荣（导师：侯欣一）——法律史，南开大学，硕士．-2007

北洋政府判例制度研究/赖锦锋（导师：赵晓耕）——法律史，中国人民大学，硕士．-2007

北洋政府时期的新闻管制/王青（侯欣一）——法律史，南开大学，硕士．-2007

变化中的信托：历史流变与功能比较/张冠男（导师：陈丽君）——法律史，中国政法大学，硕士．-2007

蔡锷宪政思想研究/张锐（导师：吕志兴）——法律史，西南政法大学，硕士．-2007

曹魏律章句学研究：以如淳《汉书》注为视角/梁健（导师：龙大轩）——法律史，西南政法大学，硕士．-2007

从"动物"、"植物"到"动产"、"不动产"：近代法律术语翻译个案考察/张璐（导师：赵晓耕）——法律史，中国人民大学，硕士．-2007

从敦煌契约文书看唐代契约制度/刘志伟（导师：艾永明）——法律史，苏州大学，硕士．-2007

从《高丽律》对《唐律》的吸收看中朝关系/李冬火（导师：郑永振）——专门史，延边大学，硕士．-2007

从礼到法：荀子礼治学说与韩非法治思想及其相互关联/孙艳红（导师：张怀承）——中国哲学，湖南师范大学，硕士．-2007

从梁漱溟的法律思想谈中国法治现代化的路径问题/娄龙飞（导师：姜晓敏）——法律史，中国政法大学，硕士．-2007

从《名公书判清明集》看南宋的情理法/胡月明（导师：霍存福）——法律史，吉林大学，硕士．-2007

从《名公书判清明集》看宋代判词的特点和精神指向/高见（导师：吕丽）——法律史，吉林大学，硕士．-2007

从人性论看先秦儒法两家的法思想/卜涛（导师：商国君）——专门史，陕西师范大学，硕士．-2007

存废之争：南京国民政府时期检察制度论争之研究/任庆明（导师：侯欣一）——法律史，南开大学，硕士．-2007

存留养亲制度研究/沙金（导师：吕丽）——法律史，吉林大学，硕士．-2007

《大明律》与《公事方御定书》法律思想比较/蔡玫（导师：王宏治）——法律史，中国政法大学，硕士．-2007

《大盂鼎》法律思想初探/戴馥鸿（导师：陈金全）——法律史，西南政法大学，硕士．-2007

古代容隐制引发的法律思考：亲属证人特权之历史分析研究/焦彤（导师：杨宇冠）——诉讼法学，中国政法大学，硕士．-2007

邓小平法律思想述评/赵求勇（导师：艾永明）——宪法与行政法学，苏州大学，硕士．-2007

董必武民族法制思想研究/陈卫国（导师：德全英）——法学理论，新疆大学，硕士．-2007

董仲舒"春秋"法律思想研究/王翠霞（导师：齐延平）——法律史，山东大学，硕士．-2007

董仲舒对中国传统法律的影响/张哲（导师：赵晓耕）——法律史，中国人民大学，硕士．-2007

董仲舒法律思想的另一种解读：问题与回答/朱腾（导师：宇培峰）——法律史，中国政法大学，硕士．-2007

《二年律令》与汉初官吏控制法/蒋云飞（导师：丁凌华）——法律史，华东政法大学，硕士．-2007

《管子》的法律思想探析/黄永晴（导师：黎晓平）——法学理论，湘潭大

学，硕士．-2007

《管子》的法律思想研究/瓦永乾（导师：林明）——法学理论，山东大学，硕士．-2007

广西融水苗族埋岩民间法研究/林楠（导师：周世中）——法学理论，广西师范大学，硕士．-2007

哈尔滨解放区户籍制度研究/王斌（导师：孙光研）——法律硕士，黑龙江大学，2007

韩非的"法治"思想研究/刘婷婷（导师：程燎原）——法学理论，重庆大学，硕士．-2007

韩非的重刑思想研究/王小丹（导师：邓红蕾）——法学理论，中南民族大学，硕士．-2007

韩非思想中的人性理论与先秦法治实践/吴光（导师：霍存福）——法律史，吉林大学，硕士．-2007

汉代婚姻法律制度研究/王雅梅（导师：周子良）——法理学，山西大学，硕士．-2007

汉代肉刑研究/孙晶（导师：宋杰）——中国古代史，首都师范大学，硕士．-2007

汉唐之际盗罪立法研究/孔德福（导师：马志冰）——法律史，中国政法大学，硕士．-2007

汉武帝时期法官初探/段宝忠（导师：周少元）——法律史，安徽大学，硕士．-2007

黄遵宪的民权宪政思想述评/孟雯（导师：马建红）——法律史，山东大学，硕士．-2007

法家"法治"理论研究/杨琼（导师：宋四辈）——法律史，郑州大学，硕士．-2007

贾谊法治思想研究/胡春丽（导师：史建群、姜建设）——中国古代思想文化史，郑州大学，硕士．-2007

建国后毛泽东的法制思想探析/丁胜（导师：史会来）——中共党史，哈尔滨工业大学，硕士．-2007

江永女书的法文化探析/钟云萍（导师：夏新华）——法律史，湘潭大学，硕士．-2007

近代中国证据法的演进及其特点/柏鸣（导师：范忠信）——法律史，中南财经政法大学，硕士．-2007

经世致用与薛福成的变法思想/史宁（导师：陈金全）——法律史，西南政法
　　大学，硕士. –2007

瞿同祖的法律史社会学方法述评/宁红玲（导师：黎晓平）——法学理论，湘
　　潭大学，硕士. –2007

康有为宪政思想研究/易旺（导师：刘斌）——法律史，中国政法大学，硕
　　士. –2007

孔子"无讼"解/辛以春（导师：高积顺）——法律史，苏州大学，硕
　　士. –2007

历史实践视角下的中国法律现代性问题：黄宗智法律思想研究/刘岩（导师：
　　邓正来）——法学理论，吉林大学，硕士. –2007

梁启超对近代中国宪政思想传播的贡献/吴庆涛（导师：肖金明）——法律
　　史，山东大学，硕士. –2007

梁启超法治思想研究/陈发良（导师：汪太贤）——法学理论，湘潭大学，硕
　　士. –2007

两晋南北朝时期的佛教与法律/韩阳（导师：高积顺）——法律史，苏州大
　　学，硕士. –2007

另一种改革：英租威海卫司法制度的变迁/孙颖（导师：苏亦工）——法律
　　史，中国社会科学院研究生院，硕士. –2007

《龙筋凤髓判》律文探析/潘峰（导师：霍存福）——法律史，吉林大学，硕
　　士. –2007

法律视野下中国古代强政治吏研究/甘甜（导师：孙光研）——法律史，黑龙
　　江大学，硕士. –2007

"法律"与"社会"的共谋：对瞿同祖《中国法律与中国社会》的解读/王冀
　　（导师：赵明）——法理学，西南政法大学，硕士. –2007

论邓小平法治思想/赵猛（导师：金桂兰）——马克思主义理论与思想政治教
　　育，大连海事大学，硕士. –2007

论董必武人民司法理论/晏礼蠡（导师：王威）——法学理论，西南政法大
　　学，硕士. –2007

论法官文化建设：从法袍的演变谈起/余蔓双（导师：张洪林）——法学理
　　论，华南理工大学，硕士. –2007

论广东洋行制度的法律规制/李莉（导师：马小红）——法律史，中国人民大
　　学，硕士. –2007

论韩非的"法治"思想/张固光（导师：宋四辈）——法律史，郑州大学，

硕士．–2007

论汉初黄老学派法律思想/商明凯（导师：林明）——法律史，山东大学，硕士．–2007

论黄遵宪的法治思想/李理（导师：章育良）——专门史，湘潭大学，硕士．–2007

论法家思想中的"臣"/张鑫（导师：吕丽）——法律史，吉林大学，硕士．–2007

论礼治的内在逻辑及历史发展轨迹/何剑（导师：姜晓敏）——法律史，中国政法大学，硕士．–2007

论民国时期的自然法思想/杨亮（导师：程燎原）——法理学，重庆大学，硕士．–2007

论民国时期张友渔的民主宪政思想/魏昆（导师：程燎原）——法学理论，重庆大学，硕士．–2007

论明清时期民众的法律观念/翟文喆（导师：范忠信）——法律史，中南财经政法大学，硕士．–2007

论清代律、例的关系/张朝晖（导师：周子良）——法理学，山西大学，硕士．–2007

论清末监狱改良/陈百川（导师：周少元）——法律史，安徽大学，硕士．–2007

论苏联法对哈尔滨解放区法制建设的影响/孔令秋（导师：孙光研）——法律史，黑龙江大学，硕士．–2007

论唐代对官吏的处罚/李琳（导师：袁礼华）——中国古代史，南昌大学，硕士．–2007

论晚清时期中国近代警察制度的创建/梁翠（导师：马小红）——法律史，中国人民大学，硕士．–2007

论王莽的经济法制改革：以两汉之际经济法制的流变为背景/蔡世杰（导师：马志冰）——法律史，中国政法大学，硕士．–2007

论我国诉讼法律文化的演变及当代诉讼法律文化的改造/张凯（导师：余经林）——诉讼法学，苏州大学，硕士．–2007

论新中国外侨管理法规的萌芽与变迁/杨传茹（导师：孙光研）——法律硕士，黑龙江大学，2007

论荀子"有治人、无治法"的"人治"思想/王萌（导师：霍存福）——法律史，吉林大学，硕士．–2007

论杨鸿烈对"中华法系"的学术建构/阮智刚（导师：赵明）——法学理论，西南政法大学，硕士. -2007

论中国传统法律文化中的"和合"精神：从"和合"到"和谐"的现代性转化/韩景洹（导师：张文显）——法学理论，吉林大学，硕士. -2007

论中国传统"无讼"法律思想及其对当代中国法制建设的启示/顾一鸣（导师：张先昌）——马克思主义理论与思想政治教育，江苏大学，硕士. -2007

论中国封建法律视角中的孝/林本昌（导师：周少元）——法律史，安徽大学，硕士. -2007

《盟水斋存牍》研究/姚莹（导师：徐世虹）——法律史，中国政法大学，硕士. -2007

民国初年平政院制度研究（1914—1916）/李唯一（导师：林乾）——法律史，中国政法大学，硕士. -2007

民国婚姻法律的基本变迁：兼论其与近代家制演变的互动/王亚敏（导师：张守东）——法律史，中国政法大学，硕士. -2007

民国时期的保安处分制度研究（1912—1949）/李倩茹（导师：李力）——刑法学，中国青年政治学院，硕士. -2007

民国时期的民事调解制度/赵建蕊（导师：刘广安）——法律史，中国政法大学，硕士. -2007

民国文官考试制度立法研究/李铎（导师：马小红）——法律史，中国人民大学，硕士. -2007

明初重刑辨析/毋冰（导师：姜建设）——法律史，郑州大学，硕士. -2007

明代礼仪犯罪研究/游津波（导师：吕丽）——法律史，吉林大学，硕士. -2007

明清讼师探论/叶雯（导师：艾永明）——法律史，苏州大学，硕士. -2007

明清乡规民约对宗族利益的调整/张佑纬（导师：霍存福）——法律史，吉林大学，硕士. -2007

南京国民政府时期律师制度研究/张敏（导师：周少元）——法律史，安徽大学，硕士. -2007

南宋契约文化研究/艾琳（导师：霍存福）——法律史，吉林大学，硕士. -2007

彭真法制思想研究/张桥飞（导师：张荣华、姜兆儒）——马克思主义理论与思想政治教育，中国石油大学，硕士. -2007

齐法家法律思想研究/李璞（导师：李道军）——法律史，山东大学，硕士．-2007

浅析老子、庄子"信"的思想从法哲学角度思考/车才洪（导师：张培田）——法律史，西南政法大学，硕士．-2007

清"把持行市"律例考论/李亚（导师：柏桦）——法律史，南开大学，硕士．-2007

清代调处息讼制度研究/李文军（导师：林明）——法律史，山东大学，硕士．-2007

清代诉讼制度几个问题的研究/黄文斌（导师：钱宗范）——中国古代史，广西师范大学，硕士．-2007

清末报律演变及法律移植问题研究/孙佳佳（导师：马小红）——法律史，中国人民大学，硕士．-2007

清末"地方自治"法制的理性思考/刘寰（导师：李鸣）——法律史，中国政法大学，硕士．-2007

清末法律改革中的日本因素/周峰（导师：艾永明）——法律史，苏州大学，硕士．-2007

清末民初和奸罪的发展及其原因/巫鹏飞（导师：李力）——刑法学，中国青年政治学院，硕士．-2007

清末民初商会对涉外商事纠纷的司法参预/冯铭明（导师：李建渝）——法律史，中国政法学，硕士．-2007

清末民法法典化研究/丁德春（导师：徐彪）——法律史，安徽大学，硕士．-2007

清末乡规民约对当代村规民约的影响/侯春杰——法律史，中国政法大学，硕士．-2007

陕甘宁边区政府缉私研究（1937-1949年）/梁健（导师：岳珑）——中国近现代史，西北大学，硕士．-2007

商鞅的"变法理论"研究/于力（导师：吕丽）——法律史，吉林大学，硕士．-2007

商鞅韩非法治思想比较研究/何建强（导师：姜建设、史建群）——中国古代思想史，郑州大学，硕士．-2007

沈家本狱制思想及其实践/刘媛媛（导师：张德美）——法律史，中国政法大学，硕士．-2007

"慎刑"新论/隋丽丽（导师：孙光研）——法律史，黑龙江大学．硕

士．-2007

试论"清末修律"与中国法制近代化的关系/马金锁（导师：陈金全）——
　　法律史，西南政法大学，硕士．-2007

孀妇再醮的历史嬗变与中国传统法文化/张京凯（导师：张培田）——法律
　　史，西南政法大学，硕士．-2007

水权与地方社会：明清时期湖北长渠水案研究/许杨帆（导师：张小也）——
　　法律史，中国政法大学，硕士．-2007

宋代制勘院研究/马锋（导师：程民生、贾玉英）——中国古代史，河南大
　　学，硕士．-2007

宋孝宗的法律思想与法制建设研究/闻华芳（导师：郭东旭）——中国古代
　　史，河北大学，硕士．-2007

宋元官箴内容研究/罗超（导师：吕丽）——法律史，吉林大学，硕
　　士．-2007

唐代防治官吏贪渎对策研究/贾浩（导师：梁凤荣）——法律史，郑州大学，
　　硕士．-2007

唐代妇女民事法律地位研究/翟元梅（导师：李玉生）——法律史，南京师范
　　大学，硕士．-2007

唐代官吏赃罪研究/尹柏苏（导师：吕丽）——法律史，吉林大学，硕
　　士．-2007

唐代婚姻制度探析/邵玉娟（导师：吕丽）——法律史，吉林大学，硕
　　士．-2007

唐代婚姻法制与婚俗矛盾关系研究/张伯晋（导师：霍存福）——法律史，吉
　　林大学，硕士．-2007

唐代离婚及再婚的法律制度/张慧超（导师：郑显文）——法律史，中国政法
　　大学，硕士．-2007

唐代律令中的祭祀制度/刘玮（导师：吕丽）——法律史，吉林大学，硕
　　士．-2007

唐代赦免与降减制度探析/何荣（导师：李雪梅）——法律史，中国政法大
　　学，硕士．-2007

唐代寺院财产法研究/朱佩（导师：李玉生）——法律史，南京师范大学，硕
　　士．-2007

《唐律疏议》之不孝/卢楠（导师：赵晓耕）——法律史，中国人民大学，硕
　　士．-2007

《唐律疏议》之共同犯罪研究/范莉（导师：卞修全）——法律史，中国政法
　　大学，硕士．-2007

唐律死刑考析/秦艳（导师：吕丽）——法律史，吉林大学，硕士．-2007

陶澍法制思想研究/周盖雄（导师：李交发）——法律史，湘潭大学，硕
　　士．-2007

以法为教：法家的法治推行政策及其缺陷/樊鹤飞（导师：范忠信）——法律
　　史，中南财经政法大学，硕士．-2007

维新派法律思想研究/李玉琳（导师：崔永东）——中国法文化史，中国政法
　　大学，硕士．-2007

魏晋南北朝法律的儒家化/宋洁（导师：柳春新）——中国古代史，湖南师范
　　大学，硕士．-2007

我国古代死刑复核制度研究/张红生（导师：马建红）——法律史，山东大
　　学，硕士．-2007

"无讼"的理由及其逻辑分析/许娟娟（导师：霍存福）——法律史，吉林大
　　学，硕士．-2007

伍廷芳的法律思想述评/汪合生（导师：强昌文）——法律史，安徽大学，硕
　　士．-2007

伍廷芳法律思想研究/吴剑飞（导师：郭志祥）——法律史，河南大学，硕
　　士．-2007

西盟佤族原始法文化研究/郭亮（导师：陈金全）——法律史，西南政法大
　　学，硕士．-2007

西周礼制初探：以《礼记》祭祀制度为中心的分析/何青蓝（导师：陈金
　　全）——法律史，西南政法大学，硕士．-2007

先秦儒家民本思想及其当代价值/王晓（导师：梁凤荣）——法律史，郑州大
　　学，硕士．-2007

"宪政"与"民主"的表达：以1940—1947年中国社会政治运动为视域/褚辰
　　舸（导师：张永和）——法学理论，西南政法大学，硕士．-2007

乡饮酒礼及其政治法律功能/弓伟（导师：范忠信）——法律史，中南财经政
　　法大学，硕士．-2007

萧公权民主宪政观评述：兼论国民性问题与政治家的责任/宋中亮（导师：赵
　　明）——法理学，西南政法大学，硕士．-2007

荀子"隆礼重法"思想及其传承研究/吴章荣（导师：俞树毅）——法律史，
　　兰州大学，硕士．-2007

鸦片战争前清朝盐税法律制度研究/侯陆冉（导师：周子良）——法理学，山西大学，硕士．-2007

元朝防治邪教犯罪的刑事对策与法律/倪锦霞（导师：郭成伟）——法律史，中国政法大学硕士．-2007

袁世凯时期经济法制建设概述（1912—1916）/王鑫芳（导师：高浣月）——法律史，中国政法大学，硕士．-2007

曾国藩法律思想研究/罗光宇（导师：李交发）——法律史，湘潭大学，硕士．-2007

张之洞"中体西用"法律思想述评/高攀（导师：马建红）——法律史，山东大学，硕士．-2007

章太炎法律思想研究/亓同惠（导师：齐延平、罗文波）——法学理论，山东大学，硕士．-2007

《折狱龟鉴》初探/商丽杰（导师：张全民）——法律史，湘潭大学，硕士．-2007

中国传统调解制度及其价值/余乐（导师：范忠信）——法律史，中南财经政法大学，硕士．-2007

中国传统法律文化的心理基础/刘康磊（导师：汪太贤）——法学理论，湘潭大学，硕士．-2007

中国传统法律文化视野中人民调解制度的复兴/刘小英（导师：张洪林）——法学理论，华南理工大学，硕士．-2007

中国传统法律文化中的"则天"思想/吴啸飞（导师：艾永明）——法律史，苏州大学，硕士．-2007

中国传统法律中的判例及其现代价值/陈小洁（导师：夏锦文）——法律史，南京师范大学，硕士．-2007

中国传统思维与现代法治建设/郭成龙（导师：胡旭晟）——法律史，湘潭大学，硕士．-2007

中国古代版权保护考析/苏丹（导师：吕丽）——法律史，吉林大学，硕士．-2007

中国古代典权考略/徐鹏（导师：霍存福）——法律史，吉林大学，硕士．-2007

中国古代家族法与国家法关系探析/邹永明（导师：李交发）——法律史，湘潭大学，硕士．-2007

中国古代监察权力控制机制的当代借鉴/刘爽（导师：孙光研）——法律硕

士，黑龙江大学，2007

中国古代礼刑关系论纲/曲伶俐（导师：刘旭光）——中国古代史，山东大
　　学，硕士．-2007

中国古代谋杀罪考：以一般主体为考察对象/仪浩（导师：南玉泉）——法律
　　史，中国政法大学，硕士．-2007

中国古代司法时令制度研究/王丽丽（导师：龙大轩）——法律史，西南政法
　　大学，硕士．-2007

中国古代司法中的情理探析/陈娜（导师：霍存福）——法律史，吉林大学，
　　硕士．-2007

中国古代死刑慎用研究/陈秀敏（导师：吕丽）——法律史，吉林大学，硕
　　士．-2007

中国古代刑事侦查制度特点研究/万虹（导师：孙光研）——法律硕士，黑龙
　　江大学，2007

中国古代优先购买权对契约自由的限制：对当代中国民法的启示/王宇翔（导
　　师：徐永康）——法律史，华东政法大学，硕士．-2007

中国封建主流法律思想演变之规律研究/田莉殊（导师：卢正涛、王心
　　海）——法律史，贵州大学，硕士．-2007

中国近现代离婚法律制度研究/乔守忠（导师：周子良）——法理学，山西大
　　学，硕士．-2007

中国近现代法学教育盛衰论/赵国斌（导师：孙光研）——法律硕士，黑龙江
　　大学，2007

中国法律儒家化的开端/张静涛（导师：霍存福）——法律史，吉林大学，硕
　　士．-2007

中国涉外法权变迁史研究/胡燕（导师：丁凌华）——法律史，华东政法大
　　学，硕士．-2007

朱熹法律思想研究/孙樱珞（导师：林明）——法律史，山东大学，硕
　　士．-2007

"德主刑辅"思想及其对当代行政管理的意义/杨达明（导师：吴敏）——行
　　政管理，山西大学，硕士．-2007

尊君与重法/丁立磊（导师：李振纲）——中国哲学，河北大学，硕
　　士．-2007

1840年到1900年间中国教会管理法律研究：传教条款与教会政策的综合考
　　量/游传满（导师：马小红）——法律史，中国人民大学，硕士．-2008

20 世纪 30 年代知识界围绕制宪问题的讨论/尹传政（导师：方敏）——中国
　　近现代史，首都师范大学，硕士．-2008

白居易《百道判》与《唐律疏议》及儒家经典对应研究/吴娟（导师：霍存
　　福）——法律史，吉林大学，硕士．-2008

北朝晚期的社会与法制/王琛（导师：马志冰）——法律史，中国政法大学，
　　硕士．-2008

北宋中央司法官员的选任管理制度研究/王文涛（导师：丁凌华）——法律
　　史，华东政法大学，硕士．-2008

《北魏律》伦理思想研究/崔智勇（导师：孔毅）——伦理学，重庆师范大
　　学，硕士．-2008

春秋时期出师之名的法理考察/张锋（导师：范忠信）——法律史，中南财经
　　政法大学，硕士．-2008

从汉、唐审判实践看儒法之争/李冰逆（导师：张光杰）——法学理论，复旦
　　大学，硕士．-2008

从孔府祭田纠纷看清代民事审判的在地化特征/时光慧（导师：张小也）——
　　法律史，中国政法大学，硕士．-2008

从法律规范和现实生活看唐代妇女地位的变化/李莉媛（导师：陈丽）——中
　　国古代史，河北师范大学，硕士．-2008

从律令格式到敕令格式：唐宋之际的法典体系变革/王捷（导师：丁凌
　　华）——法律史，华东政法大学，硕士．-2008

从佘祥林案透视中国古代刑讯制度的影响/战宏宇（导师：孙光研）——法律
　　硕士，黑龙江大学，2008

从天下到万国：论清代前期"化外人"司法模式的渊源及其演进/张晓庆（导
　　师：苏亦工）——法律史，中国社会科学院研究生院，硕士．-2008

从"无讼"的角度看《窦娥冤》/姚彩洁（导师：孟泽）——比较文学与世
　　界文学，中南大学，硕士．-2008

《大清现行刑律》初探/张国臣（导师：李力）——刑法学，中国青年政治学
　　院，硕士．-2008

《大清著作权律》研究/张小林（导师：李建渝）——法律史，中国政法大
　　学，硕士．-2008

古代蒙古法律思想研究：以成吉思汗、忽必烈、阿勒坦汗、噶尔丹汗为中心/
　　阿荣（导师：那仁朝克图）——宪法与行政法学，内蒙古大学，硕
　　士．-2008

古代亲属拒证：亲亲相隐制度研究/梁杰（导师：陈刚）——民商法，重庆大学，硕士．-2008

古代司法官自由裁量运用研究/李敦（导师：霍存福）——法律史，吉林大学，硕士．-2008

古代中国耻辱刑的演进与特征/吴飞龙（导师：范忠信）——法律史，中南财经政法大学，硕士．-2008

古代中国死刑执行制度的亲情考量/徐会超（导师：范忠信）——法律史，中南财经政法大学，硕士．-2008

古代中国刑讯制度初探/王伟（导师：范忠信）——法律史，中南财经政法大学，硕士．-2008

典权制度从习惯到法典化的分析/王平（导师：霍存福）——法律史，吉林大学，硕士．-2008

东北解放区土地改革法规研究/鹿亚辉（导师：孙光研）——法律硕士，黑龙江大学，2008

董必武旧司法人员思想改造理论研究/曾海（导师：钟德涛）——中共党史，华中师范大学，硕士．-2008

二十世纪二十年代中国反革命罪考论/岳新宇（导师：李贵连）——法律史，北京大学，硕士．-2008

国家法与民间法的冲突与融合：乡村社会刑事案件私了现象透视/邓洁（导师：张洪林）——法学理论，华南理工大学，硕士．-2008

哈尔滨解放区经济法制建设研究/宋春燕（导师：孙光研）——法律硕士，黑龙江大学，2008

哈尔滨解放区外侨管理法规研究/腾笛（导师：孙光研）——法律史，黑龙江大学，硕士．-2008

哈尔滨市人民代表大会的立法进程研究/刘志军（导师：孙光研）——法律硕士，黑龙江大学，2008

韩非的"法、势、术"思想研究/狄亚娜（导师：程燎原）——法学理论，重庆大学，硕士．-2008

和谐社会视角下中国传统法律文化的当代价值/徐丹丹（导师：史广全）——法律史，黑龙江大学，硕士．-2008

和谐社会视角下中国传统法律文化的反思/张巨龙（导师：史广全）——法律史，黑龙江大学，硕士．-2008

皇帝司法权的另类叙事：以清道光朝特旨交审案件为中心的考察/李燕（导

师：赵晓耕）——法律史，中国人民大学，硕士. -2008

黄老"无为"思想的法学解读：基于《黄帝四经》的分析/周宏韬（导师：
高积顺）——法律史，苏州大学，硕士. -2008

黄遵宪《日本国志·刑法志》初探/何伟群（导师：李力）——刑法学，中
国青年政治学院，硕士. -2008

法家的法观念解析/郑杰明（导师：黎晓平）——法学理论，湘潭大学，硕
士. -2008

法家公私观念在秦律中的体现/李海洋（导师：吕丽）——法律史，吉林大
学，硕士. -2008

法家法治思想的现代价值及其评价/张亚娥（导师：李立）——马克思主义理
论与思想政治教育，西安电子科技大学，硕士. -2008

家法族规与当代中国的法制建设/李侠（导师：谢晖）——法社会学，山东大
学，硕士. -2008

江苏高等法院第二分院的运行状况的研究：兼谈民国收回领事裁判权运动状
况/彭芸安（导师：俞江）——法律史，华东政法大学，硕士. -2008

解读黄宗羲启蒙法律思想/郑育平（导师：赵晓耕）——法律史，中国人民大
硕士. -2008

借贷习惯与国家法的比较/孙敬（导师：霍存福）——法律史，吉林大学，硕
士. -2008

近代中国刑事被害人诉讼权利的历史考察/程锐（导师：胡仁智）——法律
史，西南政法大学，硕士. -2008

礼法之争与礼法两派不同选择原因的实证分析/陈娟（导师：翁有为）——法
律史，河南大学，硕士. -2008

理想与困境：1913 年制宪运动研究：以宪法草案为视角/牛要聚（导师：卞修
全）——法律史，中国政法大学，硕士. -2008

梁启超之法史学述论/屠庭（导师：高积顺）——法律史，苏州大学，硕
士. -2008

法律视野下的徽州盐商：从万历至道光/唐火（导师：赵元信）——法律史，
华东政法大学，硕士. -2008

略论胡适一生的法律思想/文昕（导师：赵晓耕）——法律史，中国人民大
学，硕士. -2008

略论宋代的法律考试/尹碧（导师：艾永明）——法律史，苏州大学，硕
士. -2008

论古代蒙古族习惯法对草原生态的保护/宁天琪（导师：陈金全）——法律史，西南政法大学，硕士．-2008

论古代刑事诉讼证据/孙向欣（导师：吕丽）——法律史，吉林大学，硕士．-2008

论军巡院的司法与执法职能/叶春弟（导师：丁凌华）——法律史，华东政法大学，硕士．-2008

论均田法与唐代经济的关系/周学（导师：李玉生）——法律史，南京师范大学法学院，硕士．-2008

论明代官服制度与礼法文化/程佳（导师：周子良）——法学理论，山西大学，硕士．-2008

论清代诉讼案件的受理：以《樊山判牍》为中心/毛君芳（导师：霍存福）——法律史，吉林大学，硕士．-2008

论清末修律动因：以刑法为例/姜立滨（导师：侯欣一）——法律史，南开大学，硕士．-2008

论清末修律中的礼法之争/熊开良（导师：曾代伟）——法律史，西南政法大学，硕士．-2008

论唐律中的不作为犯罪/孔亮亮（导师：吕丽）——法律史，吉林大学，硕士．-2008

论西方人权观念对清末刑法改革的影响/房勇（导师：王广振）——中国近现代史，山东大学，硕士．-2008

论中国传统法律精神中的民本价值/张宇（导师：孙光研）——法律硕士，黑龙江大学，2008

论中国古代的息讼制度/于卫平（导师：孙光研）——法律硕士，黑龙江大学，2008

论中国近代法学教育之兴起/于昕卓（导师：孙光研）——法律史，黑龙江大学，硕士．-2008

论中国农耕文明形态下的法观念形态/侯鹏（导师：张正德）——法学理论，重庆大学，硕士．-2008

论诸葛亮的法律思想/王霆（导师：陈金全）——法律史，西南政法大学，硕士．-2008

论《左传》中的礼与法/赵丹（导师：周子良）——法学理论，山西大学，硕士．-2008

秘密会党自治规约的民间法意义/孙晋坤（导师：范忠信）——法律史，中南

财经政法大学，硕士．-2008

民初平政院制度探析：以委任行政司法机关为中心/林树青（导师：侯欣
一）——法律史，南开大学，硕士．-2008

民国初年亲权法制的开展——以大理院的司法实践为中心/黄琴唐（导师：黄
源盛）——法律史，（台湾）政治大学，硕士．-2008

《民国民法·永佃权》考/刘承涛（导师：俞江）——法律史，华东政法大
学，硕士．-2008

民国时期职业教育立法研究/苏刚（导师：曲铁华）——教育史，东北师范大
学，硕士．-2008

明朝律典中的市场管理法制研究/凌蕊苹（导师：周子良）——法学理论，山
西大学，硕士．-2008

明代会审研究/张凡（导师：南玉泉）——法律史，中国政法大学，硕
士．-2008

明清徽州坟山、祀田状况及其纠纷研究/沉菊芳（导师：丁凌华）——法律
史，华东政法大学，硕士．-2008

明清行会规则研究/修莹莹（导师：谢晖）——法社会学，山东大学，硕
士．-2008

明清"学规"与教育秩序管理：中国古代教育法初探/姜良杰（导师：孙丽
娟）——法律史，中南财经政法大学，硕士．-2008

墨子"兼相爱，交相利"法律观及其现代价值/王金慧（导师：孙季
萍）——法学理论，烟台大学，硕士．-2008

墨子理想国中法律的角色/唐育萍（导师：宇培峰）——法律史，中国政法大
学，硕士．-2008

南朝会稽孔氏律学传习研究——兼论南朝律学的新发展/邓长春（导师：龙大
轩）——法律史，西南政法大学，硕士．-2008

南京国民政府监察制度述论：以监察院的机构设置与职权行使为中心的考察/
李红果（导师：马小红）——法律史，中国人民大学，硕士．-2008

南宋财产继承制度探析/彦珲（导师：李交发）——法律史，湘潭大学，硕
士．-2008

南宋司法检验制度研究/徐晓慧（导师：李玉生）——法律史，南京师范大
学，硕士．-2008

彭真立法思想研究/杨静（导师：李玉生）——法学理论，南京师范大学，硕
士．-2008

《票据法第一次草案》研究/曲岩峰（导师：孙旭）——法律史，中国政法大学，硕士. -2008

平等与宪政：清末新政修律新论/刘修军（导师：胡卫清）——中国近现代史，山东大学，硕士. -2008

乾隆朝督抚贪赃案件的司法运作与君权：以《乾隆朝惩办贪污档案选编》为据/杜斌（导师：吕志兴）——法律史，西南政法大学，硕士. -2008

浅论包拯的法律思想/王晋涵（导师：陈金全）——法律史，西南政法大学，硕士. -2008

浅论明太祖的重典治吏及其失败原因/杨圣楠（导师：赵晓耕）——法律史，中国人民大学，硕士. -2008

"亲亲相隐"法律制度的生命力考察/薛能（导师：高积顺）——法律史，苏州大学，硕士. -2008

亲亲相隐制度研究/王燕（导师：潘佳铭）——伦理学，西南大学，硕士. -2008

秦律赀刑考辨/陈晶（导师：朱红林）——中国古代史，吉林大学，硕士. -2008

清朝蒙古地区司法制度研究/王晓燕（导师：那仁朝格图）——法律史，内蒙古大学，硕士. -2008

清代家庭经济纠纷的诉讼解决：以清代地方官判牍中的案例为中心/肖燕（导师：徐永康）——法律史，华东政法大学，硕士. -2008

清代科举法律及其在戊午科场案中的适用/曾勇（导师：马小红）——法律史，中国人民大学，硕士. -2008

清代蒙古地区经济法律制度研究/包翠珍（导师：那仁朝格图）——法律史，内蒙古大学，硕士. -2008

清代人命案件中的检验及取证模式/江存孝（导师：黄源盛）——法律史，（台湾）政治大学，硕士. -2008

清代中期宗族犯罪研究/王聪聪（导师：林乾）——法律史，中国政法大学，硕士. -2008

清末北部台湾乡治组织的法律考察：立足于《淡新档案》的分析/张磊（导师：春杨）——法律史，中南财经大学，硕士. -2008

清末江苏立宪派宪政活动研究（1905—1911）/方勇（导师：李英铨）——中国近现代史，华中师范大学，硕士. -2008

《清末教案》的法律分析/张瑜（导师：李胜渝）——法律史，西南政法大

学，硕士．－2008

清末礼教派思想述评/张新慧（导师：马建红）——法律史，山东大学，硕士．－2008

清末法律教育课程设置研究/刘光宇（导师：邢星）——课程与教学论，首都师范大学，硕士．－2008

清末民初广东法律教育浅探（1905－1924）/李俊（导师：乔素玲）——中国近现代史，暨南大学，硕士．－2008

清末民初华洋诉讼理案模式演变研究：基于天津的个案考察/钟勇华（导师：李育民）——中国近现代史，湖南师范大学，硕士．－2008

清末民初"权利"的引入与运用/张颖（导师：张守东）——法律史，中国政法大学，硕士．－2008

清末民初省宪自治运动研究/晁宝栋（导师：赵晓耕）——法律史，中国人民大学，硕士．－2008

清末民初我国学校音乐教育法规建设研究/方骞（导师：杨和平）——课程与教学论，浙江师范大学，硕士．－2008

清末民初子女权利的变化趋势：以清末民初司法实践和立法为中心/尹翼婷（导师：刘保玉）——民商法学，山东大学，硕士．－2008

清末商事立法探析/王新伟（导师：吕丽）——法律史，吉林大学，硕士．－2008

清末天津警察制度述论/鲍健（导师：侯欣一）——法律史，南开大学，硕士．－2008

清末宪政改革的文化解释——以预备立宪为中心/苏雅（导师：芒来夫）——宪法学与行政法学，内蒙古大学，硕士．－2008

清末刑律的变革及历史意义/李建玲（导师：周晓瑜）——史学理论及史学史，山东大学，硕士．－2008

清末修订法律馆考论/许峰（导师：章余良）——专门史，湘潭大学，硕士．－2008

清末修律与中国近代法制现代化/张光剑（导师：刘会军）——中国近现代史，吉林大学，硕士．－2008

清末制宪研究/邵司立（导师：刘旺洪）——宪法学与行政法学，南京师范大学，硕士．－2008

清末中国对外法律教育交流的研究/杨国雷（导师：郑贤君）——课程与教学论，首都师范大学，硕士．－2008

情罪平允的法律世界——以清代"威逼人致死"案件为中心/庄以馨（导师：黄源盛）——法律史，（台湾）政治大学，硕士. -2008

"秋冬行刑"制度及其历史根由/王清文（导师：范忠信）——法律史，中南财经政法大学，硕士. -2008

儒家义利观与中国传统法制/傅荣（导师：龙大轩）——法律史，西南政法大学，硕士. -2008

《商君书》"以法治国"的治道观论/徐国允（导师：程燎原）——法学理论，重庆大学，硕士. -2008

商鞅韩非"法治"思想比较研究/张小玲（导师：程燎原）——法学理论，重庆大学，硕士. -2008

沈家本法律教育思想研究/王茜（导师：邢星）——课程与教学论，首都师范大学，硕士. -2008

沈家本法律思想研究/赵玉环（导师：徐畅）——中国近现代史，山东大学，硕士. -2008

沈家本民法思想研究/张成先（导师：胡卫清）——中国近现代史，山东大学，硕士. -2008

沈家本刑法思想研究/孙凤举（导师：刘天路）——中国近现代史，山东大学，硕士. -2008

沈家本与清末死刑改革研究/徐健（导师：吴宝晓）——中国近现代史，河北师范大学，硕士. -2008

试论胡适的宪政思想/喻于洪（导师：张培田）——法律史，西南政法大学，硕士. -2008

试论抗战时期国统区司法改革/梁敏捷（导师：陈刚）——民商法，重庆大学，硕士. -2008

试论清末审判制度改革/孙玉雷（导师：郭亚非）——中国近现代史，云南师范大学，硕士. -2008

试论清末预备立宪活动对蒙古地区的影响/爱如娜（导师：芒来夫）——宪法学与行政法学，内蒙古大学，硕士. -2008

试论唐代的证据制度/王亚琼（导师：郑显文）——法律史，中国政法大学，硕士. -2008

试论唐律中的脱户漏口罪/苏亚（导师：李祝环）——法律史，中国政法大学，硕士. -2008

讼卦之法律文化探析/段世雄（导师：方潇）——法学，苏州大学，硕

士．-2008

宋代户籍制度探析/姜婷婷（导师：李胜渝）——法律史，西南政法大学，硕
士．-2008

宋代法律人才选拔制度研究/李冬冬（导师：王立民）——法律史，华东政法
大学，硕士．-2008

宋令基本问题研究/李瑜萍（导师：吕志兴）——法律史，西南政法大学，硕
士．-2008

孙中山五权宪法思想研究/翟红娥（导师：王德志）——法学理论，山东大
学，硕士．-2008

孙中山宪政思想探析/黄裕聪（导师：陈金全）——法律史，西南政法大学，
硕士．-2008年

唐代惩贪法制研究/赫庆辉（导师：孙光研）——法律硕士，黑龙江大
学，2008

唐代继承制度研究/贾静（导师：刘玉峰）——中国古代史，山东大学，硕
士．-2008

唐代前期的皇权与司法/严铧（导师：高浣月）——法律史，中国政法大学，
硕士．-2008

唐代水利立法及相关社会状况研究/陈慧（导师：杨师群）——法律史，华东
政法大学，硕士．-2008

唐代刑事诉讼制度研究/洪婷婷（导师：李玉生）——法律史，南京师范大
学，硕士．-2008

唐高武时期礼法状况研究/苗雨（导师：董长春）——法律史，南京师范大
学，硕士．-2008

唐律流刑考析/李芳（导师：吕丽）——法律史，吉林大学，硕士．-2008

《唐律疏议·贼盗》死刑律文考述/刘晓林（导师：霍存福）——法律史，吉
林大学，硕士．-2008

唐宋司法责任制度初探/王永胜（导师：赵晓耕）——法律史，中国人民大
学，硕士．-2008

晚明民事调解探析：以《盟水斋存牍》为视角/罗燕（导师：龙大轩）——
法律史，西南政法大学，硕士．-2008

王夫之经济法制思想述论/卢江宁（导师：曾代伟）——法律史，西南政法大
学，硕士．-2008

王夫之天道观与人性论的法哲学研究/潘新辉（导师：张全民）——法律史，

湘潭大学，硕士．-2008

魏晋南北朝儒佛之争的法理考察/李祯（导师：范忠信）——法律史，中南财经政法大学，硕士．-2008

西周与东周：议罪制思想及其表现方式研究/王力（导师：赵昆生）——中国古代思想史，重庆师范大学，硕士．-2008

先秦法家的经济法律思想/承桂萍（导师：王宏治）——法律史，中国政法大学，硕士．-2008

象刑：天人合一的立法观/孙倩（导师：赵晓耕）——法律史，中国人民大学，硕士．-2008

萧公权宪政思想研究/张丽（导师：颜德如）——政治学理论，吉林大学，硕士．-2008

新疆地区刑罚制度演进分析/王茹（导师：池中莲）——马克思主义理论与思想政治教育，新疆师范大学，硕士．-2008

《新青年》的宪政思想初探/张树民（导师：傅礼白）——法律史，山东大学，硕士．-2008

荀子礼法学理论的法文化学思考/汤莉莉（导师：邓红蕾）——法学理论，中南民族大学，硕士．-2008

严复自由主义法律思想初探/瞿慧虹（导师：高旭晨）——法律史，中国社会科学院研究生院，硕士．-2008

杨兆龙法律思想研究/郑国强（导师：李道军）——法学理论，山东大学，硕士．-2008

由家族法看秦立法精神/耿爱华（导师：姜晓敏）——法律史，中国政法大学，硕士．-2008

战国军法时代特征研究/金大伟（导师：黄朴民）——中国古代史，中国人民大学，硕士．-2008

张家山汉简《奏谳书》探微/张铭（导师：黄源盛）——法律史，（台湾）政治大学，硕士．-2008

张君劢宪政思想的哲学基础/聂晶（导师：汪太贤）——宪法学与行政法学，西南政法大学，硕士．-2008

法治视野下我国户籍制度改革研究/李霞（导师：孙光研）——法律硕士，黑龙江大学，2008

中国古代成文法形成时间研究/朱泽坤（导师：赵世超）——中国古代史，陕西师范大学，硕士．-2008

中国古代存留养亲制度研究/夏静（导师：夏锦文）——法律史，南京师范大学，硕士. -2008

中国古代基层治安制度研究/邢建华（导师：孙光研）——法律硕士，黑龙江大学，2008

中国古代未成年人保护制度研究/钱燕（导师：胡仁智）——法律史，西南政法大学，硕士. -2008

中国古代恤囚制度及对当代治狱的启示/李仲永（导师：艾永明）——法律史，苏州大学，硕士. -2008

中国古代罪刑关系发展略论/王晓光（导师：范学辉）——专门史，山东大学，硕士. -2008

中国法观念变迁的动力因素研究/佟景元（导师：赵珺瑛）——法律史，内蒙古大学，硕士. -2008

中国检察制度的发展史与当今监察权的定位/邵炜（导师：赵晓耕）——法律史，中国人民大学，硕士. -2008

中国近代先买权制度述论/任秀杰（导师：曾代伟）——法律史学，西南政法大学，硕士. -2008

中国亲属容隐制度研究/边红（导师：傅礼白）——法律史，山东大学，硕士. -2008

中华民国时期婚姻家庭立法研究/陈昊（导师：林明）——法学理论，山东大学，硕士. -2008

中西"厌讼"与"好讼"文化实证研究/杨哲媛（导师：高中）——法学理论，湖南大学，硕士. -2008

周代宗法制度下的法律制度/沙荣珍（导师：王晖）——中国古代史，陕西师范大学，硕士. -2008

朱熹思想中的情、理、法/吴政霖（导师：黄源盛）——法律史，台湾大学国家发展研究所，硕士. -2008

壮族习惯法惩戒条约研究：以龙脊十三寨为例/徐连栋（导师：覃主元）——中国少数民族史，广西民族大学，硕士. -2008

20 世纪 30 年代川陕革命根据地法制研究/叶亮（导师：陈金全）——法律史，西南政法大学，硕士. -2009

保辜制度特性分析及现代影响/王园园（导师：汤唯）——法律史，烟台大学，硕士. -2009

《北齐律》研究/曹淑芳（导师：李书吉）——专门史，山西大学，硕

士．-2009

传统社会中讼师现象研究/张雅斐（导师：林明）——法制史，山东大学，硕
士．-2009

从变法修律过程中的礼法之争看清朝末期的中西法律文化冲突/赵静丽（导
师：姜建设）——法律史，郑州大学，硕士．-2009

从"典"到"典权"：习惯、立法、实践及其体现的若干问题/赵文娟（导
师：张培田）——法律史，西南政法大学，硕士．-2009

从《天盛律令》看西夏对外经济政策/韦君好（导师：赵学东）——中国少
数民族史，西北民族大学，硕士．-2009

古代蒙古习惯法研究/王志民（导师：霍存福）——法律史，吉林大学，硕
士．-2009

古代中国保辜制度研究/曹亚青（导师：范忠信）——法律史，中南财经政法
大学，硕士．-2009

古代中国老幼妇疾刑事宽宥制度及其理念/尹凌之（导师：范忠信）——法律
史，中南财经政法大学，硕士．-2009

古代中国医疗责任法制及其精神/孙群（导师：范忠信）——法律史，中南财
经政法大学，硕士．-2009

董仲舒法律思想研究/刘新超（导师：宋四辈）——中国法制史，郑州大学，
硕士．-2009

侗族的婚姻关系与习惯法研究/张伟（导师：陈金全）——法律史，西南政法
大学，硕士．-2009

鄂温克民族习惯法研究/张璞（导师：芒来夫、乔小楠）——法律史，内蒙古
大学，硕士．-2009

奉天各级审判厅与清末诉讼文化转型/邹辉（导师：章育良）——专门史，湘
潭大学，硕士．-2009

关于中西传统法律文化内在差异的历史考察/任映绮（导师：蒋立山）——法
学理论，中国政法大学，硕士．-2009

广东律师行业自治研究/孙军帅（导师：张洪林）——法学理论，华南理工大
学，硕士．-2009

鬼神报应与明清法律文化/李爱然（导师：徐永康）——法律史，华东政法大
学，硕士．-2009

哈尔滨解放区劳动法规研究/邓齐滨（导师：孙光研）—法律史，黑龙江大
学，硕士．-2009

哈尔滨解放区外侨案件审判研究/李均义（导师：孙光研）——法律硕士，黑
　　龙江大学，2009

哈尔滨解放区刑事法规透视/宋鑫（导师：孙光研）——法律史，黑龙江大
　　学，硕士．-2009

汉代赦免制度探析/陈松梅（导师：何双全）——历史文献学，西北师范大
　　学，硕士．-2009

汉令的构成及其法律地位/陈超玲（导师：范忠信）——法律史，中南财经政
　　法大学，硕士．-2009

黑龙江省人民代表大会立法进程研究/高鸣（导师：孙光研）——法律硕士，
　　黑龙江大学，2009

《华洋诉讼判决录》研究/朱金彩（导师：侯欣一）——法理学，南开大学，
　　硕士．-2009

《淮南子》中的法律思想/林超（导师：龙大轩）——法律史，西南政法大
　　学，硕士．-2009

皇权视野下的"十恶"制度初探：以唐律作为考察的主要对象/孟凡明（导
　　师：高积顺）——法律史，苏州大学，硕士．-2009

建国初期董必武普法思想与实践研究/肖华（导师：黄长义）——马克思主义
　　中国化研究，华中科技大学，硕士．-2009

建国初期董必武法制思想探析/杨红芳（导师：肖光荣）——中共党史，湖南
　　师范大学，硕士．-2009

健讼与息讼：从《名公书判清明集》看南宋诉讼风气/张木勇（导师：曾代
　　伟）——中国法制史，西南政法大学，硕士．-2009

近代中国永佃制研究/刘俊（导师：张洪林）——法律史，华南理工大学，硕
　　士．-2009

李鸿章的国际法思想及运用/宫兰兰（导师：高积顺）——法律史，苏州大
　　学，硕士．-2009

理论与实践的背离：中国古代"无讼"与"健讼"问题再认识/栗铭徽（导
　　师：陈景良）——法律史，河南大学，硕士．-2009

刘衡吏治、法律思想及其实践/陈维（导师：张海英）——中国古代史，复旦
　　大学，硕士．-2009

法律史的思维世界：以黄宗智先生的法律史研究理路为范例/万亿（导师：曾
　　代伟）——法律史，西南政法大学，硕士．-2009

法律史视野下的避讳制度/李加好（导师：范忠信）——法律史，中南财经政

法大学，硕士. -2009

论董仲舒法律思想的历史地位/张永刚（导师：田莉殊）——法律史，贵州大学，硕士. -2009

论英国在华领事裁判权/邬仕聪（导师：李交发）——法律史，湘潭大学，硕士. -2009

论"家"及其对传统中国法律文化的影响/杨金花（导师：陈动、黄金兰）——法学理论，厦门大学，硕士. -2009

论贾谊的"礼法"观/马前顺（导师：邓红蕾）——法学理论，中南民族大学，硕士. -2009

论李大钊的宪政思想/陈超（导师：吴宏亮）——宪法学与行政法学，郑州大学，硕士. -2009

论明清时期家法族规的变化/钱志强（导师：春杨）——法律史，中南财经大学，硕士. -2009

论清代自首制度/李泉钦（导师：曾代伟）——法律史，西南政法大学，硕士. -2009

论清末法理派的法律思想/桂林（导师：孙光研）——法律硕士，黑龙江大学，2009

论西汉礼法融合的社会基础/李俊刚（导师：李世宇）——法律史，贵州大学，硕士. -2009

论严复的国民法律素质思想/郑军（导师：隋淑芬）——马克思主义理论与思想政治教育，首都师范大学，硕士. -2009

论中国传统乡规民约/黄霞（导师：李交发）——法律史，湘潭大学，硕士. -2009

论中国传统厌讼思想/杜敏（导师：张晓蓓）——法学理论，重庆大学，硕士. -2009

论中国古代的保辜制度——以唐代为视角/杨君（导师：龙大轩）——法律史，西南政法大学，硕士. -2009

论中国古代直诉传统对现代民众信访救济模式的影响/文姬（导师：田莉殊）——法律史，贵州大学，硕士. -2009

蒙古族民间法在乡村秩序构筑中的作用/高鹏飞（谢晖）——民间法，山东大学，硕士. -2009

孟子荀子法律思想比较研究/曾宁（导师：郭建）——法律史，复旦大学，硕士. -2009

苗族纠纷的解决方式研究：以黔东南苗族理词为视角/潘海生（导师：徐晓光）——法律史，贵州大学，硕士. -2009

民初华洋纠纷解决机制与领事裁判权/魏颖（导师：侯欣一）——法律史，南开大学，硕士. -2009

民国初年山西村治中的法律问题研究/李芳（导师：周子良）——法学理论，山西大学，硕士. -2009

民国初期侵权行为法律制度研究/张卿（导师：周子良）——法学理论，山西大学，硕士. -2009

民国时期典权制度研究/武丹丹（导师：翁有为）——法律史，河南大学，硕士. -2009

民国专业银行缘起及其法律制度研究：以国货银行、海外汇兑团银行、农业银行为例/张捷捷（导师：赵晓耕）——法律史，中国人民大学，硕士. -2009

明清监察官任职回避制度及其特征/周杏（导师：范忠信）——法律史，中南财经政法大学，硕士. -2009

明清时期律例关系研究/马凤春（导师：马小红）——法律史，中国人民大学，硕士. -2009

明清土地活卖习惯初探/黄华兵（导师：王廷洽）——法律史，上海师范大学，硕士. -2009

南朝的社会与法律/陈浩（导师：马志冰）——法律史，中国政法大学，硕士. -2009

南京国民政府书刊审查法律制度研究：以政治类禁书为视角/赵佳（导师：侯欣一）——法律史，南开大学，硕士. -2009

南宋州县狱讼：立足于《夷坚志》为中心的考察/虎威（导师：陈景良）——法律史，河南大学，硕士. -2009

"亲亲相隐"制度探析/孟强（导师：田莉殊）——宪法学与行政法学，贵州大学，硕士. -2009

亲属相隐制度考察研究/于燕（导师：李胜渝）——法律史，西南政法大学，硕士. -2009

秦代法制与儒家思想辨析/刘方（导师：龙大轩）——法律史，西南政法大学，硕士. -2009

秦汉"盗"罪考论/罗丽（导师：胡仁智）——法律史，西南政法大学，硕士. -2009

清朝货币法制初探/刘秀（导师：陈金全）——法律史，西南政法大学，硕士．-2009

清代监察效能初探/华晓皓（导师：方潇）——法律史，苏州大学，硕士．-2009

清代士绅与州县"自理"案件/张业森（导师：春杨）——法律史，中南财经大学，硕士．-2009

清代顺治至嘉庆时期北京地区地契研究/王兵杰（导师：张小林）——中国社会科学院研究生院，中国近现代史，硕士．-2009

清代乡村的社会控制/赵丞煜（导师：谢晖）——法社会学，山东大学，硕士．-2009

清代灾荒救济法制研究/郑庐（导师：李雪梅）——法律史，中国政法大学，硕士．-2009

清末地方自治制度及宪政价值/万凌寒（导师：王人博）——宪法学与行政法学，中国政法大学，硕士．-2009

清末民初的县知事审判研究：以江苏省句容县审判材料为例/李雯瑾（导师：高浣月）——法律史，中国政法大学，硕士．-2009

清末民初地方自治法研究（1908—1936）/邹静颉（导师：那仁朝格图）——宪法学与行政法学，内蒙古大学，硕士．-2009

清末民初继承制度的历史嬗变/薛纯（导师：张洪林）——法律史，华南理工大学，硕士．-2009

清末民初天津下层市民犯罪问题研究：以《大公报》为中心/孙巧云（导师：杨齐福）——中国近现代史，福建师范大学，硕士．-2009

清末民律修订研究/王彬（导师：郭大松）——中国近现代史，山东师范大学，硕士．-2009

清末民事诉讼制度的发展：以清末两部民事诉讼律为视角/曾媛媛（导师：李青）——法律史，中国政法大学，硕士．-2009

清末商事立法研究/许世英（导师：林明）——法律史，山东大学，硕士．-2009

清末宪政中的第四种权力/王杨（导师：赵晓耕）——法律史，中国人民大学，硕士．-2009

清末修律中无夫奸存废之争研究/王启军（导师：王志强）——法律史，复旦大学，硕士．-2009

情理法视阈下中国古代复仇现象研究/秦双星（导师：孙光研）——-法律史，

黑龙江大学，硕士．-2009

儒家"无讼"思想研究/任广峻（导师：潘佳铭）——伦理学，西南大学，硕士．-2009

商鞅变法思想及其法哲学内涵的思考/梅中会（导师：朱汉民）——中国哲学，湖南大学，硕士．-2009

商鞅法律思想中的社会控制理论管见/王占龙（导师：方潇）——法律史，苏州大学，硕士．-2009

上海提篮桥西牢与清末监狱改良：从报刊舆论出发（1901—1911）/郑巧（导师：章清）——中国近现代史，复旦大学，硕士．-2009

沈家本"会通中西"的法律思想——基于《暂行章程》5条附后的解析/包亚娟（导师：赵明）——法学理论，西南政法大学，硕士．-2009

沈家本法律思想研究/张阳（导师：马建红）——法律史，山东大学，硕士．-2009

十恶制度考论/丁志鲜（导师：龙大轩）——法律史，西南政法大学，硕士．-2009

试论沈家本法制改革思想的实用主义倾向/沈颖（导师：姚荣涛）——法律史，复旦大学，硕士．-2009

试论宋代诉讼观念的转变/王梦（导师：吕志兴）——法律史，西南政法大学，硕士．-2009

试析朱元璋的"重典治国"思想和政策/张扬（导师：崔永东）——中国法律思想史，中国政法大学，硕士．-2009

宋代"健讼"原因研究/王静雯（导师：梁凤荣）——法律史，郑州大学，硕士．-2009

宋代法律体系研究/包娟（导师：李玉生）——法律史，南京师范大学，硕士．-2009

宋代士大夫群体公法观研究/陈东亮（导师：郭东旭）——中国古代史，河北大学，硕士．-2009

唐代前期军事司法研究/牛延佳（导师：李玉生）——法律史，南京师范大学，硕士．-2009

唐代自首制度探析：兼与当代自首制度之比较/赵勇（导师：艾永明）——法律史，苏州大学，硕士．-2009

唐律伦理立法对我国现行刑法的几点启示/程立勇（导师：方潇）——法律史，苏州大学，硕士．-2009

《唐律疏议》法律伦理思想研究/李忠建（导师：孔毅）——伦理学，重庆师范大学，硕士. -2009

《唐律》中的服制/陈奇（导师：魏道明）——中国古代史，青海师范大学，硕士. -2009

《唐律》中的"礼"：以"亲亲相隐"为中心/陈慧萍（导师：魏道明）——中国古代史，青海师范大学，硕士. -2009

佤族婚姻家庭继承习惯法研究/刘振宇（导师：陈金全）——法律史，西南政法大学，硕士. -2009

晚清十部经世文编中的法律思想——慎刑观、无讼观和中西法律比较观/陶玲慧（导师：俞政）——中国近现代史，苏州大学，硕士. -2009

晚清刑事诉讼制度变革探析：以晚清刑事诉讼法典化为视角的分析/王渊（导师：赵晓耕）——法律史，中国人民大学，硕士. -2009

"威逼人致死"条研究/陈怡星（导师：王宏治）——法律史，中国政法大学，硕士. -2009

西汉以前犯罪宽宥制度的演进/徐晓兵（导师：范忠信）——法律史，中南财经政法大学，硕士. -2009

西双版纳傣族封建领主时期土地法制初探/蔡璐磷（导师：陈金全）——法律史，西南政法大学，硕士. -2009

抑商辩：以中国古代法律为基础/张宁波（导师：艾永明）——法律史，苏州大学，硕士. -2009

元朝监察法规研究/朱红星（导师：淮建利）——法律史，郑州大学，硕士. -2009

张佛泉的宪政思想研究/史明磊（导师：何卓恩）——中国近现代史，华中师范大学，硕士. -2009

《贞观政要》所见唐初统治集团法律思想/阳传泽（导师：张全民）——法律史，湘潭大学，硕士. -2009

中国传统法律思想对当代司法的影响：以儒墨道法佛为例/康宇（导师：谢晖）——法律史，山东大学，硕士. -2009

中国传统诉讼文化的内在矛盾及其合理性探析——以宋以后诉讼史料为中心/周祖继（导师：姜晓敏）——法律史，中国政法大学，硕士. -2009

中国古代复仇问题的法律研究/唐菀泽（导师：吴双全）——法律史，兰州大学，硕士. -2009

中国古代法律中的家族主义辨析：以《中国法律与中国社会》为起点/韦盈盈

（导师：郑永流）——法学理论，中国政法大学，硕士．-2009

中国古代判例形式研究/张茂林（导师：夏锦文）——法律史，南京师范大学，硕士．-2009

中国古代普通女性财产继承法律地位的变迁与启示/纪剑辉（导师：吕丽）——法律史，吉林大学，硕士．-2009

中国古代讼师现象研究/董晓庆（导师：林明）——法律史，山东大学，硕士．-2009

中国古代直诉制度研究/王彤（导师：孙光研）——法律硕士，黑龙江大学，2009

中国近代公司法律制度的产生与发展/蒋家棣（导师：马小红）——法律史，中国人民大学，硕士．-2009

中国近代商法对本土资源的利用及缺陷/王海军（导师：孙丽娟）——法律史，中南财经政法大学，硕士．-2009

中国法律传统中的复仇：制度与观念/宋东来（导师：范忠信）——法律史，中南财经政法大学，硕士．-2009

中国"亲亲相隐"法律原则历史与现实的碰撞：以对现代刑事诉讼的影响为切入点/姜虹（导师：鲁杨）——刑事诉讼法学，中国政法大学，硕士．-2009

中英《江宁条约》关税法律问题研究/尤欣欣（导师：侯欣一）——法律史，南开大学，硕士．-2009

中西传统诉讼观念比较研究/王乐（导师：李玉璧）——法学理论，西北师范大学，硕士．-2009

周恩来宪政思想研究/张文（导师：任学岭）——中共党史，延安大学，硕士．-2009

周公和他的"明德慎罚"/薛婷婷（导师：邵方）——法律史，西南政法大学，硕士．-2009

朱元璋重典治国法律思想及实践探析/胡婕（导师：邓红蕾）——法学理论，中南民族大学，硕士．-2009

包拯司法思想研究/诸葛瑞强（导师：李交发）——法律史，湘潭大学，硕士．-2010

保甲制与清代乡村法律制度建构/王增龙（导师：范忠信）——法律史，中南财经政法大学，硕士．-2010

"春秋决狱"研究/柳高平（导师：龙大轩）——法律史，西南政法大学，硕

士．-2010

从成案形成制度看清代的"判例法"/阮珂（导师：范忠信）——法律史，中南财经政法大学，硕士．-2010

从国民会议到国民大会/张念（导师：戴建国）——法律史，上海师范大学，硕士．-2010

从禁榷制度的两面性透视当今我国的烟草专卖制度/冯旭（导师：赵晓耕）——法律史，中国人民大学，硕士．-2010

从两岸物权法的制定与发展看德国法对中国民法的影响/陈志湘（导师：徐永康）——法律史，华东政法大学，硕士．-2010

从《清代宁波契约文书辑校》看清朝中后期宁波地区不动产交易/赵倩（导师：霍存福）——法律史，吉林大学，硕士．-2010

从儒法论争到儒法融合：我国儒家法传统的形成及现代思考/寇纪元（导师：单纯）——中国哲学，中国政法大学，硕士．-2010

从法文化的变迁看清末修律/顾春旺（导师：沉大明）——法律史，上海交通大学，硕士．-2010

登闻鼓制度研究/吴晓志（导师：龙大轩）——法律史，西南政法大学，硕士．-2010

邓小平法律思想研究及其重大意义/王丹旭（导师：张兰初）——思想政治教育，长春工业大学，硕士．-2010

董必武与马克思主义法学中国化：1948 年到 1956 年/林佳（导师：姚雨虹）——中共党史，中国政法大学，硕士．-2010

董康与清末监狱改良/蒋琳（导师：章育良）——专门史，湘潭大学，硕士．-2010

废除"六法全书"的前后与是非/李永居（导师：高积顺）——法律史，苏州大学，硕士．-2010

封建法制的悲剧性人物：评海瑞的法律思想与法律实践/欧阳娇（导师：丁凌华）——法律史，华东政法大学，硕士．-2010

革命法制与民主宪政：史良法律思想探微/朱博（导师：付子堂）——法学理论，西南政法大学，硕士．-2010

《郭店楚简》儒家文献注译/庄利果（导师：张显成）——古典文献学，西南大学，硕士．-2010

哈尔滨解放区司法建设考察/庞洋（导师：孙光研）——法律史，黑龙江大学，硕士．-2010

哈尔滨市临时参议会法制建设中的民主政治观/张喜山（导师：孙光研）——
　　法律史，黑龙江大学，硕士．-2010

韩非法律伦理思想研究/康年华（导师：孔毅）——伦理学，重庆师范大学，
　　硕士．-2010

韩非法律思想研究/聂艳（导师：徐彪）——法律史，安徽大学，硕
　　士．-2010

汉代女子继承制度研究以《二年律令》为中心/李春玲（导师：龙大
　　轩）——法律史，西南政法大学，硕士．-2010

胡适《新月》时期宪政思想研究/蒲洁（导师：刘黎红）——法律史，青岛
　　大学，硕士．-2010

黄遵宪法律思想及其实践研究/李芳峰（导师：郭常英）——中国近现代史，
　　河南大学，硕士．-2010

黄遵宪法制改革思想研究/翟婷（导师：史广全）——法律史，黑龙江大学，
　　硕士．-2010

家族观念与中国传统法制的历史互动及其现代价值/王宝玉（导师：姚荣
　　涛）——法律史，复旦大学，硕士．-2010

建国初期调解制度初探：兼与西方 ADR 模式比较/罗程程（导师：张培
　　田）——法律史，西南政法大学，硕士．-2010

解析清末法制改革及其现代意义/王丽华（导师：袁兆春）——马克思主义基
　　本原理，曲阜师范大学，硕士．-2010

近代中国法律体系转型研究/都杰（导师：李玉生）——法律史，南京师范大
　　学，硕士．-2010

抗战时期陕甘宁边区刑事法规研究/付国利（导师：梁凤荣）——法律史，郑
　　州大学，硕士．-2010

黎族婚俗视野下的法律思考：以海南黎族婚姻家庭习俗为中心/陈晖阳（导
　　师：李秀清）——法律史，华东政法大学，硕士．-2010

李东阳法律思想初探/要琦（导师：李交发）——法律史，湘潭大学，硕
　　士．-2010

理想与现实的差距：浅谈"无讼"理想下的古代诉讼/刘丽媛（导师：赵晓
　　耕）——法律史，中国人民大学，硕士．-2010

法律史中的"阐释"与"史料"：以苏力的《法律与文学》为切入点/符超翔
　　（导师：周伟文）——法律史，华东政法大学，硕士．-2010

法律与伦理：中国传统法律与中国传统伦理/钱镜伊（导师：王照东）——法

学理论，新疆大学，硕士. −2010

略论古代中国家长权的公法属性/王芳（导师：范忠信）——法律史，中南财经政法大学，硕士. −2010

略论清代科举舞弊惩处制度/邰文哲（导师：春杨）——法律史，中南财经大学，硕士. −2010

略论清末修律与中国法律近代化的启动/张鹏（导师：张小莉）——中国近现代史，河北师范大学，硕士. −2010

论陈顾远对中国法律史学的贡献/张鑫（导师：史广全）——法律史，黑龙江大学，硕士. −2010

论韩非的法制教育思想及现代启示/程昆（导师：王瑞全）——马克思主义基本原理，重庆师范大学，硕士. −2010

论汉朝的赦免制度/刘璐（导师：邵方）——法律史，西南政法大学，硕士. −2010

论"兼祧"制度/欧甸丘（导师：赵晓耕）——法律史，中国人民大学，硕士. −2010

论《开皇律》承上启下的历史意义/吴楠（导师：霍存福）——法律史，吉林大学，硕士. −2010

论毛泽东法律思想/徐洁（导师：高鸣、高凛、邓子美、曾祥华、杨保国）——马克思主义基本原理，江南大学，硕士. −2010

论民国时期住房保障法律制度/王梦（导师：张洪林）——法律史，华南理工大学，硕士. −2010

论亲亲相隐原则的正当性及容隐权制度的构建/王磊（导师：马登民）——法律史，中国政法大学，硕士. −2010

论清代州县官对诉讼案件的审理/孙秀丽（导师：吕丽）——法律史，吉林大学，硕士. −2010

论我国企业职工持股制度/杨萍（导师：赵晓耕）——法律史，中国人民大学，硕士. −2010

论中国古代的慎刑思想/孙雪峰（导师：马小红）——法律史，中国人民大学，硕士. −2010

马锡五审判方式的当代价值/姜广峰（导师：孙光研）——法律硕士，黑龙江大学，2010

毛泽东的法治思想研究/代勇贤（导师：陆世宏）——中共党史，广西民族大学，硕士. −2010

民初大理院民法解释例研究/王少珺（导师：周子良）——法律史，山西大学，硕士．-2010

民初立宪活动中的孔教问题研究/马赛（导师：姜晓敏）——法律史，中国政法大学，硕士．-2010

民国时期民事调解制度探析/曾方（导师：龚汝富）——诉讼法学，江西财经大学，硕士．-2010

明代的监察体制研究/姚迪（导师：吕丽）——法律史，吉林大学，硕士．-2010

明代法律实践中的权力与文化：以《醒世姻缘传》为研究中心/孟烨（导师：郭建）——法律史，复旦大学，硕士．-2010

明清监察官员在地方司法中的地位和作用/韩宏胤（导师：范忠信）——法律史，中南财经政法大学，硕士．-2010

明清士绅在基层社会纠纷解决的地位/李凯（导师：范忠信）——法律史，中南财经政法大学，硕士．-2010

明清祖宗家法中的皇权制约机制/李兵（导师：范忠信）——法律史，中南财经政法大学，硕士．-2010

墨家"兼爱"的法价值诠释/马腾（导师：马作武）——法律史学，中山大学，硕士．-2010

墨子法律思想研究/于志勇（导师：邓红蕾）——法学理论，中南民族大学，硕士．-2010

南京国民政府时期的离婚法制及其实践/占华梅（导师：范忠信）——法律史，中南财经政法大学，硕士．-2010

南京国民政府时期行政法院土地案件的裁判/郭腾云（导师：周子良）——法律史，山西大学，硕士．-2010

黔东南苗侗民族环境保护习惯法研究/洪运杰（导师：陈金全）——法律史，西南政法大学，硕士．-2010

浅析中国古代选官制度及启示/邓中平（导师：龙大轩）——法律史，西南政法大学，硕士．-2010

"亲亲相隐"问题研究/潘佳（导师：付长珍）——伦理学，华东师范大学，硕士．-2010

清代调解制度研究/胡东豪（导师：马建红）——法律史，山东大学，硕士．-2010

清代调解制度研究/王超芳（导师：梁凤荣）——法律史，郑州大学，硕

士．-2010

清代工匠角色转换及其法律调整：以川南井盐业资本主义萌芽中的盐工为视角（1735—1875）/黄明浩（导师：邵方）——法律史，西南政法大学，硕士．-2010

清代理藩院及其立法研究/崔懿晟（导师：丁凌华）——法律史，华东政法大学，硕士．-2010

清代立嗣继承制度研究/许斌（导师：春杨）——法律史，中南财经大学，硕士．-2010

清代律例的冲突与整合/杜珂（导师：曾代伟）——法律史，西南政法大学，硕士．-2010

清代法律体系研究/周方圆（导师：李玉生）——法律史，南京师范大学，硕士．-2010

清代女性杀伤类犯罪研究/朱阁雯（导师：吴晓玲）——法律史，南昌大学，硕士．-2009

清代黔东南文斗苗寨纠纷解决机制研究/侯晓娟（导师：陈金全）——法律史，西南政法大学，硕士．-2010

清代山陕地区农田水利自治的规则与秩序/黄鹏（导师：孙丽娟）——法律史，中南财经政法大学，硕士．-2010

清代讼师法律地位研究/姚心乐（导师：周少元）——法律史，安徽大学，硕士．-2010

清代土地典契研究/陈丹丹（导师：孙光研）——法律硕士，黑龙江大学，2010

清代直诉制度研究/彭祖女（导师：施延亮）——法律史，上海师范大学，硕士．-2010

清代"赘婚"制度及其相关法律问题分析/黄环宇（导师：吴晓玲）——法律史，南昌大学，硕士．-2010

清末地方自治研究/孙婷（导师：王德志）——宪法学与行政法学，山东大学，硕士．-2010

清末君主立宪研究/李爱英（导师：王德志）——宪法与行政法学，山东大学，硕士．-2010

清末民初华洋诉讼之民事制度研究：解读《华洋诉讼判决录》/袁华新（导师：李胜渝）——法律史，西南政法大学，硕士．-2010

清末民初杀害尊亲属之罪刑变迁/施珊瑚（导师：张德美）——法律史，中国

政法大学，硕士. –2010

清末民初县衙审判中的情理探析：以《塔景亭案牍》为中心/郑国霞（导师：霍存福）——法律史，吉林大学，硕士. –2010

清末民初州县的"官方调处"：以《塔景亭案牍》为中心的考察/郑彦格（导师：曾代伟）——法律史，西南政法大学，硕士. –2010

清末民权思想研究/王海娜（导师：王德志）——宪法与行政法学，山东大学，硕士. –2010

清末司法改革研究/白志强（导师：宋四辈）——法律史，郑州大学，硕士. –2009

清末诉讼事习惯调查与清末诉讼法典的编纂/晏旅（导师：邓建鹏）——法律史，中央民族大学，硕士. –2010

清末宪政改革中的民众参与研究/赵伟伟（导师：马建红）——法律史，山东大学，硕士. –2010

清末新政时期教育法规的建设/江晓（导师：孟天运）——法律史，青岛大学，硕士. –2010

清末州县自理案件的考察：以《樊山判牍》为例/张海涛（导师：吕丽）——法律史，吉林大学，硕士. –2010

清前期思想控制之法律问题论析：以王道之治的视角/钱苏青（导师：方潇）——法律史，苏州大学，硕士. –2010

清政府与清末话语权之争/周纯亚（导师：王瑞成）——中国近现代史，宁波大学，硕士. –2010

儒家文化的主要思想对当代中国法治建设的影响研究/王晓飞（导师：黄烨）——科学社会主义与国际共产主义运动，信阳师范学院，硕士. –2010

陕甘宁边区刑事和解制度研究/孙蕊（导师：周子良）——法律史，山西大学，硕士. –2010

上古神话与中国早期法观念特征/张继军（导师：范忠信）——法律史，中南财经政法大学，硕士. –2010

社会转型时期人民调解制度的变迁与发展：以浙江省诸暨市枫桥镇调解实践为例/李媛媛（导师：马小红）——法律史，中国人民大学，硕士. –2010

《申报》与南京国民政府时期妇女法律传播（1927—1937）/唐文彬（导师：章育良）——专门史，湘潭大学，硕士. –2010

沈家本民商法思想解析/王娜（导师：周骁男）——民商法学，长春工业大学，硕士. -2010

《时务报》与近代法律思想的传播/卢琼（导师：夏锦文）——法律史，南京师范大学，硕士. -2010

仕之身份与权利的分离：宋朝官吏特权制度的历史启示/马陇平（导师：曹明）——法学理论，西北师范大学，硕士. -2010

试论《管子》的立法思想及其现实意义/吴振晖（导师：张先昌）——马克思主义基本原理，江苏大学，硕士. -2010

试论清末京师地区流浪人口治理：以救济机构章程和《违警律》为核心的考察/彭奕菲（导师：马小红）——法律史，中国人民大学，硕士. -2010

睡虎地秦简和张家山汉简的法律材料与秦汉"亲亲相隐"制度研究/郭程（导师：徐难于）——考古学与博物馆学，西南大学，硕士. -2010

思想史视野下的汉晋之际肉刑存废之争议/谭燕（导师：孔毅）——专门史，重庆师范大学，硕士. -2010

宋代功利主义学派法律思想探析/张鑫（导师：王成儒）——法律史，青岛大学，硕士. -2010

宋代民事纠纷的官方解决程序探研/刘红丽（导师：梁凤荣）——法律史，郑州大学，硕士. -2010

宋代女性继承制度探析/龙蓉（导师：吴晓玲）——法律史，南昌大学，硕士. -2010

宋代商税制度研究/邱雁（导师：王宏治）——法律史，中国政法大学，硕士. -2010

宋代法医学研究/胡坤（导师：吕志兴）——法律史，西南政法大学，硕士. -2010

隋唐除名制度研究/李传成（导师：张金龙）——中国古代史，山东大学，硕士. -2010

太平天国婚姻制度研究/徐振凯（导师：林明）——法律史，山东大学，硕士. -2010

唐代大理寺审判职能研究/李桂杰（导师：霍存福）——法律史，吉林大学，硕士. -2010

唐代慎刑论/孟宪政（导师：吕丽）——法律史，吉林大学，硕士. -2010

唐代司法道德研究/余鹏（导师：徐彪）——法律史，安徽大学，硕士. -2010

唐代死刑适用研究/杨二奎（导师：吕丽）——法律史，吉林大学，硕士．-2010

唐代刑部的司法职能/薄新娜（导师：吕丽）——法律史，吉林大学，硕士．-2010

唐代御史台司法职能研究/张丽娟（导师：吕丽）——法律史，吉林大学，硕士．-2010

《唐律疏议》伦理思想研究/徐慧娟（导师：张兆凯）——伦理学，湖南工业大学，硕士．-2010

唐律自首制度及其现代意义/檀小丽（导师：曾代伟）——法律史，西南政法大学，硕士．-2010

唐宋婚姻家庭法律制度之比较/高悦（导师：夏锦文）——法律史，南京师范大学，硕士．-2010

唐宋赎刑制度中的罪刑关系研究/郜小军（导师：霍存福）——法律史，吉林大学，硕士．-2010

晚清民初"奸情命案"之研究——以"杀死奸夫"条及其案例为中心/朱轩劭（导师：黄源盛）——法律史，（台湾）政治大学，硕士．-2010年

魏晋南北朝妇女法律地位的演变/徐笑（导师：邵方）——法律史，西南政法大学，硕士．-2010

魏源的法律思想/章平（导师：刘云波）——专门史，湘潭大学，硕士．-2010

我国代理制度的近代发展——法理、习惯与审判/娄明东（导师：李贵连）——法律史，北京大学，硕士．-2010

伍廷芳民商法思想研究/何帆（导师：周骁男）——民商法学，长春工业大学，硕士．-2010

先秦道家法律思想/温晓（导师：王成儒）——法律史，青岛大学，硕士．-2010

先秦道家自然法思想/朱晶晶（导师：周少元）——法律史，安徽大学，硕士．-2010

现代化进程中的壮族继承习惯法：以广西平果县为例/黄成春（导师：李鸣）——民族法学，中央民族大学，硕士．-2010

谢觉哉土地法律思想初探/李宗英（导师：霍存福）——法律史，吉林大学，硕士．-2010

新桂系时期广西中学教育立法研究/黎田（导师：蓝武）——专门史，广西师范大学，硕士．-2010

新疆哈萨克族习惯法研究/牛克林（导师：贺萍）——法律史，新疆大学，硕士. -2010

新中国女性婚姻家庭权利规制变迁/贺文洁（导师：张洪林）——法学理论，华南理工大学，硕士. -2010

右江革命根据地婚姻家庭法律制度研究/杨四维（导师：陈金全）——法律史，西南政法大学，硕士. -2010

右江革命根据地土地法制研究/覃勇（导师：陈金全）——法律史，西南政法大学，硕士. -2010

元代烧埋银制度研究/蒋飞飞（导师：李玉生）——法律史，南京师范大学，硕士. -2010

元代讼师研究/郭蕊（导师：那仁朝格图）——中国法制史，内蒙古大学，硕士. -2010

元杂剧《窦娥冤》之法律视角解读/李克江（导师：范进学）——法律史，山东大学，硕士. -2010

章士钊在《民立报》时期宪政思想研究/于慧施（导师：刘黎红）——法律史，青岛大学，硕士. -2010

以《折狱龟鉴》为视角看古代法官的断狱智慧/王守礼（导师：霍存福）——法律史，吉林大学，硕士. -2010

中国传统法律文化对法制现代化的影响/李保峰（导师：任明）——马克思主义中国化研究，郑州大学，硕士. -2010

中国传统社会清官司法研究：以时代合理性为研究视角/钱建平（导师：夏锦文）——法律史，南京师范大学，硕士. -2010

中国古代的清官和民众的"青天"崇拜倾向/刘文佳（导师：徐永康）——法律史，华东政法大学，硕士. -2010

中国古代书院管理法制初探/胡婷婷（导师：范忠信）——法律史，中南财经政法大学，硕士. -2010

中国古代刑法亲属容隐制探析/陈伟奇（导师：龙大轩）——法律史，西南政法大学，硕士. -2010

中国国际私法（冲突法）思想史研究/王长征（导师：王海峰）——国际法学，上海社会科学院，硕士. -2010

中国近代律师制度建立的历史进程/芦瑞（导师：翁有为）——法律史，河南大学，硕士. -2010

中国近代银行监管立法研究/聂柳（导师：张洪林）——法律史，华南理工大

学，硕士．-2010

中国近代银行业监管体制探析（1897—1949）/李旭（导师：马小红）——法律史，中国人民大学，硕士．-2010

中国"亲亲相隐"制度及其现代立法思考/韩国鹏（导师：王强）——法律史，山东大学，硕士．-2010

中国法制近代化开端期的刑事一体化趋势：以清末刑事法制变革为视角/林乐鸣（导师：王平）——刑法学，中国政法大学，硕士．-2010

《中华民国票据法》研究/王彩虹（导师：周子良）——法律史，山西大学，硕士．-2010

朱元璋的重典思想及其实践研究/刘乾坤（导师：宋四辈）——法律史，郑州大学，硕士．-2010

英租威海卫土地法律制度与秩序研究/袁理想（导师：王强）——法学理论，山东大学，硕士．-2010

八

法律文献、著述评介

（一） 法律文献评介

《宋史・刑法志》考异/邓广铭//国语研究集刊. -1932

历代律书沿革考/俞士镇//国学丛刊. -1942，9

秦汉刑徒的考古资料/张政烺//北京大学学报（哲社科版）. -1958，3

上海政治研究所整理中国法制史资料//人民日报. -1962，2. 3

关于"资政院会议速记录"/李时岳//光明日报. -1962，2. 28

黄鼎凤《约法十二章》告谕质疑/谢兴尧//人民日报. -1965，6. 18

《明史・刑法志》正误一则/房兆楹//（台湾）大陆杂志. -1965，（31 卷）9

《明代律例汇编》序/黄彰健//（台湾）大陆杂志. -1976，（53 卷）3

"建武三年候粟君所责寇恩事"释文/甘肃居延考古队简册整理小组//文物.
　　-1978，1

略释汉代狱辞文例——一份治狱材料初探/俞伟超//文物. -1978，1

"粟君所责寇恩事"简册略考/肖亢达//文物. -1978，1

居延汉简"侯史广德坐罪行罚橄"/甘肃居延汉简整理小组//文物. -1979，1

我国封建法律文献一瞥/陈光中//文献. -1979，1

居延出土《甘露二年丞相御史律令》简牍考释/伍德煦//甘肃师大学报.
　　-1979，4

明代律例刊本所附"比附律条"考/黄彰健//《明代律例汇编》，（台湾）精华
　　印书馆. -1979

抗日根据地的选举制度（资料）/中国社会科学院法学研究所法制史研究室//
　　《吉林大学社会科学论丛・法学》第 1 集，吉林大学出版社. -1979

一九二七年《湖北省惩治土豪劣绅暂行条例》简介/张希坡//江汉论坛.

-1980，4

第一个全国性红色政权的光荣标记——介绍中华苏维埃共和国临时中央政府
　　第一号布告/齐夫//革命文物. -1980，5

我国古代的重要法典——《唐律》出版/顾熙//光明日报. -1980，6. 19

中国封建法典的代表作——介绍唐《永徽律》/元三//思想解放. -1980，8

《唐律》简介/杨廷福//民主与法制. -1980，9

《中国古代办案百例》序/吴建璠//《中国古代办案百例》，中国社会科学出版
　　社. -1980

一篇重要的法律文献——读倗匜铭文札记/田昌五//《古代社会形态研究》，天
　　津人民出版社. -1980

关于新出甘露二年御史书/裘锡圭//考古与文物. -1981，1

《西双版纳傣族的封建法规》译文/刀光强、文立七译//民族学报. -1981，1

关于《大唐六典》的宋刊本/〔日〕玉井是博著，邵立新译//史学史研究.
　　-1981，2

我国法律史上的一篇重要文献——西周青铜器“倗匜”铭文/来因//法学杂
　　志. -1981，2

《洗冤集录译释》评介/张建华//福建日报. -1981，2. 14

古代案例选论（一、二）/乔伟、徐波//吉林大学社会科学学报. -1981，
　　3、4

一份文字精当的古代判词/巨澜选评//西南政法学院学报. -1981，4

《大元通制》解说/安部健夫//蒙古史研究参考资料. -1981，18

云梦秦简《金布律》试释/王瑞明//《中国历史文献研究集刊》第2集，岳麓
　　书社. -1981

《汉军法》辑补/吴忠匡//《中华文史论丛》第1辑，上海古籍出版社. -1981

读《诏狱惨言》/王春瑜//法学杂志. -1982，1

青川出土木牍文字简考/李昭和//文物. -1982，1

青川县出土秦更修田律木牍——四川青川县战国墓发掘简报/李昭和、莫洪
　　贵、于采芑//文物. -1982，1

唐《御史台精舍碑》碑铭（并序）评注/冯卓慧、胡留元//西北政法学院学
　　报. -1982，1

熊成基被捕案/中国第一历史档案馆//历史档案. -1982，3

古代案例选//中国法制报. -1982，5. 21

《新唐书·刑法志》节选浅译/省司法志编辑室//档案资料. -1982，6

《鄂豫边区施政纲领》介绍（附鄂豫边区施政纲领）/胡超//档案资料. -1982，8

青川郝家坪木牍研究/李学勤//文物. -1982，10

《睡虎地秦墓竹简》注释商榷（一、二）/裘锡圭//《文史》第13辑，中华书局. -1982

敦煌吐鲁番发现唐写本律及律疏残卷研究/刘俊文//《敦煌吐鲁番文献研究论集》(一)，中华书局. -1982

敦煌写本唐僖宗中和五年三月车驾还京师大赦诏校释/蔡治淮//《敦煌吐鲁番文献研究论集》(一)，中华书局. -1982

《皇明条法事类纂》读后/王毓铨//《明史研究论丛》第1辑，江苏人民出版社. -1982

世界上最古老的法律，新出土的二千年前后的法律/程孟明//源流. -1983，创刊号

《居延汉简甲乙编》释文质疑/谢桂华、李均明、何双全//中国史研究. -1983，1

《文献通考·刑考（宋代部分)》考证/吕友仁//新乡师范学院学报. -1983，1；1983，2；1984，1

评《寄簃文存》卷四·考、释、学断/李光灿//河北学刊. -1983，2

清末法学家沈家本和他的《寄簃文存》/于晔//河北学刊. -1983，2

《尚书·皋陶谟》释/陈曼平//牡丹江师范学院学报. -1983，2

一份晓之以理，诚之以法的古代判牍/陈钦一//法学季刊. -1983，2

简评《寄簃文存》卷五/李光灿//社会科学辑刊. -1983，3

《商会简明章程》颁行日期补正/朱英//中国社会经济史研究. -1983，3

四川青川墓为田律木牍考释——并略论我国古代田亩制度/胡澱咸//安徽师大学报（哲社科版）. -1983，3

简评《寄簃文存》卷七/李光灿//中州学刊. -1983，4

选评沈家本《寄簃文存》卷八/李光灿、杨廷//吉林大学社会科学学报. -1983，5

《七国考》《法经》引文真伪析疑/张警//法学研究. -1983，6；又载《百年回眸：法律史研究在中国》第2卷，中国人民大学出版社. -2009

我国最早的法律判决书——“𠑇匜”铭文//陕西日报. -1983，10. 4

《六法全书》评价/关乃凡//文献. -1983，13

《宋史·刑法志》考异/顾吉辰、张道贵//《中国历史文献研究集刊》第3集，

岳麓书社. -1983

《居延汉简甲乙编》释文评议/谢桂华、李均明//敦煌学辑刊. -1984,2

居延简中所见汉代《囚律》佚文考——《居延新简"责寇恩事"的几个问题》的订补/初师宾、肖亢达//考古与文物. -1984,2

我国最早的"刑法志"——《汉书·刑法志》//天津法制报. -1984,2.15

洗冤录(一、二)/周山//民主与法制. -1984,2、3

江苏连云港市出土的汉代法律版牍考述/张廷皓//文博. -1984,3

《取缔规则》二题(《取缔清韩留日学生规则》)/王鉴清//北方论丛. -1984,3

《唐大诏令集》勘误二则/赵俊//中国史研究. -1984,3

居延甘露二年御史书册考述补/初师宾、伍德熙//考古与文物. -1984,4

明刻本《名公书判清明集》述略/陈智超//中国史研究. -1984,4

《睡虎地秦墓竹简》释注增补/栗劲//吉林大学社会科学学报. -1984,5

《刺字集》概述/李光灿、杨和钰//法学与实践. -1985,1

评点校本《唐律疏议》/王应瑄//武汉大学学报(哲社科版). -1985,1

评沈家本《法学盛衰说》——评读《寄簃文存》卷三中第八篇论文《法学盛衰说》/李光灿//政法论坛. -1985,1

《伊赫·察基(大法典):十七世纪蒙古封建法规文献》介绍//蒙古学资料与情报. -1985,1

我国第一部版权法——《大清著作权律》(1901年)简况/沈仁干//出版工作. -1985,2

刺字集/(清)沈家本辑,李光灿整理//法学与实践. -1985,3

关于沈家本的《官司出入人罪唐明律比较说》——评沈家本著《寄簃文存》卷三中第五篇论文/李光灿//辽宁大学学报(哲社科版). -1985,3

银雀山竹书《守法》、《守令》等十三篇/银雀山汉墓竹简整理小组//文物. -1985,4

中国法制史文献介绍:《汉书·刑法志》简介/李明德//自修大学(政法). -1985,5

马锡五审理刘兰香被拐骗贩卖案史料/陈琏//档案. -1985,5

中国法制史古代文献简介:《晋书·刑法志》/张建国//自修大学(政法). -1985,7

中国法制史古代文献介绍——《唐律疏议》——我国唐代一部重要的法律文献/宜水//自修大学(政法). -1985,7

中国法制史文献介绍：《宋史·刑法志》简介/李建华//自修大学（政法）. -1985，8

中国法制史文献介绍：《元史·刑法志》简介/郑必太//自修大学（政法）. -1985，8

中国法制史文献简介：《宋刑统》——中国历史上第一部印行的封建法典/宜水//自修大学（政法）. -1985，12

中国法制史文献简介：《元典章》——元代诏令、条格断例汇编/宜水//自修大学（政法）. -1985，12

关于成化年间"妖书妖言"案的一则史料/程德//《明史研究论丛》第3辑，江苏古籍出版社. -1985

《唐律·名例律》注译/宋加兴//政法学坛. -1986，1

明代文字狱史料辩伪/王春瑜//学术研究丛刊. -1986，1

西夏军事法典——1101～1113年的《贞观玉镜统》/〔苏〕E·И. 克恰诺夫著，霍升平译//甘肃民族研究. -1986，2

雍正三年参劾年羹尧案史料/叶志如//历史档案. -1986，2

《中外旧约章汇编》补正两则/石南//近代史研究. -1986，2

日伪"食粮公社暂行规程"/寇砾选编//北京档案史料. -1986，3

释《鸡次之典》/徐俊//江汉论坛. -1986，3

《新唐书·刑法志》勘误一则/曾代伟//法学研究. -1986，3

身份社会与伦理法律/梁治平//读书. -1986，3

居延汉简债务文书述略/李均明//文物. -1986，11

敦煌写本唐开元水部式校释/王永兴//《敦煌吐鲁番出土文献研究论集》第3辑，北京大学出版社. -1986

敦煌写本永徽东宫诸府职员令残卷蒋笺——唐令格式写本残卷研究之二/刘俊文//《敦煌吐鲁番出土文献研究论集》第3辑，北京大学出版社. -1986

《新唐书·刑法志》证误/刘俊文//《中华文史论丛》第4辑，上海古籍出版社. -1986

一部有价值但也充满了疑问的明代古籍——海外遗籍《皇明条法事类纂》评介/李剑雄//历史教学问题. -1987，1

再谈甘露二年御史书/裘锡圭//考古与文物. -1987，1

战国齐国法律史料的重要发现——读银雀山汉简《守法守令等十三篇》/刘海年//法学研究. -1987，2

《文献通考·刑考》赦宥一目补正/吕友仁//河南师范大学学报（哲社科版）.

-1987，4

有关吐蕃法制的三件敦煌文书译释/王尧、陈践//中国史研究．-1987，4

文物中的法律史料及其研究/刘海年//中国社会科学．-1987，5

评沈家本《律例杂说》的名例篇（上、下）/李光灿//法学．-1987，7、8

1905 年大闹会审公堂案史料/金跃东//档案与历史．-1988，1

孙中山关于法律解决"宋案"之资料二件/王道智、翟翠华//民国档案．
　　-1988，1

明大诰的版本/杨一凡//法学研究．-1988，2

清末内城巡警厅设官治事章程（上、下）/丁进军选编//北京档案史料．
　　-1988，3、4

《唐代诏敕目录》评介/黄约瑟//（台湾）大陆杂志．-1988，5

简牍法律史料探源/高潮、刘斌//政法论坛．-1988，5

专家与当家——清末刑部一份未公开的奏疏/李贵连//政法丛刊（长春）．
　　-1988，5

铜器铭文中的法律史料——兼论周代财产所有权/高潮、刘斌//中国法学．
　　-1988，6

《睡虎地秦墓竹简》注释辅正/蔡镜浩//《文史》第 29 辑，中华中局．-1988

《新民主主义革命时期根据地法制文献汇编》评介/邱远猷//《中国社会科学出
　　版社图书评论集》，中国社会科学出版社．-1988

清末选送考取留学生办法章程/叶志如编选//历史档案．-1989，1

建国后发现的石刻法律史料述略/高潮、刘斌//法律科学．-1989，3

刑科给事中张维赤奏章/方裕谨//历史档案．-1989，3

清末修订著作权律史料选载/丁进军//历史档案．-1989，4

《清律》私家释本的形式和种类探究/何敏//安徽大学学报（社科版）．
　　-1989，4

我院馆藏两种稀见清代法律抄本的初步研究/耘耕//现代法学．-1989，4

《新旧唐书·刑法志》订误/顾吉辰//汉中师院学报（社科版）．-1989，4

《西夏法典》述评/李温//法律科学．-1990，2

一部罕见的中世纪法典——《西夏法典·天盛年改旧定新律令（1—7 章）》
　　简介/李温//法学研究．-1990，2

《中华苏维埃法典》第二集初版本/彭捷//文物天地．-1990，2

关于《宋大诏令集》/顾吉辰//史学史研究．-1990，3

略谈李圭的《译拟邮政局寄信条规》及其对创办中国近代邮政的贡献/张家

禄//天津集邮. -1990，3

我国历代诏令文书发展述略/黄才庚//四川大学学报（哲社科版）. -1990，3

关于《宋大诏令集》/顾吉辰//史学史研究. -1990，3

宪法期成会史料/刘苏//北京档案史料. -1990，3

雍正清理钱粮亏空案史料（上、下）/张莉//历史档案. -1990，3、4

国民政府司法部门审判王揖唐法庭笔录（四）/刘庆旻//北京档案史料.
　　-1990，4

旧中国不平等条约选介/费成康//政治与法律. -1990，4

《清史稿·盐法》补正/陈锋//文献. -1990，4

中华版《宋史·刑法志》辨误/戴建国//古籍整理研究学刊. -1990，6

中国明以前法医学著述考略/王宏川//公安大学学报. -1990，6

雨台山21号战国楚墓竹律复原探索/李纯一//考古. -1990，9

明《大诰》颁行始末、条目总数和案例时间考证/杨一凡//《中国法律史国际
　　学术讨论会论文集》，陕西人民出版社. -1990

关于《日本国见在书目录》刑法家/〔日〕池田温//《中国法律史国际学术讨
　　论会论文集》，陕西人民出版社. -1990

《法缀》——一份可贵的明代法律文献目录/刘笃才//《中国法律史国际学术讨
　　论会论文集》，陕西人民出版社. -1990

建国以来新发现的法律文书史料述略/高潮、刘斌//《中国法律史国际学术讨
　　论会论文集》，陕西人民出版社. -1990

居延出土的令甲目录/〔日〕大庭脩//《中国法律史国际学术讨论会论文集》，
　　陕西人民出版社. -1990

居延汉简诉讼文书二种/李均明//《中国法律史国际学术讨论会论文集》，陕西
　　人民出版社. -1990

两种稀见清代法律抄本的初步研究/俞荣根//《中国法律史国际学术讨论会论
　　文集》，陕西人民出版社. -1990

清朝刑部活动的最后记录——手稿本《刑部奏底》评介/李贵连//《中国法律
　　史国际学术讨论会论文集》，陕西人民出版社. -1990

日本对清代土地契约文书的整理与研究/〔日〕寺田浩明//《中国法律史国际
　　学术讨论会论文集》，陕西人民出版社. -1990

上海近代法制史料管窥/倪正茂//《中国法律史国际学术讨论会论文集》，陕西
　　人民出版社. -1990

沈家本先生未刻书述略/苏亦工//《中国法律史国际学术讨论会论文集》，陕西

人民出版社. -1990

一部有特色的历史法典——西夏《天盛改旧新定律令》/史金波//《中国法律史国际学术讨论会论文集》，陕西人民出版社. -1990

中国古代契约资料概述/张传玺//《中国法律史国际学术讨论会论文集》，陕西人民出版社. -1990

敦煌所出借贷契约研究/高潮等//法学研究. -1991，1

还《劳动法案大纲》的本来面目：评中央档案馆编《中共中央文件选集》所印该大纲的主要问题/张希坡//法学研究. -1991，3

一块待开垦的清代法律史料园地/耘耕//现代法学. -1991，3

敦煌所出买卖契约研究/高潮、刘斌//中国法学. -1991，3

论中国历代契约资料的蕴藏及其史料价值/张传玺//北京大学学报（哲社科版）. -1991，3

《十善法典》成书、颁行考辨/鲍音//内蒙古师范大学学报（社科版）. -1991，4

中国第一部著作权法：《大清著作权律》/孟良//历史大观园. -1991，5

中国清代法医学著述考略/王宏川//公安大学学报. -1991，6

黑城出土的元代律令文书/李逸友//文物. -1991，7

乾隆五十一年骆愉因呈《盐法策》获罪案/中国第一历史档案馆//历史档案. -1992，1

查嗣庭文字狱案史料（上、下）/张书才//历史档案. -1992，1、2

《蒙古秘史》中的某些法律条文/〔蒙古〕达西策登著，暴奇之译//蒙古学资料与情报. -1992，2

乾隆初陈顺等合伙偷刨安图入官房院内窖银案史料/吕小鲜//历史档案. -1992，2

传统法学的殿后人和殿后作：兼论《读例存疑重刊本》之价值/李贵连//法律科学. -1992，2

清康熙年间契约文书（一、二、三、四）/杨宴平//文献. -1992，2、3、4；1993，1

有关宪政公会的几件史料/丁进军//历史档案. -1992，3

居延新简汉律佚文考/徐世虹//政法论坛. -1992，3

吐鲁番出土法律文书概述/吴震//西域研究. -1992，3

评《唐明律合编》/艾永明//比较法研究. -1992，4

两种洪武榜文文献初探/宋国范//中外法学. -1992，5

法律文献考订例释——沈家本考订法律文献的方法及其成果/张国全、张伯元//政法论坛. -1992，6

研究中华法系的珍贵史料/李均明、刘军//中国文物报. -1992，10

居延出土的诏书册和诏书断简/〔日〕大庭脩//《日本学者研究中国史论著选译》（八），中华书局. -1992

《通典》载唐开元二十五年官品令流外官制校释/王永兴//《文史》第35辑，中华书局. -1992

上海租界第一次《地皮章程》中文原本书后/陆文达//史林. -1993，1

《明会典》及其史料价值/商传//史学史研究. -1993，2

1912年江西第一部宪法诞生——《江西省临时约法》/李朝清//江西方志. -1993，4

江陵张家山汉简《奏谳书》释文（一）/江陵张家山汉简整理小组//文物. -1993，8

《奏谳书》解说（上、下）/李学勤//文物. -1993，8；1995，3

民初臭名昭著的《共和宪法持久策》/张学继//团结报. -1993，12. 11

传世文献中所见唐式辑存/韩国磐//厦门大学学报（社科版）. -1994，1

评《钦定宪法大纲》/贺嘉//比较法研究. -1994，Z1

学林本《唐大诏令集》点校商兑/韩理洲//西北大学学报（哲社科版）. -1994，2

有关遗产继承的几件敦煌遗书/齐陈骏//敦煌学辑刊. -1994，2

新发现的清末京师城市管理法规研究（上、下）/郭成伟、田涛、张培田//政法论坛. -1994，2、3

国民政府颁布的《公司法》、《公司法施行法》/梅佳//北京档案史料. -1994，3

明代中后期重要条例版本略述/杨一凡//法学研究. -1994，3

《守法》《守令》等篇的归属问题蠡测/徐勇//孙子学刊. -1994，3/4

包山楚司法简131—139号考析/陈伟//江汉考古. -1994，4

清末宪政编查馆拟订政事结社集会律/丁进军编选//历史档案. -1994，4

论《十善法典》是部伪托之书/鲍音//内蒙古师大学报（社科版）. -1994，4

《十善法典》溯源/鲍音//内蒙古社会科学（汉文版）. -1994，4

日伪时期华北政务委员会的《著作权法》介绍/杨维新//著作权. -1994，4

《日本国大木干一所藏中国法学古籍书目》读后/丁晓山//首都师范大学学报（社科版）. -1994，5

《大金诏令释注》评介/范寿琨//社会科学战线. -1994，6

清代巴县县署全宗/耘耕//《中外法律史新探》，陕西人民出版社. -1994

《庆元条法事类》文献考略/臧杰斌//《中外法律史新探》，陕西人民出版社.
　　-1994；又载《中国古代法律文献研究》第1辑，巴蜀书社. -1999

《中国珍稀法律典籍集成》序/刘海年//《中国珍稀法律典籍集成》甲编第1
　　册，科学出版社. -1994

《中国珍稀法律典籍集成》甲编前言/刘海年//《中国珍稀法律典籍集成》甲
　　编第1册，科学出版社. -1994

《甲骨文金文简牍法律文献》译注说明/刘海年、杨升南、吴九龙//《中国珍稀
　　法律典籍集成》甲编第1册，科学出版社. -1994

《汉代屯戍遗简法律志》编注说明/李均明、刘军//《中国珍稀法律典籍集成》
　　甲编第2册，科学出版社. -1994

《敦煌法制文书》编辑说明/唐耕耦//《中国珍稀法律典籍集成》甲编第3册，
　　科学出版社. -1994

《吐鲁番出土法律文献》编注说明/吴震//《中国珍稀法律典籍集成》甲编第4
　　册，科学出版社. -1994

《西夏天盛律令》译注说明/史金波、聂鸿音、白滨//《中国珍稀法律典籍集
　　成》甲编第5册，科学出版社. -1994

《中国珍稀法律典籍集成》乙编前言/杨一凡//《中国珍稀法律典籍集成》乙
　　编第1册，科学出版社. -1994

《洪武法律典籍》点校说明/杨一凡、曲英杰、宋国范//《中国珍稀法律典籍集
　　成》乙编第1册，科学出版社. -1994

《明代条例》点校说明/杨一凡、曲英杰//《中国珍稀法律典籍集成》乙编第2
　　册，科学出版社. -1994

《皇明诏令》点校说明/杨一凡、田禾//《中国珍稀法律典籍集成》乙编第3
　　册，科学出版社. -1994

《皇明条法事类纂》点校说明/杨一凡、齐钧//《中国珍稀法律典集成》乙编
　　第4册，科学出版社. -1994

《中国珍稀法律典籍集成》丙编前言/刘海年、杨一凡//《中国珍稀法律典籍集
　　成》丙编第1册，科学出版社. -1994

《大清律例》点校说明/郑秦、田涛//《中国珍稀法律典籍集成》丙编第1册，
　　科学出版社. -1994

《盛京满文档案中的律令及少数民族法律》编纂说明/张锐智、徐立志//《中国

珍稀法律典籍集成》丙编第 2 册，科学出版社．－1994

《沈家本未刊稿七种》点校说明/沈厚铎//《中国珍稀法律典籍集成》丙编第 3
册，科学出版社．－1994

法史文献辨伪四题/田涛//法律文献信息与研究．－1995，创刊号

孙中山先生演讲《五权宪法》亲笔修改稿/中国第二历史档案馆//江苏历史档
案．－1995，1

《清代匠作则例汇编》刍议/王世襄//燕京学报．－1995，新 1

关于包山"疋狱"简的几个问题/陈伟//江汉考古．－1995，3

佚匿异域的西夏法典——《天盛律令》/白钢//光明日报．－1995，3．6

《疑狱集》校注译析选篇/古代案狱文献校注译析课题组：吴天骥//江苏公安
专科学校学报．－1995，3

《疑狱集》校注译析选篇（续）/古代案狱文献校注译析课题组：杨墨秋//江
苏公安专科学校学报．－1995，4

《疑狱集》校注译析选篇（再续）/古代案狱文献校注译析课题组：冯正//江
苏公安专科学校学报．－1995，5

《唐令拾遗》中译本评介/霍存福、徐丹、薛畅宇//南京大学法律评论．
－1995，夏季号

读伯 3813 号《唐判集》札记/齐陈骏//敦煌学辑刊．－1996，1

居延新出土的"侯粟君所责寇恩事"简册——爰书补考/〔日〕大庭脩//西
北史地．－1996，1

《折狱龟鉴》所辑例的写作艺术/陈宏硕//警学经纬．－1996，1

《唐六典》订正一则/杨希文//中国史研究．－1996，1

民国时期经济法律体系及其作用初探/石柏林//求索．－1996，2

"高秉坊贪污案"史料续选（1945—1946）/重庆市档案馆、黄立人//档案史
料与研究．－1996，3

查缉盗卖清东陵珍宝史料一组/梅佳//北京档案史料．－1996，4

《乾隆朝惩办贪污档案选编》简介/朱慧//北京图书馆馆刊．－1996，4

金代的盐使司与分司体制——《金史·食货志》"盐法"补正/郭正忠//中国
史研究．－1996，4

中国是世界上最早实行版权保护的国家——中国古代版权文献撷谈/刘尚恒、
孔方恩//图书馆工作与研究．－1996，5

北京图书馆藏开元户部格残卷简介/〔日〕池田温//《敦煌吐鲁番学研究论
集》，书目文献出版社．－1996

书《旧抄内定律例稿本》后/李贵连//中外法学. –1997，1

应当恢复《中华民国临时约法》的条文原貌/张希坡//法学家. –1997，2

《经世大典》尸检法令及断例辩证/沈仁国//江苏公安专科学校学报.
　　–1997，4

中国城市管理走向近代化的里程碑——略论新发现的《清末北京城市管理法
　　规》/田伟//北京日报. –1997，4. 28

《西夏法典》：研究西夏历史的珍贵资料/李温//丝绸之路. –1997，6

我国最早的行政法文献——《为吏之道》/蒋建民//中国行政管理. –1997，8

《汉书·律历志》算释考辨/刘操南//古今谈. –1998，1

《龙筋凤髓判》判目破译——张鷟判词问目源自真实案例、奏章、史事考/霍
　　存福//吉林大学社会科学学报. –1998，2

俄藏 6965 号《天盛律令》残卷号/聂鸿音//宁夏大学学报（社科版）.
　　–1998，3

《嗖讼赋》——研究中国古代讼师难得的史料/薛晓蔚//山西大学师范学院学
　　报（哲社科版）. –1998，4

《宋刑统》的变化及法史料价值探析/李俊//吉林大学社会科学学报.
　　–1998，5

中国古代第一部法律史著作——《汉书·刑法志》评析/何勤华//法学.
　　–1998，10

《唐令拾遗补》序/〔日〕池田温//《法律史论集》第 1 卷，法律出版
　　社. –1998

22 种明代稀见法律文献版本述略/杨一凡//《法律史论集》第 1 卷，法律出版
　　社. –1998

西夏《天盛律令》及其法律文献价值/史金波//《法律史论集》第 1 卷，法律
　　出版社. –1998

敦煌所出唐代法律文书两种跋/唐长孺//《中华文史论丛》第 5 辑，上海古籍
　　出版社. –1998

俄藏敦煌写本《唐令》残卷（Дx. 3558）考释/荣新江//敦煌学辑刊.
　　–1999，1

近年来清朝《理藩院则例》的整理研究概况/杨选第//内蒙古社会科学（汉文
　　版）. –1999，3

莎车出土的喀喇汗朝阿拉伯语法律文书与《福乐智慧》研究/牛汝极//西域研
　　究. –1999，3

周树模和他的《抚江函稿》/康波//北方文物．-1999，3

中国古典书目中法律文献类别的演变/郑杰//政法论坛．-1999，3

石刻铭文与法律史料/李雪梅//中外法学．-1999，4

中国历史上第一部比较法著作——《唐明律合编》评析/何勤华//法学评论．-1999，4

评薛允升著《唐明律合编》/何勤华//法学评论．-1999，4

敦煌出土的放妻书琐议/杨际平//厦门大学学报（哲社科版）．-1999，4

1996年香港仲裁条例述评/齐树洁//现代法学．-1999，5

西夏《天盛律令·亲节门》辨正/孙颖新//民族语文．-1999，5

两种清末宪法草案稿本的发现及初步研究/俞江//历史研究．-1999，6

清代律学的权威之作——评沈之奇著《大清律辑注》/何勤华//中国法学．-1999，6

中国古代第一部监狱法著作——赵舒翘撰《提牢备考》评述/何勤华//法学．-1999，7

《包拯集校注》出版/肖建新//中国史研究动态．-1999，12

洛阳邙山出土金代买地券/褚卫红//文物．-1999，12

《龙筋凤髓判》注析札记/吕立人//《中国古代法律文献研究》第1辑，巴蜀书社．-1999

沈家本先生未刻书考释/沈厚铎//《中国古代法律文献研究》第1辑，巴蜀书社．-1999

《明史·刑法志》勘误示例/张大元//《中国古代法律文献研究》第1辑，巴蜀书社．-1999；又载《百年回眸：法律史研究在中国》第2卷，中国人民大学出版社．-2009

敦煌凌胡隧出土法律册书的复原/〔日〕大庭脩//《中国古代法律文献研究》第1辑，巴蜀书社．-1999

敦煌七十四件买卖、借贷契约考述/刘斌//《中国古代法律文献研究》第1辑，巴蜀书社．-1999

关于唐代佛教僧尼的法规资料/郑显文//《中国古代法律文献研究》第1辑，巴蜀书社．-1999

碑刻法律史料初析/李雪梅//《中国古代法律文献研究》第1辑，巴蜀书社．-1999

清代律学的创新之作——评王明德著《读律佩觿》/何勤华//法商研究．-2000，1；又载《中国传统法律文化与现代法治》（《法律史论丛》第7

辑），重庆出版社．–2000

古代法律文献编纂史略/陈蔚松//华中师范大学学报（哲社科版）．–2000，1

《春秋决狱》佚文评析/汪汉卿、周少元//安徽大学学报（社科版）．–2000，
　　2；又载《中国传统法律文化与现代法治》（《法律史论丛》第7辑），重
　　庆出版社．–2000；《汪汉卿法学文选》，安徽人民出版社．–2004

明代律学的珍稀作品——评佚名著《律学集议渊海》/何勤华//法学．
　　–2000，2

简牍制度新探/胡平生//文物．–2000，3

《尚书》：夏、商、周三代法律文本的诠释/张家国//法学评论．–2000，3

明代律学的开山之作——何广撰《律解辩疑》简介/何勤华//法学评论．
　　–2000，5

六年磨一剑：评鲁嵩岳《〈慎刑宪〉点评》/张家国//黄冈师范学院学报．
　　–2000，5

《大明律集解附例》"集解"考/张伯元//华东政法学院学报．–2000，6

故宫博物院典藏清代台湾司法档案/庄吉发//《法制史研究》创刊号，（台湾）
　　中国法制史学会、"中央研究院"历史语言研究所．–2000

殖民地法院有关身份法判例分类选录及评注/黄静嘉//《法制史研究》创刊号，
　　（台湾）中国法制史学会、"中央研究院"历史语言研究所．–2000

近五年台湾有关中国法制史研究文献述要/黄圣棻//《法制史研究》创刊号，
　　（台湾）中国法制史学会、"中央研究院"历史语言研究所．–2000

银雀山汉简《守法》、《守令》与《墨子》城守诸篇/史党社//《秦俑秦文化研
　　究》，陕西人民出版社．–2000

高昌买卖契券探析/谢全发//《中国传统法律文化与现代法治》（《法律史论
　　丛》第7辑），重庆出版社．–2000

明代法律史料的考证和文献整理/杨一凡//《中国传统法律文化与现代法治》
　　（《法律史论丛》第7辑），重庆出版社．–2000

薛允升及其《读例存疑》/赫晓惠//河南图书馆学刊．–2001，5

法制百年历沧桑：《20世纪中国十大名案》评选点评/郭成伟//民主与法制．
　　–2001，20

"中央研究院"近代史研究所图书馆藏的清代法制史档案简介/赖惠敏//《法制
　　史研究》第2期，（台湾）中国法制史学会、"中央研究院"历史语言研
　　究所．–2001

张楷《律条疏议》考/张伯元//《法律史论集》第3卷，法律出版社．–2001

新发现的哈佛大学藏"乾隆抄本《蒙古律》"/〔日〕岛田正郎著，萧汀译//
　　《法律史论集》第3卷，法律出版社. -2001

日本内阁文库及其所藏明律书籍/徐世虹//《法律史论集》第3卷，法律出版
　　社. -2001

沈家本法律古籍整理综考/沈厚铎//《法律史论集》第3卷，法律出版
　　社. -2001

唐《律》词语札记/邓海荣//古汉语研究. -2002，1

《唐令·田令》的完整复原与今后均田制的研究/杨际平//中国史研究.
　　-2002，2

《西夏光定未年借谷物契》考释/王元林//敦煌研究. -2002，2

张家山汉简《行书律》浅析/张俊民//陇右文博. -2002，2

近年来发现的两件瑶族石牌习惯法考释/莫金山//广西民族研究. -2002，2

张家山汉简《二年律令》汉律价值初探（笔谈）：《二年律令·具律》中应分
　　出《囚律》条款/李均明//郑州大学学报（哲社科版）. -2002，3

张家山汉简《二年律令》汉律价值初探（笔谈）：《二年律令》所见汉初政治
　　制度/谢桂华//郑州大学学报（哲社科版）. -2002，3

张家山汉简《二年律令》汉律价值初探（笔谈）：对汉代民法渊源的新认识/
　　徐世虹//郑州大学学报（哲社科版）. -2002，3

张家山汉简《二年律令》汉律价值初探（笔谈）：《律关令》的颁行年代与文
　　书格式/彭浩//郑州大学学报（哲社科版）. -2002，3

张家山汉简《二年律令》汉律价值初探（笔谈）：漫谈《张家山汉墓竹简》
　　的主要价值与作用/高敏//郑州大学学报（哲社科版）. -2002，3

张家山汉简《二年律令》汉律价值初探（笔谈）：张家山汉简研究的几个问
　　题/李学勤//郑州大学学报（哲社科版）. -2002，3

康熙六年《蒙古律书》/李保文//历史档案. -2002，4

《唐律疏议》词语杂考/董志翘//南京师大学报（社科版）. -2002，4

历史与民事习惯：《民事习惯调查报告录》原委/纪坡民//科学决策.
　　-2002，5

中国古代法典的重大发现——谈江陵张家山247号汉墓出土《二年律令》简/
　　李均明//中国文物报. -2002，5. 3

点校本《宋刑统》补正十五则/魏殿金//齐鲁学刊. -2002，6

读张家山汉简《行书律》/彭浩//文物. -2002，9

西夏文《瓜州监军司审判案》遗文——以橘瑞超带来在龙谷大学大宫图书馆

馆藏品为中心/〔日〕松泽博//国家图书馆学刊. -2002，增刊

新出土的中国法制史资料——秦代行政文书·晋律/冈野诚、石冈浩//《法制
史研究》第 3 期，（台湾）中国法制史学会、"中央研究院"历史语言研
究所. -2002

论澳门明清法律史料之构成/李雪梅//《中西法律传统》第 2 卷，中国政法大
学出版社. -2002

《中国珍稀法律典籍续编》序/杨一凡、田涛//《中国珍稀法律典籍续编》第 1
册，黑龙江人民出版社. -2002

《庆元条法事类》点校说明/戴建国//《中国珍稀法律典籍续编》第 1 册，黑龙
江人民出版社. -2002

《吏部条法·通制条格》点校说明/刘笃才、黄时鉴//《中国珍稀法律典籍续
编》第 2 册，黑龙江人民出版社. -2002

《明代法律文献》点校说明/杨一凡//《中国珍稀法律典籍续编》第 3 册，黑龙
江人民出版社. -2002

《顺治三年奏定律》点校说明/王宏治、李建渝//《中国珍稀法律典籍续编》
第 5 册，黑龙江人民出版社. -2002

《清代宫廷法规六种》点校说明/江与国、李祝环、丁小山//《中国珍稀法律典
籍续编》第 6 册，黑龙江人民出版社. -2002

《乾隆朝山东宪规等六种》点校说明/齐钧//《中国珍稀法律典籍续编》第 7
册，黑龙江人民出版社. -2002

《唐明清三律汇编》点校说明/田涛、马志冰//《中国珍稀法律典籍续编》第 8
册，黑龙江人民出版社. -2002

《少数民族法典法规与习惯法》点校说明/张冠梓//《中国珍稀法律典籍续编》
第 9 册，黑龙江人民出版社. -2002

个中甘苦我心知——写在《田藏契约文书粹编》出版之前/田涛//《法律史论
集》第 4 卷，法律出版社. -2002

第一历史档案馆藏清末宪法草案稿本的后续说明/俞江//《法律史论集》第 4
卷，法律出版社. -2002

关于秦、唐、宋朝的"一罪二刑"问题——沈家本《论附加刑》订补/钱大
群//《法律史论集》第 4 卷，法律出版社. -2002

张家山汉简《二年律令·津关令》简释/杨建//《楚地出土简帛文献思想研
究》（一），湖北教育出版社. -2002

贯通古今，融会中西：读《寄簃文存》/徐婷//广东农工商职业技术学院学

报. -2003，1

鲜见的文献，珍贵的资料——《新中国民法典草案总览》序/何勤华//法学.
　　-2003，2

辉煌与印证——敦煌《文明判集残卷》研究/王斐弘//现代法学. -2003，4

《明史·刑法志》标点商兑一则/张全民//湘潭大学社会科学学报. -2003，4

点校本《历代刑法考》辨正/张全民//湘江法律评论. -2003，5

张家山汉简《贼律》"叚大母"释义/王子今、范培松//考古与文物.
　　-2003，5

《易笞条例》评介/杨惠//中国监狱学刊. -2003，6

中华法律古籍整理又结硕果——《中国珍稀法律典籍续编》评介/俞鹿年//中
　　国社会科学院院报. -2003，10. 16

司法档案以及清代中国的法律、经济与社会研究/步德茂//《法制史研究》第
　　4期，（台湾）中国法制史学会、"中央研究院"历史语言研究所. -2003

故宫档案与清朝法制史研究/庄吉发//《法制史研究》第4期，（台湾）中国法
　　制史学会、"中央研究院"历史语言研究所. -2003

新见史料及其所揭示《大清民律草案》编订问题/张生//《法制史研究》第4
　　期，（台湾）中国法制史学会、"中央研究院"历史语言研究所. -2003

新见史料及其所揭示《大清民律草案》编订问题/俞江//《法制史研究》第4
　　期，（台湾）中国法制史学会、"中央研究院"历史语言研究所. -2003

冈松家旧藏图书文献与台湾法史/浅古弘//《法制史研究》第4期，（台湾）中
　　国法制史学会、"中央研究院"历史语言研究所. -2003

卜辞金文法制资料论考/胡留元//《中国法制史考证》甲编第1卷，中国社会
　　科学出版社. -2003；又载《百年回眸：法律史研究在中国》第2卷，中
　　国人民大学出版社. -2009

唐祠部式遗文汇考/霍存福//《中国法制史考证》甲编第4卷，中国社会科学
　　出版社. -2003

《寄簃文存》版本问题/李贵连//《中国法制史考证》甲编第7卷，中国社会科
　　学出版社. -2003

敦煌所出买卖、借贷契约考评/刘斌、高潮//《中国法制史考证》乙编第4卷，
　　中国社会科学出版社. -2003；又载《百年回眸：法律史研究在中国》第
　　2卷，中国人民大学出版社. -2009

敦煌本判集三种/〔日〕池田温//《中国法制史考证》丙编第2卷，中国社会
　　科学出版社. -2003

开元户部格断简/〔日〕仁井田陞//《中国法制史考证》丙编第 2 卷，中国社
　　会科学出版社. –2003

讼师秘本《萧曹遗笔》的出现/〔日〕夫马进//《中国法制史考证》丙编第 4
　　卷，中国社会科学出版社. –2003

《明史·刑法志》述评/李艳鸿//宿州教育学院学报. –2004，1

《二年律令》与甘肃汉简——读《二年律令》札记/张俊民、陇右文博//内部
　　刊物. –2004，2

《钦定藏内善后章程二十九条》版本考略（一、二、三）/廖祖桂//中国藏
　　学. –2004，2、3、4

敦煌遗书中的民法文卷考/李并成//社科纵横. –2004，3

张家山汉简《二年律令·贼律》补释/许道胜//江汉考古. –2004，4

《元皇庆元年（公元 1312 年）十二月亦集乃路刑房文书》初探/陈志英//内蒙
　　古社会科学（汉文版）. –2004，5

读《睡虎地秦简〈日书〉甲种疏证》/沈刚//社会科学战线. –2004，6

张家山汉简《具律》121 简排序辨正——兼析相关各条律文/张建国//法学研
　　究. –2004，6

"溪州铜柱"铭文解读——以民族法文化视角/曾代伟//现代法学. –2004，6

三部即将出版的法律文献整理成果/周兴泉、许文峰、卞学琪//《中国历史上
　　的法律制度变迁与社会进步》（《法律史论丛》第 10 辑），山东大学出版
　　社. –2004

《乾隆朝山东宪规等六种》整理说明/齐钧//《法律史论集》第 5 卷，法律出版
　　社. –2004

唐律十二篇体例研究/高积顺//《法律史论集》第 5 卷，法律出版社. –2004

唐代墓志法律史料价值举要/彭炳金//《法律史论集》第 5 卷，法律出版
　　社. –2004

（日本）正德年间以前明清法律典籍的输入/〔日〕大庭脩//《中国古代法律
　　文献研究》第 2 辑，中国政法大学出版社. –2004

吐蕃的法律文书——以法国国立图书馆所藏 P. T. 1072 文书为中心/〔日〕大
　　原良通//《中国古代法律文献研究》第 2 辑，中国政法大学出版
　　社. –2004

张家山汉简《二年律令》中的自告资料辨析/张小锋//《中国古代法律文献研
　　究》第 2 辑，中国政法大学出版社. –2004

张家山汉简所见的家庭犯罪及其刑罚资料/〔韩〕尹在硕//《中国古代法律文

献研究》第 2 辑，中国政法大学出版社．−2004

《珊生箧》与《曶鼎》中的诉讼资料/南玉泉//《中国古代法律文献研究》第 2 辑，中国政法大学出版社．−2004

对两件简牍法律文书的补考/徐世虹//《中国古代法律文献研究》第 2 辑，中国政法大学出版社．−2004；又载《中国法律文化论集》，中国政法大学出版社．−2007

关于唐神龙年间《散颁刑部格》残卷的文献价值/郑显文//《中国古代法律文献研究》第 2 辑，中国政法大学出版社．−2004

《唐律》律注文献校考/张伯元//《中国古代法律文献研究》第 2 辑，中国政法大学出版社．−2004

《宋刑统》考——以天一阁旧藏明抄本为中心/〔日〕冈野诚//《中国古代法律文献研究》第 2 辑，中国政法大学出版社．−2004

论王明德与《读律佩觿》/浦志强//《中国古代法律文献研究》第 2 辑，中国政法大学出版社．−2004

两部稀见的清代法律古籍——《办案要略》与《刑幕要略》/陆昕//《中国古代法律文献研究》第 2 辑，中国政法大学出版社．−2004

《枕碧楼丛书》中的古代法律文献/沈厚铎//《中国古代法律文献研究》第 2 辑，中国政法大学出版社．−2004

《盟水斋存牍》点校札记/杨育棠//《中国古代法律文献研究》第 2 辑，中国政法大学出版社．−2004；又载《百年回眸：法律史研究在中国》第 2 卷，中国人民大学出版社．−2009

关于《二年律令》简 93—98 之归属问题的补充意见/李力//《出土文献研究》第 6 辑，上海古籍出版社．−2004

"三环之"、"刑复城旦春"、"系城旦春某岁"解——读《二年律令》札记/徐世虹//《出土文献研究》第 6 辑，上海古籍出版社．−2004

谈《二年律令》中几种律的分类与编连/彭浩//《出土文献研究》第 6 辑，上海古籍出版社．−2004

张家山汉简法律文书研讨综述——从《二年律令》中的"赀"看秦汉经济处罚形式的转变/宋艳萍//《出土文献研究》第 6 辑，上海古籍出版社．−2004

张家山汉简法律文书研讨综述：关于八月案比/李均明//《出土文献研究》第 6 辑，上海古籍出版社．−2004

张家山汉简法律文书研讨综述——汉初"禁物"略考/邬文玲//《出土文献研

究》第 6 辑，上海古籍出版社．－2004

张家山汉简法律文书研讨综述——《汉官休假杂考》补遗/张忠炜//《出土文献研究》第 6 辑，上海古籍出版社．－2004

张家山汉简法律文书研讨综述——释《二年律令·告律》第 126—131 简及汉初的"迁"与"赎迁"/张小锋//《出土文献研究》第 6 辑，上海古籍出版社．－2004

张家山汉简法律文书研讨综述——《二年律令·具律》中所见"刑尽"试解/支强//《出土文献研究》第 6 辑，上海古籍出版社．－2004

张家山汉简法律文书研讨综述——《史记》中"隐宫徒刑"应为"隐宫、徒刑"及"隐宫"原意辨/蒋非非//《出土文献研究》第 6 辑，上海古籍出版社．－2004

张家山汉简法律文书研讨综述——张家山汉简军制释名三则/王昕//《出土文献研究》第 6 辑，上海古籍出版社．－2004

张家山汉简法律文书研讨综述——"主亲所知"识小/徐世虹//《出土文献研究》第 6 辑，上海古籍出版社．－2004

张家山汉简法律文书研讨综述——《奏谳书》编订年代蠡测/蔡万进//《出土文献研究》第 6 辑，上海古籍出版社．－2004

西夏《天盛律令》的历史文献价值/杜建录//西北民族研究．－2005，1

简牍法制史料概说/李均明//中国史研究．－2005，S1

关于中国近现代法律史史料使用中的几点体会/侯欣一//环球法律评论．－2005，2

《洗冤集录》版本考/黄玉环//贵阳中医学院学报．－2005，2

中国古代关于慎刑的两篇稀有法律文献——《劝慎刑文》（并序）及《慎刑箴》碑铭注译/冯卓慧//法律科学．－2005，3

民国法律史的一个侧面——《文史资料》中的民国法律史料综述/张松//法律文献信息与研究．－2005，3

近年来中国少数民族法制文献述略/陈杰//法律文献信息与研究．－2005，3

民国监狱史料述要/赵晓耕//法律文献信息与研究．－2005，4

宋慈《洗冤集录》研究中的失误与版本考证述论/黄显堂//图书馆工作与研究．－2005，4

《二年律令·秩律》释文商榷/何慕//和田师范专科学校学报．－2005，5

《荀子》校勘注释源流考/王天海//贵州民族学院学报（哲社科版）．－2005，5

1864 年清廷翻译《万国公法》所据版本问题考异/王开玺//北京师范大学学报（社科版）．–2005，6

解读柳宗元的《断刑论》/翟冰林//当代教育论坛．–2005，6

偶然发现的一段公司法史料/孟钧//工商行政管理．–2005，14

张家山汉简《奏谳书》是一部判例集/李均明//《法律文献整理与研究》，北京大学出版社．–2005

十二种明代判例判牍版本述略/杨一凡//《法律文献整理与研究》，北京大学出版社．–2005

《春秋》三传法律资料辑注/张煜昊//《法律文献整理与研究》，北京大学出版社．–2005

汪辉祖《佐治要言》选读/蔡东丽//《法律文献整理与研究》，北京大学出版社．–2005

晚清司法改革之真实记录——《各省审判庭判牍》简介/李启成//《清华法治论衡》第 5 辑，清华大学出版社．–2005

中国红色区域劳动立法史料简析/韩延龙//法律文献信息与研究．–2006，1

《万承诉状辑录》的发掘及其文献价值/魏顺莉//华中师范大学研究生学报．–2006，1

出土文献的法学价值/崔永东//政法论坛．–2006，2

重读汉译本《唐令拾遗》/黄正建//中国史研究．–2006，3

敦煌写本《S.1344 开元户部格残卷》探微/王斐弘//法学评论．–2006，5

《张家山汉简〈二年律令〉集释》评价/张淑一//中国史研究动态．–2006，6

《晋书·刑法志》述评/华志强//皖西学院学报．–2006，6

精雕细刻，大气磅礴——《唐律疏议新注》序/俞荣根//社会科学论坛．–2006，11

董康与法律文献整理——《书舶庸谭》读后/张伯元//《法律文化研究》第 1 辑，中国人民大学出版社．–2006

论出土法律资料对《汉书》、《魏书》、《刑法志》研究的几点启示——《译著中国历代刑法志·解说》/〔日〕冨谷至撰，薛夷风译，周东平校//《法律史论集》第 6 卷，法律出版社．–2006

"两种清末宪法草案稿本"质疑/尚小明//历史研究．–2007，2

法学所馆藏《大清律》提要/苏亦工//法律文献信息与研究．–2007，4

王棠《王恭毅公驳稿》的文献价值/张光辉//史学月刊．–2007，10

敦煌发现《十王经图卷》所见刑法史料/仁井田陞著，李力译//《法制史研

究》第 11 期，（台湾）中国法制史学会、"中央研究院"历史语言研究
所. -2007

中华民国法制史研究会经纬——资料的整理与介绍/西英昭//《法制史研究》
第 11 期，（台湾）中国法制史学会、"中央研究院"历史语言研究
所. -2007

清代台湾碑刻法律史料初析/李雪梅//《出土文献研究》第 8 辑，上海古籍出
版社. -2007

明清日用类书中的律学知识及其变迁/尤陈俊//《法律文化研究》第 3 辑，中
国人民大学出版社. -2007

中国古代碑刻法律史料概述/李雪梅//《中国古代法律文献研究》第 3 辑，中
国政法大学出版社. -2007

解读清末《宗室觉罗诉讼章程》/张维新//《法史学刊》第 1 卷，社会科学出
版社. -2007

《大清民律草案》现存文本考析/徐立志//《法史学刊》第 1 卷，社会科学出版
社. -2007；又载《百年回眸：法律史研究在中国》第 2 卷，中国人民大
学出版社. -2009

《安徽宪政调查局编呈民事习惯答案》说明/俞江、尹华蓉整理//《近代史研
究》第 1 辑，北京大学出版社. -2007

听讼挈要/阮祖棠//《近代史研究》第 1 辑，北京大学出版社. -2007

新编政法志中的近代法制史料评述/欧阳湘//中国地方志. -2008，3

徽州的法律文书及其学术价值/戴圣芳//寻根. -2008，6

《洗冤录祥义》对古代法医学的总结与贡献/张翅//史学月刊. -2008，9

《中国新民主主义革命时期根据地法制文献选编》评介/邱远猷//《远猷选
集》，香港天马出版有限公司. -2008

中国古代决策程序法律史料简述/张学娟//法律文献信息与研究. -2009，1

有关 20 世纪 50 年代婚姻法的颁布及实施情况的一组文献//中共党史资料.
-2009，1

光绪年间查禁伪造货币史料（上、下）/丁进军//历史档案. -2009，2、3

西夏法律文献《新法》第一译释/贾常业//宁夏社会科学. -2009，4

《唐律疏义》新注/苏哲//江苏警官学院学报. -2009，4

古文献与古代法律二题/王沛//华东政法大学学报. -2009，6

岳麓书院新藏秦简丛考/曹旅宁//华东政法大学学报. -2009，6

关于丁韪良译介《万国公法》的几个问题/吴宝晓//史学月刊. -2009，6

大庭脩与中国古代法律文献研究/徐世虹//中国社会科学报. -2009, 12. 3

中国古代法律文献整理研究新动向/赵晶//中国社会科学报. -2009, 12. 3

清季法学大家长安薛云阶（允升）及其巨著《读例存疑》——并介绍美国亚
　　洲学会 1970 年出版之薛著重刊本/黄静嘉//《百年回眸：法律史研究在中
　　国》第 3 卷，中国人民大学出版社. -2009

法理与文采之间——读《龙筋凤髓判》/黄源盛//《百年回眸：法律史研究在
　　中国》第 3 卷，中国人民大学出版社. -2009

雅俗共赏：新世纪最重要的唐律注释书/周东平等//南京大学法律评论.
　　-2010, 1

共和的诤友：康有为《拟中华民国宪法草案》评注/章永乐//中外法学.
　　-2010, 2

《天一阁藏明钞本天圣令校证》标点勘误一则/梁建国//中国史研究.
　　-2010, 3

清末章董氏《刑律草案》稿本的发现和初步研究/孙家红//华中科技大学学报
　　（社科版）. -2010, 3

出土秦汉法律文献整理研究的新成果——读《二年律令与奏谳书：张家山二
　　四七号墓出土法律文献释读》/徐世虹//政法论坛. -2010, 4

从《挈契枝谭》到《甲骨文法律文献译注》——关于商代甲骨文法律史料整
　　理研究的学术史考察/李力//《中国古代法律文献研究》第 4 辑，法律出
　　版社. -2010

傀匦集释/王沛//《中国古代法律文献研究》第 4 辑，法律出版社. -2010

北宋景祐刊《汉书·刑法志》第十四页的复原——围绕西汉文帝刑法改革诏
　　文字的增减/〔日〕石冈浩//《中国古代法律文献研究》第 4 辑，法律出
　　版社. -2010

唐代私家律学著述考/李守良//《中国古代法律文献研究》第 4 辑，法律出版
　　社. -2010

唐格再析/桂齐逊//《中国古代法律文献研究》第 4 辑，法律出版社. -2010

关于上海图书馆藏薛允升《唐明律合刻》手稿本/〔德〕陶安//《中国古代法
　　律文献研究》第 4 辑，法律出版社. -2010

敦煌吐鲁番文书中所见的唐式资料/郑显文//《中国法律传统与法律精神——
　　中国法律史学会成立 30 周年纪念大会暨 2009 年会论文集》，山东人民出
　　版社. -2010

（二） 著述评介

读《中国法系之权利思想与现代》有感/李景禧//法律评论. -1936，（第13卷）4

论商鞅"法治"的主要矛头——兼评《论商鞅》/王礼明//法学研究. -1979，1

《中国宪法史略》简介/邱远猷//法学研究. -1980，2；又载《远猷选集》，香港天马出版有限公司. -2008

《中国刑法史研究》简介/段秋关//国外法学. -1981，4

西田太一郎《中国刑法史研究》简介/段秋关//国外法学. -1981，4

"刑不可以委曲生意"——读书随笔/萧雯//法学杂志. -1981，4

评《中国法制史》第一卷/汪家靖//法学杂志. -1981，6

日本大庭脩著《云梦出土竹书秦律的研究》简介/姚鉴、王家琦//中国历史博物馆馆刊. -1981

怎样看待朱元璋的法律思想和实践——对《明太祖〈大诰〉评述》一文的几点意见/若然//吉林大学社会科学学报. -1982，4

张晋藩等编《中国法制史》评议/杨延福//中国史研究. -1982，4

拔毛者惩，碰根者罚——读吴晗《朱元璋传》片段的启示/徐成均//法学杂志. -1982，5

纲常名教，以礼入法——介绍《中国法律与中国社会》/邓经元//读书. -1982，6

《秦始皇陵西侧赵背户村秦刑徒墓》质疑/孙英民//文物. -1982，10

评《中国政治法律制度简史》/韩延龙、邱远猷//湖北财经学院学报. -1983，2

1640年蒙古卫拉特法典的俄文译本和抄本/〔苏〕M·N. 戈利曼著，李佩娟译//新疆大学学报（哲学人文社科版）. -1983，2

评《唐律初探》/洛雁//中国史研究. -1983，3

台湾出版张伟仁近著《清代法制研究》/戌笙//清史研究通讯. -1984，2

明清时期徽州的宗法制度与土地占有制——兼评叶显恩《明清徽州农村社会与佃仆制》/〔美〕居蜜著，黄启臣译//江淮论坛. -1984，6；1985，1

林则徐翻译西方国际法著作考略/王维俭//中山大学学报（哲社科版）. -1985，1

大庭脩著《秦汉法制史研究》评介/〔日〕纸屋正和著，高凯军译//大庆师
　　专学报（社科版）. -1985，2

法律史研究的可喜进展——评介《中国法律思想史纲》与《明初重典考》/
　　倪正茂//法学杂志. -1985，2

荐《明初重典考》/刘海年//法学研究. -1985，3

一本有突破性的法律史著作——读杨一凡著《明初重典考》/曲英杰//学习与
　　探索. -1985，3

《民主、科学与法治》一文质疑——就若干历史问题与作者商榷/赵忠文//辽
　　宁师范大学学报. -1985，4

实事求是，古为今用——读《评寄簃文存》/叶孝信//法学. -1985，9

论中国古代法律思想中"礼治"与"法治"的互相渗透——浅评《中国法律
　　思想史纲》（上卷）/刘延寿//上海社会科学院学术季刊. -1986，1

村上淳一等著《法学史》一书评介/何力//外国法学研究. -1986，1

补说《"株连"质疑》/史凤仪//光明日报. -1986，8. 6

从传统模式求解放——读《明初重典考》浮想/倪正茂//社会科学报. -1986，
　　10. 9

研究刑法史的新篇章——简评蔡枢衡著《中国刑法史》/郭锡龙//政法论坛.
　　-1987，2

《名公书判清明集》日文译注本评介/陈智超//中国史研究动态. -1987，4

《唐律初探》史料求疵/王宏治//读书. -1987，5

《"象刑"解》一文有误/行地//江海学刊. -1987，6

读《隋律研究》/杨一凡等//人民日报. -1988，3. 25

《中国革命法制史》评介/邱远猷//法学研究. -1989，1；又载《中国人民大
　　学学术著作评论集》，中国人民大学出版社. -1997

中华法系研究的新成果——关于《清代宗族法研究》/张晋藩//中国图书评
　　论. -1989，1

《黑龙江省志·政法志·检察编》志稿书面评议选录/关克辛等//黑龙江史志.
　　-1989，1

编写《黑龙江省志·检察编》的体会/杜锡炎//黑龙江史志. -1989，1

清代司法审判制度研究的力作——评《清代司法审判制度研究》/夏家骏//清
　　史研究通讯. -1989，2

从契约文书剖视"草根社会"——评介《明清土地契约文书研究》/惟言//
　　人民日报（海外版）. -1989，2. 27

写在《秦汉法律史论考》发表之后/刘海年//法学研究. -1989，3

清开国史研究的最新成果——读《清入关前国家法律制度史》/孟昭信//史学
　　集刊. -1990，1

《周代宗法制度研究》介评/孟怡//中国史研究动态. -1990，1

对《绿春县志·公安司法志》（稿）的几点意见/张邦富//云南方志.
　　-1990，2

对历史与国际法的严重歪曲——评范普拉赫的《西藏的地位》/张植荣//中国
　　藏学. -1990，3

《明大诰研究》在学术上的重大建树/林原//学习与探索. -1990，3

骐骥初展千里足——读王晓天《中国监察制度简史》/陶懋炳//湖南师范大学
　　社会科学学报. -1990，4

简评《蒙阴县志·政法》篇/刘存祥//方志研究. -1990，5

对编写司法志及其篇目设置之浅见/郑建国//江苏地方志. -1990，6

《江苏省志·审判志》篇目设计浅见/聂维林//江苏地方志. -1990，6

谈《江苏省志·检察志》篇目设置/杨盛元等//江苏地方志. -1990，6

对中国古代法律的历史反思——评《法与中国社会》/郑秦//政法论坛.
　　-1990，6

唐律研究中一次可贵的开拓：评钱大群、钱元凯著《唐律论析》/艾永明等//
　　江海学刊. -1991，1

编写"司法篇"若干问题的思考/陈德新//江苏地方志. -1991，4

对《公安·司法志》编写的几点看法/尹志伦//宁夏史志研究. -1991，6

湖北省志·司法//湖北方志. -1991，6

评〔日〕堀毅著《秦汉法制史论考》/高敏//郑州大学学报（哲社科版）.
　　-1991，6；又载《简帛研究》第2辑，法律出版社. -1996

中国近代法律期刊简介/张志明//大学图书馆情报学刊. -1992，2/3

评《秦汉法制史的研究》/徐世虹//中国史研究. -1992，3

谈《历代刑法考》的训诂成就——兼论晚清实学派考据对训诂学的贡献/王宁
　　//河北师院学报（社科版）. -1992，3

纵横捭阖，匠心独具：《中华法系四千年》述评/谢家道//中央政法管理干部
　　学院学报. -1992，3

郁贤皓《唐刺史考》指瑕/刘乾//平原大学学报. -1992，4

中国法律文化需要迎接挑战——张中秋的《中西法律文化比较研究》评介/陆
　　萍//社会科学. -1992，7

寻找中国法思想史上的"自我"——评《儒家法思想通论》/鸾音//中南政
　　法学院学报. -1993，1

《沈家本年谱长编》评介/刘广安//比较法研究. -1993，1

《太平天国法律制度研究》评介/言平//法学家. -1993，Z1

成功的探索：《孙中山法律思想体系研究》评介/俞荣根、赵明//中南政法学
　　院学报. -1993，2

关于中国法律文化传统的几个问题——评张中秋《中西法律文化比较研究》/
　　范忠信//比较法研究. -1993，3

《中国古代廉政制度史》评介/臧知非//中国史研究动态. -1993，3

十年一剑，探微求真：读俞荣根的《儒家法思想通论》/舒晨//中外法学.
　　-1993，5

"人能弘道，非道弘人"：评《儒家法思想通论》/文珍岳//法学. -1993，7

《中国近世的法制与社会》序/〔日〕梅原郁著，周绍泉译//中国史研究动
　　态. -1993，9

可贵的探索，可喜的成果——评王云霞、何戊中著《东方法概述》/饶方//中
　　国法学. -1994，2

唐律研究的新成果——《唐律与中国现行刑法比较论》评介/曾宪义//法学
　　家. -1994，3

一部全面反映中国法制发展历史的力作——《中国法制通史》评介/蒲坚//法
　　商研究. -1994，3

法在康乾盛世中的作用——《康乾盛世的杠鼎杠杆》评介/张成水//首都师范
　　大学学报（社科版）. -1994，4

探赜索隐，阐发旨意——评《唐律新探》/程维荣//法学. -1994，4

学术水平高、思想倾向好的一部专著——读张薇先生近作《明代的监控体
　　制》/南炳文//武汉大学学报（哲社科版）. -1994，4

中国法制史研究的可喜成果——评《中国行政法制史》/赵馥洁//人文杂志.
　　-1994，5

清代法律思想史通览——《中国法律思想通史·清代卷》序言/栗劲//吉林大
　　学社会科学学报. -1994，6

监察与谏议制度新说——《明代的监控体制：监察与谏议制度研究》评介/王
　　雪华//江汉论坛. -1994，9

《中国历代契约会编考释》介绍//古籍整理出版情况简报. -1994，12

评《中国近代律师制度与律师》/王立民//政治与法律. -1995，1

《中国古代法制史研究》评介/徐娜//北方论丛. -1995，1

清律档案中的精品——评《清代大案要案真相》/高虹//社会科学辑刊.
　　-1995，2

当代廉政建设的历史借鉴——读《唐律与唐代吏治》一书/赵秉志、胡旭晟//
　　行政法学研究. -1995，3

对梁启超宪政思想的新探索——读《梁启超与立宪政治》/彭南生//辛亥革命
　　研究动态. -1995，3

评《秦汉官吏法研究》/区永圻//文史哲. -1995，3

评《革命根据地工运纲领和劳动立法史》/邱远猷//法学家. -1995，3

一部开拓性的学术佳作——评《儒家法思想通论》/陈德述//孔子研究.
　　-1995，4

中国固有法研究的新开拓——评《中国习惯法论》/魏鸣//中国法学.
　　-1995，6

比较唐律研究的一个好方法——唐律系列研究著作第三部《唐律与中国现行
　　刑法比较论》导言/钱大群//江苏文史研究. -1996，1

奴隶制社会法律研究的可喜成果——《凉山彝族奴隶社会法律制度研究》读
　　后/徐晓光//民族研究. -1996，2

清代法律教育之评估与当今法学教育之改进——张伟仁教授《清代的法学教
　　育》一文读后/胡旭晟//比较法研究. -1996，2

一个学者的坚实脚步——评张晋藩先生《中国古代法律制度》/光涛//政法论
　　坛. -1996，2

一部具有开拓性的法律史新著——《中国传统法律文化》/沐雨//北京大学学
　　报（哲社科版）. -1996，2

社会主义法制建设的珍贵财富——读《董必武的法律理论与实践》/金传耀//
　　中南财经大学学报. -1996，3

浅论中国宗法文化研究的现实意义——兼评钱宗范、梁颖《浅论中国宗法文
　　化的研究》一文/陈雄章、唐仁郭//桂林市教育学院学报. -1996，3

《宋代司法制度》评介/云子//中国史研究动态. -1996，3

新思路带来新发现——评徐进著《中国古代正统法律思想研究》/王延梯//东
　　岳论丛. -1996，3

中国传统法律文化研究的力作——评武树臣等著《中国传统法律文化》/何勤
　　华//政治与法律. -1996，4

传统中国经济法律的现代透视——读《法律与经济》/艾永明//法律科学.

-1996，5

民族法制研究的拓新之作——《金律研究》评介/王威//现代法学．-1996，5

厚积而薄发，平实以致远——评《法律与经济：传统中国经济的法律分析》/
　　陶广峰、杨惠玲//南京社会科学．-1996，11

研究孙中山法律思想的佳作/陈汉光//湖南大学学报（社科版）．-1997，1

一部开拓民族文化研究新领域的学术专著——评《广西各民族宗法制度研
　　究》/郭一//社会科学家．-1997，3

唐律研究的新里程——钱大群教授主撰唐律系列著作专评/霍存福//南京大学
　　法律评论．-1997，春季号

宪政文化的人类性与民族性——《近代中国与宪政文化》之序/俞荣根//现代
　　法学．-1997，4

当代中国法制史研究的重要进展——《中华人民共和国法制史》/孙丙珠//法
　　制日报．-1997，4．2

涤垢磨光鉴吴钩——读《威慑万民之法》/徐梁伯//江海学刊．-1997，5

《上海青帮政治与有组织犯罪（1919—1937年）》评介/贺跃夫//开放时代．
　　-1997，5/6

开拓与创新——《求索集——张晋藩先生与中国法制史学四十年》读后/徐忠
　　明//中国法学．-1997，6

法制史研究要有科学的定位和方法——钱大群教授《唐律与唐代法律体系研
　　究》一书读后/侯欣一//南京大学法律评论．-1997，秋季号

《中国法律的传统与近代转型》前言/张晋藩//南京大学法律评论．-1997，秋
　　季号

古代东方法研究的一朵奇葩：评王立民《古代东方法研究》/殷啸虎//政治与
　　法律．-1998，1

略读《前近代中国的刑罚》所引发的思考/孙家洲//中国史研究动态．
　　-1998，2

全面论述明代典章制度的佳作——张德信著《明朝典制》评介/高寿仙//求是
　　学刊．-1998，3

中华法系法家化驳议——评郝铁川《中华法系研究》/范忠信//比较法研究．
　　-1998，3

《艰难的开拓——毛泽东的法思想与法实践》评介/张少瑜//法学研究．
　　-1998，5

一部为治赌提供历史借鉴的佳作：李交发教授《治赌史鉴》评介/萧伯符、李

伟//法学评论. -1998，5

刑法学苑一新葩——《中华人民共和国刑法史》评介/邱远猷//法学家.
　　-1998，6

《宋代法制研究》评介/游彪、倪玉平//中国史研究动态. -1998，8

一部颇具见地的法史学新著/崔永东//中国社会科学. -1999，1

研究中国封建礼学的硕果——评《西汉礼学新论》/刘传琛//政治与法律.
　　-1999，1

评《宋代监察制度》/肖建新//中国史研究. -1999，1

礼法文化研究的创新之作——读马小红《礼与法》/春杨//法学. -1999，2

史学和警学研究的拓荒之作——评《中国古代治安简史》/刘恩启//公安研
　　究. -1999，2；又载江苏公安专科学校学报. -1999，3

历史的光辉——评《延安时期边区人权保障史稿》/赵馥洁//人文杂志.
　　-1999，3

《明清福建经济契约文书选辑》介评/栾成显//中国史研究动态. -1999，3

探索历史　服务现实——《不受制约的权力——中国古代的人治与法治》读
　　后/张胜祖//求索. -1999，3

走向法律与社会的共同发展——读《法律与发展研究导论》/郑成良//吉林大
　　学社会科学学报. -1999，3

《中国法制通史》（10卷本）总序/张晋藩//南京大学法律评论. -1999，春
　　季号

科学的态度　卓越的论断——重温张国华先生《中国传统法律文化评估》/张
　　铭新//中外法学. -1999，4

理藩院专题研究的力作《清代治理边陲的枢纽——理藩院》/杨选第//广播电
　　视大学学报（哲社科版）. -1999，4

《社会变迁与法律发展》一书评介/庞正//政治与法律. -1999，4

一部研究中国监察制度的力作——《中国监察制度研究》读后/左双文//广东
　　社会科学. -1999，4

中国民主史研究的一朵奇葩——《中国百年民主宪政运动》评介/汪恩键//社
　　会科学研究. -1999，4

当代中国法制史研究的重要成果——《中华人民共和国法制史》（修订本）
　　评介/吴建璠//法制日报. -1999，4.8

对《中国古代"法治"质论》的几点质疑——兼与马作武先生商榷/赵英敏
　　//法学评论. -1999，5

以史为鉴，拓宽廉政之路——评《中国监察制度研究》/刘汉东//江汉论坛．
　　-1999，5

论韩非法术思想的三大支柱：法术势——读吾师冯振《韩非子论略及提要》
　　一书的体会/赵盛德//玉林师范高等专科学校学报．-2000，1

皇权与清代司法运作的个案研究——孔飞力《叫魂》读后/徐忠明//华东政法
　　学院学报．-2000，1

读邱远猷、张希坡合著《中华民国开国法制史——辛亥革命法律制度研究》/
　　余明侠//徐州师范大学学报．-2000，1

透视旧上海法制发展的窗口——评《上海法制史》/殷啸虎//政治与法律．
　　-2000，1

苏亦工：《明清律典与条例》/刘广安//中外法学．-2000，2

比较视野中的中国传统法律文化之特点——张中秋《中西法律文化比较研究》
　　读后/徐忠明//比较法研究．-2000，2

利用法律民族志研究南方少数民族习惯法的重要成果——《论法的成长》读
　　后/高夫//贵州民族学院学报（哲社科版）．-2000，S2

万民法在中国——国际法的最初汉译，兼及《海国图志》的编纂/〔挪威〕
　　鲁纳著，王笑红译//中外法学．-2000，3

清末翻译外国法学书籍评述/田涛、李祝环//中外法学．-2000，3；又载《百
　　年回眸：法律史研究在中国》第2卷，中国人民大学出版社．-2009

《薛允升的古律研究与改革》述评/郑萍//政治与法律．-2000，4

读汪桂海著《汉代官文书制度》/侯旭东//中国史研究动态．-2000，8

读《中国婚姻立法史》/邱远猷//法制日报．-2000，11．6

评王伯琦先生著《近代法律思潮与中国固有文化》/许家馨//《法制史研究》
　　创刊号，（台湾）中国法制史学会、"中央研究院"历史语言研究
　　所．-2000

评杨鸿烈先生著《中国法律思想史》/李玉玺//《法制史研究》创刊号，（台
　　湾）中国法制史学会、"中央研究院"历史语言研究所．-2000

《建构中国法制社会的指南——邓小平法制思想研究》序/邱远猷//安徽大学
　　出版社．-2000

评《中国古代治安史》/万川//江苏公安专科学校学报．-2001，1

史彤彪：《中国法律文化对西方的影响》/王健//中外法学．-2001，3

李贵连：《沈家本传》/刘广安//中外法学．-2001，4

一个西方学者眼中的中国法律文化——读《中国法律文化概要》/米健//法学

家. -2001, 5

当代法制史的新成果——评《中华人民共和国法制通史》/黄子毅//中国图书评论. -2001, 11

是"身份到契约"还是"身份契约"——兼评《田藏契约文书粹编》/俞江//《法制史研究》第 2 期,(台湾)中国法制史学会、"中央研究院"历史语言研究所. -2001

探寻中国法律传统的近代意义——《中国法律近代化论集》主题述评/张生//《法制史研究》第 2 期,(台湾)中国法制史学会、"中央研究院"历史语言研究所. -2001

述评:汤玛士·史蒂芬斯著《上海公共会审公廨》/杨湘钧//《法制史研究》第 2 期,(台湾)中国法制史学会、"中央研究院"历史语言研究所. -2001

清代民事审判与"第三领域"及其他——黄宗智《民事审判与民事调解》评议/徐忠明//《法律史论集》第 3 卷,法律出版社. -2001

简评《中国传统法律文化辞典》/高旭晨//《法律史论集》第 3 卷,法律出版社. -2001

毛泽东的艺术思想及其对法制建设的启迪——《同音乐工作者的谈话》读后/蔡道通//毛泽东思想研究. -2002, 2

一部研究中国法律社会史的新作——评《礼·法·社会——清代法律转型与社会变迁》/徐永康//江海学刊. -2002, 2

近代中外关系史研究的新视野——读《国际法视角下的甲午战争》/王建朗//抗日战争研究. -2002, 2

浅谈少数民族政权法制的来源——《中国少数民族法制史》读后/安可//民族法学评论. -2002, 2

究五千年法制轨迹,集一百年学术大成——评张晋藩先生主编的《中国法制通史》(多卷本)/范忠信//现代法学. -2002, 2

究法制之源流,显文明之转承——《中华法制文明的演进》述评/屈永华//现代法学. -2002, 3

《羌族习惯法》评介/李绍明//中华文化论坛. -2002, 3

教育立法研究的新视角——评李露新著《中国近代教育立法研究》/田正平//学术论坛. -2002, 4

论《新中国监狱史》编撰的若干问题/王明迪//中国监狱学刊. -2002, 4

生命中不能承受之"酷"——读《人类酷刑史》/刘武俊//证据学论坛.

-2002，4

中国法律史研究新思路——读《礼·法·社会——清代法律转型与社会变迁》/陈煜//江苏公安专科学校学报．-2002，4

濮玉未彰，以待时日——《羌族习惯法》观感/韦译//法治论丛（上海政法学院学报）．-2002，5

走向世界的门槛——评《国际法输入与晚清中国》/郑欣//历史教学．-2002，5

多元法文化与法制现代化——《中国少数民族法制史》读后/林淳//贵州民族学院学报（哲社科版）．-2002，6

李达《法理学大纲》述评/王炯华//华中科技大学学报．-2002，6

于"细事"处见宏大——评黄宗智《清代的法律、社会与文化：民法的表达与实践》/郭建//中外法学．-2002，6

民事法理解释的一种有益尝试——读《唐代经济民事法律述论》有感/王扬//法制日报．-2002，6.16

探赜索隐，开创先河——读《藏族部落习惯法研究丛书》有感/贾晞儒//青海日报．-2002，11.4

台湾法制史的研究先驱——评《春帆楼下晚涛急》/卢静仪//《法制史研究》第3期，（台湾）中国法制史学会、"中央研究院"历史语言研究所．-2002

《唐律的价值》——钱大群教授《唐律研究》析读/张立娜//《法律史论集》第4卷，法律出版社．-2002

贯通古今，融会中西——读《寄簃文存》/徐婷//广东农工商职业技术学院学报．-2003，1

法律史的另一种写法？——孔飞力《叫魂》读后/陈新宇//研究生法学．-2003，1

皇皇巨著，字字珠玑：《中国法制通史》（10卷本）简评/李超、陈敬刚//政法论坛．-2003，1

学术规范与交叉研究——《唐代经济民事法律述论》编后记/王扬//政法论坛．-2003，2

评《藏族法制史研究》/林淳//民族法学评论．-2003，2

中国民族法制史研究的重要成果——读《中国少数民族法制史》有感/李宝昌//民族法学评论．-2003，2

中国古代法的"深描"说——《寻求自然秩序中的和谐》/张卓明//研究生

法学．－2003，3

戴建国：《宋代法制史初探》/方健//中国学术．－2003，3

对依法治国法制思想的历史审视——评沈志先的《中国马克思主义法制思想研究》/王颖//法学．－2003，5

一部弥足珍贵的史学著作——评李明山著《中国近代版权史》/李曙豪//中国版权．－2003，6

评《国际法输入与晚清中国》/张飞凤//武大国际法评论．－2003

异同之辨见精神——读《中西法文化的暗合与差异》/缪因知//《中西法律传统》第3卷，中国政法大学出版社．－2003

中华法系的寻根之作——读《中国法律传统的基本精神》/唐俊杰//《中西法律传统》第3卷，中国政法大学出版社．－2003

高桥芳郎著《宋—清身份法研究》/刘馨珺//《法制史研究》第4期，（台湾）中国法制史学会、"中央研究院"历史语言研究所．－2003

李贵连著《近代中国法制与法学》评介/陈新宇//《法制史研究》第4期，（台湾）中国法制史学会、"中央研究院"历史语言研究所．－2003

沟通两个世界的不朽之作——评黄遵宪的《日本国志·刑法志》在中国法律近代化进程中的作用/唐湘雨//昭乌达盟蒙族师专学报（汉文哲社科版）．－2004，1

探索历史的真迹——评黄宗智《清代法律、社会与文化：民法的表达与实践》/边树政//巢湖学院学报．－2004，1

铮铮铁面蕴真情——读《靖江检察志》有感/姜克强//江苏地方志．－2004，1

比较民法史：力量与弱点——《法典、习俗与司法实践：清代与民国的比较》评介/陈新宇//研究生法学．－2004，2；又载政法论坛．－2005，2

包公崇拜与法律信仰——读《包公故事：一个考察中国法律文化的视角》/丁国强//博览群书．－2004，2

精雕细琢　特色鲜明——评赵昆坡先生编著的《中国法制史》/周少元//安徽大学法律评论．－2004，2

教育的力量与国家的意志——读杨凤英等撰著的《中国现代教育法制史》/李忠康//山西师大学报（社科版）．－2004，3

探索中国传统诉讼法律的历史真谛——《中国诉讼法史》评介/肖洪泳//湘潭大学学报（哲社科版）．－2004，3

走出革命的法制与实践——《历史与变革》解读/张海斌//华东政法学院学报．－2004，4

以道观法——《道与中国法律传统》读后/徐爽//现代法学. -2004，5

别开生面的传统法律制度史研究——读《清代地方政府》/李凤鸣//博览群书. -2004，11

读《中国婚姻立法史》/邱远猷//法制日报. -2004，11．5

读《北京警察百年》/苏亦工//人民公安. -2004，13

译读瞿同祖先生的《清代地方政府》/范忠信//环球法律评论. -2004，冬季号

擦亮二十世纪中国法史学的丰碑——《瞿同祖法学论著集》编辑札记/胡旭晟//《中西法律传统》第4卷，中国政法大学出版社. -2004

死去的制度，活着的文化——解读丁凌华教授的《中国丧服制度史》/杨成炬//《法律史研究》第1辑，中国方正出版社. -2004

中国法制史研究的新视角——评《“明主治吏不治民”：中国传统法律中的官吏渎职罪研究》/彭炳金//《安徽大学法律评论》第4卷第1期，安徽大学出版社. -2004

另一种法制史研究——《中国法制史考证》丙编第一卷评介/徐世虹//《中国古代法律文献研究》第2辑，中国政法大学出版社. -2004

通俗文学和法律的更多对话——评介《包公故事：一个考察中国法律文化的视角》/简齐儒//《法制史研究》第5辑，（台湾）中国法制史学会、“中央研究院”历史语言研究所. -2004

刑罚如何关联社会？评吴艳红《明代充军研究》/邱澎生//《法制史研究》第5辑，（台湾）中国法制史学会、“中央研究院”历史语言研究所. -2004

认真地对待香港经验——《中法西用：中国传统法律及习惯在香港》读后/黄震//《中国历史上的法律制度变迁与社会进步》（《法律史论丛》第10辑），山东大学出版社. -2004

杨鹤皋先生及其对法律思想史学科的贡献——《中国古代法律思想史论——杨鹤皋先生七十五华诞暨从教五十周年庆志》序/范忠信//《中国历史上的法律制度变迁与社会进步》（《法律史论丛》第10辑），山东大学出版社. -2004

杨鹤皋先生及其对法律思想史学科的贡献——写在杨著《中国法律思想通史》多卷本即将出版之际/范忠信//《中西法律传统》第4卷，中国政法大学出版社. -2004

深深的脚印——读钱大群教授的《中国法律史论考》/萧光辉//《法史思辩：2002年中国法史年会论文集》，法律出版社. -2004

上下四千年，评说古今法——读张希坡教授著《中国婚姻立法史》/杨堪//法学论坛. -2005，1

值得注目的《中国婚姻立法史》/邱远猷//法学杂志. -2005，1

正确认识自己——读大木雅夫《东西方的法观念比较》/唐卓//研究生法学. -2005，1

法史学著作的典范——读《中国家族法原理》/刘广安//《清华法治论衡》第5辑，清华大学出版社. -2005，1

《中国监察制度史纲》评介/杨际平//福建师范大学学报（哲社科版）. -2005，2

穿越历史　正视现实——读张仁善《司法腐败与社会失控：1928—1949》/包磊//江苏警官学院学报. -2005，2

从古代清官文化看传统法理的困境——徐忠明《法学与文学之间》一书读后感/王君//民主与科学. -2005，2

皇权与皇权政治——《明代皇权政治研究》评介/罗冬阳//东岳论丛. -2005，2

《中国商标法律史》出版/宜升//中华商标. -2005，2

清代新疆法制史研究的力作——《清代回疆法律制度研究》评介/尚衍斌//中国边疆史地研究. -2005，3

一部别具一格的监察史新著——《中国监察制度史纲》评析/彭文宇//莆田学院学报. -2005，3

学习中国法律史的必读书——何勤华教授《中国法学史》一书评介/蔡东丽//南昌航空工业学院学报（社科版）. -2005，4

积累·自觉·创新——读张晋藩先生的《中国近代社会与法制文明》/翁有为//史学月刊. -2005，4

智慧之旅　行者无疆——《法律文化史谭》评析/高尚//法制与社会发展. -2005，4

期刊史苑一新花——《中国古代报刊法制发展史》读后/于鸣镝//大学图书馆学报. -2005，5

新中国宪法变迁的见证：读《中华人民共和国宪法史》/林来梵、刘义//政法论坛. -2005，5

《清代民间契约中的法律——民事习惯法视角下的理论建构》简介//金陵法律评论. -2005，秋季卷

评《秦律新探》/韩树峰//中国图书评论. -2005，10

曹旅宁著《张家山汉律研究》出版/蔡万进//中国史研究动态. -2005，12

刑科题本和清代社会经济史研究——评步德茂《命案、市场和道德经济：十八世纪中国与产权有关的暴力纠纷》/潘敏德//《法制史研究》第7期，（台湾）中国法制史学会、"中央研究院"历史语言研究所. -2005

评介屈超立著《宋代地方政府民事审判职能研究》/李如钧//《法制史研究》第8期，（台湾）中国法制史学会、"中央研究院"历史语言研究所. -2005

契约文书之解读暨其史料价值：评潘英海编著《中央研究院民族学研究所藏道卡斯古契文书图文册》/吴奇浩//《法制史研究》第8期，（台湾）中国法制史学会、"中央研究院"历史语言研究所. -2005

司法独立：在理念与制度之间——评韩秀桃著《司法独立与近代中国》/杨昂//《安徽大学法律评论》第5卷第1期，安徽大学出版社. -2005

一部诉讼法史研究的创新之作——评巩富文教授《中国古代法官责任制度研究》/田东奎//理论界. -2006，1

论分家习惯与家的整体性——对滋贺秀三《中国家族法原理》的批评/俞江//政法论坛. -2006，1

音调未谐的变奏——读八位博士对《中国法学向何处去》一文的评论/魏敦友//政法论坛. -2006，2

评黄宗智《清代的法律、社会与文化：民法的表达与实践》/肖琳//西北民族研究. -2006，2

道路选择与选择的道路——评《文化基础与道路选择——法治国家建设的深层思考》/巩固//烟台大学学报（哲社科版）. -2006，2

从研究方法的视角读《中国古代司法制度史》/方艳//株洲工学院学报. -2006，3

论《原始社会的犯罪与习俗》中的法律人类学/易军//西北第二民族学院学报（哲社科版）. -2006，3

重读汉译本《唐令拾遗》/黄正建//中国史研究. -2006，3

中国近代法制文明研究的意义与方法——《中国近代社会与法制文明》读后/汪庆红、杨帆//河北法学. -2006，3

历史的丰富与随想——读《近代私法史》/王旭亮//研究生法学. -2006，3

《少年司法的一个世纪》评介/高维俭//青少年犯罪问题. -2006，4

一部法律近代化研究的力作——读《民初民法中的民事习惯与习惯法》/易小

放//博览群书. -2006，4

法史学研究的里程碑——读《中国法律与中国社会》有感/陈发良、郭丁铭//
甘肃政法成人教育学院学报. -2006，4

创新之时还要精益求精——评武树臣教授所著《中国法律思想史》/廖宗麟//
湛江海洋大学学报. -2006，5

无话可说与有话可说之间——评张伟仁先生的《中国传统的司法和法学》/高
鸿钧//政法论坛. -2006，5

法律人类学研究的新收获——徐晓光著《苗族习惯法的遗留、传承及其现代
转型研究》评价/杨健吾//民族研究. -2006，5

读《中国古代司法制度史》/冷必元//求索. -2006，5

当代中国版权制度建设的历程——《中国当代版权史·序》/宋木文//韶关学
院学报. -2006，7

杨鸿烈：力树中华法系的世界地位——以《中国法律在东亚诸国之影响》为
中心/刘高勇//社科纵横. -2006，10

中国法制史的"都市性"——评介《从传统到近代：江南城镇土地产权制度
研究》/邱澎生//《法制史研究》第9期，（台湾）中国法制史学会、"中
央研究院"历史语言研究所. -2006

他山之石，可以攻玉——评籾山明先生新作《中国古代诉讼制度研究》/李
力//《法制史研究》第10期，（台湾）中国法制史学会、"中央研究院"
历史语言研究所. -2006

探求中国传统法——简评《礼与法——法的历史连接》/高旭晨//《法律史论
集》第6卷，法律出版社. -2006

穿越历史 正视现实——读张仁善《司法腐败与社会失控：1928—1949》/包
磊//《法律文化研究》第2辑，中国人民大学出版社. -2006

道德抑或信仰：面对政治运动的法律理论——王伯琦《近代法律思潮与中国
固有文化》疏解之一/孔庆平//《清华法治论衡》第7辑，清华大学出版
社. -2006

为往圣继绝学——评徐道邻先生《唐律通论》/余钊飞//《中西法律传统》第
5卷，中国政法大学出版社. -2006

法文化比较从哪里开始——评崔永东《中西法律文化比较》/朱腾//《中西法
律传统》第5卷，中国政法大学出版社. -2006

评《中国法律的传统与近代转型》/明辉//中国史研究动态. -2007，3

方法、思路与问题——评《中西法律文化比较研究》（第三版）/任强//法制

与社会发展. -2007，3

自由主义宪政分析与思考——《近代中国自由主义宪政思潮研究》读后/刘志
强//学术界. -2007，3

商鞅之策的法理学意涵：一场误读？——评凌斌《法治的两条道路》/尤陈
俊//中外法学. -2007，3

类型研究与思想逻辑——解读儒家礼法思想——任强《知识、信仰与超越》
读后/徐忠明//中外法学. -2007，3

中国社会法制史研究的奠基之作——评岳宗福《近代中国社会保障立法研究
（1912—1949）》/杨树标//山东农业大学学报（社科版）. -2007，3

《法律多元视角下的苗族习惯法与国家法——来自黔东南苗族地区的田野调
查》述评/杨健伍//贵州民族学院学报（哲社科版）. -2007，3

十年一剑欲何求——读《兵家法思想通论》有感/马小红//华东政法大学学
报. -2007，4

艰难的起步，精心的付出——读宋木文《建立和完善中国版权制度二十年》
体会/邹建华//中国版权. -2007，4

先哲已逝，典范永存——缅怀徐道邻先生兼评《中国法制史论集》/陈新宇//
政法论坛. -2007，4

追寻民族法制之旅　重塑中华法系之魂——《中国少数民族法制通史》（多卷
本）出版首发暨研讨会综述/张翅//政法论坛. -2007，5

缺失"法学"的中国法制史研究——评《清代的法律、社会与文化：民法的
表达与实践》/泮伟江//法制日报. -2007，5. 20

一幅百年中国宪政的全景图——读《中国国家权力配制考察——百年中国宪
法审视》/韩红、刘焕桂//图书馆. -2007，6

《原始社会的犯罪与习俗》探析/孙丽娜//广西青年干部学院学报. -2007，6

中国版权历史的解读——评《枪口下的法律——中国版权史研究》/孙璐//知
识产权. -2007，6

开拓之举，开创之作——读《兵家法思想通论》/俞荣根//社会科学论坛.
-2007，11

法律文化的"常"与"变"——兼评黄源盛先生《法律继受与近代中国
法》/马剑银//《法制史研究》第11期，（台湾）中国法制史学会、"中
央研究院"历史语言研究所. -2007

松崎常子《睡虎地秦简》及其相关论考/石冈浩//《中国古代法律文献研究》
第3辑，中国政法大学出版社. -2007

民国法制侧影——《中国法》及其作者让·埃斯卡拉//《法史学刊》第 1 卷，
　　社会科学出版社. -2007

德治、礼治与法治之关系——读王伯琦《近代法律思潮与中国固有文化》/孔
　　庆平//《近代法研究》第 1 辑，北京大学出版社. -2007

中国法律史研究之目的——读《唐令与中华法系研究》有感/马小红//《法律
　　文化研究》第 3 辑，中国人民大学出版社. -2007

明清法制史研究和商业史研究的新成果——读范金民教授《明清商事纠纷与
　　商业诉讼》/李莉//中国社会经济史研究. -2008，1

纠正讹错，避免贻误——评《〈钦定藏内善后章程二十九条〉版本考略》/刘
　　仕英//中国藏学. -2008，1

从提点刑狱司法制度看宋代"路"之性质/王晓龙//中国历史地理论丛.
　　-2008，3

史论交融的地方政制研究新作——读《专区与地区政府法制研究》/彭明//史
　　学月刊. -2008，3

突破法系概念束缚　回归民法本质——评《宋代物权关系研究》/王胜国//河
　　北科技师范学院学报（社科版）. -2008，3

在"以论带史"和"论从史出"之间——读步德茂教授新著《过失杀人、
　　市场和道德经济》/王士皓//内蒙古师范大学学报（哲社科版）.
　　-2008，3

在拓展学术话语空间中构建新法律史的探索——研究步德茂《过失杀人、市
　　场与道德经济：十八世纪中国的财产权暴力纠纷》系列论文·序/张世
　　明//内蒙古师范大学学报（哲社科版）. -2008，3

法律视野下的经济变迁和社会冲突：以清代刑科题本为主要分析对象——评
　　《过失杀人、市场与道德经济》一书/陈兆肆//内蒙古师范大学学报（哲
　　社科版）. -2008，3

探索与革新——中国近代法律思想与法制化的创新历程——评贾孔会新著
　　《中国近代法律思想与法制革新》/田强、陈婧//三峡大学学报（人文社
　　科版）. -2008，4

田野调查的崭新成果——《法律多元视角下的苗族习惯法与国家法——来自
　　黔东南苗族地区的田野调查》读后/淳于步、李宝昌//凯里学院学报.
　　-2008，4

革故鼎新　精宜求精——评范忠信、陈景良主编《中国法制史》/咸鸿昌//云
　　南大学学报（法学版）. -2008，4

学术的生命在于责任和创新——评《中国法学史》（三卷本）图文并茂的体例/王红梅//当代法学．-2008，5

辩论、政争与宪政之道——读《失败的遗产：中华首届国会制宪，1913—1923》/郭绍敏//社会科学论坛（学术评论卷）．-2008，5

宋代民法史研究的拓展与期冀——评陈志英教授新著《宋代物权关系研究》/刘秋根//河北法学．-2008，6

一部探寻民族法制之源的力作——评《夏商西周法制史》/许光县//理论界．-2008，9

对法律文化的研究——从《中国传统法律文化之形成与转变》谈起/柳立言//《法制史研究》第13期，（台湾）中国法制史学会、"中央研究院"历史语言研究所．-2008

窦娥的"二度被害"——读朱苏力《窦娥的悲剧——传统法中的证据问题》/张建伟//《清华法治论衡》第9辑，清华大学出版社．-2008

《中国革命法制史》简介/邱远猷//《远猷选集》，香港天马出版有限公司．-2008

《革命根据地的工运纲领和劳工立法史》评介/邱远猷//《远猷选集》，香港天马出版有限公司．-2008

《建构中国法治社会的指南——邓小平法制思想研究》序/邱远猷//《远猷选集》，香港天马出版有限公司．-2008

值得注目的《中国婚姻立法史》/邱远猷//《远猷选集》，香港天马出版有限公司．-2008

评《中国政治法律制度简史》/邱远猷//《远猷选集》，香港天马出版有限公司．-2008

《宋代法制文明研究》序/杨国宜//安徽师范大学学报（人文社科版）．-2009，1

《〈天盛律令〉与西夏法制研究》评介/彭向前//宁夏大学学报（人文社科版）．-2009，2

探索·求实·求真——评《宋代法制文明研究》/杨国宜//学术界．-2009，2

《民国治藏法规全编》评介/央珍//中国藏学．-2009，2

法律思想的另一种表达方式——评刘星《中国法律思想导论——故事与观念》/佚名//法制资讯．-2009，3

从历史的基点中寻找中国宪政的真知——评韩大元教授《1954年宪法与中国宪政》（第二版）/秦前红//河南省政法管理干部学院学报．-2009，4

千锤百炼，法史福音——评《艰难与希望：中国法律制度史讲课实录》/钱泳宏//法制日报. -2009，4. 15

死刑无关正义——评《死刑的文化史》/罗金寿//社科纵横. -2009，5

孔子律例与群书案情——读康有为先生《桂学答问》/曹义孙//比较法研究. -2009，5

国际法研究的历史话语——评《国际法输入与晚清中国》/吴敬华//山东警察学院学报. -2009，6

东西碰撞下的救亡图存——读《立宪思潮与清末法制改革》有感/孙玉锋//山东人大工作. -2009，8

杨鸿烈《中国法律思想史》/清泠//中国社会科学报. -2009，8. 25

拨开迷雾，还原真相——读《图说中国法律史——守望和谐的法文明》有感/袁辉//《法律文化研究》第5辑，中国人民大学出版社. -2009

新视野下的传统中华法制文明——读范忠信、陈景良《中国法制史》/王沛//《中西法律传统》第7卷，北京大学出版社. -2009

重读《中国法律与中国社会》/刘广安//《法制史研究》第15期，（台湾）中国法制史学会、"中央研究院"历史语言研究所. -2009

《宋代提点刑狱司法制度研究》读后/宋燕鹏//中国史研究动态. -2010，1

寻找真实的监狱——读郭明《中国监狱学史纲》想到的/陆铭锋//犯罪与改造研究. -2010，2

张家山汉简法律思想研究的新收获——读《张家山汉简法律思想研究》/付粉鸽//西北大学学报（哲社科版）. -2010，2

跨越百年的法律史书卷——读《百年回眸——法律史研究在中国》/袁辉//法制日报. -2010，2. 24

唐律研究新的里程碑——法史学家评钱大群教授《唐律疏义新注》/杨一凡、李贵连、陈鹏生、丁凌华、王立民、马小红、徐忠明、孙光妍、田涛、段秋关、赵晓耕、杨光、戴建国、张中秋、林明、周东平、侯欣一、张生、方潇//南京大学法律评论. -2010，春季号

新中国法制史研究的新探索——读《新时期法制建设进程》/曹守亮//当代中国史研究. -2010，4

《元代至民国治藏政策法规汇要》评介/边吉//中国藏学. -2010，4

摧毁抑或延续——读《历史与变革——新中国法制建设的历程》/王耀海、孙建伟//前沿. -2010，5

仁井田陞等《〈故唐律疏议〉制作年代考》及其在中国的学术影响/岳纯之//

史林. -2010, 5

何为中国传统法制中的"例"——评《历代例考》/段秋关//华东政法大学
学报. -2010, 5

近代法律史研究的新视界——里赞《晚清州县诉讼中的审断问题》读后/刘昕
杰//社会科学研究. -2010, 6

古今之间一线牵——《晚清民国刑事立法史料辑注》编后/黄源盛//《月旦法
学杂志》第181期. -2010

当西风吹上东土——评苏亦工《中法西用》/谢晶//《法制史研究》第17期，
（台湾）中国法制史学会、"中央研究院"历史语言研究所. -2010

开拓与创新——《求索集——张晋藩先生与中国法制史学四十年》读后/徐忠
明//《思学集——张晋藩先生执教六十周年暨八十华诞纪念文集》，中国
政法大学出版社. -2010

十卷书，百年学，千年史——《中国法制通史》（10卷本）技术分析/霍存
福、冯学伟//《思学集——张晋藩先生执教六十周年暨八十华诞纪念文
集》，中国政法大学出版社. -2010

再现中华法系的源流传承——《中华法制文明的演进》述评/屈永华、陈秋
云//《思学集——张晋藩先生执教六十周年暨八十华诞纪念文集》，中国
政法大学出版社. -2010

积累·自觉·创新——读张晋藩先生的《中国近代社会与法制文明》/翁有
为//《思学集——张晋藩先生执教六十周年暨八十华诞纪念文集》，中国
政法大学出版社. -2010

关于中国古代"民法"问题：借题发挥——张晋藩《清代民法综论》读后之
随想/徐忠明//《思学集——张晋藩先生执教六十周年暨八十华诞纪念文
集》，中国政法大学出版社. -2010

在宏大法律史视野中思考——以《中国法律的传统与近代转型》为评论中心/
陈煜//《思学集——张晋藩先生执教六十周年暨八十华诞纪念文集》，中
国政法大学出版社. -2010

法制史研究的重大原创性成果——评介张晋藩教授总主编的《中国少数民族
法制通史》/林乾//《思学集——张晋藩先生执教六十周年暨八十华诞纪
念文集》，中国政法大学出版社. -2010

为学术的人生——读《张晋藩文选》有感/张中秋//《思学集——张晋藩先生
执教六十周年暨八十华诞纪念文集》，中国政法大学出版社. -2010

史与诗和谐的人生——读张晋藩先生《思悠集》有感/郭明//《思学集——张

晋藩先生执教六十周年暨八十华诞纪念文集》，中国政法大学出版社. −2010

读《张家山247号墓汉简法律文献研究及其述评（1985. 1—2008. 12)》/张忠炜//《中国古代法律文献研究》第4辑，法律出版社. −2010

图书目录

一

著作译著

（一） 综论

先秦法家概论/李之熙//北京朝阳大学. -1928

法律现象变迁史/朱章//商务印书馆. -1933

中国法家概论/陈启天//中华书局. -1936，上海书店. -1992

为什么要重建中国法系/居正//大东书局. -1936、1946、1947

中国法律史/靳麟//三通书局. -1941

中国法制及法律思想史讲话/秦尚志//世界书局. -1943

中国法学之儒家化/瞿同祖//北京大学出版社. -1948

唐律疏议引得/庄为斯//（台湾）文海出版社. -1964

中国法理学（先秦篇）/焦祖涵//（台湾）释道安印行. -1967

唐律学通义/潘维和//（台湾）汉林出版社. -1974

评法家的历史作用（上、下）/湖南人民出版社编//湖南人民出版社.
　　-1974、1975

中国思想与制度论集/段昌国等//（台湾）联经出版事业公司. -1978

中国古代法律常识/史风仪、张纯滨//内蒙古人民出版社. -1980、
　　1981、1982

中国法律与中国社会/瞿同祖//中华书局. -1981

法律史论丛（第1辑、第2辑）/中国法律史学会《法律史论丛》编委会编//
　　中国社会科学出版社. -1981、1982

中国法律史论/张晋藩//法律出版社. -1982

法律史论丛（第3辑）/中国法律史学会主编//法律出版社. -1983

法史研究文集（上、中、下）//西北政法学院科研处编印. -1983

中国法律史/张晋藩//辽宁广播电视大学. -1983

研究生论文集//华东政法学院研究生科编印. -1984

中国古代法律史知识/刘海年、杨一凡编//黑龙江人民出版社. -1984

法学论文集：纪念北京大学法律学系重建 30 周年/陈守一//北京大学出版社. -1984

中华法系（2 册）/李钟声//（台湾）华欣文化事业中心. -1985

评《寄簃文存》/李光灿//群众出版社. -1985

中国法律史古文与名词解释/李景文//辽宁大学出版社. -1986

新中国刑法学研究综述：1949—1985/高铭暄//河南人民出版社. -1986

中国法律史/张国华、武树臣//法律出版社. -1986

西子湖畔话法律/倪正茂、倪键民//法律出版社. -1986

中国的法律与道德/杨一凡、刘笃才//黑龙江人民出版社. -1987

李光灿法学文集/南开大学法学研究所编//南开大学出版社. -1987

中华法苑四千年/倪正茂、俞荣根、郑秦、曹培//群众出版社. -1987

中国古代法学文选讲析/聂秀娥、张汉三编//云南教育出版社. -1987

法史鉴略/张晋藩//群众出版社. -1988

中华法史丛谈/中国政法大学中国法律史研究室编//中国政法大学出版社. -1988

法与中国社会/林剑鸣//吉林文史出版社. -1988

中国法学四十年：1949—1989/张友渔//上海人民出版社. -1989

《唐律疏议》与家族身份初探：兼论中国古代法律的基本精神/徐忠明//中山大学出版社. -1989

法和法学发生学：法和法学的历史探源/古棣、周英//上海人民出版社. -1990

明德慎刑——中国的法律/王基伦//（台湾）幼狮文化事业公司印行. -1990

中国法律史国际学术讨论会论文集/杨一凡主编//陕西人民出版社. -1990

寻求自然秩序中的和谐：中国传统法律文化研究/梁治平//上海人民出版社. -1991、1997

中西法律文化比较研究/张中秋//南京大学出版社. -1991

中国古代法律三百题/陈鹏生主编//上海古籍出版社. -1991

中国古代法学文选二十讲/关润琳//陕西人民出版社. -1991

中国法学之最/李贵连、李束主编//中国人事出版社. -1991

秦汉法律史/孔庆明//陕西人民出版社. -1992

情理法与中国人：中国传统法律文化探微/范忠信、郑定、詹学农//中国人民
　　大学出版社．–1992

中国传统法律文化与法制现代化/梁临霞//中国政法大学出版社．–1992

中华文明史·法学/张晋藩主编//河北教育出版社．–1992、1994

儒学与法律文化/中国儒学与法律文化研究会编//复旦大学出版社．–1992

博古通今学贯中西的法学家/张国华主编//陕西人民出版社．–1992

神话与法制：西南民族法文化研究/师蒂//云南教育出版社．–1992

法律文化的冲突与融合：中国近现代法制与西方法律文化的关联考察/公丕祥
　　主编//中国广播电视出版社．–1993

中国法律文化名人评传/吴文翰、陶广峰主编//兰州大学出版社．–1993

走向 21 世纪的中国法学/文正邦//重庆出版社．–1993

中国法制古籍目录学/高潮、刘斌//北京古籍出版社．–1993

中国法文化散论/张培田//中国政法大学出版社．–1993

新中国刑法科学简史/高铭暄等编//中国人民公安大学出版社．–1993

中国法律文化研究/陈晓枫//河南人民出版社．–1993

社会主义法律学说史/刘学灵//上海远东出版社．–1993

美国学者论中国法律传统/高道蕴、高鸿钧、贺卫方编//中国政法大学出版
　　社．–1994；清华大学出版社．–2004

中西近代法文化冲突/张培田//中国广播电视出版社．–1994

中西法律文化通论/何勤华、郝铁川等//复旦大学出版社．–1994

中外法律史新探/杨一凡主编//陕西人民出版社．–1994

中国传统法律文化/武树臣等//北京大学出版社．–1994

法律文化研究/姜剑云主编//陕西人民出版社．–1995

法律与经济：传统中国经济的法律分析（第 1 卷）/张中秋//南京大学出版
　　社．–1995

儒言治世：儒学的治国之术/俞荣根//四川人民出版社．–1995

中国政法教育的历史发展/张耕主编，马芳诚、王立中、严军兴副主编//吉林
　　人民出版社．–1995

经国治民之典：《周礼》与中国文化/郝铁川//河南大学出版社．–1995

中国法律史/张晋藩主编//法律出版社．–1995

探索的轨迹：中国法学教育发展史略/汤能松等编//法律出版社．–1995

中国法律史/邱远猷等//法律出版社．–1995

中华帝国的法律/〔美〕德克·布迪、〔美〕克拉伦斯·莫里斯著，朱勇译//

江苏人民出版社．1995、2008

法治及其本土资源/苏力//中国政法大学出版社．-1996、1998、2004

中国法律文化探究/范忠信、郑定等//（韩国）汉城—潮阁．-1996

中国法律的传统与现代化：93 中国法律史国际研讨会论文集/张晋藩主编//中
国民主法制出版社．-1996

《唐律疏议》笺解（上、下）/刘俊文//中华书局．-1996

走向法治之路：20 世纪的中国法制变革/刘笃才主编//中国民主法制出版
社．-1996

中日文化交流史大系（2）法制卷/刘俊文、〔日〕池田温主编//浙江人民出
版社．-1996

威慑万民之法：法家与法制建设/赵映林//四川人民出版社．-1996

中国法律体系与法学原理/刘春茂//法律出版社．-1997

社会变迁与法律发展/夏锦文//南京师范大学出版社．-1997

法相尊严：近现代的先秦法家研究/李海生//辽宁教育出版社．-1997

略论"礼"与古代中国的法律传统/侯健//北京大学出版社．-1997

宪政文化与近代中国/王人博//法律出版社．-1997

中国法律教育之路/贺卫方编//中国政法大学出版社．-1997

中华法系研究/郝铁川//复旦大学出版社．-1997

法学精神的再评探/武树臣//中国广播电视出版社．-1997

礼与法/马小红//经济管理出版社．-1997

中国传统法律文化鸟瞰/武树臣//大象出版社．-1997

中国法律的传统与近代转型/张晋藩//法律出版社．-1997、2005、2009

中华法系的形成与发达/张建国//北京大学出版社．-1997

二十世纪的中国法学（法治时代卷）/刘笃才主编//辽宁大学出版社．-1997

台湾法律史的建立/王泰生//（台湾）三民书局．-1997

司法改革先驱——法学哲人戴炎辉博士回忆集//（台湾）财团法人戴炎辉文
教基金会．-1997

二十世纪中国法治回眸/张晋藩主编//法律出版社．-1998

法律史论丛（第 4 辑）/钱大群、利子平、王超主编//江西高校出版
社．-1998

法律史论集（第 1 卷）/韩延龙主编//法律出版社．-1998

法律志/郭建、殷啸虎、王志强//上海人民出版社．-1998

王霸与法术：法家的人生智慧/高华平//武汉出版社．-1998

二十世纪的中国法学/李贵连主编//北京大学出版社. −1998

法律文化与法制现代化/刘进田//陕西人民出版社. −1998

武树臣法学文集/武树臣//光明出版社. −1998；中国政法大学出版社. −2003

法律文化史论/何勤华//法律出版社. −1998

法律文化研究（第 2 辑）/上海大学法学院法律文化研究中心编//上海大学出
版社. −1998

法律文化与法制现代化/刘进田、李少伟//陕西人民出版社. −1998

中华文化通志·制度文化典（第 4 典）——法律志/郭建、殷啸虎、王志强//
上海人民出版社. −1998

法学志/王宏治、郭成伟//上海人民出版社. −1998

中国传统法制与思想/黄源盛//（台湾）五南图书出版公司. −1998

中国历代名法官评传/郝铁川//山东人民出版社. −1998

中国法律史简论/孙光妍//东北林业大学出版社. −1998

中国古代法律文化/马作武//暨南大学出版社. −1998

瞿同祖法学论集/瞿同祖//中国政法大学出版社. −1998、2004

法律史论丛（第 5 辑）/侯欣一主编//中国华侨出版社. −1998

中华文化十万个为什么（法律卷）/张永芳//辽海出版社. −1999

法律文献学/张伯元//浙江人民出版社. −1999

帝制时代的中国法/张建国//法律出版社. −1999

中国法律史论稿/饶鑫贤、段秋关主编//法律出版社. −1999

中国法律史/孙光妍主编//黑龙江教育出版社. −1999

中国法律文化对西方的影响/史彤彪//河北人民出版社. −1999

中西法律文化比较研究/张中秋//南京大学出版社. −1999、2003

新中国刑法学研究历程/高铭暄、赵秉志//中国方正出版社. −1999

刑事诉讼法学五十年/陈光中//警官教育出版社. −1999

中国历史上的法制改革与改革家的法律思想（《法律史论丛》第 6 辑）/徐显
明、徐祥民主编//山东大学出版社. −1999

中国古代法律名著提要/洪丕谟//浙江人民出版社. −1999

道统与法统/俞荣根//法律出版社. −1999

中国古代法律文献研究（第 1 辑）/中国政法大学法律古籍整理研究所编//巴
蜀书社. −1999

法律史论集（第 2 卷）/韩延龙主编//法律出版社. −1999

法律与中国社会之变迁/马汉保//翰芦图书出版有限公司. −1999

梁启超法学文集/范忠信选编//中国政法大学出版社．－2000

道家与中国法文化/程维荣//上海交通大学出版社．－2000

法学与文学之间/徐忠明//中国政法大学出版社．－2000

沈家本传/李贵连//法律出版社．－2000

元代法文化研究/吴海航//北京师范大学出版社．－2000

官箴书点评与官箴文化研究/郭成伟主编//中国法制出版社．－2000

汉代官文书制度/汪桂海//广西教育出版社．－2000

北京大学法学百科全书·法学史卷（中国法律思想史、中国法制史、外国法
　　律思想史、外国法制史）/饶鑫贤等主编//北京大学出版社．－2000

论中国法的精神——中西法文化比较新视角/邓子美//青海人民出版
　　社．－2000

古律寻义：中国法律文化漫笔/刘星//中国法制出版社．－2000

法律：理性与历史/许章润、徐平编//中国法制出版社．－2000

思考与批评：解读中国法律文化/徐忠明//法律出版社．－2000；山东人民出
　　版社．－2001

文明的脚步：丝绸之路繁荣与法律文化研究/陶广峰主编//兰州大学出版
　　社．－2000

信法为真/范忠信//中国法制出版社．－2000

未已集——张晋藩先生教研五十周年纪念/张中秋、李鸣编//南京大学出版
　　社．－2000

中国法学史（2卷）/何勤华//法律出版社．－2000；（台湾）韦伯文化出版公
　　司．－2004

中国传统法律文化与现代法治（《法律史论丛》第7辑）/陈金全、李鸣、杨
　　玲主编//重庆出版社．－2000

中国法律史/武树臣、李力编//中共中央党校出版社．－2000

20世纪的中国：学术与社会（法学卷）/苏力、贺卫方主编//山东人民出版
　　社．－2001

法的移植与法的本土化/何勤华主编//法律出版社．－2001

宋朝法律史论/郭东旭//河北大学出版社．－2001

法理学：法的历史、理论与运行/张中秋、杨春福、陈金钊编//南京大学出版
　　社．－2001

中西法文化的暗合与差异/范忠信//中国政法大学出版社．－2001

中外古代法比较简论/孙光妍等//黑龙江人民出版社．－2001

中国法律传统的基本精神/范忠信//山东人民出版社．－2001

传统文化的沉思：中国传统政治法律文化研究/龙文懋、崔永东//内蒙古人民
　　　出版社．－2001

法律史论集（第3卷）/韩延龙主编//法律出版社．－2001

法治与文明/曾宪义主编//湖南人民出版社．－2001

继承与创新——中国法律史学的世纪回顾与展望（《法律史论丛》第8辑）/
　　　汪汉卿、王源扩、王继忠主编//法律出版社．－2001

中西法律传统（第1卷）/中南财经政法大学法律史研究所编//中国政法大学
　　　出版社．－2001

清代的法律社会与文化：民法的表达与实践/黄宗智//上海书店出版
　　　社．－2001

中国近代的法律教育/王健//中国政法大学出版社．－2001

中华法系精神/郭成伟主编//中国政法大学出版社．－2001

中国古代妇女与法律研究/何俊萍//宗教文化出版社．－2001

中国法律史论考/钱大群//南京师范大学出版社．－2001

道德与中西法治/崔永东//人民出版社．－2002

法律思想与法律制度/王立民//中国政法大学出版社．－2002

先秦三晋地区的社会与法家文化研究/张有智//人民出版社．－2002

中国法律的艰辛历程/朱勇//黑龙江人民出版社．－2002

中南法律评论/陈景良主编//法律出版社．－2002

包公故事：一个考察中国法律文化的视角/徐忠明//中国政法大学出版
　　　社．－2002

法辨：中国法的过去、现在与未来/梁治平//中国政法大学出版社．－2002

景凡文存/俞荣根、杨甸匀编//自刊．－2002

董必武法学文集/董必武法学思想研究会编//法律出版社．－2002

中外法学之最/李薲、李贵连主编//法律出版社．－2002

青蓝集——张晋藩先生指导的法学博士论文萃编/李鸣主编//法律出版
　　　社．－2002

批判与重建：中国法律史研究反拨/倪正茂主编//法律出版社．－2002

儒家伦理与法律文化：社会学观点的探索/林端//中国政法大学出版
　　　社．－2002

近代中国法制与法学/李贵连//北京大学出版社．－2002

中法西用：中国传统法律及习惯在香港/苏亦工//社会科学文献出版

社．－2002

中国法律形象的一面：外国人眼中的中国法/张中秋编//法律出版社．－2002

中华法系的再认识/刘广安//法律出版社．－2002

中国经济法历史渊源原理/张世明//中国民主法制出版社．－2002

中国经济法学史研究/肖江平//人民法院出版社．－2002

中西法律传统（第2卷）/范忠信、陈景良主编//中国政法大学出版
社．－2002

羌族法文化研究/徐晓光、龙大轩//（香港）华夏文化艺术出版社．－2002

中国法史学精萃（2002年卷）/法苑精萃编辑委员会编//机械工业出版
社．－2002

法律史论集（第4卷）/韩延龙主编//法律出版社．－2002

走向二十一世纪的中国法文化（《法律史论丛》第9辑）/陈鹏生、王立民、
丁凌华主编//上海社会科学院出版社．－2002

近代中国法制与法学/李贵连//北京大学出版社．－2002

法典之石：《唐律疏议》与中国文化/徐永康//河南大学出版社．－2002

西部法律史学论坛/法律出版社．－2003

比较视野中的法律文化/张中秋//法律出版社．－2003

中国法律史研究/叶孝信、郭建主编//学林出版社．－2003

以法为本：法学的历史、现状与未来/刘宝玉主编//山东大学出版社．－2003

简帛文献与古代法文化/崔永东//湖北教育出版社．－2003

人类文化历史变迁与法制文明/陈金全、曾代伟主编//法律出版社．－2003

法律文献学导论/李振宇//中国检察出版社．－2003

儒家法律传统/武树臣//法律出版社．－2003

外国法与中国法——20世纪中国移植外国法反思/何勤华、李秀清//中国政法
大学出版社．－2003

中西法律传统（第3卷）/范忠信、陈景良主编//中国政法大学出版
社．－2003

文化与法文化/俞荣根//法律出版社．－2003

历史文化中的法学/江山//法律出版社．－2003

中国法文化的渊源与流变/江必新//法律出版社．－2003

中古及近代法制文书语言研究：以敦煌文书为中心/王启涛//巴蜀书
社．－2003

中国家族法原理/〔日〕滋贺秀三著，张建国、李力译//法律出版社．－2003

中国近代法律史论/邱远猷//安徽大学出版社. –2003

韦伯论中国传统法律/林端//三民书局股份有限公司. –2003

清末民初法文化流变/贾国发//东北师范大学出版社. –2003

二十年法学教育之见证：不解之缘/霍宪丹//法律出版社. –2003

中国古代法学文献导读/赵中颔主编//四川人民出版社. –2003

中国近代社会与法制文明/张晋藩//中国政法大学出版社. –2003

传统法律文化与法治发展研究/汪俊英//中国民主法制出版社. –2004

律学考/何勤华编//商务印书馆. –2004

道·术谱系中的法律精神：中国传统法律文化的批判与重构研究/汪公文//法
　　律出版社. –2004

告别臣民的尝试：清末民初的公民意识与公民行为/陈永森//中国人民大学出
　　版社. –2004

民族法律文化散论/吴大华//民族出版社. –2004

藏族传统法律文化研究/杨士宏编著//甘肃人民出版社. –2004

法律文化散论/李交发//人民法院出版社. –2004

法律文献导读/李振宇//群众出版社. –2004

法律文化史谭/何勤华//商务印书馆. –2004

法律文化视野中的权力/喻中//山东人民出版社. –2004

道与中国法律传统/龙大轩//山东人民出版社. –2004

百年法学——北京大学法学院院史（1904~2004）/李贵连等编//北京大学出
　　版社. –2004

公民权利与宪政历程/张继良、王宝治、褚江丽//中国社会科学出版
　　社. –2004

清华法学（第4辑）二十世纪汉语文明法学与法学家研究专号/许章润主编//
　　清华大学出版社. –2004

润物无声：北京大学法学院百院庆文存之中国宪政之路/姜明安、沈岿、张千
　　帆主编//法律出版社. –2004

宪政救国之梦：张耀曾先生文存/张耀曾、杨琥编//法律出版社. –2004

中国传统法律文化/张瑞编//海潮出版社. –2004

中国传统法律文化研究/马作武主编//广东人民出版社. –2004

《中外法学》文萃：纪念北京大学法学院百年院庆/李贵连编//北京大学出版
　　社. –2004

中西法律文化比较/崔永东//北京大学出版社. –2004

礼与法：法的历史连接——构建与解析中国传统法/马小红//北京大学出版社. -2004

传统中国法理探源：张国华教授八秩冥寿纪念集/李贵连主编//北京大学出版社. -2004

传统法律文化与法制发展研究/汪俊英//中国民主法制出版社. -2004

第二法门/田涛//法律出版社. -2004

法律史研究（第1辑）/何勤华、王立民主编//中国方正出版社. -2004

法律史论集（第5卷）/韩延龙主编//法律出版社. -2004

中国古代法律文献研究（第2辑）/中国政法大学法律古籍整理研究所编//中国政法大学出版社. -2004

法律史学研究（第1辑）/林乾主编//中国法制出版社. -2004

中国历史上的法律制度变迁与社会进步（《法律史论丛》第10辑）/林明、马建红主编//山东大学出版社. -2004

法律文化史研究（第1卷）/何勤华主编//商务印书馆. -2004

法史思辨：二〇〇二年中国法史年会论文集/倪正茂主编//法律出版社. -2004

汪汉卿法学文选/汪汉卿//安徽人民出版社. -2004

中国法史学精萃（2001—2003年卷）/法苑精萃编辑委员会编//高等教育出版社. -2004

彝族法律文化研究/张晓辉、方慧//民族出版社. -2005

法律文化史研究（第2卷）/何勤华主编//商务印书馆. -2005

被冷落的真实：新山村调查手记/田涛//法律出版社. -2005

法律哲学研究/吴经熊//清华大学出版社. -2005

比较视野下的法律文化：以清代法制史为中心的考察/张彦丽//红旗出版社. -2005

出土法律文献研究/张伯元//商务印书馆. -2005

乡土社会中的民间法/田成有//法律出版社. -2005

治道变革与法精神转型/王存河//法律出版社. -2005

法家文化面面观/苏南//齐鲁书社. -2005

董康法学文集/何勤华、魏琼编//中国政法大学出版社. -2005

法律文化导论/刘进田、李少伟//中国政法大学出版社. -2005

法律文献整理与研究/张伯元主编//北京大学出版社. -2005

沈家本评传/李贵连//南京大学出版社. -2005

当代中国法学名家（4 册）/《当代中国法学名家》编委会编//人民法院出版
　　社．2005

沈家本与中国法律文化国际学术研讨会论文集/"沈家本与中国法律文化国际
　　学术研讨会"组委会编//中国法制出版社．-2005

中外法律文献研究（第 1 卷）/林青、赵九燕、张群主编//北京大学出版
　　社．-2005

解释性的法史学：以中国传统法律文化的研究为侧重点/胡旭晟//中国政法大
　　学出版社．-2005

刘海年文集/刘海年//上海辞书出版社．-2005

清华法学（第 5 辑）/"法律思想与人文语境"研究专号//清华大学出版
　　社．-2005

丧服制度与传统法律文化/马建兴//知识产权出版社．-2005

中国讼师文化——古代律师现象解读/党江舟//北京大学出版社．-2005

中国传统法学述论：基于国学视角/俞荣根、龙大轩、吕志兴//北京大学出版
　　社．-2005

法治的追求：理念、路径和模式的比较/何勤华等//北京大学出版社．-2005

中西法律传统（第 4 卷）/范忠信、陈景良主编//中国政法大学出版
　　社．-2005

中国与以色列法律文化国际学术研讨会文集/张中秋编//中国政法大学出版
　　社．-2005

儒法整合：秦汉政治文化论/韩星//中国社会科学出版社．-2005

法律史研究（第 2 辑）/何勤华、王立民主编//中国方正出版社．-2005

复仇·报复刑·报应说：中国人法律观念的文化解说/霍存福//吉林人民出版
　　社．-2005

法典之王：唐律疏议与中国文化/徐永康//河南大学出版社．-2005

中国监狱学史纲——清末以来的中国监狱学述论/郭明//中国方正出版
　　社．-2005

法律史学科发展国际学术研讨会文集/张中秋编//中国政法大学出版
　　社．-2006

法制冰人·沈家本传/陈柳裕//浙江人民出版社．-2006

中国文化与中国法律系——陈顾远法律史论集/范忠信、尤陈俊、翟文喆编
　　校//中国政法大学出版社．-2006

獬豸的投影：中国的法文化/郭建//上海三联书店．-2006

十问死刑：以中国死刑文化为背景/张文等//北京大学出版社. -2006

中国法学经典解读/王立民主编//上海教育出版社. -2006

回族传统法文化研究/马克林//中国社会科学出版社. -2006

中西法律传统（第5卷）/范忠信、陈景良主编//中国政法大学出版社. -2006

中华法系的和谐理念/潘丽萍//法律出版社. -2006

法的道德历程：法律史的伦理解释/胡旭晟//法律出版社. -2006

明清晋商与传统法律文献/张钧//法律出版社. -2006

中国文化与中国法系/陈顾远//（台湾）三民书局. -1969；中国政法大学出版社. -2006

酷刑文化/尚雪鸿编//内蒙古人民出版社. -2006

法学泰斗沈家本/高勇年//浙江人民出版社. -2006

百中国法律人剪影/陈夏红//中国法制出版社. -2006

法律文化研究（第1辑）/曾宪义主编//中国人民大学出版社. -2006

法律文化研究（第2辑）/曾宪义主编//中国人民大学出版社. -2006

法律史论集（第6卷）/韩延龙主编//法律出版社. -2006

案例、故事和明清时期的司法文化/徐忠明//法律出版社. -2006

中国法学史（3卷，修订本）/何勤华//法律出版社. -2006

中国古代立法文化研究/史广全//法律出版社. -2006

我说·我想·我自由/田涛//东方出版社. -2006

礼法融合与中国传统法律文化的历史演进/史广全//法律出版社. -2006

法制变迁的机会、成本与历史作用：以中国法律制度、法律思想演变为理论模型/李延铸//四川科学技术出版社. -2007

近代法研究（第1辑）/李贵连主编//北京大学出版社. -2007

秦汉法律文化研究/孙家洲主编//中国人民大学出版社. -2007

中国历史上的法律与社会发展/王立民主编//吉林人民出版社. -2007

中国文化与法制/中国法律史学会编//社会科学文献出版社. -2007

古代法律词汇语义系统研究：以《唐律疏议》为例/王东海//中国社会科学出版社. -2007

中国法律精神/徐忠明、任强//广东人民出版社. -2007

中国皇权制度研究：以16世纪前后中国制度形态及其法理为焦点（上、下）/王毅//北京大学出版社. -2007

法律社会史的视野/张仁善//法律出版社. -2007

中国传统廉政法律文化及其现代价值/贾育林//中国方正出版社. -2007

法律文化史研究（第3卷）/何勤华主编//商务印书馆. -2007

张晋藩文选/张晋藩//中华书局. -2007

中华法系的回顾与前瞻/张晋藩//中国政法大学出版社. -2007

唐宋法律史论集/戴建国主编//上海辞书出版社. -2007

比较法律文化论集/中国政法大学法律史学研究院编//中国政法大学出版
　　社. -2007

中国法律文化论集/中国政法大学法律史学研究院编//中国政法大学出
　　版社. -2007

中华法律文化探源/王满春主编//人民法院出版社. -2007

众声喧哗：明清法律文化的复调叙事/徐忠明//清华大学出版社. -2007

中华法系国际学术研讨会文集/张中秋编//中国政法大学出版社. -2007

中国古代法律文献研究（第3辑）/中国政法大学法律古籍整理研究所编//中
　　国政法大学出版社. -2007

中国文化与法治/中国法律史学会编//社会科学文献出版社. -2007

法史学刊（第1卷）/中国法律史学会编//中国社会科学出版社. -2007

法律文化研究（第3辑）/曾宪义主编//中国人民大学出版社. -2007

中国历史上的法律与社会发展/王立民主编//吉林人民出版社. -2007

南开法律史论集2007/侯欣一主编//南开大学出版社. -2007

经验与理论：中国社会、经济与法律的实践、历史研究/黄宗智//中国人民大
　　学出版社. -2007

法律文化研究（第4辑）/曾宪义主编//中国人民大学出版社. -2008

法律史研究（第3辑）/何勤华、王立民主编//中国方正出版社. -2008

中国传统律学/李玫//福建教育出版社. -2008

法史学刊（第2卷）/中国法律史学会编//社会科学文献出版社. -2008

中国法学30年：1978—2008/李林//中国社会科学出版社. -2008

1949—1957年的中国法学教育/董节英//吉林人民出版社. -2008

公主之死：你所不知道的中国法律史/李贞德//生活·读书·新知三联书
　　店. -2008

中国近代法律教育转型与社会变迁研究/侯强//中国社会科学出版社. -2008

近代中国的法律与学术/俞江//北京大学出版社. -2008

理性与智慧：中国法律传统再探讨/张中秋编//中国政法大学出版社. -2008

韩非子与传统法律文化/余新华//黑龙江教育出版社. -2008

法家简史/吴德新//重庆出版社．-2008

上海法学教育史研究/蒋晓伟//法律出版社．-2008

中国传统法律文化之形成与转变/柳立言//（台湾）联经出版事业股份有限公司．-2008

巴楚民族文化圈研究：以法律文化的视角/曾代伟主编//法律出版社．-2008

中外法律文献研究（第2卷）/赵九燕主编//北京大学出版社．-2008

清代科举法律文化研究/叶晓川//知识产权出版社．-2008

中国法律史学的新发展/中国社会科学院法学研究所法制史研究室编//中国社会科学出版社．-2008

社会控制：以礼为主的综合治理/郭成伟主编//中国政法大学出版社．-2008

中国法律文化散论/程维荣//黑龙江人民出版社．-2008

明清讼学研究/龚汝富//商务印书馆．-2008

中国传统法治论言/刘鹏飞、张申伟、惠批修//中国戏剧出版社．-2008

中国法学三十年：回顾与展望/李林主编//中国社会科学出版社．-2008

中国法学与法制30年/中国社会科学院法学研究所编//中国社会科学出版社．-2008

法律制度与法律文化/李明珠//青海人民出版社．-2008

远猷选集/邱远猷//（香港）天马出版有限公司．-2008

澳门法律史纲要：澳门法的过去、现在和未来/刘海年鸥//吉林大学出版社．-2009

当代中国法学研究/陈甦//中国社会科学出版社．-2009

中国传统侦查和审判文化研究/中国传统法律文化研究丛书/王立民主编//法律出版社．-2009

燕赵法文化研究/郭东旭//河北大学出版社．-2009

中国法学30年/舒扬//中山大学出版社．-2009

中韩家族法的比较研究/姜海顺//法律出版社．-2009

中国古代法律解释的学理诠释/管伟//山东大学出版社．-2009

中国法律通论（上、下）/王泰铨//（台湾）新学林出版股份有限公司．-2009

程朱礼法学研究/宋大琦//山东人民出版社．-2009

法律文化史研究（第4卷）/何勤华主编//商务印书馆．-2009

社会转型与法律变革国际学术研讨会文集/张中秋编//中国政法大学出版社．-2009

守望和谐的法文明：图说中国法律史/马小红、庞朝骥等//北京大学出版
　　社．-2009

伦理司法：中国古代司法的观念与制度/罗旭//法律出版社．-2009

为什么要重建中华法系：居正法政文集/范忠信、尤陈俊、龚先砦编校//中国
　　政法大学出版社．-2009

清代律学名著选介/张晋藩主编//中国政法大学出版社．-2009

法治视野中的习惯法：理论与实践/金俊银主编//中国政法大学出版
　　社．-2009

中日法律文化交流比较研究：以唐与清末中日文化的输出与输入为视点/张中
　　秋//法律出版社．-2009

中国传统行刑文化研究/孟祥沛//法律出版社．-2009

当代中国法律法律研究文集/刘肖咏//河南人民出版社．-2009

中国传统清官文化研究/魏琼//法律出版社．-2009

走进新中国法学大家/周恩惠//中国人民公安大学出版社．-2009

法意阑珊处——20世纪中国法律人自述/陈夏红编//清华大学出版社．-2009

世界学者论中国传统法律文化/张世明、步德茂、娜鹤雅主编//法律出版
　　社．-2009

从儒家之法出发：俞荣根讲演录/俞荣根//群众出版社．-2009

寻求法的传统/俞荣根主编//群众出版社．-2009

从诉讼档案出发：中国的法律、社会与文化/黄宗智、尤陈俊主编//法律出版
　　社．-2009

法律社会与思想：对传统法律问题背景的考察/何勤华、陈灵海//法律出版
　　社．-2009

南开大学法律史论集/侯欣一主编//南开大学出版社．-2009

中国传统司法与司法传统/陈金全、汪世荣主编//陕西师范大学出版
　　社．-2009

百年回眸：法律史研究在中国（第1卷）清末民国卷/曾宪义主编//中国人民
　　大学出版社．-2009

百年回眸：法律史研究在中国（第2卷）当代大陆卷（上）/曾宪义主编//中
　　国人民大学出版社．-2009

百年回眸：法律史研究在中国（第2卷）当代大陆卷（下）/曾宪义主编//中
　　国人民大学出版社．-2009

百年回眸：法律史研究在中国（第3卷）当代台港卷/曾宪义主编//中国人民

大学出版社. -2009

百年回眸：法律史研究在中国（第 4 卷）目录索引卷/曾宪义主编//中国人民大学出版社. -2009

民事诉讼法学改革开放三十年/田平安、肖晖编//法律出版社. -2010

法律文献学/李振宇、李润杰//湖南人民出版社. -2010

中华大典·法律典·刑法分典/任继愈总主编//西南师范大学出版社. -2010

中国近代财税法学史研究/杨大春//北京大学出版社. -2010

德治生态与传统司法文化：以清代为中心的研究/杨帆//中国法制出版社. -2010

法律文化导读/饶文平主编//吉林大学出版社. -2010

社会变迁的法律解释/尹伊君//商务印书馆. -2010

安徽法学 30 年/安徽省法学会编//安徽人民出版社. -2010

法律文化三人谈/何勤华、贺卫方、田涛//北京大学出版社. -2010

法律文化研究（第 5 辑）/曾宪义主编//中国人民大学出版社. -2010

法治的东方经验：中国法律文化导论/〔德〕何意志著，李中华译//北京大学出版社. -2010

共和国六十年法学论争实录：刑法卷/曲新久主编//厦门大学出版社. -2010

使法治运转起来：大历史视野中的习惯的制度命运研究/张洪涛//法律出版社. -2010

试论中华法系的核心文化精神及其历史运行：兼析古人法律生活中的"情理"模式/邓勇//法律出版社. -2010

西南民族传统法文化的历史与现状考察/潘成志//民族出版社. -2010

原生的法：黔东南苗族侗族地区的法人类学调查/徐晓光//中国政法大学出版社. -2010

原理及其意义：探索中国法律文化之道/张中秋//中国政法大学出版社. -2010

中国法文化的历史与现实/里赞//法律出版社. -2010

中国近代法律社会史研究/付海晏//华中师范大学出版社. -2010

中华法系的形与魂/李玉福主编//中国人民公安大学出版社. -2010

中华法制文明的演进（修订版）/张晋藩//法律出版社. -2010

法律移植与传统法律文化的变迁：基于中、日、印、土亚洲四国的观察/肖光辉//山东人民出版社. -2010

中国法经济学研究：1983—2002/黄少安、李增刚主编//经济科学出版

社．-2010

中国法律传统与法律精神——中国法律史学会成立 30 周年纪念大会暨 2009
　　年会论文集/霍存福、吕丽主编//山东人民出版社．-2010

青蓝集续编：张晋藩教授指导的法律史学博士论文粹编/陈煜编//法律出版
　　社．-2010

思学集——张晋藩先生执教六十周年暨八十华诞纪念文集/朱勇主编//中国政
　　法大学出版社．-2010

中国古代法律文献研究（第 4 辑）/徐世虹主编//法律出版社．-2010

中华法系（第 1 卷）/朱勇主编//法律出版社．-2010

现代化与中国传统法文化/陈鹏生、徐永康主编//吉林人民出版社．-2010

礼与王权的合法性建构——以唐以前的史料为核心/徐燕斌//中国社会科学出
　　版社．-2010

事实与解释：在历史与法律之间/刘亚丛//法律出版社．-2010

大陆法系对中国的影响/何勤华//法律出版社．-2010

从编史到经典：董仲舒的春秋诠释学/〔美〕桂思卓著，朱腾译//中国政法大
　　学出版社．-2010

试论中华法系的核心文化精神及其历史运行/邓勇//法律出版社．-2010

中华法系研究论集/张晋藩//中国政法大学出版社．-2010

当代中国法律文化本土资源的法理透视/汤唯等//人民出版社．-2010

法律文化的中国传统与现代法治建设/羊淑青//经济日报出版社．-2010

全球化视域下中西法律文化冲突及价值选择/王晓广//黑龙江人民出版
　　社．-2010

中国传统法律文化今读/韩雪梅//甘肃文化出版社．-2010

中国法文化的历史与现实/里赞//法律出版社．-2010

（二）　中国法制史

1. 通代

中国古世公法论略/〔美〕丁韪良//慎记书庄，-清光绪十年（1884）、-清光
　　绪二十三年（1897）石印本

历代服制考原/蔡苾卿//卤山草堂校印．-清光绪十四年（1888）

我国监察制度之研究/李忠民//-1900

律例十论/（清）章保岩//–清光绪三十年（1904）印

中国历代法制史/〔日〕浅井虎夫著，邵修文、王用宾合译//（日本）古今
    图书局．–清光绪三十二年（1906）；（山西）晋新书社．–清光绪三十二
    年（1906）

古刑法质疑/（清）章震福//–清光绪三十四年（1908）

中国监狱史/涂景瑜//天津书局．–清光绪三十四年（1908）

饮冰室法制论集/梁启超//广智书局．–1911

中国历代法制初考二编/徐德源//北洋大学．–1912

中国历代法制考/徐德源//直隶官书局．–1912

历代刑法考（78 卷）/（清）沈家本//清光绪年间刻本；清宣统元年（1909）
    刻本；民国二年（1913）刻本

律目考（1 卷）/（清）沈家本//–1912年刻本

律令（9 卷）/（清）沈家本//–1912年刻本

中国历代法制考/徐德源编辑，孙大鹏补辑//（北京）北洋大学．–1912年石
    印；直隶官书局．–1913 年石印；文新书局．–1914

中国法典编纂沿革史/〔日〕浅井虎夫著，陈重民译//内务部编译处．
    –1915、1919

中国刑法考/龙沐棠//北京大学法科论文．–1917

法治通史/曹恭翊编//编者自刊．–1918

中国法制史略/康宝忠编//国立北京大学出版组．–1918

中国历代法制大要/壮生编//（上海）崇文书局．–1919

法制概要/陶宝霖//商务印书馆．–1920

中国法制史/郁嶷编//京师游民习艺所．–1922；震东印书馆．–1931；朝阳大
    学出版社．–1933；全国图书馆文献缩微中心．–2007

本国法制史纲要/冯承钧//京师大学校出版组．–1923

大中华法制史/王培槐//（南京）中外通讯社．–1923；江苏第一监
    狱．–1923

五刑考略/徐珂//杭县徐新六辑，《天苏阁丛刊》二集第 6 册，铅印本．–1923

历代刑法书存亡考/谢冠生//商务印书馆．–1925

中国司法制度/陶汇曾//商务印书馆．–1926

中国古代法律略论/徐家枢译//土山湾书局．–1927

中国古代诉讼法/徐朝阳/商务印书馆．–1927

中国法制史/程树德//荣华印书局．–1928；华通书局．–1931

中国宪法史/陈茹玄//世界书局．−1928、1933

中国考试制度研究/邓定人//民智书局．−1929

中国诉讼法溯源/徐朝阳//商务印书馆．−1929、1934、1973；（台湾）商务印
　　书馆．−1973

中国刑法溯源/徐朝阳//商务印书馆．−1929、1933、1934

中国妇女在法律之地位/赵凤喈//商务印书馆．−1929

中国御史制度的沿革/高一涵//商务印书馆．−1930

中国法律发达史（上、下）/杨鸿烈//商务印书馆．−1930、1933；上海书店．
　　−1990；中国政法大学出版社．−2003

中国法制史/丁元普//上海法学编译社．−1930、1932、1933、1939、1942

中国亲属法溯源/徐朝阳//商务印书馆．−1930

中国法制史/朱方//上海法政学社．−1931

中国宪法史/汪煌辉//世界书局．−1931

中国法制史/程树德//上海华通书局．−1931

法规沿革表/国民政府文官处印铸局编印．−1933、1935

中国国际法溯源/陈顾远//商务印书馆．−1933；（台湾）商务印书馆．−1972

青岛警察沿革/骆金铭编//（青岛）兴华印刷局．−1934

中国大赦考/徐式圭//商务印书馆．−1934

中国法令变迁史/于恩德//中华书局．−1934

妾在法律上的地位/吕燮华//政民出版社．−1934

中国禁烟法令变迁史/于恩德编//中华书局．−1934、1938；（台湾）文海出版
　　社．−1973

中国保甲制度/闻钧天//商务印书馆．−1935

中国法制史/陈顾远//商务印书馆．−1935

中国法律在东亚诸国之影响/杨鸿烈//新民月刊．−1935，1（卷）7、8；商务
　　印书馆．−1937；中国政法大学出版社．−1999

监察制度史要/监察院监察制度编纂处编//（南京）汉文正楷印书局．−1935

近代中国立法史/杨幼炯//商务印书馆．−1936

中国考试制度史/邓嗣禹//考选委员会．−1936

中国保甲制度之发展与运用/叶木青//世界书局．−1936

中国成文法编制之沿革/梁启超//中华书局．−1936；　　（台湾）中华书
　　局．−1957

中国监察史略/徐式圭//中华书局．−1937

贵州省保甲概况/贵州省政府民政厅//贵州省政府民政厅．－1937

中国税制史（3册）/吴兆莘//商务印书馆．－1937

中国法制史/丁元普//（上海）会文堂新记书店．－1939

四川省保甲概况/蔡天石//四川省政府民政厅．－1939

中国刑法史/黄秉心//（福建永安）大道印刷公司印．－1940；（重庆）文化
　　服务社．1941；（台湾）育光书局．－1972

保甲制度研究/西北研究社//西北研究社印．－1941

中国民主宪政运动史/平心//进化书局．－1941、1946、1947

中国县制史纲/朱子爽//独立出版社．－1941

里甲制度考略/江士杰//（重庆）商务印书馆．－1942

从不平等条约到平等条约/丘汉平//胜利出版社福建分社．－1943

近世民主宪政之新动向/杨幼炯//商务印书馆．－1946、1947

中国宪政之进程/罗香林//中山出版社．－1946

中国民主宪政运动史/平心//（上海）进化书局．－1947；上海书店．－1990

中国宪政发达史/周异斌、罗志渊//大东书局．－1947

保甲研究/周中一//独立出版社．－1947

中国土司制度/余贻泽//正中书局．－1947

中国五权宪法制度之史的发展与批判/曾资生//商务印书馆．－1948

中国地方行政制度史略/程幸超//中华书局．－1948

江苏保甲/张立瀛//民政厅．－1948

澳门法制//大众报社编辑、出版．－1949

中国法制史论略/徐道邻//（台湾）正中书局．－1953、1976

中国族产制度考/〔日〕清水盛光著，宋念慈译//（台湾）中华文化出版事
　　业委员会．－1956

中国近代法制史/杨幼炯//（台湾）中华文化出版事业社．－1958、1962

中国身份法史/戴炎辉//（台湾）"司法行政部"印行．－1959

中国宪政史话/刘震铠编//（台湾）文海出版社．－1960

中国立法史/杨幼炯//（台湾）中国文化事业公司．－1960

九朝律考/程树德//（台湾）商务印书馆．－1960；中华书局．－2003

中国法制史概要/戴炎辉//（台湾）联合书局．－1960；时代文化出版
　　社．－1966

中国法制史/林咏荣//著者自刊．－1960、1961、1963；（台湾）大中国图书公
　　司．－1976

中国法制史/徐湛//（台湾）联合书局．－1962

论唐律与中国封建社会的"四种权力"问题提纲/戴克光//西南政法学院据
　　《政法研究》复印．－1963

中国法制史概要/陈顾远//（台湾）三民书局．－1964、1977

中国法制史/戴炎辉//（台湾）三民书局．－1966、1979、1986

近代中国立法史/杨幼炯//（台湾）商务印书馆．－1966

中国御史制度研究/高一涵//上海书店．－1966

中国立宪故事/张知本讲述，陈秀凤记录//（台湾）大中国图书公司印
　　行．－1966

中国宪法史/罗志渊//（台湾）商务印书馆．－1967

中国法制史论集/谢冠生、查良鉴辑//（台湾）中华法学会、中国文化学院法
　　律研究所印行．－1968

中国历代法典考辑/焦祖涵//辑者刊印．－1969

监察制度新发展/陶百川//三民书局．－1970

中国近代法制史/展恒举//（台湾）商务印书馆．－1973

中国典权制度之研究/王文//（台湾）嘉新水泥公司文化基金会．－1974

中国考试监察制度之演变与五权宪政/张志韩//中华丛书编审委员会．－1974

中国法制史概要/张金鉴//（台湾）正中书局．－1974

中国考试监察制度之演变与五权宪政/张志韩//（台湾）中华丛书编审委员
　　会．－1974

中国法制史论集/徐道邻//（台湾）志文出版社．－1975

谏诤研究：中国监察制度探源/徐曾渊//（台湾）文化图书公司．－1976

中国法制史/林咏荣//（台湾）国立中兴大学法律研究所．－1976

中国法制史新论/林茂松编译//（台湾）环宇出版社影印．－1976

近代中国法制演变研究/罗志渊//（台湾）正中书局．－1976

台湾民事习惯调查报告/戴炎辉//（台湾）司法通讯杂志社印行．－1979

中国宪法史略/张晋藩、曾宪义编//北京出版社．－1979

中国法制史研究/泷川政次郎//严南堂书店．－1979

考试监察制度之史的演进/杨树藩//（台湾）正中书局．－1980

中国法制史及其引论（增订本）/李甲孚//（台湾）三民书局．－1980

中国法制史论文集/（台湾）中国法制史出版委员会编//（台湾）中国法制
　　史出版委员会．－1981

中国吏治制度史概要/张金鉴//（台湾）三民书局．－1981

中国法制史（第 1 卷）/张晋藩、张希坡、曾宪义//中国人民大学出版社. -1981

中国法制史简编（上、下）/肖永清主编//山西人民出版社. -1981、1982

中国近代民法史/潘维和//（台湾）汉林出版社. -1982

中国民事法史/潘维和//（台湾）汉林出版社. -1982

中外监察制度之比较/陶百川//中央文物供应社. -1982

中国刑法史稿/乔伟//西北政法学院科研处. -1982

中国固有法律与西洋现代法律之比较/林咏荣//台湾编译馆. -1982

中国民法简史/高树异//吉林大学法律系. -1982

中国法律制度史（上册）/乔伟//吉林人民出版社. -1982

中国法律制度试论/张晋藩//法律出版社. -1982

中国政治法律制度简史/游绍尹、吴传太合编//湖北人民出版社. -1982

中外监察制度之比较/陶百川//中央文物供应社. -1982

中国古代刑法史/尚彝勋//湖北财经学院法律系刑法教研室. -1983

中国刑法史/蔡枢衡//广西人民出版社. -1983

古代法官录/李甲孚//（台湾）商务印书馆. -1984

中国监狱法制史/李甲孚//（台湾）商务印书馆. -1984

中国立宪史/荆知仁//（台湾）联经出版事业公司. -1984

中国古代法医学史/贾静涛//群众出版社. -1984

中国古代司法制度/陈光中、沈国峰//群众出版社. -1984

中国警察制度简论/中国社会科学院法学研究所法制史研究室编//群众出版社. -1985

中国法制史/于逸生等编//黑龙江人民出版社. -1985

中国法律制度史/王侃主编//吉林大学出版社. -1985

剑与杠杆：中国古代法律简论/张晋藩、王志刚//陕西人民教育出版社. -1985、1988

中国立法史/陈茹玄//（台湾）自版. -1985

中国历代刑法浅谈/魏国库//江西人民出版社. -1985

中国刑法史/周密//群众出版社. -1985

中国刑法史研究/〔日〕西田太一郎著，段秋关译//北京大学出版社. -1985

法律制度史知识问答/于晓光、孙玉芝//黑龙江人民出版社. -1986

律令制——中国朝鲜的法与国家/唐代研究会//汲古书院. -1986

谈谈中国法制历史经验的借鉴问题/张晋藩//中国政法大学出版社. -1986

宪政论丛/张友渔//群众出版社. -1986

中国司法制度简史/熊先觉//山西人民出版社. -1986

中国司法制度/熊先觉//中国政法大学出版社. -1986

中国监狱史/薛梅卿主编//群众出版社. -1986

中国法制史/蒲坚主编//光明日报出版社. -1987、1999、2000

中国刑法通史/李光灿、宁汉林等//辽宁大学出版社. -1987、1989

中国政治制度史/张晋藩、王超//中国政法大学出版社. -1987

新编中国法制史/曾宪义主编//山东人民出版社. -1987

中国法制史纲/温晓莉//成都科技大学出版社. -1987

中国法制史/李甲孚//（台湾）联经出版事业公司. -1988

中国司法制度/袁红兵//北京大学出版社. -1988

中华法史丛谈/中国政法大学中国法律史研究所编//中国政法大学出版
　　社. -1988

滇西南边疆少数民族婚姻家庭制度与法的研究/杨怀英、赵勇山等//法律出版
　　社. -1988

中国近代法制史/范明辛、雷晟生编//陕西人民出版社. -1988

中国近代宪政宪法史略/蒋碧昆编//法律出版社. -1988

中国古代民法/李志敏//法律出版社. -1988

中国律师制度史/周太银、刘家谷//湖北科学技术出版社. -1988

中国的监狱/顾笑言//吉林人民出版社. -1988

中国监察制度/林代昭//中华书局. -1988

变法论：中国古代改革与法制/张晋藩、王志刚//法律出版社. -1989

法制史学/张晋藩//上海人民出版社. -1989

古代刑罚与刑具/徐进//山东教育出版社. -1989

中国法制史论/张晋藩//日本中央大学出版部. -1989

中国法律制度史研究通览/曾宪义、郑定编//天津教育出版社. -1989

中国监察制度史纲/吴才仁//同济大学出版社. -1989

中国商法简史/薛军编//中国商业出版社. -1989

中国监察制度史纲/吴才仁//同济大学出版社. -1989

长安文物与古代法制/胡留元、冯卓慧//法律出版社. -1989

中国监察制度史/彭勃、龚飞//中国政法大学出版社. -1989

少数民族习惯法/范宏贵//吉林教育出版社. -1990

神判/夏之乾//三联书店. -1990

中国法制史论文集/戴炎辉//（台湾）成文出版社．–1990

中国法制史稿/薛梅卿、叶峰//高等教育出版社．–1990

中国法制史研究综述：1949—1989/张晋藩主编//中国人民公安大学出版社．–1990

中外监察制度简史/皮纯协等编//中州古籍出版社．–1990

中国历代环境保护法制/严足仁编//中国环境科学出版社．–1990

中国古代行政立法/蒲坚//北京大学出版社．–1990

中国法制史问题纵横谈/薛军、窦铁军编//中国商业出版社．–1991

中国法制通史/游绍尹主编//中国政法大学出版社．–1991

中国古代法律三百题/陈鹏生主编//上海古籍出版社．–1991

简明中国法制史/张晋藩主编//中国人民公安大学出版社．–1991

中国古代法制史话/李用兵//中共中央党校出版社．–1991

中国刑法史稿/张晋藩主编//中国政法大学出版社．–1991

古代死刑肉刑要览/吴晓丛、王关成//陕西师范大学出版社．–1991

中国古代酷刑：中国传统文化透视/王永宽//中州古籍出版社．–1991

中国古代政治与监察制度/吴观文//国防科技大学出版社．–1991

酷刑与中国社会/金良年//浙江人民出版社．–1991

新疆三区革命法制史/阎殿卿//中国社会科学出版社．–1992

中国行政法史/张晋藩、李铁//中国政法大学出版社．–1992

检察制度史略/曾宪义主编//中国检察出版社．–1992

日本学者研究中国史论选译（第八卷）法律制度/刘俊文主编，姚荣涛、徐世虹译//中华书局．–1992

中国古代法律制度/张晋藩//中国广播电视出版社．–1992

中国法制史/张晋藩//（台湾）五南图书出版公司．–1992

中国监察制度史/邱永明//华东师范大学出版社．–1992

中国刑法史新论/张晋藩、林中、王志刚//人民法院出版社．–1992

法律史研究/张晋藩主编//广西师范大学出版社．–1992

中华帝国的法律/〔美〕D. 布迪、〔美〕C. 莫里斯，朱勇译//江苏人民出版社．–1993、1995、2003、2008

中国古代法制史研究/韩国磐//人民出版社．–1993

中国古代法律的社会特征/李明德、马小红//中共中央党校出版社．–1993

中国法制史通解：1000 题/钱大群、曹伊清编//南京大学出版社．–1993

中国民法史/叶孝信主编//上海人民出版社．–1993

中国行政法制史/王士伟//陕西人民出版社．－1993

近代中国外交与国际法/程道德//现代出版社．－1993

中国法制史/〔日〕滋贺秀三//东京大学出版会．－1993

中国警察史/林维业等编//辽宁人民出版社．－1993

中国法律制度史/于逸生//黑龙江人民出版社．－1993

中国近代警察制度/韩延龙主编//中国公安大学出版社．－1993

中国司法制度学/张凤鸣//内蒙古大学出版社．－1993

极权与特权：中国封建官僚制度读解/刘笃才//辽宁大学出版社．
　　－1994、2000

凉山彝族奴隶社会法律制度研究/杨怀英//四川民族出版社．－1994

中国古代治安制度史/朱绍侯主编//河南大学出版社．－1994

中国经济法制史/蒋晓伟//知识出版社．－1994

中国经济法制史纲/曾代伟//成都科技大学出版社．－1994

中国历代司法史话/李汝涛编//南海出版社．－1994

中国习惯法论/高其才//湖南出版社．－1995

中国古代的监察制度/方兢编//民主与建设出版社．－1995

中国近代法律的变迁/王涛//法律出版社．－1995

中国法制史/刘和海主编//山东大学出版社．－1995

中国法制史/刘晶军主编//中国政法大学出版社．－1995

中国的师爷/李乔//商务印书馆国际有限公司．－1995

中国历代刑法/江振良//（香港）东方时代出版社．－1995

中国古代土地法制述略/赵晓耕//中国和平出版社．－1996

中国古代法制史话/李用兵//商务印书馆．－1996

澳门法制与大陆法系/米也天著，朱芸译//中国政法大学出版社．－1996

求索集：张晋藩先生与中国法制史学四十年/陈景良、张中秋主编//南京大学
　　出版社．－1996

中华王朝的刑网/赵泉编//中国检察出版社．－1996

中国民法史/孔庆明、胡留元、孙季平编//吉林人民出版社．－1996

甘肃省志·审判志/本书编委会编//甘肃人民出版社．－1996

中国监狱史/王利荣//四川大学出版社．－1996

中国现代宪政运动史/王永祥//人民出版社．－1996

华夏法的历史长河：中国律典/袁兆春//沈阳出版社．－1997

近代中国宪政史/殷啸虎//上海人民出版社．－1997

香港司法制度/朱国斌//河南人民出版社. –1997

中国古代判例研究/汪世荣//中国政法大学出版社. –1997

中国监察制度史/彭勃、龚飞//中国方正出版社. –1997

中华历史通鉴：第1部（政治史卷·经济史卷·法制史卷·军事史卷）/李罗力等//国际文化出版公司. –1997

澳门法律研究/杨贤坤//中山大学出版社. –1997

中国司法制度/吴磊//中国人民大学出版社. –1997

中国古代的礼仪制度/朱筱新//商务印书馆. –1997

中国古代惩贪/王培生、贺乐民//西北大学出版社. –1997

中国刑法简史/宁汉林、魏克家//中国检察出版社. –1997

中国法制化的历史进程/俞敏声主编//安徽人民出版社. –1997

法律的起源/周长龄//中国人民大学出版社. –1997

从禁忌习惯到法起源运动/王学辉//法律出版社. –1998

野蛮的文明：中国历代刑法/刘英奎、张小乐//辽海出版社. –1998

中国历代酷刑实录/包振远//中国社会出版社. –1998

中国刑法史纲/周密//北京大学出版社. –1998

上海法制史/王立民//上海人民出版社. –1998

少数民族习惯法研究/徐中起、张锡盛、张小辉主编//云南大学出版社. –1998

中国百年民主宪政运动/姜平//甘肃人民出版社. –1998

中国封建监察制度运作研究/邱永明//上海社会科学院出版社. –1998

中国监察制度研究/关文发、于波主编//中国社会科学出版社. –1998

中国的家法族规/费成康主编//上海社会科学院出版社. –1998

中国古代乡里制度研究/仝晰纲//山东人民出版社. –1999

古代中国国际法研究/孙玉荣//中国政法大学出版社. –1999

中国近代新闻法制史论/黄瑚//复旦大学出版社. –1999

中国古代刑法史论稿/王宝来//陕西人民出版社. –1999

中国军事法制史/陈学会主编//海潮出版社. –1999

中国民事诉讼制度史/张晋藩主编//巴蜀书社. –1999

中国全史（简读本）法制史、冤狱史/曹健民主编//经济日报出版社. –1999

中国法制通史（第1卷）夏商周/张晋藩总主编，蒲坚主编//法律出版社. –1999

中国法制通史（第2卷）战国秦汉/张晋藩总主编，徐世虹主编//法律出版

社. -1999

中国法制通史（第 3 卷）魏晋南北朝/张晋藩总主编，乔伟主编//法律出版
社. -1999

中国法制通史（第 4 卷）隋唐/张晋藩总主编，陈鹏生主编//法律出版社.
-1999

中国法制通史（第 5 卷）宋/张晋藩总主编，郭成伟主编//法律出版社.
-1999

中国法制通史（第 6 卷）元/张晋藩总主编，韩玉林主编//法律出版社.
-1999

中国法制通史（第 7 卷）明/张晋藩总主编，怀效锋主编//法律出版社.
-1999

中国法制通史（第 8 卷）清/张晋藩主编//法律出版社. -1999

中国法制通史（第 9 卷）清末中华民国/张晋藩总主编，朱勇主编//法律出版
社. -1999

中国法制通史（第 10 卷）新民主主义政权/张晋藩总主编，张希坡主编//法
律出版社. -1999

古代蒙古法制史/奇格//辽宁民族出版社. -1999

乔伟文集（第 1 卷）先秦法制史·中国刑法史稿/《乔伟文集》编辑委员会编
//山东大学出版社. -2000

论法的成长——来自中国南方山地民族法律民族志的诠释/张冠梓//社会科学
文献出版社. -2000

宪政史话/徐辉琪、傅建成//社会科学文献出版社. -2000

中国丧服制度史/丁凌华//上海人民出版社. -2000

苗族习惯法研究/徐晓光、吴大华、韦宗林、李廷贵//（香港）华夏文化艺术
出版社. -2000

中国法制史话/刘选、王振亚编//湖北人民出版社. -2000

中国法律史/武树臣//中共中央党校出版社. -2000

法制史话/李力//社会科学文献出版社. -2000

中国近代警察史/韩延龙、苏亦工等//社会科学文献出版社. -2000

羌族习惯法/俞荣根主编//重庆出版社. -2000

从近代民法到现代民法/梁慧星//中国法制出版社. -2000

中国法制史/王菲主编//南海出版公司. -2001

中国法制史/贺颖清//龙门书局. -2001

失衡的天平：中国历代法制/张小乐//辽海出版社. -2001

中国法制史学/王利民主编//中国财政经济出版社. -2001

中国刑法史精要/高绍先//法律出版社. -2001

中国刑事司法制度（先秦卷）/矛彭年//法律出版社. -2001

百年法律省思/林乾、赵晓华//中国经济出版社. -2001

中国法律制度史/王立民//上海教育出版社. -2001

西法东渐：外国人与中国法的近代变革/王健编//中国政法大学出版
　　社. -2001

上海租界法制史话/王立民//上海教育出版社. -2001

中外古代法制比较简论/孙光妍、康敬奎、王青林、张晓萍//黑龙江人民出版
　　社. -2001

军事法制史/丛文胜//解放军出版社. -2001

中国审判制度史/程维荣//上海教育出版社. -2001

中国经济立法史/袁兆春//山东电子音像出版社. -2001

中国司法制度史/那思路、欧阳正//（台湾）空中大学. -2001

藏族法制史研究/徐晓光//法律出版社. -2001

彝族传统社会法律制度研究/王明东//云南民族出版社. -2001

中国百年法制大事纵览（1900～1999）/张晋藩主编//法律出版社. -2001

中国法制史纲要/郑秦//法律出版社. -2001

中国古代法比较简论/孙光妍//黑龙江人民出版社. -2001

中国矿业法制史/傅英主编//中国大地出版社. -2001

从民主新路到依法治国：为人民民主奋斗80年的中国共产党/张志明//江西
　　高校出版社. -2001

中国法制史/王菲//中国检察出版社. -2001

中国法制史/李夏衍主编//海洋出版社. -2002

二十世纪中国法制的回顾与前瞻/张晋藩主编//中国政法大学出版社. -2002

中国古代法制研究/张秋华//吉林文史出版社. -2002

中国大陆法制之变迁/王文杰//元照出版有限公司. -2002

中国审判制度研究/叶青//上海社会科学院出版社. -2002

中国古代法官责任制度研究/巩富文//西北大学出版社. -2002

中国的家法族规/费成康//上海社会科学院出版社. -2002

法与司法的演进及改革考论/张培田//中国政法大学出版社. -2002

中国古代公正执法真人真事集/李克非、杨军编//中国政法大学出版

社．-2002

"明主治吏不治民"：中国传统法律中的官吏渎职罪研究/胡世凯//中国政法大
学出版社．-2002

中国传统民商法兴衰之鉴/季怀银//中国民主法制出版社．-2002

二十世纪之中国宪政/张学仁、陈宁生主编//武汉大学出版社．-2002

中国财政法制史/傅光明等//经济科学出版社．-2002

中国教育法制史/刘兆伟、赵伟编//黑龙江人民出版社．-2002

中国少数民族法制史/徐晓光//贵州民族出版社．-2002

中国诉讼法史/李交发//中国检察出版社．-2002

中国法律近代化论集（第1卷）/张生主编//中国政法大学出版社．-2002

中国宪政史/徐祥民等//青岛海洋大学出版社．-2002

民族习惯——法的雏形：从民族史料看法的成长/王俊编//云南科技出版
社．-2002

中国法制史/袁哲//学苑出版社．-2002

上海监狱志/麦林华//上海社会科学院出版社．-2003

中国法制史/王菲//中国工商出版社．-2003

司法独立与近代中国/韩秀桃//清华大学出版社．-2003

《崇德会典》《户部则例》及其他：张晋藩先生近期研究论一瞥/朱勇主编//
法律出版社．-2003

司法制度概论/范愉//中国人民大学出版社．-2003

中国少数民族习惯法研究/高其才编//清华大学出版社．-2003

土家族习惯法研究/冉春桃、蓝寿荣//民族出版社．-2003

中国监狱史/万安中主编//广东人民出版社．-2003

中国监狱史/李金华、毛晓燕主编//金城出版社．-2003

刑罚的历史/〔英〕法林顿著，陈丽红、李臻译//希望出版社．-2003

沈钧儒与中国宪政民主/陈水林、陈伟平//当代中国出版社．-2003

中国历代监狱大观/潘君明编//法律出版社．-2003

中国刑法近代化论纲/徐岱//人民法院出版社．-2003

中国法制史/张洪林编//华南理工大学出版社．-2003

中国行政法律制度/宋世杰//湖南人民出版社．-2003

从《大清律例》到《民国民法典》的转型：兼论中国古代固有民法的开放性
体系/李显冬//中国人民公安大学出版社．-2003

中国法制史考证·甲编·第1卷：历代法制考·夏商周法制考/杨一凡总主

编，马小红卷主编//中国社会科学出版社. -2003

中国法制史考证·甲编·第2卷：历代法制考·战国秦法制考/杨一凡总主编，马小红卷主编//中国社会科学出版社. -2003

中国法制史考证·甲编·第3卷：历代法制考·两汉魏晋南北朝法制考/杨一凡总主编，高旭晨卷主编//中国社会科学出版社. -2003

中国法制史考证·甲编·第4卷：历代法制考·隋唐法制考/杨一凡总主编，杨一凡、尤韶华卷主编//中国社会科学出版社. -2003

中国法制史考证·甲编·第5卷：历代法制考·宋辽金元法制考/杨一凡总主编，尤韶华卷主编//中国社会科学出版社. -2003

中国法制史考证·甲编·第6卷：历代法制考·明代法制考/杨一凡总主编，杨一凡卷主编//中国社会科学出版社. -2003

中国法制史考证·甲编·第7卷：历代法制考·清代法制考/杨一凡总主编，苏亦工卷主编//中国社会科学出版社. -2003

中国法制史考证·乙编·第1卷：法史考证重要论文选编·律令考/杨一凡总主编，杨一凡、刘笃才卷主编//中国社会科学出版社. -2003

中国法制史考证·乙编·第2卷：法史考证重要论文选编·刑制狱讼考/杨一凡总主编，杨一凡、刘笃才卷主编//中国社会科学出版社. -2003

中国法制史考证·乙编·第3卷：法史考证重要论文选编·法制丛考/杨一凡总主编，杨一凡、刘笃才卷主编//中国社会科学出版社. -2003

中国法制史考证·乙编·第4卷：法史考证重要论文选编·法律史料考释/杨一凡总主编，杨一凡、刘笃才卷主编//中国社会科学出版社. -2003

中国法制史考证·丙编·第1卷：日本学者考证中国法制史重要成果选译·通代先秦秦汉卷/杨一凡总主编；〔日〕寺田浩明编主编，〔日〕籾山明卷主编，徐世虹译//中国社会科学出版社. -2003

中国法制史考证·丙编·第2卷：日本学者考证中国法制史重要成果选译·魏晋南北朝隋唐卷/杨一凡总主编；〔日〕寺田浩明编主编，〔日〕冈野诚卷主编，程维荣等译//中国社会科学出版社. -2003

中国法制史考证·丙编·第3卷：日本学者考证中国法制史重要成果选译·宋辽西夏元卷/杨一凡总主编；〔日〕寺田浩明编主编，〔日〕川村康卷主编，姚荣涛译//中国社会科学出版社. -2003

中国法制史考证·丙编·第4卷：日本学者考证中国法制史重要成果选译·明清卷/杨一凡总主编；〔日〕寺田浩明编主编，郑民钦译//中国社会科学出版社. -2003

中国民法通史/张晋藩主编//福建人民出版社. -2003

中国近代版权史/李明山//河南大学出版社. -2003

中国婚姻立法史/张希坡//人民出版社. -2003

两性法律的源与流/李忠芳//群众出版社. -2003

薪火集：中国法制史学通论/张晋藩//鹭江出版社. -2003

中国刑法近代化论纲/徐岱//人民法院出版社. -2003

中国近代证据制度研究/蒋铁初//中国财政经济出版社. -2004

中日法制比较研究/吕世辰//中国书籍出版社. -2004

嬗变中之中国大陆法制/王文杰//（台湾）交通大学出版社. -2004

户籍、身份与社会变迁：中国户籍法律史研究/姚秀兰//法律出版社. -2004

中国古代权力与法律/林乾//中国政法大学出版社. -2004

中国古代监察制度发展史/贾玉英等//人民出版社. -2004

中国监察制度史纲/胡沧泽//方志出版社. -2004

中国司法制度概论/李学军//内蒙古人民出版社. -2004

中国监狱史/张凤仙等编//群众出版社. -2004

中国近代刑事诉讼制度变革研究/李春雷//北京大学出版社. -2004

中国民族法制研究/苏钦//中国文史出版社. -2004

中国法院的历史与转型/信春鹰//法律出版社. -2004

中国监察制度研究/左连璧//人民出版社. -2004

中国古代报刊法制发展史/倪延年//南京师范大学出版社. -2004

中国近代民法法典化研究/张生//中国政法大学出版社. -2004

近现代中国审判检察制度的演变/张培田、张华//中国政法大学出版
    社. -2004

中国宪政史纲/陆德生主编//中国长安出版社. -2004

当代中国司法行政制度/程维荣//学林出版社. -2004

古代刑具史话/杨玉奎//百花文艺出版社. -2004

中国监狱制度的改革与发展/戴艳玲//中国人民公安大学出版社. -2004

判例制度研究（上、下）/武树臣主编//人民法院出版社. -2004

中国法律样式/武树臣//台海出版社. -2004

中国司法制度史/张晋藩主编//人民法院出版社. -2004

中国宪法史/张晋藩//吉林人民出版社. -2004

近代中国的议会与宪政/李建新、李锦顺//甘肃人民出版社. -2005

新民主主义宪政研究/韩大梅//人民出版社. -2005

云南法制史/方慧主编//中国社会科学出版社．-2005

苗族习惯法的遗留、传承及其现代转型研究/徐晓光//贵州人民出版社．-2005

中国商标法律史（近现代部分）/左旭初//知识产权出版社．-2005

中国财产法史稿/郭建//中国政法大学出版社．-2005

中国法制史（两汉魏晋南北朝）/蒋晓伟//复旦大学出版社．-2005

出土文献与古代司法检验史研究/闫晓君//文物出版社．-2005

中国古代司法制度史/张兆凯主编//岳麓书社．-2005

中国法制史/段秋关主编//北京大学出版社．-2005

中国法制史/李军//学苑出版社．-2005

中国法制史/宫宏祥、郭建兰//中国社会科学出版社．-2005

中国共产党廉政法制史研究/杨永华主编//人民出版社．-2005

中国近代证券法/王志华//北京大学出版社．-2005

习惯法：一个正在发生的制度性事实/李可//中南大学出版社．-2005

天网恢恢疏而多漏：中国古代法制得失史话/马建兴、叶春旸//兰州大学出版社．-2005

中国历代司法史话/李汝涛、李蛟//中国盲文出版社．-2005

大智慧：中国古代法制纪实/汤苏文//法律出版社．-2005

习惯法/李可//中南大学出版社．-2005

国际化与本土化——中国近代法律体系的形成/曹全来//北京大学出版社．-2005

新民主主义宪政研究/韩大梅//人民出版社．-2005

社会转型与近代中国法制现代化：1840～1928/侯强//中国社会科学出版社．-2005

中国监狱学史纲：清末以来的中国监狱学术述论/郭明//中国方正出版社．-2005

财产权利的贫困：中国传统民事法研究/邓建鹏//法律出版社．-2006

中国历代土地资源法制研究/蒲坚//北京大学出版社．-2006

中国民法近代化研究/朱勇主编//中国政法大学出版社．-2006

中国司法制度研究/王圣诵//人民出版社．-2006

传统个人、家庭、婚姻与国家：中国法制史的研究与方法/陈惠馨//（台湾）五南图书出版公司．-2006

回族伊斯兰习惯法研究/杨经德//宁夏人民出版社．-2006

黔东南雷山县三村苗族习惯法研究/周相卿//贵州人民出版社. -2006

中国古代监察制度史/邱永明//上海人民出版社. -2006

中国法律与社会/王立民主编//北京大学出版社. -2006

中国判例制度研究/徐景和//中国检察出版社. -2006

中国继承制度史/程维荣//东方出版中心. -2006

不完全酷刑档案/黄磊、徐珂//法律出版社. -2006

中国历代土地资源法制研究/蒲坚主编//北京大学出版社. -2006

中国的司法制度/张柏峰//法律出版社. -2006

近代中国著作权法的成长（1903—1910）/王兰萍//北京大学出版社. -2006

中国古代的"皇杖"/管军军//中国法制出版社. -2006

中国警政史/万川主编//中华书局. -2006

皇帝如何断案/陈煜//中国法制出版社. -2006

中华刑罚发达史：野蛮到文明的嬗变/罗翔//中国法制出版社. -2006

衡平司法与中国传统法律秩序/顾元//中国政法大学出版社. -2006

中国刑律儒家化的标准问题研究/陈红太//中国政法大学出版社. -2006

中国近代水权纠纷解决机制研究/田东奎//中国政法大学出版社. -2006

扭曲的人性：中国古代酷刑/王永宽//河南人民出版社. -2006

律令四千年/张小乐//辽海出版社. -2006

法律多元视角下的苗族习惯法与国家法：来自黔东南苗族地区的田野调查/徐
　　晓光、文新宇//贵州民族出版社. -2006

中国法制史论述丛稿/黄静嘉//清华大学出版社. -2006

中国民族政策法律化问题研究/彭谦著/中央民族大学出版社，—2006

近代中国钱业习惯法/杜恂诚//上海财经大学出版社. -2006

传统与超越：中国司法变革源流/方立新//法律出版社. -2006

中国法制史/张文珍//经济科学出版社. -2006

中国法制史/陶舒亚//浙江大学出版社. -2006

中国民事法律制度继承与创新/史浩明//人民法院出版社. -2006

中国报刊法制发展史（史料卷）/倪延年//南京师范大学出版社. -2006

中国报刊法制发展史（古代卷）/倪延年//南京师范大学出版社. -2006

中国报刊法制发展史（现代卷）/倪延年//南京师范大学出版社. -2006

中国报刊法制发展史（当代卷）/倪延年//南京师范大学出版社. -2006

历史上的大法典/杨林红//中国发展出版社. -2007

红楼梦的法律世界/尹伊君//商务印书馆. -2007

中国古代监察法制史/张晋藩主编//江苏人民出版社．-2007

中国传统司法的现代转型/沈国琴//中国政法大学出版社．-2007

律令时代中国的法律与社会/郑显文//知识产权出版社．-2007

接触与碰撞：16世纪以来西方人眼中的中国法律/田涛、李祝环//北京大学出版社．-2007

历代律令/邢春如、刘心莲、李穆南主编//辽海出版社．-2007

藏族习惯法：传统与转型/吕志祥//民族出版社．-2007

中国法制史/王申//浙江大学出版社．-2007

中国法制史/唐元平//华南理工大学出版社．-2007

中国法制史/李俊//对外经济贸易大学出版社．-2007

从比附援引到罪刑法定：以规则的分析与案例的论证为中心/陈新宇//北京大学出版社．-2007

香港的法制建设/朱兴有//海天出版社．-2007

中国古代物权法研究：以土地关系为研究视角/柴荣//中国检察出版社．-2007

上海道契：法制变迁的另一种表现/夏扬//北京大学出版社．-2007

中国法典编纂沿革史/〔日〕浅井虎夫著，陈重民译，李孝猛点校//中国政法大学出版社．-2007

中国环境资源法的产生与发展/徐祥民、陈书全//科学出版社．-2007

中国古代邪教与恐怖犯罪问题研究/郭成伟主编//中国检察出版社．-2007

中国法律与社会/杨师群//北京大学出版社．-2007

中国法制史学的发展/刘广安、高浣月、李建渝等编//中国政法大学出版社．-2007

近代中国宪法与宪政研究/夏新华等//中国法制出版社．-2007

宗法结构与中国古代民事争议解决机制/毛国权//法律出版社．-2007

刑官的世界：中国法律人职业化的历史透视/任喜荣//法律出版社．-2007

中国古代监狱制度/白焕然等//新华出版社．-2007

贵州少数民族习惯法研究/邵泽春//知识产权出版社．-2007

中国侦查史/马洪根//群众出版社．-2007

法的历程：中国司法审判制度的演进/张培田//人民出版社．-2007

中国监察法制史稿/张晋藩//商务印书馆．-2007

法律继受与近代中国法/黄源盛//（台湾）元照出版有限公司．-2007

"隶臣妾"身份再研究/李力//中国法制出版社．-2007

中国历代廉政监察制度史/周天//百家出版社. -2007

中国法制史//张国安、白晓东、林伟明//中国检察出版社. -2007

新编中国法制史/廖宗麟//中国检察出版社. -2007

中国法制史/章颖主编//中国经济出版社. -2007

近代中国法院普设研究——以广东为个案的历史考察/欧阳湘//知识产权出版
　　社. -2007

中国罪刑法定原则的百年变迁研究/彭凤莲//中国人民公安大学出版
　　社. -2007

中国法律制度变迁研究/葛少芸//甘肃民族出版社. -2008

五刑六典：刑罚与法制/郭建//长春出版社. -2008

中国近代法律职业共同体的形成与演化/王立//中国检察出版社. -2008

羌族的法制历程/李鸣//中国政法大学出版社. -2008

瑶族习惯法/高其才//清华大学出版社. -2008

传统中国日常生活中的协商：中古契约研究/〔美〕韩森//江苏人民出版
　　社. -2008

近代中国的犯罪、惩罚与监狱/〔荷〕冯客//江苏人民出版社. -2008

民事习惯与民法典的互动：近代民事习惯调查研究/苗鸣宇//中国人民公安大
　　学出版社. -2008

凉山彝族习惯法田野高层调查报告/陈金全、巴且日伙、李剑、杨玲等//人民
　　出版社. -2008

彝族仫佬族毛南族习惯法研究/陈金全主编//贵州民族出版社. -2008

西南少数民族习惯法研究/陈金全主编//法律出版社. -2008

中国古代死刑制度史/胡兴东//法律出版社. -2008

中国少数民族经济权利法律保障研究/翟东堂//中央民族大学出版社. -2008

执法王：中国封建王朝的皇帝与法官/郭建//当代中国出版社. -2008

中国的民主进程与法制建设/程维荣//黑龙江人民出版社. -2008

中国法制史/李玉福主编//山东大学出版社. -2008

别居法律制度研究/王勤芳//知识产权出版社. -2008

中国古代刑与法/崔敏//新华出版社. -1993；中国人民公安大学出版
　　社. -2008

中国近代民族自治法制研究/李鸣编//中央民族大学出版社. -2008

中国民族法制史论/李鸣//中央民族大学出版社. -2008

近代法制改革者——伍廷芳/张富强//广东人民出版社. -2008

中国经济刑法发展史/柯葛壮主编//黑龙江人民出版社．-2008

死刑考论：历史现实未来/崔敏//中国人民公安大学出版社．-2008

细说中国法律典故/姜歆//九州出版社．-2008

规范与价值：近代中国刑事法制的转型/王敏//法律出版社．-2008

台江县五个苗族自然寨习惯法调查与研究/周相卿//贵州人民出版社．-2009

人民检察制度的历史变迁/孙谦//中国检察出版社． 2009

中国民间习惯法则/刘黎明//四川人民出版社．-2009

中国共产党民族法制建设史研究/李资源//人民出版社．-2009

中国少数民族婚姻家庭法律制度研究/雷明光//中央民族大学出版社．-2009

游牧者的财产法：蒙古族苏鲁克民事习惯研究/戴双喜//中央民族大学出版
社．-2009

中国古代诉讼制度研究/（日）籾山明著，李力译//上海古籍出版社．-2009

中国法官制度研究/谭世贵//法律出版社．-2009

古代法典/西双版纳傣族自治州人民政府//云南民族出版社．-2009

中国内地与香港地区廉政法制比较/林兴//暨南大学出版社．-2009

历代例考（中国法制史考证续编第1册）/杨一凡、刘笃才//社会科学文献出
版社．-2009

律注法律文献丛考（中国法制史考证续编第2册）/张伯元//社会科学文献出
版社．-2009

碑刻法律史料考（中国法制史考证续编第3册）/李雪梅//社会科学文献出版
社．-2009

典权制度源流考（中国法制史考证续编第4册）/郭建//社会科学文献出版
社．-2009

汉代律家与律章句考（中国法制史考证续编第5册）/龙大轩//社会科学文献
出版社．-2009

隋代法制考（中国法制史考证续编第6册）/倪正茂//社会科学文献出版
社．-2009

唐律与唐代法制考辨（中国法制史考证续编第7册）/钱大群//社会科学文献
出版社．-2009

唐式辑佚（中国法制史考证续编第8册）/霍存福//社会科学文献出版
社．-2009

金元法制丛考（中国法制史考证续编第9册）/曾代伟//社会科学文献出版
社．-2009

明大诰研究（修订本）（中国法制史考证续编第 10 册）/杨一凡//社会科学文献出版社. -2009

秋审条款源流考（中国法制史考证续编第 11 册）/宋北平//社会科学文献出版社. -2009

中国近代法律文献与史实考（中国法制史考证续编第 12 册）/张希坡//社会科学文献出版社. -2009

法制史料考释（中国法制史考证续编第 13 册）/张国福、冯卓慧、王沛//社会科学文献出版社. -2009

苗族法制史/徐晓光主编//远方出版社. -2009

中国监狱史/王志亮主编//广西师范大学出版社. -2009

中国警察制度研究/安政//中国检察出版社. -2009

新编中国法制史/张培田、李艳华主编//中国政法大学出版社. -2009

中国法律的传统与近代转型/张晋藩//法律出版社. -2009

居有其屋：中国住房权历史研究/张群//社会科学文献出版社. -2009

中国传统法律制度探微/王念哲//北京文史出版社. -2009

中国法制史/王立民主编//科学出版社. -2009

中国法制史/袁兆春主编//科学出版社. -2009

中国审判制度史/那思陆//上海三联书店. -2009

中国近代法制史专题研究/赵晓耕主编//中国人民大学出版社. -2009

近代中国的宪政化：兼与韩国比较/杜文忠//法律出版社. -2009

中国近代宪政史上的关键词/王人博//法律出版社. -2009

中国司法制度/李军//中国政法大学出版社. -2009

近代外商来华投资法律制度/吕铁贞//法律出版社. -2009

明暗之间：近代中国狱制转型研究/王素芬//中国方正出版社. -2009

传统审判制度近代化研究/张熙照//吉林人民出版社. -2009

纳西族法制研究/《纳西族法制研究》课题组编//云南民族出版社. -2009

中国近代财税法学史研究/杨大春//北京大学出版社. -2010

刑罚的历史/张晨光//吉林大学出版社. -2010

藏族历代法典/索南次仁//民族出版社. -2010

窃书为雅罪：中华文化中的知识产权法/〔美〕安守廉（William P. Alford）//法律出版社. -2010

寻找法律的印迹：从独角神兽到"六法全书"/余定宇//北京大学出版社. -2010

中国法制史新谭/丁凌华//上海人民出版社. –2010

中国法制现代化的历史/王人博主编//知识产权出版社. –2010

西南少数民族民间法的变迁与现实作用：以黔桂瑶族、侗族、苗族民间法为例/周世中等/法律出版社. –2010

乡土秩序与民间法律：羌族习惯法探析/龙大轩//中国政法大学出版社. –2010

中国法制史/王存河//北京大学出版社. –2010

中国法制史/占茂华主编//中国政法大学出版社. –2010

法治视野中的习惯法/厉尽国//中国政法大学出版社. –2010

原生的法：黔东南苗族侗族的法人类学调查/徐晓光//中国政法大学出版社. –2010

中国法制史备考与拓展/周东平主编//厦门大学出版社. –2010

壮族习惯法研究/陈新建//广西人民出版社. –2010

中国穆斯林习惯法研究/姜歆//宁夏人民出版社. –2010

中国历代监察制度/赵贵龙//法律出版社. –2010

中国近代职业教育法律制度研究/彭爽//湖南人民出版社. –2010

中国亲属法的近现代转型：从《大清民律草案·亲属编》到《中华人民共和国婚姻法》/金眉//法律出版社. –2010

近代中国公司法中股东权制度研究：以法律与社会的互动为中心/李彤//法律出版社. –2010

中国近代银行法研究（1897—1949）：以组织法律制度为视角/李婧//北京大学出版社. –2010

中国近代检察权制度研究/刘清生//湘潭大学出版社. –2010

藏族古代法新论/华热·多杰//中国政法大学出版社. –2010

宁波近代法制变迁研究/邹剑锋//复旦大学出版社. –2010

吴经熊与近代中国法制/孙伟//中国法制出版社. –2010

论民间法的司法运用/张晓萍、谢晖//中国政法大学出版社. –2010

2. 各代

春秋时代国际公法考/〔日〕新见吉治//湖北学报馆刻，刊刻年月不详

春秋职官考略（三卷）/（清）程延祚//刻本，刊刻年月不详

《汉书·刑法志》讲疏/曹辛汉//编者自印，刊印年月不详

从《聊斋志异》的人物看清代的科举制度和讼狱制/董挽华//（台湾）台湾

大学，刊印年月不详

汉律考/（清）张鹏一//–清光绪十七年（1891）、二十三年（1897）刻本

清国行政法/〔日〕织田万著，陈舆等译//（上海）广智书局. –清光绪三十二年（1906）

唐虞刑法论/〔日〕田能村著，杨清源编译//（上海）昌明公司. –清光绪三十三年（1907）

王安石新法论/〔日〕高桥作卫著，陈超译//（上海）广智书局. –清光绪三十四年（1908）

大清违警律释义/（清）汤化龙//（北京）法政研究社. –清光绪三十四年（1908）

王省山观察丁未警察日记/（清）王廷梁记//–清光绪三十四年（1908）

大清违警律论/（清）汪有龄//商务印书馆. –清宣统元年（1909）

中华民国国会组织法选举法浅释/陶保霖//商务印书馆. –1912

中华民国暂行刑律释义/陈承泽//商务印书馆. –1913

中华民国宪法史案/李根源//国闻编辑社. –1914

汉律考（七卷）/程树德//京师刻本. –1919

中华民国法统递嬗史/王景谦、唐乃需同编//（上海）中华书局. –1922

中华民国宪法史（后编）/吴宗慈//著者自刊. –1923

中华民国宪法史（前编）/吴宗慈//著者自刊. –1924

晋律考/程树德//（上海）商务印书馆. –1927

金律之研究/叶潜昭//（台湾）商务印书馆. –1927

先秦国际法之遗迹/徐传保编//（上海）中国科学公司. –1931

中华民国物权法论/刘鸿渐//北平朝阳学院. –1933

中华民国宪法刍议/罗家衡//上海自由出版社. –1933

中华民国宪法史/潘树藩//商务印书馆. –1935

明代监察制度概述/于登//（南京）金陵大学. –1936

三十年来中国刑法之辩证法的发展/蔡枢衡//–1936

明代监察制度概述/于登//金陵大学印. –1936

宋代之市舶司与市舶条例/〔日〕藤田丰八著，魏重庆译//商务印书馆. –1936

中华民国立法史/谢振民编，张知本校阅//正中书局. –1937

春秋国际公法/洪钧培//（昆明）中华书局. –1939、1971；文史哲出版社. –1975

五五宪草释论/陈盛清//中国文化服务社．-1941

秋审制度（第1编）/董康//民国三十年国立编译馆校勘印行．-1941

近三十年中国刑法史论/蔡枢衡//昆明．-1943

两汉监察制度研究/陈世材//商务印书馆．-1944；民国丛书第5编，上海书
店影印．-1996

唐律通论/徐道邻//中华书局．-1945；（台湾）中华书局．-1966

从法令中看解放区/谌之编//强学出版社．-1946

读《吕刑》/袁柳．-1947

宋役法述/聂荣岐//哈佛燕京学社．-1947

中华民国民主宪法十讲/张君劢//商务印书馆．-1947

西汉刑名考/徐定戡//震旦法律经济杂志社．-1947

商鞅立法/纪庸编辑//大中国书局．-1949

新中国检察制度概论（修订本）/陈启育//人民出版社．-1950

太平天国的理想国：天朝田亩制度考/罗尔纲//商务印书馆．-1950

新中国五年来政治法律工作的成就/李琪编//人民出版社．-1954

太平天国田政考/简又文//香港大学东方研究院．-1954

旧中国反动政府制宪丑史/张晋藩、杨堪、鲁柏编//通俗读物出版社．-1955

第二次国内革命战争时期国民党政府的法律制度/张晋藩//中国人民大
学．-1955

抗日战争时期国民党政府的法律制度/张晋藩//中国人民大学．-1955

抗日民主根据地的法律制度/张晋藩//中国人民大学．-1956

唐律通论/徐道邻//（台湾）中华书局．-1958

唐明律的比较研究/林咏荣//（台湾）自版．-1962

唐律通论/戴炎辉//（台湾）三民书局．-1964；（台湾）国立编译馆．
-1965、1970、1977、1979

两汉御史制度/芮和蒸//（台湾）嘉新水泥公司文化基金会．-1964

明代监察制度之权力分配及其运用/齐觉生//作者自印．-1964

唐律上家族主义之研究/潘维和//（台湾）中国文化学院出版社．-1965

《唐律疏议》引得/庄文斯编//（台湾）文海出版社．-1965

中华民国监察院之研究/罗志渊//台湾大学政治系．-1967

两汉监察制度研究/陈世林//（台湾）商务印书馆．-1968

秦汉监察制度/马空群//（台湾）商务印书馆．-1969

中华民国训政时期约法/阮毅志//（台湾）商务印书馆．-1971

清代州县衙门刑事审判制度及程序/陶希圣//（台湾）食货月社．-1972

清代刑法研究/张溯崇//（台湾）华岗出版社．-1974

权能区分与五权宪法制度/陈天志//幼狮文化事业公司．-1976

五十年来中国立法/刘锡五//（台湾）正中书局．-1976

秦汉监察制度/司空群//（台湾）商务印书馆股份有限公司．-1976

论唐明律对官人之优遇/劳政武//万年青书店．-1976

《吕刑》研究/曾荣汾//台湾师范大学国文研究所．-1976

宋代版刻法制研究/段炫武//（台湾）石宝出版社．-1976

汉律摭遗/（清）沈家本//（台湾）商务印书馆．-1976

明律目笺（3卷）/（清）沈家本//（台湾）商务印书馆．-1976

明代的审判制度/杨雪峰//（台湾）黎明文化公司．-1978

明代都察院之研究/张治安//台湾．-1978

日本对清廷钦定法之影响/陈丰祥//（台湾）台湾师范大学历史研究
　　所．-1978

明代的审判制度/杨雪峰//（台湾）黎明文化事业股份有限公司．-1978

宋代祠禄制度考实/梁天锡//学生书店．-1978

中国现行监察制度/常泽民//（台湾）商务印书馆．-1979

云梦秦简初探/高敏//河南人民出版社．-1979

清国行政法泛论/〔日〕织田万//（台湾）华世出版社．-1979

中国法制之社会史的考察——法律系统的源流/陶希圣//（台湾）食货出版
　　社．-1979

清代台湾之乡治/戴炎辉//（台湾）联经出版事业公司．-1979

三十年来我国法规沿革概况/蓝金普编//群众出版社．-1980

秦律试析/栗劲//吉林大学法律系．-1981

秦汉律研究/乔伟//吉林大学法律系法律史教研室．-1981

云梦秦简研究/中华书局编辑部编//中华书局．-1981

解放区法规概要/蓝全普编//群众出版社．-1981，1982

唐清律的比较及其发展/林咏荣编//台湾编译馆．-1982

中华民国现行司法制度（上、下）/廖兴人//（台湾）黎明文化事业公
　　司．-1982

唐律初探/杨廷福//天津人民出版社．-1982

清代州县衙门审判制度/那思陆//（台湾）文史哲出版社．-1982、1989

马锡五审判方式/张希坡//法律出版社．-1983

秦律通论/栗劲//吉林大学．－1983

明初重典考/杨一凡//湖南人民出版社．－1984

新莽法制论/吴湘文//吉林大学出版社．－1984

清末民初我国警察制度化的历程/王家俭//台湾商务印书馆．－1984

三中全会以来经济政策与法规述要/王正明编写//法律出版社．－1984

秦律通论/栗劲//山东人民出版社．－1985

唐代司法制度/汪潜//法律出版社．－1985

唐律研究/乔伟//山东人民出版社．－1985

大清报律之研究/于卫//（台湾）中华书局．－1986

居延汉简研究/陈直//天津古籍出版社．－1986

建国以来法制建设记事/俞建平、赵昆坡、戴霞、王克勤//河北人民出版
　　社．－1986

中华民国法制简史/张国福//北京大学出版社．－1986

法律与现代社会/朱勇//四川教育出版社．－1986

清代宗族法研究/朱勇//湖南教育出版社．－1987

陕甘宁边区法制史稿（诉讼狱政篇）//杨永华、方克勤//法律出版社．－1987

隋律研究/倪正茂//法律出版社．－1987

法制建设十年/张庆福//旅游教育出版社．－1988

明大诰研究/杨一凡//江苏人民出版社．－1988

清入关前国家法律制度史/张晋藩、郭成康//辽宁人民出版社．－1988

秦汉法制史论考/〔日〕堀毅著，萧红燕等译//法律出版社．－1988

西周法制史/冯卓慧、胡留元//陕西人民出版社．－1988

新中国法制建设/陶希晋//南开大学出版社．－1988

中华民国宪法史（前后编）/吴忠慈//文海出版社．－1988

清代司法审判制度研究/郑秦//湖南教育出版社．－1988

法制建设十年（1978—1988）/张庆福编//旅游教育出版社．－1988

唐朝户籍法与均田制研究/宋家钰//中州古籍出版社．－1988

汉唐文官法律责任制度/王清云//中国人民大学出版社．－1989

嘉靖专制政治与法制/怀效锋//湖南教育出版社．－1989

唐律论析/钱大群、钱元凯//南京大学出版社．－1989

沈家本年谱初编/张国华、李贵连编//北京大学出版社．－1989

沈家本与中国法律现代化/李贵连//光明日报出版社．－1989

厦门政法史实（晚清民国部分）/林华主编//鹭江出版社．－1989

明初的法制与集权政治/姜晓萍//西南师范大学出版社. –1989

中国法制四十年：1949～1989/赵震江主编//北京大学出版社. –1990

孔子复礼和礼治的复兴：兼论法治的失败/陈应宁//北京大学出版社. –1990

明代御史制度研究/吴建科//福建师范大学出版社. –1990

唐律各论/戴炎辉//（台湾）成文出版社. –1990

新中国法制建设 40 年要览（1949—1988）/周振想、邵景春主编//群众出版
社. –1990

秦国法制建设/黄中业//辽沈书社. –1991

秦汉法制史研究/〔日〕大庭脩著，林剑鸣等译//上海人民出版社. –1991

试论宋朝御史监察制度/肖建新//安徽师范大学出版社. –1991

中国国际法溯源：先秦国际法之遗迹/陈顾远//上海书店影印. –1991

唐代婚姻法与婚姻实态/向淑云//（台湾）商务印书馆. –1991

清末政体变革与国情之论争——梁启超与立宪政治/董方奎//华中师范大学出
版社. –1991

太平天国法律制度研究/邱远猷//北京师范学院出版社. –1991

中国法制现代化的进程/公丕祥主编//中国人民公安大学出版社. –1991

唐律与中国现行刑法比较论/钱大群、夏锦文//江苏人民出版社. –1991

民国宪法史/张国福//华文出版社. –1991

中国革命法制史：1921～1949 年（上、下）/张希坡、韩延龙主编//中国社
会科学出版社. –1992

陕甘宁边区法制史稿（宪法、政权组织法篇）/杨永华//四川巴蜀出版
社. –1992

洪武法律典籍考证/杨一凡//法律出版社. –1992

秦汉法律史/孔庆明//陕西人民出版社. –1992

清律研究/张晋藩//法律出版社. –1992

睡虎地秦简刑律研究/傅荣珂//（台湾）商鼎文出版社. –1992

宋代司法制度/王云海主编//河南大学出版社. –1992

中华苏维埃法制史/卓帆//江西高校出版社. –1992

清代法制史（刑法部分）/怀效锋//中华书局. –1993

太平天国刑法历法研究/周新国//广西人民出版社. –1993

清代民族立法研究/刘广安//中国政法大学出版社. –1993

清末宪政史/韦庆远等//中国人民大学出版社. –1993

唐律新探/王立民//上海社会科学院出版社. –1993

唐代御史制度研究/傅荣珂//（台湾）文津出版社．－1993

革命根据地的工运纲领和劳动立法史/张希坡编//中国劳动出版社．－1993

明代的监控体制：监察与谏议制度研究/张薇//武汉大学出版社．－1993

春秋贵族法规研究/徐鸿修//广西师范大学出版社．－1993

秦刑罚概述/王关成//陕西人民教育出版社．－1993

中华民国法制史/余明侠主编//中国矿业大学出版社．－1994

清代的幕吏及其对清代司法审判的影响/杨友林//中国人民大学出版社．－1994

唐律施行考论/丁相顺//吉林大学出版社．－1994

中华民国法律志/国史馆中华民国史法律志编纂委员会编//国史馆．－1994

革命根据地法制史/张希坡主编//法律出版社．－1994

共和国宪政历程/文正邦等//河南人民出版社．－1994

秦汉官吏法研究/安作璋等编//齐鲁书社．－1994

宋代法制研究/赵晓耕//中国政法大学出版社．－1994

唐律与唐代吏治/钱大群、郭成伟//中国政法大学出版社．－1994

唐乾盛世的杠鼎杠杆：唐雍乾时期经济立法纵横伦/魏向阳编//首都师范大学出版社．－1994

秦汉法制论考/高恒编//厦门大学出版社．－1994

革命根据地经济立法/张希坡//吉林大学出版社．－1994

金律研究/曾代伟//四川民族出版社．－1995；（台湾）五南图书出版有限公司．－1995

唐律职务犯罪考论/王菲//吉林大学出版社．－1995

新中国检察审判制度演进研究/雷铣等编//中国检察出版社．－1995

《元典章》研究/舒炳麟//黄山书社．－1995

清代蒙藏地区法制研究/徐晓光//四川民族出版社．－1996

清代习惯法：社会与国家/梁治平//中国政法大学出版社．－1996

唐宋法制史研究/苏基朗//香港中文大学出版社．－1996

清代之监察制度论/曾纪蔚//上海书店影印．－1996

宋代监察制度/贾玉英//河南大学出版社．－1996

唐代行政法律研究/钱大群、艾永明//江苏人民出版社．－1996

唐律与唐代法律体系研究/钱大群//南京大学出版社．－1996

魏晋南北朝刑法体制研究/薛菁//福建人民出版社．－1996

中华人民共和国法制史/杨一凡、陈寒枫主编//黑龙江人民出版社．－1996

清乾隆时期查抄案件研究/魏美月//文史哲出版社. −1996

辽宁省行政监察志：1950—1959 年/辽宁省监察厅//辽宁省监察厅自刊. −1997

周代刑罚制度研究/康大鹏//北京大学出版社. −1997

论明代巡按御史制度/毛圣泰//厦门大学出版社. −1997

清代监察制度的确立及其作用/刘战//辽宁大学出版社. −1997

两汉魏晋法制简说/张建国//大象出版社. −1997

宋教仁与中国民主宪政/迟云飞//湖南师范大学出版社. −1997

《宋刑统》研究/薛梅卿//法律出版社. −1997

中华民国开国法制史：辛亥革命法律制度研究/邱远猷、张希坡//首都师范大学出版社. −1997

元朝法制史/韩玉林编//中国法制出版社. −1997

革命根据地法制史/张希坡编//法律出版社. −1997

汉代法制研究/张景贤//黑龙江教育出版社. −1997

出土文物与先秦法制/李力、蒲坚审定//大象出版社. −1997

宋代法制研究/郭东旭//河北大学出版社. −1997

明清法制史初探/怀效锋//法律出版社. −1998

中国法制建设 20 年/许骅//中州古籍出版社. −1998

清代地方政府的司法职能研究/吴吉远//中国社会科学出版社. −1998

民事审判与民间调解：清代的表达与实践/黄宗智//中国社会科学出版社. −1998

明清法制初探/怀效锋//法律出版社. −1998

清代民法综论/张晋藩//中国政法大学出版社. −1998

唐代制度史略论稿/李锦绣//中国政法大学出版社. −1998

西夏天盛律令研究/王天顺//甘肃文化出版社. −1998

清朝法制史/张晋藩主编//中华书局. −1998

中华民国律师制度史/徐家力//中国政法大学出版社. −1998

中国现代监察制度史论/王永祥、杨世钊主编//福建人民出版社. −1998

中华人民共和国法制史（修订本）/杨一凡等主编//黑龙江人民出版社. −1998

中华人民共和国法制通史/韩延龙主编//中央党校出版社. −1998

中华人民共和国刑法史/张希坡编//中国人民公安大学出版社. −1998

明代行政法研究/陈国平//法律出版社. −1998

明代司法初考/尤韶华//厦门大学出版社．－1998

当代中国法制建设与人权保护/李招忠//湖南师范大学出版社．－1998

明清时期的民事审判与民间契约/〔日〕滋贺秀三、寺田浩明等著，王亚新等
　　编译//法律出版社．－1998

明太祖礼法之治研究/罗冬阳//北京高等教育出版社．－1998

明清时代的民事审判与民间契约/〔日〕滋贺秀二/法律出版社．－1998

简牍与制度：尹湾汉墓简牍官文书考证/廖伯源//文津出版社．－1998

历史与变革：新中国法制建设的历程/蔡定剑//中国政法大学出版社．－1999

新中国法制建设50年/郭成伟主编//江苏人民出版社．－1999

中华人民共和国民法史/何勤华、殷啸虎主编//复旦大学出版社．－1999

20年来中国政治体制改革和民主法制建设/夏禹龙主编//重庆出版社．－1999

唐代法制研究/刘俊文//（台湾）文津出版社有限公司．－1999

唐律与国家社会研究/高明士//（台湾）五南图书出版公司．－1999

明代民事判牍研究/童光政//广西师范大学出版社．－1999；海南出版
　　社．－2008

共和国法制建设50年/肖义舜//中共中央党校出版社．－2000

清代法制导论：从社会学角度加以分析/〔英〕S.斯普林克尔著，张守东
　　译//中国政法大学出版社．－2000

唐代御史制度研究/胡沧泽//福建教育出版社．－2000

中华民国立法史（上、下）/谢振民编，张知本校订//中国政法大学出版
　　社．－2000

混沌大消散：中国法制建设20年透析/唐自斌//湖南师范大学出版社．－2000

明清律典与条例/苏亦工//中国政法大学出版社．－2000

清代刑名幕友研究/高浣月//中国政法大学出版社．－2000

从天盛律令看西夏榷禁制度/张玉海//宁夏社会科学．－2000

秦汉法律与社会/于振波//湖南人民出版社．－2000

秦汉魏晋南北朝监察史纲/李小树//社会科学文献出版社．－2000

宋代法制初探/戴建国//黑龙江人民出版社．－2000

唐律研究/钱大群//法律出版社．－2000

新中国宪政之路：1949～1999/殷啸虎//上海交通大学出版社．－2000

新中国宪法发展史/韩大元主编//河北人民出版社．－2000

民初法律变迁与裁判/黄源盛//（台）国立政治大学法学丛书．－2000

清代法律制度研究/郑秦//中国政法大学出版社．－2000

明代监察制度研究/张治安//（台湾）五南图书出版有限公司. -2000

反腐败：来自古代中国的启示——以北魏官吏收入与监察机制为例/王大良//
　　民族出版社. -2001

中华民国宪法与宪政/张世莹//（台湾）五南图书出版有限公司. -2001

宋代社会与法律：《名公书判清明集》讨论/宋代官箴研究会//东大图书股份
　　有限公司. -2001

沟通两个世界的法律意义：晚清西方法的输入与法律新词初探/王健//中国政
　　法大学出版社. -2001

国际法输入与晚清中国/田涛//济南出版社. -2001

国家与社会：清末地方自治与宪政改革/马小泉//河南大学出版社. -2001

宋代法制特点研究/吕志兴//四川大学出版社. -2001

宋代官商及其法律调整/赵晓耕//中国人民大学出版社. -2001

唐律新探/王立民//上海社会科学院出版社. -2001

中央苏区检察史/林海主编//中国检察出版社. -2001

礼·法·社会：清代法律转型与社会变迁/张仁善//天津古籍出版社. -2001

晚清讼狱制度的社会考察/赵晓华//中国人民大学出版社. -2001

清朝治藏典章研究/张羽新//中国藏学出版社. -2002

世纪对话：忆新中国法制奠基人彭真/李海文//群众出版社. -2002

清国行政法/〔日〕织田万撰，李秀清、王沛点校//中国政法大学出版
　　社. -2002

民法七十年之回顾与展望纪念论文集（1）：总则、债编/苏永钦等//中国政法
　　大学出版社. -2002

民国初期民法的近代化/张生//中国政法大学出版社. -2002

敦煌悬泉置诏书四时月令五十条试析/黄人二//高文出版社. -2002

两宋法制通论/薛梅卿、赵晓耕主编//法律出版社. -2002

宋代刑法史/周密编//法律出版社. -2002

宋代茶法研究/黄纯艳//云南大学出版社. -2002

秦律新探/曹旅宁//中国社会科学出版社. -2002

北朝礼制法系研究/李书吉//人民出版社. -2002

唐代经济民事法律述论/张中秋//法律出版社. -2002

中国苏维埃宪政研究/谢一彪//中央文献出版社. -2002

深圳法院 20 年/邓基联主编//海天出版社. -2002

探索与抉择：晚清法律移植研究/张德美//清华大学出版社. -2003

法律多元视角下的清代国家法/王志强//北京大学出版社．－2003

清代地方政府/瞿同祖著，范忠信、晏锋译//法律出版社．－2003

晚清中国的政治转型：以清末宪政改革为中心/高旺//中国社会科学出版
　　社．－2003

明代充军研究/吴艳红//社会科学文献出版社．－2003

九品官人法考论/胡舒云//社会科学文献出版社．－2003

中华人民共和国宪法史/许崇德//福建人民出版社．－2003

宋代地方政府民事审判职能研究/屈超立//巴蜀书社．－2003

法典中的西夏文化/杨积堂//法律出版社．－2003

御笔诏令说清史/秦国经//山东教育出版社．－2003

清末法政人的世界/程燎原//法律出版社．－2003

清代回疆法律制度研究/王东平//黑龙江教育出版社．－2003

论"西姆拉会议"：兼析民国时期西藏的法律地位/卢秀璋//中国藏学出版
　　社．－2003

唐代身份法制研究/陈惠馨等//（台湾）五南图书出版股份有限公司．－2003

唐代谏议制度与文人/傅绍良//中国社会科学出版社．－2003

中国民事诉讼法制百年进程·清末时期（第2卷）/陈刚主编//中国法制出版
　　社．－2004

清代西藏法制研究/孙镇平//知识产权出版社．－2004

清朝典制/郭松义、李新达、李尚英//吉林文史出版社．－2004

当代中国法律制度变迁研究/陈永胜//甘肃人民出版社．－2004

1954年宪法与新中国宪政/韩大元编//湖南人民出版社．－2004

《周礼》所见法制研究（刑法篇）/张全民//法律出版社．－2004

明清徽州的民间纠纷及其解决/韩秀桃//安徽大学出版社．－2004

清代法律视野中的商人社会角色/陈亚平//中国社会科学出版社．－2004

唐代律令制研究/郑显文//北京大学出版社．－2004

晚清各级审判厅研究/李启成//北京大学出版社．－2004

明代中央司法审判制度/那思陆//北京大学出版社．－2004

清代中央司法审判制度/那思陆//北京大学出版社．－2004

民初立嗣问题的法律与裁判——以大理院民事判决为中心/卢静仪//北京大学
　　出版社．－2004

清末民初民事诉讼制度变革研究/李春雷//北京大学出版社．－2004

新中国法制建设的回顾与反思/李龙主编//中国政法大学出版社．－2004

明代监察法制研究/刘双舟//中国检察出版社. -2004

新中国宪法史/穆兆勇编//广州人民出版社. -2004

天下婚姻：共和国三部婚姻法纪事/黄传会//文汇出版社. -2004

清代新疆流放研究/周轩//新疆大学出版社. -2004

中华苏维埃审判史/曾维东、曾维才主编//人民法院出版社. -2004

边疆的法律——对清代治边法制的历史考察/杜文忠//人民出版社. -2004

清末刑事司法改革研究——以中国刑事诉讼制度近代化为视角/尤志安//中国
　　人民公安大学出版社. -2004

陕甘宁边区高等法院史迹/张绍斌、艾绍润编//陕西人民出版社. -2004

中国宪法发展研究报告：1982—2002/胡锦光、韩大元主编//法律出版
　　社. -2004

明代司法续考/尤韶华//中国人事出版社. -2005

唐代监察制度研究/胡宝华//商务印书馆. -2005

民国时期水利法制研究/郭成伟、薛显林主编//中国方正出版社. -2005

北朝法制研究/邓奕琦//中华书局. 2005

探寻宪政之路：从现代化的视角检讨中国 20 世纪上半叶的宪政试验/郭宝平、
　　朱国斌//山东人民出版社. -2005

中国当代新闻传播法制史论/陈建云//山东人民出版社. -2005

唐令与中华法系研究/李玉生//南京师范大学出版社. -2005

民国时期契约制度研究/李倩//北京大学出版社. -2005

《天盛律令》与西夏法制研究/杜建录//宁夏人民出版社. -2005

清代江西财经讼案研究/龚汝富//江西人民出版社. -2005

清代商业社会的规则与秩序/孙丽娟//中国社会科学出版社. -2005

中华人民共和国宪法史/许崇德//福建人民出版社. -2005

西夏法律制度研究/姜歆//兰州大学出版社. -2005

张家山汉律研究/曹旅宁//中华书局. -2005

生存范式：理性与传统——元明清时期南方民族法律变迁研究/胡兴东//中国
　　社会科学出版社. -2005

民初民法中的民事习惯与习惯法/李卫东//中国社会科学出版社. -2005

东亚传统教育与法制研究 2·唐律诸问题/高明士//国立台湾大学出版中
　　心. -2005

秦汉逃亡犯罪研究/张功//湖北人民出版社. -2006

中华民国宪法要义/杨日青//（台湾）五南图书出版股份有限公司. -2006

张家山汉简《奏谳书》研究/蔡万进//广西师范大学出版社．-2006

民国时期商事登记法律制度研究/韦浩//中国工商出版社．-2006

自治与官治：南京国民政府的县自治法研究/周联合//广东人民出版社．-2006

1877年帝国司法的回光返照：晚清冤狱中的杨乃武案/陆永棣//法律出版社．-2006

民国时期西藏法制研究/孙镇平//知识产权出版社．-2006

南京国民政府法制理论设计及其运作/赵金康//人民出版社．-2006

唐宋法律制度研究/赵旭//辽宁大学出版社．-2006

中华民国刑法/王宠惠//中国方正出版社．-2006

清末民初刑诉法典化研究/郭成伟等//中国人民公安大学出版社．-2006

唐代民事法律制度论稿/岳纯之//人民出版社．-2006

秦汉刑罚制度研究/〔日〕冨谷至著，柴生芳、朱恒晔译//广西师范大学出版社．-2006

《钦定藏内善后章程二十九条》版本考略/廖祖桂、李永昌、李鹏//中国藏学出版社．-2006

宋代司法制度研究/梅原郁//创文社．-2006

帝国之鞭与寡头之链：上海会审公廨权力关系变迁研究/杨湘均//北京大学出版社．-2006

战国秦代法制管窥/刘海年//法律出版社．-2006

夏商西周法制史/胡留元、冯卓慧//商务印书馆．-2006

宋代物权关系研究/陈志英//中国社会科学出版社．-2006

清代州县衙门审判制度/那思路//中国政法大学出版社．-2006

清代清水江流域林业经济法制的历史回溯/徐晓光//贵州民族出版社．-2006

西夏法律制度研究/陈永胜//民族出版社．-2006

蒙古族草原法的文化阐释——《卫拉特法典》及卫拉特法的研究/黄华钧//中央民族大学出版社．-2006

国家法令与民间习惯：民国时期成都平原租佃制度新探/李德英//中国社会科学出版社．-2006

1989—2002中国民主法治建设/刘诚等//社会科学文献出版社．-2007

部院之争：晚清司法改革的交叉路口/张从容//北京大学出版社．-2007

由张家山汉简《二年律令》论汉初的继承制度/刘欣宁//国立台湾大学出版委员会．-2007

皇权的另一面：北朝隋唐恩赦制度研究/陈俊强//北京大学出版社. -2007

从人间世到幽冥界：唐代的法制、社会与国家/陈登武//北京大学出版社. -2007

明清澳门涉外案件司法审判制度研究/刘景莲//广东人民出版社. -2007

法典、习俗与司法实践：清代与民国的比较/黄宗智//上海书店出版社. -2007

清末民初新闻出版立法研究/殷莉//新华出版社. -2007

唐律新探/王立民//北京大学出版社. -2007

唐律中的夫妻关系/刘燕俪// (台湾) 五南图书出版有限公司. -2007

清代的死刑监候/孙家红//社会科学文献出版社. -2007

《成吉思汗法典》及原论/内蒙古典章法学与社会学研究所编//商务印书馆. -2007

官、民与法：明清国家与基层社会/张小也//中华书局. -2007

签注视野下的大清刑律草案研究/高汉成//中国社会科学出版社. -2007

《大清律例》与清代的社会控制/沈大明//上海人民出版社. -2007

盛与衰：汉唐经济法制与经济社会调控研究/张中秋、郑显文、宇培峰//中国政法大学出版社. -2007

明代监察官职务犯罪研究/丁玉翠//中国法制出版社. -2007

吏治何以清明：清代监察法镜鉴/焦利//中国民主法制出版社. -2007

明清商事纠纷与商业诉讼/范金民等//南京大学出版社. -2007

秦汉犯罪控制研究/张功//湖北人民出版社. -2007

中国新闻官司二十年：1987 -2007/刘海涛、郑金雄、沈荣//中国广播电视出版社. -2007

从司法为民到人民司法：陕甘宁边区大众化司法制度研究/侯欣一//中国政法大学出版社. -2007

元代民事法律制度研究/胡兴东//中国社会科学出版社. -2007

南诏国的法律与社会控制/罗家云//中国民族摄影艺术出版社. -2007

张家山汉简《二年律令》研究文集/中国社会科学院简帛研究中心//广西师范大学出版社. -2007

二年律令与奏谳书/彭浩//上海古籍出版社. -2007

司法改革八年/台湾司法院编//台湾司法院. -2007

清至民国时期蒙古法制研究/乌力吉陶格套//内蒙古大学出版社. -2007

吏治何以清明：清代监察法镜鉴/焦利//中国民主法制出版社. -2007

清代州县官吏的司法责任/李凤鸣//复旦大学出版社. -2007

清代民事诉讼与社会秩序/吴欣//中华书局. -2007

宋代的家庭和法律/柳立言//上海古籍出版社. -2008

当法律遇上经济：明清中国的商业法律/邱澎生//（台湾）五南图书出版公司. -2008

清末地方议会制度研究：以江苏咨议局为视角的考察/刁振娇//上海人民出版社. -2008

清末直隶宪政改革研究/徐建平//中国社会科学出版社. -2008

《周礼·秋官》与周代法制研究/温慧辉//法律出版社. -2008

1954 年宪法与中国宪政/韩大元编//武汉大学出版社. -2008

1997—2007：一国两制法治实践的法理学观察以法制冲突为视角/陈友清//法律出版社. -2008

新中国改革开放三十的立法见证/顾昂然//法律出版社. -2008

走向民主与法治的国度：改革开放三十年中国法治进程回顾/侯欣一//天津人民出版社. -2008

政府法制建设三十年的回顾与展望/曹康泰主编//中国法制出版社. -2008

司法改革 30 年：我所经历的人民法院改革/周道鸾//人民法院出版社. -2008

张家山汉简《二年律令》研究/朱红林//黑龙江人民出版社. -2008

人民检察史：纪念人民检察机关恢复重建三十周年/最高人民检察院编//中国检察出版社. -2008

从冲突到和谐：元明清时期西南少数民族纠纷解决机制研究/侸澎//人民出版社. -2008

过失杀人、市场与道德经济：18 世纪中国财产权的暴力纠纷/〔美〕步德茂著，张世明、刘亚丛、陈兆肆译//社会科学文献出版社. -2008

奁中物：宋代在室女"财产权"之形态与意义/张晓宇//江苏教育出版社. -2008

从人伦秩序到法律秩序：孝道与汉代法制研究/吴凡明//吉林人民出版社. -2008

两汉郡县官吏司法权研究/胡仁智//法律出版社. -2008

明清民事证据制度研究/蒋铁初//中国人民公安大学出版社. -2008

清代清水江下游村寨社会的契约规范与秩序：以文斗苗寨契约文书为中心的研究/梁聪//人民出版社. -2008

秦汉简牍中法制文书辑考/高恒//社会科学文献出版社. -2008

隋朝法制与统一秩序研究/高珣//法律出版社. -2008

唐代官吏职务犯罪研究/彭炳金//中国社会科学出版社. -2008

宋代法律与社会/郭旭东//人民出版社. -2008

宋代法制文明研究/肖建新//安徽人民出版社. -2008

宋代提点刑狱司法制度研究/王晓龙//人民出版社. -2008

宋代刑法史研究/戴建国//上海人民出版社. -2008

晚清涉外经济法律制度研究/吕铁贞//知识产权出版社. -2008

敦煌法论/王斐弘//法律出版社. -2008

教化与惩戒：从清代家训和家法族规看社会控制/鞠春彦//黑龙江教育出版
社. -2008

走向法治：广东法制建设 30 年/刘恒//广东人民出版社. -2008

告别乡土社会：广东法制建设 30 年/周大鸣//广东人民出版社. -2008

旧中国宪法五十年：国家权力配置研究/石柏林//湖南大学出版社. -2008

广东法制建设的探索与创新：1978—2008/葛洪义//华南理工大学出版
社. -2009

中国法制 60 年：1949—2009 年/张晋藩//陕西人民出版社. -2009

黄旗下的悲歌：晚清法制改革的历史考察/夏邦//合肥工业大学出版
社. -2009

新中国民商事法 60 年/成涛//上海社会科学院出版社. -2009

近代中国公司法史论/魏淑君//上海社会科学院出版社. -2009

与自然和谐相处：中国环境法治 60 年检视/王彬辉主编//浙江工商大学出版
社. -2009

从万国公法到公法外交：晚清国际法的传入、诠释与应用/林学忠//上海古籍
出版社. -2009

乾隆朝官员处分研究/孟姝芳//内蒙古大学出版社. -2009

明清法律运作中的权力与文化/邱彭生、陈熙远//（台湾）联经出版事业公
司. -2009

中国民事诉讼法制百年进程（清末时期）/谢文哲主编//中国法制出版
社. -2009

中国民事诉讼法制百年进程（民国初期）/邓继好主编//中国法制出版
社. -2009

明清时代妇女的地位与权利：以明清契约文书、诉讼档案为中心/阿风//社会
科学文献出版社. -2009

国家与社会：清末城市管理机构与法律制度变迁史/周执前//巴蜀书社. -2009

道德、习俗与规范的文化表达：纳西族社会的法律变迁研究/王飞//云南大学出版社. -2009

民国基层社会纠纷及其裁断：以新繁档案为依据/里赞//四川大学出版社. -2009

明代的狱政管理：国家制度的司法权力运作/连启元//花木兰文化出版社. -2009

北京民国政府司法官制度研究/毕连芳//中国社会科学出版社. -2009

二十世纪初中国政治改革风潮：清末立宪运动史/侯宜杰//中国人民大学出版社. -2009

从公堂走向法庭：清末民初诉讼制度改革研究/张德美//中国政法大学出版社. -2009

中国法治30年：回顾与展望（1978—2008）/中国法治30年课题组编//厦门大学出版社. -2009

《中华民国民法·亲属》研究/许莉//法律出版社. -2009

中国走向法治30年/蔡定剑//社会科学文献出版社. -2009

司法改革三十年/周道鸾//人民法院出版社. -2009

唐代文人与法律/何蕾//辽宁人民出版社. -2009

汉唐法制与儒家传统/黄源盛//（台湾）元照出版社. -2009

中国传统法制的嬗递：元代条画与断例/吴海航//知识产权出版社. -2009

西夏法制研究/邵方//人民出版社. -2009

清代黄河流域水利法制研究/饶明奇//黄河水利出版社. -2009

法治30年：回顾 反思 展望/马灵主编//中国人民公安大学出版社. -2009

湘西检察志：1989-2007年/《湘西检察志：1989—2007年》编委会编//中共党史出版社. -2009

春秋法制史研究/宁全红//四川大学出版社. -2009

新中国司法行政60年/程维荣//上海社会科学院出版社. -2009

清末新政中的修订法律馆：中国法律近代化的一段往事/陈煜//中国政法大学出版社. -2009

情感、循吏与明清时期司法实践/徐忠明//上海三联书店. -2009

宋代法律体系与中华法系/吕志兴//四川大学出版社. -2009

宋代刑罚制度研究/魏殿金//齐鲁书社. -2009

新中国宪法发展 60 年/韩大元主编//广东人民出版社. -2009

继承与改造：晚清与民国亲属法律近代化研究/罗旭南//线装书局. -2009

明清土地契约文书研究/杨国桢//中国人民大学出版社. -2009

宋代民间财产与诉讼问题初探/高楠//云南大学出版社. -2009

唐代婚姻家庭继承法研究：兼与西方法比较/金眉//中国政法大学出版社. -2009

晚清乡土社会民事纠纷调解制度研究/春杨//北京大学出版社. -2009

清末民初行政诉讼制度研究/宋玲//中国政法大学出版社. -2009

政治司法：1949—1961 年的华县人民法院/高其才、左炬、黄宇宁//法律出版社. -2009

清代广州涉外司法问题研究/唐伟华、黄玉//中国社会科学出版社. -2009

明清澳门的司法变迁/何志辉//澳门学者同盟. -2009

《大明会典》研究/原瑞琴//中国社会科学出版社. -2009

大视野下清末民初变革/朱宗震//新华出版社. -2009

清末口岸法律制度研究/朱东晖//中国政法大学出版社. -2010

西汉初期津关制度研究/杨建//上海古籍出版社. -2010

唐宋变革时期的法律与社会/戴建国//上海古籍出版社. -2010

沈家本年谱长编/李贵连//山东人民出版社. -2010

博弈与妥协：晚清预备立宪评论/周叶中、江国华主编//武汉大学出版社. -2010

中国法律"看不见"中国：居正司法时期（1932—1948）研究/江照信//清华大学出版社. -2010

宋代军法研究/张明//中国社会科学出版社. -2010

新中国宪法行政法 60 年/吴天昊//上海社会科学院出版社. -2010

新中国 60 年军事法制建设理论与实践/胡光正//军事科学出版社. -2010

深化刑事司法改革的理论与实践：新中国成立 60 年刑事诉讼法制的回顾与展望/卞建林、侯建军主编//中国人民公安大学出版社. -2010

新中国民法法典化历程考论/易清//知识产权出版社. -2010

西汉初期津关制度研究：附《律关令》简释/杨建//上海古籍出版社. -2010

从工具选择到价值认同：民国立宪评论/周叶中、江国华主编//武汉大学出版社. -2010

陕甘宁边区行政法概论/关保英主编//中国政法大学出版社. -2010

改革开放三十年（1978—2008）：中国婚姻家庭继承法研究之回顾与展望/陈

魏晋南北朝的妇女缘坐/马以谨//花木兰文化出版社. –2010

中国民族法制 60 年/熊文钊//中央民族大学出版社. –2010

唐宋律令法制考释/赖亮郡//（台湾）元照出版有限公司. –2010

明史研究论丛第 8 辑：明代诏令文书研究专辑/万明主编//紫禁城出版社. –2010

敦煌悬泉置《四时月令诏条》整理与研究/黄人二//武汉大学出版社. –2010

元明清时期的傣族法律制度及其机制研究/吴云//人民出版社. –2010

明朝商税法制研究：以抽分厂的运营为对象/姚国艳//中国政法大学出版社. –2010

旧王朝与新制度：清末立宪改革（1901—1911）纪事/徐爽//法律出版社. –2010

事实与逻辑：清末司法独立解读/李鼎楚//法律出版社. –2010

上海法治六十年图文录/上海市法治研究会编//上海人民出版社. –2010

清末新闻、出版案件研究（1900—1911）：以"苏报案"为中心/徐中煜//上海古籍出版社. –2010

变与常：清末民初商法建构与商事习惯之研究/张松//中国社会科学出版社. –2010

法制与腐败：以南京国民政府的县制为中心/周联合//知识产权出版社. –2010

明代乡村纠纷与秩序：以徽州文书为中心/（日）中岛乐章著，郭万平、高飞译//江苏人民出版社. –2010

（三） 中国法律思想史

韩非子法意/夏忠道//上海青协会书局. –1927

法家政治哲学/陈烈//（上海）华通书局. –1929

韩非的法治思想/张陈卿//北平文化学社. –1930

先秦法律思想/丘汉平编//（上海）光华书局. –1931

法律思想史概说/〔日〕小野清一郎著，何建民译//民智书局. –1932

法律思想史/丁元普//上海法学编译社. –1932、1933、1936

大陆近代法律思想小史/方孝岳//商务印书馆. –1933

中国古代法理学/王振先//商务印书馆. –1933

中国法律思想史/杨鸿烈编//商务印书馆. –1936；（台湾）商务印书

馆．－1978

法律思想史概论/胡适、林语堂//力行书店．－1942

三晋法家的思想/容肇祖//（重庆）史学书局．－1944；文听阁图书有限公
　　司．－2010

韩非法治论/曹谦编//中华书局．－1948

近代法律思潮与中国固有文化/干伯琦//（台湾）"司法行政部"．－1956；
　　（台湾）法务通讯杂志社．－1986、1993

中国法理学发达史论/梁启超//（台湾）中华书局．－1957

国父法律思想论集/谢冠生等编//（台湾）中国文化学院法律研究所
　　印．－1965

法律思想研究/何孝元//（台湾）商务印书馆．－1970

丘汉平先生法律思想和宪法问题论集/丘宏义、丘宏达//（台湾）正中书
　　局．－1973

先秦法律思想与自然法/耿云卿//（台湾）商务印书馆．－1973、1982

韩非：先秦法家思想的集大成者/湖北人民出版社编//湖北人民出版
　　社．－1974

历史上法家人物和进步思想家介绍/陕西师范大学历史系编//陕西师范大学历
　　史系．－1974

先秦法家思想的集大成者：韩非论述浅注/愈百青//人民出版社．－1974

法家、进步思想家简介/兰化化建公司工人理论组编//兰化化建公司工人理论
　　组．－1974

法家代表人物和进步思想家/上海图书馆编//上海图书馆．－1974

法家人物、作品简介/江苏人民出版社编//江苏人民出版社．－1974

春秋战国时期法家代表人物简介/北京师范学院历史专业73届工农兵学员//
　　中华书局．－1974

法家的杰出代表：韩非/钟哲//人民出版社．－1974

唐代杰出法家柳宗元/柳州拖拉机厂工人理论小组//广西人民出版社．－1975

论法家和法家思想/新疆人民出版社编//新疆人民出版社．－1975

西汉初期青年法家：贾谊/北京维尼纶厂工人理论小组//北京人民出版
　　社．－1976

法家人物及其著作简介/齐力//人民出版社．－1976

先秦两汉法家经济思想/《先秦两汉法家经济思想》编写组//上海人民出版
　　社．－1976

法律思想研究/何孝元//（台湾）商务印书馆. –1981

中国法律与法治思想/王洁卿//（台湾）三民书局. –1982

两汉中央政治制度与法儒思想/杨树藩//台湾商务印书馆. –1982

法家哲学体系指归/黄公伟//（台湾）商务印书馆. –1983

论孔子：中国法律思想史人物评述/杨景凡、俞荣根//西南政法学院
    印. –1983

论韩非：中国法律思想史人物评述/李光灿、杨恩翰//西南政法学院
    印. –1983

论秦始皇：中国法律思想史人物评述/李光灿、杨恩翰//西南政法学院
    印. –1983

论包拯：中国法律思想史人物评述/李光灿、刘笃才//西南政法学院
    印. –1983

中国法律思想史/栗劲、孔庆明主编//黑龙江人民出版社. –1983

中国法律思想史纲（上、下）/张国华、饶鑫贤主编//甘肃人民出版社.
    –1984、1987

中国法律思想史（上、下）/杨鸿烈//上海书店影印. –1984、1992

中国近代法律思想史略/张晋藩、杨堪、林中合//中国社会科学出版
    社. –1984

孔子的法律思想/杨景凡、俞荣根//群众出版社. –1984

老庄法律思想/林文雄//（台湾）"中央文物供应社". –1985

管子的法律思想/戴东雄//（台湾）"中央文物供应社". –1985

董仲舒的法律思想/杨鹤皋//群众出版社. –1985

贾谊的法律思想/杨鹤皋//群众出版社. –1985

毛泽东思想法学理论论文选/中国法学会编//法律出版社. –1985

法家哲学/姚蒸民//东大图书股份有限公司. –1986

《淮南子》与刘安的法律思想/段秋关//群众出版社. –1986

孔子法律思想研究/乔伟、杨鹤皋主编//山东人民出版社. –1986

孔子法律思想研究八十年/俞荣根//西南政法学院. –1986

韩非的法治思想及其历史意义/蔡英文//文史哲出版社. –1986

董必武政治法律文集/董必武文集编辑组//法律出版社. –1986

商鞅的法律思想/杨鹤皋//群众出版社. –1987

中国法律思想史简编/杨景凡主编//广西师范大学出版社. –1988

中国法律思想简史/倪正茂//同济大学出版社. –1988

毛泽东法律思想和实践/李仲达//陕西人民教育出版社．－1989

中国法律思想史研究通览/曾宪义、范忠信//天津教育出版社．－1989

邓小平法制思想研究/张建田//国防大学出版社．－1989

中国法家哲学/王赞源//东大图书公司．－1989

清末西方资产阶级法制思想的输入与融合/李自成//厦门大学出版社．－1989

董必武政权建设思想和法制建设思想初探/童新//华中师范大学出版社．－1990

先秦法家"法治"思想研究/朱苏人//北京大学出版社．－1990

孔子的法律思想与中国传统法律文化/丁智//中国人民大学出版社．－1990

梁启超政治法律思想研究/宋仁编//学苑出版社．－1990

上海近代法律思想史/华友根、倪正茂//上海人民出版社．－1990

中国法律思想简史/倪正茂//同济大学出版社．－1990

先秦法律思想史/杨鹤皋//中国政法大学出版社．－1990

邓小平同志论民主与法制/邓小平//法律出版社．－1990

学习邓小平的民主与法制思想/冷溶//法律出版社．－1990

沈家本法律思想研究/中国政法大学沈家本法学思想研讨会编//法律出版社．－1990

学习邓小平的民主与法制思想：《邓小平同志论民主与法制》辅导/冷溶、姜爱东//法律出版社．－1990

先秦法家思想史论/王晓波//（台湾）联经出版事业公司．－1991

毛泽东刑事法律思想初探/张穹、阮齐林//中国检察出版社．－1991

毛泽东思想关于民主和法制的理论/中国法学会//陕西人民出版社．－1991

西汉前期思想与法家的关系/林聪舜//大安出版社．－1991

中国法律思想史新编/张国华编//北京大学出版社．－1991、1998

孙中山法律思想体系研究/乔丛启//法律出版社．－1992

中国法律思想史/杨鸿烈//上海书店影印．－1992

儒家法思想通论/俞荣根//广西人民出版社．－1992、1998

邓小平社会主义民主与法制思想研究/朱峻峰//辽宁人民出版社．－1992

博通古今学贯中西的法学家——1990年沈家本法律思想国际学术研讨会论文集/张国华主编//陕西人民出版社．－1992

中国近代法律思想史（上、下）/华友根、倪正茂著//上海社会科学院出版社．－1992、1993

中国近代法律思想史新论/林中//中国政法大学出版社．－1992

中国法思想史/于逸生//黑龙江人民出版社. -1993

毛泽东法律思想库/王玉明主编//中国政法大学出版社. -1993

毛泽东法律思想研究/李龙主编//武汉大学出版社. -1993

毛泽东法制思想论集/中国检察学会编//中国检察出版社. -1993

毛泽东法律思想大纲/张思卿//红旗出版社. -1993

邓小平社会主义民主与法制思想研究/朱峻峰等//辽宁人民人民出版
社. -1993

宪法思想史纲/许崇德主编//浙江人民出版社. -1993

新编中国法律思想史/徐进主编//山东大学出版社. -1993

中国犯罪心理学思想史论/艾永明、朱永新//对外贸易教育出版社. -1993

中国法律思想史/武树臣//（台湾）汉光书局有限公司. -1993

中国法律思想史/汪汉卿主编//中国科学技术大学出版社. -1993

中国法律思想史/杨鹤皋//（台湾）汉兴书局. -1993

谁主沉浮：毛泽东的民主与法制观/王地久//中国政法大学出版社. -1993

治国安邦的基石：邓小平法制思想研究/毕东岭、李旭文、曾勇//解放军出版
社. -1994

先秦法家法治思想述论/黄小勇//吉林大学出版社. -1994

儒家思想与当代中国法治/郝铁川//河南大学出版社. -1994

中国古代正统法律思想研究/徐进//山东大学出版社. -1994

魏晋隋唐法律思想研究/杨鹤皋编//北京大学出版社. -1995

功不可没的法家思想/晋荣东//辽宁古籍出版社. -1995

邓小平法制思想研究/张瑞生//西安出版社. -1995

邓小平法律思想研究/侯欣一//西北大学出版社. -1996

谢觉哉论民主与法制/王定国、王萍、吉世霖编//法律出版社. -1996

法治权术——韩非子/平和//华侨出版社. -1996

中国法律思想史概论/武树臣//中共中央党校出版社. -1996

人权概念起源/夏勇//中国政法大学出版社. -1996

前期法家研究/曾振宇//山东大学出版社. -1996

法哲学经纬·中国法哲学思想家/倪正茂//上海社会科学院出版社. -1996

董必武的法律理论与实践/王列平//湖北人民出版社. -1996

论韩非子"法治"思想的哲学基础/王启刚//东北师范大出版社. -1996

邓小平社会主义法治思想研究/曾斌//中国人民大学出版社. -1996

汉魏之际的法治思潮/刘中建//南开大学出版社. -1997

中国法律思想比较研究/金联华等//甘肃人民出版社．-1997

清末法制变革思潮/马作武//兰州大学出版社．-1997

孙中山法律思想研究/唐自斌//湖南师范大学出版社．-1997

新编中国法律思想史/杨鹤皋//安徽大学出版社．-1997

中国古代社会的法律观/马小红//大象出版社．-1997、2009

中国古代法律观/马小红//河南教育出版社．-1997

艰难的开拓：毛泽东的法思想与法实践/俞荣根//广西师范大学出版
　　社．-1997

邓小平法制理论学习要点/刘胡乐//云南民族出版社．-1997

清末法制变革思潮/马作武//兰州大学出版社．-1997

中国法律思想史纲/马作武//中山大学出版社．-1998

邓小平法制思想研究/陆云泉//江苏人民出版社．-1998

邓小平民主与法制理论读本/朱峻峰//中共中央党校出版社．-1998

中国法律思想通史（清代卷）/栗劲主编//山西人民出版社．-1998

法律思想史纲//陈金全//成都科技大学出版社．-1998

法家思想与法家精神/武树臣、李力//中国广播电视出版社．-1998

中国法律思想史纲/马作武//中山大学出版社．-1998

论邓小平法治理论/汪先水//中国人民大学出版社．-1998

先哲的法制观：中国历代法律思想/苗文利//辽海出版社．-1998

中国法律思想史/金圣海、周虹//中国方正出版社．-1999

彭真民主法制思想研究/朱力宇//中国人民大学出版社．-1999

先秦思想文化特征与韩非法治学说/汤勤//复旦大学出版社．-1999

当代中国法律思想史/陈景良主编//河南大学出版社．-1999

邓小平法制建军思想研究/高来夫//人民日报出版社．-1999

邓小平民主法制理论在山西的实践/武正国//山西人民出版社．-1999

邓小平民主法制理论研究/吴礼林//中华工商联合出版社．-1999

中国法律思想史/李贵连主编//北京大学出版社．-1999

人民立宪思想探原：毛泽东早期法律观研究/徐显明//山东大学出版
　　社．-1999

邓小平法治思想与依法治理的实践/黄德润//西南交通大学出版社．-1999

中国历史上的法制改革与改革家的法律思想/徐显明、徐祥民主编//山东大学
　　出版社．-1999

金文简帛中的刑法思想/崔永东//清华大学出版社．-2000

包拯法律思想与实践/汪汉卿主编//安徽大学出版社．-2000

先秦法律思想史论/孙光妍//东北林业大学出版社．-2000

中国法律思想通史（二）/李光灿、张国华主编//山西人民出版社．-2000

邓小平民主法制思想研究/韩学军//群众出版社．-2000

中国法律思想史/杨鹤皋//群众出版社．-2000

建构中国法治社会的指南：邓小平法制思想研究/蒋传光//安徽大学出版社．-2000

刑名法术：法家哲学/程恭让//鹭江出版社．-2000

建构中国法治社会的指南：邓小平法制思想研究/蒋传光//安徽大学出版社．-2000

依法治国与依德治国：江泽民同志治国思想研究/郝铁川//上海人民出版社．-2001

先哲的法制观：历代法律/苗文利//辽海出版社．-2001

法不容情：法家思想的演变/晋荣东//辽海出版社．-2001

中国法律思想通史（四）/李光灿、张国华主编//山西人民出版社．-2001

民国初年的法治思潮与法制建设/李学智//南开大学出版社．-2001

宋元时代的法律思想和社会/柳立言编//国立编译馆．-2001

邓小平法治思想及其发展/郭伟//四川人民出版社．-2001

邓小平法治思想研究/吴锦标//山东大学出版社．-2001

宋元明清法律思想研究/杨鹤皋//北京大学出版社．-2001

中国古代法治思想精粹/王华//长征出版社．-2001

中国法律思想史/姜海涛//龙门书局．-2001

中外法律思想命题研究/张廉、刘芳//宁夏人民出版社．-2001

董必武法学思想研究文集（第1辑）/孙琬钟、祝铭山主编//人民法院出版社．-2001

春秋战国法律思想与传统文化/陈鹏生、杨鹤皋//（台湾）汇丰行有限公司．-2001

商鞅刑法思想及变法实践/周密//北京大学出版社．-2002

毛泽东邓小平法制思想比较研究/白明政//贵州人民出版社．-2002

民法宪法思想史论/汤毅平//中央广播电视大学出版社．-2002

儒家理论与法律文化：社会学观点的探索/林端//中国政法大学出版社．-2002

中国法律思想初探/林文雄/学林文化事业公司//．-2002

法律思想的律动：当代法学名家演讲录/吉林大学理论法学研究中心编//法律出版社．-2003

近代中国民法学中的私权理论/俞江//北京大学出版社．-2003

中西方法哲学思想/韩相顿//延边人民出版社．-2003

人法合治与混合法：中国传统法律思想的传承与发展/庄伟燕//广东高等教育出版社．-2003

孙中山宪政思想研究/牛彤//华夏出版社．-2003

中国特色社会主义法治思想研究/李卫东//武汉出版社．-2003

中国共产党法治思想研究/金国华//中国社会出版社．-2003

中国法律思想史/李贵连主编//北京大学出版社．-2003

中国法律思想史/杨鸿烈//中国政法大学出版社．-2003

中国古代法律思想论集：杨鹤皋先生七十五华诞暨从教五十周年志庆/杨鹤皋著，范忠信等编校//中国政法大学出版社．-2003

中国近代的宪政思潮/王人博//法律出版社．-2003

董必武法学思想研究文集（第2辑）/孙琬钟、吴家友、杨瑞广主编//人民法院出版社．-2003

近代中国的自然权利观/赵明//山东人民出版社．-2003

立宪思潮与清末法制改革/卞修全//中国社会科学出版社．-2003

出山未比在山清——王宠惠法制思想的理论与实践/刘宝东//中国人民大学出版社．-2003

先秦"仁"学思想研究：儒、墨、道、法家"仁"论说略/张燕婴//北京大学出版社．-2003

中国传统民法理念与规范/梁凤荣//郑州大学出版社．-2003

邓小平理论、"三个代表"重要思想与中国民主法制建设导论/孙国华//中国人民大学出版社．-2004

传统中国法理探源：张国华教授八秩冥寿纪念集/李贵连编//北京大学出版社．-2004

中国古代法律思想史/马小红//法律出版社．-2004

近代中国自由主义宪政思潮研究/石毕凡//山东人民出版社．-2004

中国法律思想史/杨鸿烈著，范忠信、何鹏勘校//中国政法大学出版社．-2004

大陆近代法律思想小史/方孝岳编//中国政法大学出版社．-2004

中国法律思想史/武树臣//法律出版社．-2004

朱熹理学法律思想研究/徐公喜//江西人民出版社. -2004

东西方之间的法律哲学：吴经熊早期法律哲学思想之比较研究/〔奥〕田默
　　迪//中国政法大学出版社. -2004

董必武法律思想研究文集（第3辑）/孙琬钟、刘瑞川主编//人民法院出版
　　社. -2004

中国传统刑法理论与实践/宋四辈//郑州大学出版社. -2004

论邓小平法治思想/朱祥全//成都时代出版社. -2004

邓小平法制思想研究/梁桂芝//黑龙江人民出版社. -2004

民国初年的法治思潮与法制建设/李学智//中国社会科学出版社. -2004

先秦儒法源流述论/韩星//中国社会科学出版社. -2004

中国法律思想史/杨鹤皋主编//北京大学出版社. -2004、2005

董必武法律思想研究文集（第4辑）/孙琬钟、李玉臻主编//人民法院出版
　　社. -2005

中国法律思想史/李贵连主编//北京大学出版社. -2005

洋务派法律思想与实践的研究/李青//中国政法大学出版社. -2005

宪法概念在中国的起源/王德志//山东人民出版社. -2005

中国法哲学史纲/刘新//中国人民大学出版社. -2005

宪政、理性与历史：萧公权的学术与思想/张允起//北京大学出版社. -2005

管子的治国宏言：治国牧民的法家哲理/元爱州//九角文化事业有限公
　　司. -2006

韩非子的法制统治/秦榆//中国长安出版社. -2006

法律视野下先秦和谐思想研究/张光妍//法律出版社. -2006

郑观应法律思想初探/朱作鑫//宁夏人民出版社. -2006

南京国民政府法制理论设计及其运作/赵金康//人民出版社. -2006

兵家法思想通论/张少瑜//人民出版社. -2006

中国法律思想史/李世宇//中国民主法制出版社. -2006

新儒家、新儒学及其政治法律思想研究/宇培峰//中国政法大学出版
　　社. -2006

法律视阈下先秦和谐思想研究/孙光妍、桑东辉//法律出版社. -2006

董必武法学思想研究文集（第5辑）/孙琬钟、公丕祥主编//人民法院出版
　　社. -2006

思想家的治国之道/崔永东//中国政法大学出版社. -2007

中国近代法律思想与法制革新/贾孔会//武汉大学出版社. -2007

法家的先驱：管子/元爱州//九角文化事业有限公司．-2007

董必武法学思想研究文集（第6辑）/孙琬钟、公丕祥主编//人民法院出版社．-2007

中国传统契约意识研究/张振国等//中国检察出版社．-2007

中国罪刑法定原则的百年变迁研究/彭凤莲//中国人民公安大学出版社．-2007

道与法：法家思想和黄老哲学解析/王晓波//台湾大学出版中心．-2007

中国法律思想史研究/马小红主编//中国人民大学出版社．-2007

王夫之法律思想研究/夏青、刘伯兰//中国人民大学出版社．-2007

邓小平民主法制思想研究/张学超//新华出版社．-2007

中国近代法律思想与法制变革/贾孔会//武汉大学出版社．-2007

一种历史实践：近现代中西法概念理论比较研究/刘星//法律出版社．-2007

中和与绝对的抗衡：先秦法家思想比较研究/杨玲//中国社会科学出版社．-2007

董必武法学思想研究文集（第7辑）/孙琬钟、应勇主编//人民法院出版社．-2008

新编中国法律思想史纲/段秋关//中国政法大学出版社．-2008

张家山汉简法律思想研究/曾加//商务印书馆．-2008

中国古代刑罚政治观/柏桦//人民出版社．-2008

韩非法治思想研究/张静雯//花木兰文化出版社．-2009

清代官箴理念对州县司法的影响/郭成伟、关志国//中国人民大学出版社．-2009

思想史视野下的法治现象/徐爱国//北京大学出版社．-2009

中国法律思想史/汤毅平主编//武汉大学出版社．-2009

中国法律思想史/丁凌华主编//科学出版社．-2009

董必武法学思想研究文集（第8辑）/孙琬钟、钱锋主编//人民法院出版社．-2009

中国近代宪政理论的特质研究/刘小妹//知识产权出版社．-2009

秦法家思想之发展研究/朱心怡//花木兰文化出版社．-2009

中国近代早期工商业发展与社会法律观念的变革/刘惠君//中央民族大学出版社．-2009

黄老"法"理论源流考/王沛//上海人民出版社．-2009

中国传统法律意识与和谐理想/马志冰主编//中国政法大学出版社．-2009

先秦法哲学思想研究/孙春增//山东大学出版社．－2009

张之洞与晚清文化保守主义思潮/任晓兰//法律出版社．－2009

韩非法治思想研究/张静雯//花木兰文化出版社．－2009

邓小平法制思想概论/蒋传光//人民出版社．－2009

富强抑或自由：严复宪政思想研究/杨阳//中国人民公安大学出版社．－2009

伦理司法：中国古代司法的观念与制度/罗昶//法律出版社．－2009

从治民到民治：清末地方自治思潮的萌生与变迁/汪太贤//法律出版
　　社．－2009

法律、社会与思想对传统法律文化背景的考察/中国传统法律文化研/何勤
　　华//法律出版社．－2010

"早熟"路径下的法家与先秦诸子/赵小雷//中国社会科学出版社．－2010

清末变法与日本：以宋恕政治思想为中心/杨际开//上海古籍出版社．－2010

明末清初法律思潮研究/苏凤格//郑州大学出版社．－2010

湖南近现代法制思想史论：近现代湖南人的法制思想与法治理念/张兆凯、陈
　　雄等//湖南人民出版社．－2010

中国法律思想史/李贵连、李启成//北京大学出版社．－2010

董必武法学思想研究文集（第9辑）/孙琬钟、张忠厚主编//人民法院出版
　　社．－2010

法家"依法治国"思想研究/时显群//人民出版社．－2010

二

教　材

（一）　中国法制史

大清律讲义／（清）徐象先／／民政部高等巡警学堂（京华书店）．–清光绪三十三年（1907）

大清律例讲义（三卷）／（清）吉同钧／／法部律学馆排印．–清光绪三十四年（1908）

大清律讲义（十七卷）／（清）吉同钧／／修订法律馆．–清宣统元年（1909）；上海朝记书庄．–清宣统二年（1910）

大清律例讲义／（清）陈融／／法政学堂

比较法制史讲义／黄寿鼎／／北京共和印刷局．–民国铅印本

中国法制史大纲／葛廷林／／中央政治学校

中国法制史／钱承钧／／上海法学院编印

中国法制史／崔学章／／广东公立法政学校印

中国法制教科书／庄泽定／／中华书局．–1916

中国警察史（中央警官学校第二分校讲义）／胡存忠／／–1944

国家与法的历史教学提纲（初稿）／／西南政法学院国家与法教研室编印．–1962

中国国家与法的历史讲义（第1册：奴隶、封建社会部分）／／北京政法学院国家与法的历史教研室编印．–1962

中国国家与法的历史讲义（第2册：半殖民地半封建部分上）／／北京政法学院国家与法的历史教研室编．–1962

中国国家与法权历史讲义（初稿）／／中国人民大学国家与法权历史教研室编／／中国人民大学出版社．–1963、1965

中国国家与法的历史讲义（初稿）//湖北大学法律系国家与法的理论和历史
　　教研室编印. –1964

中国政治法律制度史讲义/西南政法学院国家与法的历史教研室编//西南政法
　　学院. –1964

中国法制史/雷禄庆//（台湾）东吴大学. –1972

中国国家与法律制度史讲义//吉林大学法律系编印. –1974

中国国家与法律制度史讲义//湖北财经学院法律系编印. –1978

中国法制史//北京大学法律系中国法制史组编印. –1979

中国法制史讲义//西南政法学院法制史教研室编印. –1979

中国国家与法的历史讲义//中国人民大学国家与法律制度史教研室编
　　印. –1980

中国法制史（上、下）//北京政法学院法制史教研室编印. –1980

中国法制史/法学教材编辑部《中国法制史》编写组编写//群众出版
　　社. –1982

中国法制史纲（试用本）//华东政法学院法制史教研室编印. –1982

中国法制史/法学教材编辑部《中国法制史》编写组编写//群众出版
　　社. –1982

《中国法制史》自学指导书/华东政法学院法制史教研室编//华东政法学院法
　　制史教研室印. –1982

中国法制简史（简明法学教材）//法律出版社. –1983

中国法制简史（试用本）/王英昌等//法律出版社. –1983

中国法制史/张晋藩主编//群众出版社. –1984、1991、1992

中国法律制度史/王侃主编//吉林大学出版社. –1985

《中国法制史》学习辅导/钱大群//南开大学出版社. –1985

中国法制史/于晓光编//黑龙江人民出版社. –1985

中国法制史纲/王召棠、徐永康//浙江人民出版社. –1986

中国法制史纲/张晋藩主编//中国政法大学出版社. –1986

中国监狱史/劳改专业教材编辑部、《中国监狱史》编写组//群众出版
　　社. –1986

中国司法制度讲义/鲁明健//人民法院出版社. –1987

中国法制史/西南政法学院法制史教研室编写//四川省社会科学院出版
　　社. –1987

中国法制史教程/钱大群主编//南京大学出版社. –1987、1998

中国法制史简明教程/蒲坚、赵昆坡//北京大学出版社．－1987

中国法制史教程/范明辛、曾宪义、张希坡//文化艺术出版社．－1987

中国法制史教程/肖永清主编//法律出版社．－1987

简明中国法制史/陈鹏生、程维荣编//学林出版社．－1988

中国法制史教程/薛梅卿主编//中国政法大学出版社．－1988

中国法制史教程/杨永华、王志刚主编//陕西人民教育出版社．－1988

中国法制史简明教程/山东省高等院校编写组//山东人民出版社．－1988

中国法制史自学考试答疑/张天录、金旭//辽宁民族出版社．－1988

中国法制史自学考试辅导与练习/杨和钰、陈彬等//中国人民大学出版
    社．－1988

中国法制史参考资料/蒲坚、王晓珉//中央广播电视大学出版社．－1989

中国法制史纲要/中国政法大学、西北政法学院编写组//中国政法大学出版
    社．－1989

中国法制史学习指导书/蒲坚主编//中央广播电视大学出版社．－1989

中国法制史/叶孝信主编//北京大学出版社．－1989

中国法制度史/李景文主编//吉林人民出版社．－1989

中国法制史自学精要/王振安编//新疆大学出版社．－1990

中国法制史简明教程/国家教委高等学校编写组//北京大学出版社．－1990

中国法制史教学大纲/杨和钰主编//中国政法大学出版社．－1991

中国法制史指要（新编本）/西南政法学院成人教育教材编委会编//成都科技
    大学出版社．－1991、1997

中国法制史自学考试指导与题解/赵昆坡编//北京大学出版社．－1991

中国司法制度教程/鲁明健//人民法院出版社．－1991

《中国法制史》自学考试指南/蒲坚主编//教育科学出版社．－1991

中国法制史自学考试指南/叶孝信主编//北京大学出版社．－1992

中国司法制度教学大纲/徐静村//中国政法大学出版社．－1992

中国法制史自学考试题解/蒲坚、马小红//中国政法大学出版社．－1993

中国法制史/黄汉升、陈汉生主编//江西高校出版社．－1993

中国法制史/李玉福主编//山东人民出版社．－1994

中国法制史/徐永康主编//华东理工大学出版社．－1994

中国法制史教程/杨和钰等//中国政法大学社．－1994

新编中国法制史教程/薛梅卿主编//中国政法大学出版社．－1995

中国法制史/华东政法学院编写组//华东理工大学出版社．－1995

简明中国法制史教程/刘仁坤、曹清石//黑龙江教育出版社. -1996

中国法制史（新编本）/叶孝信主编//北京大学出版社. -1996

中国法制史应试导学/苏江主编//中国物资出版社. -1997

中国法制史/怀效锋主编//中国政法大学出版社. -1998、2002

中国法制史/刘晓纯、刘久玚主编//中国人事出版社. -1998

中国法制史教程/郑秦主编//法律出版社. -1998

中国法制史/陈秋云、张平主编//中国法制出版社. -1999

中国法制史/郭成伟主编//中国法制出版社. -1999

中国法制史/全国高等教育自学考试办公室自学指导服务中心组编//中国审计
出版社. -1999

中国法制史/曾代伟主编//西南交通大学出版社. -1999

中国法制史/郑秦、江兴国主编//中国政法大学出版社. -1999

中国法制史/郑秦主编//法律出版社. -1999

中国法制史/朱勇主编//法律出版社. -1999

中国法制史/徐祥民//山东人民出版社. -1999

中国法制史/郭建、姚荣涛、王志强//上海人民出版社. -2000

中国法制史/徐祥民、胡世凯主编//山东人民出版社. -2000

中国法制史/邱远猷等//北京大学出版社、高等教育出版社. -2000、
2009、2013

中国法制史/曾宪义主编//北京大学出版社、高等教育出版社. -2000、2009

中国法制史/司法部法学教材编辑部编//中国政法大学出版社. -2000

中国法制史/张剑主编//西苑出版社. -2000

中国法制史/郭学德//中国经济出版社. -2000

中国法制史纲要/郑秦//法律出版社. -2001

中国司法制度/张绍彦//法律出版社. -2001

法律文献检索教程/戴勇敢主编//中国人民公安大学出版社. -2001

中国法制史/陈涛//陕西人民出版社. -2001

中国法制史/贺弼清//龙门书局. -2001

中国法制史/刘贵田、党志全主编//辽海出版社. -2001

中国法制史/李交发、唐自斌主编//湖南大学出版社. -2001

中国法制史/刘英主编//延边大学出版社. -2001

中国法制史/谭辉雄主编//地震出版社. -2001

中国法制史/丁凌华、赵元信、张德强编//复旦大学出版社. -2001

中国法制史/曾代伟主编//法律出版社. -2001

中国法制史（教学参考书）/韩秀桃等编//法律出版社. -2001

中国法制史教程/钱大群主编//南京大学出版社. -2001

中国法制史/万安中主编//中山大学出版社. -2002

中国法制史/陈建新主编//湖南教育出版社. -2002

中国法制史/孔玲主编//贵州人民出版社. -2002

中国法制史/李希昆、张树兴主编//重庆大学出版社. -2002

中国法制史/王菲//海南出版社. -2002

中国法制史/叶孝信主编//复旦大学出版社. -2002

中国法制史/赵昆坡编//北京大学出版社. -2002

中国少数民族法制史教程/徐晓光等编//（香港）华夏文化艺术出版
    社. -2002

中国法制史简明教程/关连吉、陈永胜主编//甘肃人民出版社. -2002

中外法制史简明教程/连晓畅主编//贵州人民出版社. -2002

中国监狱史/全国高等教育自学考试指导委员会主编//法律出版社. -2002

中国监狱史指导/司法部监所管理专业自学考试助学辅导中心组编//法律出版
    社. -2002

中国法制史教学参考书/郑定、赵晓耕主编//中国人民大学出版社. -2003

中国法制史/周少元、何宁生主编//人民法院出版社. -2003

中国法制史/田为民//北京大学出版社. -2003

新编中国法制史教程/蒲坚主编//高等教育出版社. -2003

中国法制史/蒲坚主编//中央广播电视大学出版社. -2003

中国法制史/郭成伟主编//中国法制出版社. -2003

中国法制史/李玉福主编//山东大学出版社. -2003

中国法制史/林明主编//上海人民出版社. -2003

中国法制史学习指导书/马建兴主编//湖南人民出版社. -2003

中国法制史/王立民主编//上海人民出版社. -2003

中国法制史/张洪林//华南理工大学出版社. -2003

中国法制史/萧伯符主编//人民法院出版社、中国人民公安大学出版
    社. -2003

中国法制史/于语和、尚绪芝编//天津大学出版社. -2003

中国法制史/赵昆坡编//人民法院出版社. -2003

中国法制史/周少元、何宁生主编//人民法院出版社. -2003

中国法制史概论/周琳主编//兰州大学出版社．-2003

中国法制史学习指导书/马建兴主编//湖南人民出版社．-2003

中国法制史学习指导与应试指南/宋四辈主编//郑州大学出版社．-2003

中外法制史/北京新起点学校国家司法考试命题研究组编//东方出版社．-2003

中国法制史/马志冰主编//北京大学出版社．-2004

中国法制史新编/郭学德主编//华文出版社．-2004

简明中国法制史教程/李俊、刘夕海编//对外经济贸易大学出版社．-2004

中国法制史/段秋关、王立民主编//北京大学出版社．-2004

中国法制史自学考试大纲/段秋关主编//北京大学出版社．-2004

中国法制史/房绪兴主编//中国法制出版社．-2004

中国法制史/李希昆、张树兴主编//云南大学出版社．-2004

中国法制史/马作武主编//中国人民大学出版社．-2004

中国法制史/宋四辈主编//郑州大学出版社．-2004

中国法制史/张洪林、李世宇主编//中国民主法制出版社．-2004

中国法制史/赵晓耕编//中国人民大学出版社．-2004

中国法制史/荆宝峰编//延边人民出版社．-2004

中国法制史教程/曹三明主编//人民法院出版社．-2004

新编中国法制史/杨一凡主编//社会科学文献出版社．-2005

中国法制史/刘新春主编//中国农业出版社．-2005

中国法制史自学辅导/段秋关主编//上海教育出版社．-2005

中国法制史/萧伯符、唐若雷主编//中国人民公安大学出版社．-2005

中国法制史/张树兴、李贤春主编//重庆大学出版社．-2005

中国法制史/段秋关、王立民主编//北京大学出版社．-2005

中国法制史/全国高等教育自学考试命题研究组组编//航空工业出版
社．-2005

中国法制史教学案例/赵晓耕//北京大学出版社．-2006

中国法制史/曾代伟主编//法律出版社．-2006

中国法制史/周子良主编//法律出版社．-2006

中国法制/朱勇主编//法律出版社．-2006

中国法制史/汪世荣//法律出版社．-2006

中国法制史练习题集/赵晓耕主编//中国人民大学出版社．-2006

中国法制史原理与案例教程/赵晓耕//中国人民大学出版社．-2006

行政法制史教程/关保英主编//中国政法大学出版社．-2006

中国法制史参考资料/王立民//北京大学出版社. -2006

中国法制史教学案例/赵晓耕//北京大学出版社. -2006

中国法制史/司法部法学教材编辑部编审//中国政法大学出版社. -2007

中国法制史/郭成伟主编//中国法制出版社. -2007

中国法制史新编/陈晓枫主编//武汉大学出版社. -2007

中国法制史/张振国主编/河北人民出版社. -2007

中国法制史/周东平主编//厦门大学出版社. -2007、2009

中国法制史/范忠信主编//北京大学出版社. -2007

中国法制史学/陈涛//中国政法大学出版社. -2007

中国法制史/汪世荣主编//北京大学出版社. -2007

中国法制史/王立民主编//上海人民出版社. -2007

中国法制史/萧伯符主编//中国社会科学出版社. -2007

中国法制史/徐惠婷主编//厦门大学出版社. -2007

中国法制史/王立民主编//清华大学出版社. -2008

艰难与希望：中国法律制度史讲课实录/丁凌华//人民出版社. -2008

中国法制史/陈金全、胡仁智、吕志兴//中国人民大学出版社. -2008

中国法制史/朱勇主编//高等教育出版社. -2008

中国法制史/朱勇主编//中国政法大学出版社. -2008

中国法制史教程/徐永康主编//中国政法大学出版社. -2008

中国法制史自学考试指导与题解/王立民//北京大学出版社. -2008

新编中国法制史教程/蒲坚主编//高等教育出版社. -2009

中国法制史高级教程/郭建、伊晓婷编//对外经济贸易大学出版社. -2009

中国法制史教程/明辉、李霞主编//对外经济贸易大学出版社. -2009

中国法制史原理与案例教程/赵晓耕主编//中国人民大学出版社. -2009

中国法制史/马小红、柴荣//北京师范大学出版社. -2009

中国法制史简明教程/胡旭晟主编//中南大学出版社. -2009

中国近代法制史专题研究/赵晓耕主编//中国人民大学出版社. -2009

中国法制史/范忠信、陈景良主编//北京大学出版社. -2010

中国法制史/里赞主编//清华大学出版社. -2010

中国法制史/朱苏人主编//北京大学出版社. -2010

中国法制史理论·实务·案例/占茂华主编//中国政法大学出版社. -2010

中国法制史/赵晓耕主编//中国人民大学出版社. -2010

法律文献检索教程/于丽英、罗伟//北京大学出版社. -2010

（二） 中国法律思想史

中国政治法律思想史讲义/刘富起、赵国斌编//吉林大学法律系法史教研室．－1979

中国政治法律思想史教学提纲//西南政法学院法制史教研室编印．－1980、1981

中国法律思想史//吉林大学法律系教研室编印．－1981

中国政治法律思想史讲义（第一分册）//中国人民大学法律系国家与法学理论教研室编印．－1981

中国政治法律思想史/俞荣根等//西南政法学院法制史教研室编印．－1981

中国法律思想史/张国华主编//法律出版社．－1982、1988

中国法律思想史/赵国斌、孔庄明、栗劲//吉林大学出版社．－1985

中国法律思想史简明教程/刘新、杨鹤皋主编//山东人民出版社．－1986

中国法律思想史/张国华主编//法律出版社．－1988

中国法律思想史/杨鹤皋主编//北京大学出版社．－1988、1999、2000、2004、2005

中国法律思想史/俞荣根、武树臣等//北京大学出版社．－1988

中国法律思想史简编（上、下）/杨景凡主编//广西师范大学出版社．－1988

中国法律思想史/徐学鹿、林新祝主编//对外贸易教育出版社．－1989

中国法律思想史辅导教材/俞荣根//四川自修大学杂志社．－1992

中国法律思想史指要/俞荣根主编//四川科学技术出版社．－1993

中国法律思想史自学考试指南/杨鹤皋、马小红编//中国政法大学出版社．－1993

毛泽东劳动改造思想研究/司法部劳改教材编辑部编//社科文献出版社．－1993

中国法律思想发展简史/马小红主编//中国政法大学出版社．－1995

中国法律思想史/丁凌华主编//华东理工大学出版社．－1996、1997

中国法律思想史自学考试题解/李桂英编//吉林文史出版社．－1997

中国法律思想史自学考试指导与题解/杨鹤皋编//北京大学出版社．－1998

高等教育自学考试同步辅导同步训练：中国法律思想/郑艳、张翠清主编//中国人事出版社．－1999

中国法律思想史/侯欣一主编//中国政法大学出版社．－1999

中国法律思想史/李贵连主编//北京大学出版社．－1999

中国法律思想史/曹全来主编//西苑出版社．－2000

中国法律思想史/陈宏冬主编//中国法制出版社．－2000

中国法律思想史/刘新主编//中国人民大学出版社．－2000、2005、2008

中国法律思想史/刘英主编//延边大学出版社．－2000

中国法律思想史/谭辉雄主编//地震出版社．－2000

中国法律史想史/陈金全、龙大轩、李胜渝//法律出版社．－2001

中国法律思想史自学辅导/杨鹤皋、方堃//北京大学出版社．－2001、2002

中国法律思想史/赵元信主编//上海教育出版社．－2002

中国法律思想史/学苑出版社编//学院出版社．－2002

中国法律思想史/李鸣编//北京大学出版社．－2003

中国法律思想史/潘中喜//学苑出版社．－2003

中国古代法律思想史/马小红//法律出版社．－2004

中国法律思想简史/刘广安//高等教育出版社．－2004

中国法律思想史/崔永东主编//北京大学出版社．－2004

中国法律思想史/梁凤荣主编//郑州大学出版社．－2004

中国法律思想史/武树臣//法律出版社．－2004

中国法律思想史/全国高等教育自学考试命题研究组//航空工业出版
　　社．－2005

中国法律思想史/徐祥民、刘笃才、马建红编//北京大学出版社．－2006

中国法律思想史/郭建主编//复旦大学出版社．－2007

中国法律思想史/侯欣一主编//中国政法大学出版社．－2007

中国法律思想史十讲/马小红、柴荣、刘婷婷//中国人民大学出版社．－2008

中国法律思想史/梁凤荣主编//郑州大学出版社．－2010

中国法律思想史教程/崔永东主编//对外经济贸易大学出版社．－2010

中国法律思想史/马小红、姜晓敏//中国人民大学出版社．－2010

三

法律文献及整理成果

两淮盐法撰要/（清）陈庆年//金陵聚珍书局．–清光绪十八年（1892）

地方法制通览/（清）梁建章等编译//地方法制纂译社．–1906

大清新法律汇编/杭州麟章书社．–1910

大清教育新法令/商务印书馆编//商务印书馆．–1910

唐写本开元律疏名例卷/（唐）王敬从//吴县王仁俊刊．–清宣统三年
　　（1911）影印

大清法规大全（50 册）/清宪政编查馆辑//上海政学社印行．–清宣统三年
　　（1911）

大唐六典（30 卷，12 册）/（唐）李林甫等纂//上海扫叶山房据宋高宗绍兴
　　四年詹械所印张希亮校本重刊．–1912

刑统赋解/（宋）傅霖//民国二年（1913）沈家本据清大兴徐松旧抄本刊印

粗解刑统赋/（元）孟奎//民国二年（1913）沈家本据潢川吴氏旧抄本刊印

中国历史听讼选要/李宗藩编//中国图书公司．–1913

枕碧楼丛书/（清）沈家本辑//归安沈氏刻本．–1913

京师法律学堂笔记/安徽法学社编//安徽法学社．–1914

八朝条约（179 卷，60 册）/汪毅、张承棨辑//中华民国外交部图书处刊
　　印．–1915

直隶高等审判厅判牍辑要/直隶高等审判厅编//天津商务印书馆．–1915

重刊补注洗冤录集证（6 卷）/（宋）宋慈撰，（清）王又槐辑，阮其新补注，
　　李观澜补辑//（上海）广益书局．–1916（4 册）；（上海）文瑞楼．
　　–1921（5 册）

唐大诏令集（130 卷）/（宋）宋绶、宋敏求编纂//乌程张氏刊《适园丛书》
　　本．–1916；商务印书馆．–1959；（台湾）鼎文书局．–1968；中华书

局．-2008

中华民国法令大全补编/商务印书馆编//商务印书馆．-1917

宋刑统（30卷，6册）/（宋）窦仪、苏晓等纂//民国北洋政府国务院法制
　　局．-1918，据鄞县范氏天一阁抄本重校刊印；（台湾）文海出版社影
　　印．-1964

刑法叙略/（宋）刘筠//上海涵芬楼影印六安晁氏刊《学海类编》本．-1920

中华民国法令大全/商务印书馆编译所//商务印书馆．-1920

重祥定刑统（30卷，6册）/（宋）窦仪等纂//吴兴刘氏嘉业堂刻本．
　　-1921；上海古籍出版社．中华民国十年刘氏刻嘉业堂丛书重印
　　本，-1963

唐明律合编（30卷，8册）/（清）薛允升//（天津）徐世昌退耕堂校刻本．
　　-1922；（上海）商务印书馆．-1937；（北京）中华书局影印天津徐氏耕
　　堂刻本．-1958、1965；（台湾）商务印书馆．-1968、1977；中国书店．
　　-1980；西南政法学院．-1982

唐律疏议（30卷，12册）/（唐）长孙无忌等纂//（上海）博古斋据清嘉庆
　　十二年（1807）孙星衍校刻之岱南阁丛书本影印．-1924

唐律疏议（30卷）/（唐）长孙无忌等纂//东方学会据东方学会丛刊初级本
　　印．-1924

故唐律疏议（30卷，12册）/（唐）长孙无忌等纂//民国十三年（1924）上
　　海博古斋据清嘉庆十二年（1807）阳湖孙星衍校刻之岱南阁从书本影印

宋朝大诏令集（240卷，10册）//（北京）中华书局．-1926；（台湾）正中
　　书局．-1966

大理院判例解释民法集解/周东白编//上海世界书局．-1928增修本

国民政府最高法院解释法律文件汇编/郭卫//上海法学编译社．-1928

大元通制条格（存22卷，8册）//北平图书馆据内阁大库明初墨格写本影
　　印．-1930

大元圣政国朝典章（60卷，25册）/（元）不著撰者//北京大学国学研究
　　所．-1930

雍正朝文字狱——范世杰呈词案/国立北平故宫博物院编//北平故宫博物院据
　　清军机处存档印行．-1930

乾隆朝文字狱——吴文世云氏草案/国立北平故宫博物院编//北平故宫博物院
　　据清军机处存档印行．-1930

乾隆朝文字狱——王仲儒西斋案/国立北平故宫博物院编//北平故宫博物院据

清军机处存档印行. –1930

乾隆朝文字狱——冯王孙五经简咏案/国立北平故宫博物院编//北平故宫博物院据清军机处存档印行. –1930

乾隆朝文字狱——刘羲刷卖圣讳实录案/国立北平故宫博物院编//北平故宫博物院据清军机处存档印行. –1930

乾隆朝文字狱——沈大绶硕果录介寿辞案/国立北平故宫博物院编//北平故宫博物院据清军机处存档印行. –1930

清代文字狱档（8 册）//故宫博物院文献馆编印. –1931、1934、1936

《元典章》校补/陈垣//北京大学国学研究所. –1931；（台湾）文海出版社. –1967

查办四川盐茶道玉铭案/国立北平故宫博物院编//北平故宫博物院据清宫档案印行. –1932

故唐律疏议（30 卷）/（唐）长孙无忌等纂//民国二十三年（1934）商务印书馆据岱南阁丛书本影印

樊山判牍·正编/樊楚才//大达图书供应社. –1933

樊山判牍·续编/樊楚才//大达图书供应社. –1933

浙江办理秋瑾革命全案/国立北平故宫博物院编//北平故宫博物院据清军机处存档印行. –1933

江苏省保甲法令汇编/江苏省民政厅编//江苏省民政厅. –1934

中华民国法律汇编/立法院编译处编//–1934

元典章校补释例/陈垣//中央研究院历史语言研究所刊印. –1934

祥刑典（108 卷，16 册）/（清）蒋廷锡等纂校//（上海）中华书局据清雍正四年（1726）武英殿铜字本（集于《钦定古今图书集成》第 756–780 册）影印. –1934

明清遗规//王永庆等翻印. –1934

清同治朝太监安德海案/国立北平故宫博物院编//北平故宫博物院据清军机处存档印行. –1934

英翻译官马嘉理在滇被戕案/国立北平故宫博物院编//北平故宫博物院据清军机处存档印行. –1934

棠阴比事/（宋）桂万荣//商务印书馆影印. –1934；四明张氏约园刻本. –1935；广陵古籍刻印社. –1981

历代律例全书/丘汉平校编//上海民权律师团印. –1934

大唐六典考订/〔日〕近卫家熙考订//日本京都帝国大学文学部印近卫公府

版．－日本昭和十年（1935）

唐律疏议（30卷，12册）／（唐）长孙无忌等纂／／民国二十四年（1935）至二十五年（1936）商务印书馆据涵芬楼本影印

秦承恩获罪事件／国立北平故宫博物院编／／北平故宫博物院据清军机处存档印行．－1935

汉律辑证（6卷，1册）／（清）杜贵墀辑注／／中国古书刊印社据桐华阁丛书本（集于《郋园全书》第195册）影印．－1935

律文（12卷）／（唐）长孙无忌等纂／／商务印书馆影印．－1935

保甲警卫法令大要／陶希贤编／／启文书局．－1935

风趣判牍折狱新语／李清编／／中央书店．－1935

折狱新语／李映碧编／／中央书店．－1935

地方自治法令便览／刘逸年编／／中山县政府自治科．－1935

太平天国诏谕／萧一山编／／国立北平研究院总办事处．－1935

李鸿章判牍／襟霞阁编／／中央书店．－1936

陕西省保甲暂行法规／中部等县保甲特种训练委员会编／／中部等县保甲特种训练委员会．－1936

唐律疏议（30卷，12册）／（唐）长孙无忌等纂／／商务印书馆据涵芬楼影印宋刊本（集于《四部丛刊》三编史部）影印．－1936

钦定大清会典（100卷）／（清）昆冈等续修／／商务印书馆．－1936

汉律辑存／（清）薛允升／／抄本．－1936

明会典（228卷，40册）／（明）申时行等奉敕重修／／商务印书馆．－1936

圣朝颁降新例／（元）不著撰者／／商务印书馆．－1937

中华民国六法理由判解汇编／吴经熊／／会文堂新记书局．－1937

唐律疏议（30卷）／（唐）长孙无忌等纂／／商务印书馆重印丛书集成初编．－1937

钦定总管内务府堂现行则例（4卷）／（清）裕诚等纂／／北平故宫博物院文献馆据清咸丰二年（1852）刊本排印．－1937

神龙删定散颁刑部格残卷／（唐）苏瓌等删定／／罗振玉据敦煌石室原写本（集于《百爵斋丛刊》第1册）石印．－1937

补宋书刑法志／（清）郝懿行／／开明书店．－1937；商务印书馆．－1960

历代刑法志（2册）／丘汉平编／／－1938；群众出版社翻印，1962；（台湾）三民书局．－1965；（台湾）商务印书馆．－1965

龙筋凤髓判（2卷，2册）／（唐）张鷟／／商务印书馆．－1939

宪政运动参考材料/全民抗战社编//生活书店. -1939

东坡乌台诗案/（宋）朋九万等//商务印书馆影印. -1939

唐律疏议（30 卷，4 册）/（唐）长孙无忌等纂//商务印书馆据岱南阁丛书
　　本（集于《万有文库》）印行. -1939；商务印书馆. 集于《丛书集成》
　　第 775－780 册，-1939

补宋书刑法志/（清）郝懿行、刘衡、蒋超伯//商务印书馆. -1939；中华书
　　局. -1985

宪政运动论文选集/邹韬奋等//生活书店. -1940

钦定理藩部则例（64 卷，4 册）/（清）松森等纂//北京蒙藏委员会编译室
　　据清光绪三十四年（1908）刊本重印. -1942；中国藏学出版社. -1987

诸司职掌/（明）翟善辑//上海中央图书馆据明洪武间刊本影印. -1942

上海共同租界工部局布告告示汇存/上海市政研究会编//上海市政研究
　　会. -1942

宪政问题参考资料（1～4 集）/晋察冀边区国大代表选举委员会编//晋察冀
　　边区国大代表选举委员会. -1946

大明律附例（30 卷附例 1 卷）/（明）舒化等修//南京国立中央图书馆据
　　《玄览堂丛书》三集影印. -1948

县司法法令判解汇编/朱观//正中书局. -1948

庆元条法事类（80 卷，12 册）/（宋）谢深甫监修//开通书社. -1948；（台
　　湾）新文丰出版公司影印. -1976

庆元条法事类（80 卷，12 册）/（宋）谢深甫监修//（北平）燕京大学图书
　　馆刻本. -1948；（上海）中华书局据燕京大学图书馆藏版影印. -1948；
　　北京古籍出版社据燕京大学图书馆藏版印行. -1957、1962、1982；北京
　　中国书店据燕京大学图书馆藏版重印. -1981、1982

苏维埃国家与法权史参考资料/中国人民大学法律系编译//中国人民大学出版
　　社. -1951

国家与法权历史参考资料/东北人民大学法律系国家与法权理论及历史教研室
　　编//东北人民大学研究部教材出版科. -1954

中国国家与法权历史参考资料（现代史部分）//中国人民大学国家与法权历
　　史教研室编印. -1954

先哲有关司法嘉言汇辑/区鼎新辑//（台湾）司法行政部编. -1956

苏联和苏俄刑事立法史料汇编（1917—1952）/〔苏〕盖尔青仲著，郑华等
　　译//法律出版社. -1956

中国国家和法权历史参考资料（第二次国内革命战争时期国民党反动政府）/
中国人民大学国家与法权历史教研室编辑//中国人民大学出版社. -1956

中国国家和法的历史参考资料（第三次国内革命战争时期的国民党反动政府）/中国人民大学国家与法权历史教研室编辑//中国人民大学出版社. -1956

中国国家与法的历史参考资料//华东政法学院国家与法的历史教研室编印. -1956

中外旧约章汇编（3 册）/王铁崖//三联书店. -1957、1982

宋会要辑稿（366 卷）/（清）徐松辑//中华书局. -1957

《清史稿·刑法志》注解/中华人民共和国国务院法制局法制史研究室注//法律出版社. -1957

中国国家和法权历史参考资料（抗日战争时期国民党反动政府）/中国人民大学国家与法权历史教研室编辑//中国人民大学出版社. -1957

洗冤集录/（宋）宋慈撰，贾静涛点校//法律出版社. -1958

中国国家和法权历史参考资料（第三次国内革命战争时期解放区的政策、法令选集）//中国人民大学国家与法权历史教研室编印. -1958

中国国家与法的历史参考书（第 1 分册）/北京大学法律系国家与法的历史教研室编//法律出版社. -1959

唐律疏议（30 卷，12 册）/（唐）长孙无忌等纂//商务印书馆影印. -1960

中华民国法制资料汇编/（台湾）司法行政部编//（台湾）司法行政部编. -1960

中国国家与法的历史参考资料（导言部分）//北京政法学院历史教研室编印. -1961

中国民事习惯大全/法政学社辑//（台湾）文星书店. -1962

大唐六典（30 卷）/（唐）李林甫等纂//（台湾）文化出版社据日本中御门天皇享保九年（1724）刊本影印. -1962

折狱龟鉴选译/郑克辑，王兰生译注//群众出版社. -1962

宋大诏令集/（宋）不著撰者//中华书局. -1962

中国国家与法的历史参考资料（古代史部分）//北京政法学院历史教研室编印. -1962

中国国家与法的历史参考资料（近代部分）//北京政法学院历史教研室编印. -1962

《宋史·刑法志》注释/上海社会科学院政治法律研究所编//群众出版社.

-1962、1979

国家与法的历史参考资料//西南政法学院国家与法的历史教研室编印. -1963

国家与法的历史参考资料//四川行政学院国家与法教研室编印. -1963

钦定大清会典事例（1220卷384册）/（清）昆冈等纂//（台湾）启文出版
社影印. -1963；（台湾）成文出版社. -1968

大明会典（228卷，5册）/（明）申时行等重修//（台湾）台联国风出版社
据明万历十五年（1587）司礼监刊本影印. -1963；（台湾）东南书报
社. -1963

宋刑统（2册，30卷）/（宋）窦仪、苏晓等纂//（台湾）文海出版社据民
国七年（1918）国务院法制局重校本影印. -1964

清初及中期对外交涉条约辑——康、雍、乾、道、咸五朝条约/许同莘等辑//
（台湾）国风出版社影印. -1964

福建省例/清同治十三年（1874）福建藩台刻本，收入台湾银行经济研究室编
《台湾文献史料丛刊》第199种//（台湾）大通书局. -1964

大元圣政国朝典章（60卷，24册）/（元）不著撰者//（台湾）文海出版社
据清修订法律馆校刊本影印. -1964、1974

唐律疏议（30卷，4册）/（唐）长孙无忌等纂//（台湾）商务印书馆据雍
正十三年（1735）刊本（集于《万有文库荟要》）影印. -1965、
1969、1980

唐明律（唐明律合编8册）/（清）薛允升编//中华书局. -1965

初修河东盐法志/（清）觉罗石麟撰，吴相湘主编//台湾学生书局. -1966

唐律疏议（30卷，3册）/（唐）长孙无忌等纂//（台湾）商务印书馆据宋
刊本（集于《四部丛刊续编》）影印. -1966

钦定吏部处分则例（52卷）/（清）不著撰者//（台湾）成文出版社据清刊
本影印. -1966

钦定工部则例（160卷，4册）/（清）文煜等纂//（台湾）成文出版社据清
光绪十年（1884）刊本影印. -1966

钦定吏部则例（160卷，4册）/（清）特登额等编纂//（台湾）成文出版社
影印. -1966

山东盐法志/（清）莽鹄立//（台湾）学生书局. -1966

初修河东盐法志/（清）觉罗石麟纂//（台湾）学生书局. -1966

敕修两浙盐法志/（清）李卫//（台湾）学生书局. -1966

两淮盐法志/（清）谢开宠纂//（台湾）学生书局. -1966

新修长芦盐法志/（清）段如蕙纂//（台湾）学生书局．-1966

钦定礼部则例（202卷，2册）//（台湾）成文出版社据清道光四二十年
（1844）刻本影印．-1966

沈寄簃先生遗书甲编（86卷，22册）/（清）沈家本//（台湾）文海出版社
据民国间原刊本影印．-1967

元典章校补（10卷）/陈垣//（台湾）文海出版社据北京大学研究所国学门
刊本（1931）影印．-1967

皇明诏令/傅凤祥辑//（台湾）成文书局据明嘉靖二十七年（1548）浙江布
政使司校刊本影印．-1967

唐大诏令集（130卷，5册）/（宋）宋绶、宋敏求编纂//（台湾）华文书局
据明抄本影印．-1968

刑案汇览（60卷，40册）/（清）祝庆祺、鲍书芸等编//（台湾）成文出版
社影印本．-1968

新增刑案汇览（16卷）/（清）潘文舫等编//（台湾）成文出版社据清光绪
十二年（1886）上海图书集成局仿袖珍版影印．-1968

约章分类辑要（38卷，8册）/（清）蔡乃煌总纂//（台湾）华文书局据清
光绪二十六年（1900）刊本影印．-1968；（台湾）文海出版社．-1986

续增刑案汇览（16卷，2册）/（清）祝庆祺编//（台湾）成文出版社据上
海图书集成局刊本影印．-1968

重刊补注洗冤录集证（6卷）/（宋）宋慈撰，（清）王又槐增辑，（清）阮
其新补注//（台湾）文海出版社据清道光二十四年（1844）大雅堂及醉
文堂刊本影印．-1968

钦定户部海防郑工新例章程（2册）/（台湾）成文出版社编//（台湾）成文
出版社影印．-1968

钦定户部则例/（清）倭仁、承启等纂//（台湾）成文出版社据清同治四年
（1865）户部校刊本影印．-1968

驳案新编（32卷，8册）/（清）全士潮等纂辑//（台湾）成文出版社影
印．-1968

钦定学政全书（80卷，2册）/（清）素尔纳等纂//（台湾）文海出版社影
印．-1968

通商约章类纂（35卷，6册）/（清）李鸿章纂//（台湾）华文书局影
印．-1968

中国民商事习惯调查报告录/"司法行政部"辑//（台湾）进学书局．-1969

大明律集解附例（30 卷）／（明）高举等／／（台湾）成文出版社据清光绪三
　　十四年（1908）修订法律馆重刊本影印．-1969；（台湾）学生书局据明
　　万历三十八年（1610）浙江官刊本及其影抄本（集于《明代史籍汇刊》）
　　配补影印．-1970

钦定六部处分则例（52 卷，6 册）／（清）文孚等纂／／（台湾）文海出版社
　　影印．-1969

约章成案汇览（52 卷，12 册）／北洋洋务局纂辑／／（台湾）华文书局影
　　印．-1969

钦定吏部则例／（清）薛明皋等纂／／（台湾）成文出版社影印．-1969

钦定户部漕运全书（88 卷，8 册）／（清）托津等纂／／（台湾）成文出版社
　　影印．-1969

刑案汇览续编（32 卷，10 册）／（清）吴潮等编／／（台湾）文海出版社影
　　印．-1970

大明一统诸司衙门官制（16 卷）／（明）佚名纂／／（台湾）学生书局影
　　印．-1970

读例存疑／（清）薛允升撰，黄静嘉编校／／（台湾）中文研究资料中
　　心．-1970

大清法规大全（6 册）／（清）宪政编查馆辑／／（台湾）宏业书局、考正出版
　　社．据上海政学社刊本缩印，-1972

大理院判决全书／郭卫编辑／／（台湾）成文出版社．-1972

隋书·刑法志／（唐）魏征等／中华书局．-1973

魏书·刑罚志／（北齐）魏收／／中华书局．-1974

晋书·刑法志／（唐）房玄龄等／中华书局．-1974

先秦法家思想资料选注／北京大学中文系古典文献专业／／北京大学中文系古典
　　文献专业刊印．-1974

法家著作选读／武汉师范学院中文系古典文学教研组编／／武汉师范学院中文系
　　古典文学教研组．-1974

法家著作选注／陕西师范大学中文系编／／陕西师范大学中文系．-1974

两汉法家资料选辑／四川省图书馆编／／四川省图书馆．-1974

大唐六典／（唐）李林甫等奉敕编／／（台湾）文海出版社．-1974；中华书局
　　影印．-1983

大清律例汇辑便览（15 册）／（清）刑部编定／／（台湾）成文出版
　　社．-1975

历代法家文选/北京图书馆编//文物出版社. -1975

历代法家著作选注/上海市《历代法家著作选注》编辑组编//上海人民出版社. -1976

湘藩案牍钞存（4 册）/（清）赵滨彦辑//清宣统间印；（台湾）文海出版社. -1976

先秦法家教育思想资料/上海师范大学教育系编//上海人民出版社. -1976

寄簃文存（上、下）/（清）沈家本//（台湾）商务印书馆. -1976

影印元本大元圣政国朝典章（上、中、下）/"国立"博物院编//编者自刊. -1976

《宋史·刑法志》索引/佐伯富编//（台湾）学生书局. -1977

中国选举史料（清代编）/杨家骆主编//（台湾）鼎文书局. -1977

《孙子兵法》新注/中国人民解放军军事科学院战争理论研究部《孙子》注释小组//中华书局. -1977

通商约章类纂（总类、户类）/（清）徐宗亮等//（台湾）文海出版社. -1977

一六四〇年蒙古卫拉特法典/罗致平编译//中国社会科学院民族研究所历史室西北组内部刊印. -1977

睡虎地秦墓竹简/睡虎地秦墓竹简整理小组整理标点//文物出版社. -1977、1978、1990；西南政法学院法制史教研室翻印. -1979

中国国家与法律制度史参考资料/刘富起、陈航编//吉林大学法律系. -1978

清末筹备立宪档案资料（上、下）/故宫博物院明清档案部编//中华书局. -1979

律（12 卷 2 册）/（唐）长孙无忌等//上海古籍出版社影印. -1979

中国法制史料/杨家骆主编//鼎文书局. -1979、1982

内务府庆典成案/（清）内务府编//（台湾）文海出版社. -1979

明代律例汇编/黄彰健编//（台湾）"中央研究院"历史语言研究所. -1979

中国法制史参考资料汇编//西南政法学院法制史教研室编印. -1979、1980

中国法制史料（8 册）/〔日〕岛田正郎主编，叶潜昭译//（台湾）鼎文书局，第 1 辑（4 册）. -1979；第 2 辑（4 册）收入杨家骆主编《中国史料系编》影印本. -1982

唐《永徽律》及《律疏》摘录//西南政法学院法制史教研室编印. -1979

《宋史·刑法志》注释/上海社会科学院政治法律研究所编//群众出版社. -1979

中国历代法学文选//北京政法学院汉语教研室编印．-1980

洗冤集录校译/（宋）宋慈撰，杨奉琨校译//群众出版社．-1980

洗冤集录译释/（宋）宋慈撰，罗时润译//福建科学技术出版社．-1980

棠阴比事选/（宋）桂万荣编撰，吴讷删补，陈顺列校注//群众出版
　　社．-1980

中国政治法律思想史参考资料//西南政法学院法制史教研室编印．-1980

中国法制史参考资料选编·近现代部分//北京政法学院法制史教研室编
　　印．-1980

中国近代法制史资料选编//中国人民大学法律系法制史教研室编印．-1980

中国近代法制史资料选编（第2分册）//中国人民大学法律系法制史教研
　　室．-1980

中国法制史参考资料汇编（第1辑上册）//西南政法学院法制史教研室编
　　印．-1980

中国法制史参考资料汇编（第1辑下册）//西南政法学院法制史教研室编
　　印．-1980

谳狱稿（5卷，3册）/（明）应槚撰，周南校//天津古籍书店影印
　　本．-1981

清末筹备立宪档案资料（2册）/（清）不著撰者//（台湾）文海出版
　　社．-1981

吏部条法残本//（台湾）文海出版社据《永乐大典》本影印．-1981

宋律（12卷）//（台湾）商务印书馆．-1981

中国新民主主义革命时期根据地法制文献选编（第1卷）/韩延龙、常兆儒
　　编//中国社会科学出版社．-1981

古代判词选/高潮主编//群众出版社．-1981

中国新民主主义革命时期根据地法制文献选编（第2卷）/韩延龙、常兆儒
　　编//中国社会科学出版社．-1981

折狱龟鉴选/郑克编，杨奉琨选译//群众出版社．-1981

中国历次民律草案校释/潘维和//（台湾）汉林出版社．-1982

中央人民政府法令汇编：1949—1950/中央人民政府法制委员会编//法律出版
　　社．-1982

出使九国日记：清末出洋考察宪政的五大臣之一的日记/（清）戴鸿慈//湖南
　　人民出版社．-1982

中国法制史论文选//河北大学法律系《中国法制史》编辑组编印．-1982

中国法制史论文选（古代部分第 1 分册）//北京政法学院法制史教研室编印. -1982

《宋史·刑法志》注释（续集）/上海社会科学院法学所主编//群众出版社. -1982

法古文选（上、下）//华东政法学院语文教研室. -1982

中国法律思想史参考文选//西北政法学院法学基础理论教研室编印. -1982

中国法制史论文选//河北大学法律系《中国法制史》编辑组编印. -1982

中国法制史论文选（古代部分）第 1 分册//北京政法学院法制史教研室编印. -1982

中国法制史参考资料汇编（第 2 辑）/西南政法学院法制史教研室编//西南政法学院. -1982

中国新民主主义革命时期法制建设资料选编（4 册）/西南政法学院函授部编//西南政法学院出版社. -1982

敦煌本《吐蕃法制文献》译释/王尧著，陈践译释//《甘肃民族研究》编辑部出版. -1983

《汉书·刑法志》注释/赵增祥、徐世虹注//法律出版社. -1983

钦定大清会典则例（乾隆，180 卷）/（清）张廷玉等纂//（台湾）商务印书馆. -1983

唐律疏议/（唐）长孙无忌等纂，刘俊文点校//中华书局. -1983；法律出版社. -1999

中国法律思想史资料选编/法学教材编辑部《中国法律思想史》编写组编//法律出版社. -1983

庄氏史案本末/（清）节庵辑//上海古籍书店影印. -1983

政法史料（检察专辑）/武汉政法志编纂委员会编印. -1983

中国历代法学文选/高潮、马建石主编//法律出版社. -1983

唐律疏议（30 卷，10 册）/（唐）长孙无忌等//江苏广陵古籍刻印社. -1984

唐律疏议/（唐）长孙无忌等纂//（台湾）商务印书馆. -1984

中国法制史论文选（古代部分）第 2 分册//北京政法学院法制史教研室编印. -1984

《旧唐书·刑法志》注释/马建石、杨育棠注释//群众出版社. -1984

律（附音义）/（宋）孙奭//上海古籍出版社据北京图书馆藏宋刻本影印. -1984

吕刑今释/茅彭年注释//群众出版社. -1984

宋刑统/（宋）窦仪等纂，吴翊如点校//中华书局. -1984

中国新民主主义革命时期根据地法制文献选编（第3、4卷）/韩延龙、常兆
　　儒编//中国社会科学出版社. -1984

台湾民事习惯调查报告/法务部//（台湾）法务通讯杂志社印行. -1984

《汉书·刑法志》注释/辛子牛注释//群众出版社. -1984

盛京刑部原档（清太宗崇德三至崇德四）/中国人民大学清史研究所、中国第
　　一历史档案馆译//群众出版社. -1985

卫拉特法典/Doronatib校注//内蒙古人民出版社. -1985

中国近代法制史料选辑/西北政法学院法制史教研室//西北政法学院. -1985

中国近代法制史资料选辑：1840—1949（3辑）/西北政法学院法制史教研室
　　编//西北政法学院制史教研室. -1985

唐代司法制度——唐六典选注/汪潜编注//法律出版社. -1985

皇明条法事类纂/（明）戴金//（台湾）文海出版社影印. -1985

鹿洲公案/（清）蓝鼎元撰，刘鹏云、陈方明注释//群众出版社. -1985

大明律集解/（明）不著撰者//江苏广陵古籍刻印社. -1985

孟连宣抚司法规/云南少数民族古籍整理出版规划办公室编，刀永明、刀建民
　　译，薛贤整理//云南民族出版社. -1986

古代法学文选今译/刘骎//湖南大学出版社. -1986

《晋书·刑法志》注释/陆心国注释//群众出版社. -1986

古代法学文选今译/刘骎编译//湖南大学出版社. -1986

清代文字狱档（上、下）/故宫博物院文献馆编//上海书店. -1986

黔西南布依族清代乡规民约碑文选//黔西南布依族苗族自治州史志办公室编
　　印. -1986

通制条格/（元）刘正等纂，黄时鉴点校//浙江古籍出版社. -1986

中外法学原选读（上、下）/于浩成等编//群众出版社. -1986

《折狱新语》注释/李清、陆有珣、辛子牛等注//吉林人民出版社. -1987

武汉国共联合政府法制文献选编/武汉政法史志编纂委员会编//农村读物出版
　　社. -1987

中国司法制度资料选编/熊先觉//人民法院出版社. -1987

广西少数民族地区碑文、契约资料集（中国少数民族社会历史调查资料丛
　　刊）/广西壮族自治区编辑组编辑//广西民族出版社. -1987

无冤录校注/王与撰，杨奉琨校注//上海科学技术出版社. -1987

大清律例会通新纂/（清）姚雨芛纂，胡仰山增辑//（台湾）文海出版社影印. -1987

《明史·刑法志》注释/高其迈注//法律出版社. -1987

隋唐刑法志注释/高其迈注释//法律出版社. -1987

名公书判清明集（上、下）/中国社会科学院历史研究所宋辽金元史研究室点校//中华书局. -1987

武汉抗战法制文献选编/湖北政法史志编纂委员会编//农村读物出版社. -1987

郑板桥判牍/李一氓//文物出版社. -1987

吏学指南/（元）徐元瑞撰，杨讷点校//浙江古籍出版社. -1988

唐律译注/钱大群译注//江苏古籍出版社. -1988

钦定大清会典（乾隆，100卷）/（清）允祹等纂修//世界书局. -1988

《尚书》法学内容译注/张紫葛、高绍先注//四川人民出版社. -1988

中国监狱史料汇编/中华人民共和国司法部编//群众出版社. -1988

江苏革命根据地法制文献选编：1941—1949/江苏省高级人民法院院志编辑室编//江苏省高级人民法院院志编辑室. -1988

中国法制史资料选编（上、下）/法学教材编辑部《中国法制史资料选编》编选组//群众出版社. -1988

历代刑法志（2册）/群众出版社编辑部编//群众出版社. -1988

清末民国司法行政史料辑要//湖北省司法行政史志编纂委员会编印. -1988

元代法律资料辑存/黄时鉴辑点//浙江古籍出版社. -1988

疑狱集/（五代）和凝、（宋）和㠓撰，杨奉琨校释//复旦大学出版社. -1988

西夏法典《天盛改旧定新律令（第1至7章)》/〔苏〕E. N. 克恰诺夫俄译，李仲三汉译，罗茅昆校订//宁夏人民出版社. -1988

晋令辑存/张鹏一撰，徐清廉校补//三秦出版社. -1989

中国古代人物法律思想论点注释/李笃才编注//天津古籍出版社. -1989

中国历代判词选注/马建石、杨育棠、徐世虹编注//中国政法大学出版社. -1989

参议院议事录·参议院议决案汇编/张国福选编//北京大学出版社影印. -1989

《唐律疏议》译注/曹漫之主编//吉林人民出版社. -1989

敦煌吐鲁番唐代法制文书考释/刘俊文//中华书局. -1989

唐令拾遗/〔日〕仁井田陞著，栗劲、霍存福、王占通、郭延德编译//长春出
　　版社．–1989

大明律/怀效锋点校//辽沈书社．–1990；法律出版社．–1999

中华民国教育法规选编/宋恩荣、章咸主编//江苏教育出版社．–1990

民国法律文书大全/赵景林//群众出版社．–1990

盐法议略/（清）王守基//中华书局．–1991

御史台精舍碑题名/赵魏//中华书局．–1991

大清会典理藩院事例/（清）昆冈等撰，中国藏学研究中心编辑//中国藏学出
　　版社．–1991

大唐六典/（唐）李林甫等奉敕纂，〔日〕内田智雄补订//三秦出版社影
　　印．–1991

中华律令集成（清卷）/张友渔、高潮主编//吉林人民出版社．–1991

清秋审条例/董康//中国书店．–1991

中国司法制度资料选编·续集/全国法院干部业余法律大学中国司法制度教研
　　组编//人民法院出版社．–1991

钦定大清会典事例（嘉庆，920卷）/（清）托津等纂//（台湾）文海出版
　　社．–1991、1992

钦定大清会典图（嘉庆，132卷）/（清）托津等纂//（台湾）文海出版
　　社．–1992

大清会典（康熙，162卷）/（清）伊桑阿等纂修//（台湾）文海出版
　　社．–1992

唐六典/（唐）李林甫等撰，陈仲夫点校//中华书局．–1992

钦定大清会典事例·八旗都统/（清）托津等//（台湾）文海出版社．–1992

法制参考资料汇编（第6辑）/全国人大常委会法制工作委员会研究室编//中
　　国民主法制出版社．–1992

大清律例通考校注/吴坛撰，中国政法大学法律古籍整理研究所校注//中国政
　　法大学出版社．–1992

唐大诏令集/（宋）宋敏求编，洪丕谟等点校//学林出版社．–1992

古代中国法学文选/赵中颉//四川人民出版社．–1992

大清律辑注（30卷，3册）/（清）沈之奇辑注，洪皋山增订//北京大学出
　　版社影印．–1993

《大明律附例》注解（30卷）/（明）姚思仁//北京大学出版社影印．–1993

大清律例/张荣铮等点校//天津古籍出版社．–1993、1995

《历代刑法志》注释/马建石主编//吉林人民出版社. –1993

《大金诏令》释注/董克昌主编//黑龙江人民出版社. –1993

青海藏区部落习惯法资料集/张济民主编//青海人民出版社. –1993

《读例存疑》点注/胡星桥、邓又天主编//中国人民公安大学出版社. –1994

融水苗族埋岩古规//广西民族出版社. –1994

大清会典（雍正，250卷）/（清）允禄等纂修//（台湾）文海出版
　　社. –1994

乾隆朝惩办贪污档案选编/中国第一历史档案馆编//中华书局影印. –1994

西藏古代法典选编/周润年、喜饶尼玛译注，索朗班觉校//中央民族大学出版
　　社. –1994

中国珍稀法律典籍集成甲编（第1册）甲骨文金文简牍法律文献/刘海年、杨
　　一凡总主编，刘海年等册主编//科学出版社. –1994

中国珍稀法律典籍集成甲编（第2册）汉代屯戍遗简法律志/刘海年、杨一凡
　　总主编，李均明、刘军册主编//科学出版社. –1994

中国珍稀法律典籍集成甲编（第3册）敦煌法制文书/刘海年、杨一凡总主
　　编，唐耕耦册主编//科学出版社. –1994

中国珍稀法律典籍集成甲编（第4册）吐鲁番出土法律文献/刘海年、杨一凡
　　总主编，吴震册主编//科学出版社. –1994

中国珍稀法律典籍集成甲编（第5册）西夏天盛律令/刘海年、杨一凡总主
　　编，史金波等译//科学出版社. –1994

中国珍稀法律典籍集成乙编（第1册）洪武法律典籍/刘海年、杨一凡总主
　　编，杨一凡等点校//科学出版社. –1994

中国珍稀法律典籍集成乙编（第2册）明代条例/刘海年、杨一凡总主编，杨
　　一凡、曲英杰册主编//科学出版社. –1994

中国珍稀法律典籍集成乙编（第3册）皇明诏令/刘海年、杨一凡总主编，杨
　　一凡、田禾点校//科学出版社. –1994

中国珍稀法律典籍集成乙编（第4册）皇明条法事类纂（卷1至卷25）/刘
　　海年、杨一凡总主编；杨一凡册主编//科学出版社. –1994

中国珍稀法律典籍集成乙编（第5册）皇明条法事类纂（卷26至卷50）/刘
　　海年、杨一凡总主编，杨一凡册主编，刘笃才等点校//科学出版
　　社. –1994

中国珍稀法律典籍集成乙编（第6册）皇明条法事类纂（附编）/刘海年、杨
　　一凡总主编，齐钧点校//科学出版社. –1994

中国珍稀法律典籍集成丙编（第 1 册）大清律例/刘海年、杨一凡总主编，郑秦、田涛点校//科学出版社. -1994

中国珍稀法律典籍集成丙编（第 2 册）盛京满文档案中的律令及少数民族法律/刘海年、杨一凡总主编，张锐智、徐立志册主编//科学出版. -1994

中国珍稀法律典籍集成丙编（第 3 册）沈家本未刊稿七种/刘海年、杨一凡总主编，沈厚铎册主编//科学出版社. -1994

中国历代刑法志注释/高潮、马建石主编//吉林人民出版社. -1994

龙筋凤髓判译注/本书编译组编//中国政法大学出版社. -1994

夏译《孙子兵法》研究（上、下）/林英津//"中央研究院"历史语言研究所. -1994

大清律例/郑秦、田涛点校//科学出版社. -1994

光绪朝硃批奏折（第 105 辑）文教（科举、学校、留学）·法律（律例、审判）/中国第一历史档案馆编，戈斌辑主编//中华书局影印. -1995

洪武御制全书/张德信、毛佩琦主编//黄山书社. -1995

历朝折狱纂要/（清）周尔吉编//北京图书馆缩微中心. -1995

建国以来教育同生产劳动相结合法规文献汇编/王卫国主编//教育科学出版社. -1995

中国卫生法规史料选编/陈明光主编//上海医科大学出版社. -1995

《唐律疏议》笺解（上、下）/刘俊文编//中华书局. -1996

《龙筋凤髓判》校注/（唐）张鷟撰，田涛、郭成伟校注//中国政法大学出版社. -1996

清末北京城市管理法规：1906—1910/田涛、郭成伟整理//北京燕山出版社影印. -1996

清朝末期至中华民国户籍管理法规/公安部户政管理局编//群众出版社. -1996

沈家本未刻书集纂/（清）沈家本撰，刘海年、韩延龙等整理//中国社会科学出版社. -1996

洗冤集录/姜丽荣译注//辽宁教育出版社. -1996

大清律例通考/马建石等校注//中国政法大学出版社. -1996

中国古代文选/郭伯勋编//法律出版社. -1997

近代法制文选译/雷晟生//巴蜀书社. -1997

《提审备考》译注/赵舒翘、张秀夫编//法律出版社. -1997

唐御史台精舍题名考/张忱石点校//中华书局. -1997

大元圣政国朝典章（60卷，3册）/（元）不著撰者//中国广播电视出版社
　　影印. －1998

钦定理藩部则例/张荣铮等点校//天津古籍出版社. －1998

华洋诉讼判决录/直隶高等审判厅书记室编辑，何勤华点校//中国政法大学出
　　版社. －1998、2004

世界名法典选编·中国古代法卷/萧榕主编//中国民主法制出版社. －1998

凉山彝族习惯法案例集成/海乃拉莫、曲木约质、刘尧汉//云南人民出版
　　社. －1998

官箴书集成/官箴书集成编纂委员会编//黄山书社. －1998

《慎刑宪》点评/鲁嵩岳//法律出版社. －1998

沈家本日记摘钞/（清）沈家本//《法律史论集》第1卷，法律出版
　　社. －1998

近代中外条约选析/牛创平、牛冀青编//中国法制出版社. －1998

读律琐言/（明）雷梦麟撰，怀效锋、李俊点校//法律出版社. －1999

大清律例/田涛、郑秦点校//法律出版社. －1999

明清公牍秘本五种/郭成伟、田涛点校整理//中国政法大学出版社. －1999

清朝条约全集/田涛主编//黑龙江人民出版社影印本. －1999

北京审判制度研究档案资料选编·民国部分/北京审判制度研究档案资料选编
　　编辑委员会编//－1999

清代"服制"命案：刑科题本档案选编/郑秦、赵雄主编//中国政法大学出版
　　社. －1999

中国历代治国方略·法制卷/孙钱章主编，高恒、杨一凡、尤韶华、高旭晨选
　　注//中共中央党校函授学院. －1999

宋刑统/薛梅卿点校//法律出版社. －1999

唐明律合编/（清）薛允升撰，怀效锋、李鸣点校//法律出版社. －1999

大清律辑注（上、下）/（清）沈之奇撰，怀效锋、李俊点校//法律出版
　　社. －1999

大元通制条格/郭成伟点校//法律出版社. －2000

中国古代诏令选/林明星//海峡文艺出版社. －2000

民事习惯调查报告录/前南京国民政府司法行政部编，胡旭晟、夏新华、李交
　　发点校//中国政法大学出版社. －2000、2005

天盛改旧新定律令/史金波等译注//法律出版社. －2000

钦定中枢政考（32卷，6册）/（清）明亮纳苏泰等纂//（台湾）学海出版

社据道光五年（1825）官刊本影印．–2000

清代匠作则例（2 册）/王世襄主编//大象出版社．–2000

读律琐言/（明）雷梦麟撰，怀效峰、李俊点校//法律出版社．–2000

大唐开元礼/（唐）萧嵩等纂//民族出版社．–2000

清代名吏判牍七种汇编/襟霞阁主编//（台湾）老古文化事业股份有限公司影
　　印．–2000

古代中国国际法资料选编/怀效锋、孙玉荣编//中国政法大学出版社．–2000

民事习惯调查报告录/前南京国民政府司法行政部编，胡旭晟、夏新华、李交
　　法点校//中国政法大学出版社．–2000

钦定户部漕运全书/故宫博物院编//海南出版社影印．–2000

漕运则例/故宫博物院编//海南出版社影印．–2000

乘舆仪仗做法/故宫博物院编//海南出版社影印．–2000

大清律例/故宫博物院编//海南出版社影印．–2000

督捕则例　钦定军器则例二种/故宫博物院编//海南出版社影印．–2000

工程做法　内庭工程做法　乘舆仪仗做法/故宫博物院编//海南出版社影
　　印．–2000

光禄寺则例　钦定宗室觉罗律例/故宫博物院编//海南出版社影印．–2000

户部海运新案海运续案/故宫博物院编//海南出版社影印．–2000

金吾事例　福州驻防志/故宫博物院编//海南出版社影印．–2000

九卿议定物料价值/故宫博物院编//海南出版社影印．–2000

蒙古律例/故宫博物院编//海南出版社影印．–2000

内庭工程做法/故宫博物院编//海南出版社影印．–2000

钦定大清现行刑律/故宫博物院编//海南出版社影印．–2000

钦定工部则例三种/故宫博物院编//海南出版社影印．–2000

钦定宫中现行则例二种/故宫博物院编//海南出版社影印．–2000

钦定国子监志/故宫博物院编//海南出版社影印．–2000

钦定户部兵部工部军需则例/故宫博物院编//海南出版社影印．–2000

钦定户部鼓铸则例　钦定旗务则例　钦定户部兵部工部军需则例/故宫博物院
　　编//海南出版社影印．–2000

钦定户部则例/故宫博物院编//海南出版社影印．–2000

钦定军器则例二种/故宫博物院编//海南出版社影印．–2000

钦定科场条例　钦定武场条例/故宫博物院编//海南出版社影印．–2000

钦定吏部处分则例/故宫博物院编//海南出版社影印．–2000

钦定吏部则例/故宫博物院编//海南出版社影印．-2000

钦定礼部则例二种/故宫博物院编//海南出版社影印．-2000

钦定理藩院则例/故宫博物院编//海南出版社影印．-2000

钦定旗务则例/故宫博物院编//海南出版社影印．-2000

钦定太常寺则例/故宫博物院编//海南出版社影印．-2000

钦定台规二种/故宫博物院编//海南出版社影印．-2000

钦定王公处分则例　钦定太常寺则例/故宫博物院编//海南出版社影印．-2000

钦定武场条例/故宫博物院编//海南出版社影印．-2000

钦定学政全书/故宫博物院编//海南出版社影印．-2000

钦定中枢政考三种/故宫博物院编//海南出版社影印．-2000

钦定总管内务府现行则例二种/故宫博物院编//海南出版社影印．-2000

钦定宗人府则例二种/故宫博物院编//海南出版社影印．-2000

钦定宗室觉罗律例/故宫博物院编//海南出版社影印．-2000

清代一二品官员经济犯罪案件实录/牛创平//中国法制出版社．-2000

清代旗务则例/故宫博物院//海南出版社．-2000

三流道里表　蒙古律例　钦定学政全书/故宫博物院编//海南出版社影印．-2000

浙海钞关征收税银则例　九卿议定物料价值　漕运则例/故宫博物院编//海南出版社影印．-2000

总管内务府会计司南苑颐和园静明园静宜园现行则例三种　皇明谥纪汇编　祀事孔明/故宫博物院编//海南出版社影印．-2000

民事习惯调查报告录/前南京国民政府司法行政部//中国政法大学出版社修订版．-2000

读律佩觿/（清）王明德撰，何勤华等点校//法律出版社．-2001

中国古代法制丛钞（1～4卷）/蒲坚编//光明日报出版社．-2001

敦煌悬泉月令诏条/中国文物研究所，甘肃省文物考古研究所编//中华书局．-2001

田藏契约文书粹编：1408～1969/田涛等主编//中华书局．-2001

徐公谳词：清代名吏徐士林判案手记/陈全伦、毕可娟、吕晓东主编//齐鲁书社．-2001

张家山汉墓竹简/张家山二四七号汉墓竹简整理小组//文物出版社．-2001

通制条格校注/方贵龄//中华书局．-2001

唐御史台精舍碑/（唐）梁升卿//陕西人民出版社．-2001

盟水斋存牍/（明）顾俊彦撰，中国政法大学古籍整理研究所整理标点//中国
政法大学出版社．-2002

中国民事习惯大全/施沛生//上海书店出版社．-2002

清代匠作则例汇编（佛作、门神作）/王世襄编//北京古籍出版社．-2002

日本政法考察记/刘雨珍、孙雪梅编//上海古籍出版社影印本．-2002

宪台通纪（外三种）/（元）赵承禧等编撰，王晓欣点校//浙江古籍出版
社．-2002

中国珍稀法律典籍续编（第1册）庆元条法事类/杨一凡、田涛主编，戴建国
点校//黑龙江人民出版社．-2002

中国珍稀法律典籍续编（第2册）吏部条法通制条格/杨一凡、田涛主编，刘
笃才、黄时鉴点校//黑龙江人民出版社．-2002

中国珍稀法律典籍续编（第3册）明代法律文献（上）/杨一凡、田涛主编，
杨一凡点校//黑龙江人民出版社．-2002

中国珍稀法律典籍续编（第4册），明代法律文献（下）/杨一凡、田涛主编，
杨一凡等点校//黑龙江人民出版社．-2002

中国珍稀法律典籍续编（第5册）顺治三奏定律/杨一凡、田涛主编，王宏
治、李建渝点校//黑龙江人民出版社．-2002

中国珍稀法律典籍续编（第6册）清代宫廷法规6种/杨一凡、田涛主编，江
兴国等点校//黑龙江人民出版社．-2002

中国珍稀法律典籍续编（第7册）乾隆朝山东宪规等6种/杨一凡、田涛主
编，齐钧点校//黑龙江人民出版社．-2002

中国珍稀法律典籍续编（第8册）唐明清三律汇编/杨一凡、田涛主编，田
涛、马志冰点校//黑龙江人民出版社．-2002

中国珍稀法律典籍续编（第9册）少数民族法典法规与习惯法（上）/杨一
凡、田涛主编，张冠梓点校//黑龙江人民出版社．-2002

中国珍稀法律典籍续编（第10册）少数民族法典法规与习惯法（下）/杨一
凡、田涛主编，张冠梓点校//黑龙江人民出版社．-2002

刑案汇览（上、下）/（清）祝庆祺、鲍书芸等编//北京古籍出版社．-2002

民国法学论文精萃（第2卷）宪政法律编/何勤华、李秀清主编//法律出版
社．-2002

清代蒙古史料合辑（一）/全国图书馆文献缩微复制中心编//全国图书馆文献
缩微复制中心影印．-2003

新中国民法典草案总览（上、中、下）//何勤华、李秀清、陈颐合编//法律出版社．-2003

元代台宪文书汇编/洪金富点校//（台湾）"中央研究院"历史语言研究所．-2003

新中国法制研究史料通鉴/张培田//中国政法大学出版社．-2003

唐大诏令集补编（2册）/李希沁主编//上海古籍出版社．-2003

民国法学论文精萃（第1卷）基础法律篇/何勤华、李秀清主编//法律出版社．-2003

民国法学论文精萃（第3卷）民商法律篇/何勤华、李秀清主编//法律出版社．-2004

民国法学论文精萃（第4卷）刑事法律篇/何勤华、李秀清主编//法律出版社．-2004

民国法学论文精粹（第5卷）诉讼法律篇/何勤华、李秀清主编//法律出版社．-2004

民国法学论文精萃（第6卷）国际法律篇/何勤华、李秀清主编//法律出版社．-2004

清宪政编查馆奏稿汇订//全国图书馆文献缩微复制中心影印本．-2004

大元圣政国朝典章·刑部/祖生利、李崇兴点校//山西古籍出版社．-2004

近代中国宪政历程：史料荟萃/夏新华、胡旭晟整理//中国政法大学出版社．-2004

丘汉平法学文集/何勤华、洪佳期编//中国政法大学出版社．-2004

中国历代民族法律典籍："二十五史"有关少数民族法律史料辑要/方慧编//民族出版社．-2004

平政院裁决录存//（台湾）五南图书出版有限公司．-2004

华东政法学院珍藏民国法律名丛书/何勤华、殷啸虎主编//方正出版社．-2004

黄岩诉讼档案及调查报告：传统与现实之间——寻法下乡（上、下），黄岩调查报告/田涛、许传玺、王宏治主编//法律出版社．-2004

钦定八旗则例/（清）鄂尔泰//蝠池书院出版有限公司．-2004

漕运则例纂/蝠池书院出版有限公司编//蝠池书院出版有限公司．-2004

刑案汇览三编/（清）祝庆祺、鲍书芸、潘文舫、何维楷等编//北京古籍出版社．-2004

中国近代乡村自治法规选编/徐秀丽编//中华书局．-2004

清刑部通行饬令汇存（3 册）全国图书馆文献缩微复制中心影印．－2005

《明史·刑法志》考注/王伟凯//天津古籍出版社．－2005

清代漕运全书/（清）载龄等//北京图书馆出版社．－2005

保甲章程/（清）佚名//黑龙江人民出版社．－2005

张家山汉简《二年律令》集释/朱红林//社会科学文献出版社．－2005

中国律学文献·第 1 辑（4 册）/杨一凡编//黑龙江人民出版社影印．－2005

中国律学文献·第 2 辑（5 册）/杨一凡编//黑龙江人民出版社影印．－2005

古代乡约与乡治法律文献十种（3 册）/一凡藏书馆文献编委会编//黑龙江人
　　民出版社影印．－2005

历代判例判牍（12 册）/杨一凡、徐立志主编//中国社会科学出版社．－2005

中国律学文献·第 3 辑（5 册）/杨一凡主编//黑龙江人民出版社影印．－2006

清工部《工程做法则例》图解/梁思成//清华大学出版社．－2006

《折狱龟鉴补》译注/陈重业主编//北京大学出版社．－2006

古代榜文告示汇存（10 册）/杨一凡、王旭编//社会科学文献出版社影
　　印．－2006

中国古代地方法律文献（甲编，10 册）/杨一凡、刘笃才编//世界图书出版
　　公司影印．－2006

沈家本未刻书集纂补编（上、下）/韩延龙、刘海年、沈厚铎等整理//中国社
　　会科学出版社．－2006

天一阁藏明钞本天圣令校证（上、下）/天一阁博物馆、中国社会科学院历史
　　研究所天圣令整理课题组校正//中华书局．－2006

清末民初宪政史料辑刊（11 册）/清宪政编查馆编，本社影印室辑//北京图
　　书馆出版社影印．－2006

大理院民事判例全文汇编//（台湾）五南图书有限公司影印．－2006

重庆档案：中华民国司法裁判案例/张培田//国际文化出版社．－2006

大理院判例全书//（台湾）成文出版社影印．－2006

钦定大清会典事例·理藩院/（清）会典馆编，赵云田点校//中国藏学出版
　　社．－2006

大清五朝会典·康熙会典/（清）伊桑阿等纂，王熙册主编//线装书
　　局．－2006

大清五朝会典·雍正会典/（清）允禄等纂修//线装书局．－2006

大清五朝会典·乾隆会典/（清）允裪等纂修//线装书局．－2006

大清五朝会典·嘉庆会典/（清）托津等纂修，曹振镛册主编//线装书

局. -2006

大清五朝会典·嘉庆会典图/（清）托津等纂修，曹振镛册主编//线装书
局. -2006

大清五朝会典·光绪会典/（清）昆岗等纂修，徐桐册主编//线装书
局. -2006

大清五朝会典·光绪会典图/（清）昆岗等纂修，徐桐册主编//线装书
局. -2006

中国监察制度文献辑要（6册）/杨一凡编//红旗出版社影印. -2007

塔景亭案牍：清末民初的县衙记录/许文濬著，俞江点校//北京大学出版
社. -2007

中国律学文献·第4辑（5册）/杨一凡编//黑龙江人民出版社影印. -2007

刑案汇览全编（15册）/中国社会科学院法学所法制史研究室整理//法律出
版社. -2007

《庚辛提牢笔记》点注/薛梅卿、杨育堂点注//中国政法大学出版社. -2007

《唐律疏义》新注/钱大群//南京师范大学出版社. -2007

各省审判厅判牍/汪庆祺编，李启成整理//北京大学出版社. -2007

王朝末日的新式审判：各省审判厅判读/汪庆祺撰，李启成点校//北京大学出
版社. -2007

清代文字狱史料汇编/北京图书馆古籍影印室//北京图书馆出版社. -2007

平政院裁决录存/黄源盛纂辑//（台湾）五南图书有限公司. -2007

民国北京政府制宪史料/李贵连主编//线装书局. -2007

中国藏黑水城汉文文献（4）律令与词讼文书卷/塔拉//北京图书馆出版
社. -2008

明清法制史料辑刊（37册）/本社影音室编//国家图书馆出版社. -2008

民国北京政府制宪史料二编/李贵连主编//线装书局. -2008

贵州文斗寨苗族契约法律文书汇编：姜元泽家藏契约文书/陈金全等//人民出
版社. -2008

中国检察史资料选编/闵钐编//中国检察出版社. -2008

驳案汇编/（清）全士潮、张道源等纂辑//法律出版社. -2009

长芦盐法志/（清）黄掌纶//科学出版社. -2009

西南档案：1950—1952年司法改革文献/张培田、张华主编//国际文化出版
社. -2009

景印大理院民事判例百选/黄源盛纂辑//（台湾）五南图书出版公司. -2009

清代巡台御史巡台文献/尹全海//九州出版社. -2009

清代匠作则例/王世襄主编//大象出版社. -2009

中国古代地方法律文献（乙编，15册）/杨一凡、刘笃才编//世界图书出版
公司影印. -2009

唐明律合编/（清）薛允升编//（北京）中国书店. -2010

沈家本全集（8册）/徐世虹主编//中国政法大学出版社. -2010

晚清民国刑法史料辑注/黄源盛纂辑//（台湾）元照出版社. -2010

元代至民国治藏政策法规汇要/张双智编//学苑出版社. -2010

大清新法令：1901—1911/上海商务印书馆编译所编纂，李秀清、孟祥沛、汪
世荣点校//商务印书馆. -2010

天一阁藏明代政书珍本丛刊/虞浩旭主编//线装书局影印. -2010

清末法制变革史料（上、下）/怀效锋主编//中国政法大学出版社. -2010

判例法的两面：中国古代判例选编/胡兴东等//云南大学出版社. -2010

四

工具书、案例选编

（一） 工具书

古今法制表/（清）孙荣编//–清光绪三十二年（1906）、清光绪三十三年
（1907）；

中国古今法制表（10 册）/（清）孙澍楠编//–清光绪刻本

新刑律唐律清律对照表/朱友英//–1914石印

清代行政制度研究参考书目/马奉琛辑//–刊印者及刊印份不详

法律大辞书/郑竞毅//商务印书馆．–1936

中华民国法制年鉴//大同印书馆．–1944

中国法制史参考书目简介/国务院法制局法制史研究室编//法律出版
社．–1957

中国历代法家述考/孙祖基//–1934；（台湾）进学书局影印．–1970

法家著作参考书目索引/丹东市图书馆编//丹东市图书馆出版．–1974

馆藏法家著作目录/济南市图书馆编//济南市图书馆印．–1975

中国法制史书目（3 册）/张伟仁主编//（台湾）汉荣书局．–1976

中国法制史名词简释//西南政法学院法制史教研室、资料研究室编印．–1979

馆藏中文法学和法律图书目录/浙江图书馆编//浙江图书馆．–1979

法制史文献目录 1960～1979 年（2）/法制史学会编//（日本）创文
社．–1983

简明中国法制史词典/蒋准德编//内蒙古大学印行．–1985

中国法制史古文与名词简释/李景文编//辽宁大学出版社．–1986

简明法制史词典/王召棠等主编，丁凌华等撰//河南人民出版社．–1988

简明法制史辞典/华东政法学院《简明法制史词典》编写组//河南人民出版

社．-1988

中国古代法学辞典/高潮、马建石主编//南开大学出版社．-1989

民国时期总书目（1911—1949）法律/北京图书馆馆编//书目文献出版
社．-1990

中国法学家词典/王玉明//中国劳动出版社．-1991

唐代诏敕目录/〔日〕池田温编//三秦出版社．-1991

日本国大木干一所藏中国法学古籍书目/田涛编译//法律出版社．-1991

中国官制大辞典（上、下）/俞鹿年编//黑龙江人民出版社．-1992

中华人民共和国国史大辞典/张晋藩等主编//黑龙江人民出版社．-1992

中国法学著作大辞典/陈兴良//中国政法大学出版社．-1992

中外法学名人辞典/王侃主编//青岛出版社．-1993

中华法案大辞典/郭成伟等编//国际广播出版公司．-1993

中华人民共和国法律大事典/孙琬钟主编//中国政法大学出版社．-1993

中外法律文化大典：中外法律比较编年/陆昕、徐世虹主编//中国政法大学出
版社．-1994

中国法学大辞典·法律史学卷/张晋藩主编//中国检察出版社．-1995、1999

中国古代典章制度大辞典/唐嘉弘主编//中州古籍出版社．-1995

中国历代职官名称词典/吴尚德编//中国世界语出版社．-1996

中国古代典章制度大辞典/唐嘉弘//中州古籍出版社．-1998

中国传统法律文化辞典/武树臣主编//北京大学出版社．-1999

法兰西学院善本书目提要/田涛主编//中华书局．-2000

新中国50年法律书目/于友民//中国民主法制出版社．-2000

中国法律史研究在日本/俞荣根、胡攀、俞江编//重庆出版社．-2002

法兰西学院汉学研究所藏汉籍善本书目提要/田涛主编//中华书局．-2002

中文法律期刊文献索引/邹育理//北京大学出版社．-2006（工具书）

红楼书影：华东政法大学馆藏法律旧籍提要（民国部分）/殷啸虎主编//北京
大学出版社．-2007

（二）　案例选编

历代名臣风流判案大观/叶道卿、万廉芳//（上海）东南书局．-1920

法律故事评话/武忠森//（台湾）大华晚报连载．-1964

先贤恤刑辑览/谢松涛辑//辑者自刊．-1968

折狱奇闻/葛建初辑//（台湾）文海出版社影印．－1975

《聊斋志异》中的冤狱疑案/群众出版社编//群众出版社．－1980

古代奇案侦破故事/许晓麓编//湖北人民出版社．－1980

清代文字狱/孔立编//中华书局．－1980

中国古代办案百例/《中国古代办案百例》选注小组//中国社会科学出版
　　社．－1980

古代办案故事/杨一凡、刘笃才、马守仁编//黑龙江人民出版社．－1981

古代奇案选/甘肃人民出版社选编//甘肃人民出版社．－1981

中国古代案例选/北京大学法律系法制史教研室编//山西人民出版社．－1981

古代法案选编/刘歧山//北京出版社．－1981

中国古代案例选/北京大学法律系法制史教研室编//山西人民出版社．－1981

古代清官断案记/陈逸飞等编//新华出版社．－1981

中国古代执法故事/李德运编//群众出版社．－1981

历代冤案平反录/沈国锋主编//知识出版社．－1981

中国古代命案检验术/黄维新编//（台湾）九章书局．－1981

执法如山的故事/冷铨清等编//河北人民出版社．－1981

清朝命案选/张铭新、李贵连编//法律出版社．－1982

古代奇案译注/高潮主编//青海人民出版社．－1982

笔记小说案例选编/刘叶秋、菀育新、周知辑注//中州书画出版社．－1982

中国古代执法断案史话/朱寄云等编//吉林人民出版社．－1982

明清案狱故事选/华东政法学院语文教研室编//群众出版社．－1983

中国近代案例选/北京大学法律系法制史教研室编//山西人民出版社．－1983

三案始末/温攻义//重庆出版社．－1984

中国革命根据地案例选/赵昆坡、俞建平编//山西人民出版社．－1984

古案例选评/许晓麓编//武汉大学出版社．－1985

明末三案/温功义//（台湾）谷风出版社．－1986

杨乃武冤狱/朱寿明等原辑，陈尚凡等整理//岳麓书社．－1986

古案探奇/岳峰等编//广西民族出版社．－1987

清代五大疑案考实/孟森//正中书局．－1988

中国历代奇案精选/周江兴主编//文化艺术出版社．－1989

中国古代办案的故事/佚名//（台湾）贯雅文化事业公司．－1989

明清名案/何力//福建人民出版社．－1989

明清十大名案/萧风//（香港）商务印书馆．－1990

清朝文字狱/郭成康、林铁钧//群众出版社. -1990

清代文字狱案/张书才、杜景华主编//紫禁城出版社. -1991

中国法律典故四百篇/李铁编//中国人事出版社. -1991

千古文字狱——清代纪实/杨凤城等//南海出版公司. -1992

禁书·文字狱/王彬//中国工人出版社. -1992

中国古代法制奇案百例/黄昶夫//华侨出版社. -1993

清初十大冤案/李景屏编//东方出版社. -1993

清朝十大奇案/俞玉储等编//人民日报出版社. -1993

新中国44大案要案大展/本书编委会编//人民出版社. -1993

中国历代名案/怀效锋主编//河南人民出版社. -1994

中国古代的告状与判案/吕伯涛、孟向荣//商务印书馆. -1995

中国历代名案精选（上、下）/张国风编//警官教育出版社. -1995

三千年冤狱/杨师群等//江西高校出版社. -1996

三千年文祸/谢苍霖、万芳珍//江西高校出版社. -1996

当代中国名案（1949—1995）/刘彬主编//珠海出版社. -1996

民国四大奇案/闻湜编//文史出版社. -1996

旧中国九大监狱秘录/杨子鳄编//中国人事出版社. -1996

中国历代刑狱故事/万安中编//广东人民出版社. -1996

民国要案寻踪/《民国春秋》编辑部编注//江苏古籍出版社. -1997

中国历代名案集成（3册）/辛子牛主编//复旦大学出版社. -1997

血光之灾——清代文字狱纪实/周宗奇//中国青年出版社. -1998

中国古代法制奇案百例/黄立平编//中国华侨出版社. -1998

中国历代贪贿案例选注/刘海年、韩延龙主编//法律出版社. -1998

冤狱述略/董伯庸、张南编//广西师范大学出版社. -1998

明清法官断案实录/未了、文菡编//光明日报出版社. -1999

中国古代文字狱/杨乾坤//陕西人民出版社. -1999

古案今判/张秀章//大连出版社. -1999

明清疑案与北京/苏宝敦//北京燕山出版社. -2000

清初三大疑案考实/孟森//巴蜀书社. -2002

乾隆间孔府清厘邹县尼山祭学两田地亩争控案选摘/袁兆春//《法律史论集》
　　第4卷，法律出版社. -2002

杨乃武与小白菜案真情披露/王策束//中国检察出版社. -2002

康雍乾间文字之狱/佚名//山东画报出版社. -2004

中国古代刑具的故事/李古寅主编//中国文史出版社．–2005

民国惩治日本战犯汉奸案/韩淑芳等编//群众出版社．–2005

民国特大刑事案/韩淑芳、张建安主编//群众出版社．–2005

民国血案、惨案、迫害案/金人、王培主编//群众出版社．–2005

大清十五疑案/阚红柳//中华书局．–2005

五百年冤狱：明清酷刑与冤案传奇/杨师群//知本家文化事业有限公司．–2005

洗冤集：辛酸的正义/李文辉//中国法制出版社．–2006

特殊的正义与法：中国法制案例/张培田、张华主编//国际文化出版社．–2006

案发当时：大宋提刑官断案宝典/郭建//中华书局．–2006

大明十五疑案/冯玉荣//中华书局．–2006

大衙门：千古名案/赵晓耕//法律出版社．–2007

清代奇案宋人洗冤：宋慈《洗冤集录》解读/王礼贤//上海中医药大学出版
　　社．–2007

1960—1990年要案揭秘/穆玉敏编//中国公安大学出版社．–2007

名案十七评：人类史的木槌声/萧瀚住//法律出版社．–2007

清代贪污受贿大案/华尔嘉//群众出版社．–2007

中国文字狱/王业霖//花城出版社．–2007

民国大案/经盛鸿主编//团结出版社．–2008

明清惊天大案/杨忠编//金城出版社．–2008

正说明朝24悬案/寒江雪//江西人民出版社．–2008

中国古代经典奇案/宋月航编著//金盾出版社．–2008

上海法院30年经典案例：1978—2008/张海棠主编//上海人民出版社．–2008

中国历史奇案之谜/金卯刀编//中国长安出版社．–2008

清末四大奇案揭秘/河边//湖北人民出版社．–2008

正说明清九大奇案/冯玉军//黄山书社．–2009

案藏杀机：清代四大奇案卷宗/吴蔚//陕西人民出版社．–2009

中央苏区反腐肃贪实录/彭诗光主编//中国检察出版社．–2009

柏桦谈明清奇案/柏桦//广东人民出版社．–2009

民国名案/殷啸虎主编//东方出版社．–2010

洗冤录——汉五案传奇/圣者晨雷//陕西人民出版社．–2010

洗冤录——宋五案传奇/李晓航//陕西人民出版社．–2010

东京审判·中国检察官/向哲浚、向隆万编//上海交通大学出版社．–2010

清代文字狱/周宗奇//人民文学出版社．–2010

多一份辛劳，少一份遗憾

——《百年中国法律史学论文著作目录》编后记

经过近 27 年陆陆续续的编写，《百年中国法律史学论文著作目录》终于定稿，交付出版。这是一部几经波折和通过长期收集、编写形成的工具书，也是一部力图达到"编目比较齐全"要求然至今仍未尽如人意的成果。回眸编写此书走过的曲折道路，我们对于唐代文学家、思想家韩愈所写"书山有路勤为径，学海无涯苦作舟"这联治学名言有了更深刻的感悟，深感即使编写这类所谓"不属于学术创新之列"的成果索引，也同撰写任何一种有创见的学术专著一样，需要具备较为深厚的专业知识和付出艰辛的努力。一份辛劳，一份收获。多付出一份辛劳，成果就会增加一份完美。索引类图书编写得质量如何，归根结底还是取决于编者到底付出了多少艰辛。

《百年中国法律史学论文著作目录》的编写始于 1987 年，起初是由杨一凡独立进行的。编写《目录》的初衷，是为了及时了解法史研究的动态和新的见解，并期望经过有计划的编写和多年积累，形成一部反映法史成果、方便读者查阅的工具书。1987 年至 1988 年间，杨一凡用了半年左右时间，完成了清末至 1987 年间法史论文著作目录的编写。在当时缺乏现代化信息搜索技术的情况下，仅为了收集新中国成立前发表的法史论文和出版的法史图书目录，他到北京图书馆（即今中国国家图书馆）、中国科学院图书馆、北京大学图书馆等图书馆查阅各类期刊、报纸和索引类图书，就用了三个多月时间。这段编目工作的经历使他深深感到，要编出一本条目比较齐全的法史成果索引，实非易事。因杨一凡其他科研任务繁重，遂约请时任中国社会科学院法学所图书馆副馆长的赵九燕研究馆员，继续进行法史成果目录的收集和编写工作。在此之后，杨一凡主要负责法史图书目录的编写，论文目录编写主要由赵九燕承担。

赵九燕对收集、编写法史成果目录十分尽心。1988 年秋到 2000 年夏的 12 年间，她不仅把绝大多数节假日都用于搜集资料，而且长年住在法学所图书馆，几乎每天晚上都进行目录的编写，如此日积月累，完成了 1988 年至 1999 年发表的法史论文目录的编写。《百年中国法律史学论文著作目录》（清末至 1999 年）初稿至此形成，全书收入论文著作条目 12000 余条。时任法律出版社社长的贾京平先生热忱支持本书的出版，承诺书稿定稿后，出版社确保半年内出书。

《百年中国法律史学论文著作目录》（清末至 1999 年）书稿审订时，为了防止出现所编索引遗漏较多的问题，我们向学界从事法史研究的学者致函，敬请他们把其本人的成果目录系统整理后寄给我们。感谢学界同仁鼎力相助，100 多名研究法律史学的专家学者寄来了他们精心整理的成果细目。我们把这些成果细目与书稿逐一对校，发现书稿的遗漏率达 20% 左右，主要是发表在论文集和其他非法学期刊中的不少论文未被收入。定稿期间，我们又查阅了大量的各种人文期刊，发现历史和考古学、哲学、经济学等学界许多学者发表的法史论文和出版的法史著作，不少也遗漏未收，博士、硕士论文目录也未编入。所有这些，都使我们认识到这部书稿还很不完备。为此，我们取消了本书原定的出版计划，决定再用几年时间进行补充，期望能够把一部比较满意的法史成果索引工具书奉献给读者。

力求做到"编目比较齐全、条目分类准确"，是我们为本书编写确定的基本要求。但没有料想到，对于原书稿的补充和续编，又使这部书推迟出版了十余年之久。

2000 年以来，因下述原因，本书的定稿和出版一再延迟。一是在法学空前繁荣的当代中国，不只是法史学界的学者在研究中国法律史学，其他各学界的许多学者也进行本学科与法律史学的交叉研究，每年都有大量的法史成果在各种报刊发表或在不同的出版社出版，我们又把《目录》收入索引的截止时间确定为本书出版的前一年，要比较齐全地收入前一年发表的法史成果目录，本身难度就不小。二是随着许多高等院校、科研单位、报纸期刊及各类图书馆信息数据库建设的加强，各种网站公布的图书、论文信息越来越多，这为我们搜集论文著作目录提供了方便。不断从新的信息中搜索、增补法史著述目录，也使本书不能很快定稿。三是 2004 年至 2006 年间，赵九燕身患疾病，不能坐着工作，双手也不能操作电脑。杨一凡也诸事缠身，索引的编写暂时中断。

2006 年秋，中国人民大学马小红教授盛情相约，希望把已编完的《目录》收入曾宪义教授主编的《百年法史回眸》丛书。我们深知仓促出书难免会出现很多疏漏和错误，但感到把它收入《百年法史回眸》丛书，能够让读者较快地了解百年来中国法律史学研究成果的大体情况，也考虑到这类工具书的完善有个继续补充和修订的过程，故请当时在中国社会科学院研究生院法学系攻读博士学位的才媛承担《目录》的补编。才媛花费几个月突击收集资料，完成了 2004 至 2006 年法史论文目录的编写以及 1999 年法史成果目录的补充。

《百年法史回眸》丛书所收《百年中国法律史学论文著作目录》（清末至 2006 年）的条目约 15000 余条，较 1999 年书稿多出 3000 余条。然而，匆忙补编出版的书稿难免条目遗漏较多，分类也存在诸多不妥。于是，2007 年赵九燕康复后，本书编写工作就又继续进行。我们两人再次明确分工，杨一凡负责法史图书和博士、硕士论文目录的编写，赵九燕负责各类论文、期刊发表的法史论文的编写。在这之后的两年多时间内，赵九燕以全部精力投入本书的编写工作。

2009 年 9 月，本书得到中国社会科学院老年科研基金的出版资助，我们加快了全书的编写进度。2012 年 10 月，收入条目总数约 20000 条的《百年中国法律史学论文著作目录》（清末至 2010 年）书稿交付出版社，并很快排印出清样。

在校对新书清样的过程中，为了检验本书收入的目录是否比较齐备和准确，我们再次向国内外学界在研究中国法律史方面成果较多的学者致函，敬请他们把本人已发表的全部法史著述目录、指导的博士和硕士研究生论文目录等系统整理后寄给我们。学界同仁又一次给予我们大力支持，有 150 多名学者发来了他们的成果细目。我们把书稿与学者提供的成果细目进行对校，书稿遗漏的条目竟达数百条，其中大多是近年来发表的成果。

书稿所收条目有这样多的遗漏，使我们震撼不已。近百年来，国内外学界在中文报刊上发表过法史论文和出版过中文法史图书的作者，估计不少于 2000 人。虽然绝大多数学者并非专门从事法律史学研究，各人发表的法史著述的数量有限，但汇总起来成果的总数也相当可观。凭我们多年查阅各种资料的直觉，感到还会有相当数量的成果目录没有收入。为了把这部书编得更完善一些，经与出版社协商，成立了由责任编辑关志国、北京法律文化研究中心杨谦虚和我们二人组成的通稿定稿小组，从 2013 年 2 月到 2013 年 8 月，集中时间和精力进行条目的增补和定稿工作。

这次为期半年的通稿和增补目录工作的收获是巨大的。我们利用现代搜索技术，从各类网站检索法史著述目录，并查阅了数百种论文集，增补了大量的遗漏条目；对绝大多数条目包含的信息进行了核对，改正了编错之处；

对仅从标题无法准确判断其在本书编目中如何分类的条目，凡是能查到原文的，都——核查，改正了书稿中数百处分类不准确之处。最后交付出版的书稿，共收入条目24100余条，较清样增补条目约4000条，其中中国台湾学者发表的法史著述条目400余条。

百余年来发表的中国法律史论文，散存于数千种期刊、报纸以及各种论文集中；已出版的有关法史的专著和书籍，是由数百家出版社在近百年中分别出版的。现在奉献给读者的这部工具书，由于各种原因，加上我们查阅的资料有限，还会有不少疏漏，因此还不能说这部书已达到了"编目齐备"的要求。但我们认为，这部工具书至少是把百年法史研究成果85%以上的条目收入进去，其中有数千个条目是从各类网站上检索不到的。这部工具书无论是对于研究中国法律史的学者还是广大读者检索资料，都会有所助益。因而，把它交付出版是必要的。

感谢社会科学文献出版社人文分社宋月华社长的大力支持。由于我们对书稿作了大量的增补和修改，全书必须重新排版，这就增加了出版成本。宋月华社长不但对此毫无责难之意，还指派责任编辑关志国先生全力投入本书的定稿。关志国用了半年多时间，与我们一起进行著述目录的收集、增补和条目的分类、核对，没有他的参加，这部书就难以在近期问世。

在本书编写过程中，中央党史研究室段玲玲同志、上海交通大学法学院聂丹阳同学、西北政法大学民商法学院王若时同学，参加了部分条目的收集和编写。在此，向他们表示衷心的感谢。

《百年中国法律史学论文著作目录》的出版，了却了我们的一个心愿，但作为编者，我们仍感到未完全尽到责任，留下了不少遗憾：其一，本书的目录原应收入2012年底前的全部法史著述目录，因书稿所收2011年、2012年目录遗漏较多，要增补得较为齐全，在近期难以完成。本书出版在即，只好割爱；其二，本书收入的博士、硕士论文目录，有上百种论文目录虽在网络上公布，然条目信息不全，或缺少论文完成时间，或未写明学位授予单位，如把这些论文条目收入，又不符合全书的编写体例，最后只好放弃；其三，法律史学博士后的出站报告，大多有较高的学术水准，但这类报告目录因搜集困难，仅收入了其中的一小部分；其四，在中国台湾地区出版的中文图书和期刊发表的法史论文，有不少因查阅不到原书或检索不到成果目录，没有编入。因此，本书还是一部应当继续补充和修订的工具书。

编写索引类工具书，实际上是一项服务读者的公益事业。这类书的出版，能够为广大读者查阅图书资料提供方便，为研究者节省大量的时间。基于这种认识，我们从 20 世纪 80 年代中期起，以"当好资料员，服务学界"为己任，着手编辑中国法律史学成果索引，但未料到这部工具书竟历时近 27 年才得以面世，且连编者自己都不满意。现今我们二人年事已高，身体欠佳，想继续增补、修订此书，也力不从心。我们期待广大读者对本书编写中的不足之处多加指正，也期待从事法学资料整理工作和从事法史研究的中青年学者，能够继续进行中国法律史学成果索引的编写、增补和修订。

编　者

2013 年 9 月

图书在版编目（CIP）数据

百年中国法律史学论文著作目录：全2册/赵九燕，
杨一凡编. —北京：社会科学文献出版社，2014.4
（中国社会科学院老年学者文库）
ISBN 978-7-5097-5389-7

Ⅰ.①百…　Ⅱ.①赵…②杨…　Ⅲ.①法制史－专题目录－
中国　Ⅳ.①Z88：D929

中国版本图书馆 CIP 数据核字（2013）第 293064 号

·中国社会科学院老年学者文库·

百年中国法律史学论文著作目录（上、下册）

编　　者／赵九燕　杨一凡

出 版 人／谢寿光
出 版 者／社会科学文献出版社
地　　址／北京市西城区北三环中路甲 29 号院 3 号楼华龙大厦
邮政编码／100029

责任部门／人文分社（010）59367215　　　　责任编辑／关志国
电子信箱／renwen@ssap.cn　　　　　　　　责任校对／牛立明　李有江
项目统筹／宋月华　　　　　　　　　　　　责任印制／岳　阳
经　　销／社会科学文献出版社市场营销中心（010）59367081　59367089
读者服务／读者服务中心（010）59367028

印　　装／三河市东方印刷有限公司
开　　本／787mm×1092mm　1/16　　　　　印　　张／69.75
版　　次／2014 年 4 月第 1 版　　　　　　　字　　数／1252 千字
印　　次／2014 年 4 月第 1 次印刷
书　　号／ISBN 978-7-5097-5389-7
定　　价／279.00 元（上、下册）